N) IM 20. JAHRHUNDERT

Folgende Unionsrepubliken sind mit Zahlen bezeichnet:

1 Estnische SSR
2 Lettische SSR
3 Litauische SSR
4 Weißrussische SSR
5 Moldauische SSR
6 Georgische SSR
7 Azerbajdžanische SSR
8 Armenische SSR
9 Tadžikische SSR

KRÖNERS TASCHENAUSGABE BAND 244

GÜNTHER STÖKL

RUSSISCHE GESCHICHTE

VON DEN ANFÄNGEN BIS ZUR GEGENWART

5., erweiterte Auflage

Mit 6 Karten und 2 Stammtafeln

ALFRED KRÖNER VERLAG STUTTGART

Stökl, Günther
Russische Geschichte. Von den Anfängen bis zur Gegenwart / Günther Stökl. – 5. Aufl. –
Stuttgart : Kröner 1990
(Kröners Taschenausgabe; Bd. 244)
ISBN 3 520 24405 5

Druck: Graphischer Großbetrieb Friedrich Pustet, Regensburg

INHALT

ERSTER TEIL: FRÜHZEIT UND KIEVER REICH

ZWEITER TEIL: DER MOSKAUER STAAT

DRITTER TEIL: DAS PETERSBURGER IMPERIUM

UMSCHRIFT UND DATIERUNG

Die Wiedergabe russischer und ukrainischer Wörter in Lateinschrift folgt im allgemeinen der philologisch-wissenschaftlichen Transkription. Es sind danach auszusprechen:

s wie s in ›muß‹ (stimmlos)
š wie sch in ›Schule‹ (stimmlos)
z wie s in ›Rasen‹ (stimmhaft)
ž wie j in ›Journal‹ (stimmhaft)
c wie deutsches z
č wie tsch in ›Peitsche‹
šč wie schtsch
ě als offenes breites e, wie ä
y wie dumpfes i

' hinter oder ´ auf einem Konsonanten bedeutet dessen j-Erweichung. Von diesem Transkriptionsprinzip wurde – vor allem bei Eigennamen – dann abgegangen, wenn eine bestimmte Form der Wiedergabe im Deutschen völlig eingebürgert ist (also ›Zar‹, nicht ›Caŕ‹). In einzelnen Fällen bringen Parallelformen wie Aleksandr (Nevskij) und Alexander (I.) den Unterschied zwischen dem europafernen Moskauer und dem europäisierten Petersburger Rußland zum Ausdruck.

Für Ereignisse in Rußland folgt die Datierung, wenn nicht beide Daten angegeben sind, dem bis zum 1. Februar 1918 in Rußland verwendeten julianischen Kalender. Um das Datum unserer (gregorianischen) Zeitrechnung zu erhalten, muß man dem julianischen Datum im 16. und 17. Jahrhundert zehn, im 18. Jahrhundert elf, im 19. Jahrhundert 12 und im 20. Jahrhundert 13 Tage hinzufügen.

VORWORT

Rußland, das den Menschen des mittelalterlichen Abendlandes nur vom Hörensagen bekannt war, ist heute Tag für Tag in aller Munde. In diesem Wandel spiegelt sich das Wachsen der russischen Macht, und dieser Wandel weckt das Bedürfnis, Rußland geschichtlich zu verstehen und zu erklären. Es fehlt nicht an berufenen und unberufenen Versuchen solcher Erklärung, und man mag mit Recht die Frage stellen, ob es erforderlich war, einen weiteren Versuch hinzuzufügen, zumal die Fortschritte der historischen Wissenschaft jede Zusammenschau durch einen einzelnen als ein die Kräfte übersteigendes und darum unerreichbares Ziel erscheinen lassen. Was allein versucht werden konnte, war dies: Die Ergebnisse der Wissenschaft und die eigene Interpretation zu einer Handreichung zu vereinigen, deren erhoffter Nutzen mehr im Öffnen von Zugängen für weiteres Nachdenken und Forschen als im Anbieten fertiger Thesen bestehen sollte. So wenig die historische Synthese der Vereinfachung und Verallgemeinerung entraten kann, so sehr muß sie sich vor einseitiger Vereinfachung und vor billiger Verallgemeinerung hüten. Daß dies mit einer Scheu vor dem Werturteil, auch dem moralischen Werturteil, über Geschichtliches nichts zu tun hat, wird der Leser erkennen.

Im Mittelpunkt der Darstellung steht das Wachstum der russischen Macht, die politische Geschichte. Diese folgt eigenen Antrieben, vollzieht sich aber jeweils in einem komplizierten Zusammenhang innerer und äußerer, geistiger, sozialer und wirtschaftlicher Kräfte, die im Rahmen des Möglichen mit darzustellen waren, weil sie mitgesehen werden müssen. Nur aus der vollen Wirklichkeit des geschichtlichen Lebens, deren Erkenntnis jedes sinnvolle Bemühen der Geschichtswissenschaft anstrebt, ohne sich doch in der Fülle des Faktischen zu verlieren, läßt sich die Schicksalsfrage nach dem geschichtlichen – und gegenwärtigen – Verhältnis Rußlands zu Europa und Asien, zwischen die es unentrinnbar hineingestellt ist, versuchsweise beantworten. Wenn die Antwort mehr in die Nähe eines ›sowohl – als auch‹ gerät als in die eines ›entweder – oder‹, so scheint mir darin nicht nur quälende Zwiespältigkeit, sondern auch Hoffnung zu liegen.

Ich habe dem Verlag zu danken für die Anregung zu diesem Buch und für die Geduld, mit der er das Werden des Manuskriptes begleitet hat, meinem Assistenten, Herrn Dr. Hans Lemberg, für die Zusammenstellung der Stammtafeln und für das Entwerfen der Karten, und all denen, die in Vergangenheit und Gegenwart die Geschichte Rußlands zum Gegenstand ihres Forschens gemacht haben, für die Belehrung, die ich aus ihren Arbeiten schöpfen konnte.

Köln, Silvester 1961 *Günther Stökl*

VORWORT ZUR FÜNFTEN AUFLAGE

Wenn nach fast drei Jahrzehnten abermals der unveränderte Text seiner Russischen Geschichte erscheint, so kann der Autor nur die grundsätzliche Feststellung in vorhergehenden Vorworten wiederholen, daß diese Russische Geschichte auf Grund der inzwischen erreichten Forschungsergebnisse neu geschrieben werden müßte. In einer Situation, in der auch Computer die zu verarbeitende Spezialliteratur kaum mehr erfassen können, übersteigt das die Möglichkeiten eines Einzelnen vorgerückten Alters bei weitem.

Ob die schwierige Aufgabe, in einem weiteren ergänzenden Kapitel die letzte Phase russisch-sowjetischer Geschichte darzustellen – sieben Jahre, in denen der Geschichtsschreiber stets in der Gefahr war, von der Geschichte überholt zu werden –, angemessen gelöst worden ist, muß der Leser beurteilen. Der Autor kann nur hoffen, daß ihm die gebotene Auswahl an Fakten und einige ergänzende Literaturhinweise von Nutzen sein werden.

Köln, Mai 1990 *G. St.*

FRÜHZEIT UND KIEVER REICH

EINLEITUNG UND GEOGRAPHISCHE VORAUSSETZUNGEN

Der Gegenstand

Die Vergangenheit entzieht sich dem zurückschauenden Blick im Unerkennbaren. Geschichte beginnt erst dort, wo Menschen der Vergangenheit für immer ihren Namen aufprägen. Ob wir von russischer Geschichte oder von Geschichte Rußlands sprechen, der Beginn muß dort liegen, wo Menschen ihre Gemeinsamkeit unter dem Namen ›Ruś‹ zu empfinden und bewußt zu ordnen anfingen. Der Ursprung des Namens ›Ruś‹ (fem. sing.) ist sehr umstritten, sicher aber ist, daß er schon in den ältesten Zeugnissen sowohl das Volk – die Russen – wie auch das von diesem Volk bewohnte Land – Rußland – bezeichnen kann. Die nationale und territoriale Gemeinsamkeit wird greifbar im ersten Staat der ›Ruś‹. Russische Geschichte ist also die Geschichte des russischen Volkes in dem von ihm bewohnten und durch seinen Staat beherrschten Raum.

Der geographische Raum, den wir aufgrund der geschichtlichen Leistung des russischen Volkes als ›Rußland‹ bezeichnen – und dem allgemeinen Sprachgebrauch gilt heute das gesamte Territorium der Sowjetunion als ›Rußland‹ – bot auch für die Geschichte anderer Völker und Staatsbildungen den Schauplatz, sei es vor dem Erscheinen der ›Ruś‹, sei es vor dem Wirksamwerden der russischen Herrschaft. Wollte man diese vorrussische Geschichte der Völker im russischen Raum in die russische Geschichte mit einbeziehen, so ergäbe das èine Geschichte Eurasiens, genauer eine Geschichte des östlichen Europa und des nördlichen Asien mit keinem anderen Ordnungsprinzip als dem der räumlichen Kontinuität.

Die sowjetische Konzeption der ›Geschichte der UdSSR‹ strebt dies an, die Machtexpansion des russischen Staates verschleiernd und eine sinnvolle Gleichläufigkeit bis zum Ziel aller Geschichte im Sinne der kommunistischen Heilslehre vortäuschend. Aber weder die griechischen Kolonien an der Nordküste des Schwarzen Meeres, noch die Goten in den Steppen zwischen Dnepr und Dnestr, weder die christlichen Königreiche der Armenier und Georgier, noch die muselmanischen Herrschaften Zentralasiens, weder der chazarische Händlerstaat am Unterlauf von Wolga und Don, noch das Reich der Mongolenchane sind ›russische‹ Geschichte. Andererseits hört die russische Geschichte nicht auf, wenn der russische Staat zerfällt und Teile des russischen Volkes unter fremde Herrschaft treten. Volk und Staat sind als Träger der russischen Geschichte in mannigfacher und wechselvoller Weise aufeinander bezogen.

Die Mannigfaltigkeit ist nicht nur eine der Herrschaftsbildungen und politischen Schicksale, sondern am Ende und als Folge auch eine des Volkes. Was als ›Kiever Ruś‹ gemeinsam den Weg durch die Geschichte begann, hat im Verlaufe dieser Geschichte verschiedene Züge angenommen und schließlich in drei Völkern unverwechselbar Gestalt gewonnen – in den Großrussen, den Ukrainern und den Weißruthenen. Das Erwachen der Ukrainer und Weißruthenen zu nationalem Selbstbewußtsein ist zwar eine relativ junge Erscheinung, nämlich ein Teil der ›nationalen Bewegung‹, die als eine mächtige Welle im 19. Jahrhundert die Völker Europas erfaßte; die Erfüllung im souveränen Nationalstaat ist beiden Völkern übrigens versagt geblieben, denn die ukrainische und die weißrussische Sowjetrepublik bieten heute zwar nationale Geschlossenheit, aber keine Souveränität. Die Trennung der Wege setzte jedoch schon mit dem Mongolensturm im 13. Jahrhundert ein, als die westlichen und südwestlichen Gebiete der alten ›Ruś‹ im Anschluß an das Großfürstentum Litauen die Rettung aus der nationalen Katastrophe suchten, während der Nordosten mehr als zwei Jahrhunderte lang die tatarische Fremdherrschaft ertragen mußte, ehe das aufstrebende Moskauer Großfürstentum die Rolle des Einigers und Befreiers mit Erfolg übernehmen konnte. Die Ausgliederung des ukrainischen und des weißruthenischen Volkes aus der ursprünglichen Gemeinsamkeit der ›Ruś‹ ist kein Naturvorgang, sondern ein Ergebnis der andersartigen politischen, sozialen und kulturellen Entwicklung der russischen West- und Südwestgebiete. Im Geschichtsbewußtsein der Ukrainer und Weißruthenen spiegelt sich dieser Vorgang begreiflicherweise anders als in dem der Herrschafts- und Staatsvölker, der Großrussen, Polen und Litauer. Für Großrussen war und ist dies alles russische Geschichte, und zwar nicht nur Geschichte des russischen Staates – das wäre zum guten Teil und für beträchtliche Abschnitte der Entwicklung berechtigt –, sondern Geschichte des russischen Volkes; die Verselbständigung des ukrainischen und des weißruthenischen Volkes gilt ihnen im Grunde nur als eine Erscheinung jüngsten Datums ohne tiefen geschichtlichen Hintergrund. Ukrainer und Weißruthenen dagegen übertragen ihr modernes nationales Selbstbewußtsein auf die Vergangenheit und entwerfen das Bild einer in sich geschlossenen Entwicklung, die natürlich, wenn wir von bescheidenen Episoden der Eigenstaatlichkeit absehen, reine Volksgeschichte bleiben muß. Eben darin aber, was Ukrainer und Weißruthenen in ihrer Geschichte von den Großrussen unterscheidet, sehen die Litauer den Höhepunkt ihrer historischen politischen Leistung und die Polen den größten Erfolg ihrer abendländischen Kulturmission. Dem Historiker, der sich von einseitig nationalpolitischer Ausdeutung der Geschichte freihält, bleibt nichts übrig, als sich vor dem Formenreichtum der geschichtlichen Wirklichkeit zu beugen und auf allzu einfache Grenzziehungen in Zeit und Raum zu verzichten. Die Grenzräume und Übergangszonen der russischen Geschichte nach Westen hin sind in ihrer Eigenart zu achten und als Beweis zu werten, daß die Begegnung zwischen der östlichen, griechischen Welt, der die Ostslaven (Großrussen, Ukrainer und Weißruthenen) nach Glaubensform und kultureller Herkunft angehören, mit der westlichen, lateinischen Welt von großer Fruchtbarkeit gewesen ist und unverwischbare Spuren hinterlassen hat.

Erforschung und Darstellung

Das Nachdenken über den eigenen Ursprung und die eigene Vergangenheit nahm bei den Russen, soweit wir das den erhaltenen Zeugnissen entnehmen können, konkrete Gestalt an, als sie im Kiever Großfürstentum zum erstenmal politisch vereint waren und mit dem Christentum auch die Mittel dauerhafter schriftlicher Aussage bekamen. Die erste Form der Geschichtsbetrachtung und Geschichtsdarstellung war wie bei anderen Völkern die der jahrweisen Aufzeichnung wichtig erscheinender Ereignisse. Sehr früh jedoch wurde die schlichte Form einfacher Annalen durchbrochen und durch eingeschobene ›Erzählungen‹ aufgelockert. Die uns erhaltenen altrussischen Chroniken sind für die Zeit ihrer Entstehung Kompendien des geschichtlichen Wissens in mannigfacher Form, von der anspruchslosen, lakonischen Nachricht bis zur kunstvollen literarischen Darstellung.

»Das ist die Erzählung der vergangenen Jahre, woher das russische Land kam, wer als erster in Kiev zu herrschen begann, und wie das russische Land entstand. So wollen wir diese Erzählung beginnen.« Mit diesem Satz fängt die älteste russische Chronik an, die in der erhaltenen Fassung auf das Jahr 1113 zurückgeht, aber ihrerseits schon eine Bearbeitung und Zusammenfassung vorhergehender Aufzeichnungen aus dem 11. Jahrhundert darstellt. Der letzte Bearbeiter war ein Mönch Nestor, daher die verbreitete Bezeichnung als Nestorchronik; korrekter ist es jedoch, angesichts des bescheidenen Anteils, den Nestor an der Abfassung hatte, von der ›Erzählung der vergangenen Jahre‹ (Povest' vremennych let) zu sprechen. Die älteste erhaltene Handschrift ist allerdings gut zweieinhalb Jahrhunderte jünger als die Redaktion des Textes: Ein Mönch Lavrentij (Laurentius) hat sie im Jahre 1377 geschrieben (Lavrent'evskaja letopiś = Laurentiuschronik). Schon dieser zeitliche Abstand zwischen Textgestaltung und Handschrift läßt die Schwierigkeiten ahnen, denen sich die quellenkritische Erforschung der altrussischen Chroniken gegenübersieht. Die weitere Entwicklung der russischen Annalistik hat diese Schwierigkeiten noch gewaltig vermehrt. Wie nicht anders zu erwarten, spiegelt sich in ihr die politische Geschichte des Landes wider. Die ›Erzählung der vergangenen Jahre‹ ist zu einem Zeitpunkt abgefaßt, da der erste russische Staat, das Großfürstentum Kiev, unter Vladimir Monomach seine letzte Phase unbestrittener politischer Einheit erlebte; ihre Darstellung gilt dem Aufstieg des Kiever Staates und seiner Glanzzeit im 11. Jahrhundert. Die politische Zersplitterung der folgenden Zeit hat auch die russische Annalistik zersplittert und der ›Erzählung der vergangenen Jahre‹, die den Grundstock der Geschichtsdarstellung und die Wurzel des gemeinsamen Geschichtsbewußtseins bildete, in einer großen Zahl russischer Teilfürstentümer mehr oder minder lokale Fortsetzungen gegeben. Schon die neben der Laurentiuschronik älteste Handschrift aus dem Hypatiuskloster in Kostroma (Ipat'evskaja letopiś = Hypatiuschronik) enthält eine solche lokale Fortsetzung in Gestalt der galizisch-wolhynischen Chronik, d.h. einer Erzählung jener Ereignisse, die das südwestrussische Fürstentum Halyč-Wolhynien im besonderen betrafen; der Vorgang wiederholte sich überall, wo politische und kulturelle Mittelpunkte von einiger Dauer entstanden, in den ›Stadtrepubliken‹ Novgorod und Pskov (Pleskau), in den Fürstentümern Rostov und Vladimir, Tveŕ und Rjazań, und vor allem natürlich im Fürstentum Moskau. Mit dem Aufstieg Moskaus setzte eine umgekehrte Entwicklung ein: Überall, wo sich die Macht des Moskauer Großfürsten für immer durchsetzte, brach die lokale Geschichtstradition ab und wurde durch die Moskauer ersetzt. In manchen Fällen läßt sich diese Vereinheitlichung des Geschichtsbildes im Moskauer Sinne auf das Jahr genau feststellen.

Zweierlei unterscheidet die russische Annalistik grundlegend von der gleichen Art historischer Quellen im lateinischen Abendland. 1. Die altrussischen Chroniken werden vergleichsweise erst sehr spät durch urkundliche Quellen in größerer Zahl ergänzt. Wir besitzen keine Urkunde, die vor das 12. Jahrhundert zurückreicht, und reichlich beginnt der Strom urkundlicher Zeugnisse erst im 15. Jahrhundert zu fließen. Die Chroniken sind also für viele Jahrhunderte russischer Geschichte die unentbehrliche Hauptquelle der historischen

Erkenntnis, allerdings eine sehr ergiebige, differenzierte und bei entsprechender Kritik auch erstaunlich zuverlässige Quelle. 2. Die russische Annalistik entfaltet sich über einen viel größeren Zeitraum. Das hängt zum Teil mit dem späten Einsetzen und mit dem sehr zögernden Sichdurchsetzen des Buchdruckes in Rußland zusammen. Bis in das 18. Jahrhundert hinein hat man die alten Chroniken abgeschrieben. So erklärt sich die ungewöhnlich große Zahl der erhaltenen Handschriften und die ungeheure Fülle von Varianten und Kombinationen, die für die russische Geschichtswissenschaft stets die Chroniken und nicht die Urkunden zum vornehmsten Gegenstand der Quellenkunde und Quellenkritik gemacht haben.

Wiederum entspricht es dem Gang der russischen Geschichte, daß neben den letzten Ausläufern der Annalistik unvermittelt die ersten Versuche einer modernen, kritischen Geschichtswissenschaft stehen. Während in abgelegenen Klöstern emsige Mönche weiter die alten Handschriften kopierten, ging bereits der erste russische Historiker daran, die Quellen für eine künftige Geschichtsdarstellung systematisch zu sammeln und kritisch zu sichten. Es ist wohl kein Zufall, daß Vasilij Nikitič Tatiščev (1686–1750) ein Soldat und Mitarbeiter Peters des Großen war. Seine Geschichtsstudien betrieb er als Liebhaberei neben seinen dienstlichen Aufgaben, und er war in der Geschichte ein Autodidakt, allerdings ein ungewöhnlich begabter. Der praktische Sinn der Aufklärung, wie sie Peter der Große in Rußland durchzusetzen unternahm, und die patriotische Begeisterung, die sich dem Mitarbeiter des glorreichen ersten ›allrußländischen Imperators‹ mitteilte, wirkten zusammen: Tatiščevs Sammeleifer ist die russische Geschichtswissenschaft noch heute zu Dank verpflichtet. Für seine fünfbändige, erst lange nach seinem Tod gedruckte ›Russische Geschichte von den ältesten Zeiten an‹ hat er manche später verlorene Quelle benützt, die wir so nur aus seiner Darstellung kennen.

Im übrigen war Wissenschaft im petrinischen und nachpetrinischen Rußland noch für längere Zeit ganz überwiegend Importgut. Das gilt auch von der Geschichtswissenschaft, in der Tatiščev ein Einzelgänger und Außenseiter blieb, während sie an der neugegründeten Petersburger Akademie der Wissenschaften sehr zu seinem und Lomonosovs Kummer von deutschen Gelehrten vertreten wurde. Überheblichkeit von seiten der Deutschen, wie sie in der Lehrer-Schüler-Situation nahe lag, mag Animositäten hervorgerufen haben; aber dies allein hätte kaum zu so scharfen Gegensätzen und zu so erbitterter Feindschaft geführt. Es war die politische Situation, die das Wirken der deutschen Historiker den Russen verdächtig erscheinen ließ. Als der Königsberger Gottlieb Siegfried Bayer (1694–1738) seine Theorie vom skandinavischen Ursprung des russischen Staates entwickelte und damit zum Begründer der sogenannten ›normannistischen‹ Schule wurde, herrschte in Rußland Ernst Johann Biron, der allmächtige Günstling der Kaiserin Anna Ivanovna, mit seinem deutschen Anhang. Bayers Theorie mußte russischen Patrioten als historische Rechtfertigung der ›Bironovščina‹, der verhaßten Deutschenherrschaft erscheinen, und obwohl sich später zahlreiche russische Historiker der Bayerschen Auffassung im Prinzip angeschlossen haben, erwies sich das politische Ressentiment jederzeit als reaktivierbar. Die sowjetpatriotische Geschichtsauffassung hat den Kampf gegen die ›Normannisten‹ erneut zu einem nationalen Anliegen gemacht, im Grunde von der gleichen irrationalen These ausgehend wie die russischen Gegner Bayers im 18. Jahrhundert, daß jeder ein überzeugter oder politisch korrumpierter Feind des russischen Volkes sein müsse, der den schwedischen Warägern auch nur einigen Anteil an der Entstehung des ersten russischen Staates zuerkenne.

Läßt man die verhängnisvolle Politisierung des ›Normannistenstreites‹ vom Beginn an beiseite, so ergibt sich ein unleugbares Verdienst der Deutschen Bayer, Gerhard Friedrich Müller (1705–1783) und August Ludwig von Schlözer (1735–1809) um die russische Geschichtswissenschaft. Das Verdienst Bayers lag weniger in der Entwicklung seiner Normannenthese als in der Vermittlung wissenschaftlicher, insbesondere philologischer Methodik. Müller hat als Teilnehmer der zweiten Sibirienexpedition Berings die Geschichte

Sibiriens quellenmäßig erschlossen und erstmals dargestellt (1750), Material zur sibirischen Geschichte in einem Umfang gesammelt, der bis heute die vollständige Veröffentlichung verhindert hat, für spätere russische Quelleneditionen unschätzbare Vorarbeit geleistet und sich selbst als Herausgeber, unter anderem der ›Russischen Geschichte‹ Tatiščevs, erfolgreich betätigt. Schlözer schließlich gelang in seinem ›Nestor‹ (1802–1809) die Grundlegung der bis heute nicht abgeschlossenen textkritischen Arbeit an der ältesten russischen Chronik.

Eine wissenschaftlich begründete Darstellung der russischen Geschichte hat auch Schlözer noch für eine Zukunftsaufgabe gehalten, die der langen, sorgfältigen und kritischen Vorbereitung bedürfe; dem Geschichtsschreiber müsse der Geschichtssammler und der Geschichtsforscher vorangehen. Schlözer selbst ist zweifellos, was seine Beschäftigung mit der russischen Geschichte angeht, in erster Linie Geschichtsforscher gewesen; auf seine deutschen Kollegen in Rußland und auf die russischen Historiker seiner Zeit (Ščerbatov, Boltin u. a.) trifft vor allem die Charakteristik als ›Geschichtssammler‹ zu. Die Geschichtsschreibung blieb dem 19. Jahrhundert vorbehalten.

Nikolaj Michajlovič Karamzin (1766–1826) überwand die kritische Vorsicht eines Schlözer im Schwung patriotischer Begeisterung. Seine zwölfbändige ›Geschichte des russischen Staates‹ (1816–1829) wurde von entscheidender Bedeutung für die Ausbildung eines nationalen Geschichtsbewußtseins bei den Gebildeten Rußlands. Das lag nicht an der wissenschaftlichen Fundierung (Schlözers Forderung umfassender Vorarbeiten war noch nicht entfernt erfüllt) und nicht an einer besonderen Originalität der Konzeption – Karamzins Werk blieb zudem unvollendet und reicht nur bis zum 17. Jahrhundert –, sondern an der literarischen Qualität und an der patriotischen Voreingenommenheit. Karamzin steht zwischen dem 18. und dem 19. Jahrhundert, zwischen der Aufklärung und der Romantik. Fundament seines Geschichtsbildes und Achse seines Geschichtsdenkens ist die Autokratie, der Rußland all seine Größe verdanke. Das war erzreaktionär, sofern liberalen und demokratischen Tendenzen die Zukunft gehörte. Aber die Zukunft gehörte auch dem Nationalismus, und die patriotische Parteilichkeit, die sich bei Karamzin auf den Staat, d. h. unter russischen Verhältnissen auf den Herrscher bezog, konnte unschwer auf die Nation übertragen werden. In diesem Sinne war Karamzins Darstellung der russischen Geschichte zweifellos fortschrittlich.

An kritischen Stimmen hat es gleichwohl nicht gefehlt. Sie kamen nicht nur von liberalen Gegnern der Autokratie, sondern auch aus dem Kreise der Historiker. Aber das Verdienst, Interesse an der nationalen Vergangenheit in einer breiteren Schicht erweckt sowie die Erforschung und Darstellung der Geschichte zu einem nationalen Anliegen erhoben zu haben, kann Karamzin nicht abgesprochen werden. Die Fülle des Materials, das er in seinem Werk verarbeitete, vermag freilich nicht darüber hinwegzutäuschen, daß wesentliche Voraussetzungen für eine wissenschaftlich begründete Synthese der russischen Geschichte nach wie vor fehlten. Vor allem fehlte eine systematische Sammlung und Veröffentlichung der wichtigsten Quellen. Bemühungen, die darauf abzielten, die nationale Geschichte in ihren noch erhaltenen Zeugnissen ans Licht zu heben und zum Gegenstand patriotischer Begeisterung zu machen, lagen im Zuge der Zeit. Rußlands Gebildete hatten ein Jahrhundert der petrinischen Europäisierung hinter sich, als unter dem jungen Kaiser Alexander I. auch an die maßgebenden Stellen des Staates Männer kamen, die das geistige Leben Europas ohne Verzögerung und in vollem Umfang mitlebten. Das bedeutete unter anderm auch staatliche Initiative und staatliche Mittel für die Zwecke der Geschichtswissenschaft. Zum Teil wurden die Universitäten Träger dieser Bestrebungen, bei denen das Interesse der Gesellschaft und die wohlwollende Förderung des Staates fürs erste fruchtbar zusammenwirkten – ein im zaristischen Rußland nicht eben häufiger Fall. Die erste, berühmteste und produktivste ›historische Gesellschaft‹ entstand 1804 an der Moskauer Universität; die übrigen Universitäten folgten im Laufe der Zeit diesem Beispiel. In den Publikationen der ›historischen Gesellschaften‹, allen voran in den ›Čtenija‹ der Moskauer, die später als eine umfangreiche Vierteljahresschrift erschienen, ist eine nahezu unübersehbare Fülle von Quellen und Untersuchungen veröffentlicht worden.

Die Aufgabe der systematischen Quellenpublikation hat jedoch eine andere Institution übernommen und in gewissem Umfang auch erfüllt – die 1834 gegründete Archäographische Kommission bei der kaiserlichen Akademie der Wissenschaften in Petersburg. Die Archäographische Kommission bedeutete nicht den Beginn einer entsprechenden Tätigkeit der Akademie, sondern die endgültige organisatorische Form, die damit gefunden war. Publikationen wie die ›Sammlung der Staatsurkunden und Staatsverträge‹ (Sobranie gosudarstvennych gramot i dogovorov, 4 Bde. 1813–1828, Bd. 5 1894) und Sammlungsunternehmen wie die berühmte ›Archäographische Expedition‹ unter der Führung von Stroev (1829–1832) waren vorausgegangen. Von nun an aber war die systematische Quellenpublikation in Rußland ebenso mit der Archäographischen Kommission verknüpft wie in Deutschland mit dem Unternehmen der Monumenta; daß die Monumenta Germaniae Historica als Beispiel und Vorbild wirkten, steht außer Zweifel. Fast ein Jahrhundert ist die Archäographische Kommission mit Erfolg tätig gewesen, ehe sie 1929 beim Umbau der Petersburger Akademie zur Akademie der Wissenschaften der UdSSR von der Bildfläche verschwand. Der Zeitpunkt war der Geschichtswissenschaft nicht günstig. Inzwischen hat sich allerdings die Geschichtsfreudigkeit des sowjetischen Staates wiederum beträchtlich gehoben, und was die Begeisterung der nationalen Romantik ins Leben gerufen hatte, das ließ die Begeisterung des Sowjetpatriotismus wiedererstehen: Seit wenigen Jahren existiert wieder eine Archäographische Kommission, die seit 1957 ein eigenes Jahrbuch herausgibt (Archeografičeskij Ežegodnik) und mit der kaiserlichen den Namen, den Sammeleifer und die nationale Zielsetzung, wenn auch unter anderen Vorzeichen, gemeinsam hat.

Welche Bedeutung die Archäographische Kommission sofort für die russische Geschichtswissenschaft gewann, läßt eine Aufzählung der wichtigsten Publikationsreihen deutlich werden, die nun ihr Erscheinen begannen: Den Beginn machten 1836 vier Bände von ›Akten, gesammelt in den Bibliotheken und Archiven des russischen Imperiums durch die Archäographische Kommission der Kaiserlichen Akademie der Wissenschaften‹ (Akty sobrannye v bibliotekach i archivach Rossijskoj Imperii Archeografičeskoju Ėkspedicieju Imperatorskoj Akademii Nauk), 1841/1842 folgten fünf Bände ›Historische Akten, gesammelt und herausgegeben von der Archäographischen Kommission‹ (Akty istoričeskie sobrannye i izdannye Archeografičeskoju Kommissieju), in den Jahren 1846–1872 durch 12 weitere Bände ergänzt (Dopolnenija k aktam istoričeskim, izdannym Archeografičeskoju Kommissieju); 1841 schließlich erschien auch der erste Band der ›Vollständigen Sammlung russischer Chroniken‹ (Polnoe Sobranie russkich letopisej), der langlebigsten und angesichts der besonderen Bedeutung dieser Quellengattung in Rußland wohl wichtigsten Quellenserie, deren vorläufig letzter, 37. Band 1982 veröffentlicht wurde.

Die Publikationstätigkeit der Archäographischen Kommission ist damit kaum mehr als angedeutet, und mindestens ebenso wichtig wie die eigene Tätigkeit war die Vorbildwirkung, die von dieser ausging. Andere Institutionen folgten dem Beispiel des Sammelns und Edierens, die Provinz folgte der Hauptstadt. In wenigen Jahrzehnten war die Forderung, die einst Schlözer gestellt hatte, weitgehend erfüllt. Mit der Quantität der edierten Quellen hob sich die Qualität der textkritischen Arbeit, und es entfaltete sich in voller Breite all das, was wir heute mit dem Begriff der Geschichtswissenschaft verbinden.

Auf diesem Hintergrund der Entfaltung einer modernen Wissenschaft sind die großen Darstellungen der russischen Geschichte zu sehen, die nun in der zweiten Hälfte des 19. Jahrhunderts einsetzten. Selbstverständlich waren die russischen Historiker so wenig wie andere Historiker den Meinungskämpfen ihrer Zeit enthoben. Aber mit den berühmten Kontroversen der russischen Geistesgeschichte, mit dem hitzigen Gefecht nationalistischer und sozialistischer Ideologien hatten die besten von ihnen wenig zu schaffen. Als Gelehrten hohen Ranges war ihnen die Europäisierung weniger Diskussionsthema und Seelenqual als ein in der Wissenschaft selbstverständliches und unabänderliches Faktum.

Das gilt z. B. von Sergej Michajlovič Solov́ev (1820–1879), dem Vater des in Europa viel bekannteren Philosophen Vladimir Solov́ev. Seine ›Geschichte Rußlands von den ältesten Zeiten an‹ (Istorija Rossii s drevnejšich vremen), 1851 bis zum Tode des Verfassers in 29 Bänden erschienen und in der Darstellung bis in die Zeit Katharinas II. reichend, steht turmhoch über dem Werk Karamzins. Es ist nicht nur der höhere Grad kritischer Quellenauswertung, die weit größere Breite des benutzten Materials und die unbefangen nüchterne Haltung gegenüber angeblicher historischer Größe, die Solov́ev vor Karamzin auszeichnen, sondern vor allem die Einsicht in größere Zusammenhänge geschichtlicher Entwicklung, die ihm Hegel und Ranke vermittelten. Noch steht in seinem Werk zwar der abstrahierte historische Gedanke neben einer Enzyklopädie des Geschichtlichen, aber es ist beides da. Solov́ev wußte es selber, daß ihm die Kraft zur innigen Verbindung und Durchdringung dieser beiden Elemente nicht gegeben war, und er hat die Lösung dieser Aufgabe von der folgenden Generation erhofft. Darin ist er nicht enttäuscht worden.

Vasilij Osipovič Ključevskij (1841–1911), Solov́evs Schüler, hat das, was Solov́ev enzyklopädisch ausgebreitet hatte, wiederum zu einer erfaßbaren Form komprimiert. Der Titel seiner Gesamtdarstellung, die als ›Kurs der russischen Geschichte‹ (Kurs russkoj istorii) durch Übersetzungen bis heute außerhalb Rußlands die verbreitetste von einem russischen Historiker stammende Gesamtdarstellung der russischen Geschichte ist, bringt das zum Ausdruck. Fünf Bände (1904 bis 1921) umfaßt immerhin auch dieser ›Kurs‹, aber Ključevskij will gar nicht das Werk Solov́evs ersetzen, er setzt es vielmehr voraus. Nicht daß der glänzende Stilist die Niederungen geschichtswissenschaftlicher Kleinarbeit prinzipiell gescheut hätte – er hat auch auf diesem Gebiet viel und Hervorragendes geleistet, aber er hielt es nicht mehr für möglich, die bunte Vielfalt des Geschichtlichen Faktum für Faktum in Wort und Satz zu bannen und gleichzeitig dem ›Sinn der Geschichte‹

oder dem historischen Gesamtmechanismus auf die Spur zu kommen. Jahreszahlen und Fakten muß man bei Solov́ev nachlesen, Ključevskij sucht hinter dem Ablauf der Ereignisse und hinter dem äußeren Erscheinungsbild das bewegende Kräftespiel zu ergründen. Und es ist für die russische Geschichtswissenschaft von weitreichender Bedeutung geworden, daß Ključevskij, Vorbild und Lehrer der letzten vorrevolutionären Generation russischer Historiker, die geschichtlich entscheidenden Kräfteverschiebungen nicht im Bereich des Staatspolitischen fand wie Solov́ev und nicht im Bereich des Institutionellen wie andere seiner Vorgänger, sondern im Bereich des Sozialen. Seit Ključevskij hat die russische Geschichtswissenschaft ihren Schwerpunkt in der Sozial- und Wirtschaftsgeschichte, eine Tatsache, die manchen individuellen Übergang in die sowjetische Epoche ohne Zweifel vorbereitet und erleichtert hat.

Von der russischen Geschichtswissenschaft in der letzten Phase vor dem Umbruch des Jahres 1917 gilt dasselbe, was vom russischen Geistesleben dieser Zeit überhaupt gesagt werden kann: Es war zwar kein goldenes, aber immerhin ein silbernes Zeitalter, eine Zeit nicht der alles überragenden Genies, aber der zahlreichen bedeutenden Talente, für die Elite in Kunst und Wissenschaft eine Zeit – vielleicht zum erstenmal – der unverkrampften, selbstverständlichen Zugehörigkeit zu Europa. Auf dem Gebiet der Geschichte ist sie erkennbar in einer Gesamtleistung, die den Vergleich mit anderen Ländern nicht zu scheuen braucht. Dazu gehören am Rande auch Gesamtdarstellungen, besser Lehrbücher, wie die von Sergej Fedorovič Platonov (1860–1933) und Aleksandr Evgenevič Presnjakov (1870–1929), um wenigstens diese Namen stellvertretend für viele zu nennen.

An diese Gesamtleistung hat die Geschichtswissenschaft in der Sowjetunion nach fast zwei Jahrzehnten eines erschütternden Niederganges noch anknüpfen können, als die kommunistische Staatsführung ein sowjetpatriotisches, nationalistisches Geschichtsbild in ihre Ideologie einzubauen begann und in der Historie ein nützliches Mittel zu diesem Zweck erkannte. Auf dieser Gesamtleistung baut auch auf, was russische Historiker außerhalb des Sowjetbereiches und nichtrussische Historiker auf dem Gebiet der russischen Geschichte forschend und darstellend geleistet haben und leisten. Dasselbe Erbe hier wie dort, nur wird es freilich nicht im gleichen Sinne verwaltet. Während in der Sowjetunion der alle Geschichte erhellende Gedanke vorgegebener Zwang ist und die Wissenschaft im enzyklopädischen Sammeln wie im liebevollen Präparieren des geschichtlichen Details ein Dasein des erstaunlichen Trotzdem fristet, sucht man außerhalb der Sowjetsphäre dort, wo das Bemühen um die russische Geschichte ernsthaft ist, unvoreingenommen mit den Mitteln wissenschaftlichen Erkennens hinter den Schleier der Erscheinungen zu dringen.

Der Schauplatz

Die Erkenntnis, daß das menschliche Leben und daher auch alle Geschichte abhängig sind von der natürlichen Umgebung, in der sie sich abspielen, von den geographischen Gegebenheiten, die nicht zu verändern sind, sondern nur durch Anpassung im Sinne der Lebensmöglichkeit überwunden werden können – die Erkenntnis vom Einfluß der Natur auf die Geschichte ist sehr alt. Nur über das Ausmaß dieses Einflusses sind die Ansichten seit jeher verschieden. Die russische Geschichte gilt im besonderen als ein Produkt der Landesnatur, nicht nur Außenstehenden, die leicht dazu neigen, die Fremdartigkeit der Menschen mit oder ohne Umweg über die Geschichte aus der Fremdartigkeit des Landes zu erklären, sondern auch den Russen selbst. Die Begegnung mit dem Westen Europas, der in der russischen Geschichte neuerer Zeit so zentrale Bedeutung zukommt, mag beiden Partnern den Unterschied überdeutlich ins Bewußtsein gerückt haben. Und wer wollte leugnen, daß sich die reich gegliederten Landschaften des mittleren und westlichen Europa von den Waldebenen und Steppen Eurasiens beträchtlich unterscheiden? Aber ehe man daraus weitreichende Schlüsse zieht, sollte man folgendes bedenken:

Die russische Geschichte ist nicht von Anfang an Geschichte

Eurasiens. Das gewaltige Territorium, über das sich das Imperium der russischen Zaren am Ende des 19. Jahrhunderts erstreckte, ist sehr allmählich entstanden; es ist aus einem Kernraum der russischen Geschichte gewachsen, dessen Ausdehnung viel weniger imponierend war. Er umfaßte nicht mehr als das Gebiet der oberen Düna, der oberen Wolga und des oberen und mittleren Dnepr, also nur einen relativ bescheidenen Teil des sogenannten europäischen Rußland, und zwar den mittleren Westen. Dieser Kernraum der russischen Geschichte – ein flaches, wasserreiches Waldland, nur im Süden zur Übergangszone der Waldsteppe aufgelockert – ist weder so groß, noch seiner natürlichen Beschaffenheit nach so eigenartig und etwa von der benachbarten polnischen Landschaft so grundverschieden, daß sich daraus allein der Verlauf der russischen Geschichte erklären ließe. Allerdings entbehrt er eindeutiger, ein ernsthaftes Hindernis bildender natürlicher Grenzen, d. h. günstige Möglichkeiten zur Expansion waren hier immer vorhanden, aber sie wurden erst verhältnismäßig spät verwirklicht: dauerhafte russische Herrschaft und Siedlung gab es im südlichen Steppenstreifen nicht vor dem 16., jenseits des Urals praktisch nicht vor dem 17. Jahrhundert, und selbst der Norden des europäischen Rußland ist siedlungsmäßig erst spät und zögernd aufgeschlossen worden.

Drei Elemente bestimmen die Landschaft des europäischen Rußland und das Leben in ihr: Die Vegetationszonen, das Flußsystem und das Klima. Die Vegetationszonen sind von Norden nach Süden folgende: die Tundra, der Wald – zunächst als reiner Nadelwald, weiter im Süden dann als Mischwald –, die Steppe. Zwischen Wald und Steppe schiebt sich die Übergangszone der Waldsteppe mit einem schon stark aufgelockerten und Veränderungen von Menschenhand besonders ausgesetzten Baumbestand. Beiderseits der unteren Wolga geht die Steppe schließlich in eine wüstenähnliche Vegetationszone über, im asiatischen Teil Rußlands, der die selben Vegetationszonen aufweist, in richtige Wüste. Wichtig ist, daß die Grenzen der Vegetationsstreifen nicht parallel zu den Breitengraden verlaufen, sondern von Südwesten nach Nordosten. So liegt die Grenze zwischen Mischwald und

Waldsteppe etwa in der Linie Kiev–Kazań, die zwischen Waldsteppe und Steppe in der Linie Kišinev–Chaŕkov–Saratov, d. h. Mischwald und Waldsteppe bilden im europäischen Rußland einen Keil, dessen Spitze nach Osten gerichtet ist, die Steppenzone dagegen einen, dessen Spitze nach Westen zeigt. Dem Verlauf der Vegetationszonen entspricht die von Norden nach Süden zunehmende Qualität des Bodens; die berühmten Schwarzerde-Böden liegen in der Waldsteppe und in der Steppe. Zu ihnen drängte begreiflicherweise der russische Bauer, gerade hier aber stieß er in den Steppennomaden auf einen lange Zeit überlegenen Gegner. Der ›Kampf zwischen Wald und Steppe‹ wird von Solov́ev ganz im Geiste antik-europäischer Überlieferung als ein Hauptthema der russischen Geschichte empfunden: »Asien hört nicht auf, räuberische Horden auszusenden, die auf Kosten der seßhaften Bevölkerung leben wollen; es ist klar, daß in der Geschichte der letzteren eine der Haupterscheinungen der unaufhörliche Kampf mit den Steppenbarbaren sein wird.«

Durch das Flußsystem wurde der Anreiz zur Ausbreitung, den die ebene Landschaft mit ihren sanften Übergängen ausübte, noch wesentlich verstärkt. Von kaum merklichem Gefälle und sehr geringer Fließgeschwindigkeit, sind die Flüsse Rußlands, auch die zahllosen kleineren, bis in ihr Quellgebiet schiffbar. Die Stromschnellen des Dnepr sind eine Ausnahme, als solche für Kiever Fürsten wie für ukrainische Kosaken von immer wieder feststellbarer geschichtlicher Bedeutung. Sonst aber waren und sind die Flüsse und Ströme Rußlands bequeme, hindernisfreie und sichere Verkehrswege. Der dichte, straßenlose Wald ließ sich für die ostslavischen Siedler überhaupt nur auf Wasserläufen durchqueren, die Siedlung hielt sich an die Hauptströme, folgte dann den Nebenflüssen stromaufwärts und stieß erst zuletzt in den Wald selbst vor. Dabei war es von großer Bedeutung, daß die Quellgebiete von Düna, Dnepr und Wolga so nahe beieinander liegen, daß diese Ströme praktisch ein einziges System bilden. Durch Nebenflüsse konnte auch zum Don und zu den Flüssen, die in das Eismeer münden, leicht eine Verbindung hergestellt werden. Ehe die Technik imstande war, diese Verbindung durch

Kanäle zu bilden, transportierte man die leichten Flußfahrzeuge über sogenannte Schleppstellen (Voloki, eine Bezeichnung, die noch heute in vielen Ortsnamen erhalten ist) über Land, ein Verfahren, das die Waräger auf ihrem Wege von der Ostsee ins Schwarze Meer ebenso anwendeten wie die Kosaken bei der Erschließung Sibiriens. Solange der feindliche Nomade die Steppe beherrschte, boten die Flüsse auch den sichersten Weg durch diese.

Auch in Rußland ist der Fluß freilich nur dann bequemer Verkehrsweg, wenn er in die Richtung fließt, in die man will; andernfalls sind auch die russischen Flüsse nicht verkehrsfördernd, sondern verkehrshindernd, nicht nur ihrer Größe, sondern auch ihrer vielfach sehr steilen Ufer wegen. Weiträumige Bewegungen quer zu den Flußläufen sind schwierig. So stellte auch die südrussische Steppe, von zahlreichen, tief eingeschnittenen Wasserläufen durchquert, für Tataren und Kosaken keineswegs einen hindernisfreien Tummelplatz dar, auf dem man sich in allen Richtungen beliebig bewegen konnte, sondern ganz im Gegenteil ein schwieriges und hindernisreiches Gelände, das genaue Ortskenntnis erforderte und für größere Verbände nur auf ganz bestimmten, den Wasserscheiden folgenden Wegen (šljachi) zu durchziehen war. Eine Tatsache, die im ›Kampf des Waldes mit der Steppe‹ von großer Bedeutung war, weil sie die Aufgabe der russischen Verteidiger wesentlich erleichterte: Große Tatarenheere konnten nur auf bestimmten, wohlbekannten Anmarschwegen kommen, und auf diese konnte man daher die Verteidigung konzentrieren.

Lebens- und Bewegungsmöglichkeiten des Menschen sind schließlich abhängig vom Klima. Rußland hat, von der Schwarzmeerküste abgesehen, ein extrem kontinentales Klima mit langen, kalten und schneereichen Wintern und mit kurzen, heißen, normalerweise nicht besonders trockenen Sommern. Die Härte des Klimas nimmt nach Norden und nach Osten hin zu. Die Übergangszeiten der Frühjahrsschneeschmelze (ottepel' = Tauwetter!) und der Herbstregen machen das Land – vor allem im Schwarzerdegebiet – praktisch unpassierbar (rasputica = Zeit der schlechten Wege). Auch dies eine Tatsache, mit der die Strategen aller Zeiten rechnen mußten. In anderen Ländern und unter anderem Himmel gebildete Vorstellungen bedürfen der Korrektur: Der Winterkrieg ist in der russischen Geschichte keine Ausnahme, die man zu vermeiden trachtet und nur unter dem Zwang der Notwendigkeit in Kauf nimmt, sondern eine Normalerscheinung. Zwar lägen auch die Russen gewiß lieber in der warmen Jahreszeit zu Felde, aber der Frühwinter (November, Dezember) ist für große Truppenbewegungen bei weitem am günstigsten. Die Wasserläufe sind schon zugefroren, aber die großen Schneefälle stehen noch aus, und gegen die Kälte kann man sich schützen, an sie kann man sich sehr weitgehend gewöhnen. Die Katastrophe der Grande armée im Frühwinter des Jahres 1812 ist nicht zuletzt auch dadurch zu erklären, daß der landeskundige russische Gegner eine erhöhte Beweglichkeit gewann; der Winter 1812/1813 begann weder besonders früh, noch war er für russische Verhältnisse außergewöhnlich kalt. Die Beispiele ließen sich leicht vermehren; auch der große Mongolensturm war ein Winterfeldzug (1237/1238).

Die natürlichen Voraussetzungen des russischen Landes vermögen manches an der russischen Geschichte besser verständlich zu machen, produziert haben sie die russische Geschichte nicht. Sie stellten den Menschen Aufgaben, mit denen diese fertig werden mußten, wenn sie im Lande leben wollten, aber das Tun und Treiben der Menschen, sofern es den Namen Geschichte verdient, erschöpft sich nicht in der Auseinandersetzung mit der Natur. Das Entscheidende in der Geschichte ist nicht die Geographie, sondern der Mensch.

DIE LANDNAHME

Die Vorbevölkerung

Menschliche Siedlung hat es in Rußland seit der Steinzeit gegeben, ob wir nun das europäische Rußland im geographischen Sinne ins Auge fassen oder jenen Kernraum, in dem sich später der erste russische Staat bilden sollte. Zu einem Teil hat sich auch hier die Urgeschichte der Menschheit abgespielt, und es gilt, was von dieser im übrigen zu sagen ist. Was der Spaten der Archäologen freilegt, erlaubt zwar gewisse Schlüsse auf die Lebensweise dieser ersten ›Osteuropäer‹ und auf die Zeit, in der sie lebten, läßt vielleicht auch größere Zusammenhänge sogenannter prähistorischer ›Kulturen‹ ahnen, aber die Träger dieser Kulturen bleiben für uns namenlos und stumm. Auch das spärliche Licht, das von den Grenzen der antiken Welt her die unmittelbar anschließenden Gebiete des mittleren und östlichen Europa zu erhellen begann, läßt die weiten Räume im unwirtlichen, dicht bewaldeten Norden des Kontinents für den antiken Betrachter und damit auch für uns im Dunkel. Im Grunde sind es Rückschlüsse von einem viel späteren, historisch erfaßbaren Zustand, mit deren Hilfe wir die ›Vorgeschichte‹ zu verstehen suchen. Und damit bleiben wir, solange nicht das geschriebene Wort zur Quelle unserer Erkenntnis wird, im Bereich mehr oder minder wahrscheinlicher Hypothesen und endloser wissenschaftlicher Kontroversen.

Der ›erfaßbare Zustand‹ sieht etwa folgendermaßen aus: Im südrussischen Steppenstreifen herrscht Bewegung. Hierher entsendet Asien durch die Völkerpforte zwischen Ural und Kaspischem Meer seine ›nomadischen Horden‹, hier lösen einander die Völker und Namen in rascher Folge ab, beginnend mit den Skythen und Sarmaten und endend mit den Mongolen-Tataren. Das Waldgebiet nördlich davon ist von Völkerschaften der finnugrischen Sprachfamilie bewohnt, die im Westen beiderseits des finnischen Meerbusens die Ostsee erreichen und mit ihrem östlichen, ugrischen Zweig über den Ural hinweg nach Asien hinübergreifen. An der Ostseeküste schließen in südwestlicher Richtung die baltischen Völkerschaften an, und zwischen diesen und den dako-thrakischen Stämmen im Donaugebiet muß die sogenannte ›Urheimat‹ der Slaven gelegen sein.

Bewegung hat es natürlich auch in den nördlichen Wäldern gegeben, aber da sie sich fern von den Grenzen des Imperium Romanum vollzog, ist sie für uns nur undeutlich und nur aus ihren Ergebnissen erkennbar. Auch müssen wir annehmen, daß ihr der Wald ein viel langsameres Tempo auferlegte, als es die offene Steppe ihren Bewohnern gestattete. Gehen wir vom Ergebnis aus, so sind die Slaven in einer erstaunlichen Ausbreitung nach allen Seiten die Hauptträger dieser Bewegung gewesen. Die Lage der slavischen ›Urheimat‹, also jenes Raumes, von dem aus die Ausbreitung erfolgte, ist weder durch archäologische, noch durch historische Quellen eindeutig zu bestimmen. Denn weder läßt sich eine bestimmte prähistorische Kultur nachweisbar mit den Slaven und nur mit den Slaven verbinden – daß die Träger der sogenannten Lausitzer Kultur Slaven gewesen seien, wird ebenso oft behauptet wie bestritten –, noch bieten die bei antiken Schriftstellern erhaltenen spärlichen Angaben genügend Anhaltspunkte. Lediglich die Sprachwissenschaft ist vorläufig imstande, Argumente zu liefern, die unsere Vorstellungen von der slavischen ›Urheimat‹ über die Stufe bloßer Vermutungen hinausheben. Die ältesten erhaltenen Sprachdenkmäler zeigen das Slavische nicht mehr als eine einheitliche Sprache, sondern zwingen dazu, bereits drei voneinander unterschiedene Gruppen innerhalb des Slavischen festzustellen – eine westliche, eine südliche und eine östliche. Die Unterschiede sind noch relativ gering, so daß die slavische Spracheinheit nicht allzu lange vor dem erfaßbaren Zustand gelegen sein muß; man setzt sie in die Zeit zwischen dem vierten vorchristlichen und dem vierten nachchristlichen Jahrhundert. Andere Argumente lassen auch eine gewisse räumliche Abgrenzung zu. Danach hätten die ›Urslaven‹ in dem Raum nördlich der Karpaten zwischen Weichsel, Düna und oberem Dnepr gewohnt, ohne die Küste der Ostsee zu erreichen. Es gibt kaum eine Meinungsverschiedenheit darüber, daß dieses Gebiet ›Urheimat‹ der Slaven gewesen ist, wohl aber darüber, ob nur dieses Gebiet. Polnische Forscher neigen dazu, die slavische ›Urheimat‹ nach Westen auszudehnen und bis zur Elbe reichen zu lassen, russische dehnen sie nach Osten über den Dnepr hinaus bis in das Gebiet der oberen Wolga und des oberen Don aus. Allein diese Feststellung zeigt, daß die Frage der ursprünglichen slavischen Wohnsitze vielfach nicht ohne Rücksicht auf nationales Prestige erörtert wird.

Sicher erscheint jedenfalls, daß die späteren russischen Westgebiete zwischen mittlerem Dnepr und oberem Dnestr sowie beiderseits des Pripet' sehr alter slavischer Siedlungsboden sind. Man hat sogar gemeint, daß die Unzugänglichkeit der Pripet'sümpfe die Slaven davor bewahrte, in die weiter südlich vor sich gehenden Bewegungen frühzeitig hineingezogen zu werden. Im übrigen wird es kaum je gelingen, für eine so frühe Zeit in einem Raum auch nur einigermaßen genaue Grenzen festzulegen, in dem es selbst in historischer Zeit noch für lange nur ausgedehnte Grenzgebiete und Grenzzonen gegeben hat. Die fließenden Übergänge der Landschaft lassen auch Siedlungsgebiete und Sprachen ineinander übergehen, selbst heute noch, da auch das östliche Europa die Errungenschaft linearer und wirksamer Grenzen längst kennt. In einem – allerdings sehr kleinen – Teil des russischen Raumes sind die Slaven also autochthon; man könnte, wenn man von derartigen Konstruktionen etwas hielte, von einer ›Urheimat‹ der Ostslaven sprechen.

In der Lebensweise unterschieden sich die ursprünglichen Bewohner Rußlands. Den Hauptunterschied bedingten Steppe und Wald. Aber auch innerhalb des Waldgebietes lebte man nicht überall in der gleichen Weise. Während die finnugrischen Stämme vor allem in Jagd und Fischfang ihren Unterhalt fanden, müssen Slaven und Balten früh die Bestellung des waldfreien oder gerodeten Bodens aufgenommen haben, wiewohl auch bei ihnen Jagd, Fischfang und das ausgesprochene Waldgewerbe der Zeidlerei, der Ausbeutung wilder Bienen, wichtige Wirtschaftszweige bildeten. Nehmen wir das Ergebnis der Geschichte vorweg, so können wir sagen, daß am Ende der slavische Bauer über den finnischen Jäger und über den türkischen Hirtennomaden gesiegt hat. Voraussetzung dazu war die Ausbreitung der slavischen, in unserem Falle der ostslavischen Siedlung.

Die ostslavische Landnahme

Die älteste russische Chronik, die ›Erzählung der vergangenen Jahre‹, hat den Stand der ostslavischen Siedlung, wie er nach der Vorstellung des Chronisten vor der Entstehung des russischen Staates erreicht war, festgehalten. »So kamen die Slaven auch an den Dnepr« – heißt es da – »und ließen sich da nieder und nannten sich Poljane, andere wieder Drevljane, denn sie wohnten in Wäldern; wieder andere siedelten zwischen Pripet' und Dvina (Düna) und hießen Dregoviči; andere saßen an der Dvina und nannten sich Poločane nach dem Flüßchen Polota, das in die Dvina mündet. Slaven wohnten auch um den Ilmensee, die nannten sich mit ihrem Namen, d. h. Slaven (Slovene), und bauten eine Stadt und nannten sie Novgorod. Wieder andere siedelten an der Desna, am Sejm und an der Sula, die hießen Severjanen«. Solche Stammeskataloge enthält die älteste russische Chronik in verschiedenem Zusammenhang mehrere; die Aufzählungen weichen etwas voneinander ab, so daß wir außer den schon genannten noch andere ostslavische Stämme kennen lernen: die Kriviči, ›die an den Oberläufen von Wolga, Dvina und Dnepr wohnen und deren Stadt Smolensk ist‹, ferner die Bužane am Bug, die später Velynjane (Wolhynier) hießen. In einem Fall deutet der Chronist sogar eine Wanderung innerhalb des Slaventums an und unterscheidet Slaven im Sinne von Ostslaven von den Ljachen, d. h. Polen (Westslaven): »Die Poljane« – so berichtet er – »lebten für sich und waren, wie gesagt, von slavischem Stamm und nannten sich Poljane, und ebenso waren die Drevljane Slaven und nannten sich Drevljane; die Radimiči und Vjatiči aber stammten von den Ljachen. Denn es waren zwei Brüder unter den Ljachen – Radim, der eine, und Vjatko, der andere –, die kamen und ließen sich nieder, Radim am Sož, und die nannten sich Radimiči, Vjatko mit seinen Leuten an der Oka, und von ihm nannten sie sich Vjatiči. Und es lebten in Frieden die Poljane und Drevljane, die Sever, die Radimiči, die Vjatiči und die Chrvate. Die Dulebi lebten am Bug, wo jetzt die Velynjane sind, die Uliči und die Tiverci saßen am Dnestr bis an die Donau heran.«

Bringen wir diese Angaben in eine geographische Ordnung, so ergibt sich folgendes Bild: Die Slovenen oder Novgoroder lebten im Gebiet um den Ilmensee, die Poločanen in der Gegend von Polock, östlich davon in der Landschaft um Smolensk die Krivičen; südlich von Poločanen und Krivičen siedelten von Westen nach Osten die Dregovičen an der Berezina, die Radimičen am Sož, die Vjatičen bis in das Gebiet der oberen Oka; südlich des Pripet', nordwestlich von Kiev, finden wir die Drevljanen mit dem Hauptort Korosteń, östlich von ihnen im Flußgebiet der Desna die Severjanen; in Kiev selbst sowie westlich und südwestlich davon wohnten die Poljanen, noch weiter im Westen, im Quellgebiet des Bug, in Wolhynien, die Duleben, und südwestlich von diesen schon am Nordostabhang der Karpaten die weißen Kroaten. Zeitweise scheinen die Ostslaven noch weiter nach dem Süden gelangt zu sein, aber die Mitteilung des Chronisten, daß die Tivercen zwischen Bug und Dnestr, die Uličen zwischen Dnestr und Prut, in jenem Küstengebiet des Schwarzen Meeres, das die Griechen ›Groß-Skythien‹ nannten, ›Städte‹ von Dauer bauten, wird man mit Vorsicht aufnehmen müssen; Groß-Skythien war ein Stück der großen Völkerstraße von Osten nach Westen, die sich in den nachchristlichen Jahrhunderten immer mehr belebte, und es ist wenig wahrscheinlich, daß sie Ostslaven hier längere Zeit unbehelligt bleiben konnten.

Ob der Chronist nun die Verhältnisse seiner eigenen Zeit, des 11. Jahrhunderts, schildert, in der die Stämme als solche keine Bedeutung mehr hatten, oder ob sich in seinem Bericht wirklich die Lage in der ersten Hälfte des 9. Jahrhunderts widerspiegelt, in jedem Falle haben wir das Ergebnis einer Ausbreitung nach Norden, Osten und Süden vor uns, nach deren Gründen zu fragen ist. Warum haben sich die Slaven nach Norden und Osten und nicht die Balten nach Süden und die Finnen nach Westen ausgebreitet? Über die inneren Gründe, die Bewegungen der Völker auszulösen vermögen, können wir nur Vermutungen anstellen: Übervölkerung, Wanderlust, innere Zwiste werden dabei stets im Spiele sein. Aber es lassen sich auch äußere Gründe anführen: 1. Ganz ungestört ist die Ruhe des innereuropäischen Waldbezirks sicher nicht geblieben. So durchquerten ihn die Goten im 2. Jahrhundert von der Weichsel- bis zur Dneprmündung; dabei müssen sie durch slavisches Siedlungsgebiet gezogen sein. Andere Germanenstämme folgten im 3. Jahrhundert, und wenn sie auch nicht so weit nach dem Osten ausholten, so konnten sie doch die Slaven in Unruhe versetzen. 2. Die Wohnsitze der Slaven lagen der großen Völkerstraße im Süden nahe. Es ist nicht unwahrscheinlich, daß Teile von ihnen schon in den Sog des Hunnenzuges geraten sind, jedenfalls waren sie in der ersten Hälfte des 6. Jahrhunderts den Byzantinern wohlbekannte Nachbarn an der unteren Donau und kamen hier nach dem Sieg der Awaren über die Gepiden in Pannonien (567) unter awarische Herrschaft.

Was der Geschichtsschreiber der Goten Jordanes und der oströmische Historiker Prokopios im 6. Jahrhundert über die Völkerschaften nördlich der unteren Donau berichten, hat zu sehr kühnen Hypothesen über die ostslavische Frühgeschichte Anlaß gegeben. Beide erzählen übereinstimmend von den volkreichen Stämmen der Slaven (*Σκλαβηνοί, Σκλάβοι*) und Anten (*Ἄνται, Ἄντες*), beide versetzen die Slaven nach dem Westen, die Anten nach dem Osten, Jordanes allerdings westlich, Prokopios östlich des Dnepr. Da Prokopios ausdrücklich erwähnt, daß Slaven und Anten sich in Sprache, Religion und Lebensweise kaum voneinander unterschieden, liegt die Annahme tatsächlich nahe, daß die Anten im Mündungsgebiet des Dnepr Ostslaven gewesen sind. Aber die Quellen reichen keinesfalls aus, um von einem ›Reich der Anten‹ als erstem ostslavischem Staat zu sprechen. Auch ist es trotz allen Bemühungen nicht gelungen, eine Kontinuität zwischen den Anten des 6. Jahrhunderts und dem Kiever Staat des 9. Jahrhunderts herzustellen. Daß Kij, der sagenhafte Gründer der Stadt Kiev, mit dem bei Prokopios genannten Anten Chilbudii identisch ist, läßt sich nicht beweisen, und daß im 6. und 7. Jahrhundert im Dneprgebiet größere und einheitliche Bodenfunde fehlen, läßt sich nicht anders deuten, als daß damals dieses Gebiet eben nur eine sehr spärliche und nicht seßhafte Bevölkerung aufwies. Der russische Chronist, der so viele Stammesnamen aufzählt, kennt die Anten nicht, und das ist kaum ein Zufall.

Immerhin ist es bemerkenswert, daß sich eine Reihe von anderen slavischen Stammesnamen – Severjanen, Dregovičen, Poljanen, Krivičen, Drevljanen –, die wir aus der ›Erzählung der vergangenen Jahre‹ kennen, auch in byzantinischen Quellen finden, und zwar als Bezeichnungen jener slavischen Gruppen, die über die untere Donau hinaus nach Süden vorgedrungen und auf der Balkanhalbinsel seßhaft geworden waren. Das kann man schwer anders als im Sinne eines ursprünglichen Zusammenhanges deuten, aber schon der Awarenzug hat diesen Zusammenhang offenbar zerrissen, und den Awaren folgten im 7. Jahrhundert die Bulgaren, im 9. Jahrhundert die Magyaren mit sicher ähnlicher Wirkung, während in der Zwischenzeit der Chazarenstaat an der unteren Wolga und am unteren Don seine Macht bis zum Dnepr erstreckte. So müssen wir uns wohl an das halten, was der Chronist berichtet, und voraussetzen, daß die genannten Stämme in der ersten Hälfte des 9. Jahrhunderts jedenfalls die bezeichneten Wohngebiete eingenommen haben, wobei es mehr oder minder offen bleiben muß, durch welche Verschiebungen und zu welchem Zeitpunkt dieser Zustand im einzelnen herbeigeführt worden ist.

Was für Stämme waren das aber nun eigentlich? Waren es durch gemeinsame Abstammung zusammengehaltene Verbände oder waren es um einen Siedlungsmittelpunkt organisierte territoriale Gemeinschaften? Die Frage ist schwer zu beantworten, weil unsere Kenntnisse von der Lebensweise der frühen Ostslaven sehr gering sind. Die Namen der Stämme, soweit wir sie etymologisch deuten können, sprechen eher für einen Territorialverband. Sie enthalten topographische Elemente: Poločane vom Fluß Polota, Poljane von pole = Feld, Derevljane von derevo = Baum. Wenn der Chronist für die Ostslaven in der Gegend des Ilmensees die Bezeichnung ›Slovene‹ und ›Novgorodci‹ (Novgoroder) abwechselnd verwendet, so geht daraus deutlich hervor, daß in seiner Vorstellung bereits der städtische Mittelpunkt des Territoriums das kennzeichnende Stammesmerkmal war. Der Name Novgorod (Neustadt) weist seinerseits darauf hin, daß hier schon die bewußte Inbesitznahme und Besiedlung eine ›neuen‹ Gebietes erfolgt ist, wenn wir auch nicht sagen können, wo die ›alte‹ Stadt der Novgoroder Slaven gelegen war.

Das einzige, was wir der ältesten Chronik entnehmen können, ist ein spürbares Überlegenheitsbewußtsein des Kievers über die hinterwäldlerischen Stämme weiter im Norden, die nach den ererbten Sitten und Gewohnheiten ein jeder für sich lebten und verglichen mit den Poljanen in und um Kiev rückständig und unzivilisiert wirkten. Über die Sitten und Gewohnheiten können die Archäologen einige Aussagen machen, sofern ein materieller Niederschlag dem Boden abgewonnen werden kann. Danach ist der Unterschied zwischen Süden und Norden, zwischen offener Waldsteppe und dem Gebiet dichten Waldes, objektiv feststellbar. Der Süden war kulturell weiter fortgeschritten, in den Methoden der Landwirtschaft ebenso wie in der Entwicklung verschiedener Handwerke. Der Archäologe vermag überdies heute die in der Chronik genannten Stammesgebiete aufgrund bestimmter Merkmale abzugrenzen. Das lange vorherrschende Bild einer undifferenzierten Primitivität der Ostslaven vor der Staatsgründung läßt sich nicht aufrecht erhalten. Im großen und ganzen wird man sagen können, daß das materielle Leben der ostslavischen Stämme im 7. und 8. Jahrhundert von dem der russischen Bauern im Mittelalter und weit darüber hinaus nicht allzu verschieden war.

Viel schwieriger ist die Frage zu beantworten, in welcher sozialen und politischen Ordnung diese Stämme lebten. Die Überlieferung weiß so gut wie nichts von Stammesführern. Gewiß kann man von dem schon erwähnten Antenführer Chilbudii in kühnem Bogen über mehr als drei Jahrhunderte hinweg eine Verbindung zu jenem Drevljanenführer Mal ziehen, der mit dem Kiever Fürsten Igor in Konflikt geriet. Aber man kann die Tatsache nicht übersehen, daß dies auch schon fast alle Namen sind, die wir kennen. Mächtige und politisch erfolgreiche Stammesführer hätten gewiß deutlichere Spuren in der Überlieferung hinterlassen. Die russischen Fürsten in Novgorod und Kiev, die das Kiever Reich zusammenfügten und beherrschten, waren sicher keine ostslavischen Stammesführer; aber sie hatten offenbar auch keine Schwierigkeiten, sich gegen solche durchzusetzen.

Andererseits war es immer etwas rätselhaft, wie die ersten

russischen Städte, die für den Chronisten, wenn man von legendären Gründungssagen absieht, im 9. Jahrhundert einfach da sind, entstanden waren. Die Archäologen haben in den letzten Jahrzehnten dieses Problem etwas erhellen können. An den Plätzen zahlreicher späterer Städte befanden sich im 8. Jahrhundert Gruppen kleinerer, zum Teil befestigter Siedlungen, die noch keine ›Stadt‹, aber Siedlungsmittelpunkte vermutlich in Verbindung mit einem Markt bildeten; den verstärkten Betrieb von Handwerken, vor allem solchen der Metallbearbeitung, meint man in diesen Siedlungen nachweisen zu können. So sah die Vorstufe des späteren Smolensk aus, des Hauptortes der Krivičen; ähnliches hat man bei Tveŕ, Černigov und Kiev sowie an der Stelle des drevljanischen Korosteń festgestellt.

In anderen Fällen hat offenbar die Lage am Rande des ostslavischen Siedlungsgebietes eine Rolle bei der Entstehung von Siedlungszentren gespielt; hier war die Gelegenheit zum Handel mit den Nachbarn und die Notwendigkeit, sich zusammenzuschließen, gegeben. Alt-Ladoga und später Novgorod am Volchov mit dem Zugang zur Ostsee und der Verbindung nach Skandinavien wären hier zu nennen. Izborsk und Pskov als Grenzstädte im Nordwesten, Beloozero im Nordosten an der Šeksna im Gebiet der finnischen Vesen, im Osten Rostov, Murom und Rjazań, alle im Gebiet finnischer Stämme, der Meren, Muromer und Mordvinen, alle mit leichtem Zugang zur Wolga. Stammeszentren können diese Städte in Gebieten, in die sich die ostslavische Siedlung eben erst vorschob, kaum gewesen sein. Umgekehrt wissen bei einer Reihe von Stämmen wie den Radimičen, Vjatičen und Severjanen weder der Chronist noch die Archäologen einen städtischen Mittelpunkt zu bezeichnen.

Siedlungsmittelpunkte, deren Entstehung sich wirtschaftlich begreifen läßt, gab es also. Ihre politische Bedeutung bleibt unklar, auch läßt sich kaum etwas darüber aussagen, ob sie etwa Mittelpunkte eines religiösen Kultes gewesen sind. Natürlich ist es nicht vorstellbar, daß diese ›Stämme‹ – erkennbare, namentlich bekannte territoriale Gemeinschaften – ohne eine innere Ordnung gelebt haben sollten. Aber soviel auch darüber geschrieben worden ist, mehr als Vermutungen, mehr als Hypothesen von größerer oder geringerer Wahrscheinlichkeit konnten das Ergebnis nicht sein. S. Solovev war der Meinung, daß der ›rod‹, die Sippe, also eine auf dem genealogischen Zusammenhang, auf Blutsverwandtschaft beruhende Einheit, die Grundform der ursprünglichen ostslavischen Lebensweise gewesen sei. Er übertrug dabei die aus der Geschichte bekannten Beziehungen innerhalb der herrschenden fürstlichen Sippe der Rjurikiden auf das vorgeschichtliche Stadium und verallgemeinerte ein dynastisches Prinzip zu einem sozialen; das ist sicher unzulässig, selbst wenn man dem Umstand keine besondere Bedeutung beimißt, daß die Rjurikiden ursprünglich keine Ostslaven, sondern Skandinavier gewesen sind. Die Slavophilen dagegen, vor allem Konstantin Aksakov, glaubten an eine urtümliche demokratische Lebensform der Slaven überhaupt und der Ostslaven im besonderen in Gestalt der Dorfgemeinde, der ›obščina‹ oder, wie sie später hieß, des ›mir‹. Auch sie übertrugen eine relativ junge geschichtliche Erscheinungsform auf eine viele Jahrhunderte ältere Epoche, verallgemeinerten sie und machten aus ihr zugleich ein alle Zeit gültiges soziales Ideal, d. h. eine Ideologie. Der erbitterte Streit zwischen den Vertretern des ›Sippenlebens‹ (rodovoj byt) und den Vertretern des ›Gemeindelebens‹ (obščinnyj byt) war vom Standpunkt der Wissenschaft ein Streit mit gleich schlechten Argumenten; in der russischen Ideengeschichte des 19. Jahrhunderts hat er allerdings seine Bedeutung gehabt. Aus den Quellen läßt sich für die Ostslaven weder das eine noch das andere wahrscheinlich machen, geschweige denn beweisen.

Etwas weniger spekulativ ist der Versuch, die ostslavischen Verhältnisse aus Analogien bei anderen slavischen Völkern zu verstehen. So hat sich bei den Südslaven eine offenbar sehr alte Form des Zusammenlebens in Gestalt der Hausgemeinschaft, der ›Zadruga‹, bis in die Neuzeit erhalten. Nun wäre es ohne Zweifel sehr problematisch, eine Lebensform, die sich in den abgeschlossenen Tälern kroatischer Küstenclans erhalten hat und in kroatischen Rechtsdenkmälern des 13. bis 15. Jahrhunderts widerspiegelt, auf die in ganz anderen Verhältnissen lebenden Ostslaven viel früherer Zeit zu übertragen, nur weil es sich in beiden Fällen um Slaven handelt. Aber es gibt in der Tat einen alten soziologischen Terminus, der sowohl bei den Südslaven (im Statut von Poljica) wie bei den Ostslaven (in der Russkaja Pravda) vorkommt, und das zeigt immerhin, daß solche Analogien nicht von vorneherein von der Hand zu weisen sind. Nur ist es schwer, von der ›verv‹ mehr zu sagen, als daß sie eine soziale Organisation nicht allzu großen Umfangs mit gewissen rechtlichen Funktionen gewesen sein muß. Ob sie ein Geschlechtsverband oder eine Dorfgemeinschaft gewesen ist, bleibt unklar; das eine konnte zudem in das andere übergehen, so daß sich die Prinzipien gar nicht säuberlich trennen lassen.

Fassen wir zusammen, so ergibt sich aus dem wenigen, was wir über die frühen Ostslaven wissen oder erschließen können, daß die Vorstellung kultureller Primitivität auf sie zwar nicht in dem Maße zutrifft, wie man das lange Zeit für selbstverständlich gehalten hat, daß sie aber in ihrer sozialen und politischen Organisation für uns merkwürdig unprofiliert bleiben. Trifft der Verfasser der ältesten russischen Chronik nicht im Grunde den Kern der Sache, wenn er die Novgoroder Slovenen und die Krivičen zu den Warägern jenseits des Meeres sagen läßt: »Unser Land ist groß und reich, aber es ist keine Ordnung in ihm.«?

Die Nachbarn

Ihre Ausbreitung hat die Ostslaven mit einer ganzen Reihe von Völkern in Berührung gebracht. In nördlicher und nordöstlicher Richtung drangen sie mehr und mehr in Gegenden vor, die von finnischen Stämmen bewohnt waren. Dem russischen Chronisten war es – wie wir gesehen haben – eine ganz vertraute Tatsache, daß die ältesten russischen Städte des Wolga- und Okagebietes im Siedlungsraum finnischer Stämme lagen. An der Berufung der Waräger läßt er neben den slavischen Slovenen und Krivičen auch die finnischen Čjuden teilnehmen. Von Konflikten zwischen den vordringenden Ostslaven und den alteingesessenen Finnen erfahren wir aber nichts. Das Land war groß genug, die finnische Besiedlung sicher sehr dünn. So kam es zu einem jahrhundertelangen Nebeneinander, einer Symbiose, die im ganzen zu einer Slavisierung der Finnen führte, wiewohl sich in abgelegenen Gegenden Reste bis heute gehalten haben (Mordvinen, Čeremissen-Mari, Votjaken-Udmurten, Syrjänen-Komi). Die ostslavisch-finnische Blutmischung ist die Grundlage des großrussischen Volkstums, ohne daß wir freilich den finnischen Anteil in Prozenten ausdrücken könnten. Außer Zweifel steht, daß die Ostslaven in jeder Beziehung die Überlegenen waren. Je mächtiger ihr Staat wurde, desto größer wurde diese Überlegenheit, und wenn wir in den alten russischen Chroniken nichts von Kämpfen zwischen Russen und Finnen hören, so heißt das noch nicht, daß auch in jüngeren Phasen der russischen Geschichte die Absorbierung durch das Russentum für die Finnen durchaus schmerzlos war und ist. Zum Teil führte die Symbiose nicht nur zu einer Verschmelzung, sondern auch zu einer Verdrängung, und das gilt auch für die slavisch-baltische Beziehung.

Die übrigen Nachbarschaftskontakte der ostslavischen Stämme waren ganz anderer Art. Ehe Rjurik mit seinen Varägern ins Land gerufen wurde, so berichtet die ›Erzählung der vergangenen Jahre‹, zahlten die Poljanen, die Severjanen und die Vjatičen, also die südöstlichen Stämme, Tribut an die Chazaren, d. h. sie befanden sich in Abhängigkeit vom Chazarenstaat. Die Chazaren waren ursprünglich eine der ›räuberischen Horden‹ Asiens, ein türkisches Nomadenvolk mit kaukasischen Elementen. Aber im Unterschied von vielen anderen solchen ›Horden‹ gelang es ihnen, im 7. Jahrhundert nördlich des Kaukasus und an der unteren Wolga ein stabiles Staatswesen zu errichten. Dieser chazarische Staat beherrschte wichtigste Handelswege, er pflegte im allgemeinen freundschaftliche Beziehungen zu Byzanz und hat zweifellos durch lange Zeit eine wichtige Vermittlerrolle in verschiedener Richtung gespielt. Die chazarische Herrschaft hatte die Form tributärer Abhängigkeit in verschiedenen Stufen und scheint nicht sonderlich drückend gewesen zu sein. Das friedliche Nebeneinander der Religionen im Chazarenstaat, in dem

Christentum und Islam in gleicher Weise toleriert wurden, obwohl die führende Schicht sich im 9. Jahrhundert der jüdischen Religion zuwandte, beweist das mittelbar.

Von den südöstlichen Stämmen der Ostslaven abgesehen, gehörten zum chazarischen Machtbereich auch die Wolgabulgaren und die Magyaren. Als im 7. Jahrhundert die Chazaren von den Ebenen an der unteren Wolga und am unteren Don Besitz ergriffen, verdrängten sie türkische Stammesgenossen, die dort ein erstes bulgarisches Nomadenreich gebildet hatten. Ein Teil der Bulgaren zog nach Westen ab, um schließlich südlich der Donau mit einem neuen Staatswesen in die Geschichte Südosteuropas epochemachend einzugreifen, der andere Teil wich nach Norden aus und ließ sich im Gebiet der mittleren Wolga und der unteren Kama nieder. Die Wolgabulgaren, als deren Nachkommen die türkisch sprechenden Čuvašen gelten, kamen ähnlich wie die Chazaren durch die Beherrschung des Wolga-Handelsweges zu Reichtum und Macht. Von den Chazaren als den Herren der Wolgamündung blieben sie sicher wirtschaftlich, längere Zeit wohl auch politisch, abhängig. Ihre eigene Herrschaft dehnten sie dagegen über die finnischen Völkerschaften der mittleren Wolga, Mordvinen und Čeremissen, aus, die ihnen die begehrte Ware für den gewinnreichen Pelzexport zu liefern hatten. In ihrer Hauptstadt Bolgar besaßen die Wolgabulgaren ein ansehnliches Handelszentrum, das auf die Ostslaven-Russen im Guten friedlicher Handelsbeziehungen wie im Bösen kriegerischer Angriffsunternehmen große Anziehungskraft ausübte. Nicht nur der Handel, sondern auch die gemeinsame Religion des Islam verband die Wolgabulgaren mit dem arabischen Kalifat, ohne daß Versuche, sich mit Unterstützung der Araber aus der Abhängigkeit von den Chazaren zu lösen, zu dauerndem Erfolg geführt hätten. Erst der Zusammenbruch des Chazarenstaates gab dem wolgabulgarischen Chanat volle Selbständigkeit und ließ es zu einem achtenswerten Nachbarn des Kiever Reiches werden.

Abhängig vom Chazarenchan waren auch die Magyaren, ein Stamm der finnugrischen Sprachgruppe, der in langer Lebensgemeinschaft mit türkischen Völkerschaften die Lebensweise von Hirtennomaden annahm, aber trotz starker türkischer Einflüsse die ursprüngliche Sprache beibehielt. Im 9. Jahrhundert reichte die Macht der Chazaren offenbar nicht mehr aus, größere Bewegungen der Völker in ihrem Machtbereich zu verhindern. So zogen die Magyaren, von dem neuen Turkvolk der Pečenegen bedrängt, durch die südrussischen Steppen nach Westen. Es gibt Anzeichen dafür, daß ihr Vorbeizug von den Ostslaven des Kiever Gebietes nicht unbemerkt geblieben ist, doch läßt sich eine länger dauernde Herrschaft der Magyaren am mittleren Dnepr – und sei es auch im Auftrag ihrer eigenen chazarischen Herren – nicht beweisen. Nicht am mittleren Dnepr sind die Magyaren geschichtsbildend geworden, sondern an der mittleren Donau.

Unzweifelhaft ist jedoch, daß die Lage in der großen Ebene nördlich des Schwarzen Meeres in der ersten Hälfte des 9. Jahrhunderts unruhig geworden war. Das Erscheinen der Pečenegen, der Zug der Magyaren nach Westen sind deutliche Anzeichen hierfür; anderes kam vermutlich hinzu. Jedenfalls hielt man es in Byzanz unter dem Kaiser Theophilos (829–842) für angezeigt, die sogenannten ›Klimata‹, d. h. die griechischen Besitzungen im Süden der Halbinsel Krim, zu einem Thema zusammenzufassen. Das Thema Cherson (griechische Stadt an der Südspitze der Halbinsel) unterstand wie alle anderen Themen militärisch und verwaltungsmäßig einem Strategen. Zur gleichen Zeit erbauten byzantinische Baumeister unter der Führung eines gewissen Petronas dem chazarischen Bundesgenossen die Festung Sarkel am linken Ufer des Don, ohne daß wir genau wüßten, welche Bedrohung die entsprechende Bitte des Chazarenchans hervorgerufen hatte. Durch Jahrhunderte hindurch hatte die Krim Versprengten und Zurückgebliebenen von der großen Völkerstraße in Südrußland als Zufluchtsort gedient, unter anderem auch einem Rest der Goten. Teils lehnte sich die bunte Bevölkerung an die griechische Herrschaft an, teils gehörte sie zum chazarischen Machtbereich. Stärkste Stütze des Griechentums war die christliche Kirche, die schon in der Spätantike an der Nordküste des Schwarzen Meeres Fuß gefaßt hatte, im 8. Jahrhundert in zwei Eparchien wohl organisiert war und in den Mönchen zahlreicher Klöster über geeignete Träger künftiger Missionsaufgaben verfügte.

Weder wirtschaftliche noch kulturelle Reichtümer oder gar eine Weltreligion hatten jene Nachbarn im Norden anzubieten, deren Anteil an der Geschichte des ersten russischen Staates zu den umstrittensten Problemen der Weltgeschichte gehört – die Varäger aus dem germanischen Skandinavien. Meere haben nicht nur eine trennende, sondern auch – für seefahrende Völker – eine verbindende Funktion. Früh schon haben die Schweden an der gegenüberliegenden Ostküste der Ostsee Stützpunkte errichtet, von denen aus sie dann in das Landesinnere eindrangen. Dem Lauf der Düna folgend, konnten sie unschwer Zugang zu den Flußsystemen der Wolga und des Dnepr finden. Schon im 7. Jahrhundert mögen sie gelegentlich im Quellgebiet dieser Ströme aufgetaucht und damit in ostslavisches Siedlungsgebiet eingedrungen sein. Den Vorzug erhielt zunächst die Wolga. Folgten die schwedischen Varäger dem Kotorosl, einem rechten Nebenfluß der Wolga, der unterhalb der heutigen Stadt Jaroslavl' mündet, aufwärts, so konnten sie den Nerosee und von diesem über Nerl und Kljazma die Oka erreichen. Die Städte Rostov am Nerosee, Suzdal' und Murom bezeichnen das Gebiet, in dem Bodenfunde auf frühe varägische Stützpunkte hindeuten.

Die Varäger bildeten Genossenschaften bewaffneter Fernkaufleute, wie sie im Prinzip auch das abendländische Mittelalter kannte. Ihr Ziel waren die sagenhaften Reichtümer des Orients und der Kaiserstadt am Bosporus, die Waren der arabischen und der byzantinischen Märkte. Friedlicher Handel und kriegerischer Wandel lagen für sie freilich nahe beieinander. Wo es die Gelegenheit erlaubte, machten sie aus der Verteidigungswaffe ein Machtinstrument. So mögen auch die erwähnten Schutzmaßnahmen der Byzantiner und Chazaren nicht nur durch Magyaren und Pečenegen motiviert gewesen sein. Es wäre denkbar, daß etwas von dem Schrekken, den die Normannen an den von christlichen Völkern bewohnten Küsten des Westens hervorriefen, auch die Bewohner des chazarischen Itil (an der Wolgamündung) und der griechischen Krimstädte ergriffen hatte. So unbegründet waren diese Befürchtungen nicht.

DIE STAATSBILDUNG

Die Überlieferung

Die Frage, ›wer als erster in Kiev zu herrschen begann‹, d. h. die Frage nach der Entstehung des ersten russischen, des Kiever Staates, beantwortet die ›Erzählung der vergangenen Jahre‹ durch folgenden, unter dem Jahr 859 beginnenden und unter dem Jahr 862 fortgesetzten Bericht: »Es hoben die Varäger von jenseits des Meeres Tribut ein bei den Čuden und bei den Slovenen, bei den Meren und bei allen Krivičen. Die Chazaren aber erhielten Abgaben von den Poljanen, von den Severjanen und von den Vjatičen, und zwar eine Silbermünze und ein Eichhörnchenfell von jedem Haushalt ... Sie vertrieben die Varäger über das Meer und gaben ihnen keinen Tribut mehr, und sie begannen, sich selbst zu regieren; aber es herrschte keine gerechte Ordnung unter ihnen, Sippe erhob sich gegen Sippe, Zwiste entstanden unter ihnen, und sie begannen sich gegenseitig zu bekämpfen. Da sprachen sie untereinander: Laßt uns einen Fürsten suchen, der über uns herrsche und über uns Gericht halte nach dem Recht. Und sie begaben sich über das Meer zu den Varägern, zu den Ruś. Denn diese Varäger nannten sich Ruś, so wie andere Schweden heißen, wieder andere Norweger, Engländer, andere Gotländer, so auch diese. Und es sprachen die Ruś, Čud', Slovenen, Krivičen und alle: Unser Land ist groß und fruchtbar, aber es ist keine Ordnung in ihm. Kommt, bei uns Fürst zu sein und über uns zu herrschen! Und es wurden drei Brüder erwählt mit ihren Sippen, die nahmen mit sich die ganze Ruś und kamen; der älteste, Rjurik, ließ sich in Novgorod nieder, der zweite, Sineus, am Beloozero, der dritte, Truvor, in Izborsk. Von diesen Varägern heißt es Rußland. Die Novgoroder – das sind Leute von varägischer Art, früher aber waren sie Slaven. Nach zwei Jahren starben Sineus und sein Bruder Truvor. Die ganze Herrschaft übernahm Rjurik und teilte seinen Gefolgsleuten Städte aus, dem einen Polock, einem anderen Rostov, einem dritten Beloozero. Und in diesen Städten sind die Varäger Neuankömmlinge, die ersten Siedler aber waren in Novgorod die Slovenen, in Polock die Krivičen, in Rostov die Meren, in Beloozero die Vesen, in Murom die Muromer; über alle diese herrschte Rjurik. Und es waren bei ihm zwei Männer, nicht von seiner Sippe, sondern Bojaren, die erbaten sich Urlaub, um mit ihrer Sippe nach Konstantinopel zu ziehen. Und sie zogen den Dnepr abwärts, und im Vorbeiziehen erblickten sie auf einem Hügel eine Stadt. Und sie fragten und sprachen: Wessen Stadt ist das? Da gab man ihnen zur Antwort: Es waren drei Brüder, Kij, Šček und Choriv, die haben diese Stadt errichtet, und wir bewohnen sie als ihre Nachkommen und zahlen den Chazaren Tribut. Askol'd und Dir aber blieben in dieser Stadt und sammelten viele Varäger um sich und begannen über das Land der Poljanen zu herrschen; Rjurik aber war zu der Zeit Fürst in Novgorod.«

Ehe die Skepsis der modernen Geschichtswissenschaft mit ihrer Quellenkritik einsetzte, hat man diesen Berufungsbericht wörtlich ernst genommen und in dem Varäger Rjurik den Begründer des russischen Staates gesehen. Die Kritik stellte dann allerdings fest, daß der Bericht in der uns vorliegenden Form, selbst wenn wir ältere, nicht erhaltene Vorgänger annehmen, durch zwei Jahrhunderte ausschließlich mündlicher Überlieferung von den Ereignissen getrennt ist; daß der Chronist des 10. oder 11. Jahrhunderts von der Situation seiner Zeit ausgehen und dem Ansehen der herrschenden Dynastie dienen mußte, die auf ihren varägischen Ursprung stolz war und deren bedeutendste Vertreter Vladimir der Heilige und Jaroslav der Weise besonders enge Verbindung zu Novgorod hatten; daß die Erzählung von der Berufung der Varäger unzweifelhaft sagenhafte Motive enthält wie die zweimal auftretende Dreizahl von Brüdern als Herrschaftsstifter und Stadtbegründer; und daß der Bericht schließlich schwer erklärbare Widersprüche enthält wie die doppelte Nennung der Ruś, einmal als jene Varäger, zu denen man über das Meer schickt, das andere Mal als eine Gruppe jener Landesbewohner, die um der Wiederherstellung der Ordnung willen die Mission über das Meer veranlassen. So berechtigt diese Kritik im einzelnen ist, den Berufungsbericht im ganzen als Quelle auszuschalten, reicht sie schwerlich aus. Und wenn man gemeint hat, den Mönch Nestor als ersten ›Normannisten‹ um jede Glaubwürdigkeit bringen zu können, so ließe er sich ebenso gut des ›Antinormannismus‹ bezichtigen, denn die Varäger übernehmen und verteilen bei ihm Städte, die sie nicht gegründet haben.

Daß Varäger sowohl vor wie nach der sogenannten ›Staatsgründung‹ in Rußland gewesen sind, läßt sich nicht leugnen. Insofern fällt der Berufungsbericht, wenn wir von der etwas dramatisierten Form absehen, nicht aus dem Rahmen dessen, was wir auch sonst für die frührussische Entwicklung als erwiesene Tatsachen annehmen müssen. Eine andere Frage ist allerdings die, welche politische Bedeutung wir der Anwesenheit der Varäger beimessen wollen, und ob es angeht, die ersten Herrschaftsbildungen im Norden und im Süden Rußlands mit den in der Chronik genannten Namen als historischen Persönlichkeiten zu verbinden. Das Problem ließe sich leicht lösen, wenn die Existenz und Wirksamkeit der Rjurik, Askol'd und Dir aus anderen, nichtrussischen Quellen beweisbar wäre. Ganz aussichtslos ist der Versuch nicht, aber zu unbedingt schlüssigen Ergebnissen ist man bisher auch nicht gekommen.

Bei der Suche nach dem historischen Rjurik in westlichen Quellen stieß F. Kruse schon vor mehr als hundert Jahren auf den jütländischen Wikinger Rorik aus dem Geschlecht der Skioldunger, der in der ersten Hälfte des 9. Jahrhunderts durch seine Wikingertaten bei den fränkischen Chronisten wohlbekannt und als ›Galle der Christenheit‹ übel berüchtigt war. Die bekannten Lebensdaten des Rorik von Jütland lassen sich mit dem Berufungsbericht der russischen Chronik in Einklang bringen; allerdings müßte Rorik sein Unternehmen in Nordrußland schon in ziemlich vorgerücktem Alter durchgeführt haben. Eben von diesem Unternehmen aber wissen die westlichen Quellen nichts. In der überwiegenden Mehrzahl sind die russischen Varäger sicher Schweden gewesen, und aus dem Fehlen der Dänen in der Aufzählung der Varägervölker durch den russischen Chronisten zu schließen, daß jene Ruś, zu denen man über das Meer schickte, eben die nicht genannten Dänen gewesen seien, das ist wohl möglich, aber nicht unbedingt überzeugend. So bleibt die Identität von Rjurik und Rorik eine – allerdings nicht unwahrscheinliche – Hypothese.

Etwas anders liegt der Fall der Kiever Varäger Askol'd und Dir. Selbst der Berufungsbericht läßt sie nur in einer recht zufälligen Verbindung mit Rjurik stehen. Ob sie überhaupt zur Varägergruppe des Rjurik gehörten, erscheint daher fraglich; sie könnten auch selbständig auf dem westlicheren Düna-Dnepr-Weg nach Kiev gelangt sein. Sicher aber ist, daß am 18. Juni 860 das Volk der Rhōs (Ῥῶς) in feindlicher Absicht auf einer Flotte vor Konstantinopel erschien. Ereignis und Datum sind durch eine Reihe griechischer Quellen sicher bezeugt. Die ›Erzählung der vergangenen Jahre‹ berichtet nichts von einem so frühen Unternehmen der Kiever Ruś gegen Konstantinopel, wohl aber ist die Schilderung des byzantinischen Chronisten Hamartolos in die russische Überlieferung übernommen worden, und in jüngeren Fassungen der altrussischen Chronik findet sich bereits der Zusatz, daß Askol'd und Dir die Anführer gewesen seien. Das Ereignis wird in den russischen Quellen allerdings falsch, nämlich auf das Jahr 866 datiert. Nimmt man mit der altrussischen Chronik an, daß Askol'd und Dir erst nach dem Auftreten Rjuriks nach Kiev zogen, so muß man die Datierung auch für den Berufungsbericht korrigieren: Danach wäre die Varägergruppe unter Rjurik um das Jahr 856 nach Rußland gekommen, während sich Askol'd und Dir mit ihren Leuten in den folgenden Jahren in Kiev festsetzten und dann auch 860 ihren Zug gegen die Kaiserstadt durchführen konnten. Diese Interpretation der Quellen hat einen hohen Grad von Wahrscheinlichkeit für sich; aber da keine der griechischen Quellen die Namen der Anführer nennt und in den russischen Quellen die Verbindung der Namen mit dem Ereignis erst spät erfolgt, bleiben Zweifel bestehen, die immer wieder auch anderen Hypothesen Raum gegeben haben.

Im ganzen besteht jedoch kein Grund, Rjurik und seine varägischen Zeitgenossen in das Reich der Sage zu verbannen. Sehr aktionsfähige varägische Stützpunkte in Novgorod und in Kiev kurz nach der Mitte des 9. Jahrhunderts dürfen wir unbedenklich für historische Wirklichkeit halten. Schwierigkeiten bietet dagegen die Deutung des Namens ›Ruś‹ und die Beurteilung des Zusammenhanges zwischen der zunächst noch lokalen Varägerherrschaft und der Staatsbildung.

Der Name ›Ruś‹

Ruś wurden berufen und Ruś beriefen – dieses Problem lädt schon der Berufungsbericht dem Interpreten auf, zumal er ausdrücklich hervorhebt, daß die Bezeichnung ›Rußland‹ (russkaja zemlja = russisches Land) von den berufenen Varägern, die sich Ruś nannten, herrühre, und im übrigen der Sprachgebrauch der ältesten russischen Chronik kaum einen Zweifel daran läßt, daß zuerst die Varäger als Ruś bezeichnet wurden und erst später eine Übertragung dieses Namens auf das ganze Land und dessen Bevölkerung stattfand. Nun könnte dieser Sprachgebrauch schon auf eine bestimmte ›normannistische‹ Tendenz des Chronisten zurückgehen und den wirklichen geschichtlichen Ursprung verschleiern. Dieser müßte dann mit Hilfe anderer Quellen aufgeklärt werden. Das haben alle Forscher, die an einen germanischen Ursprung des Russennamens nicht glauben wollten, versucht und zu diesem Zweck eine Unzahl von Theorien entwickelt, die dem Russennamen eine slavische oder zumindest nichtgermanische Herkunft sichern sollten. Sprachforscher bemühten sich um nichtskandinavische Etymologien von Ruś, Historiker suchten den Volksnamen Ruś in vorvarägischer Zeit und in möglichst südlichen Räumen nachzuweisen.

Die Etymologie ist schwierig. Weder die Ableitung von Flußnamen wie Roś noch die von den iranischen Roxolanen bei antiken Schriftstellern hält philologischer Kritik stand;

ebensowenig läßt sich ein Zusammenhang mit dem slavischen Adjektiv rusyj = blond wahrscheinlich machen, wenn man nicht auf die phantastischen Bahnen mittelalterlicher Umdeutungen von alttestamentlichen Prophezeiungen geraten will. Am überzeugendsten bleibt jene Ableitung, die nach Raum und Zeit den Varägern und dem Bericht von deren Berufung am nächsten liegt. Sie führt Ruś auf das finnische Ruotsi = Schweden zurück und dieses wiederum auf altschwedische Wurzeln. Danach hätten die Finnen eine Selbstbezeichnung der in ihr Gebiet eingewanderten schwedischen Küstenbewohner auf das Volk der Schweden überhaupt übertragen, und die Russen hätten das finnische Wort zur Bezeichnung der in Rußland lebenden Schweden übernommen. Da die schwedischen Varäger nach Überquerung der Ostsee zuerst mit finnischen Stämmen in Berührung kommen mußten, hat diese Theorie die geographischen Umstände und die historische Wahrscheinlichkeit für sich. Die weitere Übertragung des Namens Ruś von den Rußlandschweden auf die Ostslaven ist allerdings nur verständlich, wenn man dem varägischen Impuls bei der ostslavisch-russischen Staatsbildung eine maßgebende Bedeutung zuspricht.

Anklänge an den Volksnamen Ruś hat man im Schrifttum fremder Völker aus lange vor den Varägern liegenden Zeiten gefunden. Sie liegen an Eindeutigkeit etwa auf einer Linie mit dem sagenhaften Volk der Rhōs, das nach Ezechiel im Bunde mit Gog und Magog über Israel hereinbrechen wird und das auf einen Übersetzungsfehler der Septuaginta zurückgeht, oder den schon genannten iranischen Roxolanen. Einige Quellen nennen zwar unmißverständlich ein nördlich des Schwarzen Meeres lebendes Volk Rhōs, aber sie sind entweder von zweifelhafter Glaubwürdigkeit oder führen uns schon sehr nahe an das Datum der sogenannten Staatsgründung heran. Das erste gilt von den Viten zweier griechischer Heiliger – des hl. Stephan von Surož (Sugdaia auf der Halbinsel Krim) und des hl. Georg von Amastris (Hafenstadt an der kleinasiatischen Südküste des Schwarzen Meeres); in beiden Viten wird von einem Bekehrungswunder am Grabe des Heiligen berichtet, durch das ein Angriff der

Rhōs auf die Stadt glücklich abgewehrt werden konnte. Zeitpunkt müßte der Beginn oder zumindest die erste Hälfte des 9. Jahrhunderts gewesen sein. Aber die Glaubwürdigkeit hagiographischer Quellen ist an sich nicht groß, und in diesem Fall ist die Überlieferung so unsicher, daß wir es eher mit einem Widerhall viel späterer historischer Ereignisse zu tun haben.

Gewichtiger ist das Zeugnis des Bischofs Prudentius von Troyes in den Annales Bertiniani. Prudentius berichtet, daß Kaiser Ludwig der Fromme am 18. Mai 839 in Ingelheim eine byzantinische Gesandtschaft empfangen habe. In Begleitung der Griechen befanden sich ›einige Leute, die angaben, daß sie, d. h. ihr Volk, Rhos hießen‹ und die, wie aus einem Brief des byzantinischen Kaisers Theophilos hervorging, ›ihr eigener König, Chacanus mit Namen, zu ihm (Theophilos), wie sie versicherten, in freundschaftlicher Absicht geschickt hätte; jetzt bäte er, Theophilos, den Kaiser, sie unter seinem Schutz durch sein ganzes Reich reisen zu lassen, da er nicht zugeben könne, daß sie auf demselben Wege, auf dem sie gekommen, heimkehrten, weil sie durch rohe und barbarische Stämme von entsetzlicher Wildheit hindurchmüßten.‹ Prudentius, ein Zeitgenosse des geschilderten Ereignisses, fügt hinzu, daß eine genauere Befragung durch Kaiser Ludwig diese Rhos als Schweden entlarvt habe. Das war in einer Zeit der ständigen Bedrohung durch Normanneneinfälle im Frankenreich keine Empfehlung, und man beschloß, die Rhos festzuhalten, bis sich ihre Harmlosigkeit herausgestellt haben würde.

An diesem Bericht ist weder Sagenhaftes noch Legendäres; er stellt die Identität von Rhos und Schweden fest, siebzehn Jahre vor dem vermutlichen Erscheinen Rjuriks am Ilmensee. Daß diese schwedischen Rhos aus Rußland kamen, ist unzweifelhaft, aber aus welcher Gegend Rußlands – aus dem Novgoroder, Kiever oder aus dem oberen Wolgagebiet –, muß eine offene Frage bleiben.

Der Name Ruś taucht also mit Sicherheit erst im zweiten Viertel des 9. Jahrhunderts auf, und zwar als Bezeichnung von Schweden, die in der weiten Ebene Osteuropas lebten und von dort aus eine politische Aktivität zu entfalten begannen. Welcher Art ist diese gewesen und welche Folgen hat sie gehabt?

Der Streit zwischen Normannisten und Antinormannisten

Vom Ursprung des Streites um die russische Staatsgründung haben wir schon erfahren. Er dauert bis heute an und erlebte einen seiner letzten Höhepunkte in einer Polemik, die der schwedische Archäologe Ture Arne und der sowjetrussische Historiker B. D. Grekov 1946 führten. Es ist bezeichnend, in welchen Publikationen das geschah: von schwedischer Seite in der Tageszeitung ›Dagens Nyheter‹, von sowjetischer Seite in der ›Neuen Zeit‹ (Novoe vremja), einem Organ, das dem Außenministerium der UdSSR nahesteht. Es ist nicht minder bezeichnend, an welchem Punkt die Kontroverse ansetzte: Arne hatte geschrieben, daß nach dem Bericht der Nestorchronik ›den russischen Staat im Jahre 862 die Waräger organisierten, also Schweden‹, und Grekov versuchte daraufhin zu beweisen, daß ›Rjurik in Novgorod eine schon bestehende staatliche Organisation vorfand‹, weil auch im alten Rußland ›an einem bestimmten Punkte der Entwicklung gesellschaftlicher Beziehungen ... das staatliche Leben begann‹. Das nationale Prestige hängt also primär offenbar an dem Begriff des Staates, und erst in zweiter Linie ist es mit der Unabhängigkeit und Originalität der kulturellen Leistung verbunden. Das war bei dem Streit der Antinormannisten mit den Normannisten im Grunde immer so, so sehr sich auch die weltanschaulichen Voraussetzungen änderten, von denen die Streitenden jeweils ausgingen. Es ist dabei kaum je ernsthaft überlegt worden, ob es überhaupt berechtigt und sinnvoll ist, für das frühe Mittelalter in Rußland schon von einem ›Staat‹ zu sprechen, und zwar auch für die Zeit nach dem Erscheinen der Waräger. Es ist zweifellos der Wirklichkeit viel angemessener, nicht von der Begründung eines Staates zu sprechen, sondern eine Errichtung von Herrschaft festzustellen. Herrschaft hat es in Rußland sicher auch vor den Warägern gegeben – als Machtausübung des Dorf- oder Stammesältesten, des Sippenoberhauptes oder Burgherren –, räumlich mehr oder minder eng begrenzte Herrschaft. Auch die ersten Varägerführer in Rußland waren nicht mehr als Herren über bestimmte Gebiete, Rjurik im Norden, Askol'd und Dir im Süden, andere vielleicht auch noch anderen Ortes.

Was um die Mitte des 9. Jahrhunderts in Rußland geschah, war eine Veränderung der Herrschaftsformen, vielleicht auch eine Vergrößerung der Herrschaftsgebiete, aber es war sicher nicht die Errichtung einer umfassenden politischen Organisation, der man vernünftigerweise den Namen ›Staat‹ geben könnte. Der erste russische Staat ist nicht 862 ›begründet‹ worden und auch nicht in dem chronologisch richtigen Jahr 856, sondern er ist sehr allmählich von der zweiten Hälfte des 9. Jahrhunderts an und durch das ganze 10. Jahrhundert hindurch entstanden, bis er schließlich mit dem Eintritt in die Familie der christlichen Völker und Staaten endgültige und unverlierbare Gestalt gewann. Fördernde Impulse zu dieser Entwicklung haben die schwedischen Varäger ohne Zweifel gegeben, und ihre Herrschaft in Rußland, schließlich die Herrschaft einer Dynastie varägischen Ursprungs im ersten russischen ›Staat‹ sind historische Realitäten, aber dieser erste russische Staat des Mittelalters ist aus einer ganzen Reihe von Elementen zusammengewachsen. Die Varäger waren nur ein Element unter mehreren, eine historische Kraft unter mehreren. Die russische Geschichte allein durch die Varäger ist ebenso eine Fiktion wie die russische Geschichte ohne Varäger.

Das erste Jahrhundert russischer Staatsgeschichte

Die territoriale Vereinigung der ›ganzen Ruś‹

Nach der ›Erzählung der vergangenen Jahre‹ ist die Vereinigung der nördlichen und der südlichen Varägerherrschaft erst Rjuriks Nachfolger Oleg gelungen. Im Jahre 882 soll Oleg, der von der Sippe Rjuriks, aber nicht dessen Sohn war, mit einem großen Heer von Varägern, Slaven und Finnen nach dem Süden aufgebrochen sein. Die Städte Smolensk und Ljubeč wurden unterwegs erobert und schließlich Askol'd und Dir in Kiev durch eine List um ihre Herrschaft gebracht. »Und Oleg ließ sich in Kiev nieder«, so berichtet der Chronist, »und herrschte da und sprach: Kiev soll die Mutter der russischen Städte werden. Und es waren bei ihm Varäger und Slaven und die übrigen, die sich Ruś nannten. Da begann Oleg Städte zu errichten und setzte einen Tribut fest für die Slaven und Krivičen und Meren und bestimmte auch für die Varäger eine Abgabe von Novgorod, dreihundert Grivnen im Jahr um der Erhaltung des Friedens willen.« Sehen wir von der sicher nur annähernd zutreffenden Datierung und von manchen eingeflochtenen sagenhaften Details ab, so ergibt dieser Bericht ein anschauliches und von Widersprüchen freies Bild des Vorganges. Gestützt auf die Herrschaft im Norden gewann Oleg zunächst das Gebiet am oberen Dnepr und dann mit Kiev den Schlüssel zu der Verbindung zwischen Ostsee und Schwarzem Meer, zu der Wasserstraße ›von den Varägern zu den Griechen‹. Durch Anlage von ›Städten‹, befestigten Stützpunkten, wurde die Herrschaft gesichert. Diese Herrschaft war eine reine Tributherrschaft des militärischen Siegers; sie wurde ausgeübt durch die Gefolgsleute des Siegers, denen Oleg die einzelnen ›Städte‹ zuteilte, genauso wie das angeblich schon Rjurik im Norden getan hatte. Mehr als die Achse des künftigen Kiever Staates mit den Endpunkten Novgorod und Kiev befand sich zunächst aber noch nicht in Olegs Macht. Erst von Kiev aus wurden die abseits der Achse siedelnden ostslavischen Stämme Schritt für Schritt unterworfen und zur Tributzahlung gezwungen: Zuerst die Drevljanen, danach die Severjanen und Radimičen; diese beiden Stämme wurden zugleich aus der Abhängigkeit von den Chazaren gelöst, ihre Abgaben gingen nun nicht mehr nach Itil an der Wolga, sondern nach Kiev am Dnepr.

Daß Kiev die ›Metropolis‹ Rußlands werden mußte, war dem Chronisten, der von den vollendeten Tatsachen seiner Zeit ausging, natürlich klar. Was aber bestimmte Oleg, den ersten Einiger des russischen Landes, das Zentrum seiner Herrschaft nach dem Süden zu verlegen? Die militärische Basis seines Erfolges war der Norden gewesen; lag es da nicht näher, auch weiterhin von Novgorod aus zu herrschen? Die

Bevorzugung Kievs ist aus mancherlei Gründen verständlich, aber sie läßt sich voll begreifen nur, wenn man die zweite Grundlage der Varägerherrschaft (neben der militärischen Gefolgschaft des Fürsten) berücksichtigt, den Fernhandel.

Die Verträge mit den Griechen

Das ursprüngliche und das vornehmste Ziel der Varäger war nicht Novgorod und nicht Kiev, sondern Konstantinopel, die ›Kaiserstadt‹ (slav. Caŕgrad), das Symbol für Handelsgewinn und Kriegsbeute im glücklicheren Süden. Diesem Ziel lag Kiev nicht nur sehr viel näher als Novgorod, sondern der Besitz von Kiev entschied über den Zugang zum Süden. Novgorod konnte wichtig werden, wenn es darum ging, die militärische Kraft durch neuen Zuzug von Varägern aus Skandinavien zu verstärken, mit Kiev aber hatte man die Lebensader des Fernhandels in der Hand. Dies war das varägische Motiv, dessen Auswirkungen für die russische Geschichte Oleg gewiß nicht vorausahnen konnte.

860 war das Volk der Rhōs zum erstenmal vor Konstantinopel erschienen. Wenn wir dem Bericht der Chronik folgen, so verging fast ein halbes Jahrhundert, ehe dieses Unternehmen wiederholt wurde. Im Jahre 907, so heißt es, ›machte sich Oleg auf gegen die Griechen‹ mit einem gewaltigen Heer von Varägern, Slaven und Finnen ›zu Pferde und auf Schiffen‹. Die Angreifer verwüsteten zunächst die Umgebung der Stadt; aber erst, als sie die Sperre des Goldenen Hornes umgingen und ihre Schiffe über Land in den Seitenarm des Bosporus brachten, fuhr den Griechen der Schreck in die Glieder, und sie boten die Zahlung eines Tributes an, um Frieden zu erlangen. Da die griechischen Quellen schweigen, ist es ungewiß, ob der Zug Olegs in der geschilderten Form und in dem angegebenen Jahr stattgefunden hat. Aber die ›Erzählung der vergangenen Jahre‹ enthält unmittelbar danach den ausführlichen Text eines auf den 2. September 911 datierten Handelsvertrages der Kiever Ruś mit Byzanz. An der Echtheit dieses Vertrages, ebenso wie der späteren von 944 und 971 ist nicht zu zweifeln; wir müssen annehmen, daß dem Chronisten in Kiev die Verträge vorgelegen haben.

Unzweifelhaft war nun der 911 abgeschlossene Vertrag für die Russen sehr vorteilhaft. Sie erhielten eine ganze Reihe von Privilegien, um unter besonders günstigen Voraussetzungen in Konstantinopel abgabenfreien Handel treiben zu können. Byzanz dagegen erwirkte nur einige Sicherungen, daß sich dieser Handel in friedlichen Formen vollzog. Die ungewöhnlich große Privilegierung der russischen Kaufleute läßt sich schwer anders erklären als dadurch, daß die Byzantiner unter Druck verhandelten, also militärische Erfolge der Russen vorausgegangen waren oder eine militärische Bedrohung nicht anders als durch Zugeständnisse abgewehrt werden konnte. Die bis ins einzelne gehenden Vertragsbestimmungen (die Russen erhielten für sechs Monate im Jahr Anspruch auf Verpflegung und Benutzung von Bädern, sie waren vor der Heimfahrt mit Proviant und Ausrüstung zu versehen; für verschiedenste Arten von Konflikten, für Schiffbruch und Todesfall waren eingehende Regelungen getroffen) setzen die Erfahrungen eines vollentwickelten Handelsverkehrs voraus. Wir müssen also annehmen, daß zwischen 860 und dem Beginn des 10. Jahrhunderts sehr lebhafte Beziehungen zwischen Kiev und Byzanz in Krieg und Frieden in Gang gekommen waren. Der Vertrag von 911 gab diesen Beziehungen feste, rechtsverbindliche Form. Noch handelte es sich ausschließlich um Handelsbeziehungen, und das gilt auch von dem folgenden Vertrag, der 944 den Russen bedeutend weniger vorteilhafte Bedingungen einräumte, weil ein vorhergehender Zug des Kiever Fürsten Igor offenbar militärisch mißglückt war. 971 wurde kein Handelsvertrag, sondern ein Friedensvertrag geschlossen, nachdem Svjatoslav in Bulgarien in eine militärisch aussichtslose Lage geraten war. Die Reihe der Verträge und vor allem die Bewahrung ihres Textes in der russischen Überlieferung, der nichts Ähnliches im Verhältnis zu anderen Nachbarn entspricht, beweist die hervorragende Bedeutung, die dem Verhältnis zu Byzanz für Kiev zukam. Diese Bedeutung sollte nicht lange auf wirtschaftliches Gebiet beschränkt bleiben.

Innere Konsolidierung

So genau wir den Inhalt der Verträge mit den Griechen aus der altrussischen Chronik kennenlernen, so wenig erfahren wir aus ihr über die inneren Verhältnisse der Kiever Ruś. Selbst der genealogische Zusammenhang der aufeinanderfolgenden Fürsten ist nicht über jeden Zweifel erhaben. Oleg, der Nachfolger Rjuriks, hat nach den Angaben der Chronik 873–912 oder 913 ›regiert‹; er gilt dem Chronisten aber formal nur als Statthalter für Rjuriks Sohn Igor, der nach Olegs Tod als Kiever Fürst folgte (913–945). Selbst wenn wir annehmen, daß Igor bei Rjuriks Tod eben erst geboren war, wäre er bei seinen letzten strapazenreichen Feldzügen gegen Byzanz (941, 944) rund siebzig Jahre alt gewesen; das ist wenig wahrscheinlich. Zudem ist es auffallend, daß der Name des Stammvaters Rjurik in der später so fruchtbaren Fürstensippe der Rjurikiden recht selten vorkommt, während Oleg zeitweise so häufig war, daß wir die einzelnen Träger dieses Namens nur schwer auseinanderhalten können. Das größere Ansehen in der Familienüberlieferung genoß also offenbar Oleg. Auch für die erste Hälfte des 10. Jahrhunderts verfährt der Chronist noch recht großzügig: Die Ehe zwischen Igor und Olga läßt er 903 zustande kommen, der einzige bekannte Sohn aus dieser Ehe, Svjatoslav, wurde aber angeblich erst 942 geboren. Chronologie und Genealogie sind auch hier schwer in einen überzeugenden Zusammenhang zu bringen. Und so unklar manche äußeren Zusammenhänge bleiben, so undeutlich bleiben im Grunde die Fürstengestalten. Die Schilderung von Olegs Ende trägt rein sagenhafte Züge, und von Igor wissen wir wenig mehr, als daß er einige Kriegszüge unternahm und mit der Aufrechterhaltung seiner Herrschaft gewisse Schwierigkeiten hatte.

Die Züge der Varäger richteten sich nicht nur gegen Byzanz, sondern zielten auch immer wieder nach dem islamischen Orient. 913 und 941 stießen solche Unternehmungen bis in das Kaukasusgebiet vor – kühne Expeditionen nach Wikingerart, aber ohne Erfolg selbst im Sinne des Beutemachens und ohne politische Folgen. Daß solche Unternehmungen überhaupt möglich waren, zeigt allerdings, daß die politischen Verhältnisse im nördlichen Schwarzmeergebiet nicht die stabilsten waren, aber stabil war auch die Herrschaft der Kiever Fürsten nicht. Manche der unterworfenen ostslavischen Stämme zeigten geringe Lust, den geforderten Tribut zu bezahlen, so vor allem die Drevljanen schon am Beginn und dann wieder am Ende von Igors Regierung, als sie den Kiever Fürsten, der übermäßige Abgaben von ihnen eintreiben wollte, kurzerhand erschlugen. Um seinen Willen durchzusetzen, war der Fürst auf seine Gefolgsleute angewiesen, denn auf die Heeresfolge der unterworfenen Stämme konnte er sicher nicht in allen Fällen rechnen. Als Igor den letzten Zug gegen Byzanz vorbereitete, ›sandte er über das Meer zu den Varägern und lud sie ein gegen die Griechen‹. Solcher Einladung mit Aussicht auf Kriegsbeute folgte man gerne, aber wenn die Beute ausblieb, so entstanden mitunter schwierige Situationen. Auch kamen die Geworbenen unter eigenen Führern, die ihrerseits nach Reichtum und Macht strebten. Ein solcher Varägerführer scheint Svenel'd gewesen zu sein, der die Uličen und Drevljanen für Igor zur Botmäßigkeit zwang, aber am Ende eine ernsthafte Konkurrenz für den Fürsten darstellte. »Die Leute des Svenel'd sind wohlversehen mit Waffen und Kleidung, aber wir sind nackt«, so sprachen seine Gefolgsmänner zu Igor, »geh mit uns Tribut eintreiben, damit du davon Gewinn hast und wir«. Der Tribut bestand aus Naturalien, vor allem Fellen, Wachs und Honig, den Hauptexportartikeln des russischen Fernhandels.

In seinem Werk ›De administrando imperio‹ hat der byzantinische Kaiser Konstantin Porphyrogennetos ein sehr lebendiges Bild von der handeltreibenden Kiever Ruś überliefert: Im November begaben sich der Fürst und seine Gefolgschaft (družina) zu den tributpflichtigen Stämmen, um die Waren für die nächste Frühjahrssaison zu sammeln. Da die Betroffenen auch für den Unterhalt der Tributeinnehmer zu sorgen hatten (das ›poljudie‹), war dieses System eine harte Belastung und nur mit überlegener physischer Gewalt durchzusetzen. Die Waren wurden in Kiev gesammelt. Ebenfalls schon während des Winters mußten die Slaven am Oberlauf des Dnepr Boote herstellen, die nach der Schneeschmelze nach Kiev gebracht und dort mit den Waren beladen wurden. Gemeinsam brach man dann dneprabwärts auf, mußte die Dneprstromschnellen durch Landtransport der Boote und Waren umgehen und konnte von da an ungehindert die Dneprmündung und der Schwarzmeerküste entlang den griechischen Zielhafen Mesembria erreichen. Dies wiederholte sich Jahr für Jahr.

Ob man diese sehr einfache Organisation einer Verbindung von militärischer Macht und gewinnbringendem Handel einen ›Staat‹ nennen kann, erscheint fraglich. Die Unterworfenen blieben, von der Tributleistung abgesehen, sich selbst überlassen und lebten ihr Leben weiter, das mit den Zielen der varägischen Herren wenig gemein hatte. Von langer Dauer konnte dieser Zustand nicht sein: Die Tributpflichtigen drohten, sich zu widersetzen, und waren durch das flüchtige Poljudie schwer im Zaume zu halten; die Byzantiner begannen sich an die Ruś zu gewöhnen und deren Entfaltungsmöglichkeiten einzuschränken; in der Steppe bekam man es zunehmend mit den Pečenegen zu tun, die Umgehung der Stromschnellen wurde damit zu einem Gefahrenmoment und bedurfte sorgfältiger Vorbereitung.

Der Überlieferung nach war es eine Frau, die die Herrschaft der Kiever Fürsten auf eine neue Grundlage gestellt hat. Olga, die Witwe Igors, regierte 945–962 für ihren minderjährigen Sohn Svjatoslav. Sie ist als jene Fürstin in die Geschichte Rußlands eingegangen, die den ersten Versuch zur Christianisierung des Landes unternommen hat. Aber eben dieser Versuch weist deutlich auf eine allgemeine Veränderung der Verhältnisse hin. Wir wissen, daß Olga Teile des Landes persönlich besessen und verwaltet hat, und es scheint, daß sie, gestützt auf diesen Landbesitz und nach den Erfahrungen bei seiner Verwaltung allgemeine Reformen eingeleitet hat, deren Wesen in einer Festsetzung der bisher oft willkürlichen Abgaben und in der Einrichtung von Verwaltungsbezirken bestand. Mit anderen Worten: Es lassen sich nun um die Mitte des 10. Jahrhunderts zum erstenmal Ansätze zu einer festeren Ordnung erkennen, auf der von nun an die Herrschaft beruhen sollte. Und es ist gewiß kein Zufall, daß um dieselbe Zeit das Christentum für Rußland eine Rolle zu spielen begann. Noch aber waren die Verhältnisse nicht reif dafür, noch einmal setzte sich für ein Jahrzehnt der varägische Herrschaftsstil durch.

Äußere Machtentfaltung

Igors und Olgas Sohn Svjatoslav (962–973) wird vom altrussischen Chronisten im Stile eines Heldenliedes als gewaltiger, unbesiegbarer Kriegsfürst dargestellt. Diese Glorifizierung hat ihre Parallelen in der nationalrussischen Geschichtsschreibung bis zum heutigen Tag. In der Tat erfahren wir von der Regierung Svjatoslavs nichts anderes als ruhmreiche kriegerische Unternehmungen nach allen Richtungen. Ob hinter dieser aggressiven und expansiven Tätigkeit wirklich System oder gar ein ›imperialer Plan‹ steckte, muß wohl dahingestellt bleiben. Man kann sie ebensogut als ein Sichtreibenlassen von einem kriegerischen Abenteuer zum andern deuten. Aber das Ausmaß von Svjatoslavs Feldzügen bleibt erstaunlich, und die Erfolge sind nicht zu leugnen. Auch sind wir bei der Beurteilung der Persönlichkeit Svjatoslavs nicht mehr ausschließlich auf die ›Erzählung der vergangenen Jahre‹ angewiesen, sondern können durch byzantinische Quellen, vor allem durch einen sehr ausführlichen Bericht des Leo Diaconus, die Schilderung des russischen Chronisten überprüfen. Der starke Eindruck einer selbstbewußten, kriegerischen Führerpersönlichkeit wird bestätigt, von politischer Weisheit ist nicht die Rede.

Den ersten Stoß führte Svjatoslav nach Nordosten in das Gebiet der Vjatičen, die bis dahin – wenn überhaupt – kaum in einer sehr wirksamen Abhängigkeit von Kiev gestanden waren. Das nächste Angriffsobjekt jenseits des Vjatičenlandes im Osten waren die Wolgabulgaren. Svjatoslav hat sie besiegt und sich darauf den Herren der Wolgabulgaren, den Chazaren, zugewendet. Der Angriff gegen die Chazaren führte bis tief in den Kaukasus hinein und bedeutete das Ende des Chazarenstaates. Ob dies zum Heil der Kiever Herrschaft geschah, erscheint allerdings fraglich. Zwar war der augenblickliche Machtgewinn bedeutend – die Macht der Kiever Fürsten griff nun für längere Zeit über die Steppe hinweg und gewann in dem Fürstentum Tmutorokań auf der Tamanhalbinsel einen Stützpunkt am Azovschen und am Schwarzen Meer. Aber auf längere Sicht hat sich die Beseitigung der chazarischen Barriere über die große Völkerstraße von Asien nach Europa unheilvoll ausgewirkt. Sie gab neuen Völkern den Weg frei, mit denen der Kiever Staat am Ende nicht mehr fertig wurde. Es zeugt für die Kraft des Stoßes, daß er – wie wir aus orientalischen Quellen wissen – bis tief in die islamische Welt hinein verspürt wurde, aber am Ende richtete sich die entstandene Unruhe gegen ihren Urheber.

Den weiträumigen Aktionen im Osten folgten nicht minder bedeutende im Westen. Gelegenheit bot eine außenpolitische Aktion der Byzantiner: Im ersten Viertel des 10. Jahrhunderts hatte der aufstrebende, nunmehr christliche und slavische Staat der Donaubulgaren unter dem Zaren Simeon eine dauernde und schwere Bedrohung des byzantinischen Reiches dargestellt. Simeon hatte es sogar gewagt, die Hand nach der oströmischen Kaiserkrone auszustrecken. Unter seinem schwachen Sohn und Nachfolger Peter hatte sich das Kräfteverhältnis zwar allmählich zugunsten der Byzantiner verschoben, aber ein selbständiger Bulgarenstaat so nahe der Reichshauptstadt Konstantinopel war auch dann für die Byzantiner schwer erträglich, wenn er sich nicht besonders aggressiv zeigte. Ihn zu liquidieren war keine Gelegenheit zu versäumen, und die militärischen Erfolge Svjatoslavs schienen eine solche Gelegenheit zu bieten. Der Kiever Fürst wurde in direkten Verhandlungen aufgefordert, gegen Zahlung von Subsidien im Bunde mit Byzanz einen Feldzug gegen Bulgarien zu unternehmen, und kam dieser Aufforderung im Jahre 967 nach. Die Ereignisse entwickelten sich aber fürs erste keineswegs nach den Plänen der byzantinischen Politik. Svjatoslav brach zwar in kurzer Zeit den bulgarischen Widerstand, aber er war offensichtlich entschlossen, die Beute für sich zu behalten, ja, wenn wir dem altrussischen Chronisten glauben dürfen, dachte er sogar daran, seine Residenz nach dem bulgarischen Perejaslavec an der Donau zu verlegen. An diesem neuen Mittelpunkt seiner Herrschaft würden aus allen Richtungen die Güter zusammenströmen, Gold, Seidengewebe, Wein und Früchte aus Griechenland, Silber und Pferde aus Ungarn und Böhmen, und aus Rußland Felle, Wachs, Honig und Sklaven. Ein byzantinisches Einverständnis für den Aufbau eines solchen Fernhändler-Imperiums war nicht zu erwarten, und so richtete Svjatoslav, nachdem er 968 eine Bedrohung Kievs durch die Pečenegen abgewehrt hatte, in den folgenden Jahren, nun im Bunde mit den Bulgaren, direkte Angriffe gegen Byzanz. So wurde das bulgarische Problem, bei dessen Lösung sich die byzantinische Diplomatie verrechnet hatte, zu einer Aufgabe für die byzantinische Armee, die sie in einem Sommerfeldzug des Jahres 971 unter Führung des Kaisers Johannes Tzimiskes glänzend erfüllte. Svjatoslav, von den Bulgaren angesichts der byzantinischen Erfolge im Stich gelassen, wurde in der Donaufestung Dorostolon (Silistria) eingeschlossen und zur Kapitulation gezwungen. Auf dem Heimweg fiel er bei den Dnepr-Stromschnellen im Kampf gegen die Pečenegen, die Byzanz vorsorglich gegen ihn in Marsch gesetzt hatte. Das bulgarische Reich erstand nicht wieder, die byzantinische Stellung an der unteren Donau war für lange Zeit wiederhergestellt, und die Kiever Ruś nach einem Jahrzehnt eindrucksvoller militärischer Kraftentfaltung auf ihre Ausgangspositionen zurückverwiesen.

Svjatoslav hinterließ drei Söhne, die er schon während seiner Abwesenheit in Bulgarien als Verwalter seiner Herrschaft in den einzelnen Landesteilen eingesetzt hatte, Jaropolk in Kiev, Oleg bei den Drevljanen und den jüngsten, Vladimir, in Novgorod. Die Chronologie macht wiederum Schwierigkeiten, denn wenn Svjatoslav bei seinem Tod nicht älter als 35 Jahre war, so können seine Söhne zu diesem Zeitpunkt nicht erwachsen gewesen sein. Der Chronist weiß denn auch von einigen Beratern zu berichten, die in dem nun folgenden Bruderkampf um die Macht eine unheilvolle Rolle spielten. Sieger blieb am Ende nach einigen Jahren der junge Vladimir, nachdem er jenseits des Meeres neue, nach Abenteuern und Beute begierige Varägergruppen zu seiner Unterstützung angeworben hatte. Und dem Sieger fiel, ob er es wollte oder nicht, die Aufgabe zu, jene Voraussetzungen zu schaffen, die aus der Herrschaft der varägischen Ruś einen russischen Staat werden ließen, der neben anderen Staaten des Mittelalters nicht nur in kriegerischer Machtentfaltung gleichwertig bestehen konnte.

Im ersten Jahrzehnt seiner Alleinregierung hat Vladimir seine Macht mit den überkommenen Mitteln zu befestigen und zu erweitern gesucht. In den Jahren des Bruderkampfes war manches schon Gewonnene verlorengegangen und mußte nun zurückerobert werden. Zwei Feldzüge waren notwendig (981, 982), um die Vjatičen wieder botmäßig zu machen, ein Unternehmen gegen die Wolgabulgaren (984) blieb ohne entscheidenden Erfolg. Dagegen gelang nach Nordwesten eine Ausdehnung der Macht in das Gebiet der baltischen (preußischen) Jatvingen, und auch in westlicher Richtung war Vladimir durch die Eroberung des Grenzgebietes jenseits des oberen (nördlichen) Bug, der ›červenischen Burgen‹ erfolgreich. Hier allerdings erwuchs ihm in dem aufstrebenden polnischen Staat unter Bolesław Chrobry ein ebenbürtiger Gegner, doch hatten die Kiever Russen zu den Tschechen in Böhmen längere Zeit hindurch zumindest eine ungestörte Verbindung, wenn nicht eine gemeinsame Grenze. In der Steppe mußten sie mit den Pečenegen und anderen Turkstämmen fertig werden, aber selbst hier scheint nicht mehr ausschließlich das Gesetz des Krieges regiert zu haben. So wissen wir, daß Vladimir die Wolgabulgaren im Bunde mit den Torken bekämpfte und daß er später dazu überging, Teile der unruhigen Nachbarn in seinen Dienst zu nehmen und an der befestigten Südgrenze seines Herrschaftsbereiches anzusiedeln. Die Pečenegen waren vielfach ein Werkzeug der byzantinischen Politik, wie schon die Ereignisse um Svjatoslavs Tod deutlich machen, und ihr Verhalten hing unter anderem von den Beziehungen zwischen Kiev und Byzanz ab. Diese Beziehungen nun scheinen wechselnder Natur gewesen zu sein wie bisher. Als Vladimir jene neugeworbenen Varäger, die ihm zur Macht verholfen hatten und dann allmählich lästig zu werden begannen, nach Konstantinopel abschob, ließ er dem byzantinischen Kaiser gleichzeitig eine Warnung zukommen und riet ihm, die Varäger nicht geschlossen in die Stadt zu lassen, sondern nur in kleinen Gruppen und an verschiedenen Orten in seinen Dienst zu nehmen. Dieses Verhalten setzt gute Beziehungen zwischen Kiev und Byzanz voraus. Sie sind in der Folge offenbar getrübt worden, denn als Vladimir sich 988 zu einer Unterstützung des byzantinischen Kaisers Basileios II. entschloß, die dann im weiteren Verlauf zur Christianisierung Rußlands führte, soll er damit einen grundlegenden Wechsel seiner Politik vorgenommen haben.

Im Vergleich zu Svjatoslavs kühnen Kriegstaten waren Vladimirs Erfolge bescheidener, aber auch solider. Es ist bezeichnend, daß er sich von den Varägern zu befreien suchte und sich türkischer Hilfstruppen bediente. Seine Herrschaft verlor den Charakter des Improvisierten und paßte sich den Gegebenheiten an. Solche Anpassung konnte sich aber nicht auf den Bereich der Politik beschränken, sondern mußte früher oder später auch den der Religion mit einbeziehen. Es ist möglich, daß Vladimir mit Rücksicht auf die varägischen Kräfte, die ihm in den Sattel geholfen hatten, und im Gegensatz zu seinem Bruder Jaropolk zunächst auf das Heidentum (germanisches wie slavisches) setzte, ja vielleicht sogar einen künstlich geförderten heidnischen Synkretismus als eine Art Staatsreligion zum Ferment seiner locker gefügten Herrschaft machen wollte. Die ›Erzählung der vergangenen Jahre‹ berichtet derartiges, aber ihre Aussagen über das heidnische Vorleben des später heiligmäßigen Fürsten sind sicher übertrieben. Wenn Vladimir den Versuch gemacht hat, so war es ein Versuch mit untauglichen Mitteln. Wollte Kiev den christlichen Nachbarn ein in jeder Beziehung ebenbürtiger Partner werden, dann konnte das eben nicht durch eine Förderung des Heidentums, sondern nur durch die Annahme des Christentums geschehen. Die Stunde dafür schlug, als den seiner Macht sicheren Vladimir der erwähnte Hilferuf des byzantinischen Kaisers erreichte.

DIE CHRISTIANISIERUNG

Vorgeschichte

Auf dem Territorium des späteren russischen Reiches hat das Christentum sehr früh Fuß gefaßt, mit Gewißheit noch in der antiken Periode, selbst wenn wir der russischen Andreaslegende keinen historischen Kern zubilligen wollen. Die Andreaslegende erzählt, daß der Apostel Andreas im Jahre 33 von Sinope nach Cherson auf der Krim gekommen sei und von hier aus eine Missionsreise nach dem Norden, nach Kiev und Novgorod unternommen habe, um schließlich über Rom nach Sinope zurückzukehren. Daß hier die griechische Krimstadt Cherson genannt wird, ist bestimmt kein Zufall. Man hat nicht zu Unrecht die Krim als die ›Wiege des russischen Christentums‹ bezeichnet. Auf die Tatsache, daß das griechische Christentum auf der Krim im 8. und 9. Jahrhundert eine wesentliche Verstärkung erfahren hat, wurde schon hingewiesen; es war dies eine Folge des Bilderstreites im byzantinischen Reich, der bilderfreundliche Mönche in Scharen an den Rand der griechischen Welt verbannte. Auch die Krimgoten gehörten der christlichen Kirche an.

Eine zweite Quelle christlicher Beeinflussung konnten die transkaukasischen Länder werden. Armenien wandte sich schon im 3., Georgien im 4. Jahrhundert dem Christentum zu, das von hier über den Kaukasus hinübergreifen konnte und immer wieder auch unter den unsteten Bewohnern der Steppe Anhänger gewann, zuletzt unter den Bewohnern des Chazarenreiches. Das alles waren aber nur Voraussetzungen, mögliche Ausgangspunkte für die Christianisierung der Ruś, ob wir nun skandinavische Varäger darunter verstehen oder Ostslaven. Wir wissen nicht, wer in den Höhlenkirchen aus dem 8. und 9. Jahrhundert gebetet hat, die Archäologen im südlichen Rußland ausgegraben haben; es mögen auch Slaven unter diesen unbekannten Christen gewesen sein. Aus den Bekehrungen der Rhōs, von denen die schon erwähnten Viten des Stephan von Surož und des Georg von Amastris berichten, sind mit Rücksicht auf den Charakter dieser Quellen keine weitreichenden Schlüsse zu ziehen, und dasselbe gilt von einer Nachricht, die in der Vita des älteren Slavenapostels Konstantin (Kyrill) enthalten ist, daß nämlich Konstantin bei einer Reise zu den Chazaren im Jahre 861 in Cherson auf christliche Schriften in ›russischer‹ Schrift gestoßen sei.

Doch besitzen wir aus derselben Zeit ein anderes, sehr viel gewichtigeres Zeugnis dafür, daß die Ruś, genauer sogar die Kiever Ruś, Gegenstand eines ersten offiziellen Missionsversuches der griechischen Kirche wurden. Derselbe Patriarch Photios, der in zwei Predigten den erschreckenden Eindruck festgehalten hat, den der Angriff der barbarischen Rhōs im Jahre 860 auf die Bewohner Konstantinopels machte, teilte im Jahre 867 seinen Bischöfen mit, daß diese Rhōs sich nun zum Christentum bekennten und aus erbitterten Feinden der Griechen jetzt deren Freunde geworden seien. »Sie haben bereits von uns einen Priester und einen Bischof erhalten und zeigen einen regen Eifer für die christliche Lehre.« Ein solcher Missionsversuch an den Kiever Ruś unter Askol'd und Dir fügt sich durchaus in den Zusammenhang kirchenpolitisch-missionarischer Aktivität, die der Patriarch Photios auch sonst den Slaven gegenüber entfaltete. Unter seinem Patriarchat war 863 die Sendung der Brüder Konstantin und Method nach Mähren zustande gekommen und ein Jahr später die Taufe des Bulgarenchans Boris erfolgt. Aber erkennbare Spuren hat die erste Bekehrung der Ruś nicht hinterlassen. Wenn Kiev damals die ersten christlichen Priester aufgenommen und den Bau der ersten christlichen Kirche erlebt haben sollte, so haben diese Anfänge den Zusammenbruch der Herrschaft des Askol'd und Dir jedenfalls nicht überlebt. Erst den zweiten der ›Griechenverträge‹ aus dem Jahr 944 beschworen die christlichen Russen in der Kirche des hl. Elias, während die heidnischen dasselbe im Freien, auf einem dem Gott Perun geweihten Hügel taten. Damit sind wir aber schon in der Mitte des 10. Jahrhunderts, in jener Konsolidierungsphase der Kiever Ruś also, in der eine Bereitschaft zur Annahme des Christentums aus politischen Gründen immer näher lag, in einer Zeit, in der sich zu den möglichen Ausgangspunkten einer Christianisierung im Osten auch einer im Westen, das christlich gewordene Herzogtum Böhmen, fügte.

Den Wandel der Zeit verkörpert die Kiever Fürstin Olga. Ihre persönliche Taufe ist gutbezeugte geschichtliche Tatsache, Ort und Zeitpunkt allerdings sind sehr umstritten. Am wahrscheinlichsten ist, daß sie schon vor ihrer Reise nach Konstantinopel (957) im heimatlichen Kiev, in dem es ja schon Christen und auch eine christliche Kirche gab, Christin geworden war, und manches scheint dafür zu sprechen, daß es nicht griechisch-byzantinische, sondern lateinisch-abendländische, vielleicht in der Tradition der Slavenlehrer stehende Missionare waren, die diese Taufe vollzogen. Konstantin Porphyrogennetos jedenfalls, der in seinem Werk ›De cerimoniis aulae Byzantinae‹ den Besuch der Kiever Fürstin eingehend geschildert hat, weiß nichts von einer bei dieser Gelegenheit vollzogenen Taufe zu berichten, wohl aber erwähnt er einen Priester Gregorios, der sich in Olgas Gefolge befand. Daß Olga in der Annahme des Christentums etwa nur einen Akt ihrer persönlichen Überzeugung sah, dürfen wir nicht annehmen. Normalerweise zog in jener Zeit die Taufe des Fürsten die Taufe des Volkes unmittelbar nach sich. Das hat die Kiever Fürstin sicher auch angestrebt. Aber zweierlei stand dem Erreichen dieses Zieles offenbar im Wege. Einmal führte Olga in gewissem Sinne nur die Regentschaft für ihren minderjährigen Sohn Svjatoslav, der in wenigen Jahren die Herrschaft antreten würde und dessen Stellungnahme bei einer so grundsätzlichen Entscheidung daher berücksichtigt werden mußte. Nun läßt die altrussische Chronik keinen Zweifel daran, daß Svjatoslav dem Christentum nicht freundlich gesinnt war; es hätte auch wenig zum Stil seiner Herrschaft gepaßt. Und daß Svjatoslav mit dieser Einstellung nicht alleine stand, sondern seine varägische Gefolgschaft hinter sich hatte, wird nicht nur ausdrücklich berichtet, sondern läßt sich auch der folgenden Entwicklung entnehmen. Zum andern war die Christianisierung für Olga wie für alle Fürsten in dieser Situation ein Akt, der bei der Durchführung politische Vorsicht erforderte. Es mußte auch ihr darauf ankommen, mit dem Aufbau einer kirchlichen Organisation in ihrem Lande nicht in Abhängigkeit von einer fremden Macht zu geraten. Zumindest ein eigenes Erzbistum war die Vorbedingung hierfür. Wir wissen aus einer ganzen Reihe von Fällen (Mähren, Bulgarien, Ungarn, Polen), daß dies immer der entscheidende Punkt war, und es ist gut möglich, daß Olga 957 in Konstantinopel entsprechende Wünsche vorgebracht hat. Sicher aber ist, daß sie 959/960 eine eigene Gesandtschaft zu Otto I. schickte, die Missionare und wohl auch einen Bischof erbitten sollte. Daraus kann man schließen, daß es Olga mit der Christanisierung ihres Landes ernst war und daß Byzanz ihren kirchlichen Autonomiewünschen zu wenig Entgegenkommen gezeigt hatte. Otto I. entsprach der an ihn gerichteten Bitte, aber die Mission des Mönches Adalbert aus dem Kloster St. Maximin in Trier, des späteren Magdeburger Erzbischofs, blieb ohne Erfolg; als er in Kiev eintraf, hatte Olga schon die Regierung an Svjatoslav abgegeben, und an eine Christianisierung Rußlands war fürs erste nicht mehr zu denken. Am bemerkenswertesten an dieser Episode ist die Tatsache, daß für die Kiever Ruś des 10. Jahrhunderts der Weg nach dem lateinischen Westen noch gangbar war, sogar in kirchlichen Fragen. Wir besitzen genügend Anhaltspunkte dafür, daß diese Verbindung auch in umgekehrter Richtung zum Zweck der Verbreitung christlichen Lehrgutes funktionierte.

Die Vorgänge, die schließlich zur offiziellen Christianisierung Rußlands führten, können wir mit ziemlicher Genauigkeit rekonstruieren, aber der Eindruck unvermittelter Plötzlichkeit, den der offizielle Taufakt und seine politische Vorgeschichte hervorrufen könnten, entspräche nicht der geschichtlichen Wirklichkeit. Nicht nur, daß eine gewissermaßen unterirdische Christianisierung seit langem im Gange war, auch um den offiziellen Schritt wurde seit Olgas erstem Versuch immer wieder gerungen. Das eine ist von dem anderen nicht zu trennen. Selbst unter Svjatoslav kann von einer echten heidnischen Reaktion kaum gesprochen werden; die Haltung dieses Fürsten war eher eine konservative Verachtung der religiösen Neuerungen, verbunden mit praktischer Toleranz. Unter Jaropolk schwang das Pendel wieder nach der anderen Seite; er war mit einer Griechin verheiratet und scheint eher an die Bestrebungen der Großmutter angeknüpft zu haben. Wenn eine spät und unsicher überlieferte Nachricht, daß im Jahre 979 eine Gesandtschaft des Papstes aus Rom bei Jaropolk erschienen sei, zutrifft, dann hätte dieses Anknüpfen auch die kirchenpolitischen Kontakte zum lateinischen Westen mit eingeschlossen. Die Wiederbelebung heidnischen Brauchtums unter Vladimir wurde schon erwähnt. Wenn wir dem Chronisten Glauben schenken, war sie fallweise auch mit einer Verfolgung der Christen verbunden und führte zum ersten Martyrium zweier Waräger in der KieverRuś. Aber der christliche Waräger, der sich weigerte, seinen Sohn als Opfer für die heidnischen Götter herauszugeben, fügt sich zu gut in hagiographische Überlieferungen. Vladimirs Entscheidung für das Christentum gewann zweifellos an Glanz, je abstoßender man ihn als Heide und je grauenhafter man die heidnische Kiever Ruś darstellte. In Wirklichkeit war die Entscheidung längst so weit vorbereitet, daß es nur mehr eines äußeren Anstoßes bedurfte.

Der Taufakt

Was die russische Überlieferung in der ›Erzählung der vergangenen Jahre‹ von der Taufe Vladimirs und seiner Kiever Ruś zu berichten weiß, ergibt kein klares Bild von den wirklichen Vorgängen. Es ist tiefsinnige Legende in anspruchsvoller literarischer Form, die den geschichtlichen Kern nur von ferne durchschimmern läßt und, von der späteren Entwicklung ausgehend, den Anteil der Griechen im hellsten Licht erstrahlen läßt. Gesandtschaften der muslimischen Wolgabulgaren, der Deutschen von Rom, der jüdischen Chazaren, und schließlich ein griechischer ›Philosoph‹ erschienen angeblich in Kiev, um Vladimir die Vorzüge ihres Glaubens vorzutragen. Danach sandte Vladimir, immer noch unschlüssig, seinerseits Boten aus, um die fremden Religionen zu erkunden. In beiden Fällen bleibt die Überlegenheit des ›griechischen Glaubens‹ nicht zweifelhaft. An allen anderen Religionen fanden die heimgekehrten Boten in ihrem Bericht etwas auszusetzen, aber im Gottesdienst der Griechen hätten sie nicht mehr gewußt, ob sie im Himmel oder auf der Erde seien. Dementsprechend traf Vladimir die Entscheidung und fragte nur mehr: »Wo nehmen wir die Taufe?« Mit dieser Legende, in der sich die religionsgeschichtliche Situation widerspiegelt, verbindet sich eine zweite, deren konkreteren historischen Hintergrund ein Feldzug Vladimirs gegen die Stadt Cherson (russ. Korsuń, daher Korsunsche Legende) bildet: Es gelang Vladimir, die Stadt einzunehmen, und als Sieger verlangte er von den byzantinischen Kaisern Basileios und Konstantin ihre Schwester Anna zur Frau. Das wurde ihm gewährt unter der Voraussetzung, daß er Christ würde. So ließ sich Vladimir, durch ein Genesungswunder am eigenen Leibe beeindruckt, in Korsuń taufen.

Den fehlenden Zusammenhang bieten die Quellen zur gleichzeitigen byzantinischen Geschichte. Zu Beginn des Jahres 988 befand sich der junge Kaiser Basileios II. (976–1025) in einer verzweifelten Situation. Zwei Jahre vorher hatte er gegen den Zaren Samuel des westbulgarischen Reststaates eine empfindliche Niederlage erlitten; es war zu erwarten, daß die Bulgaren diese Chance nicht ungenützt vorübergehen lassen würden. Schlimmer noch war die Lage im asiatischen Teil des Reiches, wo sich Bardas Phokas zum Gegenkaiser erhoben und sowohl die Armee wie den grundbesitzenden Adel hinter sich gebracht hatte. Dem legitimen Kaiser in der Residenz, der über keine kampfkräftigen Truppen mehr verfügte, drohte ein vernichtender Angriff vom Westen wie vom Osten. Hilfe konnte nur mehr von außen kommen, und so erhielt eine Gesandtschaft den Auftrag, den Kiever Fürsten Vladimir um Unterstützung zu bitten. Die byzantinischen Gesandten müssen in den ersten Wochen des Jahres 988 nach Kiev gekommen sein, und wenn ihre Mission den angestrebten raschen Erfolg haben sollte, durften sie natürlich nicht mit leeren Händen kommen. Den Preis, den Byzanz zu zahlen bereit war, bildete die Hand der purpurgeborenen Prinzessin Anna. Gemessen an späteren politisch-dynastischen Heiraten mag dieser Preis gering erscheinen, aber gemessen am byzantinischen Selbstgefühl war es der höchste Preis, den Byzanz anbieten konnte. Denn noch nie hatte ein fremder Fürst eine ›im Purpur‹, d. h. im kaiserlichen Palast und als Tochter des regierenden Kaisers geborene byzantinische Prinzessin zur Frau erhalten; weder Maria Lakapena, die Frau des bulgarischen Zaren Peter, noch Theophano, die Gemahlin Ottos II. waren purpurgeborene Prinzessinnen. Das ganz ungewöhnliche Angebot, erzwungen durch die Not der Stunde, erfüllte seinen Zweck. Noch im Frühjahr 988 trafen aus Kiev 6000 Krieger, in der Mehrzahl sicher Varäger, ein, die bei Chrysopolis den Truppen des Bardas Phokas eine erste Niederlage bereiteten und dem Kaiser binnen eines Jahres die endgültige Niederwerfung des Aufstandes ermöglichten.

Die Motive, die Vladimir veranlaßten, der Bitte des Kaisers so schnell und wirksam zu entsprechen, sind leicht verständlich. Die Christianisierung des Landes war auf die Dauer nicht zu umgehen; nicht mehr als einen ohnedies unvermeidlichen Schritt tun zu müssen und damit eine so unvergleichliche Rangerhöhung zu gewinnen, wie sie die dynastische Verbindung mit dem byzantinischen Kaiserhaus darstellte, das war eine politische Chance, wie sie so bald nicht wiederkehren würde. Die Aufbietung der Truppen hat den Kiever Fürsten kaum belastet. Im Gegenteil; es ist sehr bezeichnend, daß die von Vladimir geschickten Varäger gar nicht nach Kiev zurückkehrten, sondern in byzantinischen Diensten blieben, und zwar als Kern einer varägisch-normannischen Spezialtruppe und Leibgarde, die sich aus den nördlichen Heimatländern laufend ergänzte und zu einer ständigen Einrichtung wurde. Es ist nicht bekannt, daß Vladimir die Rückkehr seiner varägischen Truppen gewünscht oder gar gefordert hätte.

Was ihn in einen Konflikt mit Byzanz brachte, war nicht die Zurückbehaltung seiner Truppen, sondern die offenbar versuchte Zurückbehaltung der versprochenen Kaiserschwester. Basileios II., durch das Eingreifen der Varäger aus seiner schwierigen Lage befreit, bereute sein großzügiges Angebot und suchte das schmerzliche Opfer byzantinischen Prestiges zu umgehen. Da hat ihn der Angriff Vladimirs auf Cherson zur Einlösung seines Versprechens gezwungen. Die Ehe kam zustande, und Rußland wurde christlich. Der ›Korsunschen Legende‹ nach ist Vladimir in Cherson, selbstverständlich von einem griechischen Priester, getauft worden. Darauf nahm der Kiever Fürst ›die Kaiserschwester, Anastasios und die Priester von Cherson mit den Reliquien des heiligen Klemens und von dessen Schüler Phoibos, und er nahm die kirchlichen Gefäße und die Ikonen für sich zum Segen . . . Den Griechen aber gab er als Morgengabe für die Kaiserschwester Cherson wieder und kam selbst nach Kiev. Als er dorthin gekommen war, ließ er die Götzenbilder umstoßen, die einen zerschlagen, die anderen dem Feuer übergeben‹, und er befahl, ›Kirchen zu bauen und sie dort zu errichten, wo Götzenbilder standen. Und er erbaute die Kirche des heiligen Basilios auf dem Hügel, wo der Götze Perun und die anderen standen und wo der Fürst und das Volk Opfer darbrachten . . . Und er begann in den Städten Kirchen zu errichten, Priester einzusetzen und in allen Städten und Dörfern die Leute zur Taufe zu führen‹.

Für mittelalterliche Chronisten besteht die Christianisierung eines Landes im wesentlichen aus zwei Handlungen, der Taufe und der Einrichtung einer kirchlichen Organisation. Von dem langwierigen Vorgang der Verchristlichung eines Volkes vor und nach den offiziellen Akten erfahren wir im allgemeinen nur wenig. Aber die ›Erzählung der vergangenen Jahre‹ versagt uns sogar Nachrichten über den ersten Aufbau einer christlichen Kirche in Rußland.

Der Aufbau der Kirche und die Verchristlichung Rußlands

Das unerschütterliche Selbstbewußtsein der griechischen orthodoxen Kirche, der griechisch-byzantinischen geistlichen Kultur, das uns aus der Darstellung der altrussischen Chronisten entgegentritt, ließe erwarten, daß uns auch der Ruhm jener griechischen kirchlichen Würdenträger verkündet würde, die den Aufbau der Kirche in Rußland durchführten und leiteten. Dies um so mehr, als ja schon mehr als ein Jahrhundert vor der Taufe Vladimirs der Patriarch Photios von einem ›Bischof‹ berichtete, den die Rhōs erhalten hätten. Um so erstaunlicher ist die Tatsache, daß ein Metropolit in Kiev mit Sicherheit erst für das Jahr 1039 bezeugt ist: In diesem Jahr – so heißt es in der Chronik – ›wurde die Kirche der heiligen Gottesmuter, die Vladimir, der Vater

Jaroslavs, errichtet hatte, durch den Metropoliten Theopempt geweiht‹. Da der Kiever Großfürst Jaroslav zwei Jahre vorher eine neue Kirche der heiligen Sophia ausdrücklich als Metropolitankirche stiftete, dürfen wir annehmen, daß auch der Metropolit Theopempt in diesem Jahr nach Kiev gekommen ist. Zwischen diesem Datum und dem Taufdatum Vladimirs liegt aber ein halbes Jahrhundert, und schon für das Jahr 1018 weiß Thietmar von Merseburg zu berichten, daß es in der großen Stadt Kiev, der Hauptstadt des Reiches, ›mehr als 400 Kirchen‹ gegeben habe. Die Zahl mag übertrieben sein, aber auch eine wesentlich geringere Anzahl von Gotteshäusern setzte eine kirchliche Organisation voraus. Wir wissen weder genau, wie sie aussah, noch wer an ihrer Spitze stand. Zwar läßt derselbe Thietmar 1018 den in Kiev einziehenden Polenherzog Bolesław Chrobry vom ›Erzbischof der Stadt mit den Heiligenreliquien und allerlei anderem Prunk im Kloster der hl. Sophia‹ empfangen werden, und aus griechischen Quellen ist die Einsetzung des Metropoliten Theophylaktos von Sebasteia zum Metropoliten von Rußland bekannt, aber weder die eine noch die andere Nachricht findet eine Bestätigung in der russischen Überlieferung, die nur in hagiographischen Texten einige Namen weiter nicht konkretisierbarer Erzbischöfe oder Metropoliten enthält. Diese Unsicherheit der Überlieferung hat zu einer großen Zahl zum Teil recht kühner Hypothesen geführt. Einesteils meint man, der Oberhirte der jungen russischen Kirche, Erzbischof oder Metropolit, habe in den ersten Jahrzehnten nicht in Kiev, sondern in einer anderen Stadt, in dem Kiev nahegelegenen Perejaslavl', in Cherson oder sogar in dem fernen Tmutorokań seinen Sitz gehabt. Die Unterordnung unter den griechischen Patriarchen in Konstantinopel ist damit noch nicht in Frage gestellt. Andernteils bestreitet man aber sogar dies und versucht den Nachweis, daß überhaupt nicht griechische, sondern andere kirchliche Kräfte die Mission und den kirchlichen Aufbau in Rußland durchgeführt haben. In Frage kommen die autokephale orthodoxe Kirche Bulgariens und die römische Kirche. Unbestreitbar ist, daß die russische Kirche aus diesen Richtungen Einflüsse erfahren hat, die sich im altrussischen geistlichen Schrifttum niederschlugen. Das christliche Gedankengut übernahm man, wo es anging, nicht unmittelbar von den Griechen, sondern in der in Bulgarien geschaffenen kirchenslavischen Form. Bulgarien war mit der Christianisierung ja mehr als ein Jahrhundert vorangegangen, hier war es schon unter dem Zaren Simeon im ersten Viertel des 10. Jahrhunderts zu einer bemerkenswerten kulturellen Blüte in Gestalt eines reichen kirchlichen Schrifttums von Übertragungen aus dem Griechischen ins Slavische gekommen. Das slavische Sprachgewand legte die Übernahme im Kiever Rußland nahe, aber die Namen der Vermittler sind uns unbekannt.

Die westlich-lateinischen Einflüsse haben geringeres Ausmaß und sind etwas anderer Natur. Hier wurde nicht das geistliche Leben in voller Breite vermittelt, soweit in der jungen russischen Kirche dafür eben Aufnahmefähigkeit bestand, sondern einzelnes, ob es sich nun um die Legenden der tschechischen Heiligen Wenzel und Ludmilla, des Prager Patrons, des hl. Veit, oder um Einrichtungen kirchenrechtlicher Natur wie des kirchlichen Zehnten handelte. Vladimir stattete die erste Kiever Hauptkirche (Desjatinnaja cerkov́ = Zehntkirche) mit dem kirchlichen Zehntrecht aus, das es im byzantinischen Bereich in dieser Form nicht gab und das also weder von den Griechen noch von den Bulgaren übernommen werden konnte. Das sprachliche Medium war auch vom Westen her das Kirchenslavische, dem in Mähren zwar nur eine kurze Blütezeit in den letzten Jahrzehnten des 9. Jahrhunderts beschieden gewesen war, das sich aber mancherorts mit großer Zähigkeit gegen das allein erlaubte Lateinische hielt. Die Personen der Vermittler bleiben auch hier im Dunkel, aber es liegt nahe, sich unter ihnen Männer vorzustellen, die lieber die Heimat verließen, als von der slavischen Form des Gottesdienstes zu lassen.

Im Sinne dieser mannigfaltigen Einwirkungen – zu einer Zeit, da sich östlich-griechische und westlich-lateinische Kirche zwar längst auseinandergelebt hatten, aber das Schisma (1054) noch nicht vollzogene Tatsache war – könnte man von einer ›internationalen‹ Missionierung des Kiever Rußland sprechen. Darüber hinaus einen Einfluß auf Kosten der anderen zu verabsolutieren und als Ausdruck einer formalen kirchlichen Abhängigkeit zu deuten, erscheint unbegründet: Die bulgarische Kirche, nach dem Zusammenbruch des ersten bulgarischen Reiches selbst in ihrer Unabhängigkeit bedroht, war nicht mächtig genug, wirksame Jurisdiktion über ein so großes Missionsgebiet auszuüben, und Rom war zu weit entfernt, um mit den byzantinischen Ansprüchen auf die Dauer erfolgreich konkurrieren zu können. Es ist sehr zweifelhaft, ob es die Päpste überhaupt versucht haben. Nachrichten über einen mehrfachen Gesandtschaftswechsel zwischen Rom und Kiev in den Jahren nach dem Taufakt (988–1001) sind nur in sehr späten Fassungen der russischen Chronik aus der Mitte des 16. Jahrhunderts überliefert und verdienen nicht das Vertrauen, das ihnen vielfach entgegengebracht wird. Es ist sehr unwahrscheinlich, daß die Jurisdiktion der lateinischen Kirche über ein so großes und zukunftsreiches Land, wenn sie wirklich einmal bestand, im Westen so rasch und spurlos in Vergessenheit geraten konnte. Dagegen gab es für die Moskauer Chronisten zur Zeit Ivans IV., die ja auch Rjurik zu einem Nachkommen des Augustus machten, sehr wohl ein Motiv, vielleicht vorhandene dunkle Überlieferungen zu einer Reihe von Papstgesandtschaften zu verdichten: das imperiale Ansehen des neuen Moskauer Zartums. Historischer Kern könnte vielleicht eine Botschaft der Gemahlin Ottos II., Theophano, an die Gemahlin Vladimirs Anna sein, beide waren ja byzantinische Prinzessinen.

Gegenüber allen anderen, recht künstlichen Hypothesen bleibt die traditionelle Auffassung, daß die russische Kirche von Anfang an in der Jurisdiktion von Byzanz gestanden habe, am wahrscheinlichsten. Priester aus den nahegelegenen griechischen Krimstädten und geistliche Begleiter der Prinzessin Anna mögen, wie es die Chronik berichtet, die vorhandenen Ansätze zu einem ersten Fundament ausgebaut haben. Wenn ein Erzbischof das Wachsen der jungen Missionskirche betreut hat – und die Mitteilung Thietmars macht das glaubhaft –, dann bleibt allerdings die Frage, welche Bedeutung der Einrichtung einer russischen Metropolie am Ende der dreißiger Jahres des 11. Jahrhunderts zukommt. Läßt nur die Lückenhaftigkeit der Überlieferung den Eindruck entstehen, daß hier ein wichtiger Einschnitt vorliegt, oder hat tatsächlich ein bis dahin unklares Verhältnis damals seine feste und endgültige Form gefunden? Hatte der Missionserzbischof größere Selbständigkeitsrechte als der offiziell in die byzantinische Hierarchie eingeordnete Metropolit, oder war es umgekehrt, daß die Errichtung der Metropolie ein Zugeständnis an den Rang des Kiever Großfürsten Jaroslav darstellte? Die Auseinandersetzungen der Folgezeit sprechen eher für die zweite Version.

Jaroslav (1019–1054) war wie sein Vater Vladimir mit Hilfe des Nordens – der Novgoroder und varägischer Hilfstruppen – an die Macht gekommen; seine Frau Ingegärd (Irina) war eine schwedische Königstochter und entstammte dem Bereich der lateinischen Kirche. Der Stil seines Hofes wird in der ersten Zeit eher ein russisch-varägischer als ein byzantinischer gewesen sein, zumindest ist die Zustimmung zu einer festen Ordnung der kirchlichen Abhängigkeit Rußlands von Byzanz, wenn diese nicht schon vorher bestanden hat, allein unter byzantinischem Kultureinfluß unwahrscheinlich. Aber seit dem Jahre 1036 war Jaroslav im Alleinbesitz der Macht, die er bis dahin mit seinem Bruder Mstislav geteilt hatte. Es ist gut möglich, daß man in Byzanz dieser Tatsache Rechnung trug und dem Kiever Großfürsten in Gestalt einer eigenen Metropolie endlich jenes Maß kirchlicher Repräsentation zugestand, das zweifellos schon Olga und Vladimir angestrebt hatten. Zufriedengestellt war Jaroslav damit offenbar nicht, denn wenn auch ein für die Russen unglücklich verlaufender Krieg mit Byzanz im Jahre 1043 unmittelbar nichts mit der Kirchenfrage zu tun hatte, so zeigen die Ereignisse nach dem Tode des Metropoliten Theopempt doch deutlich, in welche Richtung Jaroslavs Kirchenpolitik zielte. Im Jahre 1051 ›rief Jaroslav die Bischöfe zusammen und setzte in der Kirche der heiligen Sophia Ilarion, einen Russen, zum Metropoliten ein‹; damit maßte er sich ein Recht an, das nur dem Patriarchen und dem Kaiser in Konstantinopel in gemeinsamer Aktion zukam, und versuchte, Byzanz durch die Praxis kirchlicher Unabhängigkeit vor eine vollendete Tatsache zu stellen. Durchgesetzt hat er sich damit nicht. Wir wissen nicht, mit welchen Mitteln Byzanz seiner Auffassung zum Sieg verholfen hat, aber schon im folgenden Jahr kam es zur Heirat von Jaroslavs Sohn Vsevolod mit einer byzantinischen Prinzessin, und der Russe Ilarion mußte als Metropolit dem Griechen Efrem (Ephraim) weichen. Von da ab wurde die kirchliche Oberhoheit des ökumenischen Patriarchen in Konstantinopel bis in das 15. Jahrhundert hinein nicht mehr in Frage gestellt. Die Ernennung des russischen Metropoliten lag beim Patriarchen. Dieser konnte dabei Vorschläge des russischen Großfürsten berücksichtigen oder auch nicht. Keinem russischen Kandidaten blieb jedenfalls die weite Reise nach Konstantinopel erspart. Im 13. und 14. Jahrhundert hat sich ein ziemlich regelmäßiger Wechsel von Russen und Griechen auf dem Stuhl des ›Metropoliten von Kiev und der ganzen Ruś‹ eingespielt; in der ersten Zeit müssen wir aber mit einem starken Überwiegen des griechischen Elementes rechnen, das eine feste Führung der russischen Kirche durch die griechische sicherstellte. In geringerem Ausmaß gilt das auch von den einzelnen Bistümern – Novgorod, Belgorod und Juŕev, zu denen unter Jaroslavs Söhnen Perejaslavl' und Černigov hinzukamen. Ohne daß ein unmittelbarer Zusammenhang erkennbar wäre, müssen wir den zeitlichen Zusammenfall der endgültigen Zuordnung des christlichen Rußland zur griechischen Kirche mit der endgültigen Trennung der griechischen Kirche von der lateinischen vermerken. Was in Konstantinopel geschehen war, hat sich zwar nicht sofort auf Kiev ausgewirkt, aber es hat vom 12. Jahrhundert ab bis zum heutigen Tag das innere Verhältnis Rußlands zum lateinischen Westen entscheidend bestimmt.

Vor einer äußeren, politischen Abhängigkeit von Byzanz blieb der mittelalterliche russische Staat dagegen bewahrt. Befürchtungen in dieser Richtung lagen für die Kiever Fürsten nahe, denn in der byzantinischen Vorstellung von der ›einen, ungeteilten Welt‹ der christlichen (d. i. griechisch-orthodoxen) Ökumene waren kirchliche Oberhoheit des

Patriarchen und politische des Kaisers nicht zu trennen. In der Theorie gab es nur einen Souverän, den christlichen Weltkaiser in der Stadt Konstantins des Großen. Griechische Autoren sprechen vom russisch-byzantinischen Krieg des Jahres 1043 konsequent als von einem ›Aufstand der Russen‹. Aber politisch realisierbar ist dieser theoretische Souveränitätsanspruch Rußland gegenüber niemals gewesen, obwohl er bis zum Ende des byzantinischen Reiches hartnäckig aufrechterhalten wurde.

Für die ›Verchristlichung‹ Rußlands, für das Entstehen eines russischen Christentums eigener Prägung, war nicht weniger wichtig als der Aufbau einer kirchlichen Organisation die Bildung eines eigenen russischen Mönchtums. Auch hier liegt der Anfang des Weges im Dunkel: Verbindungen von den Mittelpunkten mönchischen Lebens auf der Krim zum vorchristlichen oder eben christlich gewordenen Kiev lassen sich nicht nachweisen, so wahrscheinlich sie auch sind. Wir kommen wiederum bis in die Zeit Jaroslavs, ehe wir den schwankenden Boden von Hypothesen verlassen können. Erst dieser Fürst, der ›die Priester sehr schätzte, besonders aber die Mönche‹, hat nach dem Bericht des Chronisten die ersten Klöster in Kiev gegründet, das Georgs- und das Irenenkloster, beides fürstliche Stiftungen (Ktitorklöster) nach byzantinischem Vorbild. Der mächtige Baum des russischen Mönchtums trieb aber aus anderer, rein asketischer Wurzel. Urbild und Vorbild der russischen Klöster ist das Kiever Höhlenkloster geworden, hervorgegangen aus Eremitenhöhlen am rechten Dneprufer. Auch dieses geistliche Zentrum des Kiever Rußland konnte sich zwar nicht immer der fürstlichen Einflußnahme und auch nicht auf die Dauer der Belastung durch irdischen Besitz entziehen, aber es hat genug geistliche Substanz aufgehäuft und bewahrt, um eine erste Blüte russischer Kultur im kirchlichen Bereich hervorzubringen und mit seinem nach der Studitenregel geordneten Gemeinschaftsleben zum Vorbild aller späteren russischen Klöster werden zu können. Das russische Mönchtum kennt so wenig wie das griechische Orden; es erhielt Richtung und Ordnung stets durch überragende geistliche Persönlichkeiten. Für das Kiever

Höhlenkloster war diese Persönlichkeit der dritte Abt in den sechziger und siebziger Jahren des 11. Jahrhunderts, den die russische Kirche als den hl. Feodosij (Theodosius) verehrt.

STADT UND LAND

Die Christianisierung Rußlands kann als weithin sichtbares Zeichen dafür gelten, daß die Kiever Ruś mit der Wende vom 10. zum 11. Jahrhundert in ein neues Stadium ihrer Entwicklung eintrat. Die Annahme des Christentums schuf aber auch die Voraussetzungen dafür, daß uns dieses neue Stadium wesentlich deutlicher wird als das vorhergehende – durch Vermehrung der Kontakte mit der Umwelt, die uns entsprechend mehr Nachrichten übermittelt hat, und durch das allmähliche Einsetzen eigener schriftlicher Zeugnisse. Daneben ist der Beitrag nicht geringzuschätzen, den die russische Archäologie in den letzten Jahrzehnten zur Erkenntnis auch des christlichen Kiever Rußland geleistet hat. Umstritten bleibt allerdings die Frage, wie dieses Kiever Rußland nach seinem Eintritt in die Familie der christlichen Völker und Staaten als Gesamterscheinung zu klassifizieren, wie es in die Kategorien der mittelalterlichen Entwicklung Europas einzuordnen ist. Die Antwort hängt sehr stark davon ab, wo man den Schwerpunkt des wirtschaftlichen und sozialen Lebens in der Kiever Ruś sehen will. War es nach wie vor der Handel, dem die führende Schicht Reichtum und Geltung verdankte, der das Leben in allen seinen Formen bestimmte? Dieser Meinung waren Ključevskij und seine Schüler. Oder trat nun der Grundbesitz an die erste Stelle und wurde damit ein System feudaler Beziehungen geschaffen, wie wir es im gleichzeitigen Abendland beobachten? Das behaupten nach einigen Vorläufern heute vor allem die sowjetischen Historiker. Sofern es sich nicht um einen terminologischen Streit handelt – der geschichtswissenschaftliche und der marxistische Begriff ›Feudalismus‹ haben wenig miteinander zu tun –, können beide Auffassungen gute Gründe für sich anführen.

Die wirtschaftliche und soziale Entwicklung

Gehen wir von dem Zustand aus, den wir im Zeitpunkt der sogenannten Staatsgründung vorgefunden haben – einer sozial noch wenig differenzierten ostslavischen Bauernbevölkerung mit städtischen oder stadtähnlichen Siedlungsmittelpunkten, in denen sich Handwerk und lokaler Handel konzentrierten, und berücksichtigen wir die hinzutretenden Elemente von Fernhandel und expansiver militärischer Kraftentfaltung, die durch die varägische oder von varägischer Daseinsweise bestimmte Herrschaft hinzukamen, so ergibt sich für das 11. Jahrhundert eine weitgehende Verschmelzung all dieser Elemente; sie war natürlich seit langem im Gange. Die sprachliche Assimilierung der Varäger muß verhältnismäßig rasch vor sich gegangen sein, sonst wären die germanischen Lehnwörter im Altrussischen zahlreicher, und die Christianisierung des Landes hätte nicht so ausschließlich auf die slavische Sprache gegründet werden können. Die Änderung der Lebensweise mag dagegen länger gedauert haben, bis aus unsteten Fernkaufleuten mehr oder minder ortsgebundene Grundbesitzer wurden. Dem Beruf des Kriegers blieb die führende Schicht, slavisiert, soweit sie nichtslavischen Ursprungs war, und durch Ostslaven ergänzt, selbstverständlich treu. Es mag sein, daß von den Zeiten her, da noch nicht die gesamte Bevölkerung ohne Unterschied der Herkunft als Ruś-Russen bezeichnet wurde und auch noch nicht als Christen, als christliche Russen, ein weiteres, alle umfassendes Merkmal hinzugewonnen hatte, die Oberschicht slavischen Ursprungs ein engeres Verhältnis zu Grund und Boden besaß als die varägischer Abstammung. Aber auch dies mußte sich in dem Maße ausgleichen, in dem der slavische Stammesadel in den Fürstendienst trat und umgekehrt die varägischen Gefolgsleute des Fürsten zu Grundbesitz kamen.

Präzise Angaben über die rechtliche Natur des Privateigentums an Grund und Boden lassen sich nicht machen ohne entsprechendes Urkundenmaterial, und das setzt in genügendem Ausmaß erst gegen Ende des 13. Jahrhunderts ein. Für die

Zeit vorher sind wir auf sehr vage Angaben in den Chroniken und auf Bestimmungen der altrussischen Rechtsdenkmäler angewiesen, die der Interpretation weiten Spielraum geben. Erkennbar wird zuerst der fürstliche Besitz an Land – an Ackerboden, vor allem aber an Wald, Weide und Gewässern. Jagd und Fischerei waren wichtig für den Lebensunterhalt, aus dem Wald kamen die Exportgüter des Fernhandels, ausgedehnter Weiden bedurfte man für das in Krieg und Frieden gleich wichtige Pferd. So waren es Jagd-, Wasser- und Weiderechte des Fürsten, die zuerst unter besonderen Rechtsschutz gestellt wurden. Verwalter fürstlichen Besitzes treten uns aus den Quellen in verschiedenen Rängen und unter zahlreichen Namen entgegen. In der zweiten Hälfte des 11. Jahrhunderts wurde ein ähnlicher Rechtsschutz auch dem Besitz der übrigen Großen des Kiever Reiches zuteil. Die Bezeichnung ›Gospodin‹ – bis gegen Ende des 15. Jahrhunderts die offizielle Anrede der Fürsten – fand nun Verwendung für den ›Herrn‹ im allgemeinen, und wenn Grenzverletzungen unter schwere Strafe gestellt wurden, so ergibt sich daraus, daß damit auch der ›Herr‹ über ein genau abgegrenztes Stück Land gemeint war. Mit anderen Worten: Im 11. Jahrhundert ist ausgedehnter Grundbesitz der führenden Schicht kaum zu bestreiten; für die davor liegende Zeit können die Anfänge seiner Entwicklung bestenfalls vermutet werden.

Über die Entstehungsweise dieses ›adeligen‹ Grundbesitzes wissen wir wenig. Er mag sich im Bereich der slavischen Gemeinde organisch entwickelt haben, er mag aus eigenmächtigen Aneignungen fürstlicher Beauftragter hervorgegangen sein, die sich ein privates Ausbeutungsgebiet zulegten, er mag auch auf Schenkungen des Fürsten zurückgehen, obwohl wir solche erst für das 12. Jahrhundert und auch in dieser Zeit nur an kirchliche Empfänger, etwa neugegründete Klöster, dokumentarisch nachweisen können. In jedem Falle war der Grundbesitz erblich (votčina) und die Verfügung über ihn frei; er war sicher zum Teil, aber ebenso sicher nicht unbedingt mit dem Fürstendienst verbunden. Ein unmittelbarer Zusammenhang zwischen der Verleihung von Land und der Delegierung von Macht in einer oder mehreren Stufen und in einer rechtsverbindlichen Form war nicht gegeben, und insofern läßt sich von einem Feudalsystem nicht sprechen. Zwar unterscheiden die Quellen zwischen einer ›älteren‹ und einer ›jüngeren‹ fürstlichen Gefolgschaft (družina), aber die ›jüngeren‹ Gefolgsleute waren nicht etwa Subvasallen der ›älteren‹, sondern beide standen gleichermaßen im fürstlichen Dienst, nur in Funktionen verschiedener Wichtigkeit und Verantwortung. Landbesitz konnten beide Gruppen haben und durch fürstliche Gunst vermehren, aber Aufsage des Dienstes führte nicht zum Verlust des Besitzes, Dienstwechsel war in voller Freiheit möglich und wurde mit der zunehmenden Zahl der Fürsten zu einer häufigen Erscheinung. Es hat noch den Moskauer Großfürsten und Zaren schwere Mühe bereitet, dieses alte Vorrecht des erbgrundbesitzenden Bojarenadels zu beseitigen.

Eine andere Frage ist es, ob der private Grundbesitz der sozialen Oberschicht, vor allem in Gestalt großer Flächen bebauten Bodens, schon in der Zeit des Kiever Reiches die Hauptgrundlage der nationalen Wirtschaft gewesen ist, ob die wirtschaftliche Macht und damit auch die politische Macht in der Hauptsache auf ihm beruhte; mit anderen Worten: ob das soziale und wirtschaftliche System der Kiever Ruś im 11. Jahrhundert schon als ein ›feudalistisches‹ im marxistischen Sinne bezeichnet werden kann. Das ist ebensooft bestritten wie behauptet worden. Die Beantwortung der Frage hängt davon ab, wie man sich die Bearbeitung des privaten Großgrundbesitzes vorstellt, wieweit der ursprünglich freie Bauer schon in Abhängigkeit von einer Grundherrschaft geraten war, und wie hoch man die Bedeutung des Fernhandels für die führende Schicht und für die gesamte Wirtschaft einschätzt.

Der Handel, ob er nun von den politisch Mächtigen oder von einem eigenen Stand der Kaufleute betrieben wurde – beides war im Kiever Rußland offenbar gleichzeitig der Fall –, mußte als Fernhandel schon der erforderlichen Organisation wegen an einigen besonders geeigneten Punkten konzentriert sein, er mußte, wenn er blühte, auch eine Blüte der hauptbeteiligten Städte nach sich ziehen. Eine solche Blüte des

Städtewesens ist nicht zu bezweifeln: Nicht nur ein unverdächtiges Zeugnis wie das des Zeitgenossen Thietmar von Merseburg, sondern vor allem auch die Ausgrabungsergebnisse beweisen es. Und es ist gewiß kein Zufall, daß gerade jene drei altrussischen Städte sich durch Wachstum, Intensität und Differenziertheit des Wirtschaftslebens auszeichneten, die an entscheidenden Punkten der alten varägischen Handelsstraße von der Ostsee ins Schwarze Meer lagen: Novgorod am Ilmensee im Norden mit Verbindungen nach Westen über Land und Wasser, Smolensk in der Mitte, dort, wo der Kauffahrer von Lovat' und Düna her das Flußgebiet des Dnepr gewann, wo er aber auch leicht nach Osten in das Flußgebiet der Wolga hinüberwechseln konnte, und Kiev im Süden, wo sich die nord-südliche Handelsstraße mit einer west-östlichen kreuzte, wo die bevorstehende Überwindung der Steppe einen Halt erforderte und die aus dem Süden, Osten und Westen importierten Waren zuerst umgeschlagen wurden. Berechnungen der annähernden Einwohnerzahl dieser Städte entbehren der sicheren Anhaltspunkte. Wenn etwa Vernadsky die Gesamtbevölkerung der Kiever Ruś auf $7^1/_2$ Millionen, die städtische Bevölkerung auf eine Million (13%) und die Bevölkerung der genannten drei größten Städte auf zusammen 400000 schätzt, so mag er die Wirklichkeit damit ungefähr treffen oder auch nicht; aber an der Ansehnlichkeit des mittelalterlichen Kiev kann kein Zweifel sein. Die ›Mutter der russischen Städte‹ setzte einen Wachstumsring nach dem andern an, immer wieder erwies sie sich als zu klein, wenn neue größere Bauten aufgeführt werden sollten; sowohl die Zehntenkirche Vladimirs wie die Sophienkathedrale Jaroslavs lagen zunächst außerhalb der Stadt, um dann sehr rasch in diese einbezogen zu werden und einen neuen Mittelpunkt zu bilden. Die Stadt mußte aber nicht nur Kirchen und Klöstern, sowie natürlich dem Hof des Fürsten mit allem, was dazu gehörte, Raum bieten, sondern auch zahlreichen ›Höfen‹ von anderen, nicht in Kiev residierenden, aber offenbar an einem Stützpunkt in Kiev interessierten Fürsten und noch mehr ›Höfen‹ von Bojaren. Dazu kam die ausgedehnte Unterstadt (Podol) der Handwerker und

Kaufleute, in nicht geringer Zahl auch fremder aus Ost und West. Da gab es Schmiede aller Art von den Waffenschmieden bis zu den Goldschmieden, Töpfer und Schnitzer, Sattler, Weber und Schneider. Es war zu kostspielig und mühsam, die steigenden Bedürfnisse allein durch den Import zu befriedigen. So hat man Glas, vornehmlich zu Schmuckzwecken, in der ersten Zeit von den Griechen bezogen, aber mit der Zunahme der Kirchen- und Klosterbauten ging man dazu über, Glas in Kiev selbst herzustellen. An der jeweils nötigen Anregung und Vermittlung konnte es der weltläufigen Stadt nicht fehlen, in der sich Armenier, Syrer und Juden mit Lateinern aus mancherlei Ländern trafen. Der Sänger des berühmten Igorliedes läßt die Niederlage der Russen durch die Polovcer von Böhmen und Mährern, von Deutschen und Venezianern in Kiev betrauern. Um 1228 wurde in der Kiever Unterstadt sogar eine lateinische Kirche errichtet, und die orthodoxe Geistlichkeit fand Grund, sich über die religiöse Propaganda von Dominikanern zu beschweren. Kiev war wohlbefestigt und verfügte über eine Reihe von Stadttoren, deren berühmtestes – das ›Goldene Tor‹ nach Süden – byzantinischem Beispiel folgend eine kleine Muttergotteskirche trug. Das Vorbild Konstantinopels nicht nur im einzelnen Sakralbau, sondern gewissermaßen in der Stadtplanung ist deutlich erkennbar: Hier wie dort ein kirchenbeschirmtes ›Goldenes Tor‹, hier wie dort eine Hauptkirche zur göttlichen Weisheit als sichtbarer geistlicher Mittelpunkt nicht nur der Stadt, sondern des ganzen Landes.

Mit solchem geradezu südlichem Glanz der Metropole konnten Novgorod und Smolensk nicht ganz wetteifern. Ihre große Zeit liegt später als die Kievs – für Smolensk im 12. und 13. Jahrhundert, für Novgorod noch darüber hinaus bis zur Einbeziehung in den Moskauer Staat in der zweiten Hälfte des 15. Jahrhunderts. Das griechische Vorbild hat die Kirche auch ihnen vermittelt, aber es wurde im Norden weniger deutlich gespiegelt und mußte stärkere westliche Beziehungen und Einflüsse neben sich dulden. Gleichwohl hat ihre Lage auch diesen beiden Städten von Anfang an eine bevorzugte Stellung gesichert. Die im 11. Jahrhundert einsetzenden

›Birkenrindenurkunden‹ beweisen für Novgorod Intensität des städtischen Wirtschaftslebens und eine sehr frühe und erstaunlich große Verbreitung der ›Schriftkundigkeit‹ (gramotnost'). Natürlich sind auch die repräsentativsten Städte des Kiever Rußland nicht Produkte von Vorbildern und Einflüssen; und noch weniger kann das von den zahlreichen anderen Städten mit mehr lokaler Bedeutung gelten. Vorbilder können nur wirken, wo die Voraussetzungen bestehen, ihnen nachzueifern – Voraussetzungen materieller, kultureller und politischer Art. Zu den Voraussetzungen gehört auch die häufige und regelmäßige Kommunikation, wie sie ein wohlausgebauter und von maßgebenden Schichten der Bevölkerung betriebener Handel darstellt. So fällt es schwer, eine Stadt wie Kiev allein auf der Grundlage eines allmählich sich entwickelnden adeligen Großgrundbesitzes zu verstehen; auch bliebe dann unverständlich, warum das Erliegen des Handelsverkehrs nach dem Süden im 12. Jahrhundert, als die Steppe immer unsicherer wurde und 1204 der griechische Partner durch die Eroberung Konstantinopels im vierten Kreuzzug ausfiel, einen so raschen und unaufhaltsamen Niedergang nach sich zog. Einem feudalen Agrarstaat wäre damit keine lebenswichtige Ader abgeschnitten worden. Umgekehrt geht es allerdings auch zu weit, in der Kiever Ruś des 11. Jahrhunderts einen reinen Handelsstaat zu sehen. Und je weiter die Entwicklung fortschritt, desto weniger kann davon die Rede sein.

Landbesitz ohne die menschliche Arbeitskraft, ihn zu nutzen, ist in einer noch einfachen Wirtschaftsform wertlos. Mittelalterliche Grundherrschaft ist niemals nur Herrschaft über ein Stück Land, sondern immer auch Herrschaft über Menschen. Nun hat es im Kiever Rußland Sklaven gegeben (raby, cholopy), die Eigentum ihres Herren waren und von ihm zu beliebiger Arbeit verwendet werden konnten. Wie zahlreich sie waren, wissen wir nicht, aber daß ihre Bedeutung nicht groß genug gewesen sein kann, um sie als charakteristisch für die Gesellschaft und Wirtschaft der Kiever Ruś gelten zu lassen, ergibt sich allein schon daraus, daß uns aus den Quellen die Bezeichnungen für eine ganze Reihe anderer Gruppen bekannt sind, die die unterste Schicht und die breite Masse der Bevölkerung gebildet haben müssen und von den Sklaven deutlich unterschieden werden. Die Interpretation dieser Bezeichnungen ist im einzelnen sehr umstritten, und die Schwierigkeit liegt vor allem darin, daß sich die spärlichen Quellen über einen relativ langen Zeitraum erstrecken, daher einen durch die Entwicklung bedingten Bedeutungswandel spiegeln und schwer miteinander in Einklang zu bringen sind.

Ziemliche Einmütigkeit besteht darüber, daß die ›Smerden‹ (Smerdy) Bauern, und zwar die ursprünglich freien ostslavischen Bauern waren. Von anderen Gruppen steht es fest, daß sie in Abhängigkeit von anderen, Reicheren und Mächtigeren, geraten waren, ohne daß diese Abhängigkeit dem Verhältnis zwischen dem Herrn und seinem Sklaven gleichgekommen wäre. Ursache der Abhängigkeit konnte eine unbezahlte Schuld sein, die abgearbeitet werden mußte (Zakupy), oder ein freiwillig eingegangenes Schutzverhältnis, das ebenfalls zu einer Arbeitsverpflichtung führte (Vdači); die Bezeichnung ›Rjadoviči‹ faßt vermutlich die genannten und alle anderen zusammen, die durch Vertrag (rjad) in eine Bindung an einen ›Gospodin‹ getreten waren. Die Arbeit, die alle diese Halbfreien zu leisten hatten, war meist bäuerliche Arbeit, sie mußte es aber nicht sein. Von einem vollentwickelten Feudalsystem können wir sicher nicht sprechen, solange der Grundherr seinen Boden nur von Sklaven und Halbfreien der geschilderten Art bestellen läßt und die Masse der Bauern frei in der Dorfgemeinde lebt. Daher führt der ideologische Zwang, schon im Kiever Rußland eine feudalistische Gesellschaftsordnung nachzuweisen, marxistische Historiker dazu, den Smerden ihren Charakter als freie und völlig unabhängige Bauern zu bestreiten. Auch die Smerden, so sagt man, seien schon in der Zeit des Kiever Reiches mehr und mehr vom Grundherrn, der sich in der Nachbarschaft ihres Dorfes festsetzte, abhängig geworden. Vor dem 12. Jahrhundert läßt sich diese Behauptung schwerlich überzeugend aus den Quellen belegen. Erst aus dem 12. Jahrhundert sind Fälle bekannt, in denen eine Dorfflur ausdrücklich mitsamt den Bauern einem

Grundherrn, etwa einem Kloster, übereignet wurde. Im ganzen standen die Smerden aber nur, wenn man so will, in einem Abhängigkeitsverhältnis zum Fürsten, dem sie nicht nur jene allgemeine Abgabe zu leisten hatten, die aus dem ursprünglichen Tribut der Unterworfenen hervorgegangen war, sondern der sie auch gegen Übergriffe schützte und ihr Land einzog, wenn keine Erben vorhanden waren. Der Fürst tritt hier nicht als Grundherr, sondern als oberster Richter und Repräsentant des Staates in Erscheinung. Die Smerden sind also am ehesten jenen ›Staatsbauern‹ vergleichbar, die es in Rußland immer gegeben hat; nur wird die geringe Perfektion des ersten russischen Staates diese Abhängigkeit, zumal in abgelegenen Gebieten, kaum sehr spürbar gemacht haben. Die Kiever Smerden waren noch nicht an die Scholle gebunden, zumindest nicht in ihrer Masse, und damit fällt auch die Voraussetzung, von einem Feudalismus selbst im ausschließlich sozial-ökonomischen Sinne der marxistischen Auffassung zu sprechen. Das heißt natürlich nicht, daß im Kiever Rußland die Reichen und Mächtigen nicht versucht hätten – wie immer und überall in der Welt –, Ärmere und Schwächere unter ihre Macht zu bringen, und daß nicht auch die Smerden solchen Versuchen ausgesetzt waren.

Wenn ein Fürst einem Kloster Land schenkte, so wurde dieses Land ›Kirchenland‹, und die Bauern, die es bestellten, wurden ›Kirchenleute‹. Der Kreis der ›Kirchenleute‹ war im alten Rußland sehr weit gezogen: Er umfaßte nicht nur die weiße und schwarze Geistlichkeit (Weltgeistliche und Mönche), sondern praktisch alle, die durch die Arbeit, die sie taten, oder durch die Fürsorge, die sie empfingen, mit der Kirche verbunden waren. Dazu gehörten auch die sogenannten ›Izgoi‹, eine der merkwürdigsten und rätselhaftesten sozialen Erscheinungen des alten Rußland. Im Prinzip scheint es sich dabei um Menschen verschiedener Herkunft und verschiedenen Standes gehandelt zu haben, deren gemeinsames Merkmal es war, daß sie aus der ihnen angestammten Lebensordnung auf irgendeine Weise herausgefallen waren. Eine berühmt gewordene, allerdings erst aus dem 12. Jahrhundert stammende Formulierung (Verordnung des Fürsten Vsevolod

Mstislavič über die kirchliche Gerichtsbarkeit) nennt als Beispiele den Popensohn, der nicht lesen und schreiben gelernt hat und daher den Beruf des Vaters nicht ausüben kann, den Sklaven, der sich freikauft, und den Kaufmann, der Bankrott gemacht hat. Und eine spätere Ergänzung fügte den verwaisten, d. h. um sein Fürstentum gebrachten Fürsten hinzu. Alle diese nahm die Kirche in ihre Fürsorge und unter ihr Gericht. Das ist sehr bezeichnend für die Vorstellungen, die die altrussische Gesellschaft von der Festigkeit und Verbindlichkeit ihrer eigenen Ordnung gehabt hat. Im übrigen hat das kirchliche Patronat nicht verhindert, daß uns ›Izgoi‹ im 11. Jahrhundert als verhältnismäßig angesehene Fürstendiener und im 13. Jahrhundert als unfreie Bauern entgegentreten.

Mit den ›Kirchenleuten‹ hat wohl auch die spätere Nachkiever Bezeichnung der Bauern zu tun. Russisch ›krestjane‹ (aus ›christiane‹ Christen) ist bedeutungsgeschichtlich schwer anders zu erklären, als daß Bauern, die Kirchenland bestellten, als ›Christen‹ in einem besonderen Sinn bezeichnet wurden (monastyrskie christiane = Klosterchristen, Klosterbauern) und diese Bezeichnung sich dann auf alle Bauern überhaupt ausdehnte. Voraussetzung für diese Erklärung ist die besondere Bedeutung und der besondere Umfang, den der kirchliche Grundbesitz im alten Rußland hatte. Die Anfänge reichen auch hier in die Kiever Zeit zurück, und es ist gewiß kein Zufall, daß sowohl die Smerden wie die Izgoi mit dem 13. Jahrhundert allmählich aus den Quellen verschwinden.

Das altrussische Recht

Älter als die ältesten erhaltenen Chroniktexte sind die erhaltenen Aufzeichnungen des ersten russischen Rechtes. Man läßt die russische Rechtsgeschichte zwar üblicherweise mit jenen Verträgen beginnen, die im 10. Jahrhundert zwischen der Kiever Ruś und Byzanz abgeschlossen wurden und deren Text uns in der ›Erzählung der vergangenen Jahre‹ erhalten ist, aber als internationale Abkommen mit einem in der Entwicklung seiner Rechtsvorstellungen weit überlegenen Partner sind sie doch nur in beschränktem Maße geeignet, auf das

Rechtsdenken der vorchristlichen Kiever Ruś Licht zu werfen. Auch hier tritt uns das mittelalterliche Rußland erst nach seiner Christanisierung als eine klarer erkennbare Erscheinung entgegen. Vom 11. Jahrhundert an sind rechtliche Verfügungen der Kiever Fürsten, beginnend mit Jaroslav, gesammelt und schriftlich festgehalten worden. Die verschiedenen Fassungen der ›Russkaja Pravda‹ (russisches Recht), deren Entstehung und gegenseitige Abhängigkeit zum Teil schwierige Probleme der Forschung bilden, spiegeln die russische Rechtsentwicklung etwa vom Beginn des 11. bis zum Ende des 12. Jahrhunderts wider. Ganz überwiegend handelt es sich um strafrechtliche Bestimmungen, geeignet, die Selbsthilfe in Streitfällen und damit das Recht des Stärkeren im Interesse der öffentlichen Ordnung einzudämmen und das Eigentum unter den Schutz des Rechtes zu stellen. An die Stelle der offenbar normalerweise geübten Blutrache trat die Zahlung eines Wergeldes in verschiedener Höhe je nach dem Rang des Getöteten; doch blieb die Blutrache für einen engen Kreis naher Verwandter erlaubt. Allmählich setzten die Fürsten neben die Entschädigung des an seinem Körper, an seiner Ehre oder an Hab und Gut Geschädigten eine an sie selbst zu entrichtende Strafe. Die Welt der ›Russkaja Pravda‹ ist eine ritterliche Welt, in der zu allererst die Ausrüstung des wehrhaften Mannes, Waffen, Kleidung und Pferd gegen Eigentumsdelikte geschützt wurden und in der man die ehrenrührige Körperverletzung (etwa mit der Scheide oder dem Knauf des Schwertes) besonders schwer ahndete.

Oberster Richter war und wurde immer mehr der Fürst. Daneben trat in manchen (zivilrechtlichen) Fällen aber auch ein Zwölfmännerkollegium in Erscheinung, das vermutlich einer älteren Rechtsordnung der slavischen Dorfgemeinde entstammte. Zeugen als Mittel der Rechtsfindung und die Bürgschaft als Mittel der Rechtswahrung waren wohlbekannt. Welchen äußeren Einflüssen das älteste ›russische Recht‹ unterlag, ist eine umstrittene Frage. Daß sich germanische Rechtsvorstellungen von den varägischen Družinen her geltend machen konnten, wird man einräumen müssen. Allerdings sind einzelne Bestimmungen so kurz und einfach, daß

Parallelen noch nicht unbedingt eine Beeinflussung bedeuten müssen. Anders liegen die Dinge beim byzantinischen Recht, das die Kirche vermittelte. Bulgarien war auch hier vorangegangen. Für die russische Kirche als einen Teil der griechischen war natürlich das griechische Kirchenrecht, der Nomokanon, maßgebend. Schon der Slavenapostel Methodios hatte ihn sehr wahrscheinlich ins Slavische übertragen, und auf russischem Boden hat der Nomokanon als ›Kormčaja kniga‹ (Steuermannsbuch; Kunst, das Schiff der Kirche zu lenken) eine lange und komplizierte Überlieferungsgeschichte. Es versteht sich, daß der griechische Nomokanon bei seiner Übernahme in mancher Hinsicht den russischen Verhältnissen angepaßt werden mußte. Vor allem bedurfte die Rechtssphäre der Kirche einer konkreten Abgrenzung, denn die im byzantinischen Reich in einer viele Jahrhunderte langen Entwicklung herausgebildeten Verhältnisse waren nicht so ohne weiteres auf das junge russische Staatsgebilde zu übertragen. Diese Anpassung und Abgrenzung erfolgte durch zwei kirchliche Statute (Ustav), deren erstes Vladimir dem Heiligen und deren zweites Jaroslav dem Weisen zugeschrieben wird. Die Statute sind sicher nicht in der ursprünglichen Form erhalten, gelten aber ihrem Inhalt nach als echt. Der große Kreis von ›Kirchenleuten‹, die allein der kirchlichen Rechtsprechung unterstanden (nur in Streitfällen zwischen Kirchenleuten und anderen war ein gemischtes kirchlich-weltliches Gericht zuständig), wurde bereits erwähnt. Die Statute grenzten die kirchliche Rechtsprechung auch der Sache nach ab, und im Statut Vladimirs ist darüber hinaus die Abgabe des Kirchenzehnten von den Gerichtseinkünften des Fürsten, vom Handelsgewinn und vom Ertrag der Landwirtschaft geregelt sowie den Bischöfen die Aufsicht über Maß und Gewicht übertragen. Kirche und Markt lagen auch in den altrussischen Städten nahe beieinander, und wenn der Kiever Fürst die für den Handel so wichtigen Maß- und Gewichtsnormen der Obhut der Kirche anvertraute, so dürfen wir das wohl als einen konkreten Einzelfall jener allgemeinen und umfassenden Bedeutung betrachten, die die Kirche im christlichen Rußland für die Herstellung einer verbindlichen öffentlichen Ordnung gewann. Dies will uns für die ›Staatsbildung‹ von sehr viel größerer Bedeutung erscheinen als die sogenannte ›Staatsgründung‹ im 9. Jahrhundert.

Die politische und gesellschaftliche Organisation

Daß sich die Bevölkerung der Kiever Ruś, zumal nachdem diese christlich geworden war, als eine Einheit fühlte, unterliegt keinem Zweifel. Die territorialen Grenzen dieser Einheit blieben jedoch noch lange Zeit für moderne Begriffe sehr vage. Dies umso mehr, als der gesamtstaatliche Zusammenhang ja ein sehr lockerer war, und die ›Länder‹ (zemli) oder ›Fürstentümer‹ (knjaženija), die zusammen das Kiever Rußland bildeten, weder ihrer Zahl noch ihrer Ausdehnung nach konstant blieben. Nicht zufällig wurden diese ›Länder‹ nach den Städten benannt, deren Umgebung und wirtschaftliches Einzugsgebiet sie bildeten; man sprach vom ›Novgoroder Land‹, ›Kiever Land‹ usw. Da die bedeutenderen Städte sehr bald alle zu Fürstensitzen wurden, bildeten sich aus den jeweils durch eine Stadt bestimmten und charakterisierten Landschaften Fürstentümer, die in dem Augenblick, da sich die Herrschaft des Kiever Großfürsten als nicht mehr stark genug erwies, die politische Einheit des Ganzen zu sichern, selbständige Bedeutung gewinnen mußten. So ist die Wirksamkeit der zentralen Machtausübung im Grunde das entscheidende Kriterium dafür, ob wir das Kiever Rußland als einen Staat ansprechen können oder nicht. Da Institutionen, die eine Kontinuität der Staatlichkeit hätten garantieren können, fehlten, war der Staat und seine Dauer eine Funktion der fürstlichen Persönlichkeit.

Der Fürst übte seine Herrschaft im Prinzip persönlich aus, er war persönlich oberster Richter und Heerführer, er zog in der Frühzeit sogar persönlich den Tribut ein. Seine Aufgabe war es, die Ordnung im Innern durch Wahrung des Rechtes und die Sicherheit nach außen durch Abwehr der Feinde zu gewährleisten; sein Recht war es, die dafür nötigen Mittel aus dem Lande zu ziehen. Verwaltung des fürstlichen Eigenbesitzes und Verwaltung des Landes unterschieden sich zunächst nur wenig. In beiden Sphären bediente sich der Fürst verschiedener Kategorien von Helfern, die er persönlich bestimmte und denen er gewisse Aufgaben auf dem Gebiet der Rechtsprechung, der Heeresorganisation und der Abgabeneinziehung übertrug. Allerdings entstammten die Verwalter des Fürstengutes (Tiuny, Ključniki) dem Stande der Unfreien, während der Fürst seine Statthalter (Posadniki) im Lande aus seiner engeren Gefolgschaft wählte. Aber der noch sehr beschränkte Bereich administrativer Aufgaben war in beiden Fällen ungefähr derselbe. Für die einzelnen Verwaltungsbezirke sind uns eine Reihe nach Ursprung und Bedeutung zum Teil umstrittener Bezeichnungen überliefert. Die Chroniken nennen ›Volosti‹ (Herrschaften) und ›Pogosty‹ (Märkte, Steuerbezirke), und manches spricht dafür, daß es ursprünglich auch in Rußland die bei vielen Völkern nachweisbare Einteilung in Hundertschaften und Tausendschaften gegeben hat; der ›Tysjackij‹ (Tausendschaftsführer) tritt uns noch ziemlich lange als ein städtisches Organ mit militärischen Aufgaben entgegen, letzter Rest einer alten, sonst nicht mehr nachweisbaren Heeresorganisation, die vielleicht auch als verwaltungsmäßige Einteilung Bedeutung gehabt oder bekommen hat. Um eindeutig definierbare, klar abgegrenzte Begriffe handelt es sich in keinem Fall.

Das Heer der Kiever Fürsten bestand aus zwei ganz verschiedenen Teilen – oder konnte zumindest aus ihnen bestehen: aus der fürstlichen Gefolgschaft und aus dem Aufgebot des Volkes. In der schon mehrfach erwähnten Gefolgschaft (družina) unterschied man eine ›ältere‹ (staršaja) und eine ›jüngere‹ (mladšaja). Der Unterschied war kein altersmäßiger, sondern ein sozialer: Die ›jüngeren‹ Gefolgsleute dienten dem Fürsten persönlich, sie waren einzeln Krieger der fürstlichen Truppe, die ›älteren‹ Gefolgsleute waren dagegen sehr viel mächtigere und einflußreichere Männer, die jeder dem Fürsten eine eigene Gefolgschaft zuführten. Fürst und Gefolgschaft waren miteinander sicher durch einen Eid, vermutlich sogar durch einen regelrechten Vertrag verbunden. Da die Gefolgschaft in unmittelbarer Umgebung des Fürsten am Hofe lebte, stellte ihr Unterhalt in Friedenszeiten, wenn sie zahlreich war, ein schwieriges Problem dar. Nur bei ständigen Angriffsunternehmen mit reicher Beute war die Entlohnung der fürstlichen Truppe sichergestellt.

Das Volksaufgebot (Opolčenie) stand nicht in der unmittelbaren Verfügungsgewalt des Fürsten, sondern wurde von der altrussischen ›Volksversammlung‹ einberufen und dem Fürsten jeweils aus besonderem Anlaß und für einen besonderen Zweck zur Verfügung gestellt. Es wurde vom ›Tysjackij‹ geführt, den zwar in der Regel der Fürst ernannte, der aber nicht zur fürstlichen Gefolgschaft gehörte. Es lag in der Natur dieser doppelten Heeresorganisation, daß die Fürsten Angriffskriege vorzugsweise mit ihrer Gefolgschaft, mitunter verstärkt durch angeworbene Freiwillige aus dem Volke, führten, während das Volksaufgebot mehr zu defensiven Aufgaben im Falle drohender Gefahr herangezogen wurde.

Die eben erwähnte ›Volksversammlung‹ (veče), der fallweise sogar Einfluß auf die militärische Kraftentfaltung des Staates zustand, ist ein deutlicher Beweis dafür, daß es im mittelalterlichen Rußland neben der fürstlichen Verwaltung auch noch andere Ordnungsfaktoren gab, die zweifellos aus der vorstaatlichen Zeit herrührten, aber deren Ursprung und zum Teil auch deren Charakter für uns dunkel bleiben. Das gilt vor allem von jener Ordnung, in der die altrussische Dorfgemeinde lebte. Allein die ›Russkaja Pravda‹ überliefert, wie wir schon wissen, einen Terminus – ›verv́‹ –, von dem man annimmt, daß er diese Ordnung bezeichnet, ohne daß wir jedoch mit Sicherheit sagen könnten, ob es sich dabei noch um die urtümliche Großfamilie oder schon um eine territorial bestimmte Gemeinschaft handelte. Daß das ›Veče‹, die Volksversammlung, schon eine Einrichtung der ostslavischen Stämme gewesen ist – eine allgemeine Versammlung des Stammes, d. h. der rechtsfähigen Familienoberhäupter, in der wichtige Fragen gemeinsam beraten und entschieden wurden –, kann höchstens durch Analogien wahrscheinlich gemacht, aber nicht aus historischen Quellen bewiesen werden. Das ›Veče‹ spielte jedoch – anders als die ›verv́‹ – auch noch in historischer Zeit eine sichtbare und zum Teil sogar eindrucksvolle Rolle. Das war natürlich keine Stammesversammlung mehr, sondern im Prinzip eine Versammlung aller Freien einer bestimmten Landschaft, in der Praxis allerdings mehr eine Stadtversammlung, weil ja nur die in der Stadt Wohnenden oder gerade Anwesenden jederzeit zu einer Versammlung einberufen werden konnten. Das altrussische Veče war keine Repräsentativversammlung, sondern eine Form der unmittelbaren Demokratie. Es entbehrte einer Geschäftsordnung, die etwa ein bestimmtes Verfahren der Einberufung oder der Entscheidung bei Meinungsverschiedenheit festlegte. Und seine politische Bedeutung hing offenbar von dem Ausmaß an Macht ab, über das der Fürst verfügte. Das Veče erscheint so als eine zwar latent immer vorhandene, aber nur im Falle der Not oder bei günstiger Gelegenheit aktivierte Form demokratischer, im wesentlichen städtischer Selbstverwaltung. Erst als im 12. und 13. Jahrhundert die Fürstenmacht zusehends verfiel, und zwar sowohl die Macht des Großfürsten wie die der übrigen, lokalen Fürsten, als die unaufhörlichen Zwistigkeiten der zahlreichen Fürsten untereinander zu einer Plage für das Land wurden, erst da trat das Veče vielfach auch politisch aktiv hervor, indem es die Geschicke der Stadt in die Hand zu nehmen und aus den Händeln der Fürsten herauszuhalten versuchte. Und nur dort, wo es auf die Dauer gelang, sich der Fürstenmacht zu entziehen, hat auch das Veče dauernde politische Bedeutung erlangt. Das war praktisch nur in Novgorod der Fall. Zwar hat sich das Veče in jenen west- und südwestrussischen Städten, die nach dem Mongolensturm unter die Herrschaft des litauischen Großfürsten traten, formal noch ziemlich lange erhalten, bis es in den größeren Städten durch die neue Form städtischen Gemeinwesens im deutschen Recht abgelöst wurde, aber es ist hier nicht zu jenem Instrument und Symbol städtischer Selbstbestimmung geworden wie in Novgorod. Und im Nordosten hat die rasch erstarkende Macht lokaler Fürsten dafür gesorgt, daß die Volksversammlungen außer Gebrauch kamen, obwohl sie auch hier anfangs bestanden hatten. Aber was allein in Novgorod Wirklichkeit geworden ist, das war ohne Zweifel als eine gesamtrussische Möglichkeit überall vorhanden.

Die Kompetenzen des Veče lassen sich schwer abgrenzen.

Im Grunde konnte es über jede Frage beraten und Beschluß fassen, die ihm vorgetragen wurde; es konnte Fürsten berufen und absetzen, ja regelrechte Verträge mit den Fürsten schließen; es konnte über Krieg und Frieden entscheiden, Gesetze bestätigen, ausnahmsweise auch Urteile fällen und in die Verwaltung eingreifen. Verwirklicht und zu einer lebendigen politischen Tradition wurde das alles aber nur in Novgorod, und man versteht, daß der Moskauer Großfürst, als er die Freiheit der Stadt zerbrochen hatte, die Večeglocke, mit der die Novgoroder ihre Versammlung einzuberufen pflegten, im Triumph nach Moskau bringen ließ.

DIE BLÜTEZEIT DES KIEVER REICHES VON VLADIMIR DEM HEILIGEN BIS VLADIMIR MONOMACH († 1125)

Die beiden ersten christlichen ›Großfürsten‹

Es besteht ein auffallender Gegensatz zwischen jener noch sehr einfachen personalen Herrschaftsform in einem locker gefügten politischen Gebilde, die wir eben als kennzeichnend für die Kiever Ruś objektiv festgestellt haben, und dem subjektiven Eindruck von erhabener Größe und Macht, den uns die altrussische Chronik und andere Quellen vom Kiever ›Reich‹ unter dem Christianisator Vladimir und dessen Sohn Jaroslav vermitteln. Es ist freilich verständlich, daß den Chronisten, die in einer Zeit schrieben, da die Einigkeit ›des ganzen Rußland‹ durch die Uneinigkeit seiner Fürsten bereits stark bedroht schien, die unbestrittene Alleinherrschaft Vladimirs und Jaroslavs in besonders hellem Lichte, als eine gute, leider vergangene Zeit erscheinen mußte. Es leuchtet weiter ein, daß den geistlichen Autoren die Taufe Rußlands den Beginn seiner eigentlichen Geschichte, die Voraussetzung für Rußlands Ruhm und Größe bedeuten mußte und daß sie daher den Hauptakteur der dramatischen Wendung zum Heil, Vladimir, als einen ›neuen Konstantin‹ unter die erhabenen

Helden der christlichen Welt- und Heilsgeschichte einreihten. Der Vergleich mit dem ersten christlichen Kaiser des Römischen Reiches läßt den Rang eines ›Großfürsten‹ für den beinahe ebenso verdienstvollen Kiever Herrscher als geradezu bescheiden erscheinen. Denn Vladimir, ›der große Kagan‹, war ›der Lehrer und Führer‹ – wie es in der Lobpreisung Vladimirs heißt, in die Ilarion seine ›Predigt über das Gesetz und die Gnade‹ ausklingen läßt – und sein Sohn Jaroslav hat das Erbe des Vaters treu bewahrt und die Stadt Kiev mit einer neuen Kirche geschmückt, ›wie sie in keinem andern Land des Nordens zu finden ist‹: ›Mit Größe hat er sie umkleidet wie mit einem Diadem‹. Und beide herrschten ›nicht in einem armen und unbekannten Land, sondern in Rußland, von dem man weiß und hört bis an alle Enden der Welt‹. Nun kann man von einer Lobpreisung nicht verlangen, daß sie nüchtern die Wirklichkeit schildert, aber weder die Begeisterung des Zeitgenossen (Ilarions Lobpreisung stammt aus den Jahren 1037–1050), noch die Trauer der Nachfahren wäre verständlich, wenn nicht Vladimir und Jaroslav wirklich als überragende Herrscherpersönlichkeiten Bleibendes geschaffen hätten. Nur war ihr politischer Weg sehr viel mühevoller, als ihn die Erinnerung an Ruhm und Größe erscheinen läßt.

Aus Vladimirs Regierungszeit erfahren wir nach der Christianisierung nur mehr wenig. Er ist dem Chronisten der ideale christliche Fürst, der sein Land gegen den äußeren Feind, die heidnischen Pečenegen in der Steppe, durch Kriegszüge und Festungsbauten schützt, mit den christlichen Nachbarn in Frieden lebt und seine Herrschaft im Innern als ein Regime der Mildtätigkeit, der Nächstenliebe und der Förderung von Glauben und Bildung ausübt. Das Bild außenpolitischer Ruhe wird auch durch andere Quellen nicht korrigiert. Aber bei aller Weisheit seines Herrschertums hat es Vladimir offenbar völlig versäumt, Vorsorge dafür zu treffen, daß das Erreichte auch erhalten bleibe, und seine Nachfolge zu regeln. Das ist um so unverständlicher, als er ja selbst durch einen mörderischen Bruderkrieg zur Herrschaft gekommen war und sein Erbe einer großen Zahl von Söhnen hinterließ. Gab es ein ungeschriebenes Gesetz in der Fürstensippe, das ihn daran hinderte, die Alleinherrschaft eines Nachfolgers zu sichern, oder hatte er nicht genügend Macht dazu? Sicher war das zweite der Fall. Das Prinzip der personalen Herrschaft und das Fehlen eines entwickelten Regierungsapparates führten dazu, daß Vladimir wie schon sein Vater Svjatoslav die einzelnen ›Länder‹ durch seine erwachsenen Söhne verwalten ließ. Bei den geringen gesamtstaatlichen Bindungen mußte das dem politischen Ehrgeiz des einzelnen Vorschub leisten. Schon Vladimir selbst scheint in den letzten Jahren seiner Regierung Schwierigkeiten gehabt zu haben. Jedenfalls berichtet die Chronik, daß Jaroslav, der in Novgorod residierte, die Zahlungen nach Kiev einstellte, und Vladimir nichts anderes übrigblieb, als sich zu einem Kriegszug gegen den eigenen Sohn zu rüsten. Über den Vorbereitungen ist er gestorben.

Bei Vladimirs Tod residierte Jaroslav in Novgorod, von seinen Brüdern Svjatopolk in Turov, Svjatoslav bei den Drevljanen, im Nordosten Boris in Rostov und Gleb in Murom. Im westlichen Polock herrschte Brjačeslav, der Sohn des Bruders Izjaslav, im südöstlichen Außenposten Tmutorokań der Bruder Mstislav. In den Besitz der Metropole Kiev setzte sich zunächst Svjatopolk, der als der ›verfluchte‹ Mörder seiner jüngeren Brüder Boris und Gleb in die russische Geschichte eingegangen ist. Die Ermordeten, Opfer eines erbarmungslosen Machtkampfes, sind dagegen die ersten Nationalheiligen des russischen Volkes geworden, weil sie, wie man es darstellte, dem christlichen Gebot der Bruderliebe treu geblieben waren und dem zwar christlich getauften, aber heidnisch handelnden Svjatopolk keinen Widerstand geleistet, sich also als Märtyrer ihres christlichen Glaubens bewährt hatten. Auch noch einen dritten Bruder, Svjatoslav, konnte Svjatopolk mit Gewalt beseitigen. Der Brudermord ist aber offenbar nicht die einzige Methode gewesen, mit der er seine Herrschaft in Kiev zu sichern suchte. Wir erfahren nämlich nichts über Auseinandersetzungen mit Brjačeslav in Polock und Mstislav in Tmutorokań, und da sich diese beiden auch aus dem folgenden Kampf zwischen Svjatopolk und Jaroslav heraushielten, liegt es nahe, eine politische Abmachung anzunehmen. Zwar lagen Polock und Tmutorokań Kiev ziemlich fern, aber Novgorod lag nicht näher, sondern noch weiter als Polock, und die Entfernung seiner abgelegenen Residenz hat Mstislav nicht gehindert, mit dem siegreichen Jaroslav den Machtkampf aufzunehmen. So blieb allein Jaroslav, der Svjatopolk die Herrschaft in Kiev streitig machte. Der Kampf dauerte vier Jahre. Beide Seiten bedienten sich fremder Hilfe: Jaroslav verstärkte seine Truppen durch neugeworbene Varägerabteilungen, und Svjatopolk verbündete sich mit den Pečenegen. Als Svjatopolk zunächst unterlag und nach Westen floh, wurde auch der polnische Herzog Bolesław Chrobry in die Auseinandersetzung hineingezogen. Er führte im Jahre 1018 Svjatopolk nach Kiev zurück, und dem Umstand, daß an diesem Unternehmen im Heere des Polenherzogs auch Sachsen teilnahmen, verdanken wir die Nachrichten Thietmars von Merseburg über die Stadt Kiev. Die polnische Hilfe war kein Akt selbstloser Nachbarschaft: Bolesławs Gewinn waren die červenischen Burgen, die Vladimir ein Menschenalter vorher an sich gezogen hatte und die Jaroslav und Mstislav nun 1030/31 ein zweites Mal erobern mußten. Ohne polnische Hilfe konnte sich Svjatopolk allerdings nicht in Kiev halten: Schon im folgenden Jahr 1019 war Jaroslav in diesem Kampf der endgültige Sieger. Er war damit jedoch noch keineswegs Alleinherrscher über ›das ganze Rußland‹, denn wenn auch Brjačeslav meist Ruhe hielt und das Polocker Fürstentum hinfort innerhalb der Kiever Ruś ziemlich unauffällige eigene Wege ging, so erwies sich Mstislav von Tmutorokań als ein um so gefährlicherer Konkurrent.

Das Fürstentum Tmutorokań gibt viele Rätsel auf; über seine Entstehung wissen wir ebensowenig Genaues wie über seinen Untergang. Es mag sich nach dem Zusammenbruch des Chazarenstaates als ein Ergebnis der Feldzüge Svjatoslavs gebildet haben und mußte im 12. Jahrhundert der Polovcer wegen offenbar wieder aufgegeben werden. Nur im 11. Jahrhundert lag es für den altrussischen Chronisten als ein Teil der Kiever Ruś im vollen Licht der Geschichte, und nur unter dem Fürsten Mstislav hat es selbständige Bedeutung erlangt. Die Entfernung von Tmutorokań nach Kiev war nicht größer als die von Novgorod nach Kiev, aber die Zeit einer dauernden Beherrschung und Überwindung der Steppe war für die Russen noch nicht gekommen. Wenn die Hypothese zutrifft, daß der abgesetzte Metropolit Ilarion nach Tmutorokań emigrierte und derselbe Mann später als Mönch Nikon einer der Verfasser der ›Erzählung der vergangenen Jahre‹ wurde, so hätte das Interesse der Chronik an Tmutorokań sogar noch einen Grund über die Bedeutung des Fürsten Mstislav hinaus. Wir erfahren jedenfalls, daß Mstislav mit Erfolg versuchte, seine Herrschaft über benachbarte kaukasische Völkerschaften auszudehnen. Mit kaukasischen Hilfstruppen zog er dann nach Nordwesten gegen Jaroslav, der sich wieder auf neue Varäger stützen mußte, die ihm Haakon der Blinde zuführte. Bei Listven unweit von Černigov, etwa halbwegs zwischen Novgorod und Tmutorokań, kam es 1024 zur Entscheidungsschlacht, die Mstislav als Sieger sah. Die Folge war ein merkwürdiges Übereinkommen der Brüder, eine Art Reichsteilung mit dem Dnepr als Grenze. Kiev, die Metropole, blieb gewissermaßen ausgespart; rechts des Dnepr gelegen gehörte sie zwar zum Gebiet Jaroslavs, aber dieser zog es vor, weiter in Novgorod zu residieren. Mstislav dagegen übersiedelte nach Černigov, von dem aus er die weitauseinanderliegenden Teilgebiete seiner Herrschaft zweifellos leichter verwalten konnte als von Tmutorokań. Diese Reichsteilung dauerte ohne weitere Konflikte bis zum Jahre 1036, in dem Mstislav starb. Jetzt erst war Jaroslav Alleinherrscher, jetzt erst ging er nach Kiev, vielleicht nicht sehr zur Freude der Novgoroder, jetzt erst begannen jene knappen zwei Jahrzehnte, die sich den Russen als der Höhepunkt ihrer mittelalterlichen Geschichte eingeprägt haben.

Außenpolitisch waren sie bei weitem nicht so friedlich wie die letzten Regierungsjahre des ›neuen Konstantin‹ Vladimir. Der schon erwähnte Feldzug gegen Byzanz im Jahre 1043 war sogar ein ausgesprochener Mißerfolg. Die russische Aktivität richtete sich vornehmlich nach Westen – das lag für einen Herrscher, der lange Zeit gezwungen gewesen war, die Novgoroder Interessen zu seinen eigenen zu machen, nahe. Schon 1030 hatte Jaroslav einen Zug nach Estland in das Gebiet der Čuden geführt, mit dem die Gründung der Stadt

Jur̂ev, des späteren Dorpat, in Zusammenhang gebracht wird (Jurij – Georg war der christliche Taufname Jaroslavs). Nun richtete er zwei Unternehmen (1038, 1040) gegen die stets unruhigen litauischen Jatviger, und zweimal (1041, 1047) kam er Kasimir dem Erneuerer, dem polnischen König, zu Hilfe, um Masowien wieder botmäßig zu machen. Wenn Ilarion in diesen Jahren schrieb, daß Rußland aller Welt bekannt sei, so hatte er nicht so unrecht: Die Beziehungen der Kiever Ruś zu anderen Ländern waren unter Jaroslav intensiver und weiter gespannt als vorher und nachher. Die Verbindung zu Skandinavien war gewiß traditionell, aber unter Jaroslav, der mit einer schwedischen Königstochter verheiratet war, lange Jahre von Novgorod aus regiert und sich immer wieder varägischer Hilfe bedient hatte, war sie enger als unter Vladimir. Der vertriebene norwegische König Olaf fand in Kiev Aufnahme, und sein Sohn Harald, der als Wikingerführer in Sizilien berühmt wurde, schließlich auf den norwegischen Thron zurückkehrte und 1066 bei Stamford Bridge fiel, war mit Jaroslavs Tochter Elisabeth verheiratet.

Fürstenehen waren ein Zeichen außenpolitischer Aktivität und außenpolitischen Prestiges. Mit den benachbarten slavischen Fürstenhäusern der Polen und Tschechen mochten sie noch ebenso naheliegen wie mit Schweden und Norwegern. Erstaunlicher ist schon, daß drei Söhne Jaroslavs deutsche Frauen heirateten und Jaroslavs Tochter Anna als Gemahlin Heinrichs I. den französischen Thron bestieg. Die griechische Frau von Jaroslavs Sohn Vsevolod mag sich in dieser westlichen Verwandtschaft geradezu vereinsamt vorgekommen sein, aber es war die Zeit nicht mehr fern, da ihre eigene russische Kirche den russischen Fürsten Ehen mit Lateinern verbot. Nicht die zahlreichen lateinischen Schwiegerkinder Jaroslavs, sondern die unbekannte griechische Schwiegertochter hat dynastisch-politischen Legenden der späteren russischen Überlieferung den Anknüpfungspunkt geboten. Fürstenehen führten gewiß zu wechselseitigen Gesandtschaften und mancherlei sonstigen Kontakten. Regelmäßige und lebhafte Handelsbeziehungen mußten dasselbe, nur weniger von Zufällen abhängige Ergebnis haben. Fremde Kaufleute kamen, wie wir wissen, nach Kiev, aber umgekehrt handelten auch Russen im Ausland, und zwar nicht nur in Byzanz. Bevorzugter Markt im Westen war Regensburg, das man über Krakau und Prag erreichte.

All das wäre schwer verständlich, wenn Kiev damals nicht auch in seiner inneren, vor allem geistig-kulturellen Entwicklung das Barbarenstadium längst verlassen und europäisches Niveau erreicht hätte. Die Denkmäler der altrussischen Literatur und die materiellen Überreste aus jener Zeit lassen keinen Zweifel daran, daß das wirklich geschehen war. Sichtbares Symbol des Anspruches auf Ranggleichheit mit den Reichen von Kaisern und Königen ist die heute noch bestehende, wenn auch vielfach umgebaute und schließlich barockisierte Kiever Sophienkirche, deren Bau Jaroslav im Jahre 1037 begann. Schon Ilarion rühmte den Bauherrn, der die Kathedrale zur göttlichen Weisheit, eine fünfschiffige Kreuzkuppelkirche, ›mit jeglicher Schönheit schmückte, mit Gold und Silber und Edelsteinen und kostbaren Geräten‹, so daß sie ›ein Wunder‹ wurde ›und berühmt in allen Ländern ringsum‹. Noch Reisende in einer Zeit, da die Sophienkirche in Konstantinopel längst Moschee geworden und die Sophienkirche in Kiev dem völligen Verfall nahe war, haben die beiden Kathedralen für vergleichbar gehalten und in einem Atemzuge gerühmt. Wohl nicht so sehr die Größe des Bauwerkes – obwohl auch diese beachtlich war (37 mal 55 m gegenüber 70 mal 91 m der Hagia Sophia in Konstantinopel) und im mittelalterlichen Rußland kein zweites Mal erreicht, geschweige denn übertroffen wurde – überwältigte zu allen Zeiten den Betrachter, wie die Pracht der Ausstattung mit Mosaiken und Fresken. Der ›Pantokrator‹, der Allherrscher Christus, dargestellt im Mosaik der zentralen Kuppel, steht im Mittelpunkt einer bildlichen Heilswelt, in die am Rande sogar der irdische Alltag des Kiever Fürstenhofes mit Bärenhatz und Gauklerspiel einbezogen ist. Gewiß ist die Kiever Sophienkirche in der Hauptsache ein Werk griechischer Baumeister und Künstler. Aber sie ist nicht isoliertes Ergebnis eines fürstlichen Kunstimportes geblieben wie später der von italienischen Renaissancekünstlern neu gebaute Moskauer

Kreml, sondern stets angestrebtes Vorbild und die hohe Schule einer eigenständigen russischen Kunst- und Künstlerentwicklung geworden.

Nicht nur die künstlerischen, sondern auch die materiellen Leistungen, wie sie im Kiev Jaroslavs des Weisen als ein erster großer Aufschwung erreicht wurden, waren nicht beliebig wiederholbar. Am ehesten scheint noch Černigov, die Residenz von Jaroslavs Bruder Mstislav, der im östlichen Reichsteil herrschte, einen ähnlichen Aufschwung erlebt zu haben. Die mit der Kiever Sophienkathedrale etwa gleichzeitige Erlöser-Verklärungskathedrale in Černigov kommt dem in Kiev Erreichten noch am nächsten. Im übrigen aber mußte die Wirkung des Vorbildes in die Breite mit einer Vereinfachung der Formen und mit einer weniger kostspieligen Ausstattung verbunden sein. Das gilt sowohl von den Klöstern, die von der zweiten Hälfte des 11. Jahrhunderts an zuerst in Kiev und dann auch andernorts entstanden und rasch an Zahl zunahmen, wie von den Hauptkirchen der übrigen russischen Städte. Die Maße wurden kleiner, die Grundrisse einfacher; die teuren Mosaike mußten den billigeren Fresken weichen, der Marmor verschwand. Zugleich war das ein Umstellen vom Import auf die eigene Hervorbringung nach den Mitteln und Möglichkeiten des Landes. Das europäische Rußland war und ist arm an Stein, aber reich an Holz, und so ist auch im Kirchenbau gewiß schon früh jene Holzkirche üblich geworden, die das spätere Rußland zu einem so kunstvollen und vielgestaltigen Gebilde entwickelte; nur hat die geringere Dauerhaftigkeit des Materials keine frühen Zeugnisse dieser russischen Besonderheit in der Architektur bestehen lassen. Wo es anging – und es ging aufs Ganze gesehen nur in Residenzen, Städten und reichen Klöstern an –, da haben freilich auch in Rußland der Ewigkeitsbezug des Christentums und das Ansehen der Kirche den dauerhaften Steinbau gefordert und durchgesetzt.

Das Ansehen der Kirche war groß; es muß, wenn wir es am Erbe der materiellen und geistigen Kultur messen, überwältigend gewesen sein. Aber es wäre mißverstanden, wollten wir in ihm eine geistige Überfremdung sehen, an der nur eine kleine, begünstigte Oberschicht teilhatte, und nicht den Ausdruck einer tiefen Durchdringung des gesamten Lebens mit dem Geiste des Christentums. Zugleich mit der Kiever Sophienkathedrale muß man die schlichte Dorfkirche aus Holz sehen, zugleich mit Mosaiken und Fresken jene kleinen Heiligenbilder aus Holz oder Stein, die man auf Reisen mitnehmen konnte. Und Ähnliches gilt wohl von der Literatur, obwohl sich auch hier der sakrale und repräsentative Charakter aufdrängt. Ausgangspunkt war das kirchliche Bedürfnis nach biblischen und liturgischen Büchern in slavischer Sprache. Man übernahm von Bulgaren und Mährern, aber man übersetzte sehr bald auch selbst, und man übersetzte nicht nur Geistliches. Die Übersetzungstätigkeit war unter Jaroslav in Kiev organisiert: ›Er versammelte viele Schreiber, und sie übersetzten aus der griechischen in die slavische Sprache und schrieben viele Bücher ab,‹ heißt es in der altrussischen Chronik zu demselben Jahr 1037, in dem der Grundstein für die Sophienkathedrale in Kiev gelegt wurde. Äußeren und inneren Aufbau, gefördert durch den Fürsten, umfaßt der Chronist mit einem Blick, und er gibt mit dem Bilde vom Ackern, Säen und Ernten eine durchaus zutreffende Periodisierung für das Entstehen des russischen Schrifttums: Vladimir habe durch die Annahme des Christentums den Boden gelockert, Jaroslav durch das Bücherabschreiben (durch die ›Bücherworte‹) in die Herzen der Gläubigen gesät; nun könnten die Nachkommen die Früchte (einer immer breiter entfalteten Literatur) genießen. Schon der Bereich des geistlichen Übersetzungsschrifttums ist sehr weit. Man beschränkte sich nicht auf die Heilige Schrift und die Liturgie, sofern das im literarischen Sinn eine Beschränkung wäre (mit der ostkirchlichen Liturgie gewann man die besten Stücke der griechischen geistlichen Poesie), sondern übersetzte Erbauliches im weitesten Sinn – Heiligenleben, Predigten, theologische Traktate; die praktischen Erfordernisse machten gemischte Sammlungen erbaulichen Charakters besonders beliebt. Aber das erbauliche Zentralthema war weder gegen den Bereich des Weltlichen noch gegen Einwirkungen der russischen Umwelt scharf abgegrenzt. Erbaulich war die Betrachtung der

Weltgeschichte als christliche Heilsgeschichte, und so übersetzte man die byzantinischen Chroniken des Malalas und des Hamartolos; erbaulich war die Geschichte des Heiligen Landes, und so übersetzte man des Josephus Flavius Geschichte vom jüdischen Krieg; erbaulich war es, in den Erscheinungen der Natur die Wunder der Schöpfung zu erblicken, und so übernahm man von den Bulgaren den ›Šestodnev‹ (Hexaëmeron), die nach den sechs Tagen der Schöpfung gegliederte christliche Naturlehre. Daß auch die Apokryphen und regelrechte Romane übertragen wurden, ist ein Beweis für die Spannweite dieser in sich geschlossenen Welt des Kiever Rußland, die eine christliche Welt war, aber kaum ein Zeugnis für das getrennte Nebeneinander von Sakralem und Profanem.

Unmerklich ging das Übernehmen in die eigene, selbständige Leistung über. Die Welt- und Heilsgeschichte mußte in Rußland fortgesetzt werden – das taten die Chronisten; die ersten russischen Heiligen mußten ihre Vita, ihre Legende haben – also wurden sie geschrieben: für Boris und Gleb, die Fürsten-Erdulder (knjazi strastoterpcy), und für Feodosij, den Stifter des russischen Mönchtums, als erste. Das christliche Rußland sammelte nun selbst geistliche Schätze, die der Überlieferung wert erschienen; einzelne Predigten und Gebete sind erhalten, vieles hat man etwas später im ›Väterbuch‹ (Paterikon) des Kiever Höhlenklosters zusammengefaßt. Ein Zug scheint jedoch dem 11. Jahrhundert, der Zeit des Säens und der ersten Früchte, noch zu fehlen, der danach charakteristisch werden sollte: Das Ungenügen an der Welt, die bewußte Hinwendung zu einer streng asketischen Lebenshaltung. Noch konnte man stolz sein auf Glanz und Einheit des Reiches, mochten sie auch ein schwankendes Fundament haben und mochten sie nach Jaroslavs Tod sehr schnell gefährdet erscheinen.

Das Triumvirat der Jaroslav-Söhne

Der Aufstieg Kievs, Jaroslavs persönliches Ansehen und die Unangefochtenheit seiner Herrschaft über die ganze Kiever Ruś fanden Ausdruck in dem Titel ›Großfürst‹ (Velikij knjaź), den ihm, wenn er ihn nicht schon offiziell selbst führte, zumindest die Nachwelt – und nicht unberechtigt – beilegte. Aber auch Jaroslav ist es nicht gelungen, den persönlichen Erfolg in eine dauernde Ordnung der Herrschaft umzuwandeln. Immerhin unternahm er in einer Art von politischem Testament den Versuch dazu, indem er sein Erbe in einer Weise unter seine Söhne verteilte, die deutlich eine Rangordnung dem Alter nach erkennen läßt. Izjaslav, der Älteste, erhielt Kiev mit Novgorod, und ihm sollten die Brüder gehorchen an des Vaters Statt. Svjatoslav sollte in Černigov, Vsevolod in Perejaslavl', Igor im wolhynischen Vladimir und Vjačeslav in Smolensk seine Residenz haben. Die Brüder sollten untereinander Frieden halten, und der Älteste sollte verpflichtet sein, über diesen Frieden zu wachen, denn sonst würden sie ›das Land ihrer Väter und Großväter zugrunde richten, das diese mit so großer Mühe erworben hätten‹. Was Jaroslav anstrebte und was in der Folge weniger Wirklichkeit als eine die Wirklichkeit komplizierende Theorie wurde, war die Nachfolgeordnung des Seniorates (staršinstvo) für das Großfürstentum Kiev. Bis dahin war die Nachfolge stets durch einen ungeregelten Machtkampf entschieden worden.

Das System mußte allen moralischen und patriotischen Ermahnungen zum Trotz unlösbare Verwicklungen nach sich ziehen, wenn sich die Fürstensippe rasch vermehrte und in immer mehr Teilfamilien aufspaltete. Gewiß war auch bei den Fürsten wie im Volke das Bewußtsein der Zusammengehörigkeit vorhanden – sie waren ja alle miteinander verwandt –, aber stärker war das Interesse der einzelnen Zweige, ihr ›Vatererbe‹ zu erhalten. Dem kam die allgemeine wirtschaftliche und soziale Entwicklung entgegen: Je mehr die Oberschicht zu Landbesitz kam, desto mehr war sie an ein ›Land‹ gebunden und desto mehr war sie an einer politischen Kontinuität in ihrer Landschaft interessiert; noch mehr gilt das von den Städten. Das Großfürstentum konnte nicht mehr werden als ein Ehrenvorrang, als ein Mittel, die Machtinteressen des ›Vätererbes‹, das kein Großfürst freiwillig aufgab, sondern jeder seiner eigenen Familie erhalten wollte, zu fördern. Es konnte nur funktionieren, wenn es an den ohnedies schon Mächtigsten kam. Schon die Ordnung, die Jaroslav hinterlassen hatte, litt von Anfang an zwei Grundfehlern, indem sie weder das Fürstentum Polock berücksichtigte, in dem die Nachkommen von Jaroslavs Bruder Izjaslav regierten, noch die Nachkommen von Jaroslavs ältestem Sohn Vladimir, der zwei Jahre vor dem Vater verstorben und vorher Fürst in Novgorod gewesen war. Die Söhne Jaroslavs hatten daher mit zwei Ansprüchen zu rechnen – dem der Polocker Fürsten als der Linie ihres Onkels und dem der Neffen und Großneffen, der Söhne und Enkel des verstorbenen Bruders. Onkel-Neffenkonflikte sind charakteristisch für das Seniorat; sie erfüllen die russische Geschichte in unübersehbarer Zahl bis in das 15. Jahrhundert, also bis in die Geschichte des Moskauer Staates hinein.

In Abwehr der drohenden Schwierigkeiten schlossen sich die drei ältesten Söhne Jaroslavs zu einer Art gemeinsamer Wahrnehmung des Großfürstentums zusammen, die man wohl ohne Bedenken als ein Triumvirat bezeichnen kann. Die vereinigte Macht von Kiev (einschließlich Novgorods), Černigov (dazu gehörte wie zur Zeit Mstislavs Tmutorokań und nach Osten das Vjatičenland bis Rjazań und Murom) und Perejaslavl' (mit dem Land an der oberen Wolga – Rostov, Suzdal' und Beloozero) genügte über ein Jahrzehnt, die Umtriebe der Zukurzgekommenen aussichtslos zu machen. Die räumliche Nähe der Residenzen machte eine Zusammenarbeit auch praktisch möglich. Aber weder wurde so der persönliche Ehrgeiz des großfürstlichen Seniors befriedigt noch die Institution des Großfürstentums als solche gestärkt. Der Konflikt brach aus, als die Macht der Triumviren durch eine schwere Schlappe gegen die Polovcer vorübergehend vermindert schien und sich die Kiever gegen Izjaslav zugunsten des Polocker Fürsten Vseslav erhoben (1068). Es änderte auf die Dauer nicht mehr die Situation, daß der nach Polen geflohene Izjaslav im folgenden Jahr mit polnischer Unterstützung nach Kiev zurückkehrte und noch einmal für drei Jahre das Triumvirat nach außen hin funktionierte. Die Stadt Kiev, durch ein Strafgericht Izjaslavs erbittert, blieb unruhig, und im Jahre 1073 waren es die eigenen Brüder Svjatoslav und Vsevolod, die Izjaslav erneut zur Flucht nach dem Westen zwangen. Diesmal versagte sich Polen, und Izjaslav war genötigt, noch weiter nach Westen zu gehen, um bei Kaiser Heinrich IV. und schließlich sogar durch seinen Sohn Jaropolk bei dem großen Gegenspieler des Kaisers, bei Papst Gregor VII. Unterstützung zu erbitten. Die Episode ist durch westliche Quellen gut überliefert. Mit einem Schlage erscheint das Kiever Rußland in die großen Auseinandersetzungen des lateinischen Abendlandes hineingezogen. Eine nicht unwesentliche Voraussetzung bot die Ehe Izjaslavs mit Gertrud, der Tochter des polnischen Königs Mieszko II. und der Richeza, einer Nichte Ottos III. Sowohl der Kaiser wie auch der Papst gingen auf die Bitte des vertriebenen Kiever Großfürsten ein; der Kaiser, indem er den Erzbischof Burchardt von Trier nach Kiev sandte, um zugunsten Izjaslavs zu intervenieren, der Papst, indem er Izjaslav und mit ihm das Kiever Rußland in dieselbe enge und unmittelbare Beziehung zum päpstlichen Stuhle aufnahm, in der Polen und Ungarn standen. Praktische Folgen hatte weder das eine noch das andere, und zwar deshalb, weil es Svjatoslav, der nun den Großfürstenthron in Kiev einnahm, verstand, die Diplomatie des Bruders zu durchkreuzen. Kaiser und Papst waren zudem im Jahre 1075 zu sehr miteinander beschäftigt, als daß sie daran denken konnten, die angebotene Machtausweitung über das Kiever Rußland mehr als nur theoretisch zu betreiben. Erst als Svjatoslav 1076 gestorben war, gelang Izjaslav, dem der polnische Schwager nun wieder Hilfestellung leistete, die Rückkehr nach Kiev. Im Bunde mit Vsevolod fiel er 1078 im Kampf gegen eine ganze Koalition von ›Neffen‹, die gestützt auf das abgelegene Tmutorokań gemeinsam mit den Polovcern gegen Kiev Krieg führten. Der russische König Izjaslav, der als Vasall des Kaisers in seinem Lande wirksame Alleinherrschaft ausüben und als Lehensmann des Papstes die russische Kirche Rom zuführen hätte hönnen, war eine unrealisierbare Möglichkeit. Vsevolod, der überlebende Triumvir und Großfürst der nächsten anderthalb Jahrzehnte, hatte eine griechische Frau und griechische Beziehungen, die der Kiever Tradition entsprachen und nicht wie die lateinischen Izjaslavs einen Bruch dieser Tradition bedeuteten. Der Chronist ist

Vsevolod deshalb wohlgesinnt, aber trotzdem kann er die Schwäche von dessen Regierung nur mit Alter und Krankheit entschuldigen, nicht beschönigen. Das Unglück kam von innen wie von außen: Endlose Fehden mit den Söhnen Svjatoslavs um die Černigover ›Votčina‹ erschöpften die materiellen Kräfte und zogen immer wieder den Steppenfeind, die Polovcer, in die innerrussischen Auseinandersetzungen hinein. Da sich gleichzeitig die sozialen Gegensätze zuspitzten, mußte die Geduld der Bevölkerung auf die Dauer überfordert werden. Schon im Jahre 1069 hatten die Kiever gedroht, ihre Stadt anzuzünden und ›in das griechische Land‹ auszuwandern.

Mit Vsevolods Tod (1093) war die Generation der Jaroslaviči, der Söhne Jaroslavs, am Ende. Es folgten die Enkel, und als erster Svjatopolk, der Sohn Izjaslavs, auf dem Kiever Großfürstenthron (1093–1113); da nach einigen Kämpfen sich Svjatoslavs Söhne Oleg und David im Erbe ihres Vaters (Černigov und Smolensk) behaupteten und Vsevolods Sohn Vladimir in Perejaslavl' residierte, blieb formal das Triumvirat in gewissem Sinne erhalten. In Wirklichkeit war von einer gemeinsamen Regierung oder auch nur von einer gleichgerichteten Politik nicht die Rede. Die Macht des Großfürsten reichte nicht entfernt aus, die Einzelinteressen der Fürsten zugunsten der gesamtstaatlichen Interessen einzuschränken. Gerade dies aber wäre notwendig gewesen, um die Angriffe der Polovcer (Kumanen) abzuwehren. Niederlagen und wiederholte Verheerungen der südlichen Landesteile waren die Folge. Am meisten hatte dabei neben dem Kiever Gebiet das gegen die Steppe besonders exponierte Fürstentum Perejaslavl' zu leiden, und dessen Inhaber Vladimir mußte die innere Befriedung als Voraussetzung für eine erfolgreiche Verteidigung gegen den Landesfeind schon aus diesem Grund am meisten am Herzen liegen. Kein anderes Mittel bot sich dafür an, als unter Anerkennung des Grundsatzes, ›daß ein jeder in seinem Vatererbe herrsche‹ zu einer Übereinkunft wenigstens der mächtigsten Fürsten zu gelangen. Auf einer Reihe von ›Fürstentagen‹, beginnend in Ljubeč 1097, wurde das versucht. Zwar ist es niemals gelungen, die Fürstenfehden ganz auszuschalten (die Blendung des Vasil'ko von Terebovl' durch den Großfürsten Svjatopolk und David Igorevič von Vladimir-Wolhynien bietet dafür ein schauerliches Beispiel), aber unter dem Druck der öffentlichen Meinung (›in Anwesenheit der Bischöfe und Äbte, der Vertrauten unserer Väter und der Bürger der Stadt‹) bekannte man sich zu der gemeinsamen nationalen Aufgabe (›damit wir das russische Land vor den Heiden verteidigen‹), und der militärische Erfolg blieb nicht aus. In zwei großen Feldzügen (1103 und 1111) gelang es, die Polovcer entscheidend zu schlagen. Bei der politischen Vorbereitung wie bei der militärischen Aktion kam das Hauptverdienst Vladimir Vsevolodovič zu, dessen Bild im Gegensatz zum grausamen und habgierigen Großfürsten Svjatopolk der Chronist in freundlichen Farben malt. Die beiden Fürsten verkörperten auch außenpolitisch verschiedene Tendenzen: Svjatopolk hatte das Polovcerproblem durch Heirat mit einer Polovcerprinzessin zu lösen versucht und strebte eine Kompensation für die bedrohte Handelsverbindung zu Byzanz in verstärkten Beziehungen zu den westlichen Nachbarn an (je eine Tochter gab er dem polnischen und dem ungarischen König zur Frau); Vladimir dagegen hatte sich für den im Kampf mit den ›Ljachen‹ (Polen) bewährten Vasil'ko eingesetzt und kämpfte den Weg nach Byzanz, der Heimat seiner Mutter, wieder frei. Es ist kein Zweifel, welche Politik sich der größeren Sympathien, zumindest von seiten der Kirche, erfreute.

Der letzte Höhepunkt unter Vladimir Monomach

Unmittelbar nach Svjatopolks Tod (16. April 1113) setzte sich das unterschiedliche Ansehen der Vettern Svjatopolk und Vladimir in politische Fakten um. Dem Seniorat nach wäre die Nachfolge, da Svatopolks Brüder schon vor ihm gestorben waren, bei den Vettern der nächstälteren Linie (Svjatoslavs von Černigov) gelegen, noch keineswegs bei Vladimir. Es wird auch nicht berichtet, daß der Perejaslavler Fürst von sich aus etwas unternommen hätte, um in den Besitz von Kiev und auf den Großfürstenthron zu gelangen. Die Entscheidung für Vladimir trafen die Kiever, indem sie ähnlich wie schon im Jahre 1068, ihrem eigenen Interesse folgend, die Geschicke der Stadt und damit des Landes in die eigenen Hände nahmen. Der Groll des ›Podol‹ gegen den verstorbenen Großfürsten machte sich in einer Erhebung gegen dessen politische und finanzielle Handlanger Luft. Nur von Vladimir war zu erhoffen, daß er den Aufstand eindämmen, den sozialen Frieden wiederherstellen und die Stadt auch gegen äußere Bedrohung würde schützen können. So beriefen ihn sowohl die Unzufriedenen wie die Bedrohten, und der unter Durchbrechung der Senioratsordnung Berufene erfüllte die in ihn gesetzten Erwartungen. Er ist gewiß weder ein ›sozialer Gesetzgeber‹ aus Passion, noch ein feudaler Heuchler gewesen, sondern ein Fürst seiner Zeit mit ausgeprägtem Sinn für das Maß und für das Mögliche, gebunden an die Lehre der Kirche, an die christlichen Vorstellungen von Ordnung und Gerechtigkeit. Vladimir, der nach der kaiserlichen Familie, der seine byzantinische Mutter entstammte, den Beinamen Monomach trug, hat das Kiever Großfürstentum noch einmal zu Macht und Ansehen erhoben. Bei den unteren Schichten der Bevölkerung sprach für ihn, daß er der Willkür der Reichen und Mächtigen durch das Gesetz Schranken auferlegte, indem er den Zinsfuß herabsetzte und die Schuldknechtschaft milderte; die Reichen und Mächtigen waren zufrieden, daß er das Eigentum schützte und die Ordnung wieder herstellte; die Fürsten respektierten seine Macht von vornherein oder bekamen zu fühlen, daß er auch schnell und hart durchgreifen konnte (Vladimir-Wolhynien, Minsk). Selbst das eigenwillige Novgorod mußte Vladimirs Statthalter dulden, und die Polovcer stellten sich auf einigermaßen friedliche Nachbarschaft um; ihre Herrschaft über die Steppe war allerdings nicht anzufechten, der Außenposten Tmutorokań ging verloren.

Die altrussische Chronik überliefert ein literarisches Vermächtnis Vladimirs, das ›Poučenie‹, eine Ermahnung an seine Söhne, eine Art politisches und geistliches Testament, eines der schönsten Zeugnisse mittelalterlicher Fürstenfrömmigkeit: Gottesfurcht und Barmherzigkeit sind auch für den Fürsten die Voraussetzungen alles Guten. »Vor allem, vergeßt die Armen nicht . . . und erlaubt den Mächtigen nicht, einen Menschen zu verderben!« – »Wenn ihr einen Eid schwören sollt, euren Brüdern oder wem immer, so prüft euer Herz, ob ihr ihn auch halten könnt, und dann erst schwört; aber wenn ihr einmal geschworen habt, dann haltet den Eid, damit ihr nicht durch Eidbruch eure Seele verderbet. Den Segen der Bischöfe, Priester und Äbte nehmt gerne an . . . Vor allem aber habt keinen Stolz im Herzen und im Sinne, sondern laßt uns sprechen: Sterbliche sind wir, heute leben wir und morgen sinken wir ins Grab; alles, was Du uns gegeben hast, ist nicht unser, sondern Dein, Du hast es uns für eine kleine Weile anvertraut.« Nach christlichen Grundsätzen zu regieren, war im Kiever Reich des 12. Jahrhunderts gewiß nicht leichter als in anderen Ländern und zu anderer Zeit. Durch die väterliche Ermahnung hierzu schimmert deutlich die politische Weisheit hindurch, sich, wo es angeht, nicht auf andere zu verlassen: »Was eigentlich meine Leute hätten tun müssen, habe ich selbst getan – im Krieg und auf der Jagd, bei Nacht und bei Tage, bei Hitze und bei Kälte, und habe mir keine Ruhe gegönnt. Auf die Statthalter habe ich mich nicht verlassen . . . und nicht zugegeben, daß die Mächtigen einen geringen Bauern oder eine arme Witwe kränken.«

Das Auseinanderfallen des Kiever Staates hat Vladimir Monomach nur verzögern, nicht verhindern können. Seine Bedeutung liegt vielmehr in der moralischen Autorität, die er für das russische Geschichtsbewußtsein verkörperte, und in seiner eindeutigen Entscheidung für das Griechentum in Religion und Kultur. Mit seinem Namen wird später die Legende jene pelzverbrämte Krone verbinden, mit der die Moskauer Zaren gekrönt wurden (Šapka Monomacha = die Mütze Monomachs; in Wahrheit eine orientalische Arbeit des 13./14. Jahrhunderts).

NIEDERGANG UND ZERFALL DES KIEVER REICHES

Das Schicksal des Kiever Großfürstentums

Auf das Ganze des Kiever Staates gesehen, hat Vladimir Monomach nicht eine dauerhafte Ordnung schaffen, sondern nur eine erfolgreiche Herrschaft ausüben können. Das Ansehen dieser Herrschaft ging zunächst ohne Widerstand auf Vladimirs ältesten Sohn Mstislav (1125–1132) über. Ein letztes Mal bewährten sich Novgorod und die über Novgorod aktivierbare Beziehung zum germanischen Norden als Stütze der großfürstlichen Machtstellung: Mstislav, der in skandinavischen Quellen den Namen Harald trägt, war ein Sohn der englischen Prinzessin Gyda, Tochter Haralds II., und mit der schwedischen Königstochter Christina verheiratet. Seinen Fähigkeiten nach mag er den Beinamen ›der Große‹ verdient haben, die politische Situation bot keine Voraussetzungen mehr für eine große und dauernde Leistung. Das Prinzip von Ljubeč (1097), daß ein jeder in seinem Vatererbe herrsche, jedes Fürstentum im Grunde also souverän sei, hatte sich längst durchgesetzt, soweit das Verhältnis der Fürstentümer zum Gesamtstaat in Frage stand. Der Streit zwischen Staršinstvo (Seniorat) und Votčina (Vatererbe) ging aber nun innerhalb der einzelnen Territorialherrschaften weiter. Überall gab es erbitterte Onkel-Neffenkonflikte, und Mstislavs Bemühungen, in Galizien (Halyč) und Černigov als Großfürst Ordnung zu schaffen, scheiterten. Die Territorien waren auch darin souverän, sich in immer mehr fürstliche Teilherrschaften zu zersplittern.

Das Bewußtsein der Zusammengehörigkeit ging zwar niemals ganz verloren – die Gemeinsamkeit der Sprache und des Glaubens hielt es stets in gewissem Umfang bei allen Bevölkerungsschichten, auch bei den Fürsten, wach. Und ein Symbol der Zusammengehörigkeit war Kiev als Sitz des Metropoliten ›von ganz Rußland‹, des Oberhauptes der einen russischen Kirche, und als Residenz des Großfürsten, des

Primus inter pares unter den russischen Fürsten und Trägers einer ruhmvollen geschichtlichen Überlieferung. Realpolitische Bedeutung hatte dieses Symbol jedoch nur, wenn es mit Macht verbunden war, militärischer und wirtschaftlicher Macht. Das Kiever Fürstentum im engeren Sinne war nicht besonders groß: Es umfaßte das Territorium westlich des Dnepr bis zum Sluč, bezog im Norden das Gebiet des unteren Pripet', im Süden den Oberlauf des südlichen Bug und den Roś, die alte Befestigungslinie gegen die Steppe, ein und griff nur beiderseits der Stadt Kiev in einem schmalen Streifen auf das linke Dneprufer hinüber. Der Reichtum des Kiever Landes war die Stadt Kiev mit ihren weitreichenden Handelsbeziehungen nach allen Richtungen. Kievs Bedeutung als Handelszentrum war jedoch im Abnehmen: Seit 1082 hatten die Venezianer in Form einzigartiger Privilegien den byzantinischen Seehandel an sich gebracht, Tmutorokań war verlorengegangen, die Steppe kontrollierten die Polovcer – Kievs Vermittlerfunktion wurde teils überflüssig, teils undurchführbar. Die Eroberung Konstantinopels durch die Teilnehmer des vierten Kreuzzuges im Jahre 1204 und der Einbruch der Mongolen in Rußland setzten nur ein Ende, wo die Blüte schon vorher längst der Vergangenheit angehört hatte.

Versuche, das Eigenterritorium des Großfürsten zu vergrößern, wurden immer wieder unternommen, blieben auf die Dauer aber ohne Erfolg. Unter Vsevolod und dann wieder seit Vladimir Monomach vereinigten die Großfürsten mit dem Kiever Fürstentum ihr Vatererbe, das Fürstentum Perejaslavl' östlich des Dnepr; vorübergehend gelang eine Erweiterung nach Norden durch Anschluß des Pripet'-Fürstentums Turov-Pinsk, und Mstislav schien es zu glücken, von da aus durch Eroberung und Einbeziehung des Fürstentums Polock die territoriale Verbindung zum Novgoroder Stützpunkt der großfürstlichen Herrschaft herzustellen (1130). Aber wenige Jahre später stellte sich heraus, daß auch Novgorod den Weg eines souveränen Landes zu gehen entschlossen war: Als 1136 der Novgoroder Fürst Vsevolod, Mstislavs ältester Sohn, mit der Anwartschaft auf das Großfürstentum nach

Perejaslavl' übersiedeln wollte, nahmen ihm die Novgoroder diese Kränkung ihres Prestiges so übel, daß sie ihn vertrieben und ein Gesetz beschlossen, in dem der Landerwerb auf Novgoroder Gebiet in Hinkunft nur mehr Novgoroder Bürgern erlaubt, Fremden also (einschließlich der Fürsten) untersagt wurde. Dieses Grundgesetz der Novgoroder Stadtautonomie entzog auch der großfürstlichen Herrschaft den Boden.

Es war ein auswegloser Zirkel: Je mehr Macht die einzelnen Territorien an sich brachten und entfalteten, desto machtloser wurde der Großfürst, der nun gerade immer größerer Macht bedurft hätte, um die Selbständigkeitsbestrebungen der übrigen Fürsten einzudämmen. Die Zukunft lag bei den einzelnen Ländern, deren konkreten Machtgrundlagen und Machtinteressen, nicht bei der Gesamtherrschaft des Großfürsten, der zudem eines imperialen Nimbus entbehrte. Daran konnte keine Fürstenpersönlichkeit etwas ändern, auch nicht der tapfere Polovcerbesieger Jaropolk (1132–1139), Mstislavs nächstälterer Bruder, dem Novgorod entglitt und der nicht verhindern konnte, daß eine Onkel-Neffenfehde nun auch die herrschende Familie der Monomachsöhne und -enkel entzweite. Die Exponenten der beiden Generationen waren Mstislavs Sohn Izjaslav II. (nach dem Zwischenspiel des Černigover Fürsten Vsevolod mit Unterbrechungen Großfürst von 1146 bis 1154) und Vladimir Monomachs sechster Sohn Jurij von Suzdal'-Vladimir (genannt »Dolgorukij« = Langhand). Dreimal eroberte Jurij Kiev, aber erst beim dritten Male – nach Izjaslavs Tod – gelang es ihm, sich im Großfürstentum zu behaupten (1154–1157). Keiner der beiden Prätendenten war mächtig genug, auch nach einem militärischen Sieg den Konkurrenten ganz auszuschalten; beide waren auf fremde Unterstützung angewiesen, und diesmal beschränkten sich die Bündnisse nicht auf andere russische Fürsten und auf die Polovcer, die es längst gewohnt waren, in innerrussische Streitigkeiten hineingezogen zu werden, sondern gliederten sich in das gesamteuropäische Kräftespiel der Zeit ein. Jurij von Suzdal' und sein russischer Verbündeter Vladimirko von Galizien standen auf seiten der ›Zweikaiserliga‹, die Konrad III. und Manuel Komnenos gegen Roger von Sizilien, König Ludwig VII. von Frankreich und den ungarischen König Géza verband. Izjaslav II. dagegen führte den Kampf um Kiev mit ungarischer Unterstützung und suchte wie ein Jahrhundert früher Jaroslav gegen Byzanz die Selbständigkeit der russischen Kirche zu fördern, indem er 1147 von den russischen Bischöfen den Russen Kliment von Smolensk zum Metropoliten wählen ließ. Der Patriarch versagte die Bestätigung, und Jurij von Suzdal', der ja mit Byzanz im Bunde stand, hat nach seinem Sieg Kliment des Amtes enthoben und das alte Verhältnis der unbestrittenen kirchlichen Unterordnung unter das griechische Patriarchat wiederhergestellt.

Unter solchen Umständen konnte es nicht ausbleiben, daß die an den Besitz von Kiev gebundene Großfürstenwürde ihr politisches Gewicht und allmählich auch ihre Bedeutung als Streitobjekt verlor. Jurij von Suzdal' hatte noch zäh um den Besitz von Kiev gerungen und nach seinem Siege in der Stadt residiert. Sein Sohn Andrej (Bogoljubskij), dessen Truppen 1169 Kiev einnahmen und plünderten, zog es vor, in seinem nordöstlichen Fürstentum Suzdal'-Vladimir zu bleiben und das Kiever Fürstentum durch einen bedeutungslosen Vasallen verwalten zu lassen. Das Verhältnis hatte sich umgekehrt: Die Mächtigen zog es nicht mehr nach Kiev, um Großfürst zu werden und – wenigstens dem Anspruch nach – über das Reich zu herrschen, sondern die Großfürstenwürde löste sich vom Kiever Territorium und begab sich auf Wanderschaft, den Mächtigsten zu suchen.

Schon die Gefolgschaft Jurijs hatte sich in Kiev äußerst unbeliebt gemacht und war nach dem Tode des Großfürsten mit Gewalt vertrieben worden. 1169 war die Vergeltung dafür. Die Kiever haben den ›Hinterwäldlern‹ aus dem Wolga-Oka-Gebiet die Plünderung ihrer Stadt niemals vergessen. Was der ›Mutter der russischen Städte‹ damals geschah – »zwei Tage lang plünderten sie die ganze Stadt, das Podol'e und die Oberstadt, die Klöster, die Sophienkathedrale, die Zehnten-Muttergotteskirche, und für niemanden gab es Erbarmen« – geschah ihr durch Russen. Der ukrainisch-großrussische Gegensatz späterer Jahrhunderte deutet sich an. Kiev hat sich von diesem Schlage nicht mehr erholt; es war nur der erste, noch schlimmere sollten folgen. Von der Verheerung des Jahres 1203 durch die Polovcer, die im Bunde mit russischen Fürsten standen, sagt der Chronist, daß ein größeres Unheil seit der ›Taufe‹ nicht über die Stadt gekommen sei. Und ein weiteres Menschenalter später (1240) setzte die Erstürmung durch die Mongolen der langen Agonie ein Ende. Wer auch immer in den letzten Jahrzehnten über Kiev gebot, der Fürst von Suzdal'-Vladimir oder der galizisch-wolhynische oder irgendein anderer der zahllosen Rjurikiden, es gab keine Sicherheit mehr – weder vor dem russischen Nachbarn, noch vor den Polovcern. Lange vor dem Einbruch der Mongolen begann die Bevölkerung dorthin abzuwandern, wo es mehr Sicherheit gab, wo sich neue politische Macht konstituierte, wo Handel und Wandel blühten. Denn es wäre falsch, aus dem Verlust der politischen Einheit und dem Niedergang Kievs zu schließen, daß sich Rußland überhaupt in allgemeiner Auflösung und Depression befand. Politische Aktivität, militärische Kraft und wirtschaftlicher Aufschwung hatten sich nur in die einzelnen Territorien verlagert; neue Machtzentren waren im Entstehen.

Zu Beginn des 13. Jahrhunderts sind folgende ›Länder‹ (›selbständige Halbstaaten‹ nach sowjetischer Terminologie) zu nennen: Novgorod am Ilmensee im Nordwesten mit der wichtigen ›Beistadt‹ (Prigorod) Pskov (Pleskau) und dem gewaltig ausgedehnten Kolonialgebiet im äußersten Norden bis in den Ural hinein. Südlich anschließend das Düna-Fürstentum Polock, im Westen Litauern und Letten benachbart, mit den Stützpunkten Kukenois und Gertzike auf lettisches Gebiet in Richtung der Dünamündung vorstoßend. Östlich des Fürstentums Polock das Fürstentum Smolensk am Oberlauf von Düna und Dnepr, im Osten bis an den Oberlauf der Moskva reichend, das einzige binnenrussische, d. h. rings von russischen Ländern umgebene Territorium. Noch weiter östlich an der Wolga und Kljazma das Fürstentum Suzdal'-Vladimir, in zwei Keilen weit nach Norden in das Novgoroder Gebiet ausgreifend (Šeksna-Beloozero-Gebiet nordwestlich, Suchona-Gebiet nordöstlich), im Osten den Čeremissen (Mari) und den Wolgabulgaren benachbart. Südlich des Fürstentums Suzdal'-Vladimir an der mittleren Oka und an der Pronja das Fürstentum Rjazań, an der unteren Oka das Fürstentum Murom, beide im Südosten an das Gebiet der Mordwinen und darüber hinaus an die Polovcersteppe grenzend. An der Desna, am Sejm und an der oberen Oka das Fürstentum Černigov mit Steppengrenze im Südosten; südlich davon am linken Dneprufer, im Osten vielleicht den Oberlauf des Donec erreichend, das Fürstentum Perejaslavl' mit seiner gesamten Ost- und Südgrenze den Angriffen der Steppenbewohner ausgesetzt. Schließlich im Westen von Kiev das Fürstentum Galizien-Wolhynien.

Dem Territorium nach standen alle diese Fürstentümer dem Kiever Fürstentum nicht nach, die meisten übertrafen es sogar beträchtlich. Nicht alle jedoch haben von dem politischen und wirtschaftlichen Niedergang Kievs in gleicher Weise profitiert. Kern einer Machtbildung von überlokaler Bedeutung wurden, wenn wir von dem Novgoroder Sonderfall absehen, nur das galizisch-wolhynische Fürstentum im Südwesten und das von Suzdal'-Vladimir im Nordosten.

Der Südwesten

Seit Vladimir dem Heiligen, nach einer kurzen Unterbrechung dann seit Jaroslav dem Weisen gehörten die ›červenischen Burgen‹ (s. o. S. 52; nach dem Hauptort Červeń; durch falsche Lokalisierung und Ableitung wurde daraus später ›Červonnaja Ruś‹ = Rotrußland für Galizien) zur Kiever Ruś. Etwa von derselben Zeit an muß das auch von Wolhynien mit seinem Hauptort Vladimir gelten. Zur Zeit seiner größten Ausdehnung reichte das vereinigte galizisch-wolhynische Fürstentum im Norden, Brest (Berest'e) einschließend, bis zum Narev, im Süden griff es weit in das Niederland (Poniźe, später in ähnlicher Bedeutung Podolien) am Dnestr aus und bezog die Steppe zwischen Dnestr und Donaumündung in wechselnd wirksamer Abhängigkeit mit ein. Dieses langgestreckte, in westöstlicher Richtung nicht allzu ausgedehnte Territorium, das sich von den Karpaten nach Norden über die podolische und die wolhynische

Platte allmählich zur wald- und sumpfreichen Niederung an Bug und Narev senkt, vereinigt sehr verschiedene Landschaften. Das waldreiche Wolhynien und das Gebirge der Karpaten im Südwesten konnten Zuflucht gewähren, wenn die Bedrohung aus dem Osten es erforderte, die Schwarzmeersteppe an Dnestr, Prut und Seret gab stets Gelegenheit, ein zwar gefährdetes, aber freies, dem Zugriff der politischen Mächte nur beschränkt zugängliches Leben zu führen; in den ›Brodniki‹ haben wir hier schon sehr früh Vorläufer des Kosakentums vor uns. Das Herzstück war aber immer die verkehrs- und klimabegünstigte galizische Mitte mit den Städten Peremyšl' (poln. Przemyśl), Galič (ukr. Halyč) und später, von der Mitte des 13. Jahrhunderts an, Lemberg (ukr. L'viv, russ. L'vov, poln. Lwów). Hier ließ der Wald fruchtbaren Ackerboden frei, hier kreuzten sich westöstliche und nordsüdliche Straßen, die von Krakau nach Kiev und die über Weichsel, San oder Bug und Dnestr oder Prut laufende Verbindung von der Ostsee zum Schwarzen Meer; selbst die Karpaten sind hier nicht verkehrsfeindlich, sondern lassen über mehrere Pässe die Verbindung nach Süden so weit offen, daß sowohl die ostslavisch-ukrainische Siedlung das Gebirge nach Süden überschreiten (Karpato-Ukraine), wie auch der ungarische Staat seinen politischen Einfluß über das Gebirge hinaus nach Norden erstrecken konnte. Die natürlichen Reichtümer und ein Handel, der Regensburg mit Kiev, Danzig mit der Krim verband, machten das Land reich an Menschen und Städten, allerdings auch zu einem begehrten Ziel der Nachbarn, vor allem der Polen und Ungarn.

Die politische Sonderentwicklung setzte sehr früh ein. Es waren die Nachkommen von Jaroslavs ältestem Sohn Vladimir, der vor Erreichen der Großfürstenwürde gestorben war, die sich gegen den Widerstand der Kiever Großfürsten am Ende des 11. Jahrhunderts im Besitz des Landes behaupten konnten. Die Rostislaviči (Söhne des Rostislav Vladimirovič) Rjurik (in Peremyšl'), Volodaŕ (in Zvenigorod) und Vasil'ko (in Terebovl') konnten in diesem Kampf auf die Unterstützung der Polovcer und der Byzantiner, denen sie 1091 zu einem entscheidenden Sieg über die Pečenegen verhalfen, rechnen, dagegen mußten sie sich wiederholt der Ungarn, die mit Kiev im Bunde waren, erwehren, und auch ihr Verhältnis zum polnischen Nachbarn war kein freundschaftliches. Diese Kräftegruppierung erwies sich als ziemlich konstant, auch als es dem Fürsten Vladimirko (1141–1153, dem zweiten Sohn Volodaŕs) 1141 gelungen war, zum erstenmal das gesamte Gebiet als Fürstentum Galič (Halyč) in einer Hand zu vereinigen (er verlegte seine Residenz von Peremyšl' nach Galič); Vladimirko, mit Jurij von Suzdal'-Vladimir und Byzanz verbündet, wahrte nicht nur seinen Besitz, sondern konnte ihn sogar auf ostwolhynisches Gebiet (Luck) erweitern.

Wolhynien blieb bedeutend länger in der Hand der Kiever Großfürsten, die hier auch, anders als in Galizien, über ausgedehnten Eigenbesitz verfügten. Erst nach 1154 setzte sich auch hier eine Nebenlinie (die Nachkommen des Kiever Großfürsten Izjaslav II. Mstislavič) fest. Roman Mstislavič aus der zweiten Generation (1170–1205) gelang in Wolhynien die Vereinigung des gesamten Territoriums und eine solche Festigung seiner Macht, daß er die Hand nach dem benachbarten Fürstentum Galizien ausstrecken konnte. Dieses hatte unter Jaroslav Osmomysl' (der ›Achtsinnige‹, 1153–1187) seine große Zeit; der Sänger des ›Igorliedes‹ hat den Eindruck festgehalten, den es auf die russische und nichtrussische Umwelt machte, daß es Jaroslav gelang, sich gegen die Polovcer, einen gefährlichen Prätendenten und byzantinische Gegenwirkung in der Steppe durchzusetzen und die Anerkennung seiner Herrschaft im ›Podunaѓe‹ (Donaugebiet = Schwarzmeersteppe zwischen Dnestr und Donau mit den Stützpunkten Berlad', Tekuč und Malyj Galič) zu erzwingen. Ein Wechsel der galizischen Bündnispolitik war die Voraussetzung – gute Beziehungen zu Polen und Ungarn mußten den Rücken dekken: Jaroslav gab seine beiden Töchter an den polnischen Herzog Odo von Posen und an Stephan III. von Ungarn. Was auch Jaroslav am wenigsten gelungen zu sein scheint, das war eine wirksame Befestigung seiner Herrschaft gegenüber dem Bojarenadel seines Landes. Die galizischen Bojaren waren zahlreich und mächtig, sie erwiesen sich zunehmend als die eigentlichen Herren im Lande, und die geographische Lage dieses Landes brachte es mit sich, daß sie auch stets politische Bundesgenossen fanden, wenn sie die Herrschaft des eigenen Fürsten schmälern wollten. Zunächst war es Jaroslavs eigener Sohn Vladimir, um den sich die Opposition scharte, nach Jaroslavs Tod begannen sich aber auch die Nachbarn kräftig in die innergalizischen Auseinandersetzungen einzumischen. 1188 besetzte Roman von Wolhynien zum erstenmal Galič, allerdings noch ohne dauernden Erfolg, denn der ungarische Thronfolger Andreas kam ihm mit der Machtergreifung zuvor. Vladimir wurde gefangen nach Ungarn geführt, und die ungarische Herrschaft über Galizien konnte sich ein Jahr lang behaupten, ehe es dem aus der Gefangenschaft entwichenen und über Deutschland und Polen heimgekehrten Fürsten gelang, sich die inzwischen gewachsene Unzufriedenheit mit der Fremdherrschaft zunutze zu machen. Mit Unterstützung des Vladimir-Suzdaler Fürsten Vsevolod konnte er sich nun zwar bis zu seinem Tode an der Herrschaft halten, aber an der Grundsituation änderte sich nichts; sie konnte sich offenbar nicht mehr durch Machtkonzentration im Innern, sondern nur noch durch das Eingreifen fremder Macht von außen ändern. Das geschah sofort nach Vladimirs Tod (1199), als Roman seine Chance wahrnahm, vom Fürstentum Galič Besitz ergriff und so zum erstenmal Galič und Wolhynien vereinigte. Damit war im Südwesten Rußlands ein neues, ansehnliches Machtgebilde entstanden, das durchaus Voraussetzungen für weitere ehrgeizige Pläne bot, wenn es gelang, im Innern Ordnung zu schaffen und die Macht des Fürsten zu stärken. In beiden Richtungen ist die Politik Romans erfolgreich gewesen: Schon in Wolhynien hatte er sich, gestützt auf seine Dienstleute und auf die Städte, gegen den Bojarenadel durchgesetzt, in Galizien versuchte er nun mit sehr harter Hand dasselbe. Freilich war der galizische Bojarenadel zu zahlreich, um ihn vollständig auszurotten; so ist er zum guten Teil nur enteignet und vertrieben worden. Das auf solche Weise vermehrte Fürstengut stärkte zwar die Macht des Fürsten, und im Lande selbst gab es keine Opposition mehr, aber dieser Zustand mußte lange dauern, wenn die Fürstenmacht auch über Niederlagen und Thronwechsel hinweg ungefährdet erhalten bleiben sollte. Denn noch war es so, daß die vertriebenen Bojaren irgendwo in der Steppe oder in der ungarischen Emigration nur darauf warteten, einen solchen Fall zur Wiederherstellung der alten Unordnung ausnützen zu können. Die Gelegenheit kam unerwartet rasch, als Roman, der sich inzwischen in den Besitz von Kiev gesetzt und den Großfürstentitel angenommen hatte, 1205 in Polen fiel und nur zwei minderjährige Söhne – Daniil und Vasil'ko – hinterließ. Es stellte sich sofort heraus, daß die neue Macht in Südwestrußland ausschließlich auf der Persönlichkeit des Fürsten beruhte. Mit dessen Tod entstand ein Machtvakuum, in das von allen Seiten fremdes Machtinteresse einströmte.

Ein Menschenalter lang wurde um das Erbe Romans gerungen. Die Beteiligten waren von russischer Seite: der von Roman vertriebene Kiever Fürst Rjurik, die Fürsten von Černigov und eine Reihe weiterer lokaler Fürsten, in einem späteren Stadium Fürst Mstislav Udaloj (der Kühne) von Novgorod, und nicht zuletzt die zurückgekehrten galizischen Bojaren, die 1213 sogar einen der Ihren, den Bojaren Volodislav, zum Fürsten erhoben, und die Veče der größeren Städte, die – vor allem in Wolhynien – Romans Erben noch am ehesten die Treue hielten. Viel wirkungsvoller war aber lange Zeit das Eingreifen fremder Mächte, in erster Linie Ungarns, in zweiter Linie Polens. Zu beiden hatten verschiedene Bojarengruppen Verbindungen, an beide hatte sich die Fürstin Anna im Namen der minderjährigen Söhne Romans um Hilfe gewandt, beide waren nicht bereit, ihre Hilfe uneigennützig zu gewähren. Gegenüber dem in sich uneinigen, damals auch in eine Anzahl von Teilfürstentümern zerfallenen Polen war Ungarn im Vorteil. 1214 erreichte König Andreas die Zustimmung Leszeks des Weißen von Krakau zur Einsetzung seines Sohnes als Fürst von Galizien, 1215 wurde der sechsjährige Koloman im Auftrage Papst Innozenz' III. tatsächlich gekrönt. Sowohl Polen wie der Papst stellten natürlich Bedingungen, die Ungarn entweder nicht halten wollte (die Abtretung Peremyšl's an Polen) oder nicht halten konnte (die Union der orthodoxen Kirche in Galizien mit Rom). Lange hat die ungarische Herrschaft in Galizien nicht gedauert, aber der Druck der ungarischen Macht war auch nach der Vertreibung Kolomans noch so groß, daß sich der siegreiche Mstislav der Kühne zu einem Einvernehmen mit König Andreas bequemen mußte.

Es muß unter diesen Umständen als eine ganz erstaunliche Leistung betrachtet werden, daß es Romans ältestem Sohne Daniil am Ende doch gelang, das väterliche Erbe aus einem Zustand totaler politischer Zersplitterung gegen überlegene Konkurrenten und Gegner in vollem Umfang wiederherzustellen. 1221 hatte ihm Mstislav das westliche Wolhynien (Vladimir), soweit es nicht inzwischen in polnischer Hand war, überlassen. Der Rückeroberung der an Polen verlorenen Gebiete folgte 1227 die Ostwolhyniens (Luck) und schließlich nach einem weiteren Jahrzehnt schwerer Kämpfe gegen die mit Hilfe der Bojaren in Galizien neu installierte ungarische Herrschaft und gegen die Konkurrenz des Černigover Fürsten auch die des Fürstentums Galič. Das geschah in den Jahren 1237/1238, als die Mongolen bereits das nordöstliche Rußland erobert hatten. Genauso wie sein Vater Roman griff Daniil, einmal im sicheren Besitz des gesamten galizisch-wolhynischen Länderkomplexes, sofort nach Kiev. Es gelang ihm gerade noch, eine Garnison unter dem Voevoden Dmitrij in die Stadt zu legen, dem kurz darauf dann die ehrenvolle, aber unlösbare Aufgabe zufiel, Kiev gegen den Ansturm der Mongolen zu verteidigen (1240). Die historische Rolle der südwestrussischen Machtbildung im vereinigten Fürstentum Galizien-Wolhynien war damit jedoch noch nicht zu Ende gespielt, sie sollte vielmehr gerade jetzt erst unter dem vielgeprüften Daniil ihren Höhepunkt erreichen.

Der Nordosten

Es ist eine alte Tradition in der russischen Geschichtsschreibung, besonders hervorzuheben, daß die neue Machtbildung im Nordosten des Kiever Reiches unter anderen Voraussetzungen und in anderer Weise vor sich ging als im Südwesten. Diese Tradition geht im Grunde auf die Kiever Chronisten zurück, für die das Land an der oberen Wolga und deren Nebenflüssen sehr am Rande des Gesichtsfeldes lag und nur dann der Erwähnung wert schien, wenn es selten einmal Gegenstand großfürstlicher Maßnahmen wurde. Vom Kiever Zentrum her gesehen taucht das Land ›hinter dem großen Walde‹ als politische Größe, mit der gerechnet werden mußte, erst um die Mitte des 12. Jahrhunderts ziemlich unvermittelt hervor. Nun sind folgenreiche Besonderheiten der nordöstlichen Entwicklung gewiß nicht zu leugnen, aber die Gestalt, in der uns das Fürstentum Suzdal'-Vladimir im 12. Jahrhundert entgegentritt, setzt eine Geschichte voraus, die kaum weniger weit zurückreicht als die des Kiever Landes. Rostov am Nerosee erscheint schon unter den ›Städten‹, die Rjurik an seine Gefolgsleute vergab; Suzdal' ist sicher nicht viel jünger. Diese beiden Städte galten im 12. Jahrhundert als die ›alten‹ Städte im Unterschied zu den ›jungen‹ Städten mit dem aufstrebenden Vladimir an der Kljaźma (1108 von Vladimir Monomach mit einer Befestigung versehen, also zur ›Stadt‹ erhoben) an der Spitze. Diese Unterscheidung hatte im 12. und im beginnenden 13. Jahrhundert große politische Bedeutung.

Reiche Funde orientalischer Münzen aus dem 8.–11. und westeuropäischer Münzen aus dem 10. und 11. Jahrhundert weisen darauf hin, daß der Landstrich zwischen oberer Wolga und Kljaźma an einer belebten Handelsstraße lag. Die Wolga hatte ihre Bedeutung als bequemer Verkehrsweg zu den orientalischen Märkten auch nach der Verlagerung des varägischen Fernhandels auf den Dneprweg nicht verloren. Drei ostslavische Stämme waren an der Besiedlung des ursprünglich von Finnen bewohnten Landes beteiligt: Die Slovenen kamen aus dem Nordwesten, die Krivičen aus dem Westen und die Vjatičen aus dem Südwesten. Früher Besiedlung am günstigsten war die sogenannte Opol'ščina, ein waldfreier Streifen fruchtbaren Landes, der sich von Vladimir in nordwestlicher Richtung über Jurév Pol'skij (J. ›im Felde‹) bis nach Perejaslavl' Zalesskij (P. ›hinter dem Walde‹) erstreckte. Ist an der relativ frühen ostslavischen Besiedlung dieses Kerngebietes auch nicht zu zweifeln, so kann doch auch nicht bestritten werden, daß große Teile des nordöstlichen Waldlandes noch lange unerschlossen blieben und späteren Kolonisten reiche

Möglichkeiten boten. Es ist kein Zufall, daß sich die Vjatičen der Kiever Herrschaft und dem Christentum am längsten widersetzten; noch um die Mitte des 12. Jahrhunderts fand ein Kiever Mönch bei ihnen den Märtyrertod. Sehr wenig berichten die schriftlichen Quellen über das Verhältnis der Ostslaven zu der finnischen Vorbevölkerung. Daß viele russische Städte des Wolga–Oka-Gebietes aus ursprünglich finnischen Siedlungsmittelpunkten entstanden, hat die Archäologie nachgewiesen; wir wissen aber nicht, wie das im einzelnen vor sich ging; mit den Mordvinen, die sich erhalten haben, hatten die Russen vor dem Mongoleneinfall wiederholt auch kriegerische Auseinandersetzungen, doch scheint das nicht die Regel gewesen zu sein. Im allgemeinen setzten sich die Russen offenbar auch so als Herren des Landes durch. Und als Herren sehr ausgeprägten Charakters treten uns die Bojaren von Rostov und Suzdal' im 12. Jahrhundert entgegen.

Rostov und Suzdal' bildeten mit dem südrussischen Fürstentum Perejaslavl' das ›Vatererbe‹ Vladimir Monomachs. Mit dessen sechstem Sohn, der Kiever Großfürst wurde, mit Jurij Dolgorukij (Langhand) begann die Sonderentwicklung des Nordostens zu eigener Machtkonzentration. Jurij gilt der Überlieferung als großer Städtegründer; die Entstehung von vier Städten wird ausdrücklich mit seinem Namen verbunden: Ksnjatin an der Nerl'mündung, Jur'ev Pol'skij, Dmitrov und Moskau (erste Erwähnung 1147, erste Befestigung des ›Kreml‹ 1156). Deutlicher erfaßbar als Bauherren werden uns die nordostrussischen Fürsten durch zahlreiche ansehnliche Kirchen, die erhalten geblieben sind und als Monumentalkunst von Suzdal'-Vladimir einen Höhepunkt der altrussischen Architekturgeschichte bilden. Der weiße Stein, aus dem diese Kirchen errichtet sind, kam vom Ufer der Pachra, eines rechten Nebenflusses der Moskva. Sein Antransport und der Bau selbst setzten Reichtum und Macht voraus. Die Kunstgeschichte liefert hier einen getreuen Spiegel der politischen Entwicklung. Jurij Dolgorukijs Kirchen waren den Ausmaßen nach bescheiden; sie dienten den Bedürfnissen des Hofes. Die einzige in der ursprünglichen Form erhaltene – die Boris und Gleb-Kirche in Kidekša an der Nerl' – gehörte bezeichnenderweise zu einem Fürstenhof außerhalb der Stadt Suzdal'. In den alten Hauptorten des Landes – Rostov und Suzdal' – lag die Macht bei den alteingesessenen Bojarengeschlechtern, die der Zunahme fürstlicher Macht nicht sehr freundlich gesinnt waren. Vor allem Rostov war eine Hochburg des selbstbewußten, reichen Bojarenadels. Jurij scheint deshalb Suzdal' vorgezogen zu haben, aber auch hier bedurfte er eines festen und mit einer Kirche ausgestatteten Platzes außerhalb der Stadt, um sich dahin zurückziehen zu können.

Unter Jurijs Sohn Andrej Bogoljubskij († 1175) nahm alles größere Ausmaße an. Andrej war an den Machtkämpfen um Kiev nur mehr in zweiter Linie interessiert. Sein Hauptinteresse galt dem Ausbau seiner Macht in der eigenen ›Votčina‹, und der war nur gegen den Widerstand der Rostover und Suzdaler Bojaren durchzusetzen. Andrej hat deshalb seine Residenz nach der ›jungen‹ Stadt Vladimir verlegt. Was ihm dabei vorschwebte, zeigt die Tatsache, daß die neue Befestigung, die er der Stadt gab, genau wie Konstantinopel und Kiev ein aus Stein gebautes und von einer Kirche gekröntes ›Goldenes Tor‹ erhielt. Dementsprechend war die Mariä-Himmelfahrts-Kathedrale, die Andrej 1158–1161 in Vladimir erbauen ließ, nicht mehr eine schlichte fürstliche Hauskirche, sondern ein Bau, der mit den Kiever Hauptkirchen wetteifern sollte. Mit reichen Gütern ausgestattet und mit dem Zehnten von Bodenertrag und Handel versehen (wie die Zehntenkirche in Kiev!) sollte diese Kirche nicht nur die Kirche eines Bischofs, sondern die eines Metropoliten werden. Andrej bemühte sich hartnäckig, aber vergeblich darum, sein Landesbistum zur Metropolie erheben zu lassen, er wollte auch in kirchlicher Hinsicht nicht mehr von Kiev abhängig sein. Nach der Auffassung der Zeit waren für solche kirchlichen Autonomiebestrebungen nicht nur politische, sondern auch geistliche Voraussetzungen nötig. Von Jurij Dolgorukij berichtet der Chronist, daß er eine seiner Kirchen – und gewiß nicht nur diese allein – ›mit Büchern und Reliquien der Heiligen‹ wunderbar ausgestattet habe. Zwar hatte Andrej in seinem Bestreben, die ersten Bischöfe von Rostov, Leontij und Isaja als lokale Heilige kanonisieren zu lassen, keinen Erfolg, aber das berühmte Muttergottesbild byzantinischen Ursprungs, das er 1155 aus Vyšgorod bei Kiev nach Vladimir entführte, ist zum russischen Nationalheiligtum geworden. Erst von Vladimir, später von Moskau aus hat die Muttergottes von Vladimir, wie die frommen Russen meinten, immer wieder hilfreich in die russische Geschichte eingegriffen. Die große Zahl von Marienkirchen im Fürstentum Suzdal'-Vladimir gab der Muttergottes geradezu den Rang einer besonderen Landespatronin. Nichts bringt den engen Zusammenhang von politischer und geistlicher Repräsentation klarer zum Ausdruck als der Baugedanke jenes Schlosses, das sich Andrej in Bogoljubovo unweit von Vladimir errichten ließ (daher sein Beiname ›Bogoljubskij‹): Mittelpunkt des geschlossenen Gebäudevierecks, dem fürstlichen Wohnhaus gegenüber, war die Kirche zur Geburt der Gottesmutter, durch ihre überaus prächtige Ausstattung den Zeitgenossen ein überwältigender Eindruck. Wer hier repräsentierte, war und fühlte sich nicht mehr als Primus inter pares, denn – so faßte es der Chronist zusammen – ›seiner irdischen Natur nach ist der Zar jedem Menschen gleich, der Macht seines Amtes nach aber ist er wie Gott ... nicht von ungefähr trägt der Fürst das Schwert, denn er ist ein Diener Gottes‹. Das war Theorie des Herrscheramtes – übernommen von Byzanz und vorgeformt für den späteren Gebrauch durch Moskau.

Andrej Bogoljubskij ist 1175 unter den Streichen bojarischer Verschwörer gefallen. Noch war die Zeit nicht reif für das Selbstherrschertum im russischen Nordosten. Andrej hatte den Bogen überspannt. Sein Bruder Vsevolod, zahlreicher Nachkommenschaft wegen ›das große Nest‹ (Bol'šoe gnezdo) genannt (1176–1212), verfolgte dasselbe Ziel unbeschränkter Fürstenmacht, aber durch Erfahrung klug geworden mit weniger gewalttätigen Methoden, daher auch auf die Dauer mit größerem Erfolg. Der Thronwechsel war von schweren politischen und sozialen Wirren begleitet. Vorübergehend beherrschten die Bojaren der ›alten‹ Städte Rostov und Suzdal' das Land; gleichzeitig erhoben sich aber auch die Bauern gegen die Organe der fürstlichen Verwaltung. Vsevolod hat sich am Ende durchgesetzt, indem er sich auf dieselben Kräfte stützte wie später Roman von Wolhynien im Süden – auf seine eigenen Dienstleute und auf die Städte, vor allem auf Vladimir, die führende der ›jungen‹ Städte. Das politische Kräftespiel zeigte also im Nordosten sehr ähnliche Züge wie im Südwesten, aber der Kampf nahm den entgegengesetzten Ausgang. Als Grund hierfür mag man die Verschiedenheit der beteiligten Fürstenpersönlichkeiten anführen; man kann darauf hinweisen, daß die Aufschließung des Landes durch Neusiedler im Nordosten größere Bedeutung hatte und ausschließlicher unter der Leitung des Fürsten vor sich ging als im Südwesten, obwohl auch die galizisch-wolhynischen Fürsten als Städtegründer und Bauherren in Erscheinung traten. Das Vorkommen derselben Orts- und Flußnamen im steppennahen Süden und im sicheren Waldgebiet des Nordens (Perejaslavl', Starodub, Zvenigorod, Galič, Trubež, Lybed') ist wohl ein Beweis für siedlungsmäßige Zusammenhänge, aber nicht dafür, daß sich der Flüchtlingsstrom ausschließlich nach dem Nordosten ergoß. Die Fürsten von Suzdal'-Vladimir mögen reicher gewesen sein als die galizisch-wolhynischen, obwohl Roman ebenso ›Bojarendörfer mit Pferden und Vieh‹ einzog wie Vsevolod. Ausschlaggebend erscheint jedoch etwas anderes: Die Bojaren von Rostov und Suzdal' hatten keine Möglichkeit, wirklich mächtige Nachbarn in das Spiel hineinzuziehen. Im Nordosten gab es keinen Nachbarn wie Ungarn, in dem 1222 der Adel König Andreas II. in der berühmten Goldenen Bulle das erste Adelsprivileg abrang. So sind die Bojaren der ›alten‹ Städte, im wesentlichen auf sich allein gestellt, unterlegen. Die Eifersucht Rostovs auf das viel jüngere Vladimir hat in der Auseinandersetzung Vsevolods mit seinem ältesten Sohn Konstantin zwar noch eine erkennbare politische Rolle gespielt, aber die Einheit des Landes und der Herrschaft war nicht mehr ernstlich gefährdet. Im Jahre 1212 ›rief der Großfürst Vsevolod alle seine Bojaren aus den Städten und aus den Bezirken zusammen und den Bischof Ioann und die Äbte, Priester, Kaufleute, Dienstmannen und alle Männer, und übergab seinem Sohn Jurij als Nachfolger Vladimir und ließ alle schwören, und alle Männer legten den Eid auf Jurij ab; und er vertraute ihm die Brüder an‹. Der vollzogene Wandel ist deutlich: Vsevolod ist Großfürst, nicht mehr von Kiev, sondern von Vladimir; wie im Kiever Reich ist die Großfürstenwürde an den Besitz einer bestimmten Stadt gebunden, und der Älteste soll sie tragen, aber wer als ›Ältester‹ zu gelten hatte, bestimmte Vsevolod (Jurij war der Zweitälteste), und eine Versammlung aller Stände, die in ihrer Zusammensetzung sehr an die späteren Moskauer Landesversammlungen erinnert, mußte bei Lebzeiten des Großfürsten den Eid auf dessen Nachfolger leisten. Neben die Kiever Tradition trat – deutlich erkennbar – als neues Element gesteigerte, ihrer selbst sichere Fürstenmacht.

Der inneren Stabilisierung entsprach die Machtentfaltung nach außen. Ihr fehlt der abenteuerliche Zug, der die Politik so vieler Kiever Großfürsten auszeichnete. Schritt für Schritt, ohne Räume zu überspringen und unberechenbare Risiken einzugehen, bauten die Großfürsten von Vladimir ihre Macht aus. Die schwächeren Nachbarn, Smolensk vor allem und Murom-Rjazań, gerieten sehr bald in Abhängigkeit von Vladimir und mußten das ›Starejšinstvo‹ des neuen Großfürsten anerkennen – der Mächtigste wurde zum ›Ältesten‹ ohne jede Rücksicht auf die Genealogie, und dem entsprach die Anrede ›Herr‹ (Gospodin), die unter den Fürsten der Kiever Zeit undenkbar gewesen wäre.

Die Einmischung der Fürsten von Suzdal'-Vladimir in die südwestrussische Politik einschließlich des Streites um Kiev erfolgte seit Andrej Bogoljubskij nur mehr unter dem Gesichtspunkt, keine neue Machtbildung aufkommen zu lassen, die der eigenen gefährlich werden konnte. Das unmittelbare Interesse des neuen Großfürstentumes war dagegen berührt, wo es um den Wolgaweg ging. Ihn beherrschten im Nordwesten Novgorod, im Südosten die Wolgabulgaren. Gegen beide wurde schon Jurij Dolgorukij aggressiv. Weil ›Jurij aus Rostov die Novgoroder kränke, ihnen die Abgaben (in ihren nördlichen Gebieten) wegnehme und auf den Straßen Schaden zufüge‹, zog der Kiever Großfürst Izjaslav II. gegen seinen Onkel zu Felde. 1169 schickte Andrej Bogoljubskij seine Truppen gegen Kiev, weil der Großfürst Mstislav Izjaslavič versucht hatte, seinen Einfluß in Novgorod geltend zu machen. Ein direkter Angriff gegen Novgorod im folgenden Jahr scheiterte zwar, aber es genügte damals wie später noch oft die Sperrung der Verbindungen nach dem Südosten, um die Stadt gefügig zu machen – Novgorod war von der Getreidezufuhr aus dem Wolgagebiet abhängig. Vsevolod und seine Söhne hielten Novgorod so fest unter ihrem Einfluß, daß ihre Chronisten vom ›Großfürstentum Vladimir und Groß-Novgorod‹ zu schreiben begannen. Auch abgesehen von der wirtschaftlichen Abhängigkeit befand sich die Novgoroder Politik in einer schwierigen Lage: Die Stadt bedurfte eines Fürsten zum militärischen Schutz ihres großen Territoriums und ihrer Handelsverbindungen; nur ein Fürst, der über reale Macht verfügte, konnte diese Aufgabe erfüllen, aber solche Macht hatten nur die Kandidaten des Großfürsten von Vladimir, und diese gefährdeten nicht nur die Selbständigkeit der Stadt, sondern durch eigenmächtige Aktionen nicht selten auch deren elementarste Interessen. Mit Schrecken erfuhren 1228 die Pskover, daß Jaroslav von Novgorod, der Bruder des Großfürsten Jurij Vsevolodovič von Vladimir (1218–1238), einen Zug gegen Riga vorbereitete, mit dem sie eben ein Abkommen geschlossen hatten. Der Gewinn lag in solchen Fällen allein beim Fürsten, während die Grenzstädte und ihre Kaufleute die Rache der Deutschen auszustehen hatten. In anderen Fällen allerdings, wenn eben nicht Friede und Handel mit den Deutschen herrschten, sondern Krieg, ließ man sich die Unterstützung gerne gefallen.

Den Wolgabulgaren gegenüber verfolgte Suzdal'-Vladimir nicht ganz so weitgesteckte Ziele, und hier waren auch die Erfolge bescheidener. Aber auch hier war die Zeit friedlicher Nachbarschaftsbeziehungen vorbei, seit Jurij Dolgorukij 1120 zum erstenmal gegen die Wolgabulgaren gezogen war. Andrej Bogoljubskij folgte diesem Beispiel 1164 und 1172, Vsevolod 1184, 1186 und 1205, Jurij 1220, 1226, 1228 und 1232. Mit der Gründung von Nižnij Novgorod an der Mündung der Oka in die Wolga im Jahre 1221 rückte die Ausgangsbasis dieser Unternehmungen ein ganzes Stück wolgaabwärts, doch haben nicht die Russen, sondern die Mongolen-Tataren der Existenz des wolgabulgarischen Staates ein Ende bereitet.

Das steigende Ansehen des Großfürstentums Vladimir blieb auch über den engeren Bereich der russischen Fürstentümer hinaus nicht unbemerkt. Politische Ehen und politische Emigrationen schufen entsprechende Kontakte: Jurij Dolgorukij war in erster Ehe mit einer Polovcerin, in zweiter Ehe mit einer byzantinischen Prinzessin verheiratet. Das entsprach seinen schon erwähnten politischen Beziehungen zur Zweikaiserliga. Unmittelbare Beziehungen zu Byzanz ergaben weiterhin die kirchenpolitischen Ambitionen des Andrej Bogoljubskij. Aber auch die Verbindung zu den Hohenstaufen scheint nach Jurij nicht abgerissen zu sein: Es hat sich zumindest eine dunkle Überlieferung erhalten, daß die Meister ›von den Deutschen‹ (ot nemcev), die Andrej Bogoljubskij bei seinen Bauten verwendete, von Friedrich I. Barbarossa geschickt worden seien. Das würde gewisse nicht zu bestreitende romanische Einflüsse in einzelnen Bauelementen erklären, obwohl diese Einflüsse auch durch den russischen Südwesten vermittelt werden konnten. Barbarossa hat auch den aus Ungarn geflüchteten galizischen Vladimir aufgenommen, der ein Neffe Vsevolods von Suzdal'-Vladimir war. Einen anderen Neffen, den Vsevolod aus der Heimat vertrieben hatte, Jurij, führte ein abenteuerliches Schicksal nach Georgien und zu einer Ehe mit der georgischen Fürstin Tamara.

Beziehungen ganz anderer Art bahnten sich in der zweiten Hälfte des 12. und im beginnenden 13. Jahrhundert im Nordwesten an und leiteten hier eine Sonderentwicklung ein, die sich dem politischen Einfluß des Großfürsten von Vladimir auf die Dauer entzog, ja ein reales Gegengewicht gegen diesen Einfluß bildete. 1158 war Lübeck neugegründet worden, um 1160 entstand in Wisby auf Gotland eine deutsche Kaufmannssiedlung mit dem Ziel des Rußlandhandels. Schon aus dem Jahr 1189 ist uns der erste Entwurf eines Handelsvertrages zwischen der Hanse und Novgorod erhalten, zu Beginn des 13. Jahrhunderts folgten Vereinbarungen mit Polock, 1229 kam es zu dem ersten Handelsvertrag mit Smolensk. Die deutschen Kaufleute blieben jedoch nicht allein, es folgten ihnen Missionare auf dem Fuße, und aus solchen Anfängen erwuchs sehr rasch das deutsche Kolonisationswerk in Livland. 1201 wurde die Stadt Riga, 1202/1203 der Orden der Ritterschaft Christi, der livländische Schwertbrüderorden, gegründet. Die unmittelbare Folge war eine Zurückdrängung des russischen Einflusses im Gebiet der unteren Düna, zunächst in friedlichen Formen (1211 heiratete Dietrich, ein Bruder des Bischofs Albert von Livland, die Tochter des Fürsten Vladimir von Pleskau/Pskov), vom zweiten Jahrzehnt des 13. Jahrhunderts an aber zunehmend in kriegerischer Auseinandersetzung (1224 Eroberung von Juŕev/Dorpat durch den Orden). Handelsverkehr, Missionsauftrag und weltliche Machtbildung waren in ihren Interessen schwer miteinander in Einklang zu bringen; sie liefen nebeneinander her und erzielten entsprechend zwiespältige Wirkung: Dasselbe Novgorod, das sich durch den Orden bedroht fühlte und dessen Angriffe mit Erfolg abwehrte, nahm die gotländischen und die deutschen Kaufleute in seine Mauern auf und schmückte seine Hauptkirche, die Sophienkathedrale, mit einem in Magdeburg gearbeiteten Bronzetor (das sogenannte ›Korsuńsche Tor‹).

Folgereicher noch als die unmittelbaren Kontakte mit den livländischen Deutschen (neben diesen im selben Raum auch mit Dänen und Schweden) sollte die mittelbare Wirkung sein, die das Auftreten der Ritterorden in Livland und im Preußenland auf die Geschicke der russischen Westgebiete ausübte. Unter dem Druck der Ordensritter fanden die litauischen Stämme zu politischer Einheit und suchten für die im Westen erlittenen Verluste im Osten Kompensationen. Der Beginn dieser Entwicklung fällt in dieselben Jahre, in denen sich auch das Schicksal des russischen Ostens durch eine ungeahnte historische Elementarkatastrophe für Jahrhunderte entschied.

DER MONGOLENSTURM

Mag man auch zugeben, daß der Niedergang Rußlands im 12. und beginnenden 13. Jahrhundert durchaus nicht alle Teile des Landes und alle Seiten des Lebens betraf, mag man auch feststellen, daß es mannigfache Ansätze zu Neuem, auch zu neuer politischer Machtbildung gab – zur Abwehr eines harten, zielbewußten, militärisch überlegenen Gegners war das Land, waren seine Fürsten sehr wenig bereit. Die Zeitgenossen hatten ein deutliches Gefühl dafür, was verlorengegangen war und nun fehlte. Sie trauerten wie der unbekannte Verfasser der ›Rede über den Untergang des russischen Landes‹ den herrlichen Zeiten des Vladimir Monomach nach, mit dessen Namen die Polovcer ihre Kinder in der Wiege schreckten; damals wagten sich die Litauer nicht aus ihren Sümpfen hervor, und die Ungarn befestigten ihre aus Stein gebauten Städte mit eisernen Toren, damit der große Vladimir nicht in sie eindringe; die Deutschen waren froh, weit entfernt hinter dem blauen Meer zu wohnen, und der Kaiser Manuel von Konstantinopel schickte reiche Geschenke, auf daß ihm der Großfürst Vladimir nicht seine kaiserliche Stadt nehme. Aber eine ›Krankheit‹ war auch schon in ›jenen Tagen‹ über die Christen gekommen, und der Sänger des ›Liedes von Igors Heerfahrt‹ läßt keinen Zweifel daran, welche Krankheit das ist: Es ist die Uneinigkeit der russischen Fürsten, ihr Egoismus, der nur den eigenen Ruhm sucht und das Heil des ganzen Landes vergißt. Igor, der Černigover Teilfürst von Novgorod Seversk, hat durch seinen 1185 leichtfertig unternommenen Feldzug die Niederlage durch die Polovcer geradezu provoziert, und Rußland mußte es büßen. Wie anders stünde es um die Abwehr der Feinde, wenn die russischen Fürsten einträchtig zusammenwirkten! Die Ermahnung zur Eintracht war die politische Folgerung aus der unglücklichen Situation. Es gab auch eine religiöse, geistliche in Gestalt apokalyptischer Prophezeiungen und unerbittlicher Bußpredigt, wie sie von dem Abt Avraamij von Smolensk überliefert ist. In einer Zeit, da die Fürsten zwar prächtige

Kirchen bauten, aber sich gegenseitig nach dem Leben trachteten, da die Fürsten und Bojaren in erbitterte Kämpfe verstrickt waren, wandten sich die Frommen mehr als bisher von der Welt ab; mitunter in so radikaler Form, daß das soziale Gefüge des mittelalterlichen Rußland in Frage gestellt schien. Es war, als greife ein Vorgefühl kommenden Unheils um sich.

Das Vorspiel an der Kalka

Während zu Beginn des 13. Jahrhunderts in Rußland kleinräumige Machtgebilde einander das Leben schwer machten und im Südwesten der Kampf um Romans Erbe die politische Ordnung für Jahrzehnte erschütterte, kam es in den Steppen des innersten Asien erneut zu einem jener rätselhaften Aufbrüche der Reiternomaden, die seit den Zeiten der Hunnen immer wieder das europäische Abendland mit heillosem Schrecken erfüllten. Mehr als je zuvor sollte jedoch diesmal die Unbändigkeit der militärischen Kraftentfaltung von großartigen Plänen einer neuen politischen Weltordnung und dauerhafter Herrschaft begleitet sein. Völlig unbemerkt nicht nur von den westlichen, sondern auch von den östlichen Mächten vollzog sich auf einer Versammlung der mongolischen Stämme (kuriltai) im Jahre 1206 die Gründung des mongolischen Reiches, das sehr bald den Ehrgeiz entwickeln sollte, ein Weltreich zu sein. Die Voraussetzung bildete die nationale Einigung der mongolischen Stämme unter dem mächtigen Temučin, der nun unter dem neuen Namen Čingiz zum Kaiser (Chan) erhoben wurde, die Folge war eine unwiderstehliche Expansion nach allen Seiten. Ihr erstes Opfer war das nordchinesische Reich (1215 Eroberung von Peking), das zweite die ausgedehnte, Westturkestan und Persien umfassende Herrschaft des Schah Muhammad II. von Chorezm (1219–1221). Bei der Verfolgung des fliehenden chorezmischen Herrschers war es, daß zwei mongolische Unterführer, Ǧäbä und Sübödäi, die westlichste chorezmische Provinz Azerbajdžan erreichten und den Auftrag zu einer kühnen Rekognoszierung der ›westlichen Länder‹ nördlich des Kaukasus erhielten. Hier stießen sie in den südrussischen Steppen auf die Polovcer (Kumanen) und suchten zum erstenmal die Krim heim. Die Polovcer wandten sich an die russischen Fürsten um Unterstützung, und da diese im Augenblick in friedlichen Beziehungen zu den Steppennachbarn standen (Mstislav der Kühne hatte eine Tochter des polovcischen Chans Kotjan zur Frau), kamen sie der Bitte nach. Man rückte dem unbekannten und unterschätzten Gegner in die Steppe bis in die Gegend nördlich des Azovschen Meeres entgegen und erlitt im Frühsommer 1223 an der Kalka (heute Kalec, ein Nebenfluß des Kalmius) eine vernichtende Niederlage. Mstislav der Kühne von Galizien und Daniil von Wolhynien konnten sich mit knapper Not retten, eine Reihe anderer Fürsten, darunter die von Černigov und Kiev (beide hießen ebenfalls Mstislav), fanden den Tod. Ǧäbä und Sübödäi hatten nicht den Auftrag zu erobern, sondern nur zu rekognoszieren: Noch vor Erreichen der ersten größeren russischen Stadt, Perejaslavl', brachen sie die Verfolgung ab und kehrten nach einem erfolglosen Vorstoß gegen die Wolgabulgaren nach dem Osten zurück.

Im Lichte der späteren Katastrophe des großen Mongolensturmes mußte die Niederlage an der Kalka als der Beginn des Unheils erscheinen. Aber die Erzählungen der russischen Chronisten lassen deutlich erkennen, daß man nicht ahnte, mit wem man es zu tun gehabt hatte: »Und es kam die unbekannte Kriegsschar der gottlosen Moabiter, die man Tataren nennt und von denen niemand ganz genau weiß, wer sie sind und woher sie kamen und welche Sprache sie sprechen und welchen Stammes und Glaubens sie sind«. Zwar war ›Jammern und Weinen und Trauer in allen Städten und Dörfern‹, aber schuld daran war doch wieder wie so oft vor allem die Uneinigkeit der Fürsten. »Um unserer Sünden willen hat Gott diesen Unverstand auf uns gelegt ... Wir wissen nicht, woher sie (die Tataren) gekommen und wohin sie wieder verschwunden sind; Gott weiß, woher er sie gegen uns herangeführt hat unserer Sünden wegen.« Und dabei beruhigte man sich. Zu oft schon war ähnliches geschehen, zu sehr war man die stets aus der Steppe drohende Gefahr gewohnt, als daß man nun, da alles vorbei und der frühere Zustand wiederhergestellt war, noch Grund gefunden hätte, das eigene politische Leben zu ändern und sich auf eine kommende größere Gefahr einzustellen. Auf die innerrussischen Machtkämpfe hat die Schlacht an der Kalka nicht den geringsten Einfluß gehabt.

Die Katastrophe

Im Jahre 1227 starb der Groß-Chan Čingiz während eines Feldzuges gegen die Tanguten im nordöstlichen China. Schon vorher hatte er die Verwaltung des Reiches auf seine vier ältesten Söhne aufgeteilt. Den Nordwesten erhielt der Älteste, Ǧoči, als seinen Bezirk (ulus); Ǧoči starb schon vor dem Vater, ihm folgte sein zweiter Sohn Bātū (russ. Batyj), der spätere Eroberer Rußlands. Čingiz-Chan ist in die Geschichte als Urtyp des barbarischen Welteroberers eingegangen; es ist von ihm überliefert, daß er die Tätigkeit des Eroberns als das höchste Vergnügen des Mannes bezeichnet habe. Allein er verstand nicht nur zu erobern, sondern auch das Eroberte festzuhalten und zu beherrschen, sonst wäre das gewaltige Reich, das er hinterließ und das den gesamten Norden des asiatischen Kontinents vom Gelben bis zum Kaspischen Meer umfaßte, nach seinem Tode wohl rasch in mehrere Teile zerfallen. Weder der Glaube an die übernatürliche Auserwähltheit des Herrschergeschlechts noch die mongolische Heeresorganisation allein hätte das verhindern können. Wohl aber war dazu die feste Reichsordnung, auch in Gestalt eines mongolischen Reichsrechtes (Jasa) imstande. Das Geheimnis des mongolischen Dauererfolges ist nicht die brutale militärische Gewalt, sondern die von Anfang an entwickelte Fähigkeit, fremde (chinesische oder chorezmische) Errungenschaften zu übernehmen und in den Dienst der eigenen politischen Ziele zu stellen. Diese Fähigkeit erklärt vieles: Chinesische Belagerungstechnik ermöglichte den mongolischen Reitern das Erobern von festen Städten, chinesische Erfahrung im Verwalten lag der Nutzbarmachung eroberter Gebiete zugrunde. Zerstört haben die mongolischen Eroberer nur, wo ihnen Widerstand geleistet wurde; wer sich ihrer Herrschaft, die politische Macht und ökonomischen Gewinn, nicht aber eine religiöse Mission zum Ziele hatte, ohne Widerstand fügte, der kam in den Genuß der Pax Mongolica, die Handel und Wandel zum Vorteil des Reiches blühen ließ und deren eindrucksvollstes Sinnbild ein hervorragend organisierter, die ungeheuren Entfernungen überbrückender Postdienst war.

Die mongolische Reichsversammlung des Jahres 1229 wählte Ögädäi zum Nachfolger des Groß-Chans und sicherte damit die Kontinuität in der inneren wie in der äußeren Politik. Nach Konsolidierung der Herrschaft in China und Persien war man zu weiteren Eroberungstaten bereit. 1235 legte eine neue Reichsversammlung die Ziele fest: Korea und Südchina im Osten, Vorder- und Kleinasien sowie die europäischen Länder im Westen. Den Angriff gegen Europa zu führen war Sache des nordwestlichen Ulus unter Bātū, dessen normalerweise nur kleine mongolische Kerntruppe für diese Aufgabe eigens verstärkt wurde; im übrigen war Bātū auf die Truppen seines eigenen, in der Hauptsache von islamischen Turkvölkern bewohnten Ulus angewiesen. Deren Sprache und Religion hat sich später, unter Bātūs Nachfolger Berke, durchgesetzt und ist kennzeichnend geworden für die ›Tataren‹ (russ. Bezeichnung der Eindringlinge, ursprünglich Name eines westmongolischen Stammes, im Westen sinnbildhaft mit dem Tartarus, der Hölle, in Verbindung gebracht, daher dann ›Tartaren‹).

Nach sorgfältiger Vorbereitung begann 1237 ein mongolisch-tatarisches Heer unter dem Oberbefehl von Bātū und unter der militärischen Führung des erfahrenen Sübödäi den Angriff. Er richtete sich zunächst nicht, der Steppenzone folgend, unmittelbar gegen Westen, sondern traf – nach Norden ausholend – mit voller Kraft zuerst die Wolgabulgaren und dann, tief in das Waldgebiet eindringend, die nordostrussischen Fürstentümer. Mann und Pferd im mongolischen Heer waren lange und harte Winter gewöhnt – Rußlands Katastrophe vollzog sich im Winter 1237/1238. Da zunächst Stadt für Stadt verzweifelter Widerstand geleistet wurde, kannten die Eroberer kein Erbarmen. Am 27. Dezember 1237 fiel Rjazań; der tapfere Verteidiger, Fürst Jurij Igorevič, bezahlte mit seiner Familie und seiner Mannschaft den Widerstand mit dem Leben. Nicht besser erging es zur gleichen Zeit den übrigen rjazanschen Städten und Fürsten. In Kolomna teilte eine Hilfsabteilung des Großfürsten von Vladimir das Schicksal der Besatzung. Von Kolomna zogen die Mongolen die Moskva aufwärts, eroberten Moskau und wandten sich dann gegen die großfürstliche Residenz Vladimir. Am 7. Februar 1238 war diese bereits in ihrer Hand, etwa gleichzeitig auch das benachbarte Suzdal'. Die übrigen Städte des Vladimir-Suzdaler Landes folgten, und am 4. März verlor der Großfürst Jurij, der im Norden erneut Truppen um sich versammelt hatte, am Flusse Sit' Schlacht und Leben. Der Weg nach Novgorod schien offen, aber die Stadt Toržok leistete zwei Wochen lang Widerstand, und als sie am 23. März fiel, wagte Bātū angesichts des bevorstehenden Tauwetters keinen weiteren Vorstoß mehr, sondern kehrte an die untere Wolga zurück, ein verwüstetes Land hinter sich lassend. Nur die kleine Stadt Kozel'sk an der Žisdra übertraf noch den Ruhm von Toržok, indem sie sich sieben Wochen lang gegen die Eroberer wehrte.

Im übrigen war das Ziel des Feldzuges erreicht, die rechte Flanke für den weiteren Vorstoß nach dem Westen gesichert. Mit diesem Vorstoß übereilte sich Bātū allerdings nicht; das Eroberte mußte erst gesichert werden, die Truppen bedurften der Erholung und Ergänzung. Darüber verging das Jahr 1238, und auch im Jahre 1239 verfolgten die Mongolen nur beschränkte Ziele: Zwar wurden Perejaslavl' im März und Černigov im Oktober erobert, aber der Dnepr noch nicht nach Westen überschritten. Das geschah erst gegen Ende des folgenden Jahres, als sich am 6. Dezember 1240 endlich auch das Schicksal Kievs erfüllte. Die Eroberung der alten Residenzstadt der russischen Großfürsten war freilich nur einleitende Episode jenes großen und kühnen Zuges, der die Mongolen unter Bātū und seinen Unterführern, in mehrere Heeresgruppen geteilt, gleichzeitig nach Polen und Ungarn führte, Als die Blüte der schlesischen Ritterschaft bei Liegnitz am 9. April 1241 dahingerafft wurde und zwei Tage später das ungarische Heer auf der Ebene Mohi unterlag, als die Eroberung von Krakau und von Buda gemeldet wurde und die von Polen nach Ungarn ziehenden Abteilungen Mähren brandschatzten, wurde auch dem Abendland der Ernst der Lage bewußt: Kaiser und Papst ließen sich über die Notwendigkeit gemeinsamer Abwehr vernehmen. Dazu ist es von lokalen Ausnahmen abgesehen nicht gekommen: Zu sehr waren die Mächtigen in ihre eigenen Machtkämpfe verstrickt, zu schwerfällig war die Heeresorganisation, zu sehr fehlten alle Voraussetzungen, den blitzschnellen Aktionen der mongolischen Reiterdivisionen in gemeinsamer Reaktion antworten zu können. Als Bātū im Frühjahr 1242 seine in Ungarn versammelten Truppen teils unmittelbar die Donau abwärts, teils über Dalmatien und Serbien nach Asien zurückführte, war der Hauptgrund dafür weder eine inzwischen aufgebaute abendländische Verteidigungsfront noch eine Dezimierung seiner Armee durch den hartnäckigen Widerstand der betroffenen Völker, sondern die Tatsache, daß am 11. Dezember 1241 der Groß-Chan Ögädäi in Qara Qorum gestorben war und Bātū bei den bevorstehenden politischen Entscheidungen im Spiele bleiben wollte. Ungarn, zweifellos das Hauptziel des großen Westfeldzuges, wurde auf diese Weise gerettet, darüber hinaus – wenn man weitere Eroberungsabsichten von Ungarn aus mit einkalkuliert – das westliche Europa. Die Herrschaft über die russischen Fürstentümer jedoch hat Bātū nicht mehr aufgegeben. Nun brauchte aber auch ein rasch handelnder Mongolenfürst Zeit, um Eroberung in festgefügte Herrschaft und geordnete Verwaltung umzuwandeln. Diese Übergangszeit gab den Russen Gelegenheit, den ersten Schock der Katastrophe zu überwinden und sich auf die neue Lage einzustellen. Dabei gingen der Nordosten und der Südwesten wiederum verschiedene Wege, symbolisiert in den zwei überragenden Fürstengestalten der Zeit – Aleksandr Nevskij und Daniil von Galizien-Wolhynien.

Aleksandr Nevskij

Im Nordosten folgte dem gefallenen Großfürsten Jurij sein Bruder Jaroslav Vsevolodovič (1238–1246), der sich bisher vor allem als Novgoroder Fürst hervorgetan hatte. An einen

Befreiungskampf von der mongolischen Herrschaft war nicht zu denken. Allmählicher Wiederaufbau des Zerstörten war das einzige, was geschehen konnte, und auch darin mußte man sich auf das Notwendigste beschränken. Die Plünderung und Zerstörung so vieler Städte hat die Entwicklung von Handel und Handwerk um Jahrzehnte zurückgeworfen. Vor dem Mongolensturm nachweisbare Handwerke tauchen vielfach erst wieder im 14. Jahrhundert auf. Die meisten Städte waren verarmt, viele in ihrer Bevölkerung dezimiert. Politisch blieb nichts anderes übrig als Unterwerfung unter die neuen Herren des Landes. Rußland gehörte zum Ulus Čoči, dem nordwestlichen Teil des Mongolenreiches. Sehr bald hat allerdings das mongolische Herrschaftsgebiet auf europäischem Territorium eine gewisse Selbständigkeit und als ›Goldene Horde‹ auch einen eigenen Namen bekommen. Sein Zentrum waren die Steppen an der unteren Wolga, die den Nomaden gewohnte Lebensverhältnisse boten; hier lag unweit der Wolgamündung auch die Residenz Sarāi, in der der Chan der Goldenen Horde die Huldigung der russischen Fürsten empfing. Solange die Einheit des mongolischen Gesamtreiches gewahrt blieb, mußten einzelne Fürsten allerdings auch immer wieder einmal die weite Reise nach Qara Qorum unternehmen. Der Großfürst Jaroslav, dem man offenbar mißtraute, wurde dort 1246 vergiftet, damit man – wie ein Zufallszeuge, der Franziskaner Johann de Plano Carpini vermutet – ›um so unbehinderter und endgültiger über sein Land herrschen könne‹. Das geschah auch in der Folge, und zwar gleichzeitig und in offensichtlichem Gegensatz von Sarāi und von Qara Qorum aus. Der von Bātū als Großfürst eingesetzte Bruder Jaroslavs, Svjatoslav, mußte Jaroslavs Sohn Andrej weichen, den man in Qara Qorum mit der Großfürstenwürde betraute, wobei gleichzeitig der zweite Sohn Jaroslavs, Aleksandr, ›Kiev und das ganze russische Land‹ (im engeren Sinne, d. h. die Fürstentümer Kiev, Černigov und Perejaslavl') als eigenes Fürstentum erhielt. Das änderte sich erneut, als 1251 Bātū wiederum entscheidenden Einfluß auf die Regierung des Gesamtreiches gewann und im folgenden Jahr Aleksandr zum Senior der russischen Fürsten erklärte.

Damit war endlich jener Fürst Großfürst von Vladimir geworden, der auch schon vorher durch seine militärischen Leistungen das größte Ansehen besaß, dessen Persönlichkeit sich dem russischen Geschichtsbewußtsein außerordentlich tief einprägen sollte und der die Politik des russischen Nordostens für lange Zeit festgelegt hat. Aleksandr hatte seinen Ruhm als Fürst von Novgorod gewonnen, und zwar durch die siegreiche Abwehr der von Norden und Westen her gegen die Stadt vorgetragenen Angriffe. Im Sommer 1240 versuchten die Schweden unter Birger, von Finnland aus gegen Novgorod vorzudringen; Aleksandr schlug sie an der Neva entscheidend (daher sein Beiname ›Nevskij‹). Gefährlicher waren die Aktionen der deutschen Ordensritter (1237 hatten sich die livländischen Schwertbrüder dem Deutschen Orden im Preußenland unterstellt, 1238 war auch ein Abkommen mit den Dänen in Estland getroffen worden), die 1240 die Grenzfeste Izborsk erobert und sich in Pleskau/Pskov festgesetzt hatten. 1241 führten ihre Streifzüge schon bis in die weitere Umgebung von Novgorod selbst, und daß der Orden bei günstiger Gelegenheit auch auf diese wichtigste Stadt des russischen Nordwestens seine Hand legen würde, war nicht zu bezweifeln. Wie in Pleskau/Pskov, so gab es auch in Novgorod eine Partei, die darin nicht das größte Übel gesehen hätte. Die Verbindung mit den Großfürsten von Vladimir hatte ihre Nachteile, zumal diese nun der tatarischen Herrschaft unterstanden, der Novgorod bisher entgangen war und durch politische Anlehnung an den Westen, repräsentiert durch den Orden, weiterhin zu entgehen hoffen durfte. Angesichts der drohenden Eroberung gewann aber doch die östliche Orientierung in der Stadt die Oberhand. Man holte den siegreichen Aleksandr, von dem man sich bereits getrennt hatte, wieder zurück. Aleksandr gelang es in kurzer Zeit, dem Vortasten des Ordens Einhalt zu gebieten, Pleskau/Pskov zu befreien und schließlich am 5. April 1242 auf dem Eise des Peipussees den entscheidenden Sieg zu erringen. In dem 1243 folgenden Friedensschluß hat der Orden künftigen Expansionsabsichten auf Novgoroder Gebiet abgeschworen.

In den Litauern erwuchs jedoch den Russen sehr bald ein

weit gefährlicherer Gegner im Westen. Dem litauischen Fürsten Mindaugas (russ. Mendovg) war um diese Zeit zum erstenmal die Vereinigung der litauischen Stämme unter einer Herrschaft gelungen. Im Westen war er zur Defensive gegen den Deutschen Orden gezwungen, im Osten aber bot die russische Schwäche nach dem Mongolensturm günstige Gelegenheit zu territorialer Machtausweitung. Noch war ganz ungewiß, wie sich das weitere Schicksal Rußlands unter tatarischer Herrschaft gestalten würde; Anlehnung an den Westen konnte vor allem dort ratsam erscheinen, wo das Land von der tatarischen Eroberung verschont geblieben war. Noch war allerdings auch der westliche, litauische Nachbar heidnisch und von dem Machtaufstieg, den er ein Jahrhundert später nehmen sollte, weit entfernt. Nach der Einnahme von Polock, Vitebsk und Smolensk kamen litauische Angriffe den Grenzen des Fürstentums Suzdal'–Vladimir schon bedenklich nahe. Wiederum war es am Ende der aus Qara Qorum heimgekehrte Aleksandr, dem die siegreiche Abwehr gelang. Polock allerdings behielt einen Sohn des Mindaugas als Fürsten, und damit zeichnete sich bereits die kommende Entwicklung der westlichen (weißruthenischen) Territorien ab.

Aleksandr Nevskij ist zum Symbol erfolgreicher Verteidigung Rußlands gegen Angriffe aus dem Westen geworden. Das fromme Denken der Russen konnte sich seine Siege nicht anders erklären als durch überirdische Hilfe, und es hat aus Aleksandr einen Nationalheiligen gemacht, dem Gott seine Tage verlängerte, ›weil er die Priester liebte und die Armen und die Mönche, und Metropoliten und Bischöfe ehrte wie den Schöpfer selbst‹. In der Vita des hl. Aleksandr Nevskij ist aber nicht nur von militärisch-politischer, sondern auch von geistlich-kirchlicher Verteidigung die Rede: Er soll zwei der ›allerschlauesten‹ Kardinäle, die der Papst zu ihm sandte, um ihn für die römische Kirche zu gewinnen, mit dem Hinweis heimgeschickt haben ›von euch nehmen wir keine Lehre an‹. Päpstliche Unionsbemühungen als realer geschichtlicher Hintergrund dieser legendären Überlieferung sind anzunehmen; wir werden solchen Bemühungen zu gleicher Zeit an anderer Stelle noch begegnen. Aber im russischen Geschichtsbild, wie es die Vita schon andeutet, vereinfachen sich die Zusammenhänge in verhängnisvoller Weise. Der schwedische und der deutsch-livländische Angriff erscheinen als Teile eines großangelegten päpstlichen Operationsplanes, der sich gegen die kirchliche und politische Unabhängigkeit der Russen richtete und die Katastrophe der russischen Christenheit im Mongolensturm gewissenlos ausnützte. Das christliche Abendland, so meint man, sei den schwerbedrängten Russen in den Rükken gefallen. Die Fakten und der zeitliche Ablauf legen eine solche Interpretation in der Tat nahe, aber der böswillige Plan läßt sich aus den Quellen nicht nachweisen. Zwar hat man auch den Fürsten Michail von Černigov, dem Bātū 1245 in Sarāi zum Martyrium verhalf, unter die russischen Heiligen gereiht, aber Nationalheiliger ist der Verteidiger gegen Rom, gegen den Westen geworden; so weit hatten sich der östliche und der westliche Teil der Christenheit schon auseinandergelebt.

Daß Aleksandr Nevskij ein heiligenmäßiges Leben geführt habe, wird nicht berichtet – sein Verdienst war ein politisch-kirchenpolitisches, kein religiöses –, aber daß er vor eine tragische Entscheidung gestellt war, muß man objektiv einräumen, selbst wenn subjektiv sehr konkrete Machtinteressen im Spiele waren. Der Erfolg im Westen war nur zu erreichen um den Preis einer bedingungslosen Erfüllungspolitik gegenüber den mongolisch-tatarischen Herren im Osten. Der Sieg über die lateinischen Christen mußte bezahlt werden mit der Beugung unter das Joch der Ungläubigen. Wir haben keinen Grund anzunehmen, daß Aleksandr Nevskij diese Entscheidung leichtgefallen ist; sie entsprach nicht dem einheitlichen Wunsche seines Volkes, sondern wurde ihm durch eine Situation aufgezwungen, an deren Entstehen der Westen schuldhaft mitbeteiligt war. Aber nachdem einmal die grundsätzliche Entscheidung gefallen war, hat der Großfürst Aleksandr von Vladimir allerdings das Beste für die eigene Machtposition herauszuholen verstanden und damit das Modell für die spätere Moskauer Politik geschaffen. Die Erhebung Aleksandrs zum Großfürsten haben seine Brüder, der bisherige Großfürst Andrej und Fürst Jaroslav von Tveŕ und Perejaslavl' offenbar nicht akzeptiert; jedenfalls kam es zu einem Machtkampf, den tatarische Truppen zugunsten von Bātūs Schützling Aleksandr entschieden. Andrej ging vorübergehend außer Landes und gab dann den Kampf auf; Jaroslav aber fand Unterstützung gerade in jenen Städten, die Aleksandr vor den Ordensrittern bewahrt hatte: 1253 wurde er Fürst von Pskov, und zwei Jahre später holten ihn auch die Novgoroder, nachdem sie Aleksandrs Sohn Vasilij vertrieben hatten. Weder der Mongolensturm noch der Kampf mit Schweden und Ordensrittern konnte einen Teil der Novgoroder davon abbringen, daß ihr höchstes Gut die alten Novgoroder ›Freiheiten‹ (vol'nosti) waren; diese ihre ›gerechte Sache‹ (pravda) wollten sie gegen jedermann verteidigen, auch gegen ihren einstigen Retter, hinter dem nun die Tataren standen. Ein anderer Teil, und zwar die führenden Novgoroder Bojarengeschlechter, dachte allerdings weniger heroisch und spielte die Stadt dem an der Spitze eines Heeres anrückenden Großfürsten in die Hände. Die ›Einheit Rußlands‹ war weder für Novgorod noch für den Großfürsten das entscheidende Motiv, sondern für beide ihre ›Votčina‹, ihr Territorium und die souveräne Verfügung darüber. Auch das wird noch mehr als zwei Jahrhunderte lang so bleiben, nur daß aus der Votčina der Moskauer Großfürsten am Ende die neue staatliche Einheit Rußlands erwuchs, während mit der Novgoroder Votčina die letzte lebenskräftige lokale Autonomie aus der russischen Geschichte verschwand. Die Folgen ihrer neuen Verbindung mit dem Großfürsten bekamen die Novgoroder bald zu spüren: Bātū verlangte nun auch die Unterwerfung der uneroberten russischen ›Stadtrepubliken‹ unter seine Herrschaft, und als sich die Novgoroder mit Erbitterung gegen die 1257 im ganzen russischen ›Ulus‹ durchgeführte Erfassung der steuerfähigen Bevölkerung durch tatarische Beamte zur Wehr setzten, blieb Aleksandr nichts übrig, als die Stadt zur Fügsamkeit zu zwingen. Am 14. November 1263 ist Aleksandr Nevskij auf der Rückkehr von Sarāi in Gorodec gestorben. Wie es scheint, hatte er bei dieser letzten Reise durch persönliche Intervention ein Unglück von seinem Lande abgewendet – die Heeresfolge der Russen für den neuen, in innermongolische Machtkämpfe verwickelten Chan der Goldenen Horde, Berke. Nach dem

Tode Aleksandrs, dessen Persönlichkeit das fragwürdige Heldentum der Tat mit dem unausgesprochenen des Duldens vereinte und dem unglücklichen Rußland des 13. Jahrhunderts sein tragisches politisches Profil gab, ist den Russen auch diese Demütigung – die Gefolgschaft im Heere der Ungläubigen – nicht erspart geblieben.

Daniil von Galizien-Wolhynien

Vor den Mongolen Bātūs war der südwestrussische ›Großfürst‹ Daniil von Galizien und Wolhynien nach Polen ausgewichen. Als er nach dem Abzug der Mongolen zurückkehrte, mußte er den galizischen Teil seines Landes noch einmal Stück für Stück erobern, und zwar gegen dieselben Gegner, die sofort die Gelegenheit benützt hatten, die Macht im Lande wieder an sich zu ziehen: die galizischen Bojaren, Polen und Ungarn. 1245 ist Daniil ein zweites Mal, diesmal endgültig, der Sieg zugefallen. Der rasche Wiederaufstieg des Landes trotz Mongolensturm und erbitterten Machtkämpfen ist erstaunlich. Die Erfahrung des Fürsten, der mit eiserner Hand durchgriff und sich zunutze machte, was er bei seinen westlichen Nachbarn gelernt hatte, erklären ihn zum Teil; zum andern Teil ist er wohl auf den Zustrom von Flüchtlingen aus dem Osten zurückzuführen, der dem Wiederaufbauwerk zugute kam und den Daniil durch Berufung westlicher, vor allem auch deutscher Kolonisten verstärkte. Die Reise nach Sarāi zu Bātū ist Daniil allerdings nicht erspart geblieben (1245), auch konnte er das ›Unterland‹ (Poniźe) auf die Dauer nicht halten, aber im ganzen war die Herrschaft der Tataren im Südwesten zunächst kaum mehr als nominell, jedenfalls aber weniger spürbar als im Nordosten. Anders wäre die sehr aktive Politik Daniils nicht nur im Innern seines Landes, sondern auch nach außen, unverständlich. Das noch vor kurzem von inneren Kämpfen zerrissene, nun aber geeinte und befriedete Land bot seinem Fürsten eine Machtbasis, die den Nachbarn Anerkennung abrang. Weder Ungarn noch Polen waren nach dem Mongolensturm wirklich gefährliche Gegner, und Daniil suchte nicht Vergeltung, sondern Unterstützung gegen die Tataren.

Einer gemeinsamen Abwehrfront stand für das Denken der Zeit allerdings der konfessionelle Gegensatz im Wege, und da Daniil auch bei dem etwas abenteuerlichen Versuch, seinem Sohn Roman das österreichische Erbe der Babenberger zu gewinnen, der Zustimmung des Papstes bedurfte, kam es bald zu Unionsverhandlungen. Sie zogen sich jahrelang hin und führten um das Jahr 1254 (das genaue Datum ist nicht bekannt) in Dorohyčyn zur Königskrönung Daniils durch einen päpstlichen Legaten. Der Krönungsort im Lande der baltischen Jatvinger weist darauf hin, daß Daniil auch in nördlicher Richtung dem litauischen Nachbarn gegenüber eine aktive Politik verfolgte. Wenn Daniil gehofft hatte, als vom Papst gekrönter galizischer König die wirksame militärische Hilfe eines Tatarenkreuzzuges zu finden, so wurde er freilich enttäuscht. Der Krönungsakt hat unmittelbar weder politische noch kirchliche Folgen gehabt, aber Symbolkraft hat er im Geschichtsbewußtsein der Ukrainer, zumal der kirchlich mit Rom unierten, bis heute. Daß Daniil der Königstitel auch innenpolitisch im Sinne einer Stärkung seiner fürstlichen Position nicht ganz uninteressant war, wird man annehmen dürfen. Sicher gilt das von seinem nördlichen Nachbarn, dem litauischen Mindaugas, der um dieselbe Zeit eine päpstliche Krone erhielt und damit überhaupt erst dem Christentum gewonnen wurde. Päpstliche Machtpolitik Innozenz' IV. und fürstliche Machtinteressen kamen einander entgegen, um Symbole zu schaffen, die seither ein schattenhaftes Dasein im Bewußtsein der beteiligten Völker führen, soweit das Königtum betroffen ist; soweit dieses Königtum die Bindung an das lateinische Abendland versinnbildlichte, nahmen sie künftige geschichtliche Wirklichkeit vorweg.

Weder hat Daniil die orthodoxe Kirche seines Landes Rom zugeführt noch ist Litauen durch seinen König christlich geworden. Vielleicht hat aber die päpstliche Aktion jene Annäherung der beiden jungen und kurzlebigen Königreiche erleichtert, die unter dem Druck der Tatarengefahr zustande kam. Das Bündnis der bisherigen erbitterten Gegner wurde durch eine Ehe zwischen Daniils Sohn Švarn und einer Tochter des Mindaugas bekräftigt; es zeigt den galizisch-wolhynischen Fürsten, dessen Machtbereich durch Einschluß des Jatvigergebietes nun weit nach Norden reichte, in der überlegenen Position. Auf solche Weise gesichert, konnte Daniil es wagen, 1254 einen tatarischen Angriff abzuwehren, ja sogar selbst gegen die Tataren offensiv zu werden. Allerdings brachte diese Demonstration der Unabhängigkeit die Goldene Horde am Ende dazu, mit ihrer Oberherrschaft Ernst zu machen. Unter Führung des alten mongolischen Feldherrn Burundai richtete sie in den Jahren 1258 und 1259 zwei verheerende Züge nach dem Westen, deren erster bis in das litauische Kerngebiet, deren zweiter bis weit nach Polen vorstieß. Beide Male zog das mongolisch-tatarische Heer durch Wolhynien, beide Male wurde Daniil zur Heeresfolge gezwungen. Damit waren auch dessen Bündnisbeziehungen zu den beiden Nachbarn ernsthaft gefährdet; mit den Polen wurde das Einvernehmen wieder hergestellt, Litauen gegenüber aber ergab sich wieder der alte Kriegszustand.

Fast gleichzeitig starben alle drei Fürsten, die in den Jahrzehnten nach dem Mongoleneinfall die politischen Geschicke Osteuropas am stärksten bestimmt hatten: Mindaugas (Mendovg) in demselben Jahr 1263 wie Aleksandr Nevskij, Daniil ein Jahr später. Und in allen drei Herrschaftsgebieten zerbrach die mühsam aufgebaute politische Ordnung. Die zweite Hälfte des 13. Jahrhunderts gehört zu den dunkelsten Zeiten in der Geschichte der ostslavischen Völker. Es spricht für die Dauerhaftigkeit der in der Geschichte wirksamen Kräfte, daß sich jene Entwicklungstendenzen, die sich um die Mitte des 13. Jahrhunderts unter dem Eindruck und unter dem Einfluß der tatarischen Macht abzuzeichnen begannen, über die Zeit der Unordnung erhielten, um im 14. Jahrhundert eine allmählich wieder wachsende neue Ordnung entscheidend zu bestimmen. Diese Entwicklungstendenzen sind folgende: 1. Die völlige Trennung des nordöstlichen vom südwestlichen Rußland; 2. ein eigener, dem lateinischen Westen näher liegender Weg des Südwestens (und Westens) in Verbindung mit Litauen; 3. ein mühsames, aber hartnäckiges Behaupten der eigenen autonomen Position gegenüber West und Ost in den nordwestrussischen Stadtrepubliken.

DER MOSKAUER STAAT

DIE ZEIT DER UNMITTELBAREN TATARENHERRSCHAFT

Politische Auflösung

Den politischen Mächten, die sich seit dem 12. Jahrhundert aus dem Bestand des alten Kiever Reiches gebildet hatten und die – in äußerster Gefährdung zwar, aber als ›Staat‹ und Territorium einigermaßen erhalten – auch durch die ersten Jahrzehnte tatarischer Herrschaft hindurchgekommen waren, fehlten gewiß nicht die wirtschaftlichen und sozialen Voraussetzungen für eine selbständige staatliche Existenz. Aber nicht anders als im Kiever Reich hing auch in den neuen ›Großfürstentümern‹ im Nordosten und Südwesten die Macht und die Einheit des Staates von der Persönlichkeit des Herrschers ab. Was Aleksandr Nevskij und Daniil von Galizien-Wolhynien der weltgeschichtlichen Katastrophe zum Trotz gelungen war, wurde für ihre Nachfolger zu einer unerfüllbaren Aufgabe, ohne daß sich die Kräfteverhältnisse radikal verändert hätten.

Der Hauptgrund lag in der institutionellen Schwäche des Großfürstentums. Es hat in der älteren russischen Geschichte nicht nur eine, sondern eine ganze Reihe von ›Teilfürstenzeiten‹ gegeben, oder man könnte sagen, daß die gesamte Periode von der zweiten Hälfte des 11. bis in die zweite Hälfte des 15. Jahrhunderts eine einzige durch die Teilfürstentümer und nicht durch das Großfürstentum bestimmte Zeit gewesen ist – unterbrochen durch die Einheit schaffende Regierung einiger überragender Großfürsten. Sicher ist, daß die Tatarenherrschaft in diesem Punkte keinen Einschnitt bedeutet. Die Kiever ›Ordnung‹ der Theorie des Seniorates und der Praxis des Vatererbes setzte sich im Nordosten ungebrochen fort, nur daß sie sich hier in einem wesentlich kleineren Raum auswirkte, daß an die Stelle Kievs Vladimir getreten war, daß sich nicht mehr die Monomachoviči, sondern die Nachkommen des Aleksandr Nevskij Rang und Besitz streitig machten, und daß die Beziehung des Fürsten zu seinem Fürstentum noch mehr den Charakter des Privateigentums annahm. Auch Fürstenkongresse mit dem Ziel der Befriedung des Landes fanden um die Jahrhundertwende statt, doch waren sie genauso wenig imstande, eine dauerhafte Ordnung aufzurichten wie die im Kiever Reich zwei Jahrhunderte früher.

Es leuchtet ein, daß die Chane der Goldenen Horde diese innere ›Ordnung‹ des russischen Ulus unangetastet ließen. Sie bot ihnen ja stets die Möglichkeit, nach dem Prinzip des ›divide et impera‹ zu verfahren und für ihre Herrschaft gefährliche Machtkonzentrationen innerhalb des nordostrussischen Bereichs zu verhindern. Nach Aleksandr Nevskijs Tod sank das Großfürstentum Vladimir, dessen Inhaber einer Bestätigungsurkunde des Tatarenchans (Jarlyk) bedurfte, die er in der Regel persönlich in Sarāi zu empfangen hatte, zu politischer Bedeutungslosigkeit herab. Trotzdem war es heftig umstritten – als ein zusätzliches Territorium für den Titelträger (zum ›Großfürstentum‹ gehörten Vladimir, Perejaslavl' Zalesskij, Kostroma, später auch Nižnij Novgorod und Gorodec) und als Anspruch auf Herrschaft über die andern Fürsten, als Rechtsgrund für die eigene Machtvermehrung. Die Großfürsten von Vladimir residierten aber nicht in Vladimir, sondern dort, wo sie jeweils ihr Vatererbe hatten, die Brüder Aleksandr Nevskijs Jaroslav (1264–1271) und Vasilij (1272 bis 1277) z. B. in Tveŕ bzw. Kostroma. Der Kampf um den Großfürstentitel wurde dort ausgetragen, wo er entschieden wurde, am Hofe des Tatarenchans in Sarāi. Sehr bald kam es dahin, daß nicht nur Großfürsten und Großfürstenanwärter, sondern auch die übrigen Fürsten in wachsender Zahl nach Sarāi reisten, um dort ihre Interessen zu vertreten. Mit dem Tatarenchan unmittelbar verhandeln zu dürfen, wurde geradezu ein fürstliches Privileg, ein Zeichen der Souveränität, und es hat später die Moskauer Großfürsten einige Mühe gekostet, mit diesem ererbten Recht aufzuräumen. Fortgesetzte

Erbteilungen ließen zudem die ›Fürstentümer‹ immer kleiner und die fürstliche Existenzbasis immer bescheidener werden. Nicht wenige Fürsten haben es da vorgezogen, sich an den wirklichen Herren des Landes zu halten und am Hofe des Chans in Sarāi ihr Glück zu versuchen. Vor allem die Fürsten von Rostov taten sich in dieser Hinsicht hervor, und es störte sie wenig, daß sie in den üblen Ruf von Überläufern kamen; bereitete man ihnen Schwierigkeiten, so wußten sie die tatarische Unterstützung hinter sich.

Das Verhältnis der russischen Fürsten zu den tatarischen Herren wurde noch komplizierter, wenn sich auch bei diesen Machtkämpfe abspielten. Es kam dann darauf an, die Kräfte richtig einzuschätzen. Als sich in den achtziger Jahren des 13. Jahrhunderts unter dem Temnik (Führer einer T'ma = Zehntausendschaft) Nogai in der Schwarzmeersteppe eine von der Goldenen Horde faktisch unabhängige tatarische Herrschaft bildete, spiegelte sich der tatarische Machtkampf getreu im russischen wider: Die Fürsten von Moskau, Tveŕ und Perejaslavl' setzten auf Nogai, die Fürsten von Rostov, Jaroslavl' und Gorodec auf den rechtmäßigen Chan der Goldenen Horde. Die großfürstlichen Exponenten der beiden Gruppen, Dmitrij von Perejaslavl' und Andrej von Gorodec, waren Söhne des Aleksandr Nevskij; sie lösten einander mehrfach im Großfürstentum ab (Dmitrij 1277–1281, 1283 bis 1293; Andrej 1281–1283, 1293–1304), und da das jeweils mit Unterstützung tatarischer Verbände geschah, die sich die Gelegenheit zur Plünderung und Brandschatzung nicht entgehen ließen, hatte das Land schwer zu leiden. Besonders oft heimgesuchte Gebiete wurden von der Bevölkerung verlassen, es gab eine innere Flüchtlingsbewegung, von der das abgelegene Tveŕ und auch Moskau Nutzen zogen.

Nach Auffassung der Großfürsten gehörte auch Novgorod zum ›Großfürstentum‹, vor allem auch in dem Sinne, daß sie Stücke des Novgoroder Gebietes zur eigenen Votčina zu schlagen versuchten oder, wie der Tveŕsche Großfürst Jaroslav, danach trachteten, die ausländischen Kaufleute von Novgorod in ihre Residenzstadt (Tveŕ) umzudirigieren. Die Stadt Novgorod erwehrte sich solcher Anschläge nur mit Mühe.

Nur im Nordwesten gab es im übrigen noch so etwas wie eine Außenpolitik des nordostrussischen Großfürstentums; deren Träger war praktisch eben Novgorod, das gerade deshalb immer wieder auf die Großfürsten angewiesen blieb. Diese Außenpolitik war rein defensiv gegen den schwedischen Druck von Norden und gegen die Ausbreitung des litauischen Einflusses von Westen her gerichtet. Aber weder gelang es, die Festsetzung der Schweden im westlichen Karelien (1293 Gründung von Wyborg), das die Novgoroder als ihre Einflußsphäre betrachteten, zu verhindern, noch konnte dem Abgleiten der Novgoroder Beistadt Pleskau/Pskov in das litauische Machtgebiet durch Jahrzehnte hindurch wirksam begegnet werden. Der erste Pskover Fürst litauischer Herkunft, Dovmont (1266–1299), verhielt sich zwar Novgorod und dem Großfürsten von Vladimir gegenüber loyal, aber schon zu Beginn des 14. Jahrhunderts sehen wir Novgorod in einer Front mit dem Orden gegen Litauen, und solange wollten die beiden ehemaligen Feinde gemeinsam Krieg führen ›up de Pleschowere, bet se den Novgarderen underdanich werden‹ (Vertrag vom 28. Januar 1323). Viel folgenreicher als diese geringfügigen Rückschläge, die Novgorod hinnehmen mußte (Pskov wurde am Ende doch nicht litauisch), war das Vordringen der litauischen Macht auf weißruthenischem Territorium. Polock, Vitebsk und Minsk traten zu Beginn des 14. Jahrhunderts endgültig in den Verband des litauischen Großfürstentums, das nach einer Periode innerer Uneinigkeit nun wieder in raschem Aufstieg begriffen war und eine ebenso großzügig konzipierte wie lange Zeit erfolgreiche Politik der Expansion nach Osten begann. Weder die Großfürsten von Vladimir noch deren tatarische Souveräne haben ernsthafte Versuche unternommen, diesem litauischen Vordringen entgegenzuwirken. Man gewinnt den Eindruck, daß der aufstrebende litauische Staat mühelos und fast unbemerkt in ein Machtvakuum vorstieß, politisches Niemandsland besetzte. Aber so unauffällig dieser Vorgang auch begann, seine geschichtlichen Auswirkungen sollten um so bedeutsamer werden. Und nicht minder bedeutsam ist es geworden, daß die außenpolitische Inaktivität des russischen Nordostens, die einerseits in der tatarischen Fremdherrschaft, andererseits im eigenen politischen Zerfall begründet war, eine Isolierung zum Ausdruck brachte, die – seit langem vorbereitet – keineswegs auf den Bereich des Politischen beschränkt blieb, sondern totalen, alle Lebensgebiete erfassenden Charakter annahm.

Auf weite Sicht ganz anders verlief die Entwicklung im russischen Südwesten. Nach Daniils Tod wurde das ›Großfürstentum‹ Galizien-Wolhynien unter seinen Bruder und seine drei Söhne geteilt; Großfürst wurde merkwürdigerweise der Jüngste, Švarn, der den östlichen Teil des galizischen Landes mit der Residenz Halyč erhielt, aber als Schwiegersohn des Mindaugas in die litauischen Machtkämpfe nach dessen Tod hineingezogen wurde und schon 1269 starb. Da auch die beiden wolhynischen Linien ziemlich bald erloschen, faßten der letzte Danilovič, Lev, und sein Sohn Jurij um die Wende zum 14. Jahrhundert noch einmal für kurze Zeit das gesamte Herrschaftsgebiet Daniils in einer Hand zusammen. Levs ursprüngliche Votčina war der westliche Teil des Fürstentums Galizien (mit Lemberg und Peremyšl'), und eine erstaunlich aktive Westpolitik hat dieser Fürst auch getrieben. Nicht nur, daß er sich in die Machtkämpfe des benachbarten Polen einschaltete und eine Zeit sogar selbst auf den Krakauer Thron Ansprüche erhob – das lag räumlich und politisch sehr nahe –, sondern er hat auch die südliche Linie der galizischen Politik fortgesetzt, und zwar als Verbündeter der Ungarn – er war mit einer ungarischen Prinzessin verheiratet – und Rudolfs I. gegen den Böhmenkönig Přemysl Ottokar II. Unter den ›universae barbarae nationes‹ im Heere des Kaisers befanden sich auch Truppen des ›Rex Ruthenorum‹, des ›kunic Lê von Riuzen‹. Dauernde Erfolge hat diese außenpolitische Aktivität Levs nicht gezeitigt, aber sie beweist deutlich, in welches Beziehungssystem das galizisch-wolhynische Fürstentum hineingestellt war und blieb. Noch lag die Aktivität bei dem ›Rex Ruthenorum‹, im 14. Jahrhundert kehrte sich das Verhältnis um, aber die Beziehungen blieben dieselben. Gegen die böhmische Partei in Polen, die 1300 mit der Krönung des Přemysliden Wenzel (Václav) zum Siege kam, unterstützte Lev die nationalpolnische Partei. Sein Sohn Jurij war mit der Schwester des Władysław Łokietek verheiratet, des Vaters Kasimirs des Großen, der zum Erneuerer des polnischen Staates wurde und ein halbes Jahrhundert später (1349) ›Rotrußland‹, das Vatererbe des Lev, an die polnische Krone brachte.

All dies wäre schwer verständlich, wenn die tatarische Herrschaft im Südwesten dieselbe Wirksamkeit gehabt hätte wie im Nordosten. Formal ist an ihr nicht zu zweifeln: Die galizisch-wolhynischen Fürsten hatten ihren Tribut zu entrichten, ihr Land war Durchzugsgebiet für die Tataren, wenn diese Streifzüge nach dem Westen durchführten; auch Heeresfolge mußte in solchen Fällen geleistet werden, und das ließ sich mit den Interessen Galizien-Wolhyniens nicht selten gut verbinden, besonders in der Auseinandersetzung mit Litauen. Aber wir hören weder von Intrigen, die die galizischen und wolhynischen Fürsten am Hofe des Chans gegeneinander gesponnen hätten, noch von einem unmittelbaren Eingreifen des tatarischen Oberherren in Thronfolgefragen, noch von einer eigenen tatarischen Steuerverwaltung, wie sie im Nordosten jahrzehntelang praktiziert wurde. Aus der geringeren Intensität der Tatarenherrschaft erklärt sich auch die Tatsache, daß im Südwesten nichts jener Isolierung entsprach, die für den Nordosten so charakteristisch und folgenreich wurde. Gewiß war das galizisch-wolhynische Land schon seiner geographischen Lage wegen nach Westen orientiert, aber ähnliche Verhältnisse wie im Nordosten hätten die Beziehungen zum Westen immerhin erschweren können. Statt dessen beobachten wir eher eine Isolierung gegen den Osten: Das Kiever Land, das Zentrum der ersten russischen Staatsbildung, verschwindet in der zweiten Hälfte des 13. Jahrhunderts für lange Zeit aus den Quellen. Zwar hatte Plano Carpini fünf Jahre nach der Eroberung durch die Tataren in der ehemaligen Hauptstadt Rußlands nicht mehr als zweihundert bewohnte Häuser gezählt, aber auch andere Städte waren erobert worden und hatten sich einigermaßen wieder erholt. Von Kiev dagegen wissen wir nicht einmal, wer es beherrscht oder wenigstens formal zu seinem Herrschaftsbereich gerechnet hat. Hier war tatarisches Grenzgebiet, politisches Niemandsland entstanden, das die südwestrussischen Fürstentümer von den Zentren der tatarischen Macht trennte und an dessen Schicksal kein Chronist mehr Anteil nahm. Und fast ebenso isoliert waren die südwestlichen Fürstentümer von den nordöstlichen.

Vom Standpunkt einer gesamtrussischen Geschichte gesehen, hat seine Isolierung dem Nordosten den Weg zur nationalen Einheit geebnet und die nationale Kultur in Reinheit bewahrt, während den Südwesten seine Beziehungen nicht nur unter politische, sondern auch unter kulturelle Fremdherrschaft brachten. Ukrainische und weißruthenische Geschichtsbetrachtung verteilt die Werte genau umgekehrt. In der Zeit der Tatarenherrschaft begannen sich die geschichtlichen Wege zu trennen, an deren Ende sich die drei ostslavischen Völker der Großrussen, Ukrainer und Weißruthenen ihrer unverwechselbaren völkischen Individualität bewußt wurden.

Wirtschaftliche und soziale Entwicklung

Es bedarf kaum eines besonderen Beweises, daß die Eroberung durch die Mongolen und die Herrschaft der Goldenen Horde, vor allem im ersten Jahrhundert ihrer Dauer, Rußland schweren wirtschaftlichen Schaden zugefügt haben. Er war am größten und nachhaltigsten im Nordosten, am wenigsten spürbar im Nordwesten. Schon der politische Zerfall des alten Kiever Reiches war, was Kiev selbst betrifft, von wirtschaftlichem Niedergang und im allgemeinen von einer Auseinanderentwicklung der wirtschaftlichen Interessen einzelner Landesteile begleitet gewesen. Die Tatarenherrschaft hat beides sehr verstärkt. Während der Südwesten in dem Maße, in dem er sich politisch dem Westen zuwandte, auch wirtschaftlich in diese Richtung tendierte und seine Sozialstruktur, eigener alter Tradition folgend, mehr und mehr dem Beispiel des polnischen Nachbarn zuneigte, und während der Nordwesten das gemeinsame Erbe und seine lokalen Besonderheiten zu eigenen neuen Formen entwickelte, blieb der Nordosten am längsten und am stärksten der Fremdherrschaft ausgesetzt. In dem schon von Natur ärmsten Landesteil ließ der ständige Aderlaß durch Tatareneinfälle und Tatarentribut die wirtschaftliche Wiedererholung nur sehr langsam vonstatten gehen. Der Tribut, in Silber zu entrichten, zog regelmäßig das Bargeld aus dem Lande und drängte die innerrussische Wirtschaft in einen naturalwirtschaftlichen Zustand zurück. Soweit die russischen Fürsten Münzen prägten, geschah es in erster Linie zum Zwecke der Tributzahlung – die Münzen trugen daher auch das tatarische Hoheitszeichen der Tamga. Der Außen- und Fernhandel kam zwar niemals völlig zum Erliegen – die Einbeziehung in das asiatische Imperium der Mongolen konnte hier sogar neue Möglichkeiten eröffnen –, aber er war zum geringsten Teil in der Hand von innerrussischen Kaufleuten: Im Nordwesten ließen sich die Kaufleute Novgorods und anderer grenznaher Städte ihre Vorzugsstellung nicht nehmen, und im Süden und Südosten hing die Entwicklung eines russischen Außenhandels ganz von der Geneigtheit der tatarischen Herren ab. Das gilt auch noch vom 14. und 15. Jahrhundert, als sich die Handelsinteressen der Russen und der genuesischen Städte auf der Krim entgegenkamen; zwar entwickelte sich mit der Zeit ein lebhafter Handelsverkehr, und die Moskauer Großfürsten haben nicht selten von der sich hier bietenden Verbindung zum Westen Gebrauch gemacht, aber das Risiko war der Unberechenbarkeit der Tataren wegen stets groß. Noch viel weniger war es in der ersten Zeit möglich, der schwergeschädigten nationalen Wirtschaft durch eine Intensivierung des Außenhandels aufzuhelfen.

So mußte sich die wirtschaftliche Tätigkeit dem einzigen verbliebenen Reichtum zuwenden – dem Grund und Boden, um aus ihm herauszuwirtschaften, was die tatarischen Steuereinnehmer oder Steuerpächter (Baskaken) auf Grund der allgemeinen Volkszählungen (1257, 1278) forderten, und das eigene Leben zu fristen. Dieser von der Not aufgezwungene Weg einer landwirtschaftlichen Selbstgenügsamkeit war wegen der geringeren Fruchtbarkeit des Landes im Waldgebiet mühselig; erleichtert wurde er nur dadurch, daß die große Zahl von Flüchtlingen fürs erste keinen Mangel an Arbeitskraft aufkommen ließ. Die Grundherrschaft des Fürsten wie des Bojaren, des Bischofs wie des Klosters gab allem, der politischen, wirtschaftlichen und sozialen Entwicklung Richtung und Maß. Dies um so mehr, als ja auch die politische Zersplitterung durch fortgesetzte Erbteilung der Fürstentümer der ökonomischen Selbstgenügsamkeit auf kleinstem Raum und im engsten Rahmen Vorschub leistete. Ein Fürstentum, das neben dem ›fürstlichen‹ Wohnsitz nur mehr ein einziges Dorf umfaßte, unterschied sich in nichts mehr von der Votčina eines Bojaren. Großfürsten und Fürsten hatten nichts, womit sie Dienste bezahlen und Gnade erweisen konnten, als Land, und dieses hatte nur Wert, wenn es von Menschenhand bearbeitet und ausgebeutet wurde – neben dem Ackerbau spielte die Nutzung der Gewässer zum Fischfang die größte Rolle. Im Vergleich zur Kiever Zeit ist die russische Gesellschaft des nordöstlichen Gebietes in allen Schichten ungleich seßhafter geworden: Der Fürst, der keine Gelegenheit mehr hatte, allein oder im Bunde mit anderen auf kühnen Kriegszügen oder durch großzügigen Fernhandel Reichtum zu gewinnen, mußte sich der landwirtschaftlichen Erschließung des eigenen Territoriums zuwenden, in dem er dementsprechend dann noch mehr als bisher sein privates, frei verfügbares Eigentum sah. Der Bojare, dem der Fürstendienst nichts anderes mehr einbrachte als Land, war in derselben Situation; und auch die Kirche – Metropolit, Bischöfe und vor allem die immer zahlreicheren Klöster – hatte keine andere Möglichkeit der Existenzsicherung, als ihren durch Schenkungen ständig zunehmenden Grundbesitz, am Ende des 15. Jahrhunderts auf ein Drittel des gesamten Ackerlandes geschätzt, nutzbar zu machen.

Alle bedurften dazu des Bauern, der entweder als erstes Opfer der häufigen Tatarenzüge von sich aus neues Land und eine neue Existenz suchte oder durch Kolonistenprivilegien angelockt wurde. Sein künftiges soziales Schicksal hing wesentlich davon ab, auf wessen Boden er seßhaft wurde: Suchte er abgelegene Gebiete auf, um seine Existenz auf die Pionierarbeit des Ersterschließers zu gründen – Möglichkeiten dazu hat es in der Weite des russischen Raumes immer gegeben, zunächst im klimatisch ungünstigen, aber sicheren

Norden, später, vom 16. und 17. Jahrhundert ab auch im Süden und Osten – so blieb er freier Bauer, nur dem Landesherrn zur Steuerleistung verpflichtet; ›schwarze‹ (černye) Bauern auf Staatsland hat es immer gegeben, allerdings wurde ihre Zahl in den neuzeitlichen Jahrhunderten dadurch ständig vermindert, daß der Landesherr auch über das ›Staatsland‹ nach Belieben verfügte und es mitsamt den Bauern, die auf ihm lebten, verschenkte; mit dem Land ging dann auch der ursprünglich freie Bauer gewissermaßen in Privatbesitz über. Siedelte der Bauer auf fürstlichem Eigenbesitz (dvorcovye = ›Hofbauern‹), so hatte er darüber hinaus vor allem für die fürstliche Eigenwirtschaft zu arbeiten. Weniger günstig war die Lage für den Bauern, wenn er auf privatem Grundbesitz siedelte und dabei eine wirtschaftliche Starthilfe in Anspruch nehmen mußte; er wurde damit zum Pächter, der dem Grundherrn zu bestimmten Leistungen verpflichtet war, die noch für lange Zeit in Naturalien bestanden (etwa in einem bestimmten Anteil der Ernte, daher Bezeichnungen wie Polovniki von ›polovina‹ = Hälfte, oder Tretniki von ›tret'‹ = Drittel), später dann in Geldzahlungen oder Fronarbeit umgewandelt wurden. Auf kirchlichem Grund und Boden zu siedeln war für den Bauern im allgemeinen zunächst günstiger, weil ihm die Kirche, die vom Tatarentribut befreit und in ihrem Grundbesitz am meisten privilegiert war, mehr entgegenkommen konnte. Die vom Großfürsten oder Fürsten vor allem der Kirche, aber auch weltlichen Grundherren gewährten Immunitäten bestanden nicht nur in einem größeren oder geringeren Maß von Abgaben- und Leistungsfreiheit, sondern erstreckten sich auch auf das ja ebenfalls mit verschiedensten Abgaben verbundene Gebiet der Rechtsprechung. Der Fürst als oberster Gerichtsherr verzichtete in diesem Falle auf einen Teil seiner Hoheitsrechte; nur bei Kapitalverbrechen behielt er sich das Urteil vor. Alle bisher genannten Kategorien von Bauern blieben persönlich frei und konnten, wenn sie allen finanziellen Verpflichtungen nachgekommen waren, ihren Hof wieder aufgeben, um an anderem Ort oder bei einem anderen Grundherren unter besseren Bedingungen von neuem ihr Glück zu versuchen. Im Interesse des Grundherren mußte die Entwicklung im Laufe der Zeit natürlich dahin gehen, die Freizügigkeit der Bauern nach Möglichkeit einzuschränken.

Es gab außerdem in nicht geringer Zahl Unfreie (cholopy), die in der Regel natürlich auch in der Landwirtschaft verwendet wurden. Unfrei konnte man aus sehr verschiedenen Gründen sein (durch Herkunft aus einer Unfreienfamilie) oder werden (durch Heirat mit einem Unfreien, durch Übernahme bestimmter Funktionen in der fürstlichen Eigenwirtschaft, durch freiwilliges Eingehen eines Schuldverhältnisses – ›kabal'nye cholopy‹ von ›kabala‹ = tatarisch ›Schuldverschreibung‹). Einzelheiten über all diese ökonomischen und sozialen Bindungen sind uns im allgemeinen erst aus späterer Zeit, dem 15. und 16. Jahrhundert, als sie von Staats wegen registriert oder reformiert wurden, bekannt; aber wir dürfen annehmen, daß eine allmähliche, durch den Mongoleneinfall bestimmte Entwicklung dem uns besser bekannten späteren Zustand vorausgegangen ist. Je mehr die Bauern vom Grundherrn wirtschaftlich abhängig wurden, desto mehr glich sich in der Praxis ihre Lage der der Cholopy an; am Ende sind beide Gruppen zu einer einzigen breiten Masse bäuerlicher Menschen in Unfreiheit und vielfach in bitterer Not verschmolzen.

Den Bauern standen die Grundherren gegenüber, weltliche und geistliche, an Zahl wachsend und je nach der Größe des Besitzes von sehr unterschiedlicher wirtschaftlicher Macht. Mit dem Družinnik der Kiever Zeit, der in voller Freizügigkeit sich dem unternehmungsfreudigsten und reichsten Fürsten verband, um an dessen Erfolgen teilzuhaben, hat der seßhafte Erbgutsbesitzer (Votčinnik) in einem der nordostrussischen Fürstentümer nach dem Mongoleneinfall nicht viel mehr gemein. Aber so anders die Lebensweise geworden war, so zäh erhielt sich das Recht der Freizügigkeit. Der Bojare im Großfürstentum Vladimir oder in einem der anderen Fürstentümer bestand darauf, sich den Fürsten frei wählen zu können, in dessen Dienst er trat, und zwar unabhängig davon, in welchem Fürstentum sein erblicher Grundbesitz (votčina) lag. Sein Dienst galt als freiwillig und war nicht mit dem Grundbesitz als Verpflichtung verbunden. Das widersprach natürlich der allgemeinen Tendenz zu einer auf dem festen und dauernden Grundbesitz beruhenden Ordnung und stand jeder sich neubildenden fürstlichen Macht im Wege, aber so stark waren diese sehr alten Rechtsauffassungen, daß sie die Fürsten noch lange Zeit akzeptieren mußten, und die Versuche, den Landbesitz mit einer Dienstpflicht zu verbinden und zeitlich auf die Dauer des Dienstes zu begrenzen, vorerst vereinzelt blieben. Das nicht erbliche Dienstgut (pomest'e) konnte sich erst durchsetzen, als sich die Verhältnisse grundlegend geändert hatten, als es in Rußland wieder einen starken, einheitlichen Fürstenstaat mit neuen Aufgaben und mit neuen Ambitionen gab – am Ende des 15. Jahrhunderts und dann vor allem im 16. Jahrhundert.

Man kann sich die Frage vorlegen, wie weit bei dem Schwinden der großfürstlichen Macht, bei der Zersplitterung der Fürstentümer, bei der völligen Angleichung von Kleinfürstentümern und bojarischen Erbländereien überhaupt noch von einem Staat gesprochen werden kann, es sei denn von dem übergeordneten tatarischen Großstaat. Man kann sich weiter fragen, wie weit die Delegierung der großfürstlichen (staatlichen) Macht, zunächst an Teilfürsten, dann weiter an alle weltlichen und geistlichen Grundbesitzer, Verhältnisse geschaffen hat, die dem Feudalsystem des Abendlandes zumindest vergleichbar sind. Beide Fragen haben sehr verschiedene Antworten gefunden. Selbst wenn man den marxistischen Feudalismusbegriff, dessen einziges Merkmal die Ausbeutung des wirtschaftlich abhängigen Bauern durch den Grundherren ist, ausscheidet, bleibt die Notwendigkeit einer vorsichtig abwägenden Antwort bestehen. Daß der nachmongolischen Teilfürstenzeit überhaupt jedes Element der Staatlichkeit gefehlt habe, ist eine zu weit gehende Behauptung, aber schwach sind diese Elemente zweifellos gewesen, überwogen hat eine privatrechtliche Auffassung der Fürstenherrschaft, gering entwickelt war das Gefühl für die Notwendigkeit und Verbindlichkeit einer rein politischen Ordnung des Herschens und Dienens. Und was den Feudalismus betrifft, so läßt sich nicht leugnen, daß die Verhältnisse im nachmongolischen Rußland in manchem Vergleiche nahelegen: Auch in Rußland gab es eine mehrstufige Hierarchie der Vasallen und der fürstlichen Beauftragten, das fürstliche ›žalovańe‹ entsprach in seiner Vielgestaltigkeit dem Beneficium, das ›zakladničestvo‹ der Commendatio. Auch in Rußland verlieh der Fürst Besitz und Rechte in den verschiedensten Formen, konnte sich der Schwächere mit seinem Eigentum in den Schutz eines Stärkeren stellen. Aber es ist sicher, daß in Rußland die feudale Ordnung nicht annähernd so differenziert und durchentwickelt war wie im Westen, daß sie im allgemeinen der rechtlichen Festlegung entbehrte. Auf Grund der Ähnlichkeiten läßt sich für das nachmongolische mittelalterliche Rußland vielleicht von einem Feudalismus besonderer, russischer Art sprechen, aber gemessen an dem abendländischen Modell halten die Unterschiede den Ähnlichkeiten zumindest die Waage. Was den Geist der Freiheit und Unabhängigkeit bis zur politischen Anarchie betrifft, so fehlt es unter den russischen ›Feudalen‹ nicht an Beispielen, aber politische Souveränität haben die Kleinen und Mittleren unter ihnen niemals erreicht und auch die Größten nicht lange erhalten. Der Metropolit z. B. hatte Land und Leute, er war imstande, ein eigenes Truppenaufgebot zu stellen, aber ein Territorialherr ist er niemals geworden. Und dem Novgoroder Erzbischof, der vielleicht am ehesten auf dem Wege dazu war, hat der Moskauer Großfürst einen Strich durch die Rechnung gemacht.

Was die Entwicklung im Nordosten Rußlands aber am meisten charakterisiert, ist die relative Bedeutungslosigkeit, zu der die Städte verurteilt waren. Auch hier ist eine angebahnte Entwicklung durch die Katastrophe beschleunigt und verstärkt worden. Natürlich gab es Städte und eine städtische Bevölkerung von Handwerkern und Kaufleuten, die – persönlich frei – nur dem Fürsten Abgaben zu zahlen hatten. Aber die Städte hatten bei der Eroberung am meisten gelitten und fanden in der nachfolgenden Zeit die geringste Möglichkeit zur Entfaltung. Nur in Fällen äußerster Not hören wir noch einige Male, daß eine Stadtversammlung in Aktion trat, im ganzen hat das städtische Veče im Nordosten den Mongolensturm nicht überlebt. Die Fürsten haben das Ihre dazu beigetragen, aber auch ohne dies fehlte den nordostrussischen Städten zur Entfaltung eines politischen Eigenlebens und Eigengewichtes der erforderliche Hintergrund wirtschaftlicher Kraft und zahlreicher Bevölkerung. Wie anders die Entwicklung verlaufen konnte, wenn kein materieller Schaden durch die Tataren entstanden war, wenn die Quellen des städtischen Wohlstandes in Gestalt eines ungestörten Handels weiter flossen und wenn es gelang, die Einwirkung fürstlicher Macht auf ein Mindestmaß zu beschränken, zeigt die Geschichte des ›ganzen Herrn Groß-Novgorod‹, der reichen und mächtigen ›Stadtrepublik›, und ihrer im 14. Jahrhundert selbständig gewordenen ehemaligen Beistadt Pleskau/Pskov im russischen Nordwesten. Hatten im Nordosten die Fürsten das Veče verdrängt, so war die Entwicklung hier genau umgekehrt verlaufen. Gewiß muß man unterscheiden zwischen rechtlichem Anspruch und politischer Wirklichkeit. Wenn mit dem Segen des gewählten Erzbischofs die gewählten Stadtoberhäupter, Posadnik und Tysjackij, ›und die Bojaren, die reichsten Bürger, die Kaufleute und der ganze Herr Groß-Novgorod, auf der Volksversammlung im Hofe des Jaroslav‹ urkundeten und etwa dem Dreifaltigkeitskloster bei Moskau den zollfreien Warentransport auf der Dvina gestatteten, so ist formal kein Zweifel möglich, daß hier kein Fürst und kein fürstlicher Beauftragter, sondern die Stadt selbst als Gemeinschaft ihrer freien Bürger ohne Unterschied des Standes und Vermögens als ›Herr‹ auftritt. Aber das heißt natürlich nicht, daß hier das Ideal einer unmittelbaren städtischen Demokratie verwirklicht war und die Souveränität der Stadt gegenüber Großfürsten und Fürsten stets durchgesetzt werden konnte. Groß-Novgorod, die Stadt mit ihren Beistädten und ihrem gewaltig ausgedehnten Territorium, wurde in der Praxis von ihren Bojaren, das heißt einer kleinen Zahl sehr reicher grundbesitzender Familien regiert, und sie hat immer wieder einmal ihre militärische und wirtschaftliche Abhängigkeit von Fürsten einsehen müssen. Doch hielten sich die Kräfte so weit die Waage, daß die Bojarenaristokratie stets mit einer innerstädtischen Opposition der unteren Schichten rechnen und die demokratische Form der Stadtverfassung wahren mußte und die siegreichen Fürsten niemals dauernden Einfluß gewinnen und die ›Freiheiten‹ der Stadt außer Kraft setzen konnten. Das Produkt dieses Kräftegleichgewichts war eine städtische ›Republik‹, deren Truppen in der Regel ein Fürst kommandierte und die sich von einem Fürsten diplomatisch vertreten und Recht sprechen ließ.

Novgorod hat, soweit wir sehen können, seit den Varägerzeiten eine besondere Stellung eingenommen. Es ist niemals großfürstliche Residenz, aber auch niemals Hauptstadt einer teilfürstlichen Votčina geworden. Gegen die rasch wechselnden großfürstlichen Verwalter hat sich die städtische Autonomie Schritt für Schritt durchgesetzt. Schon im 12. Jahrhundert gewann das Novgoroder Veče durch Wahl Einfluß auf das höchste weltliche (Posadnik) und das höchste geistliche Amt (Bischof, später Erzbischof). Seit derselben Zeit (1135) hatte die Stadt die Handelsgerichtsbarkeit, seit dem Beginn des 13. Jahrhunderts, so scheint es, auch die politische Gerichtsbarkeit in eigener Verwaltung. Aufgaben und Rechte des Fürsten waren schließlich so eingeschränkt, daß sie jeweils (erstmals 1265) in einem besonderen Vertrag (rjad) festgelegt wurden. Es war dem Fürsten nicht gestattet, Land und Leute in Novgorod zu besitzen, er mußte außerhalb der Stadt wohnen und galt den Novgorodern als ein Fremder, dessen Dienste man für bestimmte Zwecke in Anspruch nahm. Dafür gestand man ihm gewisse Einnahmen zu, die zwar fürstliche und altertümliche Form hatten, aber aufs genaueste bestimmt und abgegrenzt waren: Nur in bestimmten Teilen des Novgoroder Gebietes durfte der Fürst das ›poljud'e‹ (Gastung, bzw. die entsprechende Abgabe) in Anspruch nehmen; die Zahl der Begleiter und die Wege, die er zu benützen hatte, waren ihm dabei vorgeschrieben. In ähnlicher Weise wurden seine Tätigkeit und seine Einnahmen als Gerichtsherr reduziert.

Um so größer waren die Befugnisse der Stadtversammlung (Veče), bei der nicht nur die Wahl der Würdenträger und die Entscheidung über Krieg und Frieden, sondern die Gesetzgebung, das Recht, Steuern auszuschreiben und Münzen zu prägen, und in besonderen Fällen die Gerichtsbarkeit lag. Die laufenden Geschäfte erledigte ein Stadtrat, dem der

Erzbischof, die im Amt befindlichen Würdenträger und auch die ehemaligen Posadniki und Tysjackie angehörten. Merkwürdigerweise hat aber auch das Novgoroder Veče – trotz seinen weitgehenden Kompetenzen – kein geregeltes Verfahren zur Feststellung der Versammlungsmeinung entwickelt. Die Entscheidung erfolgte durch Akklamation, und wenn keine Einmütigkeit herrschte, was bei den starken sozialen Spannungen in der Stadt sehr häufig der Fall war, so mußte der Wille der Stadt in gewaltsamer, mitunter an Bürgerkrieg grenzender Auseinandersetzung festgestellt werden. Ganz ähnlich war die Verfassung von Pleskau/Pskov.

Der Verfassung und Verwaltung der Stadt selbst entsprach eine lokale Verwaltung im großen Novgoroder Territorium, den Erfordernissen angepaßt unterschiedlich im alten Kerngebiet und in den später erworbenen Kolonien. Im Gegensatz zum Nordosten hat sich also im Nordwesten nicht eine privatrechtliche Besitzgesinnung, sondern ein deutliches Interesse an einer verbindlichen Rechtsordnung in Verfassung und Verwaltung geltend gemacht. Demokratische Züge sind unverkennbar, und im Rahmen der Novgoroder Stadtverfassung war auch Raum für Gäste mit eigener, fremder Rechtsordnung, wie sie das Leben der deutschen Kaufleute im St. Peterhof bestimmte. Eher als im Nordosten konnte sich in Novgorod so etwas wie ein Staatsbewußtsein der Bürger entwickeln, und es spricht für den Stolz dieser eigenstaatlichen Tradition, daß sich der ›Herr Groß-Novgorod‹ am Ende denselben Titel ›Herrscher‹ (Gosudaŕ) zulegte, den die Moskauer Großfürsten trugen, als sie der Novgoroder Autonomie ein Ende machten. Damit unterlag nicht die schlechtere Ordnung, sondern die geringere Macht. Politisch haben sich die Novgoroder niemals ganz vom nordöstlichen Großfürstentum lösen können; die Selbständigkeit ihrer Politik war eine Funktion der großfürstlichen Machtposition. Nur wenn Vladimir-Suzdal' oder später Moskau in anderer Richtung gebunden war, konnten die Novgoroder ihrer ›Freiheiten‹ einigermaßen sicher sein. Andernfalls gaben ihre inneren Konflikte stets Anlaß zur Einmischung, erwies sich ihre militärische Kraft meist als unzureichend und ihre Wirtschaft als verletzbar.

Den entscheidenden Schritt auf die litauische Seite haben sie erst gewagt, als es zu spät war, und auch da nur mit halbem Herzen.

Die geistige und kulturelle Entwicklung in der ersten Phase des ›Tatarenjochs‹

Es konnte nicht ausbleiben, daß die Katastrophe des Mongoleneinfalls und die schweren politischen wie wirtschaftlichen Folgen der Tatarenherrschaft auch auf dem Felde der geistigen Kultur tiefe Spuren hinterließen. Für eine Leistung wie die Baukunst im Fürstentum Suzdal'-Vladimir vor der mongolischen Eroberung fehlten nun allein schon die materiellen Voraussetzungen; für ein ritterliches Epos wie das Igorlied hatte das Geschehen zu unwiderruflichen, zu demütigenden Charakter. Unendlich fern mußten die Zeiten des Kiever Glanzes nun erscheinen. Man zehrte von dem Überkommenen, man setzte fort, so gut es ging, aber im ganzen ist nicht zu verkennen, daß für lange Zeit die selbständige geistige Produktion fast ganz darniederlag, daß Rußland – und vor allem jenes nordöstliche Rußland, in dem der politische Wiederaufstieg vor sich gehen sollte – in eine geistige Isolierung nicht der stolzen Selbstgenügsamkeit, sondern des notgeborenen Unvermögens hineinglitt. Das sollte nicht während der ganzen Zeit der Tatarenherrschaft so bleiben. Im 14. Jahrhundert lockerte sich der Druck, und mit dem Aufkommen neuer politischer Mittelpunkte gewann auch das geistig-kulturelle Leben wieder an Tiefe und Vielfalt.

Die mengenmäßig bedeutendste Leistung stellte nach wie vor die Chronistik dar, der politischen Situation entsprechend nun in eine ganze Anzahl von selbständigen Zweigen aufgespalten, den Realitäten des lokalen Geschehens zugewandt. In der gleichen kirchenslavischen Sprache wurden Stil und Darstellung trockener, annalistischer als früher. Unbewußt, einfach durch die Vermittlung des Überlieferten, und in Vladimir wohl auch bewußt in einer unmittelbaren Anknüpfung des eigenen Großfürstentums an das versunkene Kiever hat die Chronistik dazu beigetragen, ein gesamtrussisches Geschichtsbewußtsein wach zu erhalten. Fürstengestalten wie Daniil von Halyč, an dessen Leben und Taten sich der galizisch-wolhynische Chronist (Hypatius-Chronik) zu einem höheren Ton steigert, oder Aleksandr Nevskij, dessen Vita an der Grenze zwischen hagiographischer und weltlicher Literatur steht, konnten noch Anlaß zu patriotischem Aufschwung geben. Danach gab es keine Geschichte mehr, die den Geschichtsschreiber, wenn er über den engsten lokalen Rahmen hinauszublicken versuchte, zu begeistern vermochte. Ein einziges weltliches literarisches Erzeugnis, die ›Erzählung über die Zerstörung Rjazańs durch Bātū‹, in späten Abschriften des 16. und 17. Jahrhunderts erhalten, hat eine Episode aus der Katastrophe des Jahres 1237 zum Gegenstand. Über den Fall der Stadt und die Verheerung des Landes kann der Dichter freilich auch nur wie der Chronist berichten, daß ›das Christenblut floß wie ein starker Strom, um unserer Sünden willen‹, aber in der Gestalt des rjazańschen Helden Eupatij Kolovrat, der beim Anblick des zerstörten Landes ›in seinem Herzen entflammt wird‹, 1700 Getreue sammelt und dem Mongolenheer nachjagt, um seine geschändete Heimat zu rächen, gelingt ihm eine künstlerische Rehabilitierung des russischen Kriegers und des russischen Selbstbewußtseins.

›Um unserer Sünden willen‹, dieses christliche Verständnis nationalen Unheils, wird für lange Zeit das Leitmotiv aller literarischen Äußerungen bleiben. Aber Serapion, der Abt des Kiever Höhlenklosters und spätere Bischof von Vladimir (†1275), war der letzte, der die Klage und die Ergebung in Gottes Willen mit den Stilmitteln der kunstvollen, vom Geist der griechischen Rhetorik berührten Predigt darstellte: »Furchtbar ist es, meine Kinder, ein Opfer von Gottes Zorn zu werden! Was haben wir nicht über uns kommen sehn, wir, die wir noch am Leben sind? ... Wir sind zur Schmach und zum Spott bei unsern Nachbarn geworden, und unsere Feinde höhnen uns«. Auch in Kunst und Literatur mußte ein tiefes Tal durchschritten werden, ehe aus dem mühsam Bewahrten ein neuer Aufstieg einsetzen konnte.

DER AUFSTIEG MOSKAUS

Die Stadt und das Teilfürstentum Moskau

Eine Karte, die den politisch-territorialen Zustand im nordöstlichen Rußland in der zweiten Hälfte des 13. Jahrhunderts festhält, zeigt das Fürstentum Moskau als eines der vielen Teilfürstentümer, in die das Großfürstentum Vladimir um diese Zeit bereits zerfiel – als eines der jüngsten und minder bedeutenden. Als der jüngste Sohn des Aleksandr Nevskij 1263 Moskau als seinen ›Anteil‹ (Udel) am väterlichen Erbe erhielt, bestand die befestigte Siedlung, die Stadt Moskau, immerhin schon mehr als hundert Jahre. Selbst die spätere geschichtliche Bedeutung Moskaus hat nicht bewirkt, daß dieses erste Jahrhundert seiner Existenz von den russischen Chronisten mit bedeutendem geschichtlichem Inhalt erfüllt wurde. Wir wissen aus schriftlichen Quellen kaum etwas darüber, in welcher Weise aus der alten Vjatičensiedlung Kučkovo allmählich die russische Stadt Moskau wurde, noch können wir für das 12. und beginnende 13. Jahrhundert mehr über sie sagen, als daß sie gelegentlich von Fürsten aufgesucht wurde, daß sie als Sammelplatz für die Truppen des Fürsten von Suzdal'-Vladimir diente, wenn er gegen den südwestlichen Nachbarn, gegen den Fürsten von Černigov, zu Felde zog, und daß sie offenbar in einem ziemlich dichtbesiedelten Gebiet lag. Nur vorübergehend scheint sie vor dem Mongolensturm Residenz eines Fürsten gewesen zu sein. Zu Beginn des Jahres 1238 wurde Moskau von den Truppen Bātūs erobert. Nichts deutet an dieser Entwicklung darauf hin, daß gerade diese unter den zahlreichen nordostrussischen Städten einmal der Mittelpunkt eines Imperiums sein würde. Das änderte sich auch nicht in der zweiten Hälfte des 13. Jahrhunderts, als Moskau dauernde Fürstenresidenz wurde. Es war ja der jüngste Aleksandrovič, der sich hier niederließ – ein deutlicher Hinweis, daß das Moskauer Territorium dem Range nach hinter anderen noch weit zurückstand. Daniil Aleksandrovič ist selbst niemals Großfürst von Vladimir, aber er ist zum Stammvater der Moskauer Dynastie geworden, die Rußland einigen und bis zum Ende des 16. Jahrhunderts regieren sollte.

Je unauffälliger diese Anfänge von Stadt und Fürstentum Moskau waren, desto rätselhafter mußte ihr Aufstieg erscheinen, desto drängender die Frage nach den Gründen des Aufstieges werden. Man hat im Laufe der Zeit so viele zusammengetragen, daß es schwerfällt, ihr Gewicht gegeneinander abzuwägen. Moskau lag an einem Schnittpunkt mehrerer wichtiger Verkehrswege zu Wasser und zu Lande; es war von dichtem Wald umgeben, der Sicherheit bieten konnte; es ist eine Grenzfestung des Fürstentums Suzdal'-Vladimir gewesen, und zwar gerade an der Stelle, wo von Süden und Südwesten kommende Flüchtlinge zuerst das Land betraten – die Flüchtlingsbewegung mag ihm daher am meisten zugute gekommen sein. Aber die Vorzüge der geographischen Lage konnten nicht mehr als günstige Voraussetzungen für einen Machtaufstieg bieten, unmittelbar bewirken konnten sie diesen nicht. Er mußte von Menschen, von den Moskauer Fürsten, zustande gebracht werden. Der Fähigkeit zu großartigen politischen Konzeptionen bedurfte es dafür zunächst weniger als der Fähigkeit, Macht zu erwerben, zu vergrößern und zäh festzuhalten, und diese Fähigkeit scheinen die Moskauer Fürsten, denen als Persönlichkeiten im allgemeinen alles Abenteuerliche und Glänzende fehlte, in hohem Maße besessen zu haben. Man hat geradezu von einem besonderen Besitzinstinkt gesprochen, der sie vor ihren Standesgenossen auszeichnete. Unzweifelhaft waren sie besonders geschickt und wohl auch besonders skrupellos im Umgang mit dem tatarischen Souverän. Von nicht zu unterschätzender Bedeutung war auch der Umstand, daß die Moskauer Fürsten seltener als andere die Last einer zahlreichen Nachkommenschaft zu tragen hatten; allzu weitgehende Erbteilungen konnten dadurch vermieden werden, denn grundsätzlich unterlag auch die Moskauer Votčina dem ungeschriebenen Gesetz der ›feudalen Zersplitterung‹. Schließlich muß erwähnt werden, daß die russische Kirche sehr früh auf die Moskauer Karte setzte; sie hat zum späteren Aufstieg und zur Reichsbildung hervorragend beigetragen. Aber was den Anfang der neuen Machtbildung um Moskau betrifft, so war die Übersiedlung des russischen Metropoliten in diese Stadt nicht Ursache, sondern schon Folge. Alle diese Gründe zusammengenommen können den Aufstieg Moskaus begreiflich machen, der sich im übrigen weder sehr schnell, noch ohne schwere Rückschläge vollziehen sollte.

Wer mehr Land hatte im Nordosten Rußlands, der hatte mehr Reichtum und mehr Macht. Land konnte man, wenn man dem Nachbarn überlegen war, erobern, man konnte es, wenn man reich genug war, kaufen, und man konnte es, wenn man Glück hatte, erben. Alle drei Möglichkeiten sind von den Moskauer Fürsten von Anfang an verwirklicht worden. Schon Daniil nahm dem Rjazaner Fürsten Kolomna, an der Mündung der Moskva in die Oka, ab (1301) und erbte 1303 das benachbarte Perejaslavl'; da im folgenden Jahr 1304 – allerdings schon durch Daniils Sohn Jurij – auch Možajsk durch Eroberung (Jurij ›nahm‹ den Možajsker Fürsten Svjatoslav ›und brachte ihn zu sich nach Moskau‹) an Moskau fiel, umfaßte das Moskauer Territorium zu Beginn des 14. Jahrhunderts das gesamte Flußgebiet der Moskva und griff bereits nach Norden in Richtung der oberen Wolga aus. Das Wachstum war organisch; es verband nicht weit auseinander liegende Gebiete, sondern schuf einen geschlossenen, relativ dichtbesiedelten Kleinstaat mit günstigen Verkehrsverbindungen. Die große Gelegenheit zu weiterer Ausdehnung brachte schon das Jahr 1304, als der Großfürst von Vladimir, Andrej Aleksandrovič starb. Das Kerngebiet des Großfürstentums, das Fürstentum Vladimir, grenzte im Osten unmittelbar an das Moskauer Territorium. Den Besitz von Vladimir anzustreben, bedeutete aber den Kampf um den Großfürstenjarlyk, denn nach der Senioratsordnung waren die Ansprüche des Moskauers sehr bestreitbar. Der Gegner, der herausgefordert wurde und überwunden werden mußte, war das Fürstentum Tveŕ.

Der Kampf um das Großfürstentum zwischen Moskau und Tveŕ

Nach Lage und Entstehung war das Fürstentum Tveŕ dem Fürstentum Moskau in vielem ähnlich. Auch Tveŕ lag im sicheren Waldgebiet und zog mit Erfolg Flüchtlinge an sich; auch Tveŕ lag verkehrsmäßig günstig, vielleicht sogar noch günstiger als Moskau; auch Tveŕ war ein junges Fürstentum, in dem Michail Jaroslavič, ein Neffe des Aleksandr Nevskij, regierte. Sein Vater Jaroslav war als Fürst von Tveŕ Großfürst von Vladimir gewesen. Bisher war das Senioratsprinzip konsequent eingehalten worden: Den Söhnen des Jaroslav Vsevolodovič – Aleksandr, Jaroslav und Vasilij – waren die Söhne des ältesten Sohnes – Dmitrij Aleksandrovič und Andrej Aleksandrovič – gefolgt. Da Daniil Aleksandrovič (von Moskau) schon vor seinem großfürstlichen Bruder Andrej gestorben und nicht mehr Großfürst geworden war, mußte nun nach dem Seniorat, wenn man von Aleksandr Nevskijs Vater Jaroslav Vsevolodovič ausging, die nächstälteste Linie, die des Jaroslav Jaroslavič, vertreten durch dessen ältesten Sohn Michail Jaroslavič von Tveŕ, den genealogisch ältesten Vetter des verstorbenen Großfürsten Andrej, folgen. Aber jedesmal, wenn nach dem Senioratsprinzip anstelle von Personen Linien einander ablösen sollten, verwirrten sich die Dinge. Ging man bei der Berechnung nämlich von Aleksandr Nevskij aus, so kamen die Nachkommen von dessen Brüdern nicht mehr in Frage. Wann man jeweils mit einer neuen Berechnung des Ältestenrechtes begann, das war allerdings eine Frage, die allein durch Macht entschieden werden konnte (Jaroslaviči, Monomachoviči, Vsevolodoviči – stets gab die Machtfülle des neuen Stammvaters den Ausschlag), und in der Situation zu Beginn des 14. Jahrhunderts mußte sich die größere Macht vor allem am Hofe des Tatarenchans durchsetzen, um den Jarlyk, die Bestätigungsurkunde zu erreichen. Der übliche Onkel-Neffenkonflikt mußte mit den Mitteln von Bestechung und Intrige vor dem fremden Machthaber ausgetragen werden.

Es scheint, daß bei den Russen nicht nur das bessere genealogische Recht, sondern auch die größere politische Konzeption für Michail Jaroslavič sprach. Die Bojaren des verstorbenen Großfürsten Andrej setzten sich jedenfalls für ihn und nicht für den Moskauer ein, und auch der im Jahre 1300 aus dem zerstörten Kiev nach Vladimir übersiedelte Metropolit Maksim hat offenbar die Tveŕsche Kandidatur begünstigt. Es besteht auffallende Übereinstimmung zwischen den Bemühungen der Tveŕschen Bojaren, die Stützpunkte des Großfürstentums, nämlich Kostroma, Groß-Novgorod und Nižnij Novgorod sofort zu besetzen, also eine räumlich sehr umfassende Basis der großfürstlichen Macht anzustreben, und den Bemühungen des Metropoliten Maksim, in Vladimir eine neue Kompilation der russischen Chroniken mit gesamtrussischem Horizont entstehen zu lassen. Es zeugt von dem Tiefstand des nationalen politischen Bewußtseins, daß zwar die historiographischen, nicht aber die politischen Bemühungen erfolgreich waren; und das nicht deshalb, weil man in Kostroma, Groß-Novgorod und Nižnij-Novgorod größere Sympathien für den Moskauer hatte, sondern weil man zunächst einfach abwarten und die eigenen lokalen Interessen nicht durch eine falsche Parteinahme gefährden wollte – weil man an einem starken Großfürstentum wohl überhaupt nicht sehr interessiert war. Indessen waren beide Kandidaten nach Sarāi gereist, und Michail von Tveŕ kehrte mit dem Großfürstenjarlyk zurück, worauf sich die Daniloviči – Jurij von Moskau und seine Brüder – fürs erste fügten und Michail als Großfürsten anerkannten.

Die folgenden Jahre waren erfüllt von dem Versuch des Großfürsten, der natürlich ebenso wie schon sein Vater nicht in Vladimir, sondern in Tveŕ residierte, seine Macht zu festigen. Am schwierigsten war das in Groß-Novgorod, das Michail zwar 1307 als seinen Fürsten anerkannt hatte, aber schon vier Jahre später zum erstenmal gegen die von Tveŕ aus eingesetzte Verwaltung revoltierte. Und Novgorod konnte in solchem Falle auf Bundesgenossen rechnen, vor allem auf den Moskauer, der den offenen Kampf gegen Tveŕ nur angesichts der wachsenden Macht des Großfürsten vorübergehend eingestellt, aber keineswegs für immer aufgegeben hatte. 1312 begann der zweite Abschnitt in der Auseinandersetzung der beiden Rivalen. Nicht nur wenn der russische Großfürst starb, mußte sich der Nachfolger um den Jarlyk bemühen, sondern auch wenn der Chan der Goldenen Horde wechselte, mußte die Großfürstenwürde neu bestätigt werden. 1312 folgte nun auf Tochtu als neuer Chan Özbeg, und der Großfürst Michail war genötigt, eine neue Reise nach Sarāi zu unternehmen. Das gab den Novgorodern und Jurij von Moskau die erwünschte Gelegenheit, und von da an nahm der Kampf immer schärfere Formen an. Militärisch lag im allgemeinen noch immer das Übergewicht bei Tveŕ, aber politisch gewann Moskau einen entscheidenden Vorteil, als es Jurij 1317 gelang, mit dem Großfürstenjarlyk und der Schwester des Tatarenchans als Frau aus Sarāi zurückzukehren. Nicht einmal mit tatarischer Unterstützung war Jurij zwar imstande, seinen Rivalen militärisch zu besiegen, aber Michail hatte das Unglück, daß Končaka, die tatarische Frau des Moskauers, in Tveŕscher Gefangenschaft starb. Unter diesen Umständen hatte sein Versuch, den Chan umzustimmen, wenig Aussicht auf Erfolg. 1318 wurde Michail von Tveŕ, nachdem man ihm den Prozeß gemacht hatte, in Sarāi hingerichtet – in Anwesenheit des Großfürsten Jurij Danilovič.

Auf wessen Seite danach die ›öffentliche Meinung‹ in Rußland stand – und das einzige Organ einer nicht an lokale Interessen gebundenen Meinung war die Kirche –, ergibt sich daraus, daß Michail Jaroslavič von Tveŕ als Märtyrer unter die Heiligen der russischen Kirche gereiht wurde. Das hätte eine moralische Niederlage der im übrigen von der Kirche unterstützten Moskauer, die 1328 durch Ivan I. Kalita (1328 bis 1341) die Großfürstenwürde endgültig an sich brachten, bedeuten können. Aber von politischer Moral konnte längst nicht mehr die Rede sein. Allein in der Auseinandersetzung zwischen Moskau und Tveŕ sind in der ersten Hälfte des 14. Jahrhunderts fünf russische Fürsten – ein Moskauer (Jurij Danilovič) und vier von Tveŕ – in Sarāi eines gewaltsamen Todes gestorben. Kein Großfürst kehrte allein mit dem Jarlyk aus der Residenz der Goldenen Horde zurück, jeder – auch der spätere Märtyrer Michail von Tveŕ – war von einem tatarischen Bevollmächtigten und von tatarischen Truppen begleitet, die er gegen seine russischen Feinde einsetzte – Michail 1315 gegen die Novgoroder, Jurij 1317 gegen Tveŕ, Ivan Kalita 1327 gegen Tveŕ und 1339/1340 gegen Smolensk. Für die betroffene Bevölkerung unterschieden sich solche Unterstützungsaktionen nicht von direkten Angriffen, der russische ›Freund‹ hatte mitunter kaum weniger zu leiden als der russische ›Feind‹. 1327 erhob sich die Bevölkerung der Stadt Tveŕ in bewaffnetem Aufstand gegen die tatarische Garnison unter der Führung eines gewissen Čol-chan (Ševkal), der dem Tveŕschen Großfürsten Aleksandr Michajlovič mehr zur Kontrolle als zur Unterstützung beigegeben war. Der Aufstand war erfolgreich, aber er löste eine blutige Vergeltungsaktion aus, an deren Spitze der Moskauer Fürst Ivan Kalita stand. Aleksandr Michajlovič und seine Brüder mußten außer Landes gehen. Und es war kein Zufall, daß Aleksandr, nachdem Novgorod ihm die Aufnahme verweigert hatte, in dem damals stark unter litauischem Einfluß stehenden Pleskau/Pskov eine Zuflucht gewährt wurde. Schon 1320 hatte Aleksandrs Bruder Dmitrij Michajlovič, der 1325 den Tod des Vaters an Jurij von Moskau rächte, aber dann selbst in Sarāi hingerichtet wurde, die Tochter des litauischen Großfürsten Gedimin geheiratet. Die für anderthalb Jahrhunderte charakteristischen Beziehungen spielten sich ein: Moskau erreichte seine Ziele in Gefolgschaft und mit Unterstützung der Tataren, Tveŕ suchte dagegen Anlehnung an Litauen. Das Kräfteverhältnis Moskau–Tveŕ hing sehr stark von dem Kräfteverhältnis Goldene Horde–Litauen ab; und Tveŕ unterlag zunächst auch deshalb, weil in der ersten Hälfte des 14. Jahrhunderts das unter Gedimin rasch an Macht gewinnende Großfürstentum Litauen der Goldenen Horde unter dem Chan Özbeg noch kein vollwertiges Gegengewicht bieten konnte. Ein halbes Jahrhundert später sollte das Verhältnis genau umgekehrt sein.

Der Mißerfolg von Tveŕ hatte noch eine zweite, auf die Dauer sehr ins Gewicht fallende Ursache. Es ist dem Großfürsten Michail Jaroslavič nicht gelungen, nachdem sein Förderer, der Metropolit Maksim schon am Ende des Jahres

1304 gestorben war, auch weiterhin die Unterstützung der Kirche für seine Politik zu gewinnen. Die Quellen ergeben kein ganz klares Bild, und es muß daher offenbleiben, ob Michail wirklich den ernsthaften Versuch gemacht hat, einen eigenen Kandidaten als Metropoliten durchzusetzen und dann auch wohl die Residenz des Metropoliten ›von ganz Rußland‹ nach Tveŕ zu verlegen; sicher aber ist, daß dem neuen Metropoliten Petr (ab 1307), ursprünglich einem Kandidaten des galizischen Fürsten Jurij L'vovič, von seiten der Tveŕschen Geistlichkeit Schwierigkeiten bereitet wurden. Mehrfach wurden in Konstantinopel Anklagen gegen Petr erhoben, und wenn der Metropolit auch alle vom Patriarchen gegen ihn eröffneten Verfahren gerechtfertigt überstand, so lag es für ihn doch nahe, im Lande selbst eine politische Stütze zu suchen. Da die Angriffe von Tveŕ kamen, konnte die Unterstützung nur von Moskau kommen. So begann jene enge Zusammenarbeit zwischen dem Oberhaupt der russischen Kirche und den Moskauer Fürsten, der die Moskauer Politik trotz ihrer Kompromittierung durch die Tataren den kirchlichen Segen, d. h. die Billigung und Unterstützung der einzigen gesamtrussischen Institution verdankte. Das hatte nicht nur auf weite Sicht, sondern ganz unmittelbare konkrete Folgen: 1326 wurden die sterblichen Überreste des Metropoliten Petr (heiliggesprochen 1339) schon in der von ihm errichteten Moskauer Mariä-Himmelfahrtskathedrale bestattet, drei Jahre später schleuderte sein Nachfolger, der Grieche Theognost, der von Anfang an in Moskau residierte, den Bannfluch gegen Moskaus Gegner Aleksandr von Tveŕ und gegen die Stadt Pskov, die diesem Asyl gewährt hatte.

Die Festigung der Moskauer Machtstellung

Die Tatsache, daß vom Jahre 1328 an die Großfürstenwürde von Vladimir mit einer kurzen und politisch bedeutungslosen Unterbrechung nach dem Tode Ivans II. (1359) den Moskauer Fürsten erhalten blieb, darf nicht darüber hinwegtäuschen, daß dieses Vladimir-Moskauer Großfürstentum im 14. Jahrhundert noch weit davon entfernt war, auch nur einen nordostrussischen Gesamtstaat darzustellen. Die großfürstliche Macht der Moskauer war vom Tatarenchan geborgt, so wie ihre Großfürstenwürde von ihm verliehen war. Den Tataren lag nun gewiß daran, ihren russischen Ulus vor fremdem Zugriff zu bewahren: Sie taten daher einiges, der Bedrohung durch Litauen von Westen her entgegenzuwirken, und diese Maßnahmen kamen Moskau zugute. Aber an einer inneren Einigung Rußlands unter einem wirklich mächtigen Großfürsten konnte den Tataren nicht gelegen sein. Es scheint sogar, daß der Chan dem neuen Großfürsten Ivan I. Kalita einen Teil der mit dem Großfürstentum verbundenen Territorien entzog und dem Suzdaler Fürsten Aleksandr Vasil'evič verlieh; dieser Aleksandr starb zwar schon im Jahre 1332, aber die ihm verliehenen Gebiete an der Wolga fielen offenbar nicht an das Großfürstentum zurück, sondern bildeten um die Mitte des 14. Jahrhunderts ein eigenes Großfürstentum Nižnij Novgorod. Um dieselbe Zeit begannen auch Rjazań und Tveŕ Anspruch auf großfürstlichen Rang zu erheben. Eine solche Inflation an ›Großfürstentümern‹ war natürlich mit einer Wertminderung verbunden: Es handelte sich da nicht mehr – nicht einmal dem Anspruch nach – um Großfürsten ›von ganz Rußland‹, sondern um Großfürsten des ganzen, inzwischen längst auch wieder in zahlreiche Teilfürstentümer zerfallenen Gebietes von Nižnij Novgorod, Rjazań usw. Es bildeten sich also in einer ständig weiter zerfallenden Welt von Teilfürstentümern neue lokale, politische Zusammenschlüsse, eine Entwicklung, der entgegenzuwirken die Tataren kein besonderes Interesse haben konnten, und die Ivan Kalita und seine Söhne Simeon der Stolze (1341–1353) und Ivan II. der Schöne (1353–1359) nicht zu verhindern vermochten. Am erstaunlichsten ist dies bei dem vollständig besiegten Tveŕ, dessen Existenz 1327 am Ende zu sein schien. Die Erklärung liegt hier in dem wachsenden Druck, den das litauische Großfürstentum unter Gedimin auszuüben begann. Ivan Kalita bekam ihn im Westen allerorts zu spüren – in Novgorod, das sich seinen finanziellen Forderungen beharrlich widersetzte, ebenso wie in Pskov, wo Aleksandr Michajlovič von Tveŕ ein volles Jahrzehnt ungestört und in engem

Einvernehmen mit Litauen regierte. Nicht einmal seine vorzüglichen Beziehungen zum Chan Özbeg bewahrten den Moskauer Großfürsten vor unliebsamen Überraschungen: Auch andere ›Großfürsten‹ spielten mitunter das Instrument der tatarischen Hofintrigen erfolgreich; so gelang es Aleksandr von Tveŕ 1336 in direkten Verhandlungen mit der Goldenen Horde, wiederum den Jarlyk für sein angestammtes Fürstentum zu erhalten, und es bedurfte aller Anstregungen des Moskauers, ein weiteres Mal in Sarāi siegreich zu bleiben: Am 28. Oktober 1338 wurde Aleksandr vom Tatarenchan dasselbe Schicksal bereitet wie seinem Vater Michail. Die Mittel, die zu diesem Ziele führten, waren immer dieselben – Denunziation und Bestechung.

Den gesamtstaatlichen Führungsanspruch des Großfürstentums Vladimir-Moskau zu verwirklichen, gelang nicht in einem Wurf; es erscheint fraglich, ob Ivan I. Kalita überhaupt eine so großzügige Konzeption verfolgt hat. Der Ausbau der Moskauer Machtstellung erfolgte auf viel unauffälligeren Wegen. Die unbedingte Fügsamkeit unter die Oberherrschaft des Tatarenchans kam ohne Zweifel nicht nur dem Moskauer Fürsten, sondern auch seinem Lande zugute. Das Moskauer Territorium blieb von tatarischer Plünderung verschont, es konnte sich eines spürbaren wirtschaftlichen Aufschwunges erfreuen. Als Tributeinnehmer der Tataren boten sich dem Moskauer weitere Möglichkeiten, die eigene Ökonomie zu schonen und die der anderen – vor allem die Groß-Novgorods – um so mehr heranzuziehen. Seinen Beinamen Kalita (Geldbeutel, arabisches Lehnwort im Turko-Tatarischen) erhielt er nicht ohne Grund. Das Geldbedürfnis der Tataren ist gewiß nicht anzuzweifeln, aber wer konnte so genau feststellen, ob die zusätzlichen Tributforderungen wirklich stets vom Tatarenchan erhoben wurden oder der finanziellen Erfindungsgabe seines getreuen Exekutivorgans in Rußland ihren Ursprung verdankten? Nicht nur die geschäftstüchtigen Novgoroder waren in dieser Hinsicht mißtrauisch, und der zunehmende Reichtum des Moskauers blieb nicht verborgen. Dieser Reichtum war es, der die Vergrößerung der Moskauer Votčina auf eine ungewöhnliche Weise ermöglichte, nämlich durch Kauf. Und zwar im kleinen – dorfweise, wie im großen – fürstentumweise. Die ›Käufe‹ (kupli) Ivans I. haben der Forschung einige Rätsel aufgegeben, denn es schien schwer vorstellbar, daß der Moskauer so ausgedehnte Territorien wie die Fürstentümer Beloozero, Uglič und Galič einfach kaufen konnte, und es ließen sich außerdem auch nach Ivan Kalita in diesen Fürstentümern noch eigene Fürsten nachweisen. Trotzdem ist an dem Sachverhalt nicht zu zweifeln: Der Kauf sicherte dem Moskauer Großfürsten Besitz und politischen Einfluß, beließ aber die angestammten Fürsten als Regenten ihres Landes. Eine andere Methode der Gebietserwerbung war das Schaffen von Anrechten und Einflüssen durch verwandtschaftliche Beziehungen, d. h. durch eine zweckbestimmte Heiratspolitik. Ivan Kalita hat sie im teilfürstlichen Mikrokosmos des alten Rostover Landes mit Erfolg angewendet. Gewiß waren das nicht die Methoden eines Staatsbegründers von Rang, sondern viel eher die eines umsichtigen Gutsbesitzers, der seinen Nachfahren ein vergrößertes Einkommen sichern will. Aber eben damit befand sich Ivan Kalita ganz in Übereinstimmung mit der nordostrussischen Votčinatradition. Der Besitz jener Territorien, die mit dem Großfürstenrang von Vladimir verbunden waren, blieb von der Gnade des tatarischen Souveräns abhängig. Nur was zum ›Vatererbe‹ gehörte, hatte sichere Aussicht auf Bestand. Und es sollte eben das geschickt vermehrte ›Vatererbe‹ der Moskauer Großfürsten sein, aus dem der neue gesamtrussische Staat erwuchs.

Bewährung in veränderter Lage

In demselben Jahr 1341 starben der Moskauer Großfürst Ivan I. Kalita, der litauische Großfürst Gedimin und der Chan der Goldenen Horde Özbeg. Die Auswirkung, die das Ende einer langen und erfolgreichen Regierung in jedem der drei Länder hatte, war zwar verschieden, überall jedoch wurde eine Periode der relativen Ruhe und Stabilität durch eine Zeit dynamischer Entwicklung abgelöst. In der Goldenen Horde führte diese Entwicklung nach dem Tode von Özbegs Nachfolger Ǧambek (1357) sehr rasch zu einem Machtverfall. Die Ursache waren innere Kämpfe, in denen sich die Prätendenten familienweise ausrotteten und die Chane einander so schnell ablösten, daß sie mitunter nicht die Gelegenheit fanden, den russischen Fürsten neue Jarlyke auszustellen. Da in denselben Jahren auch Südchina die Mongolenherrschaft abschüttelte und das mongolische Gesamtreich faktisch zu bestehen aufhörte, blieb die Goldene Horde in ihrer anarchischen Auflösung sich selbst überlassen. Zwar galten überall die Nachkommen des Čingiz-Chan als allein zur Herrschaft befähigt, aber die Macht ging an ehrgeizige Außenseiter über, deren erfolgreichster, Tīmūr, noch einmal dem mongolischen Weltherrschaftsanspruch Geltung verschaffen sollte. Innerhalb der Goldenen Horde war in den sechziger und siebziger Jahren des 14. Jahrhunderts der Temnik (General) Mamāi der mächtigste Mann. Allerdings mußte er sich mit der faktischen Herrschaft über das Gebiet westlich der Wolga begnügen und Terrainverluste im Westen gegen Litauen hinnehmen.

Das Großfürstentum Litauen hatte unter Gedimin (Gediminas 1316–1341) einen beständigen Aufstieg vollzogen. In konsequenter Fortsetzung der schon von Mindaugas im 13. Jahrhundert eingeleiteten Politik beschränkte sich Litauen im Westen auf die Defensive gegen den Deutschen Orden (mehr und mehr in Zusammenarbeit mit Polen) und setzte im Osten die territoriale Expansion fort. Diese konnte bei den betroffenen west- und südwestrussischen Teilfürsten auf das Bestreben rechnen, sich der Tatarenherrschaft und vor allem dem Tatarentribut (vychod) zu entziehen, und bediente sich sehr elastischer Formen: teils wurden die einheimischen Fürsten in ein Vasallenverhältnis aufgenommen, teils setzte der Großfürst litauische Fürsten ein, teils begnügte er sich mit gelegentlicher und mittelbarer Einflußnahme. In keinem Falle erfuhr das Leben der ostslavisch-orthodoxen Bevölkerung einschneidende oder gar gewaltsame Änderungen. Litauische Teilfürsten nahmen vielmehr die christlich-orthodoxe Religion ihrer Untertanen an, und es war umgekehrt Litauen, das unter dem Einfluß des zahlenmäßig überwiegenden und kulturell überlegenen Ostslaventums sein Gesicht zu wandeln begann. Zwar blieb die litauische Führung des Gesamtstaates heidnisch, aber die Amtssprache wurde ein weißruthenisch gefärbtes Kirchenslavisch, und so stark trat im Laufe der Zeit das ›reußische‹ Element in den Vordergrund, daß die litauischen Großfürsten dieselbe Einigung der ganzen Ruś (des ganzen Rußland) zu ihrem politischen Programm machen konnten, die später die Moskauer Großfürsten und Zaren verwirklichten.

Nach einer bedeutungslosen Zwischenregierung setzte Olgerd (Algirdas, 1345–1377) das Werk des Vaters in noch größeren Dimensionen fort. Während sein Bruder Kejstut (Kestutis) die Verteidigung im Westen führte, konnte sich Olgerd ganz der Ostpolitik widmen. Über die bereits von seinem Vater vereinnahmten Territorien (Polock, Vitebsk, Minsk) hinaus gelang ihm schon der Einbruch in das Gebiet des Fürstentums Smolensk (Ržev, Mstislav, Toropec); Smolensk selbst konnte ebenso wie Pskov und Novgorod die formale Unabhängigkeit wahren, mußte aber gleich den anderen Städten das litauische Prestige in Gestalt einer politischen Anlehnung an den mächtigen Nachbarn achten, die Tveŕ seit langem auch von sich aus praktizierte. Nur die erfolgreiche Verteidigung von Moskau gebot dem litauischen Vordringen unmittelbar nach Osten vorläufig Halt. Größer waren die litauischen Territorialgewinne im Süden. Hier war im 14. Jahrhundert das Fürstentum Galizien-Wolhynien kein ebenbürtiger Partner und kein Expansionshindernis mehr. Schon Gedimin hatte von Podlachien (dem Brester Land mit Mielnik und Drohiczyn, der Krönungsstadt Daniils) Besitz ergriffen, Olgerd focht mit Polen einen langwierigen Kampf um das gesamte galizisch-wolhynische Erbe aus, an dessen Ende Litauen 1370 Wolhynien und Ostpodolien (Braclav, Vinnica) behauptete. Für die Erwerbung Podoliens war der Sieg die Voraussetzung, den Olgerd 1362 in der Schlacht ›an den blauen Wassern‹ (vermutlich der Sinjucha, einem linken Nebenfluß des Bug) über die Tataren errang. Und dieser Erfolg sowie überhaupt die Schwäche der Tataren erklärt es, daß Litauen jenes Kerngebiet des alten Kiever Reiches an sich ziehen konnte, das seit den neuen Machtbildungen im Südwesten und Nordosten nur mehr einen unbeachteten Nebenschauplatz der russischen Geschichte bildete – die sogenannten severischen Fürstentümer an der Desna und am Oberlauf der Oka (Novgorod-Severskij, Brjansk, Karačev, Kozel'sk, Novosil' u. a.) seit 1357 und Kiev in den Jahren nach der Schlacht an den blauen Wassern. Der Vorstoß noch weiter nach Süden und die Errichtung litauischer Stützpunkte an der Schwarzmeerküste blieb zwar Olgerds Neffen Witold vorbehalten, der 1395 zum erstenmal und 1404 endgültig auch Smolensk an Litauen brachte, aber die Herrschaft der Tataren im westlichen Teil der Schwarzmeersteppe (Poniźe, Podunav́e) war zweifellos auch schon zu Olgerds Zeiten nicht mehr unbestritten. Dieser gewaltige Gebietszuwachs, der die Litauer in ihrem eigenen Staat zu einer kleinen Minderheit von einem Zehntel machte, gab dem Bestreben Olgerds, Herrscher über ›alle Russen‹ zu werden, einen eindrucksvollen Hintergrund. Mit Kiev hatte er das historische Sinnbild der gesamtrussischen Einheit in seinem Besitz; aber Kiev war seit zwei Jahrhunderten nicht mehr Residenz des Großfürsten ›von ganz Rußland‹ und seit mehr als einem halben Jahrhundert auch nicht mehr Sitz des Metropoliten ›von ganz Rußland‹. Versuche des immer noch heidnischen litauischen Großfürsten, die Kiever Metropolie im Gegensatz zur Moskauer wieder zu beleben, hatten nur vorübergehend Erfolg, und an den Großfürsten von Moskau ist die kühne Konzeption der litauischen Ostpolitik schließlich gescheitert; nicht zuletzt deshalb, weil den heidnischen und später katholischen Litauern eine entscheidende Qualifikation zum Herrscher orthodoxer Russen fehlte – eben die Orthodoxie. Aber noch war das alles nicht abzusehen, und Moskau, das selbst von unbestrittener Alleinherrschaft im russischen Nordosten noch weit entfernt war, sah sich im Westen wie im Osten, gegen Litauer wie gegen Tataren, vor einer verzweifelt schweren Aufgabe.

Diese Aufgabe zu lösen, mußte unmöglich erscheinen, als der ›stille und sanfte‹ Ivan II. 1359 schon starb und nur zwei minderjährige Söhne hinterließ. Wie sollte der Anspruch Moskaus auf das Großfürstentum Vladimir gegen zahlreiche Feinde und Konkurrenten gewahrt werden, zumal auf eine wirksame Unterstützung des tatarischen Souveräns nicht wie bisher zu rechnen war, die Machtkämpfe in der Goldenen Horde vielmehr allen Aktionen der Gegner Moskaus Spielraum und Ansatzpunkte boten? In dieser Situation war das Schicksal Moskaus und damit die Entscheidung über den künftigen Weg Rußlands in die Hände eines Mannes gelegt, der in seiner Person alle die Kräfte verkörperte, die Moskau und seine Fürsten an die Spitze der großrussischen Nation bringen sollten – in die Hände des Metropoliten Aleksej. Aleksej war der Sohn eines Bojaren Fedor Bjakont, der sein angestammtes Fürstentum Černigov verlassen hatte und in die Dienste des Fürsten Daniil Aleksandrovič von Moskau getreten war. Bei der Freizügigkeit, die von den russischen Bojaren beansprucht und ausgeübt wurde, lassen sich das Ansehen und die Zukunftschancen eines Fürsten daran ermessen, in welchem Maße es ihm gelang, die eigenen Bojaren festzuhalten und fremde Bojaren in seinen Dienst zu ziehen. Nun wissen wir zwar auch von Fällen, in denen Moskauer Bojaren im Konflikt mit ihrem Fürsten den Dienst aufsagten und in den Dienst eines anderen Fürsten traten, aber im ganzen hatte der Bojarenstrom die Tendenz nach Moskau hin und nicht von Moskau weg; die relative Ruhe, die das Moskauer Territorium in der ersten Hälfte des 14. Jahrhunderts genoß, und der wachsende Reichtum der Moskauer Fürsten machen das ganz begreiflich. Es lag nun in der Natur der Sache, daß die neu ins Land gekommenen Bojarenfamilien dem Fürsten enger verbunden waren als die seit jeher im Lande ansässigen und daß sich umgekehrt der Fürst vor allem auf jene stützen konnte, die ihr Schicksal bewußt und freiwillig mit dem seinen verbunden hatten. So hat es Fedor Bjakont zum Moskauer Stadthauptmann (tysjackij) gebracht, einer sehr einflußreichen, im Jahre 1373 zugunsten der unbeschränkten fürstlichen Autorität gewaltsam aufgehobenen Position, und sein Sohn, dessen Pate Ivan I. Kalita persönlich war, wurde am Moskauer Hofe erzogen und frühzeitig für die geistliche Laufbahn bestimmt. Ebenso frühzeitig wurde er zum Nachfolger des Metropoliten Theognost ausersehen und von diesem auf sein

Amt vorbereitet. Sorgsame Vorbereitung auf lange Sicht und die Fürsprache des Griechen Theognost machten es auch möglich, den russischen Kandidaten Aleksej beim Patriarchen in Konstantinopel durchzusetzen. Zwar blieb Aleksej die Reise in die griechische Kaiserstadt nicht erspart, aber im Jahre 1354 kehrte er als vom Patriarchen eingesetzter Metropolit ›von Kiev und ganz Rußland‹ nach Moskau zurück.

Erste Voraussetzung der künftig von Aleksej einzuschlagenden national-russischen Moskauer Politik war, daß die mit der gesamtrussischen Tradition und einem gesamtrussischen Führungsanspruch verbundene Großfürstenwürde von Vladimir Moskau erhalten blieb. Den tatarischen Großfürstenjarlyk zu erringen, war die geringste Schwierigkeit; aber da es zwei Jahrzehnte lang stets mehrere Tatarenchane gab, die alle bereitwillig Jarlyke ausstellten, um sich Parteigänger im russischen Ulus zu sichern, verlor der Jarlyk viel von seiner früheren Bedeutung. Weder ließ sich auf die Dauer die Parteinahme für einen tatarischen Machthaber vermeiden, die dann zwangsläufig die Ungnade des anderen nach sich zog – unbedingte Loyalität als Prinzip der Moskauer Tatarenpolitik war also nicht mehr möglich –, noch konnte man sich durch den Jarlyk die innerrussische militärische Machtprobe erleichtern oder gar ersparen. Wenn die Versuche des Fürsten Dmitrij Konstantinovič von Suzdal', anfangs der sechziger Jahre sich im Großfürstentum Vladimir zu behaupten, scheiterten, so lag das ausschließlich daran, daß er dem Moskauer Dmitrij Ivanovič, für den der Metropolit Aleksej praktisch die Regentschaft führte, militärisch nicht gewachsen war. 1366 wurde der Konflikt durch eine Ehe zwischen dem Moskauer Dmitrij und der Tochter des Suzdaler Dmitrij endgültig beigelegt; das ›Großfürstentum‹ Suzdal' – Nižnij Novgorod stand von da ab unter dem kaum mehr bestrittenen Einfluß der Moskauer Politik. Gleichzeitig setzte sich Moskau auch in Rostov, Galič und Starodub durch; die lokalen Fürsten wurden zur Unterwerfung unter die großfürstliche Herrschaft gebracht oder vertrieben.

Viel schwieriger gestaltete sich die Auseinandersetzung mit den beiden anderen ›Großfürstentümern‹ Rjazań und Tveŕ.

In beiden Fällen gaben Zwistigkeiten innerhalb der großfürstlichen Familien, zwischen den rjazańschen bzw. tveŕschen ›Großfürsten‹ und ihren ›Teilfürsten‹, der Moskauer Politik Gelegenheit zur Einmischung, aber in beiden Fällen blieben Moskaus Erfolge begrenzt. Die Auseinandersetzung mit Rjazań ging nicht um die Großfürstenwürde von Vladimir, sondern um strittige Grenzgebiete an der Oka. Aber wenn auch Rjazań kein ernsthafter Konkurrent um die Vorherrschaft war, so blieb es doch andererseits dem dauernden Moskauer Einfluß entzogen. Rjazań war Grenzland gegen die Steppe und gegen die Tataren – tatarische Unterstützung und Einmischung konnten hier besonders leicht erfolgen; und Rjazań hatte, seit sich die litauische Macht im Gebiet der ›oberen Fürstentümer‹ (verchovskie knjažestva, d. h. der Kleinfürstentümer im Einzugsgebiet der oberen Oka) festgesetzt hatte, auch eine gemeinsame Grenze mit Litauen. Von den sich aus dieser Lage ergebenden Möglichkeiten, Moskauer Ansprüchen gegenüber die Selbständigkeit einer eigenen Politik zu behaupten, machten die Großfürsten von Rjazań begreiflicherweise Gebrauch. Nicht zufällig, sondern einer durch die Lage seines Landes nahegelegten Neutralitätspolitik folgend, stand der rjazańische Großfürst Oleg Ivanovič abseits, als 1380 die Russen unter der Führung Moskaus den ersten großen militärischen Sieg über die Tataren erfochten.

Moskaus Hauptgegner war und blieb aber sein nordwestlicher Nachbar, das Großfürstentum Tveŕ. Sieben Jahre lang, von 1368 bis 1375, zog sich der offene Kampf mit wechselndem Erfolg hin. Der Großfürst Michail Aleksandrovič von Tveŕ stand ebenso im Bunde mit Litauen wie sein Vater und Großvater; Tveŕ angreifen, das hieß daher den größeren und mächtigeren litauischen Nachbarn provozieren. Es spricht für die Umsicht, mit der man in Moskau zu Werke ging, daß man vor Beginn des Kampfes die Stadt Moskau mit einer neuen, steinernen Befestigung versah: »In demselben Jahr (1367) begannen sie in Moskau eine steinerne Stadt zu errichten, und indem sie auf ihre große Macht vertrauten, begannen sie, die russischen Fürsten ihrem Willen unterzuordnen; aber wer es unternahm, ihrem Willen nicht gehorsam zu sein, gegen den fingen sie an, in Bosheit Anschläge zu ersinnen«. So sahen es Moskaus Gegner. Aber das Risiko war beträchtlich. Dreimal 1368, 1370 und 1372 – standen die Litauer unter Olgerd vor Moskau, das nur seine neue Mauer vor der Einnahme bewahrte. 1371 brachte Michail von Tveŕ aus der Goldenen Horde den Großfürstenjarlyk für Vladimir mit, und es bedurfte wie schon so oft aller – auch finanziellen – Anstrengungen von seiten Moskaus, um das diplomatische Spiel bei den Tataren am Ende doch zu gewinnen. Die Länder beider Gegner hatten unter den andauernden Kämpfen schwer zu leiden. Schließlich brachte Moskau gegen Tveŕ eine Koalition russischer Fürsten zusammen, der Michail Aleksandrovič ohne unmittelbare militärische Unterstützung Olgerds nicht gewachsen war. 1375 konnte Dmitrij von Moskau den Frieden diktieren: Der Großfürst von Tveŕ hatte als ›jüngerer Bruder‹ den Großfürsten von Vladimir und Moskau als ›älteren Bruder‹ anzuerkennen und den Moskauer Teilfürsten Vladimir Andreevič von Serpuchov, einen Vetter Dmitrijs, als ›Bruder‹, d. h. als gleichrangig zu betrachten. Die Verbindung mit Olgerd von Litauen hatte er zu lösen, seine Tatarenpolitik mit der Moskauer zu koordinieren und dem Moskauer Großfürsten Heeresfolge zu leisten (»Wenn ich oder mein Bruder, der Fürst Vladimir Andreevič, Krieg führen werden, so bist du, Bruder, verpflichtet, gemeinsam mit uns persönlich zu Pferde zu steigen, ohne Hinterlist. Werden wir aber nur unsere Feldherren schicken, so bist du verpflichtet, deine Feldherren zu schicken«). Auch alle übrigen Streitfragen wurden natürlich zugunsten Moskaus entschieden. Damit war ein Modell geschaffen, nach dem in Zukunft die Unterwerfung der anderen Großfürstentümer unter das Moskauer durchgeführt werden konnte. Aber die selbständige Existenz des Tveŕschen Großfürstentums mußte Moskau auch als Sieger noch hinnehmen, ja, es sollten noch manche Rückschläge eintreten, ehe mehr als ein Jahrhundert später die Selbständigkeit Tveŕs endgültig ausgelöscht werden konnte.

Es war nicht allein der stärkere ökonomische Rückhalt, der Moskau auf die Dauer das militärische und politische Übergewicht sicherte. Ein ideelles Moment kam hinzu und trat mehr und mehr in den Vordergrund: Tveŕ (und auch Rjazań) konnte nicht verhindern, daß es durch seine unchristlichen Verbündeten in den Augen der Russen zunehmend kompromittiert erschien, Moskau dagegen die Rolle des religiösen (und nationalen) Vorkämpfers übernahm. Der Metropolit Aleksej hat alles getan, diese Rolle Moskaus den orthodoxen Russen ins Bewußtsein zu rücken. Für ihn waren Tveŕ und Litauen ja auch kirchenpolitische Gegner. So stark war die Identifizierung der Kirchenpolitik Aleksejs mit den Moskauer Machtinteressen, daß die Einheit der Metropolie ›von Kiev und ganz Rußland‹, d. h. der ostslavischen orthodoxen Kirche, zerbrach. Vergeblich ermahnte der Patriarch Philotheos den Moskauer Metropoliten, nicht mit verschiedenem Maß zu messen und von den Fürsten ›die einen zu lieben wie seine eigenen Söhne‹, die andern aber nicht; vergebens erinnerte er ihn daran, daß er zum Metropoliten von ›ganz Rußland‹ und ›nicht eines Teiles‹ geweiht sei. Aleksej war nicht bereit, nach Kiev, d. h. in den litauischen Machtbereich, überzusiedeln und von dort aus ›ganz Rußland‹ kirchlich zu verwalten; eher nahm er die Verkleinerung seiner Kirchenprovinz durch Errichtung westrussischer Metropolien in Kauf, die der Patriarch unter dem Druck des litauischen Großfürsten und des polnischen Königs (für Galizien) zugestehen mußte. So begann der russische Westen auch kirchlich seine eigenen Wege zu gehen, und es wurde jene Gleichsetzung zwischen orthodoxer Kirche und Moskauer Großrussentum eingeleitet, von der die Geschichte Rußlands seither entscheidend mitbestimmt ist.

Hinter Aleksejs Kirchenpolitik stand freilich nicht nur ein ehrgeiziger Anspruch, sondern auch eine eindrucksvolle innerkirchliche Leistung. In das 14. Jahrhundert fällt der Beginn des ›asketischen Zeitalters‹ Altrußlands, jener mächtigen Bewegung zahlloser Klostergründungen, die der Zeitgenosse Aleksejs, der heilige Sergij von Radonež (um 1314–1392) auslöste. In einem Menschenalter wurde dessen Einsiedelei in den Wäldern nördlich von Moskau zum Vorbild eines neuen Typs von Gemeinschaftsklöstern, der neben den älteren des stadtnahen Stifterklosters trat. Immer neue Einsiedeleien (pustyni) schoben sich von den bestehenden Klöstern in den menschenleeren nordrussischen Wald vor, wurden selbst zu Klöstern und sandten ihrerseits wieder Asketen in die Einsamkeit hinaus. Im ganzen ein Vorgang, der als weiträumige Klosterkolonisation den russischen Norden siedlungsmäßig und wirtschaftlich erschlossen hat, der den gewaltigen Grundbesitz der russischen Kirche erst schuf und in enger Beziehung zur Moskauer großfürstlichen Innenpolitik stand, der aber nicht denkbar ist ohne den asketisch-geistlichen Aufbruch russischer Menschen in der dunkelsten Zeit ihrer nationalen Geschichte. Am Beginn stand das Dreifaltigkeitskloster des hl. Sergij bei Radonež (Troice-Sergiev-Monastyŕ), das Nationalheiligtum des neuen Moskauer Rußland. Die Überlieferung berichtet, daß der hl. Sergij den Moskauer Großfürsten Dmitrij vor dem großen Kampf mit den Tataren Mamāis gesegnet und ihm zwei seiner Mönche als Mitstreiter zur Seite gegeben hat. Der Metropolit Aleksej († 12. Februar 1378) hat die große Stunde des ersten Sieges über die Tataren nicht mehr erlebt, aber es war ganz in seinem Sinne, daß sich die Fürsten Rußlands unter der Führung des Moskauer Großfürsten zum Kampf gegen die Herrschaft der Ungläubigen zusammenfanden. Der Sieg auf dem ›Schnepfenfelde‹ (Kulikovo pole) am oberen Don ist ebenso zum Symbol der nationalen Einheit und des nationalen Wiederaufstiegs geworden wie das Dreifaltigkeitskloster des hl. Sergij: Moskaus großrussischer Führungsanspruch hatte den Segen der Kirche, und die Kirche erfreute sich des Schutzes und der Schenkfreudigkeit des Moskauer Großfürsten. Allerdings eilt die Idealisierung solcher nationalen Symbolik der Wirklichkeit weit voraus.

Moskau hat den sicheren Weg einer gehorsamen Erfüllungspolitik gegenüber den Tataren nicht aus eigenem Entschluß verlassen und das Risiko eines militärischen Befreiungskampfes nicht gesucht. Beides ist ihm durch die innere Entwicklung in der Goldenen Horde aufgezwungen worden. Erfolglose tatarische Prätendenten bevorzugten die russisch-tatarischen Grenzgebiete als Aufenthalt und suchten ihre Existenz durch räumlich begrenzte Raubzüge in das russische Gebiet zu fristen. Erfolgreiche Verteidigungsmaßnahmen der Russen forderten entsprechende Vergeltung heraus, und aus solchem Grenzkleinkrieg, wie er noch bis weit ins 16. Jahrhundert hinein für die russisch-tatarischen Beziehungen charakteristisch sein sollte, erwuchsen gegen Ende der siebziger Jahre größere, den lokalen Grenzbereich überschreitende militärische Auseinandersetzungen. Ein russischer Sieg an der Voža im Jahre 1378 veranlaßte Mamāi zu dem Versuch, im Bunde mit dem litauischen Großfürsten Jagiello (Jogaila) das Exempel einer Strafexpedition zu statuieren, wie sie seit langem nicht mehr stattgefunden hatte. Eine koordinierte tatarisch-litauische Aktion konnte für Moskau tödlich werden. Diese Erkenntnis veranlaßte den Moskauer Großfürsten Dmitrij, Mamāi mit den gesammelten Streitkräften des russischen Nordostens (einschließlich der Novgoroder) in die Steppe entgegenzurücken, noch ehe die Vereinigung mit den Litauern vollzogen war. Der Plan war erfolgreich: Am 8. September 1380 wurde Mamāi jenseits des oberen Don in einer schweren, auch für die Russen sehr verlustreichen Schlacht vernichtend geschlagen. Die politische Fernwirkung dieses Sieges war gewaltig: Der Ruf der Unbesiegbarkeit war für die Tataren endgültig dahin, Moskau hatte ein Verdienst erworben, dem kein anderer ›Großfürst‹ ähnliches an die Seite stellen konnte, der militärisch begabte und entschlußfreudige Dmitrij (eine Ausnahme unter den Moskauer Großfürsten) erhielt zu Recht den Beinamen ›Donskoj‹ (vom Sieg am ›Don‹), und die russische Epik bemächtigte sich in deutlicher Anlehnung an das Vorbild des Igorliedes des heroischen Gegenstandes (›Zadonščina‹ = die Erzählung von der Schlacht ›jenseits des Don‹).

Aber die Befreiung vom Tatarenjoch brachte der Sieg auf dem Kulikovo pole noch nicht. Mit Mamāi hatten die Russen nur einen tatarischen Teilmachthaber, dessen Stern zudem im Sinken war, geschlagen, nicht die gesammelte tatarisch-mongolische Macht. Mit dieser war auch weiterhin zu rechnen. Doch war der Tiefpunkt nationaler Erniedrigung überwunden, an die Stelle der Ergebung in ein unabänderliches Schicksal so etwas wie Kreuzzugsstimmung getreten. Es ist wohl kein Zufall, daß mit dem Jahre 1379 die Reihe tatarischer Privilegierungsurkunden für die russische Kirche abreißt.

RÜCKSCHLÄGE. ÜBERGEWICHT LITAUENS UND MACHTKAMPF INNERHALB DER MOSKAUER VOTČINA

Tataren und Litauer

Der militärische Erfolg des Jahres 1380 war von großer moralischer, aber unmittelbar nur von geringer politischer Bedeutung. In dem Augenblick, da die Goldene Horde wieder unter einheitlicher Führung stand und Rückhalt in den zentralasiatischen Nachbargebieten hatte, war an einen offenen Widerstand der Russen nicht mehr zu denken. Der russische Sieg über Mamāi hat das Eintreten dieser Situation sogar beschleunigt, indem er die Machtergreifung des Tochtamyš erleichterte. Hinter Tochtamyš stand aber zunächst als Protektor Tīmūr. Es war für die russischen Fürsten sehr von Nachteil, daß Tochtamyš sich mit großen Plänen trug und das tatarische Herrschaftsgebiet im europäischen Rußland zu seiner festen Machtbasis ausbauen wollte. Er begnügte sich deshalb nicht mit der ohne Zögern geleisteten Huldigung, sondern beschloß, durch eine militärische Demonstration seiner Macht mögliche politische Folgen der Schlacht auf dem Kulikovo pole von vornherein auszuschalten. Im Sommer 1382 eroberte er Moskau. Großfürst Dmitrij, der Sieger von 1380, der nach Norden ausgewichen war, mußte sich zu einer erhöhten Tributleistung verpflichten und seinen Sohn als Geisel stellen. Damit war äußerlich das alte Unterordnungsverhältnis wiederhergestellt. Noch gefährlicher als dieser Rückschlag konnte für Moskau die Politik der Zusammenarbeit mit Litauen werden, die Tochtamyš nun einleitete, um seine Stellung gegenüber Tīmūr zu verstärken. Zwar wurde Tochtamyš 1395 von dem großen Eroberer entscheidend geschlagen und aus seiner Herrschaft vertrieben – im Nachstoß erreichte Tīmūr die Gegend von Rjazań –, aber die tatarisch-litauische Kombination war damit für Moskau keineswegs endgültig aus der Welt geschafft; sie sollte vielmehr so lange immer wiederkehren, als es für Litauen die Möglichkeit, einen tatarischen Verbündeten im Osten zu gewinnen, gab.

Das Großfürstentum Litauen selbst hatte inzwischen den lange hinausgezögerten Schritt getan und das Christentum in seiner westlichen, lateinischen Form angenommen. Das war der Preis für die dynastische Verbindung mit Polen durch die Ehe des litauischen Großfürsten Jagiello mit der polnischen Königin Hedwig. Auf lange Sicht sollte sich die polnisch-litauische Union von 1386 für Moskau nicht ungünstig auswirken. Ein litauischer Großfürst, der zugleich König der katholischen Polen war, mußte in den Augen orthodoxer Ostslaven sehr viel weniger die Eignung zum gesamtrussischen Herrscher besitzen als sein heidnischer und auf das mehrheitlich orthodoxe litauische Großfürstentum beschränkter Vorfahre, dem ja noch jederzeit der Übertritt zum griechisch-orthodoxen Christentum offengestanden hatte. Olgerds Konzeption, alle russischen Länder unter seiner Herrschaft zu sammeln, war nicht mehr zu verwirklichen; der konfessionelle Gegensatz zwischen katholischer litauischer Führungsschicht und orthodoxer ostslavischer Bevölkerungsmehrheit im Großfürstentum Litauen hat vielmehr umgekehrt Moskau, nachdem es erst einmal eine entsprechende Machtposition erreicht hatte, den Ansatzpunkt für eine aktive und aggressive Westpolitik geliefert.

Für Jahrzehnte wirkte sich dies allerdings noch nicht aus, denn unter den beiden Nachfolgern des jung verstorbenen Dmitrij Donskoj, seinem Sohn Vasilij I. (1389–1425) und seinem Enkel Vasilij II. (1425–1462) konnte weder Moskau noch ein anderes der nordöstlichen Großfürstentümer daran denken, das ›Sammeln der russischen Länder‹ planmäßig zu betreiben und in den litauischen Machtbereich hinein auszudehnen. Auch war die litauisch-polnische Verbindung zunächst noch eine recht lockere: Jagiellos Vetter Witold (lit. Vitautas) erfreute sich als litauischer Großfürst (1392–1430) einer nahezu vollständigen, wenn auch die Form eines Vasallitätsverhältnisses wahrenden Unabhängigkeit; er gewann überdies, gestützt auf die Verbindung mit Polen, vor allem nach dem gemeinsam mit Jagiello errungenen Sieg über den

Deutschen Orden (Tannenberg 1410) die Hände frei für eine Festigung seiner Herrschaft den eigenen Teilfürsten gegenüber und für eine aktive Ostpolitik. Der erste mit großem Aufwand, aber in Unterschätzung des Gegners unternommene Versuch hierzu scheiterte zwar in der schweren Niederlage, die Witold und der von ihm unterstützte, nach Litauen geflüchtete Tochtamyš 1399 an der Vorskla, einem linken Nebenfluß des unteren Dnepr, durch den mächtigen tatarischen Emir Edigü (russ. Edigej) erlitten, aber nach 1410 konnte Witold seine Politik, durch Unterstützung von Prätendenten auf die inneren Auseinandersetzungen in der Goldenen Horde Einfluß zu gewinnen, doch zum Erfolg führen. Vier Söhne des Tochtamyš sind mit seiner Unterstützung nacheinander an die Macht gelangt, die sie allerdings mit Edigü († 1419) teilen mußten und die längst keine Macht mehr war, die das Schicksal Osteuropas bestimmte, wie es die Chane der Goldenen Horde so lange getan hatten. Witolds Tatarenpolitik hat sicher zum endgültigen Zerfall des einheitlichen Tatarenstaates im europäischen Rußland beigetragen. Im 15. Jahrhundert und darüber hinaus waren die Tataren wohl noch imstande, verheerende Züge in das großrussische oder ukrainische Gebiet zu unternehmen (1408 gelangte Edigü bis vor Moskau, 1416 eroberte er Kiev), aber sie waren längst nicht mehr das beherrschende Element im politischen Kräftespiel, sondern Objekt einer wechselnden Bündnispolitik der Steppenrandmächte, aus der unter Witold Litauen, in der zweiten Hälfte des 15. Jahrhunderts dann in zunehmendem Maße Moskau Gewinn zog.

Dem russischen Osten gegenüber war Witolds Politik nicht minder aktiv. Vorübergehend konnte es scheinen, als trenne ihn nur mehr ein Schritt von der Einbeziehung Moskaus, dessen Großfürst Vasilij I. mit Witolds Tochter Sophie verheiratet war, in seinen Machtbereich, aber dieser Schritt unterblieb angesichts des bewaffneten Widerstandes, den der Moskauer Schwiegersohn in einem übrigens tatenarmen litauisch-moskauischen Krieg der Jahre 1406–1408 leistete. Auch auf Pskov und Novgorod hat Witold nicht dauernd die Hand legen können. Es blieb beim Gewinn des allerdings wichtigen

Smolensk (1404), bei der Festlegung der litauisch-moskauischen Grenze an der Ugra im Friedensschluß von 1408 und bei der Vormundschaft Witolds für Vasilijs I. minderjährigen Sohn Vasilij II. (1425). Damit war der Höhepunkt des litauischen Ausgreifens nach dem Osten erreicht. Er war das Ergebnis einer jahrzehntelangen politischen Aktivität des litauischen Großfürsten, einer staatsmännischen Leistung, der Vasilij I. nichts Gleichwertiges entgegenzusetzen hatte. In welchem Maße die überragende Persönlichkeit Witolds, der an der Schwarzmeerküste Stützpunkte anlegen ließ und zuletzt die Königskrone und volle Unabhängigkeit von Polen anstrebte, die politische Lage im östlichen Europa einschließlich des russischen Nordostens bestimmte, ergibt sich aus der Tatsache, daß sein Tod (1430) sowohl im Großfürstentum Litauen wie im Großfürstentum Moskau eine Periode der inneren Zwiste und des Machtverfalles auslöste. Und wie stabil die territoriale Ordnung war, die er geschaffen hatte, können wir daraus erkennen, daß sie im wesentlichen unverändert bis gegen Ende des 15. Jahrhunderts erhalten blieb. Allerdings lag dies weniger an der Beständigkeit der litauischen Machtentfaltung im Osten als an dem langsamen Tempo des Moskauer Machtaufstieges, dem sich zahlreiche Hindernisse in den Weg stellten. Die Stabilität des Besitzstandes verbirgt etwas die Tatsache, daß mit dem Tode Witolds für Litauen bereits der Übergang zur Defensive vollzogen wurde. Denn als nach einem Jahrzehnt des Machtkampfes zwischen Svidrigajlo, einem Sohne Olgerds, der sich auf die ›reußischen‹ (russischen, ukrainischen und weißruthenischen), orthodoxen Territorien stützte (1430–1439), und Sigismund, einem Sohne Kejstuts, der Litauer und Polen hinter sich hatte (1432–1440), der drohende Zerfall des litauischen Großfürstentums verhindert werden konnte und unter Jagiellos jüngstem, bei seiner Wahl erst dreizehnjährigen Sohn Kasimir (1440–1492) eine neue Konsolidierung der litauischen Position möglich schien, da führte der Tod des polnischen Königs Władysław in der Schlacht bei Varna (1444) und die darauf folgende Wahl Kasimirs zum Nachfolger seines Bruders (1447) zur Realisierung der polnisch-litauischen Personalunion. Sie ist nur noch einmal für ein knappes Jahrzehnt (1492–1501) unterbrochen worden und hat das polnische Übergewicht in der Union immer stärker hervortreten lassen. Polens Interessen aber lagen im 15. Jahrhundert nicht im Osten, sondern im Westen, wo der Deutsche Orden im Dreizehnjährigen Krieg (1454–1466) endgültig niedergerungen wurde und sich mit den jagiellonischen Erbansprüchen in Ungarn und Böhmen ganz neue Perspektiven eröffneten. Das Witoldsche Erbe einer aktiven litauischen Ostpolitik fand keinen Fortsetzer. Wie sehr dies die Aufgabe Moskaus erleichtert hat, zeigt ein Blick auf die Situation, die sich nach dem Tode Vasilijs I. im Jahre 1425 ergab.

Der Konflikt innerhalb der Moskauer Dynastie

Auch das Moskauer Großfürstentum, genauer das ›Vatererbe‹ der Moskauer Großfürsten, unterlag dem überkommenen Prinzip der Erbteilung nach dem Ältestenrecht. Die sich daraus ergebende ›feudale Zersplitterung‹, die Entstehung neuer ›Votčinen‹ einzelner Familienzweige, hielt sich aber zunächst in bescheidenen Grenzen. Lange Zeit gab es nur ein einziges Moskauer Teilfürstentum, die Votčina der Nachkommen von Ivans I. jüngstem, nicht mehr Großfürst gewordenem Sohne Andrej; bis zu seinem Tode im Jahre 1410 hatte sie Dmitrij Donskojs Vetter Vladimir Andreevič inne. Eine ernsthafte Gefahr für die Moskauer Großfürsten konnte diese Nebenlinie in dem kleinen Udelfürstentum Serpuchov nicht bilden. Sehr viel weiter ging schon die Erbteilung nach dem Tode des Dmitrij Donskoj, der sechs Söhne, davon vier voll regierungsfähige – Vasilij, Jurij, Andrej und Petr – hinterließ. Die Gefahr für den Bestand des Moskauer Staates, die diese zahlreiche Nachkommenschaft bedeuten konnte, hat der Tatarenbesieger offenbar erkannt, denn er machte in seinem Testament den Anteil des Ältesten, Vasilij, überlegen groß, vor allem dadurch – und das war ein Novum –, daß er ihm die großfürstlich Vladimirschen Territorien als einen Teil der Moskauer Votčina vererbte. Immerhin erhielten auch die übrigen erwachsenen Söhne zu ihrem Anteil an Stadt und Land Moskau noch ausgedehnte Gebiete hinzu, und zwar je eines der Fürstentümer, die Ivan I. Kalita seinerzeit ›gekauft‹ hatte – Jurij bekam außer der ›Moskauer‹ Stadt Zvenigorod noch die ›kuplja‹ Galič, Andrej verband in seiner Votčina Možajsk und die ›kuplja‹ Beloozero (daraus bildeten sich dann durch weitere Teilung zwischen seinen beiden Söhnen die Udelfürstentümer Možajsk und Vereja), und Petr verfügte über Dmitrov und die ›kuplja‹ Uglič. In allen Fällen handelte es sich um einen aus verschiedensten Teilen zusammengesetzten, territorial nicht geschlossenen Erbbesitz. Wie sich zeigen sollte, bot die ›kuplja‹ Galič an der oberen Kostroma, an der Unža und an der oberen und mittleren Vetluga – alles linken Nebenflüssen der oberen Wolga – die günstigsten Voraussetzungen für eine neue, selbständige Machtbildung: Sie war dem Moskauer Zentrum fern gelegen und hatte, vor allem der Salzvorkommen wegen, eine ausreichende wirtschaftliche Basis.

Wie stets funktionierte auch die von Dmitrij Donskoj verfügte Ordnung des Seniorats, zumal es sich um ein besonders stark gemachtes Seniorat handelte, ohne Konflikte, solange wirklich der älteste Sohn Vasilij als Großfürst regierte. Nun hatte Dmitrij zwar dafür gesorgt, daß die Stellung des jeweiligen Großfürsten den Teilfürsten gegenüber eine überlegene wurde, aber die ›Thronfolgeordnung‹ hatte er unverändert gelassen: ›Sollte, der Sünde wegen, Gott meinen Sohn, den Fürsten Vasilij, abberufen, dann soll, wer nach ihm von meinen Söhnen da sein wird, dieses meines Sohnes Vasilij Anteil erhalten. Und dessen (des neuen Großfürsten ehemaligen) Anteil wird meine Fürstin unter sie (die Söhne) verteilen‹. An dem Sinn dieser Bestimmung konnte kein Zweifel sein: Starb Vasilij, so hatte ihm der nächstälteste Bruder, falls er noch am Leben war, also Jurij Dmitrievič von Zvenigorod und Galič, im Großfürstentum zu folgen und in den großfürstlichen Anteil nachzurücken. Dieser Möglichkeit suchte nun Vasilij I. durch seine eigenen Testamente, deren drei (aus den Jahren 1406/1407, 1417 und 1423) erhalten sind, entgegenzuwirken, indem er seinerseits dem eigenen Sohn Großfürstentum und großfürstlichen Anteil vererbte. Da der Nachkomme bei der Abfassung der Testamente jeweils noch minderjährig war, vertraute er ihn einem Vormund und der Fürsorge der jüngeren männlichen Verwandten, niemals aber seinem nächstältesten Bruder Jurij an. Als Vormund erscheint im ersten der Testamente Fürst Vladimir Andreevič von Serpuchov, in den beiden späteren der litauische Großfürst Witold, ›mein (Vasilijs) Bruder und Schwiegervater‹. Recht stand also gegen Recht, Seniorat gegen Primogenitur.

Der litauische Einfluß in Moskau, ein Ergebnis von Witolds Überlegenheit und politischer Aktivität, sollte Vasilij I. wenigstens dazu dienen, das Moskauer Großfürstentum seiner Linie zu erhalten. Diese Rechnung ging zunächst auch auf: Zwar verweigerte Jurij nach Vasilijs I. Tod den Eid auf den zehnjährigen neuen Großfürsten Vasilij II., aber einen offenen Kampf gegen den Enkel Witolds konnte er nicht wagen. In den Jahren vor seinem Tode (1430) war Witold praktisch der Herr auch über das nordöstliche Rußland: Die Großfürstentümer Tveŕ (1427) und Rjazań (1430) brachte er durch Verträge in Abhängigkeit von seiner Politik, von Novgorod und Pskov erpreßte er durch direkte Angriffe hohe Kontributionen. Die Situation änderte sich zugunsten des Galičer Fürsten, als mit dem Tode Witolds dem jungen Vasilij II. der Machtrückhalt und mit dem Tode des Metropoliten Fotij (1431) die moralische Autorität des kirchlichen Oberhauptes entzogen wurde. Nun hielten die Kräfte einander einigermaßen die Waage, und Jurij nahm den Kampf um das Großfürstentum auf. Er dauerte, von den Söhnen Jurijs nach dessen 1434 erfolgtem Tod fortgesetzt, volle zwei Jahrzehnte und wurde mit äußerster Erbitterung geführt. Was den äußeren Ablauf und die verwendeten Mittel betrifft, so fühlt man sich in die schlimmsten Zeiten teilfürstlicher Anarchie, in das 12. und 13. Jahrhundert versetzt. Wenn unter Dmitrij Donskoj und dem Metropoliten Aleksej die politische Einigung des russischen Nordostens und die nationale Befreiung von der Tatarenherrschaft schon unmittelbar bevorzustehen schienen, so herrschten nun – mehr als ein halbes Jahrhundert später – wiederum nationale Würdelosigkeit und eine von abstoßender Brutalität begleitete politische Selbstzerfleischung. Vasilij II., in sehr jungen Jahren vor Aufgaben gestellt, denen er nicht gewachsen war, hatte bei seinen militärischen Aktionen selten Glück. Dreimal wurde er von seinen Gegnern aus Moskau vertrieben und mußte auf das Großfürstentum verzichten, dreimal ist er wieder auf den Thron zurückgekehrt, mehr von den Schwankungen der innenpolitischen Parteibildung als von den eigenen Erfolgen getragen. Aber auch seine militärisch tüchtigeren Feinde waren nicht imstande, ihrer Herrschaft in Moskau Dauer zu verleihen, weder Jurij noch seine Söhne, von denen der ältere, Vasilij Kosoj (der Schielende) 1436 von Vasilij II., in dessen Gefangenschaft er geraten war, geblendet wurde und von denen der jüngere, Dmitrij Šemjaka, dem Großfürsten zehn Jahre später dasselbe Schicksal bereitete (daher Vasilijs II. Beiname ›Temnyj‹ – der Dunkle, d. h. der Blinde). Feierliche Eide und Bruch dieser Eide lösten einander in schneller Folge ab, dem Beispiel der Fürsten folgten Bojaren und Dienstleute, indem sie je nach der Lage die Partei wechselten, Moskaus russische Gegner suchten im Trüben zu fischen, und die Tataren sahen sich wieder in der längst ungewohnten Rolle des umworbenen Schiedsrichters.

Es kann jedoch kein Zweifel sein, daß dieses dunkle Bild einen politischen Vorgang von entscheidender Bedeutung verdeckt. Es standen einander in diesem Kampf nicht nur zwei verschiedene Auffassungen über die großfürstliche Thronfolge gegenüber – Ältestenrecht und Votčinaprinzip hatten schon in den Zeiten des Kiever Reiches miteinander im Streit gelegen –, sondern es ging nun um gegensätzliche politische Prinzipien, hinter denen alte und neue politisch-gesellschaftliche Kräfte standen. Bisher hatte die Macht des Staates wesentlich von der Persönlichkeit des Großfürsten, seiner Leistung, seinen Erfolgen und seinem Ansehen abgehangen. Nun ging die Tendenz – nicht nur des großfürstlichen Votčinabesitzers, sondern auch immer weiterer Bevölkerungskreise – dahin, aus dem Großfürstentum eine feste, die Kontinuität der Staatsmacht verkörpernde und sichernde Institution zu machen. Solange die militärische Macht des Fürsten überwiegend davon abhing, wie viele Bojaren freiwillig in seinen Dienst traten, den sie jederzeit aufsagen konnten, ohne ihren Grundbesitz zu verlieren, fehlte dafür die entscheidende Voraussetzung. Erst wenn es den Fürsten gelang, den Grundbesitz mit einer Dienstverpflichtung zu verbinden, konnten sie sich der Abhängigkeit von ihrer ›Gefolgschaft‹ entziehen und ihre Macht auf eine von ihnen abhängende ›staatstragende‹ Schicht gründen. In seinen Anfängen ist dieser sehr allmähliche und sich über einen großen Zeitraum erstreckende Vorgang schwer zu verfolgen, aber es ist gewiß kein Zufall, daß der alte Terminus ›družina‹ (Gefolgschaft) im 15. Jahrhundert aus den Quellen verschwindet und statt dessen neue Bezeichnungen für jene kleinen und mittleren fürstlichen Dienstleute auftauchen, deren politischer Geltungsgewinn den Aufstieg des Moskauer Staates in der folgenden Zeit begleiten sollte. Seit der Zeit Vasilijs II. ist immer häufiger neben den Bojaren von ›Bojarenkindern‹ (deti bojarskie) und ›Hofleuten‹ (dvorjane) die Rede, d. h. im Sinne der späteren, vollausgebildeten Moskauer Gesellschaftsordnung von kleinen und mittleren Adeligen, deren Grundbesitz an die Verpflichtung zum Dienst geknüpft war.

Es gab noch einen anderen Weg, die Unabhängigkeit des Großfürsten von der einheimischen Bojarenaristokratie auszubauen, und es scheint, daß Vasilij II. als erster diesen Weg bewußt und konsequent beschritten hat. Er bestand in der Indienstnahme und Belehnung von Fremden, und zwar nicht von ›fremden‹ Russen, d. h. von Bojaren und Dienstleuten aus den anderen russischen Großfürstentümern, sondern von wirklichen Ausländern, Litauern und Tataren. ›Litauer‹, d. h. litauische Reußen, waren schon mit Vasilijs litauischer Mutter nach Moskau gekommen; man sah sie nicht gerne, aber da sie gleichen Glaubens und gleicher Sprache waren, bereitete ihre Assimilierung keine großen Schwierigkeiten. Viel mehr Aufsehen erregte derselbe Vorgang bei Tataren. In Einzelfällen traten tatarische Emigranten auch schon unter Vasilij I. in Moskauer Dienste, aber ein großfürstliches Instrument im inneren Machtkampf sind sie offenbar erst unter Vasilij II. geworden. Die Voraussetzung bot der rasch fortschreitende politische Zerfall der Goldenen Horde, zumal seit sich 1438 unter Ulug Mehmed (russ. Ulu Machmet) ein neues, dem russischen Gebiet sehr nahe gelegenes tatarisches Machtzentrum, das selbständige Chanat Kazań, gebildet hatte, das in den etwas mehr als hundert Jahren seiner Existenz zwar mitunter ein unruhiger und aggressiver Nachbar, aber in seiner inneren Unstabilität mehr ein Objekt moskauischer Einmischung als eine ernste Bedrohung gewesen ist. Vasilij II. hatte das Unglück, 1445 bei Suzdal' eine Schlacht gegen Ulug Mehmed, mit dem er bis dahin eher in guten Beziehungen gestanden war, zu verlieren und in die Gefangenschaft des Kazańschen Chans zu geraten. Gegen das Versprechen eines hohen Lösegeldes erlangte er seine Freiheit wohl ziemlich bald wieder, aber die zahlreiche tatarische Begleitung, in der er zurückkehrte, gab seinem Gegner Dmitrij Šemjaka Anlaß zu einer geschickten und erfolgreichen Propaganda: ›Warum hast du die Tataren in das russische Land gebracht und ihnen Städte gegeben und ihnen Landbezirke zum Unterhalt ausgegeben? Die Tataren und ihre Rede liebst du über die Maßen, die Christen aber peinigst du über die Maßen ohne Gnade, und Gold und Silber und Güter gibst du den Tataren.‹ Es ist klar, daß Šemjaka maßlos übertrieb, um in der Rolle eines Retters der Christenheit seine eigenen Ziele anzustreben, und vorübergehend hatte er damit Erfolg. Aber ganz aus der Luft gegriffen waren die Vorwürfe nicht. Wir wissen, daß die vertriebenen Söhne des Ulug Mehmed, die tatarischen Prinzen (Carevići) Qāsim und Jaqūb vielleicht schon vor 1445, sicher aber nachher zu den treuesten Anhängern Vasilijs zählten. Qāsim wurde, nachdem er sich in der letzten Phase des Kampfes gegen Šemjaka ausgezeichnet hatte, von Vasilij mit Meščerskij Gorodok (später: Kasimov) an der unteren Oka belehnt und begründete hier ein tatarisches Vasallenfürstentum, das Moskau wertvolle Dienste in der Grenzverteidigung geleistet hat. Unter Ivan III. und Vasilij III. wurden ähnliche Fälle so häufig, daß man gar nichts Ungewöhnliches mehr in ihnen sah. Der politische Zweck, den die Moskauer Großfürsten mit der offenkundigen Bevorzugung vornehmer tatarischer Emigranten verbanden, kann nicht zweifelhaft sein. Diese Tataren, die gewöhnlich bald Christen wurden und nicht selten zu hohen Würden aufstiegen – eine nicht geringe Zahl sehr bekannter russischer Adelsgeschlechter hat einen solchen getauften Tataren zum Stammvater –, bildeten in der ihnen völlig fremden russischen Umwelt ein ausschließlich auf die Gnade des Großfürsten angewiesenes und ihm daher treu ergebenes Element. Mit einer ›Tatarisierung‹ der Moskauer Gesellschaft oder gar des Moskauer Staates hat dies nichts zu tun, dazu war weder ihre Zahl noch ihr politischer Einfluß groß genug. Aber die von Vasilij II. begonnene und von seinen Nachfolgern konsequent weitergeführte Verwendung tatarischer Emigranten ist eines von vielen Symptomen dafür, wie das ›Großfürstentum‹ seinen Charakter änderte, jedes politisch brauchbare Mittel einsetzte, um seine soziale Machtbasis zu verbreitern und jener ›zentralisierte Einheitsstaat‹ zu werden, als der es dann die russische Geschichte bestimmt hat.

Die Einheit im engeren Moskauer Bereich hat noch Vasilij II. durchgesetzt. Als er 1462 starb, gab es nur mehr ein einziges, politisch harmloses Moskauer Udelfürstentum, das Fürstentum Vereja-Beloozero; alle anderen wurden liquidiert, ihre Inhaber und deren Anhänger physisch vernichtet oder zur Emigration nach Litauen gezwungen. Udelfürsten und Konflikte der Großfürsten mit ihnen hat es zwar auch später noch gegeben, aber eine ernste Gefahr für den Bestand des Staates bildeten sie nicht mehr. Moskaus Ansehen bei seinen russischen Nachbarn hatte in der langen Zeit inneren Zwistes begreiflicherweise gelitten. Als Vasilij II. um das Jahr 1456 mit dem Großfürsten von Tveŕ, Boris Aleksandrovič, einen neuen Vertrag schloß, war nicht mehr von Verpflichtungen des ›jüngeren Bruders‹ (Tveŕ) dem ›älteren Bruder‹ (Moskau) gegenüber die Rede, sondern es regelten zwei ›Brüder‹ gleichen Ranges ihre Beziehungen. Auch dem Tveŕschen Großfürsten war nun wieder ›der Weg zur Horde, zum Zaren (Chan) frei‹, d. h. er erhielt vom Moskauer das Recht selbständiger Beziehungen zu den Tataren zugestanden. Mit dem polnischen König und litauischen Großfürsten Kasimir waren beide Großfürsten seit dem Jahr 1449 durch Verträge verbunden. Das ergab ein Bündnissystem, in dem von Moskauer Vorherrschaft im Augenblick zwar nicht die Rede war, das aber Sicherheit für eine weitere Konsolidierung der Moskauer Macht bot. Das Großfürstentum Rjazań vermochte die Parallelität zu Tveŕ schon nicht mehr zu wahren: 1456 starb hier der ›jüngere Bruder‹, Großfürst Ivan Fedorovič, nachdem er Vasilij II. zum Vormund seines minderjährigen Sohnes bestimmt hatte; noch bedeutete das nicht den endgültigen Eintritt in die Moskauer Votčina, aber es war in diesen Jahren, da Moskauer Statthalter das Großfürstentum Rjazań regierten, daß in unmittelbarer nordöstlicher Nachbarschaft das Moskauer tatarische Vasallenfürstentum Meščerskij Gorodok (Kasimov) entstand. In der Abwehr der Kazańtataren war Rjazań auf die Moskauer Unterstützung angewiesen, und dem litauischen Einfluß wurde es seit 1456 entzogen. Im übrigen gelang es aber noch nicht, die litauischen Machtgrenzen nach Westen zurückzudrücken. Groß-Novgorod hatten diese niemals völlig einbezogen, und die Novgoroder waren es nun auch, die den wieder zunehmenden Moskauer Druck am stärksten zu spüren bekamen. 1456 richtete Vasilij II. einen erfolgreichen Angriff gegen die Stadt, die eher seine Galičer Gegner als ihn unterstützt hatte und die immer wieder dem Litauer zuneigte. In solchen Fällen war Novgorod bisher immer mit einer Kontribution davongekommen. Diesmal kam etwas Neues hinzu: Die Stadtversammlung sollte das Recht verlieren, eigene Urkunden auszustellen, und das großfürstliche Siegel sollte an die Stelle des Stadtsiegels treten. Das war ein unmißverständlicher Anschlag auf Autonomie und Souveränität des ›Herren Groß-Novgorod‹, der diesmal noch nicht glückte, weil die Stadt nach dem Abzug der Moskauer sofort wieder einen litauischen Fürsten berief und noch anderthalb Jahrzehnte ihre Selbständigkeit wahren konnte, indem sie wie bisher die beiden überlegenen Nachbarmächte gegeneinander ausspielte. Aber unverkennbar ist auch hier, daß in den letzten Regierungsjahren Vasilijs II. ein neuer Zug in die Moskauer Politik kam. Ivan III. brauchte nur fortzusetzen, was sein Vater begonnen hatte. Und noch auf einem anderen Gebiet traf Vasilij inmitten seiner unglücklichen Regierung eine folgenschwere Entscheidung.

Der eigene Weg der russischen Kirche. Geistesleben und Kultur

Dem 1431 verstorbenen Metropoliten Fotij folgte mit Isidor, dem Abt des Demetriosklosters in Konstantinopel, abermals ein Grieche. Allerdings währte die Vakanz über fünf Jahre, und die schließlich erfolgte Besetzung des Metropolitenstuhles stand von Anfang an im Zeichen nicht nur russischer und russisch-byzantinischer Auseinandersetzungen, sondern auch in dem welthistorischer Entwicklungen. In Moskau wählte man 1432 einen Russen, den Bischof Jonas von Murom und Rjazań, zum Nachfolger des Fotij. Aber die nun notwendige Reise des Jonas nach Konstantinopel zur Bestätigung und Weihe durch den Patriarchen verzögerte sich infolge der ungeklärten politischen Lage in Moskau. Inzwischen entschied sich der Patriarch für Gerasim von Smolensk, den Kandidaten des litauisch-reußischen Großfürsten Svidrigajlo, und als Gerasim schon 1435 starb, wahrscheinlich ohne den nordöstlichen, großrussischen Teil seiner Metropolie je besucht zu haben, für den Griechen Isidor. Ein Grieche mochte noch am ehesten Aussicht haben, in der moskauisch-litauischen kirchlichen Rivalität zu vermitteln, aber es gab noch einen anderen Grund, der es dem Patriarchen Joseph II. wünschenswert erscheinen lassen mußte, gerade in diesem Zeitpunkt einen Mann auf dem Moskauer Metropolitenstuhl zu haben, auf dessen kirchenpolitische Haltung er sich verlassen konnte. Byzanz, längst kein ›Reich‹ mehr, sondern durch das Vordringen der osmanischen Türken auf die Umgebung der Stadt Konstantinopel und die Peloponnes reduziert, befand sich in einer verzweifelten Lage. Nur die Hilfe des lateinischen Westens konnte noch retten, aber die war an die Voraussetzung der kirchlichen Wiedervereinigung gebunden. Darüber sollten in Kürze auf einem Unionkonzil in Ferrara Verhandlungen stattfinden. Grundsätzlich konnte man nun in Byzanz darauf rechnen, daß Litauen einer kirchlichen Union geneigt sein würde; dem litauischen Großfürsten eröffnete sie ja die Aussicht, den konfessionellen Zwiespalt in seinem Lande zu überbrücken. Schon zur Zeit des Konzils von Konstanz hatte

Witold solche Neigungen zu erkennen gegeben. Von Svidrigajlo allerdings, der sich auf die reußisch-orthodoxen Landesteile stützte, war ähnliches kaum zu erhoffen, und noch weniger von Moskau. So hing sehr viel davon ab, wer in diesem Augenblick Metropolit in Moskau wurde. Isidor war nun ein verläßlicher Unionsfreund; er hatte als byzantinischer Unterhändler auf dem Konzil von Basel die Vereinigung der östlichen und der westlichen Kirche befürwortet. So wurden die Hoffnungen des Jonas, der nun endlich (1436) nach Konstantinopel gekommen war, enttäuscht: Er mußte sich damit abfinden, nicht als Metropolit, sondern im Gefolge des griechischen Metropoliten Isidor nach Moskau zurückzukehren. Ein Freund der Griechen wird er so schwerlich geworden sein.

In Moskau wußte man kaum sehr viel von diesen kirchenpolitischen Hintergründen und bereitete dem neuen Metropoliten Isidor, der im übrigen ein sehr befähigter und gebildeter Mann war, zunächst keine Schwierigkeiten. Noch in demselben Jahr 1437, in dem Isidor in Moskau eintraf, trat er mit einem großen russischen Gefolge die Reise zum Konzil in Ferrara an. Einer seiner russischen Begleiter, dessen Namen wir nicht kennen, hat die Reise, die über Novgorod und Pskov nach Riga, von dort zur See nach Lübeck und quer durch Deutschland hindurch nach Italien führte, eingehend beschrieben. Es waren die Wunderwerke der Baukunst und Technik (z. B. Wasserleitungen), die den Russen in der Welt der Lateiner am meisten beeindruckten. Vom Abschluß der Union berichtet er dagegen ganz naiv, daß die Lateiner anfingen ›zu frohlocken, denn sie hatten Verzeihung erlangt von den Griechen‹. In Wahrheit hatten allerdings die Griechen unter dem Zwang ihrer Notlage in allen wesentlichen Punkten nachgegeben, und das blieb nicht allen russischen Begleitern des Metropoliten Isidor, der die Union mitunterzeichnete, verborgen. Da sich die Rückkehr des Metropoliten nach Moskau bis zum Frühjahr 1441 hinauszögerte, hatten einige der Begleiter Gelegenheit, vorauszueilen und daheim von dem ungeheuerlichen Geschehen zu berichten. Isidor selbst, von Papst Eugen IV. zum Legaten für Litauen, Livland und Rußland ernannt und zum Kardinal erhoben, versuchte indessen, die Union im westlichen, litauischen Teil seiner Metropolie zu verwirklichen. Selbst da hatte er nur geringen Erfolg, nicht so sehr weil die orthodoxe Geistlichkeit die Union ablehnte, sondern weil die katholische Geistlichkeit auf der Seite des Basler Konzils gegen Eugen IV. stand.

Als Isidor schließlich am 19. März 1441 unter Vorantragen eines lateinischen Kreuzes feierlich in Moskau einzog, da ›ließ es Gott der Herr nicht zu‹ – wie die Moskauer Chronisten berichten –, ›daß ein einziger Wolf die unzählbare Menge der Herde des rechtgläubigen Christentums verderbe‹. Nach der Überlieferung gab die Nennung des römischen Papstes in der Liturgie dem Großfürsten, der die russischen, alle in Moskau versammelten Bischöfe hinter sich wußte, die Gelegenheit zum Eingreifen: Isidor wurde in einem Moskauer Kloster gefangengesetzt. Angesichts der geschlossenen Front gegen die Union blieb ihm nichts übrig, als noch im Herbst desselben Jahres die Gelegenheit zur Flucht zu ergreifen. Weder in Tveŕ noch in Litauen fand er genügend Rückhalt, um den Kampf aufnehmen zu können, und so kehrte er schließlich nach Italien zurück. Es ist möglich, daß er in den folgenden Jahren noch gelegentlich eine Jurisdiktion über die litauisch-reußischen Gebiete ausgeübt hat, aber im ganzen war die Union bei den Ostslaven gescheitert.

Für Moskau hatte die Flucht des Metropoliten noch eine andere, sehr gewichtige Folge. Es war etwas anderes, kirchliche Autonomie unter oder sogar neben Byzanz, aber jedenfalls im Rahmen der ganzen östlichen Kirche anzustreben, als, wie es sich nun ergab, von Byzanz im Stich gelassen und ganz auf sich allein angewiesen zu sein. Ein Bruch mit Byzanz mußte angesichts der kirchlichen Vergangenheit Rußlands als ein unerhörtes Wagnis erscheinen. Zudem war man sich kaum klar darüber, wie die Dinge bei den Griechen selbst standen; in der Tat stieß ja die Union auch in Konstantinopel auf heftigen Widerstand, und Nachrichten darüber mochten immerhin nach Moskau gelangt sein. Erst als kein Zweifel mehr bestehen konnte, daß der neue Patriarch Gregorios Mammas an der Union festhielt, entschloß man sich nach sieben Jahren zu einem Vorgehen, das den Bruch mit Byzanz bedeuten mußte.

Im Dezember des Jahres 1448 wählte eine Synode der russischen Bischöfe den Bischof Jonas von Rjazań zum Metropoliten ›von Kiev und ganz Rußland‹, wie der Titel ja unverändert lautete. Es unterliegt kaum einem Zweifel, daß die treibende Kraft, die den Großfürsten zu diesem Schritt brachte, der so oft zurückgesetzte Rjazaner Bischof selbst war. Vasilij II., der eben erst seinen Gegner Dmitrij Šemjaka aus Moskau vertrieben, aber noch keineswegs endgültig besiegt hatte, konnte die Unterstützung durch die kirchliche Autorität des Metropoliten sehr gut gebrauchen. So stand am Beginn der faktischen Selbständigkeit der russischen Kirche schon jene massive Interessengemeinschaft von Kirche und Staat, die den weiteren kirchlichen Weg Rußlands kennzeichnen sollte. Zwar wollte man den offenen Bruch mit Byzanz gerne vermeiden und bemühte sich um die Bestätigung des neuen Metropoliten in Konstantinopel, aber nachdem 1453 die griechische Kaiserstadt von den Türken erobert worden war, verloren diese Bemühungen ihren Sinn, und als 1458 ein neuer litauischer Metropolit von Kiev mit Unterstützung Kasimirs Ansprüche auf die gesamte Metropolie erhob, erklärte eine neue Moskauer Bischofssynode 1459 Jonas und dessen Nachfolger, sofern sie dem Moskauer Großfürsten genehm seien, zu rechtmäßigen Metropoliten von Kiev und ganz Rußland. Als Jonas 1461 starb, wurde der Erzbischof Feodosij von Rostov auf diese Weise, d. h. durch Wahl der russischen Bischöfe und Zustimmung des Moskauer Großfürsten, ohne jede Beteiligung des griechischen Patriarchen sein Nachfolger. Die russische Kirche hatte sich von Byzanz gelöst und war autokephal geworden.

Es fällt auf, daß keiner von Moskaus Gegnern – weder Dmitrij Šemjaka, noch der Großfürst von Tveŕ, noch auch Kasimir als litauischer Großfürst – die Sache Isidors zu seiner eigenen gemacht hat. Sie hätten es wohl getan, wenn sie sich einen politischen Erfolg davon versprochen hätten. Aber zu lange und zu erfolgreich waren die Russen von den Griechen in der Feindschaft gegen den lateinischen Westen erzogen worden. Und es wäre verfehlt, von der kirchlichen Sonderentwicklung Rußlands nur die antilateinischen Ressentiments als Ergebnis sehen zu wollen. Eigenes war entstanden, in dem man lebte und auf das man stolz sein konnte. Das Griechentum in Kirche und Kultur hatte tiefe Wurzeln geschlagen und begann auf russischem Boden neue, eigenartige Blüten hervorzubringen.

Eine sichtbare Intensivierung des kulturellen Lebens trat gegen Ende des 14. Jahrhunderts ein. Man wird sie weniger mit angeblichen politischen als mit den psychologischen Folgen des Sieges über die Tataren auf dem Kulikovo pole in Verbindung bringen dürfen. Zwar nahmen die Reisen russischer Geistlicher nach Konstantinopel und nach dem Berge Athos nun zu, aber daß der Weg durch die Steppe unbehindert und frei geworden wäre, ist eine übertriebene Vorstellung. Viel mehr fiel es ins Gewicht, daß nach der Eroberung Serbiens (1389) und Bulgariens (1393) durch die Türken zahlreiche gebildete südslavische Flüchtlinge den Weg nach Rußland fanden. Sie vermittelten, was zu ihrer Zeit im südlichen byzantinischen Kulturbereich lebendig war: Einen neuen, künstlerisch viel anspruchsvolleren Stil der Heiligenleben, einen ebenfalls neuen, aufgelockerten Stil in der Malerei und die religiöse Verinnerlichung byzantinischer Mystik im Hesychasmus des Gregorios Palamas. Damit kam in einer neuen Welle byzantinisches Kulturgut nach Rußland, und zwar die byzantinische Kultur der letzten Blüte, die sogenannte paläologische Renaissance. Nur wenige Namen können genannt werden, darunter zwei Metropoliten, beide bulgarischer Herkunft: Kiprian, Moskauer Metropolit von 1390 bis 1406, und Gregor Dzamblak, litauischer Metropolit von Kiev von 1415 bis ca. 1420; beide haben sich als Hagiographen betätigt. Epifanij Premudryj (der Hochweise), der um 1420 als Mönch des Dreifaltigkeitsklosters bei Moskau starb, war der erste Russe, der die Anregungen des neuen Stils aufnahm; von ihm stammen die Viten des hl. Sergij von Radonež und des hl. Stefan von Perm, des Apostels der Syrjänen. Auf den Höhepunkt führte die neue Manier der Hagiographie Pachomij Logofet (Logothetes), seiner Herkunft nach ein Serbe, der von ca. 1440 bis 1480 in Moskau und Novgorod wirkte, ein Literat in geistlichem Gewande, der die älteren russischen Heiligenviten dem neuen Geschmack entsprechend umschrieb. Sein gewandter Umgang mit jedem beliebigen Stoff deutet voraus auf die Entfaltung der russischen Literatur im 16. Jahrhundert, die dann freilich nicht mehr so sehr der Verherrlichung einzelner Heiliger als der Verherrlichung Moskaus und seiner rechtgläubigen Herrscher dienen sollte. Vom Uhrturm, den der Serbe Lazar 1404 auf dem Kreml baute, schlug die Stunde Moskaus.

In der Malerei wurde ein noch bedeutend eindrucksvollerer Höhepunkt schon früher erreicht. Er war mit zwei Namen, dem eines Griechen, Feofan Grek (der Grieche) und dem seines noch berühmteren russischen Schülers, Andrej Rublev, verknüpft. Feofan wirkte seit 1370 vor allem in Novgorod, wo in einer ganzen Reihe von Kirchen seine monumentalen Fresken erhalten sind. Von der Hand Andrejs, eines Moskauer Mönches (vermutlich im Andronikovkloster, einer Tochtergründung des Dreifaltigkeitsklosters bei Radonež), stammt unter anderem die berühmteste russische Ikone, das dem Andenken des hl. Sergij gewidmete Dreifaltigkeitsbild. 1405 schufen beide Künstler zusammen den Ikonostas der Mariä Verkündigungskathedrale in Moskau, zwischen der Eroberung der Stadt durch Tochtamyš (1382) und der Belagerung durch Edigü (1408), ein erstaunlicher Beweis für die materiellen und künstlerischen Kräfte, die allem politischen Unheil zum Trotz in der aufstrebenden Stadt am Werke waren.

Die religiöse Verinnerlichung, hervorgehend aus der Tradition des hl. Sergij und genährt durch die hesychastische Richtung, die in Byzanz nach heftigen Kämpfen zur herrschenden geworden war, wirkte in der Stille weiter; sie sollte ihre großen asketischen Verkörperungen erst finden. Es gab aber auch noch andere Quellen, aus denen eine Kritik an der offiziellen Kirche, wie sie die in Machtkämpfe verstrickten Hierarchen und die immer reicher werdenden Klöster repräsentierten, schöpfen konnte. Im Jahre 1375 wurden nach dem Bericht der Novgoroder Chronik drei Häretiker von der Brücke in den Volchov gestürzt. Das war der Beginn einer auf die Städte Novgorod und Pskov beschränkten Häresie, mit der sich die russische Kirche ein volles halbes Jahrhundert auseinandersetzen mußte und die sicher auch nach dem Versiegen der Quellen (letztes Sendschreiben des Metropoliten Fotij nach Pskov vom 23. September 1427) noch fortgewirkt und späteren ähnlichen Erscheinungen (Häresie der ›Judaisierenden‹ im letzten Viertel des 15. Jahrhunderts) den Boden bereitet hat. Die vor allem in Pskov Unruhe stiftenden Strigol'niki (von ›strič'‹ = scheren, vielleicht ›Tuchscherer‹?) nahmen Anstoß an der weitverbreiteten Simonie und waren radikal antikirchlich gesinnt. Ihr Ursprung ist dunkel. Sie könnten ebenso späte Abkömmlinge des bulgarischen Bogomilismus wie Geistesverwandte der mittelalterlichen Sektierer im lateinischen Westen gewesen sein. Die Beschränkung auf die nordwestrussischen Handelsstädte gibt der zweiten Möglichkeit größere Wahrscheinlichkeit. Ihre Bedeutung ist in erster Linie die eines Symptoms: Um die Wende des 14. zum 15. Jahrhundert hatte sich der auf dem nordöstlichen Rußland lastende Druck so weit gelockert, daß geistiges, kulturelles und politisches Leben nach neuen Formen zu suchen beginnen konnte.

DIE SAMMLUNG DES RUSSISCHEN LANDES DURCH MOSKAU

Die politische Vereinigung des russischen Nordostens und der Beginn des Kampfes mit Polen-Litauen

Entgegen allen Erwartungen konnte Vasilijs II. Sohn Ivan III. (1462–1505) ein gesichertes Erbe antreten. In einer ungewöhnlich langen Regierung war es ihm vergönnt, in einer außenpolitisch sehr günstigen Situation dieses Erbe innerlich zu festigen und territorial um ein Vielfaches zu vermehren. Ivans III. erstaunliche und für die Zukunft grundlegende Erfolge haben dazu geführt, daß ihm russische Historiker gelegentlich den Beinamen ›der Große‹ gaben. Der Beiname hat sich jedoch nie durchgesetzt, so sehr fehlte auch diesem Moskauer Herrscher alles Faszinierende der Persönlichkeit, alles

Kämpferisch-Kühne. Dagegen war ihm in hohem Maße die Fähigkeit eigen, abzuwarten und im günstigsten Augenblick zu handeln. Den persönlichen Einsatz im Kriege vermied er so offensichtlich, daß er mitunter den Tadel seiner auf das großfürstliche Ansehen bedachten Berater hervorrief. Aber Macht auf jede Weise zu mehren und das Gewonnene in einer neuen Ordnung fest zusammenzufügen, darauf verstand er sich. So wird man Ivan III. wohl nicht unter die Heroen der Weltgeschichte rechnen dürfen, aber ein kluger und weitblickender Staatsmann von Format ist er ohne Zweifel gewesen.

Wenn das Ziel die Vereinigung des gesamten großrussischen Territoriums unter der Herrschaft Moskaus war, so ergaben sich folgende Objekte der Sammel-Politik: Die Großfürstentümer Tveŕ und Rjazań, die Udelfürstentümer Jaroslavl' und Rostov, die ›Stadtrepubliken‹ Groß-Novgorod und Pskov und schließlich die unter litauischer Herrschaft stehenden großrussischen Territorien, das ehemalige Fürstentum Smolensk und die Kleinfürstentümer an der oberen Oka und an der oberen Desna, Objekte sehr verschiedenen Ranges und sehr verschiedener Widerstandskraft, deren Aneignung dementsprechend verschiedene Mittel erforderte. Die Einbeziehung von Jaroslavl' und des noch verbliebenen Restes von Rostov war kein politisches Problem, sondern ein halb administrativer, halb ökonomischer Vorgang im Stile des Ivan Kalita. Von den Jaroslavler Fürsten heißt es, daß sie dem Großfürsten Ivan Vasil'evič ihre Votčinen ›übergaben, und der Großfürst gab ihnen dafür Landbezirke und Dörfer‹. Im Falle Rostovs fand ein regelrechter Kauf zugunsten der Großfürstinmutter statt. Mit anderen Worten: Die letzten selbständigen Udelfürsten des Wolga-Oka-Gebietes beugten sich der überlegenen Macht und traten als gewöhnliche Grundbesitzer, nur durch den Fürstentitel von anderen unterschieden, in den Dienst des Moskauer Großfürsten. Daß sie das nicht freiwillig und nicht ohne Bitterkeit taten, liegt nahe. Noch ein Jahrhundert später schöpfte der Fürst Andrej Kurbskij, ein Nachkomme der Fürsten von Jaroslavl', aus der Erinnerung an die vergangene Fürstenherrlichkeit die Kraft zum Widerstand gegen die Autokratie Ivans IV.

Während sich diese Vergrößerungen der Moskauer Votčina ganz unauffällig vollzogen, kam die entscheidende Auseinandersetzung mit Novgorod in Gang. Vasilij II. hatte die Linie der Moskauer Politik hier schon vorgezeichnet. Die Novgoroder ihrerseits konnten nicht im Zweifel darüber sein, welches Ziel man in Moskau anstrebte. Die Moskauer Großfürsten – und schon vor ihnen die von Vladimir – hatten Novgorod stets als einen Teil der großfürstlichen Votčina betrachtet; es war für sie eine Frage des Könnens, nicht des Wollens, diesen Anspruch auch zu verwirklichen. Da sie ihn schon so lange erhoben, galt ihnen der Anspruch als ›starina‹, als altes, durch die Tradition geheiligtes Rechtsverhältnis. Gegen Ende der sechziger Jahre fühlte sich Ivan III. stark genug, die ›starina‹ im Verhältnis zu Novgorod wiederherzustellen. Die Vorbereitungen konnten den Novgorodern nicht verborgen bleiben, und sie reagierten mit einer eindeutig nach Litauen orientierten Politik. Kasimir beauftragte den Kiever Fürsten Michail Olel'kovič damit, die litauische Schutzmacht in Novgorod zu vertreten, was dieser im Winter 1470/1471 nur kurz und ohne erkennbare Wirkung getan hat. Der Vertrag Novgorods mit Kasimir, der auf dem Schlachtfeld an der Šeloń den Moskauern in die Hände fiel, setzte den litauischen Großfürsten und polnischen König in dieselben, sehr genau beschränkten Rechte, die Novgorod auch sonst seinen Fürsten zugestand. Einiges war dem katholischen Partner gegenüber besonders hervorzuheben: Er durfte den griechisch-orthodoxen Glauben der Stadt nicht antasten und keine ›römischen Kirchen‹ errichten, ›weder in Groß-Novgorod selbst, noch in den Novgoroder Beistädten, noch im ganzen Novgoroder Lande‹. Und es wurde ausdrücklich festgestellt, daß er den ›Deutschen Hof‹ nicht schließen dürfe und daß die litauischen Kaufleute mit den Deutschen nur unter Vermittlung der Novgoroder Kaufmannschaft Handel treiben dürften. Kasimirs positive Verpflichtung bestand darin, Novgorod ›mit seiner ganzen litauischen Rada‹ gegen einen Angriff des Moskauer Großfürsten zu verteidigen. Die ›litauische‹ Partei in Novgorod, die hinter dem Vertrag stand und die keineswegs, wie es die Moskauer Chroniken darstellen, nur aus einer verräterischen kleinen Bojarenclique bestand, sondern die Verteidiger der Novgoroder ›Freiheiten‹ aus allen Schichten der Bevölkerung umfaßte, wurde schwer enttäuscht: Kasimir rührte nicht den Finger, als das wohlorganisierte Moskauer Heer nach einem sorgfältig ausgearbeiteten Feldzugsplan, der auch eine Aktion gegen das Novgoroder Kolonialgebiet an der Dvina einbezog, im Sommer des Jahres 1471 heranrückte. Auf sich allein angewiesen, erlitten die Novgoroder eine vernichtende Niederlage: Die des Kampfes ungewohnten Handwerker und Kaufleute waren kein Gegner für die feudalen Aufgebote der Moskauer und die tatarischen Grenzkrieger des Carevič Danjar. Ivan III. konnte seine Bedingungen stellen. Abgesehen von einer hohen Kontribution und der individuellen Bestrafung der führenden litauischen Parteigänger begnügte sich der Großfürst damit, die ›starina‹, d. h. die alte Ordnung in seinem Sinne wiederherzustellen. Das bedeutete vor allem einen Verzicht der Stadt auf selbständige Außenpolitik und allgemein eine Entscheidung aller strittigen Fragen zugunsten des Moskauer Großfürsten. Aber noch war es ein zweiseitiger Vertrag, der da abgeschlossen wurde, noch blieb die städtische Autonomie, wenn auch in beschränktem Umfang, erhalten. Nur einige Veränderungen in den Formeln deuten an, welcher grundlegende Wandel sich anbahnte. Es ist nicht mehr die Rede von dem ›Herrn‹ Groß-Novgorod, der auf gleicher Ebene mit Fürsten Verträge zu schließen gewohnt war, sondern die Vertreter Novgorods ›schlugen die Stirne ihrem Herrn, dem Großfürsten‹, d. h. sie baten untertänig, und der Großfürst gewährte gnädig. Der noch erhaltene Rest der Novgoroder Autonomie beruhte nur mehr auf einem großfürstlichen Gnadenakt. Diese Gnade konnte den Novgorodern leicht entzogen werden. Das geschah im Jahre 1478, als Ivan III. die Stadt zwang, auch den Rest ihrer Autonomie aufzugeben und ihn nicht nur als ›Herrn‹, sondern als ›Herrscher‹ anzuerkennen. Sie durfte hinfort keine Posadniki mehr haben, und das verhaßte Symbol der städtischen Selbständigkeit, die Večeglocke, ließ der Großfürst nach Moskau bringen. Er versprach nur, keinen ›Vyvod‹, kein ›Herausführen‹ der Novgoroder durchzuführen und den Grundbesitz der Novgoroder Bojaren nicht anzutasten. Beide Versprechungen sind nicht gehalten worden.

Pleskau/Pskov entging vorläufig demselben Schicksal. Diese ehemalige Beistadt Novgorods unterhielt, seit sie selbständig geworden war, im allgemeinen bedeutend bessere Beziehungen zu Moskau als Novgorod. Pskov stützte seine Selbständigkeit auf diese Beziehungen und leistete 1471 und 1478 sogar Heeresfolge gegen Novgorod. Bis auf weiteres wurde dieses Wohlverhalten von Moskau auch honoriert. Aber auch hier hing es im Grunde nur mehr von der großfürstlichen Gunst ab, in welchem Umfang und wie lange die eigene Verfassung der Stadt bestehen würde. Erst der Nachfolger Ivans III., Vasilij III., hat Pskov im Jahre 1510 diese Gunst entzogen und damit die jahrhundertelange Schicksalsgemeinschaft der beiden nordwestrussischen ›Stadtrepubliken‹ wiederhergestellt.

Mit Novgorod und Pskov verschwand aus der russischen Geschichte das Element eines organisch gewachsenen, eigenständigen städtischen Lebens. Der Widerstand der Novgoroder war zäh; sie wußten, was sie mit ihrem Veče verloren, und dementsprechend hart und rücksichtslos war das Vorgehen der Moskauer. In den noch bestehenden ›Großfürstentümern‹ stand weniger Eigenständiges auf dem Spiel. Gesellschaftliche Struktur und politische Organisation waren in Tveŕ dieselben wie in Moskau. Bei der Freizügigkeit der russischen Bojaren mußte sich allen Verträgen der Gleichberechtigung zum Trotz auf die Dauer das politische Schwergewicht dorthin verlagern, wo für die Bojaren die größere Anziehungskraft lag. Während die Großfürsten von Moskau und Tveŕ in den siebziger Jahren ununterbrochen in freundschaftlichen Beziehungen standen, und der Tveŕsche ›Bruder‹ dem Moskauer ›Bruder‹ treulich Heeresfolge leistete (gegen Novgorod ebenso wie gegen die Tataren), ging ebenso ununterbrochen der Bojarenzug von Tveŕ weg nach Moskau hin. Der Moskauer Großfürst konnte einem mehr bieten, wenn man ihm diente, und er konnte einem mehr schaden, wenn man ihm nicht diente. Da die Bojaren ihre ursprüngliche Votčina behielten, vollzog sich durch den Dienstwechsel, wenn er Massencharakter annahm, so etwas wie eine Eroberung auf kaltem Wege, die Moskau als der Stärkere offenbar durch alle Arten von Rechtsbeugung und Rechtsbruch gefördert hat. Wollte der Tveŕsche Großfürst (Michail Borisovič) dieser Entwicklung Widerstand leisten, so konnte er das wie bisher nur mit litauischer Hilfe. 1483 hat es ein Tveŕscher Großfürst zum letztenmal versucht, diese Unterstützung zu gewinnen. Aber Michail Borisovič von Tveŕ war nicht erfolgreicher als die Novgoroder: Er erhielt von Kasimir genauso einen Vertrag und genauso keine Hilfe. Ivan III. war damit der gewünschte Anlaß geboten, und der schon bei Novgorod bewährte Ablauf der Liquidierungsaktion wiederholte sich: Ein erster militärischer Aufmarsch erzwang die Wiederherstellung der ›starina‹, d. h. eine Vertragsverschlechterung für den Tveŕschen Großfürsten, der wieder zu dem ›jüngeren Bruder‹ absank, der er schon einmal im Verhältnis zum Moskauer Großfürsten (vor der Moskauer Schwächeperiode unter Vasilij II.) gewesen war; die Verbindung zu dem litauischen Großfürsten hatte er zu lösen, und alle schwebenden Grenzstreitigkeiten wurden zugunsten Moskaus entschieden. Für keinen der beiden Partner konnte das jetzt noch eine Dauerlösung sein. Einem zweiten, kurz darauf folgenden Angriff Moskaus entzog sich Michail Borisovič durch die Flucht nach Litauen, Ivan III. erklärte Tveŕ zu seiner Votčina (1485) und setzte seinen Sohn, den Thronfolger Ivan Ivanovič zum Fürsten von Tveŕ ein. Was vom Tveŕschen Adel nicht schon vorher in Moskauer Dienste getreten war, das wurde einer gewaltsamen ›Herausführung‹ (vyvod), wie sie sich schon im Falle Novgorods bewährt hatte und als ein ebenso brutales wie wirksames Instrument der Moskauer Einigungspolitik noch oft bewähren sollte, unterworfen.

Das ›Großfürstentum‹ Rjazań entging dem gleichen Schicksal ähnlich wie Pskov nur deshalb, weil für Moskau gar keine Notwendigkeit gegeben war, eine Liquidierung mit militärischem Aufwand durchzuführen. In Rjazań regierten zwei Neffen Ivans III. (Söhne seiner Schwester, der Rjazańschen Großfürstin Anna Vasil'evna): Als ›Großfürst‹ der ältere Ivan, der 1500 unter Hinterlassung eines fünfjährigen Sohnes Ivan starb, und als Teilfürst der jüngere Fedor, der 1503 seinen ›Teil‹ (Udel) dem Moskauer Großfürsten vererbte. Ob als Onkel, Erbe oder Vormund – die Macht im Großfürstentum Rjazań übte Ivan III. schon seit den letzten Jahrzehnten des 15. Jahrhunderts aus. Daß der allerletzte Rjazańsche ›Großfürst‹ Ivan Ivanovič nach Erreichen der Volljährigkeit angeblich politische Ambitionen und litauische Neigungen zeigte, mag Tatsache oder Vorwand sein; seine Liquidierung und die formelle Einziehung von Rjazań (1521) war in keinem Falle mehr als eine Episode ohne praktische Bedeutung.

Daß sich all dieses ›Sammeln‹ so völlig ungestört durch reale Gegenaktionen des polnisch-litauischen Nachbarn vollziehen konnte, mußte Moskau geradezu provozieren, die Stärke dieses einst so gefürchteten Gegners im direkten Angriff auf die Probe zu stellen. Das aber bedeutete den Übergang zu einer nicht nur aktiven, sondern aggressiven Außenpolitik über den engeren nordostrussischen Bereich hinaus. Voraussetzung war nicht nur ein gewisser Abschluß der ersten Phase des ›Sammelns‹, sondern auch eine endgültige Klärung des Verhältnisses zu den Tataren, mit anderen Worten, die sogenannte Abschüttelung des Tatarenjochs. Sie hat sich im Jahre 1480 in sehr wenig dramatischer Form vollzogen. Von einer praktisch und politisch wirksamen Ausübung der Oberhoheit der Tataren war freilich auch schon vorher nicht mehr die Rede. Nach dem Chanat Kazań hatte sich auch die Krim von der Goldenen Horde als ein selbständiges Chanat abgespalten, das 1475 die türkischen Sultane als einen Vasallenstaat ihrem Machtbereich einfügten. Der verbleibende Rest der Goldenen Horde war für das erstarkende Moskauer Großfürstentum kein furchterregender Gegner mehr. Immerhin unternahm der Chan Ahmed noch einen letzten Versuch, das schwindende Ansehen seiner Macht durch Erneuerung der Herrschaft über den russischen Ulus aufzufrischen. Wie alle Gegner Moskaus gewann er dazu das Hilfeversprechen Litauens, und wie alle anderen wartete er vergebens auf die konkrete litauische Unterstützung. Dieses Warten fand am Ufer der Ugra, des moskauisch-litauischen Grenzflusses, statt. Wochenlang standen die Heere, getrennt durch den Fluß, einander gegenüber, denn auch Ivan III., der eben mit knapper Not noch einen

Konflikt mit seinen Brüdern hatte beilegen können, zeigte keinerlei Angriffslust. Als die Ugra mit einsetzendem Frost ihre trennende Funktion verlor, zog man sich beiderseits vom Ufer zurück, und für Ahmeds Tataren sollte das allerdings der Rückzug aus der Geschichte sein. Ivan III. hat niemals die Schlachtentscheidung gesucht, wenn er auch auf andere Weise zum Ziele kommen konnte. Gegen Ahmed waren ihm dessen Todfeinde, die Krimtataren, als Verbündete sicher. Das Bündnis mit dem Krimchan Mengli Girāi war von den achtziger Jahren an bis 1515 die verläßlichste Konstante der Moskauer Außenpolitik. Die Krimtataren waren es auch, die 1502 dem Nachfolger Ahmeds und seiner ›großen Horde‹, die vernichtende Niederlage bereiteten. Gegen Kazań dagegen schützte zunächst der tatarische Vasall in Meščerskij Gorodok (Kasimov), und schon gegen Ende des 15. Jahrhunderts ist es Ivan III. darüber hinaus gelungen, auf die inneren Parteienkämpfe in Kazań so weitgehenden Einfluß zu gewinnen, daß eher eine unmittelbare Machtergreifung des Moskauer Großfürsten in Kazań als eine ernsthafte Bedrohung der Moskauer Grenzen durch Kazań möglich schien. Die Lage blieb lange Zeit hindurch für Moskau überaus günstig: Solange das Bündnis mit Mengli Girāi bestand, verfügte Moskau über den stärksten Verbündeten in der Steppe und konnte ein Konflikt mit den osmanischen Türken vermieden werden. Polen-Litauen dagegen setzte bei seiner Tatarenpolitik regelmäßig auf die falsche Karte und scheiterte mit allen Versuchen, die starke Rückendeckung, die sich Ivan III. mit Glück und Geschick im Osten und Süden aufgebaut hatte, zu erschüttern.

In der Mitte der achtziger Jahre wäre ein Vorgehen Moskaus gegen Litauen bereits möglich gewesen. Aber wie stets, so hat Ivan III. auch hier die günstigste Gelegenheit abgewartet und selbst dann im ersten Anlauf keine allzu weit gesteckten Ziele angestrebt. Die günstigste Gelegenheit kam 1492 mit dem Tode Kasimirs. In Polen folgte ihm Johann Albrecht, die Litauer aber wählten den jüngeren Alexander zum Großfürsten. Die Personalunion zwischen Polen und Litauen war damit wieder aufgehoben, die Einheit des polnisch-litauischen

Staates, zumindest aber die Einheit der polnisch-litauischen Aktionen schien in Frage gestellt. Die unmittelbare Voraussetzung des Konfliktes bot eine Erscheinung, die in größerem Maßstab den Dienstwechsel der Bojaren von der Tveŕschen auf die Moskauer Seite wiederholte: Der Übertritt reußischer Teilfürsten der litauischen Großfürsten in die Dienste Moskaus. Die Motive konnten recht verschieden sein: Auch in Litauen machte sich im 15. Jahrhundert eine Tendenz zur Zentralisierung geltend; das Beispiel der polnischen Szlachta ließ eine zunehmende Privilegierung des Kleinadels, zum Teil auf Kosten der Magnatenschicht, in die kleinere Teilfürsten abzusinken drohten, erwarten; hohe und einträgliche Würden im litauischen Staate blieben Katholiken vorbehalten, wenn auch die konfessionelle Diskriminierung der Orthodoxen im Laufe der Zeit nachließ und niemals etwas mit Kirchenverfolgung zu tun hatte. Ausschlaggebend für den Übertritt scheinen aber nicht diese allgemeinen, in der Situation liegenden Gründe gewesen zu sein, sondern besondere, durch die lokalen Verhältnisse der Grenzgebiete bedingte. Sowohl im Smolensker wie im Ober-Oka- und Desnaterritorium war die ›feudale Zersplitterung‹ in immer mehr und immer kleinere ›Fürstentümer‹ charakteristisch. Je kleiner der Anteil des einzelnen Fürsten wurde, desto größer wurde sein Bestreben, ihn auf Kosten der Nachbarn zu erweitern, und dieses Ziel war am leichtesten zu erreichen, wenn man in den Dienst des Moskauers trat und dafür dessen Unterstützung erhielt. Mit Moskauer Hilfe entschiedene Familienfehden führten Litauen gegenüber allmählich ebenso zu beträchtlichen Eroberungen auf kaltem Wege wie die durch den Moskauer Großfürsten entschiedenen Besitzstreitigkeiten der Tveŕschen Bojaren. Erwies sich Moskau einmal als interessiert, so konnte es sehr bald gefährlich werden, den Moskauer Parteigänger aus der eigenen Sippe zu bekämpfen, und je mehr sich ernste Angriffsabsichten Moskaus abzeichneten, desto ratsamer wurde es, sich durch rechtzeitigen Übertritt auf die Moskauer Seite allen Komplikationen zu entziehen. Voraussetzung für diese Entwicklung waren eine auch im Vergleich zu Litauen überlegene Machtentfaltung Moskaus, zumindest in den zunächst betroffenen Grenzgebieten, und die Unfähigkeit der litauischen Großfürsten, dem Druck Moskaus durch eine stärkere Bindung ihrer reußischen Vasallen an den litauischen Staat erfolgreich entgegenzuwirken.

Nach dem Tode Kasimirs begann Ivan III., in die zahlreichen kleinen Grenzkriege der Moskauer gegen die litauischen Parteigänger mit eigenen Truppen offen einzugreifen, was er bis dahin sehr vorsichtig vermieden hatte. Damit war der Kriegszustand erreicht, der nun für mehr als anderthalb Jahrhunderte das Verhältnis Moskaus zu Polen-Litauen bestimmen sollte. Da Ivan III. im Bunde mit den Krimtataren stand, deren Einfällen, auch wenn sie keine strategische Bedeutung hatten, schwer zu begegnen war, zeigte sich Alexander sofort friedenswillig, und zwar verfolgte die litauische Politik das Ziel, den Moskauer durch eine verwandtschaftliche Verbindung in seinem Expansionsdrang zu beschränken: Litauische Gesandte ließen durchblicken, daß man in Wilna eine Ehe Alexanders mit Ivans III. Tochter Elena begrüßen würde. Moskau nützte die Friedensbereitschaft der Litauer nach Kräften aus: Ivan III. bestand auf einem Friedensschluß auf der Grundlage des erreichten Besitzstandes und zog die Verhandlungen hinaus, um seinen Besitz durch weitere ›Übertritte‹ inzwischen noch zu vergrößern. Als schließlich 1494 der Vertrag zustande kam, mußte Litauen an zwei Stellen erhebliche Einbrüche in sein Territorium hinnehmen: Die östlichen Beistädte von Smolensk mit Vjazma und die Ober-Oka-Fürstentümer (Novosil', Vorotynsk, Odoev, Belev) wurden moskauisch. Und mit der Moskauer Prinzessin Elena gewann Alexander nicht, wie erhofft, Sicherheit vor Moskaus Ambitionen, sondern einen ständig bereiten Anlaß für Moskauer Beschwerden und Einmischungsversuche. Wo Ivans III. Ziele lagen, zeigt mit aller Deutlichkeit die Tatsache, daß er – in überlegener Verhandlungsposition – 1494 zum erstenmal den Titel ›Herrscher von ganz Rußland‹ (Gosudaŕ vseja Rusi) durchgesetzt hatte; sein litauischer Partner war ja seinerseits Herrscher über einen beträchtlichen Teil der Ruś. Anspruch stand von nun an gegen Anspruch, aber nur der orthodoxe Moskauer Großfürst konnte die konfessionelle Einheit aller Orthodoxen propagandistisch für sich ausnützen. Moskau hat keinen Angriffskrieg in westlicher Richtung geführt, bei dem es nicht den Worten nach in erster Linie um die Verteidigung des rechtgläubigen Christentums gegen die böswilligen Anschläge der Lateiner ging. Und es war nicht leicht für den litauischen Großfürsten, auch jeden Schein zu vermeiden, der in dieser Richtung zum Vorwand dienen konnte. Da einerseits die Garantien, den orthodoxen Glauben der Großfürstin Elena nicht zu beeinträchtigen, wohl nicht korrekt eingehalten wurden, andererseits Moskau die bisherige Politik, ›Übertritte‹ zu provozieren, unbekümmert und mit rasch zunehmendem Erfolg fortsetzte, kam es im Jahre 1500 neuerdings zum Krieg, der 1503 mit einem auf sechs Jahre befristeten Waffenstillstand zu Ende ging und – wiederum aufgrund des ›uti possidetis‹ – zu noch weit schmerzlicheren territorialen Einbußen Litauens führte. Diesmal wechselten die Fürsten von Belyj (Bel'skij), Novgorod-Severskij und Černigov den großfürstlichen Herrn; das Gebiet am obersten Dnepr, ganz Severien an der Desna mit dem anschließenden Steppengrenzgebiet fielen damit an Moskau. Nur Smolensk mit dem anliegenden Territorium nördlich und südlich des Dnepr blieb vorläufig noch litauisch.

Moskau hatte sich erneut als der Stärkere erwiesen, und das steigende Ansehen des Moskauer Großfürsten prägte sich auch darin aus, daß seine internationalen Beziehungen rasch an Zahl zunahmen. Von Anfang an hatte der Konflikt mit Polen-Litauen die Wirkung, Moskau in Beziehungen verschiedenster Art zu anderen, mehr und mehr auch westlichen Mächten zu bringen. Es war der Kampf gegen den westlichen Nachbarn, der die ›Europäisierung‹ des Moskauer Rußland, die allmähliche Wiedereinbeziehung Rußlands in das Netz der europäischen Verbindungen nach sich zog. Polens und Litauens Freunde waren Moskaus Feinde und umgekehrt. Im Süden gewann Ivan III. durch die Ehe seines Sohnes Ivan mit Elena, der Tochter des moldauischen Fürsten Stephan des Großen, in dem Donaufürstentum Moldau einen Verbündeten gegen Litauen; allerdings kühlte sich diese Beziehung ab, als der Moskauer Großfürst 1502 die moldauische Schwiegertochter und deren Sohn, den schon zum Großfürsten gekrönten Dmitrij, verstieß. Im Norden übernahm Ivan III. die traditionellen Konflikte Novgorods und vor allem Pskovs mit dem livländischen Teil des Deutschen Ordens, und die Auseinandersetzung mit Litauen hinderte ihn nicht, gleichzeitig auch gegen Livland aktiv zu werden. 1492 zeigte die Gründung der Festung Ivangorod gegenüber von Narva den Ernst der Moskauer Absichten. Allerdings trug die Schließung des Novgoroder Hansekontors 1494 dazu bei, den inneren Konflikt Livlands zwischen den Städten und dem Orden, da sich nun beide von demselben Gegner bedroht fühlten, zu mildern und dem neuen Ordensmeister Wolter von Plettenberg den Widerstand zu erleichtern. 1501 trat Plettenberg mit Litauen in ein gegen Moskau gerichtetes Bündnis, und der danach begonnene Präventivkrieg brachte dem Orden in der Schlacht am See Smolina am 13. September 1502 sogar einen nicht unbedeutenden militärischen Erfolg. Aber das Kräfteverhältnis war zu ungleich: Mehr als die Erhaltung des bisherigen, unsicheren und für den Orden demütigenden Zustandes war im Friedensschluß (1503) nicht zu erreichen. Immerhin war der Moskauer Großfürst nun ein halbes Jahrhundert so gnädig, dem ›Stirnschlagen‹ der Ordensvertreter zu entsprechen und den Frieden immer wieder zu verlängern.

Keinen territorialen Gewinn brachten auch die militärischen Auseinandersetzungen mit den Schweden in den Jahren 1496/1497. Einer vergeblichen Belagerung Wyborgs durch die Russen folgte eine vorübergehende Einnahme von Ivangorod durch die Schweden. Der ja immer vorhandene Alt-Novgoroder Gegensatz gegen die Schweden hatte schon vorher zur Aufnahme diplomatischer Beziehungen zu Dänemark geführt, und umgekehrt lag es nahe, daß Litauen in Schweden einen Verbündeten suchte. Ein deutlicher Beweis für das steigende Ansehen Moskaus ist die Tatsache, daß auch die westlichen Gegner Polens in ihm einen Verbündeten zu suchen begannen. So sehr war das nordöstliche Rußland dem Gesichtskreis der abendländischen Mächte entrückt gewesen, daß meistens erst inoffizielle Kontakte die Lage zu sondieren hatten. Mathias Corvinus, im Streit mit den Jagiellonen, machte den Anfang: 1482–1490 unterhielt er, vermittelt wohl durch Stephan von der Moldau, ein Bündnis mit Ivan III. gegen Kasimir. Die Habsburger folgten: 1489 empfing Maximilian in Frankfurt den ersten Moskauer Gesandten, den Griechen Georg Trachaniot. Und am Beginn des 16. Jahrhunderts fing man auch im Ordenslande Preußen an, Moskau in die eigenen, gegen Polen gerichteten Pläne einzubeziehen: 1510 reiste im Auftrag des Hochmeisters Christof von Schleinitz nach Moskau, um dort mit dem einflußreichen litauischen Emigranten Michail Glinskij gegen Polen zu konspirieren. Allen voran aber hatten die unternehmungslustigen Venezianer die Möglichkeit ins Auge gefaßt, über Moskau neue Verbindungen nach dem Orient zu knüpfen, nachdem der Fall Konstantinopel die alten zerstört hatte. Das ursprünglich angestrebte Ziel ist in allen diesen Fällen nicht erreicht worden. Aber der Moskauer Großfürst gewann durch diese Verbindungen an Prestige, und er fand durch sie Gelegenheit, den eigenen Interessen zu dienen: Diese bestanden unter anderem darin, Fachleute aller Art im Westen anzuwerben, um den Erfordernissen der Kriegsführung und der Hofhaltung entsprechen zu können. Im Interesse des ›Sammlers der russischen Länder‹ lag es auch, die Anregung der Venezianer zu einer Heirat mit der Nichte des letzten byzantinischen Kaisers, der Palaiologin Zoe, aufzugreifen: 1472 nahm sein Gesandter die Erbin des griechischen Reiches aus den Händen Papst Sixtus IV. entgegen. Nicht die Hoffnung des Papstes erfüllte sich dadurch, das Moskauer Rußland einer Union mit Rom zuzuführen, sondern die Absicht des Großfürsten, Moskau in das Erbe von Byzanz eintreten zu lassen.

Die Staatswerdung im Innern

Der Wandel, der sich im Prestige und im Prestigeverlangen des Moskauer Großfürsten innerhalb eines halben Jahrhunderts vollzog, ist so in die Augen fallend, daß ein innerer Wandel im Charakter des Moskauer Staatswesens die Voraussetzung sein muß. 1449 noch hatte Vasilij II. im Großfürsten von Tveŕ einen Gleichgestellten anerkannt, gegen Ende des 15. Jahrhunderts versuchte Ivan III. bereits, den Zarentitel im Verkehr mit schwachen außenpolitischen Partnern durchzusetzen. Was war vorgegangen?

Die Eroberung Konstantinopels durch die osmanischen Türken hat auf die Moskauer Russen einen tiefen Eindruck gemacht. Die sehr ausführlichen Berichte der russischen Chroniken über den verzweifelten Kampf und heroischen Untergang des letzten byzantinischen Kaisers bezeugen das. Zwar hatte Rußland niemals eine politische Abhängigkeit – auch nur der Form nach – von Konstantinopel anerkannt, und seit dem Unionskonzil von Florenz hielt man die Griechen für Glaubensverräter, von denen man sich kirchlich distanzieren mußte. Aber all das berührte nicht die erschütternde Tatsache, daß mit dem byzantinischen Reich die Welt untergegangen war, in der das orthodoxe Rußland nicht nur kirchlich, sondern auch geistig und kulturell bis dahin gelebt hatte. So machtlos der Kaiser in Konstantinopel zuletzt gewesen war, und so wenig man je daran gedacht hatte, ihm eine politische Einflußnahme einzuräumen, nun war es eben doch so, daß in der Vorstellung der Moskauer Russen die Welt, d. h. die griechisch-orthodoxe Ökumene, ihr legitimes Oberhaupt verloren hatte. Der Patriarch, wiewohl er inzwischen der Union abgeschworen hatte, konnte den Kaiser niemals ersetzen und befand sich unter der Herrschaft der Ungläubigen. Allein Moskau hatte der Versuchung der Union widerstanden, und wenn Gott die abtrünnigen Griechen mit dem Verlust ihrer Freiheit bestraft hatte, so schien er die treuen Russen mit dem Wiedergewinn der Freiheit belohnen zu wollen. Jedenfalls war das Moskauer Großfürstentum die einzige wenigstens praktisch unabhängige Macht im orthodoxen Bereich, der einzige in Frage kommende Erbe von Byzanz.

Es ist nicht daran zu zweifeln, daß Ivan III. sich dieser Lage bewußt war, als er die Palaiologenerbin Zoe zu seiner zweiten Frau und zur Moskauer Großfürstin machte. Seine Herrschaft gewann von da ab einen ganz anderen, imperialen Stil. Der Wechsel in der Anrede des Großfürsten von Gospodin (Herr) zu Gosudaŕ (Herrscher) deutet das an: Der ›Herrscher‹ hatte weit größere Distanz zu den Beherrschten, den Untertanen, die ohne Unterschied vor ihm die ›Stirne zu schlagen‹ hatten, als der ›Herr‹ Großfürst, der in einem Lande, in dem es eine Unzahl von ›Herren‹ Fürsten gab, mit anderen ›Herren‹ Großfürsten um den Vorrang zu kämpfen hatte. Aber die Sprache der Titulatur wurde noch viel deutlicher. Denn dieser neue ›Herrscher‹ beanspruchte nicht nur, der ›Herrscher von ganz Rußland‹ zu sein, sondern auch selbst und allein über dieses ganze Rußland zu herrschen. ›Selbstherrscher von ganz Rußland‹ (Samoderžec vseja Rusi), das war nichts anderes als die Übersetzung und Übernahme des griechisch-byzantinischen Kaiserepithetons ›Autokrator‹. Um dieselbe Zeit taucht auch zum erstenmal der kaiserliche Doppeladler im Wappen des Moskauer Großfürsten auf. Unzweifelhaft nach byzantinischem Vorbild, wenn auch mit gewissen Abwandlungen, wurde Dmitrij, der Enkel Ivans III., 1498 in einem neuen Zeremoniell zum Großfürsten und Mitregenten gekrönt, und der Moskauer Kreml bekam in einem großzügigen Umbau durch italienische Renaissancearchitekten (Aristoteles Fioravanti, Marco Ruffo, Pietro Antonio Solari, ›Aleviz Novyj‹) imperiales Ansehen. Nur mehr ein Schritt schien es zur Annahme des Kaisertitels zu sein. Der Kaiser in Konstantinopel hieß im Russischen ebenso wie der Chan in Sarāi ›Caŕ‹. Es scheint, daß zuerst Vertreter der russischen Kirche, die bei der Entwicklung der Moskauer Kaiser- und Reichsidee ja im ganzen eine hervorragende Rolle spielen sollten, den Zarentitel auf den Moskauer Großfürsten angewendet haben. Allerdings heißt es noch in der Erzählung vom Florentiner Konzil aus den vierziger Jahren des 15. Jahrhunderts: »Die östlichen Zaren (die Tatarenchane) hören auf ihn, und die Großfürsten (die anderen russischen Großfürsten) dienen ihm, aber Zar nennt er sich nicht, aus christlicher Demut.« Ivan III. hat diese demutsvolle Haltung aufgegeben: 1473 zwang er die Livländer, mit ihm als dem ›russischen Großfürsten und Zaren‹ Frieden zu schließen, eine Sprachregelung, an der im Verkehr mit dem Orden (und auch mit der Hansestadt Lübeck) seither festgehalten wurde. Das Bestreben, einen Präzedenzfall zu schaffen, ist offenkundig. Aber merkwürdigerweise fand der Zarentitel im innerrussischen Verkehr zu dieser Zeit noch nicht Verwendung, und auch eine Anerkennung des Zarentitels durch Polen-Litauen oder – worauf es besonders ankam – durch den abendländischen Kaiser wurde noch nicht versucht. Diese Zurückhaltung mag zunächst noch durch eine gewisse Rücksicht auf die Tataren bedingt gewesen sein, und Ivan III. liebte ja überhaupt ein schrittweises, vorsichtiges Vorgehen.

Voraussetzung des gesteigerten Prestigebedürfnisses und des verstärkten Herrschaftsanspruches mußte eine vermehrte Konzentration von Macht in den Händen des Moskauer Großfürsten sein. Die Heirat mit der mittel- und machtlosen griechischen Prinzessin allein hätte aus Ivan III. niemals einen erfolgreichen ›Selbstherrscher‹ gemacht. Sie war nicht mehr als ein Dekor der sich bildenden neuen Macht und darf in ihrer Bedeutung nicht überschätzt werden. Was die Macht des Moskauer Großfürsten über die seiner Gegner erhob, war der Zulauf der Bojaren, mit anderen Worten: Die tragende Schicht im Moskauer Staat war der grundbesitzende russische Adel, seine Entscheidung für den Moskauer Großfürsten gab beim ›Sammeln‹ des russischen Landes den Ausschlag. Es bedarf nun einer Erklärung, warum es im Moskauer Staat nicht wie in anderen Fällen zu einer Teilung der Macht zwischen dem Herrscher und dem Adel, den ›Ständen‹ gekommen ist, warum in Moskau die herrscherliche Macht von vornherein das ausschlaggebende Übergewicht erhielt. Die Erklärung liegt sowohl in einer politischen Leistung der Großfürsten – vor allem Ivans III. und seines Sohnes Vasilij III. – wie in einem politischen Versagen des Adels.

Die Leistung der großfürstlichen Politik bestand in einem sehr zielbewußt und umsichtig durchgeführten Abbau der Möglichkeiten politischen Machtgewinns seitens des Adels. Das Festhalten an der Freizügigkeit der Bojaren auch in Moskauer Fürstenverträgen bis gegen Ende des 15. Jahrhunderts scheint dem zunächst zu widersprechen. Aber diese Freizügigkeit war für Moskau von Vorteil, solange der Bojarenzug die Richtung auf Moskau zu behielt und die Macht des Moskauer Großfürsten vermehrte. Es gab natürlich außerrechtliche Mittel, den einmal in Moskauer Dienste getretenen Bojaren trotz der offiziell proklamierten Freizügigkeit festzuhalten. In dem Augenblick, da ganz Nordostrußland Moskauer Votčina war, verlor die Freizügigkeit der Bojaren für den Moskauer Großfürsten jeden Sinn und wurde von ihm erbittert bekämpft. Nur Litauen gegenüber machte er sich noch zu ihrem Fürsprecher, solange die Tendenz der Teilfürsten für Moskau günstig war. Als sich das in der zweiten Hälfte des 16. Jahrhunderts änderte, kehrte Ivan IV. natürlich auch hier das entgegengesetzte Prinzip der unauflösbaren Gebundenheit des Adligen an den Herrscher und der ewigen Dienstverpflichtung hervor. Aber dort, wo der Moskauer Großfürst mächtig war, hatte seit jeher dieses Prinzip und nicht das der Freizügigkeit Geltung. Nur der konnte auf eine gewisse Unabhängigkeit hoffen, der seine Votčina in den Moskauer Dienst schon mitbrachte; er war nicht nur in seiner Existenz selbständig, sondern hatte unter Umständen auch, wenn es sich um einen ehemaligen Teilfürsten handelte, einen gewissen Rückhalt in der Bevölkerung seines ehemaligen Herrschaftsgebietes. Ein Teilfürst, der in den Dienst des Moskauer Großfürsten trat, verzichtete zunächst in der Regel nur auf einen Teil seiner Souveränität, nämlich auf eine selbständige Außenpolitik; im übrigen führte er im Rahmen des großfürstlichen Heeres sein eigenes Aufgebot und blieb im Innern seiner Votčina ebenso ›Herr‹ wie vorher. Darin lag unter Umständen immer noch die Gefahr politischer Ansprüche im Sinne einer Beteiligung an der Macht; daher die konsequente Politik der Moskauer Großfürsten, den fürstlichen Votčinabesitzer und den Votčinabesitzer überhaupt, wenn er seinen Erbbesitz nicht der Gnade des Moskauer Großfürsten verdankte und nicht mit einer Verpflichtung, dem Moskauer Großfürsten zu dienen, bekommen hatte, zu entwurzeln, ihn von seinem angestammten Besitz und von seinen lokalen Verbindungen zu lösen. Jedes Mittel war recht, dieses Ziel zu erreichen, aber das wirksamste war die Zwangsumsiedlung, der ›vyvod‹, dem neuerworbene Gebiete unterworfen wurden. Die erste große, über Rußland hinaus Aufsehen erregende Zwangsumsiedlung dieser Art traf Groß-Novgorod: Einige

Jahre nach dem Ende der Novgoroder Selbständigkeit, im Winter 1488/1489, ›übersiedelte der Großfürst Ivan Vasil'evič aus Groß-Novgorod viele Bojaren, wohlhabende Bürger und Kaufleute, insgesamt mehr als tausend, und verlieh ihnen Güter an der Moskva, in Vladimir, Murom, Nižnij Novgorod, Perejaslavl', Jur'ev, Rostov und Kostroma und anderen Städten. Nach Groß-Novgorod auf deren Güter aber schickte er viele Moskauer gute Leute, Kaufleute und Bojarenkinder, und ebenso aus anderen Städten der Moskauer Votčina viele Bojarenkinder und Kaufleute und gab ihnen Besitz in Groß-Novgorod‹. Ein solcher ›vyvod‹ hatte nicht nur das Nahziel, eine aktuelle politische Opposition auszuschalten, sondern verfolgte die politisch viel schwerer wiegende Absicht, eine allgemeine Nivellierung der führenden Schicht in gleicher Abhängigkeit vom Moskauer Selbstherrscher zu erreichen. Jahrzehntelange Konsequenz hatte den gewünschten Erfolg: Es gab kein regionales politisches Eigenleben mehr in Rußland, es entwickelten sich keine ständischen Korporationen, ja selbst der Rat (die Duma) des Großfürsten verlor unter Vasilij III., dem ein Gegner vorwarf, daß er ›selbdritt am Bette‹ regiere, seine frühere Bedeutung. Selbst Fremden blieb der Wandel nicht verborgen. So schrieb der habsburgische Gesandte Sigmund von Herberstein in seinen 1549 erschienenen ›Rerum Moscoviticarum Commentarii‹ über Novgorod: »Es soll ein ehrliches und gar menschliches Volk daselbst gewesen sein, jetzt aber mit der Moskowiterpest vermischt, ist es sicher ganz verdorben.«

Herberstein hatte Gewährsleute, die dem Großfürsten nicht wohlgesinnt waren. Es gab oppositionelle Kräfte im werdenden Moskauer Staat; das Gefühl dafür, daß die Autokratie des Moskauer Großfürsten und späteren Zaren nicht die einzig mögliche politische Daseinsform darstellte, ist niemals völlig erloschen, aber im ganzen hat der russische Adel im Kampf um die Macht im Staate versagt. Mehrere Gründe lassen sich dafür anführen: Der russische Adel aller Schichten ließ sich, einmal in Moskauer Dienste genommen und in seiner Karriere ausschließlich von der Gnade des Herrschers abhängig, in einen alle Kräfte verzehrenden Kampf um den Rang der

Person und der Familie verstricken. Das ›Mestničestvo‹, die Rangordnung des Moskauer Adels, ein überaus kompliziertes System nach Herkunft, Würdigkeit und Verdiensten, ertötete jede ständische Solidarität. Es ist bezeichnend, daß die Selbstherrlichkeit der Großfürsten und Zaren das Mestničestvo, wiewohl es auch für die Regierung eine schwere Last darstellte, lange Zeit unangetastet ließ. Der russische Adel hat ferner vor dem Jahr 1598 kein einzigesmal die Gelegenheit gehabt, einen Dynastiewechsel zum Gewinn ständischer Privilegien auszunützen, wie das z. B. im benachbarten Polen seit der zweiten Hälfte des 14. Jahrhunderts immer wieder geschah. Und es fehlte die Schule eines formalen Rechtsdenkens, wie sie das Römische Recht vermittelt, um Ansprüche und Rechte, selbst wenn sie einmal wie im 17. Jahrhundert praktisch schon errungen waren, in eine verbindliche und dauerhafte Rechtsform zu kleiden.

Die Fixierung und Nivellierung der russischen Gesellschaft machte nicht bei den oberen Schichten halt. Je größer die Zahl der Dienstleistenden und je kleiner das durchschnittliche Ausmaß des Dienstgutes wurde, desto mehr hing die Existenz des Grundbesitzers von der Arbeitsleistung des einzelnen Bauern ab. Auch der russische Bauer besaß noch die Freizügigkeit, wenn er auch vielfach schon in wirtschaftliche Abhängigkeit vom Grundherrn geraten war. Aber nun, am Ende des 15. Jahrhunderts wird das Bestreben deutlich, dem Bauern das freie Abzugsrecht zu beschneiden: Das Gesetzbuch (Sudebnik) des Großfürsten Ivan III. vom Jahre 1497 beschränkte bereits die Zeit, in der der Bauer – nach Erfüllung seiner Verpflichtungen – den Grundherrn wechseln oder überhaupt seinen Hof aufgeben durfte, auf zwei Wochen im Jahr, auf die Woche vor und die Woche nach dem St. Georgstag (26. November). Die Tatsache, daß am Ende des 15. Jahrhunderts zum erstenmal wieder seit der ›Russkaja Pravda‹ des Kiever Reiches eine Kodifizierung des geltenden Rechtes von überlokaler Bedeutung erfolgen konnte, zeigt sehr deutlich, welcher Wandel vor sich gegangen war. Auf alles, was durch Moskau an russischem Land gesammelt wurde, dehnte sich der Geltungsbereich dieses Moskauer Rechtes aus. Noch war die Verwaltung des wachsenden Moskauer Staates sehr einfach: Vertreter des Großfürsten in den Stadt- und Landbezirken (Namestniki, Volosteli) erfüllten die administrativen und richterlichen Funktionen; ihr Lohn bestand in der ›Ernährung‹ (kormlenie) durch den Verwaltungsbezirk, auf die sie für die Dauer ihres meist kurz, d. h. auf ein oder zwei Jahre, befristeten Auftrages Anspruch hatten. Aber die Schaffung eines einheitlichen Rechtes deutet schon darauf hin, daß die Zeit zu Ende war, in der es dem Moskauer Großfürsten noch möglich war, seine Votčina nach Art eines großen Landgutes zu verwalten. Es sollte allerdings noch Jahrzehnte dauern, bis sich die neuen Formen des ›Moskauer Staates‹ voll entfalteten.

SELBSTHERRSCHERTUM UND MACHTKIRCHE

Die äußeren Ereignisse bis zum Regierungsantritt Ivans IV.

Von der Regierung Vasilijs III. (1505–1533) wird man im allgemeinen sagen können, daß sie die politischen Ziele Ivans III. weiter verfolgte und in dieser Kontinuität auch durchaus erfolgreich war, daß aber die Erfolge unter weniger günstigen Voraussetzungen gegen zunehmenden Widerstand von außen und wachsende Opposition im Innern härter erkämpft werden mußten und daher bescheidener blieben. Regionale Gewalten, Teilfürstentümer, hatten damit allerdings nichts mehr zu tun: Das ›Sammeln des russischen Landes‹, soweit es nur mehr eine innere Konsolidierung des bereits bestehenden Moskauer Machtbereiches bedeutete, konnte ohne besonderen politischen und militärischen Aufwand abgeschlossen werden. Die Eingliederung von Pskov (1510) erregte nicht mehr das Aufsehen, das noch die von Groß-Novgorod hervorgerufen hatte, obwohl sie für die Betroffenen gewiß nicht weniger schmerzlich war. Die Art und Weise, in der die ›Selbständigkeit‹ von Pskov, Rjazań und einigen noch verbliebenen kleinen Teilfürstentümern liquidiert wurde, erinnert mehr an einen Verwaltungsakt als an eine politische

Aktion. Der russische Terminus für Teilfürstentum – ›Udel‹ – wechselte hinfort seine Bedeutung: In der Neuzeit diente er nur zur Bezeichnung der Apanagen von Mitgliedern der Zarenfamilie.

Der Waffenstillstand mit Polen–Litauen war nicht von Dauer. Zwar erfüllten sich für keinen der Gegner die Hoffnungen, die er auf den Thronwechsel beim andern setzte. Weder ließ sich in Moskau beim Regierungsantritt Vasilijs III. eine Aktivität der Opposition erkennen, die Alexander einen Angriff ratsam erscheinen lassen konnte – auch der Verbündete Litauens, Wolter von Plettenberg, mahnte zur Vorsicht –, noch ergab der bald darauf eintretende Tod Alexanders (1506) für den Moskauer Großfürsten in Litauen eine reale Chance. Zunächst war die Situation eher für Sigismund I., den neuen polnischen König und litauischen Großfürsten, günstig, denn Moskau hatte Schwierigkeiten mit Kazań, aber der Übertritt des Fürsten Michail Glinskij auf die Moskauer Seite veränderte die Lage völlig. Die Glinskijs, ursprünglich tatarischer Herkunft (Stammvater war Mamāi, der Unterlegene auf dem Kulikovo pole), hatten ihre Votčina in Severien und waren schon unter Witold in litauische Dienste getreten. Unter Alexander war Fürst Michail der erste Mann in Litauen; sehr ausgedehnte Güter befanden sich im Besitz seiner Familie, und es war dem weitgereisten, gebildeten und seinen Standesgenossen sichtlich überlegenen Hofmarschall zuzutrauen daß ihn sein Ehrgeiz noch weiter trieb. Als ihm Sigismund mit Mißtrauen begegnete und seine Machtstellung einzuschränken versuchte, schritt er zur offenen Rebellion. Glinskijs politisches Ziel war es dabei offenbar, die ›reußischen‹ Teile des Großfürstentums Litauen zu einer eigenen Herrschaft zu verselbständigen. Ohne die Unterstützung Moskaus war dies für Glinskij nicht zu erreichen und mit ihr, wie er bald erfahren sollte, erst recht nicht. Selbst bedeutendere militärische Eroberungen hätten Vasilij III. niemals dazu veranlaßt, sich mit einem neuen Teilfürstentum abzufinden. Da sich solche Erfolge in den Feldzügen der Jahre 1507 und 1508 nicht einstellten, blieb Glinskij nichts als der Moskauer ›Dienst‹ und die fragwürdige Rolle eines renommierten Emigranten. In dieser hat er allerdings einiges dazu beigetragen, daß der Konflikt Moskaus mit Polen–Litauen auch nach dem ›ewigen Frieden‹ vom Herbst 1508, in dem Sigismund auf alle an Ivan III. verlorenen litauischen Gebiete endgültig verzichtete, nicht zur Ruhe kam. Den Vorwand zur Eröffnung von Feindseligkeiten konnte immer noch eine angebliche schlechte Behandlung von Alexanders Witwe Elena bieten. Im dritten Anlauf gelang endlich 1514 die Eroberung von Smolensk, aber eine schwere Niederlage, die wenige Wochen später der litauische Heerführer Fürst Konstantin Ostrožskij bei Orša den Moskauer Truppen bereitete, zeigte, daß auch Moskau seine Kräfte erschöpft hatte. Für einen Frieden fehlten die politischen Voraussetzungen: Weder konnte Litauen auf das Verlorene verzichten noch wollte Moskau das Gewonnene wieder herausgeben. So ließ man die Lage ungeklärt und begnügte sich mit befristeten Waffenstillständen, deren erster 1522 abgeschlossen wurde.

Glinskij hatte 1514 vergeblich versucht, erneut die Partei zu wechseln; er mußte diesen Versuch mit langjähriger Haft büßen. Aber als der in erster Ehe kinderlose Vasilij III. 1526 in zweiter Ehe Glinskijs Nichte Elena heiratete, schien endlich doch auch in Moskau der Stern der Glinskijs noch einmal aufzugehen. Vasilij III. selbst hat dem Fürsten Michail Glinskij im Falle seines Todes eine hervorragende, der eines Vormundes nahekommende Stellung zugedacht. Glinskij war ja ein Großonkel des kleinen Ivan; von ihm war am ehesten zu erhoffen, daß er sich für den minderjährigen Thronfolger einsetzen würde. Aber realisieren ließ sich dieser Plan nicht; zu stark war der Widerstand gegen den ›Fremden‹, und als Glinskij versuchte, mit Hilfe einer Verschwörung wirklich an die Macht zu gelangen, da scheiterte er ein letztesmal und landete 1534 erneut im Kerker.

Das Kräftegleichgewicht zwischen Moskau und Polen–Litauen war nicht zuletzt darauf zurückzuführen, daß Vasilij III. in seiner Tatarenpolitik nicht so glücklich war wie sein Vater. Bei den Krimtataren neigte sich die Ära Mengli-Girāis dem Ende zu. Nach der Vernichtung der ›Großen Horde‹ unter Ahmed ließ das Interesse des Krimchans an seinem Moskauer Verbündeten merklich nach, und schon 1512 belästigten die Söhne Mengli-Girāis nicht mehr die litauische, sondern die moskauische ›Ukraine‹ (= Grenzgebiet); es war also der polnisch-litauische Einfluß in der Krim im Vorrücken. Als Mengli-Girāi starb, zerbrach das Bündnis mit Moskau völlig, und das hatte für Moskau nicht nur den endgültigen Verlust des bewährten Kampfgenossen gegen Polen–Litauen zur Folge, sondern auch einen bedenklichen Rückgang seines Einflusses in Kazań. Die moskaufeindliche Partei in Kazań konnte nun auf die Unterstützung durch die tatarischen Stammesgenossen auf der Krim rechnen, es bildete sich in letzter Stunde eine Art tatarischer nationaler Solidarität gegen das allzu mächtig gewordene Moskau. Dadurch wurde Vasilij III. weitgehend der Möglichkeit beraubt, mit Hilfe innertatarischer Intrigen seine Position zu halten und auszubauen, zumindest hatten sie nur mehr dann einige Aussicht auf Erfolg, wenn sie von erheblichen militärischen Anstrengungen Moskaus begleitet waren. Feldzüge gegen die Krim lagen noch weit jenseits der Moskauer militärischen Möglichkeiten, aber selbst die Eroberung des näher gelegenen und auf der Wolga (oder über die Vjatka und Kama) relativ mühelos erreichbaren Kazań erwies sich als technisch schwierig. Unmittelbare Angriffe blieben erfolglos, solange sie sich nicht auf eine nahe Ausgangsbasis stützen konnten. Vasilij III. beschritt mit der Gründung von Vasilgorod an der Mündung der Sura in die Wolga (Vasilsursk) den richtigen Weg, aber erst ein Menschenalter später konnte sein Sohn Ivan IV., nachdem er an der Svjaga-Mündung das Kazań noch nähere Svjažsk errichtet hatte, das Ziel, die Eroberung von Kazań, erreichen. Nicht nur durch den polnisch-litauischen, sondern auch durch den tatarischen Gegner wurde also der Moskauer Staat zu einer dauernden Entfaltung militärischer Macht gezwungen. Und ein Ereignis wie der Zug des Krimchans Mehmed-Girāi, der 1521 unvermutet vor Moskau erschien und das Versprechen neuerlicher Tributzahlung erzwang, zeigte deutlich, daß diese Machtentfaltung der organisatorischen und technischen Vervollkommnung bedurfte.

Es waren schwierige Probleme, die Vasilij III. 1533 seinem

dreijährigen Sohn Ivan hinterließ. Das schwierigste aber bestand darin, dessen Herrschaft zu sichern. An ›Selbstherrschertum‹ hatte der Sohn der Palaiologin seinen Vater noch übertroffen, eben dadurch aber auch die Zahl seiner Feinde vermehrt. Es bedeutete nun wenig, daß die Moskauer Diplomaten 1514 den kaiserlichen Gesandten Jörg Schnitzenpaumer überlistet und in den gegen Polen gerichteten Bündnisvertrag mit Maximilian I. den Zaren-, d. h. den Kaisertitel für den Moskauer Großfürsten eingeschmuggelt hatten. Wie sollte die Autokratie bestehen, wenn es keinen volljährigen Autokraten gab? Auch diese Situation war Moskau bisher, wenn wir von der bedeutend kürzeren Minderjährigkeit des Dmitrij Donskoj absehen, erspart geblieben; und Dmitrij hatte keine erwachsenen Oheime gehabt wie Ivan IV., die den politischen Vorteil des Seniorats, dem Staat einen volljährigen Herrscher zu sichern, in Person demonstrierten. Man mag darüber streiten, ob die Gründe mehr im Positiven liegen, in einem institutionellen Beharrungsvermögen des Moskauer Staates, oder mehr im Negativen, in einem Unvermögen aller Beteiligten, das Machtvakuum einer anderthalb Jahrzehnte währenden Minderjährigkeit auszufüllen, jedenfalls haben Moskau und die Autokratie des Moskauer Herrschers diese Schwächeperiode ohne ernsthafte Machteinbußen überstanden. Weder einem der Brüder Vasilijs III., Jurij und Andrej, noch dem Favoriten Elenas, Fürst Ivan Ovčina-Obolenskij, noch den Cliquen der Glinskijs, Bel'skijs und Šujskijs gelang es, die Macht unbestritten und dauernd auszuüben. Der heranwachsende Ivan IV. erlebte vielmehr einen unausgesetzten Kampf unzureichender Prätendenten um die Macht; solange die Großfürstin-Regentin Elena lebte, gab es immerhin noch eine Regierung, die bemüht war, die Politik Vasilijs III. weiterzuführen; als Elena aber am 3. April 1538 – wie man weithin vermutete, durch Gift – starb, fiel auch die letzte Hemmung und jede Rücksicht auf das Staatsinteresse. Die Hocharistokratie der Fürsten (›Knjažata‹ – ›Fürstlein‹ nannte sie Ivan IV. später verächtlich) und Bojaren hätte es nun in der Hand gehabt, die Macht zu teilen, dem Moskauer Herrschaftssystem eine andere, ständisch bestimmte Form zu geben.

Aber diese Hocharistokratie war selbst kein Stand, sie entbehrte jeder ständischen Solidarität, und ihre einzelnen führenden Vertreter waren trotz einer zahlreichen Klientel nicht imstande, die innere Ordnung aufrechtzuerhalten. Im Vernichtungskampf gegeneinander führten sie in wenigen Jahren einen Zustand völliger Anarchie an der Spitze des Staates und der Aktionsunfähigkeit nach außen herbei. Was schlimmer war, sie töteten für immer in dem jungen Ivan IV. das Vertrauen zu jenen Männern, die nach Rang und Überlieferung zu seinen nächsten Mitarbeitern berufen waren.

Daß der Staat an der ›Nepravda‹, an dem ungerechten Regiment der Bojaren, nicht zugrunde ging, war jenen Kräften zu danken, auf die sich das Selbstherrschertum der Moskauer Großfürsten seit jeher gestützt hatte – dem Dienstadel, der Moskauer D'jakenbürokratie und der Kirche. Als schließlich Ivan IV. großjährig geworden und Anfang 1547 zum ersten Moskauer Zaren gekrönt worden war, als ein Aufstand der Moskauer im Juni desselben Jahres die zuletzt noch an der Macht befindliche Clique der Glinskijs hinweggefegt hatte, war die Bahn frei für eine neue Ordnung anstelle der Unordnung der bojarischen ›Machthaber, die alle Welt bedrückten und nicht nach Gerechtigkeit, sondern nach Lohn Gericht hielten‹. Daß der Dienstadel, vom Herrscher allein abhängig und auf dessen Gunst angewiesen, der Willkürherrschaft der Bojaren feindlich gegenüberstand, bedarf keiner weiteren Erläuterung. Nicht um des Staates, sondern um der eigenen Sicherheit und des eigenen sozialen Aufstieges willen mußten die Moskauer ›Dvorjane‹ in der Beseitigung der bojarischen Machthaber und in der Wiederherstellung der Autokratie ihr Heil sehen. Ähnlich verhielt es sich mit den nichtadligen Beamten der Moskauer Regierungsämter, den D'jaken (von Diakon, ursprünglich Schreiber, Sekretär). Sie bildeten wie jede Bürokratie ein wichtiges Element der Kontinuität im Staate. Schon unter Vasilij III. hatten sie beträchtlich an Einfluß gewonnen; ohne gesellschaftlichen Rang und ganz auf den Herrscher angewiesen, waren sie das geeignete Instrument, den Staat ›allein‹, ohne Rat und Mitarbeit der Fürsten und Bojaren, zu regieren. Ohne sich politisch zu exponieren, waren sie – wiederum wie jede Bürokratie – von Natur und Beruf gegen die alles komplizierende Unordnung der Bojaren und für die alles vereinfachende Ordnung der Autokratie. Die wichtigste Rolle aber fiel der Kirche zu, deren Oberhaupt, der Metropolit, zwar nicht nach Gesetz und Verfassung, aber nach Überlieferung und Erfahrung in Zeiten des staatlichen Notstandes als geistlicher Vormund, als Schiedsrichter und als Interrex ein entscheidendes Wort mitzureden hatte. Als Vorbild konnte immer die Gestalt und die Leistung des Metropoliten Aleksej im 14. Jahrhundert dienen. Nun war es zwar selbstverständlich, daß die Kirche Fürsprecherin der Ordnung sein mußte, aber es war nicht immer über jeden Zweifel erhaben, welcher Ordnung die Kirche ihren Segen erteilen sollte.

Der Sieg der machtkirchlichen Richtung

Solange sich die russische Kirche in Abhängigkeit von der griechischen befunden hatte, war das Verhältnis zwischen Staat und Kirche im Prinzip nicht in Moskau, sondern in Konstantinopel geregelt worden. Das byzantinische Vorbild: eindeutiges Übergewicht der obersten weltlichen über die oberste geistliche Gewalt, konnte in Moskau schon deshalb nicht getreu nachgebildet werden, weil ja der Moskauer Metropolit nicht in derselben Weise kirchlich unabhängig war wie der Moskauer Großfürst politisch vom byzantinischen Kaiser. Mit der Loslösung der russischen Kirche von der griechischen hatte sich die Lage entscheidend verändert: Einen Kaiser gab es überhaupt nicht mehr, aber auch die Autorität des Patriarchen im türkischen Konstantinopel war nicht mehr bedingungslos anerkannt. Es lag nahe, daß die russischen Metropoliten in ihrer kirchenrechtlich ungeklärten Lage Rückhalt beim Großfürsten suchten und fanden. Die Autokephalie der russischen Kirche ging ja auf einen eigenmächtigen, vom russischen Staat geförderten und gebilligten, aber vom griechischen Patriarchen niemals anerkannten Akt zurück. Diese Anerkennung konnte nun kaum auf die Dauer verweigert werden, wenn das christlich-orthodoxe Kaisertum in Moskau erneuert wurde, wenn also der Moskauer Metropolit in seiner Stadt den Kaiser zur Seite hatte, den es in Konstantinopel nicht mehr gab. Die weitere Entwicklung mußte sich dann sozusagen von selbst ergeben, neben den russischen Kaiser mußte am Ende ein eigener russischer Patriarch treten. Erst dann war die zerstörte Ordnung wiederhergestellt, erst dann konnte auch das byzantinische Staat-Kirche-Verhältnis genau wiederholt werden. Dieser gewissermaßen weltkirchliche und welthistorische Aspekt drängte also die russische Kirche auf die Seite der Autokratie des Moskauer Großfürsten, machte sie zur Fürsprecherin der byzantinischen Erbschaft – nicht nur kirchlich, sondern auch politisch – und ließ sie am Entstehen der neuen, imperialen Moskauer Staatsideologie maßgeblich mitwirken.

Aber der Gedanke, Byzanz in vollem Umfang zu beerben und zu wiederholen, war nicht zu verwirklichen, ohne daß die konkrete Situation in Rußland ihre modifizierende Wirkung ausübte. Und da war es vor allem von Bedeutung, daß der asketische Neuaufbruch des russischen Mönchtums im 14. Jahrhundert auch im 15. Jahrhundert noch anhielt, daß die russische Kirche im entscheidenden Zeitpunkt geistliche Persönlichkeiten von Rang hervorbrachte, die ihre eigenen Gedanken über die kirchliche und politische Zukunft des christlichen Moskauer Rußland hatten. Die Blütezeit der nordrussischen Klostergründungen hatte ziemlich rasch auch wieder eine Verweltlichung der groß und reich gewordenen Klöster gebracht, ja diese rasche Verweltlichung war ihrerseits ein Hauptgrund für die neuerliche Absonderung von Asketen und damit für die Entstehung von neuen Klöstern. Nun lag im Einsiedlertum aber immer nur die Lösung des Problems für den einzelnen, die Tatsache der Verweltlichung, des sittlichen Niederganges in den großen Klöstern blieb davon unberührt. Es konnte auf die Dauer nicht ausbleiben, daß einzelne die Reformbedürftigkeit des russischen Klosterwesens überhaupt erkannten. Für die Reform eröffneten sich nun zwei Wege, beide in den Traditionen des ostkirchlichen Mönchtums vorgebildet: Der Weg der Verinnerlichung in einem neuen asketischen Ansatz und der Weg einer Neuordnung durch eine verbesserte Klosterverfassung. Beide wurden beschritten, und beide sind in dem Leben und in der Lehre eines geistlichen Führers verkörpert.

Nil (Majkov) Sorskij (1433–1509) wählte den Weg nach innen. Er war in seiner Jugend auf dem Berge Athos gewesen und hatte dort den Geist des byzantinischen Hesychasmus in sich aufgenommen. Heimgekehrt, gründete er unweit des Kirillovklosters am Beloozero einen ›Skit‹, eine Einsiedelei, an dem Flüßchen Sora (daher sein Beiname Sorskij). Daran war nichts Ungewöhnliches; unzählige Male war ähnliches schon geschehen und nach einem Menschenalter aus dem asketischen Neuanfang ein neues Kloster entstanden. Aus Nils Einsiedelei an der Sora wurde jedoch kein Kloster mit Grundbesitz und Bauerndörfern, sondern das Vorbild für eine zwar altkirchliche, aber in Rußland als Dauererscheinung neue Art mönchischer Existenz. Im Gegensatz zu den großen Klöstern mit ihrem organisierten und betriebsamen Gemeinschaftsleben (obščežitie-*κοινοβίον*) pflegte man im Skit das ganz der Kontemplation gewidmete mönchische Einzelleben (osobožitie-*ἰδιοϱϱύθμον*); der Skit (*σκήτη*) ist eine auf ein Mindestmaß von Kontakten im gemeinsamen Gottesdienst beschränkte kleine Gemeinschaft von Einsiedlern, eine Art Mittelweg zwischen Kloster und Eremitentum. Daß Nil Sorskij als Begründer des russischen ›Skitenlebens‹ nicht nur kirchengeschichtliche, sondern darüber hinaus auch allgemeingeschichtliche Bedeutung erlangte, lag einmal gewiß an dem Rang seiner geistlichen Persönlichkeit, die Schüler und Nachfolger fand und die ganze Richtung der ›Starzen von jenseits der oberen Wolga‹ (Zavolžskie starcy) prägte; es lag zum andern aber daran, daß er sein asketisches Ideal der Verinnerlichung, der geistlichen Vervollkommnung des einzelnen, in einer bestimmten Situation und im Gegensatz zu einer anderen Richtung bewähren, daß er zu aktuellen Fragen Stellung nehmen mußte.

Iosif (Sanin), der Abt des Klosters in Volokolamsk (um 1440–1515), wählte den Weg nach außen. Aus einer Familie des grundbesitzenden Adels stammend (Nil Sorskijs Bruder war großfürstlicher D'jak), hatte der früh Mönch gewordene Iosif in keinem der großen Klöster Befriedigung seines asketischen Strebens gefunden. Aber anders als sein kontemplativer Zeitgenosse erblickte er das Heil in einer durchgreifenden Reform des klösterlichen Gemeinschaftslebens, die er in dem 1479 von ihm bei Volokolamsk gegründeten eigenen Kloster vorbildlich verwirklichen wollte. Seine Regel erschöpfte sich in einer überaus strengen, jede Einzelheit des Klosterlebens berücksichtigenden Ordnung, die den Mönch zu persönlicher Besitzlosigkeit und zu unbedingtem Gehorsam verpflichtete, dem Abt aber eine geradezu monarchische Verfügungsgewalt gab.

Beide Reformer, Nil Sorskij ebenso wie Iosif von Volokolamsk, haben nichts grundsätzlich Neues geschaffen, sondern alte Formen in ihrer vollen, ursprünglichen Reinheit wiederherstellen wollen. Ihr Ziel war dasselbe, und beide wollten sie es als treue Söhne der russischen orthodoxen Kirche erreichen. Nur ihre Wege zu diesem Ziel, ihre Methoden waren verschieden: Iosif von Volokolamsk hielt die peinlich genaue, äußerliche Befolgung seiner strengen Regel für genügend, Nil Sorskij kam es vor allem auf die geistliche Erziehung des inneren Menschen an. Aber weder hat Nil Sorskij bei aller Betonung der individuellen geistlichen Freiheit die Bedeutung des geistlichen Gehorsams geleugnet, noch Iosif von Volokolamsk in seinem formalen Rigorismus das eigentliche Ziel des asketischen Heilsstrebens aus dem Auge verloren. Mag man auch in der einen Richtung gewisse ›protestantische‹, in der anderen mehr ›katholische‹ Züge angedeutet finden – daß zunächst beide im Raum der orthodoxen Kirche Rußlands Platz fanden, steht außer Zweifel.

Der Konflikt ergab sich in der Konfrontation mit der Wirklichkeit, in der Stellungnahme zu zwei aktuellen Problemen. Das eine war die neue Novgoroder Häresie der ›Judaisierenden‹, das andere der Grundbesitz der Kirche. Beide Probleme standen in einem gewissen Zusammenhang, und an beiden war der Staat, der Großfürst Ivan III. interessiert. Das Interesse des Staates an der Frage des kirchlichen Grundbesitzes ist unschwer zu erklären: Die militärische Macht Moskaus beruhte auf dem Dienstadel. Die Entlohnung für militärische Dienstleistung erfolgte durch Verleihung eines Dienstgutes. Je größer die militärischen Aufgaben des Moskauer Staates wurden, desto mehr Soldaten brauchte der Großfürst und desto mehr Land, um diese Soldaten zu entlohnen, und zwar wirtschaftlich ertragreiches, d. h. von Bauern besiedeltes und bearbeitetes Land. Das war keineswegs im Überfluß vorhanden, und schon der Novgoroder Erzbischof hatte sich bei der Liquidierung der Novgoroder Selbständigkeit die Säkularisierung der Hälfte seines Besitzes gefallen lassen müssen. Aber es war etwas anderes, den Novgoroder Erzbischof, den man einer Verbindung mit dem litauischen Kiever Metropoliten verdächtigte und der daher kaum eine Stütze am Moskauer Metropoliten hatte, zu berauben, als den Grundbesitz der ganzen russischen Kirche – und sei es auch nur zum Teil – zu säkularisieren. Eine solche Maßnahme mußte den erbitterten Widerstand der Kirche hervorrufen, die dem Großfürsten in mancher anderen Hinsicht sehr nützlich sein konnte. Zumindest bedurfte eine solche Maßnahme der ernsthaften religiösen Begründung, um ihr den Anschein willkürlicher Gewaltsamkeit zu nehmen. Dem säkularisationsbegierigen Großfürsten mußte daher jede Lehre willkommen sein, die dem kirchlichen Grundbesitz seine sittliche Berechtigung absprach. Da boten sich sowohl die Novgoroder Judaisierenden als auch die Zavolžskie starcy an.

Der Ursprung der Novgoroder Häresie ist sehr umstritten. Die Bezeichnung ›Judaisierende‹ (Židovstvujuščie) stammt von ihrem erbittertsten Gegner Iosif von Volokolamsk, der in einem Juden S'charija aus der Begleitung des Kiever Fürsten Michail Olel'kovič den Begründer der Häresie sah. Beziehungen zur rationalen Geistigkeit des mittelalterlichen Judentums sind kaum zu leugnen, aber die radikale Ablehnung der offiziellen Kirche konnte auch an die Tradition der Strigol'niki anknüpfen. Man hat schließlich gute Gründe dafür angeführt, daß es sich hier auch um eine späte Fernwirkung der hussitischen Bewegung handeln könnte, und die Moskauer Gruppe der Häretiker weist sogar unverkennbar humanistische Züge auf. Es sind offenbar verschiedene Elemente zu einer Bewegung zusammengeschlossen, die man im ganzen nicht zu Unrecht als einen ersten Einbruch des westlich-abendländischen Rationalismus in die russische Geisteswelt bezeichnet hat. Die Judaisierenden waren den kirchlichen Apologeten an Bildung vielfach überlegen; sie zitierten biblische Schriften, die es in russisch-kirchenslavischer Übersetzung bis dahin nicht gab, und provozierten dadurch die erste vollständige russisch-kirchenslavische Bibelübersetzung, die unter der Leitung des Erzbischofs Gennadij von Novgorod unter Mitwirkung eines Dominikaners Benjamin und unter Heranziehung der Vulgata zustande kam; sie bezweifelten die Richtigkeit der kirchlichen Prophezeiung des Weltendes für das Jahr 7000 (1492) und behielten damit natürlich recht. Auch der sozialen Herkunft nach ist das Bild der Häresie nicht einheitlich: Während ihr in Novgorod die untersten Schichten der Stadtbevölkerung einschließlich der niederen Geistlichkeit anhingen und ein antifeudaler Affekt gegen den besonders reichen Novgoroder Erzbischof mitspielte, zählten zu der Moskauer Gruppe führende Persönlichkeiten der Hofgesellschaft, wie der D'jak des Posol'skij Prikaz (der leitende Beamte des Außenamtes) Fedor Kuricyn und die moldovanische Großfürstin Elena. Daß die Häretiker, wo auch immer ihre geistige Urheimat gelegen sein mag, dem überreichen kirchlichen Grundbesitz, der Hauptursache der Verweltlichung der Kirche und der Hauptstütze der materiellen kirchlichen Macht, jede Berechtigung absprachen, scheint sie dem Großfürsten zunächst sympathisch gemacht zu haben. Er hat wohl selbst die Übertragung der Häresie nach Moskau herbeigeführt, indem er zwei häretische Priester – Aleksej und Denis – aus Novgorod nach Moskau brachte, und er hat über die ihm persönlich nahestehenden Häretiker lange Zeit schützend die Hand gehalten, auch nachdem die Kirche längst zum Gegenangriff übergegangen war.

In der Frage des kirchlichen Grundbesitzes dachte Nil Sorskij nicht anders als die Judaisierenden. Ob darüber hinaus zwischen der innerkirchlichen Reformbewegung der Zavolžskie starcy und der außerkirchlichen Opposition der Häretiker Berührungspunkte bestanden, erscheint fraglich. Am ehesten deutet noch das beiden Richtungen eigene Ernstnehmen der sittlichen Gebote des Christentums eine entfernte Verwandtschaft an; aber Nil Sorskij hat niemals an die dogmatische Substanz gerührt, was die Häretiker sehr wohl taten, und wenn er einer milden, rein geistigen und auf die innere Bekehrung abzielenden Häresiebekämpfung das Wort redete, so folgte er damit nur alter ostkirchlicher Überlieferung. Diametral entgegengesetzt war die Haltung des Abtes von Volokolamsk: Er sah in der Häresie eine ernste Bedrohung der Kirche, der mit allen Mitteln, auch denen der physischen Gewalt, zu begegnen sei; dazu bedurfte die Kirche der Mitwirkung des Staates bei der Ketzerverfolgung. ›Bitte Gott‹ – so schrieb 1489 Iosifs Mitstreiter gegen die Häretiker, der Erzbischof Gennadij von Novgorod –, ›daß er dem Herrscher ins Herz lege, in der Kirche Gottes nach dem Rechten zu sehen, auf daß die orthodoxe Christenheit von dem häretischen Angriff ... nicht erschüttert werde‹. Aber anderthalb Jahre später hatte Gennadij immer noch Grund, sich über die mangelnde Aktivität von Metropolit und Großfürst bitter zu beschweren: »Unser Herrscher ... untersucht das nicht und bestraft jene nicht: Wie will er da sein Land von dieser Schande reinigen? Welche Festigkeit zeigen doch die Lateiner in ihrem Glauben! Der kaiserliche Gesandte hat mir vom spanischen König erzählt, in welcher Weise der sein Land gereinigt hat!« Der Hinweis auf die Inquisition, von der Maximilians I. Gesandter Jörg von Thurn in Novgorod offenbar berichtet hatte, ist sehr bezeichnend: Das Verhalten der lateinischen Christenheit als vorbildlich hinzustellen, war für einen russischen Hierarchen mehr als ungewöhnlich, und es ist sicher kein Zufall, daß dieses Argument aus Novgorod kam; aber es bedurfte wohl ungewöhnlichster und schärfster Argumente, um die Leitung von Staat und Kirche in Moskau aus ihrer Passivität aufzurütteln, denn in der anderen Frage, der des kirchlichen Grundbesitzes, waren Iosif und seine Gesinnungsgenossen nicht geneigt, den großfürstlichen Wünschen entgegenzukommen, und daher konnten sie nicht von vornherein auf Wohlwollen rechnen. Iosif verteidigte den Grundbesitz der Kirche ebenso radikal, wie er die Häretiker bekämpfte, und zwar sowohl gegen die moralische Kritik der Judaisierenden und der Anhänger des Nil Sorskij, als auch gegen die hinter dieser Kritik gedeckten Säkularisationswünsche des Großfürsten. Zwar war auch nach seiner Regel der einzelne Mönch zur Besitzlosigkeit verpflichtet, aber Klöster und Kirche mußten seiner Meinung nach reich und durch Reichtum angesehen sein, weil sonst kein Vornehmer mehr sich entschließen würde, Mönch und Bischof zu werden; das aber würde, so muß man den Gedanken fortsetzen, die Kirche einer im Vergleich zur weltlichen Macht angemessenen Führung berauben. Es würde sie gerade dazu gesellschaftlich unfähig machen, was des Iosif von Volokolamsk eigentliches großes Ziel war: Kirche und Staat, weltliche und geistliche Sphäre in einer einzigen Civitas Dei zu verschmelzen; dies entsprach gewiß der byzantinischen Überlieferung, aber man darf nicht übersehen, daß Iosif dabei durchaus nicht die byzantinische Praxis einer Unterordnung der Kirche unter den Staat vorschwebte, sondern eher das Gegenteil. Als Oberhaupt der Christenheit mochte der Kaiser, der Zar, als Stellvertreter Gottes auf Erden gelten, sein autokratischer Wille als Gotteswille, ja der kühnsten Formulierung nach mochte der Kaiser seiner Natur nach zwar ein Mensch, seinem Amte nach aber Gott ähnlich sein, doch das alles war nur denkbar und vertretbar, wenn der Kaiser ein rechtgläubiger und frommer Fürst war, und dies festzustellen kam der Kirche zu. Davon war der Abt von Volokolamsk nicht nur theoretisch überzeugt, sondern danach hat er auch praktisch gehandelt. Denn die Situation, in der dies alles ausgefochten und formuliert wurde, war ja zunächst dadurch gekennzeichnet, daß der Großfürst in Gefahr stand, einer Häresie zu verfallen und die Macht der Kirche in ihrem Besitz anzutasten. Iosif war weit davon entfernt, in einem solchen Verhalten des ›Selbstherrschers‹ den Willen Gottes zu vernehmen, und er hat Ivan III. gegenüber eine sehr deutliche Sprache geführt. Aber sein Sieg hing nicht so sehr von der Kraft seiner Worte wie vom Ausgang eines Machtkampfes am großfürstlichen Hofe selbst ab. Die Parteien dieses Machtkampfes waren mit den verschiedenen Richtungen in der Frage der Ketzerbekämpfung und in der Frage der kirchlichen Güter eng verbunden, so daß sich ein kompliziertes und nicht in allem durchsichtiges Kräftespiel ergab. Den Ausgangspunkt des Machtkampfes bildete der unerwartete Tod des schon zum Mitregenten erhobenen Thronfolgers Ivan Ivanovič; als neuer Thronfolger kam nun sowohl dessen Sohn Dmitrij wie der nächstälteste Sohn Ivans III., der erstgeborene von der Palaiologin, Vasilij, in Frage. Für Dmitrij war natürlich dessen Mutter, die Moldauerin Elena, und deren ›Mithäretiker‹ Fedor Kuricyn, in den neunziger Jahren eine der einflußreichsten Persönlichkeiten am Hofe Ivans III. Für Dmitrij waren aber auch die Fürsten Patrikeev und Rjapolovskij, die führenden Vertreter der Hocharistokratie, und zwar in konservativem Gegensatz gegen die Griechin und alle mit ihr ins Land gekommenen Neuerungen; von hier gab es Verbindungen zu Nil Sorskij und seinen Anhängern. Auf der anderen Seite stand die Großfürstin Sofija, unterstützt von Iosif von Volokolamsk und den Hierarchen der josifljanischen Richtung. Zunächst hatte die merkwürdige Verbindung von ständischem Konservatismus, kirchlichem Reformgeist und häretischen Neigungen das Übergewicht, und die Krönung Dmitrijs 1498 schien ihren endgültigen Sieg zu bedeuten. Aber unmittelbar danach wendete sich das Blatt. Die Patrikeevs und Rjapolovskij fielen in Ungnade, im Jahre 1500 verschwindet der Name Fedor Kuricyns aus den Akten, 1502 wanderten auch Elena und ihr Sohn Dmitrij ins Gefängnis, Sofija wurde rehabilitiert und Vasilij Thronfolger. Was Ivan III. zu dem radikalen Richtungswechsel veranlaßte, kann nur die zutreffende Erkenntnis gewesen sein, daß sich eine Autokratie byzantinischen Stils nicht auf ständische Prätentionen und einen moralischen Rigorismus, sondern nur auf die Unterstützung einer machtvollen Kirche gründen ließ. Auf einer Synode des Jahres 1503 siegte in der Güterfrage die Auffassung des Iosif von Volokolamsk, und 1504 lieh die weltliche Macht ihren Arm zu einer blutigen Verfolgung der Häretiker. In beidem konnte man sich nicht unbedingt auf das griechische Vorbild berufen, zumindest war das Vorbild der lateinischen Kirche sehr viel eindeutiger: In demselben Kreis des Erzbischofs Gennadij von Novgorod, der Kenntnis von der spanischen Inquisition hatte, begann man in der Güterfrage mit der Konstantinischen Schenkung zu argumentieren.

Ivan III. hatte am Ende seine Rechtgläubigkeit bewiesen, und so stand die Kirche auch nicht an, ihn und seine Nachfolger in den erstrebten kaiserlichen Rang zu erheben. Der Mönch Philotheos (Filofej) im Kloster des hl. Eleazar zu Pskov hat in seinen Briefen an Großfürsten und andere hochgestellte Personen etwa vom Jahre 1510 an die entsprechende ›Theorie‹ formuliert: Unser ›Herrscher ... ist auf der ganzen Erde der einzige Zar über die Christen, der Lenker der heiligen, göttlichen Throne der Heiligen, Ökumenischen, Apostolischen Kirche, die, anstelle der Römischen und der Konstantinopeler Kirche, in der von Gott geretteten Stadt Moskau ... ist. Sie allein leuchtet auf dem ganzen Erdkreis heller als die Sonne. Denn wisse ...: Alle christlichen Reiche sind vergangen und sind zusammen übergegangen in das Eine Reich unseres Herrschers, gemäß den prophetischen Büchern: Das ist das Russische Reich. Denn zwei Rome sind gefallen, aber das dritte steht, und ein viertes wird es nicht geben‹. Das ist die Theorie vom Dritten Rom, das Kernstück einer Staats- und Reichsideologie, die von der siegreichen josifljanischen Richtung der russischen Kirche nun in voller Breite entfaltet wurde. Politische Legenden verknüpften das neue Moskauer Reich nicht nur mit Byzanz, dessen Kaiser Konstantin IX. Monomachos angeblich dem Kiever Großfürsten Vladimir II. Monomach die Kron- und Reichsinsignien übersandt hatte, sondern auch mit dem ersten Rom, denn Rjurik, der Stammvater der Dynastie, galt nun als ein Fürst ›aus dem Geschlechte des römischen Kaisers Augustus‹.

Die Häretiker hatte man, wenn wir den Quellen trauen dürfen, mit ziemlich durchschlagendem Erfolg ausgerottet. Als in den fünfziger Jahren des 16. Jahrhunderts in Moskau neuerdings Ketzern der Prozeß gemacht wurde, da bekämpfte man wohl schon Fernwirkungen der Reformation; eine unmittelbare Verbindung zu den Novgoroder Judaisierenden ist jedenfalls nicht nachzuweisen. Hartnäckiger war der Widerstand, der von der Richtung des Nil Sorskij, den ›Uneigennützigen‹ (Nestjažateli) ausging, ja unter Vasilij III. schienen diese wieder an Einfluß zu gewinnen. In Vassian Patrikeev, dem Fürstensohn aus dem Stamme Gedimins, den die großfürstliche Ungnade gegen seinen Willen zum Mönche gemacht hatte, erstand ihnen ein wortgewaltiger Führer, der mit den Waffen des Kirchenrechtes die Josifljanen bekämpfte, und neben ihn trat der gelehrte Grieche Maksim, der im Florenz Savonarolas studiert hatte. Gewiß, das Ressentiment der aus der Macht verdrängten Hocharistokratie gegen den Autokraten ist nicht zu überhören. Wiederum war es die ›starina‹, die alte, gerechtere Ordnung, die man dahinschwinden sah und der man nachtrauerte. Mit der Griechin ist das Unheil ins Land gekommen – so meinte der in Ungnade gefallene Bojare Berseń-Beklemišev zu Maksim Grek–, ›ein Land, das seine alten Sitten aufgibt, wird nicht lange bestehen; hier bei uns aber hat der Großfürst alle alten Sitten umgewandelt; was ist da Gutes zu erwarten?‹ Aber ebenso unüberhörbar ist bei Vassian Patrikeev die tiefe Sorge um die Zukunft der Kirche, wenn alle nur nach Gütern trachten, und keiner sich mehr um die ›Kirchen Gottes und die Klöster kümmert‹. Das Streiten wider den kirchlichen Grundbesitz war auch für Vasilij III. lange Zeit kein Grund, gegen die ›Uneigennützigen‹ vorzugehen, aber als sie gegen seine geplante zweite Ehe Stellung nahmen und der Metropolit Varlaam die Zustimmung zur Scheidung verweigerte, neigte sich die Waagschale endgültig zugunsten der Josifljanen: 1522 wurde Daniil, der Nachfolger des Iosif als Abt des Volokolamsker Klosters, Metropolit – er stimmte der Scheidung und der neuen Ehe zu. Vassian Patrikeev und Maksim Grek aber wurde unter der unsinnigen Beschuldigung, sie hätten mit dem Türken gegen den Großfürsten intrigiert, der Prozeß gemacht. So weit ging der Haß, daß nicht nur die Lebenden, sondern auch die Toten verfolgt wurden: Keine Vita des Nil Sorskij hat sich erhalten, und erst die geistliche Erneuerung im russischen Starzentum des 18. Jahrhunderts hat sein Andenken wieder zu Ehren gebracht.

Die Entscheidung war für den weltlichen Machtanspruch der Kirche gefallen, und unter dem Metropoliten Makarij (1542–1563) schien er sich zunächst in einer umfassenden Neuordnung von Staat und Kirche zu verwirklichen. Denn auch das Josifljanentum, das Makarij vertrat, war ja im Ansatz eine Reformbewegung. Kaiserliche Autokratie und machtbewußte Kirche gingen eine Strecke weit den gleichen Weg, einander bedingend und einander unterstützend, bis allerdings sehr bald das byzantinische Beispiel auch in Rußland voll zur Auswirkung kam – nicht in einer Harmonie von mächtigem Staat und mächtiger Kirche, sondern in einer Herrschaft des übermächtigen Staates über die ohnmächtige Kirche. Es wäre aber falsch, die siegreiche Richtung des Iosif von Volokolamsk ausschließlich negativ zu beurteilen: Die russische Kirche als Institution verdankt ihr vieles. Allerdings war der Preis, der dafür bezahlt werden mußte, hoch; es ist kein Zufall, daß mit dem Sieg der Josifljanen und mit der Unterdrückung der ›Uneigennützigen‹ die Reihe der russischen Heiligen für lange Zeit abriß, der Strom lebendigen geistlichen Lebens mehr und mehr versiegte. Das ›heilige Moskau‹ der Zaren war die erstarrte Form einer religiösen Staatsidee, die dem Staate alles und der Kirche nichts gab.

DAS MOSKAUER ZARTUM UNTER IVAN IV.

Die Reformperiode

Es war in der russischen Historiographie lange Zeit üblich, in der Regierung Ivans IV. (1533 bzw. 1547–1584) zwischen einer guten ersten und einer bösen zweiten Periode zu unterscheiden; als Grenze galt der Beginn der sechziger Jahre, sei es der Tod von Ivans IV. erster Frau Anastasija Romanovna Juŕeva (1560), der Tod des Metropoliten Makarij (1563) oder die Schaffung der berüchtigten ›Opričnina‹ (1565). Versuche, den ›schrecklichen‹ Zaren Ivan zu rehabilitieren – zunächst im relativierenden Sinne des Historismus unternommen, später im Zeichen eines radikal nationalistischen Geschichtsbildes zu unhistorischer Einseitigkeit übersteigert –, können sich allerdings darauf berufen, daß diese chronologische Unterscheidung zwischen Gut und Böse auf Ivans IV. erbittertste Gegner zurückgeht und von diesen sicher cum ira et studio gemacht wurde. Allein auch das Urteil des haßerfüllten Gegners braucht nicht unbedingt falsch zu sein, und daß sich – von allen moralischen Wertungen abgesehen – die Zeit der ›Reformen in den fünfziger Jahren‹ von der folgenden Zeit auch objektiv deutlich unterscheidet, steht außer Zweifel.

Als Ivan IV. zu Beginn des Jahres 1547 mit der Bojarentochter Anastasija Romanovna vermählt und zum Zaren gekrönt wurde – beides angeblich auf eigenen Wunsch –, war er noch nicht siebzehn Jahre alt. Seine Kindheit hatte seit dem Tod der Mutter (1538) unter den denkbar ungünstigsten Eindrücken und Einwirkungen gelitten – er hat sich später selbst bitter darüber beklagt. Einerseits vernachlässigte man ihn und seinen drei Jahre jüngeren Bruder Jurij völlig und führte ihm ständig Beispiele eines zügellosen Verhaltens vor Augen, so daß gegen eine sehr früh zutage tretende Neigung zu sadistischer Grausamkeit kaum irgendwelche Hemmungen aufgebaut wurden, andererseits lebte sich der Heranwachsende unter der Anleitung des Metropoliten Makarij ganz in die josifljanische Gedankenwelt einer Moskauer kaiserlichen Theokratie ein. Trotzdem kann man nicht annehmen, daß der junge Zar, selbst nach den starken Erlebnissen des Moskauer Brandes, der Volkserhebung und des Sturzes der Glinskijs im Juni 1547 von sich aus imstande war, einen Plan für die zur Gesundung des Staates notwendigen Maßnahmen zu entwerfen. Dazu gehörte mehr als ein früh gewecktes autokratisches Selbstbewußtsein. Aber die Geschichtsschreibung in einer Autokratie ist wenig geeignet und selten geneigt, andere als autokratische Tatbestände festzuhalten.

Wir wissen, daß Makarij mit einem Kreis von Mitarbeitern, den er um sich zu sammeln verstand, die Ideologie des neuen Moskauer Imperiums durch außerordentlich großzügige literarische Unternehmungen systematisch propagierte. 1547 und 1549 fanden unter auffallend starker Beteiligung von Laien Synoden der Moskauer russischen Kirche statt, mit dem Hauptziel, die nationalen russischen Heiligen zu kanonisieren. Das umfangreiche Material, das man für diesen Zweck sammelte, redigierte und zu den ›Großen Lesemenäen‹ (Velikie Čet'i Minei) ordnete (etwa 27000 Seiten in 12 Folianten), ist bis heute nur zum Teil veröffentlicht. An der ›Heiligkeit‹ des Moskauer Rußland konnte angesichts dieses überdimensionalen Heiligenkalenders kein Zweifel mehr sein. Ganz im Sinne und Dienste Moskaus geschriebene Chroniken gab es seit dem 15. Jahrhundert, aber nun entstanden in dem Makarij-Kreis Moskauer Reichs-Chroniken (die besonders ausführliche Nikon-Chronik und das ›Stufenbuch‹), neue Redaktionen der altrussischen Annalistik, in denen Moskau, das Dritte Rom, das neue Imperium, zum Sinn der Welt- und Heilsgeschichte wurde. An die Kanonisierungssynoden schloß sich 1551 eine Reformsynode an, nach dem erhaltenen ›Hundertkapitelbuch‹ (Stoglav; es handelt sich der Form nach um hundert Antworten der Synode auf hundert Fragen des Zaren) die ›Hundertkapitelsynode‹ genannt, auf der die Moskauer Reichskirche im Sinne der Josifljanen sich ihre inneren und äußeren Normen gab.

Wieweit jedoch dieser kirchlichen und ideologischen Aktivität des Metropoliten Makarij auch eine politische entsprach, darüber können wir nur Vermutungen anstellen. Daß die Idee der Zarenkrönung seiner Programmatik entstammte, erscheint sicher; aber wie stark sein persönlicher Anteil an der schließlich erreichten Befriedung und an der Regierungsbildung der sogenannten ›Izbrannaja rada‹ (des auserwählten Rates) war, das bleibt ungewiß. Viel stärker als der immer etwas farblos offizielle Metropolit treten in der Überlieferung als Hauptakteure der Reformzeit zwei andere Persönlichkeiten hervor – der Priester Sylvester und der aus guter, aber nicht hocharistokratischer Familie stammende junge Aleksej Fedorovič Adašev. In Sylvester wird man schon seines Standes wegen einen Exponenten der Kirche in der unmittelbaren Umgebung des Zaren sehen dürfen. Die Umstände der ›Regierungsbildung‹ sind natürlich nicht mit modernen Maßstäben zu messen. Was der Fürst Andrej Kurbskij in seinen Schriften – übrigens in Anlehnung an die politische Terminologie des Großfürstentums Litauen – als ›Izbrannaja rada‹ bezeichnet, war kaum mehr als eine Gruppe untereinander und eine Zeitlang auch mit dem jungen Zaren eng verbundener Berater und Mitarbeiter im Rahmen der traditionellen Moskauer Regierungsinstitution, der Bojarenduma. Was 1547 und in den folgenden Jahren die Situation rettete, war ein Zusammenschluß aller jener Kräfte um den jungen Herrscher, die bereit waren, den Machtkampf untereinander wenigstens so weit zurückzustellen, daß eine Überwindung der unerträglich gewordenen Bojaren-Anarchie und eine Wahrung des Staatsinteresses durch Konsolidierung im Innern und nach außen möglich wurde. An dieser Genesungsreaktion aus objektiven und subjektiven Motiven – religiöse Sensibilität läßt sich bei Ivan IV. immer wieder beobachten! – waren sowohl die Kirche wie einzelne Vertreter des aufstrebenden Dienstadels, sowohl das D'jakentum wie nichttitulierte Moskauer Bojaren aus der Familie der Zarin beteiligt, und auch die Hocharistokratie der ›Knjažaten‹ hielt sich keineswegs geschlossen in unfruchtbarer Opposition abseits. Nur die vorübergehende Überbrückung der zweifellos auch innerhalb des politisch führenden Kreises vorhandenen starken Gegensätze macht den Erfolg der Reformen verständlich.

Was wurde nun angestrebt und erreicht? Vom Staat als Autokratie des Zaren her gesehen mußte das Ziel die Manipulierbarkeit der konzentrierten Macht sein, d. h. Zentralisierung der Verwaltung und Unifizierung der Verwalteten. Selbstherrschertum und echte Delegierung der Macht sind miteinander unvereinbar. Auch für die Kirche und für die verschiedenen Schichten der Gesellschaft war das Gedeihen des Staates, Ordnung im Innern und Sicherheit gegen äußere Bedrohung, ein erstrebenswertes Ziel. Von der Zentralisierung der Staatsmacht aber konnte das nicht so allgemein gelten: Ihr widerstrebte die reichbegüterte und zum Teil immer noch regional mächtige Hocharistokratie, für sie kämpfte – im scharfen politischen Gegensatz gegen ›Fürsten und Bojaren‹ – der an Zahl rasch zunehmende, nach Besitz und Geltung strebende Dienstadel. In Ivan Semenovič Peresvetov fand er einen politisch konsequenten und literarisch begabten Wortführer. Die Schriften Peresvetovs, der aus dem severischen Gebiet stammte, viele Jahre in polnisch-litauischen Diensten verbracht und dabei auch die Moldau, Ungarn und Böhmen kennengelernt hatte, sind nicht einer politischen Breitenwirkung wegen bedeutsam, die sie kaum gehabt haben, sondern als Symptom dafür, daß die aufstrebenden Pomeščiki ihre eigenen politischen Gedanken zu formulieren begannen. Peresvetov hielt dem jungen Ivan IV. das Vorbild des absoluten Herrschers in der literarischen Verkleidung des türkischen Sultans vor Augen, der nicht den Mächtigen vertraut, die nur das Ihre suchen, sondern ›seinen Kriegern das Herz mit seiner kaiserlichen Gnade froh macht‹, der den ungerechten Richtern die Macht entzieht und selbst das Recht spricht ›im ganzen Reich‹. Andere, wie der aus Pskov stammende Geistliche Ermolaj-Erazm und der Verfasser des ›Gesprächs der Wundertäter Sergij und German des Valaam-Klosters‹, äußerten ähnliche Kritik an den herrschenden Verhältnissen, wenn sie auch zu weniger radikalen Folgerungen und Forderungen kamen. Diese bemerkenswerte ›publizistische‹ Tätigkeit war nicht identisch mit der offiziellen Staatsideologie etwa des Makarij-Kreises, aber sie war zunächst mit ihr vereinbar, so wie die Interessen des Autokraten und des Dienstadels vereinbar waren. So erklärt es sich, daß die tatsächlich durchgeführten Reformen dem Programm eines Peresvetov weitgehend entsprachen, wenn sie auch in Anpassung an die russische Wirklichkeit die radikalen Ziele nur annähernd erreichen konnten.

Dem ›ungerechten Gericht‹ – und dieser Begriff schloß eine ungerechte, willkürliche und eigennützige Verwaltung mit ein – versuchte man auf verschiedene Weise zu begegnen. Einmal durch eine neue Kodifizierung des geltenden Rechtes im Sudebnik des Jahres 1550, zum andern durch Maßnahmen, die der Organisation von Rechtsprechung und Administration schrittweise ein ganz anderes Aussehen gaben. Schon im Februar des Jahres 1549 wurden im Zusammenhang mit der sogenannten ›Befriedungsversammlung‹, in der die Bojaren Reue zeigten, Besserung versprachen und die Verzeihung des Zaren erlangten, die ›Bojarenkinder‹, die unterste Schicht der adeligen Dienstleistenden, dem Gericht der bojarischen Namestniki (Statthalter) entzogen. Das ›Bojarengericht‹ des Namestnik war seit langem ein ständiges Ärgernis. Von der örtlichen Bevölkerung gewählte Beisitzer konnten seinen Mißbrauch kaum einschränken. Besser vermochten das die Organe einer Lokalverwaltung, die gewisse Züge einer lokalen Selbstverwaltung trug und seit dem Ende der dreißiger Jahre im Entstehen begriffen war, die ›städtischen Verwalter‹ (gorodovye prikazčiki) und die Guba-Starosten (gubnye starosty). Anfangs wurde ihnen nur die lokale Polizeigerichtsbarkeit anvertraut, aber je mehr das Vertrauen zu der Verwaltung der Namestniki schwand, desto mehr Agenden wurden ihnen übertragen oder konnten sie an sich ziehen. Im Jahre 1555 erfolgte dann der entscheidende Schritt: Das bisherige System der ›Ernährung‹ (des ›kormlenie‹) wurde vollkommen aufgegeben, der bisherige Aufwand für den Namestnik in eine staatliche Abgabe umgewandelt und die örtliche Verwaltung den neuen, vom Dienstadel gestellten Funktionären anvertraut. Bei der städtischen Bevölkerung (Posadskie ljudi) und den freien (›schwarzen‹) Staatsbauern des Nordens ging man noch weiter: Sie konnten ihre lokalen Angelegenheiten durch eigene, gewählte Starosten und Landrichter, Kaufleute und wohlhabende Bauern ordnen. In der Praxis bedeutete diese Verdrängung der Hocharistokratie aus der lokalen Verwaltung (die keine endgültige war, aber den Zweck der politischen Schwächung dieses oppositionellen Elementes erreichte) keine Dezentralisierung, sondern im Gegenteil eine Zentralisierung, denn alle diese neuen Verwaltungsorgane verkehrten unmittelbar mit den Moskauer Zentralämtern, den Prikazen (die Bezeichnung ›Prikaz‹ wurde in der zweiten Hälfte des 16. Jahrhunderts allgemein üblich), und so schwerfällig das allmählich entstehende, teils nach Sachgebieten (z. B. Posol'skij Prikaz = Gesandtenamt, Auswärtiges Amt; Pomestnyj Prikaz = Dienstgüteramt usw.), teils nach dem Territorialprinzip (z. B. Kazanskij Prikaz = die für das neueroberte Gebiet von Kazań zuständige Zentralbehörde) gegliederte System der Moskauer Prikazverwaltung auch arbeitete, einen politisch wirkungsvollen administrativen Regionalismus ließ es nicht mehr aufkommen. Der hochadelige Namestnik hatte in dieser Hinsicht noch eine potentielle Gefahr dargestellt; er vertrat ja den Herrscher in allen Belangen, vereinigte die exekutive und richterliche Gewalt und konnte, wenn seine

Votčina in seinem Verwaltungsgebiet lag oder er sonst Rückhalt an der Bevölkerung fand, eine dauernde Verbindung zwischen Besitz und Amt anstreben. Dieser Gefahr beugte die Abschaffung des ›kormlenie‹ vor. Der Namestnik hatte als erster Exponent der Moskauer Macht in neuerworbenen Gebieten seine Schuldigkeit getan; ehe er dem Schreckgespenst einer politisch ehrgeizigen Territorialherrschaft Fleisch und Blut geben konnte, mußte er gehen.

Nicht nur in seinen administrativen Befugnissen, sondern auch in seinem Besitz sollte das Bojarentum getroffen und geschwächt werden. Die Zeit der Bojarenherrschaft hatte zu unrechtmäßigen Besitzvermehrungen in großem Umfang geführt. Eine neue Besitzaufnahme im ganzen Land verfolgte das Ziel, solche unrechtmäßige Erwerbungen festzustellen, zugunsten des Zaren einzuziehen und zur Bildung von Dienstgütern zu verwenden. Die ›Verordnung über den Dienst‹ (Uloženie o službe) von 1555 setzte eine Einheitsgröße des Dienstgutes fest: ›Von hundert Četvert' guten Ackerlandes ist ein Mann, beritten und in voller Rüstung, bei weiten Feldzügen mit zwei Pferden, zu stellen.‹ In den sechziger Jahren ergriff Ivan IV. noch weit radikalere Maßnahmen zur Umwandlung von alten großen Erbgütern in neue kleine Dienstgüter, aber das Prinzip war auch schon im Jahre 1555 klar zu erkennen: Vermehrung und Stärkung des Dienstadels auf Kosten des Fürsten- und Bojarenadels.

Die ›Verordnung über den Dienst‹ war zugleich Teil einer tiefgreifenden und umfassenden Heeresreform. Der Kern des Moskauer Heeres, das Aufgebot des Adels, blieb im Prinzip zwar unverändert, aber es wurde einerseits von der Beeinträchtigung durch das Mestničestvo befreit (1550 wurden Rangstreitigkeiten im Heere während eines Feldzuges untersagt, ohne daß das für die Rangbestimmung als solche Folgen haben sollte), andererseits durch neue Truppengattungen ergänzt. Um die Mitte des 16. Jahrhunderts wurden die ersten Strelitzenverbände (strel'cy = Schützen) gebildet, eine mit Feuerwaffen ausgerüstete Fußtruppe, durch Anwerbung aus der nicht dienstverpflichteten, nichtadeligen Bevölkerung gewonnen, in festem Sold und in ständigen Garnisonen – die

Keimzelle des künftigen stehenden Heeres; ebenso aus Berufssoldaten bestand die Artillerie (der ›narjad‹), mit Hilfe von ausländischen Spezialisten technisch durchaus auf zeitgemäßem Niveau, für Ortsveränderungen und Nachschub allerdings auf ein gewaltiges Aufgebot bäuerlicher Hilfskräfte angewiesen. Den eigenartigsten Bestandteil des neuen Moskauer Heeres bildeten die regulär verwendeten irregulären Verbände der Tataren und Kosaken. Die Entstehung des Kosakentums seit der Mitte des 15. Jahrhunderts ist aus den Bedingungen des Kampfes in der Steppe zu erklären (›kazak‹ turkotatarisch = der gewöhnliche, freie Krieger), die Entwicklung des Kosakentums zu einer gesamtostslavischen Massenerscheinung war eine Folge der sich ständig verschlechternden Lage des russischen und ukrainischen Bauern. Um der Ausbeutung durch den Grundherrn zu entgehen, floh der Bauer in die Steppe, um dort ein nicht ungefährliches, aber freies Leben zu führen in einer ziemlich weitgehenden Anpassung an die Kampfweise und Lebensgewohnheiten der tatarischen Kosaken. Dieses aus dem sozialen Protest ständig genährte freie Kosakentum (vol'nye kazaki) hatte seine Siedlungszentren, soweit von einer festen Siedlung in den Anfangszeiten überhaupt gesprochen werden kann, am Unterlauf des Dnepr und des Don; es war militärisch nach dem Dezimalsystem und politisch in einer sehr elementaren Demokratie organisiert: Der Hetman (bei den ukrainischen Dneprkosaken) und der Ataman (bei den großrussischen Donkosaken) waren von der Versammlung (kolo bzw. krug) der Kosakenschaft frei gewählt und von ihr auch jederzeit wieder absetzbar. Das ›freie‹ Kosakentum erhielt sich lange nicht nur seine soziale, sondern auch seine politische Freiheit, es ließ sich aber fallweise nicht ungern für die Teilnahme an Feldzügen gewinnen. Neben den ›freien‹ Kosaken gab es in dem allmählich nach Süden vorrückenden Steppengrenzgebiet auch sogenannte ›Stadtkosaken‹ (gorodovye kazaki); sie waren der Moskauer Heeresorganisation nicht nur fallweise, sondern dauernd verbunden, nahmen eine den Strelitzen ähnliche Stellung ein und wurden vorzugsweise in der Grenzverteidigung verwendet, vor allem nachdem diese 1571 im Auftrag Ivans IV. durch den

Fürsten M. I. Vorotynskij einheitlich organisiert worden war. Die militärische Bedeutung der Kosaken lag weniger in deren Funktion als Hilfstruppe bei militärischen Aktionen gegen den Westen als in ihrer besonderen Eignung, rasche und kühne Vorstöße in die weiten Räume des Ostens und Südostens zu unternehmen. Noch in das 16. Jahrhundert fiel der erste Vorstoß nach Westsibirien und die Festsetzung von Kosakenverbänden am Jaik und am Terek. Im Kosakentum lag für Moskau aber auch eine Gefahr: Ihrer sozialen Herkunft nach waren die meisten Kosaken ja entlaufene Bauern, sie neigten daher dazu, mit aufständischen Bauern gemeinsame Sache zu machen, und das verlieh den großen Bauernaufständen der südlichen Gebiete vom Beginn des 17. Jahrhunderts an besondere militärische Gefährlichkeit.

Sowohl mit der Reform des Heeres wie mit der der Verwaltung hing schließlich eine weitere Maßnahme des Jahres 1550 zusammen, und zwar die Verleihung von Dienstgütern in der Umgebung Moskaus an tausend Adelige, überwiegend Angehörige des mittleren und unteren Dienstadels. Dabei war die Absicht wohl weniger, eine den Strelitzen entsprechende, ständig verfügbare berittene Truppe zu schaffen, als ein Korps stets einsatzbereiter adeliger Dienstleute, die man sofort für die verschiedensten Aufgaben verwenden konnte. In diesem Fall wird besonders deutlich, was für die Reformen Ivans IV. bzw. seiner Regierung ganz allgemein gilt: Das Bestreben des Staates, seine Administration effektiver zu gestalten, begegnete sich mit dem Streben des Dienstadels nach neuen Aufstiegsmöglichkeiten.

Imperiale Außenpolitik

Die Wiederherstellung der herrscherlichen Autorität, die innere Befriedung und die Einleitung der Reformen machten den Moskauer Staat auch wieder außenpolitisch aktionsfähig. Moskau als das neue Imperium konnte nicht allein in der erhabenen Stellung des kaiserlichen Autokraten zur Geltung kommen, es mußte auch nach außen machtvoll in Erscheinung treten. Als geeignetes Objekt bot sich Kazań an, dessen

Gewinn schon mehrfach versucht worden war. Die Erfahrung hatte jedoch gezeigt, daß Kazań infolge der krimtatarischen Gegenwirkung nicht als ein Vasallenfürstentum an Moskau gebunden werden konnte. Es mußte militärisch erobert und dauernd besetzt werden. Das geschah im Jahre 1552, nachdem die Russen im Jahr vorher mit der Gründung von Svjažsk einen Stützpunkt ganz nahe an Kazań herangeschoben hatten. Die umsichtige Vorbereitung des Angriffs erwies sich als sehr richtig, denn die Tataren leisteten erbitterten Widerstand und zwangen die Russen zu einer längeren Belagerung nach allen Regeln der Kriegskunst. Die Geschicklichkeit eines deutschen Mineurs verhalf schließlich zu der entscheidenden Bresche, durch die am 2. Oktober 1552 die Eroberung gelang. Dieser Sieg war objektiv und subjektiv von gleich großer Bedeutung. Objektiv beseitigte er jede Bedrohung des Moskauer Staates von Osten her; die militärische Kraft der Wolgatataren war gebrochen, ihre selbständige politische Existenz für immer vernichtet. Die Stadt Kazań erhielt eine russische Garnison, das flache Land wurde durch Anlage von Festungen gesichert, Čuvašen und Čeremissen wurden in einigen Jahren mit erheblichem militärischem Aufwand botmäßig gemacht und die russische Besiedlung eingeleitet. Das weitere Vordringen wolgaabwärts stieß kaum mehr auf ernsthaften Widerstand, 1556 fiel mit Astrachań, der Hauptstadt der nogaischen Horde, auch die Mündung der Wolga endgültig in russische Hand. Damit war der direkte Zugang zu den zentralasiatischen Märkten eröffnet, jede Flankenbedrohung eines weiteren Vordringens nach Osten in den Ural hinein und über ihn hinweg ausgeschaltet. 1555 bot der Chan des westsibirischen Tatarenstaates die Anerkennung der Moskauer Oberhoheit an, woraus sich für die Folgezeit ein Moskauer Tributanspruch, aber noch keine reale Ausdehnung der Moskauer Macht in das Gebiet jenseits des mittleren und südlichen Ural ergab. Auch das Vordringen der russischen Siedlung nach Süden war nun von beiden Seiten gesichert, die alte Oka-Grenze konnte endgültig aufgegeben und der Aktionsbereich der Krimtataren Schritt für Schritt eingeengt werden.

Subjektiv bot die Eroberung von Kazań dem russischen Selbstgefühl einen ganz anderen Anlaß zur Steigerung als die kampflose ›Abschüttelung des Tatarenjochs‹ im Jahre 1480. Zum erstenmal war durch einen schwer errungenen, glänzenden Sieg nicht nur eine Bedrohung abgewendet oder ein Herrschaftsanspruch ›abgeschüttelt‹ (beides traf bei Kazań längst nicht mehr zu), sondern eine bedeutende Stadt und ein Staat des ungläubigen Erbfeindes der eigenen Herrschaft einverleibt worden. Unter der Führung Ivans IV. hatten die Russen durch den Sieg ihrer Waffen eine große Zahl christlicher Sklaven befreit (und nicht, wie bisher oft geschehen, um teures Geld freigekauft – es gab im Moskauer Großfürstentum eine besondere Abgabe, um die Mittel für solche Freikäufe aufzubringen). Der neue christliche Kaiser hatte seine vornehmste Aufgabe, das Reich der Christen zu mehren und dem Reich der Ungläubigen Abbruch zu tun, erfüllt. Die in den Jahren 1564–1566 entstandene ›Kazańsche Geschichte‹ (Kazanskaja istorija) oder, wie der volle Titel lautet, ›Die Erzählung vom Beginn des Zartums Kazań, von den siegreichen Kämpfen der Moskauer Großfürsten mit den Zaren von Kazań und von der Eroberung des Zartums Kazań‹ hielt diese Ruhmestat fest. Man hat sie als einen historischen Roman bezeichnet, weil sie sich als Schilderung eines russischen Gefangenen in Kazań gibt. Aber noch waren ja die Grenzen zwischen Literatur und Geschichtsschreibung völlig fließend: Die ›Geschichte von Kazań‹ enthält nicht nur eine Fülle auch aus anderen Quellen bekannter historischer Fakten, sondern sie ist eine Programmschrift des neuen Imperiums, Produkt einer ganz bestimmten politischen Tendenz, eine Apotheose des Moskauer Autokrators. Was keiner seiner Vorfahren gewagt hatte, ›weil sie den Neid und Angriffe der heidnischen, ungläubigen Zaren fürchteten‹, das hatte Ivan IV. getan; er hatte sich ›zum Zaren über sein großes Zartum erhoben‹ (vocarisja na caństvo velikim caństvom) ›wie die rechtgläubigen Zaren der Römer und Griechen . . . zur Verwunderung der heidnischen Zaren und der gottlosen Könige‹. Als der siegreiche Zar wieder nach Moskau zurückkehrte und als Triumphator in die Stadt einzog ›auf dem Zarenpferd mit viel Erhabenheit und großem Ruhm‹, da ›gerieten alle Menschen in Verzückung, als sie ihn im Glanze seines herrlichen Ruhmes erblickten, denn er war angetan mit dem ganzen zarischen Ornat, wie am hellstrahlenden Tag der Auferstehung Christi, unseres Gottes‹.

Mit der Eroberung von Kazań war beim ›Sammeln‹ der Länder der nationale russische Rahmen gesprengt. Das Gebiet von Kazań hatte niemals zum Kiever Reich gehört, und es war niemals von Russen besiedelt gewesen; weder historisch, noch ethnisch ließ sich der Herrschaftsanspruch begründen. Wenn die ›Geschichte von Kazań‹ trotzdem davon spricht, daß es darum ging, ›das Drachennest‹ auszuheben, die Ungläubigen ›aus seinem Erbtum, der russischen Herrschaft, zu vertreiben‹ und ›die Zartümer (Kazań und Astrachán) in die eigene Herrschaft zu nehmen‹, so kam darin schon ein übernationaler, imperialer Herrschaftsanspruch zum Ausdruck, dem im Prinzip alle ›heidnischen Zaren (im Osten) und alle gottlosen Könige (im Westen)‹ unterworfen sind. Und die Berauschung am Zarentitel beschränkte sich keineswegs auf die Moskauer Literaten, die das byzantinische Vorbild auch im Verhalten des ›Byzantinismus‹ rasch erreichten, sondern fand höchst offiziellen Ausdruck im Titel, den Ivan IV. nun führte: Dem ›Zaren und Selbstherrscher von ganz Rußland‹ folgten die Titel eines Zaren von Kazań und eines Zaren von Astrachań, dann erst die traditionellen Großfürstentitel von Vladimir, Moskau usw. Solche imperiale Übersteigerung beruhte freilich weithin auf Fiktionen und ließ die Wirklichkeit weit hinter sich: Kazań und Astrachań waren im Augenblick der Eroberung alles andere als ›Imperien‹ gewesen. Aber dem Anspruch folgte der Wille zur Aktion, und es war nun die Frage, gegen wen sich die nächste Aktion richten sollte.

Es lag nahe, dem letzten ›ungläubigen Zaren‹ auf ›russischem‹ Boden, dem Chan der Krimtataren, dasselbe Schicksal zu bereiten wie seinem Kazańschen Standesgenossen, und der Überlieferung nach sprach sich die ›izbrannaja rada‹ auch für diesen Plan aus. Man wäre damit nicht nur ideologisch konsequent gewesen, sondern hätte auch im Süden sichere Grenzen und fruchtbares Siedlungsland gewonnen. Ivan IV. entschied anders und richtete die ganze Offensivkraft des

Moskauer Staates für mehr als zwei Jahrzehnte gegen die ›gottlosen Könige‹, d. h. gegen den Westen. Einer besonderen ideologischen Begründung bedurfte dieser Kurswechsel nicht: Für das dritte Rom waren die Lateiner im Westen nicht geringere Feinde der einzig wahren Christen als die Muslime im Osten und Süden. Aber hinter der propagandistischen Fassade ging es um sehr reale politische Entscheidungen, und man hat Ivan IV. wohl mit Recht konzediert, daß er ein besserer Realpolitiker gewesen ist als seine Ratgeber. Ein Vorstoß gegen die Krim hätte die Moskauer weit von ihrer Machtbasis entfernt und in bedenkliche Nähe der türkischen und der polnischen Machtpositionen geführt; er hätte mit Sicherheit einen Konflikt mit dem osmanischen Sultan, dem Oberherren der Krim, und sehr wahrscheinlich ein türkisch-polnisches Bündnis provoziert. Gewiß, auch der Vorstoß in nordwestlicher Richtung gegen Livland war mit dem Risiko der Einmischung fremder Mächte verbunden, aber man blieb der Basis näher, die Chancen des Erfolges schienen größer, und zu diesem angestrebten Erfolg gehörte auch der Durchbruch zu den eisfreien baltischen Häfen der Ostsee. Auch dem landhungrigen Dienstadel mußte die nordwestliche Expansionsrichtung sympathischer sein, in der geringere militärische Anstrengung rascheren Gewinn kultivierten Landes versprach. Den ›Knjažaten‹ dagegen mit ihren zahlreichen Verbindungen zu Verwandten und Standesgenossen im Großfürstentum Litauen war offensichtlich wenig daran gelegen, hier einen neuen Krieg mit ungewissem Ausgang vom Zaune zu brechen. So verband sich der Gegensatz im inneren Machtkampf mit dem Gegensatz der außenpolitischen Konzeptionen, und die Entscheidung mußte auch hier für den Dienstadel und gegen die Bojarenaristokratie fallen. Im übrigen folgte Ivan IV. nur dem Beispiel des Großvaters, wenn er den Deutschen Orden in Livland, den weitaus schwächsten seiner Gegner, angriff.

Gründe gab es genug. Die livländischen Städte hatten nach wie vor die Vermittlung des russisch-westeuropäischen Handelsverkehrs in ihrer Hand, sie neigten aus sehr begreiflichen Motiven dazu, dieses Monopol zu einem gegen Moskau gerichteten Embargo zu verdichten. Ivan IV. konnte einzelne Agenten wie den Deutschen Hans Schlitte mit der Anwerbung von Fachleuten im Westen betrauen, aber er hatte Schwierigkeiten, die Geworbenen in sein Land zu bringen, wenn die Hanse den Seeweg sperrte und Livland die Durchreise verwehrte; Polen–Litauen war zu Konzessionen in dieser Richtung noch weniger bereit, und der unter Ivan III. bewährte Umweg über die Moldau und die Krim war längst verschlossen. Wo Gründe vorlagen, fand sich auch ein Anlaß: Man grub in Moskau alte, längst vergessene Tributforderungen aus, verlangte die Nachzahlung für ein halbes Jahrhundert, und als das der Orden in kurzer Frist nicht leisten konnte, eröffnete man die Feindseligkeiten. Der ›Livländische Krieg‹ war ein unprovozierter Angriffskrieg mit rein imperialistischen Zielen. Zunächst gab der Erfolg Ivan IV. recht: Noch im Jahr 1558, in dem Moskau den Krieg begann, fielen Narva und Dorpat in russische Hand, und nach zwei Jahren grausamer Verheerung des Landes wurde im August 1560 in der Schlacht bei Ermes die militärische Widerstandskraft des Ordens für immer gebrochen. Wenn Ivan IV. allerdings losgeschlagen hatte, weil er wußte, daß Livland infolge des unlösbaren Konfliktes zwischen dem Orden, dem Erzbischof von Riga und den Städten seiner politischen Auflösung entgegenging, und weil er der Festsetzung anderer Mächte in Livland zuvorkommen wollte, so hat er durch seine Aktion eben dies nur beschleunigt. Das Ordensland löste sich auf, aber keiner seiner Teile unterwarf sich der russischen Herrschaft: Estland unterstellte sich dem schwedischen, Livland dem polnischen König, Kurland wurde unter dem letzten Ordensmeister Gotthard Kettler ein weltliches Herzogtum in polnischer Vasallität, und auf Ösel herrschte der Bruder des Dänenkönigs, Herzog Magnus von Holstein. Und was sich mit als kriegsentscheidend erweisen sollte – die großen Hafen- und Handelsstädte Reval und Riga blieben unerobert. Der Krieg aber war vom Jahre 1561 ab nicht mehr ein mit überlegenen Kräften geführter Überfall auf einen kaum zur Verteidigung fähigen Gegner, sondern wurde zu einer erschöpfenden Auseinandersetzung mit den Nachbarn Polen–Litauen und Schweden.

Ivan IV. mußte also, ob er wollte oder nicht, seine Ziele weiterstecken, und die Eroberung des litauischen Polock im Jahre 1563 ließ zunächst auch diese weiteren Ziele erreichbar erscheinen. Ein polnisches Angebot, unter Abtretung von Polock Frieden zu schließen, meinte der Zar daher 1566, gestützt auf die gehorsame Zustimmung der ersten Moskauer Landesversammlung (Zemskij Sobor), ablehnen zu können. Aber die Zeit arbeitete nicht für ihn. Zwar fand sich Ivan IV. in dem immer komplizierter werdenden politischen Kräftespiel mit erstaunlichem Geschick zurecht. Er zog die englischen Handelsfahrer, die 1553 zum erstenmal im Weißen Meer an der Dvinamündung erschienen waren, nach Narva, er suchte die Engländer gegen die Schweden, die mit allen Mitteln den Narvahandel zu unterbinden strebten, auszuspielen, und führte eine anmaßende Korrespondenz mit der Königin Elisabeth. Er gewann den charakterlosen Herzog Magnus für sich, erhob ihn 1570 als seinen Vasallen zum König von Livland und versuchte nicht ganz ohne Erfolg, auf diese mittelbare Weise die russische Herrschaft in Livland zu festigen. Magnus erhielt sogar eine Nichte des Zaren zur Frau; allerdings versprach es wenig Gutes, daß Ivan IV. deren Vater, seinen Vetter Vladimir Andreevič, wenige Jahre vorher hatte umbringen lassen. Als 1572 der polnische König Sigismund II. August starb, bemühte sich Ivan IV. sogar, auf die polnische Königswahl Einfluß zu gewinnen, zum Teil im Bunde mit dem Kaiser und mit dem Plan, das jagiellonische Erbe zu teilen, nämlich in Kronpolen die habsburgische Kandidatur zu unterstützen und dafür das Großfürstentum Litauen für Moskau zu annektieren. Aber alldem war kein dauernder Erfolg beschieden. Die Engländer wichen Konflikten aus und bevorzugten bald wieder die nördliche Route zur Dvinamündung, wo 1584, nachdem sich alle Hoffnungen auf einen russischen Hafen an der Ostsee zerschlagen hatten, Archangel'sk begründet wurde. Der Haß der Livländer, die den Krieg von der härtesten Seite erfahren hatten und in Massen (1565 die gesamte Bürgerschaft Dorpats) nach Rußland verschleppt worden waren, gegen alles Russische war so tief, daß ›König‹ Magnus keinen zuverlässigen Anhang gewinnen konnte.

Und in Polen wurde nach dem Zwischenspiel des Heinrich Valois 1576 jener Kandidat König, den der Zar am meisten fürchtete und als einen türkischen Vasallen zu verleumden gesucht hatte – der kriegserfahrene siebenbürgische Fürst Stephan Báthory. Zudem hatte der russische Druck auf Litauen schon 1569 zu einem noch engeren Zusammenschluß der beiden Unionspartner Polen und Litauen in der Union von Lublin geführt, die zwar als eine Realunion auf Kosten der litauischen Autonomie und auch des litauischen Territoriums ging, aber eben dadurch auch das polnische Interesse an der Ostpolitik des Gesamtstaates erheblich verstärkte.

Es mußte in Moskau schon bedenklich stimmen, daß die Konzentration aller russischen Kräfte gegen die westlichen Gegner zu Ende der sechziger Jahre eine neue Bedrohung aus dem Süden ermöglichte. 1569 führte ein gemeinsamer Feldzug Krimtataren und Türken bis vor Astrachań; die Wolgachanate dem Islam wiederzugewinnen, war das erklärte Ziel. Ivan IV. schickte Gesandten auf Gesandten nach Konstantinopel, um den Sultan von weiteren Aktionen abzuhalten, aber er konnte nicht verhindern, daß im Frühjahr 1571 die Krimtataren unter Devlet-Girāi ein letztes Mal bis vor Moskau durchstießen. Am 24. Mai 1571 brannte Moskau nieder; nur der Kreml hielt dem Feuer und den Tataren stand. Die Menschenbeute, die der Angreifer wegführte, muß sehr groß gewesen sein. Der Autokrator, der sich wie seine Vorfahren in ähnlichen Fällen nach Norden zurückgezogen hatte, war gezwungen, demütigende Verhandlungen zu führen; sogar die Herausgabe von Astrachań bot er an. Die Situation rettete wieder einmal der tüchtigste Feldherr Ivans IV., Fürst Michail Ivanovič Vorotynskij, der eigentliche Eroberer von Kazań und Organisator der in der Folge wirksamen Grenzverteidigung, indem er im folgenden Jahr 1572 einen neuen Angriff des Krimchans zurückschlug.

Neue Anstrengungen in Livland während der siebziger Jahre brachten den Russen zwar noch Teilerfolge wie die Eroberung von Pernau 1575, aber eine entscheidende Veränderung der Lage zu ihren Gunsten konnten sie nicht erzwingen, und als Báthorys wohlorganisierter Gegenangriff 1579 einsetzte, zeigte es sich sehr bald, daß die Kräfte Moskaus erschöpft waren. Im August 1579 eroberte der Polenkönig Polock, im September 1580 Velikie Luki, und im Jahr darauf belagerte er bereits Pskov. Da gleichzeitig die Schweden unter Pontus de la Gardie Estland zurückeroberten und Ingermanland besetzten, mußte Ivan IV., der keine offene Schlacht mehr wagte, in Verhandlungen sein Heil suchen. Daß er dafür die Vermittlung des Papstes gewann, hat man ihm immer als einen genialen Schachzug angerechnet. Papst Gregor XIII. dachte an Kirchenunion und gemeinsame Türkenbekämpfung, als er der Bitte des Zaren nachkam und den Jesuiten Antonio Possevino mit der Vermittlung beauftragte. Das Ergebnis war freilich nicht mehr als interessante Berichte des Possevino und ein Waffenstillstand zwischen Polen–Litauen und Moskau, der in Jam Zapol'skij am 15. Januar 1582 auf zehn Jahre abgeschlossen wurde: Ivan IV. mußte alle Eroberungen in Livland und Litauen herausgeben. 1583 kam es auch mit Schweden zum Abschluß, der über Estland hinaus auch die russischen Städte Jam, Kopoŕe und Korela in schwedischem Besitz beließ, d. h. Moskau von jedem Zugang zum Finnischen Meerbusen ausschloß. Mit anderen Worten: Der neue Moskauer ›Kaiser‹ war im Westen mit seiner Eroberungspolitik vollkommen gescheitert. Daß zu gleicher Zeit im abgelegenen Osten seines Reiches die Initiative der Stroganovs und die Unternehmungslust ›freier‹ Kosaken unter dem Ataman Ermak Timofeev zur ersten ›Eroberung‹ des westsibirischen Tatarenchanats führte (1582), war kein Äquivalent dafür, sondern nicht mehr als ein Versprechen für die Zukunft. Es sollte auch hier nicht mit einem Schlage gehen, sondern einer systematischen Anlage von Stützpunkten in den folgenden beiden Jahrzehnten bedürfen (im Norden Pelym 1592, Surgut 1594, Naryt 1596; im Süden Ufa und Tjumeń 1585, Tobolsk 1587, Tara 1594), ehe dem von Ermak besiegten Chan Kučum 1598 die entscheidende Niederlage zugefügt, die russische Herrschaft in Westsibirien fest begründet und mit der Anlage von Verchotuŕe und Tomsk (1604) der weitere Weg in den sibirischen Raum geöffnet werden konnte. Das alles hat Ivan IV. nicht mehr erlebt, und es war nicht sein Verdienst.

Es war aber nicht allein, ja wohl nicht einmal in erster Linie auf die Aktionen der Gegner zurückzuführen, daß die Regierung Ivans IV. außenpolitisch mit einem solchen Fiasko endete. Was sich von außen gesehen als eine Überforderung der militärischen Leistungskraft des Moskauer Staates darstellt, das war das Ergebnis einer autokratischen Innenpolitik mit pathologischen Zügen.

Der ›Schreckliche‹

Ivan IV. trägt im Russischen den Beinamen ›Groznyj‹. Dieses Adjektiv ist mit ›schrecklich‹, ›terrible‹ philologisch ohne Zweifel unzutreffend übersetzt. Es ist abzuleiten von ›groza‹ – ›Androhung von Strafe‹, und man hat daher den Versuch gemacht, es mit ›furchterregend‹, ›dräuend‹, ›gestreng‹ zu übersetzen. Schon der erste Moskauer ›Selbstherrscher‹ Ivan III. erhielt gelegentlich diesen Beinamen. Was ›groznyj‹ im Prinzip bedeutete, brachte am klarsten Peresvetov zum Ausdruck, wenn er den türkischen Sultan sagen ließ: »Ein Zar kann sein Zartum nicht ohne Strenge (groza) regieren«, und wenn er als nachahmenswertes Beispiel schilderte, wie der Zar (= Sultan) ›ehrliche Richter in seine Städte sandte, ihnen drohte mit seiner zarischen Strenge (ugrozivše ich svoeju grozoju carskoju) und ihnen Gesetzbücher gab, danach anzuklagen und zu richten‹. Peresvetov hat diese Sätze geschrieben, noch ehe Ivan IV. dem Gedanken, daß die Bosheit der Menschen strenger Gesetze und eines mächtigen, strengen Richters bedürfe, seine Verwirklichung gegeben hatte. Es ist jedoch kein Zweifel, daß Ivan IV. selbst die Auffassung teilte, daß die absolute Fürstengewalt wesentlich im absoluten Richteramt besteht. Im Jahre 1564 schrieb er an den Fürsten Kurbskij: »Und immerdar geziemt es den Herrschern, umsichtig zu sein: hier sehr milde, dort grimmig; für die Guten Gnade und Milde, für die Bösen Grimm und Pein. Wenn er aber das nicht hat, so ist er gar kein Zar; denn der Zar ist nicht den guten Werken, sondern den bösen zu fürchten. Willst du dich aber nicht fürchten vor der Obrigkeit, so tue Gutes; tust du aber Böses, so fürchte dich! Denn er trägt das Schwert nicht umsonst, zur Rache den Übeltätern, zum Lobe den Rechttuenden.« Die absolute Macht des Fürsten ist bei Ivan IV. immer ein Ausfluß der göttlichen Weltordnung, Fürstenwille ist Gottes Wille, wer dem Fürsten widerstrebt, widersetzt sich Gott, es gibt kein Recht und kein Gesetz, das nicht im herrscherlichen Willen seinen Ursprung hätte und ihm nicht unterworfen wäre.

Die Theorie kam von Byzanz her, und die Josifljanen hatten sie auf russischem Boden entfaltet, immer freilich mit der ausgesprochenen oder stillschweigenden Voraussetzung, daß der Herrscher ›fromm‹ sei. Darauf kam es an, nicht nur religiös, sondern auch politisch. Der ›gestrenge‹ Zar, das war die erhabene Theorie, der ›schreckliche‹ Zar, und zwar nicht nur für die Bösen unter seinen Untertanen schrecklich, das war die Wirklichkeit. Und ›schrecklich‹ war am Ende das Ergebnis für alle – für den Tyrannen selbst ebenso wie für die Tyrannisierten und für den Staat, der beide vereinte. Der Schlüssel zum Verständnis der ›bösen‹ Periode in Ivans IV. Regierungszeit liegt mindestens ebensosehr wie in den politischen Ereignissen und in den sozial-ökonomischen Voraussetzungen in der psychischen Veranlagung des Zaren und in den schon angedeuteten unglücklichen Umständen, unter denen sich sein Charakter formte. Eine sicher überdurchschnittliche intellektuelle Begabung verband sich bei ihm mit äußerster Sensibilität. Erstaunlich belesen in der russischen ›Literatur‹ seiner Zeit, theologisch gebildeter als sicher die meisten russischen Hierarchen, von einem nicht mehr zu steigernden Selbstbewußtsein erfüllt, entbehrte er doch eines gültigen Maßes für sein Handeln und jeder Mäßigung in seinem Handeln. Was Ivan IV. als Kind und als heranwachsender junger Mann erleben mußte, hat ihn mit einem abgrundtiefen, elementaren Haß gegen die ›Fürsten und Bojaren‹ erfüllt. Je mehr ihn das Bewußtsein von der Erhabenheit seines herrscherlichen Amtes und von der unbeschränkten Macht, die ihm nach der Lehre der Josifljanen als Selbstherrscher zustand, erfüllte, desto tiefer mußten ihn die Demütigungen verwunden, denen er ausgesetzt war.

Der Keim eines unüberwindlichen Mißtrauens war früh in ihn gelegt; es sollte sich zum alles beherrschenden Wesenszug des Tyrannen entwickeln und schließlich alle Beziehungen zu Menschen zerstören. Jeder Untertan einschließlich der nächsten Verwandten wurde zum potentiellen Gegner. Sein Leben lang hat Ivan IV. vergeblich die Werkzeuge seiner Macht gesucht, denen er wirklich vertrauen konnte. Dem Selbstbewußtsein entsprach nicht Selbstsicherheit, sondern innere Unsicherheit und Angst; daraus ergab sich ein ständiges Schwanken zwischen den Extremen sinnlos grausamer Machtexzesse und tiefer Depressionen reuevoller Zerknirschung. Wie kompliziert dieser erste Moskauer Zar gewesen ist, ergibt sich daraus, daß allen seinen Emotionen ein Zug zur theatralischen Schaustellung eignete, der mitunter die Grenze zwischen innerem Zwang und politischer Intention bis zur Unkenntlichkeit verwischt. Gewiß sind das alles Eigenschaften, die den Tyrannen im allgemeinen auszeichnen, aber nicht häufig sind sie in einer Person zu so unerhörter Steigerung vereinigt worden. Und insofern erscheint der Beiname ›der Schreckliche‹, den die Ausländer Ivan IV. gegeben haben, durchaus berechtigt.

Es ist natürlich die Frage zu stellen, ob der Zar nicht Grund hatte, mißtrauisch zu sein und für seine Herrschaft zu fürchten. Faßte er eine reale Möglichkeit ins Auge oder spielte er nur mit dem religiösen Wert extremer Situationen, wenn er in seinem Testament von 1572 die Söhne bat, auch dann seiner und der Vorfahren in Gottesdiensten und Almosengeben zu gedenken, wenn sie im Exil leben sollten? Ein unvermittelter Bruch im herrscherlichen Handeln, etwa als Reaktion auf eine akute Bedrohung, läßt sich nicht feststellen. Von außen betrachtet geht die gute ziemlich allmählich in die böse Periode über. Aber es scheint schon wenige Jahre nach der Krönung ein Ereignis das vorübergehend beschwichtigte Mißtrauen wieder geweckt zu haben. 1553 erkrankte Ivan IV. so schwer, daß er Vorkehrungen für seinen Tod treffen zu müssen glaubte: Bojaren und Würdenträger sollten den Eid auf seinen kleinen Sohn Dmitrij als Nachfolger leisten. Der Eid wurde auch geleistet, aber dem Zaren blieb nicht verborgen, daß es nur widerwillig und unter Zwang geschah; die Opposition reichte bis in den Kreis seiner vertrautesten Ratgeber und Mitarbeiter hinein, selbst Sylvester, sein geistlicher Vertrauter, zögerte. Das ist auch ganz verständlich. Es war ja erst sechs Jahre her, seit man den Notstand einer langen Regentschaft für einen minderjährigen Herrscher überwunden hatte und seit die Mißwirtschaft mütterlicher Verwandter durch den Volkszorn hinweggefegt worden war. Nun drohte genau die gleiche Situation: Die Zachaŕiny-Juŕevy standen bereit, die Rolle der Glinskijs zu übernehmen. Wenn man nicht alles, was inzwischen an Reformen eingeleitet und an äußeren Erfolgen errungen worden war, aufs Spiel setzen wollte, konnte es wirklich ratsamer erscheinen, an den Vetter Ivans IV., den Udelfürsten Vladimir Andreevič von Starica, als Nachfolger zu denken. Nur wenn man den Willen des Autokraten so absolut setzt, wie Ivan IV. das tat, oder wenn man der Meinung ist, daß politisches Handeln überhaupt und ausschließlich durch egoistische Gruppeninteressen motiviert wird, kann man hier von einer ›Meuterei‹ sprechen und leugnen, daß die zögernden Bojaren sehr wohl auch das Staatsinteresse im Auge haben konnten. Der genesene Zar hat denn auch keine unmittelbaren Konsequenzen gezogen. Aber das Vertrauensverhältnis war zerstört, und als mit dem Tod jener Menschen, die ganz offensichtlich einen mäßigenden und ausgleichenden Einfluß auf Ivan IV. ausübten, seiner Frau Anastasija und des Metropoliten Makarij, die einzig wirksamen Hemmungen fielen, nahm die Entwicklung zum ›Schrecklichen‹ einen sehr raschen Verlauf. Sylvester und Adašev wurden 1560 verbannt. Einzelne Maßnahmen gegen Vertreter der Hocharistokratie hatte es schon früher gegeben, so 1554 gegen die Fürsten Lobanov-Rostovskij, die man der verräterischen Beziehung zu Polen–Litauen – und wohl nicht mit Unrecht – bezichtigte. Aber nun traf die Ungnade des Zaren Angehörige des engsten Kreises, in dem sich die ›Regierung des Kompromisses‹ verkörperte; Sylvester und Adašev waren ja weder ›Knjažaten‹ noch Bojaren. Keiner der Würdenträger, die 1553 eine Designierung des Fürsten von Starica zum Nachfolger vorgezogen hätten, konnte einer Verbindung zu den Lobanov-Rostovskijs auch nur beschuldigt werden. Aber der wachsende Druck erzeugte natürlich eine entsprechende Reaktion, und als nach dem Sturz Sylvesters und Adaševs ein weiteres Mitglied der ›Izbrannaja rada‹, der Fürst Andrej Kurbskij, 1564 als Befehlshaber russischer Truppen im livländischen Krieg auf die litauische Seite überging und diesen Schritt noch dazu in einem Aufsagebrief mit den schwersten Anklagen begründete, da kannte des Autokrators Wut keine Grenzen mehr.

Der Briefwechsel zwischen Ivan IV. und Kurbskij gehört zu den berühmtesten Zeugnissen politischer Polemik. Mit dem geistigen Rüstzeug des Dritten Rom, in einem schwerfälligen, mit Bibelzitaten überladenen Stil, wurde in dieser ungewöhnlichen Form ein Konflikt ausgetragen, der nicht etwa ein Konflikt zwischen östlicher Tyrannis und westlicher Adelsfreiheit, sondern eher ein Konflikt zwischen zwei Varianten desselben Moskauer politischen Ideenkreises war. Denn Kurbskij hat weder die Autokratie des Zaren noch das Zartum überhaupt mit dem Hintergrund des Dritten Rom angegriffen, sondern nur die Pervertierung – wie er meinte – dieser Ideale durch Ivan IV. Sein Angriff war im Grunde ein moralischer im Sinne des ›frommen‹ Zaren der Josifljanen. Den Gedanken, daß das politische Übel nur vordergründig in der Persönlichkeit des Zaren, prinzipiell aber in der josifljanischen Staatslehre lag, daß eine Beteiligung der Hocharistrokratie an der Macht – und die wünschte Kurbskij natürlich – nicht durch den moralischen Appell, sich guter und hochgeborener Ratgeber zu bedienen, sondern nur in Gestalt verfassungsmäßig festgelegter Rechte durchzusetzen war, suchen wir bei ihm vergeblich. Aber wenn er das traditionelle Recht der Bojaren ins Treffen führte, den fürstlichen Dienstherren nach Belieben zu wechseln, so stellte er nicht nur die Konzeption Ivans IV., sondern die Geschichte des Moskauer Staates in Frage. Was für Kurbskij ein durch Überlieferung geheiligtes Recht war, konnte für Ivan IV. nichts anderes sein als blanker Verrat. Der Begriff des Verrats spielte von nun an im Denken des Zaren die zentrale Rolle. Er fühlte sich von Verrätern umgeben und suchte nach Mitarbeitern, von denen er sich keines Verrats zu versehen hatte.

Diesem Suchen verdankte eine Institution ihr Entstehen, die vielfach mißverstanden wurde. Die ›Opričnina‹ war keine Leibgarde, zumindest nicht im üblichen Sinne. Das Wort bedeutete ursprünglich den für die Witwe ›abgesonderten Teil‹ des Erbes. Eine solche Absonderung vollzog Ivan IV. im Jahre 1565 für sich selbst, und zwar personell, territorial und verwaltungsmäßig. Am Ende des Jahres 1564 hatte er sich ohne Ankündigung mit einer ausgewählten Gefolgschaft aus Moskau in die Aleksandrovskaja Sloboda unweit der Troice-Sergieva Lavra zurückgezogen. Nur dann wolle er in sein ›Zartum‹ zurückkehren, wenn man ihm volle Freiheit lasse, mit den ›Verrätern‹ nach Gutdünken zu verfahren und sich eine ›Opričnina‹ zu bilden. Der Gedanke, sich auf solche Weise noch einmal die ›Selbstherrschaft‹ ausdrücklich bestätigen zu lassen, mutet merkwürdig an – Ivan IV. hat übrigens noch ein zweites Mal einen solchen theatralischen Exodus vollzogen, als er im Jahre 1575 den tatarischen Vasallenfürsten von Kasimov, den ›Zaren‹ Simeon Bekbulatovič, in Moskau zum ›Großfürsten von ganz Rußland‹ einsetzte. Um einen realen Rücktritt von der Macht handelte es sich in keinem Fall; die politische Absicht war jeweils ein Schlag gegen das Bojarentum, die psychologische bestand darin, durch die künstliche Schaffung eines zarenlosen Zustandes Unsicherheit und Panik zu erzeugen. Im übrigen wird man sich vergeblich bemühen, in allen Handlungen Ivans IV. während der letzten beiden Jahrzehnte seiner Regierung noch einen politischen Sinn zu erkennen. Der Zar war in dieser Phase ohne Zweifel wohl nicht geistig, aber seelisch krank.

Die Einrichtung der Opričnina läßt sich aber ohne Mühe verstehen. Sie war ein Machtinstrument zur Vernichtung der ›Verräter‹, nun aber nicht mehr einzelner Personen – dazu hätte es solchen Aufwandes kaum bedurft – sondern der gesamten Hocharistokratie einschließlich ihrer Familien und ihres Anhanges. Die Opričnina vereinigte alle Mittel, die zur Erreichung dieses Zieles taugen konnten. Sie bestand personell aus neuen Menschen, mit denen sich der Zar umgab. Nicht Herkunft und Rang gaben dabei den Ausschlag, sondern das glaubwürdige Versprechen blinden Gehorsams. Je mehr der ›Opričnik‹ alles, was er war und hatte, der Gunst des Zaren verdankte, desto glaubwürdiger mußte seine Treue natürlich sein. Die Masse stellte der niedrige Dienstadel, aber auch ausländische Abenteurer fanden in nicht geringer Zahl Aufnahme. Einem von diesen, dem deutschen Opričnik Heinrich von Staden, verdanken wir den ausführlichsten Bericht über die Institution. Zunächst war die Opričnina eine dem Zaren persönlich und unmittelbar zur Verfügung stehende Spezialtruppe, deren Aufgabe in der physischen Liquidierung der Verräter und in der Terrorisierung der gesamten Hocharistokratie bestand. Da alle in der Erfüllung dieser Aufgabe verübten Verbrechen straffrei blieben, wurde ›Opričnina‹ sehr bald mit dem Begriff eines hemmungslosen, blutigen Terrors identisch.

Zur Erhaltung der Opričnina zog Ivan IV. bestimmte Territorien an sich, finanziell ertragreiche Städte und vor allem Gebiete mit zahlreichen bojarischen Erbgütern. Der so gebildete ›Udel‹, das Opričnina-Territorium wurde nach bewährter Moskauer Weise wie Feindesland behandelt, d. h. einem ›Vyvod‹ unterworfen. Sofern ›Fürsten und Bojaren‹ den Vorgang der Einziehung ihres Landes zur Opričnina überhaupt lebend überstanden, erhielten sie in entfernten Gegenden Dienstgüter. Ihr ursprünglicher Besitz wurde vom Zaren eingezogen und an Opričniki als Pomest'e verliehen. Das ergab eine im Laufe der Zeit weite Landesteile erfassende totale Besitzveränderung, deren Leidtragende nicht nur die Enteigneten, sondern auch die Bauern waren.

Zur Verwaltung des immer größer werdenden Opričnina-Territoriums mußte eine eigene Verwaltung aufgebaut werden, völlig parallel zu der des nicht zur Opričnina gehörenden Landes, das man eben als solches, nämlich als ›Zemščina‹ (von ›zemlja‹ = Land) bezeichnete und das weiterhin die Bojarenduma, bzw. vorübergehend der ihr übergeordnete tatarische Pseudozar Simeon verwaltete. Auf diese Weise entstand mit der Opričnina ein Staat im Staate, ein Instrument zur völligen Entmachtung der innenpolitischen Opposition, eine territorial beschränkte, tiefgreifende Reform sozial-ökonomischen Charakters. Es liegt auf der Hand, daß ein Unternehmen solcher Art keine moralische Elite anziehen konnte. Schon bei Gelegenheit des Tatareneinfalles im Jahre 1571 stellte sich heraus, daß die Opričniki militärisch zu etwas anderem als Terroraufträgen nicht zu gebrauchen waren. Auch dauerte es nicht lange, bis das krankhafte Mißtrauen des Herrschers auch die Opričniki mit einbezog; die bewährtesten Liquidatoren wurden schließlich selbst liquidiert. In den siebziger Jahren verschwand sogar die Bezeichnung Opričnina wieder, allerdings nicht die Sache, die sich nun unter der harmlosen Bezeichnung ›Dvor‹ (Hof) verbarg. Und wenn auch manche Besitzveränderung wieder rückgängig gemacht wurde und genügend alte Geschlechter den Terror physisch überstanden, um zu Beginn des 17. Jahrhunderts doch wieder eine politische Rolle spielen zu können, die Folgen der zwei Jahrzehnte Opričnina-Politik können kaum überschätzt werden. Die Opričnina bedeutete den Sieg des Dienstadels. Sie führte eben dadurch eine katastrophale Verschlechterung in der Lage des Bauerntums herbei: Weit mehr als der reiche bojarische Erbgutsbesitzer war der kleine Pomeščik darauf angewiesen, seine Bauern wirtschaftlich auszubeuten. Sie stellten seine einzige Einnahmequelle dar, von der er bei der allgemeinen Unsicherheit der Besitzverhältnisse noch dazu nicht wußte, wie lange sie ihm zur Verfügung stehen würde. Der Opričnik-Pomeščik neigte allein schon deshalb, von seinen moralischen Qualitäten ganz abgesehen, dazu, wirtschaftlich in den Tag hinein zu leben und Raubbau an seinen bäuerlichen Arbeitskräften zu treiben. Diese entzogen sich dem zunehmend durch die Flucht. Gegen Ende der siebziger Jahre war die Verödung gerade der zentralen Gebiete um Moskau nicht mehr zu übersehen. Mit den Bauern verlor aber der Pomeščik seine Existenzgrundlage und der Staat seine Steuerzahler. Das Ende war die militärische Katastrophe im livländischen Krieg und eine sozialökonomische Katastrophe, die sich voll allerdings erst nach dem Tode Ivans IV. auswirken sollte. Vergeblich suchte der Zar den von ihm selbst verschuldeten Zusammenbruch aufzuhalten, indem er den Bauern durch die Notstandsmaßnahme der ›Verbotsjahre‹ (zapovednye leta) gesetzlich an die Scholle band. Erstmals im Jahre 1582 wurde verfügt, daß das immer noch bestehende traditionelle und im Gesetzbuch von 1550 verankerte Recht des Bauern, zum St. Georgstag im November seinen Grundherren zu wechseln, in diesem Jahr keine Geltung haben sollte; und in der Folgezeit wurde dieses Verbot, von der verbrieften bäuerlichen Freizügigkeit Gebrauch zu machen, nach Bedarf erneuert. Trotzdem wuchs das Kosakentum an den Grenzen von Jahr zu Jahr, denn was ihm legal verwehrt wurde, das tat der Bauer auch weiter illegal.

Für Handel und Wandel in den Städten hat Ivan IV. manche günstige Voraussetzung geschaffen. Die Inbesitznahme des Wolgaweges und die neue Beziehung zu den Engländern eröffneten mancherlei Möglichkeiten. Aber die bedeutendsten Städte, Groß-Novgorod und Moskau, erlitten Schicksale, die es ihnen zumindest sehr erschwerten, davon Gebrauch zu machen. Novgorod, trotz der Schließung des Hansekontors 1494 im 16. Jahrhundert immer noch eine wirtschaftlich blühende Stadt, wurde 1570 wochenlang das Opfer eines feldzugmäßig organisierten Opričnina-Unternehmens unter persönlicher Leitung des Zaren, der auch hier Verrat witterte, und Moskau zerstörten im folgenden Jahr die Tataren Devlet-Girāis.

Während sich das Land in einem kräfteverzehrenden Krieg befand, gingen die Opfer des unmittelbaren Terrors in die Tausende. Und die Kirche? Seit Vasilij III. den willfährigen Josifljanen Daniil zu seinem Metropoliten gemacht hatte, war ein Präzedenzfall für das Verhältnis von Staat und Kirche geschaffen, der wenig Gutes erhoffen ließ. Aber die Schwäche des Staates in der Zeit der Minderjährigkeit Ivans IV. und die Persönlichkeit des Metropoliten Makarij hatten dennoch wieder zu einer angesehenen Stellung der Kirche geführt. Würde sie in der veränderten Lage einem hemmungslos wütenden Selbstherrscher gegenüber die Pflicht der moralischen Kritik und der Fürsprache für Verfolgte wahrnehmen? Zur Ehre der russischen Kirche muß gesagt werden, daß ihre Führer den mannhaften Versuch gemacht haben. Nach dem Tode Makarijs gelang es dem Zaren zunächst nicht, einen Metropoliten zu finden, der sein neues Terrorregime durch Schweigen gutgeheißen hätte: Afanasij (1565/1566) resignierte, German (1566) wurde sofort wieder verjagt, als er die Abschaffung der Opričnina forderte, und wenn Ivan IV. gehofft hatte, daß der als Asket hochangesehene Abt des Soloveckij-Klosters Filipp sich den Dingen der Welt fernhalten und auf Kritik verzichten würde, so sah er sich aufs neue getäuscht. Der Metropolit Filipp scheute sich nicht, dem Zaren seines Lebenswandels wegen vor allem Volke in der Kirche den Segen zu verweigern. Aber nicht alle russischen Hierarchen waren so fromm und so mutig. Es fand sich eine beflissene Bischofssynode, die im Auftrag des Herrschers auf Grund falscher Zeugenaussagen den Metropoliten absetzte. Filipp wurde in ein Kloster bei Tveŕ verbannt und am 23. Dezember 1569 von Maljuta Skuratov, dem berüchtigsten Opričnik, erdrosselt. Als Märtyrer hat die russische Kirche den Metropoliten Filipp 1636 heiliggesprochen, aber weder diese Rehabilitierung, noch die Errichtung des russischen Patriarchats im Jahre 1589, noch das moralische Ansehen, das einzelne Vertreter der russischen Kirche natürlich auch in der Folgezeit genossen, konnte das endgültig verlorene Gleichgewicht wiederherstellen.

Der Metropolit war nicht das einzige geistliche Opfer der Opričnina. Zwei Novgoroder Erzbischöfe, Pimen und Leonid, bezahlten mit Amt und Leben, daß sie das krankhafte Mißtrauen des Zaren auf sich gezogen hatten, ebenso Kornilij, der hervorragende Abt des Pskover Höhlenklosters, und eine Anzahl seiner Mönche. Schwer vereinbar mit diesen Tatsachen scheint es, daß dem Zaren eine sehr persönliche Beziehung zur religiösen Sphäre nicht abgesprochen werden kann. Er liebte es, als Theologe zu brillieren; das mußte sowohl der Brüdersenior Jan Rokita, der als polnischer Gesandtschaftsprediger nach Moskau kam und mit Ivan IV. ein Religionsgespräch zu führen hatte (1570), erfahren wie der päpstliche Gesandte Possevino. Er liebte es ferner, mit seiner Opričniki-Gefolgschaft einen religiösen Mummenschanz aufzuführen, sich selbst und die skrupellosen Werkzeuge seines Terrors in Mönchsgewänder zu kleiden und Bußübungen zu veranstalten, nicht minder exzessiv als die vorhergehenden und nachfolgenden Orgien und Folterungen. Die Grenzen zwischen Blasphemie und aufrichtigem Sühnebegehren verschwammen in der ungewöhnlichen – freilich auch ungewöhnlich abstoßenden – Persönlichkeit dieses Zaren ebenso wie die Grenzen zwischen ungehemmter Hybris der Macht und religiösem Sendungsbewußtsein. Am Ende stand, nachdem Ivan IV. auch den ältesten Sohn und Thronfolger mit eigener Hand getötet hatte (1582), der Zusammenbruch auch der Persönlichkeit, psychisch und physisch. Am 18. März 1584 ist Ivan IV. noch vor Vollendung des vierundfünfzigsten Lebensjahres gestorben – in seiner Außenpolitik gescheitert, im Innern ein unheilvolles Erbe sozialer Konflikte hinterlassend, und doch von der Nachwelt immer wieder gefeiert als eindrucksvolle, wenn auch ›schreckliche‹ Verkörperung der russischen Staatsmacht.

DIE ›ZEIT DER WIRREN‹

Der Machtkampf an der Spitze des Staates

Der Tod des Tyrannen bedeutete zunächst das Schwinden eines unerträglichen Druckes. Die Regierung Ivans IV. hatte das Land in jeder Beziehung erschöpft, ein Menschenalter lang was das Leben jedes einzelnen durch immer neue Forderungen des Staates, durch Unruhe und Unsicherheit der Existenz bestimmt gewesen. Das Bedürfnis nach Ruhe und Restaurierung mußte allgemein und elementar sein, und daraus konnte sich für die neue Regierung eine Chance ergeben, wenn es ihr gelang, die unverändert vorhandenen politischen und sozialen Gegensätze auszugleichen. Alles hing davon ab, wie klug und wie stark die neue Regierung sein würde. Ivan IV. hinterließ zwei Söhne – den erwachsenen, aber zu selbständiger Regierung nicht fähigen Fedor, der noch aus der ersten Ehe mit Anastasija stammte, und den einjährigen Dmitrij aus der letzten Ehe mit Maria Nagaja. Fedor wurde zum Zaren gekrönt, aber wer hinter der selbstherrscherlichen Fassade die reale Macht ausüben sollte, das mußte in einem Machtkampf entschieden werden. Aus ihm ging Boris Fedorovič Godunov, der Schwager des Zaren, als Sieger hervor. Vom Jahre 1587 an galt er offiziell als Regent des Landes, und in elf Jahren vermochte er seine Stellung so zu befestigen, daß er 1598 nach dem Tode Fedors ohne ernsthaften Widerstand von einer Landesversammlung (Zemskij Sobor) zum Zaren gewählt wurde.

Auch das geschichtliche Urteil über Boris Godunov ist die längste Zeit durch seine Gegner im negativen Sinne bestimmt worden. Seine erbittertsten Gegner waren ja eben jene Romanovs, die dann die neue Dynastie stellen sollten und deren Familienprestige das russische Geschichtsbild von 1613 an entscheidend beeinflußte. Erst die moderne Geschichtswissenschaft (Platonov) hat Boris Godunov rehabilitiert und wohl mit mehr Recht als Ivan IV. Der Regent hatte kein leichtes Erbe zu verwalten; es war allein schon eine Leistung, das zerrüttete Staatswesen vor dem sofortigen Verfall zu bewahren und unbeeinträchtigt noch über zwei Jahrzehnte zu bringen. Im Jahre 1595 gelang sogar ein außenpolitischer Erfolg, indem den Schweden die 1583 gewonnenen Küstenlandschaften am Finnischen Meerbusen wieder abgenommen werden konnten; auch faßte die russische Macht um die Jahrhundertwende in Westsibirien festen Fuß. Aber trotz dieser Erfolge blieb die Herrschaft des Boris Godunov anfechtbar. Der Regent und später gewählte Zar entstammte nicht der Hocharistokratie, sondern einer Adelsfamilie angeblich tatarischer Herkunft, die sich weder durch Besitz noch durch Leistung besonders hervorgetan hatte. Für die gefürsteten Bojarengeschlechter war und blieb er ein Emporkömmling, und daß er als ein Günstling Ivans IV., als ein Angehöriger der verhaßten Opričnina den Weg nach oben genommen hatte, blieb unvergessen. Die Tochter des berüchtigten Maljuta Skuratov, des Metropolitenmörders, geheiratet zu haben, war ein untilgbarer Makel, auch wenn Boris Godunov, der beim Tode Ivans IV. erst vierunddreißig Jahre zählte und der erst vier Jahre vorher in den Bojarenstand erhoben worden war, persönlich durch keine Aufsehen erregenden Schandtaten kompromittiert war. Die Stärke seiner Stellung lag in der nahen Verwandtschaft zum neuen Zaren; darin kam ihm allerdings Nikita Romanovič Juŕev, der Bruder von Ivans IV. erster Frau Anastasija und Onkel Fedors, gleich, ja zunächst war dieser die einflußreichste Persönlichkeit. Auch die Juŕev-Romanovs waren ein ungefürstetes Geschlecht, und so ergab sich – nachdem man die Nagojs, die Verwandten von Ivans IV. letzter Frau und des kleinen Dmitrij in den ›Udel‹ der Zarinwitwe nach Uglič abgeschoben hatte und mit einem Putschversuch des letzten ›Opričnik‹ Bogdan Jakovlevič Bel'skij fertig geworden war – ein Zusammenspiel der ungefürsteten gegen die gefürsteten Machtprätendenten der Mstislavskij und Šujskij, der dem Herrscherpaar am nächsten stehenden Moskauer Bojarensippen gegen die rjurikidischen ›Knjažaten‹. Denn nicht alle teilfürstlichen Geschlechter waren liquidiert oder aus dem Lande vertrieben worden; einige hatten sich durch rechtzeitige Unterwürfigkeit Besitz und Würden erhalten, und so konnten sich auch Fürst Ivan Fedorovič Mstislavskij und Fürst Ivan Petrovič Šujskij, die Oberhäupter immer noch mächtiger und einflußreicher hocharistokratischer Clans, Hoffnung auf Beteiligung an der Macht machen.

Der Kampf vollzog sich, verglichen mit den Methoden Ivans IV., unauffällig und unblutig. 1585 schied Fürst Mstislavskij aus dem Kreise der Prätendenten aus: Er wurde in ein Kloster verbannt und zum Eintritt in den Mönchsstand gezwungen. Da Nikita Romanovič Juŕev in demselben Jahre starb und seine fünf Söhne (die Nikitiči) der Obhut Godunovs anvertraute, standen sich dieser und die Šujskijs nun allein gegenüber. 1587 inszenierten die Šujskijs einen Vorstoß gegen die Stellung des Regenten: Das Moskauer ›Volk‹ trug dem Zaren die untertänigste Bitte vor, er möge angesichts der Unfruchtbarkeit seiner Gemahlin eine neue Ehe schließen. Das ging nicht gegen die Zarin Irina, sondern gegen deren allmächtigen Bruder. Und Boris Godunov war bereits mächtig genug, sich der Intrige zu erwehren, die Häupter der Šujskijs aus Moskau zu verbannen und damit die letzte politische Konkurrenz auszuschalten. Der Metropolit Dionisij, der das Vorgehen der Šujskijs unterstützt hatte, wurde seines Amtes enthoben und durch Iov, der dann der erste Moskauer Patriarch werden sollte, ersetzt. ›Des großen Herrschers Schwager und

Regent‹ (Gosudarju velikomu šurin i pravitel') oder – wie ihn die Ausländer nannten – der ›Gubernator der reußischen Monarchie‹ konnte sich ein solches Verfahren mit der Kirche ebenso leisten wie Vasilij III. oder Ivan IV. Er repräsentierte von nun an auch in der Außenpolitik den Moskauer Staat, wurde durch das offizielle Zeremoniell weit über die anderen Bojaren hinausgehoben und unterhielt einen eigenen Hof. Die Todfeindschaft der ›Knjažaten‹ brauchte er kaum zu fürchten, solange ihn die Romanovs unterstützten und solange die breite Masse des Dienstadels ihre Interessen wie unter Ivan IV. gefördert sah.

Die Erwählung und Krönung zum Zaren entfremdete ihm jedoch auch die Romanovs; vor allem der älteste der ›Nikitiči‹, der ehrgeizige Fedor Nikitič Romanov, konnte die Rangerhöhung des Regenten nicht verwinden. Diese war vollkommen legal erfolgt, und es war schwer – nachdem die Stimme des Volkes im Zemskij Sobor entschieden hatte – die Legalität zu erschüttern oder durch eine höhere Legalität zu überbieten. Diesem Umstand verdankt der ›falsche Demetrius‹ (Lžedmitrij) seine Entstehung. Am 15. Mai 1591 war Ivans IV. jüngerer Sohn, der Carevič Dmitrij, in Uglič auf rätselhafte Weise ums Leben gekommen. Der offizielle Untersuchungsbericht spricht davon, daß sich der Knabe in einem epileptischen Anfall selbst getötet habe. Godunovs Feinde aber haben natürlich stets den Regenten als den Mörder bezeichnet. Wissenschaftlich läßt sich weder seine Schuld noch seine Unschuld strikt beweisen. Das stärkste Motiv, nämlich den einzigen lebenden Thronerben zu beseitigen und dadurch sich die Herrschaft zu sichern, konnte 1591 nicht ausschlaggebend sein, denn die Zarin Irina war nicht unfruchtbar – sie gebar nach mehreren Fehlgeburten 1592 eine Tochter. Umgekehrt liegt es nicht fern, daß Godunovs Gegner den Plan faßten, den Regenten mit dem Odium des Kindesmörders zu belasten. Nicht der tote Dmitrij ist Boris Godunov aber schließlich zum Verhängnis geworden, sondern der wieder zum Leben erstandene. Die Glaubwürdigkeit, die falschen, angeblich durch wunderbare Schicksalsfügungen am Leben erhaltenen Zarensöhnen in der russischen Geschichte immer wieder zuteil wurde, läßt sich nur erklären aus der gewaltigen Überhöhung des gottähnlichen Selbstherrschers über sein Volk, aus der übergroßen räumlichen, sozialen und moralischen Distanz, die den Kaiser seinen Untertanen entrückte und die auch das Unwahrscheinlichste möglich erscheinen ließ. Die Prätendenten wurden zum Symbol der ›alten Gerechtigkeit‹ (staraja pravda), die der gute und fromme Herrscher verkörperte, zur Parole im Kampf gegen die gegenwärtige Ungerechtigkeit, die das Volk auf die bösen bojarischen Ratgeber zurückführte. Darüber hinaus konnten sie zum gefährlichen, allerdings auch zweischneidigen Instrument in der Hand einer politischen Opposition werden. Bei dem ersten ›falschen Demetrius‹ war das sicher der Fall. Wenn auch nicht völlig geklärt ist, wer er war (am wahrscheinlichsten ein entlaufener Mönch namens Griša Otrep'ev aus der Klientel der Romanovs), so deutet doch alles darauf hin, daß sein Ursprung in einer großangelegten Intrige der Romanovs zu suchen ist, die den gewählten Zaren Godunov durch die höhere Legitimität des geretteten Zarensohnes aus dem Sattel heben wollten.

Boris Godunovs Vorgehen gegen die ehemaligen Bundesgenossen war wohl schon eine Reaktion auf solche Pläne: Um die Jahreswende 1600/1601 wurde den Romanovs wegen ›Zauberei‹ der Prozeß gemacht, Fedor Nikitič Romanov und seine Frau, die Eltern des ersten Romanovzaren, wurden ins Kloster verbannt und durch die Mönchsgelübde im weltlichen Sinne herrschaftsunfähig gemacht. Unter den Mächtigen seines Landes verlor der siegreiche Zar damit den letzten Rückhalt; und da er seine Gegner niemals physisch liquidiert, auch das unter Ivan IV. so beliebte Prinzip der Sippenhaftung niemals konsequent angewendet hatte, entsprach der Isolierung keine wirkliche Sicherheit. Solange der Dienstadel, um dessen Gunst Godunov mit allen Mitteln warb, hinter ihm stand, lag darin noch keine große Gefahr. Dies aber war abhängig von der Stabilität der wirtschaftlichen Lage und des sozialen Gefüges.

Boris Godunov starb am 14. April 1605, in dem Augenblick, da die entscheidende Machtprobe mit dem von polnischen Abenteurern, Dneprkosaken und nicht zuletzt von der katholischen Kirche unterstützten ›Samozvanec‹ (der ›Selbsternannte‹, Usurpator) Dmitrij unmittelbar bevorstand. Das kam einem Dammbruch gleich. Godunovs Sohn Fedor Borisovič befand sich in der gleichen Isolierung wie sein Vater, ohne dessen politische Fähigkeiten zu besitzen. Die Romanovs waren nicht aktionsfähig. So sahen die ›Knjažaten‹, geführt von den Šujskijs als den ältesten Rjurikiden und von den Golicyns als den ältesten Gediminoviči, ihre Stunde gekommen. Am 7. Mai ging das von ihnen befehligte Moskauer Heer bei Kromy zu Dmitrij über. Kein Treueverhältnis des Dienstadels zur Dynastie der Godunovs verhinderte dies. Und in Moskau genügte die übliche, von den Šujskijs ins Werk gesetzte Revolte der Stadtbevölkerung, um das Regime der Godunovs hinwegzufegen.

All dies vollzog sich unter Begleiterscheinungen, die den Ausdruck ›Zeit der Wirren‹ vollauf rechtfertigten. Von einer Autorität des Staates konnte nach dem Tode des Boris Godunov nicht mehr die Rede sein, ein Umstand, der die Leistung dieses Mannes in ein sehr helles Licht rückt. In einem Zustand zunehmender Anarchie verlor der Machtkampf in der Folge an Konzeption und Niveau, durchaus opportunistische Parteibildungen bestimmten nun den Ablauf der Ereignisse in Moskau. Sinnbild des herrschenden politischen Stils ist der Führer der ›Knjažaten‹, Fürst Vasilij Ivanovič Šujskij, der als ehemaliger Leiter der amtlichen Untersuchung der Ereignisse in Uglič abwechselnd den Tod und das Weiterleben des Carevič mit feierlichen Eiden beschwor. Die Rechnung der ›Knjažaten‹ ging im übrigen zunächst nicht auf: Der im Juni als rechtmäßiger Zar in Moskau einziehende Pseudodmitrij dachte nicht daran, ihren Übertritt zu honorieren. Er förderte den Anhang der Romanovs – Fedor Nikitič selbst, als Mönch Filaret, wurde im Frühjahr 1606 Metropolit von Rostov – und zog Männer niedriger Herkunft in seine Umgebung. Dem Fürsten Vasilij Šujskij ließ er dagegen seines falschen Eides wegen den Prozeß machen. Das war ein schwerer politischer Fehler, denn dadurch verhalf der Pseudozar, der selbst im Verdacht der Polonophilie und katholisierender Neigungen stand, dem weder durch Fähigkeiten noch durch Charakter ausgezeichneten Rjurikiden zur Gloriole des nationalen Märtyrers. Knapp ein Jahr lang dauerte die Herrschaft des Usurpators, dann machte eine neue Revolte der Moskauer am 17. Mai 1606 dem Spuk ein Ende. Zwei Tage später wurde Vasilij Šujskij von seinen Parteifreunden zum Zaren erhoben. Sein Zartum konnte zwar als legitim im Sinne der genealogischen Würdigkeit gelten (die Familie der Fürsten von Šuja leitete sich von einem älteren Sohn des Aleksandr Nevskij her, war also ›älter‹ als die Moskauer Daniloviči), legal zustandegekommen im Sinne einer Wahl durch den Zemskij Sobor, wie das des Boris Godunov, war es nicht. Und am allerwenigsten war der ›Bojarenzar‹ fähig, mit der inzwischen in mehrfacher Hinsicht verschärften und ›verwirrten‹ Situation auf die Dauer fertig zu werden. Ihm mußte ja von vornherein das fehlen, was den Moskauer Staat bisher stark gemacht hatte – die Unterstützung der Pomeščiki, der Dienstgutbesitzer. Zu tief war das Ressentiment der Standesgenossen des Ivan Peresvetov gegen einen Fürsten Šujskij oder Golicyn, als daß sie es nicht vorgezogen hätten, mit deren Gegnern gemeinsame Sache zu machen. Die Gegner, die der Herrschaft des Bojarenzaren schließlich nach vier Jahren ein ruhmloses Ende bereiteten und damit den Moskauer Staat endgültig in ein Interregnum stürzten, waren einerseits der soziale Aufruhr im Innern des Landes, andererseits der polnisch-litauische Landesfeind.

Die Erschütterung des sozialen Gefüges

Der Ausbruch des großen sozialen Konfliktes in der ›Zeit der Wirren‹ war nicht das automatische Ergebnis einer sozialökonomischen, sondern die Folge der politischen Entwicklung. Die expansive Außenpolitik unter Ivan IV. hatte durch Jahrzehnte hindurch einen militärischen Aufwand gefordert, dem auf die Dauer keine ausreichende ökonomische Grundlage zu schaffen war. Das Staatsinteresse, das Expansionsbedürfnis der politischen Macht, setzte sich über die Einzelinteressen aller Bevölkerungsgruppen hinweg, mitunter selbst über die Interessen jener Mittelschicht des Dienstadels und der vermögenden städtischen Kaufleute, auf die sich die Autokratie stützte. ›Dienstgutbesitzer‹, die lange und vergeblich auf die Verleihung eines Dienstgutes warteten, waren keine Seltenheit, und die Privilegierung ausländischer Kaufleute, zuerst der Engländer, dann vor allem auch der Holländer, war begreiflicherweise nicht geeignet, die Freude der Moskauer ›Gosti‹ (Großkaufleute) hervorzurufen. Die Hocharistokratie der gefürsteten Bojaren kam sich seit der Opričnina mit Recht depossediert vor, auch wenn einige Familien sich große Besitztümer hatten erhalten können. Sie mußte in dem staatlichen Regime und in der Gesellschaftsordnung, wie sie sich unter Ivan IV. herausbildeten, eine Fehlentwicklung sehen, die nach Möglichkeit rückgängig zu machen war. Und nicht minder regimefeindlich waren schließlich die Bauern, auf denen im Grunde die ganze Last des neuen imperialen Aufwandes lag. Unter militärisch-außenpolitischem Aspekt mußte die Regierung den Dienstadel fördern und seine wirtschaftliche Existenz sichern – die jahrweise Aufhebung der bäuerlichen Freizügigkeit in den ›Verbotsjahren‹, die dem Pomeščik seine Arbeitskräfte erhalten sollte, zielte in diese Richtung; unter dem Aspekt der Innenpolitik und der Kolonisation war eine solche einseitige Bevorzugung des Dienstadels jedoch auf die Dauer ein zweischneidiges und fragwürdiges Verfahren. Der Druck auf die Bauern erhöhte die Gefahr sozial-revolutionärer Explosionen, und andererseits beraubte eine Bindung des Bauern an die Scholle, wenn sie erfolgreich durchgesetzt werden konnte, die Kolonisationsgebiete der dringend benötigten Siedler. Das ergab einen unaufhebbaren Widerspruch, und widerspruchsvoll erscheint deshalb auch die Politik Godunovs. Die ›Verbotsjahre‹ waren nur dann eine sinnvolle Maßnahme, wenn der Grundherr das Recht hatte, seine trotzdem entlaufenen Bauern mit Unterstützung des Staates zurückzuholen. Eben dieses Recht wurde aber eingeschränkt, als 1597 die Regierung verfügte, daß nur Bauern, die nach dem Jahr 1592 entflohen waren, rückkehrpflichtig sein sollten. Alle vor dieser Fünfjahresfrist Entflohenen konnten bleiben, wo sie waren – bei anderen Grundherren oder als freie Bauern in den Grenzgebieten. Darin lag eine gewisse Rehabilitierung der Bauernflucht: Die Besiedlung der Steppengrenze im Süden war staatswichtig – 1591 hatte ein letzter Vorstoß der Krimtataren bis in die Gegend von Moskau das deutlich gezeigt – und dem Interesse der staatlichen Administration diente es, einen Schlußpunkt zu setzen und die Zahl der Rückführungsprozesse zu begrenzen. Im übrigen wirkten sich die ›Verbotsjahre‹ nicht durchaus zugunsten der Pomeščiki aus, denn das Zurückholen entlaufener Bauern erforderte Mittel, über die nicht der kleine Dienstgutbesitzer, sondern nur ein Großgrundbesitzer, etwa ein reiches Kloster wie die Troice-Sergieva Lavra, verfügte. Daher ging Godunov 1601 und 1602 wieder von den ›Verbotsjahren‹ ab, und zwar einseitig zugunsten der Pomeščiki, die allein berechtigt sein sollten, den Platz wechselnde Bauern auf ihrem Land anzusiedeln. Die Lage der Bauern wurde durch diese vorübergehend wiederhergestellte, bedingte Freizügigkeit kaum erleichtert. Im ganzen lief die Entwicklung unaufhaltsam auf die rechtlich unauflösbare Bindung des Bauern an das von ihm bearbeitete, dem Grundherrn gehörende Land (krepostnoe pravo) zu. Diese Bindung lieferte den Bauern dem Grundherrn aus und mußte in der Praxis zur Leibeigenschaft werden. Daß dies dem Interesse des grundbesitzenden Adels entsprach, ist unzweifelhaft; aber es entsprach auch dem Interesse des streng zentralistisch verwalteten Staates, der immer mehr danach strebte, die gesamte Bevölkerung in eine überschaubare, kontrollierbare, feste Rechtsordnung zu bringen, der jeden Ansatz zur Bildung autonomen Rechtes unterdrückte, gerade dadurch allerdings vehemente Gegenkräfte auslöste. Godunovs ausgesprochen kosakenfeindliche Politik ist dafür symptomatisch.

Die freien Kosaken lebten ja in usurpierter Autonomie und fügten sich nicht in die angestrebte Ordnung. Sofern die Flucht der Bauern in die Steppe, das ›wilde Feld‹ (dikoe pole), ging, verstärkte sie das im Sinne des Moskauer Staates anarchische Element des Kosakentums. Daher die rasche staatliche Organisation der immer weiter nach Süden vorrückenden Grenzräume: Der geflohene Bauer sollte eingeholt, der freie Kosak in seinem Bewegungsraum eingeengt werden. Das

Ziel war dabei die Sicherheit des Staates und die Ordnung im Staate, so wie man sie in den Moskauer Prikazen (Zentralämtern) für wünschenswert hielt; das Ergebnis war zunächst eine Verstärkung des sozialen Ressentiments durch eine ausgesprochene Staatsfeindschaft – der alten Kosaken aus Tradition und der neuen, für die das freie ›Kosakieren‹ längst keine ausreichende Existenzmöglichkeit mehr bot, aus Not. So bildete sich an der Steppengrenze, in der ›Ukraina‹, ein Kosakenproletariat, die ›Golytba‹ – ein von Jahr zu Jahr an Zahl zunehmendes, wurzelloses, zu allem bereites und zu allem fähiges Bevölkerungselement, das nur entsprechender Führer und geeigneter Losungsworte bedurfte, um eine ernste Gefahr für den Moskauer Staat zu werden. Die durch Mißernten verursachten Hungerjahre 1601–1603 vermehrten den sozialen Zündstoff in unheilvoller Weise. Am 16. August 1603 mußte die Regierung feststellen, daß die Herren ihre Knechte vom Hof jagten, um sie nicht ernähren zu müssen, aber ohne ihnen urkundlich die Freiheit zu geben. ›Diese Knechte (cholopy) sterben den Hungertod, und viele andere werden durch die Mildtätigkeit des Zaren und Großfürsten Boris Fedorovič von ganz Rußland gespeist, aber danach nimmt sie keiner bei sich auf, weil sie ja keine Entlassungspapiere haben‹; und so sah man sich veranlaßt, solchen unfreien Knechten von Staats wegen Freilassungsurkunden auszustellen – wenn sie nach Moskau kamen und das beantragten. Die Wirklichkeit sah anders aus: Scharen hungernder Bauern und Cholopen durchstreiften das Land – ›kosakierten‹ – und suchten ihr Leben, da die bisherige Ordnung versagt hatte, in ›ungeordneter Freiheit‹ (volja) zu fristen. Dem verzweifelten Ordnungsbemühen der schwerfälligen zentralen Administration trat eine breite Masse Entwurzelter gegenüber, die sich – einmal in Bewegung geraten – der staatlichen Kontrolle praktisch entzog und einen unerschöpflichen Nährboden für das Aufkommen falscher Zarensöhne und anderer ›Volksführer‹ bildete.

Schon den ersten ›Pseudodmitrij‹ hatten auch die Donkosaken unterstützt. Während der ›Samozvanec‹ mit seinen polnischen Parteigängern durch den Widerstand von Novgorod Severskij aufgehalten und am 20. Januar 1605 von einem Moskauer Heer geschlagen wurde, war den von Süden vorstoßenden Kosaken im Herbst 1604 das Grenzterritorium am Sejm, am oberen Donec und an der oberen Oka mit den ›Städten‹ Putivl', Ryl'sk, Sevsk, Kursk, Kromy, Belgorod und Borisov kampflos in die Hände gefallen, und die erfolgreiche Verteidigung von Kromy durch die Kosaken schuf die Voraussetzung für den militärischen Umschwung zuungunsten der Moskauer Regierung nach dem Tode des Boris Godunov. Die Steppe und das südliche Grenzgebiet kamen auch nach dem Sturz des ›Zaren Dmitrij Ivanovič‹ nicht zur Ruhe. Gerüchte, daß der Zar Dmitrij am Leben geblieben und nach Litauen geflohen sei, wurden gerne geglaubt, man kämpfte weiter für den angeblich rechtmäßigen Zaren, man begann einen regelrechten Krieg gegen Moskau für das ›alte Recht‹, d. h. für die eigenen Interessen, so wie jede Gruppe sie verstand.

Ein volles Jahr lang hielt der sogenannte Aufstand des Bolotnikov die Regierung des neuen Zaren Vasilij Šujskij in Atem. Im Zentrum der Ereignisse stand ein Feldzug aufständischer Bauern und Kosaken gegen Moskau, der Versuch einer Belagerung und die langwierige militärische Liquidierung des Aufständigenheeres. Der sozialrevolutionäre Charakter der Bewegung steht außer Zweifel. Der ›große Heerführer‹ (bol'šoj voevoda) Ivan Isaevič Bolotnikov war ein entlaufener Cholop mit abenteuerlicher Kosakenvergangenheit, und seine Aufrufe lassen die Ziele klar erkennen; sie ›befehlen den Bojarenknechten, ihre Bojaren zu erschlagen, und versprechen ihnen deren Frauen, Erbgüter und Dienstgüter; Schwätzern und zuchtlosen Habenichtsen befehlen sie, Kaufleute und alle Handeltreibenden zu töten und deren Gut zu rauben; sie rufen die Räuber zu sich und bieten ihnen an, Bojaren, Voevoden, Okol'ničie und D'jaken zu werden‹. Aber weder blieb die Aufstandsbewegung auf das Unternehmen des Bolotnikov beschränkt noch waren es allein die bäuerlich-kosakischen Massen, die gegen Moskau Krieg führten. Seite an Seite mit Bolotnikov kämpften eine Zeitlang die Rjazaner Pomeščiki unter Führung der Brüder Ljapunov und die Dienstkosaken aus der Gegend von Epifan unter ihrem Sotnik (Hundertschaftsführer) Paškov, die einen aus politischer Todfeindschaft gegen das hocharistokratische Regime Šujskijs, die andern aus dem sozialen Motiv einer wirtschaftlich ungesicherten Lage. Beide Gruppen haben Bolotnikov vor Moskau verraten und damit sein Schicksal besiegelt, das sich am 10. Oktober 1607 mit der Einnahme Tulas, des letzten, hartnäckig verteidigten Stützpunktes der Aufständischen, erfüllte.

Aber mit der Hinrichtung der militärischen Anführer, mit der Niedermetzelung von Tausenden gefangener Kosaken und mit einer Verschärfung der Gesetze gegen entlaufene Bauern und Cholopen war nur mehr wenig gegen eine tiefgreifende Unruhe auszurichten, die weite Teile des Landes erfaßt hatte. Vorübergehend schlossen sich Bolotnikov auch die Pomeščiki einer ganzen Reihe westlich von Moskau gelegener Gebiete an, so z. B. die von Volokolamsk, Ržev und Starica; die besondere Gefahr bei einem Abfall dieser Territorien von der Zentralregierung lag in ihrer relativen Nähe zur litauischen Grenze. Unabhängig von Bolotnikov erhoben sich die Kosaken und Strelitzen der Mittelwolga-Garnisonen Arzamas, Alatyŕ und Svjažsk, rissen die Mordvinen mit und belagerten, allerdings vergeblich, Nižnij Novgorod. Und im äußersten Südosten machten sich einerseits die unzufriedenen Terekkosaken auf, um unter einem eigenen Samozvancen Peter, angeblich einem verheimlichten Sohn des Zaren Fedor, in kühnem Zuge wolgaaufwärts zu Bolotnikov zu stoßen, und etablierte sich andererseits unter Beteiligung des vom Pseudodmitrij eingesetzten Voevoden Fürst Chvorostynin in Astrachań ein revolutionäres Regime der städtischen Unterschichten, das über die Moskauer ›Smuta‹ (Zeit der Wirren) hinaus bis 1614 Bestand hatte. Nur der Norden und Nordosten blieben einigermaßen ruhig, überall sonst waren Staatsfeinde am Werk, ›Vory‹ (Räuber), wie man sie in Moskau nannte, gleichgültig ob es Samozvancy, Kosakenatamane, ehrgeizige Lokalhäuptlinge des Dienstadels oder heruntergekommene Hocharistokraten waren, wie Chvorostinin in Astrachań oder der Fürst Šachovskoj, der als Voevode von Putivl' das Bolotnikovunternehmen in Gang brachte und seine Fäden zu allen anderen Unruheherden spann.

Ein solcher Zustand allgemeiner Gärung bot dem Entschlossenen alle Chancen. Wer der zweite falsche Dmitrij in Wirklichkeit war, ist unbekannt; seinen Aufstieg verdankte er ursprünglich weder einer Intrige der Romanov noch polnischer Aggressionslust, sondern der ›Smuta‹ selbst. Der wiedererstandene falsche Zar, an dessen Echtheit kaum noch jemand glaubte, wurde zum Symbol und zum politischen Bindemittel aller regierungs- und staatsfeindlichen Kräfte. Er tauchte in dem Städtchen Starodub, in der Litauen am nächsten gelegenen Nordwestecke des severischen Unruhegebietes auf, wurde in den Untergang Bolotnikovs gerade nicht mehr hineingezogen und konnte daher sofort im Winter 1607/1608 die zahlreichen Versprengten des Bauern- und Kosakenheeres um sich sammeln. Was seinen Aktionen rasch militärische Bedeutung verlieh, war die Beteiligung zahlreicher polnischer und litauischer Adeliger, die durch Teilnahme an einer im Sommer 1607 zerschlagenen Adelsmeuterei gegen König Sigismund III., dem sogenannten Rokosz Zebrzydowskis, kompromittiert waren und nun in der Moskauer Smuta ihr Glück suchten. Różiński, Lisowski und Jan Sapieha erwiesen sich als fähige und kühne Truppenführer, denen Šujskij nichts Gleichwertiges entgegenzustellen hatte. Neben den polnischen Kondottieri spielten die Kosakenatamane Zaruckij und Bezzubcev eine Rolle. Mit Ausnahme des Rjazaner Dienstadels, den Prokopij Ljapunov an der Seite Šujskijs hielt, waren alle Kräfte, die den ersten Pseudodmitrij und Bolotnikov unterstützt hatten, wiederum vereinigt. Im Sommer 1608 war die Lage der Regierung ähnlich der im Herbst 1606, nur daß der Gegner diesmal militärisch weit gefährlicher war. Der ›Vor‹, wie man den zweiten falschen Zaren Dmitrij nannte, stand in Tušino vor den Toren Moskaus. Seine polnischen Hilfstruppen führten unter Różyński und Lisowski eine weit ausholende Zernierungsaktion durch, die Moskau fast von allen Verbindungen abschnitt und nun auch die nördlich und östlich der Stadt gelegenen Territorien zum Abfall brachte. Nur Kolomna im Süden hielt den Weg nach Rjazań offen, und das Dreifaltigkeitskloster des hl. Sergij im Norden trotzte einer 16 Monate währenden Belagerung. Dagegen fiel Rostov, und Filaret, der Metropolit von Rostov (Fedor Nikitič Romanov), erschien nicht nur selbst im Lager von Tušino, um bald der Patriarch des falschen Zaren zu werden, sondern führte auch den ganzen Romanovanhang der sich nun bildenden Gegenregierung zu. In einer vorübergehend stabilisierten Situation, in der die Anhänger des ›Vor‹ fast im ganzen Lande die Macht hatten, Šujskij dagegen mit Hilfe der Rjazaner nur mehr eine notdürftige Verteidigung aufrechterhalten konnte, arbeitete die Zeit offensichtlich für die ›Tušincen‹. Selbst die Moskauer Zentralämter wurden von der Abfallbewegung ergriffen, und das gab dem ›Vor‹ die Möglichkeit, nicht nur eine Gegenregierung zu bilden, sondern auch eine Gegenverwaltung aufzubauen. Im Nordwesten fiel ihm Pskov zu, Novgorods Haltung wurde fraglich, das wichtige Vologda im Norden war von Lisowskis polnischer Adelsreiterei, Nižnij Novgorod im Osten von einem Čeremissenaufstand bedroht. Aus eigener Kraft die Lage zu meistern, konnte der allgemein unbeliebte und fast von allen im Stich gelassene Knjažaten-Zar Šujskij in Moskau nicht hoffen. Es blieb als letzter Ausweg, fremde Mächte um Unterstützung zu bitten. Gerade dadurch aber leitete man eine neue und letzte Phase der ›Wirren‹ ein, die durch unmittelbare ausländische Intervention ihr Gepräge erhielt.

Die ausländische Intervention

Wenn man den Begriff der Intervention auf eine staatliche Aktion beschränkt, so kann vor dem Jahr 1609 davon nicht die Rede sein. Etwas anderes war das Interesse und die Unterstützung ausländischer Kreise, die schon dem ersten Pseudodmitrij in reichem Maß zuteil wurden. Einmal war es die katholische Kirche, die in dem Auftreten des Prätendenten eine Chance für ihre niemals aufgegebenen Unionsbestrebungen erblicken mußte. Zum andern lockte den unternehmungslustigen Adel der polnisch-litauischen Ukraina die Aussicht auf Abenteuer und leicht zu gewinnenden Reichtum. Ein durch polnische und römische Unterstützung auf den Thron gehobener Zar würde verpflichtet sein, beide Hoffnungen zu erfüllen – je weniger legitim seine Ansprüche waren, um so mehr. Unter Förderung durch die päpstliche Nuntiatur in Krakau gelang es dem Unierungseifer der Jesuiten, den künftigen Zaren Dmitrij für den Katholizismus zu gewinnen, während auf dem Schlosse Sambor in Galizien Georg Mniszech den militärischen Teil des Unternehmens vorbereitete. Seinem Range nach zählte Mniszech zu den ersten Männern des polnisch-litauischen Reiches: Er war Starost von Sambor und Lemberg, Wojewode von Sandomierz und Mitglied des Senats. Seine Persönlichkeit dagegen erscheint in weniger günstigem Licht: Er befand sich ständig in finanziellen Schwierigkeiten, aus denen ihn der neue Rang, den er nun anstrebte, nämlich der eines zarischen Schwiegervaters, befreien sollte. Es waren zweifellos sehr persönliche Interessen und keine staatspolitischen, die ihn veranlaßten, seine Tochter Maryna dem Prätendenten zu verloben. Der polnische König als Repräsentant des Staates hielt sich aus der Sache heraus. Hatte der Samozvanec Erfolg, so konnte man die Vorteile immer noch nutzen, scheiterte er, so hatte man sich diplomatische Reibungen mit Moskau erspart. Auch in Moskau wußte man, wenn es darauf ankam, zwischen dem polnischen König und polnischen Abenteurern, die ohne Auftrag das Ihre suchten, zu unterscheiden. Im allgemeinen aber empfand man den falschen Demetrius als ein Werkzeug des lateinischen Polentums. Durch den konfessionellen Gegensatz wurde der nationale erheblich verschärft: Die Vermählung des ›Zaren‹ mit Marina im Mai 1606, bei der man sich über alle orthodoxen Traditionen Moskaus rücksichtslos hinwegsetzte, löste jene heftige Reaktion der Polen- und Lateinerfeindschaft aus, die der Episode des Pseudodmitrij ein jähes Ende bereitete.

Der Pogrom gegen die in großer Zahl anwesenden Polen vertiefte begreiflicherweise die Animosität auf polnischer Seite, ohne daß jedoch der polnische Staat daraus Konsequenzen zog. Dieser Ablauf wiederholte sich zunächst beim zweiten Pseudodmitrij. Gegen die Aktionen der polnisch-litauischen ›Freiwilligenverbände‹ erhob sich der nationale Widerstand, der ›Vor‹ scheiterte politisch an der polnischen Unterstützung ebenso wie sein Vorgänger, und wiederum vermieden es die Staaten, sich mit dem aufbrechenden nationalen Konflikt voreilig zu identifizieren. Ja, Šujskij machte sogar den ziemlich verzweifelten Versuch, mit Sigismund III. ein Übereinkommen zu erzielen. Der Zar wollte die seit 1606 zurückgehaltenen polnischen Gefangenen freigeben, der König sollte dafür die polnischen Parteigänger des ›Vor‹ abberufen (25. Juli 1608). Der praktische Erfolg war allerdings nur der, daß Mniszech und Maryna im Lager von Tušino erschienen, als Echtheitszeugen freudig begrüßt. Sigismund III. mochte dem Legitimitätsprinzip zuliebe durchaus bereit sein, den Wunsch Šujskijs zu erfüllen, aber die Różyński und Lisowski entzogen sich schlechthin seiner Befehlsgewalt. Nicht die Rückschläge, die die polnischen Freibeuter 1609 allmählich erlitten, veranlaßten schließlich das direkte Eingreifen des polnischen Staates, sondern die Tatsache, daß Schweden auf dem Schauplatz der Moskauer Smuta auftrat.

Der Schwedenkönig Karl IX., mit seinem Neffen Sigismund III. zutiefst verfeindet, hatte dem Zaren Vasilij schon während des Bolotnikovaufstandes seine Unterstützung angeboten. Damals hatte Šujskij das Angebot abgelehnt, nun kam er darauf zurück und schickte seinen jungen Neffen, den Fürsten Michail Skopin-Šujskij, zu Verhandlungen nach Novgorod. Skopin-Šujskij hatte zunächst Mühe, seine eigene Position in Novgorod zu sichern; danach gelangte er aber rasch ans Ziel: Zu Beginn des Jahres 1609 verpflichtete sich Karl IX. gegen erneute Abtretung von Korela zur Stellung eines Hilfskorps. Im April trafen bereits die ersten Abteilungen der 15000 von Schweden zu werbenden Söldner in Novgorod ein. Damit stand eine Kerntruppe für den Entsatz Moskaus zur Verfügung, und Skopin-Šujskij war nun in der Lage, den im Nordosten des Landes aus eigener Kraft zunehmenden Widerstand gegen die Truppen des ›Vor‹ militärisch zu unterstützen und zu koordinieren. Der Widerstand richtete sich ebenso gegen die russischen Parteigänger des ›Vor‹, die sozialen Unruhestifter, wie gegen dessen polnische Hilfskräfte, den Landesfeind; er wurde getragen von der Masse der ländlichen und städtischen steuerpflichtigen Bevölkerung. In dem abgelegenen Waldland jenseits der oberen Wolga gab es vergleichsweise wenig Dienstgüter und weltliche Erbgüter. Staats- und Kirchenland war vorherrschend, die Lage der Bauern günstiger, das soziale Gefüge nicht in ähnlicher Weise erschüttert wie im Süden. Die Städte – Vologda und Velikij Ustjug an der Spitze – waren hier nicht als Grenzfestungen und Militärsiedlungen entstanden, sondern als Handelsniederlassungen; man lebte vom Rohstoffreichtum des Nordens, war relativ wohlhabend und jeder Anarchie von Grund aus abhold. Je mehr man unter den Raubzügen der ›Vor‹-Truppen zu leiden hatte, desto eher war man bereit, selbst in dem unpopulären Zaren Vasilij ein Symbol der Ordnung und des nationalen Widerstandes zu sehen. Nur war es schwierig, in einem Landesteil, in dem nur wenige Berufssoldaten (Pomeščiki) lebten, ein militärisch verwendbares ›Aufgebot‹ (Opolčenie) zustande zu bringen; 1608 war ein erster Versuch der Leute von Galič und Kostroma, nach Süden vorzudringen und Jaroslavl' zu erobern, gescheitert. Im Frühjahr 1609 hatte man unter Führern, die Skopin-Šujskij geschickt hatte, mehr Erfolg. Im Mai brach Skopin-Šujskij selbst von Novgorod auf, vereinigte sich mit dem Aufgebot des Nordostens, säuberte während des Sommers planmäßig das Gebiet nördlich von Moskau und traf im Oktober mit den unter Šeremetev aus dem Südosten heranrückenden Entsatzkräften zusammen. Denn auch im Südosten hatten sich Widerstandszentren gebildet, vor allem um Nižnij-Novgorod, das weder den Polen noch einem Čeremissenaufstand erlegen war und nun eine ähnlich führende Rolle spielte wie Vologda im Norden.

In Jahresfrist hatte sich die Situation entscheidend – so mußte es wenigsten scheinen – zugunsten des Zaren Vasilij Šujskij verändert. Der ›Vor‹ gab Tušino auf und zog sich nach Kaluga, in den sozialrevolutionären Süden, zurück. Aber als Skopin-Šujskij am 12. März 1610 im Triumph in Moskau einzog und die ›Zeit der Wirren‹ beendet schien, da war im Westen bereits ein neuer Gegner aufmarschiert, dessen Aktivität das Land weitere drei Jahre lang nicht zu Frieden und Ordnung kommen lassen sollte. Schon seit dem Herbst des Vorjahres belagerte Sigismund III. Smolensk, und was schlimmer war, am 4./14. Februar 1610 war es zu einem Vertrag zwischen der Romanov-Gruppe von Tušino und dem polnischen König gekommen: Sigismunds Sohn Władysław sollte zum Zaren gewählt werden, der Moskauer Staat in ein enges Militärbündnis mit Polen-Litauen treten. Im übrigen versprach Sigismund, die Moskauer Selbständigkeit und die Orthodoxie zu achten; Władysław sollte im Einvernehmen mit einem Rat (Duma) regieren, die unaufhebbare Bindung des Bauern an die Scholle bestätigen und den Moskauern freien Durchzug durch Polen-Litauen nach dem Westen erwirken.

Allerdings war das eben gefestigte Regime Šujskijs zu stürzen, ehe man an die Verwirklichung dieses Planes gehen konnte. Die Person des Zaren hätte zwar auch jezt kaum jemand verteidigt; selbst die hocharistokratischen Standesgenossen, die ihn auf den Thron gebracht hatten, wandten sich einer nach dem andern von ihm ab und begannen, mit einer ausländischen Thronkandidatur zu liebäugeln. Aber solange der allgemein beliebte Skopin-Šujskij die Moskauer Truppen führte, hielt das Lager des nationalen Widerstandes zusammen. Das schwedische Kontingent hatte er selbst ins Land gebracht, das Aufgebot der Städte stand hinter ihm, und die Rjazaner Pomeščiki hätten ihn am liebsten selbst als Zaren gesehen. Diese Beliebtheit wurde ihm und dem Moskauer Staat zum Verhängnis. Fürst Skopin-Šujskij starb im April 1610 eines völlig unerwarteten und rätselhaften Todes. Wenn der Zar dabei die Hand im Spiele gehabt hatte – was naheliegend, aber nicht zu beweisen ist –, so hatte er sich seiner letzten Chance beraubt und praktisch politischen Selbstmord begangen.

Man mag Zweifel haben, ob der junge Skopin-Šujskij dem polnischen Hetman Żółkiewski, einem der erfahrensten und glänzendsten polnischen Heerführer, gewachsen gewesen wäre. Ohne ihn gab das Moskauer Heer den Polen nur einen inferioren Gegner ab. Es wurde am 24. Juni 1610 bei Klušino westlich von Možajsk vernichtend geschlagen. Was von dem schwedischen Hilfskorps übrig blieb, zog sich nach Novgorod zurück, setzte sich dort fest und diente hinfort allein den schwedischen Machtinteressen; das Landesaufgebot lief auseinander, der Weg nach Moskau war für Żółkiewski offen.

Noch ehe er dort ankam, wurde Zar Vasilij Šujskij am 17. Juli 1610 gestürzt und im Moskauer Čudovkloster zum Mönch geschoren. Damit war die rechtmäßige Regierung in nicht rückgängig zu machender Weise beseitigt, zur allgemeinen Anarchie trat das Interregnum, die Smuta befand sich auf dem Höhepunkt.

Die russische Geschichte hatte bisher wenig Gelegenheit geboten, Methoden zur Überwindung eines Interregnums zu entwickeln. Immerhin gab es die Präzedenzfälle der Wahl Godunovs und der Thronerhebung Šujskijs. So bildete sich auch jetzt ein Bojarenrat, der eine Art Landesversammlung zusammenzubringen versuchte. Viel Zeit blieb nicht übrig angesichts des auf Moskau vorrückenden polnischen Heeres. Trotzdem kam es, wenn auch auf formal anfechtbare Weise, zu einer eindeutigen politischen Willensbildung: Władysław wurde zum Zaren gewählt, und zwar unter Bedingungen, die man mit Żółkiewski ausgehandelt und am 27. August 1610 in einem Abkommen niedergelegt hatte. Inhaltlich entsprach es ungefähr dem Februarvertrag der Tušincen mit Sigismund, es legte aber die Rechte der ›Stände‹ präziser fest und trug noch mehr den Charakter einer Wahlkapitulation. Dem polnischen Verhandlungspartner mußten von seiner eigenen politischen Tradition und Praxis her die Wünsche der Russen ganz verständlich erscheinen. Die Bojarenduma und der Zemskij Sobor rücken in diesem Abkommen sehr in die Nähe von Senat und Sejm: Die Duma sollte wie der Senat höchste gerichtliche Instanz und als höchste Ständevertretung mit dem Recht der Steuerbewilligung ausgestattet werden, der Zemskij Sobor das ausschließliche Recht der Gesetzgebung erhalten. Unabdingbare Voraussetzung blieb natürlich die Wahrung der Orthodoxie. Hinter der Wahl und hinter dieser Wahlkapitulation standen sowohl die Knjažaten Mstislavskij und Kurakin, die sich rechtzeitig von Šujskij gelöst hatten, wie auch die Partei der Romanovs unter Filaret. Von nationalem Verrat zu sprechen, wie es in der russischen Geschichtsschreibung meistens geschieht, ist ein anachronistisches Fehlurteil. Die Wahl eines fremden Fürsten zum Herrscher war im damaligen Europa eine sehr häufige Erscheinung.

Der polnische Prinz, der nun Zar sein sollte, war ein Wasa, der Sohn eines schwedischen Prinzen, den die Polen zu ihrem König gewählt hatten. Ein Konfessionswechsel Władysławs war so wenig unmöglich wie eine Eindämmung der Gefahren, die sich aus den polnischen Beziehungen des Monarchen ergeben konnten, durch eine konsequente Machtbeteiligung der Stände. Die Aussicht, den Moskauer Staat im Bunde mit Polen auf den Weg einer ›ständisch-repräsentativen Monarchie‹ zu führen, mag Żółkiewski vorgeschwebt haben und den führenden Persönlichkeiten in Moskau durchaus akzeptabel erschienen sein. Zur Verwirklichung fehlte nur noch die Person des Gewählten, aber Władysław sollte niemals den Thron der Zaren besteigen.

Es mag dahingestellt bleiben, ob ein Zar mit polnischer Tradition die altmoskauer Überlieferung wirklich hätte abwandeln können: Die Autokratie war fest im Denken der orthodoxen Russen verwurzelt, und die russischen ›Stände‹ waren den polnischen als politisch aktive, machtbewußte Korporation nicht vergleichbar. Aber zuvörderst mißglückte das Experiment nicht wegen der Unvereinbarkeit geistes- und sozialgeschichtlicher Überlieferungen, sondern es scheiterte an der Haltung Sigismunds. Als sich nach erfolgter Wahl eine ›große Gesandtschaft‹ unter der Führung Filarets und des Fürsten V. V. Golicyn in das Lager des polnischen Königs vor Smolensk begab, mußte sie zu ihrer peinlichen Überraschung feststellen, daß Sigismund seine Meinung geändert hatte, daß er angesichts seiner im Augenblick überlegenen militärischen Position nun selbst Zar werden, d. h. den Moskauer Staat mit dem polnisch-litauischen in Personalunion vereinigen wollte. Das aber war etwas ganz anderes, als der Augustvertrag mit Żółkiewski vorgesehen hatte: Wenn der polnische König selbst Moskauer Zar wurde, dann war von Autonomiegarantien wenig zu halten; vor allem konnte der polnische König nicht zur Orthodoxie übertreten, und ein nicht rechtgläubiger Zar überstieg auch das Vorstellungsvermögen jener Russen, die im übrigen einer Anpassung der politischen Struktur an das Vorbild des westlichen Nachbarn nicht abgeneigt waren. Die Gesandten erklärten sich als nicht bevollmächtigt zu Verhandlungen in dem von Sigismund gewünschten Sinne. Vergeblich eilte Żółkiewski aus Moskau herbei, um die Situation zu retten; er fühlte sich durch das Verhalten seines Königs mit Recht bloßgestellt und zog sich verbittert zurück. Sigismund aber, von Natur zu einer absolutistischen Regierungsweise neigend, dem gegenreformatorischen Programm der Rekatholisierung ergeben und bestrebt, sich eine breite Machtbasis für die Abrechnung mit Schweden zu schaffen, versuchte starrsinnig, seinen Willen mit Gewalt durchzusetzen: Die politisch maßgebenden Mitglieder der ›großen Gesandtschaft‹ ließ er festhalten; Gosiewski, der Nachfolger Żółkiewskis als Befehlshaber der polnischen Truppen in Moskau, erhielt Anweisung, für die Bildung eines dem König gefügigen Regierungsapparates zu sorgen. Das Ergebnis war eine rücksichtslose Militärdiktatur, die nur charakterlose Elemente für sich gewinnen konnte, im übrigen aber den nationalen Widerstand provozieren mußte. Es hätte vermutlich wenig an der Sachlage geändert, wenn Sigismund persönlich nach Moskau gegangen wäre, aber dazu kam es gar nicht; bis in den Beginn des Jahres 1611 hielt ihn die Belagerung von Smolensk fest, und als diese Stadt schließlich gefallen war, hatten sich die Voraussetzungen erneut geändert, war die polnische Garnison in Moskau bereits in die Verteidigung gedrängt.

DIE NATIONALE BEFREIUNG UND DAS ZARTUM DER ROMANOV

Symbole und Organisation des nationalen Widerstandes

Je mehr das polnische Element unter den Anhängern des ›Vor‹ hervortrat, je mehr dann Sigismunds Verhalten auf eine offene Machtergreifung hinauslief, desto stärker wurde das Gefühl des nationalen Notstandes, desto eher kam es zu einer Überbrückung der inneren Gegensätze. So hatte sich das erste ›Aufgebot‹ des Landes sogar zugunsten des Zaren

Vasilij Šujskij als des geringeren Übels erhoben, so hatten sich die verschiedenen Bojarengruppen auf Władysław geeinigt, und so kam es nun, nachdem am 11. Dezember 1610 der zweite Pseudodmitrij, der ›Vor‹ erschlagen worden war, zu einer Annäherung zwischen den schärfsten sozialen Gegnern, den Dienstgutbesitzern und den Bauern-Kosaken. Wie schwierig diese Annäherung war, zeigt der Ablauf der Ereignisse, vor allem aber bedurfte es wirksamer nationaler Symbole, um den einander bekämpfenden Gruppen, die sich ja nun nicht mehr um eine im nationalen Sinne repräsentative Regierung scharen konnten, das Bewußtsein der Gemeinsamkeit zu geben. Zu solchen Symbolen wurden die Stadt Smolensk, die sich fast anderthalb Jahre lang der polnischen Angriffe erwehrte und von der Hilferufe in das ganze Land hinausgingen, ferner der Moskauer Patriarch Hermogen, der den Eid auf Sigismund verweigerte und den die Polen deshalb im Kreml internierten, und schließlich die von Sigismund festgehaltenen Führer der ›großen Gesandtschaft‹ mit Filaret, dem Patriarchen von Tušino, an der Spitze. Gerade der letztgenannte Fall zeigt, daß nationale Symbolkraft nicht unbedingt eine Folge nationaler Verdienste ist: Der unbezähmbare Ehrgeiz des Fedor Nikitič Romanov hatte den ›Wirren‹ bisher nicht wenige Stichworte geliefert, aber nun, da er durch den Landesfeind seiner Freiheit beraubt war, litt auch der ›falsche‹ Patriarch als Repräsentant der Orthodoxie unter dem Joch der verhaßten Lateiner. Das legitime Oberhaupt der russischen Kirche, der Patriarch Hermogen, war bisher wenig hervorgetreten; nun ließ ihn die Situation über sich hinauswachsen. Seine Sendschreiben, die zur Standhaftigkeit und zum Widerstand aufforderten, gingen hinaus in das Land; sie fanden Widerhall und wurden ergänzt durch die Korrespondenzen zwischen den einzelnen Widerstandszentren, vor allem Jaroslavl' im Norden und Nižnij Novgorod im Osten.

Die militärische Führung des zweiten Aufgebotes lag eindeutig bei Prokopij Ljapunov, dem Voevoden von Rjazań. Ihm folgte der Dienstadel aus den ›Städten‹, d. h. aus der Provinz. Noch gab es aber die militärisch organisierte soziale

›Smuta‹: Die Kosaken unter Zaruckij standen in Tula, eine kleinere Gruppe unter Prosoveckij in Suzdal', jene Tušincen (nichtkosakische Anhänger des ›Vor‹), die nicht zu Władysław oder Sigismund übergangen waren, hielten sich unter dem Fürsten Trubeckoj in Kaluga zusammen. Sie alle konnten, wenn sie sich feindselig verhielten, einen Entsatz Moskaus vereiteln. Ljapunov, der schon mit Bolotnikov vorübergehend gemeinsame Sache gemacht hatte, gelang das Unwahrscheinliche: Ende März des Jahres 1611 vereinigten sich die sozialen Gegner vor Moskau zu dem nationalen Ziel, die Polen aus der Residenz und aus dem Lande zu vertreiben. Bis zum Sommer wurde die polnische Garnison auf den innersten Befestigungskern von Moskau, den Kreml und den Kitajgorod, zurückgeworfen; mehr war ohne ausreichende Belagerungsartillerie nicht zu erreichen. Viel schwieriger als die militärische war jedoch die politische Aufgabe, dem Lande eine wenigstens provisorische neue Regierung und Verwaltung zu geben. Allein die Versorgung des Heeres erforderte schon gewisse administrative Maßnahmen. So entstanden allmählich Einrichtungen, die den Moskauer Zentralämtern nachgebildet waren und deren Funktionen erfüllen sollten; zunächst erstreckte sich ihre Kompetenz nur auf das ›Aufgebot‹, aber auf die Dauer konnten die Kosaken nicht außerhalb der neu entstehenden Ordnung bleiben. Und so lange es keinen Zaren gab, war zumindest in vorläufiger Weise zu klären, bei wem die Macht liegen sollte. Da die Neuordnung für die Zwecke und im Rahmen eines Belagerungsheeres geschaffen werden mußte, konnte sie praktisch nur beim großen Kriegsrat dieses Heeres liegen, der das ›ganze Land‹ (vsja zemlja) repräsentierte, dessen Beschluß (zemskij prigovor = Landesbeschluß) allein Gesetzeskraft hatte und der die Traditionen der ständischen Landesversammlung wie der kosakischen Heeresversammlung gewissermaßen in sich vereinte. Die Exekutivgewalt hatten die Führer der drei Heeresteile – das Triumvirat Ljapunov, Trubeckoj und Zaruckij; die nun für alle zuständige Verwaltung war den im Moskauer Staate üblichen Ämtern anvertraut – dem Pomestnyj prikaz die Landzuteilung, dem Bol'šoj prichod und den Četverti die Finanzen, dem Dvorec die Versorgung, dem Razbojnyj prikaz und dem Zemskij prikaz die Aufrechterhaltung der öffentlichen Ordnung.

All dies legte der erste gemeinsame ›Landesbeschluß‹ vom 30. Juni 1611 fest. Aber mit dem Aufbau einer Verwaltung war es nicht getan, man mußte auch übereinkommen, in welchem Sinne und in welcher Weise verwaltet werden sollte; die neue Ordnung war nicht nur formal, sondern auch real zu klären, und an der sozialen Wirklichkeit schieden sich die Geister. Ljapunov verfolgte dieselbe Politik, die der russische Staat auch in der Folgezeit den Kosaken gegenüber anwendete und die auch der polnisch-litauische Staat durchzusetzen bestrebt war, nämlich Kosaken und Bauern voneinander zu trennen, die führende Schicht des Kosakentums durch Aufnahme in den Dienstadel oder durch Einbeziehung in ein staatliches Berufssoldatentum (›Stadtkosaken‹, in Polen-Litauen ›Registerkosaken‹) sozial zu heben, die Masse der entlaufenen, kosakierenden Bauern aber in ihren ursprünglichen Status der ›Bojarenknechte‹ (cholopy bojarskie) zurückzuführen. Die Kosakenaristokratie kam dieser Politik in der Regel entgegen, aber der grundsätzliche soziale Konflikt wurde damit nur etwas verschoben, nicht gelöst. Es war nicht schwierig, über die Beschränkung des Großgrundbesitzes auf ein verbindliches Höchstmaß, über die Konfiskation der vom ›Vor‹ unrechtmäßig verliehenen Güter und über eine Heranziehung der kirchlichen Votčinen zum Unterhalt des Befreiungsheeres einig zu werden. Der ›Landesbeschluß‹ vom 30. Juni, dem ja auch die Kosakenführer zustimmten, setzte dies alles fest. Auch sollten die Bauern jener Bojaren, die zu den Polen übergegangen waren, ihre Freiheit behalten. Aber daß die Pomeščiki mindestens ebenso sehr an der Aufrechterhaltung der bäuerlichen Unfreiheit interessiert waren wie die Bojaren Šujskijs oder die polnischen Parteigänger, die sie im übrigen erbittert bekämpften, daß die neue Ordnung im Sinne des Dienstadels die Aufhebung jener Räuberfreiheit bedeutete, an die sich die kosakierenden Bauern inzwischen längst gewöhnt hatten, das konnte nicht verborgen bleiben. Zudem war Ljapunov in den Augen des Kosakenheeres durch seinen Verrat an Bolotnikov belastet. Der Landesbeschluß, der den Anfang einer Konsolidierung setzen sollte, führte daher zunächst nur zu einer Meuterei der Kosaken, zur Ermordung Ljapunovs am 22. Juli und zur Auflösung des zweiten ›Aufgebotes‹.

Man mußte von neuem beginnen, und zwar in einer Lage, die reich an Gefahren war und nur geringe Aussichten zu bieten schien. Es gab weder einen Zaren, noch einen zur Führung befähigten Kandidaten für den Thron. Die im Grunde nach wie vor staatstragende Schicht des Dienstadels hatte in Ljapunov ihre stärkste politische Potenz verloren. Es gab zwar keine Regierung, aber zwei Regierungsapparate: Den einen im Kreml beherrschten die Polen und Leute, die man für Hochverräter hielt, der andere im Kosakenlager vertrat die soziale Revolution. Und König Sigismund war nun nicht mehr durch die Belagerung von Smolensk gefesselt. Würde ›das ganze Land‹ die Kraft und die Mittel finden, diese Lage zu meistern?

Es ist begreiflich, daß für die russische Geschichtsschreibung über den Ereignissen, die zur Befreiung des Landes und zur Wiedergeburt des Moskauer Staates führten, der Schimmer romantischer Verklärung liegt. Auch wenn man dynastische und nationale Legendenbildung aus dem Spiel läßt, bleibt es erstaunlich, daß die Initiative zu dem neuen und nun endlich erfolgreichen Versuch dem bis dahin ganz unbekannten Ältesten (Starosta) der Stadtbürger von Nižnij Novgorod zufiel. Kuźma Minin stand unter dem Eindruck eines Sendschreibens, das der Patriarch Hermogen an die Nižnij-Novgoroder gerichtet hatte. Seine Stadt war wiederholt von der sozialrevolutionären Smuta bedroht gewesen. Die Freiheit, nach der die Kosaken strebten, und die Freiheiten, die sie sich erlaubten, waren so wenig nach Minins Sinn wie die Anwesenheit der Lateiner im Moskauer Kreml. Daß Zaruckij den kleinen Sohn des ›Vor‹ und der Maryna zum Zaren machen, also eine neue ›Samozvanščina‹ (Bewegung zugunsten eines falschen Prätendenten) entfachen wollte, mußte den Kosaken vollends die Sympathien des Landes verscherzen. Der Starost von Nižnij Novgorod konnte freilich nicht mehr tun, als

Verbindung zu den benachbarten Städten des ›Unterlandes‹ aufzunehmen und materielle Mittel für das neue ›Aufgebot‹ des Landes zu sammeln. Für den militärischen und politischen Teil der Aufgabe gewann er den Fürsten Dmitrij Michajlovič Požarskij, der zwar der Hocharistokratie angehörte und im Gebiet von Suzdal' ansehnliche Güter besaß, dessen Familie aber politisch nicht kompromittiert war, und der sich schon am ›Aufgebot‹ des Ljapunov beteiligt hatte. Die Zusammenarbeit zwischen Minin und Požarskij, die im russischen Geschichtsbewußtsein gleichen Ranges nebeneinander stehen, bewährte sich, wenn auch nach außen der ›Fürst‹ stark in den Vordergrund trat, während der umsichtige Organisator Minin, dem die Versorgung des Befreiungsheeres anvertraut wurde, mehr im Stillen wirkte. Das politische Programm der beiden war nicht reaktionär im Sinne der ›Knjažaten‹, aber ausgesprochen konservativ. Die Fehler des zweiten ›Aufgebotes‹ wollte man unter allen Umständen vermeiden. Zuerst sollte die innere Ordnung im Lande wieder hergestellt, eine Regierung gebildet und das Kosakenproblem gelöst werden, dann erst wollte man sich gegen den eingedrungenen äußeren Feind wenden. So bedachtsam ging man dabei zu Werke, daß die entscheidenden militärischen Aktionen jeweils erst durch den Gegner ausgelöst wurden. Der Versuch der Kosaken, sich der Stadt Jaroslavl' zu bemächtigen, um die dort vorgesehene Vereinigung der südlichen und nördlichen Aufgebote zu verhindern, zwang Požarskij, mit seinem noch kleinen und mangelhaft ausgerüsteten Heer, dessen Kern vor den Polen geflüchtete Dienstadelige aus den westlichen Gebieten bildeten, Prosoveckij zuvorzukommen (1. April 1612); und erst als im Sommer des Jahres 1612 die Annäherung eines polnischen Entsatzheeres unter Chodkiewicz gemeldet wurde, entschloß sich Požarskij, vor Moskau zu rücken. Angesichts der versammelten russischen Heeresmacht, die er vorfand, wagte der polnische Führer keinen Angriff, sondern zog nach wenigen Tagen wieder in westlicher Richtung ab (25. August 1612). Das militärische Nahziel war damit im Grunde erreicht, denn die längst erschöpfte polnische Besatzung der Moskauer Innenstadt konnte nun keine Wendung zu ihren Gunsten mehr erhoffen. Aber wiederum gab Požarskij der Lösung des ›inneren‹ Problems den Vorrang: Erst nachdem ein befriedigendes Abkommen mit den Kosaken Trubeckojs erzielt war, trat das ›Aufgebot‹ zum Sturm auf die Zarenresidenz an: Am 22. Oktober wurde der Kitajgorod erstürmt, am 25. Oktober 1612 kapitulierte der Rest der Polen im Kreml. Damit war der großen symbolischen Bedeutung wegen, die Moskau als dem traditionellen Sitz der höchsten weltlichen und geistlichen Macht zukam, eine wichtige äußere Voraussetzung für den Neuaufbau des Moskauer Staates geschaffen. Dieser Neuaufbau war aber schon seit dem Frühjahr 1612 planmäßig im Gange.

Die Wahl des Zaren und die Konsolidierung des Staates

Seit sich im April des Jahres 1612 in Jaroslavl' das neue ›Opolčenie‹ vereinigt hatte, war dort allmählich auch eine neue Regierungs- und Verwaltungsorganisation entstanden. Ljapunovs im Vorjahr mißglückte Bestrebungen dienten in vielem als Vorbild. Der Unterschied lag vor allem darin, daß man die Kosaken nun nicht mehr mit einbezog und sich im ganzen weit enger an die überlieferten Formen des Moskauer Staates hielt. Auch in Jaroslavl' gab es einen großen Kriegsrat, der mit den Vertretern der einzelnen am Aufgebot beteiligten Städte das ›ganze Land‹ verkörperte, seiner Zusammensetzung nach ziemlich genau einem Zemskij Sobor (Landesversammlung) entsprach, aber anders als dieser, solange man keinen neuen Zaren gewählt hatte, als eigentlicher Machtträger gelten mußte. Die exekutive Gewalt hatte ein engerer Kriegsrat, in dem wohl Požarskij praktisch den Ton angab, der sich aber formal am Vorbild der Bojarenduma orientierte. Schließlich versuchte man auch, eine provisorische Kirchenregierung zu bilden. Der von den Polen im Kreml internierte Patriarch Hermogen erlebte die Befreiung nicht mehr; das russische Volk verehrte ihn hinfort als nationalen und konfessionellen Märtyrer, und seine unbeugsame Haltung konnte als moralisches Vorbild dienen, aber die Kirche war nun ebenso ohne ein Oberhaupt wie der Staat. Da die rangnächsten Hierarchen nicht verfügbar waren – der Erzbischof von Novgorod befand sich praktisch in der Gewalt der Schweden, der Metropolit von Kazań war in seiner den Kosaken zuneigenden Stadt unentbehrlich und der Metropolit von Rostov, Filaret, in polnischer Gefangenschaft –, blieb nichts übrig, als Filarets verdrängten Vorgänger, den Metropoliten Kyrill von Rostov, mit der Kirchenführung zu betrauen. Aber es gelang, die volle moralische und materielle Unterstützung der Kirche für das Landesaufgebot und die provisorische Landesregierung zu gewinnen. Das war nicht von vornherein selbstverständlich, denn das geistlich einflußreiche und ökonomisch mächtige Dreifaltigkeitskloster des hl. Sergij, im erfolgreichen Widerstand gegen die polnischen Truppen des ›Vor‹ selbst zum nationalen Symbol geworden, begünstigte die Kosaken, die, solange sie allein die Polen in Moskau belagerten, ja auch und in erster Linie als Vorkämpfer für die Freiheit von Glauben und Vaterland gelten konnten.

Ljapunovs Schicksal hatte gezeigt, wie schwierig eine politische Lösung des Kosakenproblems war. Zwar gelang es ziemlich rasch, den Machtbereich der Kosaken auf die unmittelbare Umgebung Moskaus einzuschränken, aber ein direkter militärischer Angriff auf die Kosakentabore vor Moskau mußte der ›nationalen‹ Sache abträglich sein, selbst wenn er Erfolg hatte. Gewisse Aussichten bot auch jetzt nur eine Politik, die auf eine Spaltung des Kosakentums abzielte. Wenn es gelang, die Kosakenaristokratie in das Lager des Opolčenie herüberzuziehen, dann konnte man zugleich die politische Gefahr der Kosakenregierung bannen und die militärische Kraft des Kosakentums der nationalen Sache wenigstens zum Teil erhalten. Dazu bedurfte es großzügiger Angebote und entsprechender Zeit. Beides hat Požarskij aufgewendet. Der Erfolg gab ihm recht: Als sich das Heer des Aufgebotes Moskau näherte, gab Zaruckij die revolutionären Kosakenideale verloren und entwich mit den radikalen Elementen nach Süden, um 1614 in Astrachań seine abenteuerliche Laufbahn zu beschließen; Maryna und der kleine ›Vor‹ teilten sein Schicksal. Der vor Moskau ausharrende Fürst Trubeckoj mit seinen Kosaken aber war nun völlig isoliert;

er wahrte eine neutrale Haltung, als Chodkiewicz mit dem Entsatz drohte, schloß Ende September mit Požarskij einen Vertrag, der seine Kosaken in den Dienst der neuen Regierung überführte, und teilte danach mit Požarskij den Ruhm, Moskau wiedererobert zu haben. Vertreter dieser rehabilitierten Kosaken Trubeckojs nahmen daher auch an der Landesversammlung teil, die den neuen Zaren zu wählen hatte.

Požarskij hätte die Zarenwahl am liebsten noch in Jaroslavl' durchgeführt, um schon mit dem gewählten Herrscher an der Spitze des siegreichen Heeres in Moskau einziehen zu können. Die Zeit hatte dazu nicht gereicht, aber auch für das nun im wesentlichen wieder geeinte ›ganze Land‹ erwies sich die Aufgabe, den neuen Zaren zu finden und zu wählen, als überaus schwierig. Zu einem Teil lag das daran, daß es fürs erste keinen die Mehrheit überzeugenden Kandidaten gab, zum andern daran, daß die politisch Verantwortlichen auch Außenpolitisches ins Kalkül ziehen mußten. Zwar kam die polnische Kandidatur nach allem, was geschehen war, nicht mehr in Frage. Aber in Novgorod standen nach wie vor die Schweden, die Šujskij 1609 zu Hilfe gerufen hatte. Sie beherrschten nicht nur die Stadt, sondern auch deren ausgedehntes Territorium, hatten die Novgoroder gezwungen, den schwedischen Prinzen Karl Philipp nach traditioneller Weise zum Fürsten der Stadt zu wählen, und ließen wissen, daß sie einer Rückkehr Novgorods in den Moskauer Staatsverband nur dann zustimmen würden, wenn man Karl Philipp zum Zaren wählte. Die Alternative mußte Požarskij, der als ›Fürst‹ eine ausländische Kandidatur wohl kaum aus Prinzip verabscheute, zu denken geben: Ging man auf die Forderung der Schweden ein, so war das territoriale Problem im Nordwesten gelöst und man gewann die schwedische Bundesgenossenschaft gegen den polnischen Hauptgegner; andernfalls hatte man aller Voraussicht nach neben dem Krieg mit Polen auch noch einen Krieg mit Schweden zu führen, um Novgorod und das Novgoroder Gebiet wiederzugewinnen. Eine habsburgische Kandidatur, die vorübergehend am Horizont auftauchte, hätte dagegen nicht mehr als die vage Aussicht auf ein antipolnisches Bündnis eingebracht. Aber in der nationalen Hochstimmung nach der Wiedereroberung Moskaus hatte keine ausländische Kandidatur auch nur die geringste Chance durchzudringen. Dasselbe mußte von jedem Kandidaten aus dem Kreise der ›Knjažaten‹ gelten. Zwar gehörten sowohl Požarskij wie Trubeckoj selbst diesem Kreise an, aber sie spielten eine politische Rolle nicht weil, sondern obwohl sie den Fürstentitel trugen. Im übrigen gab es auf dem Wahl-Sobor kaum noch einen Vertreter der alten Hocharistokratie.

Über die näheren Umstände der Wahl sind wir leider nicht ausreichend unterrichtet. Der Anfang Januar 1613 zu den ersten Beratungen zusammentretende Zemskij Sobor scheint das ›ganze Land‹ mit Ausnahme der vom Feind besetzten Westgebiete wirklich mit einiger Vollständigkeit repräsentiert zu haben. Aus fünfzig Städten waren die Vertreter nach Moskau gekommen, dazu traten wie üblich die Mitglieder der Regierung (Bojarenduma), die hohe Geistlichkeit, Beamte der Zentralämter und diesmal auch Abgeordnete der Kosaken. Überhaupt nicht vertreten waren auch diesmal die grundherrschaftlichen Bauern. Das ›ganze Land‹, wie es auf der Wahlversammlung sich konkretisierte, das waren die mittleren Schichten der diensttuenden (služilye) und steuerzahlenden (tjaglye) Leute, wobei zahlenmäßig der Dienstadel sicher bei weitem überwog. Es war für diese Männer, die materielle Opfer gebracht und sich als Soldaten eingesetzt hatten, die aber der politischen Erfahrung im Rahmen einer ›Ständevertretung‹ entbehrten, nicht leicht, ›als ganzes Land der Moskauer Herrschaft einen Herrscher zu erwählen, welchen uns Gott geben wird‹, wie es die Nižnij-Novgoroder 1612 in einem Schreiben an die Leute in Vyčegda formuliert hatten. Daß die Wahl schließlich am 7. Februar 1613 auf den jungen Michail Fedorovič Romanov, den Sohn Filarets, fiel, war kaum das Ergebnis einer systematischen Propaganda der Romanovs, deren Haupt ja in polnischer Gefangenschaft weilte, sondern eher das spontan gezogene politische Fazit der Smuta. Den entscheidenden Antrag sollen einer Überlieferung nach ein Dienstadeliger aus Galič und ein Ataman der Donkosaken gemeinsam eingebracht haben, und darin erscheinen die ausschlaggebenden Momente zutreffend versinnbildlicht. Weder Gesichtspunkte der genealogischen Würdigkeit (Rjurikiden!), noch außenpolitische Rücksichten konnten für den Provinz-Pomeščik Gewicht haben; wohl aber konnte ihn die Anknüpfung an jene Zeit, der er selbst seinen Aufstieg verdankte, an die Zeit und an die Person Ivans IV., für die Familie der Romanovs gewinnen. Den Kosaken aber, die weniger ihrer Vertreter im Sobor als ihrer in Moskau anwesenden geschlossenen Verbände wegen politisch zählten, mochte jene Phase in der Vergangenheit Filarets, die den konservativen Elementen als ein dunkler Fleck erscheinen mußte – die Phase von Tušino –, einen Romanov akzeptierbar machen. Gefühlsmäßiges kam für beide hinzu: Der nationale Märtyrer Hermogen hatte sich schon 1610 für den Filaretsohn eingesetzt, und Filaret selbst, dem man den Patriarchenstuhl freihielt, schien einem ähnlichen Martyrium nahe. Völlig außer Betracht blieben offenbar die persönlichen Qualitäten des Kandidaten.

Michail war eben sechzehn Jahre, als er zum Zaren gewählt wurde. Er hat 32 Jahre lang Rußland ›regiert‹ und ist uns doch als Persönlichkeit gar nicht recht erfaßbar. Er scheint nicht die geringsten herrscherlichen Qualitäten und keine Spur von persönlichem Machtwillen besessen zu haben. Doch hatte ihn das ›ganze Land‹, das russische Volk in seinen Vertretern, gewählt. Dagegen kam keine Opposition mehr auf. Je weniger von der Persönlichkeit des neuen Zaren eine tatkräftige Regierung zu erwarten war, desto mehr kam es auf die Institutionen des Staates an. Würde eine vollständige Restauration erfolgen oder hatte sich das politische Bewußtsein der tragenden Mittelschichten in der ›Smuta‹ soweit geklärt und gefestigt, daß die Landesversammlung als Repräsentation auch weiterhin maßgebenden Einfluß behielt? Die Entwicklung verlief weder ganz in der einen noch ganz in der andern Richtung. Die politische Rolle der ›Knjažaten‹ war eindeutig ausgespielt; zwar gab es noch genug Träger des Fürstentitels, aber sie bildeten keine geschlossene Gruppe mit gemeinsamen politischen Interessen mehr. Die Fürsten Požarskij und Trubeckoj vertraten die Interessen ganz anderer Gruppen und sorgten dafür, daß die wenigen ihrer Standesgenossen, denen noch restaurative Tendenzen zuzutrauen waren, von der Zarenwahl ferngehalten und erst zur feierlichen Bestätigung der Wahl Michails wieder zugelassen wurden. Es änderte nichts an der Bedeutungslosigkeit des alten hocharistokratischen Elementes, daß die Führer des Befreiungskampfes sehr bald ganz in den Hintergrund traten und einer neugebildeten Bojardenduma mit dem Fürsten F. I. Mstislavskij an der Spitze das Feld räumten. Die zweifellos vorhandene Gelegenheit, die Autokratie des Zaren verfassungsmäßig zu beschränken, ist von dieser Seite offensichtlich nicht genutzt worden. Gegenteiligen Behauptungen späterer Quellen kann kein Glauben geschenkt werden. Es gibt nicht den geringsten urkundlichen Beweis dafür, daß auch nur erwogen wurde, Michail an eine ähnliche Wahlkapitulation zu binden, wie sie 1610 mit Żółkiewski für Władysław ausgehandelt wurde.

Etwas anders lagen die Dinge allerdings beim Zemskij Sobor. Die Ursprünge dieser Institution um die Mitte des 16. Jahrhunderts liegen ziemlich im Dunkel. Es ist fraglich, ob die wenigen Moskauer Landesversammlungen des 16. Jahrhunderts überhaupt als repräsentative Einrichtungen angesprochen werden können. Jedenfalls wurden sie nur aus besonderem Anlaß einberufen, hatten nicht mehr als beratende Funktion und dienten der Regierung zum Teil zur Unterrichtung, zum Teil als ein Publizitätsinstrument. Es entsprach durchaus nicht dieser Überlieferung, daß der Zemskij Sobor von 1613 auch nach der Wahl des Zaren nicht auseinanderging, sondern praktisch bis 1622 in Permanenz tagte (mit einer Neubeschickung 1615 und natürlich in ziemlich wechselndem Bestande), und es entsprach ihr noch weniger, daß der Zemskij Sobor nun eine Zeitlang ausgesprochene Regierungsfunktionen ausübte, eigene Urkunden ausstellte, eigene Gesandte mit Sonderaufträgen abfertigte und Steuern in eigener Regie einzog. Aber all dies geschah offenbar nicht in bewußter Ausübung klar formulierter Rechte, etwa des ius consilii und des ius auxilii (der Bindung der herrscherlichen Entscheidung an den vorhergehenden Rat, der Steuerausschreibung an die Zustimmung der Stände), sondern in Fortsetzung einer Praxis, die man bei der Überwindung des nationalen Notstandes entwickelt hatte. In demselben Maße, in dem der akute Notstand überwunden werden konnte, mußte diese Praxis an Bedeutung verlieren, und als nach der Rückkehr Filarets aus der polnischen Gefangenschaft im Jahre 1619 wieder eine herrschwillige und herrschfähige Persönlichkeit an der Spitze der Regierung stand, wurden die Landesversammlungen wieder zu einer seltenen Gelegenheitsveranstaltung; sie fielen in den politisch unprofilierten Status des 16. Jahrhunderts zurück, aus dem sie sich nur noch einmal in der Krise um die Mitte des 17. Jahrhunderts vorübergehend erhoben, um dann nach 1653 ganz zu verschwinden. In der Tradition des Dienstadelsaufgebotes war vom Zemskij Sobor auch in seinen aktivsten Zeiten keine Beschränkung der Autokratie zu erwarten. Der Dienstadel hatte ja seinen Aufstieg dem Autokraten zu verdanken, er hatte sich im Widerstand gegen den Landesfeind, nicht im Widerstand gegen den Herrscher erhoben. So erfüllte er im Zemskij Sobor Pflichten, die im Augenblick niemand anderer erfüllen konnte, aber er nahm keine in politischer Auseinandersetzung mit dem Herrscher errungenen Rechte wahr. Daß dieser Herrscher kein Fremder war, gegen den man die nationalen Belange sichern mußte, sondern einer Familie entstammte, die dem Dienstadel nach Herkunft und Rang nicht allzu fern stand, kam dem Mangel an standespolitischer Wachsamkeit entgegen. Unter den Hocharistokraten mag eine solche nicht ganz gefehlt haben, aber von da her war eine Führung des Adels nicht mehr möglich.

Eine im Notstand praktisch gemeinsam durchgeführte Regierung von Zar und Zemskij Sobor, das war das Äußerste, was das alte Moskau an ›Konstitution‹ zu leisten imstande war. Zu stark war die Tradition des Selbstherrschertums, zu eindeutig stand hinter ihm die geistliche Macht der Kirche, die der verhinderte Zar Filaret führte, zu gering waren das Bedürfnis und die Erfahrung, politischer Macht verbindliche Rechtsform zu geben.

Der Zar Michail allerdings herrschte nicht selbst. Sein Selbstherrschertum übten andere für ihn und in seinem Namen aus. Von 1619 bis 1633 tat dies vor allem Filaret, des Zaren Vater, der sich als Patriarch mit ›Gosudaŕ‹ anreden ließ und in einer merkwürdigen Art formaler Doppelherrschaft ganz eindeutig das Steuer des Staates in seinen Händen hielt. Mit einem Machtanspruch der Kirche über den Staat hatte das nichts zu tun, wiewohl es ein Menschenalter später den Ambitionen des Patriarchen Nikon als historisches Vorbild dienen konnte. Vor Filarets Rückkehr und nach seinem Tode gab es keine ähnlich dominierende Persönlichkeit. Die Macht lag bei einer Hofclique von Zarenverwandten und Günstlingen, die sie vornehmlich zum eigenen Vorteil mißbrauchten, und bei der D'jakenbürokratie, die sich unter allen Regierungen als unentbehrlich erwiesen hatte. Auch dies war alte Moskauer Tradition, an der das Ausscheiden der Knjažaten-Aristokratie und der endgültige Aufstieg des Dienstadels nichts änderten. Klagen über Willkür und Korruption der Moskauer Würdenträger wurden sehr bald allgemein, und Filaret hat wenigstens einigen der schlimmsten Übeltäter das Handwerk gelegt. Sogar eine eigene Behörde zur Untersuchung der Fälle von Amtsmißbrauch wurde geschaffen. Aber am System änderte das nichts. Es war dieselbe Korruption, die 1642 den Provinzadel zu einer offiziellen Beschwerde veranlaßte und 1648 zu einem elementaren Ausbruch des Unwillens bei der Bevölkerung Moskaus führte. Die den Staat gerettet hatten, blieben ohne dauernden Gewinn und sahen sich sehr bald wieder am Rande des wirtschaftlichen Zusammenbruchs. Es mußte sie begreiflicherweise erbittern, wenn sich Dumad'jaken in der Residenz Paläste erbauen ließen. Für den einzelnen Würdenträger lag in einem solchen Verhalten gewiß System, und was die Bürokratie angeht, so verstand sie immerhin etwas von ihrem Beruf, aber von einem System politischer Ziele und Methoden kann kaum die Rede sein, wenn man nicht das Schwergewicht althergebrachter Rückständigkeiten in Verbindung mit einem Netzwerk persönlicher Beziehungen, das die Tušincen unter der Herrschaft der Romanovs miteinander vereinte, und in Verbindung mit einer hochentwickelten Fähigkeit, im Dahintreiben den eigenen Vorteil zu wahren und im Notfall zu improvisieren, als politisches System bezeichnen will.

Dabei waren die zu lösenden Aufgaben so gewaltig, daß

auch ein gesünderes Staatswesen auf eine schwere Probe gestellt gewesen wäre. Die nationale Begeisterung konnte die sozialen Gegner für eine Zeit ihren Gegensatz vergessen lassen, und die allgemeine politische und wirtschaftliche Erschöpfung konnte den Gegensatz überdecken, aber grundsätzlich war das soziale Problem nach wie vor ungelöst. Schon die Kosaken Trubeckojs waren eine schwere finanzielle Belastung für den Staat und bildeten, solange sie sich in Moskau aufhielten, ein unberechenbares Element. Die neuen Steuern, zu denen die Regierung ihre Zuflucht nehmen mußte, konnte man aber nicht ordnungsgemäß einheben, solange im Lande keine Ordnung herrschte. Am geringsten Sorge bereitete der Süden, von dem die ›Wirren‹ ausgegangen waren. Das politisch gescheiterte Kosakentum nahm seine frühere Lebensweise wieder auf, richtete seine kriegerische Aktivität wieder gegen Tataren und Türken und suchte zum Moskauer Zaren ein Verhältnis, das an materieller Unterstützung so viel und an realer Machtausübung durch den Staat so wenig wie möglich einbrachte. Das ›wilde Feld‹ blieb zwar bevorzugtes Fluchtziel der entlaufenen Bauern und sollte in Zukunft noch manche schweren ›Wirren‹ gebären, aber die Spaltungspolitik der Moskauer Regierung trug je länger je mehr Früchte und machte aus der Kosakenaristokratie zunehmend ein konservatives Element, das sich nicht nur in der Grenzverteidigung, sondern auch zur Bändigung von ›Wirren‹ gebrauchen ließ. Die Zeiten, da ein revolutionärer Phantast wie Zaruckij unter den Donkosaken Anhang gewinnen konnte, waren zunächst vorbei. Die Astrachaner Strelitzen, die sieben Jahre lang fern von aller Staatsgewalt ein revolutionäres Dasein geführt hatten, lieferten 1614 Zaruckij und Maryna mit ihrem Sohn freiwillig an die Regierung aus. Zaruckij und der sechsjährige Sohn des ›Vor‹ wurden hingerichtet, die Tochter des Wojewoden von Sandomierz starb im Gefängnis. Auch die politische Justiz an einem Kind hat freilich das Samozvancentum nicht ausrotten können.

Weit unangenehmer waren die Kosakenbanden, die nach wie vor den Norden des Landes unsicher machten. Das waren keine echten Kosaken, die sich für nationale Ziele begeistern ließen, sondern gutorganisierte Räuberbanden, die keine Anstalten machten, die neue Regierung und das Ende der ›Smuta‹ zur Kenntnis zu nehmen. Da sich das Opolčenie längst wieder aufgelöst hatte und die verfügbaren Truppen an der Front gegen die Polen gebunden waren, hielt es schwer, mit diesem Bandenunwesen fertig zu werden. Um unnötige Aufwendungen zu vermeiden, verfiel der Zemskij Sobor im Herbst 1614 sogar auf den Gedanken, mit dem berüchtigten Bandenführer Baloveń regelrechte Verhandlungen aufzunehmen, um ihn zur Aufgabe seiner Tätigkeit zu veranlassen. In diesem Falle hätte ihm wohl ein Dienstgut gewinkt. Aber Baloveń hielt den Besuch eines Erzbischofs und eines Fürsten für ein erfreuliches Zeichen der Schwäche und marschierte in Richtung Moskau. Erst in der Gegend des Dreifaltigkeitsklosters gelang es der nun improvisierten militärischen Gegenaktion, den Vormarsch aufzuhalten und Baloveń dasselbe Schicksal zu bereiten wie Zaruckij.

Es dauerte Jahre, bis das Land ruhig und die Wege sicher wurden, und noch viel länger dauerte es, bis sich das Land und die Menschen von den verheerenden wirtschaftlichen Folgen der Smuta erholten. Die innere Befriedung und Konsolidierung war aber nur ein Teil der zu bewältigenden Aufgabe. Nicht minder schwierig war der andere Teil, die Vertreibung der Polen und Schweden aus den von ihnen besetzten Gebieten.

Die außenpolitische Entwicklung bis zur Mitte des 17. Jahrhunderts

Der gefährlichere der beiden äußeren Gegner, denen sich Moskau am Ende der Smuta gegenübersah, war unzweifelhaft Polen. Das hatte nicht nur die Erfahrung der vorhergehenden Jahre gelehrt, sondern es lag auch in der durch die Wahl des Romanov zum Zaren entstandenen Situation begründet. Der Vater des Zaren befand sich als Gefangener in der Macht des polnischen Königs. Das band Moskau bei allen Verhandlungen die Hände, ja es wurde geradezu das Hauptziel der Moskauer Politik, die weitergehende Pläne nicht mehr verfolgen konnte, den Austausch der Gefangenen zu erreichen.

Aber so leicht ließen sich die Polen ihren Trumpf nicht aus der Hand spielen, und sie konnten sich außerdem stets darauf berufen, daß die Moskauer ja selbst Władysław zum Zaren gewählt hatten. Militärisch bestand der Vorteil der Polen darin, daß sie die westlichen Territorien des Moskauer Staates besetzt hielten, sich also auf die Verteidigung beschränken konnten, während Moskau zur Offensive gezwungen war, wenn es den ursprünglichen Besitzstand wieder herstellen wollte. Aber zu weiträumigen Operationen war keiner der Gegner mehr imstande: Moskau nicht, weil es nach dem Jahrzehnt der ›Wirren‹ ein ausgeblutetes, erschöpftes Land war, Polen nicht, weil sich Sigismund durch seine eigensinnige Ostpolitik die Sympathien des an sich nicht zahlfreudigen polnischen Sejm verscherzt hatte. Zudem war ein neuer polnischer Vorstoß nach dem Osten in beiden Flanken bedroht, denn sowohl zu Schweden im Norden wie zur Türkei im Süden waren die Beziehungen äußerst gespannt. Dem offensichtlichen Gleichgewicht der Kräfte, das weder der Privatkrieg, den Lisowski wie in den Zeiten des ›Vor‹ auf Moskauer Gebiet führte, noch ein 1615 unternommener vergeblicher Versuch der Moskauer, Smolensk wiederzuerobern, zu verändern vermochte, entsprach allerdings keine Bereitschaft, auf die beiderseitigen ›Kriegsziele‹ in einem Kompromiß zu verzichten. Ein Vermittlungsversuch des kaiserlichen Gesandten Haidelius von Rassenstein scheiterte nach langwierigen Verhandlungen im Januar 1616. Noch einmal schien sich das Kriegsglück auf die Seite der Polen zu neigen, als es dem Kronprinzen Władysław, um dessen Anspruch auf den Moskauer Zarenthron es ja ging, 1617 gelang, im Sejm die allerdings unzureichende Finanzierung eines neuen Feldzuges durchzusetzen. Vor dem kleinen, aber durch die Dneprkosaken unter ihrem Hetman Sahajdačnyj verstärkten polnischen Heer kapitulierten im Herbst 1617 Vjaźma und Dorogobuž. Moskau war nicht in der Lage, dem Angreifer in offener Feldschlacht entgegenzutreten. Aber da es Władysław im folgenden Frühjahr und Sommer nicht gelang, Možajsk, Moskau oder am Ende auch nur das Dreifaltigkeitskloster zu nehmen, ging der Stoß ins Leere. Allerdings litt das offene

Land unter den Plünderungen der Kosaken entsetzlich, und das förderte die Friedensbereitschaft Moskaus entscheidend. Das Land durchstreifende Kosakenscharen beschworen das Gespenst der Smuta zu deutlich.

Da andererseits auch Władysław um eine erfolgversprechende Fortsetzung seiner Aktionen verlegen war – der Sejm bewilligte nichts mehr, und mit den Kosaken allein war keine befestigte Stadt zu erobern –, setzten Verhandlungen ein, die in dem unweit der Troice-Sergieva Lavra gelegenen Dorf Deulino im Dezember zum Abschluß eines Waffenstillstandes für vierzehneinhalb Jahre führten. Der Ort des Abschlusses nördlich von Moskau zeigt deutlich genug, welcher Partner sich im Vorteil befand, und dem entsprachen auch die Bedingungen: Das Gebiet von Smolensk und die severischen Städte an der Desna, d. h. den größten Teil des seit Ivan III. im Westen ›gesammelten russischen Landes‹ mußte Moskau wiederum abtreten, ohne daß Władysław de iure auf den Moskauer Thron verzichtete; aber um diesen hohen Preis erreichte man immerhin die Beendigung des Kriegszustandes, die de facto-Anerkennung der Regierung Michails und den Austausch der Gefangenen – am 1. Juli 1619 wurden diese den Moskauern an der Grenze übergeben.

Auch der Schwedenkönig Gustav Adolf faßte die Wahl des Romanov als eine herausfordernde Verletzung der schwedischen Ansprüche auf und beantwortete sie 1614 mit einem Angriff von Novgorod aus in Richtung Moskau. Auch hier hatte Moskau wenig entgegenzusetzen, aber man urteilte in Moskau wohl richtig, daß Schweden keinen Eroberungskrieg mit weitgesteckten Zielen beabsichtigte. Gustav Adolfs Hauptinteressen lagen nicht in Rußland. So kam es unter englischer und holländischer Vermittlung bald zu Verhandlungen, die in Stolbovo südlich des Ladogasees im Februar 1617 einen für Moskau relativ günstigen Abschluß fanden: Schweden verzichtete auf seine Thronansprüche und gab den größten Teil des besetzten Gebietes einschließlich Novgorods gegen eine Entschädigung von 20000 Rubeln heraus; nur der von Ivan IV. verlorene und von Boris Godunov wiedereroberte Küstenstreifen südlich des Finnischen Meerbusens mit den Städten Ivangorod, Jam, Kopoŕe und Orešek kam erneut in schwedischen Besitz, ebenso das schon 1609 verpfändete Korela. Damit verlor der Moskauer Staat zwar den letzten Zugang zur Ostsee, und Gustav Adolf konnte diese Isolierung als einen bedeutenden Erfolg buchen, aber im Augenblick wird man die Einbuße in Moskau nicht allzu schmerzlich empfunden haben. Die Gebietsverluste trafen wohl das Prestige der russischen Macht, aber sie setzten keine außenpolitische Konzeption außer Kraft.

Nach der historischen Katastrophe der Smuta zog sich das Moskauer Rußland auf sich selbst zurück. Es genügte, daß man am Ende die Sicherheit nach außen und die Befriedung im Innern erreicht hatte. Europa war von einer ganzen Generation als tödliche Gefahr erlebt worden, und das nicht nur im politischen und militärischen Sinn. Die Herrschaft der rechtgläubigen Zaren hatte diese Gefahr mit knapper Not bestanden, sie sollte ihr nicht leichtfertig von neuem ausgesetzt werden. Das offizielle Moskau gab sich für lange betont konservativ, die Kirche wachte argwöhnisch, daß ihren Gläubigen unorthodoxe Versuchungen erspart blieben, und im Volke herrschte eine tiefverwurzelte Fremdenfeindschaft. Aber der isolationistische Reflex konnte das Rad der Geschichte nicht aufhalten. Mochte sich Moskau auch entschieden vom Westen abwenden, es hatte keinen Einfluß darauf, daß es von den europäischen Staaten als Macht erkannt worden war und weiter anerkannt wurde, daß man es in außenpolitische Spekulationen einbezog und in die große europäische Auseinandersetzung des Dreißigjährigen Krieges hineinzuziehen suchte.

Schon Stolbovo und Deulino hatten im Schatten dieser herannahenden Auseinandersetzung gestanden. Ein Jahrzehnt später war es Gustav Adolf, der als erster die Potenz des Moskauer Staates in seinen Plänen einkalkulierte. Moskau konnte Polen–Litauen fesseln und dadurch den gegenreformatorischen Kräften Abbruch tun. Der Kontakt hatte ebenso einen immer wieder betonten ideologischen Aspekt wie eine sehr reale ökonomische Seite: Protestanten und Orthodoxe, so argumentierte der Schwedenkönig, hätten denselben Feind, Kaiser und Papst trachteten nicht nur nach der Vernichtung der

Protestanten, sondern erstrebten auch ›den Untergang der russischen Menschen und die Austilgung des alten griechischen Glaubens‹. Solche ökumenische Gemeinsamkeit im politischen Kräftespiel stieß in Moskau zwar nur auf sehr bedingte Gegenliebe – als die Nižnij-Novgoroder die katholischen Polen im Kreml den Russen besonders verhaßt machen wollten, da bezichtigten sie sie auch noch der Häresie des ›Luterstvo‹ (Luthertums) –, aber die Beziehung zu Schweden nahm auch die Form recht umfangreicher und sehr einträglicher russischer Getreidelieferungen an. Und wenn Aussicht bestand, am polnischen Erbfeind Vergeltung zu üben, dann ließ Filaret die sonst geübte Vorsicht fahren. Im kritischen Jahr 1632 schien die Situation günstig, denn das Interregnum nach König Sigismunds Tod machte Polen aktionsunfähig. Von Gustav Adolf ermuntert, schritt Moskau zum Angriff, zum erstenmal nicht nur mit dem traditionellen Adelsaufgebot, sondern auch mit teuren, im Ausland geworbenen Truppen und mit Truppen ›nach ausländischer Art‹ unter meist deutschen oder schottischen Offizieren. Die hochgespannten Erwartungen blieben allerdings unerfüllt, denn im Westen schuf der Tod Gustav Adolfs eine völlig neue Lage, und der russisch-polnische Konflikt blieb eine isolierte Auseinandersetzung, in der die Russen am Ende den kürzeren zogen. Das stark befestigte Smolensk hielt auch russischen Belagerern stand; Władysław, zum polnischen König gewählt, eilte zum Entsatz herbei und zwang das Belagerungsheer unter dem Voevoden Šein – demselben, der Smolensk 1609–1611 so erfolgreich gegen Sigismund III. verteidigt hatte – zur Kapitulation. Ein ›ewiger Friede‹ auf der Grundlage des Status quo war schließlich das Ergebnis (1634). Daß der polnische König nun endlich auf seine Thronansprüche verzichtete, war den gewaltigen materiellen Aufwand kaum wert. Filaret war schon vor dem Ende des Krieges gestorben (1633); die Moskauer Regierung, dadurch ihres tatkräftigen Führers beraubt und am Ende ihrer finanziellen Mittel, fiel in Passivität und selbstgewählte Isolierung zurück. Es spricht nicht für die Qualität dieser Regierung, daß sie den unglücklichen Bojaren Šein zum Sündenbock machte und hinrichten ließ, daß sie es ablehnte, die von den Donkosaken 1637 eroberte und 1641 erfolgreich verteidigte türkische Festung Azov zu übernehmen, daß sie das Projekt einer Heirat zwischen Michails Tochter Irina und dem dänischen Prinzen Waldemar erst eifrig betrieb, um es dann an der Konfessionsfrage scheitern zu lassen. Allerdings ließ sich despotische Willkür, Verantwortungsscheu und konfessionelle Engstirnigkeit mit der Moskauer Staatsideologie begründen. Der orthodoxe Autokrator verfügte über das Leben seiner Untertanen, er brauchte die Eigenmächtigkeit von Kosaken nicht zu sanktionieren, und er konnte eine nicht rechtgläubige Ehe seiner Tochter nicht zulassen.

Daß der ›Magnus dux Moscoviae‹ im Frieden von Osnabrück als schwedischer Verbündeter genannt wurde, bedeutete noch nicht, daß Moskau den ›Weg nach Europa› bereits gefunden hatte. Es ist allerdings mehr und mehr auf diesen Weg gedrängt worden, ohne, ja vielfach gegen seinen Willen. Das entspricht einer sehr allgemeinen und zunehmenden Zwiespältigkeit, die das Rußland des 17. Jahrhunderts kennzeichnet. So sehr die Auseinandersetzung mit den westlichen Nachbarn auch im Vordergrund stand, der Moskauer Staat trieb nicht nur in westlicher Richtung Außenpolitik. 1632 erhielt eine Gesandtschaft den Auftrag, Gustav Adolf in Deutschland aufzusuchen und ihm die polnische Krone anzubieten, wenn er unter anderem einer ›unbeschränkten Ausdehnung Rußlands nach Osten‹ zustimme. Und in der Tat fiel in dieselbe Zeit, da Moskau an den Folgen eines schweren Rückschlages im Westen litt und nur geringe Aktivität ›Europa‹ gegenüber entfaltete, eine nahezu ›unbeschränkte Ausdehnung Rußlands‹ nach Asien. Sie trug allerdings ganz anderen Charakter als das ›Sammeln des russischen Landes‹ und der Kampf um die Ostseehäfen. Wirtschaftliche Motive gaben den Ausschlag, das Handelsinteresse bestimmte hier fast ausschließlich die Anbahnung diplomatischer Beziehungen.

Die Ausgangsbasis für das weitere Vordringen in den sibirischen Raum war schon unter Boris Godunov geschaffen worden. In demselben Jahr 1607, in dem die Truppen Šujskijs den Bolotnikov-Aufstand niederkämpften, entstanden am unteren Jenisej die Stützpunkte Turuchansk und Inbašskoe.

Dann allerdings wirkte sich die ›Smuta‹ auch im sibirischen Osten aus, und erst als mit den Abschlüssen von Stolbovo und Deulino im Westen Sicherheit erreicht war, setzte der Vormarsch im Osten wieder ein: 1619 entstand Jenisejsk, in den zwanziger Jahren fühlten Kosakenabteilungen an den rechten Nebenflüssen des Jenisej (untere, mittlere und obere Tunguska) weiter nach Osten vor, gewannen Anfang der dreißiger Jahre den Übergang in das Stromgebiet der Lena (Jakutsk 1632) und erreichten von hier bis zur Jahrhundertmitte in immer kühneren Unternehmungen an mehreren Stellen den Pazifischen Ozean – Moskvitin 1639 in direktem Vorstoß nach Osten zum Ochotskischen Meer, Pojarkov 1643–1645 nach Süden ausholend den Amur abwärts bis zu dessen Mündung, Popov und Dežnev 1648 von der Kolymamündung die Eismeerküste entlang und um das Ostkap Sibiriens herum in die Anadyrbucht. Es wird immer ein erstaunlicher Vorgang bleiben, wie es diesen kleinen Kosakenabteilungen in so kurzer Zeit unter schwierigsten klimatischen Bedingungen gelang, das gesamte nördliche Asien aufzuschließen. Wagemut und Abenteuerlust, gewiß nicht zuletzt auch ein handfestes Gewinnstreben ließen sie die Aufgaben der Erkundung und der ›Eroberung‹ in einem lösen. Immer neue Völkerschaften ›unter die hohe und starke Hand des Herrschers zu bringen‹ und zur Leistung des ›Jasak‹ (in Fellen) zu verpflichten, war das Ziel. Private Initiative und staatliche Organisation gingen dabei untrennbar nebeneinander her und ineinander über. Dem Staate oblag es aber jedenfalls, die auf Tausende von Kilometern offene Südflanke dieses Vordringens zu sichern. Daher die seit dem Beginn des 17. Jahrhunderts an Häufigkeit zunehmenden diplomatischen Beziehungen zu den Machthabern der Kalmyken und Mongolen, Beziehungen durchwegs freundschaftlicher Art, denn man wollte russischerseits nicht nur im eigenen Erschließungswerk ungestört bleiben, sondern bedurfte auch für die sibirischen Siedlungen des Viehs und der Pferde, die von den Nomaden angeboten wurden, und war nicht zuletzt auf den guten Willen der Mongolen angewiesen, wenn man mit China in Verbindung treten wollte. 1616 brachte die erste Gesandtschaft zum mongolischen Altyn-Chan genauere Nachrichten über China und den Weg dahin mit, und 1618 erreichte Ivan Petlin als erster russischer Gesandter Peking.

Seit der Eroberung der Wolgachanate Kazań und Astrachań stand den Russen der direkte Zugang nach Persien und Zentralasien offen, und mit den ›Teziki‹ (Kaufleuten aus dem Iran und aus den zentralasiatischen Chanaten Buchara und Chiva) erschienen in Astrachań bald auch Handelsleute aus Indien. Weit mehr politischen Charakter hatten schon seit der zweiten Hälfte des 16. Jahrhunderts die russischen Versuche, diesseits und jenseits des Kaukasus Einfluß zu gewinnen. Die zahlreichen Völkerschaften dieses Spannungsfeldes zwischen der persischen und der türkischen Macht suchten immer wieder in Anlehnung an Moskau ihre Unabhängigkeit zu erhalten, aber ein russisches Eingehen auf diese Wünsche durch Errichtung eines Stützpunktes am Terek (Terskij gorodok erstmals 1567 – Terekkosaken) brachte stets auch die Gefahr eines Konfliktes mit den Türken und deren Vasallen, den Krimtataren. Mehrfach mußte die Terekposition wieder aufgegeben werden, ehe sie sich nach der ›Smuta‹ während des 17. Jahrhunderts endgültig konsolidierte und die schrittweise Ausdehnung eines russischen Protektorates über einzelne kaukasische Teilgebiete, vor allem des christlichen Georgien, ermöglichte.

Im Süden schließlich spielten die Krimtataren unter den Chanen der Girāi-Dynastie weiter die Rolle des ständigen Beunruhigers und forderten die ebenso ständige Aufmerksamkeit der Moskauer Politik, die sehr geschickt lavieren mußte, um die häufig im Bunde mit Polen-Litauen oder den Dneprkosaken stehenden Krimtataren in Schranken zu halten, ohne deren osmanische Oberherren herauszufordern. Eine offene Auseinandersetzung mit den Türken zu vermeiden, war nach wie vor Grundsatz der Moskauer Außenpolitik; dem entsprach ein lebhafter russisch-türkischer Handelsverkehr über das ebenso wie Azov unmittelbar dem Sultan unterstehende Kaffa (bis 1475 genuesische Kolonie).

INNERE KRISEN UND NEUER AUFSTIEG

Staat und Gesellschaft

Als der erste Romanovzar 1645 starb, war sein Sohn Aleksej erst 16 Jahre alt und zu einer selbständigen Regierung noch nicht in der Lage. Der faktischen Regierungsgewalt bemächtigte sich sein Erzieher, der Bojare B. I. Morozov, im Verein mit den Miloslavskijs, deren Familie die Gemahlin des jungen Zaren entstammte. War schon vorher unter dem nun verdrängten alten Anhang der Romanovs die Verwaltung des Landes nicht gerade durch Korrektheit ausgezeichnet gewesen, so etablierte sich nun ein Regime übelster Korruption, das in kurzer Zeit eine schwere Krise herbeiführte. Sozialer Zündstoff war genug vorhanden. Diesmal waren es jedoch nicht die Bauern, die sich, zur Verzweiflung getrieben, gegen die bestehende Ordnung erhoben, sondern die Städter zusammen mit den unteren Schichten des Dienstadels. Es zeugt von der ungewöhnlichen Verhaßtheit Morozovs und seiner Helfershelfer, daß sich niemand für sie einsetzte, sondern das soziale Spektrum ihrer Gegner von der Moskauer ›Čerń‹ (dem ›gemeinen Volk‹, der untersten Schicht der Stadtbevölkerung) bis zu den von der Macht verdrängten Bojaren reichte. Angesichts der schamlosen Bereicherung einzelner Würdenträger mußten Sparmaßnahmen gegenüber den ›Dienstleuten‹ und neue Steuern, vor allem eine besonders unpopuläre Salzsteuer, die Erbitterung auf den Höhepunkt treiben. Aber die Folgen des am 1. Juni 1648 einsetzenden offenen Aufstandes wären kaum so einschneidend gewesen, wenn sich nicht hinter den aktuellen Ursachen der augenblicklichen Unzufriedenheit tiefe und seit langem ständig wachsende soziale Gegensätze geltend gemacht hätten. Das Ressentiment des Dienstadels hatte sich von den ›Knjažaten‹ auf die neue Hofaristokratie übertragen. Im Kampf um die bäuerliche Arbeitskraft waren die Pomeščiki den reichen Großgrundbesitzern, weltlichen wie geistlichen, nach wie vor unterlegen. Nicht weniger erbittert als die Pomeščiki, auf denen die

Hauptlast des ›Dienstes‹ ruhte, waren die Städter (Posadskie ljudi), denen stets ein Hauptteil der Steuern aufgebürdet wurde. Dazu kamen drückende Sonderverpflichtungen wie z. B. die Beteiligung am Befestigungsbau. Alle diese Leistungen waren nicht dem einzelnen Städter, sondern der Stadt als bürgendem Kollektiv auferlegt, und daher mußte es den Städten ein großes Ärgernis sein, daß die reichen Grundherren am Stadtrand eigene, ständig wachsende Siedlungen von Gewerbetreibenden aller Art unterhielten. Diese ›Sloboden‹ (Freiheiten) waren als Grundherren-Eigentum von den städtischen Leistungen befreit, sie übten auf die Posadbevölkerung begreiflicherweise eine erhebliche Anziehungskraft aus, die Zahl der städtischen Steuerträger nahm ebenso ab, wie die Slobodenbevölkerung wuchs. Es ließen sich aber die Gravamina aller Gruppen auf einen gemeinsamen Nenner bringen: Die herrschende Ordnung wurde als eine schlechte und ungerechte Ordnung empfunden, die Regierung Morozovs war als eine Regierung des fortgesetzten skrupellosen Rechtsbruches verhaßt.

Der Aufstand der Moskauer, dem sich die Strelitzen der Garnison, die neuen Truppen ›nach ausländischer Art‹ und die zur Abwehr eines drohenden Tatarenangriffs gerade in der Stadt versammelten Adelsaufgebote anschlossen, war rasch erfolgreich. Aller militärischen Machtmittel beraubt, mußte die Regierung nachgeben: Die verhaßtesten Prikazleiter, L. S. Pleščeev und P. T. Trachaniotov, wurden der Volkswut physisch geopfert, Morozov selbst konnte vom Zaren mit Mühe in die Verbannung gerettet werden. Eine neue ›Regierung‹ mit dem Fürsten J. K. Čerkasskij, dem Fürsten M. P. Pronskij und mit M. P. Volynskij an der Spitze der wichtigsten Zentralbehörden und mit einem Romanov als Vorsitzendem der Bojarenduma wurde gebildet. Aber da sich die allgemeine Unzufriedenheit nicht nur in Moskau, sondern auch andernorts in Gewaltsamkeiten gegen mißliebige Beamte Luft machte und da auf die Nachricht von dem Umschwung in der Hauptstadt Vertreter des Dienstadels aus allen Richtungen nach Moskau drängten, um ihre Wünsche und Beschwerden vorzubringen, mußte mehr geschehen als beschwichtigende Personalveränderungen. Mitte Juli beschloß man, für den 1. September einen Zemskij Sobor einzuberufen, um über ein ›Uloženie‹, ein neues Gesetzbuch, zu beraten.

Eine Rechtskodifizierung war seit langem fällig. Es mußte aussichtslos erscheinen, Korruption und Amtsmißbrauch durch disziplinäre Maßnahmen zu bekämpfen, solange es keine eindeutige und allgemein bekannte Rechtsgrundlage gab. Das war aber seit langem der Fall. Die letzte Kodifizierung, der Sudebnik Ivans IV., lag fast ein Jahrhundert zurück. Seither waren unzählige Zarenukaze mit Gesetzeskraft ergangen. Diese wurden zwar jeweils von dem inhaltlich zuständigen Prikaz gesammelt, um der Verwaltung und Rechtsprechung als Grundlage zu dienen, aber da keine Veröffentlichung im Druck erfolgte, waren sie meist nicht einmal den anderen Moskauer Prikazen, geschweige denn dem einzelnen Rechtsuchenden bekannt. Dieser Zustand forderte zu Rechtsbrechung und Amtsmißbrauch geradezu heraus, und je länger er andauerte, desto mehr. Eine gesetzgebende Nationalversammlung im modernen Sinne ist der vom 1. September 1648 bis zum 29. Januar 1649 tagende Zemskij Sobor freilich nicht gewesen. Er hatte nicht etwa durch Abstimmung die Entscheidung über eine Regierungsvorlage zu fällen; Gesetzgeber war und blieb im Moskauer Staat allein der selbstherrschende Zar. Aber in der Praxis hat dieser Zemskij Sobor, der seiner Zusammensetzung nach mehr als die meisten vorhergehenden als eine Repräsentativversammlung des Landes gelten konnte, doch bedeutenden Einfluß auf die Formulierung gerade der wichtigsten gesetzlichen Bestimmungen ausüben können.

Die Kodifizierungsarbeit war einer Kommission der Bojarenduma anvertraut, und man muß anerkennen, daß diese fünf Männer – die Fürsten Odoevskij, Prozorovskij und Volkonskij, sowie die D'jaken Leont'ev und Griboedov – in der kurzen Zeit von fünf Monaten eine für ihre Zeit und für ihr Land vorzügliche Leistung vollbracht haben. Verglichen mit dem Sudebnik von 1550 schwoll das geltende Recht des Moskauer Staates auf etwa den zehnfachen Umfang an; es war in ein übersichtlicheres System gebracht und sogar durch Heranziehung fremder Rechte (des byzantinischen und des litauischen) ergänzt. Und es wurden die zahlreichen Vorschläge, die der Zemskij Sobor oder einzelne Gruppen seiner Mitglieder in Form von ›Bittschriften‹ machten, ziemlich weitgehend berücksichtigt. Bei etwa einem Zehntel der 967 Paragraphen hat man einen abändernden oder ergänzenden Einfluß des Zemskij Sobor nachweisen können. So spiegelt das ›Uloženie‹ des Zaren Aleksej Michajlovič, das – ein unerhörtes Novum in der russischen Rechtsgeschichte – in zweitausend Exemplaren gedruckt wurde und prinzipiell bis zu den modernen Kodifikationen des 19. Jahrhunderts in Geltung blieb, die innenpolitische Situation im Zeitpunkt seiner Entstehung. Auf dem Zemskij Sobor hatte der Dienstadel der ›Städte‹, d. h. der Provinz – zum erstenmal war Moskau zahlenmäßig nicht bevorzugt – eindeutig das Übergewicht, und auch die Vertreter der Posadskie ljudi waren zahlreich genug, um ihre Forderungen mit Nachdruck vertreten zu können. Das Standesinteresse dieser beiden Gruppen kam in folgenden wichtigen Gesetzen sehr deutlich zum Ausdruck:

1. Kapitel XI des Uloženie legte in 34 Paragraphen das ›Gericht über die Bauern‹ (Sud o krest'janech) fest; darin heißt es (§ 9): Entlaufene Bauern ›sind mit ihren Brüdern, Kindern, Neffen und Enkeln sowie deren Frauen und Kindern, mit allem Vieh und mit dem Getreide, das noch auf dem Felde steht, und mit dem schon ausgedroschenen Getreide, von ihrem Fluchtort den Leuten zurückzugeben, denen sie entlaufen sind, nach den Grundbüchern und ohne Verjährungsfrist; in Zukunft aber darf niemand auf irgendeine Weise fremde Bauern aufnehmen und bei sich halten‹. Damit war auch der letzte formale Rest bäuerlicher ›Freizügigkeit‹ – die ›Fristjahre‹, nach deren Ablauf ein Bauer von seinem früheren Grundherren nicht mehr zurückgeholt werden durfte – gefallen, das ›Krepostnoe pravo‹, die unauflösbare Bindung des Bauern an den von ihm bestellten Boden, war Gesetz geworden. Bis ins einzelne gehende Vorschriften sollten die Aufnahme entlaufener Bauern verhindern und deren Rückführung regeln. Hatte z. B. der Verkäufer eines Gutes verschwiegen, daß sich auf dem verkauften Land entlaufene

Bauern befanden, und wurden diese Bauern von ihrem ursprünglichen Grundherrn zurückgeholt, so mußte er dem geschädigten Käufer gleichwertige Bauern als Ersatz stellen. Der Bauer erscheint hier nicht mehr als eine Person mit auch nur den geringsten Resten persönlicher Entscheidungsfreiheit, sondern als ein Besitz, über den wie über eine Sache verfügt wird.

2. Kapitel XIX ›über die Posad-Leute‹ verfügte entsprechend einem schon am 13. November 1648 ergangenen Ukaz die Aufhebung aller ›Sloboden‹ (›. . . alle diese Sloboden mit allen Leuten, die in ihnen leben, sind in die Steuerpflicht des Herrschers zu nehmen . . . und in Zukunft darf es außer Sloboden des Herrschers in Moskau und in den andern Städten keine Sloboden mehr geben‹ [§ 1]) und regelte die sich daraus ergebenden Fragen. Damit war ein Hauptanliegen der Städter erfüllt. Die ›Verstaatlichung‹ der Sloboden traf auch und vor allem die Kirche, der die größten und blühendsten Sloboden gehörten. Und gegen den gewaltigen kirchlichen Grundbesitz richtete sich auch die

3. folgenreiche Neuerung. Ein schon mehrfach erlassenes, aber niemals durchgesetztes Verbot weiteren Grunderwerbes durch kirchliche Institutionen wurde erneut Gesetz (Kap. XVII, § 42), und zwar wurden alle Arten des Erwerbes einschließlich der testamentarischen Stiftung aus religiösen Motiven untersagt. Was aber viel tiefer in die Autonomie der kirchlichen Sphäre eingriff, war die Schaffung einer eigenen staatlichen Zentralbehörde, des ›Klosteramtes‹ (monastyrskij prikaz), dem hinfort Geistliche und kirchliche Institutionen in allen weltlichen Belangen als Grundbesitzer unterstanden und vor dem sie weltlichen Prozeßgegnern gegenüber keine Rechtsvorteile mehr genossen (Kap. XIII). Damit war eine staatliche Einrichtung zur Verwaltung kirchlicher Angelegenheiten entstanden, die, obwohl sie 1667 praktisch noch einmal ausgeschaltet und erst von Peter dem Großen 1701 zu neuem Leben erweckt wurde, doch den Keim der Säkularisierung des kirchlichen Grundbesitzes von Anfang an in sich trug.

Es war nicht so unrichtig, wenn der Patriarch Nikon, begreiflicherweise ein geschworener Gegner dieser Neuordnung, sagte, der Zemskij Sobor und das Uloženie seien ›nicht freiwillig‹ und ›nicht um der Gerechtigkeit willen‹ zustande gekommen, sondern ›aus Furcht vor allen gemeinen Leuten‹ (ot vsech černych ljudej). Aber obwohl die materiellen Vorteile, die der einzelne Dienstadelige oder Posad-Bewohner aus der neuen Rechtslage gewinnen konnte, nicht zu leugnen sind, der eigentliche Gewinner waren am Ende nicht die ›Stände‹, sondern der Staat. Nicht deshalb, weil mit dem Uloženie zum erstenmal die Publizität des Rechtes und damit die Kontrollierbarkeit von Rechtsprechung und Verwaltung grundsätzlich anerkannt schien – für die Verwirklichung dieses rechtsstaatlichen Grundsatzes hat erst Peter der Große einiges getan –, sondern weil das ›Krepostnoe pravo‹ im weiteren Sinn, d. h. die unaufhebbare Bindung eines jeden an seinen Stand und Beruf, die Manipulierbarkeit der Gesellschaft durch den Staat erhöhen sollte und mußte. Und den Staat beherrschte nach wie vor eine allgewaltige, sehr wenig von rechtsstaatlichen Vorstellungen beseelte Bürokratie. Ihr war nicht nur der Bauer nicht gewachsen, der seine Freiheit endgültig an den Grundherren verloren hatte, sondern ebensowenig auch der Pomeščik, solange er zu lebenslänglichem Dienst verpflichtet blieb, und der Städter, der seine Steuergemeinde nicht verlassen durfte. Die vollständige Reglementierung der Gesellschaft durch den Staat war ein altes Moskauer Ideal, das nun eine schon vergleichsweise moderne rechtsverbindliche Form erhielt. An beides knüpfte das ›veränderte‹ Rußland Peters des Großen an – an die Modernität der formalen Prinzipien wie an den traditionellen Inhalt herrscherlicher, staatlicher Machtfülle.

Die Wirklichkeit entsprach vorläufig noch wenig der postulierten neuen Ordnung. Das neue Gesetzbuch konnte die Qualität der Moskauer Verwaltung nicht verändern. Anfang 1650 brach in Pskov ein Aufstand aus, der vorübergehend auch auf Novgorod übergriff, in seinen Motiven der Moskauer Erhebung im Jahre 1648 ähnlich war und erst unter dem Druck umfangreicher militärischer Maßnahmen liquidiert werden konnte. Die russischen Städte waren in diesen Jahren weithin von einer inneren Unruhe ergriffen. Wirtschaftliche Motive standen im Vordergrund, doch erinnern manche Züge auch an die innerstädtischen Machtkämpfe im Abendland, und sowohl in Moskau wie in Pskov spielte Fremdenfeindschaft und Spionagefurcht eine gewisse Rolle. Die Moskauer erreichten vorübergehend sogar die Ausweisung der ausländischen Kaufleute aus ihrer Stadt, ohne freilich daraus wirtschaftliche Vorteile zu ziehen und den schädlichen Einfluß der Fremden loszuwerden. Der Staat, der Ausländer in den verschiedensten Funktionen längst nicht mehr entbehren konnte, siedelte diese in einer eigenen Vorstadt, der ›deutschen Vorstadt‹ (nemeckaja sloboda) an, und diese geschlossene Ausländersiedlung sollte für die russische Geschichte von größerer Bedeutung werden, als es die einzeln in der Stadt wohnenden Fremden hätten sein können. Eine durch den Krieg und die gewagte Währungspolitik der Regierung (Kupfergeld) bedingte Teuerung brachte die Moskauer 1662 erneut zum Aufruhr. In allen Fällen war die Regierung zu gewissen Kompromissen gezwungen, also ziemlich weit davon entfernt, die reglementierte Gesellschaft ganz nach Belieben manipulieren zu können. Aber andererseits haben auch die Städter nirgends Garantien für eine eigene, freiheitlichere Ordnung erreichen können, die das altmoskauer Gesellschaftsideal außer Kraft gesetzt hätte.

Am wenigsten konnte das ›Uloženie‹ bei den Bauern die Ordnung schaffen, die es postulierte. Nachdem man den Bauern alle Rechte genommen, konnte es nicht ausbleiben, daß sie sich diese im Falle der Not und der Gelegenheit mit Gewalt zurücknahmen. Der zweite große Bauernaufstand der russischen Geschichte kann in diesem Sinne als eine Antwort auf die im Uloženie fixierte ›Leibeigenschaft‹ verstanden werden. Große ›Rückführungsaktionen‹ in den fünfziger und sechziger Jahren mußten die Erbitterung der Bauern steigern, deren Lage sich durch die Lasten des seit 1654 andauernden Krieges weiter verschlechterte. Die Bauernflucht nahm zu, das Steppenproletariat der ›Golyt'ba‹ wuchs, die Situation der Donkosaken wurde schwierig. Seit Azov den Türken zurückgegeben war, blieb ihnen der Zugang zu den Schwarzmeerküsten und die Möglichkeit zu einträglichen Raubzügen dort verschlossen. Einen gewissen Ersatz konnten die untere Wolga und das Kaspische Meer bieten. 1667–1669 betätigte sich hier eine ansehnliche Kosakenabteilung unter der Führung des Donkosaken Stepan (Sten̓ka) Timofeevič Razin. Gegenmaßnahmen der Regierungstruppen von Astrachań blieben erfolglos, aber noch waren die Ausmaße eines kosakischen Großunternehmens nicht überschritten. Erst als sich Razin im Frühjahr 1670 wolgaaufwärts bewegte, zuerst Caricyn, dann Astrachań, Saratov und Samara in seine Gewalt brachte und schließlich vom 4. September ab Simbirsk belagerte, bekam sein Unternehmen ein anderes Gesicht. ›Wenn ihr Gott und dem Herrscher, dem großen Heer und Stepan Timofeevič dienen wollt, ... dann vertreibt wie ein Mann die Verräter‹, so hieß es in den Aufrufen Razins. Mit ›Verrätern‹ waren Bojaren, Voevoden, adelige Grundherren und Prikazbeamte, also alle Vertreter und Träger der herrschenden Ordnung gemeint. Sie wurden allerdings nicht vertrieben, wenn man ihrer habhaft wurde, sondern kurzer Hand erschlagen, wie denn überhaupt der gewaltige Bauern- und Fremdvölkeraufstand, zu dem sich Razins Privatkrieg gegen Moskau nun auswuchs, durch ungewöhnliche Wildheit und Grausamkeit ausgezeichnet war. Das gesamte Gebiet der mittleren und unteren Wolga und das Steppengrenzgebiet bis zur Cna im Westen wurde von dem Aufstand erfaßt. Die Regierung mußte den Dienstadel mobilisieren, um schließlich, gestützt auf Nižnij Novgorod und Kazań, Simbirsk entsetzen und Razin nach Süden vertreiben zu können. Dort war sein Anhang unter den Donkosaken nicht mehr groß genug; die konservativen Elemente bemächtigten sich im April 1671 seiner und lieferten ihn an Moskau aus, wo er am 6. Juni 1671 hingerichtet wurde. Aber noch das ganze Jahr 1671 verging mit Straf- und Befriedungsaktionen, erst Ende November war auch Astrachań wieder in der Hand der Regierung. Erschreckend deutlich hatte sich gezeigt, daß der Geist der sozialen ›Smuta‹ nach wie vor lebendig war. Razin hatte auf dem Höhepunkt seines Erfolges auch einen falschen Thronfolger als künftigen guten und gerechten Zaren mit sich geführt, und nicht nur dies, er hatte sogar das Gerücht verbreitet, daß der verbannte Patriarch Nikon mit im Kosakenheere sei. Das war ein neues Element der ›Smuta‹: Sowohl der Konflikt zwischen Staat und Kirche wie die Spaltung innerhalb der Kirche, der Raskol, wurden den staatsfeindlichen Zielen der Aufständischen nutzbar gemacht.

Staat und Kirche

Nachdem das machtkirchliche Streben der Josifljanen gescheitert war, hatte die russische Kirche eine lange Zeit der geistigen und geistlichen Dürre durchgemacht. In der ›Smuta‹ hatte sie sich wohl nationale Verdienste erworben, und der Patriarch Filaret hatte politisch eine beherrschende Rolle gespielt, aber weder das eine noch das andere war dem inneren Leben der Kirche zugute gekommen. Das Bewußtsein der Reformbedürftigkeit war zwar niemals ganz verlorengegangen – schon Maksim Grek hatte man ja nach Moskau berufen, um die kirchlichen Bücher zu verbessern –, aber je mehr sich die russische Kirche nach außen abschloß und auf sich selbst beschränkte, desto schwerer wurde es, theologische Maßstäbe und philologische Mittel für die dringend erforderlichen Reformen zu gewinnen. Die so hochgehaltene eigene Tradition heiligte längst alle Fehler, die sich durch das fortgesetzte Abschreiben der gottesdienstlichen Bücher und durch manche Lässigkeit der Kultausübung eingeschlichen hatten. Sehr zögernd nur setzte sich der Buchdruck im Moskauer Rußland durch. Aber nach der ›Smuta‹ war es dann doch so weit, daß im Moskauer ›Druckereihof‹ (Pečatnyj dvor) kirchliches Gebrauchsschrifttum gedruckt werden sollte. Das machte die Frage der Bücherkorrektur wieder aktuell, denn nun mußte man sich für eine der verschiedenen im Umlauf befindlichen Lesarten entscheiden. Das Ergebnis der ersten Versuche war niederschmetternd: Die Korrektoren einschließlich des Abtes Dionisij vom Dreifaltigkeitskloster, dem man die Leitung anvertraut hatte, wurden der Häresie verdächtigt und durch ein kirchliches Gericht verurteilt. Zwar hob Filaret nach seiner Rückkehr dieses Urteil im Vertrauen auf ein Gutachten des griechischen Patriarchen wieder auf, aber zu tief war das Mißtrauen gegen alle Fremden, als daß man sich zu einem Werk, dem man aus eigener Kraft offensichtlich nicht gewachsen war, ausländischer Hilfe bedient hätte. Als 1640 der orthodoxe Metropolit von Kiev Peter Mohyla, der in seiner Stadt nach dem Vorbild der polnischen Jesuitenkollegien eine geistliche Akademie errichtet hatte, dem Zaren Michail das Angebot machte, in Moskau eine ähnliche theologisch-philologische Bildungsstätte einzurichten, da wurde dieser Vorschlag ebenso abgelehnt wie fünf Jahre später ein ähnlicher des griechischen Patriarchen Parthenios. Ukrainer wie Griechen waren den Moskauern des unerlaubten Umgangs mit den Lateinern verdächtig.

Aber selbst dort, wo der Reformeifer gar nicht auf das griechische Vorbild abzielte, sondern aus rein religiösen Motiven schreiende Mißstände abstellen wollte, stieß er auf hartnäckigen Widerstand. Der junge Zar Aleksej war persönlich der Religion und der Kirche sehr zugetan, und so bildete sich um ihn und seinen Beichtvater Stepan Vonifat'ev ein Kreis von Männern, denen die Not der Kirche am Herzen lag und die ihr abhelfen wollten. Zu diesem Kreis gehörten der Bücherkorrektor Ivan Nasedka, die Protopopen Ivan Neronov und Avvakum, und der Archimandrit des Moskauer Novospasskij-Klosters Nikon. Die Reformziele des Vonifat'evkreises waren nicht weit gesteckt. Man setzte sich z. B. für die Abschaffung des ›Vieltönens‹ (mnogoglasie), eines schon 1551 von der Hundertkapitelsynode verurteilten Mißbrauches, ein; er bestand darin, daß man der Zeitersparnis wegen Teile der sehr langen griechisch-orthodoxen Liturgie gleichzeitig abzuwickeln pflegte, was der Andacht des einzelnen Gläubigen natürlich wenig förderlich war. Eine Synode des Jahres 1649 lehnte jedoch die Reform ab, und nur der Einspruch des Zaren, der sich mit den Zielen seiner geistlichen Berater identifizierte und gegen seinen eigenen russischen Patriarchen das Urteil des griechischen Patriarchen in Konstantinopel anrief, verhalf schließlich auf einer neuen Synode des Jahres 1651 dem ›Eintönen‹ (edinoglasie) über das ›Vieltönen‹ zum Sieg. Aber gerade der immer wieder nötige Rekurs an die Griechen war wenig geeignet, die Reformbemühungen in weiten Kreisen der Moskauer Kirche populär zu machen. Immerhin setzte sich der Reformgedanke so weit durch, daß man sich 1649 nun doch gelehrte Theologen aus Kiev kommen ließ, die sich der Verbesserung und Vereinheitlichung der liturgischen Texte annehmen sollten, und als Nikon, inzwischen schon Erzbischof von Novgorod geworden (1649), nach dem Tode des Patriarchen Iosif 1652 auf Wunsch des Zaren den Patriarchenstuhl bestieg, konnte das nichts anderes als den endgültigen Sieg der Reformrichtung bedeuten. Es war nicht vorauszusehen, daß damit zugleich auch ein schwerer Konflikt innerhalb der Reformbeflissenen und am Ende eine ernste Krise der Staat-Kirche-Beziehung ausgelöst wurde.

Objektiv ging es um geringfügige Meinungsverschiedenheiten, und man hat sich mit Recht immer wieder die Frage gestellt, wie es denn kam, daß über unwesentlichen Äußerlichkeiten der Kultausübung die Einheit der russischen Kirche zerbrach. Der Hinweis auf eine besondere russische ›Mentalität‹ bleibt an der Oberfläche. Es lagen dem Reformstreben vielmehr zwei verschiedene Prinzipien zugrunde. Der ›Bruderschaft‹ des Vonifat'ev-Kreises ging es ausschließlich um das religiöse Anliegen der Verinnerlichung. Dem Ziel einer Frömmigkeitsbelebung zuliebe war man bereit, das traditionelle ›Vieltönen‹ zu bekämpfen, literarische Anleihen bei den Ukrainern zu machen und den Kiever Epifanij Slavineckij als Bücherkorrektor nach Moskau zu holen. Nikon dagegen war je länger, desto mehr unter den Einfluß griechischer Hierarchen geraten, die damals als Almosensuchende Moskau in großer Zahl besuchten; er bekannte sich zu dem Grundsatz ›ad fontes‹, d. h. zurück zu den griechischen Quellen, und scheute nicht vor der Aussage zurück, daß er seiner Herkunft nach zwar ein Russe, seinem Glauben nach aber ein Grieche sei. Ob man das Kreuzeszeichen mit zwei oder drei Fingern ausführte, ob man an bestimmten Stellen der Liturgie ein zweifaches oder ein dreifaches Halleluja sang, ob sich die Prozession um die Kirche in der Richtung des Sonnenlaufes oder entgegengesetzt bewegte, das waren in erster Linie Fragen der historischen Echtheit, von denen die Andacht der

Gläubigen nicht abhing, solange ihnen nicht in einem Kirchenkampf Symbolcharakter zuteil wurde, und die Dogmatisches überhaupt nicht berührten. Eben deshalb aber sahen Neronov und Avvakum nicht ein, warum man die eigene Überlieferung der Gräkophilie Nikons opfern sollte. Die Opposition gegen Nikon trug von Anfang an unverkennbar Züge eines nationalen Widerstandes gegen eine vermeintliche Überfremdung: Zu lange hatte man das Dritte Rom hoch über das zweite gestellt, als daß nun mit einem Male die Vorbildlichkeit des zweiten Rom anerkannt werden konnte.

Den Rest erklären die Charaktere der beteiligten Persönlichkeiten. Sowohl Nikon wie sein schärfster Widersacher Avvakum waren ohne Zweifel genuin religiöse Menschen von hohem Rang; sie entstammten übrigens beide einfachstem bäuerlichem Milieu und demselben Nižnij-Novgoroder Gebiet. Aber keiner von ihnen war imstande, auch nur zu einem Teil nachzugeben und damit einem Kompromiß den Weg zu bahnen. Weder war es Avvakum begreiflich zu machen, daß die Nikonschen Reformen nicht nur eine Angleichung an das griechische Vorbild, sondern auch eine Rückkehr zum ursprünglichen russischen Brauch darstellten – dazu fehlte es ihm unter anderm auch an kirchenhistorischer Bildung –, noch war Nikon dazu zu bewegen, die Opposition in pädagogischer Großzügigkeit allmählich zu gewinnen. Vergeblich protestierten die ›Altgläubigen‹ gegen den ›Verräter‹ Nikon beim Zaren. Aleksej, Anfang der Fünfzigerjahre noch ganz unter dem Einfluß der überlegenen Persönlichkeit Nikons, stellte sich auf die Seite seines Patriarchen und lieh dessen Reformen die Autorität der herrscherlichen Billigung. Synoden der Jahre 1653, 1654 und 1656 faßten die entsprechenden Beschlüsse und verurteilten die Führer der Opposition zu schweren kirchlichen Strafen von der Verschickung in entfernte Landesteile bis zum endgültigen Anathema. Die Reaktion der Betroffenen war verschieden: Neronov kapitulierte, als es wirklich ernst wurde, Avvakum, den sein Schicksal in der Kosakenexpedition des A. F. Paškov bis an den Amur führte, trug das ihm Auferlegte aus der Kraft seiner religiösen Überzeugung. ›Christus, der Herr hat mich getragen‹ – so schrieb er in seiner berühmten Autobiographie – ›und die Allerreinste Gottesmutter hat mich geführt. Ich fürchte niemand, nur Christum fürchte ich‹. Der kirchliche Bannfluch des Jahres 1656 schloß die Oppositionsführer aus der Kirche aus und stieß sie an den äußersten Rand der russischen Gesellschaft, aber eine Massenbewegung schuf er noch nicht. Das war erst eine Folge des Konfliktes zwischen dem Zaren und seinem Reformpatriarchen.

Die Ursache der von Jahr zu Jahr zunehmenden Spannung lag weniger in einem objektiven Antagonismus zwischen Kirche und Staat als in der Persönlichkeit des Patriarchen und in der Genesis der Beziehung zwischen Aleksej und Nikon. Nikon war 25 Jahre älter; einmal an den Hof gezogen, hatte er sehr bald die Rolle eines väterlichen Freundes und Mentors übernommen. Das josifljanische Ideal schien erfüllt: Der Staat, verkörpert im frommen Zaren, fügte sich der Lenkung durch die Kirche. Aleksej hätte gewiß das Seine getan, dieses Ideal auch weiter zu verwirklichen, nachdem Nikon Patriarch geworden war; aber dieser erwies sich als unfähig, die Beziehung dem Älter- und Reiferwerden des Zaren anzupassen. In einem hemmungslosen Geltungsdrang, bei dem persönliches und kirchliches Machtinteresse kaum zu trennen waren, ließ er sich wie einst Filaret mit ›großer Herrscher‹ (velikij gosudaŕ) anreden. Das war eine grobe Taktlosigkeit des emporgestiegenen Bauernsohnes, denn Filaret war ja der leibliche Vater des regierenden Zaren gewesen. Nicht minder taktlos war es, wenn der Patriarch in rücksichtsloser Verneinung ostkirchlicher Tradition dem Zaren den Ehrenvorsitz in der Synode streitig machte. Es kam hinzu, daß der 1654 ausbrechende Krieg mit Polen–Litauen den Zaren aus der Residenz entfernte und dem unmittelbaren Einfluß Nikons entzog. Nikon hatte sich genug Feinde gemacht, die das ausnützten. So erfolgte 1658 einer nichtigen Etikettefrage wegen der Bruch. Aleksej verweigerte die von Nikon geforderte Genugtuung, und dieser zog sich grollend in das von ihm selbst begründete Auferstehungskloster zurück. Aber niemand holte ihn, wie er sicher erwartet hat, unter demütigem Schuldbekenntnis und neuem Gehorsamsversprechen zurück, und damit entstand eine für den Staat wie für die Kirche gleichermaßen schwierige Situation.

Aleksej war kein Ivan IV., der seine Metropoliten nach Gutdünken berief und absetzte. Der ›Fall Nikon‹ (delo Nikona) verursachte ihm sicher Gewissensnöte und ließ ihn die Entscheidung hinauszögern. Das gab aber Nikon wieder die Gelegenheit, den Konflikt zu unerhörter prinzipieller Schärfe zu steigern. Nun gab er sich nicht mehr zufrieden mit der Ranggleichheit von höchster geistlicher und höchster weltlicher Gewalt, sondern forderte eindeutig den Primat der geistlichen Herrschaft vor der weltlichen. Während er dem Zaren das Recht zur Mitsprache in kirchlichen Angelegenheiten bestritt, nahm er für das Oberhaupt der Kirche das Recht in Anspruch, kraft höherer Autorität auch in weltlich-politische Fragen urteilend und verurteilend einzugreifen. Man hat daher Nikon immer wieder mit Papst Gregor VII. verglichen, und die Parallele in den Ideen ist nicht zu leugnen. Doch war die russische Wirklichkeit, in der Nikon für den Herrschaftsanspruch der Kirche stritt, von der des abendländischen Mittelalters völlig verschieden – hinter dem Patriarchen stand keine reale Macht. 1660 wurde Nikon durch eine russische Bischofssynode seines Amtes enthoben, aber da gewisse Zweifel an der Rechtmäßigkeit dieses Vorgehens auftauchten, zog sich der ›Fall Nikon‹ noch jahrelang hin, ehe eine neue Synode, diesmal unter Beteiligung zweier orientalischer Patriarchen, des Makarios von Antiochien und des Paisios von Alexandrien, in einem neuen Prozeß, in dem der Zar als Ankläger auftrat, am 12. Dezember 1666 das Absetzungsurteil bestätigte. Jetzt erst fügte sich Nikon. Ohne noch einmal hervorzutreten, ist er 1681 gestorben – während der Reise von seinem nördlichen Verbannungsort nach Moskau, wohin ihn Aleksejs Nachfolger Fedor zurückgerufen hatte.

Der achtjährige Konflikt endete mit dem vollen Sieg des Staates über die Kirche. Die griechischen Kirchenfürsten, deren Autorität nun niemand mehr öffentlich anzufechten wagte, sprachen sich zur geringen Freude vieler russischer Bischöfe unmißverständlich für den Primat der weltlichen Herrschaft aus. Der Preis, den Aleksej dafür zu entrichten hatte, war ein Rückzug des Staates in der Frage des kirchlichen Grundbesitzes: Das ›Klosteramt‹ wurde zwar nicht formal aufgehoben, aber es übte in den folgenden Jahrzehnten nicht jene Funktion aus, die ihm 1649 zugedacht worden war. In der Frage der Reformen blieb auch der abgesetzte Nikon siegreich. Doch hatte die Ungewißheit während der Konfliktsjahre zu einer abwartenden Haltung sowohl des Zaren wie auch der provisorischen Kirchenleitung geführt und der altgläubigen Opposition beträchtlichen Auftrieb gegeben. Avvakum durfte sogar nach Moskau zurückkehren, mußte sich allerdings jeder Polemik enthalten. Die Synode von 1666/1667 schuf auch in diesem Punkt Klarheit, und von da ab wurden die Nikonschen Reformen mit dem vollen Einsatz der staatlichen Zwangsmittel durchgesetzt. Den ›Raskol‹, die Spaltung, zu verhindern, war es jedoch zu spät. Man erzeugte nur dem Altgläubigentum Märtyrer in großer Zahl. Avvakum, ›der Priester und Märtyrer‹, der am 14. April 1682 in Pustozersk den Scheiterhaufen besteigen mußte, wurde zum Heiligen und Kirchenvater des Raskol. Zu dieser Zeit hatte das Altgläubigentum aber bereits tiefe Wurzeln im russischen Volk geschlagen und an Symbolen heroischer Standhaftigkeit keinen Mangel. Neun Jahre (1667–1676) leisteten die Mönche des Soloveckij-Klosters im Weißen Meer den Belagerungstruppen Widerstand, und erschütternd häufig waren die Fälle, da Altgläubige sich lieber selbst verbrannten, als mit dem Reich des Antichristen, der Nikonschen Staatskirche ihren Frieden zu machen. Der äußere Sieg von Staat und Kirche war dadurch nicht zu verhindern, aber dieser Sieg wurde teuer erkauft, denn die Kirche begann mit dem Raskol jenes Vertrauen und jene religiöse Substanz im Volke einzubüßen, auf die sie bisher selbstverständlich hatte bauen können und deren sie später so dringend bedurfte, und der Staat schuf eine neue Gruppe von Ausgestoßenen, die sich mit den Enterbten der russischen Gesellschaft verbinden mußte und die Staatsfeindschaft zur Glaubenssache machen konnte.

Die Fortsetzung des ›Sammelns russischen Landes‹ und der volle Eintritt Rußlands in die europäische Politik

Es nimmt nicht wunder, daß der russische Staat, der in den Auseinandersetzungen mit Gesellschaft und Kirche gegen ein gewisses ökonomisches Entgegenkommen eindeutig Sieger geblieben war, in der zweiten Hälfte des 17. Jahrhunderts auch außenpolitisch größere Ambition an den Tag legte. Den äußeren Anstoß dazu gaben die Dneprkosaken.

Das Kosakenproblem spielt in der Geschichte des polnisch-litauischen Staates eine zum Teil ähnliche Rolle wie in der des Moskauer Staates. Hier wie dort rekrutierte sich das Kosakentum in der Masse aus geflohenen Bauern, hier wie dort bildete das ›freie Kosakentum‹ mit fester militärischer Organisation und einem sicheren Stützpunkt weit im Süden – am Dnepr auf einer Insel ›jenseits der Stromschnellen‹ (za porogami, daher ›Zaporoger‹ Kosaken) – das Rückgrat der kosakierenden Elemente, hier wie dort war der Übergang zwischen Kosaken und bäuerlichen Neusiedlern im Steppengrenzgebiet fließend, hier wie dort tendierte die Führerschaft der Kosaken sozial zum Kleinadel, zur Szlachta. Aber aus mehreren Gründen war für Polen–Litauen das Kosakenproblem viel bedrohlicher: Die ukrainischen Dneprkosaken bildeten hier nicht nur sozial ein schwer assimilierbares Element, sondern national und konfessionell einen Fremdkörper. Es bestand stets die Gefahr, daß die gesamte ostslavische und orthodoxe Bevölkerung mit den Aktionen der Kosaken sympathisierte, nicht so sehr aus sozialen wie aus nationalen und konfessionellen Gemeinsamkeitsgefühlen. Die Ethnogenese des ukrainischen Volkes ist von der Geschichte des Dneprkosakentums nicht zu trennen. Aber auch außenpolitisch entstanden durch die Kosaken für Polen–Litauen schwierigere Probleme. Die Hauptätigkeit der freien Kosaken bestand ja in einem ›christlichen‹ Fernräubertum, vornehmlich im tatarischen und türkischen Machtbereich. Die entsprechenden Vergeltungsmaßnahmen trafen nun das näher gelegene Polen–Litauen stets viel schwerer als den Moskauer Staat, wo sie der großen Entfernung wegen entweder überhaupt ausblieben oder ins

Leere stießen. Die Dneprkosaken hatten es in der Hand, Polen an den Rand eines Türkenkrieges zu bringen. Und der polnische König war in der Möglichkeit, die Kosaken dadurch unter Kontrolle zu bringen, daß er sie in seinen Dienst nahm, durch seine finanzielle Abhängigkeit vom Sejm beschränkt. Seit den Zeiten des Stephan Báthory wiederholte sich immer wieder derselbe Vorgang: In Kriegszeiten konnte der polnisch-litauische Staat die billige und kriegserfahrene Hilfstruppe der Kosaken nicht entbehren, daher wurde die Zahl der ›Registerkosaken‹ erhöht; nach dem Kriege reduzierte man diese Zahl regelmäßig wieder, und da dies bedeutete, daß alle ›nichtregistrierten‹ Kosaken jede Privilegierung verloren und von den Gutsbesitzern als Bauern zurückgeholt werden konnten, kam es immer häufiger zu bewaffneten Kosakenaufständen. Am Ende blieben freilich jedesmal die polnischen Truppen Sieger, zuletzt 1638, aber wo die soziale Erhebung allein vielleicht auf lange Zeit unterlegen wäre, da erhielt sie im Verein mit der nationalen und konfessionellen Résistance die Kraft, auch schwere Rückschläge zu überdauern. Es ist kein Zufall, daß in die Zeit der grausamsten Kosakenkriege auch eine neue Blüte des orthodoxen Geisteslebens fiel, deren Träger vor allem die orthodoxen Bruderschaften in Lemberg und Kiev waren. Seit 1620 gab es auch wieder einen nicht-unierten, orthodoxen Metropoliten von Kiev, und wenn dieser auch dem griechischen Patriarchen in Konstantinopel unterstand, so konnte doch die orthodoxe, ostslavische oder – wie man es in Moskau interpretierte – gesamtrussische Gemeinsamkeit zu beiden Seiten der moskauisch-polnisch-litauischen Grenze auf die Dauer nicht politisch bedeutungslos bleiben.

Auf diesem Hintergrund entwickelten sich die Ereignisse, als 1648 unter der Führung des Hetmans Bohdan Chmel'nyćkyj ein neuer großer Kosakenaufstand ausbrach und zu einer vernichtenden Niederlage der polnischen Hauptarmee führte. Gesiegt hatte keine promoskowitische Irredenta, sondern die zu Kosaken gewordenen ukrainischen Bauern über die polnischen Großgrundbesitzer. Daß Władysław noch im selben Jahr 1648 starb, beraubte Chmel'nyćkij einerseits der

Möglichkeit, durch Vermittlung des relativ kosakenfreundlichen Königs die Forderungen der Kosaken durchzusetzen, gab ihm aber andererseits die Chance, über seine ursprünglichen Ziele hinauszugehen und eine kosakische Autonomie der Ukraine anzustreben. Das wechselnde Kriegsglück der folgenden Jahre zeigte jedoch, daß der ›Hetmanstaat‹ aus eigener Kraft nicht bestehen konnte. Selbst ein für die Kosaken so günstiger Vertrag wie der von Zboriv (1649) ließ die Erwartungen der ukrainischen Bauern unbefriedigt; Chmel'nyćkij konnte ihn daher nicht erfüllen, wenn er seine Popularität nicht aufs Spiel setzen wollte, und die Polen erfüllten ihn auch nicht, weil die Zugeständnisse an die Kosaken unter dem Druck der militärischen Lage zustande gekommen waren. Ohne fremde Hilfe war die befreite Ukraine nicht frei zu erhalten, mit fremder Hilfe sollte es allerdings auch nicht gelingen. Das ist die tiefe Tragik, die über der kurzen Episode ukrainischer ›staatlicher‹ Selbständigkeit unter Chmel'nyćkyj liegt.

Mit Hilfe der Krimtataren hatte der Hetman seinen Aufstand begonnen – sie waren selbst nicht unabhängig und, wie die Erfahrung zeigte, sehr unzuverlässig. Der türkische Sultan, Oberherr der Krim und der Moldau, konnte schon eher ein Interesse haben, seine Territorien durch die Ukraine abzurunden, und die christlichen Steppenritter haben in der Tat vor und nach Chmel'nyćkyj immer wieder einmal Fäden nach Istanbul gesponnen. Aber sehr viel näher als die Hilfe eines muslimischen Protektors lag natürlich die des rechtgläubigen Zaren in Moskau. Beziehungen verschiedenster Art bestanden, und Chmel'nyćkyj, der nach seinen ersten Siegen in allen Richtungen eine selbständige Außenpolitik betrieb, hatte beizeiten diplomatische Verbindungen hergestellt. Äußerungen eines unverbindlichen Wohlwollens waren von Moskau nicht schwer zu erlangen, aber vor einem ernsthaften Engagement zögerte Zar Aleksej lange. Ein Eingehen auf die Wünsche des Hetmans bedeutete Krieg mit Polen, und es bedeutete überdies die Unterstützung einer Revolution gegen einen legitimen Herrscher. Erst als 1653 ein Zemskij Sobor – der letzte seiner Art in der Moskauer Geschichte – die moralische Mitverantwortung übernommen hatte, wagte die Moskauer Regierung den entscheidenden Schritt: Am 8. Januar 1654 nahm der zarische Gesandte V. V. Buturlin in Perejaslav den Eid der Kosakenführer auf Aleksej Michajlovič entgegen, und am 7. Februar 1654 konnte dieser den Fürsten der Moldau und der Walachei bereits mitteilen, ›daß ... der Verfolgung des christlichen Glaubens und der angetanen Gewalt wegen – sich unter unserer zarischen Majestät hohe Hand begeben haben in ewige Untertanschaft: Bohdan Chmel'nyćkyj, Hetman des Zaporoger Heeres, und das ganze Zaporoger Heer mit Städten und Ländern, die in der Kleinen Rosia zum Kiever und Černigover Fürstentum gehören, und die ganze Kleine Ruś‹.

Das war die Moskauer Auffassung von der ›Wiedervereinigung der Ukraine mit Rußland‹, und diese Auffassung hat historisch recht behalten. Indessen besteht kein Zweifel, daß die Kosaken bei dem sogenannten ›Vertrag von Perejaslav‹ – der kein Vertrag im üblichen Sinne war und der sich daher jeder eindeutigen staatsrechtlichen Interpretation entzieht – keine ›ewige Untertanschaft‹, sondern eine Garantie ihrer ›Freiheiten‹ im Auge hatten. Sie waren aufs äußerste befremdet, als Buturlin die Bitte, es möge auch der Zar durch seinen Gesandten das Abkommen eidlich bekräftigen, als unzumutbar entrüstet zurückwies. Der polnische König hatte den Eid stets geleistet. Chmel'nyćkyj dachte politisch in den Kategorien der polnischen Adelsrepublik, nicht in denen der Moskauer Autokratie. Eine Enttäuschung konnte da auf die Dauer nicht ausbleiben, obwohl sich fürs erste der Bund mit Moskau glänzend bewährte.

Einem geschwächten und demoralisierten Gegner gewannen die russischen Truppen – nun schon weitgehend ›europäisiert‹ – rasch bedeutende Erfolge ab; Smolensk fiel noch 1654 in ihre Hand, im folgenden Jahr konnten sie zum erstenmal Wilna erobern. Aber diesmal blieb der Moskauer Angriff nicht eine isolierte und am Ende erfolglose Vergeltungsaktion wie 1632, sondern löste den sogenannten ersten nordischen Krieg aus. Der Schwedenkönig Karl X. Gustav nützte die Gelegenheit, auch seinerseits über Polen herzufallen. Als nach einer Serie von Niederlagen der polnische König Johann Kasimir (Jan Kazimierz) im Herbst 1655 nach Schlesien fliehen mußte, schien das Ende der Rzecz Pospolita gekommen. Chmel'nyćkyj sah sich als Herrn der gesamten Ukraine, in Moskau entwickelte der Leiter des Posol'skij Prikaz A. L. Ordin-Naščokin immer weiter ausgreifende Konzeptionen: Hörte Polen auf zu bestehen, so betrachtete Moskau die Einverleibung des Großfürstentums Litauen im Sinne des ›Sammelns‹ als selbstverständlich, doch zielte das Angebot von neuen ›Protektoraten‹ schon wesentlich weiter – im Norden, wo Kurland ›geschützt‹ und der Große Kurfürst in ein Vasallitätsverhältnis genommen werden sollte, auf eine russische Ostseeherrschaft, im Süden, wo der Zar seine Schutzherrschaft den Donaufürstentümern anbot, auf ein Zurückdrängen der Türken mit deutlich panorthodoxer und panslavischer Tendenz. In seiner berühmten Osteransprache bekannte sich der Zar 1655 zu der Aufgabe, die Glaubensbrüder von der Herrschaft der Ungläubigen zu befreien, und die wachsende orthodoxe Klientel Moskaus, in persona meist vertreten durch balkanische oder orientalische Kirchenfürsten, goß auf die Mühlen der wieder in Gang gekommenen Moskauer Außenpolitik ebenso das Wasser schrankenloser Hoffnungen auf die Erlösermission des Moskauer Autokraten wie der kroatische katholische Priester Juraj Križanić, der ›Vater des Panslavismus‹, der seinen Traum von der politischen Größe des vereinten Slaventums unter der Führung Moskaus allerdings mit dem Ziel der kirchlichen Union verband und damit auf wenig Gegenliebe bei den Russen stieß.

In der politischen Wirklichkeit war jedoch dafür gesorgt, daß die Bäume der Moskauer Erfolge nicht in den Himmel wuchsen. Auf dem Tiefpunkt nationaler Erniedrigung bewies Polen unerwartete Widerstandskraft. Der habsburgischen Diplomatie gelang es im Verein mit dem geschickten Angebot der Polen, nach dem Tode Johann Kasimirs den russischen Zaren zu ihrem König zu wählen, einen Waffenstillstand herbeizuführen und den Schwung der Moskauer Offensive gegen Schweden abzulenken. Wiederum verheerten russische Truppen Livland und wiederum blieb ihnen die entscheidende

Eroberung Rigas versagt. Der Frieden von Kardis brachte 1661 nicht den erhofften Durchbruch zur Ostsee, sondern bestätigte den Status quo. Inzwischen war auch für Polen der Krieg mit Schweden zu Ende (Friede von Oliva 1660), ohne daß es von der politischen Landkarte verschwunden wäre; das ukrainische Problem war weniger gelöst denn je. Bohdan Chmel'nyćkyj war schon im Sommer 1657 gestorben, als sich eben herausgestellt hatte, daß die politische Konstellation einer gesamtukrainischen Autonomie keinen Raum ließ. Seine einander rasch ablösenden Nachfolger setzten abwechselnd auf alle im Spiel befindlichen Karten, aber als der ›rechtsufrige‹ Hetman Petro Dorošenko allzu deutliche Neigung zeigte, den allukrainischen Charakter seiner Herrschaft auf ein türkisches Protektorat und krimtatarische Kriegshilfe zu stützen, provozierte er jene von Habsburg geförderte polnisch-russische Annäherung, die nach Lage der Dinge nur eine Teilung der Ukraine bedeuten konnte. Der Waffenstillstand von Andrusovo (1667) machte sie perfekt, wenn auch in keinem Teil der nun zweigeteilten Ukraine, weder in dem russischen links des Dnepr noch in dem polnischen rechts des Dnepr, damit Friede und Ordnung einkehrte. Der Territorialgewinn Moskaus war beträchtlich, denn außer der linksufrigen Ukraine behielt es auch Smolensk und Kiev; dieses wurde von Polen zunächst zwar nur für zwei Jahre abgetreten, doch ließ die weitere Entwicklung keine Veränderung des Provisoriums zugunsten Polens mehr zu. Die Anwartschaft des Zaren auf den polnischen Thron blieb dafür unerfüllt – die Moskauer Kandidatur scheiterte ebenso wie alle früheren an dem konfessionellen Gegensatz, in dem sich das Schwergewicht einer radikal verschiedenen historischen Entwicklung verkörperte, und aus demselben Grund erwiesen sich die allslavischen Perspektiven, die Ordin-Naščokin den polnischen Unterhändlern in Andrusovo auftischte, als hohle Phrasen –, aber die ein letztes Mal zunehmende Türkengefahr zwang die Betroffenen in eine gemeinsame Abwehrfront. Und betroffen war, seit er sich am mittleren und unteren Dnepr festgesetzt hatte, auch der Moskauer Staat. Als 1672 die Türken Kamienec-Podolsk eroberten, waren es die Russen, die durch drei große Gesandtschaften den europäischen Mächten das Prekäre der Situation klarzumachen versuchten. 1677–1681 hatte Moskau der ukrainischen Angelegenheiten wegen seinen ersten Türkenkrieg zu führen, der allerdings nur geringfügige militärische Operationen brachte und im Vertrag von Bachčisaraj (13. Januar 1681) zu einer Bestätigung der bisherigen Grenzen und zwanzigjährigem Waffenstillstand führte. Als 1683 die türkische Offensive vor Wien zusammenbrach, stand Moskau noch abseits, wenn auch die Kosaken im Kontingent des Polenkönigs Johann Sobieski und die Krimtataren im türkischen Heer die künftigen Auseinandersetzungen auf dem ukrainisch-südrussischen Abschnitt der Front gegen den ›Feind des Heiligen Kreuzes und aller Christen‹ gewissermaßen vorwegnahmen. Doch 1686 wurde diese Front mit Einschluß Moskaus offiziell gebildet: Die Moskauer Regierung der Zarewna Sofija trat der antitürkischen Liga, zu der sich 1684 der Kaiser, Polen und Venedig zusammengeschlossen hatten, bei. Polens endgültiger Verzicht auf Kiev war vorausgegangen. Es mußte sich in Moskau einiges geändert haben, wenn nun in denselben Jahren, da die kaiserlichen Truppen donauabwärts Raum gewannen und der Polenkönig um die Rückeroberung Podoliens kämpfte, Moskauer Armeen zum erstenmal direkte Offensiven gegen die Krim unternahmen (1687, 1689) – im Rahmen eines europäischen Bündnisses, das der römische Papst protegierte. Zwar blieb den Feldzügen des Fürsten V. V. Golicyn jeder Erfolg versagt, aber der russischen Außenpolitik war eine neue Expansionsrichtung gewiesen, von der sie hinfort nicht mehr lassen sollte.

In dem gleichen Jahr 1689, in dem Golicyn in den südrussischen Steppen endgültig sein militärisches Prestige verlor und der junge Zar Peter Alekseevič seine Halbschwester Sofija von der Macht verdrängte, fand auch im Fernen Osten ein bemerkenswertes Ereignis statt. Am Amur war das russische Vordringen schließlich auf den Widerstand der Chinesen gestoßen, und im Vertrag von Nerčinsk (27. August 1689) wurden die russisch-chinesischen Beziehungen zum erstenmal in verbindlicher Form festgelegt. Moskau sah sich dabei genötigt, der nördlich des Amur gelegenen Wasserscheide als

Grenze zuzustimmen, sich also aus dem Amurgebiet wieder zurückzuziehen; aber es gewann dafür eine dauerhafte Vertragsgrundlage für seinen einträglichen Chinahandel.

Äußere und innere Europäisierung

Faßt man die Entwicklung Rußlands, soweit es im Moskauer Staat verkörpert war, während des 17. Jahrhunderts zusammen, so ist man versucht, von einer ›Europäisierung Rußlands‹ zu sprechen. Der Begriff ist freilich von der historischen Leistung Peters des Großen nicht zu trennen, aber das ändert nichts an der Tatsache, daß es auch schon vor Peter dem Großen eine ›Europäisierung‹ Rußlands gab. Die Europäisierung Rußlands ist durch Peter nicht geschaffen worden, sondern sie hat durch ihn nur anderen Charakter, anderen Stil bekommen.

Daß der Moskauer Staat außenpolitisch in der zweiten Hälfte des 17. Jahrhunderts sehr viel stärker als bis dahin in das Kräftespiel der europäischen Mächte hineingezogen wurde, war nur ein Aspekt, war in gewissem Sinne nur die Folge eines allgemeinen Wandels, einer überall spürbaren Wendung zu Europa hin, ebenso wider Willen wie offenbar unwiderstehlich. Motor dieser Entwicklung war das Interesse des Staates, der unter zähem Festhalten an den überkommenen Formen, an einer archaischen Fassade, unmerklich in die Realität des modernen Absolutismus hinüberglitt. Das Staatsinteresse begann beim wichtigsten Instrument der Staatsmacht, bei der Armee. Die ›neuersonnenen Schlauheiten der herrscherlichen Gegner‹ zwangen ständig dazu, die eigene Heeresverfassung zu überprüfen und zu verbessern. Schon im Smolensker Krieg (1632–1634) hatten die Truppen ›neuer Art‹ eine wichtige Rolle gespielt. Von der kostspieligen Anwerbung ganzer Truppenverbände im Ausland sah man in der Folge ab, aber die meisten Offiziere blieben als Instruktoren, und in den Kriegen nach der Jahrhundertmitte bildeten die nach ausländischem, d. h. westlichem Vorbild organisierten russischen Regimenter bereits den Hauptteil des Moskauer Heeres. Die Terminologie spricht deutlich genug: Die neuen

Regimenter des stehenden Heeres bezeichnete man als ›Rajtary‹, ›Draguny‹ und ›Soldaty‹, unter den Offiziersdienstgraden findet sich der ›Major‹, der ›Rotmistr‹, der ›Kapitan‹, der ›Kvartirmejster‹ und der ›Ad-jutant‹. Ja, die neuen Bezeichnungen wurden geradezu ein Gradmesser der Modernität. Als man 1681 die traditionellen Heeresteile, Strelitzen und Adelsaufgebot, in einer Heeresreform der ›neuen Ordnung‹ anzugleichen begann, da drückte man das so aus, daß von nun an ›anstelle der Hundertschaften Kompanien sein sollten‹ (vmesto soten byt'rotam). Bei den Strelitzen war die Angleichung organisatorisch einfach, denn die Strelitzen waren ja bereits eine stehende, fest besoldete Truppe; der Widerstand gegen die Reform richtete sich hier nicht gegen die Sache, sondern gegen den Geist, d. h. gegen alles Unrussische, von den Lateinern Übernommene (unter den Strelitzen waren die Altgläubigen zahlreich). Viel schwieriger war es, das Adelsaufgebot zu modernisieren. Eine wesentliche Voraussetzung dafür wurde 1682 geschaffen, als ein Ukaz des Zaren das Altmoskauer ›mestničestvo‹ beseitigte. Damit fielen jene persönlichen Rangprivilegien des Moskauer Adels, die bis dahin der Regierung nicht nur in Fragen der Heeresorganisation, sondern auch bei der Besetzung ihrer Behörden die Hände bis zu einem gewissen Grade gebunden hatten.

Mit der Modernisierung des Heerwesens hingen auch Veränderungen der administrativen Einteilung zusammen. Das Aufgebot des Adels erfolgte zweckmäßig nach ›Städten‹, d. h. in den relativ kleinen ›Kreisen‹ (uezdy); die Rekrutierung der neuen Truppen mußte auf größere Territorien angewiesen werden. So bildeten sich zunächst in Grenznähe umfangreichere ›Militärbezirke‹ (Razrjady), ein Prinzip, das gegen Ende des Jahrhunderts unter dem Zaren Fedor (1676 bis 1682) dann auch auf die zentralen Gebiete ausgedehnt wurde. Zweckmäßigkeitserwägungen, wiederum militärischer Art, hatten auch längst die Voevodenverwaltung auf Kosten der im 16. Jahrhundert entstandenen verschiedenen Formen lokaler Selbstverwaltung wieder in den Vordergrund gerückt und damit auch das Problem, den Mißbrauch der lokalen Machtfülle einzuschränken, über die der Voevode als Inhaber der höchsten militärischen und zivilen Macht in einem ausgedehnten Territorium verfügte. Reformiert wurde auch an dem unübersichtlichen und veralteten System der Moskauer Zentralbehörden, indem man die Zahl der Prikaze durch Zusammenlegung verminderte und die einander überschneidenden Kompetenzen abzugrenzen suchte. All dies waren Schritte in der Richtung des modernen Staates, Schritte in der Richtung Europas, allerdings zögernde und unsichere Schritte.

Die ›Modernisierung‹ des Staates war begleitet von einer ähnlichen Entwicklung der Wirtschaft, sie setzte diese voraus und regte sie umgekehrt auch an. Im Zeichen merkantilistischer Vorstellungen, die in der zweiten Hälfte des Jahrhunderts allmählich auch in Rußland an Boden gewannen, trat die staatliche Initiative immer deutlicher hervor. Steigende Forderungen des Staates mußten sich in einem Agrarland zunächst in einer Produktionssteigerung der Landwirtschaft auswirken. Zunehmende Chancen des Getreideexportes förderten die Entwicklung des landwirtschaftlichen Großbetriebes. Wie überall im östlichen Europa, so wich auch in Rußland die Grundherrschaft der produktiveren Gutsherrschaft. Nur wenn er dazu überging, einen Teil seines Landes mit bäuerlicher Fronarbeit selbst zu bewirtschaften und die Überschüsse gewinnbringend zu verkaufen, konnte der Grundeigentümer den steigenden Ansprüchen adeliger Lebensführung und staatlicher Dienstleistung genügen. Es kam zur Bildung gewaltiger Latifundien, die enorme Gewinne aus dem Getreideexport abwarfen und darüber hinaus die Basis an Kapital und Arbeitskraft für mannigfache industrielle Unternehmungen bieten konnten. Am bekanntesten ist das Beispiel jenes Bojaren Morozov, der 1648 in Moskau die Volkswut auf sich zog: Er besaß Land in 17 Kreisen und an die 300 Dörfer; auf dieser Grundlage betrieb er als Großunternehmer Schmieden, Gerbereien, Leinenwebereien, Schnapsbrennereien, Ziegeleien, Mühlen und vor allem die sehr einträgliche Erzeugung von Pottasche. Zu den Unternehmern dieser Art zählte nicht zuletzt auch der Zar selbst. Aleksej Michajlovič entwickelte im ›Tajnyj prikaz‹ (= geheimes Amt, Privatkanzlei) eine eigene Wirtschaftsverwaltung des herrscherlichen Besitzes – aus mancherlei persönlichen Motiven und mit dem bemerkenswerten Ergebnis, daß sich auch in wirtschaftlicher Hinsicht eine Trennung von Staat und Herrscher, eine Verselbständigung des anonymen ›Staates‹ abzuzeichnen begann. Dort, wo es um die ökonomische Versorgung des militärischen Machtinstrumentes ging, trat dieser Staat selbst als Unternehmer auf, machte Staatsbeamte zu Fabrikleitern oder umgekehrt und kommandierte Staatsbauern zur industriellen Arbeit. Das gilt vor allem von der Metallgewinnung und Metallverarbeitung, die im Gebiet von Tula und im Ural ihre ersten Zentren entwickelte. Ausländer waren hierbei maßgeblich beteiligt, und zwar sowohl als Kapitalgeber und kommerzielle Leiter wie auch als Facharbeiter. Mit Spezialisten aus verschiedenen Ländern – Wallonen, Schweden, Holländern und Deutschen – errichteten und betrieben Andreas Winius und andere holländische Kaufleute sowie der dänische Untertan Peter Marselis Hütten- und Hammerwerke im Tulagebiet und in Olonec. Waffen aller Art hatte man in Rußland seit langem produziert; was man von den Ausländern erwartete und auch erreichte, war die Einführung der im Westen entwickelten modernen Methoden der Metallurgie (Hochöfen). Daß für die Ausländer der eigene Gewinn vor dem russischen Staatsinteresse rangierte, gab allerdings immer wieder zu unerfreulichen Konflikten Anlaß und brachte mancher glänzenden Unternehmerlaufbahn ein jähes Ende. Im Ergebnis aber gelang es doch, trotz aller Enttäuschungen, Rückschläge und Verluste den Anschluß an den technischen Fortschritt Europas zu gewinnen und in der Versorgung der Armee mit Waffen zunehmend vom teuren Import unabhängig zu werden.

Was vorläufig auch dem allenthalben aufblühenden russischen Handel nicht gelang, war die Befreiung von der Monopolisierung des russischen Westhandels in der Hand von Ausländern. Zwar erreichten weder die Engländer im 16. noch die Holländer im 17. Jahrhundert formal eine Monopolstellung, aber das änderte nichts an der Tatsache, daß der russische Kaufmann zu kapitalschwach für eine ernsthafte Konkurrenz war, selbst dann, wenn er wie 1648/1649 staatliche Eingriffe zu seinen Gunsten erreichte. Daß Rußland über keine eigene Handelsflotte verfügte, war ein weiteres, vorläufig noch nicht zu überwindendes Hindernis. Es blieb dem russischen Kaufmann der Orienthandel mit großem Risiko der langen und gefährlichen Verbindungen wegen, aber auch mit großem Gewinn aus dem Transitverkehr; es blieb ihm der russische Binnenhandel, für den seit der Mitte des Jahrhunderts endlich die hemmenden Binnenzölle zu verschwinden begannen, aber in dem sich zur geringen Freude der Kaufleute auch die Großgrundbesitzer in eigener Regie eifrig betätigten.

Militärische, technische und kommerzielle Experten waren die Hauptträger der an Häufigkeit ständig zunehmenden Kontakte mit dem Westen Europas; in der Residenz Moskau kamen Ärzte und Apotheker hinzu, ferner handwerkliche Spezialisten für die Luxusbedürfnisse des Hofes. Längst waren die Ausländer in Moskau so zahlreich (schon Olearius nennt ›an die tausend Häupter‹), daß sie mehrere protestantische Gemeinden bilden konnten mit eigenen Pfarrern und Lehrern, Kirchen und Schulen. Sofern von dieser Ausländerkolonie überhaupt eine Wirkung im Sinne einer ›inneren‹ Europäisierung ausgehen konnte – der Anteil wurzelloser Abenteurer, zum Teil ein Erbe des Dreißigjährigen Krieges, war nicht gering –, mußte sie auf einen sehr engen Kreis beschränkt bleiben. Mehr als ein zweckbedingtes Wohlwollen von seiten des Staates und eine sorgfältige Quarantäne von seiten der orthodoxen Kirche konnten auch protestantische Ausländer nicht erwarten, solange nicht der erstarrte altmoskauer Lebens- und Denkstil in seinen Grundvoraussetzungen aufgelockert wurde. Eben dies aber war seit der Jahrhundertmitte in steigendem Maße der Fall.

In der Reaktion auf das gewaltsame Eindringen einer fremden Welt war das ›Dritte Rom‹ aus der Smuta unversehrt und seiner selbst gewiß hervorgegangen. Die literarischen Verarbeitungen der ›wirren Zeit‹, ob sie von einem ›Staatsbeamten‹ wie dem D'jaken Ivan Timofeev oder von einem Mann der Kirche wie dem Kellermeister Avraamij Palicyn des Dreifaltigkeitsklosters stammten, mündeten alle in einen pathetischen Lobgesang auf die wiederhergestellte alte Ordnung und waren frei von jedem Zweifel an der idealen Vollkommenheit dieser Ordnung. Wer dennoch zweifelte wie der Memoiren schreibende Fürst Ivan Andreevič Chvorostinin, galt als ›unzuverlässiger Mensch‹ und war der Häresie verdächtig.

Um die Mitte des Jahrhunderts war das Ideal bereits verblaßt und durch Kritik in Frage gestellt – durch die handfeste Kritik des politischen und sozialen Protestes, durch die Kritik der Nikonschen Reformen an der Moskauer kirchlichen Tradition und schließlich durch die Kritik politischer Publizisten wie Kotošichin und Križanić. Grigorij Kotošichin war ein Beamter (Pod'jačij) des Moskauer Außenamtes (Posol'skij prikaz), der 1664 nach Polen emigrierte, danach in schwedische Dienste übertrat und 1667 wegen eines Totschlags in Stockholm hingerichtet wurde. In seinen Aufzeichnungen über Rußland unter der Regierung des Zaren Aleksej Michajlovič (geschrieben 1666/1667) entwarf er ein sehr düsteres Bild von den Verhältnissen in seinem Heimatland. Auch wenn man das Ressentiment eines zweifellos sachkundigen und begabten, aber moralisch fragwürdigen Emigranten in Rechnung stellt, bleibt das harte Urteil, das sich Kotošichin aus einem Vergleich mit der Lebensweise und den Institutionen anderer Länder ergab: Das Rußland seiner Zeit erschien ihm über die Maßen rückständig und unwissend einschließlich der russischen Kirche, denn ›in Sachen der Religion‹ hielt der am Ende zum Luthertum Übergetretene ›seine Landsleute, die Russen, für ein blindes Volk‹.

Zu einem ähnlichen Urteil kam von einem ganz anderen Standpunkt aus Juraj Križanić. Auch er hatte allerdings Grund, die Wirklichkeit des Moskauer Staates nicht in einem günstigen Licht zu sehen, denn nach kurzem Aufenthalt in Moskau war er anfangs des Jahres 1661 nach Tobol'sk verschickt worden, und seine Schriften entstanden in fünfzehnjähriger sibirischer Verbannung. Aber der ungewöhnliche Kroate erhoffte mit aller Leidenschaft eine glänzende Zukunft des Slaventums, und er glaubte an die Mission des russischen Zaren, die Slaven den Weg in diese Zukunft zu führen. Daß für ihn hinter dem weltlichen Ziel einer machtvollen Vereinigung des Slaventums unter der Führung Moskaus das höhere geistliche Ziel einer Wiedervereinigung der christlichen Kirche unter der Führung des Papsttums stand, hat er zwar vor den Russen geheimgehalten, aber der Verdacht, daß ihm eine solche Kombination zuzutrauen sei, war wohl der Grund seiner Verbannung. Doch urteilte Križanić nicht aus der Verbitterung des Gescheiterten wie Kotošichin, sondern aus dem Schmerz des Liebenden, der den Gegenstand seiner Liebe als weit entfernt von der erwünschten Vollkommenheit erkennen muß. Und so blieb er nicht bei der Kritik stehen, sondern schlug Verbesserungen vor auf allen möglichen Gebieten, im Bergbau, im Handel, in den Finanzen, in der Armee, vor allem aber im Unterricht und in den Wissenschaften. Die Slaven müßten von den andern Völkern alle Errungenschaften lernen, um ihnen gewachsen zu sein und von ihnen frei zu werden.

Die Schriften Kotošichins und Križanićs sind erst im 19. Jahrhundert wieder entdeckt worden; die Aufzeichnungen Kotošichins konnten in Rußland überhaupt keine, die Werke Križanićs höchstens eine sehr beschränkte Wirkung ausüben. Aber daß sie nicht die isolierte Meinung von Einzelgängern wiedergeben, sondern dem entsprachen, was auch andere weniger klar und weniger radikal zu denken begannen, dürfen wir als sicher annehmen. Man war in Rußland empfindlicher für Kritik geworden, das Interesse am Westen nahm zu, die geistige Isolierung wurde geringer. Als Križanić in Moskau seine literarischen Dienste anbot, erhielt er den Auftrag, kritische Partien aus der ›Moskowitischen Reise‹ des Adam Olearius zu übersetzen und zu widerlegen.

An einzelnen führenden Persönlichkeiten läßt sich der Wandel deutlich erkennen. Alle drei Leiter des Moskauer Außenamtes in der zweiten Hälfte des 17. Jahrhunderts vor dem Regierungsantritt Peters waren gebildet und allem Neuen, das der Westen zu bieten hatte, aufgeschlossen: Afanasij Lavrent'evič Ordin-Naščokin, den man mit Recht als den ersten modernen Staatsmann Rußlands bezeichnet hat, war modern mehr in seiner Staatsauffassung und in seinen außenpolitischen Konzeptionen als in seiner Lebensführung. Von seinem Nachfolger (ab 1671) Artamon Sergeevič Matveev galt eher das Umgekehrte. Er war mit einer Schottin (Hamilton) verheiratet und führte als Pflegevater der zweiten Frau des Zaren Aleksej ein großes Haus, in dem auch der Zar selbst Gelegenheit hatte, moderne westliche Vergnügungen wie Musik- und Theateraufführungen kennenzulernen. Den Beginn machte das Artaxerxes-Drama des Moskauer lutherischen Pastors Johann Gottfried Gregorii am 17. Oktober 1672. Eine ähnliche Aufgeschlossenheit wird auch von dem Fürsten V. V. Golicyn berichtet, dem Favoriten der Zarewna Sofija, der Bücher auch in polnischer und lateinischer Sprache sammelte, eine Gemäldesammlung anlegte und sich nicht scheute, selbst Jesuiten sein Haus zu öffnen. Es gab also schon vor der ›Europäisierung‹ Peters des Großen Moskauer Bojarenhäuser, in denen man Wert auf ein europäisches Ansehen legte, Kontakt mit anregenden Ausländern suchte und Verbindung zu den Experten der Ausländervorstadt hielt. Wie weit man darin zu gehen wagte, das hing allerdings zum guten Teil von der Haltung der russischen Kirche ab. Aber auch in dieser Hinsicht bot die zweite Hälfte des 17. Jahrhunderts schon ein stark verändertes Bild.

Durch den ›Fall Nikon‹ hatte das Dritte Rom seine Glaubwürdigkeit verloren: Unreformiert war es nun illegal, und reformiert wurde es sich selbst untreu. Paisios Ligarides, der zweifelhafte Regisseur des zweiten Nikonprozesses, hatte dem Staat auch der Kirche gegenüber Vollmacht und Verantwortung zugeschoben, und damit hatte sich die Kirche selbst des geistigen Kontrollrechtes begeben, das sie in der Praxis bis dahin ausgeübt hatte. Das kirchliche Veto verlor seither den Versuchungen der westlichen Zivilisation gegenüber an Kraft. Zudem entstand neue Unsicherheit, als sich die Gegensätze zwischen Ukrainern und Griechen, die man beide als Gehilfen bei den Reform- und Bildungsaufgaben herbeigerufen hatte, verschärften. Epifanij Slavineckij und andere Mitarbeiter Nikons nahmen eine scharf antilateinische Stellung ein, aber von den ukrainischen Mönchen, die unter dem Protektorat des Bojaren F. M. Rtiščev im Moskauer Andreevskij-Kloster ein geistiges Zentrum bildeten, konnte das schon nicht mehr in demselben Maße gelten, und vollends zum Wegbereiter westlicher Bildung wurde Aleksejs Hofprediger Simeon von Polock (1629–1680). Simeon hatte die Kiever Akademie, wahrscheinlich auch das Jesuitenkollegium in Wilna besucht und war 1656 Lehrer an der Bruderschaftsschule in Polock geworden. 1664 ging er nach Moskau und fand dort zunächst als Lateinlehrer in der Privatkanzlei des Zaren Verwendung. Aber schon 1667 betraute ihn Aleksej mit der Erziehung und Ausbildung seiner Kinder Aleksej, Fedor und Sofija. Simeon war kein stiller Gelehrter wie Slavineckij, sondern für eine kulturelle Vermittlung von breiter Wirkung geboren, ein barocker Hofliterat im Mönchsgewand, der nicht nur Predigten hielt und gegen die Altgläubigen polemisierte, sondern auch Lehr- und Gelegenheitsgedichte, ja sogar Theaterstücke schrieb. Die Zarenkinder konnten bei ihm außer der lateinischen Sprache auch manches andere von der ›lateinischen‹ Bildung ihrer Zeit lernen. Simeons Traum war, in Moskau eine geistliche Hochschule nach dem Muster der Kiever Akademie zu errichten.

Der Verwirklichung nahegebracht hat ihn erst sein Schüler Silvester Medvedev (1641–1691). Aber das tragische Schicksal dieses ausgezeichneten Mannes ist ein erschütternder Beweis dafür, wie zäh der Widerstand war, gegen den sich die ›neumoskowitische Kultur‹ (Stender-Petersen) durchsetzen mußte. Medvedev hatte zwar die Unterstützung der Regentin Sofija, aber ebendies wurde ihm zum Verhängnis, denn Sofijas Stellung war nicht stark genug, um ihren geistlichen und kulturellen Berater gegen die Angriffe des Patriarchen Joakim (1674–1690) schützen zu können. Das Akademieprojekt wurde von der Opposition gegen die ›Lateiner‹ den Brüdern Lichudes, zwei griechischen Hochstaplern, die 1685 in Moskau auftauchten, zugespielt. Unter deren – wie sich bald herausstellen sollte – unzulänglicher Leitung wurde die Slavisch-griechisch-lateinische Akademie 1687 eröffnet. Medvedev aber wurde in den Sturz der Zarewna hineingezogen, wegen Häresie und Beleidigung des Patriarchen angeklagt und 1691 hingerichtet.

Die Häresie des Medvedev hing mit dem Abendmahlsstreit zusammen, der in der russischen Kirche seit Beginn des 17. Jahrhunderts nicht zur Ruhe kam. Auch dabei ging es um ein liturgisches Detail: Erfolgt die Transsubstantiation während der Einsetzungsworte (Nehmet, esset ...) – das war die traditionelle russische Auffassung, die Medvedev mit den Argumenten der lateinischen Kirche vertrat – oder erst während des nachfolgenden Gebetes um den Heiligen Geist – so lehrten mit der griechischen Kirche die Brüder Lichudes. Es wird berichtet, daß der Streit in den Jahren 1685–1690 die Gemüter weithin erregt habe – wohl weniger der theologischen Interpretation als der gottesdienstlichen Praxis wegen: Im Augenblick der Wandlung wurden die Glocken geläutet und hatten sich die Gläubigen zu verneigen. Um ähnlicher ›Äußerlichkeiten‹ willen war der Raskol entstanden! Medvedevs Auffassung konnte als eine Unterstützung des Raskol durch die lateinische Theologie verstanden werden.

Aber unbarmherzige Orthodoxie gab es damals nicht nur in der orthodoxen Kirche Rußlands. Zwei Jahre vor Medvedev war in Moskau der schlesische Schwärmer Quirinus Kuhlmann hingerichtet worden, nachdem ihn der lutherische Pastor Meineke beim Patriarchen denunziert hatte. Aufzuhalten war das Neue nicht. In den neunziger Jahren kam die Moskauer Akademie ohne Aufsehen doch in die Hände der Ukrainer und wurde nach den Plänen des Simeon Polockij und des Silvester Medvedev ausgebaut. Diese Pläne hatten den Unterricht in griechischer, lateinischer, polnischer und kirchenslavischer Sprache und neben der Theologie in den Gegenständen Grammatik, Philosophie, Ethik, Dialektik, Physik und Jurisprudenz vorgesehen. Der politische Ausgleich mit Polen fand damit ein geistesgeschichtliches Gegenstück. Aber auch die kompromittierten Brüder Lichudes ließ das lernbegierige Moskau nicht fort, sondern verwendete sie als Italienisch-Lehrer. Zu derselben Zeit schickte sich Zar Peter an, seine erste große Reise in das westliche Ausland zu machen. Das 17. Jahrhundert hatte wohl das erste, aber bei weitem nicht das letzte Wort zur Europäisierung Rußlands gesprochen.

DAS PETERSBURGER IMPERIUM

DER ÜBERGANG VOM ALTEN ZUM NEUEN

Rußland war seit langem auf dem Wege nach Europa. Allenthalben und je länger, desto mehr war Neues eingedrungen und hatte Altes zu verdrängen begonnen. Trotzdem bedeutet Peter der Große in der Geschichte Rußlands eine Umwälzung, eine Revolution, und vielleicht mehr noch als in der russischen Geschichte im russischen Geschichtsbewußtsein. An der Gestalt des großen Zaren entzündeten und schieden sich die Geister in allen nachfolgenden Generationen. »Menschlichen Gedanken sind Grenzen gesetzt!« – so heißt es in M. V. Lomonosovs, des großen Aufklärers, ›Ruhmesrede auf Peter den Großen‹ aus dem Jahr 1755 – »Die Gottheit können sie nicht erreichen! Gewöhnlich stellen sie sich diese in menschlicher Gestalt vor. Doch wenn man einen nach unserem Verständnis gottähnlichen Menschen finden müßte, ich fände keinen außer Peter dem Großen«. Und fast ein Jahrhundert später schrieb der allen altmoskauer Byzantinismen noch viel fernerstehende Kritiker V. G. Belinskij: »Wer hat mehr Recht auf den Titel des Großen und des Göttlichen als unser Peter, wer von den Helden unserer Geschichte kann unserem Herzen und unserem Geist näherstehen?« Aber auf der anderen Seite führte der russische Cato der Zeit Katharinas II., Fürst M. M. Ščerbatov, die ›Verderbnis der Sitten in Rußland‹ auf die Tätigkeit Peters zurück, und der jüngere Kireevskij schämte sich seines Vornamens Peter, weil er wie alle Slavophilen den von Peter dem Großen eingeschlagenen Weg für einen Irrweg und für ein Unheil der Nation hielt. Selbst dem Marxisten G. V. Plechanov fiel es bei der Behandlung der petrinischen Epoche schwer, die ›Rolle der Persönlichkeit in der Geschichte‹ der Lehre entsprechend zu bagatellisieren, und er billigte dem Zaren zu, daß er ›den ungeheuren Umschwung‹ vollendet habe, ›der Rußland vor der Verknöcherung rettete‹. Die Zeugnisse ließen sich beliebig vermehren; sie sprechen für sich selbst: Wie immer man Peter den Großen beurteilen mag – er hat in der russischen Geschichte Epoche gemacht.

Die Kindheit Peters

In den frühen Morgenstunden des 30. Mai 1672 gebar dem Zaren Aleksej seine junge zweite Frau Natal'ja Naryškina einen Sohn, der in der Taufe den Namen Peter erhielt. Es war nicht der erste Sohn Aleksejs; von den 13 Kindern seiner ersten Ehe waren fünf Knaben gewesen und zwei davon, Fedor und Ivan, waren bei Peters Geburt noch am Leben. Trotzdem mag es der Wunsch nach einem vollwertigen Erben gewesen sein, der den frommen Zaren Aleksej zu einer nach streng orthodoxer Auffassung fragwürdigen zweiten Ehe führte, denn Fedor war krank und Ivan so minderbegabt, daß man nicht hoffen konnte, er würde jemals regierungsfähig werden. Sehr aktuell schien die Nachfolgefrage im übrigen nicht, denn Aleksej war 1672 erst 43 Jahre alt. Er ist jedoch nach kurzer Krankheit schon Anfang 1676 gestorben, und Fedor, den man beim Leichenbegängnis tragen mußte, folgte ihm bald nach. Die Schwäche des Zaren Fedor ließ die Macht sehr bald zu einem Spielball einander erbittert bekämpfender Hofcliquen werden, deren Kern die Familien der beiden Frauen Aleksejs bildeten. In den letzten Jahren Aleksejs waren die Naryškins, eine Familie mäßig vornehmer Herkunft, hochgekommen, Natal'jas Pflegevater A. S. Matveev, der Leiter des Posol'skij Prikaz, hatte die führende Rolle gespielt. Mit dem Regierungsantritt Fedors wendete sich das Blatt zugunsten der Fürsten Miloslavskij; Matveev wurde vom Hof entfernt und schließlich nach Pustozersk verbannt. Immerhin besaß Fedor Autorität genug, den Konflikt nicht offen zum Ausbruch kommen zu lassen. Natal'ja blieb mit ihrem Sohn im Kreml unbehelligt, und als Peter sieben Jahre zählte, wurde seine Erziehung, wie es der Tradition entsprach, den Frauen entzogen und dem Bojaren R. M. Streš-nev anvertraut. Wer Peters Lehrer in dieser Zeit waren, wissen wir nicht; der Unterricht, den er erhielt, war jedenfalls nicht entfernt mit jenem zu vergleichen, den seinen älteren Halbgeschwistern Simeon von Polock vermittelt hatte. Aber auch der beste Unterricht hätte wenig ausrichten können angesichts der Erlebnisse, die dem Zehnjährigen bevorstanden, als am 27. April 1682 auch sein regierender Bruder Fedor starb.

Kurz vorher war es noch zu einer Annäherung des Zaren an die Naryškins gekommen, so daß wider Erwarten deren Partei zuerst zum Zuge kam. Ein improvisierter ›Zemskij Sobor‹ der Trauergesellschaft wählte nach dem Leichenbegängnis durch Akklamation den zehnjährigen Peter zum Zaren; dessen Mutter Natal'ja wurde damit automatisch zur Regentin. Dieses Vorgehen war zweifellos anfechtbar, denn Ivan, damals fünfzehnjährig, war ja der ältere der beiden Brüder des verstorbenen Zaren. Auch für ihn wäre eine Regentschaft notwendig gewesen, und die wäre natürlich den Miloslavskijs zugefallen, deren Kandidatin für diese Aufgabe Sofija, die Schwester Ivans und Halbschwester Peters, war. Sofija sollte – wenn wir von der hl. Olga im 10. Jahrhundert absehen – die erste Frau in der russischen Geschichte werden, der eine aktive politische Rolle zufiel. Als einzige der zahlreichen Töchter des Zaren Aleksej war sie hierfür geeignet. Von natürlicher Intelligenz und durch die Erziehung des Simeon von Polock mit einem ganz anderen Maß von Bildung ausgestattet, als es bis dahin auch russischen Fürstentöchtern zuteil geworden war, wollte sie sich nicht mit der traditionellen Einschließung in die Frauengemächer abfinden. Schon ihr Verhältnis zu dem Fürsten V. V. Golicyn schlug aller Moskauer Tradition ins Gesicht, und nun wurde sie zur Seele der Aktion, die gegen die Naryškins in Gang kam.

Diese verstanden es nicht, den errungenen Erfolg zu sichern und auszubauen, zumal Matveev, der einzige fähige Kopf auf ihrer Seite, erst kurz vor dem Staatsstreich wieder in Moskau eintraf. Die Technik des Umsturzes war dieselbe, die von den Šujskijs in der Smuta mehrmals mit Erfolg angewendet worden war, nur daß sich die Miloslavskijs nicht der Moskauer ›Čern'‹, sondern der Strelitzen als eines unzufriedenen und leicht aufzuputschenden Elementes bedienten. Die Zeiten, da die Strelitzen ein Produkt des militärischen Fortschrittes dargestellt und den Kern des Moskauer stehenden Heeres gebildet hatten, waren lange vorbei. Schlecht bezahlt und durch allerlei kleinbürgerliche Nebenberufe dem Soldatenhandwerk entfremdet, waren sie zu einer Garnisonssoldateska abgesunken, die von ihren adeligen Offizieren kaum weniger ausgebeutet wurde als der leibeigene Bauer durch den Gutsbesitzer. Zu dem sozialen trat bei vielen Strelitzen das konfessionelle Ressentiment der Altgläubigen hinzu; das ergab ein Milieu, in dem jedes Gerücht auf fruchtbaren Boden fiel. Und wenn die zwanzig Moskauer Strelitzenregimenter zielbewußt in eine ihnen verständliche Richtung gelenkt wurden, dann stellten sie eine Macht dar, gegen die auch die Regierung in Moskau selbst so gut wie nichts unternehmen konnte. Nur ein Adelsaufgebot des Landes konnte ihrer Herr werden, wenn sie sich einmal ihrer Macht bewußt geworden waren. Wer die Strelitzen für sich hatte, bekam in Moskau fürs erste gewonnenes Spiel. Diese Voraussetzungen machen die folgenden Ereignisse verständlich.

Eine völlig skrupellose Agitation verbreitete unter den Strelitzen die Meinung, daß alle Gegner der Miloslavskijs ›Verräter‹ seien, und das Gerücht, die Naryškins hätten den Zarewitsch Ivan ermordet, brachte am 15. Mai 1682 den offenen Tumult zum Ausbruch. Es half wenig, daß sich Natal'ja mit Ivan und Peter der aufgebrachten Menge zeigte. Vor den Augen des zehnjährigen Zaren Peter wurden sein Onkel Afanasij Kirillovič Naryškin, Matveev und andere von der Freitreppe im Kreml auf die Lanzenspitzen der unten stehenden Strelitzen gestürzt, Peters Mutter selbst schien aufs äußerste bedroht. Niemals hat Peter diese grauenhafte Szene vergessen, er hat den Moskauer Kreml von diesem Tage an gehaßt. Die Miloslavskijs hatten ihr Ziel erreicht; ihre Gegner wurden physisch oder, soweit sie das Glück hatten, die ersten Tage des Strelitzenaufstandes zu überstehen, wenigstens politisch vernichtet. Aber es erwies sich für die politischen Sieger als ziemlich schwierig, die gerufenen Geister wiederum loszuwerden. Es rächte sich, daß man die gewünschten Veränderungen durch ›Bitten‹ der Strelitzen herbeiführen ließ: Am 23. Mai verlangten sie die gemeinsame Regierung beider Söhne Aleksejs, am 26. Mai die Erklärung Ivans zum rangersten Zaren, am 29. Juni die Betrauung Sofijas mit der Regentschaft für Ivan. Allen diesen Bitten wurde sofort entsprochen, und sehr bald fanden die Strelitzen Geschmack an dieser merkwürdigen Art zu regieren. Der neue Leiter des Strelitzenamtes (streleckij prikaz), Fürst Ivan Andreevič Chovanskij, spielte dabei eine sehr undurchsichtige Rolle. Während des Sommers 1682 lag die Macht faktisch in seinen Händen und nicht in denen der Regentin. Ob Chovanskij selbst nach der Zarenkrone strebte, wie man ihm später vorwarf, erscheint ungewiß, sicher aber ist, daß er sich für die Altgläubigen einsetzte. Drei Monate nachdem der geistliche Führer des Raskol, Avvakum, verbrannt worden war, erzwangen die Strelitzen am 5. Juli 1682 ein öffentliches Religionsgespräch zwischen Altgläubigen und Orthodoxen im Kreml. Die Lage in Moskau wurde allmählich auch für Sofija bedenklich. Ende August verließ sie mit der Regierung die Stadt, um vom Dreifaltigkeitskloster aus den Adel zu mobilisieren. Da es gelang, der Person Chovanskijs durch eine List habhaft zu werden, wurde die Lage der Strelitzen in Moskau bald aussichtslos. Der Patriarch vermittelte ihre Unterwerfung, und als sie am 8. Oktober der Regentin den Treueid leisteten, konnte deren Stellung bis auf weiteres als gesichert gelten. Der Machtkampf am Hofe war entschieden, aber die düstere Atmosphäre des Strelitzenaufstandes hatte gezeigt, wie weit Moskau noch vom aufgeklärten Europa entfernt war. Es sollte eines stärkeren Willens, als ihn Sofija einzusetzen hatte, bedürfen, um diese Entfernung zu überbrücken und die Schatten einer verzweifelten Rückständigkeit zu lichten.

Die Regentschaft der Zarewna Sofija

Die Regierung der Zarewna Sofija und ihrer Mitarbeiter, vor allem des Fürsten V. V. Golicyn, wird begreiflicherweise stets im Lichte der nachfolgenden petrinischen Epoche beurteilt. Mißt man ihre Leistung an der vorhergehender Moskauer

Regierungen, so wird man eher geneigt sein, auch Positives festzustellen. Sowohl die Regentin wie ihr leitender Staatsmann waren für Moskauer Verhältnisse gebildet und neuen Gedanken aufgeschlossen. Daß die neue Linie der Außenpolitik keine greifbaren Erfolge einbrachte, lag nicht nur an dem militärischen Versagen Moskaus. Wenn das Scheitern der beiden Feldzüge gegen die Krim genügte, um Sofijas Position unhaltbar zu machen, so ist das vor allem ein Beweis dafür, daß es in sieben Jahren den Anhängern der Regentin nicht gelang, diese Position im Innern zu befestigen. Die Voraussetzung dafür war zunächst gegeben, denn der Sieg der Miloslavskij-Partei war ein vollkommener. Auch lag der Gedanke, den Schritt von der Regentin zur Herrscherin zu wagen, Sofija gewiß nicht fern. Aber dieses Ziel wäre, wenn überhaupt, nur durch rasches und energisches Handeln, durch eine schonungslose Politik gegenüber der Opposition und durch rechtzeitige Ausschaltung der Zaren-Brüder zu erreichen gewesen. Diese Konsequenz vermochte offenbar weder Sofija noch Golicyn zu ziehen, und als der Duma-D'jak F. L. Šaklovityj, seit dem Sturze Chovanskijs der Leiter des Strelitzen-Prikazes, 1687 einen Versuch in dieser Richtung machte, war es bereits zu spät, versagten ihm die Strelitzen die Gefolgschaft. Im übrigen ließ man die Zügel schleifen und gab sich großmütig. Die Zeit arbeitete jedoch gegen Sofija, denn in Peter wuchs ein eindeutig regierungsfähiger Zar heran.

Um dieses Heranwachsen Peters haben sich im Laufe der Zeit zahlreiche Legenden gebildet. Häufig wurde es so dargestellt, als sei Peter mit seiner Mutter vom Hofe verbannt gewesen und habe in einer der Sommerresidenzen in der Umgebung Moskaus ein ärmliches Dasein geführt; aller anderen Unterrichts- und Ausbildungsmöglichkeiten beraubt, habe er allein bei den Ausländern der Nemeckaja Sloboda Verständnis und Anregung gefunden. Die Wirklichkeit sah etwas anders aus. Zwar blieb Natal'ja nach den Ereignissen des Jahres 1682 jede politische Einflußmöglichkeit genommen, aber sie wohnte mit ihrem Sohn nach wie vor im Kreml. Nur der Sommer wurde jeweils außerhalb Moskaus, in den späteren Jahren meistens in Preobraženskoe verbracht, und das ist allerdings sicher, daß Peter diese Sommeraufenthalte um der größeren Freiheit willen mehr liebte als Moskau und den Kreml und sie nach Kräften auszudehnen bestrebt war. Die Teilnahme an offiziellen Staatsakten, zu der man ihn häufig nach Moskau holte, mußte er als unliebsame Störung empfinden.

Ganz ohne Unterricht ist Peter auch in diesen Jahren nicht geblieben. Allerdings bewegte sich das, was ihm der D'jak Zotov zu bieten hatte, in den für Moskau konventionellen Bahnen, und was Peter davon aufzunehmen bereit war, ging über ziemlich bescheidene Elementarkenntnisse nicht hinaus. Lesen und recht mangelhaft schreiben, einiges aus der Geschichte und aus der Geographie – mehr hat Peter im Rahmen der vorgesehenen Ausbildung nicht gelernt. Sein Interesse lag auf einem ganz anderen Gebiet, seine große Leidenschaft von früh an war das Soldatenspielen. Schon seit 1683 findet sich in den Akten der Ausdruck ›Potešnye polki‹ – Spielregimenter (entsprechend den ›potešnye sela‹ – Vergnügungsdörfern, eben jenen Sommerresidenzen, in denen Peter seiner Leidenschaft frönen konnte). Aktenkundig wurde Peters Soldatenspielen deshalb, weil es Geld kostete. Die Regentin bewilligte die erforderlichen, von Jahr zu Jahr steigenden Mittel, ohne zu ahnen, welche politische Bedeutung Peters Spielregimentern einmal zukommen würde. Was als ein kindliches Vergnügen im Kreise der hochadeligen Spielkameraden und unter Heranziehung des Hofgesindes begann, das nahm sehr bald wirklichkeitsnahe Züge an. Die ständig größer werdenden Spielregimenter wurden nach allen Regeln der Kriegskunst ausgebildet. Der ›Dienst‹ in ihnen war um nichts leichter als der in regulären Truppenteilen, und das Ergebnis waren am Ende der Regentschaftsperiode auch zwei reguläre Regimenter, in denen der junge Zar jeden Mann kannte und in denen jeder Mann sich als Regimentskamerad des Zaren fühlen konnte. Unter ihren Bezeichnungen nach den ›Vergnügungsdörfern‹ – zunächst gab es das Preobraženskij- und das Semenovskij-Regiment, später trat noch das Izmajlovskij-Regiment hinzu – sollten die ›Spielregimenter‹ als die ebenso berühmten wie verwöhnten Garderegimenter des russischen Imperiums in die Geschichte eingehen.

Vom Militärischen her und immer unter dem Gesichtspunkt des Militärischen erweiterten sich Peters Interessen nach und nach. Es war das technisch Neue, das ihn faszinierte und das er sofort selbst erproben wollte. Ein Instrument, mit dem man Entfernungen messen konnte, ohne sie abschreiten zu müssen, erregte das Interesse des begeisterten Artilleristen, und Fürst Jakov F. Dolgorukij, der davon erzählt hatte, mußte 1687 ein solches Instrument aus Paris mitbringen. Stellte sich dann heraus, daß das ›Astrolabium‹ ohne geometrische Kenntnisse nicht zu bedienen war, so fand sich Peter sogleich bereit, bei dem Holländer Franz Timmermann Geometrie zu lernen. Ein Schiff, mit dem man gegen den Wind segeln konnte, erschien dem Sechzehnjährigen, der bis dahin nur auf dem Flüßchen Jauza Kahn gefahren war, als ein unbegreifliches Wunder technischer Vollkommenheit, und so wurde das zufällig entdeckte Wrack eines seetüchtigen Bootes aus den Tagen Aleksejs zum Ausgangspunkt einer neuen, zeitweise alles andere verdrängenden Leidenschaft für die Seefahrt. Der Erbauer dieses Bootes, der Holländer Karsten Brant, den Aleksej nach Rußland geholt hatte, um Schiffe für das Kaspische Meer herzustellen, lebte noch in der Ausländervorstadt. Er mußte Peter das Segeln lehren und ihm die Anfangsgründe der Schiffsbaukunst beibringen. Dem Entdeckerungestüm Peters genügte der Teich in Izmajlovo bald nicht mehr, und noch in demselben Sommer 1688 übersiedelte er mit seinen holländischen Lehrmeistern an den See von Perejaslavl' (etwa 120 km nördlich von Moskau). Man ahnt die unbezähmbare Energie, die in diesem jungen Romanov steckte und die ausreichen sollte, die konservative Trägheit des alten Moskau zu überwinden und das russische Volk in eine Hetzjagd des Nachholens, Einholens und Überholens zu stürzen.

Politische Aspekte hatte all dies freilich noch nicht. Peter ging völlig auf in seinen militärisch-technischen Hobbys und überließ es seiner Mutter und deren Freunden, die politischen Intrigen gegen die Regentin Sofija zu spinnen. Viel Aufwand war nicht nötig; es genügte, zu protestieren, wenn Sofija gegen die Optik der stellvertretenden Herrschaft verstieß und zögernde Versuche machte, sich die Insignien der wirklichen

Herrschaft beizulegen, es genügte, den allmählich zu einem Mann von imponierender Leibesgröße heranwachsenden Peter bei jeder sich bietenden Gelegenheit in den Vordergrund zu schieben, und es genügte schließlich, abzuwarten, bis sich das unpopuläre Regime durch Fehler und Mißerfolge selbst unmöglich machte. Als man Peter am 27. Januar 1689 mit Evdokija Fedorovna Lopuchina verheiratete, um seine Volljährigkeit zu demonstrieren, führte auch das zu keiner Änderung seiner Lebensweise, denn was seine Umgebung für Knabenspiele hielt, das war längst Lebensinhalt geworden, und Peters Weg zur Politik und in seine herrscherliche Aufgabe hinein konnte keine andere Richtung mehr nehmen als die über diesen selbstgewählten und mit aller Energie selbst entfalteten Lebensinhalt.

Der Sturz Sofijas vollzog sich im Sommer 1689 in Gestalt eines politischen Erdrutsches. Der zum zweitenmal gescheiterte Angriff auf die Krim hatte das allgemeine Mißvergnügen auf einen Höhepunkt gebracht, und als Peter, durch ein falsches Gerücht, daß ihm die Strelitzen nach dem Leben trachteten, erschreckt, bei Nacht und Nebel am 7. August in das Dreifaltigkeitskloster floh, kam es zu einer raschen Klärung der Fronten. Die im Namen Peters ergehenden Befehle wurden befolgt, Sofijas Gegenbefehle hatten keine Wirkung mehr. Als die Strelitzen regimenterweise zu Peter übergingen und der von Sofija mit einer Vermittlung beauftragte Patriarch Joakim sich entschloß, bei Peter im Troice-Sergiev-Kloster zu bleiben, war der Kampf entschieden. Šaklovityj und einige andere wurden hingerichtet, Fürst V. V. Golicyn degradiert und verbannt, Sofija gezwungen, sich in das Moskauer Novodevičij-Kloster zurückzuziehen.

Daß sich mit der Wachablösung in den leitenden Personen sogleich Wesentliches änderte, läßt sich nicht behaupten, jedenfalls nicht zum Besseren. Die siegreiche Partei verkörperte ja keineswegs den Fortschritt. Der Nepotismus Natal'jas, durch den nun wieder die Naryškins zum Zuge kamen, war nicht besser als der Sofijas, der den Miloslavskijs zugute gekommen war. An die Stelle des gebildeten Fürsten V. V. Golicyn trat als Leiter des Außenamtes der völlig unfähige Lev

Naryškin, und wenn es nach dem Patriarchen Joakim gegangen wäre, hätte man nicht nur die unter Sofija zugelassenen Jesuiten, sondern alle Ausländer aus Moskau und aus Rußland verjagt. Man muß dieses Regime einer ebenso beschränkten wie anmaßenden Rückständigkeit in Rechnung stellen, wenn man Peters spätere Reaktion auf das alte Moskau begreifen will. Auf dem Hintergrund des Strelitzenaufstandes von 1682 entstand für ihn ein immer von neuem bestätigtes Bild abstoßender Ignoranz. Als der Patriarch Joakim 1690 starb, konnte ihm der weltkundige Metropolit Marcelij von Pskov, für den sich Peter einsetzte, nicht nachfolgen, weil er, wie es der Zar später formulierte, ›barbarische‹ d. i. westliche Sprachen beherrschte, einen zu kurzen Bart trug und seinen Kutscher auf dem Bock anstatt, wie im rechtgläubigen Moskau üblich, auf dem Pferd sitzen ließ.

Aber es war selten, daß Peter auf Entscheidungen solcher Art Einfluß zu gewinnen suchte. Die unbeschränkte Macht, über die er nun verfügte – sein debiler Halbbruder und Mitzar Ivan (gest. 1696) zählte nicht –, ließ ihn auffallend unversucht. Er gebrauchte sie im Grunde nur, um seine ›Spiele‹ zu Lande und zu Wasser in immer größerem Maßstab zu inszenieren. Nun hielt ihn nichts mehr, mit seinen Freunden nach Archangel'sk zu ziehen und die Seefahrt auf der wirklichen See zu versuchen. Sein Leben lang sollte er im Herzen ›the great shipper‹ bleiben, wie ihn Gordon in seinem Tagebuch nennt. Und von den wochenlangen Manövern bei Kožuchovo im Herbst 1694 meinte der Zar selbst ein Jahr später, daß sie ›nichts als die Belustigung im Sinne‹ gehabt hätten und doch ›ein Vorläufer des jetzigen Krieges geworden‹ seien. Aber Umfang und Kosten des zarischen Pläsiers hätten kaum weltgeschichtliche Bedeutung erlangt, entscheidend wurden vielmehr die persönlichen Kontakte, zu denen es führte und in denen sich das Weltbild des Zaren endgültig formte. Jetzt erst öffnete sich ihm der freie Zugang zur Ausländervorstadt (nemeckaja sloboda), den die Legende schon in viel frühere Jahre verlegt, jetzt erst gewann er jene Freunde und Mitarbeiter, die ihm die so ganz andere Welt des ›Westens‹ wirklich erschließen konnten. Ihre Zahl wurde von Jahr zu Jahr größer, denn Peter zog alles in seine Umgebung, was Unterrichtung und Belehrung versprach, aber zwei Ausländer vor allem sind zu nennen, die vom Jahre 1690 an Einfluß auf ihn gewannen: General Patrick Gordon (geb. 1635), ein katholischer Schotte, der den Zaren in allen militärischen Dingen beriet, ein Mann von solidem Wissen und großer Erfahrung, der eine europäische Korrespondenz führte und in einem abenteuerreichen Leben festen Charakter bewahrt hatte. Gordons Haus war das erste in der Ausländervorstadt, in dem Peter einkehrte. Wesentlich jünger als Gordon, eben darum aber Peter noch näher stehend, war der Genfer Franz Lefort (geb. 1653), den die puritanische Strenge seiner Heimatstadt auf Wanderschaft getrieben hatte und der in russischen Diensten schon von V. V. Golicyn bis zum Obersten gefördert worden war. Leforts Stärke war nicht das Militärische, aber er muß eine ungewöhnliche Gabe besessen haben, auf die Intentionen des jungen Zaren einzugehen und eine Atmosphäre des unbeschwerten Lebensgenusses zu schaffen, in der Peter frei atmen konnte. Lefort war es, der Peter in das gesellschaftliche Leben der Ausländervorstadt hineinzog, der ihn aus der Enge der altmoskauer Vorurteile herausführte in eine aufgeklärte und tolerante Welt. In denselben Jahren, in denen das offizielle Moskau im Geiste des Patriarchen Joakim den Ausländern alle möglichen Schwierigkeiten bereitete, besuchte Peter in der Nemeckaja Sloboda die katholische Kirche, deren Bau er Gordon gestattet hatte, und stand bei lutherisch getauften Offizierssöhnen Gevatter. Waren es Mädchen, für die man einen angesehenen Paten suchte, so wählte man gerne die ›Jungfrau Anna Margaretha Monson‹, die schöne Goldschmiedtochter, mit der Peter jahrelang ein enges Verhältnis verband.

Aus Spiel wird Ernst

Am 29. Juli 1690 vertraute Gordon seinem Tagebuch die Hoffnung an, daß man seine Ansprüche befriedigen würde, ›wenn der jüngere Zar selbst die Regierung übernehmen wird‹. Peter drängte sich nicht zu den Regierungsgeschäften. Erst als seine Mutter im Januar 1694 starb, mußte er sich ihnen mehr und mehr widmen, und erst von diesem Zeitpunkt ab begann er Staat und Gesellschaft in eine Richtung zu lenken, die seinem inzwischen gewonnenen Weltbild entsprach. Der Sommer 1694 war noch mit nautischen Geschäften in Archangel'sk hingegangen, im Herbst hatte Peter seine Armee bei Kožuchovo geprüft, im Winter fiel die Entscheidung für einen Feldzug gegen die Türken. Im Kriege befand sich Rußland mit der Türkei seit dem Jahre 1687, aber seit Golicyns zweitem Mißerfolg (1689) war es zu keinen größeren militärischen Aktionen mehr gekommen. Die Verbündeten erhoben in Moskau seit Jahren Vorwürfe wegen dieser Untätigkeit, andererseits versprachen Friedensverhandlungen nicht den geringsten Erfolg, solange man nicht wenigstens auf einen Teilsieg hinweisen konnte. Die Lage war für die Moskauer Regierung um so peinlicher, als man ursprünglich den Mund sehr voll genommen und exorbitante Friedensbedingungen diplomatisch kundgetan hatte. Nun war man in Gefahr, bei einem Separatfrieden des Kaisers mit den Türken ohne jedes Entgelt für den Aufwand zweier Feldzüge allein zu bleiben, von dem Prestigeverlust gar nicht zu reden. Diese Situation konnte einen neuen Feldzug hinreichend motivieren. Ob für Peter darüber hinaus auch andere Motive ins Gewicht fielen, etwa der Wunsch, die ›Spielregimenter‹ an einem ernsthaften Gegner zu erproben, die Aussicht, zur Küste eines wärmeren Meeres durchzustoßen, oder das Bedürfnis, nicht ohne einen greifbaren Beitrag zur gemeinsamen Sache die vielleicht schon geplante Reise nach dem Westen anzutreten, muß dahingestellt bleiben. Auch ist daran zu denken, daß der junge Zar gewiß nicht unempfänglich war für den Ruhm, den ein christlicher Herrscher im Kampf gegen die Ungläubigen erwerben konnte.

Die Wahl Azovs als Angriffsziel ergab sich aus den Erfahrungen der Mißerfolge Golicyns. An der Donmündung konnte man auf die wirksame Unterstützung der Donkosaken zählen und donabwärts ließen sich Anmarsch und Nachschub leichter organisieren. Mit einer Diversion in Richtung der Dneprmündung und der Landenge von Perekop wurde die Adelsreiterei unter B. P. Šeremetev beauftragt, auf das eigentliche Ziel setzte Peter die ›Potešnye polki‹ und die Truppen ›neuer Ordnung‹ an. Aber was den Donkosaken 1637 gelungen war, blieb der europäisierten Armee Moskaus versagt. Die Türken widerstanden allen Angriffen, vor allem deshalb, weil es nicht gelang, ihnen den Nachschub vom Azovschen Meer her abzuschneiden. Dazu hätten die Russen seetüchtiger Schiffe bedurft, über die sie nicht verfügten. Daß Peter aus anderem Holz geschnitzt war als Golicyn, zeigte seine Reaktion auf den Mißerfolg. Nun erst begann der Bombardier Peter des Preobraženskij Regimentes den russischen Staat wirklich zu regieren. Die Stimmung in Moskau war nicht gut: Ein weiteres Mal hatten die Ausländer versagt, die der Zar so sichtbar bevorzugte. Hatte der Patriarch Joakim nicht doch recht gehabt, als er vor der Verderblichkeit des Ausländerwesens warnte? Peter ließ sich durch das Murren nicht beeindrucken; er hatte erkannt, wo die Fehler gelegen waren, und faßte nun mit harter Hand alle verfügbaren Kräfte zusammen, um die Scharte im nächsten Feldzug besser vorbereitet auswetzen zu können. Während des Winters entstand in Voronež am Oberlauf des Don eine Flotte von dreißig Galeeren nach holländischem Muster. Peter legte persönlich mit Hand an und zwang seinen Leuten durch persönliches Beispiel das Äußerste an Leistung ab. Das widersprach allen Moskauer Traditionen ebenso wie der Name des Schiffes, an dem der Zar mitarbeitete – ›Principium‹. Aber der Erfolg gab Peters Prinzipien recht: Unter Lefort als dem ersten russischen Admiral errang die neue Flotte die Herrschaft im Azovschen Meer, und am 18. Juli 1696 kapitulierte Azov, noch ehe die russische Armee zum Hauptsturm angesetzt hatte.

Der Erfolg war vor allem auch ein politischer. Nun verfügte Rußland über ein Faustpfand für kommende Verhandlungen mit den Türken, Separatabschlüssen der Verbündeten (in Polen war König Johann Sobieski, der zuverlässige Türkenfeind, einen Monat vor der Einnahme Azovs gestorben!) konnte man mit mehr Ruhe entgegensehen, und für sein Prestige brauchte Peter, den der Sieg mit einem Schlage in Europa berühmt gemacht hatte, nicht mehr zu fürchten.

Den Siegen der Kaiserlichen an der Donau hatte Rußland nun auch einen Sieg über die Türken entgegenzusetzen, die künftigen Konkurrenten bei der Lösung der ›orientalischen Frage‹ hatten den ersten Schritt aufeinander zu getan. Freilich war Azov nicht mehr als ein abgelegenes und schwer zu verteidigendes Grenzfort des Osmanischen Reiches, und schon die Regierung Sofijas hatte die Räumung der Halbinsel Krim durch die Türken und Tataren als wichtigstes Kriegsziel proklamiert. Würde der Zar den Angriff fortsetzen?

Seine Maßnahmen nach dem Sieg beweisen eindeutig, daß er sich mit dieser Absicht trug. Die zerstörte Festung Azov wurde wieder aufgebaut und mit einer starken Garnison belegt. Der Flottenbau wurde mit höchster Energie weiter vorangetrieben, denn ein Angriffsunternehmen gegen die Krim würde der Flotte neue, viel größere Aufgaben stellen. In diesem Fall würde sie sich im Schwarzen Meer durchsetzen müssen. Der Flottenbau wurde vorübergehend geradezu dominierender Staatszweck, dem sich alles unterzuordnen und dem alles zu dienen hatte: Von je 10000 Bauernhöfen weltlichen und von je 8000 Bauernhöfen geistlichen Grundbesitzes war ein Schiff auszurüsten, die Städte hatten insgesamt für 12 Schiffe aufzukommen. Dazu waren von den Betroffenen ›kumpanstva‹ — Schiffsbaukompanien zu bilden, die von der Regierung unmittelbar ihre Anweisungen erhielten. Solcher Aufwand bliebe unverständlich, wenn Peter keine weiteren Ziele im Süden verfolgte. Zuvor aber mußte das Terrain der europäischen Politik erkundet werden. Das sollte die Aufgabe einer großen Gesandtschaft sein, die im März 1697 aus Moskau aufbrach und der sich unter dem Inkognito des Desjatniks (Zehnerschaftsführers) Peter Michajlovič der Zar persönlich anschloß.

Die erste Auslandsreise des russischen Zaren wurde zur europäischen Sensation und hat die Gemüter der Zeitgenossen auf das höchste erregt. Phantastische Motive mutete man Peter für dieses ungewöhnliche Unternehmen zu. Daß der außenpolitische Zweck jedoch durchaus im Vordergrund stand, unterliegt kaum einem Zweifel. Es mag dem Zaren, auch wenn er so unterhaltungs- und neuigkeitssüchtig war, wie der kaiserliche Agent Otto Pleyer meinte, nicht leicht gefallen sein, das Land für so lange Zeit zu verlassen. Seine kurze Regierung hatte zwar den Erfolg von Azov, aber im übrigen nur Lasten gebracht und die oppositionelle Stimmung genährt. Die Aufzeichnungen des Staretz Avraamij im Moskauer Andreevskij-Kloster lassen deutlich erkennen, wie sehr Peters Art zu regieren den Vorstellungen des Volkes zuwiderlief. Viel schlimmer war, daß kurz vor der Abreise eine Verschwörung gegen das Leben des Zaren aufgedeckt wurde. Der beteiligte Strelitzenoberst Cikler belastete Sofija. Die Strelitzen und die Miloslavskijs, das war eine Kombination, die Peters Haß von Kindheitstagen her aufwühlen mußte und eine Reaktion von grauenhafter Symbolkraft hervorrief: Der Zar ließ die sterblichen Überreste des 1685 verstorbenen Ivan Miloslavskij exhumieren und so auf der Richtstätte lagern, daß sie vom Blut der gevierteilten Verschwörer überströmt wurden. Auch das war Peter der Große, von dem sich zur gleichen Zeit Leibniz berichten ließ, daß er ›daran denke, in Moskau die kultivierten Sitten Europas einzuführen‹.

Wenn Peter trotzdem an dem Plan der Auslandsreise festhielt, so müssen ihn starke Gründe dazu bewogen haben. Die offizielle Ankündigung vom 6. Dezember 1696 bezeichnete als Zweck der Gesandtschaft ›Angelegenheiten, die der ganzen Christenheit gemeinsam sind, Schwächung der Feinde des Kreuzes – des türkischen Sultans, des Krim-Chans und aller muselmanischen Horden – und dauernde Mehrung der christlichen Herrscher‹. Das war gewiß kein Vorwand. Als der Zar aufbrach, lagen für ihn die nächsten Ziele noch im Süden. Auch der offenkundige Nebenzweck der Reise, die Seefahrt und den Schiffsbau an den Quellen in Holland, England und Venedig zu studieren, war diesen Zielen untergeordnet, denn die Flotte, die alle diese nautischen Experten – schon im November 1696 hatte Peter 61 junge Adelige zu entsprechendem Studium ins Ausland geschickt, neun Monate verbrachte er selbst zu diesem Zweck in Holland und England, und an die tausend Fachleute konnten von der Gesandtschaft angeworben werden – erbauen und befehligen sollten, war als Schwarzmeerflotte geplant.

Wichtiger aber war es festzustellen, ob es überhaupt noch ›der ganzen Christenheit gemeinsame Angelegenheiten‹ gab. Das polnische Interregnum mit der stets gegebenen Möglichkeit einer französischen Kandidatur und die heraufziehenden Wolken des spanischen Erbfolgekrieges mahnten zur Vorsicht. Es ist verständlich, daß sich Peter in dieser sehr unklaren Lage persönlich orientieren wollte, auch mochte er wohl hoffen, selbst der wirksamste Fürsprecher seiner Interessen zu sein. Und schließlich konnte der reisende Autokrator, wenn sich die Lage entscheidungsreif veränderte, schon unterwegs neue Entschlüsse fassen, wie es dann ja auch wirklich geschah. Das Inkognito war nicht sehr ernst gemeint; es war von vornherein klar, daß die offiziellen Gesandten – Lefort, F. A. Golovin, der russische Unterhändler von Nerčinsk, und P. B. Voznicyn – in Anwesenheit des Zaren nur eine untergeordnete Rolle spielen würden. Peter nahm es sogar sehr übel, als sich die schwedischen Behörden in Riga streng an das Inkognito hielten und die durchreisende russische Gesandtschaft zwar korrekt, aber wenig entgegenkommend behandelten. Das hieraus entstehende antischwedische Ressentiment des Zaren sollte dessen politische Entscheidungen sehr bald beeinflussen. Es hat die Kriegserklärung an Schweden natürlich nicht verursacht, aber es konnte ihr immerhin als Vorwand dienen.

Im übrigen ließ sich die Entwicklung besser an als erwartet. Noch ehe Peter aus Moskau aufgebrochen war, hatten die russischen Diplomaten in Wien mit dem Kaiser und Venedig eine neues Defensiv- und Offensivbündnis abgeschlossen (8. Februar 1697). In Polen kam es im Juni zwar zu einer Doppelwahl zwischen dem Herzog de Conti und Friedrich August von Sachsen, aber das Königtum des Franzosen erwies sich bald als unrealisierbar. August II., der Starke, hatte sich schon vor seiner Wahl verpflichten müssen, Podolien mit eigenen Mitteln der Krone Polen wiederzugewinnen, auch Polen blieb also in der antitürkischen Koalition. Zar Peter, der die Friedensverhandlungen in Rijswijk während seines Aufenthaltes in Holland aus nächster Nähe beobachten konnte, hielt die Gefahren im Westen zwar noch nicht für gebannt, aber er meinte doch, seinen nautischen Studienaufenthalt in England bis zum Mai 1698 ausdehnen zu können. So kam er erst im Juni dieses Jahres nach Wien, um jene antitürkischen Koordinierungsverhandlungen zu führen, die er ursprünglich als erstes vorgehabt hatte. Inzwischen hatte er aber den Wettlauf mit der Zeit verloren. Nach den neuerlichen Erfolgen des Prinzen Eugen (Sieg bei Zenta am 11. September 1697) war man in Wien nur mehr an einem raschen Friedenschluß mit den Türken interessiert, um im Westen freie Hand zu haben. Peter mußte einsehen, daß der Kaiser nicht warten konnte und wollte, bis die umständlichen maritimen Vorbereitungen des russischen Verbündeten Früchte trugen, und sich nur widerstrebend bereit erklärte, bei den Friedensverhandlungen in Karlowitz den russischen Anspruch auf Kerč zu unterstützen. Was kommen mußte, kam: Als die Türken in Kenntnis der Sachlage die russische Forderung rundweg ablehnten, ließen die Verbündeten diese fallen und schlossen ohne Rußland Frieden; Voznicyn, dem russischen Vertreter in Karlowitz, blieb nichts übrig, als sich mit einem zweijährigen Waffenstillstand zu begnügen. Was Peter allerdings mit einem gewissen Recht erbittern mußte, war die Tatsache, daß August II. von Polen ohne die geringste militärische Leistung Podolien zurückerhielt. Darin lag ein kränkender Unterschied in der Solidarität christlicher Mächte.

Die Hoffnung, im Rahmen der antitürkischen Liga den russischen Waffenruhm zu mehren, mußte der Zar schon während seines Aufenthaltes in Wien aufgeben. Als ihn am 28. Juli die Nachricht von einem neuen ›bunt‹ (Aufstand) der Strelitzen erreichte, gab er auch den geplanten Besuch Venedigs auf und trat eilends die Heimreise an. Weitere Nachrichten, die unterwegs eintrafen, klangen beruhigend – Gordon war mit den Strelitzen bereits fertig geworden –, und so ließ sich Peter zu jener Begegnung mit August II. in Rawa Ruska bei Lemberg Zeit, bei der die beiden fast gleichaltrigen Monarchen in massiven Festivitäten Gefallen aneinander fanden und ›die Absicht‹ festlegten, ›gemeinsam gegen die Krone Schweden Krieg zu führen, um ihrer vielen Übergriffe willen‹. Von wem war der Gedanke ausgegangen?

August stand seit dem 29. März 1698 mit Dänemark in einem Bündnis, das zwar nicht dem Wortlaut, aber dem Sinne nach gegen Schweden gerichtet war; die schwedischen Besitzungen diesseits der Ostsee mochten der Begehrlichkeit des leichtfertigen Polenkönigs als eine leichte Beute erscheinen. Peter war durch die Wiener Enttäuschung vor die Notwendigkeit einer neuen außenpolitischen Konzeption gestellt. Man hatte ihm schon in Königsberg ein Defensivbündnis gegen Schweden angeboten. Nun sah er, den die antitürkische Liga im Stich zu lassen drohte, die Möglichkeit einer antischwedischen Liga auftauchen. Zwar konnte man gegen Schweden keinen heiligen Krieg im Namen der Christenheit führen, aber man konnte offene Rechnungen begleichen – die von Riga und eine viel ältere von Stolbovo und Kardis. Und – für Peter gewiß nicht das unwichtigste Argument – die künftige russische Flotte konnte ebenso gut in der Ostsee wie im Schwarzen Meer operieren. Mögen die böse Absicht zuerst die Dänen gehabt und das Stichwort in Rawa Ruska August II. gegeben haben, die Seele des Planes und des Krieges wurde Peter.

KRIEG UND AUSSENPOLITIK UNTER PETER DEM GROSSEN

Von Narva bis Poltava

So rasch Peter seine neue Politik konzipiert und seinen neuen Gegner ins Auge gefaßt hat – wie alle unterschätzte er natürlich den 1697 zur Regierung gekommenen, eben sechzehnjährigen Karl XII. –, mehr als mündliche Vereinbarungen war er in Rawa Ruska nicht eingegangen. Noch dauerte der Krieg mit den Türken an. Erst als Voznicyn in Karlowitz den Waffenstillstand abgeschlossen hatte, kam im November 1699 das Offensivbündnis mit dem polnischen König zustande. Gleichzeitig ging der bewährte Dumad'jak Ukraincev nach Konstantinopel, um den endgültigen Frieden zu betreiben. Der Zar drängte wiederholt, denn die Vorbereitungen zum Krieg gegen Schweden waren weit gediehen, aber erst als er im August 1700 die Nachricht vom Friedensschluß (3./14. Juli) erhielt – Rußland gewann Azov und brauchte dem Krimchan keine Zahlungen mehr zu leisten –, erklärte er Karl XII. den Krieg. Seit seiner Heimkehr von der großen Auslandsreise waren noch nicht zwei Jahre vergangen, und von diesen standen die ersten Wochen und Monate ganz im Zeichen der blutigen Abrechnung mit den Strelitzen, einer Kriegsvorbereitung sehr eigener Art.

Es gibt Berichte, daß Peter sich an den Folterungen und Massenhinrichtungen persönlich beteiligt habe; persönlich anwesend war er in vielen Fällen gewiß. Und es ist gut bezeugt, daß der Zar, solange die Strelitzenprozesse andauerten, den Eindruck eines tief aufgewühlten und zuinnerst erregten Menschen machte. Zu dem Anlaß stand das in keinem rechten Verhältnis, denn die Meuterei einiger Strelitzenregimenter, die man von Azov an die Nordwestgrenze verlegt hatte, war keine ernste militärische Gefahr. Sie war im Grunde nicht mehr als die verzweifelte Aktion einer seit Jahren gedemütigten, in ihrer Existenz bedrohten und in ihrem Weltbild erschütterten Menschengruppe. Ohne Zweifel bildeten die Strelitzen, eine Art verbürgerlichter Janitscharen, ein militärisch nur mehr wenig brauchbares und politisch unter Umständen gefährliches Element. Sie aus der Hauptstadt zu entfernen, zu reformieren oder vielleicht überhaupt aufzulösen, war ratsam. Aber Peter war nicht fähig, dieses Problem nüchtern zu sehen und sachlich zu behandeln. Zu eng waren für ihn die Strelitzen mit den Erlebnissen der Jahre 1682 und 1689 verbunden, er konnte sie als ›die Saat der Miloslavskijs‹ nur hassen. So hat er sie in ihrer Truppenehre gekränkt, wo er nur konnte, indem er ihnen die von Ausländern geführten Truppen neuer Ordnung sichtbar vorzog. Vor Azov waren die Strelitzen so eingesetzt worden, daß sie die weitaus schwersten Verluste davontrugen, und nun sollten sie auf Grenzgarnisonen verteilt, d. h. von ihren Familien getrennt und ihres längst traditionellen Nebenerwerbs beraubt werden. Dagegen meuterten sie. Schuld an ihrer verzweifelten Lage gaben sie weniger dem Zaren als den verhaßten Ausländern und den Bojaren, die mit diesen gemeinsame Sache machten. All dies fiel für Peter kaum ins Gewicht; er sah und suchte hinter dem Strelitzenaufstand nichts anderes als die politische Intrige Sofijas. Daß die Folterungen von Tausenden primitiver Menschen schließlich die gewünschten Geständnisse ergaben, nimmt nicht wunder. Ein Beweis für die organisierte Absicht, den Zaren zu stürzen, liegt darin kaum. Die angebliche Hauptschuldige, Sofija, kam auch allen umlaufenden Diplomatengerüchten zum Trotz auffallend glimpflich davon: Sie wurde gezwungen, in dem Kloster, in dem man sie seit 1689 interniert hielt, Nonne zu werden (gest. 1704). Furchtbar aber war Peters Rache an den Strelitzen: Im September 1698 wurden etwa tausend, im Februar 1699 noch einmal mehrere hundert hingerichtet, im Juni 1699 wurden alle noch bestehenden Strelitzenregimenter aufgelöst, kein ehemaliger Strelitz durfte je wieder Soldat werden (dies blieb Theorie). Die Verfolgung erstreckte sich auch auf die Familien: »Es wurde Befehl gegeben, weder eine der Frauen noch eins der Kinder der mit dem Tode bestraften Strelitzen aufzunehmen« (Gordon). Europa, das sich eben anschickte, den aufgeklärten Zaren zu bewundern, und nun durch das ›Diarium itineris in Moscoviam‹ des kaiserlichen Gesandtschaftssekretärs Korb über alle Einzelheiten ins Bild gesetzt wurde, war entsetzt. Leibniz sah seine Hoffnungen gefährdet und fürchtete, ›daß so viele Hinrichtungen anstatt den widerspenstigen Geist zu bändigen ihn gleichsam durch Ansteckung noch verbittern werden‹. Aber der Amsterdamer Bürgermeister Nicolaus Witsen, dem gegenüber der Philosoph diese Befürchtung äußerte, beruhigte ihn als erfahrener Rußlandkenner: Da sei nichts zu befürchten, ›denn es herrscht dort die Sitte, die Frauen, die Kinder und selbst alle Verwandten der Hingerichteten nach Sibirien und in die entferntesten Gegenden zu schicken‹. Für den Augenblick mochte Witsen recht haben, aber auf weite Sicht erwiesen sich die Bedenken von Leibniz als sehr begründet. Was mit dem Raskol begonnen hatte, setzte sich in den verstoßenen Strelitzen fort: Das einfache Volk, dem seine Kirche fremd geworden war, verstand nun auch seinen Staat nicht mehr. Die Hauptschuld an dem Verlust des alten Glaubens und der alten Gerechtigkeit gab es den Fremden, während ihm der Zar mehr als deren schlecht beratenes Opfer erschien.

Wo sich jene Kluft aufzutun begann, die das moderne, europäisierte Rußland niemals zu überbrücken vermochte, da meinte Peter freilich, reinen Tisch geschaffen zu haben. Voll des guten Willens, sein Land aus der dumpfen Trägheit überlebter Traditionen in das helle Licht europäischer Aufklärung zu führen, war er zu jung und zu ungeduldig, zwischen menschlicher Not und bösem Willen zu unterscheiden. Die Strelitzen haben an dem Krieg gegen Schweden nicht mehr teilgenommen, aber die Soldaten in Peters neuer Armee, die der Primat der Außenpolitik von Jahr zu Jahr wachsen ließ, kamen genau so wie jene aus dem russischen Dorf, dem die Heldentaten eines Stenka Razin lebendigeres Vorbild waren als die europäische Zivilisation.

Der Krieg ließ sich nicht gut an. Die Betriebsamkeit des Livländers Johann Reinhold Patkul, der mit den Schweden eine alte Rechnung zu begleichen hatte und im Oktober 1698, also nach der Monarchenbegegnung in Rawa Ruska, in den Dienst Augusts II. getreten war, förderte zwar die Kontakte der interessierten Mächte, und im Herbst 1699 kamen die entsprechenden zweiseitigen Defensiv- und Offensivverträge zustande (im September der dänisch-russische und der dänisch-sächsische, im November der sächsisch-russische), aber die Koordinierung der Angriffsoperationen mißglückte, nicht zuletzt auch deshalb, weil die russische Beteiligung vom Friedensschluß mit der Türkei abhing. Als Peter Ende August 1700 endlich den Krieg erklären und beginnen konnte, war Dänemark nach Anfangserfolgen in Holstein durch einen erfolgreichen Angriff Karls XII. auf Kopenhagen schon am 19. August zum Frieden von Travendal gezwungen worden und aus der Koalition wiederum ausgeschieden. Der Schwedenkönig widerlegte die überhebliche Beurteilung durch seine älteren Gegner und erwies sich als ein blendender Stratege. In einer blitzschnellen Aktion wandte er sich nach Nordosten, zwang die Sachsen zur kampflosen Aufgabe der Belagerung von Riga und schlug die Russen, die schon vor Narva-Ivangorod liegen geblieben waren, am 19./30. November 1700 vernichtend. Der Zar hatte die Armee einen Tag vor der Schlacht verlassen und sich nach Novgorod zurückgezogen. Hatte er den Mut verloren, wie seine Feinde sofort behaupteten, oder wollte er in weiser Voraussicht Maßnahmen treffen, um im Falle einer Niederlage einen weiteren Vorstoß der Schweden auffangen zu können, wie seine russischen Biographen meinen? Die beiden Versionen schließen einander nicht aus. Peter hatte die Fehler von Azov wiederholt: Der Nachschub hatte versagt, unklare Befehlsverhältnisse hatten energische Aktionen verhindert. Die zum Teil eben erst angeworbenen ausländischen Offiziere hatten das in sie gesetzte Vertrauen enttäuscht, und nur die ›Spielregimenter‹ hatten gekämpft, wie es der künftigen Garde zukam. Die Lage schien verzweifelt, aber Peter wiederholte auch die Reaktion auf den Mißerfolg. Er lebte und regierte von nun an nur mehr für die Reorganisation seiner Armee. In wenigen Jahren wurde die bei Narva verlorene Artillerie mehr als ersetzt, ein großzügiges Werbemanifest vom April 1702, das der inzwischen in russische Dienste getretene Patkul verfaßte, sorgte für die unentbehrliche ausländische Ergänzung des Offizierskorps, und schon ein Jahr nach der Niederlage von Narva brachte ein erneutes, nun vorsichtigeres Herantasten an die schwedischen Positionen erste Erfolge.

Karl XII., der wohl mit Recht nach Narva auf einen unvorbereiteten Winterfeldzug nach Rußland hinein mit den ungeschlagenen Sachsen im Rücken verzichtet hatte, konnte wenig tun, die Erholung der Russen zu stören. Während er mit den Sachsen militärisch durch Siege bei Riga und Kliszów rasch fertig wurde, stellten ihn die Polen, die sich nun erst für ihren geschlagenen König einzusetzen begannen, vor eine politische Aufgabe, der er sich weniger glänzend gewachsen zeigte. Allerdings lag das nicht nur daran, daß der Schwedenkönig nach Sinnesart und Temperament wenig geeignet war, in die turbulente Welt polnischer Adelsfraktionen eine angemessene Ordnung zu bringen. Er konnte sich zur Not einen Anhang aus fragwürdigen Parteigängern schaffen, die Wahl des Wojwoden von Posen Stanisław Leszczyński zum neuen polnischen König durchsetzen (12. Juli 1704) und schließlich durch weitere Siege August II. im Frieden von Altranstädt am 24. September 1706 zum Verzicht auf die polnische Krone und das russische Bündnis zwingen, aber er konnte nicht verhindern, daß in Anlehnung an Rußland stets eine schwedenfeindliche Partei aktiv blieb.

Indessen hatte Peter die Scharte von Narva ausgewetzt und seine Position erheblich verbessert. Im Oktober 1702 eroberten die Russen die schwedische Festung Nöteborg am Austritt der Neva aus dem Ladogasee; in Novgoroder Zeit hatte sie den Namen Orešek getragen, nun erhielt sie den neuen, beziehungsreichen Namen Schlüsselburg. Aber der wirkliche Schlüssel zur Ostsee und zum Westen sollte die schwedische Festung am anderen Ende der Neva werden, Nyenschanz, das die Russen unter Šeremetev Anfang Mai 1703 erstürmten und an dessen Stelle am 16./27. Mai 1703 der Grund zur russischen Peter-Paul-Festung und zur Stadt St. Petersburg gelegt wurde. Das inselreiche Gelände des Nevadeltas setzte dem Bau enorme Schwierigkeiten entgegen, und die Grenznähe sollte die ›neue russische Hauptresidenz und Seestadt‹ stets zu einer leicht verwundbaren Stelle des Reiches machen, aber der Hafen war vorzüglich, die Verbindung zum binnenrussischen Flußsystem gewährleistet, und es war eben der selbsterrungene ›Schlüssel‹, Instrument und Symbol des ›veränderten Rußland‹, wie es der Zar erstrebte und verkörperte. Weitere Erfolge sicherten das Erreichte: Anfang 1704 überschritten die Russen das Eis des finnischen Meerbusens und befestigten die der Nevamündung vorgelagerte Insel Kotlin (Festung Kronstadt), im Juli desselben Jahres ergab sich ihnen Narva und im August auch das so oft heimgesuchte Dorpat. Peter war nicht abgeneigt, aufgrund dieser Erfolge über Frieden zu verhandeln, zumal 1705/1706 ein erster ernsthafter Versuch, nach Litauen vorzustoßen und in Polen einzugreifen, scheiterte und mit Augusts II. Kapitulation der letzte Verbündete ausgeschieden war. Der physisch so robuste, aber im Grunde sensible und von einem Eindruck wie dem Fiasko seiner Armee vor Narva für lange bestimmte Zar hat den entscheidenden Waffengang mit Europas größtem Kriegsheros nicht gesucht. Aber er konnte freilich nicht hoffen, daß Karl XII. auf dem Höhepunkt seiner Macht alte schwedische Positionen räumen würde, und die europäischen Mächte enthielten sich einer Vermittlung.

Die Beurteilung des Feldzuges, den der Schwedenkönig Ende Dezember 1707 mit der Überschreitung der Weichsel nach Osten begann, ist vielfach durch das nationale Prestige der Beteiligten und die negativen Erfahrungen späterer Rußlandinvasionen beeinflußt. Fest steht, daß der Zar die Bedrohung sehr ernst genommen und also dem Gegner wohl eine reelle Chance eingeräumt hat. Die zahlenmäßige Überlegenheit war auf Seite der Russen; das besagt zunächst nicht viel, da sie eine lange Grenze zu verteidigen hatten und Peter einen unverhältnismäßig großen Teil seiner Armee zur Sicherung Petersburgs abzweigte. In der Stoßrichtung Karls XII. war das russische Übergewicht nicht so groß, daß es die überlegene Kriegserfahrung der schwedischen Armee hätte ausgleichen können, aber doch groß genug, um die Aussicht auf einen Vernichtungssieg mit anschließendem Durchbruch gering erscheinen zu lassen. Daher versuchte Karl XII., die russischen Hauptkräfte im Süden zu umgehen. Diese Versuche sind nicht an der Taktik der ›verbrannten Erde‹, sondern an der Wachsamkeit der Russen gescheitert; die Schweden wurden immer weiter nach Süden abgedrängt, und als ihr Nachschub unter Loewenhaupt, der sich nun parallel zur russischen Front bewegen mußte, bei Lesnaja südöstlich von Mogilev am 28. September 1708 einem Corps volant der Russen unter Peters persönlicher Führung in die Hände fiel, wurde ihre Lage verzweifelt. Sie wurde auch dadurch nicht verbessert, daß sich der greise Kosakenhetman Mazepa nun endlich entschloß, offen auf die Seite des Schwedenkönigs zu treten (29. Oktober 1708).

Schwedisch-ukrainische Beziehungen hatten damals bereits ihre Tradition: Schweden war ja der einzige Verbündete, auf den das ukrainische Selbständigkeitsstreben im Kampf gegen Polen-Litauen und Moskau zählen konnte. Aber wie die schwedische Unterstützung ukrainischer Interessen niemals sehr wirksam geworden war, so erwies sich nun auch der

›Verrat Mazepas‹ als wenig bedeutungsvoll. Der Hetman war keine geeignete Persönlichkeit, das ukrainische Volk um seine Fahne zu sammeln, und zwar nicht deshalb, weil der westlich gebildete Mann als ›Jesuitenzögling‹ und ›Lateinerfreund‹ die orthodoxe Kirche bedrückt hätte, wie ihm seine Gegner vorwarfen – er hat als Hetman die orthodoxen Belange in der Ukraine vielmehr großzügig gefördert –, sondern deshalb, weil er seit jeher eine skrupellos egoistische Machtpolitik getrieben hatte, die allen überlieferten kosakischen Freiheiten ins Gesicht schlug. So übte zwar der Hetman Verrat, aber nicht die linksufrige Ukraine, und etwa vorhandene Neigungen dazu ließen die geschickten und schnellen Gegenaktionen Menšikovs nicht zur Entfaltung kommen. Für Karl XII. bedeuteten die zu ihm stoßenden Kosaken weder eine wesentliche militärische Verstärkung noch eine Lösung des Versorgungsproblems. Die Kosaken aber kam der Frontwechsel ihres Oberhauptes, auch wenn es ein Oberhaupt von des Zaren Gnaden und alles andere als frei gewählt war, teuer zu stehen: Die Tendenz des Absolutismus, alle Sondergruppen und Sonderrechte zu nivellieren, wurde von nun an gegenüber den Kosaken durch das Ressentiment des absolutistischen Herrschers verstärkt. Die ungebärdigsten der freien Kosaken, die Zaporoger, emigrierten auf türkisches Gebiet, und als ihnen neunzehn Jahre später die Rückkehr erlaubt wurde, da fanden sie sich in einer veränderten Umwelt nicht mehr zurecht.

Im Sommer 1709 erfüllte sich das Schicksal der schwedischen Armee, die der harte Winter auf etwa 22000 Mann (ohne die Kosaken) hatte zusammenschmelzen lassen. Nun suchte Peter die Entscheidung, die er lange gemieden hatte. Am 27. Juni (8. Juli) verlor Karl XII. bei dem ukrainischen Städtchen Poltava in wenigen Stunden das europäische Ansehen, das ihm seine bisherigen Siege eingetragen hatten, und die schwedische Vormachtstellung an der Ostsee. Mit Mühe konnte der König selbst, den eine schon vor der Schlacht erlittene Verwundung behinderte, mit Mazepa und den ortskundigen Zaporogern über die türkische Grenze entkommen. Der fliehende Rest seiner Armee wurde eingeholt und am 1./12. Juli bei Perevoločna in dem Winkel, den Dnepr und

Vorskla bilden, gefangengenommen. Selten ist ein Übergang von Macht und Ansehen so plötzlich erfolgt wie der von Karl XII. auf Peter den Großen.

Ende August war August II. wieder im Besitze Polens, ein König, mehr als je abhängig von der Gunst des Zaren und von der Stimmung des Sejm. Im Oktober konnte Peter die alten Offensivbündnisse gegen Schweden mit Dänemark und Polen erneuern. Aber er war jetzt nicht mehr angewiesen auf Unterstützung. Noch von Poltava aus hatte er die Eroberung von Estland und Livland befohlen, im Sommer 1710 fielen mit Riga (4. Juli), Pernau (12. August) und Reval (29. September) die letzten Plätze, in denen sich die Schweden noch gehalten hatten. Städte und Ritterschaften schlossen Unterwerfungsverträge und leisteten den Huldigungseid auf den Zaren. Die Verträge waren großzügig; sie gaben den Ständen an Autonomie und an Besitz zurück, was ihnen der schwedische Absolutismus genommen hatte, und garantierten lutherische Kirche, eigenes Gericht und deutsche Amtssprache. Von den polnischen Ansprüchen auf Livland war noch eine Zeitlang unverbindlich die Rede, nicht mehr, und auch Kurland geriet durch die Heirat des letzten Kettlers Friedrich Wilhelm (gest. 1711) mit Peters Nichte Anna Ivanovna in die russische Machtsphäre, wenn auch sein rechtlicher Status noch fast ein Jahrhundert lang (bis 1795) ungeklärt blieb. Was Patkul, dessen Auslieferung Karl XII. in Altranstädt von August II. erzwang und den er als Hochverräter in Kazimierz rädern ließ, stets gefürchtet hatte, war in vollem Umfang eingetreten: Peter hatte sich nicht auf den Wiedergewinn der alten russischen Gebiete am finnischen Meerbusen beschränkt, sondern darüber hinaus von den Ordensländern Besitz ergriffen, die niemals russisches Land, aber seit Ivan IV. russisches Eroberungsziel gewesen waren. Dabei ging es Peter weniger um die Territorien als um Häfen und um qualifizierte Untertanen. Noch aber geschah dies alles nur de facto, nicht de iure. Karl XII., mit dem der Friede zu schließen war, saß als ein ungebetener und unbequemer Gast der Türken in Bender am westlichen Dnestrufer und verzehrte sich in Ungeduld.

Der Prutfeldzug

Seit dem Beginn des nordischen Krieges hatte ein schwedisch-türkisches Zusammengehen stets in der Luft gelegen, aber es war dem Zaren, dessen Interessen in Konstantinopel der ebenso kluge wie skrupellose P. A. Tolstoj vertrat, stets gelungen, einer gefährlichen Verdichtung dieser Kombination mit Erfolg entgegenzuwirken. Wenn sich die Türken dem siegreichen Schwedenkönig nicht angeschlossen hatten, so war an sich nicht zu erwarten, daß sie sich nun für den vernichtend Geschlagenen einsetzen würden. Karl XII. selbst hatte auch kaum eine Möglichkeit, dahin zu wirken, aber in seiner Umgebung befanden sich erbitterte Feinde Rußlands, die das südöstliche politische Terrain sehr viel besser kannten. Vor allem gilt das von den Zaporogern, die unter dem Protektorat des Krim-Chans Devlet-Girãi, des Hauptes der türkischen Kriegspartei, in Olekšy an der Dneprmündung eine Emigrations-Sič (Sič = befestigtes Lager der Zaporoger Kosaken) bildeten. Dem schon im September 1709 verstorbenen Mazepa folgte als Hetman der emigrierten Kosaken Filip Orlyk, im Gegensatz zu dem autokratischen Kosakenfürsten ein kosakisch-ukrainischer Nationalist mit demokratischen Allüren, der noch ein Menschenalter lang vergeblich versuchte, die Politik der europäischen Mächte für die ukrainische Sache zu interessieren. Ferner befanden sich bei Karl XII. der Pole Poniatowski, ein Parteigänger des Stanisław Leszczyński, und der deutsche Abenteurer Neugebauer, die in Konstantinopel über einflußreiche Beziehungen verfügten. Eine Machtverschiebung innerhalb der türkischen Regierung kam den russenfeindlichen Umtrieben offenbar entgegen, und im November 1710 erklärte die Pforte dem Zaren den Krieg. Noch bis in das Frühjahr 1711 hoffte Peter, den Waffengang, der ihn von seinen nordischen Zielen und von dem Werk der Europäisierung ablenkte, vermeiden zu können; er mußte die Herausforderung jedoch annehmen.

In wenigen Wochen führte der ungenügend vorbereitete und unvorsichtig weit vorgetriebene russische Angriff zu einer Katastrophe: Am Prut wurde Peter mit seiner gesamten

Armee von überlegenen türkischen Kräften eingeschlossen und in eine Lage gebracht, die keine andere Möglichkeit als die Kapitulation mehr offen zu lassen schien. Peters Vizekanzler Šafirov führte die Verhandlungen und brachte am 12./23. Juli aus dem türkischen Lager anstatt der Kapitulationsbedingungen einen für den Sieger von Poltava zwar harten, aber angesichts der verzweifelten Situation mehr als glimpflichen Frieden mit (einen Vorfrieden, den 1713 der endgültige Friedensvertrag von Adrianopel bestätigte). Peter war bereit gewesen, alle schwedischen Eroberungen und zusätzlich sogar Pskov herauszugeben, wenn man ihm nur den Küstenstreifen um Petersburg ließ. Er kam mit viel geringeren Opfern davon: Azov und die inzwischen am Azovschen Meer errichteten russischen Anlagen (Taganrog) fielen an die Türken, die mit so viel Aufwand erbaute russische Flotte im Azovschen Meer war an die Türkei zu verkaufen. Außerdem mußte sich Peter verpflichten, Polen zu räumen und Karl XII. die Rückkehr durch Polen zu gestatten.

Das Verhalten der siegreichen Türken ist ziemlich rätselhaft. Daß die Bestechung des Großvezirs Mehmed Baltadschi mit dem Schmuck Katharinas, die sich an Peters Seite im russischen Lager befand, den Ausschlag gegeben habe, ist in dieser Form Legende. Eher mochte ins Gewicht fallen, daß Österreich im April 1711 mit dem Aufstand Franz Rákóczis II. fertig geworden war und nun die Hände wieder frei hatte. Aber die entscheidenden Beweggründe lagen offenbar in nicht mehr durchschaubaren innertürkischen Gegensätzen.

Im Gesamtzusammenhang der petrinischen Außenpolitik wirkt der Prutfeldzug wie ein Fremdkörper. Er war nicht beabsichtigt und führte zum Verlust der schon gewonnenen Ausgangsposition für eine spätere offensive Politik gegen die Türkei. Trotzdem weisen die politischen Begleiterscheinungen in die Zukunft russischer Balkanpolitik: Was unter Aleksej als ein pathetisches panorthodoxes und panslavisches Befreiungsprogramm zum erstenmal in Ansätzen auftauchte, versuchte Peter in Form einer Aufwiegelung der christlichen Balkanvölker politisch zu realisieren. Um freilich im Falle der Donaufürstentümer festzustellen, daß deren Hospodare ein doppeltes Spiel trieben oder zumindest nach der Maxime eines walachischen Bojaren handelten, daß ›es gefährlich sei, sich für die Russen zu erklären, ehe die Armee des Zaren die Donau überschritten hat‹, und um bei den Balkanslaven die Erfahrung zu machen, daß sie zwar eine Befreiungsproklamation mit Begeisterung aufnahmen, aber über keine realen Möglichkeiten der militärischen Mitwirkung verfügten. Noch war die Zeit der nationalen Befreiungskämpfe im Südosten nicht gekommen. Im übrigen waren auch die Türken mit ihren Hilfsvölkern nicht erfolgreicher: Mit den Vorstößen der Kosaken und Krimtataren im Frühjahr 1711 wurden selbst die Truppen des geschwächten und politisch desorganisierten Polen ohne Mühe fertig.

Fortsetzung und Ende des Krieges mit Schweden

Die zweite Phase des nordischen Krieges war durch eine zunehmende Europäisierung des Konfliktes und durch ein Überwiegen der diplomatischen Aktionen über die militärischen gekennzeichnet. Die Europäisierung ergab sich einerseits aus einem grundlegenden Wandel der europäischen politischen Situation – der Abschluß des spanischen Erbfolgekrieges im Frieden von Utrecht (1713) setzte bisher gebundene Kräfte frei, der Macht- und Prestigeverlust Schwedens steigerte die Begehrlichkeit auch der kleineren Mächte, die dynastische Verbindung mit Hannover (seit 1714) band auch die englische Politik mehr als bisher an kontinentale Interessen – andererseits aus dem militärischen und diplomatischen Engagement der Russen in Deutschland. Wenn Peter die Schweden in Finnland bekriegte, was dem ursprünglichen dänisch-russischen Vertrag, daß jeder Partner den schwedischen Gegner an der nächstliegenden Stelle angreifen solle, entsprach, und was er mit durchschlagendem Erfolg tat – im Mai 1713 Landung bei Helsingfors, im August 1713 Einnahme von Åbo, Siege bei Tammerfors im Oktober 1713, bei Storkyro im Februar 1714, Seesieg bei Hangö und Besetzung der Ålandsinseln im Sommer 1714 –, so blieb er im Rahmen einer begrenzten nordischen Auseinandersetzung, die niemanden zur Intervention provozierte. Wenn dagegen Menšikov 1711 in Greifswald sein Hauptquartier aufschlug, der Zar selbst 1712 sich bei der Belagerungsarmee vor Stralsund aufhielt, und 1716 die russisch-mecklenburgische Allianz (Vermählung des Herzogs Karl Leopold mit Peters Nichte Ekaterina Ivanovna) russische Truppen ad infinitum auf deutschem Reichsgebiet zu stationieren drohte, so mußte der Argwohn der Verbündeten geweckt werden.

Die Verlagerung des Schwerpunktes auf das Gebiet der Diplomatie trat zwangsläufig ein, als nach der Einnahme von Stralsund im Dezember 1715 und von Wismar im April 1716 kein schwedisches Territorium außerhalb Skandinaviens mehr zu erobern war. Schon bei diesen letzten militärischen Aktionen hatten es die Verbündeten (Dänemark und Hannover) verstanden, eine Beteiligung russischer Truppen betont zu vermeiden. Vereint war man über die Beute hergefallen, aber mit der Verteilung der Beute schwand die Einigkeit. In einem Zeitpunkt, da weder von Schweden (auch der zurückgekehrte Karl XII. hatte die Kapitulation von Stralsund nicht verhindern können) noch von Frankreich (1715 starb Ludwig XIV.) mehr hegemoniale Gefahren ausgingen, mußte die außenpolitische Aktivität des Zaren um so mehr Aufmerksamkeit auf sich ziehen. Und Peter tat einiges, diese Aufmerksamkeit wach zu erhalten: So mußte der Daueraufenthalt russischer Truppen auf fremdem Territorium, den die Notwendigkeiten der Kriegführung gegen Schweden längst nicht mehr hinreichend motivierten, die Beunruhigung über die Unklarheit der territorialen Kriegsziele des Zaren verstärken. Des Zaren Abmachungen mit Preußen und sein Verhalten Polen gegenüber berechtigten durchaus zu Mißtrauen: Immerhin hatte Polen Ansprüche auf Livland; es mußte daher ein merkwürdiges Licht auf die Aufrichtigkeit der russischen Bündnispolitik werfen, wenn Peter sich im preußisch-russischen Geheimvertrag vom Juni 1714 die preußische Unterstützung beim Erwerb Livlands sicherte, also die Hilfe des einen Koalitionspartners zur Schädigung des anderen in Anspruch nahm. Daß der Zar August den Starken gegen die polnische Opposition unterstützte, war verständlich, aber daß dies nicht aus politischer Nächstenliebe geschah, machten die russischen Truppen in Polen und die Verhinderung jeder absolutistischen Stärkung der Königsmacht in diesem Lande – ausgerechnet durch den russischen Autokraten – allzu deutlich. In der Phase einer schwedisch-russischen Annäherung auf Kosten der russischen Verbündeten, die im Mai 1718 zum Beginn von Friedensverhandlungen auf den Ålandsinseln führte, tauchte bereits das Gespenst einer Teilung Polens zwischen Rußland und Preußen auf. Peter ging so weit, Schweden, wenn es seinen territorialen Wünschen im Baltikum entsprach, den Einsatz russischer Truppen zur Gewinnung von Kompensationen in Deutschland und Dänemark anzubieten.

Hier reagierte Peter allerdings bereits auf die vollständige Isolierung, in die er sich durch seine ambitionierte Heiratspolitik – außer der kurländischen und der mecklenburgischen Heirat hatte auch die Vermählung des Thronfolgers Aleksej mit Charlotte von Braunschweig-Wolfenbüttel, die am 14. Oktober 1711 in Torgau stattfand, dynastische Verbindungen geknüpft, und schließlich gab es das Projekt einer Ehe zwischen Peters Tochter Anna und dem Herzog Karl Friedrich von Holstein, die allerdings erst 1725 schon nach dem Tode Peters zustande kam – und durch den offensichtlichen Mangel an Verständnis für die Spielregeln und die Psychologie des absolutistischen Europa zum guten Teile selbst hineinmanövriert hatte. Weder der Kontakt mit den schottischen Stuartanhängern (1716) noch Peters Reise nach Paris (1717) hatten sich als geeignete Mittel erwiesen, diese Isolierung zu durchbrechen, und der unerwartete Tod Karls XII., der am 11. Dezember 1718 vor der norwegischen Festung Fredrikshald fiel, ließ auch den Plan einer russisch-schwedisch-preußisch-spanischen Allianz gegen England zerrinnen. Schon am 5. Januar 1719 war die gegen Rußland und Preußen gerichtete Wiener Defensivallianz zwischen dem Kaiser, August dem Starken und Georg I. als Kurfürsten von Hannover zustande gekommen. Die neue schwedische Regierung nahm ihre Chance wahr, brach die Verhandlungen mit Rußland ab (September 1719) und schloß vom Sommer 1719 bis zum Sommer 1720 mit allen übrigen Gegnern unter entsprechenden territorialen Zugeständnissen Frieden. Vom Sommer 1719 ab operierte eine englische Flotte in der Ostsee.

Man muß die Leistung der russischen Diplomatie, der das glatte Parkett europäischer Kabinettspolitik immerhin noch nicht sehr lange vertraut war, anerkennen, daß sie es fertigbrachte, aus der ziemlich prekären Situation der Jahre 1719 und 1720 binnen Jahresfrist einen vollen russischen Erfolg zu machen. Es kam ihr dabei freilich zu Hilfe, daß keiner der verbündeten Gegner wirklich den Willen und die Möglichkeit zu einem Invasionskrieg hatte. Und hier fand auch der Erfolg der neuen schwedischen Außenpolitik seine Grenze. Landungen russischer Streifkorps richteten indessen seit 1719 allsommerlich Verheerungen an der schwedischen Küste an und förderten den schwedischen Friedenswillen erheblich. Französische Vermittlung führte im Juni 1721 zum Beginn von Friedensverhandlungen im finnischen Nystad. Es war stilgerecht für das siegreiche petrinische Rußland, daß – wie schon auf den Ålandsinseln – keiner der beiden russischen Unterhändler ein Russe war: Der Generalfeldzeugmeister Jakob Bruce war der in Rußland geborene Sohn eines vornehmen Schotten, der Kanzleirat Heinrich Joh. Fr. Ostermann ein Pastorensohn aus Bochum. Am 30. August (10. September) 1721 wurde der Friede unterzeichnet, der Ingermanland, Estland und Livland, einen Teil Kareliens mit Wyborg sowie die Inseln Oesel und Dagoe ›für ewige Zeiten‹ an Rußland brachte. Finnland fiel an Schweden zurück, das eine Entschädigung von zwei Millionen Reichstalern erhielt und das Recht, jährlich für 50000 Rubel in Rußland Getreide einzukaufen. In den Artikeln 9 und 10 legte sich Rußland auf die in den Unterwerfungsverträgen garantierten Privilegien für Estland und Livland fest – die Sonderstellung der baltischen Provinzen wurde also völkerrechtlich verankert.

Es war dieser äußere Erfolg und nicht der innere Umbau des Staates, der formal aus dem Moskauer Zartum ein ›allrußländisches Imperium‹ (Vserossijskaja Imperija) werden ließ. In einer Festsitzung des Senats am 22. Oktober 1721 wurde der Zar vom Kanzler Golovkin als Peter ›der Große‹, als ›Vater des Vaterlandes‹ gefeiert und im Namen aller Untertanen gebeten, den Titel ›allrußländischer Imperator‹ anzunehmen. Die antike Terminologie entsprach der Europäisierung, der barocken ebenso wie der aufgeklärten. Das geistige Europa war bereit, in dem Wandel, den die Titeländerung symbolisierte, einen Fortschritt der Menschheit zu begrüßen; das politische Europa zeigte sich wesentlich zurückhaltender und war auch durch den Hinweis der russischen Diplomatie auf den Präzedenzfall, den das unvorsichtige Entgegenkommen des Jörg Schnitzenpaumer im Jahre 1514 geschaffen hatte, nicht so ohne weiteres zu beeindrucken. Nur von Preußen, Holland und Schweden konnte Peter die Anerkennung seines neuen Titels noch selber entgegennehmen, die großen Mächte ließen sich zwei Jahrzehnte Zeit (England und Österreich 1742, Frankreich 1745), ehe sie das Faktum der neuen imperialen Macht auch formal akzeptierten.

Persischer Krieg und asiatische Perspektiven

Mehr als zwei Jahrzehnte lang war des Zaren Außenpolitik so gut wie ausschließlich im Westen engagiert. Auch die Konflikte mit der Türkei zielten, sofern sie überhaupt einer außenpolitischen Konzeption entsprangen oder eine solche auslösten, auf das Schwarze Meer und den Balkan, nicht aber auf Asien ab. Trotzdem blieben weder das Interesse noch die politischen Absichten Peters auf den Westen, auf Europa, beschränkt. Merkantilistische Vorstellungen von einer staatlich geförderten, gewinnbringenden Handelspolitik mit dem fernen Orient Chinas und Indiens spielten die Rolle des Hauptmotivs. Und sobald im Westen der Sieg in greifbare Nähe rückte, setzten die Aktionen in östlicher Richtung ein, zunächst in Gestalt von Erkundungsaktionen. So erhielt im Mai 1715 der Oberstleutnant Volynskij den Auftrag zu einer Erkundungsgesandtschaft nach Persien. Sie ergab zwar nicht die erhoffte Kenntnis von einem direkten Handelsweg nach Indien, aber die von einer verlockenden militärischen Schwäche des südöstlichen Nachbarn. Volynskij wurde Gouverneur von Astrachań und durfte vom März 1720 an mit den Vorbereitungen für den von ihm so sehr befürworteten Feldzug beginnen. Die militärischen Operationen vom Juli 1722 bis zum Juli 1723 waren unter persönlicher Teilnahme des ›Imperators‹ gegen geringen Widerstand durchwegs erfolgreich, und der in Petersburg am 12. September 1723 geschlossene Friede brachte das persische West- und Südufer des Kaspischen Meeres (die Provinzen Ghilan, Mazanderan und Asterabad) an Rußland. Was mit kommerziellen Ambitionen (1717 Handelsvertrag mit Persien) begonnen hatte, endete schlicht mit einer territorialen Eroberung. Dazwischen lag ein Krieg, den Rußland aus nichtigem Anlaß vom Zaune brach mit der stereotypen Begründung so vieler imperialistischer Kriege, daß andernfalls eine andere Macht (die Türkei) die Schwäche des Angriffsobjektes (Persiens) ausnützen würde.

Die neuen Kolonien, die Peter sogleich durch Siedlung auszubauen und wirtschaftlich auszuwerten befahl, mußten nach Erneuerung des Krieges von seinen Nachfolgern bald wieder aufgegeben werden (Verträge von 1732 und 1735), die Geschicke der alten Kolonie Sibirien verliefen indessen weiter in den Bahnen, die schon die Administration des Moskauer Staates eingeschlagen hatte. Kolonial war hier nach wie vor die staatliche Wirtschaftspolitik, die 1697 den Pelzhandel monopolisierte und jeglichen Handelsverkehr an die Durchschreitung des Zollpunktes Verchotuŕe band. Kolonial im Sinne einer Strafkolonie war die Siedlungs- und Personalpolitik: Peter förderte die bäuerliche Siedlung, um Sibirien vom Getreidenachschub unabhängig zu machen, aber die Kolonisten waren geflüchtete oder verschickte Bauern, und strafversetzt waren auch die meisten der sibirischen ›Dienstleute‹. Nach der Schlacht von Poltava brachte man schwedische Kriegsgefangene in so großer Zahl nach Sibirien, daß in Tobol'sk längere Zeit hindurch eine evangelisch-lutherische Gemeinde bestand, die das Pietistenzentrum in Halle, so gut es ging, zu versorgen suchte. Die Härte des sibirischen Kolonistendaseins traf aus allem, was nach Sibirien kam oder geschickt wurde, eine Auswahl, die dem Prinzip der Widerstandskraft, nicht dem der moralischen Qualität folgte. Die war auch bei den höchsten Vertretern der staatlichen Verwaltung nicht überzeugend: Den ersten Gouverneur von Sibirien (ab 1708), den Fürsten M. P. Gagarin, einen ebenso tüchtigen wie korrupten Mann, mußte der Zar am Ende hinrichten lassen, so ungeheuerlich hatte sich dieser sibirische ›Vizekönig‹ bereichert. Koloniale Züge trug schließlich auch die vom Staat unterstützte Mission der orthodoxen Kirche: Seit 1668 bestand in Tobol'sk eine eigene Metropolie für Sibirien; langsam, aber stetig erfolgte der Ausbau einer kirchlichen Organisation, und der als Auftrag durchaus ernstgenommenen Heidenmission blieben Erfolge nicht versagt; aber vieles davon ging auf die materiellen Anreize zurück, die der Staat schuf, und blieb an der Oberfläche. Und sogar über die sibirische Grenze hinaus setzte sich das Widerspiel zwischen dem Glanz staatlicher Progressivität und den düsteren Schatten ihrer sozialen Basis fort: Für eine aus russischen Überläufern in Peking gebildete Truppe ließ der Zar 1713 eine orthodoxe Missionsstation einrichten, die für die russische Sinologie ebenso bedeutsam wurde wie die Chinamission der Jesuiten für die abendländische.

DER NEUE STAAT

Der Gewinn an Territorien und europäischem Ansehen war Motiv und Ergebnis zugleich von drei Jahrzehnten außenpolitischer und militärischer Anstrengungen. Diese Anstrengungen zogen einen umfassenden inneren Wandel nach sich, der schon bei den Zeitgenossen, von allem imperialen Glanz abgesehen, den Eindruck eines veränderten Rußland entstehen ließ. Was unter Peter neu entstand, hat Staat und Gesellschaft des modernen Rußland unverwischbar geprägt. Aber die Haltbarkeit der Ergebnisse täuscht eine Planmäßigkeit der Reformen vor, die in Wirklichkeit nur im Reifen der letzten Regierungsjahre bis zu einem gewissen Grade gegeben war. Bis dahin war nicht der Plan, die theoretische Konzeption, sondern der Krieg der Vater wenn nicht aller, so doch der meisten Dinge, die da neu entstanden. Peters Aufgeschlossenheit wurde im Westen durch die erste Auslandsreise des Zaren weithin bekannt und erweckte die größten Hoffnungen der aufgeklärten Geister Europas – Leibniz und der anglikanische Geistliche Francis Lee reichten dem Zaren Reformprojekte ein, in denen manches an die späteren Veränderungen gemahnt –, aber der Reformwille des jungen Autokrators war in der Sache noch lange beschränkt, er blieb an die russische Wirklichkeit gebunden, von der sich die Projektentwerfer kaum zureichende Vorstellungen machen konnten, und wurde vom Jahre 1700 ab so gut wie ausschließlich vom Gesetz des Krieges bestimmt. Wenn Peter nach seiner Rückkehr den Bojaren ihre Bärte nahm, das Tragen europäischer Kleidung in seiner Umgebung zur Pflicht machte und den Beginn des Jahres vom 1. September (nach der byzantinischen Zeitrechnung) auf den 1. Januar verlegte, so schuf er zunächst nicht mehr als verletzende Symbole von geringem Nutzen; es bedurfte der Niederlage vor Narva und der jahrelangen Bedrohung durch einen militärisch überlegenen Gegner, um jenes Regieren zum Zwecke des Krieges hervorzubringen, dem das petrinische Rußland seine Entstehung verdankte. Von Heer und Flotte, den Machtinstrumenten des Staates, nahm alles Reformieren seinen Ausgang; die Macht größer und die Handhabung der Macht wirksamer zu machen, war das Ziel, dem zuliebe sich alles zu verändern hatte.

Militärische Reformen

Die Europäisierung der russischen Armee war schon vor Peter nahezu abgeschlossen. V. V. Golicyn hatte seine erfolglosen Krimfeldzüge zu zwei Dritteln mit Truppen ›neuer Ordnung‹ geführt. Solange es die Strelitzen und das Adelsaufgebot gab, blieb die ›neue Ordnung‹ freilich stets in Gefahr, sich den moskowitischen Traditionen anzupassen. So war die Armee, mit der Peter den nordischen Krieg begann, von wenigen Regimentern abgesehen, keineswegs schon voll einsatzfähig und modern im Sinne der Zeit. Der Krieg ließ die altmoskauer Relikte allerdings rasch verschwinden und eine reguläre Armee von lebenslänglich dienenden Berufssoldaten entstehen, die sich aus allen Bevölkerungsschichten mit Ausnahme der Geistlichen und der wirtschaftlich unentbehrlichen Kaufleute rekrutierte. Dies war neu, daß auch die ›Steuer‹-Leute (tjaglye ljudi) zum regulären Dienst mit der Waffe herangezogen wurden. Zwangsaushebungen ergaben 30000 bis 40000 Rekruten im Jahr, die von 1705 an in Rekrutendepots kaserniert und ausgebildet wurden. Mißt man diesen jährlichen Zuwachs an der Tatsache, daß sich am Ende von Peters Regierung die Armee gegenüber den Zeiten Golicyns kaum mehr als verdoppelt hatte (auf 210000 Mann), so ergibt sich ein ungeheurer Menschenverschleiß, der zum geringsten Teil auf Gefechtsverluste zurückging. Mangelhafte Versorgung und Unterbringung sowie die enormen Marschleistungen, die man von der Truppe verlangen mußte, waren die Hauptursachen des Soldatenschwundes, und es lag eine grausame Ironie in der Bezeichnung ›unsterbliche‹, d. h. vom Gestellungsbezirk jeweils zu ersetzende, Rekruten. Massendesertionen waren eine gewöhnliche Erscheinung, und nur unbarmherzige Härte brachte es fertig, aus den zum Dienst gezwungenen russischen Bauern in einem knappen Jahrzehnt eine anerkannt vollwertige Armee zu bilden. Ihr Reglement (Ustav voinskij) erhielt diese erst 1716, als die Kampfhandlungen im wesentlichen abgeschlossen waren.

»Nur der Potentat hat beide Hände, der sowohl ein Landheer als auch eine Flotte besitzt«. Als Peter diesen Satz in das Marinereglement (Ustav morskoj) von 1720 aufnehmen ließ, verfügte er tatsächlich auch schon über die zweite, maritime ›Hand‹. An der Flotte hing das Herz des Zaren, sie hatte er buchstäblich aus dem Nichts aufgebaut. Kaum ein Menschenalter trennte das Bootswrack von Izmajlovo von jener russischen Ostseeflotte, die Seesiege über die Schweden errang. Mit 32 Linienschiffen, 16 Fregatten und etwa hundert kleineren Fahrzeugen war 1724 die russische Flotte die stärkste in der Ostsee. Aber auch hier war der vergebliche Aufwand enorm und der Erfolg an das persönliche Interesse und die niemals erlahmende Energie des Zaren gebunden. Die Azov-Flotte hatte er den Türken verkaufen müssen, die Kaspiflotte verlor nach dem Persienkrieg ihre Bedeutung, und auch die Ostseeflotte haben Peters Nachfolger verrotten lassen.

Auch der Flottenbau bedeutete Verschleiß an Menschen, und er verursachte laufend hohe Kosten. Das erfolgreichste Betätigen der beiden ›Potentatenhände‹ mußte auf die Dauer die Kräfte des Landes überfordern, wenn es nicht gelang, die Menschen für ihren Dienst im Staate zu erziehen und die materielle Basis der Machtentfaltung zu verbreitern. Beides ließ sich nur durch eine ganze Reihe weiterer Reformen erreichen.

Auswirkungen auf die Gesellschaft

Es ist eine umstrittene Frage, wieweit Peters ›Maßnahmen hinsichtlich der Stände‹ (Platonov) die Struktur der russischen Gesellschaft wirklich grundlegend verändert haben. Vor wie nach Peter gab es einen privilegierten Adel, ein entrechtetes Bauerntum und eine relativ unbedeutende Stadtbevölkerung. Das verändernd Neue lag weniger im Sachlichen der unzähligen Verfügungen und Gesetze als in dem Geist, in dem sie erlassen und in dem ihre Durchführung erzwungen wurde. Auch im alten Moskauer Staat war der Adelige vom 15. Lebensjahr an zum Dienst verpflichtet gewesen. Daran hielt Peter natürlich fest, und er wachte mit ganz anderer Strenge darüber, daß die Dienstpflicht auch wirklich erfüllt wurde. Was sich änderte, war die Art des Dienstes, denn der Adel rückte nun nicht mehr in der traditionellen Form der jeweils aufgebotenen Adelsreiterei ins Feld, sondern hatte das Offizierskorps der regulären Armee zu stellen. Die Garderegimenter, in denen der Adelige seinen Dienst als Gemeiner beginnen mußte, wurden zu Offiziersschulen. Ein Mindestmaß an Bildung – Lesen, Schreiben und Elementarkenntnisse der Mathematik – waren die zwischen dem zehnten und fünfzehnten Lebensjahr zu erwerbende Voraussetzung nicht nur für den Offiziersstand, sondern auch für die Eheschließung. All dies galt ohne Unterschied des genealogischen Ranges und der Besitzart. Das ›mestničestvo‹ war ja schon vor Peter abgeschafft worden, nun kam auch die längst angebahnte Angleichung zwischen Erbgütern und Dienstgütern zum Abschluß: Auch das Erbgut verpflichtete zum Dienst, und auch das Dienstgut war erblich; neue Dienstgüter wurden nicht mehr verliehen, der adelige Offizier erhielt wie jeder andere eine seinem Dienstgrad entsprechende Besoldung.

Zwei den Adel betreffenden gesetzlichen Neuerungen hat man stets besondere Bedeutung zugeschrieben – dem Einerbengesetz von 1714 und der Rangtabelle von 1722. Die Bestimmung, daß jeweils nur ein einziger, vom Erblasser zu bestimmender Erbe den unteilbaren und unverkäuflichen Grundbesitz übernehmen durfte, suchte der Besitzzersplitterung vorzubeugen und dem Adel als staatstragender Schicht eine gesunde wirtschaftliche Basis zu erhalten. Darüber hinaus sollten die nichterbenden Söhne durch die Notwendigkeit, ihren Lebensunterhalt sichern zu müssen, zu erfolgreicher Dienstleistung gezwungen werden; ja, der Zar stellte es ihnen sogar frei, ohne Beeinträchtigung der Standesehre einen wirtschaftlich produktiven bürgerlichen Beruf zu ergreifen. Das Einerbengesetz war zwar charakteristisch für die Intentionen des Zaren, aber es scheiterte an dem zähen Widerstand der Betroffenen: Es wurde umgangen, durch Peter selbst im Sinne von Ausnahmen modifiziert und schließlich unter der Kaiserin Anna wieder aufgehoben. Das freie Verfügungsrecht des Grundbesitzers widerstand den wohlmeinenden pädagogischen und ökonomischen Absichten des reformierenden Autokrators.

Als sehr viel folgenreicher erwies sich die ›Tabel' o rangach‹, die ›Tabelle von den Rängen aller militärischen, staatlichen und höfischen Dienstgrade‹. Zugrunde lag ihr ein rationales Leistungsprinzip: Wenn es Adelsprivileg war, die Offiziersstellen zu besetzen, so mußte der Nichtadelige, der es zum Offizier brachte oder in den zivilen Laufbahnen gleichen Rang erreichte, kraft seiner Leistung adelswürdig sein. In vollkommener Parallelität enthielten die Tabellen je 14 Ränge, deren acht oberste mit dem Erwerb des erblichen Adels verbunden waren. Damit war von Staats wegen jede Privilegierung innerhalb des Adels aufgehoben. Wer im Dienst einen bestimmten, nicht besonders hohen Rang erreichte, wurde automatisch nobilitiert – so auch der Schulinspektor Il'ja Ul'janov, Lenins Vater, als er 1874 Wirklicher Staatsrat wurde. Was zunächst als rationaler Formalismus westlichen Gepräges erscheint, widersprach den russischen Traditionen weniger, als es den Anschein hat: Auch das Pomest'e-System war dem Grundsatz der Leistung gefolgt, und das ›mestničestvo‹ hatte auf der Vererbbarkeit eines durch Leistung erworbenen Ranges beruht. Jetzt allerdings erfolgte die Nobilitierung ohne Verleihung von Grundbesitz, und die Leistung brachte nicht eine bestimmte Position innerhalb des Adels, sondern den Adel an sich ein.

Was Peter angestrebt hat – die Bindung eines durch Zustrom von unten kräftig vermehrten Adels an den Staat –, wurde gleichwohl nur unzulänglich erreicht. Der grundbesitzlose Beamtenadel hat weder die gesellschaftlichen Schranken zum grundbesitzenden Geburtsadel überwinden noch diesem sein Staatsethos mitteilen können. Nicht der formal nivellierte petrinische Dienstadel wurde auf die Dauer an den Staat, sondern umgekehrt das Schicksal des Staates an die Standesinteressen des Adels gebunden. Positive Staatsgesinnung gab es im nachpetrinischen Rußland nicht wegen, sondern trotz der Rangtabellen, die durch ihre fast zweihundertjährige Gültigkeit nur ein für das moderne Rußland charakteristisches, wenig persönlichkeitsförderndes Denken in Rängen produziert haben.

Dem privilegierten Adel gegenüber stand die breite Masse der Bauern. Peter war der Gedanke nicht fremd, daß auch die Lage der Bauern für den Staat von Interesse sein müsse. Aber in der Praxis drängten sich stets andere Staatsinteressen in den Vordergrund, und so blieb das Verhältnis zwischen Grundherren und Bauern im Prinzip unverändert, ja es verschlechterte sich noch für die Bauern durch die gesetzliche Bestätigung der bis dahin gewohnheitsrechtlichen Patrimonialgerichtsbarkeit (1713) und durch die im Zuge der Steuerreform erweiterte Steuerhaftung der Grundherren für ihre Bauern. Die rationalisierende und nivellierende Tendenz der petrinischen Verwaltung machte auch vor dem russischen Dorf nicht halt: Wenn der Grundherr, um den Ertrag seiner Wirtschaft zu steigern, unfreie Knechte (cholopy) als Bauern ansetzte, so hielt sich der Staat für berechtigt, auch von diesen das ›tjaglo‹ einzuziehen, und umgekehrt hatte der Staat nichts dagegen, wenn der Grundherr gegen seine Bauern ebenso die Prügelstrafe anwendete wie gegen seine Knechte. Auch hier also eine Nivellierung: Der Unterschied zwischen Cholopen und Bauern, schon bisher nicht mehr groß, verwischte sich völlig; die Cholopen verloren ihre Abgabenfreiheit, die Bauern ihre Rechtsfähigkeit vor normalen Gerichten. Beide machte die Einführung der Kopfsteuer nach der großen Revision der Jahre 1718–1722 zu unterschiedslosen ›Steuerseelen‹ in der praktisch unbeschränkten Gewalt der Grundherren. Es fiel demgegenüber nicht ins Gewicht, wenn der Zar 1721 den Verkauf einzelner Bauern unter Zerreißung der Familie untersagte. Die Wiederholungen dieses Verbotes in der Folgezeit beweisen hinlänglich, daß es nicht befolgt wurde.

Nur zwei Möglichkeiten gab es für den Bauern, die Lebensbedingungen seines Standes mit anderen Lebensbedingungen zu vertauschen: Er konnte als Rekrut ausgehoben oder er konnte (seit 1721) mit seinem ganzen Dorf an einen Manufakturbesitzer verkauft werden. Es läßt sich jedoch schwerlich behaupten, daß das Los des lebenslänglich dienenden Soldaten in Peters Armeen oder das Los des Arbeiters (›Fabriksbauern‹) in den industriellen Betrieben leichter war als das der Bauern unter ständig zunehmendem Steuerdruck und bei ständig sich ausdehnender Fronarbeit für den Gutsbesitzer. Die Nivellierung der Privilegierten und die Nivellierung der Rechtlosen mußte die im Gefüge der russischen Gesellschaft bestehende Kluft zwischen oben und unten noch vertiefen. Es fehlte eine ausreichend entwickelte Mittelschicht des wirtschaftlich tätigen Stadtbürgertums, eine Tatsache, die das Interesse des merkantilistisch orientierten Staates empfindlicher berührte als das soziale Elend auf dem Lande.

Der Zeitpunkt der ersten Städtereform ist aufschlußreich: 1699 war Peter eben von seiner großen Auslandsreise zurückgekehrt und handelte unter dem unmittelbaren Eindruck des im Westen Europas Gesehenen. Die wirtschaftliche Blüte der westeuropäischen Stadt und deren Seslbtverwaltung mußten einem Russen jener Zeit erstaunlich vorkommen, und der junge Zar mochte den inneren Zusammenhang beider Erscheinungen wohl ahnen. Es ist verständlich, daß ihm der

Blick für die historische Tiefe der Erscheinung fehlte und daß er auf den Gedanken kam, man könne durch Einführung einer städtischen Selbstverwaltung wirtschaftlichen Wohlstand und den daraus fließenden fiskalischen Nutzen gewissermaßen automatisch produzieren. Die Verwirklichung des Gedankens verlief in einer für die petrinischen Reformen sehr typischen Weise. Der Zar bot zunächst den Moskauern und dann auch den übrigen Städten an, Vertreter – ›Burmister‹ – zu wählen und diesen die Einziehung der Abgaben, die zivile Gerichtsbarkeit und die Verwaltung aller Handelsangelegenheiten zu übertragen. Das setzte die Befreiung der Städte von der normalen Voevodenadministration voraus, und so hoch schätzte Peter die Korruption der Voevoden ein, daß ihm eine Verdoppelung der städtischen Abgaben als Preis für die Befreiung vom Voevoden angemessen erschien. Dem Fiskus sollten nicht nur die Auswirkungen der Reform, sondern auch schon diese selbst zugute kommen. Die Begeisterung der Städte war gering: Nur elf von siebzig gingen freiwillig auf das Angebot ein, die übrigen mußten gezwungen werden. Was aber wirklich entstand, war nicht etwa eine lebendige Selbstverwaltung der Städte, sondern eine eigene, nur die Städte erfassende Steueradministration: Die ›Burmistry‹ der Provinzstädte unterstanden der entsprechenden Moskauer Institution, der ›Ratuša‹, die mit ›Rathaus‹ und Selbstverwaltung wenig, um so mehr aber mit der Steuereinhebung zu tun hatte. Dieses Reichsfinanzamt für die Städte hat unter dem rücksichtslosen Emporkömmling Kurbatov jahrelang wesentlich zur Finanzierung des Krieges beigetragen – nicht weil sich Handel und Wandel der Städte im Zeichen der Selbstverwaltung schlagartig zu ertragreicher Blüte entwickelt hatten, sondern weil der harte Zugriff des Staates vorübergehend die Korruptionsverluste senkte.

Etwas anders, aber kaum günstiger war das Ergebnis eines neuen Ansatzes zur Städtereform in den Jahren 1718–21. Inzwischen waren Städte mit voll entfalteter Selbstverwaltung dem russischen Reich zugefallen. Nach dem konkreten Vorbild von Riga und Reval sollten nun der Hauptmagistrat in Petersburg und die Magistrate der übrigen Städte gebildet werden. Ein für alle Städte gleiches Reglement vom 16. Januar 1721 teilte die Stadtbevölkerung in die drei Gruppen der wohlhabenden Gildenbürger, des gemeinen Volkes und der nichtstädtischen Stadtbewohner (Adelige, Geistliche und Bauern) ein. Die Nichtstädter standen außerhalb der Selbstverwaltung, das gemeine Volk war ihr nur als Objekt unterworfen, das Unternehmer-Element der Gildenbürger sollte sie dagegen tragen. Nur diese wählten aus ihren Reihen die nach erfolgter Wahl unabsetzbaren Mitglieder des Magistrats, nur die Gildenbürger waren, obgleich dem gesellschaftlichen Range nach ›tjaglye ljudi‹, von Kopfsteuer und Rekrutierung befreit. Darin lag gewiß eine merkantilistische Förderung der in Handel und Handwerk Tätigen, aber im Grunde war es nicht viel mehr als eine Legalisierung der führenden Stellung, die schon in altmoskauer Zeit die ›Gosti‹, die wohlhabenden Großkaufleute, eingenommen hatten. Der Magistrat, über die Steuereinziehung hinaus mit einer Menge von Verwaltungsaufgaben belastet, wurde sehr rasch zu einer Staatsbehörde in der Stadt, der Petersburger Hauptmagistrat zur entsprechenden Zentralbehörde. Es hätte den absolutistischen Staat bei weitem überfordert, Polizeigewalt und Strafgerichtsbarkeit in die Hände wirklich selbständiger Stadtregierungen zu legen. Andererseits war auch kein Ansehen, das nicht vom Staate kam, und so erhielten die ›Prezidenty‹, ›Burmistry‹ und ›Ratmany‹ ihren ›Rang‹ nach der Tabelle wie alle anderen Staatsbeamten auch.

Verwaltungsreformen

Wenn die Illusion der aufgeklärten Ratio, daß es nur guter Regeln, eines vernünftigen Reglementes bedürfe, um Institutionen nach Belieben ins Leben zu rufen und zum Funktionieren zu bringen, am Objekt der russischen Gesellschaft weitgehend scheiterte, weil die Allmacht des Staates eben jene private und soziale Initiative tötete, die sie hervorzurufen bestrebt war, so konnte sie doch im Bereich der staatlichen Administration selbst vielleicht erfolgreicher sein. In gewissem Sinne trifft dies auch zu, aber auch hier mußte Peter eine lange Phase kriegsbedingten Experimentierens durchschreiten, ehe er den sorgfältig vorbereiteten und – gemessen an der Ungeduld seines Regierens – wohlausgereiften Abschluß der Kollegienreform erreichte.

Die sehr persönliche Regierungsweise des energiegeladenen jungen Zaren führte zunächst zu einer Desorganisation der übernommenen altmoskauer Verwaltung. Den rasch wechselnden Erfordernissen der Kriegsführung mußte durch ebenso rasche Maßnahmen entsprochen werden. Sie wurden bestehenden oder neugeschaffenen Institutionen von Fall zu Fall anvertraut, ohne daß sich ein System erkennen ließe. Die Regierungszentrale, und zwar eine dauernd unterwegs befindliche, war der Zar selbst; die alte Bojarenduma und die neue ›engere Kanzlei‹ (bližnjaja kancelarija) hatten seine Aufträge auszuführen. Für ein vollkommen zentralisiertes Staatswesen reichte das auf die Dauer nicht aus, vor allem nicht zu einer raschen Erschließung aller verfügbaren Mittel. Peter entschloß sich zunächst aber nicht zu einem Neuaufbau der Zentrale, sondern setzte in deutlichem Anschluß an die Entwicklung der Moskauer ›Razrjade‹ auf eine weitgehende Dezentralisierung. Das Ergebnis war die Gouvernementsreform von 1708: Acht große Gebiete – Moskau, Ingermanland (später Petersburg), Kiev, Smolensk, Archangel'sk, Kazań, Azov und Sibirien – wurden als Gouvernements zu Verwaltungseinheiten zusammengefaßt; bis zum Ende der Regierung Peters erhöhte sich die Zahl der Gouvernements auf elf. Eine Vereinfachung und Beschleunigung in der Aufbietung aller Kräfte der jeweils nächstliegenden Reichsteile für bestimmte Aufgaben konnte so zweifellos erzielt werden, auch entsprach es dem persönlichen Regiment des Zaren, wenn er es nur mit wenigen Gouverneuren zu tun hatte, aber für eine geordnete Verwaltung in Friedenszeiten waren die übergroßen Gouvernements – Militärverwaltungsbezirke mit der Tendenz, sich zu sehr selbständigen Satrapien zu entwickeln – wenig geeignet. Die Folge war ein unausgesetztes Experimentieren mit den untergeordneten Verwaltungseinheiten innerhalb der Gouvernements. Man begann fallweise mehrere Kreise (uezdy) zu Provinzen zusammenzulegen (ab 1711), versuchte 1715 ohne Rücksicht auf geographische und historische Voraussetzungen die Einführung einer mechanischen Rechnungseinheit, der ›Dolja‹ (= 5536 Höfe), und kehrte schließlich nach diesem rationalistischen Exzeß 1719 zu einem dreistufigen Aufbau zurück: Die elf Gouvernements wurden in fünfzig Provinzen und diese wieder in Distrikte (okrugi) gegliedert, wobei der Schwerpunkt eindeutig auf den Provinzen lag, die nach Zahl und Größe ziemlich genau den kleineren Gouvernements entsprachen, die Katharina II. ein halbes Jahrhundert später bildete.

Die Neuformierung der Zentralbehörden setzte 1711 mit der Konstituierung des ›regierenden Senats‹ (Pravitel'stvujuščij Senat) ein. Als Peter sich anläßlich des Prut-Feldzuges zur Armee begab, verordnete er, »daß im Falle unserer Abwesenheit der Regierende Senat für die Verwaltung dazusein habe«. Was als Vertretungsprovisorium begann, wurde sehr bald zur obersten Verwaltungs- und Justizbehörde, mit Einführung der Kollegienverwaltung eine Art erweiterter Ministerrat (1722). Fallweise war der Senat an der Ausarbeitung von Gesetzen zwar beteiligt, aber über Gesetzgebungsbefugnisse verfügte er niemals. Den entscheidenden Schritt zu einer Vereinheitlichung und Modernisierung der Verwaltung bedeutete dann erst die Kollegienreform der Jahre 1718–1722, d. h. die Bildung von Fachministerien. Das unmittelbare Vorbild bot Schweden, an der jahrelangen Vorbereitung und an der Durchführung waren ausländische Verwaltungsspezialisten wie der Holsteiner Fick und der Schlesier Baron von Lüberas maßgebend beteiligt. Zunächst neun, später zwölf (mit Einschluß des Synods 13) Kollegien ersetzten nun die alten Moskauer Prikaze. Drei von den im Normalfalle 13 leitenden Beamten des Kollegiums – der Vizepräsident, ein Beirat und einer der beiden Sekretäre – durften Ausländer sein, doch war die ausländische Beteiligung vor allem in den ökonomisch-technischen Kollegien (Bergbau- und Manufakturkollegium) vielfach stärker. Das System war modern und zweckmäßig; wie es funktionierte, hing jedoch von der Qualität der Beamten ab. Hier ergab sich ein Kernproblem, das Peter im Geiste seiner Zeit auf sehr charakteristische Weise zu lösen suchte.

Sachkundige, gebildete und unbestechliche Beamte in genügender Zahl zu gewinnen, mußte in einem Lande, in dem eben erst die Ansätze zu einem organisierten Bildungswesen geschaffen wurden, aussichtslos erscheinen. So kam es entscheidend auf die Kontrolle der Verwaltung an, und zwar – nachdem Versuche, eine Kontrolle von unten durch Vertreter des lokalen Adels aufzubauen, kläglich gescheitert waren (Landräte – ›landratory‹ 1713) – auf eine organisierte Kontrolle von oben: 1711 erhielt der Senat den Befehl, zur Durchführung der ihm übertragenen Kontrollaufgabe einen Oberfiskal zu wählen, dem ein Netz von Fiskalen im ganzen Land unterstellt wurde. Auch die Fiskale waren der schwedischen Verwaltung entlehnt. In erster Linie Finanzkontrollbeamte, wurden sie in Rußland zu staatlich besoldeten Denunzianten von beängstigender Machtfülle. Sie erhoben gegen ungetreue Beamte Anklage vor dem Senat, erhielten bei Überführung des Angeklagten die Hälfte der Geldstrafe, zu der dieser verurteilt wurde, und konnten nicht wegen einer ungerechtfertigten Anklage belangt werden. Das war ein Rückschritt selbst gegenüber dem alten Moskauer Recht, das nicht nur die Folterung des Angeklagten, sondern im Zweifelsfalle auch die des Klägers vorsah, also einen nicht unwirksamen Schutz gegen das Denunziantentum kannte. Durchaus mit Recht bezeichnete der Patriarchatsverweser Javorskij den Fiskalerlaß als ein ›lasterhaftes Gesetz‹. Es besserte die Sache nicht, daß der Zar die sofortige Meldung jedes staatsschädigenden Verhaltens zur allgemeinen Untertanenpflicht, die ›Denunziation ... zu einer Art Naturalsteuer‹ machte (Ključevskij), und es sprach nicht für die Wirksamkeit des Fiskalates, daß sich nach wenigen Jahren der Aufbau eines weiteren, noch umfassenderen Kontrollapparates als notwendig erwies. 1722 schuf Peter durch eine Reihe von Ukazen die Prokuratur mit dem Generalprokuror an der Spitze, der die Tätigkeit des Senats zu beaufsichtigen hatte.

Es scheint, daß der Zar den Kardinalfehler aller dieser Bemühungen nicht einzusehen vermochte. Die Wurzel der Korruption lag ja eben zum guten Teil im zentralistischen Verwaltungssystem, das den Beamten durch zu große Machtbefugnisse ständig in Versuchung führte; dem war niemals dadurch abzuhelfen, daß man neue Beamte mit noch größerer Macht einsetzte, wenn auch die Kontrollapparate vorübergehend Erfolge erzielen mochten. Die ›ehrlichen und rechtlich denkenden Menschen‹, an die Peter ständig appellierte, gab es in Rußland gewiß auch, aber es gab sie nicht lange, wenn man sie zu Denunzianten erzog und den Versuchungen allzu großer Machtfülle aussetzte. Den Oberfiskal Nesterov mußte der Zar 1722 wegen Bestechlichkeit hinrichten lassen, und auch von dem noch mehr gefürchteten Generalprokuror Jagužinskij, der seinen Lebensweg als Sohn eines litauischen Küsters an einer der lutherischen Kirchen Moskaus begonnen hatte, war bekannt, daß er sich Bestechungsversuchen gegenüber nicht unzugänglich verhielt.

Vielleicht war Peter der Große nach allen Enttäuschungen am Ende seines Lebens der Einsicht nicht fern, daß er zu vieles und zu schnell gefordert hatte, daß es mehr als eines Menschenalters bedurfte, um die Russen an den Apparat des modernen Machtstaates zu gewöhnen. Die andere Einsicht, daß er selbst einiges getan hatte, um die moralische Substanz, die er so sehr vermißte, abzubauen, ist ihm wohl verschlossen geblieben. Denn auch auf die Kirche hatte der aufgeklärte Autokrat seine Hand gelegt.

Die Kirchenreform

Schon die Tatsache, daß die kirchenpolitische Entwicklung unter Peter dem Großen eine auffallende Parallelität zur innenpolitischen aufweist, deutet darauf hin, daß die Europäisierung nicht zu einer Trennung von Kirche und Staat, sondern zu einer womöglich noch engeren Verquickung der beiden Bereiche führte. Auch der Kirche gegenüber begann Peter mit Einzelmaßnahmen. Als im Jahre 1700 der Patriarch Adrian starb, ließ der Zar keinen neuen Patriarchen wählen, sondern begnügte sich mit der Einsetzung eines Patriarchatsverwesers. Das Motiv hierfür lag wohl weniger in einer Furcht vor kirchlicher Machtentfaltung als in dem Wunsch, der gebildeteren ukrainischen Richtung in der orthodoxen

Kirche freie Bahn zu schaffen. Den in Polen ausgebildeten Bischof Stefan Javorskij konnte Peter zu diesem Zweck ohne weiteres mit der provisorischen Kirchenleitung betrauen, die definitive Wahl des Ukrainers zum Patriarchen hätte er gegen den Widerstand der großrussischen Hierarchie durchsetzen müssen.

Kriegsbedingt war die zweite Maßnahme, die Wiedererrichtung des Klosterprikazes im Jahre 1701. Das lief auf eine verschleierte Säkularisierung des kirchlichen Grundbesitzes hinaus, um den Reichtum der Kirche den Zwecken des Krieges nutzbar zu machen. Im übrigen hatte sich Peter im jahrelangen Umgang mit nichtorthodoxen Ausländern längst eine für Moskauer Begriffe ungewöhnlich tolerante Haltung angeeignet. Das Anwerbungsmanifest von 1702 verkündete ausdrücklich das Prinzip, »daß ein jeder Christ (der in russische Dienste trete) auf seine eigene Verantwortung sich die Sorge seiner Seeligkeit lasse angelegen seyn«, und sogar die Altgläubigen wurden nun geduldet, wenn sie doppelte Steuern zahlten und sich unauffällig verhielten. Das war Toleranz nicht aus philosophischer Überzeugung, sondern des Staatsnutzens wegen, in der Person des Zaren verbunden mit einem schlichten Festhalten am ererbten Glauben und mit geringer Achtung vor den bestehenden kirchlichen Institutionen. Daß Peter, wenn er wollte, der Kirche im einzelnen konkreten Fall seinen Willen aufzwingen konnte, daran war kein Zweifel möglich. Was vorläufig fehlte – und die Rolle kirchlicher Kreise in der Opposition um den Thronfolger Aleksej machte den Mangel spürbar –, war die Rationalisierung des tatsächlichen Machtverhältnisses, die organisierte Kontrollierbarkeit des kirchlichen Verwaltungsapparates. Sie wurde erst in einer Reform verwirklicht, die der Kollegienreform zeitlich und sachlich genau entsprach.

Den theologischen Experten für Vorbereitung und Durchführung fand Peter in dem Ukrainer Feofan Prokopovič, der einen noch westlicheren Bildungsgang hinter sich hatte als Stefan Javorskij. Als Mönch des griechisch-unierten Basilianerordens hatte Prokopovič begonnen und im Kolleg Sant' Atanasio in Rom studiert; dann aber führte ihn ein negatives

Romerlebnis einerseits zur Orthodoxie zurück, andererseits zu lebhaften Kontakten mit protestantischen Theologen. Als er in Gegenwart des Zaren nach der Schlacht von Poltava predigte, war er Professor, 1711–1716 Rektor der geistlichen Akademie in Kiev. Nun machte ihn Peter zum Bischof von Pskov (1718) und beauftragte ihn mit der Ausarbeitung einer ›Beschreibung und Beurteilung eines Geistlichen Kollegiums‹, eines Reformprojektes also, das sich in den Rahmen der ›Kollegien‹-Reform fügen sollte. Gewissermaßen Voraussetzung des ganzen Beginnens war die theologische Begründung des Absolutismus, die Prokopovič in seiner Schrift über ›das Recht des monarchischen Willens‹ (Pravda voli monaršej) aus der byzantinischen Tradition lieferte. Nicht in der Tatsache des staatlichen Übergewichtes, sondern nur in der Methode seiner Verwirklichung trat eine Veränderung ein: Aus der Zuständigkeit des Kaisers für das irdisch-materielle Leben der Kirche wurde eine unmittelbare Einbeziehung der kirchlichen Verwaltung in die Gesamtverwaltung des Staates.

Am 25. Januar 1721 wurde Prokopovičs vom Zaren persönlich korrigierter Entwurf als ›Reglement oder Statut des geistlichen Kollegiums‹ (Reglament ili ustav duchovnoj kollegii) veröffentlicht, um – wie es in dem einleitenden Manifest heißt – nach der erfolgreichen Verbesserung des militärischen und zivilen Standes ›die Verbesserung des geistlichen Standes nicht zu vernachlässigen‹. Das beste Mittel dazu sei eine ›synodale Regierung‹ (sobornoe pravitel'stvo). In der ersten Sitzung am 14. Februar 1721 erhielt das geistliche Kollegium vom Zaren den Namen ›Heiligster dirigierender Synod‹. Der institutionelle Charakter dieser neuen Kirchenleitung war zwiespältig: Einerseits war der Synod eine in Glaubensdingen autoritativ entscheidende Bischofssynode, die sich unschwer in die ostkirchliche Überlieferung eingliedern ließ, andererseits entsprach er nach Aufbau und Gliederung den übrigen Kollegien. In der einen Funktion war der geistliche Präsident maßgebend (zunächst St. Javorskij, nach dessen Tod 1722 F. Prokopovič) und konnte sich der Synod als dem Senat gleichgeordnet betrachten, in der anderen Funktion entschied das Wort des zuständigen Oberprokurors, eines

Kavallerieoffiziers, dem die Synodalkanzlei unterstand, und konnte an der Unterordnung unter den Senat kein Zweifel sein. Mag aber die verfassungsrechtliche Stellung des Synod noch verschiedene Auslegungen zulassen, wes Geistes Kind er war, ist ganz eindeutig: Die Mitglieder des Synod mußten wie alle Beamten den Untertaneneid leisten, der sie unter Umständen im Staatsinteresse zum Bruch des Beichtgeheimnisses verpflichtete; besondere Kontrollorgane, ›gleichsam geistliche Fiskale‹, sollten kirchliche Mißstände melden – sie hießen ›Inquisitoren‹ und unterstanden einem Protoinquisitor beim Synod. Den schwersten Eingriff in das Eigenleben der Kirche stellte aber die Klosterreform dar, die weit über die staatliche Nutzbarmachung des Klosterbesitzes hinausging. Peter hat den Josefinismus bis ins Detail vorweggenommen. Kontemplatives Asketentum, wie es im ostkirchlichen Mönchtum vorherrschte, hielt er für im höchsten Grade nutzlos. »Es gibt aber eine andere Lebensweise für diese Untätigen, nämlich nicht untätig, sondern gottesfürchtig und makellos zu leben, indem sie wirklich Armen, Hochbetagten und Kindern dienen«. Die Konsequenzen waren ein Verbot, neue Klöster zu begründen, eine Beschränkung des Personenkreises, der in ein Kloster eintreten durfte, die Zusammenlegung oder Aufhebung kleiner Klöster, die Festlegung eines Numerus clausus für alle Klöster, und ganz allgemein die Zuweisung pädagogischer, caritativer, ja sogar ökonomischer staatsnützlicher Aufgaben. Da der Staat den Klöstern gleichzeitig die materiellen Mittel und die Menschen entzog, blieben die Erfolge dieser Nützlichkeitspolitik allerdings gering. Die religiöse Lebendigkeit aber zog sich aus den Klöstern und aus der petrinischen Staatskirche zurück, um im Startzentum des 18. und 19. Jahrhunderts am Rande der Kirche in Abgeschiedenheit zu überdauern oder im Sektentum außerhalb der Kirche abseitige Wege zu gehen.

Die Wirtschaftspolitik

Näher noch als Peters Kontrollapparate zur Verhinderung staatsschädigenden Verhaltens standen dem alles beherrschenden fiskalischen Interesse die positiven ökonomischen Maßnahmen. Ein System bildeten sie noch weniger als andere Reformen, sofern man darunter theoretische Planmäßigkeit versteht. Gemeinsam war den zahllosen Einzelmaßnahmen allerdings das auslösende Moment der Kriegserfordernisse und das Ziel des Staatsnutzens. Die Förderung der industriellen Produktion sollte in erster Linie Heer und Flotte von der Einfuhr unabhängig machen. In der Waffenproduktion waren beachtliche Ansätze vorhanden; nun wurden die Betriebe vergrößert und die Rohstoffbasis verbreitert. Ausländische Geologen untersuchten im Auftrag des Zaren die russischen Gebirge auf Bodenschätze, und das Bergkollegium hatte sich deren Erschließung anzunehmen. Völlig neu für Rußland waren die Schiffswerften und sehr beträchtlich der Aufschwung der Textilindustrie. Uniform- und Segeltuch wurden nun im Lande hergestellt, wenn auch keine völlige Unabhängigkeit erreicht werden konnte. Nur in der Papierherstellung scheint das zumindest so weit gelungen zu sein, daß ein Ukas von 1723 die staatlichen Behörden zur ausschließlichen Verwendung russischen Papiers verpflichten konnte. Etwa zweihundert Großbetriebe zählte man am Ende von Peters Regierung, der technischen Entwicklung entsprechend wie auch im übrigen Europa Manufakturen. Staatsbetriebe waren häufig, aber der Zar, auf dessen persönliche Initiative das meiste zurückging, suchte auch auf dem Gebiet der Wirtschaft die Aktivität des patriotischen Staatsbürgers zu wecken. Private Gründungen wurden großzügig unterstützt und privilegiert, nicht selten staatliche Gründungen privaten Unternehmern übergeben. Die Hauptschwierigkeit bestand in der Beschaffung von Arbeitskräften. Leitende Fachleute konnte man im Ausland gewinnen, und manche von ihnen haben Tüchtiges geleistet wie z. B. der Holländer Hennin im Bergbau- und Hüttenwesen des immer mehr an Bedeutung gewinnenden Ural, aber nur der Staat und, wenn er sich auf ein industrielles Unternehmen einließ, der reiche Grundbesitzer verfügten über Bauern, die sie zur Arbeit kommandieren konnten. Zwangsarbeit unter unvorstellbar harten Bedingungen war der Normalfall. Daß man im südlichen Ural auch die Baschkiren zur Industriearbeit preßte, hatte verzweifelte Aufstände zur Folge.

Den merkantilistischen Traum einer aktiven Handelsbilanz konnte dieser relativ bedeutende, aber stark kriegsbedingte Aufschwung der industriellen Entwicklung allerdings ebensowenig verwirklichen wie die vielfältige Förderung, die der Zar dem Handelswesen angedeihen ließ. Die Voraussetzungen zwar konnten erheblich verbessert werden: Sobald der neue Hafen von Petersburg aufnahmefähig war, wurde der Schiffsverkehr von Archangel'sk nach Petersburg umdirigiert, mit dem Gewinn der baltischen Provinzen war an Ostseehäfen überhaupt kein Mangel mehr, und der Bau einer eigenen Handelsflotte stellte nun kein unüberwindbares technisches Problem mehr dar. Kanalbauten sollten das binnenrussische System der Wasserverkehrswege verbessern und an die neugewonnenen Häfen anschließen. Von zahlreichen Projekten wurde zu Peters Lebzeiten allerdings nur der Vyšnevolockij-Kanal (Verbindung zwischen Ostsee und Wolgasystem über Msta und Tverca) verwirklicht (1709) und der Ladogakanal in Angriff genommen (erst 1732 wurde die Umgehung des stürmischen Ladogasees von der Volchovmündung bis zum Nevaaustritt unter der Leitung des Deutschen Münnich fertiggestellt); mehrere Wolga-Don-Kanalprojekte scheiterten an den technischen Schwierigkeiten und wurden durch den Verlust von Azov gegenstandslos. Aber weder diese Verbesserungen der technischen Voraussetzungen, noch die diplomatischen Bemühungen um Intensivierung des Orienthandels, noch die Bildung von Handelskompanien nach ausländischem Vorbild vermochten einen kapitalkräftigen und risikofreudigen russischen Kaufmannsstand zu schaffen, der der ausländischen Konkurrenz gewachsen gewesen wäre. Der Import- und Exporthandel blieb nach wie vor überwiegend in den Händen von Ausländern, während der russische Kaufmann traditionellerweise am Verkehr mit den orientalischen Märkten und am wachsenden Binnenhandel des immer größer werdenden und sich wirtschaftlich differenzierenden Reiches verdiente.

Vieles wurde unter Peter dem Großen eingeleitet, was auf

weite Sicht eine Belebung und Europäisierung des russischen Wirtschaftslebens versprach. Von dieser Belebung erst würde dann auch der steuereinziehende Staat profitieren. Vorläufig konnte das Kriegsbudget nur durch Anziehen der Steuerschraube ausgeglichen werden, und zwar ohne daß sich die wirtschaftlichen Voraussetzungen wesentlich änderten. Neue Besteuerungsmöglichkeiten ausfindig zu machen, das war die Aufgabe der ›Pribyl'ščiki‹, der ›Gewinnmacher‹, die Peter nicht nur wie ein Magnet an sich zog, sondern als eine eigene Art von Beamten geradezu pragmatisierte. Was die Bartsteuer und zahlreiche ähnliche Abgaben einbrachten, fiel den kriegsbedingten Ausgaben gegenüber freilich nicht so ins Gewicht, daß sich die negative psychologische Wirkung dieser als reine Schikane empfundenen Maßnahmen gelohnt hätte. Auch die zahlreichen Staatsmonopole erwiesen sich nur kurzfristig als erfolgreich, beeinträchtigten aber den Handel schwer. Erst die Einführung der Kopfsteuer steigerte die Staatseinnahmen so beträchtlich, daß das ständige Defizit des Staatshaushaltes überwunden werden konnte. Im ganzen wird man sagen können, daß es der Energie des Zaren zwar gelungen ist, alle Reserven zugunsten des Staatsnutzens zu mobilisieren, daß aber die Masse der Staatsbürger an diesem Nutzen nicht partizipierte, sondern nur schwerste Lasten zu spüren bekam. Es war zumindest ein zwiespältiges Erbe, das der große Zar der russischen Zukunft hinterließ.

EPIGONEN UND FORTSETZER

Das Erbe Peters des Großen

Als sich ein Jahr nach dem Tode Peters des Großen (28. Januar / 8. Februar 1725) die einflußreichsten Persönlichkeiten im Staate, die ›Verchovniki‹ (Mitglieder des ›Verchovnyj tajnyj sovet‹ – des Obersten Geheimen Rates), gutachtlich zur Lage zu äußern hatten, ergab sich, daß alle die innere Situation Rußlands als ernst, wenn nicht als katastrophal ansahen, und daß die Vorschläge darüber, wie man eine Besserung erreichen könne, alle darauf abzielten, vieles von der Neuordnung, die Peters große Reformen der letzten Jahre eingeführt hatten, wieder rückgängig zu machen. Und zwar nicht aus den Motiven einer politischen Reaktion, sondern aus der Erkenntnis, daß der Zar die Kräfte Rußlands überfordert hatte, daß der Zustand einer niemals aussetzenden Anspannung aller Kräfte nicht mehr länger zu ertragen war. Nicht zufällig lautete die erste der Fragen, die die Kaiserin Katharina auf Anregung des Generalprokurors Jagužinskij den ›Verchovniki‹ gestellt hatte: Wie man die Lage der Bauern durch Herabsetzung der Kopfsteuer erleichtern könne. Was Peter nach außen wie im Innern erreicht hatte – aufs Ganze gesehen war es tatsächlich ein ›verändertes Rußland‹, wie der hannöversche Resident Fr. Chr. Weber seinen 1721 in Frankfurt anonym erschienenen Bericht nannte –, war in unmenschlicher Härte und Gewaltsamkeit nur auf Kosten des Volkes möglich gewesen. Derselbe Weber sprach 1718 die Erwartung aus, daß »in diesem Reich alles mal ein Ende mit Schrekken nehmen« werde, »weiln die Seufzer so vieler Millionen Seelen wider den Zar zum Himmel steigen ...« Das war nicht aus der Luft gegriffen.

Die Opposition gegen Peter wurde einerseits durch die verzweifelte Lage der unteren Bevölkerungsschichten genährt, die alle Lasten, die sich aus Krieg und Veränderung ergaben, tragen mußten, andererseits wurde sie durch den Bruch mit der Tradition provoziert, den der Zar persönlich verkörperte und den er mehr oder minder auch seinen Untertanen zur Pflicht machte. Krieg mochte immerhin als ein unvermeidbares Schicksal erscheinen, das es zu allen Zeiten gegeben hatte – der Bau von ganzen Flotten und Kanälen, die Errichtung einer neuen Residenz auf Sumpfboden, das war mit althergebrachten Moskauer Vorstellungen unvereinbar, und es mußte vollends als Hybris wirken, wenn der Herrscher, der diese unverständlichen Neuerungen befahl, auch sonst in allem dem traditionellen Herrscherbild widersprach, mit Ausländern nahen Umgang pflegte und ins Ausland reiste, immer mehr Fremde in seinen Dienst zog und sich selbst nach westlicher Art kleidete, Emporkömmlinge niederster Herkunft wie Menšikov, Kurbatov und Jagužinskij zu den höchsten Würden aufsteigen ließ und sich einer Frau verband, die sowohl niedrigster wie fremder Herkunft war. Es nimmt nicht wunder, daß im Volke Gerüchte geglaubt wurden, Peter sei gar nicht der richtige Zar, sondern ein untergeschobener Deutscher.

Die Opposition gegen Peter und seine Art des Regierens äußerte sich in verschiedener Weise; zunächst in einer Reihe von elementaren Ausbrüchen gerade während der entscheidenden Phase des Krieges mit Schweden. Den Beginn machte 1705 die Garnison von Astrachań, die meuterte, als man sie zum Tragen ›deutscher Kleidung‹ zwang, den verhaßten Voevoden mit seinen Beamten umbrachte und erst durch Truppen, die man aus Livland herbeiholen mußte, überwunden werden konnte. Gefährlicher noch war der Kosakenaufstand unter Führung des Kondratij Afanasevič Bulavin 1707/1708, der einen regelrechten Feldzug zur Niederwerfung erforderte, von einem Baschkirenaufstand begleitet und von einer Erhebung der Bauern des mittleren Wolgagebietes gefolgt war (1709/1710). Vieles erinnerte dabei an die Wirren des 17. Jahrhunderts, aber zu den alten Motiven traten neue, neben die ›Fürsten und Bojaren‹ als schlechte Ratgeber des Zaren traten die ›Gewinnler (pribyl'ščiki) und Deutschen, deren Übeltaten nicht mehr verschwiegen und zugelassen werden sollen‹. Die Bevorzugung von Empörkömmlingen und Fremden mußte auch das Ressentiment des alten Adels und den Widerstand der Kirche hervorrufen; und wenn man auch im allgemeinen nicht wagte, offen Kritik zu üben, so lag es doch nahe, das Regiment Peters passiv wie eine Naturkatastrophe über sich ergehen zu lassen und im übrigen vom Nachfolger eine Normalisierung der Verhältnisse zu erhoffen. Aleksej aber, aus der ersten Ehe des Zaren mit Evdokija Lopuchina stammend, war ein mäßig begabter und willensschwacher Mensch, der gerade jene Aktivität und jenes staatsmännische Interesse nicht aufzubringen vermochte, die der Vater von ihm erwartete, und der eben deshalb auch nicht zum Führer der vielschichtigen Opposition werden konnte, die im geheimen auf ihn setzte. Das Ergebnis war eine Thronfolgertragödie von erschütterndem Ausmaß. Als Peter dem Sohn den freiwilligen Verzicht auf die Nachfolge und den Rückzug in ein Kloster verwehrte, floh Aleksej 1716 zu seinem Schwager Kaiser Karl VI., ließ sich aber dann doch durch den skrupellosen Peter Tolstoj wieder zur Rückkehr aus seinem italienischen Asyl in St. Elmo bei Neapel nach Rußland bewegen. Ein eigens gebildetes Sondergericht von hohen Würdenträgern verurteilte ihn am 24. Juni 1718 zum Tode, überließ aber die Entscheidung dem Zaren. Noch ehe sich Peter zu ihr durchgerungen hatte, starb Aleksej, wahrscheinlich an den Folgen der Folterung, am 26. Juni. Schon vor dem Sohn hatte Peter den Nachfolger verloren, als er in einem Manifest vom 3. Februar 1718 allen Untertanen kundgetan hatte: »Kraft väterlicher Gewalt, die auch jedem unserer Untertanen nach den Gesetzen unseres Staates das Recht gibt, seinen Sohn zu enterben ... und als autokratischer Herrscher nehmen wir um des Staatsnutzens willen unserem Sohn Aleksej das Recht der Nachfolge auf unserem allrussischen Thron, selbst dann, wenn keine andere Person in unserer Familie mehr übrigbleiben sollte«.

Eine organisierte Verschwörung zum Zwecke des Staatsstreiches hatte die Untersuchung nicht aufdecken können. Wenn Aleksejs Geliebte aussagte, der Thronfolger habe die Absicht gehabt, die Residenz nach Moskau zurückzuverlegen, die Flotte aufzulösen, keine Eroberungskriege mehr zu führen und das Heer zu reduzieren, so war das doch weniger ein zielbewußt verfolgtes politisches Programm als Ausdruck eines offenbar weitverbreiteten Ruhebedürfnisses. Für Peter freilich mußte auch dies die Vernichtung seines Lebenswerkes bedeuten, die Zerstörung des mächtigen und ruhmvollen Staates, den er mit so viel Opfern errichtet hatte. Und in der inneren Bindung an den neuen Staat, an das siegreiche ›allrußländische Imperium‹, stand der Zar nicht allein. Nicht nur der petrinische Neuadel von Emporkömmlingen und Ausländern setzte sein persönliches Interesse mit dem ›Staatsnutzen‹ gleich und mußte eine Rückkehr zu altmoskauer Verhältnissen fürchten, sondern auch an den Angehörigen alter

Adelsgeschlechter ging der Dienst unter Peter nicht spurlos vorüber, und im Volke gab es neben dem dumpfen Widerstand gegen die unverständlichen Neuerungen auch ein positives, verständnisvolles Echo. Eindrucksvollstes Zeugnis der erwachenden petrinischen Staatsgesinnung und einer erstaunlichen Selbständigkeit kritischen politischen und ökonomischen Denkens sind die Schriften des Ivan Tichonovič Pososkov, der es vom leibeigenen dörflichen Handwerker zum selbständigen Unternehmer und zum Besitzer von Land und Häusern brachte. Pososkov machte sich nicht nur Gedanken über den Bauern- und über den Kaufmannsstand, denen er in gewissem Sinne beiden angehörte, und über ökonomische Reformen wie unzählige andere Projektemacher, sondern er entwickelte auch Vorschläge zur Verbesserung des Gerichtswesens, zur Schaffung eines neuen ›Uloženie‹ auf einer Ratsversammlung des ganzen Volkes (mnogonarodnyj sovet), der auch Vertreter der Bauern angehören sollten. Nicht im entferntesten dachte er dabei allerdings an eine dauernde Beschränkung der absoluten Macht des Herrschers. »Wie Gott über die ganze Welt herrscht, so hat auch der Zar in seinem Herrschaftsgebiet die Macht«, und zu bedauern sind die Ausländer, deren »Könige nicht solche Macht haben wie das Volk und nichts nach ihrem Willen vollbringen können«. Das entsprach genau so den altmoskauer Vorstellungen wie dem ›Recht des monarchischen Willens‹, das Feofan Prokopovič im Auftrag des Zaren theologisch zu begründen hatte. Der neue petrinische Staat war nicht weniger eindeutig, aber in anderer Weise in der Person des Monarchen verkörpert als der alte Moskauer. In derselben Abhandlung ›über die Armut und über den Reichtum‹ (Kniga o skudosti i bogatstve), die Pososkov 1724 verfaßte, steht auch der berühmte Satz, der die Fruchtlosigkeit der Bemühungen Peters, dem es an geeigneten Mitarbeitern fehlt, in einem einprägsamen Bilde festhält: »Er (der ›große Monarch‹) zieht vielleicht selbzehnt den Berg hinan, aber den Berg hinunter ziehen Millionen; wie soll da seine Sache gedeihen?«

Und wer sollte die Sache weiterführen, wenn der Kaiser nicht mehr war? Das ›Recht des monarchischen Willens‹ bestand nicht zuletzt auch darin, wie der Thronfolgeukaz vom 5. Februar 1722 ausdrücklich feststellte, den Nachfolger nach freiem Ermessen zu bestimmen. Das war nur eine Konsequenz des Absolutismus. Aber was geschah, wenn sich der monarchische Wille nicht rechtzeitig entscheiden konnte, weil ihm nur die Wahl zwischen Frauen und Minderjährigen blieb? Eben diese Situation trat ein, als Peter ohne eine Verfügung über seine Nachfolge starb. Von den elf Kindern, die ihm Katharina geboren hatte, waren nur die Töchter Anna und Elisabeth herangewachsen; die ältere, Anna, hatte der Zar bereits mit dem Herzog Karl Friedrich von Holstein verlobt, die jüngere, Elisabeth, war beim Tode des Vaters knapp 16 Jahre alt. Aleksejs Sohn Peter zählte erst zehn Jahre. Damit waren die unmittelbaren Nachkommen Peters des Großen erschöpft. In zweiter Linie kamen die Töchter seines Bruders Ivan (V.), Katharina von Mecklenburg und Anna von Kurland in Frage. Da keine dieser Personen Qualitäten entwickelt hatte, die sie für die Nachfolge empfahlen, blieb dem Zaren kaum eine andere Wahl, als das Erbe seiner Gemahlin Katharina anzuvertrauen. Die litauische Magd des Marienburger Probstes Glück hatte einen märchenhaften Aufstieg genommen, seit sie als ›Kriegsbeute‹ aus Menšikovs Händen in die des Zaren übergegangen war. Erst 1708, nachdem sie Peter schon mehrere Kinder geboren hatte, war sie zur orthodoxen Kirche übergetreten, Anfang 1712 aber zur rechtmäßigen Gemahlin erhoben und 1724 feierlich zur Kaiserin gekrönt worden. Die Krönung ließ sich als Willensäußerung des Imperators über die Nachfolge interpretieren, aber schriftlich niedergelegt hat Peter diesen Willen nicht, und so verdankte Katharina I. (1725–1727) den Thron schließlich weniger ihrem kaiserlichen Rang als dem entschlossenen Eingreifen Menšikovs, der die Garderegimenter zu ihren Gunsten mobilisierte und damit einen Präzedenzfall für das ganze 18. Jahrhundert schuf.

Die innere Entwicklung Rußlands im 18. Jahrhundert

So sehr sich auch die Reformen Peters des Großen bei näherem Zusehen als kriegs- und zeitbedingt erweisen, so sehr auch die Verwirklichung hinter dem zurückblieb, was der erste ›allrußländische Imperator‹ anstrebte, und so klein der Kreis jener zunächst auch sein mochte, die Rußlands Veränderung zutiefst verstanden und bejahten – die Tatsache, daß Staat und Gesellschaft Rußlands durch die Leistung Peters unauslöschbar geprägt wurden, ist durch keine sozial-ökonomische Relativierung zu schmälern. Rußland konnte auf dem von Peter eingeschlagenen Weg nur fortschreiten, nicht umkehren. Und es beweist ebenso ›die Rolle der Persönlichkeit in der Geschichte‹, daß dieses Fortschreiten während des 18. Jahrhunderts mehr den Eindruck eines Dahintreibens auf eingefahrenen Bahnen als den eines Anstrebens klar erkannter Ziele macht. Wer auf den Thron des Imperators kam, das entschied in keinem Falle der autokratische Wille des Vorgängers, wie es das Gesetz Peters befahl, sondern die Gunst der Garde und die Geschicklichkeit von Günstlingen. Und wenn schon Peter geringen Erfolg damit hatte, durch das Ethos des patriotischen Dienstes einen neuen Menschentyp zu formen, so waren die Frauen, die sein Erbe zu verwalten und zu mehren hatten, noch viel weniger imstande, der Europäisierung sittlichen Ernst und soziale Breitenwirkung zu geben. Die Kluft zwischen dem glanzvollen ›Oben‹ außenpolitischer Erfolge und eines maßlos privilegierten Adels und dem düsteren ›Unten‹ sozialer Konvulsionen und menschenunwürdiger Leibeigenschaft wurde unüberbrückbar breit und tief.

Favoriten und Fremde

Die rasch aufeinander folgenden Thronwechsel bis zum Regierungsantritt von Peters Tochter Elisabeth waren von Machtkämpfen der jeweiligen Günstlinge begleitet: Unter Katharina I. regierte praktisch Menšikov; Peter II. (1727 bis 1730), der auf den Rat Menšikovs von der Kaiserin testamentarisch eingesetzte minderjährige Sohn Aleksejs, geriet nach wenigen Monaten unter den Einfluß der Dolgorukijs, und des großen Zaren ›Herzenskind‹ und ›lieber Bruder‹ (Menšikov) landete in Sibirien. Als Peter II. entgegen allen Erwartungen schon im Januar 1730 knapp fünfzehnjährig starb, zerrannen auch die Hoffnungen der Dolgorukijs, sich durch die Ehe einer Dolgorukaja mit dem Zaren im Zentrum der Macht einzunisten. Anna Ivanovna (1730–1740) brachte den Machthaber in der Person ihres Favoriten Biron schon aus Kurland mit, das Zwischenspiel unter der nominellen Regierung des Säuglings Ivans VI. Antonovič (1740/1741) und der Regentschaft seiner Mutter Anna Leopol'dovna beherrschte zunächst Münnich, dann Ostermann, und eine gewisse Stabilisierung trat erst ein, als ein Staatsstreich Ende November 1741 Elisabeth auf den Thron brachte. Die Kontinuität des Regierens beruhte vor allem auf dem Nichtregieren der Herrschenden, die es der Bürokratie überließen, den Apparat im Gang zu erhalten. Daraus ergab sich die Unentbehrlichkeit Ostermanns, des Pastorensohns aus Bochum, der sich schon unter Peter dem Großen im auswärtigen Dienst emporgearbeitet hatte und nun als graue Eminenz die Fäden in der Hand hielt. Ebenso kenntnisreich wie anpassungsfähig, ebenso fleißig wie intrigant, war Ostermann bei weitem nicht der schlechteste jener zahlreichen Ausländer, die zum Teil auch ein Erbe Peters des Großen darstellten, zum Teil in der ›Bironovščina‹ (Zeit der Herrschaft Birons) neu ins Land kamen; wer unter dem großen Zaren als Ausländer im Dienste dauernd vorankommen wollte, der mußte hohen Ansprüchen genügen, wenn es auch in erster Linie Ansprüche an die Sachkenntnis, weniger solche an den Charakter waren. Nach Peter dem Großen folgte das Überhandnehmen des Ausländerwesens anderen Prinzipien. Unter schwachen Regierungen erlagen auch die ›Experten‹ den Versuchungen des Amtsmißbrauches oder hielten sich günstigstenfalls aus der allgemeinen Korruption heraus. Das gilt auch von Burchard Christoph Münnich, der als Generalleutnant unter Peter die Leitung des Ladogakanalbaus übernahm und es unter Anna Ivanovna bis zum Feldmarschall und Präsidenten des Kriegskollegiums brachte.

Wirkte das Trägheitsprinzip in der Bürokratie und die Sachbezogenheit des ausländischen Expertentums im Sinne einer gar nicht ernsthaft in Frage gestellten Kontinuität, so führte politisch die Erhaltung des Selbstherrschertums zu einer Erhaltung des petrinischen Staates. Hier aber wurde es in Frage gestellt, als der Fürst Dmitrij Michajlovič Golicyn, Mitglied des obersten geheimen Rates, am 19. Januar 1730 die in Moskau versammelten Würdenträger dazu brachte, »Punkte aufzuschreiben und sie ihrer Hoheit (der zur Zarin erwählten Anna von Kurland) zu schicken«. Golicyn war eine ungewöhnliche Erscheinung: Ein Hocharistokrat ältesten Stammes, gehörte er zu den ersten Russen, in deren Denken die Gewinnung und Sicherung politischer Freiheit zentrale Bedeutung gewann, und zwar nicht nur im Sinne des traditionellen Kampfes von ›Fürsten und Bojaren‹ gegen die Autokratie, sondern auch unter dem Einfluß westlicher staatsrechtlicher Theorien; in Golicyns umfangreicher Bibliothek standen die Werke von Pufendorf und Grotius. Konkretes Vorbild war ihm dabei weniger die polnisch-litauische ›Adelsrepublik‹ als die schwedische Adelsoligarchie, wie sie sich nach dem Tode Karls XII. etabliert hatte. Die ›Punkte‹, die man nach Mitau sandte und die Anna zunächst auch unterschrieb, waren nichts anderes als eine sehr weitgehende Wahlkapitulation, deren Verwirklichung aus Rußland ein repräsentatives Wahlzarentum gemacht und alle Regierungsgewalt in die Hände eines hocharistokratischen ›Obersten Geheimen Rates‹ gelegt hätte. Dagegen erhob sich der gesamte petrinische Dienstadel: ›Davor bewahre uns Gott‹ – so schrieb Volynskij, Peters des Großen Persienexperte, aus Rjazań –, »daß wir an Stelle eines autokratischen Herrschers neun selbstherrliche und übermächtige Familien bekommen; da würden wir, der Adel (šljachectvo), gänzlich in Verfall geraten«.

Golicyns und der übrigen hocharistokratischen ›Verchovniki‹ politische Fähigkeiten reichten nicht aus, das tiefe Mißtrauen des Dienstadels gegen die Vertreter der Hocharistokratie zu überwinden und das elementare Privilegierungsverlangen des Gesamtadels in verfassungsmäßig gesicherte politische Adelsfreiheiten umzumünzen. Anna, schon vor ihrer Ankunft in Moskau über die Stimmung des Adels unterrichtet, gewann die Garde, d. h. die militärische Repräsentation des Dienstadels, für sich, und unter dem Druck der Garde erfolgte die Wiederherstellung der absoluten Monarchie als Erfüllung eines tumultuösen adeligen Volksbegehrens. Vor aller Augen zerriß die Kaiserin das Dokument mit den ›Punkten‹, der Oberste Geheime Rat wurde sofort aufgelöst und Rußland weiter so autokratisch-absolut regiert wie bisher, allerdings weder im Stile Peters des Großen noch so, wie es sich die stürmischen Petenten des Dienstadels in einer Reihe von ›Projekten‹ vorgestellt hatten. Was der allmächtige Favorit Ernst Johann von Biron (ein 1690 geborener kleiner kurländischer Gutsbesitzer aus der westfälischen Familie Bühren) im Namen der Kaiserin exerzierte, war alles eher als aufgeklärter Absolutismus. Das nationale Ressentiment der Russen gegen alles Deutsche hat sich immer wieder aus der schmachvollen Erinnerung an die ›Bironovščina‹ genährt, aber im Grunde sind die nationalen Maßstäbe des 19. Jahrhunderts dem törichten Terrorregime des unfähigen Biron im 18. Jahrhundert wenig angemessen. Zwar wurde der Regierungsapparat eindeutig von Fremden beherrscht und das Mißtrauen des Despoten galt in erster Linie allem Russischen, aber die fremden Nutznießer des Systems waren nicht ausschließlich Deutsche, es geschah alles im Namen einer Herrscherin, in deren Adern kein Tropfen nichtrussischen Blutes rollte, und in der Wertordnung der privilegierten Fremden rangierte die skrupellose persönliche Bereicherung weit vor jedem nationalen Prestige. Wenn die russischen Kadetten nicht russische, sondern deutsche Geschichte lernen mußten, so lag darin weniger System als überhebliche Dummheit, der begreiflicherweise eine elementarer Haß antwortete.

Die Innenpolitik der ›Bironovščina‹ war ohne eigenes Konzept. Die Reduzierung des petrinischen Verwaltungsapparates, die unter Katharina I. und Peter II. eingesetzt hatte (Beseitigung der Kontrollapparate von Fiskalen und Prokuroren sowie der Ansätze zur Gewaltenteilung auf unterster Ebene), wurde weder fortgesetzt noch rückgängig gemacht. An die Stelle des Obersten Geheimen Rates trat als eigentliches Regierungsorgan ein Kabinett – der Senat erhielt seine frühere Bedeutung also nicht zurück. Man ließ die Dinge treiben, und davon profitierte vor allem der Adel: Offiziersschulen befreiten den Adeligen von dem lästigen Zwang, seinen Dienst als

Gemeiner beginnen zu müssen, 1736 erfolgten die ersten Schritte in Richtung einer Aufhebung der Dienstpflicht des Adels (von mehreren Söhnen blieb nun einer von der Dienstpflicht befreit, und diese wurde auf 25 Jahre begrenzt), schon 1730 wurde das niemals wirklich durchgeführte Einerbengesetz auch formal aufgehoben. Der zunehmenden Privilegierung des Adels entsprach ein zunehmender Druck auf die Bauern, denen nun auch jene bescheidenen Möglichkeiten, ihren Stand zu verändern, verschlossen wurden, die Peter der Große im Interesse des Staatsnutzens geöffnet hatte: Weder durch wirtschaftlichen Aufstieg als Gewerbetreibender noch durch freiwillige Meldung zur Armee konnte sich von nun an ein Bauer der Macht seines Grundherren entziehen.

Zurück zu Peter!?

Der Staatsstreich Elisabeths (1741 – 25. Dezember 1761 / 5. Januar 1762), den eine französisch-schwedische außenpolitische Aktion auslöste und der sich gegen die ›Braunschweiger‹ (Anna Leopol'dovna als Regentin für Ivan VI. und ihren Gemahl Herzog Anton Ulrich von Braunschweig) mühelos durchsetzte, wurde vom allgemeinen Unmut über das herrschende System zum Erfolg getragen und stand von Anfang an im Zeichen einer laut verkündeten petrinischen Restauration. Wieder gab die Garde den Ausschlag, an deren Spitze die zweiunddreißigjährige Tochter Peters des Großen die Macht ergriff. Und die Garde als Symbol der Adelsherrschaft, nicht die Parole ›zurück zu Peter‹ bietet den Schlüssel zum Verständnis der Regierung Elisabeths. Denn die Wiederherstellung des petrinischen Regierungs- und Verwaltungsapparates in allen Einzelheiten, allerdings im wesentlichen nur in der Petersburger Zentrale, konnte nicht mehr sein als die Wiederherstellung von Formen, denen der ursprüngliche Inhalt nicht mehr zu geben war. Die erneuerte Prokuratur bietet ein instruktives Beispiel: Was als ein System von Aufpassern erfunden war, die der militärischen Befehlsgewalt unterstanden oder schon ihrer Herkunft wegen zu keiner adeligen Standessolidarität neigten, mußte zu einer harmlosen Dekoration der Verwaltung werden, wenn Kontrolleure und Kontrollierte ein gemeinsames materielles Standesinteresse verband und kein herrscherlicher Wille wie der Peters des Großen dazu zwang, die Instruktionen ernst zu nehmen. Und ein Senat, der als ein von Ausländern gesäubertes, erweitertes Günstlingskollegium die volle, ungeteilte Regierungsgewalt ausübte, war etwas ganz anderes als die streng disziplinierte oberste Exekutivbehörde zur Zeit Peters.

Man hat nicht mit Unrecht gesagt, daß Elisabeth nicht regierte, sondern nur herrschte, und da sie ihre Herrschaft der adeligen Garde verdankte, herrschte sie so sehr zugunsten des Adels, daß sich die Formen der petrinischen Autokratie zusehends mit dem Inhalt einer Adelsherrschaft erfüllten. Man war petrinisch, wenn dies nationalen Ruhm und Verdrängung der Ausländer bedeutete, man war aber keineswegs petrinisch, wenn damit persönliche Opfer zugunsten des Staatsnutzens gemeint waren. Auf dem Wege der sozialen und ökonomischen Privilegierung des Adels bedeutete Elisabeths Regierungszeit ein kontinuierliches Fortschreiten: 1746 untersagte ein Ukas allen Nichtadeligen den Kauf von Bauern mit oder ohne Land; in den fünfziger Jahren ging man dazu über, nichtadelige Besitzer von Land und Leuten zum Verkauf zu nötigen, und die lange ungeklärte Frage, ob der nur persönlich, nicht erblich Adelige Land und Bauern besitzen dürfe, wurde negativ entschieden; 1760 stellte es ein Ukas den adeligen Gutsbesitzern frei, unbotmäßige Bauern unter Anrechnung auf die Zahl der dem Staat zu stellenden Rekruten nach Sibirien zu verschicken. Ohne zureichende gesetzliche Begründung galt von dieser Zeit an für einen Inhaber des erblichen Adels der Besitz von Bauern auch ohne Land nicht mehr als rechtswidrig, d. h. der Bauer war persönliches Eigentum, ›leibeigen‹ im vollen Sinn des Wortes geworden. Deutlich ist dabei die Tendenz, den Kreis der Privilegierten im Rahmen der petrinischen Adelsordnung nach Möglichkeit einzuschränken, und neu war die Methode wirtschaftlicher Förderung des privilegierten Standes durch Errichtung einer Adelsbank, die dem adeligen Gutsbesitzer relativ billige Kredite gewährte. Nur an der fünfundzwanzigjährigen Dienstpflicht hielt Elisabeth mit einiger Strenge fest, wie sie denn überhaupt die absoluten und prinzipiellen Lösungen wenig liebte. Es lag intuitive Weisheit in dem administrativen Schlendrian ihrer Regierung, die im Urteil der Geschichte zwischen der heroischen Anstrengung des petrinischen Zeitalters und dem äußeren Glanz der Epoche Katharinas II. durchaus bestehen kann – nicht deshalb, weil Elisabeth die verhaßten Fremden verjagte und ihren Schwur, niemals ein Todesurteil zu unterzeichnen, getreulich einhielt, sondern deshalb, weil Rußland durch sie die nötige Atempause erhielt, den Schock der gewaltsamen Europäisierung zu überwinden. Es war genug, die Fremden von den Gipfeln der Machtausübung und des Machtmißbrauches fernzuhalten, und es war genug, dem blinden Terror die Achtung des Menschenlebens entgegenzusetzen, denn weder konnte Rußland schon auf die Mitarbeit von Ausländern verzichten, noch war es reif für eine durchgreifende Humanisierung seiner Justiz. Die staatsmännische Erfahrung der Russen ist im ständigen Improvisieren unter Elisabeth wahrscheinlich mehr gereift als unter dem Druck der petrinischen Kontrollsysteme, und ohne am Prinzip der Staatskirche zu rütteln, verstand es die Tochter Peters des Großen, durch kirchenfreundliches Verhalten den latenten Widerstand der russischen Orthodoxie gegen den europäisierten Staat abzubauen. Dies alles hat sie zu einer sehr populären Verkörperung echten Russentums werden lassen, der man die Fragwürdigkeiten eines verschwenderischen und durch moralische Hemmungen kaum getrübten Lebenswandels nachsah.

Peter III.

Als die Kaiserin Elisabeth am 25. Dezember 1761 (5. Januar 1762) starb, war die Frage ihrer Nachfolge zwar formal geregelt, aber das beruhigende Gefühl, ihr Erbe in guten Händen zu wissen, wird sie so wenig gehabt haben wie ihr Vater. Sofort nach ihrem Regierungsantritt hatte sie den vierzehnjährigen Sohn Peter ihrer 1728 im Wochenbett verstorbenen Schwester Anna aus Holstein nach Petersburg kommen lassen. Zu lange hatte sie selbst den Makel einer illegitimen Geburt zu spüren bekommen, als daß sie ungeachtet aller testamentarischen Vollmacht die Legitimität des Erben nicht geschätzt hätte. Mit ihrer eigenen Thronbesteigung waren die vor der offiziellen Eheschließung geborenen Töchter Peters des Großen und damit auch dessen holsteinischer Enkel legitimisiert. Dem direkten Nachkommen Peters gegenüber kam Ivan VI., den Elisabeth selbst gestürzt hatte, nicht mehr in Frage; er war ja nur ein Nachkomme Ivans V., und dessen Tochter Anna hatte man ja gerade mit der Begründung auf den Thron gehoben, daß die Töchter Peters als illegitim nicht nachfolgeberechtigt seien. Es war nicht vorauszusehen, daß der Holsteiner, der mit 34 Jahren widerspruchslos zur Regierung kam, in einem halben Jahr scheitern und daß die Herrschaft über Rußland noch ein viertes Mal einer Frau zufallen würde. Der Grund dafür lag im Charakter der beteiligten Persönlichkeiten, in den verhängnisvollen Unzulänglichkeiten Peters III. (1762) und in den politischen Qualitäten der Prinzessin Sophie Friederike von Anhalt-Zerbst, mit der Peter schon 1745 verheiratet wurde und die als Katharina II. (1762–1796) in die Weltgeschichte eingehen sollte.

Zwei Jahrzehnte hatte Elisabeth Zeit, den Nachfolger auf sein Amt vorzubereiten; aber selbst wenn sie mehr Geschick und Interesse dabei bewiesen hätte, wäre es ihr kaum gelungen, aus dem holsteinischen Neffen einen erträglichen russischen Zaren zu machen. Peter III. war weder geisteskrank noch unintelligent, aber er ist niemals zum Manne ausgereift. In Holstein hatte man ihn abwechselnd für den russischen und für den schwedischen Thron erzogen, wobei es die erziehenden holsteinischen Gardeoffiziere in beiden Fällen für zweckmäßig hielten, das entstehende Weltbild des Knaben ein für allemal nach den Maßstäben des preußischen Militärdenkens zu ordnen. Das hätte so verheerende Folgen noch nicht zu haben brauchen, wenn Peters Charakter nicht zeit seines Lebens durch Züge einer abstoßenden Infantilität und durch den völligen Mangel an Anpassungsvermögen ausgezeichnet gewesen wäre. So aber verharrte er als russischer Thronfolger vom ersten Tage an in einer Haltung des Protestes gegen seine russische Umwelt und der überheblichen Verachtung gegenüber allem Russischen. Damit verbaute er sich nicht nur jeden

Zugang zu den Russen, über die und mit deren Hilfe er herrschen sollte, sondern spielte auch seiner Gemahlin, die ihm geistig in jeder Beziehung überlegen und die in siebzehnjähriger Ehe seine Todfeindin geworden war, alle Waffen in die Hand. Der Unmut der öffentlichen Meinung und die meisterhaft angelegten Intrigen Katharinas kulminierten in dem Staatsstreich vom 28. Juni 1762, als die von den Brüdern Orlov gewonnenen Garderegimenter die Kaiserin als Selbstherrscherin proklamierten; acht Tage später kam der auf dem Landsitz Ropša internierte Peter III. unter niemals ganz geklärten Umständen ums Leben.

Das Erstaunliche ist nun, daß die sechsmonatige Regierungszeit Peters III. in der inneren Entwicklung Rußlands keineswegs bedeutungslos war, sondern eine Reihe von gesetzgeberischen Maßnahmen brachte, die zum Teil durchaus geeignet waren, dem Kaiser Sympathien zu gewinnen. Am folgenreichsten war die Aufhebung der Dienstpflicht des Adels im Gesetz vom 18. Februar 1762. Gewiß vollendete Peter III. damit nur eine bereits sehr weit gediehene Entwicklung, aber dieser letzte Schritt auf einem seit langem eingeschlagenen Wege erfüllte ein Hauptanliegen des Adels, der seine Privilegierung, wenn er wollte, nun ohne jede Gegenleistung genießen konnte und dem in Friedenszeiten sogar der Dienst in anderen Ländern gestattet wurde. Allerdings erwartete der Gesetzgeber, daß von nun an freiwillig geschah, was nicht mehr erzwungen wurde – an die Stelle der gesetzlichen sollte eine moralische Dienstpflicht treten kraft der ›alleruntertänigsten Treue‹ und des ›Eifers‹, den der Adel schon bisher stets bewiesen habe. Und für den Fall, daß ›Treue und Eifer‹ nicht ganz ausreichen sollten, die moralische Dienstpflicht zu verwirklichen, verordnete der Schlußabsatz des Gesetzes eine gesellschaftliche Ächtung, der ›des allgemeinen Wohls Unfreudige‹ ausgesetzt sein sollten. Man hat gerade darin einen Beweis für die persönliche Teilnahme des Kaisers an der Formulierung des Gesetzes gesehen, aber praktische Bedeutung kam solchen moralischen Druckmitteln kaum zu, wenn der einzelne Adelige nicht von sich aus nach Dienstrang und gesellschaftlichem Ansehen drängte.

Einen Schlußstrich setzte die Regierung Peters III. auch unter die seit einem Jahrhundert im Gange befindliche Säkularisierung der Kirchengüter. Längst handelte es sich nicht mehr darum, daß die Einnahmen aus dem kirchlichen Grundbesitz, soweit sie den Eigenbedarf der Kirche überstiegen, dem Staat zufließen sollten, sondern um die volle Verfügungsgewalt des Staates über den ursprünglich kirchlichen Grundbesitz. Genügte es, wenn das aus dem Klosterprikaz entstandene Ökonomiekollegium dem Synod, der Leitung der petrinischen Staatskirche unterstand, der Staat also nur mittelbar über die Klostergüter verfügte, oder empfahl sich die direkte Unterstellung unter den Senat, also die offene Verstaatlichung? Nach jahrzehntelangem Schwanken wurde die Frage nun im zweiten Sinne entschieden. Der Ukaz vom 21. März 1762 schaltete den Synod endgültig aus und machte aus den ›Ökonomiebauern‹ eine besondere Art von Staatsbauern. Die Sympathie der Kirchenführung war durch diese Maßnahme schwerlich zu gewinnen, obwohl die Klostergüter infolge der vom Staat geforderten Leistungen längst eine schwere wirtschaftliche Belastung darstellten, aber andererseits handelte es sich doch mehr um eine endgültige Klärung als um eine einschneidende neue Maßnahme, und den Adel hätte die Regierung dabei hinter sich gehabt, wenn Peter III. nicht dauernd sowohl den russischen Adel wie die russische Kirche durch beleidigendes und taktloses Verhalten herausgefordert hätte.

Aus demselben Grund blieb auch die dritte Neuerung ohne positiven Widerhall. In einem Manifest vom 21. Februar 1762 hob Peter III. die berüchtigte ›Geheime Kanzlei‹ auf und schränkte dadurch die auf Denunziation gegründeten peinlichen, d. h. die Folter anwendenden, Prozesse wegen Majestätsbeleidigung und allgemein staatsschädigenden Verhaltens ein. Es ist ganz begreiflich, daß Katharina all dies mit äußerstem Mißtrauen verfolgte; sie hatte ihre eigenen Pläne und mußte fürchten, daß Peter, wenn es ihm auch nicht gelang, seine Position zu stärken, so doch allzu viel von dem vorwegnahm, was zu den Segnungen ihrer eigenen Regierung gehören sollte.

Aufgeklärte Adelsherrschaft

Die Epoche Katharinas II. (1762–1796) gilt als repräsentativ für den ›aufgeklärten Absolutismus‹, und man hat sie gelegentlich scharf gegen die vorhergehende unprofilierte ›Periode der Palastrevolutionen‹ abgesetzt. Aber es ist weit mehr kontinuierliche Entwicklung im russischen 18. Jahrhundert, als es den Anschein hat, und die Verbindung von absoluter Herrschaft und aufgeklärtem Denken erscheint zu Beginn bei Peter dem Großen gesünder und aufrichtiger als am Ende bei Katharina. Was sich vor allem änderte, war der philosophische Hintergrund, die theoretische Formulierung, der allgemeine Stil. Im Augenblick der Machtergreifung und in den unmittelbar darauf folgenden Jahren mußte es der Kaiserin in erster Linie um die Sicherung und Legalisierung ihrer Stellung gehen. Ein Vergleich mit Elisabeth in der gleichen Phase ihrer politischen Laufbahn macht dies deutlich: Beide Kaiserinnen, Elisabeth und Katharina, waren durch einen Staatsstreich mit Hilfe der Garde und getragen von der nationalen Empörung über ein als fremd empfundenes, unrussisches Regime zur Macht gekommen. Aber Elisabeths Staatsstreich hatte nur den braunschweigischen Säugling von stets angezweifelter Legitimität verdrängt, Katharinas Staatsstreich hatte dem regierenden Enkel Peters des Großen das Leben gekostet; Elisabeth war selbst eine Tochter des großen Zaren und galt als Verkörperung des Russentums, Katharina hatte keinen Tropfen russischen Blutes; Elisabeth mußte den Nachfolger aus Holstein kommen lassen, Katharina hatte seit 1754 einen Sohn Paul, und der Gedanke lag nahe, ihre Herrschaft nur als eine Regentschaft während Pauls Minderjährigkeit aufzufassen. Daher die große Empfindlichkeit Katharinas gegen alles, was mit dem Schein der größeren Legitimität ihrer Herrschaft gefährlich werden konnte, daher das stets wache Mißtrauen der Mutter gegen den heranwachsenden Sohn; und die Befürchtungen entbehrten nicht konkreter Anlässe: 1764 führte eine Verschwörung von Armeeoffizieren zugunsten Ivans VI. zu der für diesen Fall vorgesehenen Ermordung des seit 1756 in der Festung Schlüsselburg gefangenen Braunschweigers; das Gespenst Peters III. ging immer wieder im Volke um, das Gerücht wollte nicht verstummen, daß der Zar Peter Fedorovič nicht nur den Adel, sondern auch die Bauern hatte befreien wollen und deshalb ermordet worden war – kein Geringerer als Pugačev machte sich diese gute Nachrede zunutze und gab sich als der auf wunderbare Weise errettete Peter III. aus. Ein gutmütiges laissez faire wie Elisabeth konnte sich Katharina nicht leisten, sie mußte regieren, und sie regierte vom ersten Tage an nach bestimmten politischen Prinzipien und Zielen. Dabei machte sie sehr rasch die Erfahrung, daß die vorhandenen Instrumente des Regierens wenig tauglich waren.

Es ist eine umstrittene Frage, wieweit Katharina in ihrem politischen Handeln durch die politischen Theorien der Aufklärung wirklich bestimmt war. Häufig wird der ›liberale‹ Beginn ihres Regierens zum ›reaktionären‹ Ende in Gegensatz gebracht. Zum Teil liegt da eine Verwechslung von rationalem Aufklärungsdenken und liberal-humanitärem Streben vor. Der Ratio im Dienste des Staates, der Macht, des Prestiges, ist Katharina niemals untreu geworden, aber ebensowenig duldete sie je ein Überwuchern der politischen Wirklichkeit durch die politische Theorie. Wir wissen ziemlich genau, welche Lektüre die Gemahlin des Thronfolgers beschäftigte; Katharina hatte ja siebzehn Jahre lang Zeit zum Lesen, und sie galt mit Recht als eine ungewöhnlich belesene und gebildete Frau. Pierre Bayles ›Dictionnaire historique et critique‹ und Voltaires ›Essai sur les moeurs et l'esprit des nations‹ mögen ihr Weltbild am meisten beeinflußt haben, Montesquieus ›Esprit des lois‹ hat sie gelegentlich selbst als das ›Gebetbuch‹ bezeichnet, dem sie die Ordnung ihrer politischen Gedanken schulde. Aber welche Wirklichkeit hatten diese Gedanken zu meistern?! Katharina lernte sie selbst erst in ausgedehnten Reisen nach der Regierungsübernahme kennen. Daß sie physische Strapazen nicht scheute, um sich über ihr Reich zu unterrichten, war modern und viel mehr ›petrinisch‹ als die formale Behördenrestauration unter Elisabeth. Und es hatte auch den petrinischen Grund, daß von den Petersburger Zentralstellen keine zureichende Information zu erlangen war.

Hier setzte denn auch Katharinas Reformtätigkeit sehr bald ein. Ein Manifest vom 15. Dezember 1763 gliederte den Senat durch Einteilung in sechs Departements um, eine zunächst unscheinbare Maßnahme, die durch genauere Abgrenzung der Kompetenzen die zentrale Verwaltung erleichtern und wirksamer gestalten sollte; ein deutlicher Schwerpunkt lag beim ersten Departement, in dem die Aufgaben der allgemeinen Verwaltung konzentriert wurden. Die Leiter der Departements waren der Kaiserin persönlich verantwortlich, die diesem Verfahren vor dem niemals recht funktionierenden Kollegialprinzip offensichtlich den Vorzug gab. Wenn man für die Folgezeit eine gewisse Tendenz zur Gewaltenteilung feststellen zu können glaubte, indem die Kaiserin sich die Gesetzgebung ausdrücklich vorbehielt, die Exekutive bei den Zentralbehörden (den Departements des Senats und den Kollegien) und die Justiz beim Senat lag, so war dies jedenfalls weit mehr Tendenz als verwirklichte Ordnung, und es ist schwer zu sagen, ob dabei theoretische Überlegungen oder der politische Instinkt, eine senatorische Adelsoligarchie, wie sie unter Elisabeth auf dem Wege war, zu verhindern, ursächlich die größere Rolle spielte. Erst zwölf Jahre später folgte der Reorganisation der Zentralbehörden auch eine Neuordnung der lokalen Verwaltung in der sogenannten Gouvernementsreform. Die übergroßen petrinischen Gouvernements hatten versagt, in der Lokalverwaltung war der Rückfall in bürokratische Improvisationen altmoskauer Stils am stärksten. Nun erfolgte eine Neugliederung sehr moderner Art. Ihre charakteristischen Züge sind eine weitgehende Dezentralisierung der Verwaltung in den nun zahlreicheren (am Ende 51), aber kleineren Gouvernements und die Heranziehung von gewählten Vertretern im Prinzip aller ›Stände‹, in der Praxis natürlich vor allem des Adels, zu untergeordneten Verwaltungsaufgaben in Gouvernement und Kreis. Adel, Städter und nichtleibeigene Bauern erhielten auf beiden Stufen eigene Standesgerichte, und sogar Ämter mit ausgesprochen sozialen Aufgaben waren vorgesehen. Das ergab ein außerordentlich kompliziertes System, für dessen sinngemäße Verwirklichung noch lange die Voraussetzungen fehlten, aber dessen Tendenz wiederum deutlich in die Zukunft wies.

Katharinas Absolutismus war aufgeklärt genug, um zu erkennen, daß Rußlands Probleme allein durch Reformen der Verwaltungsorganisation niemals zu lösen waren, solange nicht die menschlichen Träger der Verwaltung selbst reformiert, d. h. gebildet werden konnten, und solange keine übersichtliche und allgemein zugängliche Rechtsgrundlage bestand. Das vernunftgläubige Zeitalter Katharinas hat von der Schulbildung alles erhofft, und die Kaiserin erwarb sich auf diesem Gebiet große Verdienste. Dagegen ist ihr kühner Ansatz zu einer neuen Rechtskodifizierung kläglich gescheitert. Hier wirkte sich die Lektüre der kaiserlichen Autodidaktin am unmittelbarsten aus. Sie war der Meinung, daß eine Sammlung und Systematisierung des geltenden Rechtes, wie sie seit dem Uloženie von 1649 schon mehrfach vergeblich versucht worden war, nicht genüge, daß man vielmehr ganz neu beginnen müsse mit der Aufstellung ›allgemeiner Prinzipien, nach denen richtige und nützliche Gesetze zu erlassen sind‹, und sie machte sich selbst an die Ausarbeitung solcher ›allgemeiner Regeln‹. Bei dem, was schließlich als ›Instruktion der Kommission zur Aufstellung eines Projektes für ein neues Gesetzbuch‹ (gewöhnlich als ›Große Instruktion‹, bol'šoj nakaz, bezeichnet) veröffentlicht wurde, hatten Montesquieu, Beccaria – der berühmte Vorkämpfer eines humanen Strafrechts – und die preußischen Etatisten v. Bielfeld und v. Justi intensiv Pate gestanden. In mehrsprachigen Ausgaben erschien übrigens nur der gezähmte Rest des ursprünglichen, viel umfangreicheren und viel liberaleren Entwurfes, aber er war immer noch liberal genug, um in Europa eine Sensation zu werden – was Katharina sicher beabsichtigte – und in Frankreich dem Verbot zu verfallen. Katharinas adelige Mitarbeiter, vor allem Graf Nikita Ivanovič Panin, hatten alles ausgemerzt, was die Frage der bäuerlichen Leibeigenschaft auch nur von ferne berührte. Umgekehrt hatte Katharina von Anfang an dafür gesorgt, daß die ›Selbstherrschaft‹ nicht diskutiert wurde, wenn sich auch die Begründung dafür, dem Geiste der Zeit entsprechend, wandelte:

Von einer theologischen Begründung wie noch zur Zeit Peters des Großen ist nicht mehr die Rede; Rußland ist ein räumlich sehr ausgedehnter Staat und »ein weiträumiger Staat setzt eine autokratische Herrschaft in jener Person voraus, die ihn regiert. Denn die Schnelligkeit der Entscheidung von Angelegenheiten, die aus entfernten Landesteilen geschickt werden, muß die Verzögerung ausgleichen, die durch die Entfernungen entsteht. Jede andere Regierung wäre für Rußland nicht nur schädlich, sondern am Ende sein Untergang«. Was noch vor kurzem als Ausfluß göttlicher Weltordnung galt, erweist sich jetzt als ein Erfordernis rationaler Zweckmäßigkeit. Und zweckmäßig war auch die Europäisierung, die Peter der Große einleitete, denn Rußland hat europäisches Klima, und daher sind ihm die europäischen ›Sitten und Gebräuche‹ gemäß, während die Moskauer ›Sitten und Gebräuche‹ der Landesnatur widersprachen; ›Rußland ist eine europäische Macht‹, weil es europäisches Klima hat – ein typisch Montesquieuscher Gedanke.

Die ›Große Instruktion‹ war nicht mehr als eine grundsätzliche Anleitung zum Schaffen des neuen Gesetzbuches. Sie enthielt, wie man gesagt hat, die ›europäischen Träume‹, die nun von der 1766 einberufenen und 1767 zusammentretenden Kommission in die russische Wirklichkeit übertragen werden sollten. Die Kommission war im wesentlichen ein ›Zemskij sobor‹; ein ziemlich kompliziertes Wahlverfahren brachte Vertreter des Adels (165), der Städter (207), der nichtleibeigenen Bauern (ca. 100), der zentralen Regierungsbehörden (28) und sogar der Fremdvölker zur Beratung nach Moskau – für die Aufgabe der Gesetzgebung ein viel zu großes und überwiegend gar nicht qualifiziertes Kollegium. War dessen nichtadelige Mehrheit den liberalen Grundsätzen der Autokratin zu verdanken? Es scheint sicher, daß der Kommission vor allem die politische Aufgabe einer Legitimierung der Herrschaft Katharinas zugedacht war: In einer Audienz am 12. August 1767 baten die Kommissionsmitglieder die Kaiserin, sie möge den Titel ›Katharina die Große, weiseste Mutter des Vaterlandes‹ annehmen; zugrunde lag der einzige Beschluß, den die Kommission faßte, die sich im übrigen in den

Beratungen zahlreicher Ausschüsse bald festlief und Ende 1768 mit Hinweis auf den Türkenkrieg ohne großes Aufsehen nach Hause geschickt wurde. Die angebotenen Titel lehnte Katharina ab, aber die Tatsache des Angebotes wurde urkundlich festgehalten, von den Kommissionsmitgliedern durch Unterschrift bestätigt und entsprechend publik gemacht. Eine Adelsmehrheit wäre dem Legitimierungsbegehren vielleicht weniger willfährig gewesen. Es geht wohl zu weit, wenn man behauptet, daß Katharina ihre liberalen Gesten lediglich ein Mittel zu politischen Zwecken, zur Legitimierung im Innern und zur Erhöhung ihres europäischen Prestiges, waren – immerhin war die Kodifizierung eine dringende Aufgabe, und sowohl die Beratungen der Kommission, wie die Aufträge, die den Kommissionsmitgliedern befehlsgemäß von ihren Wählern mitgegeben worden waren, boten der Regierung ein umfangreiches aktuelles Informationsmaterial –, aber daß die politischen Zwecke die ursprünglichen ›liberalen‹ Reformideen sehr bald völlig in Vergessenheit geraten ließen, wird kaum zu leugnen sein. Gemessen an der Wirklichkeit ihres Regierens hat die Schülerin Montesquieus und Voltaires ihren europäischen Ruhm kaum verdient. Sie war und blieb eine Gefangene der Adelsinteressen und ihrer eigenen Leidenschaften.

Bauernunruhen waren seit Katharinas Regierungsantritt an der Tagesordnung; Gerüchte um Peters III. Befreiungsabsichten hatten sie verstärkt, im Westen hielt die Abwanderung auf polnisch-litauisches Gebiet an. Zwangsmaßnahmen des Staates verschärften nur die Spannungen. Von 1764 bis 1769 wurden dreißig Gutsbesitzer durch aufrührerische Bauern getötet. Noch weniger als das Moskauer Zartum war der rationale petrinische Absolutismus fähig, regionale Unterschiede auf die Dauer zu dulden. Das Schicksal der Ukraine zeigt dies deutlich: Die russische, linksufrige Ukraine (das ›Hetmanland‹) ging den Weg der Angleichung an die großrussische Sozialordnung; die Beseitigung der Hetmanwürde (1764) bedeutete den Anfang vom Ende der Kosakenautonomie; dieses kam Anfang der achtziger Jahre mit der Einführung der Gouvernementsverwaltung, die an die Stelle der

Verwaltung durch das ›Kleinrussische Kollegium‹ trat, und der Leibeigenschaft auch in der Ukraine. Für das Neusiedlungsgebiet in der Steppe (Slobodskaja Ukraina), in dem unter anderem schon zur Zeit Elisabeths Militärkolonien serbischer Flüchtlinge angelegt worden waren (Neuserbien und Slavjanoserbien), hatte 1765 die Einrichtung des Gouvernements Chaŕkov dieselbe Folge, und die letzten Zaporoger verloren 1775 ihre Kosakenfreiheit. In der rechtsufrigen polnischen Ukraine dagegen unterstützte Rußland die Aufstände der Hajdamaken, der ukrainischen Kosaken und Bauern, gegen die polnischen Gutsbesitzer, solange damit der polnischen Regierung Schwierigkeiten bereitet werden konnten; sobald jedoch russische Truppen in dieses Gebiet einrückten, erfüllten sie nicht die Hoffnungen, die die Hajdamaken auf die Unterstützung durch die orthodoxen Brüder setzten, sondern stellten sofort die Ordnung wieder her. ›Ordnung‹ aber hieß auch im Sinne des aufgeklärten Petersburg ›krepostnoe pravo‹, Leibeigenschaft. 1767 verloren die Bauern das Recht, ihren Gutsherrn vor Gericht zu verklagen, während der Gutsherr seine Bauern aus eigener Machtvollkommenheit nicht nur nach Sibirien verschicken, sondern sogar zu Zuchthaus verurteilen konnte. Es bedeutete demgegenüber wenig, wenn sich die Regierung bemühte, wenigstens die allerunhumansten und optisch peinlichsten Praktiken wie die öffentliche Versteigerung von Bauern abzustellen, wenn 1762/1763 eine große Werbeaktion fremde, vor allem deutsche Kolonisten ins Land holte, um den ökonomischen Nutzen eines gesunden Bauernstandes zu demonstrieren (bis 1766 kamen 23 000 meist pfälzische Bauern, die den Kern des Wolgadeutschtums bildeten, zum geringeren Teil aber auch in anderen Landesteilen angesiedelt wurden), und 1765 die Gründung einer ›Freien ökonomischen Gesellschaft‹ protegierte, die sich theoretisch mit der Förderung der Landwirtschaft befaßte und eine Untersuchung, die sich für die Bauernbefreiung einsetzte, prämiierte.

Daß sich das territoriale Wachstum des Imperiums und die unifizierende Administration des modernen Staates auf einem schwelenden Vulkan sozialer und zum Teil auch nationaler Ressentiments vollzog, zeigten mit aller Deutlichkeit die gewaltigen Massenerhebungen, die mit dem Namen des Donkosaken Pugačev verbunden waren. Emeljan Pugačev war ein typischer Vertreter der Golyt'ba, des Steppenproletariats, mehr von der allgemeinen Unzufriedenheit getragen, als daß er sie wirklich anführte. Den Beginn machte eine Erhebung der Jaikkosaken, die sich der Einbeziehung in die reguläre Grenzverteidigung nicht fügen wollten und im Herbst 1773 bis in das mittlere Wolgagebiet um Samara vordrangen; erst am Ende des Jahres konnte Samara, erst im Frühjahr 1774 Orenburg und Ufa durch Regierungstruppen befreit werden. Aber einzelne militärische Siege genügten nicht mehr zur Befriedung: Im Sommer 1774 setzte sich die Erhebung in einem Baschkirenaufstand fort, der Kazań erreichte und verheerte, und als auch dieser militärisch zerschlagen war, entfaltete sich ein wilder Bauernaufstand, der das ganze Wolgagebiet bis Penza und Tambov in Mitleidenschaft zog. Es bedurfte eines regelrechten Feldzuges unter Heranziehung der aus dem Türkenkrieg heimgekehrten Truppen, ehe es der Regierung gelang, der Lage wieder Herr und schließlich auch Pugačevs habhaft zu werden; der legendäre Bauernzar wurde am 10. Januar 1775 in Moskau hingerichtet. Aber die entsetzlichen Grausamkeiten, mit denen die Bauern an den Gutsbesitzern und deren Familien Rache genommen hatten, ließen mit einem Schlage die glänzende Fassade des aufgeklärten russischen Imperiums zusammenbrechen. Die Angst, daß sich die ›Pugačevščina‹ wiederholen könne, stand hinter allen späteren Diskussionen über die Bauernfrage und machte diese so quälend: Ließ man die Dinge, wie sie waren, und verstärkte man den Druck der staatlichen Machtmittel, so wuchs mit Sicherheit die Gefahr einer neuen Eruption, aber wer konnte garantieren, daß nicht auch die Befreiung der Bauern den Geist Pugačevs wiedererweckte?

Jede Lösung der Bauernfrage mußte auf Kosten des Adels gehen. Daran konnte Katharina nicht denken. Sie hatte vielmehr den Adel zu honorieren, und da die ersehnte Dienstbefreiung schon Peter III. vorweggenommen hatte, blieb ihr nur die Zusammenfassung und Systematisierung der Adelsprivilegien in der ›Gnadenurkunde‹ (žalovannaja gramota) von 1785. Diese brachte dem einzelnen Adeligen im Prinzip nichts Neues, gewährte dem Adelsstand aber praktisch vollkommene Freiheit der Selbstverwaltung und schuf damit die Voraussetzung für die Bildung geschlossener Adelsgesellschaften, die ihrerseits erst die Verwirklichung der neuen Verwaltungsinstitutionen in Gouvernement und Kreis ermöglichten. Ein ähnlicher Versuch, auch die städtische Bevölkerung als geschlossenen Stand zu konstituieren, war gesetzgeberisch unvollkommen und entbehrte der sozialen Voraussetzungen. Die Autonomie der russischen Stadtverwaltungen blieb auch unter Katharina Theorie, nicht weil das wirtschaftliche Leben in der russischen Stadt keine eigenen Organisationsformen entwickelte, sondern weil der politische Selbstbehauptungswille der Stadt als solcher gegen die übermächtige Staatsverwaltung fehlte.

Paul I.

Was Katharina, als sie am 6. November 1796 starb, ihrem Nachfolger Paul I. (1796–1801) hinterließ, war unter dem Aspekt der inneren Entwicklung ein ziemlich fragwürdiges Erbe. Entscheidenden Problemen wie der Bauernfrage war die Kaiserin je länger je mehr ausgewichen; es hatte ihr genügt, die Macht des Staates unangetastet zu wissen; die Krankheiten der Gesellschaft zu heilen, war ihr ›aufgeklärter Absolutismus‹ nicht imstande. Von ihrem ungeliebten und von den Staatsgeschäften konsequent ferngehaltenen Sohn, den sie zuletzt als Nachfolger am liebsten durch den ältesten Enkel Alexander ersetzt hätte und der mit 42 Jahren als ein innerlich erschöpfter, seiner Aufgabe nicht mehr gewachsener Mann die Regierung antrat, war das noch weniger zu erwarten. Die vier Jahre von Pauls Regierung gelten als eine Übergangsperiode, die manche als eine sinnlose Reaktion zur vorhergehenden Epoche Katharinas II. rechnen, manche – vor allem unter außenpolitischen Gesichtspunkten – als ein Vorspiel des 19. Jahrhunderts betrachten. Im allgemeinen ist das Urteil über sie außerordentlich negativ, obwohl durchaus nicht allen Maßnahmen Pauls ein vernünftiger Sinn abgesprochen werden kann. Das gilt nicht zuletzt von der Thronfolgeordnung, die der Kaiser schon am 5. April 1797, seinem Krönungstag, erließ: Die Krone des russischen Imperiums war von nun an im Mannesstamme der Romanovs erblich, und zwar erbten jeweils die Söhne, in zweiter Linie die Brüder dem Alter nach. Das Motiv lag bei Paul ebenso wie bei Peter dem Großen in der – allerdings entgegengesetzten – persönlichen Erfahrung: Hatte Peter dem Herrscher die Freiheit gesichert, sich eines unfähigen Nachfolgers zu entledigen, so wollte Paul den rechtmäßigen Erben vor der damit ermöglichten Willkür schützen. Wo Peter der Große auf die Kraft autokratischer Willensentscheidung vertraute, setzte sein Urenkel auf die Ordnung schaffende Kraft des Gesetzes. Das war Katharina II. gegenüber nichts grundsätzlich Neues, die ja auch geglaubt hatte, daß die Quintessenz des Regierens vernünftige Gesetze seien, die man nach leicht zu findenden allgemeinen Regeln erlassen müsse. Der Unterschied lag in der Methode, den Gesetzen Geltung zu verschaffen: Hatte Katharina darin eine gewisse Großzügigkeit walten lassen, so setzte mit Paul jenes beklemmend enge Denken in den militärischen Kategorien des Befehlens und Gehorchens ein, das für alle folgenden russischen Kaiser mehr oder minder charakteristisch war, sich immer von neuem am preußischen Vorbild orientierte und keineswegs nur in einer läppischen Freude am Exerzieren auslebte. Die peinliche Erinnerung an Peter III. lag nahe, ja, das Verhalten Pauls I. als Kaiser gilt geradezu als Beweis für die im übrigen recht zweifelhafte Vaterschaft des unglücklichen Holsteiners.

Katharina II. hatte den Adel privilegiert, aber auch zur tätigen Mitarbeit herangezogen. Weder das eine noch das andere war nach dem Sinne ihres Sohnes, der im allgemeinen dazu neigte, das Gegenteil von dem zu tun, was seine Mutter für richtig gehalten hatte. Kollegialprinzip und Beteiligung der Stände an der Lokalverwaltung widersprachen aber überdies dem militärischen Ordnungsmodell. Das Ergebnis war eine Politik, die der russische Adel als eine ununterbrochene Reihe von Provokationen auffassen mußte: Es mochte noch hingehen, daß die von Katharina geschaffenen Lokalbehörden stark reduziert wurden, und es verletzte noch keine allzu geheiligten Traditionen, wenn die Adelsvertreter in den weiter bestehenden lokalen Institutionen nun nicht mehr gewählt, sondern ernannt und die Korporation des Adels auf Gouvernementsebene als überflüssig untersagt wurde, aber es bedeutete eine direkte Verletzung der in der ›Gnadenurkunde‹ von 1785 verbrieften Steuerfreiheit, wenn Paul I. die Kosten für die Lokalverwaltung durch eine Besteuerung des Adels zu decken versuchte. Es ist möglich, daß auch das Verbot der bäuerlichen Sonntagsarbeit und der damit verbundene Hinweis auf das Normalmaß einer wöchentlich dreitägigen Fronarbeit der Bauern einer adelsfeindlichen Tendenz entsprangen – praktische Bedeutung gewannen sie nicht. Nun hätte die Kränkung des Provinzadels kaum unmittelbar verhängnisvolle Folgen gehabt; was Paul I. Thron und Leben kostete, war der despotische Umgang mit den Spitzen der Adelsgesellschaft in Armee und Hochbürokratie. In der Nacht vom 11. (23.) auf den 12. (24.) März 1801 erfolgte zugunsten und mit Wissen des Thronfolgers Alexander der Staatsstreich, bei dem der Kaiser ums Leben kam, nach offizieller Lesart vor Aufregung vom Schlag getroffen, als ihn die Verschwörer zur Abdankung zwingen wollten, in Wahrheit ohne Zweifel durch Mord. Rußland atmete auf, und die erste Regierungserklärung des neuen Zaren versprach die Rückkehr zu den Grundsätzen Katharinas II. Aber niemand steigt ein zweites Mal in denselben Fluß, und auch das ›Zwischenspiel‹ der Regierung Pauls I. war nicht ungeschehen zu machen. Es hatte der Zukunft Rußlands zumindest noch eine weitere Hypothek aufgeladen – das Mißtrauen nun auch des Adels gegen Staat und Regierung. Und dies am Beginn einer Entwicklung, die Rußland noch viel stärker als bisher nach Europa hineinführen und mit europäischen Ideen konfrontieren sollte.

Die Außenpolitik vom Tod Peters des Großen bis zum Regierungsantritt Alexanders I.

Im Bunde mit Österreich

Es konnte nicht anders sein, als daß der Ausfall der dynamischen Herrscherpersönlichkeit Peters des Großen zunächst ein Absinken der außenpolitischen Aktivität Rußlands bewirkte. Das Aufgeben der persischen Eroberungen zeigte das deutlich. Andererseits blieb, dem Gesetz der Trägheit folgend, die russische Außenpolitik in den durch Peter den Großen vorgezeichneten Bahnen: Die Expansionsrichtungen blieben der Westen und der Süden, die Angriffsobjekte blieben, verhüllt oder offen, Polen und die Türkei. Als Bundesgenosse bot sich in beiden Fällen Österreich an, und das Bündnis mit Österreich (1726) war denn auch die Konstante der russischen Außenpolitik bis zum Tode der Kaiserin Elisabeth. Österreichs Gegner wurden damit in der Regel auch Rußlands Gegner, in erster Linie Frankreich, das nicht müde wurde in seinen Versuchen, Rußland von der Seite Österreichs abzuziehen oder doch wenigstens den österreichischen Verbündeten Rußland durch Zusammenspiel mit dessen traditionellen Gegnern, den Türken, den Polen und den Schweden, zu beschäftigen. Das alles vollzog sich im zeitgemäßen Stil europäischer Kabinettspolitik, in die das petrinische, europäisierte Rußland voll einbezogen wurde. Gemessen an dem diplomatischen und militärischen Aufwand blieben die Ergebnisse für die Verbündeten Rußland und Österreich mager. Im polnischen Thronfolgekrieg gelang es zwar schließlich, August III. gegen den französischen Kandidaten Stanisław Leszczyński durchzusetzen – der Marsch eines russischen Hilfskorps unter Lacy über Schlesien, Böhmen, Nürnberg und Heidelberg an den Rhein hatte dabei weniger militärische als psychologische Wirkung –, aber im Kampf gegen die Türken kam es zu keiner erfolgreichen Koordinierung der beiderseitigen Aktionen, und der Rückschlag der unglücklich kämpfenden Österreicher im Frieden von Belgrad (1739) brachte auch Rußland um die Früchte der Siege, die Münnich errungen hatte. Azov und die beiden Kabardeien am Nordabhang des Kaukasus, von den Russen bereits in Besitz genommen, wurden zu neutralen, unbefestigten Zonen erklärt. Unzweifelhaft war immerhin eine Erholung des russischen Prestiges: Die Krimtataren konnten sich nicht mehr sicher fühlen, seit die russischen Truppen unter Münnich zum erstenmal die Landenge von Perekop überwunden hatten, die christlichen Balkanvölker wandten zum Teil ihr Vertrauen von Österreich ab und Rußland zu, und selbst das ferne England begann wieder mit der russischen Macht als einem Faktor der europäischen Politik zu rechnen (Handelsvertrag 1734, Defensivallianz 1742).

Als 1740 Kaiser Karl VI. und die russische Kaiserin Anna Ivanovna starben, wurde das Bündnis ihrer Staaten nicht nur auf die Probe, sondern unmittelbar in Frage gestellt. Zwar blieb es eine Episode, als Münnich nach dem Sturze Birons seinem Ressentiment gegen die Österreicher freien Lauf ließ und Ende 1740 einen Defensivvertrag mit Preußen zustande brachte, denn nach Münnichs Ausschaltung führte Ostermann die Außenpolitik Rußlands, das nun formal mit beiden Parteien im österreichischen Erbfolgekrieg verbündet war, wieder in die alten Gleise zurück; aber um eine Unterstützung Österreichs durch Rußland unmöglich zu machen, setzte Frankreich eine doppelte Intrige an: Einmal animierte man die Schweden zu einem Angriff, um der schwachen Regierung der Braunschweiger die an Peter den Großen verlorenen Gebiete wieder abzunehmen, zum andern arbeitete der französische Gesandte in Petersburg, der Marquis de la Chétardie, zusammen mit dem schwedischen Gesandten Nolcken und unter Vermittlung von Elisabeths Leibarzt L'Estocq auf einen Umsturz zugunsten der Tochter Peters des Großen hin. Die Schweden verpflichteten sich, im Falle eines Sieges gegen entsprechende Konzessionen Elisabeth auf den Thron zu helfen. Nun war zwar Elisabeth klug genug, schriftliche Zugeständnisse zu vermeiden, aber als militärische Erfolge der Schweden ausblieben, wurde ihre Lage doch so prekär, daß sie auf eigenes Risiko handeln mußte, und einmal aus eigener Kraft an die Macht gelangt, dachte sie natürlich nicht im entferntesten daran, die Anstrengungen der Schweden zu honorieren. Der Krieg wurde fortgesetzt, de la Chétardie, der an die Abmachungen erinnerte, zur persona non grata erklärt, und als im Sommer 1742 die russischen Truppen Helsingfors und Åbo besetzt hatten, da war es schließlich Schweden, das im Frieden von Åbo am 19. August 1743 das Abenteuer eines ziemlich fahrlässig begonnenen Krieges mit der Abtretung eines allerdings kleinen Gebietsstreifens an der Nordküste des finnischen Meerbusens (Festungen Vilmanstrand und Frederikshamn) bezahlen mußte.

Daß Schweden so glimpflich davon kam, hing mit den holsteinischen Verbindungen der Romanovs zusammen. Elisabeth setzte sich im Frieden von Åbo für die Ansprüche des Holsteiners Adolph Friedrich, eines Onkels des russischen Thronfolgers Peter, auf den schwedischen Thron ein, allerdings mit dem zweifelhaften Erfolg, daß dieser 1744 Ulrike, die Schwester Friedrichs des Großen heiratete und 1751 als ein überzeugter preußisch-französischer Parteigänger den schwedischen Thron bestieg. Nun war 1743 freilich noch keineswegs endgültig entschieden, welcher der beiden Parteien in der großen europäischen Auseinandersetzung sich Rußland auf die Dauer anschließen würde; zwar sprach die Tradition für Österreich und die Seemächte, aber der französische und preußisch-holsteinische Einfluß in Petersburg war nach wie vor stark; ihm verdankte es die Prinzessin Sophie Friederike von Anhalt-Zerbst, die Tochter eines preußischen Feldmarschalls, daß sie anderen Kandidatinnen als Braut des russischen Thronfolgers vorgezogen wurde. Wenn es Frankreich und Preußen am Ende doch nicht gelang, Rußland auf ihre Seite zu ziehen, so lag das zunächst weniger an besonderen Sympathien Elisabeths für Maria Theresia oder an Antipathien gegen den Preußenkönig als an den Grundsätzen und der Standfestigkeit des Mannes, der von 1742–1757 die russische Außenpolitik leitete, des Vizekanzlers (seit 1744 Kanzler) Aleksej Petrovič Bestužev-Rjumin. Bestužev hielt es für das ›System Peters des Großen‹, zu den Seemächten England und Holland ein gutes Verhältnis zu pflegen und mit Polen und Österreich im Bunde zu stehen, ›wegen der Lage dieser

Länder, die eine natürliche Verbindung zu Rußland haben‹. Wie weit er damit die außenpolitische Konzeption Peters des Großen richtig charakterisierte, sei dahingestellt, jedenfalls hielt er an diesem ›System‹ fest, und Bestužev aus dem Sattel zu heben, gelang auch den sehr geschickten Intrigen L'Estocqs nicht. Nach und nach wurden die französischen und preußischen Parteigänger aus Petersburg entfernt; einer neuen Defensivallianz mit Österreich vom 22. Mai 1746 folgten im Juni und Dezember 1747 Subsidienverträge mit England, und wiederum begann eine russische Armee den Marsch nach Westen, um Österreich gegen die Franzosen beizustehen. Diesmal gelangten die Russen bis Elberfeld, aber auch diesmal kamen sie zu spät. Der Friede von Aachen wurde ohne Beteiligung Rußlands geschlossen. Nachdem 1748 die Beziehungen zu Frankreich und 1750 auch die zu Preußen abgebrochen worden waren, konnte kein Zweifel mehr bestehen, daß Rußland sich endgültig für die österreichische Partei entschieden hatte. Und an der Seite Österreichs wurde Rußland auch in den berühmten Wechsel der Allianzen hineingezogen, der den Siebenjährigen Krieg einleitete.

Die Überraschung mußte in Petersburg eine vollkommene sein, denn noch am 1. Februar 1756, 14 Tage nach Abschluß der sogenannten Westminsterkonvention mit Preußen, schloß England einen Subsidienvertrag mit Rußland. Angesichts des Allianzenwechsels war Peters des Großen System nicht mehr aufrecht zu erhalten; in Petersburg entschied man sich erneut für Österreich, dessen Bündnis mit Frankreich die Russen Ende 1756 beitraten. Mit dem System fiel auch Bestužev, den die frankophile Partei nun endlich doch zu verdrängen vermochte, ohne ihn indessen ersetzen zu können. Von einer neuen außenpolitischen Konzeption konnte nicht die Rede sein; man war genötigt, jahrelang einen kostspieligen und verlustreichen Krieg zu führen, ohne am Ende den geringsten politischen Gewinn zu erzielen. In erster Linie lag das natürlich an dem neuen Allianzenwechsel, den Peter III. sofort nach seinem Regierungsantritt herbeiführte, indem er am 24. April (5. Mai) 1762 mit Preußen Frieden und bald darauf ein Militärbündnis gegen Österreich schloß – eine

Entscheidung, an der auch Katharina II. im Prinzip festhielt. Unter diesen Umständen hatten die russischen Truppen ihre Siege bei Großjägerndorf und Kunersdorf gegen den falschen Gegner errungen, und an die Verwirklichung territorialer Kriegsziele auf Kosten Preußens (Gewinnung Ostpreußens!) war nicht mehr zu denken. Aber das eindeutig negative Urteil russischer Historiker beschränkt sich nicht auf diese letzte Phase des Siebenjährigen Krieges; es gilt vielmehr der Außenpolitik zwischen Peter dem Großen und Katharina II. überhaupt und orientiert sich am politischen Höchstwert erfolgreicher territorialer Expansion: Man sprach und spricht von ›historischen Aufgaben‹ und meint damit eine aggressive Eroberungspolitik. Unter diesem Gesichtspunkt muß dann Bestuževs Bündnistreue freilich als ein Verrat am petrinischen Erbe und seine im Grunde defensive Gleichgewichtspolitik als ein verhängnisvoller Mangel an gesundem nationalem Egoismus erscheinen. Demgegenüber ist aber zumindest die Frage zu stellen, ob das europäische Gleichgewicht Rußland auf die Dauer nicht größere Chancen geboten hätte als jener glorreiche Imperialismus, der die Kräfte ständig überforderte und dem äußeren Prestige des Staates rücksichtslos die Gesundheit der Gesellschaft opferte.

Die Teilung Polens

Unter Katharina II. lag die Durchführung der Außenpolitik zunächst in den Händen Panins, den im Jahre 1780 Bezborodko ablöste. Im Stile der Zeit entwickelten die jeweiligen Berater der Kaiserin theoretische Konzeptionen der russischen Außenpolitik, Systeme und Projekte, deren Funktion sich im wesentlichen darauf beschränkte, eine skrupellose Machtpolitik ideologisch zu verbrämen. Die Machtpolitik selbst folgte nicht Theorien, sondern dem sicheren Instinkt für Gelegenheiten und Möglichkeiten, über den die Kaiserin verfügte. Wenn Panin, der Schüler Bestuževs, das europäische Gleichgewicht durch ein Bündnissystem der nördlichen Mächte Rußland, Preußen, Schweden, England, Dänemark, Sachsen und Polen gegen die südlichen, katholischen Mächte Österreich, Frankreich und Spanien zu sichern strebte, so lieferte er nur einer Politik die zeitgemäße Fassade, der weder das ›nordische System‹, noch das dadurch zu erreichende europäische Gleichgewicht, sondern die territoriale Expansion auf Kosten Polens das eigentliche Ziel war. Polens Schwäche bot die Gelegenheit, das 1764 erneuerte Bündnis mit Preußen das geeignete Instrument. Die Prinzipien, auf die man sich einigte, waren einfach, erfolgversprechend und von keinen moralischen Bedenken getrübt: Es war dafür zu sorgen, daß die Verfassung der Adelsrepublik vor jeder Reform bewahrt und damit jener Zustand einer ›durch Bürgerkrieg gemilderten Anarchie‹ erhalten blieb, der die letzten Jahrzehnte des selbständigen Polen charakterisierte. Seit der hemmungslose Mißbrauch des ›liberum veto‹ jede produktive Tätigkeit des polnischen Sejm blockierte und politische Willensbildung praktisch nur mehr durch das verfassungswidrige Mittel bewaffneter Adelskonföderationen erfolgen konnte, brauchte man Möglichkeiten der Einflußnahme nicht mehr zu suchen, und der angeblich nötige Schutz der Dissidenten, der orthodoxen und protestantischen jeweiligen Glaubensgenossen, bot einen jederzeit verfügbaren Vorwand. Die aufgeklärtesten Monarchen Europas vereinigten sich, den gemeinsamen polnischen Nachbarn mit Gewalt im Zustand politischer Unaufgeklärtheit zu erhalten und die Ordnung in Polen so lange wieder herzustellen, bis Polen von der Landkarte Europas verschwand. Die ein Menschenalter hindurch in wechselnden Konstellationen mit Konsequenz angewendeten Methoden überstiegen das, was die Kabinettspolitik des 18. Jahrhunderts im allgemeinen für möglich und vertretbar hielt, ganz beträchtlich.

Der Ablauf im einzelnen: Unter dem Druck, den die Anwesenheit russischer Truppen ausübte, wurde am 7. September 1764 Stanisław Poniatowski, ein früherer Liebhaber Katharinas, als russischer Kandidat zum polnischen König gewählt, und ihm, als er zu unerwünschten Reformen neigte, Anfang 1768 ein Vertrag aufgezwungen, der die polnische Verfassung ausdrücklich unter russische Garantie stellte. Gegen die kaum mehr verhüllte russische Fremdherrschaft bildete sich im März 1768 die Konföderation von Bar, die einen von Österreich und Frankreich unzulänglich unterstützten militärischen Widerstand versuchte und im Zusammenhang mit ukrainischen Unruhen einen russisch-türkischen Krieg auslöste. Die Realisierung längst erwogener Teilungspläne wurde durch diese Ablenkung der russischen Macht allerdings nicht nur nicht verhindert, sondern sogar beschleunigt. Das Subsidien zahlende Preußen drängte auf einen greifbaren Gegenwert, und das am wenigsten beteiligte Österreich lieferte schon 1769 durch Zurücknahme der seit Jahrhunderten an Polen verpfändeten Zips den erwünschten Präzedenzfall. 1772 war man sich einig (Teilungsverträge vom 5. August): Rußland erhielt die weißruthenischen Gebiete von Polock, Vitebsk und Mogilev sowie den bisher noch polnischen Rest von Livland, Österreich Galizien, Preußen das Ermland, Westpreußen (ohne Danzig und Thorn) und den Netzedistrikt (mit Bromberg). Über Poniatowskis Proteste ging man hinweg, im September 1773 sah sich der polnische Reichstag zur Anerkennung der vollzogenen Tatsachen gezwungen, 1775 erfolgte die endgültige Ratifizierung.

Sehr viel komplizierter verlief die zweite Phase der Liquidierung Polens. So schmerzlich die territorialen Einbußen von 1772 für den historischen polnischen Staat auch waren, noch war genügend Substanz vorhanden, eine innere Erneuerung zu wagen. In der unmittelbaren Gefahr, seinen Staat und seine Freiheit zu verlieren, kam der polnische Adel zur Besinnung, und im Schutze einer vom König der Zarin gegenüber nicht ohne Erfolg betriebenen Beschwichtigungspolitik setzten sich nun auch in Polen jene aufgeklärten Ideen durch, die das übrige Europa längst beherrschten. Der Not gehorchend, die nach dem polnisch-russischen Vertrag von 1768 jede politische Reform mit dem Risiko außenpolitischer Verwicklungen belastete, ging die polnische Selbstkritik dem Übel an die Wurzel und schuf durch die ›Nationale Erziehungskommission‹ (Komisja Edukacyi Narodowej) mit den reichen Mitteln des 1773 aufgelösten Jesuitenordens in wenigen Jahren ein breit entfaltetes nationales Bildungswesen von der Elementarschule bis zur Universität. Das war eine unumgängliche Voraussetzung, bei der man jedoch nicht stehen bleiben konnte – je erfolgreicher man den Geist reformierte, desto weniger. Das Minimalprogramm politischer Reformen mußte die Beseitigung des Wahlkönigtums, des liberum veto und der Konföderationen enthalten – alles Institutionen, deren Bestand Rußland garantierte – und auf eine Stärkung der Königsmacht in konstitutionellem Rahmen abzielen. Was die gefeierte ›Semiramis des Nordens‹ von solchen Fortschritten hielt, erfuhr Poniatowski, als er 1787 in Kanev vergeblich ihre Zustimmung zu einigen bescheidenen Reformen zu erlangen versuchte. Aber in den folgenden Jahren schien sich Polen noch einmal eine Chance zu bieten, was mit Rußland niemals durchzusetzen war, gegen Rußland durchzusetzen.

1787/1788 wurde Katharina in einen Zweifrontenkrieg gegen die Türkei und gegen Schweden hineingezogen; hinter beiden standen Preußen und England, die bisherigen Freunde im Rahmen des ›nordischen Systems‹. Katharina hatten ihre außenpolitischen Erfolge und noch mehr ihre außenpolitischen Ambitionen isoliert: England trug ihr die bewaffnete Neutralität nach, die sie im amerikanischen Unabhängigkeitskrieg verkündet hatte (1780), und Preußen mißgönnte ihr die Rolle des ›arbiter Germaniae‹, die sie sich anmaßte. Nur gegen die Türkei verfügte Rußland in Österreich über einen wenig aktionsfreudigen Verbündeten (Geheimallianz von 1781). Diese Gunst der Lage nahmen die Polen wahr: Als eine Konföderation aller Parteien trat im Oktober 1788 der Reichstag zusammen, um nach dem Prinzip der Stimmenmehrheit das politische Reformwerk zu schaffen. Gestützt auf das Wohlwollen der preußischen Garantiemacht erreichte Polen den Abzug der russischen Truppen, und das polnisch-preußische Militärbündnis vom 29. März 1790, das im Falle einer russischen oder österreichischen Einmischung sofortige preußische Unterstützung vorsah, schien die neue polnische Verfassung, die der ›vierjährige Reichstag‹ am 3. Mai 1791 verabschiedete, gegen alle Eventualitäten zu sichern, ohne daß Polen der ursprünglichen preußischen Forderung auf Abtretung von Danzig und Thorn hatte nachzugeben brauchen. Aber das Glück war nicht mit Polen, sondern mit Katharina, die sich rascher als erwartet aus der Bedrängnis des Zweifrontenkrieges löste: Am 14. August 1790 schon gelang ihr der Abschluß eines status quo-Friedens mit Schweden (Värälä) und der Friede von Jassy mit den Türken gab ihr Anfang 1792 vollends freie Hand. Für Polen noch verhängnisvoller war aber die Entwicklung, die von der französischen Revolution ihren Ausgang nahm, Preußen und Österreich in einem Krieg gegen das revolutionäre Frankreich band und die sehr gemäßigt liberale polnische Verfassung vom 3. Mai in den unverdienten Ruf eines ebenso revolutionären Umsturzes brachte, wie er sich in Frankreich vollzogen hatte. Wenn es die deutschen Mächte unternahmen, in Frankreich die Ordnung wiederherzustellen, so hielt sich Katharina für berechtigt, in Polen nach dem Rechten zu sehen, obwohl die Franzosen die Monarchie abgeschafft, die Polen aber sie gestärkt hatten.

In altbewährter Weise erklärte eine Konföderation russischer Parteigänger (Konföderation von Targowica vom 14. Mai 1792) die Maiverfassung für ungültig und bat Katharina um Entsendung von Truppen. Preußen entzog sich angesichts der Entwicklung im Westen seiner Bündnisverpflichtung, ein Verhalten, das die Polen nur als blanken Verrat auffassen konnten; dies um so mehr, als der preußische Verbündete, der die Maiverfassung ausdrücklich anerkannt hatte, schon am 23. Januar 1793 mit Rußland in einem Geheimvertrag über eine neue Teilung Polens einig wurde, ›um den Geist der Rebellion und der gefährlichen Neuerung zu bekämpfen‹. Zum Zwecke dieses Ordnungschaffens vereinnahmte Rußland Wilna, Minsk, Ostwolhynien und Ostpodolien, während Preußen jetzt Danzig und Thorn, dazu aber auch noch Großpolen mit Posen und Kalisz erhielt. Dem zuzustimmen konnte kein polnischer Sejm gezwungen werden, man mußte die stumme Anwesenheit der Abgeordneten in Grodno als Ratifizierung der Abtretungsverträge interpretieren. Restpolen wurde durch einen weiteren oktroyierten Vertrag vom 1. Oktober 1793 praktisch russisches Protektorat. Der verzweifelte Aufstand, der im März 1794 unter der Führung Kościuszkos ausbrach, konnte nur mehr demonstrieren, daß Polen seinen Untergang nicht widerstandslos hinnahm. Zwar gelang es vorübergehend, Wilna und Warschau zu befreien, und Warschau im Sommer 1794 sogar gegen eine Belagerung durch preußische Truppen zu halten, aber im Herbst gab der massierte Einsatz russischer Armeen sehr rasch den Ausschlag zuungunsten der Aufständischen. Danach war Polen nur mehr Objekt der endgültigen Teilungsverhandlungen, die nach Überwindung erheblicher, durch preußische Forderungen verursachter Spannungen schließlich zu folgendem Ergebnis führten (am 24. Oktober 1795 Beitritt Preußens zu dem österreichisch-russischen Teilungsabkommen vom 3. Januar 1795): Rußland wurde im Besitz von Kurland, das es schon am 15. April 1795 nach der Abdankung von Birons Sohn Peter annektiert hatte, bestätigt und erhielt außerdem ganz Litauen sowie den Rest von Wolhynien und Podolien; Österreichs Anteil wurde durch Kleinpolen mit Krakau erweitert; der Rest mit Warschau fiel an Preußen.

Damit hatte Katharina ein Jahr vor ihrem Tode die ›historischen Ziele‹ Rußlands im Westen erreicht: Das russische Land war im wesentlichen gesammelt, nur in Galizien standen noch orthodoxe Ostslaven (Ukrainer, von der österreichischen Verwaltung als Ruthenen bezeichnet) unter nichtrussischer Herrschaft. Aber keine noch so alten historischen Ziele und auch nicht die gewiß beklagenswert unordentlichen polnischen Zustände können die Serie flagranter Rechts- und Treubrüche rechtfertigen, die zu den polnischen Teilungen führten. Keine der Teilungsmächte ist von Schuld freizusprechen, aber ebenso unzweifelhaft war die treibende Kraft der brutale Expansionswille des russischen Imperiums. Dieser äußerte sich nicht minder deutlich auch dort, wo keinerlei historische Ansprüche bestanden, sondern ›historische Ziele‹ erst erfunden werden mußten, wo auch nichts Russisches zu sammeln war, aber dafür die Ungläubigkeit des Gegners das Gewissen beruhigte – in der Auseinandersetzung mit den Türken.

Türkenkriege

Die bisherigen Türkenkriege Rußlands waren nicht sonderlich erfolgreich gewesen, und so hat auch Katharina II. zunächst nicht auf einen Konflikt gedrängt. Als er jedoch 1768 unvermeidlich wurde, steckte sie auch hier die Ziele weiter als ihre Vorgänger. Die Absicht, die Türken ganz aus Europa zu vertreiben, wurde offen ausgesprochen und damit jenes etwas später formulierte ›griechische Projekt‹ vorweggenommen, das demselben Gedanken die positive Form einer Wiedererrichtung des oströmischen Kaiserreiches durch die Macht Rußlands gab. Rußlands historisches Ziel sollte es sein, den Halbmond auf der Hagia Sophia wieder durch das Kreuz zu ersetzen. Der Kühnheit des Ziels entsprach im ersten Anlauf die Kühnheit der Mittel: Eine Flottenexpedition von der Ostsee ins Ägäische Meer sollte den Befreiungskampf der christlichen Balkanvölker entfachen und unterstützen. Das gelang Aleksej Orlov, dem Führer des Unternehmens, zwar so wenig, wie seinerzeit den Agenten Peters des Großen, aber seine englischen Admiräle Greig und Elphinston vernichteten am 24. und 26. Juni 1770 in der Bucht von Česme die türkische Flotte. Für Europa war das eine Sensation, für den Fortgang des Krieges blieb der Seesieg jedoch ohne große Bedeutung. Die entscheidenden Erfolge mußten zu Lande errungen werden, und das erwies sich als weit schwieriger.

Bis 1771 gelang in Sommerfeldzügen die Besetzung der Donaufürstentümer, die Einnahme der türkischen Stützpunkte Izmail, Kilia (beide im Donaudelta), Bender (am Unterlauf des Dnestr) und Akkerman (am Dnestrliman) sowie die Eroberung des Küstengebietes um das Azovsche Meer und der Krim. Dann aber erzwang die Zuspitzung der polnischen Frage eine Pause. Erst als das polnische Problem durch die erste Teilung gelöst und das Mißtrauen Österreichs durch ausdrücklichen Verzicht auf eine Erwerbung der Donaufürstentümer ausgeräumt war, ließ Katharina die inzwischen in Fokşani und Bukarest geführten Friedensverhandlungen scheitern und setzte den Krieg fort. Suvorovs Vorstoß auf Šumla und das Vordringen russischer Vorausabteilungen über das Balkangebirge machten die Türken schließlich friedensbereit. Der Vertrag, der am 10. (21.) Juli 1774 in Kučük-Kainardže unterzeichnet wurde, brachte Rußland nicht nur bedeutenden Gewinn – das Dreieck zwischen Dnjepr und Bug, Kinburn am Südufer des Dnjepr–Bug–Limans, Kerč, Jenikale und die beiden Kabardeien einschließlich Ossetiens im Nordkaukasus –, sondern enthielt auch die Keime künftiger Konflikte: Es war vorauszusehen, daß die dekretierte Unabhängigkeit der Krim keine Angelegenheit von Dauer sein würde, zumal die Halbinsel eine ausgesprochen russenfeindliche tatarische Bevölkerung hatte und ohne Steppenhinterland wirtschaftlich nicht lebensfähig war. Die wirtschaftlichen Schwierigkeiten wurden weiter dadurch vermehrt, daß die Russen die Umsiedlung der auf der Krim lebenden Griechen und Armenier auf ihr Territorium forderten und durchsetzten. Als sich schließlich gegen den rußlandhörigen Chan Šagin-Girāi ein Aufstand erhob, ließ Katharina II. russische Truppen eingreifen und annektierte am 8. April 1783 den Staat der Krimtataren, eine Tatsache, die von den Türken zunächst anerkannt, wenige Jahre später aber doch als Motiv eines neuen Krieges verwendet wurde.

Zwei andere Bestimmungen des Friedensvertrages von 1774 berührten Gegenstände, die in der künftigen Entwicklung der ›orientalischen Frage‹ noch eine große Rolle spielen sollten: Einmal erhielt Rußland von der Türkei freie Schiffahrt im Schwarzen Meer und freie Durchfahrt durch die Meerengen für seine Handelsschiffe zugestanden, zum andern verpflichtete sich die Hohe Pforte in Artikel 7, »die christliche Religion und ihre Kirchen in zuverlässigen Schutz zu nehmen« und gewährte dem russischen Gesandten das Recht, »unter allen Umständen zugunsten sowohl der in Konstantinopel errichteten . . . Kirche (gemeint ist eine öffentliche Kirche des ›griechisch-russischen Glaubens‹ im Fremdenviertel Galata, deren Bau gleichzeitig gestattet wurde) wie auch der Geistlichen an ihr verschiedene Vorstellungen zu erheben . . .«. Daraus leitete man später in Petersburg ein allgemeines Protektoratsrecht Rußlands über die griechisch-orthodoxen Untertanen des Sultans ab.

Der Friede von Küčük-Kainardže bot die Voraussetzung für das Entstehen jenes südlichen ›Neurußland‹, dem zuliebe Zaporoger und Tataren aus der Steppe verschwinden mußten, und das zum erstenmal die alte Durchzugsstraße der Völker durch dauerhafte bäuerliche Siedlung sperrte. Das Kolonisationswerk war nicht in wenigen Jahren zu bewältigen, und was Katharinas Freund Potemkin, der erste Regent Neurußlands, der Kaiserin vorführte, als sie 1787 ihre berühmte Reise in die Krim unternahm, das waren zum Teil noch wirklich ›Potemkinsche Dörfer‹; auch sollte es noch gute Weile haben, bis sich ein nennenswerter Handelsverkehr über die russischen Schwarzmeerhäfen entwickelte – noch waren ja die Meerengen Handelsschiffen anderer Nationen verschlossen, und Versuche der Österreicher, donauabwärts kommerzielle Kontakte mit den Russen aufzunehmen, erwiesen sich als verfrüht. Aber der Bau einer Schwarzmeer-Kriegsflotte war keine Vorspiegelung falscher Tatsachen, und Potemkin, dessen Stärke überhaupt mehr das Entwerfen kühner Pläne als die sorgfältige Administration war, traf sich mit Katharina in der Begeisterung für das ›griechische Projekt‹. Die Krimreise der Kaiserin, durch das Zusammentreffen mit Kaiser Josef II. zu europäischer Publizität erhoben, war eine Demonstration, und als solche wurde sie von den Türken auch aufgefaßt, die im August 1787 Katharina II. zum zweitenmal den Krieg erklärten.

Die internationale Lage war für Rußland sehr viel weniger günstig als 1768, und auch die militärischen Erfolge blieben zunächst bescheiden. Aber die Zähigkeit Katharinas, die sich allen Vermittlungsversuchen Preußens und Englands verschloß und sich weder durch Pitts Unwillen, noch durch den Separatfrieden der verbündeten Österreicher (Sistova, 4. August 1791) beeindrucken ließ, behielt abermals recht: Suvorovs Siege bei Rymnik (September 1789) und Izmail (Dezember 1790) stärkten die russische Position so weit, daß die Türken im Frieden von Jassy (29. 12. 1791 / 9. 1. 1792) nicht nur den Vertrag von 1774 bestätigen und die Annektion der Krim erneut anerkennen, sondern auch noch den Küstenstreifen zwischen Bug und Dnjestr abtreten mußten. Weitergehende Pläne, die ein neuer Vertrag mit Österreich (3. 1. 1795) vorbereitete, blieben durch den Tod der Kaiserin unverwirklicht, und so wurden am Ende nicht die ungläubigen Türken aus Europa vertrieben, um der großartigen Konzeption des ›griechischen Projektes‹ Platz zu machen, sondern es verschwand von der europäischen Landkarte das katholische Polen – der Ordnung halber.

An diesem Ergebnis änderte es nichts, wenn Paul I., der auch außenpolitisch das Gegenteil von dem für richtig hielt, was seine Mutter getan hatte, bei der Freilassung Kościuszkos erklärte, er würde Polen wieder herstellen, wenn nicht andere Mächte beteiligt wären. Hier deutete Paul I. wenigstens noch selbst an, daß seine eigene Konzeption an der Härte der Realitäten scheitere. Im allgemeinen war er offenbar gar nicht in der Lage, in staatsmännischem Kalkül zwischen seinen Gedanken und der Wirklichkeit eine Beziehung herzustellen. Da er aber unglücklicherweise größten Wert darauf legte, die russische Außenpolitik persönlich zu leiten, war das Ergebnis eine aufreizende Planlosigkeit, die unter den Motiven für seinen Sturz keine geringe Rolle spielte. Es war bezeichnend, daß für den Beitritt Rußlands zur zweiten Koalition gegen Napoleon nicht so sehr die prinzipielle Gegnerschaft des absoluten Monarchen gegen den Erben der Revolution entschied wie die Tatsache, daß Napoleon im Juni 1798 Malta eroberte. Ein halbes Jahr vorher hatte Paul I. das Protektorat über den Johanniterorden übernommen. War es schon merkwürdig genug, daß sich der orthodoxe Kaiser in der Rolle des Großmeisters der Malteser gefiel, so mutet es geradezu phantastisch an, daß der romantische Mystizismus des geistlichen Rittertums nun die Außenpolitik des russischen Imperiums maßgebend bestimmte. Die Beteiligung der Russen am zweiten Koalitionskrieg war bedeutend: Ihre Ostseeflotte vereinigte sich mit den Engländern vor der holländischen Küste, die Schwarzmeerflotte unter dem Admiral Ušakov operierte gemeinsam mit den Türken im Mittelmeer und nahm im Februar 1799 Korfu, die Landstreitkräfte unter Suvorov vertrieben im Sommer 1799 die Franzosen aus Oberitalien, ohne allerdings durch den berühmten Übergang über den St. Gotthard die Lage in der Schweiz noch retten zu können. Das Verhältnis zwischen den Verbündeten war danach kein gutes mehr (die Russen fühlten sich von den Österreichern im Stich gelassen, während diese sich wieder über das Verhalten der russischen Truppen beschwerten), aber den Ausschlag für das Ausscheiden Rußlands aus der Koalition gab wiederum Malta, das die Engländer nicht dem Großmeister der Malteser überließen, sondern selbst besetzten. Napoleon wußte das sehr geschickt auszunützen und Paul I. für einen gemeinsamen Kampf gegen England zu gewinnen. Die Methoden gaben den Plänen an Phantastik nichts nach: Am 12. Januar 1801 befahl der Kaiser die Eroberung Indiens durch ein Kosakenkorps, und nur sein Sturz hat die Katastrophe dieser Truppe verhindert, die völlig unvorbereitet den asiatischen Kontinent durchqueren sollte und sich eben anschickte, bei beginnendem Tauwetter die Wolga zu überschreiten. Im Zusammenhang mit dieser Aktion annektierte Rußland am 18. Januar 1801 Georgien – der einzige, von Europa kaum beachtete, dauernde Gewinn, den die verworrene russische Außenpolitik unter Paul I. erzielte.

Die wirtschaftliche und kulturelle Entwicklung

Handel, Industrie und Finanzen

Gemessen an den erstaunlichen Erfolgen der Außenpolitik, an der ›Mehrung des Reiches‹ um ansehnliche, wirtschaftlich wertvolle oder doch zumindest wirtschaftlich aussichtsreiche Territorien, hielt sich die ökonomische Entwicklung Rußlands unter den Nachfolgern Peters des Großen bis zum Beginn des 19. Jahrhunderts in bescheidenen Grenzen. Ohne daß sich die Art des Wirtschaftens grundsätzlich veränderte, erfolgte ein der Bevölkerungszunahme entsprechendes Mengenwachstum. Peters Projektemacher fanden unter Elisabeth vor allem in Graf Peter Šuvalov einen überaus betriebsamen Nachfahren, aber wie auf so manchem anderen Gebiet, so stand auch hinter vielen wirtschaftspolitischen Maßnahmen mehr Faszination durch westeuropäische Vorbilder als eigene Erfahrung und Sachkenntnis. Im ganzen trat die staatliche Initiative mit dem fortschreitenden Jahrhundert mehr und mehr in den Hintergrund, wobei sich von der allgemeinen Lässigkeit des Regierens unter Elisabeth zum Hervorkehren liberaler wirtschaftlicher Gesichtspunkte unter Katharina ein zwangloser Übergang ergab. Die endgültige Beseitigung aller Binnenzölle 1753 und die Einrichtung einer Kommerzbank im darauffolgenden Jahr waren ohne Zweifel Maßnahmen, die dem Handel zugute kommen konnten und sollten, aber ihr Erfolg hing von der kommerziellen Initiative des russischen Kaufmannes ab, und diese bewegte sich nach wie vor in den traditionellen Bahnen. Der Außenhandel mit den Ländern des westlichen Europa lag noch während des ganzen 18. Jahrhunderts überwiegend in den Händen ausländischer Kaufleute, der englischen vor allem, in zweiter Linie der holländischen. Die russisch-englische Handelsbeziehung entsprach so sehr den Interessen beider Partner, daß sie auch Perioden politischer Konflikte zwischen den beiden Staaten im wesentlichen unbeeinträchtigt überstand. Alles, was die russischen Adeligen »an Nützlichem oder Schätzungswertem besitzen, kommt aus England zu ihnen«, stellte ein englischer Reisender am Ende des Jahrhunderts fest, und wenn das wohl auch nicht allzu wörtlich verstanden werden darf, so leuchtet doch ein, daß bei einer Konzentration von 90% des russischen Außenhandels in den Ostseehäfen (zwei Drittel allein in Petersburg) die westlichen Zivilisationsgüter vornehmlich aus England oder über England, den Hauptabnehmer der russischen Rohstoffe, den Weg nach Rußland fanden, zumal seit die französische Revolution den niemals ähnlich umfangreichen russischen Handel mit Frankreich ganz zum Erliegen gebracht hatte. Gewinnbringender Außenhandel über die neu entstehenden Schwarzmeerhäfen (Odessa 1794) war vorläufig noch Zukunftsmusik: Mit Häfen allein war es nicht getan, man bedurfte dazu auch einer eigenen Handelsflotte und entsprechend starker wirtschaftlicher Anreize, die erst die Exportwünsche der südrussischen Getreideproduzenten im 19. Jahrhundert entstehen ließen.

Die industrielle Entwicklung ist bei der Fragwürdigkeit aller statistischen Unterlagen aus dem 18. Jahrhundert schwer abzuschätzen. Die vielfach behauptete Verdreifachung der Zahl von Fabriken und Fabrikarbeitern in der Regierungszeit Katharinas II. ist nicht unbestritten. In keinem Fall aber war der industrielle Aufschwung derart, daß der Fiskus aus ihm erheblichen Nutzen ziehen konnte. Die viel schneller zunehmenden finanziellen Bedürfnisse des Staates mußten im wesentlichen durch Steuererhöhungen gedeckt werden; dazu kamen die moderneren Methoden der Notenpresse und der Auslandsanleihen: 1768 begann Rußland, um die finanziellen Aufwendungen für den Türkenkrieg zu erleichtern, mit der Ausgabe von Banknoten, ein Jahr später nahm die Regierung die erste Auslandsanleihe auf. Immer neue Kriege und immer neue Erfordernisse der inneren Verwaltung führten zu immer häufigerer Anwendung der neuen Finanzierungsmethoden. Die negativen Folgen blieben nicht aus: Am Ende von Katharinas Regierung hatte der Papierrubel bereits 32% von seinem Nominalwert eingebüßt, und die auswärtige Verschuldung des Staates (vor allem an holländische Geldgeber) überstieg bereits fünfzig Millionen Rubel. Sparsamkeit und die Sorge für eine geordnete Finanzverwaltung lag der ›weisesten Mutter des Vaterlandes‹ so wenig wie der Tochter Peters des Großen, die bei Beginn des Siebenjährigen Krieges zwar ihre Juwelen dem Vaterland opfern wollte, aber keinen Augenblick lang daran dachte, den ungeheuer kostspieligen Bau des Winterpalais in St. Petersburg zu unterbrechen. Das ständige Defizit des Staatshaushaltes nahmen im Grunde beide wie eine Naturerscheinung hin, nur daß Katharina über seine Ausmaße und Ursachen vermutlich besser orientiert war.

Das unerfreuliche Bild einer sehr zögernden, durch die gesellschaftliche Struktur Rußlands vielfach gehemmten wirtschaftlichen Entwicklung und einer sich ständig am Rande des Bankrottes bewegenden staatlichen Finanzgebarung läßt die Erfolge Rußlands, seinen Aufstieg zu einer politischen und militärischen Großmacht Europas geradezu unverständlich erscheinen, wenn man ausschließlich westeuropäische Maßstäbe anlegt – ein Fehler, in den nicht wenige Besucher

Rußlands schon im 18. Jahrhundert verfielen und der auch damals schon ein aus Verachtung und Furcht gemischtes, sehr irrationales Urteil hervorrief. Es blieb – und bleibt – dabei unberücksichtigt, daß mangelhafte Organisation in der Regel die Fähigkeit des Improvisierens entwickelt, daß die gewaltige räumliche Ausdehnung des russischen Imperiums nicht nur die Administration vor nahezu unlösbare Aufgaben stellte – die seit 1747 alle fünfzehn Jahre vorgesehene Revision der ›Steuerseelen‹ war angesichts der Entfernungen jedesmal ein sehr teures Riesenunternehmen und die 1765 begonnene, dringend nötige Landvermessung zog sich bis in die Mitte des 19. Jahrhunderts hin, nachdem bis zum Ende des 18. erst zwanzig Gouvernements erfaßt worden waren –, sondern auch materielle und menschliche Ressourcen bot, die ein verschwenderisches Regieren eher und länger duldeten als in kleineren und ärmeren Ländern. Ungestraft blieb es am Ende auch in Rußland nicht, und je mehr die Russen selbst Vergleichsmöglichkeiten erhielten, je mehr die europäische Art zu denken auch bei ihnen sich verbreitete, desto häufiger kam das Gefühl zum Ausdruck, daß der Glanz des Goldenen Zeitalters unter Katharina teuer erkauft war, daß das prunkvolle Gebäude des Imperiums auf schwankendem Boden stand.

Das Bildungswesen

Mißt man den kulturellen Fortschritt Rußlands im 18. Jahrhundert am abendländischen Westen, so wird man wiederum leicht zu einem abfälligen Urteil kommen – gemessen am vorpetrinischen Moskau und auch an der Zeit Peters des Großen war er jedoch sehr beachtlich. Eindeutig stand alles, was seit Peter für die Bildung geschah, im Zeichen des Staatsnutzens und noch für lange Zeit war höhere Bildung ein nur von wenigen Hochbegabten unter besonders günstigen Umständen durchbrochenes Privileg des Adels. Diesem allein standen die Kadettenanstalten offen, während die 1725 begründete Akademie der Wissenschaften noch für lange eine Angelegenheit ausländischer Professoren, zum Teil der Träger berühmter Namen (Bernoulli, Euler) war, die in lateinischer Sprache vortrugen und denen auch Staatsstipendien nur wenige Hörer schaffen konnten. Für den Adeligen war Bildung ein Mittel, schneller im Dienste voranzukommen; im Dienst, nicht in der Wissenschaft erwarb man gesellschaftliches Ansehen und materielle Güter. Es ist kaum ein Zufall, daß die ersten russischen Akademiker zwei nichtadelige Außenseiter waren: Vasilij Kirillovič Tred'jakovskij (1703–1769), ein Popensohn aus Astrachań, den sein unbändiger Wissensdrang bis nach Paris an die Sorbonne geführt hatte und der 1745 Professor für ›lateinische und russische Eloquenz‹ wurde, und Michail Vasil'evič Lomonosov (1711–1765) – Sohn eines Staatsbauern und Fischers an der Weißmeerküste –, der nach naturwissenschaftlichen Studien in Deutschland zu gleicher Zeit als Akademie-Professor für Chemie seine erstaunliche Laufbahn als russisches Universalgenie begann. Beide hatten unter dem überheblichen Kastengeist der deutschen Akademiker zu leiden und machten sich als Konkurrenten auf dem Gebiet der Poesie gegenseitig das Leben schwer.

Im pädagogischen Sinne erfolgreicher war die 1755 gegründete Moskauer Universität. Bei der Gründung, für die sich Lomonosov lebhaft einsetzte und die in Elisabeths Günstling I. I. Šuvalov einen einflußreichen Förderer hatte, war die Wahl nicht zuletzt deshalb auf Moskau gefallen, weil in diesem zentral gelegenen ›Adelsnest‹ die Konkurrenz militärischer Bildungsanstalten fehlte und daher eher die Aussicht bestand, Studenten zu gewinnen. Für die Dienstbeflissenen schuf man besondere Anreize: Wer an einem der beiden der Universität angeschlossenen Gymnasien (eines für den Adel, das andere für Nichtadelige) das Abitur bestand, erhielt den persönlichen Adel, wer sein Universitätsexamen erfolgreich ablegte, wurde Oberoffizier. Natürlich hielt die Moskauer Universität des 18. Jahrhunderts noch keinem Vergleich mit den Hohen Schulen des Abendlandes stand. Ihre große Zeit sollte erst im 19. Jahrhundert beginnen, als der höhere Staatsbeamte auch in Rußland ein abgeschlossenes Hochschulstudium nachweisen mußte. Vorläufig war es noch so, daß in manchen Jahren an einzelnen Fakultäten nur ganz wenige Studenten inskribiert waren, daß die Mittel zur Besetzung der Lehrstühle fehlten und der vom Staat bestellte Direktor alles andere als akademische Freiheit exerzierte. Aber mochten auch Institutionen wie die Petersburger Akademie und die Moskauer Universität ihr Dasein in erster Linie dem staatlichen Prestigebedürfnis verdanken, die Bedeutung hoher Bildungssymbole kam ihnen immerhin zu, und je mehr es gelang, auch den pädagogischen Unterbau der Elementarschulen und Gymnasien zu entwickeln, desto kräftigeres Leben sollte sie erfüllen.

Diesen Unterbau zu schaffen, war weit schwieriger als die Gründung einer Universität. Für Gymnasien fehlten alle Voraussetzungen der abendländischen Bildungstradition, und Elementarschulen auf dem Lande einzurichten, war auch in westlichen Ländern ein eben erst in Angriff genommenes Programm. Aus Peters des Großen sehr praktisch orientierten ›Ziffernschulen‹ war nicht viel geworden; erst in der zweiten Hälfte des Jahrhunderts übernahm man modernere pädagogische Ideen und suchte sie zu verwirklichen. Katharinas langjähriger Berater in Schulfragen, Ivan Beckoj (1704–1795), sah die Lösung in Internaten, die dem Schüler nicht nur Wissen vermitteln, sondern ihn auch – fern vom abträglichen Einfluß der Familie – erziehen sollten. Einige solche ›Erziehungshäuser‹ wurden in Petersburg und Moskau eingerichtet, getrennt für Adelige und Nichtadelige (Leibeigene stets ausgenommen). Auch an die Frauenbildung dachte man schon, und das erste, 1764 begründete Internat für die Töchter des Adels hat unter der späteren Bezeichnung Smol'nyj-Institut Generationen hochwohlgeborener Adelsdamen geprägt, ehe es im Oktober 1917 zum Hauptquartier der bolschewistischen Revolution wurde. Viel weiter reichende Bedeutung hatte aber der Versuch, eine mehrstufige wirkliche Volksschule einzuführen. Man richtete sich dabei nach dem Vorbild der österreichischen, 1774 von dem schlesischen Schulmann Abt Johann Ignaz Felbiger entworfenen Schulordnung mit ihren Normalschulen in den größeren Städten und Trivialschulen auf dem Lande. Der orthodoxe Serbe Th. Janković, der an der Wiener Universität studiert und in der österreichischen Schulreform Erfahrungen gesammelt hatte, übertrug das Vorbild auf die russischen Verhältnisse, und mit der Volksschulverordnung (Ustav narodnych učilišč) von 1786 wurde der Grund für das moderne russische Elementarschulwesen gelegt. Es fehlte freilich an allem – an Geld und Lehrbüchern, an Lehrern und lange Zeit noch häufig auch an Schülern. In das russische Dorf begann die Volksschule erst im späten 19. Jahrhundert vorzudringen.

Der einigermaßen begüterte Adel konnte sich natürlich Privatlehrer leisten, und seit unter Elisabeth die französische Spielart der Europäisierung Mode geworden war, wurden Hauslehrer und Gouvernanten aus Frankreich oder der französischen Schweiz zu einer Alltagserscheinung des Adelslebens. Manche von ihnen suchten aus dem gesellschaftlichen Europäisierungsdrang Kapital zu schlagen, indem sie – vor allem in den beiden Hauptstädten – Privatschulen eröffneten, in denen man wohl die französische Sprache und vielleicht auch die nützliche Kunst des Tanzes, aber sonst nicht allzu viel lernen konnte. Die Oberflächlichkeit dieser ›Bildung‹ und die vielfach recht fragwürdige Qualität ihrer Vermittler boten der unter Katharina aufblühenden satirischen Literatur eine dankbare Zielscheibe des Spottes. Nicht alle französischen Hauslehrer waren freilich ungebildete Abenteurer; es gab unter ihnen auch vortreffliche Männer, die den Schülern weit mehr bieten konnten als die brüchige Fassade einer Gesellschaftskultur. In diesem Zusammenhang sind auch die Schulen der deutsch-protestantischen Gemeinden zu erwähnen (in Petersburg der Petri-, Annen- und Katharinengemeinde), die von nicht wenigen Russen besucht wurden und zum guten Teil einen der Zeit entsprechenden westlichen Bildungsgang bieten konnten. Was an europäischem Gedankengut über ausländische Lehrer und Schulen nach Rußland kam, entsprach allerdings nicht immer ganz den politisch-pädagogischen Grundsätzen der Autokratie. Zur selben Zeit, da die Kaiserin Katharina II. in vielen ihrer Maßnahmen eine heftige Reaktion auf die revolutionären Ereignisse in Frankreich zeigte, war der Unterricht ihrer Enkel dem Schweizer César La Harpe anvertraut, der völlig in den umstürzenden Ideen der Aufklärungsphilosophie lebte. Und La Harpe war nur – als Lehrer Alexanders I. – der historisch bemerkenswerteste, aber nicht der einzige Hauslehrer dieser Art.

Das heroische Zeitalter Peters des Großen war zwar den ›nützlichen‹ Wissenschaften, nicht aber den schönen Künsten günstig gewesen. Mehr um technische Fertigkeiten zu gewinnen und greifbare Effekte zu erzielen, sollte der Geist angestrengt werden, als um die bestehende Welt zu erklären oder eine bessere zu ersinnen. Im Laufe des Jahrhunderts änderte die Europäisierung ihren Charakter, die Übernahme technischer Errungenschaften wurde selbstverständlich, die Auseinandersetzung mit europäischen Ideen, europäischer Philosophie mehr und mehr bedrängend. Es änderte sich die Auswahl des Vorbildlichen, die Breite und Tiefe der Aufnahmefähigkeit, und es änderte sich schließlich auch das Vorbild Europa selbst. Standen am Beginn Projekte von Leibniz, Gutachten von Christian Wolff und die theologische Ausstrahlung des Halleschen Pietismus, so dominierten in der zweiten Hälfte des Jahrhunderts Voltaire und die Enzyklopädisten. Der Übergang von der deutschen zur französischen Mode entsprach ebenso den negativen Erfahrungen der Russen in der ›Bironovščina‹ wie dem Gang der europäischen Geistesgeschichte, aber Ausschließlichkeit wurde weder angestrebt noch erreicht – zumal in den Augen von gebildeten Russen blieb trotz allen nationalen Nuancen Europa eine Einheit, in die man einbezogen sein wollte. Konnte Leibniz noch mit einigem Recht von der Vorstellung einer ›tabula rasa‹ ausgehen, auf der man das große Experiment der aufgeklärten, ihrer selbst sicheren Vernunft wagen sollte, so führte der weitere Weg über die Aneignung klassizistischer Kunstformen zur Entstehung eines geistigen Milieus in der Oberschicht, das kritische Differenzierung und selbständige Verarbeitung ermöglichte. Peter der Große baute Schiffe, Katharina die Große schrieb Komödien. Der intellektuelle Glanz, den man der Epoche Katharinas trotz aller Abhängigkeit des einzelnen von fremden Vorbildern und Gedanken nicht absprechen kann, wurde gewiß durch die Befreiung des Adels von der Dienstpflicht gefördert. Wenn er wohlhabend genug war und auf das Prestige eines hohen Dienstranges verzichtete, konnte der russische Adelige nun leichter als vorher auch geistigen Interessen leben, ins Ausland reisen, lesen und schreiben.

Eine nicht geringe Bedeutung bei der Entstehung einer neuen geistigen Atmosphäre kam den Freimaurerlogen zu, die sich in den siebziger und achtziger Jahren beim russischen Adel (nicht bei der Kaiserin) großer Beliebtheit erfreuten und ihrerseits einem sehr bezeichnenden Wandel vom ungetrübten Rationalismus der Aufklärung zu mystischen, mitunter aus ziemlich trüben Quellen gespeisten Lehren unterlagen.

Die Literatur

Es ist verständlich, daß die ersten literarischen Versuche im europäischen Stil noch ein hilfloses Ringen mit der fremden Form darstellten. Was der emsige Übersetzer Tred'jakovskij und der in allen Sätteln gerechte Lomonosov an Poetischem hervorbrachten, was dem Dramatiker Aleksandr Petrovič Sumarokov (1718–1777) in naiver Nachahmung Racines gelang, war als originale künstlerische Leistung wenig bedeutend, aber es war verdienstvoll in dem Bemühen, der russischen Sprache neue, europäische Aufgaben zu stellen, die russische Sprache überhaupt erst einmal als ein geeignetes Instrument zur Lösung solcher Aufgaben zu erweisen. Dazu haben die beiden Erstgenannten auf den Gebieten der Grammatik und Poetik auch theoretische Vorarbeit geleistet. Je weiter das Jahrhundert fortschritt, desto freier wurde der Umgang mit der Form, desto mehr wuchs die Fähigkeit, den eigenen Gedanken und künstlerischen Absichten angemessenen Ausdruck zu verleihen. Sehr rasch entstand in der zweiten Hälfte des Jahrhunderts eine Literatur in modernem Sinne mit allen ihren Gattungen. Freilich lebt das meiste davon nur in besonders ausführlichen Literaturgeschichten fort, aber die didaktischen Abenteuer- und Liebesromane eines Fedor Aleksandrovič Ėmin (ca. 1735–1770) etwa entsprachen dem Geschmack der Zeit und befriedigten das zunehmende Lesebedürfnis der Gesellschaft. Und wo die dichterische Kraft in der eigenen Schöpfung versagte, da reichte sie doch oft zum nützlichen Werk der Übersetzung, die nun nach und nach alle Größen der Weltliteratur von der Antike bis zur Gegenwart des 18. Jahrhunderts in russischer Sprache zugänglich machte. Bevorzugte Gattung der hohen Literatur war die

Ode; in ihr zeichnet sich der in wenigen Jahrzehnten durchgreifende Wandel besonders deutlich ab: Hatte Lomonosovs leidenschaftliche Persönlichkeit mit überzeugender Wortkunst, aber in den konventionellen Bildern des triumphalen Feiergesanges die russischen Imperatoren von Peter dem Großen bis zu Katharina II. geehrt, so erfüllte Gavriil Romanovič Deržavin, der ›Sänger Katharinas‹ (1743–1816), die hohe Form mit natürlicher Empfindung und schlichter Menschlichkeit; fühlte Lomonosov in sich die Titanenkraft der freigesetzten menschlichen Vernunft und appellierte er an die Herrscher, der Wissenschaft freie Bahn zu schaffen, auf daß die Welt neu werde, so pries Deržavin das ›adelige Landleben‹ unter der Sonne unbeschränkter kaiserlicher Privilegien. Und in derselben Dichtungsform erhob sich die Kritik an dem, was vernunftbesessener Herrscherstaat und privilegierte Adelsmacht geschaffen hatten, wenn der Ukrainer Vasilij Vasil'evič Kapnist (1757–1824) in einer ›Ode auf die Knechtschaft‹ gegen die Vergewaltigung seiner Heimat durch die Unifizierungspolitik Katharinas protestierte (Mitte der achtziger Jahre verfaßt, konnte sie erst 1806 erscheinen) und Radiščev unter dem Eindruck des amerikanischen Befreiungskampfes seine Ode ›Freiheit‹ schrieb.

Andere literarische Formen waren dem Bedürfnis, Kritik zu üben, freilich sehr viel angemessener – die Komödie, die Satire und das satirisch-kritische Journal, der beliebte und vielgestaltige Ahne jener zahllosen ambitionierten Zeitschriften, die aus der russischen Literatur- und Geistesgeschichte des 19. Jahrhunderts nicht wegzudenken sind. Sumarokovs Komödien waren noch mechanische Nachahmungen der Franzosen, mit ihrer konventionellen Geißelung menschlicher Schwächen nicht wirksamer auf die russischen Zuschauer als die übersetzten französischen Lustspiele, die sich das russische Theater rasch eroberten. Der Durchbruch der russischen Wirklichkeit durch die übernommene klassizistische Form und damit der Beginn einer aktuellen dramatischen Sozialkritik vollzog sich bei Denis Ivanovič Fonvizin (1744–1792) und dem schon genannten Kapnist. Es ist die Welt des russischen Durchschnittsadels und des von demselben Adel gestellten korrupten Provinzbeamtentums, die in Fonvizins Prosalustspielen ›Der Brigadier‹ (Brigadir, 1764) und ›Der Landjunker‹ (Nedorosl', 1782), sowie in Kapnists Verskomödie ›Prozeßschikane‹ (Jabeda, 1798) schonungslos bloßgestellt wird. Wenn man den Dichtern glauben will – und genügend andere Quellen berechtigen dazu –, so hatte die Masse des Adels von der Europäisierung nichts begriffen als modische Äußerlichkeiten und lockere Sitten, und Katharinas komplizierte Verwaltungsreformen hatten Beamten und Richtern nur die Möglichkeiten vermehrt, ihre Amtsgewalt zur persönlichen Bereicherung zu mißbrauchen. Unwürdige Gallomanie, eine lächerliche Bildungsfassade und die beschränkte Uniformgläubigkeit ausgedienter Offiziere müssen sehr typische Erscheinungen gewesen sein. Aber spiegelten sie nicht im Zerrbild die Wirksamkeit der neuen Ordnung, in der man ohne ein Mindestmaß an Bildung im Dienste nicht mehr auskam und der freiwillig geleistete Dienst, dem man das gesellschaftliche Ansehen verdankte, den Menschen zumindest ebenso prägte wie vordem der erzwungene? Und daß die Literatur auf solche Formen und Inhalte verfiel – nicht zur Freude der betroffenen Standesgenossen und nicht ohne ständige Schwierigkeiten mit dem Zensor –, beweist sehr deutlich, daß es eine intellektuelle Elite gab, der die Angleichung an Europa, der Umgang mit europäischen Ideen ein ernsthaftes Bedürfnis war – und bald auch ein beunruhigendes Problem werden sollte.

Wirksamer noch als die erwähnten Komödien, die zum Teil erst nach Katharinas Tod gedruckt und aufgeführt werden konnten, vermochten die satirischen Zeitschriften der Kritik zu dienen. Seit die Akademie der Wissenschaften 1755 mit ihren ›Monatlichen Schriften‹ (Ežemesjačnyja sočinenija) den Anfang gemacht hatte und die private Initiative Sumarokovs 1759 mit der ›Fleißigen Biene‹ (Trudoljubivaja pčela) gefolgt war, schossen die meist noch sehr kurzlebigen Journale wie Pilze aus dem Boden; einigen erwies sogar die Kaiserin die Ehre ihrer Mitarbeit. Natürlich folgte man auch hier ausländischen Vorbildern, aber auch hier drängte sich die russische Wirklichkeit – und in der weniger verbindlichen Form mit noch größerer Leichtigkeit – rasch in den Vordergrund. Die bekanntesten und erfolgreichsten Zeitschriften dieser Art – ›Die Drohne‹ (Truteń, 1769/70), ›Der Maler‹ (Živopisec, 1772) und ›Der Geldbeutel‹ (Košelek, 1774) waren mit dem Namen von Nikolaj Ivanovič Novikov (1744–1818) verbunden, dessen unermüdliche Produktivität und edle Betriebsamkeit in gewissem Sinn den vielseitigen Eifer Lomonosovs fortsetzte, aber in der ganz neuen Form einer gesellschaftskritischen Publizistik mit gesellschaftspädagogischen Ambitionen. Novikov entstammte einer nicht unbemittelten Adelsfamilie; er war kein Forschertyp, kein Mann der Wissenschaft wie Lomonosov – ein Studium am Moskauer Universitätsgymnasium hatte er zwar begonnen, aber niemals abgeschlossen –, sondern ein kultureller Unternehmertyp, ein Mann der praktisch wirkenden Tätigkeit, der geborene Popularisator. Einen Schatz von Erfahrungen, einen tiefen Einblick in die Nöte seiner russischen Gegenwart erwarb er als Sekretär und Protokollführer der ›Gesetzgebenden Kommission‹.

Auch die satirische Form legte von den Satiren des Fürsten Antioch Kantemir (1709–1744), begabten Kunstübungen, die sich eng an klassische (Juvenal und Horaz, die Kantemir beide ins Russische übersetzte) und französische (Boileau) Vorbilder anlehnten, aber in ihrer allgemein menschlichen Typisierung noch kaum unmittelbare Bezüge zur russischen Wirklichkeit aufwiesen, bis zu den fingierten Briefen Novikovs, in denen sich der ungebildete und verschlagene Landadel in seiner eigenen Sprache bloßstellte, einen weiten Weg in kurzer Zeit zurück. Die Empörung der Standesgenossen und das polemische Eingreifen Katharinas bezeugten die Wirksamkeit der Angriffe. Aber Novikov ging es in erster Linie gar nicht um Bloßstellung, sondern um Besserung. Als Freimaurer war er bereit, dafür auch positiv in jeder Weise zu wirken – durch Verbreitung von Bildungsgut in einer emsigen Verlegertätigkeit (1779 übernahm er die Moskauer Universitätsdruckerei, ab 1783, als ein Gesetz Katharinas dies endlich erlaubte, betrieb er mehrere Druckanstalten in eigener Regie), durch Stärkung des nationalen russischen Geschichtsbewußtseins (die zwanzig Bände seiner ›Altrussischen Bibliothek‹ – Drevnjaja rossijskaja vivliofika – 1773–1775, 1788–1791 waren die erste umfangreiche Sammlung russischer Geschichtsquellen), aber auch durch Gründung philanthropischer Gesellschaften zur Förderung des Schulwesens und zur Linderung der Hungersnot.

Es konnte nicht ausbleiben, daß sich die Kritik der Aufklärer auch mit dem übelsten der Übel am Körper der russischen Gesellschaft, mit der Leibeigenschaft zu befassen begann. Novikovs Leserbriefe und Fonvizins ›Landjunker‹ enthielten recht eindeutige Anspielungen in dieser Hinsicht, und schon 1772 brachte ›Der Maler‹ in dem vermutlich von Novikov selbst verfaßten ›Fragment einer Reise nach ...‹ (Otryvok putešestvija v ...) eine Darstellung des Bauernelends von solcher Realistik, daß man Radiščev für den Verfasser gehalten hat. Aber derselbe Protest gegen die Leibeigenschaft, den 1772 (vor dem Pugačev-Aufstand) die liberale Katharina der Anfangszeit noch mit großzügiger Nachsicht hingehen ließ, wurde 1790 (nach der französischen Revolution), als ihn Aleksandr Nikolaevič Radiščev (1740–1802) in seiner ›Reise von Petersburg nach Moskau‹ (Putešestvie iz Peterburga v Moskvu) erneuerte, dem Verfasser und Novikov zum Verhängnis. Novikov, der trotz all seiner Gesellschaftskritik niemals ein politisch radikaler Revolutionär gewesen war und der seit den achtziger Jahren unter dem Einfluß der Rosenkreuzer eher eine mystische, konservativ-patriotische Richtung einschlug, erhielt 1791 Publikationsverbot und wurde im folgenden Jahr, obwohl sich sogar der Metropolit von Moskau für ihn einsetzte, durch einen autokratischen Willkürakt zu 15 Jahren Festungshaft verurteilt. Die gegen ihn erhobenen Beschuldigungen waren völlig sinnlos und hätten selbst im damaligen Rußland ein ordentliches Gerichtsverfahren kaum passiert. Aber wer so viel für die Aufklärung getan hatte und so unermüdlich gesellschaftliche Initiative entfaltete, erschien der alternden Kaiserin auch so gefährlich genug. Katharinas Tod hat Novikov wieder aus der Festung Schlüsselburg befreit, aber als einen gebrochenen Mann, der nicht mehr imstande war, das Werk von neuem aufzunehmen, das ihm die einstmals aufgeklärte Despotin aus der Hand geschlagen hatte.

In Radiščev kann man eher einen ›Revolutionär‹ sehen, wenn er sich auch selbst gar nicht für einen hielt, sondern in unzeitgemäßer Naivität auf die aufgeklärte Regierungsweise seiner Kaiserin vertraute und die ›Reise‹ einem befreundeten Freimaurer der mystischen Rosenkreuzerrichtung widmete. Das Familiengut lag im Gouvernement Penza, und Radiščevs Vater muß ein adeliger Gutsbesitzer gewesen sein, der durchaus nicht dem negativen Bild der satirischen Literatur entsprach. Er ließ dem Sohn jedenfalls eine vorzügliche Ausbildung zuteil werden. Der junge Radiščev war einer der ersten, dem die jungen russischen Professoren der Moskauer Universität die neuesten Errungenschaften des europäischen Geistes mit Erfolg vermittelten. Von den Juristen Semen Efimovič Desnickij (gest. 1789) und I. A. Tret'jakov (gest. 1776) etwa, zwei begabten Popensöhnen, die auf Staatskosten in Glasgow studiert hatten, konnte er eine Einführung in naturrechtliches Denken und in die ökonomischen Lehren des Adam Smith erhalten. Die in Moskau erworbenen Kenntnisse vertiefte Radiščev durch ein Studium in Leipzig (gleichzeitig mit Goethe!); kaum einer seiner russischen Zeitgenossen eignete sich die Philosophie der Aufklärung so vollständig und gründlich an wie er. Darüber hinaus gab schon der nur wenig ältere Herder Radiščevs Gedanken historische Tiefe, und als es Radiščev drängte, sein vernichtendes Urteil über die soziale und politische Wirklichkeit Rußlands literarisch für breitere Kreise wirksam auszudrücken, da wählte er, dem gewandelten Geschmack der Zeit entsprechend, die Form des sentimentalen Reisetagebuches. In einer seltsamen Mischung von radikalem Rationalismus, pessimistischer Geschichtsauffassung und sentimentalem Leiden an der Wirklichkeit führte er den bis dahin schärfsten Angriff gegen Leibeigenschaft und Absolutismus. Er trug ihm die Todesstrafe ein, die dann in eine zehnjährige Verbannung nach Sibirien verwandelt wurde. Paul I. hat auch Radiščev wieder die Freiheit geschenkt, und unter Alexander I. schien sich ihm sogar die Möglichkeit einer amtlichen Reformtätigkeit in einer neugebildeten Kodifizierungskommission zu eröffnen. Aber Radiščevs Ideale waren auch der etwas freundlicheren Wirklichkeit unter Katharinas Enkel nicht anzupassen – am 11. September 1802 machte der empfindsame Revolutionär seinem Leben selbst ein Ende.

Die Begegnung mit Europa, europäische Bildung und die Fähigkeit zur Kritik an der Gegenwart führten jedoch keineswegs zwangsläufig zu emotionaler innerer Auflehnung und zu einem Zerbrechen an der Wirklichkeit. Es gab auch andere Möglichkeiten der Verwendung für die neugewonnenen geistigen Waffen. So war es Teilhabe an Europa, wenn in den beiden letzten Jahrzehnten des 18. Jahrhunderts auch in Rußland die Reaktion gegen den Rationalismus der Aufklärung einsetzte und die Neigung zunahm, die bestehenden Zustände in einem religiösen Mystizismus zu rechtfertigen. Fürst Michail Michajlovič Ščerbatov (1733–1790) lebte nicht weniger in der Gedankenwelt des Rationalismus als ein Novikov oder Radiščev, und seine Zeitkritik war um nichts weniger scharf – mit gutem Grund ließ er seine Schrift ›Über die Verderbnis der Sitten in Rußland‹ (O povreždenii nravov v Rossii) nicht im Druck erscheinen (erstmals 1858 von A. Herzen in London veröffentlicht) –, aber sein politisches Ideal war nicht die Gleichheit aller Menschen in einem rationalen Zukunftsstaat, sondern die Herrschaft einer aufgeklärten Hocharistokratie. Die Ratio konnte nicht nur demokratische, sondern auch konservative Ideale begründen, und vor allem war sie auch geeignet, das nationale Selbstbewußtsein zu heben. Man wurde empfindlicher für das negative Urteil von Fremden, und man begann sich selbst ein kritisches Urteil über Europa zuzutrauen. Auch hier fand eine Entwicklung zur Verfeinerung und Differenzierung statt von Lomonosovs polterndem Patriotismus bis zu den Reiseberichten Fonvizins, der weder an Franzosen noch an Deutschen viel Nachahmenswertes fand (der Umgang mit Leipziger Professoren bewies ihm »unbestreitbar, daß Gelehrsamkeit nicht Vernunft hervorbringt«) und in der späten Europäisierung Rußlands die Hoffnung begründet sah, Europas Fehler zu vermeiden. Der vorerst nur angedeutete Gedanke, daß in der Rückständigkeit auch positive Werte und eine große Chance Rußlands für die Zukunft verborgen liegen könnten, sollte im 19. Jahrhundert noch eine große Rolle spielen. Und nicht alle nationalbewußten Nachfahren des Komödiendichters sollten sich zu dessen Feststellung bekennen, daß »ehrenwerte Leute, welcher Nation immer sie sein mögen, miteinander eine einzige Nation bilden«.

So hat die während des 18. Jahrhunderts fortschreitende geistige und künstlerische (auch auf dem Gebiet der bildenden Künste) Europäisierung der intellektuellen Elite Rußlands das Bewußtsein der eigenen Lage geschärft und das Bewußtsein der eigenen Fähigkeiten gestärkt. Noch war das ›Volk‹ von all dem unberührt, und wieweit die Regierung sich davon würde berühren lassen, das mußte das 19. Jahrhundert zeigen.

RETTER EUROPAS

Die mit der Thronbesteigung Alexanders I. (1801–1825) feierlich verkündete Rückkehr zu den Grundsätzen Katharinas II. konnte Verschiedenes bedeuten und bei denen, die dem vierundzwanzigjährigen neuen Imperator zujubelten, verschiedene Erwartungen hervorrufen: Die zum Staatsstreich Verschworenen waren rebellierende Gardeoffiziere ganz im Stile der vorangegangenen Palastrevolutionen des 18. Jahrhunderts, keine revolutionären Idealisten; für sie war Katharina das Symbol ungetrübter Adelsprivilegien. Männer vom Schlage Radiščevs mochten hoffen, daß man das liegengebliebene Reformwerk nun wieder aufgreifen und von der Staatsverwaltung auf die Gesellschaftsstruktur ausdehnen werde. Daß der Amtsantritt des neuen Autokraten den Anfang vom Ende der Autokratie bedeuten könnte, war vernünftigerweise nicht zu erwarten und am allerwenigsten aufgrund einer Anknüpfung an das Erbe Katharinas. Und doch hatten sich die schwärmerischen Gedanken des Thronfolgers in Briefen an seinen ehemaligen Lehrer La Harpe und in vertrauten Gesprächen mit dem Freunde Czartoryski gerade in dieser Richtung bewegt. Es ist nicht schwierig, vom negativen Ende her die Illusionen des Beginns als Naivitäten zu erweisen. Aber hat Alexander diese Illusionen nicht geteilt und immer wieder genährt? Er ist schon den Zeitgenossen rätselhaft erschienen, und die Historiker quält bis heute das Problem, daß in ihm eine Persönlichkeit geschichtswirksam geworden ist, die sich dem Zugriff des Erkennens und Einordnens immer wieder entzieht.

Die Persönlichkeit Alexanders I.

Hofluft ist selten ein der Charakterbildung günstiges Klima – Alexander ist aber nicht nur an einem Hof, sondern an zwei Höfen herangewachsen, an dem der kaiserlichen Großmutter, die sich persönlich um die Erziehung der Enkel kümmerte, und an dem der Eltern in Gatčina. Bei dem Verhältnis bitterer Feindschaft, das zwischen Katharina und ihrem Sohn bestand, mußte das zu einer frühen Meisterschaft in der Kunst der Verstellung führen. Auch Menschen, die Alexander sehr nahe standen, wurden niemals das Gefühl los, daß er sein Innerstes verberge, auch dann und gerade dann, wenn er rückhaltlos offen zu sein schien. Aber andererseits ist nicht zu bezweifeln, daß er sich für hohe Ideale begeistern konnte. Als Thronfolger träumte er davon, zugunsten von Repräsentanten der Nation auf sein Selbstherrschertum zu verzichten, das »Land frei zu machen und so zu verhindern, daß es künftig als Spielball für Unsinnige diene«; später machte er sich die Befreiung Europas von der Tyrannei Napoleons und schließlich die Neuordnung der europäischen Politik nach den christlichen Geboten der Liebe, der Gerechtigkeit und des Friedens zur Aufgabe. In einer Zeit, in der die Herrschaft der kühl berechnenden Ratio längst nicht mehr unbestritten war, konnte, wer sich für so hohe Wahrheiten einsetzte und außerdem politisch Erfolg hatte, zu dem Titel eines ›Gesegneten‹, zur Qualität eines ›Engels‹ und sogar zu einem legendären Nachleben als heiligmäßiger Eremit Fedor Kuźmič in den Weiten Sibiriens kommen. Aber es haben freilich schon die weniger exaltierten Zeitgenossen bemerkt, daß sich Alexanders europäisches Sendungsbewußtsein vortrefflich mit expansiven Machtinteressen des russischen Imperiums in Einklang bringen ließ und daß alle durchgeführten Reformen nicht eine Teilung, sondern eine Straffung der absoluten Herrschermacht bewirkten. War also das völkerbeglückende Pathos nur ein raffiniert gehandhabtes Instrument der Machtpolitik, lebten zwei Seelen in der Brust des Kaisers, war Alexander ein Schwächling, der sich von Situation zu Situation treiben und von wechselnden Beratern beeinflussen ließ? Auch urteilsfähige Zeitgenossen beantworteten diese Fragen sehr gegensätzlich: Während der Freiherr vom Stein Alexanders Charakter rühmte und sich von des Imperators Aufgeschlossenheit für die höchsten Ziele der Menschheit beeindrucken ließ, traute Napoleon dem ›byzantinischen Griechen‹ nicht über den Weg, und Speranskij, der ihn wohl am besten kannte, prägte die resignierte Formel, daß Alexander zu schwach sei, um selbst zu führen, und zu stark, um sich führen zu lassen. Keiner dieser Beurteiler war freilich unvoreingenommen.

Man hat das Zwielichtige und Schwankende in Alexanders Persönlichkeit häufig psychologisch zu erklären versucht: Das Bewußtsein, den Tod des Vaters mit verschuldet zu haben, sei niemals von ihm gewichen und habe jenes übertriebene Bedürfnis nach Geltung und Anerkennung in ihm hervorgerufen, das ihn unfähig machte, unpopuläre Entscheidungen durchzuhalten und sachliche Belange wirklich über die eigene Person zu stellen. Nun, es hätte auch andere Möglichkeiten gegeben, mit dem Schuldgefühl fertig zu werden. Alexander war ohne Zweifel von Natur ein extrem ichbezogener, oberflächlicher und eitler Mensch; er ist in schwierigen Lagen immer nur ›fast‹ zusammengebrochen, wenn er ihnen nicht von vornherein ausweichen konnte; er war alles andere eher als ›der erste Diener seines Staates‹, nicht unbegabt, aber ohne Selbstdisziplin, von seinem Selbstherrschertum fasziniert, aber im Grunde verantwortungsscheu. Man hielt ihn für einen »Heuchler, für einen Menschen ohne moralisches Fundament, obwohl er über Religion sprach wie ein Heiliger und seine religiösen Pflichten sorgfältig wahrnahm« – so ein Bericht der österreichischen Geheimpolizei aus der Zeit des Wiener Kongresses. Das Fehlen eines ›Fundamentes‹, einer unangreifbaren Substanz der Persönlichkeit war ein sehr ernster Mangel bei einem Manne, in dessen Autokratenhände die Geschichte das Schicksal Rußlands und zum guten Teile Europas in einer äußerlich und innerlich zutiefst erregten Epoche legte.

Die Außenpolitik

Alexander erbte von seinem Vater die glorreichen, aber unerfreulichen Erfahrungen des zweiten Koalitionskrieges und einen Geheimvertrag mit dem ersten Konsul der französischen Republik. Die aus Trotz geborene frankophile Politik Pauls I. fortzusetzen, wäre in einer Lage, die ganz im Zeichen der Reaktion auf das gestürzte Regime stand, auch dann schwer möglich gewesen, wenn der junge Kaiser und seine Freunde nicht so stark von der milderen Form europäischen Fortschrittes, die England repräsentierte, eingenommen gewesen wären. Die Beendigung der Kriegshandlungen und die Friedensschlüsse von Lunéville (1801) und Amiens (1802) enthoben Rußland zunächst der Notwendigkeit einer entschiedenen Stellungnahme. Eine Neutralitätspolitik, die sich aus den europäischen Verwicklungen nach Möglichkeit heraushielt, die Wiederherstellung guter Beziehungen zu England anstrebte, ohne Frankreich zu provozieren, und im Süden durch ein vorübergehendes Zusammenwirken mit der Türkei die russischen Positionen sicherte, – eine solche Politik der Distanzierung, um alle Kraft für das Reformwerk im Innern einzusetzen, mußte als das Gegebene erscheinen. Daß man damit zugleich das für Rußland angeblich so vorteilhafte ›System Peters des Großen‹ erneuert hätte, ist eine Behauptung, die sich mit guten Gründen bestreiten läßt, aber Alexanders außenpolitischer Tatendrang ließ es zu einer heilsamen politischen Introversion gar nicht kommen. Er machte Schwierigkeiten in der maltesischen Frage und lieferte damit den Engländern einen Vorwand, die Insel weiterhin besetzt zu halten; er engagierte sich in einer Unzahl deutscher Mediatisierungs- und Entschädigungsprobleme, die dem Reichsdeputationshauptschluß vorangingen, und er legte als einziger in Paris scharfen Protest gegen die gesetzwidrige Hinrichtung des Duc d'Enghien (20. März 1804) ein. Die letztgenannte

Aktion, die Napoleon damit quittierte, daß er sich unter sehr deutlicher Anspielung auf den russischen Staatsstreich von 1801 jede Einmischung in die inneren Angelegenheiten Frankreichs verbat, entsprang zweifellos einer ebenso ehrenwerten wie ungeschickten Prinzipienpolitik. In den deutschen Angelegenheiten waren für Alexander weniger Prinzipien als verwandtschaftliche Beziehungen zu zahlreichen deutschen Fürstenhäusern maßgebend. Daß er sich als deutscher Fürst gefühlt und unter Hintansetzung russischer Interessen als solcher gehandelt habe, ist zwar eine böswillige Unterstellung russischer Nationalisten, aber daß Alexander in der Vielzahl deutscher Fürsten, mit denen ihn die eigenen, überwiegend deutschen Ahnen (sieben von acht in der dritten Generation) und im Laufe der Zeit die deutschen Ehen von sieben seiner neun Geschwister verbanden, ein standesgemäßes Publikum für die Verkündigung seiner ›hohen Ideale‹ suchte und fand, daß ihm die Rolle des ›arbiter Germaniae‹, nach der schon Katharina gestrebt hatte, überaus genehm war, ist nicht zu leugnen.

All dies sowie die Bedrohung der russischen Position auf den Jonischen Inseln durch die Aktivität Napoleons in Italien und im östlichen Mittelmeer führte schließlich zu jener englisch-russischen Allianz (11. April 1805), aus der sich durch den Beitritt Österreichs (9. August 1805) die dritte Koalition und der dritte Koalitionskrieg gegen Napoleon entwickelte. In wenig mehr als zwei Jahren legte dabei die russische Politik den Weg von einem Programm europäischer Neuordnung nach dem Sturze Napoleons bis zur Teilung der Interessensphären zur gemeinsamen Beherrschung der Welt durch den okzidentalen französischen und den orientalisch-russischen Kaiser zurück, wie sie der Friede von Tilsit (7. Juli 1807) einleitete und die Erfurter Kaiserbegegnung (Herbst 1808) proklamierte. Dazwischen lag die Katastrophe von Austerlitz (2. Dezember 1805), durch die Ungeduld Alexanders, dessen ererbte ›Paradomanie‹ mit keinerlei strategischer Begabung verbunden war, mitverschuldet, und das harte Ringen auf ostpreußischem Boden, in dem sich das schwer geschlagene Preußen – nun im Bunde mit Rußland (vierte Koalition) – zu einem letzten Widerstand aufraffte; der russische Einsatz blieb auf eine Armee unter Bennigsen beschränkt, weil die übrigen russischen Kräfte gegen die Türkei gebunden waren, deren Kriegserklärung an Rußland Napoleon im Dezember 1806 zustande gebracht hatte; doch unter den vertrauten klimatischen Bedingungen des osteuropäischen Winters gelang es auch den bescheidenen preußisch-russischen Kräften, Napoleon zunächst erfolgreich Widerstand zu leisten (Schlacht von Preußisch Eylau 7./8. Februar 1807), ehe sie dann im Sommer die Niederlage bei Friedland (14. Juni) zwang, den Kampf aufzugeben. Dazwischen lagen auch – episodenhaft – Ansätze zu einer russischen Politik mit gesamtslavischem Vorzeichen: Als im Sommer 1805 Preußen dem russischen Druck widerstand und sich nicht bereit fand, der Koalition beizutreten, schlug Czartoryski, Alexanders polnischer Freund und Außenminister, ein gewaltsames Vorgehen zugunsten einer Wiederherstellung der polnischen Einheit in Personalunion mit Rußland vor. Preußen sollte zur Abtretung seiner polnischen Provinzen gezwungen, Österreich zur Herausgabe der seinen durch eine entsprechende Entschädigung in Deutschland veranlaßt werden. Erst die Erneuerung des polnischen Staates – und sei es auch in der russischen Machtsphäre – werde die geplante Neuordnung Europas zu einer gerechten machen und könne den Kriegseinsatz Rußlands rechtfertigen. Czartoryskis politisches Fernziel, seit ihn sein Schicksal an den russischen Hof und in den Freundeskreis Alexanders geführt hatte, schien erreichbar, als der Kaiser vorübergehend auf den Gedanken einging und sich in Pulawy, dem Familienbesitz des Freundes, als künftiger polnischer König feiern ließ. Aber als Preußen nachgab, war von dem polnischen Plan nicht mehr die Rede; auch als ihn Napoleon durch das Angebot eines polnischen Königtums gewinnen wollte, lehnte Alexander ab. So wurde zunächst nicht ein polnisches Königtum unter russischem, sondern aus dem ehemals preußischen Anteil ein Herzogtum Warschau unter französischem Protektorat verwirklicht.

Die zweite Episode spielte sich im Süden ab und war mit einer neuerlichen russischen Flottenexpedition von der Ostsee ins Mittelmeer verbunden. Der Admiral Senjavin erhielt im September 1805 den Auftrag, mit einigen Schiffen zu den schon auf den Jonischen Inseln befindlichen russischen Kräften zu stoßen und allen französischen Aktionen in diesem Gebiet entgegenzuwirken. Senjavin traf im Januar 1806 in Korfu ein und entledigte sich seines Auftrages mit großem Geschick. Obwohl zu diesem Zeitpunkt die Österreicher aus der Koalition bereits ausgeschieden waren und durch den Kriegseintritt der Türkei sich die Lage für die ganz auf sich allein gestellte russische Flotte schwierig gestaltete, gelang es Senjavin, sich mit Hilfe der Montenegriner in Cattaro festzusetzen, in der Adria einen erfolgreichen Kaperkrieg zu führen und der türkischen Flotte vor dem Berge Athos eine Niederlage zuzufügen. Im Tilsiter Frieden mußte Rußland dann allerdings seine Mittelmeerstellung an Napoleon abtreten, und Senjavin blieb nur die keineswegs leichte Aufgabe, seine Flotte wieder in die Ostsee zurückzuführen, aber für das Ansehen der russischen Macht bei Südslaven und Griechen waren die Flottenunternehmungen der Admiräle Ušakov und Senjavin von nachhaltiger Bedeutung.

Tilsit hatte die französisch-russische Kombination erneuert, wie sie zuletzt unter Paul I. bestanden hatte. Gewiß war der Allianzwechsel Rußlands so gut wie erzwungen, wenn schmerzliche Opfer vermieden werden sollten; auch konnte man, wie sich herausstellen sollte, die neue Partnerschaft durchaus gewinnbringend gestalten, ja in nachträglicher Interpretation erhält die Entscheidung gegen England, den ökonomischen Ausbeuter und kolonialen Konkurrenten, mitunter sogar einen tief patriotischen Sinn. Aber es bleibt die Tatsache, daß Alexander nicht nur die Allianz wechselte, sondern auch die bisherigen ›Prinzipien‹ aufgab, und zwar unter der unmittelbaren Einwirkung von Napoleons Persönlichkeit schneller und impulsiver, als es dem Ernst der Lage entsprach. Der schlaue Korse kalkulierte richtig, daß man auf das Geltungsbedürfnis des ›orientalischen Kaisers‹ sicherer bauen könne als auf dessen Prinzipientreue. Es war ja am Ende so übel nicht, wenigstens die halbe Weltherrschaft konzediert zu erhalten, und das prinzipielle Gewissen ließ sich durch die Erhaltung der Existenz Restpreußens beruhigen. Die Zeche hatten Schweden und die Türkei zu bezahlen.

Dringend ermuntert von Napoleon, der Rußland beschäftigt sehen wollte, ließ Alexander im Februar 1808 seine Truppen in Finnland einmarschieren. Als sich ein Jahr später russische Truppen unter Bagration in den Besitz der Ålandsinseln setzten und die Russen Schweden selbst bedrohten, war das Schicksal Finnlands entschieden: Im Frieden von Frederikshamn (17. September 1809) leistete Schweden den geforderten Verzicht. Schon ein halbes Jahr vorher hatten die Finnländer nicht ohne Erfolg versucht, aus ihrer Lage noch das politisch Beste zu machen, indem sie auf dem Landtag zu Borgö den russischen Kaiser zum Großfürsten von Finnland wählten. Eine rußlandfreundliche Adelsgruppierung unter der Führung des Gouverneurs Sprengtporten hatte in vorhergehenden Verhandlungen die Zusicherung weitgehender Autonomie erreicht. Das Ergebnis war mehr als eine Personalunion, denn die finnländische Autonomie erstreckte sich natürlich nicht auf das Gebiet der Außenpolitik, aber es war bedeutend weniger als die bisher üblichen selbstherrscherlichen Einverleibungen: Finnland behielt eigene Verwaltung, eigenes Recht und seine überkommene Gesellschaftsordnung; der finnische Landtag entbehrte zwar des Gesetzgebungsrechtes, bildete aber immerhin ein Forum politischer Meinungsbildung und mußte den russischen Zeitgenossen als ein sehr erstrebenswertes Instrument konstitutioneller Libertät erscheinen. In Wirklichkeit war die finnische ›Konstitution‹ natürlich abhängig vom guten Willen des Autokrators, denn niemals hat sich Rußland dazu verstanden, in ihr etwas anderes zu sehen als den Ausfluß kaiserlicher Gnade. Gnädig zu sein, stand dem liberalen Menschheitsbeglücker, der Alexander ja auch sein wollte, gut an, und es war geeignet, die Annektion dem übrigens sehr mit sich selbst beschäftigten Europa schmackhaft zu machen. So fügte man sogar die 1721 und 1743 an Rußland gefallenen finnischen Gebiete (Karelien und Wyborg) dem finnischen Großfürstentum wieder ein – ein vom russischen Standpunkt gefährlicher Präzedenzfall, der nach 1815 ähnliche Hoffnungen bei den Polen erwecken mußte.

Der Türkei gegenüber war der Erfolg bescheidener. Sechs Jahre schleppte sich der Krieg hin, und was Napoleon in Erfurt zugestanden hatte – die Erwerbung der Donaufürstentümer Moldau und Walachei –, war trotz der militärischen Siege Kutuzovs (1811) in der völlig veränderten Situation des Jahres 1812 nicht mehr durchzusetzen, wenn man zu dem dringend benötigten Frieden kommen und den potentiellen österreichischen Verbündeten nicht vergrämen wollte. Im Frieden von Bukarest (28. Mai 1812) mußte sich Rußland mit dem Erwerb von Bessarabien bescheiden. Von dem russischen Engagement im Westen profitierte wenig später auch Persien, das sich im Anschluß an die Annektion Georgiens 1804 in einen Krieg mit Rußland eingelassen hatte und nun mit einer Anerkennung des Kaspi und des Kaukasus als russischer Einflußzone ohne unmittelbare Gebietsverluste davonkam (Vertrag von Gulistan, 12. Oktober 1813).

Inzwischen hatte sich längst herausgestellt, daß das französisch-russische Bündnis über Augenblicksvorteile und kühne Zukunftsperspektiven hinaus keinen der beiden Partner auf die Dauer befriedigen konnte. Schon in Erfurt waren die ersten Schatten auf Alexanders anfängliche Begeisterung gefallen. Man versprach sich gegenseitig Unterstützung, leistete sie aber nur zögernd oder überhaupt nicht: Napoleon vermied es ebenso, sich gegen Schweden und die Türkei militärisch zu engagieren, wie Alexander 1809 gegen Österreich. Napoleons rücksichtslose Annektionspolitik in Norddeutschland und noch mehr seine Art, das polnische Eisen im Feuer zu halten, indem er 1809 das Großherzogtum Warschau um den österreichischen Teilungsbesitz vergrößerte, mußten das russische Mißtrauen ständig nähren. Umgekehrt blieb Napoleon natürlich nicht verborgen, daß Rußland – vom englischen Handel mehr als alle anderen abhängig – die Kontinentalsperre recht großzügig handhabte. Zunehmende Spannungen leiteten unter Aufrechterhaltung der Bündnisfassade in ein Stadium beiderseitiger Kriegsvorbereitungen über. Für Alexander kam hinzu, daß sein Zusammengehen mit Napoleon trotz der territorialen Gewinne, die es einbrachte, ganz offensichtlich unpopulär war. Für Konservative war Napoleon auch als Kaiser der Vollstrecker der Revolution, von dem man im Falle eines Angriffs sogar eine Revolutionierung der Leibeigenen befürchtete; liberal Gestimmte sahen in ihm den eroberungswütigen Tyrannen und Verräter der freiheitlichen Ideale wie die Liberalen im übrigen Europa auch. Das europäische Rußland empfand wie Europa und verabscheute im Grunde den ›realpolitischen‹ Handel, auf den sich Alexander eingelassen hatte.

Angriff und Scheitern der Grande Armée im Sommer und Herbst des Jahres 1812 sind als ›vaterländischer Krieg‹ für jeden Russen Höhepunkt des patriotischen Geschichtsbewußtseins, übertroffen erst in jüngster Zeit durch den ›Großen Vaterländischen Krieg‹ der Jahre 1941–1945. Für eine große Zahl von Mittel- und Westeuropäern wurde der Feldzug, mit dem Napoleon ohne eine im voraus festgelegte und im einzelnen bestimmte militärische und politische Konzeption die Entscheidung erzwingen wollte, zu einem erschütternden ›Rußlanderlebnis‹. Die zahlenmäßige Übermacht der Grande Armée, die am 24. Juni 1812 den Neman überschritt und schon vier Tage später Wilna erreichte, war eindrucksvoll (575 000 gegen 220 000 Mann), und daß Napoleon zunächst das Gesetz des militärischen Handelns bestimmte, kann keinem Zweifel unterliegen. Man hat viel um die russischen Verteidigungspläne herumgerätselt: Die geniale Idee des hinhaltend verteidigenden Rückzuges in die Weite des russischen Raumes hinein ist nachträglich von verschiedenen Seiten als geistiges Eigentum reklamiert worden. In der Tat sind Äußerungen von Alexander selbst und anderen schon aus dem Jahre 1811 überliefert, die erkennen lassen, daß im Falle eines Angriffs das Vertrauen auf die Weitläufigkeit des Landes und die Unwirtlichkeit des Klimas ziemlich allgemein war. Aber es war ein gewaltiger Unterschied zwischen solchen theoretischen, aus der geschichtlichen Erfahrung abgeleiteten Überlegungen und der Wirklichkeit eines vom Gegner erzwungenen anhaltenden Rückzuges, der Truppe und Bevölkerung schweren seelischen Belastungen aussetzte. Gerade weil der Angriff Napoleons eine alle Stände erfassende Welle der nationalen Opferbereitschaft auslöste, war das ständige Zurückweichen schwer zu ertragen. Barclay de Tolly, der als Oberbefehlshaber die ebenso aufgezwungene wie auf weite Sicht aussichtsreiche Rückzugsstrategie konsequent verfolgte und bei Smolensk die Vereinigung der zunächst getrennten russischen Heeresgruppen erreichte, mußte vom Kaiser unter dem Druck der nationalen Ungeduld abgelöst und durch den populären Kutuzov ersetzt werden, dem freilich auch keine andere Wahl blieb, als die Strategie seines Vorgängers fortzusetzen, nachdem die überaus verlustreiche Schlacht bei Borodino (7. September) den Russen keinen entscheidenden Abwehrerfolg gebracht hatte. Moskau aufzugeben, ohne eine Schlachtentscheidung wenigstens versucht zu haben, war offenbar psychologisch unmöglich, und auch so übte der Fall von Moskau auf weite und einflußreiche Kreise eine Schockwirkung aus, die Napoleons Hoffnung, in Moskau den Frieden diktieren zu können, nicht ganz so unbegründet erscheinen läßt, wie sie meist dargestellt wird. Die Standfestigkeit Alexanders, der alle Kontaktversuche Napoleons zurückwies, spielte in dieser Phase eine entscheidende Rolle. Das übrige leisteten der Brand Moskaus, von dem sich wohl niemals eindeutig wird feststellen lassen, wer ihn entfacht hat, und der die an sich schon schwierige Versorgungslage der französischen Armee bis zur Untragbarkeit verschlechterte; die Wachsamkeit Kutuzovs, der ein Ausbiegen Napoleons nach Süden über Kaluga verhinderte und die zurückweichende Armee des Gegners in ihren eigenen, von allen Versorgungsgütern entblößten Anmarschweg zwang; der schonungslose Partisanen- und Kosakenkrieg, den die Bevölkerung allenthalben unterstützte und dem die feindliche Truppe bei rasch sinkender Disziplin hilflos gegenüberstand; und schließlich der einsetzende Frost des Spätherbstes, gegen den sich die Soldaten Napoleons nicht schützen konnten und der den Russen zu allem noch die überlegene Beweglichkeit gab.

Der russische Sieg wäre militärisch und politisch sofort entscheidend gewesen, wenn die geplante Einschließung Napoleons vor dem Beresinaübergang nicht an der Eifersucht der russischen Generäle und der allzu vorsichtigen Führung Kutuzovs gescheitert wäre. Auch so war die Katastrophe erschütternd: Kaum mehr als 30000 Mann brachte der Kaiser des Okzidents im Dezember über den Neman zurück. Am 23. Dezember traf Alexander wieder in Wilna ein, das er ein halbes Jahr zuvor in aller Eile verlassen hatte. Rußland war vom Feinde frei, der ›vaterländische Krieg‹ gewonnen. Es begann der Befreiungskrieg im Sinne der ursprünglichen ›Prinzipien‹, zu denen Alexander nun endgültig zurückkehrte, indem er über das Erreichen des nationalen Verteidigungszieles hinaus Rußlands Machtmittel für die Befreiung der europäischen Völker von der Herrschaft Napoleons einsetzte. Es gab Russen – der alte Kutuzov (1745–1813) gehörte zu ihnen –, die diesen Entschluß ihres Kaisers nicht verstanden und es lieber gesehen hätten, wenn ihrem schwer mitgenommenen Lande eine Ruhepause zuteil geworden wäre. Dem widersprach ein starkes religiös-mystisches Sendungsbewußtsein, das Alexander in dieser Zeit zu erfüllen begann: Gott hatte ihn durch den unverhofft glänzenden Sieg über Napoleon sichtbar gesegnet, Gottes Wille mußte es sein, daß Alexander das begonnene Werk zum Heile Europas zu Ende führe. Die zahlreichen prominenten Ausländer in der Umgebung des Kaisers – Diplomaten wie Emigranten – hatten natürlich keine Veranlassung, das wachsende Sendungsbewußtsein Alexanders schon in dieser Phase, da Napoleons Macht zwar erschüttert, aber noch keineswegs beseitigt war, zu dämpfen. Für Rußland gab es im übrigen einen sehr konkreten Aspekt der europäischen Neuordnung, der ein Haltmachen an den eigenen Grenzen und eine außenpolitische Selbstbeschränkung als unzweckmäßig auch im Sinne des nationalen Egoismus erscheinen ließ – das war Polen. Und über der polnischen Frage wäre auf dem Wiener Kongreß, nachdem Napoleon militärisch niedergerungen war und Alexander als Führer der gegen Frankreich Verbündeten an der Spitze russischer Truppen seinen triumphalen Einzug in Paris gehalten hatte, die ›große Koalition‹ fast wieder auseinandergebrochen. Schon vor dem Angriff Napoleons hatte Alexander in dem Bestreben, Bundesgenossen zu gewinnen, versucht, Czartoryskis Idee wieder aufzugreifen. Damals hatten die Polen aber noch die Wahl und ein Herzogtum Warschau gehabt – Czartoryski mußte abwinken. Nun sollte die Gnade des Siegers und Befreiers gewähren, was sich die Polen nicht hatten verdienen wollen. Dem stand aber der Anspruch der anderen Teilungsmächte – Preußens und Österreichs – auf Restituierung ihres Besitzes entgegen. Im Widerspruch zu allen vorher getroffenen Abkommen (Kalisch 28. 2., Reichenbach 27. 6., Teplitz 9. 9. 1813) forderte Alexander in Wien das Herzogtum Warschau ganz für sich und schlug Sachsen als Entschädigung für Preußen vor. Erst als er damit ein gegen Rußland und Preußen gerichtetes Militärbündnis Englands, Frankreichs und Österreichs (3. Januar 1815) und die Gefahr eines Krieges provozierte, ließ sich Alexander zu einem Kompromiß herbei: Preußen erhielt einen Teil seines Besitzes aus der dritten Teilung als Großherzogtum Posen, und hinsichtlich des von Österreich beanspruchten kleinpolnischen Gebietes einigte man sich darauf, Krakau (und Umgebung) den Charakter einer ›Freien Stadt‹ unter dem Protektorat aller drei Teilungsmächte zu geben. In territorial reduzierter Form wurde aber Czartoryskis Idee verwirklicht: Der an Rußland fallende Hauptteil des Herzogtums Warschau wurde als ›Königtum Polen‹ in Personalunion mit dem russischen Imperium vereinigt und erhielt am 27. November 1815 eine Verfassung, die als die liberalste in Europa galt. Formal traf das zu: Der König, vertreten durch einen Statthalter und unterstützt durch Staatsrat und Administrationsrat, bildete die Exekutive, die Ständevertretung in den beiden traditionellen Kammern des Senats und des Sejm die Legislative; Polnisch als Amtssprache, Glaubens- und Pressefreiheit sowie die Unantastbarkeit der Person waren in der Konstitution garantiert; kein Ausländer sollte ein öffentliches Amt bekleiden, und das Kongreß-Königtum erhielt ein eigenes Heer; Alexanders Nachfolger wurden verpflichtet, den Eid auf die polnische Verfassung abzulegen, ehe man sie in Warschau zum König krönte – Nikolaus I. hat diese Verpflichtung erfüllt!

Aber es war kein gutes Omen, daß die polnische Autonomie unter russischem Schutz mit dem rigorosen Besatzungsregime des Großfürsten Konstantin, des sehr unliberalen Bruders von Alexander, begann, und es war kein Zufall, daß man den polnischen Königstitel nicht mit ›korol'‹ (König) ins Russische übersetzte, sondern mit ›caŕ‹ (Zar); eine Stärkung der Königsmacht hatten die Polen 1791 wohl selbst angestrebt, nur hatte ihnen dabei kein ›polnischer Zar‹ vorgeschwebt. Und es mußte die Polen eindrücklich über den Unterschied zwischen Form und Inhalt belehren, daß Alexander nicht Kościuszko, das personifizierte Freiheitssymbol der Nation, zum Oberbefehlshaber der polnischen Armee ernannte, sondern den verhaßten Großfürsten Konstantin, und nicht Czartoryski, den um die Sache Polens und Rußlands Verdienten, mit der Statthalterschaft betraute, sondern den General Józef Zajączek, einen charakterlosen napoleonischen Veteranen, ein willfähriges Werkzeug in den Händen Konstantins und Novosil'cevs, des in der Verfassung nicht vorgesehenen allmächtigen russischen Kommissars bei der polnischen Regierung. Als Alexander im März 1818 den ersten polnischen Reichstag persönlich mit einer Ansprache schloß, in der er die polnische Verfassung in den höchsten Tönen rühmte und die vage Andeutung machte, daß er das konstitutionelle System auch auf andere Gebiete seines Reiches ausdehnen wolle, rief er ein letztes Mal bei Polen (und Russen) Hoffnungen (und Befürchtungen) hervor. Danach waren die konstitutionellen Flitterwochen auch verbal zu Ende. Die Autokratie russischer Tradition und russischen Stils erwies sich auch im Falle Polens als unfähig zu einer wirklichen Teilung der Macht: Freiheiten gab es in ihr nur unter sorgfältiger Polizeikontrolle, und sofern sie sich vorübergehend mit partiellen Konstitutionen abfinden mußte, machte sie aus ihnen unweigerlich Instrumente der absoluten Machtausübung. Alles übrige war unverbindliche Ideologie.

Das gilt von der russischen Außenpolitik nach dem Wiener Kongreß allgemein. Als es 1814 um die künftige politische Gestalt Frankreichs ging, gebärdete sich Alexander noch reichlich liberal; das entsprach der Befreierrolle, und die eigene Selbstherrschaft war ja nicht berührt. Nach dem Zwischenspiel der ›Hundert Tage‹ fand er dann in der ›Heiligen Allianz‹ (feierlich verkündet am 26. September 1815) den angemessenen außenpolitischen Ausdruck für die ›heilige Mission‹, die er auf sich ruhen fühlte und die ihm – nach eigenem Zeugnis – eine ›innere Stimme‹ als Willen Gottes ständig bezeugte. Natürlich erhob niemand grundsätzliche Einwände gegen den Vorschlag, das Zusammenleben der Völker und Staaten nach den christlichen Prinzipien von Frieden, Eintracht und Liebe zu führen (nur der Papst, der Sultan, England und die Vereinigten Staaten hielten sich fern), aber ebensowenig wußten Fürsten und Staatsmänner mit der pathetischen Proklamation eines politischen Mystizismus etwas anzufangen. Gewiß machte Metternich sehr bald aus der Heiligen Allianz ein Instrument der europäischen Reaktion, aber die Interpretation des Christlichen im Sinne legitimer absoluter Fürstenherrschaft wäre so ohne weiteres nicht durchzusetzen gewesen, wenn sie nicht im Grunde Alexanders Vorstellungen entsprochen hätte. Europa war nach der Überzeugung des russischen Kaisers durch die Heilige Allianz ›im Zeichen des Kreuzes‹ vereinigt und endgültig geordnet. Jeder Versuch, auch nur in einem Teil Europas die bestehenden politischen Verhältnisse zu verändern, erschien ihm von nun an als ein Angriff auf diese heilige Ordnung und auf die christlichen Prinzipien, die ihr angeblich zugrunde lagen. Daher die Unterstützung und Führung einer kollektiven antirevolutionären Interventionspolitik durch Rußland, angefangen von der Kongreßperiode (Aachen 1818, Troppau 1820, Laibach 1821, Verona 1822) bis zum Eingreifen Nikolaus I. in Ungarn 1849. Dahinter stand in Wirklichkeit freilich nicht das von Alexander postulierte Corpus mysticum des christlichen Europa, sondern ein Zweckbündnis der europäischen Großmächte, praktisch sehr bald reduziert auf die konservativen ›östlichen‹ Großmächte Österreich, Preußen und Rußland.

Nicht immer und überall entsprach es jedoch den Machtinteressen des russischen Staates, das Legitimitätsprinzip zu vertreten. Als sich die Griechen im März 1821 gegen ihre legitime Obrigkeit, den türkischen Sultan erhoben, boten sie Rußland eine verführerische Gelegenheit, das ›griechische Projekt‹ weiter zu betreiben. War es nun Christenpflicht, dem Prinzip der legitimen Herrschaft zuliebe die griechische Rebellion zumindest nicht zu fördern, oder sollte man die christlichen (orthodoxen) Glaubensbrüder befreien – und der russischen Machtausweitung dienen? Man begann mit der ersten Möglichkeit und endete bei der zweiten, und zwar sowohl das Rußland Alexanders, der sich als Haupt der Heiligen Allianz fühlte, wie England, das der Heiligen Allianz offiziell niemals beigetreten war. Rebellionen waren auch die Unabhängigkeitserklärungen der spanischen Kolonien in Amerika. Alexander ging so weit, den Spaniern unbrauchbare Schiffe zu verkaufen, um ihnen die Wiederherstellung der legitimen Ordnung zu erleichtern, allerdings mit dem einzigen Effekt, daß die Wachsamkeit der Vereinigten Staaten geschärft wurde. Ein Versuch, Schiffahrt und Fischfang in den Gewässern der russischen Besitzungen an der Westküste Nordamerikas durch kaiserliche Verordnung einzuschränken (1821), löste heftige Proteste Washingtons aus und mußte zurückgenommen werden (1824). Der Eintritt neuer Kräfte in die Weltgeschichte sollte sich auf die Dauer weder durch Polizeiaktionen verhindern, noch durch die Verkündigung moralischer Prinzipien, an die man sich selbst nicht hielt, unter Kontrolle bringen lassen.

Die innere Entwicklung

Unter dem Schatten des Staatsstreiches, aber mit dem besten Willen, Neues und Gutes zu schaffen, trat Alexander I. seine Regierung an. In einem kleinen Kreis gleichgesinnter Freunde, der dann 1801–1803 in der zwanglosen Form von Nachtischsitzungen als sogenanntes ›Geheimes Komitee‹ (neglasnyj komitet) beträchtlichen Einfluß auf den Gang der Dinge ausübte, hatte er sich darauf vorbereitet. Zu dem Freundeskreis gehörten: Fürst Adam Czartoryski, ein hochgebildeter Sprößling aus vornehmstem polnischem Magnatenstamm, der in Frankreich und England studiert hatte, zum Freiheitskampf Kościuszkos eben zu spät gekommen war, 1795 nach Petersburg eilte, um die väterlichen Güter vor der Konfiskation zu bewahren, von Katharina halb als Geisel festgehalten wurde und sofort Zugang zur Hofgesellschaft gewann – ein glühender Patriot, der in verzweifelter Lage seine Hoffnung auf die liberalen Neigungen des jungen Alexander setzte.

Nikolaj Novosil'cev, durch illegitime Herkunft mit dem reich begüterten Hause der Stroganovs verbunden, bereits im Dienste bewährt, anglophil und modern denkend im Sinne der Aufklärung, aber mit einem Charakter, der den Versuchungen der Macht durchaus nicht immer widerstand. Novosil'cev hatte sich als mäßigender Mentor um den jungen Grafen Paul Aleksandrovič Stroganov verdient gemacht, den Jüngsten der Freunde, der von demokratischer Begeisterung bis zur aktiven Teilnahme an der französischen Revolution getrieben worden war, sich dann allerdings vom Jakobiner zum Kammerherrn Pauls I. wandelte, doch eine etwas wirklichkeitsfremde Anhänglichkeit an die Theorie der freiheitlichen Ideale bewahrte. Schließlich der Ukrainer Viktor Kočubej, ein Neffe Bezborodkos, der durch diesen frühzeitig im diplomatischen Dienst Karriere machte, von Paul I. in den Grafenstand erhoben und dem Thronfolger Alexander beigegeben wurde.

Was diese Männer verband, war keineswegs politischer Radikalismus im Sinne einer konstitutionellen Beschränkung des Selbstherrschertums, sondern der Wille zu zeitgemäßen Reformen. ›Konstitution‹ bedeutete für sie nicht oder jedenfalls nicht in erster Linie parlamentarische Mitbeteiligung der Stände oder des Volkes an der Macht, sondern Konstruktion eines modernen Rechts- und Ordnungsstaates durch den Selbstherrscher zunächst zum Zwecke einer Vervollkommnung der Macht, um dann – in ferner Zukunft – an weitere Reformen herangehen zu können. Dieser ›bürokratische Liberalismus‹ (Dovnar-Zapol'skij) hatte doktrinäre, aber keine politisch radikalen Züge. Er stand in scharfem Gegensatz zu den politischen Ambitionen der sogenannten ›Senatspartei‹. Die hochadeligen Würdenträger aus der Zeit Katharinas zeigten viel eher Neigung, dem unbeschränkten Absolutismus die Zügel aristokratischer Libertät anzulegen. Über die Funktion des Senates befragt, entwickelten sie Thesen, die dem Senat die unter Katharina weitgehend verlorengegangene Exekutivgewalt zurückgegeben, ihn außerdem mit gesetzgebenden Funktionen ausgestattet und durch Adelswahl zu einer Adelsrepräsentation gemacht hätten. Dem widersprach das ›nichtoffizielle Komitee‹ der Jungen energisch: Um der hohen Reformziele willen dürfe der Kaiser sich nicht die Hände binden lassen! Das leuchtete Alexanders Sendungsbewußtsein ein, und so wurde der Senat nicht in seiner Stellung gestärkt, sondern durch die Ministerialform vom September 1802 praktisch auf die Funktion des obersten Gerichtshofes eingeschränkt. Die Schaffung von acht Ministerien (Äußeres, Krieg, Marine, Inneres, Finanzen, Volksaufklärung, Justiz, Handel) als höchsten Exekutivbehörden brachte einerseits eine Entwicklung zum Abschluß, die seit langem durch Bevorzugung der persönlichen Verantwortlichkeit das petrinische Kollegiensystem ausgehöhlt hatte, andererseits folgte sie in sehr unvollkommener Weise dem englischen Vorbild. Auch zeitgenössische russische Kritiker bemerkten, daß die englischen Ministerien von ihrer Voraussetzung, dem Parlament, nicht zu trennen waren. Der allein dem Herrscher verantwortliche Minister ist nichts anderes als eine ›physische Ausdehnung‹ des Autokraten (Raeff), zumal dann, wenn ihm wie im russischen Falle keine Macht auf Dauer übertragen wird, sondern er im Grunde nur Einzelaufträge auszuführen hat, und wenn dem Ministerkomitee – das Alexander wenig schätzte – ein Ministerpräsident fehlt, der eine einheitliche Meinung seiner Kollegen herbeiführt und dem Herrscher gegenüber vertritt.

M. M. Speranskij

Es war eine für die Mitglieder des inoffiziellen Komitees typische Illusion, daß man durch Übernahme administrativer Einrichtungen einer Veränderung des politischen Systems den Weg bereiten könne. Immerhin konnte die übernommene Institution, abgesehen von ihrem politischen Charakter, im eigenen Bereich und im technisch-organisatorischen Sinne gut oder schlecht funktionieren. Die neuen Ministerien funktionierten ungewöhnlich schlecht, und das änderte sich erst, als mit Michail Michajlovič Speranskij ein Mann von hervorragenden Fähigkeiten und enormer Arbeitskraft entscheidenden Einfluß auf den Gang der Reformtätigkeit erhielt. Speranskij (1772–1839) stammte aus der Gegend von Vladimir und war einer der vielen Popensöhne, deren Namen in der Geschichte des modernen Rußland Klang gewannen. Der kirchliche Bildungsgang in den theologischen Seminaren war für den Unbemittelten hart und entbehrungsreich. Wer sich durchsetzte und wie Speranskij an das 1790 in Petersburg neugegründete (1797 zur theologischen Akademie erhobene) Seminar geschickt wurde, hatte einen Ausleseprozeß durchlaufen, der an zähem Bildungswillen und überdurchschnittlicher Begabung keinen Zweifel ließ. Ab 1792 schon war Speranskij selbst Lehrer am Petersburger Seminar – für Mathematik, Physik und Rhetorik, später vor allem für Philosophie. Auch das höhere kirchliche Bildungswesen in Rußland befand sich seit Feofan Prokopovič im Stadium einer ernsthaften Europäisierung. Speranskij nahm mit großem sittlichem Ernst auf, was ihm geboten wurde, und erwarb selbst hinzu, was er für seinen Unterricht benötigte; seiner Bildung fehlte jener snobistisch-dilettantische Zug, der so viele Angehörige der europäisierten Adelsjugend auszeichnete. 1797 trat der junge Seminarlehrer, dem eine glänzende kirchliche Laufbahn vorauszusagen war, in den Staatsdienst über und machte als Beamter, ab 1802 in dem von Kočubej geleiteten Innenministerium, rasch Karriere. Das 1803 von ihm entworfene Statut des Innenministeriums galt als vorbildlich. Als Vertreter des erkrankten Innenministers kam Speranskij 1807 in persönlichen Kontakt mit dem Kaiser, der seine Fähigkeiten erkannte, ihn zu seinem persönlichen Sekretär machte und in den folgenden Jahren mit allen wichtigen Aufgaben der inneren Neuordnung in entscheidender Funktion betraute.

Von den umfassenden Projekten, die Speranskij für eine Reform des zentralen Regierungsapparates entwarf, vor allem dem Reformprojekt von 1809, sind nur Teile verwirklicht worden, die jedoch auch in ihrer Unvollständigkeit einen bedeutenden und bleibenden Fortschritt darstellten. Die Ministerien erhielten durch das Statut vom 25. Juni 1811 die dringend erforderliche einheitliche Organisation und Geschäftsordnung. An der Spitze eines streng hierarchischen Aufbaus stand nun, beraten von seinen Sektionsleitern, der dem Kaiser allein verantwortliche Minister als höchster Exekutivbeamter. Über den Bereich der einzelnen Ministerien hinaus durfte die Reform allerdings nicht gehen – das Ministerkomitee blieb so unzulänglich, wie es war, der Selbstherrscher blieb so wenig an den Rat und die Meinung seiner Minister gebunden wie vordem. Eine nicht minder bedeutende, wenn auch gleichfalls auf das Technisch-Organisatorische beschränkte Verbesserung erfuhr die Legislative durch die Umbildung des seit 1801 bestehenden ›ständigen Rates‹ in den am 1. Januar 1810 konstituierten ›Staatsrat‹ (gosudarstvennyj sovet). Die Gesetzgebung lag nach wie vor allein beim Autokraten, aber dieser verfügte nun über ein von den Exekutivbehörden getrenntes, eigenes Organ für die praktische Durchführung der legislativen Tätigkeit. Fünf Departements des Staatsrates hatten sich dieser Aufgabe zu unterziehen, einem ›Staatssekretär‹ (Speranskij selbst) oblag die Koordinierung. Speranskijs Pläne waren auch hier weitergegangen: Er hatte neben dem Staatsrat für die Ausarbeitung der Gesetzentwürfe eine Staatsduma für deren Beratung vorgesehen, aber dieser erste – sehr vorsichtige – Schritt in Richtung einer konstitutionellen Beschränkung der Selbstherrschaft blieb unverwirklicht. Speranskijs administrative Reformen veränderten also in keiner Weise den autokratischen Charakter der Regierung, aber sie machten deren Organe erheblich vollkommener. Den Zaun vor der Autokratie, der nicht einmal angenähert, geschweige denn überstiegen werden durfte, zog freilich nicht Speranskij, sondern Alexander, der dereinst zugunsten von Repräsentanten des Volkes auf die Macht hatte verzichten wollen.

Die Tätigkeit des Staatssekretärs, des ›Virtuosen der Bürokratie‹, beschränkte sich aber keineswegs auf die technische Perfektionierung des Regierungsapparates. Diese war ja nach wie vor viel mehr als von organisatorischen Maßnahmen von dem Schaffen wichtiger Voraussetzungen abhängig, um die man sich schon während des 18. Jahrhunderts mehr oder minder eifrig, aber im ganzen mit ziemlich geringem Erfolg bemüht hatte.

Die Rechtskodifizierung

Ohne sichere und einheitliche Rechtsgrundlage mußte alles Reformieren ein Kurieren von Symptomen bleiben. Seit 1801 schon gab es wieder eine Kodifizierungskommission. Aber solange man als erstes nach den allgemeinen ›principia iuris‹ suchte, die im Geiste der Aufklärung dem neuen Recht als Grundlage dienen sollten, kam man nicht einen Schritt weiter. 1808 wurde Speranskij auch mit der Kodifizierungsaufgabe betraut, und in der klaren Erkenntnis, daß alles Materialsammeln und alle philosophische Spekulation in absehbarer Zeit keine brauchbaren Ergebnisse erzielen würden, entschloß er sich zu einer raschen Adaption des rationalsten ausländischen Rechtes an die russischen Verhältnisse. Dem neuen russischen Zivilrecht, das er 1812 im Entwurf vorlegte, lag im wesentlichen der Code Napoléon zugrunde. Aber so flink Speranskij auch war, die Weltgeschichte hatte ihn überholt: Was in der Situation des Jahres 1808, als er den Kaiser nach Erfurt begleitete, ganz unbedenklich erscheinen konnte, kam 1812 einem politischen Selbstmord gleich. Speranskijs Zivilrecht wurde niemals eingeführt, und es hat wesentlich zum Sturz seines Schöpfers beigetragen. Trotzdem sollte Rußland diesem seine moderne Rechtskodifikation verdanken, denn die ›Vollständige Sammlung der Gesetze‹ (Polnoe sobranie zakonov), deren erste 45 Bände 1830 vorlagen, und die ›Sammlung der (noch geltenden) Gesetze‹ (Svod zakonov), die als fünfzehnbändiges Gesetzeswerk am 1. Januar 1833 in Kraft trat, entstanden unter der Leitung Speranskijs, den Nikolaus I. wieder für diese Aufgabe heranzog und dessen Arbeitskraft sich hier ein letztes Mal bewährte. Nun war allerdings weder von ›principia iuris‹ noch von einer Übernahme fremden Rechtes mehr die Rede; Speranskij, der aus den eigenen Fehlern gelernt und sich inzwischen der historischen Rechtsschule erschlossen hatte, legte eine historische und systematische Sammlung des russischen Rechts vor, die trotz aller zeitbedingten Unzulänglichkeiten praktischen Zwecken genügte und unentbehrliche Ausgangsbasis der modernen russischen Rechtswissenschaft wurde.

Das Bildungswesen

Auch die beste und modernste Verwaltungsorganisation mußte totes Papier bleiben, wenn es nicht gelang, genügend Menschen heranzubilden, die ihr sinngemäß zu dienen verstanden. Der Bildungsoptimismus des 18. Jahrhunderts hatte in dieser Hinsicht vieles versucht und am Ende, vor allem in der Schulreform von 1786, einiges erreicht. Alexanders inoffizielles Komitee griff diese Materie wieder auf und im ›Ministerium für Volksaufklärung‹ bestand seit 1802 nun auch eine zuständige Zentralbehörde. Im ganzen liefen die Bemühungen der ersten Jahre darauf hinaus, das Programm von 1786 in größerem Umfang als bisher zu verwirklichen, das Schulsystem an der Spitze (Universitäten) und an der Basis (Elementarschulen) auszubauen und die Verwaltung des Schulwesens zu vereinheitlichen. Sechs pädagogische Verwaltungsbezirke – Moskau, Petersburg, Wilna, Dorpat, Chaŕkov und Kazań – sollten je eine Universität, in jedem Gouvernement ein Gymnasium und in jeder Kreisstadt eine profane Kreisschule haben; die Elementarschulbasis sollten für den weltlichen Bildungsweg ebenso wie für den geistlichen die Pfarrschulen bilden. Da nur in Moskau bereits eine Universität bestand, bedeutete dieses Programm praktisch die Errichtung von fünf neuen Universitäten: Am einfachsten war die Sache in Wilna, wo man das bestehende Kollegium zur Universität erheben konnte; auch in Dorpat, das nun die schon von Paul I. bewilligte Universität erhielt, ließ sich an eine ältere Tradition anknüpfen; Petersburg bekam zunächst ein pädagogisches ›Hauptinstitut‹, das 1819 zur Universität ausgebaut wurde; Kazań und Chaŕkov waren voraussetzungslose Neugründungen. Anders als im Falle von Moskau war nun die Autonomie der deutschen Universität Vorbild, auch eine große Zahl der Professoren berief man im Anfang aus Deutschland. Die Schwierigkeiten waren groß, die praktischen Erfolge blieben noch lange bescheiden, aber ein wesentlicher Schritt vorwärts war getan.

Alles, was für das höhere Schulwesen getan wurde, mußte jedoch Stückwerk bleiben, wenn es nicht gelang, das Problem der Elementarschulen zu lösen. Die Kirche konnte mit ihren Pfarrschulen der Forderung des Staates nicht entsprechen, solange ihr nicht entsprechende Mittel zur Verfügung gestellt wurden. Das Problem löste Speranskij mit seinem Spürsinn für effektive Maßnahmen: Die Kirche erhielt ihr traditionelles Monopol des Kerzenverkaufes zurück, dessen Ertrag die bisherigen Zuwendungen des Staates um ein Vielfaches übertraf und dem Ausbau der Pfarrschulen nun reale Möglichkeiten eröffnete. Speranskij war es ferner, der die Errichtung eines Mustergymnasiums nach modernsten französischen Vorbildern anregte. Auch dies ist ihm von nationalistischen Reaktionären zum Vorwurf gemacht worden, aber das Lyzeum von Carskoe Selo wurde dessenungeachtet zur berühmten Eliteschule des zarischen Rußland, und der Groll gegen Speranskij nährte sich im Grunde wohl weniger aus den modernen Lehrplänen, die der Staatssekretär befürwortete, als aus der von diesem durchgesetzten Verfügung (1809), daß alle höheren Staatsbeamten nun Staatsexamen ablegen mußten, in denen unter anderem die Kenntnis des Lateinischen und moderner Sprachen verlangt wurde.

Die Entwicklung des russischen Bildungswesens sollte jedoch nicht lange im Zeichen liberaler Bildungsfreudigkeit und Speranskijscher Verwaltungsgaben stehen. Hatten die Aufklärer – auch die Aufklärer auf Herrscherthronen – in dem festen Glauben gelebt, daß Bildung den Menschen gut mache, so war das offizielle Europa des Vormärz eher der Meinung, daß Bildung eine gefährliche Sache sei. Rußland machte da keine Ausnahme, es schritt sogar zeitlich voran, und da die Grundlagen seines Bildungswesens noch schmal und traditionsarm waren, hatte die beispiellos reaktionäre Bildungspolitik, wie sie schon in der mystischen Periode Alexanders I. nach 1815 zum Zuge kam, katastrophale Folgen. Das Unglück begann mit der Ernennung des Fürsten Golicyn zum Minister für Volksaufklärung (1816) und traf vor allem die Universitäten, wenn auch nicht alle Kuratoren (leitende Beamte der Bildungsbezirke) pathologisch-kriminelle Erscheinungen waren wie der berüchtigte Magnickij, der die Universität Kazań zugrunde richtete.

Die Finanzreform

Was auch immer man reformierte, ob man die Verwaltung modernisierte oder Schulen baute, unumgängliche Voraussetzung für alles waren entsprechende finanzielle Mittel. Es war an sich kein Zeichen besonderer Rückständigkeit Rußlands, daß die Finanzverwaltung im argen lag und die Finanzpolitik fragwürdige Methoden anwendete. Auch das übrige Europa begann eben erst in die Geheimnisse einer stabilen Währung einzudringen. Aber es spricht für die ungewöhnlichen Fähigkeiten Speranskijs und für die Ernsthaftigkeit seines Arbeitens, daß er die besten Experten heranzog und sich selbst die modernsten Erkenntnisse aneignete, ehe er Vorschläge zur Sanierung der Staatsfinanzen machte. Dies war dringend: Der Assignatenrubel galt 1810 nur mehr ein Viertel des Silberrubels, und die Staatsausgaben überstiegen 1809 die Staatseinnahmen trotz der englischen Subsidien um mehr als das Doppelte. Was Speranskij vorschlug, entsprach einem durchaus neuen, sachkundigen Wirtschaftsdenken, das nicht mehr von der Notenpresse Wunder erwartete und der naiven Vorstellung erlag, das Wort des Selbstherrschers allein könne achthundert Millionen ungedeckter Papierrubel Wert verleihen, sondern das die fiskalischen Nöte im Zusammenhang des gesamten Wirtschaftsgeschehens sah. Speranskij schlug vor: Anerkennung der Assignaten als Staatsschuld, um das Vertrauen in die Währung wieder herzustellen; in Zukunft nur mehr Ausgabe von Banknoten mit entsprechender Silberdeckung; Erhöhung der Staatseinnahmen und damit des Nationaleinkommens durch Förderung der wirtschaftlichen Produktivität; Verkauf des Staatslandes an die Staatsbauern; Ersetzung der Kopfsteuer durch eine Grundsteuer; Aufstellung eines verbindlichen Haushaltsplanes; Aufhebung der noch bestehenden Staatsmonopole (Salz) und Abbau jedes staatlichen Wirtschaftsdirigismus.

Zu verwirklichen war dieser ›Perspektivplan‹ nur schrittweise, in Friedenszeiten und in einem beträchtlichen Zeitraum. Die Kriegsjahre 1812–1815 warfen erneut alle guten Vorsätze über den Haufen: Es blieb nichts übrig, als neue

Assignaten zu drucken – 1814 war der Papierrubel auf ein Fünftel des ursprünglichen Wertes gefallen. Aber schon die ersten Maßnahmen, die Speranskij 1810 und 1811 einleiten konnte, hatten gezeigt, daß der Adel in der neuen Finanzpolitik einen Angriff auf seine Privilegien sah und zu keinen Opfern bereit war, sofern diese mit nichts anderem als der wirtschaftlichen Vernunft begründet wurden. Und im Widerstand des Adels muß man wohl den Hauptgrund dafür sehen, daß die ›liberale Reformperiode‹ unter Alexander, für die am Anfang die jungen Männer des inoffiziellen Komitees und später Speranskij repräsentativ waren, mit dem Jahr 1812 zu Ende ging und nach der Zäsur der Befreiungskriege keine Fortsetzung fand, sondern durch eine ›reaktionäre Periode‹ abgelöst wurde.

Die Reaktion

Der ganz unvermittelte Sturz des allmächtigen Staatssekretärs, der im März 1812 nicht nur von einem Tag auf den andern entlassen, sondern verhaftet und zuerst nach Nižnij Novgorod, dann nach Perḿ verbannt wurde, war das Ergebnis einer vielschichtigen Intrige. In ihr hat die berühmte ›Denkschrift über das alte und neue Rußland‹ des Schriftstellers und Historikers Nikolaj Michajlovič Karamzin (1766–1826) aus dem Beginn des Jahres 1811 sicher nicht die ihr oft zugesprochene entscheidende Rolle gespielt, aber Karamzin gab in seiner scharfen Kritik der Speranskijschen Reformen einer offenbar weitverbreiteten Unzufriedenheit des Adels prägnanten Ausdruck. Noch fehlte dieser ersten Programmschrift des politischen Konservatismus in Rußland der philosophische Hintergrund, die historische Tiefe und das klar formulierte positive Ziel. Karamzin und der Adel waren dagegen – sie waren gegen die neuen Ministerien und gegen die neuen Universitäten, gegen den Einfluß fremden Rechtes und gegen die Auswirkungen des modernen Wirtschaftsdenkens. Ihr Ideal war die goldene Zeit Katharinas, da Bildung noch ein adeliges Privatvergnügen und Administration die großzügig geübte, standesgemäße Tätigkeit des Edelmannes gewesen war, nicht etwa – wie später – die höheren ethischen und politischen

Werte, die angeblich das alte Moskau verkörperte. Aber schon begann sich das Ressentiment des adeligen Moskau gegen das bürokratische Petersburg, das Unvermögen, den Erfordernissen des modernen Staates und den Notwendigkeiten einer wirtschaftlich-sozialen Weiterentwicklung Verständnis entgegenzubringen, in das Gewand nationalen Selbstbewußtseins, ja mehr noch, nationalistischer Selbstglorifizierung zu hüllen. Karamzins ›Geschichte des russischen Staates‹ lag historische Selbstkritik fern, sie wollte patriotischer Erbauung dienen und hat dies mit großem Erfolg getan.

Alexander opferte den Könner Speranskij, der kein schlechterer Patriot war als Karamzin, aber unendlich mehr vom Staatswesen verstand, dem adeligen Ressentiment. Der Emporkömmling in seiner gesellschaftlichen Isolierung war ein vorzügliches Werkzeug des Autokraten gewesen, und als solches fand er nach vierjähriger Ungnade als Gouverneur von Penza und als Generalgouverneur von Sibirien auch wieder Verwendung, aber es gab andere, bequemere und den Standesvorurteilen genehmere Werkzeuge. Zu diesen gehörte Alexanders Jugendfreund Fürst Aleksandr Nikolaevič Golicyn (1773–1844), der nach einer durchaus standes- und zeitgemäß verbrachten Jugend 1803 sehr gegen seinen Willen Oberprokuror des Synods wurde, als solcher wider alles Erwarten zu einem intensiv religiösen Lebenswandel zurückfand und in der kritischen Situation des Sommers 1812 auch den Kaiser, dessen uneingeschränktes Vertrauen er genoß, zu den Kraftquellen der Religion zurückzuführen vermochte – der Religion im allgemeinen zunächst, nicht des russischen orthodoxen Christentums im besonderen. In diesem Zusammenhang kam der 1812 von Paterson, einem Vertreter der Britischen Bibelgesellschaft, begründeten Bibelgesellschaft in Petersburg, die 1814 unter dem Vorsitz Golicyns zur Russischen Bibelgesellschaft erweitert wurde, besondere Bedeutung zu. Angesichts der hohen Protektion wurde Religion in Rußland Mode: Ein Jahrzehnt hindurch war es für den Hofadel, für die Spitzen der Hierarchie, ja für jeden Beamten, der Karriere machen wollte, Standespflicht, sich aktiv in der Bibelgesellschaft zu betätigen. Die ursprünglichen Intentionen des Unternehmens haben manches Gute gewirkt, aber unter der Leitung des ebenso wohlmeinenden wie törichten Fürsten Golicyn vereinigte sich im Schatten der Bibelgesellschaft alles, was Westeuropa an mehr oder minder mystischer Religiosität zu bieten hatte und durch Persönlichkeiten wie die livländische Baronin von Krüdener und den Staatsrat Koševelev propagiert wurde, mit russischem Sektierertum, das in den Soiréen einer anderen Baltin, der Madame Tatarinov geb. Buxhöwden, bis in die höchsten Kreise der Hofgesellschaft vordrang, und mit orthodoxer Bigotterie.

Zweierlei charakterisierte die Entwicklung dieser religiösen Mode: Einmal produzierte sie die stickige Atmosphäre eines unaufrichtigen, reaktionären Obskurantismus und lieferte dem Gottesgnadentum Alexanders die erwünschte weltanschauliche Rechtfertigung, zum andern provozierte sie auf die Dauer den aktiven Widerstand der orthodoxen Hierarchie, die schließlich den Sturz Golicyns (1824) und unter Nikolaus I. auch die Auflösung der Bibelgesellschaft (1826) erreichte, aber natürlich keine Auflösung des neuen Bundes zwischen Autokratie und Religion, sondern dessen Stärkung und Verengung im Sinne der russischen Überlieferung anstrebte. Vorbei waren die Zeiten, da die aufgeklärte Katharina ihr Selbstherrschertum mit der Geographie ihres Reiches begründet hatte; des Zaren Macht und Rußlands Größe waren für lange wiederum ausschließlich Gottes Wille, und wer an beidem zweifelte, stand mit dem Satan im Bunde.

Zum verhaßten Symbol autokratischer Reaktion wurde aber nicht der naive und bigotte Golicyn, dem auch positive Züge nicht abzusprechen sind, sondern Graf Aleksej Andreevič Arakčeev (1769–1834), der allmächtige Günstling des letzten Jahrzehnts, dessen in jeder Weise abstoßende Persönlichkeit keinen Rehabilitierungsversuch zuläßt. Arakčeev entstammte einer wenig begüterten Familie des Mitteladels, schlug die übliche militärische Laufbahn ein, die ihn als jungen Offizier in die Umgebung des Thronfolgers Paul nach Gatčina führte, avancierte schon unter Paul I. zum General und brachte es unter Alexander I. 1803 zum Generalinspekteur der Artillerie, 1808 zum Kriegsminister – in einer Zeit, in der es an Gelegenheiten zu praktischer Bewährung der Kriegskunst wahrhaftig nicht fehlte, ohne jemals auch nur an einem einzigen Gefecht teilgenommen zu haben. Die Fähigkeiten des ›Korporals von Gatčina‹ lagen auf anderem Gebiet. Er war genau jener Typ des rücksichtslosen Befehlsempfängers, wie er Paul I. als Ideal des Offiziers und Beamten vorschwebte, geradezu die Personifizierung jener meist unterschätzten ›Paradomanie‹, die seit Peter III. die Inhaber des russischen Kaiserthrones auszeichnete. Das militärische Reglementdenken, das in seinem angestammten Bereich immerhin auch einige Vorzüge hat, aber bei einer Übertragung auf zivile Bezirke selten Gutes wirkt, verband sich bei Arakčeev mit einer perversen Brutalität und einer Intrigantenintelligenz, die ihn befähigte, im Laufe der Zeit alle Konkurrenten von Speranskij bis Golicyn auszuschalten und die Prinzipien, die er bei der Verwaltung seines Gutes Gruzino entwickelt hatte, auf das russische Imperium auszudehnen. Ordnung herrschte in Gruzino, aber eine zu unvorstellbaren Dimensionen gesteigerte Kasernenordnung, die dem Leibeigenen selbst die auch noch in der äußersten sozialen Not gegenwärtige Menschenexistenz nahm und ihn zu einem Produkt von Züchtung und Dressur erniedrigte. Alexander erlebte eben noch die grauenvolle Quittung, die der Gutsherr von Gruzino erhielt: Im September 1825 erschlugen die Bauern Arakčeevs Geliebte, die diesem an Charakter ebenbürtig war, und bezahlten ihre Verzweiflungstat mit einem Blutbad.

Die Beziehung zwischen Alexander I. und Arakčeev erschiene rätselhaft, wenn der Kaiser wirklich nur jener edle und verträumte Idealist gewesen wäre, als den ihn die Nachwelt so häufig dargestellt hat. Aber Alexander war nicht nur ein Schüler La Harpes, sondern auch ein Sohn seines Vaters, und als ein Erbstück seines Vaters hat Arakčeev den Lebensweg des Kaisers in hündischer Ergebenheit begleitet. Er hatte weder großen Besitz noch aristokratische Ambitionen, und er hatte nicht die geringsten politischen Ideen, aber er war ein Instrument, dem Alexander blind vertrauen konnte, ein Sündenbock, dem sich das ganze Odium des autokratischen Regimes aufladen ließ. Der Kaiser konnte sich eher in seine mystische Scheinwelt einspinnen, liberale Reminiszenzen pflegen, indem er Novosil'cev ein neues ›Konstitutions‹-Projekt ausarbeiten ließ (1818/1819), und allen wichtigen Entscheidungen ausweichen, wenn er die im Grunde auch von ihm angestrebte Kasernenordnung des Reiches bei Arakčeev in guten Händen wußte. Es war die Kasernenordnung aber nicht weniger eine Scheinwelt als das mystifizierte Selbstherrschertum und die bigotte Hofgesellschaft. Hinter der Fassade des siegreichen, unverändert machtvollen und gottgewollten Imperiums, der innenpolitischen Entsprechung der Heiligen Allianz, bahnten sich bereits die Veränderungen an, die im Laufe des 19. Jahrhunderts nicht nur allmählich einen Umbau der Fassade erzwingen, sondern am Ende das ganze Gebäude in akute Einsturzgefahr bringen sollten.

Die Bauernfrage

Die Veränderungen waren noch erstaunlich geringfügig im ökonomischen und sozialen Fundament. Industrie und Handel erfuhren während der napoleonischen Kriege Rückschläge und Einschränkungen, die nach 1815 ziemlich rasch wieder ausgeglichen werden konnten. Darüber hinaus war das mengenmäßige Wachstum bescheiden, die bevorzugten Güter und Produktionszweige blieben im wesentlichen dieselben. Angeregt durch die Kontinentalsperre und begünstigt durch die Schutzzollpolitik der nachnapoleonischen Zeit, nahm lediglich die Textilindustrie einen bemerkenswerten Aufschwung. Ihr entstand in Ivanovo bei Vladimir ein Zentrum, dessen Unternehmer vielfach dem Stand der Leibeigenen entstammten oder noch angehörten. Diese auch sonst nicht selten anzutreffende Erscheinung, die jeder Rechtsgrundlage entbehrte, sowie die Tatsache, daß die Lohnarbeit gegenüber der Leibeigenenarbeit deutlich im Vorrücken, also wirtschaftlich günstiger war, ließen eine Lösung der Leibeigenenfrage auch unter wirtschaftlichen Gesichtspunkten immer dringender erscheinen. Seit zudem Radiščev das soziale Gewissen in Unruhe versetzt hatte, blieb die ›Bauernfrage‹ in ständiger privater oder offizieller Erörterung. Gleichwohl haben die zahlreichen, zum Teil auf allerhöchsten Befehl ausgearbeiteten

Projekte die Lage der Bauern nicht im geringsten verbessert. Der Ukas vom 20. Februar 1803, der es den Gutsbesitzern freistellte, ihre Leibeigenen durch Einzelverträge in den Stand ›freier Ackerbauern‹ (svobodnye chlebopašcy) zu überführen, hatte so wenig praktische Bedeutung wie die zahlreichen Einzelverfügungen gegen Auswüchse des Leibeigenschaftswesens (Verbot des öffentlichen Handels mit Bauern auf Märkten, der Verkaufsangebote in Zeitungen u. ä.). Von der Möglichkeit der Freilassung wurde nur in ganz geringem Maße Gebrauch gemacht, und die Verfügungsgewalt einschränkende Bestimmungen ließen sich umgehen. Die Vorliebe für das Denken in militärischen Kategorien und für das Leben in militärischen Ordnungen brachte es außerdem fertig, die an sich schon vielfältige Problematik der Bauernfrage noch um ein weiteres Problem zu vermehren. Das waren die Militärkolonien.

Der Gedanke, die Verteidigung der Landesgrenzen der im Grenzgebiet ansässigen Bevölkerung anzuvertrauen oder Soldaten als Wehrbauern in Grenznähe anzusiedeln, ist alt. Auch die russische Geschichte hatte ihn durch das Kosakentum in einer besonderen Abwandlung verwirklicht. Als man ihn neuerdings aufgriff, stand wie stets das Interesse des Fiskus im Vordergrund – Wehrbauern an der Grenze verbilligten die Kosten für den Unterhalt des Heeres; darüber hinaus konnte man aber auch humane Gesichtspunkte geltend machen: Die Härten der Rekrutierung, die dauernde Trennung der Soldaten von ihren Familien konnten so vermieden werden. Was in der Absicht sparsam und human erscheinen konnte, wurde jedoch unter der Leitung Arakčeevs, der nicht der Initiator, aber der Exekutor der Militärkolonien war, zu einem einzigen Skandal der Inhumanität. Beginnend in der Gegend zwischen Novgorod und dem Ladogasee verwirklichte man nach und nach große Teile des ursprünglichen Planes, in dem gesamten Grenzgebiet zwischen Ostsee und Schwarzem Meer Militärkolonien anzulegen. Dabei handelte es sich aber nicht etwa, wie die Bezeichnung nahelegt, um Neugründungen, sondern um die dorfweise Zwangstransferierung der männlichen Bevölkerung in den Soldatenstand, und was entstand, waren nicht bäuerliche Grenzmilizen, sondern nach dem Muster von Gruzino Dorfkasernen, in denen der Militärdienst jede Fronarbeit übertraf, die Bauernsoldaten ihrem vor allem im Norden existenznotwendigen Nebenerwerb nicht mehr nachgehen konnten und auch die intimsten Dinge des menschlichen Lebens militärisch geordnet waren (bei zum Teil altgläubiger Bevölkerung!). Das Ergebnis waren immer neue blutige Meutereien (die größte 1831), die ebenso blutig niedergeschlagen wurden.

Dagegen zeichnete sich in den baltischen Provinzen, wo sich die Ritterschaften schon 1802–1804 zu einer Art Bauernschutzgesetzgebung durchrangen, eine grundsätzliche Lösung der Leibeigenschaftsfrage ab: 1816 erhielten die Bauern in Estland die Freiheit, 1817 in Kurland und 1819 in Livland, allerdings eine Freiheit ›ohne Land‹, das unverändert Eigentum des Gutsbesitzers blieb. Der estnische und lettische Bauer wurde frei und voll rechtsfähig, aber er verlor gleichzeitig auch den Schutz des Gutsherrn, den er als Leibeigener bisher genossen hatte, und war gezwungen, freie Dienstpachtverträge einzugehen, die seine wirtschaftliche Lage kaum anders gestalteten als vor der Befreiung; erst weitere Reformen um die Jahrhundertmitte konnten nach und nach diese Mängel mildern und der Entstehung eines Standes bäuerlicher Grundeigentümer den Weg bereiten. Immerhin war in einem Teil des Reiches, wenn auch in einem mit besonderen geschichtlichen Voraussetzungen, ein Präzedenzfall der ›Bauernbefreiung‹ geschaffen, und die Erfahrungen der baltischen Provinzen sollten in der weiteren Diskussion der Bauernfrage ihre Rolle spielen.

Die Dekabristen

Die innere Entwicklung Rußlands im letzten Jahrzehnt der Regierung Alexanders I. war jedoch nicht nur durch lähmende Stagnation, durch einen Rückfall in obskuren Mystizismus, durch zwielichtige Entscheidungsscheu und Mißbrauch der Macht gekennzeichnet. Die ›Aufklärung‹ geriet in Mißkredit, aber die aufgeklärten Gedanken lebten fort und fanden neue Träger. Einer ganzen Generation junger russischer Offiziere waren die napoleonischen Kriege zu einem erregenden ›Europaerlebnis‹ geworden. Gebildete junge Menschen aus den besten Familien des russischen Adels hatten im empfänglichsten Lebensalter Jahre in verschiedenen Ländern Europas verbracht, eines politisch aufgewühlten und nach neuen Formen suchenden Europa. Sie hatten diesem Europa zur Freiheit von der Tyrannei Napoleons verholfen, und sie hatten erfahren, welchen Gebrauch die europäischen Völker von ihrer neuen Freiheit machen wollten. Gewiß nicht mit abgeklärten Vorstellungen von politischer Freiheit, aber mit der Hoffnung, daß sich nun auch in ihrer Heimat alles zum Besseren wenden würde, waren sie nach Hause zurückgekehrt. Diese Hoffnung wurde bitter enttäuscht: Der ›Befreier Europas‹, der die geschlagenen Finnen und Polen mit Konstitutionen beglückte, machte keine Anstalten, seinen wiederholten Worten auch Taten folgen zu lassen und den siegreichen Russen ähnliches zu gewähren. Stattdessen begann der Krieg gegen die Lehrfreiheit der Universitäten, Zensur und Polizei vereinten und verstärkten ihre Bemühungen im Kampf gegen alles, was aufgeklärter, freiheitlicher Ideen verdächtig schien, und in Arakčeevs Militärkolonien erhob sich ein Albtraum der Unfreiheit.

In dieser Situation blieb allen Liberalen nur die Wahl zwischen vorsichtiger Anpassung und dem Risiko der illegalen Betätigung. Geheimgesellschaften waren in Rußland seit den Zeiten der Freimaurer, die unter Alexander I. wieder geduldet wurden, aber an ihre frühere Bedeutung nicht mehr anknüpfen konnten, bekannt. Nach ihrem Vorbild, aber sehr bald mit ganz anderer Zielsetzung bildeten 1816 in Petersburg einige Gardeoffiziere den ›Bund der Rettung‹ (Sojuz spasenija) oder ›der wahrhaften und treuen Söhne des Vaterlandes‹, der 1818 in den ›Wohlfahrtsbund‹ (Sojuz blagodenstvija) umgewandelt wurde. Die Zahl der Mitglieder war gering – mehr als zweihundert scheinen es in den besten Zeiten nicht gewesen zu sein – und für das offizielle Ziel der kulturellen und sozialen ›Wohlfahrt‹ konnte nicht viel getan werden; aber ein engerer Kreis sah die eigentliche Aufgabe offenbar mehr und mehr darin, das Ziel der politischen Freiheit anzustreben und den Kampf mit dem herrschenden Regime aufzunehmen. Im Januar 1821 löste sich der ›Wohlfahrtsbund‹ aus nicht eindeutig geklärten Motiven selbst auf, sei es, weil die zur revolutionären Verschwörung Entschlossenen sich von unsicheren Mitläufern befreien wollten, sei es, weil man sich über das politische Programm – konstitutionelle Monarchie oder Republik – nicht einigen konnte. Die Meuterei und Auflösung des Semenovskij-Garderegimentes (1820) – die Gehorsamsverweigerung hatte keinen politischen Hintergrund, sondern richtete sich gegen den verhaßten Regimentskommandeur –, dann die vorübergehende Verlegung der Garderegimenter nach Wilna (1821/1822) – der Zweck, die Regimenter aus der Hauptstadt zu entfernen, war mit der Absicht verbunden, eventuell gegen die Revolution in Piemont einzugreifen – und schließlich die routinemäßige Versetzung der Garde- und Generalstabsoffiziere zu Linienregimentern in der Provinz trennten die Mitglieder des ›Wohlfahrtsbundes‹ auch räumlich, so daß die Nachfolge zwei Geheimgesellschaften antraten, und zwar eine ›südliche‹ in der Ukraine unter der Führung des Obersten P. I. Pestel', der S. I. Muravev-Apostol und M. P. Bestužev-Rjumin als aktivste Mitglieder angehörten, und eine ›nördliche‹ in Petersburg, in der Fürst S. P. Trubeckoj, N. M. Muravev und der Dichter K. F. Ryleev die führende Rolle spielten. Beide Gesellschaften setzten ihre Tätigkeit fort, auch als 1822 sämtliche Geheimgesellschaften verboten wurden, beide erfuhren Verstärkung durch gleichgesinnte Geheimzirkel, die sich unabhängig von ihnen gebildet hatten – die südliche Gesellschaft durch die ›Gesellschaft der vereinigten Slaven‹ in Kiev, die nördliche Gesellschaft durch eine Gruppe von Marineoffizieren –, beide hatten ihren Theoretiker.

Nikita M. Muravev, der Theoretiker der nördlichen Gesellschaft, von dem sich das ›Projekt einer Konstitution‹ erhalten hat, stellte sich die künftige Ordnung als einen föderativen Zusammenschluß etwa nach Art der Vereinigten Staaten vor, wobei dem konstitutionellen Monarchen allerdings weit geringere Machtbefugnisse zustehen sollten als dem amerikanischen Präsidenten. Wie relativ gemäßigt Muravevs Verfassungsprogramm war, geht unter anderem daraus hervor, daß er das aktive und passive Wahlrecht an einen ziemlich hohen Zensus binden wollte. Trotzdem ging es einigen Mitgliedern der nördlichen Gesellschaft schon zu weit, während andere einer republikanischen Lösung den Vorzug gegeben hätten. Und zu dieser Lösung bekannte sich auch Pestel', der in jeder Hinsicht viel radikalere Führer der südlichen Gesellschaft. In seiner ›Russkaja pravda‹, die weniger ein Verfassungsprojekt als eine theoretisch begründete Instruktion für die künftige provisorische Regierung ist, entwarf er das Bild eines allmächtigen republikanisch-demokratischen Staates, der die Gleichheit aller Bürger verwirklicht und in seinen Gesetzen das berechtigte Freiheitsverlangen aller erfüllt. In scharfem Gegensatz zu den Vorstellungen Muravévs forderte Pestel' einen extrem zentralistisch organisierten Staat. Als revolutionärer Utopist – nur der Zentralstaat bietet ja das nötige Machtmaximum, um die Utopie zu verwirklichen – und als russischer Patriot lehnte er jeden Gedanken an einen föderativen Staatsaufbau ab: »Was im besonderen Rußland betrifft ... so muß man (um die Verderblichkeit einer föderativen Staatsbildung zu erkennen) nur daran erinnern, aus welchen verschiedenartigen Teilen dieser gewaltige Staat besteht. Seine Provinzen werden nicht nur durch verschiedene Institutionen verwaltet und nach verschiedenen bürgerlichen Gesetzen gerichtet, sondern sprechen vollkommen verschiedene Sprachen und bekennen sich zu vollkommen verschiedenen Religionen; ihre Bewohner sind verschiedener Herkunft und gehörten einstmals zu verschiedenen Staaten; wenn man diese Verschiedenartigkeit durch eine föderative Organisation des Staates noch mehr verstärkt, so ist daher leicht vorauszusehen, daß sich die verschiedenartigen Teile dann rasch vom russischen Kern lösen werden und Rußland nicht nur seine Macht, Größe und Kraft, sondern vielleicht sogar seine Existenz unter den großen und wichtigen Staaten verlieren wird«. Pestel' hielt es daher für ein ›unbestreitbares Recht‹ des ›starken Staates‹, ›Volksstämme (plemena), die es nicht zu einer wirklichen Nationalität (narodnost') bringen können‹, d. h. die keine Aussicht auf einen eigenen Staat haben, sich zu assimilieren; die Chance, von einer ›wirklichen

Nationalität‹ politischen Gebrauch zu machen, billigte er allein den Polen zu, eine Besonderheit seines Programms, die bei den nördlichen Föderalisten Befremden hervorrief und wohl mit der Tatsache zusammenhängt, daß die Südgesellschaft Beziehungen zu polnischen Revolutionären unterhielt. Alle anderen nichtrussischen Völkerschaften sollten zu ihrem eigenen Heil russifiziert werden, denn nur die Gleichheit der Sprache und die Gleichheit des Rechtes würde zu jener gleichen hohen Sittlichkeit führen, die Pestel' als Ziel vorschwebte. Dem Zentralstaat mit unverkennbar totalitären Zügen war die persönliche Freiheit unterzuordnen. So sollten alle Privatgesellschaften, öffentliche und geheime, grundsätzlich verboten sein – die öffentlichen wegen ihrer Nutzlosigkeit in einem Staat, in dem alles, was man öffentlich tun kann, durch die Regierung ›und alle ihre Zweige‹ getan wird, die geheimen wegen ihrer Schädlichkeit in einem Gemeinwesen, das alles Gute nicht nur öffentlich geschehen läßt, sondern von Staats wegen selbst tut. Für das Oberhaupt einer Geheimgesellschaft war das eine bemerkenswerte, in ihrer Art konsequente Auffassung. Allerdings war auch der Staat, den Pestel' durch gewaltsame Beseitigung des Autokraten zerstören wollte, überzeugt, daß das Gute in ihm öffentlich geschehen könne und daß geheime Gesellschaften eben nichts Gutes im Schilde führten und daher zu verbieten seien.

In den großen Zielen der politischen Freiheit (Sturz der Selbstherrschaft) und der sozialen Gerechtigkeit (Bauernbefreiung), auch in einem kräftigen und undifferenzierten großrussischen Nationalismus war man sich einig; über die Mittel und Wege dagegen, die zu diesen Zielen führen und Rußland eine glorreiche Zukunft eröffnen sollten, war keine Einigkeit zu erzielen. Doch kam es darauf so sehr nicht an, wenn sich die Gelegenheit bot, vom Gedanken zur Tat zu schreiten und in der revolutionären Aktion den unerträglichen Zwiespalt zwischen Utopie und Wirklichkeit emotional zu überwinden. Die Gelegenheit drängte sich auf, als Alexander I. am 19. November (1. Dezember) 1825 fern von Petersburg in Taganrog am Azovschen Meer starb und die Frage der Nachfolge eine Zeitlang ungeklärt blieb. Da Alexander keinen Sohn hatte, mußte der Thronfolgeordnung von 1797 nach die Herrschaft an seinen ältesten Bruder fallen. Konstantin hatte jedoch schon 1822 zugunsten des nächsten Bruders Nikolaus verzichtet, und Alexander hatte in einem Manifest vom 16. (28.) August 1823 diesen zum Nachfolger bestimmt. Das Manifest wurde verschlossen und versiegelt an vier verschiedenen Stellen hinterlegt, sein Inhalt war nur den unmittelbar beteiligten Personen, nicht aber der Öffentlichkeit bekannt, in der Konstantin nach wie vor als ›Cesarevič‹ figurierte. Ein plausibler Grund für diese Geheimniskrämerei ist nicht ersichtlich; sie führte dazu, daß Nikolaus beim Eintreffen der Todesnachricht mit Rücksicht auf die völlig unvorbereitete Öffentlichkeit und besonders auf die in dieser Situation sehr zu berücksichtigende Garde nicht wagte, von seinem Recht Gebrauch zu machen, sondern den Eid auf Konstantin ablegte und ablegen ließ. Konstantin in Warschau leistete dagegen getreu den Abmachungen den Eid auf Nikolaus, und ehe ein neuer ausdrücklicher Verzicht Konstantins die Lage klärte, vergingen etwa 14 Tage in Unsicherheit. Die Gelegenheit für den seit längerem von den Mitgliedern der nördlichen Gesellschaft geplanten Militärputsch war in der Tat sehr günstig.

Am 14. (26.) Dezember, dem Tage, an dem die Petersburger Garnison auf Nikolaus vereidigt wurde, scheiterte der Versuch, den revolutionären Plan zu verwirklichen, kläglich. Nur etwa dreitausend Mann konnten von den verschworenen Offizieren zur Eidesverweigerung veranlaßt und auf den Senatsplatz geführt werden. Niemand wußte, was dann geschehen sollte, und da nichts geschah, machte der Einsatz loyal gebliebener Truppen mit Artillerieunterstützung gegen Abend dem revolutionären Spuk rasch ein Ende. Nicht besser erging es einem Aufstandsversuch des Černigover Regiments, den der aus der Haft entflohene S. Muravév-Apostol Mitte Januar im Süden zustande brachte. Der Rest war eine Untersuchung durch eine Sonderkommission, deren Protokolle die umfangreichste, freilich nicht ungetrübte Quelle zur Geschichte der Dekabristenbewegung (von russ. dekabŕ = Dezember) bilden. An die sechshundert Personen wurden zur Verantwortung gezogen, 121 durch einen Sondergerichtshof verurteilt – fünf (Pestel', Ryleev, Muravév-Apostol, Bestužev-Rjumin und Kachovskij) zum Tode durch Erhängen, der größte Teil der übrigen zu langjähriger Zwangsarbeit in Sibirien.

Daß die Dekabristen ihre Chance, was den Staatsstreich und die Machtergreifung betrifft, nicht wahrgenommen haben, nicht wahrnehmen konnten, weil sie freiheitsbesessene Idealisten und keine Techniker des revolutionären Umsturzes waren, ist klar. Ob eine objektive Chance in dieser Hinsicht überhaupt gegeben war, läßt sich schon eher diskutieren. Der Gegner, dem sie sich gegenübersahen, war seiner selbst durchaus nicht sehr sicher, und in der russischen Geschichte war Gardeoffizieren schon so mancher Staatsstreich geglückt. Konnte nicht auch die Konstitution das Ergebnis einer Gardemeuterei sein wie seinerzeit die liberalen Regimes Katharinas II. und Alexanders I.? Die Geschichte hat diese Frage mit nein beantwortet. Der Militärputsch des 18. Jahrhunderts war stets Instrument einer politischen Hofintrige, jener der Dekabristen wollte Instrument politischer Ideen sein. Das Mittel der Palastrevolution war für den Zweck der Revolution nicht tauglich. Die Dekabristen hatten nichts hinter sich als die Sympathien einer verschwindend kleinen liberalen Elite; nicht einmal den Soldaten, die sie kommandierten, geschweige denn dem Volk waren ihre Ziele bekannt. *Eine* Chance aber war ihnen gegeben, und die haben sie auch wahrgenommen: Nicht durch die mißglückte Tat des 14. Dezember, sondern durch das mannhafte Erdulden eines unmenschlich harten Schicksals sind sie in die Geschichte eingegangen als jene revolutionären Idealisten, die persönlich am meisten aufs Spiel setzten und am meisten verloren. Ihre Tat stand am Beginn der Regierung Nikolaus I., ihre unsichtbare Existenz begleitete diese wie ein Schatten.

GENDARM EUROPAS

In dem berüchtigten ›Polizeiregime‹ Nikolaus I. (1825 bis 1855) sah und sieht man vielfach nichts anderes als eine Reaktion auf den revolutionären Ausbruch, der die Regierung dieses Kaisers einleitete. Das ist zum Teil sicher richtig – Nikolaus hat die Dekabristen sehr ernst genommen, sich persönlich an Untersuchung und Prozeß beteiligt und im ganzen die dem Staat von den Dekabristen drohende Gefahr wohl überschätzt. Aber andererseits brauchte er den Kurs des Staatsschiffes gar nicht zu ändern, sondern nur das Steuer fest in den Händen zu halten – und es war natürlich von großer Bedeutung, welche herrscherliche Persönlichkeit auf den Dekabristenaufstand reagierte. Alexander und Nikolaus ließen beide an der Autokratie nicht rütteln, aber im übrigen waren die durch neunzehn Lebensjahre getrennten Brüder denkbar verschieden. Nikolaus hatte nichts von der Brillanz, aber auch nichts von der tiefen Unsicherheit ›unseres Engels‹, seine Erziehung hatte niemals auf die Möglichkeit einer späteren Thronbesteigung ernsthaft Bedacht genommen, und so war aus ihm das geworden, was angesichts mäßiger Lernbegabung und geringen Interesses unter der Leitung militärischer Erzieher aus ihm werden mußte – ein Durchschnittsoffizier. Es waren die ehrenwerten, aber etwas beschränkten Prinzipien eines Brigadegenerals, nach denen Nikolaus das Reich regierte – eines Generals, dem der Dienst über alles ging und der das Vaterland hoch hielt, dem sich die Weltordnung in Befehlen und Gehorchen erschöpfte, den es wenig interessierte, was seine Offiziere dachten, und der im Grunde der Meinung war, daß Offiziere und Mannschaften so wenig wie möglich und nur ihrem Dienstgrad entsprechend denken sollten. Aber Nikolaus I. war bei aller ›Paradomanie‹, der auch er huldigte, kein Psychopath und Bösewicht wie Arakčeev, und er war klug genug, einzusehen, daß wie jede Meuterei so auch der Dekabristenaufstand seine Gründe haben mußte, die festzustellen und zu beseitigen waren. Daher setzte er sich, vor allem in den beiden ersten Jahrzehnten seiner Regierung, durchaus für Reformen ein – nicht irgendwelchen liberalen Theorien, die ihm ganz und gar fernlagen, sondern dem Staatsinteresse zuliebe: »Nicht von frechen Träumen her, die immer zerstörende Wirkung haben, sondern von oben werden die vaterländischen Einrichtungen allmählich vervollkommnet, werden Mängel beseitigt und Mißbräuche abgeschafft«. Dieser Satz des Krönungsmanifestes vom 13. (25.) Juli 1826 war ernst gemeint – es sind unter Nikolaus I. viele Vervollkommnungen ›von oben‹ erwogen und manche durchgeführt worden. Nikolaus hat ausgesprochen viel regiert – und in manchem gar nicht so schlecht –, aber er hat freilich nur so regiert, wie er es verstand und konnte – als Kommandeur der Bürokratie. Den Adel mochte er so wenig wie sein Vater Paul I. Die Dekabristen waren ja überwiegend Angehörige der besten Adelsfamilien gewesen. Ihre Tat und ihr Schicksal hatten auf beiden Seiten, beim Herrscher und beim Adel, ein tiefes Ressentiment erzeugt. Es war auch im Interesse des Staates schmerzlich genug, daß mit den Dekabristen eine Elite ausschied, die andernfalls zu großen Aufgaben berufen gewesen wäre; schlimmer aber war, daß Nikolaus in seinem Revolutionskomplex jeden Gedanken an eine Heranziehung der Stände zu organisierter politischer Mitarbeit von sich wies, und daß umgekehrt der Adel in seinen besten Vertretern dem bürokratischen Regime des Kaisers seine Unterstützung versagte.

Dazu kam, daß die Revolutionsfurcht Nikolaus' I. zweimal während seiner Regierung neue Nahrung erhielt. 1830 gaben die erfolgreichen Revolutionen in Westeuropa dem polnischen Freiheitsverlangen entscheidenden Auftrieb. Am 29. November brach der Aufstand in Warschau aus und zwang Großfürst Konstantin mit den im Lande stehenden russischen Truppen in kurzer Zeit zum Verlassen des Königtums. Die gemäßigte Adelspartei unter der Führung des Fürsten Adam Czartoryski hoffte zunächst, in Verhandlungen zum Ziele zu kommen. Aber dieses Ziel schloß die Grenzen von 1772 ein, d. h. eine Wiederangliederung der russischen Westprovinzen an das Königtum. Darüber war mit Rußland weder damals noch später zu verhandeln, selbst wenn Nikolaus überhaupt verhandlungsbereit gewesen wäre. Die Folgen waren ein Überhandnehmen der radikalen Kräfte in Polen, die feierliche Absetzung der Dynastie Romanov durch den Sejm (25. Januar 1831) und ein Krieg, in dem sich nach Teilerfolgen der polnischen Armee am Ende doch das russische Übergewicht durchsetzte. Anfang September eroberten die russischen Truppen unter Paskevič Warschau, wenig später wurden die Reste der polnischen Armee zum Übertritt auf österreichisches und preußisches Gebiet gezwungen. Politisch verloren die Polen nun auch jene zwar nicht ungetrübte, aber doch reale Autonomie, die ihnen die Konstitution bisher gegeben hatte. Das ›Organische Statut‹ von 1832 war keine Verfassung mehr, sondern eine administrative Regelung: Der polnische Reichstag, die polnische Armee und die polnische Finanzverwaltung wurden beseitigt, die Universität Warschau geschlossen, das Königtum dem russischen Reich inkorporiert und (1837) in Gouvernements eingeteilt. Es war symbolisch, daß der militärische Sieger Paskevič Statthalter wurde und den persönlichen Ehrentitel ›Fürst von Warschau‹ erhielt.

Es ist begreiflich, daß der polnische Aufstand auf die Reformtätigkeit im Innern des russischen Reiches keinen fördernden Einfluß ausgeübt hat; er hat sie aber auch nicht zum Erliegen gebracht und in den russischen Westprovinzen sogar in eine ganz bestimmte Richtung gelenkt, indem er die nationale Wachsamkeit der Russen schärfte. Als Kurator der Wilnaer Universität hatte der Fürst Czartoryski eine sehr erfolgreiche Schulpolitik in polnischem Sinne betrieben, und der polnische Gutsbesitzerstand in den Westprovinzen hatte mit den Aufständischen im Königtum Polen gemeinsame Sache gemacht. Ähnlichen Erscheinungen in Zukunft sollte nun durch eine systematische Politik der Schwächung des polnischen und der Stärkung des russischen, d. h. ukrainischen und weißruthenischen Elementes vorgebeugt werden: Die Universität Wilna wurde aufgehoben und an ihrer Stelle in Kiev die ›russische‹ St. Vladimirs-Universität begründet (1834), von der ihre Stifter sicher nicht erwartet haben, daß sie wenig später dem aufkeimenden ukrainischen Nationalismus eine Heimstatt bieten würde. Dem polnischen Gutsbesitzer suchte die Regierung Abbruch zu tun, indem sie dessen ukrainische oder weißruthenische Bauern begünstigte. Durch die sogenannten ›Inventarregeln‹ wurde in den Westprovinzen eine rechtliche Klärung der Beziehungen zwischen Gutsbesitzern und Leibeigenen angestrebt und zum Teil auch durchgeführt, die man den russischen Bauern noch lange vorenthielt, und die Konfiskation des Eigentums der am Aufstand Beteiligten erfolgte natürlich zugunsten neuer russischer Besitzer. Schließlich schuf die Regierung Nikolaus I. auch in kirchlicher Hinsicht die von ihr gewünschte Klarheit: 1839 gewährte der Kaiser den griechisch-unierten Bischöfen gnädigst die Bitte, sich wieder mit der griechisch-orthodoxen Kirche des ›allerheiligsten, dirigierenden Synod‹ vereinigen zu dürfen. Daß dieser ›Bitte‹ ein massiver Druck von seiten des russischen Staates und der russischen orthodoxen Kirche vorausgegangen war, versteht sich von selbst.

1830 wurde Nikolaus das Ordnungschaffen im eigenen Hause dadurch sehr erleichtert, daß die ihm in der Heiligen Allianz verbündeten konservativen Nachbarmächte Preußen und Österreich von der Revolutionswelle nicht unmittelbar erfaßt wurden. 1848 war gerade dies der Fall, und so sehr auch die antirevolutionäre Einmischungspolitik des Zaren von den legitimistischen Prinzipien der Heiligen Allianz bestimmt war, das Eingreifen russischer Truppen unter Paskevič gegen die aufständischen Ungarn zugunsten der österreichischen Regierung erfolgte keineswegs nur nach den Gesichtspunkten außenpolitischer Solidarität. Unter den Truppenführern der ungarischen Republik spielten die polnischen Generäle Bem und Dembiński keine geringe Rolle. Ein Übergreifen der Revolution von Ungarn auf Polen lag bei der Nachbarschaft und historischen Affinität der beiden Länder durchaus im Bereich des Möglichen. Als sich am 13. August 1849 bei Világos der Rest der ungarischen Armee den Russen ergab, war damit nicht nur Wien, sondern auch Petersburg einer schweren Sorge enthoben. Im übrigen löste das Revolutionsjahr 1848 in Rußland jene kurzsichtige Politik einer Restriktion auf allen Gebieten und jenen Zustand vollkommener Stagnation erst aus, der so häufig der ganzen Epoche Nikolaus I.

zugeschrieben wird. Dessen politische Grundsätze waren von Anfang bis zu Ende die gleichen, nur in den Methoden ihrer Anwendung erzeugten die europäischen Revolutionsjahre, vor allem das von 1848, beträchtliche Veränderungen. Damit ist zugleich die Frage negativ beantwortet, ob eine weitere Periodisierung des Menschenalters von 1825 bis 1855 in der russischen Geschichte sinnvoll ist oder nicht. Nikolaus I. war in der beschränkten Eindeutigkeit seines Wesens gegen politische Schockwirkungen gewiß nicht immun, aber doch ungleich mehr geeignet als sein Vorgänger Alexander I., eine hemmende Konstante in der trotz allem fortschreitenden Entwicklung zu bilden.

Die Regierung

Den Ruf eines ›Polizeiregimes‹ erhielt die Regierung Nikolaus' I. nicht nur ihres im allgemeinen betont autokratischen und fortschrittsfeindlichen Charakters wegen. Zwar hat Nikolaus die Polizei für Rußland nicht etwa erst erfunden – es gab in dieser Hinsicht eine sehr ansehnliche Tradition –, aber er hat unter dem Eindruck des Dekabristenaufstandes der russischen Polizei eine neue Organisation gegeben und neue Aufträge erteilt. Das geschah durch die Bildung einer neuen, der berüchtigten dritten Abteilung Seiner Majestät höchsteigener Kanzlei und durch die Schaffung des Gendarmeriekorps als einer besonderen ständigen Polizeitruppe (Ukas vom 25. Juni 1826). Der Ausbau der kaiserlichen Privatkanzlei zu einer umfangreichen Behörde mit besonderen Aufgaben weit über das bisherige Maß hinaus entsprach der sehr persönlichen und direkten Regierungsweise des Kaisers. Angelegenheiten, die er für besonders wichtig hielt, zog Nikolaus persönlich an sich, indem er ihre Durchführung Männern anvertraute, die ihm unmittelbar unterstanden und Rechenschaft leisten mußten. Das zuständige Ministerium wurde in solchen Fällen ausgeschaltet. Es steckt in diesem Verfahren etwas von dem nicht immer unberechtigten Zweifel des Offiziers an der Wirksamkeit und Schnelligkeit normaler ziviler Verwaltungsmethoden. Selbstverständlich blieb das Regierungsinstrument im allgemeinen die Ministerialbürokratie, die von Nikolaus im wesentlichen so belassen wurde, wie er sie von seinem Vorgänger übernahm. Aber wenn es darum ging, rasch und sicher einen bestimmten Zweck zu erreichen, wurde ein eigener Apparat als Abteilung der kaiserlichen Kanzlei aufgebaut. So hatte sich die 1826 gebildete zweite Abteilung, in der Speranskij seine Arbeitskraft entfaltete, unter Ausschaltung des Justizministeriums mit der Aufgabe der Rechtskodifizierung zu befassen, und so wurden die Agenden der geheimen Staatspolizei dem Innenministerium entzogen und der dritten Abteilung anvertraut. Ihr Vorsteher und zugleich der Chef des neugebildeten Gendarmeriekorps wurde der – später zum Grafen erhobene – General Benckendorff. Er genoß das kaiserliche Vertrauen, weil er vor den Umtrieben der Geheimgesellschaften rechtzeitig gewarnt und sich – allerdings vergeblich – bei Alexander für deren polizeiliche Überwachung eingesetzt hatte. Die Sicherheit des Staates zu gewährleisten, ist zweifellos eine legitime Aufgabe der Polizei, und sofern es Organisationen und Aktionen sind, die die Staatssicherheit bedrohen, auch eine abgrenzbare. Nun hatten aber die Dekabristen mit großer Deutlichkeit demonstriert, daß die Hauptgefahr in Gedanken und Ideen lag, und so wurde die ›Dritte Abteilung‹ mit dem der Öffentlichkeit sichtbaren Teil ihrer Tätigkeit eine Gedanken- und Gesinnungspolizei. Der Gendarmerieoffizier, von dem Benckendorff und Nikolaus merkwürdigerweise glaubten, daß er sich für diese Aufgabe besser eigne als der Geheimagent, und dem sie durch Uniform und Dekorationen vergeblich gesellschaftliches Ansehen zu geben versuchten, wurde zum stets gegenwärtigen Symbol des Polizeiregimes und gemeinsam mit dem Popen zum verhaßten Sinnbild der Reaktion. Ganz unwirksam ist dieses System natürlich nicht gewesen, aber seine größte Wirksamkeit war ohne Zweifel eine negative: Die Literatur, der Geist, das selbständige Denken, denen man in solcher Weise den Kampf ansagte, nahmen die Herausforderung an, und den Sieg trug am Ende nicht die politische Polizei, sondern die in einem sehr tiefen und existentiellen Sinn politisierte Literatur davon.

Die Staatspädagogik des Kaisers Nikolaus hatte aber nicht nur den negativen Aspekt des organisierten Mißtrauens und der strengen Züchtigung, sondern auch einen positiven im Ausbau des Bildungswesens und in der Entfaltung eines verbindlichen offiziellen Weltbildes. Die Bildungspolitik unter Nikolaus unterschied sich sowohl vom Bildungsliberalismus des beginnenden 19. Jahrhunderts, der noch den Optimismus der Aufklärung teilte, daß intellektuelle Ausbildung den Menschen zugleich auch gut und den Zwecken des Staates nützlich mache, wie von dem reaktionären Obskurantismus in der letzten Phase der Regierungszeit Alexanders I. ›Reaktionär‹ in den Augen der Liberalen war zwar auch das Bildungssystem Nikolaus' I., aber es war anders reaktionär. In geschickter Anpassung an die Denkweise des Kaisers entwickelte vor allem der Minister für Volksaufklärung S. S. Uvarov (1833–1849) die neuen Prinzipien, nach denen der Staat die Bildung fördern, lenken und kontrollieren müsse. Uvarov war alles eher als ein bigotter Ignorant, sondern galt zu seiner Zeit als einer der gebildetsten Männer Rußlands und hatte als Kurator des Petersburger Schulkreises in scharfer Opposition zu dem Kurs Golicyns gestanden, ehe ihn 1821 der finstere Runič ablöste. Aber er war freilich auch ein Karrierist, der als Minister unter Nikolaus I. gewiß nicht mehr daran dachte, daß er als Petersburger Kurator noch öffentlich die Freiheit als die beste Gabe Gottes bezeichnet hatte, der zuliebe ›man die Verwicklungen nicht fürchten dürfe, die mit einer konstitutionellen Verfassung verbunden sind.‹ Denn nun war auch nur von Bildungsfreiheit keine Rede mehr. Bildung war zwar notwendig, wenn Rußland in der Konkurrenz moderner Staaten bestehen wollte, aber jeder Untertan des russischen Kaisers sollte nur soviel Bildung erhalten – erhalten dürfen –, wie für diesen Zweck notwendig war. So geschah nicht wenig für den Ausbau der höheren Bildungsanstalten: Die Zahl der Gymnasien stieg von 48 auf 74, die der Gymnasiasten von 7000 auf 18000, das Niveau der Universitäten hob sich beträchtlich, vor allem auch dadurch, daß man begabten Anwärtern auf die akademische Laufbahn ein Auslandsstudium ermöglichte. Aber auf der anderen Seite schränkte schon ein Ukaz von 1828 den Besuch der Gymnasien und damit den Weg zur Universität auf Söhne von Adeligen und Beamten ein, während alle übrigen auf die Kreis- und Stadtschulen verwiesen wurden, deren Abschluß keine weiteren Bildungsmöglichkeiten eröffnete; ein neues Universitätsstatut entzog 1835 den Universitäten die Aufsicht über das niedere Schulwesen und ließ von der Autonomie der Universitäten wenig mehr als die leere Form bestehen; und schon in den vierziger Jahren verfiel ein Lehrfach nach dem andern dem Urteil der Nutzlosigkeit im Sinne der Staatszwecke und wurde abgeschafft, beginnend ausgerechnet mit der Statistik, nach damaligem Sprachgebrauch der ›allgemeinen Staatslehre‹. Uvarov war jedoch klug genug einzusehen, daß keine geistige Quarantäne die Verführungskraft der modernen westlichen Ideen würde ausschalten können, wenn dieser nicht durch positive Ideale ein Gegengewicht geschaffen wurde. Man müsse nicht nur administrative, sondern auch geistige Schutzdämme aufrichten – so meinte er –, und dieser Erkenntnis verdankte seine Formulierung von den drei Säulen, auf denen das russische Imperium ruhe, ihre Entstehung: Orthodoxie (pravoslavie), Autokratie (samoderžavie) und ein volksverbundener Patriotismus (narodnost').

Gewisse Erfolge haben all diese Maßnahmen sicher erzielt – es fanden sich auch Publizisten, die im Sinne der Uvarovschen ›unheiligen Dreifaltigkeit‹ auf die öffentliche Meinung einwirkten –, aber ihr eigentliches Ziel, die geistige Elite Rußlands unter Kontrolle zu bringen, haben sie verfehlt: Es ließen sich auf die Dauer weder die Bildungswilligen aus den unteren Schichten von den Universitäten fernhalten noch ließen sich diese von allen für verderblich gehaltenen Einflüssen säubern. Und als die Ereignisse des Jahres 1848 in Regierungskreisen eine Angstpsychose auslösten, die sich vornehmlich gegen die Presse und gegen die Universitäten richtete, als ein eigens gebildetes Sonderkomitee unter dem Vorsitz des Grafen D.P. Buturlin den Universitäten einen Numerus clausus von je 300 Hörern vorschrieb und weitere Gegenstände (Philosophie, Metaphysik) aus den Hörsälen verbannte, als Uvarov nach einem vergeblichen Versuch, den wissenschaftlichen Charakter der russischen Hochschulen zu verteidigen, seinen Abschied nehmen mußte und durch den Fürsten Širinskij-Šichmatov ersetzt wurde, der verlangte, daß »künftig alle Ansichten und Wissenschaften nicht auf geistige Überlegungen, sondern in Verbindung mit der Theologie auf die religiösen Wahrheiten« zu gründen seien, als man nach einem Menschenalter in einer törichten Reaktion wieder bei dem Obskurantismus eines Golicyn und Šiškov (Golicyns unmittelbarer Nachfolger) angelangt war – da löste all dies den einmütigen Protest des geistigen Rußland aus, das inzwischen herangewachsen war, und führte zu einem Vernichtungsurteil über die pädagogischen Ambitionen der Regierung Nikolaus' I., das in seiner Härte und Ausschließlichkeit der Ära Uvarovs kaum ganz gerecht wurde.

Unter dem alles beherrschenden Gesetz einer Konservierung der bestehenden Verhältnisse war es auch für die wenigen sachlich qualifizierten Mitarbeiter Nikolaus' I. nur möglich, in konkreten Einzelfällen Positives zu leisten. Das gilt neben Uvarov auch vom Finanzminister (Graf) E. F. Kankrin, der schon unter Alexander I. 1823 sein Amt antrat und es bis 1844 innehatte. Kankrin, der zwar in Rußland geboren, aber deutscher Abstammung und in Deutschland erzogen war, hatte im Versorgungsdienst der Armee während der Befreiungskriege Organisationstalent bewiesen. Nun sollte er die russischen Staatsfinanzen, die von seinen korrupten Vorgängern in einen jämmerlichen Zustand gebracht worden waren, sanieren. Das war eine im ganzen unerfüllbare Aufgabe, solange sich die Struktur der russischen Wirtschaft der Leibeigenschaft wegen nicht ändern konnte. Immerhin gelang es aber Kankrin, die Prinzipien der Sparsamkeit und Korrektheit in der russischen Wirtschafts- und Finanzverwaltung erheblich mehr als bisher durchzusetzen, und es gelang ihm am Ende seiner Tätigkeit endlich auch die Stabilisierung der Währung (1839–1842). Ein Menschenalter war vergangen, seit Speranskij vergeblich die ersten Maßnahmen in dieser Richtung eingeleitet hatte. Kankrin setzte Speranskijs Plan abschnittsweise in Wirklichkeit um, indem er zunächst die stets schwankende und zu Spekulationen Anlaß gebende Relation zwischen

Assignatenrubel und Silberrubel von Staats wegen fixierte, danach gegen die Ablieferung von Hartgeld und Edelmetall Depositenscheine ausgeben ließ und schließlich aufgrund der so gebildeten Edelmetallreserve zur Ausgabe normal gedeckter Banknoten überging. Auf diese Weise gelang es, den Rubel zu stabilisieren und ihm allmählich das internationale Vertrauen wiederzugewinnen.

Noch viel bescheidener waren die Erfolge auf dem bei weitem reformbedürftigsten Gebiet, in der Bauernfrage, obwohl auch hier ein überdurchschnittlich befähigter Mann am Werke war, den das persönliche Interesse des Kaisers unterstützte. General P. D. Kiselev, der seiner Beziehungen zu Dekabristen wegen zunächst einige Mühe hatte, den Kaiser von seiner Loyalität zu überzeugen, fand als russischer Administrator der 1829 besetzten Donaufürstentümer Gelegenheit, die Problematik einer Agrarreform am unverbindlichen Objekt eines nicht zum russischen Reiche gehörenden Territoriums in der Praxis kennenzulernen. Ab 1835 war ihm das Studium und, soweit es dazu kam, die Lösung der Bauernfrage in leitender Position anvertraut, zuerst als Vorsitzendem eines der zahlreichen für diesen Zweck gebildeten Geheimkomitees, danach als Chef einer vorübergehend ad hoc eingerichteten fünften Abteilung der höchsteigenen kaiserlichen Kanzlei und ab 1837 als Domänenminister (Ministerstvo gosudarstvennych imuščestv). Die Lage, wie sie sich bis zur Mitte der dreißiger Jahre entwickelt hatte, duldete keinen weiteren Aufschub mehr, und dieser Erkenntnis verschloß sich auch Nikolaus nicht. Maßgebend waren allerdings weniger Gesichtspunkte der Humanität als solche des notwendigen wirtschaftlichen Fortschrittes und der Staatssicherheit. Von der immer stärkeren Entwicklung der Maschinenindustrie in Europa konnte sich Rußland auf die Dauer nicht ausschließen, wenn es hinter den anderen Mächten nicht technisch und militärisch hoffnungslos zurückbleiben wollte. Nun erwies es sich aber immer mehr, daß die Umstellung von der Manufaktur auf den maschinellen Fabriksbetrieb unter Beibehaltung der Leibeigenschaft nur in Einzelfällen möglich war. Dem Gutsherrn als dem Besitzer der leibeigenen Arbeitskraft fehlte in der Regel das nötige Kapital, der kapitalstarke nichtadelige Unternehmer jedoch lehnte es schon aus Gründen der Rentabilität ab, eine Fabrik mit leibeigenen Arbeitern zu betreiben. Es stellte sich also immer deutlicher heraus, daß das Leibeigenensystem den wirtschaftlichen Fortschritt in einer nicht länger mehr vertretbaren Weise lähmte. Dieser Zustand war um so widersinniger, als eine besonders starke Bevölkerungsvermehrung in der vergleichsweise friedlichen Zeit von 1815 bis 1835 ohne Leibeigenschaft zu einem Überangebot an Arbeitskräften hätte führen müssen. So aber stellten die etwa anderthalb Millionen Bauern mehr, die es im Jahre 1835 gab, nur eine Belastung des adeligen Grundbesitzes dar, der dieser nicht mehr gewachsen war. Da der Menschenüberschuß weder von einer Industrie noch durch Maßnahmen innerhalb der Landwirtschaft – die ihrerseits wieder einen technisch-industriellen Fortschritt vorausgesetzt hätten – absorbiert werden konnte, andererseits aber die Gutsbesitzer gesetzlich zur Versorgung ihrer leibeigenen Bauern verpflichtet waren, konnte das Ergebnis nur eine zunehmende Verschuldung des Grundbesitzes sein. Anfangs der vierziger Jahre war mehr als die Hälfte aller Güter bei den Kreditinstituten tief verschuldet; jeder Leibeigene, dessen Wert im Durchschnitt bei etwa hundert Rubel lag, war mit 69 Rubel belastet. Trockenjahre und Mißernten, wie sie in dem besonders dicht bevölkerten Schwarzerdegebiet häufig waren, stellten den Gutsbesitzer vor die Alternative, entweder dem Gesetz nachzukommen, die Versorgungspflicht zu erfüllen und damit den eigenen finanziellen Ruin herbeizuführen oder in Übertretung des Gesetzes die hungernden Bauern sich selbst zu überlassen, dadurch Herumtreiberei und Unruhen zu provozieren und die sozialen Spannungen gefährlich zu verschärfen. Dazu kam, daß ein großer Teil des Adels, durch übermäßige Privilegierung seit langem verwöhnt und auf eine kostspielige Lebensweise eingestellt, nicht reif war, in seinen Schwierigkeiten eine verantwortlich zu lösende Aufgabe zu erblicken, sondern in ihnen eine Ungerechtigkeit des Schicksals sah und dazu neigte, in den Tag hineinzuleben. Eine Lösung für den nächsten Tag konnte es für den einzelnen bedeuten, wenn es ihm gelang, seine Leibeigenen unmittelbar zu Geld zu machen, und so kam in der letzten Phase der Leibeigenschaft allen Verboten zum Trotz ein schwungvoller Menschenhandel auf.

Einsichtige Adelskreise begannen nun aber von sich aus, die Regierung zu entscheidenden Schritten zu drängen. Wenn seine Bauern ohnedies schon mehr seinen Gläubigern als ihm selbst gehörten, verlor die Vorstellung des vollständigen Verzichtes für den Gutsbesitzer den Charakter des Unmöglichen, und wenn nichts übrig blieb, als die Bauern zu verkaufen, so konnte man sie ja auch ebensogut an den Staat veräußern. Das Problem bestand mehr und mehr nicht darin, ob man die Bauernbefreiung durchführen, sondern in welcher Weise dies geschehen solle. Die in den zahlreichen Geheimkomitees erörterten Pläne bewegten sich im allgemeinen in der Richtung des Vorbildes der baltischen Provinzen: Man wollte schrittweise vorgehen, zunächst die Rechtslage klären, danach Verbesserungen innerhalb des Leibeigenschaftssystems einführen und schließlich mit einer Befreiung der Bauern ohne Land enden. Die Erfahrungen in den baltischen Provinzen waren allerdings nicht durchaus ermutigend, niemand konnte mit Sicherheit voraussagen, welche Folgen die ›Befreiung‹ der bäuerlichen Massen haben würde, und die Scheu, dem Adel Opfer zuzumuten, blieb unüberwindbar. Die ›Verordnung über die verpflichteten Bauern‹ (Položenie ob objazannych krest'janach) von 1842 war nicht mehr als eine Neuauflage des Ukas von 1803 über die ›freien Ackerbauern‹: Von der Erlaubnis, ihre Bauern freizulassen und durch Einzelverträge zur Zins- oder Arbeitsleistung zu verpflichten, machten die Gutsbesitzer ohne Zwang auch jetzt keinen Gebrauch. Kiselevs Versuch, durch eine Verbesserung der Lage der Staatsbauern den Staat mit gutem Beispiel vorangehen zu lassen, blieb im Bürokratischen stecken und fand keine Nachahmung. Und gewisse Lockerungen, die in Einzelfällen immerhin reale Bedeutung haben konnten, wie die Bestimmung, daß sich Bauern, wenn ein Gut unter den Hammer kam, dorfweise mit dem Land zum Versteigerungspreise freikaufen konnten, wurden nach 1848 wieder zurückgenommen. Der gute Wille einzelner Staatsbeamten wie Kankrin und Kiselev und die zunehmende Bereitschaft unter liberal gesinnten Gutsbesitzern genügten nicht – es bedurfte einer vis maior, der Niederlage Rußlands im Krimkrieg, um die Entwicklung in Gang zu bringen.

Die Opposition

Indessen die zunehmende Zahl bäuerlicher Unruhen – unter Nikolaus I. waren es 556, die ein Kirchspiel oder noch größere Gebiete erfaßten und zum guten Teil den Einsatz von Truppen zu ihrer Unterdrückung erforderten – davon zeugte, daß an dem Organismus der russischen Gesellschaft eine schwere Krankheit zehrte, war von der Geschichte einem zunächst sehr kleinen Kreis von Menschen die Aufgabe anvertraut, jene Gedanken zu denken und jene Erkenntnisse zu suchen, die einen Weg in die Zukunft weisen konnten. Ein gutes Jahrhundert der Europäisierung hatte Rußland nun hinter sich. Wer über die entsprechende Bildung verfügte, war es längst gewöhnt, in dem, was der europäische Geist zu bieten hatte, die Antwort auf seine Fragen zu suchen. Die eigene Aufnahmefähigkeit hatte sich verfeinert, die russische Sprache hatte sich zu einem vollkommenen Instrument der Darstellung und Mitteilung auch subtilster Gedanken und Gefühle entwickelt. Der Fabeldichter I. A. Krylov (1768–1844), der Dramatiker A. S. Griboedov (1795–1829), die ›Plejade‹ hochbegabter Lyriker um den jungen Puškin (1799–1837), und andere, die mit dem wenig jüngeren Lermontov (1814–1841) den Weg der Byron-Nachfolge gingen – ein erstaunlich rascher und vollkommener Aufbruch poetischen Schaffens –, fügten die russische Literatur der europäischen gleichwertig ein. Es ist dabei sehr charakteristisch, daß weder der Wechsel in der Stilrichtung vom Klassizismus zur Romantik noch die Unterschiede der literarischen Gattungen den allgemeinen Grundton der Kritik und des Protestes beeinflußten. Die russischen Dichter litten auch im Überschwang des romantischen Gefühls nicht nur an der Welt im allgemeinen, sondern unmißverständlich an der russischen Wirklichkeit, die sie umgab. Es ist kein Zufall, daß sich im Kreise der Dekabristen so viele dichterische Begabungen fanden, daß Puškin ihnen nahestand und Griboedov in die Untersuchung hineingezogen wurde.

Aber die Poesie konnte nur leiden und protestieren, die schlüssige Antwort eines abgeklärten Weltbildes vermochte sie nicht zu geben. Und auch die Ideen, denen die Dekabristen gefolgt waren, hatten ihre Anziehungskraft verloren, nicht sosehr, weil der Aufstand gegen die Autokratie gescheitert war, sondern weil inzwischen Europa Neues zu bieten hatte. Es dauerte einige Jahre, bis die gebildete Jugend Rußlands den Schock des Jahres 1825 überwand, die Lücken schließen konnte und auf neuen Wegen ein neues Suchen begann. Das geschah mit einem leidenschaftlichen Willen, der ›begreifen oder sterben‹ wollte, wie es ein Zeitgenosse ausdrückte, und der neue Stern, nach dem man sich im Dunkel der nikolaitischen Reaktion orientierte, war die Philosophie des deutschen Idealismus. Es waren nicht viele junge Männer, die sich über der Lektüre von Schelling, Fichte und Hegel in Moskau zu kleinen Diskussionszirkeln zusammenfanden, aber die meisten von ihnen sind zu ›Sternen erster Größe in der nachfolgenden Geschichte der russischen Intelligenz‹ geworden (Kornilov). Den Anfang machte – sehr aristokratisch und poetisch gestimmt – die ›Gesellschaft für Philosophie‹ (Obščestvo ljubomudrija) um den Fürsten V. F. Odoevskij (1803 bis 1869) noch in den zwanziger Jahren mit Schelling. Viel bedeutender aber war, was sich in den dreißiger Jahren um N. V. Stankevič (1813–1840) sammelte und gegen das Jahr 1840 hin der Faszination durch das philosophische System Hegels verfiel: Belinskij, der radikale Literaturkritiker, Bakunin, der Erzvater des Anarchismus, Granovskij, der liberale Geschichtsprofessor, Konstantin Aksakov und Samarin, die späteren Slavophilen, und Katkov, der zum vehementen Wortführer des modernen russischen Nationalismus werden sollte – sie alle studierten einträchtig unter Anleitung und Anregung des glänzend begabten Stankevič die deutschen Philosophen, nicht um es diesen in der Philosphie gleichzutun, sondern um in den großen und anspruchsvollen Systemen der Welterklärung eine Antwort auf die russische Frage zu finden. Vieles daran war intellektuelle Mode, und der Gewinn blieb bei den meisten ziemlich oberflächlich; auch trennten sich nach wenigen Jahren die Wege, und keine der Richtungen, in denen sich die Geschichte des russischen Geistes in der folgenden Zeit bewegte, war durch die Philosophie des deutschen Idealismus entscheidend bestimmt, aber das Erlebnis eines gemeinsamen geistigen Beginns verdient Beachtung. Eine eigene, noch mehr der Dekabristentradition verpflichtete Gruppe bildete sich um Alexander Herzen und dessen Freund Ogarev; diese Gruppe erregte allerdings bald das Mißfallen der Obrigkeit, und als Herzen 1839 aus der Verbannung nach Moskau zurückkehrte, schloß er sich ebenfalls Stankevič an.

Charakteristischer aber als die Beschäftigung mit der deutschen Philosophie, die im übrigen niemals Ausschließlichkeit erlangte – es führt daher zu einer Verzeichnung der Wirklichkeit, wenn man diese Periode als eine des ›deutschen Einflusses‹ von der nachfolgenden des ›französischen Einflusses‹ allzu scharf abhebt –, war die soziale und seelische Bestimmtheit der Generation der dreißiger Jahre. Die Mitglieder des Stankevič-Kreises entstammten mit Ausnahme Belinskijs, dessen Vater Arzt in der Provinzstadt Penza war, alle begüterten, zum Teil ausgesprochen reichen Adelsfamilien. Das Vermögen Herzens reichte aus, ein langes Leben in der Emigration zu bestreiten und die Sache der Revolution auch materiell in der verschiedensten Weise zu fördern. Keiner hatte Existenzsorgen, keiner mußte arbeiten, um seinen Lebensunterhalt zu verdienen, alle hatten Zeit, sich nach Belieben zu bilden und über Gott und die Welt nachzudenken. Aber eben diese bevorzugte Lage wurde nun zum Ausgangspunkt der Selbstkritik, der Typus des ›reumütigen Adeligen‹ entstand, dem es unerträglich ist, von der Arbeit seiner Leibeigenen ein bequemes Leben zu führen. Auch dies blieb freilich Theorie. Ihre Leibeigenen, deren Lage sie so bedrückte, kannten diese reichen Jünglinge kaum, und keiner von ihnen ging hin, verkaufte alles, was er hatte, und gab es den Armen. Versuchte aber einer den Sprung in die Praxis wie Ogarev, der sein Vermögen dazu verwendete, mit seinen Bauern kommunistische Experimente zu machen, so scheiterte er völlig. Gerade dieses Beispiel zeigt, daß es gar nicht am spekulativen Charakter des deutschen Idealismus lag, wenn der Zugang zur russischen Wirklichkeit verschlossen blieb, denn Ogarev folgte mit seinen Versuchen keinen Anweisungen Hegels. Trotzdem empfanden die russischen Hegelianer, deren Zahl ja nicht groß war und die sich alle persönlich gut kannten, um das Jahr 1840 einmütig und ziemlich plötzlich ein lebhaftes Ungenügen an den Systemen der deutschen Philosophen und die Notwendigkeit einer Hinwendung zur Wirklichkeit. Und dabei erfolgte nun die schon angedeutete Trennung der Wege.

Die radikaleren Gemüter wählten die französischen utopischen Sozialisten, Proudhon vor allem und Fourier, zu ihren Führern. An die Stelle des philosophischen Systems trat für sie die soziale Utopie, in der Freiheit, Gleichheit und Brüderlichkeit, die immer noch unerfüllten Ideale der französischen Revolution, verwirklicht sein würden. Zu dieser Gruppe gehörten die Emigranten Bakunin, Herzen und Ogarev sowie die nächste Generation jugendlicher Oppositioneller, die sich in den vierziger Jahren um Butaševič-Petraševskij scharten und als die ›Petraševcen‹ in die Geschichte der russischen revolutionären Bewegung eingegangen sind. Fouriers Phalanstères waren freilich nicht wirklicher als Hegels Vorstellungen vom Gang der Weltgeschichte, und die überwiegend immer noch adeligen, aber weniger wohlhabenden Revolutionstheoretiker in der Residenz des reaktionären Hofes waren der Wirklichkeit des leibeigenen Rußland eher noch mehr entrückt als die vermögenden Snobs im Adelsneste Moskau. Die Mitglieder des Stankevič-Kreises hatten sich frei und standesgemäß unter ihresgleichen bewegt, von niemandem recht ernst genommen – die Petraševcen gefielen sich in gesellschaftlicher Isolierung und konspirativen Manieren. 1849 wurde der ›Kreis‹ ausgehoben und einer staatspädagogischen Behandlung durch das verängstigte Regime unterzogen. Die Geschmacklosigkeit, mit den zum Tode Verurteilten alle Vorbereitungen zur Hinrichtung zu vollziehen, um ihnen erst im letzten Augenblick die Begnadigung zu Freiheitsstrafen mitzuteilen, ist durch die geniale Persönlichkeit eines der Betroffenen, des jungen Dostojevskij, weltbekannt geworden. Dasselbe Schicksal der Aushebung und Verfolgung wie die Petraševcen traf auch die 1846 in Kiev entstandene Kyrill-Method-Gesellschaft, in der sich für kurze Zeit die Elite der ukrainischen Intelligenz vereinigte und die neben der sozialen auch die nationale Freiheit im Rahmen einer allslavischen Föderation erstrebte; die Historiker Maksymovyč und Kostomariv, der Schriftsteller Kuliš und der Dichter Taras Ševčenko waren die prominentesten Mitglieder.

Dostojevskijs in diesem Zusammenhang auftauchender Name weist darauf hin, daß auch aus dieser Generation oppositioneller Jugend nicht alle den Weg des Revolutionärs weitergingen oder zumindest nicht jenen revolutionären Weg, den der Westen als Vorbild bestimmte. Denn die ›Westler‹ (Zapadniki), wie man die radikale, linksgerichtete Gruppe der Opposition gegen das herrschende Regime üblicherweise nennt, waren nicht die einzige oppositionelle Möglichkeit. In der ›Hinwendung zur Wirklichkeit‹ war seit etwa 1840 auch noch eine ganz andere Möglichkeit verwirklicht worden, der unerfreulichen russischen Gegenwart den Spiegel einer besseren Ordnung vorzuhalten. Das Ideal der ›Slavophilen‹ lag nicht in der Zukunft, sondern in der Vergangenheit, nicht im abendländischen Westen, sondern im morgenländischen Osten, nicht in der revolutionären Ratio, sondern in der romantischen Intuition. Auslösend für diese Richtung wirkte die Kritik an Rußland, am gegenwärtigen und besonders am vergangenen, die von den Slavophilen als ungerecht empfunden wurde und ihren Widerspruch herausforderte. Mit nicht zu überbietender Schärfe war diese Kritik in dem 1836 erschienenen ersten philosophischen Brief Petr Čaadaevs zum Ausdruck gekommen: »Wir haben keinerlei Traditionen, keine Geschichte, die unser Volk erzogen hätte. Wir haben etwas Nomadenhaftes, Chaotisches an uns, sind ohne Vergangenheit und Zukunft. Isoliert von der übrigen Menschheit, fehlt uns jede eigene Entwicklung, jeder wirkliche Fortschritt. Von den Ideen der Pflicht, der Gerechtigkeit und der Ordnung, welche die Atmosphäre des Westens darstellen, sind wir ganz unberührt, dazu fehlt uns noch jede intellektuelle Methode und Logik. Konfusion ist ein allgemeiner Zug in unserem Volke, Gleichgültigkeit gegen das Gute und das

Böse, gegen Wahrheit wie gegen Lüge. Gibt oder gab es in Rußland etwa tiefe Denker? Die Vorsehung scheint uns völlig übergangen zu haben. Wir besitzen ein riesengroßes Land – aber geistig sind wir vollständig unbedeutend, eine Lücke in der moralischen Weltordnung.« Das war keine Kritik an Beamtenkorruption und sozialen Mißständen, das war eine Selbstverdammung des Russentums in seiner Geschichte und in seinem Wesen. Nikolaus I. erklärte den Verfasser für verrückt und ließ ihn durch einen Arzt überwachen, aber andere nahmen die Anklagen Čaadaevs nicht so leicht. Und es mußte den Nationalstolz der Russen nicht minder verletzen, daß der französische Reiseschriftsteller Marquis de Custine in seinem 1843 erschienenen vierbändigen Werk ›La Russie en 1839‹ ein vernichtendes Urteil fällte. Die Aufgabe, demgegenüber Rußland aus seiner Vergangenheit und aus den Besonderheiten seines Wesens zu rechtfertigen, stellte sich ein kleiner Kreis von Intellektuellen, die ihren geistigen Werdegang in denselben Moskauer Diskussionszirkeln und ebenso mit dem Studium der deutschen Philosophen begonnen hatten wie die ›Westler‹. A. S. Chomjakov (1804–1860), die Brüder Kireevskij (Ivan 1806–1856, Petr 1808–1856), die Brüder Aksakov (Konstantin 1817–1860, Ivan 1823–1886) und J. F. Samarin (1819–1876) waren ebenso wohlhabende Gutsbesitzer und mindestens ebenso europäisch gebildet wie ein Herzen oder Ogarev, aber sie wählten den entgegengesetzten Weg. Die Verwandtschaft der slavophilen Gedankengänge mit denen der europäischen Romantik ist unleugbar, nur mußte die romantische Rückbesinnung bei Russen zu anderen Quellen und zu einem anderen Ergebnis führen. Der Begriff ›Slavophile‹ wird häufig ungenau gebraucht, in die Nähe des Begriffes ›Panslavisten‹ gerückt oder überhaupt mit diesem identifiziert. Sein ursprünglicher Inhalt, die Gedankenwelt der am Anfang stehenden kleinen Gruppe ›Slavophiler‹, wird am besten klar, wenn man eine Abgrenzung gegen spätere Ausweitungen und Veränderungen des Ansatzes vornimmt: 1. Der irdische Höchstwert, den die Slavophilen reaktivieren wollten, war nicht das Slaventum als ethnische Gemeinschaft, als politisch zu vereinigende ›Rasse‹, sondern das orthodoxe

Russentum in seiner geschichtlichen Existenz; 2. der eindeutige Schwerpunkt ihres Denkens lag für Chomjakov und seine Freunde in der Orthodoxie, in der besonderen, bei den Russen aus griechischem Erbe am reinsten erhaltenen Form des östlichen Christentums, also bei der Religion, nicht bei der Nation; 3. die Slavophilen bejahten zwar die Autokratie als die dem orthodoxen Russentum kraft seiner Geschichte angemessene politische Existenzform, aber sie waren scharfe und grundsätzliche Kritiker der ihnen gegenwärtigen Gestalt russischer Autokratie unter Nikolaus I. Uvarov und der offizielle Nationalismus verherrlichten in einer primitiven und zweckbestimmten Weise die russische Gegenwart, das slavophile Ideal lag im romantisch idealisierten vorpetrinischen Rußland. Samarin gebrauchte in einer – allerdings erst 1875 erschienenen – Schrift den Terminus ›revolutionärer Konservatismus‹. Das Denken der Slavophilen war nicht minder gegenwartskritisch und utopisch als das der ›Westler‹, aber die slavophile Utopie war in die nationale Vergangenheit projiziert.

Die geschichtliche Bedeutung der slavophilen Lehre war eine doppelte: Für Rußland selbst lag sie nicht im ursprünglichen Inhalt, sondern in den von Anfang an mit angelegten Verführungen; schon für einige ideologische Mitläufer der ersten Phase wie den Historiker M. P. Pogodin (1800–1875), den Literaturforscher und Literaten S. P. Ševyrev (1806–1864) und den Lyriker F. I. Tjutčev (1803–1873), dann aber vor allem für die nach der Jahrhundertmitte folgende Generation, in die der jüngere Aksakov und Samarin noch weit hineinreichen, traf die Charakteristik als säkulare großrussische Nationalisten mit konfessioneller Verbrämung und allslavischen Tendenzen bei allen Qualitätsunterschieden und Richtungsnuancen zu. Die Konformität slavophiler Gesinnung (im späteren und weiteren Sinn) mit der Regierungspolitik wuchs durch Annäherung von beiden Seiten her beträchtlich und erreichte phasenweise weitgehende Übereinstimmung von romantisch-reaktionärer Theorie und politischer Praxis. Für das europäische Rußlandbild lag die Bedeutung des Slavophilentums in der weiten und intensiven Verbreitung, die dessen Ideale nicht in der ursprünglichen Konzeption, sondern in der künstlerisch so überzeugenden Umprägung durch Dostojewskij erfuhren. Sofern die innere Beziehung des übrigen Europa zu Rußland überhaupt positive Aspekte aufwies, war sie stets durch das Ungenügen an der eigenen Rationalität und durch die Illusion bestimmt, daß der religiösen Idealisierung Rußlands durch die Slavophilen eine Wirklichkeit entspreche, die dieses Ungenügen aufheben könne.

In den vierziger Jahren schieden sich die Geister, das Jahr 1848 stellte beide Konzeptionen, die der Westler wie die der Slavophilen auf die Probe. Für die radikalen Westler wurde das Scheitern der europäischen Revolution zum Anlaß einer bemerkenswerten Neuorientierung: Europa hatte versagt, von ihm war die Verwirklichung sozialistischer Ideale offenbar nicht zu erwarten. In tiefer Enttäuschung und in einem niemals wieder einschlafenden Ressentiment gegen den besitzgierigen europäischen Bürger entdeckte Herzen nun in Rußland die einzige verbleibende Zukunftshoffnung des Sozialismus, und zwar konkret im Gemeinschaftsleben der russischen Dorfgemeinde (mir, obščina), wie es der deutsche Agrarexperte Freiherr von Haxthausen auf einer ausgedehnten Studienreise eben entdeckt und in seinen dreibändigen ›Studien über die inneren Zustände, das Volksleben und insbesondere die ländlichen Einrichtungen in Rußland‹ (1847/1852) wissenschaftlich publik gemacht hatte. In derselben Enttäuschung erhoffte Bakunin vom Slaventum die große zerstörende Kraft, die aller bestehenden politischen Ordnung ein Ende bereiten und jene Tabula rasa schaffen würde, auf der dann die voraussetzungslos neue Welt des Sozialismus errichtet werden könne. Und so weit ging bei beiden der emotionale Abscheu vor Europa, daß sie sich vorübergehend die Erfüllung der sozialistischen Mission Rußlands sogar unter der Führung des russischen Autokraten vorstellen konnten – Bakunin in der berühmten ›Beichte‹, die er aus dem Gefängnis an Nikolaus I. richtete, und Herzen in seinen offenen Briefen an Alexander II. Das blieben politisch freilich kuriose Episoden, aber daß in Herzens Wiederentdeckung Rußlands und in Bakunins panslavistischem Anarchismus eine gewisse Annäherung an slavophile Gedankengänge lag, ist kaum zu leugnen – und damit eine gewisse Verwässerung des reinen Westlertums, wie es der flammende Protest Belinskijs in seinem bekannten Brief an den loyal gewordenen Gogol (1847) zum Ausdruck brachte. Belinskij hat die große Enttäuschung des Jahres 1848 nicht mehr erlebt, und den russischen Intellektuellen, die seinen Brief wie einen Katechismus auswendig kannten, fehlte die Distanz und die negative Erfahrung der Emigranten, um an der russischen Wirklichkeit hoffnungsvolle Züge entdecken zu können.

Für die Slavophilen bedeutete 1848 etwas ganz anderes: Der scheinbar direkt bevorstehende Zusammenbruch des Habsburger-Reiches schien mit einem Schlage die Verwirklichung ihrer allorthodoxen-allslavischen Vision in den Bereich des Möglichen zu rücken. Soweit diese Vision panslavisch war und auf die Einbeziehung der vom österreichischen Joch befreiten, zum geringsten Teil orthodoxen Slaven spekulierte, schlug sie dem Legitimitätsprinzip ins Gesicht. Die kaiserliche Antwort war das russische Eingreifen in Ungarn, und die Slavophilen mußten ihre ›verbrecherischen Gedanken‹ mit einem Publikationsverbot büßen, Samarin und Ivan Aksakov sogar mit vorübergehender, allerdings sehr glimpflicher Haft. Soweit sich die panorthodoxe Konzeption gegen die Türkei richtete und auf ein Wiedererstehen des oströmischen Reiches unter russischer Führung abzielte, sollte sie sehr bald ihre Brauchbarkeit erweisen und offizielle Billigung erlangen. Und so sollte es auch in Zukunft unter ständig sich wandelnden Gestalten bleiben – daß die dem Westen zugewandte Richtung den Umbau oder Umsturz Rußlands im Inneren anstrebte, die ›Liebhaber der Slaven‹ aber und ihre ideellen Nachfolger sich als zwar nicht immer verwendetes, doch jederzeit verfügbares Instrument der Stimmungsmache in Außen- und Nationalitätenpolitik bewährten.

Die Außenpolitik unter Nikolaus I.

Nikolaus I. erbte von seinem Bruder auch den unausgetragenen Widerstreit zwischen Legitimitätsprinzip und Befreiungsmission in der griechischen Frage. Es ist nicht zu bezweifeln, daß ihm wesensmäßig die Aufrechterhaltung der bestehenden legitimen Ordnung stets am nächsten lag, näher jedenfalls als die Unterstützung von Aufständen gegen diese Ordnung, selbst wenn sich dies mit dem Kreuzzugsargument, daß jede Herrschaft von Ungläubigen über Christen illegitim sei, zur Not rechtfertigen ließ. Der Kampf mit den Türken folgte im 19. Jahrhundert aber längst nicht mehr ideellen Prinzipien, sondern war ein Machtkampf der interessierten Staaten um das Erbe des niedergehenden osmanischen Reiches. Interessiert waren mit Ausnahme Preußens alle europäischen Großmächte, Österreich und Rußland als unmittelbare Nachbarn der Türken, Frankreich und England ihrer kommerziellen Orientpolitik wegen. Den Konkurrenten war in dieser Auseinandersetzung kein vorgetäuschtes oder vielleicht auch ehrlich verfochtenes Prinzip mehr glaubwürdig. Es hat zu den Mißerfolgen der russischen Politik in der ›Orientalischen Frage‹ nicht wenig beigetragen, daß sie sich dieser Erkenntnis nicht mit genügender Nüchternheit erschloß. Jeder Einmarsch russischer Truppen in den Donaufürstentümern verletzte Österreichs Interessen, ob das nun im Rahmen einer militärischen Offensive geschah oder um der Souveränität des Sultans aufzuhelfen; und es war für die Briten gleichermaßen ein Anlaß, mit ihrer Flotte in Richtung der Meerengen zu demonstrieren, wenn russische Truppen zu Lande sich in Eroberungsabsicht Konstantinopel näherten und wenn russische Kriegsschiffe dem Sultan am Bosporus die Hilfe des nördlichen Nachbarn aufdrängten.

Angesichts der verzweifelten Lage, in der sich die aufständischen Griechen befanden, seit Ibrahim Pascha im Februar 1825 auf der Peloponnes gelandet war, bahnte sich ein englisch-russisches Zusammengehen zur Unterstützung des griechischen Unabhängigkeitsstrebens an. Allerdings zeigte schon die Konvention von Akkerman (7. Oktober 1826), in der Rußland durch ultimativen Druck von den Türken die korrekte Durchführung der schon in früheren Verträgen eingeräumten Zugeständnisse an Serben und Rumänen, darüber hinaus aber den Rückzug der türkischen Truppen aus den

Donaufürstentümern und kleinere Gebietsabtretungen an der kaukasischen Schwarzmeerküste erzwang, daß man russischerseits zwar in der griechischen Frage den Westmächten ein gewisses Mitspracherecht einzuräumen bereit war, im übrigen aber die Hintansetzung des Legitimitätsprinzips ausschließlich zum eigenen Vorteil nützte. In Wien und Berlin sprach man von einem Todesstoß, den die Heilige Allianz erhalten habe, England und Frankreich aber entschlossen sich zur Aktion, und ihre mit der russischen vereinten Flotten vernichteten in der Bucht von Navarino am 20. Oktober 1827 die türkische Kriegsmarine, noch ehe überhaupt offiziell der Krieg begonnen hatte. Das gab den Engländern, die neben anderem das Ergebnis des russisch-persischen Krieges (1826 bis 1828, beendet durch den Frieden von Turkmančaj, in dem Persien gezwungen wurde, die Provinzen Nachičevan und Erivan abzutreten) zur Vorsicht stimmen mußte, Gelegenheit, den ›Zwischenfall‹ von Navarino zu bedauern und sich aus den militärischen Aktionen herauszuhalten. Die Last des Krieges, der wie stets zu Lande gewonnen werden mußte, hatte praktisch Rußland allein zu tragen, und dementsprechend brachte der Friede von Adrianopel (14. September 1829), zu dem sich die Türkei angesichts der russischen Siege sowohl an der Kaukasusfront (Eroberung von Kars) wie südlich der Donau verstehen mußte, eine weitere Stärkung der russischen Position: Die Vereinbarungen von Akkerman wurden bestätigt, die Eroberungen auf Kosten Persiens durch die Hohe Pforte ausdrücklich anerkannt, Anapa und Poti im Osten und das Gebiet bis zur südlichen Donaumündung im Westen fielen an Rußland. Das konnte noch relativ maßvoll erscheinen, aber absichtlich unklare Formulierungen wie etwa die über die Donaufürstentümer, die unter einer ›unabhängigen nationalen Regierung‹ gleichzeitig türkischer Oberhoheit und russischem Protektorat unterstehen sollten, ließen den nächsten Schritt bereits voraussehen, zumal die militärische Besetzung durch Rußland erst nach Bezahlung der Kriegsentschädigung aufgehoben werden sollte. Zwar wurde das befreite Griechenland, nachdem dessen erster gewählter Präsident Capodistrias, 1809 bis 1822 an leitender Stelle der russischen Außenpolitik und überzeugter russischer Parteigänger, 1831 einem Attentat zum Opfer gefallen war, russischem Einfluß weitgehend entzogen, aber im übrigen war nach Adrianopel die russische Balkanstellung so stark, daß Nikolaus I. daran denken konnte, russisches Machtinteresse und Legitimitätsprinzip in anderer Weise als bisher miteinander in Einklang zu bringen: Viel wirkungsvoller und billiger, als den Sultan unter Hinweis darauf, daß ihm die Legitimität einer christlichen Herrschaft fehle, militärisch zu bekämpfen, mußte es sein, ihn mitsamt seiner muselmanischen Legitimität in die russische Machtsphäre einzubeziehen, das russische Protektorat also von den christlichen Untertanen des Sultans auf diesen selbst und sein ganzes Reich auszudehnen. Gelegenheit, dies zu versuchen, bot der Konflikt zwischen dem Sultan und seinem mächtigen ägyptischen Vasallen Mehemet Ali. Im Sommer 1832 bedrohten die Truppen des von Frankreich protegierten Ägypters unter Ibrahim Pascha bereits Konstantinopel, und in der Lage eines Ertrinkenden, ›der sich auch an einen Drachen klammert‹, nahm Sultan Mahmud II. Anfang 1833 die seit einiger Zeit sehr beflissen angebotene russische Hilfe an. Noch im Februar erschienen die ersten russischen Kriegsschiffe im Bosporus und begannen, an dessen asiatischem Ufer Truppen auszuschiffen. Mit Ibrahim Pascha kam das russische Hilfskorps allerdings nie ins Gefecht, denn angesichts der Gefahr einer militärischen Festsetzung der Russen an den Meerengen sorgten die Westmächte für eine Beilegung des türkisch-ägyptischen Konfliktes. Damit war die russische Unterstützung in Kleinasien gegenstandslos, und da eine englisch-französische Flottenkonzentration vor den Dardanellen sehr deutlich dokumentierte, daß ein weiteres Verbleiben russischer Kräfte im Bereich der Meerengen die unmittelbare Gefahr eines Krieges mit den Westmächten heraufbeschwören würde, entschloß sich Nikolaus I., den Bogen nicht zu überspannen und Truppen wie Schiffe zurückzuziehen. Noch in Anwesenheit der russischen Streitmacht kam es aber in Unkiar Skelessi am 8. Juli 1833 zum Abschluß eines russisch-türkischen Vertrages, der in der Form eines Defensivbündnisses Rußland zur einzigen Schutzmacht der Türkei machte und begreiflicherweise das äußerste Mißtrauen der übrigen Mächte erregte.

Man mochte russischerseits mit noch so gutem Gewissen darauf hinweisen, daß der neue Vertrag gegenüber den vorhergehenden gar keine grundsätzliche Änderung enthalte, allein die Tatsache, daß Rußland versprach, auch künftigen Hilfebegehren der Türkei nachzukommen, und daß die Türkei sich verpflichtete, im Kriegsfalle die Meerengen zu schließen, zielte auf eine Wiederholung der Situation von 1833 ab, und die Vermutung, daß Rußland dann versuchen würde, sich endgültig in den Besitz des Schlüssels zum Schwarzen Meer zu setzen, war keineswegs unbegründet. Indem sie sich in der Frage der Donaufürstentümer konziliant zeigte und jede in Zukunft etwa erforderlich werdende Aufteilung türkischen Territoriums nur im Einvernehmen mit Österreich durchzuführen versprach, erreichte die russische Diplomatie zwar eine Erneuerung der Heiligen Allianz (Konventionen von Münchengrätz am 18. September und von Berlin am 15. Oktober 1833) und damit im Augenblick eine Lösung der Krise im eigenen Sinn, aber es fehlte den Russen vollkommen die richtige Einschätzung der weitreichenden psychologischen Folgen, die ihr Vorgehen hatte. Unkiar Skelessi löste in England nicht nur eine Welle rußlandfeindlicher Publizistik aus, die in dem leidenschaftlichen Schotten David Urquhart ihren markantesten Vertreter hatte, sondern legte den Grund zu einer weit verbreiteten und tiefverwurzelten Russophobie, die rationalen Erwägungen kaum mehr zugänglich war und auf jede russische Aktion, die auch nur entfernt britische Interessen berühren konnte, mit äußerster Empfindlichkeit reagierte. Indien und die Verbindung dahin schienen bedroht; ob die Russen nun die kaukasischen Bergstämme pazifizierten und mit der islamischen Widerstandsbewegung des Müridismus unter der Führung Šamils einen erschöpfenden Kleinkrieg zu führen hatten (1834–1864), ob sie die Perser zu afghanischen Eroberungen animierten oder ob sie – allerdings erfolglos – 1839 einen ersten Vorstoß nach Chiva wagten – stets wurde ihre Aktivität als gegen die britischen Interessen gerichtet empfunden und löste entsprechende Gegenaktionen aus. Die akuten Grenzstreitigkeiten zwischen dem größten kontinentalen und dem mächtigen maritimen Imperium hatten begonnen.

Wenn der unmittelbare militärische Konflikt bis auf weiteres vermieden werden konnte, ja in den vierziger Jahren sogar eine oberflächliche russisch-englische Annäherung stattfand, so hatte das auf russischer Seite seinen Grund in der prinzipiell konservativen Einstellung Nikolaus I., der stets im ›revolutionären‹ Frankreich den Hauptgegner sah und am liebsten eine Politik der Quadrupelallianz wie zu Napoleons Zeiten verwirklicht hätte. In der Tat bestand zwischen England und Frankreich zeitweise ein scharfer Gegensatz, und zwar auch wiederum in der orientalischen Frage. Er wurde akut, als eine erfolglose türkische Offensive gegen Ägypten 1839 eine neue Krise hervorrief. Gegen den siegreichen Mehemet Ali und das hinter diesem stehende Frankreich schlossen sich die übrigen Großmächte in der Londoner Konvention vom 15. Juli 1840 zusammen, Ägypten wurde durch eine englisch-österreichisch-türkische Flottenexpedition in die Schranken gewiesen, und die Meerengenkonvention vom 13. Juli 1841 stellte unter Beteiligung Frankreichs das orientalische Gleichgewicht wieder her. Aber es war eine Illusion, wenn die russische Regierung glaubte, gegen das einseitige Protektoratsverhältnis von Unkiar Skelessi nun eine internationale Garantie ihres Sicherheitsbedürfnisses im Schwarzen Meer eingetauscht zu haben. Die Meerengenkonvention, die in Friedenszeiten allen Kriegsschiffen die Durchfahrt versagte, war nicht mehr als eine Spielregel, die nur so lange Bedeutung hat, als sie von den Spielern akzeptiert wird. Und es war ebenso eine Illusion, wenn man in Petersburg meinte, der Besuch Nikolaus' I. in England im Jahre 1844 habe einen grundsätzlichen Wandel in der englischen Rußlandpolitik eingeleitet. Man verwechselte dabei die Unterschiede im persönlichen Stil der britischen Premiers mit Veränderungen in den Tiefenschichten der öffentlichen Meinung und hatte wohl überhaupt nur ein sehr begrenztes Vorstellungsvermögen für die Bedeutung der öffentlichen Meinung in einem nichtautokratischen Staatswesen. War die Fleißaufgabe des Legitimitätsschutzes, der sich Rußland ebenso wie in Ungarn auch in den Donaufürstentümern unterzog, indem es gemeinsam mit dem Sultan die nationalliberalen Revolutionen unterdrückte und Verfassungen oktroyierte, die alles eher als fortschrittlich gelten konnten, nicht der beste Beweis für die Ehrlichkeit der russischen Absicht, die Türkei in ihrem Bestand zu erhalten? In Österreich und in England sah man es anders, nämlich im Lichte der erfolgten und für alle künftigen Revolutionsfälle vorgesehenen militärischen Besetzung durch Rußland. Was Österreich betraf, so waren damit nur Machtinteressen getroffen, für England gab es darüber hinaus aber auch so etwas wie liberale Prinzipien, die es 1849 an die Seite Frankreichs rückten, um die Türkei in ihrem Widerstand gegen die von Österreich und Rußland geforderte Auslieferung der ungarischen (bzw. polnischen) Flüchtlinge zu stützen.

Man kann Nikolaus I. und seine Berater nicht von verblendeter Naivität freisprechen, wenn sie anfangs der fünfziger Jahre meinten, Österreich und die Türkei durch Hilfe bei der Revolutionsbekämpfung in Dankbarkeit an Rußland gebunden, durch die Mitwirkung an der Lösung der deutschen Frage Rußland Sympathien erworben zu haben, mit den Engländern in Gesprächen zu stehen, die zu einer Erweiterung der russischen Machtsphäre auf dem Balkan (Donaufürstentümer, Serbien) zuungunsten Österreichs und zu einer Erweiterung des englischen Einflusses im Orient (Ägypten, Kreta) auf Kosten Frankreichs führen würden, und das erneut revolutionäre Frankreich als eine machtmäßige quantité négligeable betrachten zu dürfen. Alles an dieser Lagebeurteilung war falsch, und aus den falschen Prämissen ergab sich als Schlußfolgerung jene für Rußland verhängnisvolle Politik, die den solange vermiedenen militärischen Konflikt im Krimkrieg endlich doch auslöste.

Der Krimkrieg

Die Entwicklung der ›orientalischen Frage‹ im zweiten Viertel des 19. Jahrhunderts hatte schon mehrfach hart an die Grenze eines Krieges zwischen Rußland und den übrigen interessierten Mächten, in erster Linie England, herangeführt. Es konnte längst kein Zweifel mehr bestehen, daß jeder weitere russische Vorstoß gegen die Türkei, ja daß schon jede russische Aktion, die sich als eine Beeinträchtigung der türkischen Souveränität auslegen ließ, von England als ein Angriff auf eigene vitale Interessen aufgefaßt werden würde. Diese bestanden in der Sicherheit der Verbindungswege zu den Besitzungen und Märkten des Fernen Ostens und in der Erhaltung des osmanischen Reiches als Hauptabnehmer der englischen Industrieprodukte. Während sich die europäischen Länder einschließlich Rußlands gegen die expansiven Tendenzen des englischen Handels durch hohe Schutzzölle abriegelten, hatte sich der englische Export in die Türkei seit 1825 mehr als verachtfacht. Und seit 1846 in England die Getreidezölle gefallen waren, zeigte der englische Handel umgekehrt ein rasch wachsendes Interesse an türkischem, d. h. praktisch rumänischem Getreide; die Zahl der englischen Schiffe, die in Richtung der Donaufürstentümer die Meerengen passierten, stieg von 250 im Jahre 1842 auf 1741 im Jahre 1852. Angesichts dieser kommerziellen Entwicklung und der bereits traditionellen britischen Russophobie mußte jede aggressive russische Orientpolitik mit scharfen englischen Reaktionen rechnen. Zu einer Aggression mochte nun Nikolaus I. aufgrund seiner Überschätzung der russischen Machtstellung im allgemeinen neigen; um sie einzuleiten, bedurfte es eines auslösenden Anlasses. Den lieferte Napoleon III.

Der Streit um die Privilegien der verschiedenen Konfessionen bei der Betreuung der heiligen Stätten des Christentums in Palästina war in der säkularen Machtpolitik des 19. Jahrhunderts ein deplacierter Anachronismus. Weder der Papst in Rom noch der ökumenische Patriarch zeigten sich sonderlich interessiert, als Napoleon III. den Konflikt 1850 hochzuspielen begann und Nikolaus I. die Herausforderung akzeptierte. Und dieser Streit war im Sinne des Status quo beigelegt, ehe die militärischen Feindseligkeiten überhaupt begannen. Was Anlaß des Krieges gewesen war, wurde bei den Friedensverhandlungen kaum noch am Rande erwähnt. Napoleon III. mochte innen- und außenpolitische Gründe haben, das Interesse auf eine neue orientalische Krise zu lenken. Aber wenn es ihm tatsächlich gelang, das Spiel zu gewinnen, seine Position im Innern durch einen aufsehenerregenden außenpolitischen Erfolg zu festigen und die Gefahr eines gegen Frankreich gerichteten Viermächtebündnisses aus der Welt zu schaffen, so verdankte er das in erster Linie der russischen Reaktion. Erst das provozierende Auftreten des Fürsten Menšikov, der im Februar als Sonderbotschafter des Zaren in Konstantinopel erschien und ganz unnötigerweise alle Register einer martialischen Regie zog, bewirkte das für Rußland verhängnisvolle Zusammenrücken der übrigen Mächte. Daß Petersburg sich mit einem Nachgeben in der Frage der heiligen Stätten nun nicht mehr begnügte, sondern die Türkei in ultimativer Form zu einem Defensivbündnis mit Rußland und zur Garantie einer privilegierten Stellung aller christlichen Untertanen des Sultans zwingen wollte, fügte zur Erregung der öffentlichen Meinung in Europa das politische Argument für die Regierungen; denn die Verwirklichung eines solchen Über-Unkiar Skelessi hätte die Souveränität der Türkei tatsächlich in Frage gestellt. Andererseits gingen aber auch in Rußland die Wellen der nationalistischen Erregung hoch: Der seit zwei Jahrzehnten systematisch hochgezüchtete Narodnost'-Patriotismus mit allen slavophilen und panslavistischen Schattierungen trug jetzt seine Früchte. Der Krimkrieg sollte der erste Krieg werden, der auch als ein Kampf von Ideologien mit den Mitteln moderner Publizität ausgefochten wurde, und es war nicht zuletzt diese Seite der Auseinandersetzung, die alle Vermittlungsversuche scheitern und die militärischen Aktionen in Gang kommen ließ.

Es stellt der russischen Außenpolitik ein vernichtendes Zeugnis aus, daß sie sich in der für Rußland ungünstigsten Konstellation – ohne einen einzigen Verbündeten gegen eine europäische Koalition – den Kampf aufdrängen ließ. Selbstüberschätzung, Arroganz des Auftretens und unzeitgemäße Illusionen über die Solidarität der Heiligen Allianz wurden durch die militärischen Realitäten sehr rasch ad absurdum geführt. Daß der Krieg zwischen den größten und mächtigsten Staaten der Zeit auf engstem Raum – im Kampf um die Seefestung Sevastopol auf dem Südzipfel der Halbinsel Krim – geführt und entschieden wurde, war weder ursprünglich geplant noch vorauszusehen, sondern erst die Folge einer ganzen Reihe von Entwicklungen: Weiträumige Aktionen der britischen Kriegsmarine von den Ålandsinseln bis Kamčatka im Frühjahr und Sommer 1854 konnten nicht mehr als beunruhigen und einige Kräfte der Russen binden; von einem Angriff über Finnland auf Petersburg mußte man absehen, weil sich das völlig unvorbereitete Schweden nicht zu mehr als einer für die Westmächte wohlwollenden Neutralität bereitfand; der Balkan schied als Kriegsschauplatz aus, nachdem sich die russische Offensive im März 1854 südlich der Donau schon vor Silistria festgelaufen und der türkische Gegenstoß im Verein mit einer alliierten Landung in Varna und der drohenden Haltung Österreichs in der siebenbürgischen Flanke schon im September die Räumung der Donaufürstentümer erzwungen hatte – sie wurden durch Truppen des nicht kriegführenden Österreich besetzt.

Am 17. Oktober 1854 begann die Belagerung von Sevastopol, dessen Kapitulation nach elfmonatiger Verteidigung am 9. September 1855 den Krieg entschied. Im russischen Geschichtsbewußtsein steht die heldenhafte Verteidigung, bei der drei kommandierende Admiräle der Schwarzmeerflotte – Kornilov, Istomin und Nachimov – fielen und der Erbauer der provisorischen Landbefestigungen, der Pionier-Oberstleutnant v. Totleben, schwer verwundet wurde, begreiflicherweise im Vordergrund. Aber erstaunlich war weniger die Tatsache, daß Sevastopol gegen die nicht überwältigend zahlreichen und mangelhaft geführten Belagerer solange gehalten werden konnte, als daß es den zahlenmäßig weit überlegenen russischen Landstreitkräften im Verlaufe fast eines ganzen Jahres nicht gelang, die Stadt zu entsetzen. Was man auch an Gründen anführen mag – die Unentschlossenheit der verschiedenen Oberkommandierenden, die Rückständigkeit der russischen Industrie, die weder die Armee mit modernen Waffen, noch die Schwarzmeerflotte mit Kohle versorgen konnte, das Fehlen von Eisenbahnen südlich von Moskau, Unruhen unter den rekrutierten Bauern und dementsprechend eine geringe Kriegsbegeisterung der adeligen Gutsbesitzer, die außerdem durch das Aufhören des Getreideexportes über die Schwarzmeerhäfen wirtschaftlich schwer getroffen wurden, eine unglaubliche Korruption im gesamten Versorgungswesen – es bleibt ein katastrophales Versagen der militärischen Führung in allen höheren Kommandostellen. Ein Menschenalter lang hatte man nur das Gehorchen geübt, selbständiges Denken und Entschlußfähigkeit waren offensichtlich verkümmert. Gerade dort, wo es sich am stärksten wähnte, im Militärischen, wurde das Rußland Nikolaus I. vernichtend geschlagen, und zwar nicht deshalb, weil der Kaiser, von dessen Befehl alles abhängen sollte, Anfang 1855 starb. Der Zusammenbruch des Regimes in einem totalen Fiasko und die nationale Schmach, die nach Kompensation verlangte, leiteten in Rußland innenpolitisch eine neue Epoche ein. Außenpolitisch dagegen erwies sich die Rechnung, die zu bezahlen war, als erstaunlich gering.

Während die Kampfhandlungen andauerten, hatte sich die antirussische Koalition noch verbreitert: Am 26. Januar 1855 war ihr Sardinien beigetreten, um sich die französische Unterstützung der nationalitalienischen Ziele zu sichern, und schon seit dem 2. Dezember 1854 stand Österreich im Bunde mit den Westmächten, allerdings ohne die Verpflichtung zur aktiven Teilnahme an den militärischen Operationen; die Drohung war in diesem Fall aber kaum weniger wirksam als die Ausführung. Allein Preußen konnte als Rußland einigermaßen gewogen gelten, obwohl es sich auch dem alliierten Ultimatum vom Februar 1854 angeschlossen hatte, also für die Integrität der Türkei und die Räumung der Donaufürstentümer durch Rußland eingetreten war. Wie wenig die politischen Ziele der Verbündeten übereinstimmten, ergibt sich daraus, daß die ersten Friedenskontakte nicht von den Neutralen, sondern von Napoleon III. ausgingen, der den Konflikt vom Zaun gebrochen, aber inzwischen seine Zwecke erreicht hatte, und daß den Ausschlag schließlich im Dezember 1855 ein österreichisches Ultimatum gab, das die auf der Wiener Konferenz am 8. August 1854 festgelegten alliierten Friedensbedingungen nicht unwesentlich verschärfte: Die ursprünglich geforderte Freiheit der Donauschiffahrt sollte nun durch die Abtretung des Donaudeltas und Südbessarabiens an das Fürstentum Moldau gesichert werden, und die ›Revision der Meerengenkonvention‹ konkretisierte man nun als Neutralisierung, d. h. Entmilitarisierung des Schwarzen Meeres; das russische Protektorat über die Donaufürstentümer, Serbien und die christlichen Untertanen des Sultans überhaupt war durch gemeinsame Garantien der europäischen Mächte zu ersetzen. Aufgrund dieser Bedingungen wurde am 18. März 1856 in Paris der Friedensschluß unterzeichnet. Er bedeutete alles eher als eine Lösung der ›orientalischen Frage‹, sofern man darunter nicht allein das Protektoratsproblem versteht, das durch rechtzeitig verkündete innertürkische Reformen entschärft wurde. Die tiefere Ursache des Konfliktes lag ja nicht in den Nöten der balkanischen und orientalischen Christenheit, sondern in der verlockenden Schwäche des osmanischen Reiches, und daran änderte sich grundsätzlich nichts, auch wenn die Türkei nun gewissermaßen offiziell in die Gemeinschaft der europäischen Mächte aufgenommen wurde und hinfort an den Vorteilen des in Europa geltenden internationalen öffentlichen Rechtes teilnehmen durfte.

Was Rußland als den Hauptinteressenten an der territorialen Erbschaft der Türken betrifft, so wurde ihm keine wesentliche Einbuße an Macht zugemutet, aber durch die Entmilitarisierung aller Schwarzmeerhäfen eine unnötige und überdies unwirksame Demütigung bereitet. In den eigenen Häfen keine Kriegsschiffe und keine Einrichtungen der Kriegsmarine unterhalten zu dürfen, war mit dem Prestige einer Großmacht unvereinbar, und es machte die Sache keineswegs besser, daß auch den Türken dieselbe Beschränkung auferlegt wurde. So heilsam für Rußland die Niederlage als Anstoß für längst fällige Reformen wurde, der demütigende Prestigeverlust löste im Zarenreich, nachdem einmal der erste Schock überwunden war, eine hochgehende Welle eben jener religiösen und nationalen Ideologien aus, die das übrige Europa in Paris ad acta gelegt zu haben glaubte.

IMPERIALISTISCHES IMPERIUM

Panslavismus und Nationalitäten

Der Weg, den das russische Imperium in der zweiten Hälfte des 19. Jahrhunderts nahm und der nach der Jahrhundertwende in eine Situation führte, in der die vorhandenen Kräfte den gestellten Aufgaben nicht mehr gewachsen waren, ist seit langem Gegenstand intensiver historischer Forschung. Die verwirrende Fülle der Erscheinungen, die in einer ungewöhnlich dynamischen Entwicklung einander bedingten und ablösten, läßt das Aufspüren geschichtsbestimmender Konstanten ebenso wünschenswert wie schwierig erscheinen. Eine Konstante jedoch war vorgegeben und in allen äußeren und inneren Peripetien unverändert wirksam – der russische Staat als eine imperiale Machtkonzentration. Aller wirtschaftliche, gesellschaftliche und ideologische Wandel vollzog sich angesichts der Realität einer im Staat verkörperten gewaltigen politischen Macht, die Erhaltung forderte und nach Ausdehnung drängte. Die Niederlage im Krimkrieg hatte die Macht des russischen Imperiums nicht ernsthaft in Frage gestellt, wohl aber die Verbesserungsbedürftigkeit seiner Machtmittel deutlich bewiesen, und sie hatte das russische Machtbewußtsein nicht gebrochen, sondern nur empfindlicher gemacht. Solange der Staat in seiner überkommenen Form intakt blieb, war daher das Maß für die Überwindung technischer und ökonomischer Rückständigkeit nicht die Wohlfahrt der Bevölkerung in einer gerechten Ordnung der Gesellschaft, sondern die außenpolitische Konkurrenzfähigkeit, und die Außenpolitik des Zarenreiches im sogenannten ›Zeitalter des Imperialismus‹ folgte weit weniger – wenn überhaupt – dem Zwang wirtschaftlichen Expansionsstrebens als den ungeschriebenen Gesetzen des Machtprestiges. Eine rein ökonomische Interpretation des ›Imperialismus‹, wie sie vor allem von marxistischer Seite entwickelt wurde, mag bei den hochindustrialisierten Kolonialmächten Westeuropas einige Berechtigung haben – den russischen Imperialismus muß sie in seinem

Wesen verfehlen. Andererseits ist aber auch der Einfluß historischer oder moderner Ideologien auf die russische Außenpolitik vielfach überschätzt oder zumindest stark vereinfacht dargestellt worden. Das gilt in erster Linie vom Panslavismus.

Mehr oder minder deutliche Vorstellungen von der relativ nahen sprachlichen Verwandtschaft der slavischen Völker hatte es stets gegeben, aber erst als unter dem Einfluß Herders und der deutschen Romantik die kleinen slavischen Völker im 19. Jahrhundert zu nationalem Selbstbewußtsein erwachten und die vergleichende Sprachwissenschaft den Nachweis einer ursprünglichen slavischen Gemeinsamkeit erbrachte, gewannen diese Vorstellungen zunehmend an politischem Gewicht, auch wenn sie zunächst noch weit davon entfernt waren, das politische Handeln der Völker zu bestimmen. Der Traum von einer kulturell ebenbürtigen und politisch machtvollen Gemeinschaft des Slaventums war geeignet, das Selbstbewußtsein aller jener slavischen Völker, die des eigenen Staates entbehrten, zu heben. Die Russen als einzige hatten einen mächtigen Staat und bedurften durchaus keiner Hebung des nationalen Selbstbewußtseins. So ging es den Slavophilen weniger um die panslavische als um die panorthodoxe Gemeinschaft, und wenn auch Einzelgänger wie Pogodin aus der archäologisch-literarischen Begeisterung für slavische Altertümer frühzeitig aktuell-politische Forderungen ableiteten, so war doch das aufrüttelnde Erlebnis von Krieg und Niederlage erforderlich, um die verschiedenen, Slaventum und Russentum in ihrem angeblich wesensbedingten Gegensatz zum übrigen Europa umkreisenden Gedanken zu verschmelzen und aus patriotischen Spekulationen von Gelehrten und Liebhabern eine handfeste politische Ideologie werden zu lassen. Jetzt erst gewann panslavistisches Denken auch in Rußland an Boden und damit sogleich auch eine neue Gestalt; denn Panslavismus ist für die Russen niemals etwas anderes gewesen als Panrussismus, als ein das gesamte Slaventum einbeziehender großrussischer Nationalismus. Während für Panslavisten anderer slavischer Völker die anzustrebende allslavische Gemeinsamkeit politisch stets föderative Züge trug, war sie für Russen nicht anders vorstellbar als ein Münden aller slavischen Ströme im russischen Meer (Puškin). Jetzt erst wurde die Mission, alle Slaven zu vereinen, zum Mittel, den erlittenen Mißerfolg innerlich zu kompensieren, und zu einem ›militanten Programm außenpolitischer Intervention‹ (Petrovich).

Der ideologische Wandel war mit einem Generationswechsel verbunden. Aus der älteren Gruppe russischer Slavophiler reichten Samarin, Pogodin und der jüngere Aksakov noch in die militante Periode des russischen Panslavismus der sechziger und siebziger Jahre hinein, aber die führende Rolle fiel nun jüngeren Männern zu, die einen ganz anderen Lebens- und Denkstil vertraten als die kultivierten slavophilen Aristokraten des ersten Moskauer Zirkels. Durch ihre Publikationen am bekanntesten wurden der Biologe N. Ja. Danilevskij (1822–1885) und der Generalmajor R. A. Fadeev (1824–1883). Danilesvskijs berühmtes Buch ›Rußland und Europa‹ (Rossija i Evropa) erschien nach einem wenig beachteten Vorabdruck in der Zeitschrift ›Zarja‹ 1871. Es bot in einer Anwendung naturwissenschaftlicher Kategorien auf die Geschichte eine breit ausgeführte Kulturtypenlehre, die den Beweis zu führen suchte, daß der germanisch-romanische Kulturtyp seine historische Aufgabe erfüllt habe und am Ende seiner Schöpferkraft angelangt sei; an seine Stelle werde nun der slavische Kulturtyp treten und mit Rußland an der Spitze die Weiterführung der Weltgeschichte übernehmen. Voraussetzung dafür sei aber – so meinte Danilevskij und mit ihm Fadeev, dessen ›Meinung über die orientalische Frage‹ (Mnenie o vostočnom voprose) 1870 erschien und außerhalb Rußlands beträchtliches Aufsehen erregte – die politische Vereinigung des Slaventums durch Rußland, und diese wieder sei nur möglich, wenn die Türkei und Österreich, ›ein politisches Vorurteil, das noch das Bewußtsein umwölkt‹ (I. Aksakov), von der Landkarte Europas verschwänden. Die Vereinigung der Slaven unter der Herrschaft des russischen Zaren wurde damit zum Sinn der Weltgeschichte und wehe dem Staat oder Volk, das dem Vollzug dieses Sinnes im Wege stand. »Gott bewahre die Magyaren« – so schrieb der Philologe Hilferding – »vor der unfruchtbaren Rolle, eine chinesische Mauer inmitten der Slaven zu bilden, die ihrer Bruderschaft bewußt geworden sind und nach Vereinigung dürsten ... Wehe den Magyaren, wenn sie den Wunsch haben sollten, dagegen einzuschreiten. Der Gang der Geschichte hat schon bessere Völker zerschmettert.«

Es ist begreiflich, daß solche Äußerungen im betroffenen Ausland Aufsehen erregten und den Panslavismus als Grundkonzeption der russischen Außenpolitik erscheinen ließen. Es war nicht zu übersehen, daß sich die 1858 in Moskau und danach auch in anderen russischen Städten gegründeten slavischen Wohltätigkeitskomitees neben der kulturellen Betreuung der südslavischen Völker auch die Verbreitung der panslavistischen Ideen zur Aufgabe machten, daß 1867 der zweite Slavenkongreß in Moskau einen Höhepunkt panslavischer Emotionen brachte und daß die öffentliche Meinung in Rußland den Propheten des Panslavismus ziemlich bereitwillig folgte; auch mußte es bedenklich stimmen, wenn ausgerechnet der fanatische Panslavist N. P. Ignat'ev zum russischen Botschafter in Konstantinopel bestellt wurde (1864–1877). Aber die Wirkung der panslavistischen Welle war weder von großer Breite noch von langer Dauer. In ihren radikalen Formen widersprach die panslavistische Ideologie allzusehr den konservativ-legitimistischen Grundsätzen der russischen Autokratie; sie forderte durch falsche Prämissen und sinnlose Übertreibungen die scharfe Kritik nüchtern gebliebener Geister auch in Rußland selbst heraus, und sie vertrug niemals eine Konfrontierung mit der Praxis russischer Außen- und Nationalitätenpolitik.

Der Umgang mit den slavischen Völkern des eigenen Machtbereiches, den Polen vor allem und den Ukrainern, mußte zum Prüfstein der panslavistischen Ideale werden. An der ›fatalen polnischen Frage‹ wurde die allslavische Mission Rußlands zutiefst unglaubwürdig, denn wie sollte man die Tatsache rechtfertigen, daß der unbarmherzige Unterdrücker slavischer Völker (der Polen und Ukrainer) sich gleichzeitig die Rolle eines Befreiers slavischer Völker (der Südslaven und Tschechen) anmaßte? Der neuerliche Aufstandsversuch der Polen im Jahre 1863 und seine Liquidierung stellten diese Frage mit aller Schärfe. Ein Menschenalter lang hatte unter Nikolaus I. die rücksichtslose, auf Polizei und Militär gestützte Verwaltung unter Paskevič in Polen für Ruhe gesorgt, aber als Rußland unter Alexander II. ein liberaleres Regime erhielt, zeigte es sich sehr bald, daß Zeit und Gewöhnung die Polen keineswegs mit ihrem Schicksal ausgesöhnt hatten. Einige entgegenkommende Gesten Petersburgs wie die Legalisierung der eben gegründeten ›Landwirtschaftlichen Gesellschaft‹ in Warschau (1857) und die Errichtung einer medizinischen Akademie als Kern einer künftigen Universität waren nur geeignet, Hoffnungen zu erwecken, die weit über das hinausgingen, was man zu gewähren dachte. Man gab zu wenig und zu langsam. Die Folge war eine Radikalisierung der polnischen Forderungen und – nicht zuletzt auch unter dem Eindruck der italienischen Einigungserfolge – das Entstehen einer ›revolutionären Situation‹ anfangs der sechziger Jahre. Jetzt erst fand sich die russische Regierung bereit, den Versuch des Markgrafen Alexander Wielopolski zu unterstützen, der durch eine rasche Wiederherstellung der Verhältnisse, wie sie vor 1830 im Königtum Polen bestanden hatten, die Spannung lösen wollte. Wielopolski wurde mit allen nötigen Vollmachten ausgestattet und erreichte als eine Art Diktator von des Zaren Gnaden tatsächlich in kurzer Zeit eine Repolonisierung der Verwaltung und des Bildungswesens, aber der Zeitpunkt für eine obrigkeitliche Regelung der ›polnischen Frage‹ war verpaßt. Es ist billig, den Polen im nachhinein den Mangel an politischer Weisheit vorzuwerfen, der sie davon abhielt, in der Gefolgschaft Wielopolskis beschränkte nationale Ziele anzustreben und zu erreichen. Der Gegensatz zwischen konservativen Aristokraten und revolutionären Demokraten, der die politisch aktive Schicht des polnischen Volkes in den Teilungsgebieten wie in der Emigration spaltete, war ein europäischer Gegensatz, das Ziel des Nationalstaates ein europäisches. Warum sollte für Polen unerreichbar sein, was Italienern gelang? Daß die Polen ihren im Befreiungskampf zu errichtenden Nationalstaat mit der historischen polnisch-litauischen Union in den Grenzen von 1772 gleichsetzten, war gewiß unklug und mußte den russischen Nationalismus auf den Plan rufen; und es war im höchsten Maße unvernünftig, ohne genügende Vorbereitung und ohne ausreichende materielle Basis die ›Nation in Waffen‹, die es nur in der Vorstellung der ›Roten‹ um Mieroslawski gab, in einen Kampf mit der russischen Großmacht zu hetzen. Aber es war das polnische Volk weder von seiner geschichtlichen Leistung noch von der Tradition des spezifisch polnischen Messianismus, der im Martyrium der Nation die Gewähr für eine glorreiche Zukunft sah, zu trennen; dazu sollte es weiterer bitterer Erfahrungen bedürfen.

Der eigentliche Aufstand begann am 22. Januar 1863 und griff rasch auch auf Litauen über, während in den ukrainischen Gebieten Revolutionierungsversuche scheiterten. Da die Polen keine reguläre Armee besaßen, mußten sie den Kampf nach Partisanenart in kleinen Gruppen führen. In dieser Form zog sich der Aufstand bis in das Jahr 1864 hin, ohne die russische Armee vor wirklich schwierige Aufgaben zu stellen. Der Sympathien des demokratischen Europa von Mazzini bis Alexander Herzen waren die Polen sicher, die Hoffnungen aber, die sie auf diplomatische Interventionen der europäischen Mächte setzten, gingen nicht in Erfüllung. Es war nicht zuletzt die preußische Unterstützung (Alvenslebensche Konvention vom 8. Februar 1863), die den russischen Außenminister Gorčakov in die Lage versetzte, mehrfache Protestaktionen Englands, Frankreichs und Österreichs, denen sich eine ganze Reihe weiterer europäischer Staaten anschlossen, zu ignorieren. Man wußte in Petersburg zu genau, daß hinter den Protesten kein Wille zum militärischen Eingreifen stand, und löste die polnische Frage nun – wie man meinte – endgültig im eigenen Sinne. Für Litauen bedeutete das eine gegen das Polentum gerichtete brutale Ausrottungspolitik, die der neue Generalgouverneur Graf M. N. Muravev, der ›Henker‹, von Wilna aus durchführte, für das Kongreß-Königtum die Degradierung zum ›Weichselgebiet‹ (privisljanskij kraj) und die Russifizierung des gesamten öffentlichen Lebens. Ihren Höhepunkt erreichte die Politik einer administrativen Unterdrückung des Polentums in den achtziger Jahren; sie galt nicht nur der anderen Nation, sondern auch der anderen Religion, dem römischen Katholizismus, der die letzte unierte Diözese in Russisch-Polen, die von Chełm, durch gewaltsame Rückführung in die Orthodoxie einbüßte (1875) – der Abbruch der diplomatischen Beziehungen zu Petersburg seitens des Vatikans war die Folge. Wirksamer als die sprachliche und kulturelle Russifizierung (1869 erhielt Warschau eine rein russische Universität), die ein unerreichbares Ziel verfolgte, solange die Polen in den anderen Teilungsgebieten, vor allem im österreichischen Galizien (polnische Universitäten in Krakau und Lemberg) Möglichkeiten zur Pflege ihrer nationalen Kultur behielten, war die Agrarpolitik der russischen Verwaltung: 1864 inauguriert von N. A. Miljutin, dem Bauernbefreiungsexperten und Bruder des russischen Kriegsministers, folgte sie dem Prinzip, die polnischen Bauern zu der Überzeugung zu bringen, daß sie von den polnischen Gutsbesitzern nichts, von der russischen Verwaltung aber alles zu erwarten hatten. Dasselbe Regime, das nicht müde wurde zu betonen, wie sehr es sich auf den russischen Adel als staatstragende und staatserhaltende Schicht stütze, führte auf wirtschaftlicher und sozialer Ebene gegen den polnischen Adel ohne jede Rücksicht auf konservative Gesichtspunkte einen Vernichtungskampf. Es beschleunigte damit freilich nur einen sozialen und politischen Umschichtungsprozeß innerhalb des polnischen Volkes, der aus verarmtem Adel und wirtschaftstüchtigen Bürgern eine Mittelschicht entstehen ließ, die sich – nicht minder national gesinnt als die ›Adelsnation‹ – den modernen Lebensbedingungen weit besser anpaßte, an die Stelle des heroischen Selbstopfers die ›organische Arbeit‹ treten ließ und schließlich auch jene politischen Parteien – Nationaldemokraten und Sozialisten – hervorbrachte, denen die Führung der Nation in der letzten Phase polnischer Unfreiheit anvertraut war.

Der Aufruhr des polnischen Nationalismus rief eine Welle des russischen Nationalismus hervor, in der alle konservativen, liberalen und revolutionären Prinzipien untergingen. Den prinzipientreuen Herzen kosteten seine Sympathien für Polen die russische Leserschaft, und den russischen Panslavisten blieb nichts übrig, als den Polen ihr Slaventum zumindest in kulturellem Sinne abzusprechen. Pogodin verstieg sich sogar dazu, nur die polnischen Bauern als Slaven anzuerkennen: Der polnische Adel müsse nichtslavischen, ›keltischen oder lateinischen Ursprungs‹ sein, anders könne er (Pogodin) sich ›die jüngsten Ereignisse nicht erklären‹. Zutreffender war es, wenn I. Aksakov und andere davon sprachen, daß Polen sich ganz »in der fortgeschrittenen Gemeinschaft des Westens« sehe, daß »Polen völlig zu einem Glied der lateinisch-germanischen Völkerfamilie geworden« sei; der Schluß, daß es damit ›die slavische Brüderlichkeit verraten‹ habe und zu einem ›scharfen Keil‹ geworden sei, »den der Romanismus mitten ins Herz der slavischen Welt getrieben hat, um sie in Stücke zu schlagen« (Samarin), hatte als Prämisse freilich die Fiktion, daß es diese ›brüderliche slavische Welt‹ in historischem und kulturellem Sinne gegeben habe und – abgesehen von den verräterischen Polen – auch gegenwärtig gebe. Ohne einen Augenblick zu zögern, setzten die russischen Panslavisten in ihrem antiwestlichen Affekt die allslavischen mit den eigenen großrussischen Idealen gleich. Diesen Idealen zuliebe konnten die Polen nicht als wahre Slaven gelten, wenn sie sich nicht von Grund auf änderten, d. h. aufhörten, Polen zu sein, und diese Ideale ließen auch keinen Raum für das ukrainische Volk, das nun auch von der ganz Europa durchziehenden ›nationalen Bewegung‹ erfaßt wurde und zu nationalem Selbstbewußtsein erwachte.

Ein Ukas vom 30. Mai 1876 untersagte den Gebrauch des ›kleinrussischen Dialektes‹ auch auf allen kulturellen Gebieten von einiger Breitenwirksamkeit. Die rücksichtslose Unterdrückung aller Regungen eines eigenständigen ukrainischen Kulturlebens hatte aber nur die Wirkung, daß sich das politische Denken der Ukrainer von den föderativen Vorstellungen der ›Kyrill und Method-Gesellschaft‹ rasch zu nationalstaatlichen Zielsetzungen radikalisierte. Das österreichische Galizien, in dem sich die Ruthenen kulturell und politisch relativ frei bewegen konnten, spielte die Rolle eines ukrainischen Piemont, die 1873 in Lemberg gegründete Ševčenko-Gesellschaft die einer ukrainischen Akademie der

Wissenschaften. Die Ukrainer, deren Oberschicht jahrhundertelang am meisten der Assimilierung an das herrschende Polentum oder Russentum ausgesetzt war, hatten kaum einen eigenen Adel, und sie hatten – vom Dneprkosakentum abgesehen – keinen Geschichtsraum, den ihnen nicht ein anderes Volk streitig gemacht hätte. Ihr Nationalismus entfaltete sich in scharfer Auseinandersetzung mit Großrussen und Polen als eine Mischung von nationaler Geschichtskonstruktion und demokratischen Kosakentraditionen, er konnte nicht staatsbezogen, sondern mußte volksbezogen sein und wurde von einer allmählich entstehenden bürgerlichen Bildungsschicht getragen, die in Mychajlo Hruševśkyj (1866–1934), dem größten Historiker des ukrainischen Volkes, ihren überragenden Führer fand. National und volksbezogen war auch die ukrainische Linke unter dem langewährenden Einfluß des in der Schweizer Emigration lebenden Mychajlo Drahomaniv und des vielseitigen ostgalizischen Dichters Ivan Franko.

Mehr und mehr von einem rücksichtslosen großrussischen Chauvinismus bestimmt, wie ihn vor allem Katkov in seinem ›Russischen Boten‹ (Russkij Vestnik) mit Vehemenz und Geschick vertrat, machte die russische Nationalitätenpolitik in der Praxis keinen Unterschied zwischen slavischen und nichtslavischen Nationen. Auch das russische Reich entwickelte – dem Zuge der Zeit folgend – den Ehrgeiz, ein Nationalstaat zu werden. Unmittelbar nach dem Polenaufstand bekamen auch die Baltendeutschen einen zunehmenden Druck der Russifizierungspublizistik (Samarin) und der Russifizierungspolitik zu spüren, gegen den sich des Dorpater Historikers Karl Schirren ›Livländische Antwort‹ (1869) kühn, aber vergeblich zur Wehr setzte. Den Höhepunkt bildete in dieser Hinsicht die Regierungszeit Alexanders III. (1881–1894), der die Bestätigung der baltischen Privilegien verweigerte und die Russifizierung des gesamten öffentlichen Lebens in den baltischen Provinzen, vor allem auch des Schulwesens einschließlich der Dorpater Universität anordnete. Aber Alexander III. betrieb nur am energischsten und am ehrlichsten, was Alexander II. bereits zugelassen hatte und Nikolaus II. fortsetzte. Die Methoden waren variabel, das Ziel unveränderlich: 1899 wurde die finnische Verfassung durch kaiserliches Manifest aufgehoben, obwohl die Finnen keine Aufstände versucht hatten wie die Polen, die Juden unterwarf man einer diffamierenden Restriktionspolitik und der brutalen Mißhandlung durch antisemitische Pogrome, die Armenier warteten vergeblich darauf, daß sich der christliche Zar für ihre in der Türkei verfolgten Brüder einsetzte. Man müsse als unverrückbares Ziel stets im Auge behalten – so hatte Pestel' einst doziert –, aus allen Nationalitäten »nur ein einziges Volk zu bilden und die verschiedenen Nuancen zu einer einzigen, allgemeinen Masse zu verschmelzen, auf daß die Bewohner des ganzen Raumes des Russischen Staates alle Russen seien«. Bei Katkov hieß es (1867): »Rußland braucht einen einheitlichen Staat und eine starke russische Nationalität. Schaffen wir eine solche Nationalität auf der Basis einer allen Bewohnern gemeinsamen Sprache, eines gemeinsamen Glaubens und des slavischen Mir. Alles, was uns entgegenstehen wird, stürzen wir um!« Ob revolutionär oder reaktionär, die in einem zentralistischen Machtstaat alles assimilierende großrussische Nation bestimmte hier wie dort das Denken.

Die orientalische Frage

Unbeschwert von der Nationalitätenproblematik im eigenen Bereich drängte der russische Panslavismus auf eine Lösung der orientalischen Frage im russischen Sinn. Eine Reihe von Jahren war angesichts der militärischen Niederlage und der im Innern zu lösenden Aufgaben Zurückhaltung geboten, aber seit die einseitige Kündigung der Neutralisierungsklausel des Pariser Friedens, die Gorčakov mit preußischer Unterstützung während des deutsch-französischen Krieges am 31. Oktober 1870 vornahm, Erfolg gehabt hatte und durch die Londoner Siebenmächtekonferenz im Januar 1871 bestätigt worden war, wurde die russische Balkanpolitik zunehmend aktiver. Es ist nicht zu leugnen, daß die Regierung dabei dem Druck panslavistischer Kreise mehr und mehr nachgab, obwohl Rußland sich 1873 im Dreikaiserbündnis mit Deutschland und Österreich zu einer konservativen

Friedenspolitik mit gegenseitigem Konsultationsversprechen bekannt hatte. Als im Juni 1875 ein Aufstand in der Herzegowina die Krise zum Ausbruch brachte, mußte man in Petersburg mit einem von Deutschland sekundierten österreichischen Mißtrauen gegenüber jeder russischen Balkanaktion und, sofern die Integrität der Meerengen in Frage gestellt wurde, mit der schärfsten Gegnerschaft Englands rechnen, dessen imperiale Interessen schon durch die inzwischen erfolgte russische Expansion in Zentralasien gefährlich bedroht schienen. Das Übergreifen des Aufstandes auf Bosnien führte zu den ersten gemeinsamen diplomatischen Aktionen der interessierten Mächte; sie blieben erfolglos, weil sich die Türken in richtiger Einschätzung der englischen Politik der Forderung von kontrollierten Reformen widersetzten. Im Sommer 1876 spitzte sich die Lage weiter zu, als Serbien im Bunde mit Montenegro gegen den Rat der russischen Regierung, aber mit aktiver Unterstützung panslavistisch begeisterter russischer Freiwilliger einen Krieg gegen die Türkei begann. Ein im Mai erfolgter Umsturz in Konstantinopel, der sich über Monate hinzog und erst im September Sultan Abdul Hamid an die Herrschaft brachte, lud dazu ein, und Fürst Milan Obrenović von Serbien hatte seine persönlichen und dynastischen Gründe, in militärischen Erfolgen gegen die Türken eine Stärkung seines Prestiges zu suchen. Die Erfolge blieben jedoch vollkommen aus, obwohl der russische General Černjaev, der Eroberer von Taškent, ein außer Dienst gestellter undisziplinierter Kolonialstratege und fanatischer Panslavist, die serbische Armee kommandierte. Das enttäuschende Ergebnis hatte eine spürbare Abkühlung der slavischen Brüderlichkeit zwischen Serben und Russen zur Folge. Man setzte russischerseits hinfort auf die Bulgaren, die sich seit dem Frühjahr 1876 ebenfalls im Aufstand befanden, und beschränkte sich den Serben gegenüber darauf, die Türkei durch massiven Druck zum Abschluß eines Statuts quo-Friedens zu veranlassen (18. Februar 1877). Gestützt auf eine gewisse, wenn auch verschieden interpretierte Abgrenzung der Interessensphären mit Österreich (Abkommen von Reichstadt 8. Juli 1876, Geheimabkommen vom 15. Januar 1877) bereitete aber nun Rußland selbst den von allen Panslavisten so heiß ersehnten Krieg für die heilige Sache der Befreiung aller slavischen und orthodoxen Brüder vom Joch der Türkenherrschaft vor.

Es erwies sich als äußerst verhängnisvoll, daß in der entscheidenden Phase Alexander II. mehr und mehr unter den Einfluß Ignat'evs geriet, der in nationalistischer Verblendung weder die eigenen noch die gegnerischen Kräfte richtig einzuschätzen vermochte und entgegen dem Rat der für die Durchführung des Krieges verantwortlichen Männer, des Kriegsministers Miljutin und des Finanzministers Reutern, Rußland in eine Situation manövrierte, in der es dann durchaus vermeidbare Demütigungen auf sich nehmen mußte. Der Verlauf des durch Rußland am 14. April 1877 erklärten Krieges gab den geäußerten Bedenken durchaus recht: Nach raschen Anfangserfolgen hatten Vorausabteilungen das Balkangebirge (Šipkapaß) bereits überschritten und drangen in Richtung Adrianopel vor, als sich die Offensive vor der türkischen Festung Plevna festlief. Mehrere Erstürmungsversuche, der letzte am 11. und 12. September unter Teilnahme der rumänischen Armee, deren Unterstützung man zunächst, um keine politischen Ansprüche entstehen zu lassen, abgelehnt hatte, scheiterten, und es ist bezeichnend für den emotionalen Charakter der russischen Führung, daß man bereits den Rückzug über die Donau in Erwägung zog, ehe man sich dann doch entschloß, den im Krimkrieg bewährten General v. Totleben mit der systematischen Belagerung von Plevna zu beauftragen. Die Kapitulation der Festung am 10. Dezember entschied den Krieg; nach dem Fall von Sofia und Adrianopel standen die Russen Ende Januar 1878 vor den Toren Konstantinopels, und am 31. Januar war die Türkei gezwungen, einen Waffenstillstand zu unterzeichnen.

Damit war eine äußerst kritische Lage entstanden, denn einerseits erwartete eine bis zur Siedehitze erregte öffentliche Meinung in Rußland nun die Inbesitznahme des ›historischen Zieles‹, andererseits hatte England keinen Zweifel daran gelassen, daß es eine auch nur vorübergehende Besetzung Konstantinopels durch russische Truppen als casus belli betrachten würde. Die Reaktion auf den Waffenstillstand war schon deutlich genug: Österreich und England protestierten sofort, und am 18. Februar ging nach Passieren der Dardanellen eine englische Flotte vor den Prinzeninseln in Sichtweite Konstantinopels vor Anker. Nun stand nicht mehr nur die Erfüllung der slavophil-panslavistischen Wunschträume, sondern auch das Großmachtprestige Rußlands auf dem Spiel. Aber vergeblich befahl Alexander II. zwei Monate lang die Eroberung Konstantinopels – sie war für die russische Armee angesichts der englischen Flotte militärisch unmöglich, wie denn überhaupt der errungene Sieg nicht darüber hinwegtäuschen konnte, daß sich das militärische Potential Rußlands seit dem Krimkrieg nicht wesentlich erhöht hatte. Die Unzulänglichkeiten der Versorgung waren nach wie vor groß, die Einheitlichkeit der Führung litt auch diesmal wieder unter den Imponderabilien einer dynastischen Personalpolitik, Miljutins Reformen wie die Einführung der allgemeinen Wehrpflicht 1874 hatten sich noch nicht genügend auswirken können und eine neue Schwarzmeer-Kriegsflotte gab es noch nicht. Dem russischen Prestigebedürfnis wurde schließlich dadurch Rechnung getragen, daß die Türken einer Besetzung von S. Stefano hart südlich ihrer Hauptstadt zustimmten. Damit war Rußland in die Lage versetzt, optisch den Frieden ›beinahe in Konstantinopel‹ diktieren zu können, ohne daß England formal zur Eröffnung der Feindseligkeiten gezwungen war. Aber es war ein folgenschwerer Irrtum des russischen Unterhändlers Ignat'ev, daß er meinte, im Vertrauen auf die relativ langsamen diplomatischen Reaktionen der übrigen Mächte die Situation durch das fait accompli eines Diktatfriedens im russischen Sinne meistern zu können. Der am 3. März in S. Stefano abgeschlossene und von Rußland bereits am 17. März ratifizierte Friede hat die Gefahr eines europäischen Konfliktes zwischen England und Österreich auf der einen und einem völlig isolierten Rußland auf der anderen Seite nicht beseitigt, sondern gewissermaßen erst aktenkundig gemacht.

Die Friedensbestimmungen galten russischen Panslavisten als der Gipfel weiser Mäßigung. Hatte man nicht auf die Vernichtung der Türkei, auf den Besitz Konstantinopels und der Meerengen verzichtet? In der Tat waren die unmittelbaren Territorialgewinne Rußlands bescheiden; sie betrafen an der Kaukasusgrenze das umstrittene Gebiet von Kars, das nun wieder an Rußland fiel, und in Europa das 1856 abgetretene Südbessarabien. Die ethnisch berechtigten Bessarabienansprüche der Rumänen, die sich als loyale Bundesgenossen bewährt und beträchtliche Blutopfer gebracht hatten, wurden durch das Donaudelta und die Dobrudža abgegolten. Aber es gehörte die nationalistische Arroganz eines Ignat'ev dazu, anzunehmen, daß man in Europa die formale Bescheidenheit anerkennen und die russische Neuordnung der Balkanhalbinsel nicht auf ihren Realitätsgehalt prüfen würde. Die neugeschaffene Realität aber war ein massiver russischer Machtstützpunkt in Gestalt eines Großbulgarien zwischen Donau, Schwarzem Meer und Ägäischem Meer, im Osten bedenklich nahe an Konstantinopel heranreichend und im Westen nur durch den schmalen albanischen Streifen von der Adria getrennt. Die übrigen Balkanvölker wurden je nach ihrem Wohlverhalten den Russen gegenüber mit mehr oder minder willkürlichen Gebietszuteilungen bedacht: Serbien mit dem Gebiet von Niš, Montenegro mit dem angrenzenden Territorium der Herzegowina und mit einem Zugang zum Meer, beide außerdem mit einem Teil des Sandžak Novibazar, so daß sie nun eine kurze gemeinsame Grenze hatten und Österreich – nach der Okkupation Bosniens und der Herzegowina – von der unmittelbaren Grenzberührung mit dem Osmanischen Reich ausschlossen. Die griechischen Ansprüche auf Epirus und Thessalien blieben dagegen unberücksichtigt, und eine Befreiung Albaniens wurde nicht in Erwägung gezogen – beide Länder standen mit langen Küsten zu sehr anderen als russischen Einflüssen offen. Diese Neuordnung befriedigte mit Ausnahme der Bulgaren und Montenegriner, der im Augenblick treuesten russischen Parteigänger, keines der betroffenen Völker, sie widersprach der slavophil-orthodoxen Solidarität, indem sie Rumänen und Griechen vor den Kopf stieß, sie setzte sich über die slavische Brüderlichkeit hinweg, indem sie Bulgarien einseitig bevorzugte, sie verletzte die österreichischen Interessen in der Herzegowina und im Sandžak Novibazar, und sie forderte durch die Nähe der bulgarischen Grenze die Meerengenempfindlichkeit der Engländer heraus. Aber sie stellte allerdings genau das dar, was Ignat'ev im russischen Machtinteresse – zu Unrecht – für durchsetzbar hielt.

Die Kriegsgefahr konnte schließlich durch das Übereinkommen der europäischen Mächte auf dem Berliner Kongreß (13. Juni bis 13. Juli 1878) gebannt werden. Noch am 4. Juli sprach I. Aksakov von Scham, Empörung und Unruhe, die auch nur der Gedanke an ein russisches Nachgeben hervorrufe. Das Wort des Zaren, die heilige Sache bis zum Ende durchzuführen, dürfe nicht gebrochen werden, selbst wenn dies einen Krieg gegen England und Österreich bedeute. Rußlands Ruhm, Ehre und Gewissen stehe auf dem Spiel, und der russische Zar könne gar nicht unterliegen, wenn er das Banner des Slaventums und der östlichen Christenheit hochhalte. Das war die Sprache der Ideologie. Die Sprache der Realität mußte der im April zum Oberkommandierenden ernannte Totleben sprechen, als er Alexander II. am 9. Mai rundheraus erklärte, daß die russische Armee zur Führung eines längeren Krieges nicht in der Lage sei und selbst nach einer Besetzung Konstantinopels eine Landung der Engländer nicht verhindern könne. Der Berliner Kongreß hat Rußland keineswegs um die Früchte seines Sieges gebracht, sondern lediglich neben dem russischen auch dem englischen und österreichischen Großmachtinteresse zur Geltung verholfen: Österreich erhielt das Recht, Bosnien und die Herzegowina zu okkupieren und unter seine Verwaltung zu nehmen, sowie im Sandžak Novibazar unter türkischer Verwaltung Garnisonen zu unterhalten und Straßen anzulegen. Das bedeutete eine Reduzierung der serbischen und montenegrinischen Territorialgewinne, wobei im Falle Serbiens eine Kompensation im Südosten auf Kosten Bulgariens erfolgte. Großbulgarien allerdings wurde auf weniger als die Hälfte verkleinert. Thrazien und Mazedonien fielen an die Türkei zurück, deren europäische Position dadurch eine im englischen Interesse liegende Stärkung erfuhr. Das südlich des Balkangebirges liegende bulgarische Gebiet sollte als türkische Provinz Ostrumelien unter einem christlichen Statthalter weitgehende Autonomie erhalten, im Norden aber sollte unter nomineller türkischer Oberhoheit ein selbständiges Fürstentum Bulgarien in derselben Weise gebildet werden, die in S. Stefano für Großbulgarien vorgesehen war. Daß der Aufbau des bulgarischen Staates mit einem gewählten Fürsten und einem gewählten Parlament nun nicht Rußland allein überlassen, sondern einem komplizierten System von Beratern und Kommissionen mit der Botschafterkonferenz in Konstantinopel an der Spitze anvertraut wurde, tat dem dominierenden russischen Einfluß in der Praxis, wie sich sehr bald herausstellte, kaum Abbruch. Nimmt man hinzu, daß dem Status Ostrumeliens keine sehr lange Dauer vorauszusagen war und die Okkupationen Österreichs dessen Verhältnis zu Serbien belasten mußten, so kann man der russischen Balkanposition auch in der Form, wie sie nach dem Berliner Kongreß bestand, Ausbaufähigkeit nicht absprechen. Es lag an der künftigen russischen Politik, sich die befreiten Balkanvölker in slavischer oder orthodoxer Solidarität zu Freunden zu machen.

Trotzdem wurde der Berliner Kongreß nach der Niederlage im Krimkrieg zur zweiten großen und folgenreichen außenpolitischen Enttäuschung – nicht deshalb, weil er etwa objektiv eine bedeutende Machteinbuße brachte, sondern weil er das von Ignat'ev leichtfertig aufs Spiel gesetzte Prestige verletzte. Die gekränkte Eitelkeit des greisen Gorčakov tat das Ihre, die Wunde nicht verheilen zu lassen. Immerhin verlor auch die panslavistische Ideologie als ein die russische Außenpolitik bestimmendes Element erheblich an Kredit und machte einer realistischeren Lagebeurteilung Platz. Schon die loyale Ausführung der Berliner Beschlüsse zeigte, daß Alexander II. nicht mehr gewillt war, um ideologischer Postulate willen internationale Verwicklungen zu riskieren; am 8. Februar 1879 wurde ein neuer, entsprechend modifizierter Friedensvertrag mit der Türkei geschlossen. Und als sich die erste Erbitterung gelegt hatte, erfolgten sehr bald wieder Annäherungsversuche zunächst an Deutschland, die dann schon 1881 zur Erneuerung des Dreikaiserbündnisses führten. Das bedeutete eine Rückkehr zu den konservativen Prinzipien der Legitimität und des Status quo, die zwar jetzt noch viel weniger als in der ersten Hälfte des Jahrhunderts die Dynamik der sozialen und der nationalen Bewegung eindämmen konnten, aber doch geeignet waren, die Machtgegensätze notdürftig zu überdecken. Für Rußland bot das 1884 noch einmal auf drei Jahre verlängerte Bündnis mit Deutschland und Österreich, die sich beide auf das Prinzip der Schließung der Meerengen für Kriegsschiffe festlegten, Sicherheit vor einem Angriff der englischen Flotte im Schwarzen Meer. Petersburg hatte fürs erste »die panslavistischen Träume ... auf dem Altar der russischen Sicherheit geopfert« (Florinsky).

In Bulgarien schienen sich die Dinge ganz im russischen Sinne zu entwickeln. Alexander II. stimmte – nicht ohne Rückwirkung auf die radikale Opposition in Rußland – einer relativ liberalen Verfassung zu, und der zum Fürsten gewählte Alexander von Battenberg, den verwandtschaftliche Beziehungen sowohl mit dem russischen wie mit dem englischen Hof verbanden, regierte konstitutionell mit Hilfe russischer Experten. Die Stimmung im Lande war zunächst ausgesprochen prorussisch, man sah in den Russen die Befreier und war aus Dankbarkeit bereit, alle russischen Wünsche zu erfüllen. Das änderte sich jedoch sehr rasch, als der Fürst im Einverständnis mit Rußland die Verfassung 1881 aufhob und die nun allein maßgebenden russischen Mitarbeiter des fürstlichen Diktators sich binnen kurzem durch anmaßendes und taktloses Verhalten alle Sympathien verscherzten. Nur in einem militärisch besetzten Land hätte man sich eine so törichte Provokation erlauben können; so aber zwang der geschlossene Widerstand der Bulgaren 1883 Alexander, die Verfassung wieder in Kraft zu setzen und sich von seinen russischen Beratern zu trennen. Völlig unfähig, den eigenen Fehler einzusehen, reagierten die Russen mit blindem Haß. Nun hatten die Bulgaren noch viel ärger versagt als die Serben 1876. Ohne Rücksicht auf Legitimitätsprinzip und Befreierruhm wurde der Sturz des Battenbergers zum außenpolitischen Ziel, das Alexander III. mit allen Mitteln zu erreichen suchte, sogar durch Zusammenarbeit mit emigrierten bulgarischen Revolutionären und durch Verständigung mit den Türken. Als 1885 den Bulgaren in einem Handstreich der Anschluß Ostrumeliens glückte, reagierte dasselbe Rußland, das sieben Jahre vorher Großbulgarien hatte schaffen wollen, völlig negativ, und als sich die Stellung Alexanders im folgenden Jahr durch einen raschen Sieg der bulgarischen Armee über die mit Kompensationswünschen angreifenden Serben weiter verstärkte, griff Petersburg zur brutalen Gewalt: Am 20. August 1886 wurde Fürst Alexander durch eine von russischen Agenten angestiftete Offiziersgruppe verhaftet, zur Abdankung gezwungen und auf russisches Territorium verschleppt. Der konspirative Erfolg wurde jedoch in wenigen Tagen zur russischen Niederlage, als sich die Bulgaren unter der Führung Stambolovs zugunsten ihres Fürsten erhoben und seine Rückberufung durchsetzten. Gegen die erbitterte Feindschaft der russischen Großmacht wagte der schwache Battenberger die Erneuerung seiner Herrschaft zwar nicht, sondern entschloß sich zum endgültigen Verzicht, aber die Bulgaren widersetzten sich auch in der Folge den direkten Einmischungsversuchen, die der neue russische Vertreter General Kaulbars mit allen Mitteln und aufreizender Taktlosigkeit unternahm. Nur eine militärische Besetzung hätte den russischen Aktionen zum Erfolg verhelfen können. Da Petersburg das damit verbundene Kriegsrisiko nicht auf sich nehmen konnte und wollte, war das Ergebnis ein eklatanter Mißerfolg der russischen Außenpolitik, für die im Falle Bulgariens nicht der maßvolle Außenminister Giers (1882–1895), sondern Kaiser Alexander III. verantwortlich zeichnete: Rußland brach die Beziehungen ab und als die Bulgaren am 7. Juli 1887 Ferdinand von Sachsen-Koburg-Gotha zu ihrem neuen Fürsten wählten, da war nicht mehr die Rede davon, daß dieser die Position eines ›erblichen russischen Statthalters‹ einnehmen würde, die nach einer Äußerung Bismarcks dem bulgarischen Fürsten im Rahmen der auf dem Berliner Kongreß verfügten Ordnung allein zukam. Auch unter den günstigsten Voraussetzungen, wie sie in Bulgarien gegeben waren, reichte der auf beiden Seiten beteuerte Panslavismus nicht aus, den Konflikt zwischen rücksichtslos imperialistischer Großmachtpolitik und den nationalen Interessen der Befreiten zu überbrükken.

Im Falle Rumäniens waren die Voraussetzungen von vorneherein für Rußland viel weniger günstig: Die Rumänen waren keine Slaven, sie hatten überreiche Erfahrungen mit russischen Besetzungen und wurden durch die bessarabische Frage gegen panorthodoxe ideologische Verlockungen immunisiert. Nur in Serbien wirkte sich der hier gegen das österreichische Imperium gerichtete Nationalismus im Sinne einer eindeutig prorussischen Politik aus, nachdem 1903 an die Stelle der austrophilen, aber wenig populären Dynastie Obrenović die Dynastie Karadjordjević getreten war. Die jahrzehntelange russisch-österreichische Rivalität auf dem Balkan führte dazu, daß die vorgesehenen Einflußsphären der beiden Großmächte jeweils von dem nicht zuständigen Rivalen eine Unterstützung ihrer nationalen Belange erhofften. Das ergab eine Interessenverschränkung, die aus der an sich schon unstabilen, sozial und wirtschaftlich rückständigen Welt balkanischer Kleinstaaten einen Konfliktsherd erster Ordnung machte. Dabei kam dem Panslavismus die Rolle eines Instrumentes der russischen imperialistischen Außenpolitik zu. Soweit die politische Bewegung der beteiligten Völker aber nicht nur slavisch-national, sondern liberal, demokratisch und am Ende auch sozialistisch war, orientierte sie sich an keiner der rivalisierenden östlichen Großmächte, sondern suchte ihre Vorbilder im Westen. In diesem Zusammenhang gewann die weitere Entwicklung der europäischen Großmachtbündnisse auch für den Balkan Bedeutung.

Nicht zuletzt unter dem Eindruck des Fiaskos, das seine Außenpolitik in Bulgarien erlitten hatte, verweigerte Alexander III. 1887 die weitere Verlängerung des Dreikaiserbündnisses. Nicht eigene Fehler, sondern nur die Intrigen der Gegner Rußlands konnten an dem Geschehenen schuld sein, ein weiteres Zusammengehen mit Österreich war für Rußland nicht mehr tragbar. Giers hatte schwere Bedenken: Die panslavistische Prestigepolitik rüttelte an den außenpolitischen Sicherungen des Imperiums. Er fand gemeinsam mit Bismarck die Lösung im deutsch-russischen Rückversicherungsvertrag (1887), der dem Sicherheitsbegehren unter Ausschaltung der nicht mehr erwünschten unmittelbaren Vertragsbindung an Österreich in komplizierter Weise Rechnung trug. Als Deutschland 1890 jedoch die Verlängerung ablehnte, wurde damit eine Neuorientierung der russischen Außenpolitik erzwungen, die – bemerkenswert zögernd – 1894 zu jenem französisch-russischen Bündnis führte, das die europäische Politik bis zum ersten Weltkrieg maßgebend bestimmen sollte und das den slavischen Völkern ›Zwischeneuropas‹, sofern sie dies wollten, die Möglichkeit bot, allslavische Sympathien mit demokratischen Tendenzen in einer einzigen außenpolitischen Orientierung zu verbinden.

Rußland und Asien

Die häufig anzutreffende Behauptung, daß die Enttäuschung durch den Berliner Kongreß eine Richtungsänderung der außenpolitischen Aktivität Rußlands hervorgerufen und das russische Interesse fortan auf die asiatischen Möglichkeiten einer imperialistischen Expansion konzentriert habe, ist nur sehr bedingt richtig. Eine imperialistische Großmacht ist stets überall dort aktiv, wo dem keine ebenbürtige oder überlegene Macht entgegensteht oder entgegenzustehen scheint. So setzte die neuerliche asiatische Expansion des russischen Imperiums lange vor der orientalischen Krise der siebziger Jahre ein, und das Nachlassen der Aggressivität – nicht der Aktivität – in der russischen Balkanpolitik ist eher mit dem Mißerfolg in Bulgarien (1887) als mit dem Berliner Kongreß (1878) anzusetzen.

Im Fernen Osten provozierte die um die Jahrhundertmitte offenkundige Machtlosigkeit des chinesischen Reiches, aus der England und Frankreich bereits Nutzen zu ziehen begannen, rasch von Erfolg gekrönte russische Versuche, den seit den Verträgen von Nerčinsk (1689) und von Kjachta (1727) bestehenden Zustand zu verändern. Sie wurden nicht aus Petersburg befohlen, sondern von Nikolaj Murav́ev, dem Generalgouverneur Ostsibiriens (1847–1861), auf eigene Faust unternommen. Die ungeheuren, noch durch keine modernen Verkehrsmittel überbrückten Entfernungen erlaubten gar keine laufende zentrale Lenkung; die Gouverneure der Grenzgouvernements verfügten über eine praktisch kaum beschränkte Macht, mußten weitgehend selbständig handeln und entwickelten sich bei entsprechenden persönlichen Fähigkeiten zu Konquistadoren eines besonderen russischen Typs. Der Vorstoß zum Amur erfolgte diesmal nicht vom Westen, von Ostsibirien her, sondern aus östlicher Richtung, von Petropavlovsk auf Kamčatka, dem Versorgungshafen für die russische Kolonie in Nordamerika, über das ochotskische Meer. 1850 wurde Nikolaevsk an der Mündung des Amur gegründet, 1853 der Nordteil der Insel Sachalin in Besitz genommen, und 1854 – während des Krimkrieges also und während eine englische Flotte seinen Stützpunkt Petropavlovsk angriff – fuhr Muravév den Amur aufwärts und gründete etwas unterhalb der Ussurimündung Chabarovsk. Im Vertrag von Aigun (1858), den Muravév den hilflosen chinesischen Provinzbeamten abrang und den die chinesische Regierung nach vergeblichem Widerstreben in erweiterter Form durch den Vertrag von Peking (1860) offiziell bestätigen mußte, gewann Rußland das gesamte Gebiet nördlich des Amur und den Landstreifen zwischen Amur-Ussuri und der Küste; 1860 entstand im äußersten Süden des gewonnenen Gebietes, nahe der koreanischen Grenze, der neue russische Fernosthafen Vladivostok, und damit waren die Ausgangspositionen für die künftige russische Fernostpolitik erreicht.

Es ist verständlich, daß Muravév, dem zunächst wegen Eigenmächtigkeit ein Kriegsgericht gedroht hatte, nach dem Vertrag von Aigun zum Grafen ›vom Amur‹ (Amurskij) erhoben wurde. Der Erfolg war mit ganz geringen Kräften erreicht worden, und die Aussichten, die sich Rußland, dem China schon 1858 dieselben Rechte wie den anderen europäischen Mächten zugestanden hatte, vor allem in ökonomisch-kommerzieller Richtung eröffneten, mußten so glänzend erscheinen, daß eine Konzentration der Kräfte nahelag: 1867 verkaufte Rußland seine wirtschaftlich unergiebigen und militärisch nicht zu verteidigenden Besitzungen an der Westküste Nordamerikas (Alaska und die südlich anschließende Inselgruppe) für 7,2 Millionen Dollar an die Vereinigten

Staaten. Den zunehmenden russischen Druck bekamen sehr bald auch die Japaner zu spüren, mit denen sich die Russen 1855 auf eine gemeinsame Verwaltung der Insel Sachalin geeinigt hatten: 1875 wurde Japan genötigt, seinen Anteil an Sachalin zugunsten Rußlands aufzugeben; es erhielt dafür die Kurilen, die seit dem Verkauf von 1867 für Rußland keinen Wert mehr besaßen. Ein Vorstoß in Richtung Chinesisch-Turkestans, der 1871 mit der Besetzung des Gebietes von Kul'dža eingeleitet wurde, führte dagegen nur zu geringfügigen Grenzverbesserungen (russisch-chinesischer Vertrag von St. Petersburg 1881); er stand im Zusammenhang mit dem russischen Vordringen nach Zentralasien.

Noch im ersten Viertel des 19. Jahrhunderts verlief die Südgrenze des russischen Imperiums östlich des Kaspischen Meeres in einer Linie, die sich in schwach nach Norden gewölbtem Bogen von der Mündung des Uralflusses bis in den Altai und zur chinesischen Grenze hinzog; ihr Schutz war den Uralkosaken, den Orenburger Kosaken und den sibirischen Kosaken anvertraut. Südlich dieser Linie standen die Nomadenverbände (Horden) der Kazachen in der sogenannten Kirgisensteppe (die Kazachen wurden fälschlich als Kirgisen bezeichnet) vom Nordostufer des Kaspi bis zum Oberlauf des Irtyš zum Teil in einer losen Abhängigkeit von der russischen Macht, während sich die muslimischen Chanate Chiva, Buchara und Kokand in den Flußtälern des Amu Dar'ja und des Syr Dar'ja sowie die Kirgisen im äußersten Südosten im Gebiet des Balchašsees noch völliger Unabhängigkeit erfreuten. Schon in den zwanziger Jahren des 19. Jahrhunderts begann ein allmähliches Vorrücken aus der Kosakenlinie nach Süden in die Steppe, aber nach einer vergeblichen Expedition in Richtung Chiva im Jahre 1839 stellten sich merkwürdigerweise auch hier erst in den Jahren des Krimkrieges die ersten bleibenden Erfolge ein: 1853 drang Perovskij, der Generalgouverneur von Orenburg am Syr Dar'ja ein Stück flußaufwärts vor und legte den Stützpunkt Perovsk an, im folgenden Jahr 1854 erfolgte im Iligebiet südlich des Balchašsees die Errichtung des russischen Forts Vernyj, des heutigen Alma Ata. Der Gleichzeitigkeit mit den fernöstlichen Aktionen entsprach auch eine Gleichartigkeit: Trotz der weit geringeren Entfernung vom europäischen Rußland war die Selbstherrlichkeit der Gouverneure und Generäle, die sich in Zentralasien erobernd betätigten, kaum geringer als die eines Muraŕev. Auch der erste Generalgouverneur von Russisch-Turkestan, General von Kaufmann, hatte das Recht, selbständig mit den ›Eingeborenen‹ Verträge abzuschließen. Allerdings waren die politischen Folgen einer mehr oder minder unkontrollierten erobernden Aktivität in einer Stoßrichtung, die genau auf die afghanische Grenze und damit auf Indien zielte, sehr viel bedenklicher.

Der entscheidende Vorstoß begann 1864, als die ›Befriedung‹ des Kaukasus abgeschlossen war, und wurde eingeleitet durch einen offiziellen Auftrag an den General Černjaev, die bestehenden Stützpunkte Perovsk und Vernyj durch die Anlage weiterer Stützpunkte miteinander zu verbinden. Černjaev löste die Aufgabe durch Eroberung der Städte Turkestan und Čimkent. Über den Auftrag hinaus glückte im folgenden Jahr 1865 die Einnahme von Taškent; Buchara war 1868, Chiva 1873 an der Reihe. Die Unterlegenen hatten jeweils einen Teil ihres Territoriums an Rußland abzutreten und wurden mit dem verbleibenden Rest unter russisches Protektorat gestellt. Der Chan von Kokand verscherzte sich allerdings 1876 diese Begünstigung durch einen Aufstand – sein Restchanat wurde zur russischen Fergana-Region. Das gesamte Gebiet, abgesehen von den Protektoraten Chiva und Buchara im Tal des Amu Daŕja, bildete das russische Generalgouvernement Turkestan. Die Inbesitznahme des noch verbleibenden Territoriums zwischen Kaspi und Amu Daŕja begann 1869 mit der Anlage des Hafens Krasnovodsk am Ostufer des Kaspischen Meeres, wurde 1881 durch die Einnahme von Geok Tepe und Aščhabad (General Skobelev) entscheidend gefördert und 1884 durch den ›freiwilligen‹ Anschluß der Oase Merv abgeschlossen. Die allerletzte Eroberung in diesem Gebiet, die von Kuška nördlich des afghanischen Herat, führte bereits hart an den Rand eines Krieges mit England.

Es ist begreiflich, daß die nicht abreißende Serie russischer

Gebietserwerbungen in Zentralasien bei den Besitzern Indiens einige Nervosität auslöste. Dies um so mehr, als die russische Regierung mit ihren feierlichen Beteuerungen, nun keine weiteren Eroberungsabsichten mehr zu hegen, regelmäßig hinter den Ereignissen nachhinkte und dadurch den Eindruck hervorrief, entweder ein doppeltes Spiel zu treiben oder keine Kontrolle über die eigenen Konquistadoren zu besitzen. Trotzdem wurde ein bewaffneter Konflikt der beiden imperialistischen Großmächte am Ende vermieden (Grenzziehungsabkommen vom 15. September 1885), nicht zuletzt deshalb, weil die ›Bedrohung Indiens‹ im Grunde doch mehr ein politisches Argument als eine militärische Realität war. Die gewaltigen Entfernungen und die enormen Terrainschwierigkeiten der zentralasiatischen Gebirge mußten nüchterner Betrachtung die Durchführung größerer militärischer Aktionen von Russisch-Turkestan nach Indien und umgekehrt als völlig undurchführbar erscheinen lassen, so gerne auch die Politiker auf beiden Seiten mit solchen Vorstellungen spielten.

Russisch-Turkestan war eine durch imperialistische Machtexpansion erworbene Kolonie, die sich von anderen Kolonien nur dadurch unterschied, daß sie vom Mutterland nicht durch einen Ozean, sondern durch unwegsame Steppe und Wüste getrennt war, und die wie alle anderen Kolonien Objekt einer Kolonialpolitik wurde. Für die Betroffenen hatte die russische Kolonialpolitik ebenso ihre Licht- und Schattenseiten wie die aller anderen Mächte. Der wirtschaftliche Gewinn, der als Motiv für die Eroberung neben dem außenpolitischen Prestige der imperialistischen Großmacht höchstens eine ganz untergeordnete Rolle spielte, begann sich erst einzustellen, als Russisch-Zentralasien durch den Bau von Eisenbahnlinien erschlossen wurde – der transkaspischen Linie, die, 1880 begonnen, 1886 Merv, 1888 Samarkand und 1898 Taškent erreichte, und der Verbindung Orenburg – Taškent, die in den Jahren 1900–1906 fertiggestellt wurde. Es ist jedoch bezeichnend, daß in beiden Fällen für den Bau in erster Linie nicht ökonomische, sondern strategische Gesichtspunkte maßgebend waren.

Es war die Verwirklichung eines noch viel größeren Eisenbahnprojektes, der transsibirischen Bahn, von der Erfolg oder Mißerfolg der weiteren russischen Fernostpolitik in hohem Maße abhängen sollte. Die 1860 geschaffene Position hatte das Ansehen Rußlands in Ostasien ohne Zweifel ganz beträchtlich erhöht, aber sie stellte, wenn sie gehalten und ausgebaut werden sollte, Aufgaben, die ohne vollen politischen, militärischen und technischen Einsatz nicht gelöst werden konnten. Es war – in Zentralasien wie im Fernen Osten – sehr viel leichter, Territorien gegen militärisch inferiore Gegner zu erobern, als sie wirtschaftlich nutzbar zu machen. Solange sich Rußland in der orientalischen Frage bis zum Einsatz eines Krieges engagierte und die erobernde Aufschließung Zentralasiens auf vollen Touren lief, war an eine Entfaltung ernsthafter Aktivität im Fernen Osten nicht zu denken. Der Kul'dža-Konflikt hatte sehr deutlich gezeigt, daß mit halben Mitteln nicht einmal gegen China mehr etwas zu erreichen war. Erst die für Rußland negative Lösung der Bulgarienkrise und die gleichzeitige Schlichtung der zentralasiatischen Grenzstreitigkeiten mit England (endgültig 1887) legten den Weg für eine aktive – und aggressive – russische Fernostpolitik frei, und erst das initiative Wirtschaftsdenken des neuen Finanzministers Witte (1892–1903) führte zu jener Kombination von wirtschaftlichen und politischen Zielsetzungen, die für das Modell des westeuropäischen Imperialismus charakteristisch war. Witte hatte nicht umsonst in der Verwaltung von Eisenbahnlinien Karriere gemacht. Er erwartete von der sibirischen Eisenbahn nicht nur eine Belebung des innerrussischen Wirtschaftslebens und eine Erleichterung des Güteraustausches innerhalb des Reiches, sondern auch neue Möglichkeiten für die Besiedlung der sibirischen und fernöstlichen Territorien und nicht zuletzt einen Aufschwung des Chinahandels. Gerüchte von englischen Eisenbahnprojekten in der Mandschurei beschleunigten den Entschluß, und 1891 wurde der Bau gleichzeitig von Čeljabinsk und von Vladivostok aus begonnen.

Die politische Entwicklung im Fernen Osten zeigte sehr bald, daß der Entschluß keinen Augenblick zu früh gefaßt worden war. 1894/1895 zwang der chinesisch-japanische

Krieg zur Stellungnahme. Sollte Rußland Japan unterstützen, um als Entgelt einen von der Marine seit langem geforderten eisfreien Hafen in Korea zu erhalten, oder sollte es sich auf die Seite der Chinesen schlagen, um eine Öffnung der Mandschurei für den wirtschaftlichen und auf weitere Sicht auch politischen Einfluß Rußlands zu erreichen? Die russische Regierung entschied sich für die besonders von Witte befürwortete zweite Möglichkeit. Als Japan militärisch rasch gesiegt und im Frieden von Schimonoseki (17. April 1895) China zur Abtretung der Halbinsel Liaotung (mit Port Arthur), Formosas und der Pescadoren sowie zur Anerkennung der Unabhängigkeit Koreas gezwungen hatte, erfolgte schon sechs Tage später eine diplomatische Demarche Rußlands, Deutschlands und Frankreichs in Tokio, die Japan zur Aufgabe der Halbinsel Liaotung nötigte. Um sich die chinesische Regierung noch mehr zu verpflichten, stellte ihr die russische Regierung überdies zur Bezahlung der Kriegsentschädigung an Japan eine Anleihe von 400 Millionen Francs zur Verfügung, und zur Durchführung der finanziellen Transaktionen wurde im Dezember 1895 die russisch-chinesische Bank gegründet. Die nächsten Schritte waren ein Defensivbündnis mit China am 22. Mai 1896, die Zustimmung Chinas zum Bau der ›Chinesischen Ostbahn‹ quer durch die Mandschurei von Čita nach Vladivostok und 1898 in Form einer Verpachtung auf 25 Jahre die Abtretung der Halbinsel Liaotung an Rußland sowie eine weitere Konzession zum Bau der südmandschurischen Eisenbahn von Charbin nach Dairen (russ. Dal'nij). Da beide Eisenbahnen nicht nur von Russen gebaut und verwaltet, sondern auch mit einem entsprechenden Geländestreifen ausgestattet und von einer russischen Polizeitruppe, die dem Finanzministerium in Petersburg unterstand, bewacht wurden, war die Mandschurei nach all dem nicht mehr weit davon entfernt, in den Status einer regelrechten Kolonie hinüberzugleiten. Die militärische Besetzung der Mandschurei anläßlich des chinesischen Boxeraufstandes im Jahre 1900 schien bereits den Schlußstrich unter diese Entwicklung zu ziehen. In wenigen Jahren waren fast alle russischen Ziele erreicht: Der Einschluß der Mandschurei in die russische Machtsphäre bedeutete eine erhebliche Frontverkürzung, mit Port Arthur besaß Rußland nun im Fernen Osten einen eisfreien Hafen, alle wirtschaftlichen Vorteile konnten als gesichert gelten und der Druck chinesischer und koreanischer Siedler auf die menschenleeren russischen Territorien war unter Kontrolle gebracht. Offen blieb allein noch die koreanische Frage.

Während die russische Balkanpolitik in diesen Jahren drastische Methoden im allgemeinen vermied, ein Zusammengehen mit anderen Mächten bevorzugte, sich 1897 und noch einmal 1903 sogar zu einem Übereinkommen mit Österreich verstand und auf diese Weise (z. B. in Bulgarien) mehr erreichte als durch die spektakuläre Aggressivität der vorhergehenden Periode, ließ es die Petersburger Regierung im Fernen Osten auf eine gefährliche Zuspitzung ankommen. Schon die Besetzung der Halbinsel Liaotung war ein ausgesprochener Affront Japans, vor dem Witte warnte, der bei gleichen imperialistischen Zielen der Methode unauffälliger wirtschaftlicher Durchdringung ohne unnötige Provokation anderer Mächte stets den Vorzug gab. Immerhin hätte sich noch mehrfach die Möglichkeit zu einer Abgrenzung der Interessensphären mit Japan geboten, aber Petersburg konnte sich nicht dazu entschließen, Korea den Japanern ganz zu überlassen. 1903 mußte Witte demissionieren, und die Vertreter eines törichten Gewaltimperialismus gewannen die Oberhand; chauvinistische Schwätzer wie Bezobrazov, der jahrelang mit seinen niemals realisierten Konzessionsplänen am Jalu alle beteiligten Stellen vom Zaren angefangen in Atem gehalten hatte, und Reaktionäre wie Pleve, die zwar von fernöstlichen Dingen nichts verstanden, aber einen ›kleinen und siegreichen Krieg‹ für ein geeignetes Mittel der Revolutionsbekämpfung hielten, gaben nun den Ton an. Der unverzeihliche Fehler, eine Prestigepolitik zu betreiben, ohne auf einen Krieg vorbereitet zu sein, wurde hart bestraft.

Anfang 1904 riß den Japanern die Geduld. Sie hatten sich inzwischen auf einen Krieg vorbereitet und wußten sich durch das 1902 zustandegekommene Bündnis mit England abgedeckt. Nach Abbruch der diplomatischen Beziehungen erfolgte in der Nacht vom 8./9. Februar 1904 ein Angriff auf die russischen Kriegsschiffe in Port Arthur, die erste einer ununterbrochenen Reihe russischer Niederlagen zu Lande und zur See. Die russischen Landstreitkräfte in der Mandschurei erwiesen sich außerstande, Port Arthur zu entsetzen, und mußten nach der Kapitulation des Marinestützpunktes im Januar 1905 in der Schlacht bei Mukden eine schwere Niederlage hinnehmen. Als schließlich die aus der Ostsee herangeführte russische Flotte, anstatt den Japanern die Seeherrschaft streitig zu machen, am 27. Mai 1905 in der Tsuschimastraße von der viel moderneren japanischen Flotte unter Admiral Togo vollständig aufgerieben wurde, mußte Rußland, dem der ›kleine Krieg‹ inzwischen seine erste Revolution gebracht hatte, die Friedensvermittlung des amerikanischen Präsidenten Theodore Roosevelt annehmen.

Witte, den der Zar nun wieder heranzog, erhandelte in Portsmouth (New Hampshire, 5. 9. 1905) sehr glimpfliche Bedingungen: Die Pacht der Halbinsel Liaotung mit ihren Häfen und die Konzession für die südmandschurische Eisenbahn ging an Japan über, ferner mußte Rußland den Südteil der Insel Sachalin abtreten und das Vorherrschen der ›politischen, militärischen und wirtschaftlichen Interessen‹ Japans in Korea anerkennen, d. h. praktisch einem japanischen Protektorat über Korea zustimmen. Aber Rußland behielt seine Positionen in der nördlichen Mandschurei einschließlich der chinesischen Ostbahn, und es brauchte keine Kriegsentschädigung zu zahlen. Objektiv brachte der Friede von Portsmouth keine schwerwiegende Beeinträchtigung der russischen Machtstellung im Fernen Osten, sondern nur eine Wiederherstellung des Gleichgewichtes. Subjektiv freilich war eben jenes Prestige verloren, um dessentwillen Rußland den Krieg auf sich genommen hatte, und es war zu erwarten, daß sich das gekränkte Prestigebedürfnis nach Kompensationen umsehen würde. Vorerst jedoch hatte die russische Regierung nicht außenpolitische Probleme zu lösen, sondern eine schwere innere Krise zu meistern.

VERFALL DES REICHES

Es muß zu denken geben, daß das russische Reich, dem sich nach der Enttäuschung des Krimkrieges in einer Reformära Möglichkeiten der inneren Gesundung zu eröffnen schienen, nach einem halben Jahrhundert rasch hintereinander zwei weitere Kriege verlor und in revolutionäre Agonie versank. Lagen diesem Ergebnis Gesetzmäßigkeiten der inneren Entwicklung zugrunde oder war es die Quittung für Torheit und Versagen der Regierenden und Mächtigen? War der Verfall unaufhaltsam und das Ende zwangsläufig oder blieben Gelegenheiten, den Verfall in Heilung und Wiederaufstieg zu verwandeln, ungenutzt? Die Antwort kann nur in einer Betrachtung des Konkreten und Einzelnen versucht werden.

Alexander II. (1855–1881) war mit siebenunddreißig Jahren ein reifer und, da ihn sein Vater an den Regierungsgeschäften hatte teilnehmen lassen, erfahrener Mann, als er den Thron bestieg. Anders als sein gleichnamiger Onkel brachte er nicht eine Fülle unausgegorener Ideale mit, um sie im leidenschaftlichen Gegensatz zur vorhergehenden Regierung zu verwirklichen, sondern eher die Skepsis dessen, der die Unvollkommenheit der Menschen kennt und den Staat als Polizeianstalt, wie ihn Nikolaus I. praktizierte, nicht für das schlechteste der Gegenmittel hält. Er liebte die Zeichen der Zeit nicht, aber er verstand sie doch so weit, um die im Staatsinteresse unumgänglichen Maßnahmen treffen zu können. Gewisse Lockerungen des Druckes, die etwa den Zustand herstellten, wie er vor 1848 bestanden hatte, genügten allerdings dem allgemeinen Freiheitsverlangen, die kühnsten Hoffnungen zu nähren. Und wenn etwas in Rußland ›befreit‹ werden mußte, dann waren es die Bauern.

Die Bauernbefreiung

Schon unter Nikolaus I. hatte die Erkenntnis an Boden gewonnen, daß die Beibehaltung des Leibeigenschaftssystems in Gesellschaft und Wirtschaft die internationale Konkurrenzfähigkeit Rußlands beeinträchtigte. Wollte man mit der immer rascheren wirtschaftlichen, technischen und militärischen Entwicklung Europas Schritt halten – und das Machtinteresse des Imperiums forderte dies –, so würde es sich auf die Dauer nicht vermeiden lassen, durch Beseitigung der Leibeigenschaft eine wesentliche Voraussetzung hierfür zu schaffen. Der Ausgang des Krimkrieges war ohne Zweifel geeignet, diese Erkenntnis zu vertiefen und allgemein zu machen. Aber weder war die Bauernbefreiung zu dem Zeitpunkt, in dem man sie durchführte, das Ergebnis eines Druckes, den nun mit einemmal etwa führende Wirtschaftskreise auf die Regierung ausübten, noch löste sie unmittelbar einen wirtschaftlich-industriellen Aufschwung aus. Unter den im Jahre 1856 wirksamen Motiven gab es stärkere als das wirtschaftliche, und die Art der Durchführung, zu der man sich nach fünf Jahren intensiver Auseinandersetzungen entschloß, war alles eher als eine Öffnung aller Schleusen für die freie gesellschaftliche und wirtschaftliche Entwicklung des Landes. Das Hauptmotiv der Regierung, so wie Alexander II. sie verstand, kam schon in der Ansprache, die der Kaiser am 30. März 1856 vor dem Moskauer Adel hielt, unverblümt zum Ausdruck: Es sei besser – so sagte Alexander –, die Leibeigenschaft von oben her aufzuheben, als darauf zu warten, bis sie beginne, sich selbst von unten her abzuschaffen. Dieses Motiv konnte den Angesprochenen, die zu ihrer Überraschung aufgefordert wurden, sich darüber Gedanken zu machen, wie man die Aufhebung der Leibeigenschaft durchführen könne, sehr wohl einleuchten. Schließlich hatte nicht nur der Staat bei Rekrutierungen mitten im Kriege Schwierigkeiten mit den Bauern gehabt, sondern es war jeder einzelne Gutsbesitzer persönlich bedroht, wenn der soziale Druck zu Explosionen führte. Befragt man aber die Vertreter der ›öffentlichen Meinung‹ von den Slavophilen auf dem rechten bis zu Herzen und Černyševskij auf dem linken Flügel, so ergibt sich für den leidenschaftlichen Wunsch, daß nun endlich etwas geschehen müsse, ein anderes Hauptmotiv – die tiefe Scham, vor dem Forum des aufgeklärten und fortschrittlichen Europa als barbarisch und rückständig dazustehen. Dieses fortgeschrittene Europa war in

Gestalt der baltischen Provinzen, Bessarabiens, Finnlands und Polens innerhalb der eigenen Reichsgrenzen vertreten, in den baltischen Provinzen und in Bessarabien hatte man die Leibeigenschaft sogar erst unter russischer Herrschaft beseitigt. Es war unerträglich, daß ausgerechnet das großrussische Staatsvolk immer noch als ein Volk von Sklaven und Sklavenhaltern diffamiert werden konnte. Man wird daher unter den zur Befreiung treibenden Kräften das nationale Ehrgefühl mindestens ebenso hoch einschätzen dürfen wie das soziale Mitgefühl.

Von Gefühlen bis zur legislativen und administrativen Verwirklichung war jedoch ein weiter Weg. Ein zunächst ganz im Stile von Nikolaus I. eingesetztes Geheimkomitee leistete nicht mehr als alle seine Vorgänger. Erst als im Oktober 1857 die adeligen Gutsbesitzer der drei litauischen Gouvernements Wilna, Grodno und Kovno in einer Petition die Bitte aussprachen, ihre Bauern ohne Land freilassen zu dürfen, um auf diese Weise den gefürchteten Bibikov'schen Inventarregeln zu entgehen, erfolgte in einem Reskript vom 20. November 1857 der entscheidende Schritt: Der Adel der litauischen und mit ihm zugleich der Adel aller anderen Gouvernements wurde aufgefordert, in eigens zu bildenden Gouvernementkomitees unter dem Vorsitz des Gouvernement-Adelsmarschalls die Bauernbefreiung nach folgenden Gesichtspunkten zu beraten und über das Ergebnis der Beratung zu berichten: Unter Aufrechterhaltung des adeligen Grundeigentums soll den befreiten Bauern der Besitz ihres Anwesens samt dem dazugehörenden Gartenstück gewährt und so viel Land zur Nutzung überlassen werden, daß sie ihren eigenen Lebensunterhalt sowie die Steuern für den Staat und die Leistungen für den Grundherrn erwirtschaften können. Diese Regelung ist für eine unbefristete Übergangszeit vorgesehen, während der die Polizeigewalt des Gutsbesitzers aufrechterhalten bleibt und die Bauern aus steueradministrativen Gründen in Gemeinden (obščina) und Gemeindebezirken (volost') zusammenzufassen sind. Nimmt man noch den ›Loskauf‹ (vykup), d. h. die Möglichkeit, das Nutzungsland mit Unterstützung des Staates käuflich zu erwerben, hinzu, so waren dies im wesentlichen die Richtlinien, nach denen die Befreiung dann tatsächlich durchgeführt wurde; sie waren im Innenministerium unter dem liberalen S. S. Lanskoj, der schon 1855 den reaktionären Bibikov abgelöst hatte, ausgearbeitet worden, und Lanskoj verstand es, sich die Mitarbeit der besten verfügbaren Kräfte zu sichern – der Slavophilen Samarin und Fürst V. A. Čerkasskij, des liberalen Juristen K. D. Kavelin und vor allem N. A. Miljutins (eines Bruders des späteren langjährigen Kriegsministers D. A. Miljutin), der die treibende Kraft in den vorbereitenden Redaktionskommissionen wurde.

Daß die Bauern befreit wurden, war mit dem Novemberreskript entschieden und öffentlich bekannt gemacht. Der weitere Kampf in einer fieberhaften Tätigkeit der Gouvernementkomitees, in einer Diskussion, an der sich die gesamte Presse beteiligte – zum erstenmal beteiligen durfte, in den Sitzungen der Redaktionskommissionen, des Hauptkomitees und schließlich des Staatsrates ging um das Problem, wie sie im einzelnen befreit werden sollten, d. h. in erster Linie um die ganz konkrete Frage, wie groß die Landanteile sein konnten und mußten, die der Gutsbesitzer den Bauern zur Nutzung und später als erworbenes Eigentum zu überlassen hatte. Sachlich lag die Hauptschwierigkeit in dem fundamentalen Unterschied der Voraussetzungen, wie sie einerseits im fruchtbaren Schwarzerdegebiet des Südens und andererseits im landwirtschaftlich wenig ertragreichen nördlichen Waldland gegeben waren. Im Schwarzerdegebiet war das Wertvolle der Boden; hier lohnte die Gutswirtschaft auf der Basis des Getreideexports, hier war der Gutsbesitzer bereit, seine Bauern sogar entschädigungslos freizugeben, wenn er sein Land ohne allzu empfindliche Schmälerung behalten durfte. Im Norden war das Wertvolle der Bauer, von dessen zum Teil gar nicht in der Landwirtschaft, sondern in Gewerbe und Industrie erarbeiteten Abgaben der Grundherr lebte, vielfach ohne überhaupt eine eigene Wirtschaft zu betreiben; hier war der Adel bereit, reichlich Land zur Verfügung zu stellen, aber hier bestand er auf einer Kapitalisierung der Bauern in der einzig möglichen Form des sofortigen Loskaufes, d. h.

praktisch einer sofortigen hohen Entschädigung durch den Staat. Die Interessen waren extrem entgegengesetzt und in einer einheitlichen Gesetzgebung kaum vereinbar.

Die politische Schwierigkeit erwuchs dem Gesetzentwurf aus der hartnäckigen Obstruktion des Adels, der, wenn er schon zur Bauernbefreiung gezwungen wurde, die Bedingungen für sich selbst wenigstens so günstig wie möglich gestalten wollte. Gegen Miljutin und seine Mitarbeiter erreichten die Vertreter der ›krepostniki‹ (Anhänger der Leibeigenschaft) in den entscheidenden Gremien Stück für Stück eine Verschlechterung der ursprünglichen Ansätze für die Bauern, d. h. eine Verkleinerung der den Bauern zugedachten Landanteile und eine Erhöhung der Zinsleistungen. Noch im allerletzten Stadium der Beratungen, im Staatsrat, wurde überdies die Bestimmung eingeführt, daß der Gutsbesitzer seine Bauern, wenn diese sich darauf einließen, mit einem Viertel des gesetzlich festgelegten Landanteils ohne jede Gegenleistung abfinden konnte (sogenannte ›Bettleranteile‹). Im übrigen war die Stimmung im Staatsrat so, daß der Kaiser wiederholt für die Minderheit – in einem Falle 8 : 35 – entscheiden mußte, um den schon stark geschmälerten Entwurf des Hauptkomitees durchzubringen.

Am 19. Februar 1861 machte ein kaiserliches Manifest, für dessen wirklichkeitsfremdes Pathos Jurij Samarin und der Metropolit Filaret verantwortlich zeichneten, die Befreiung der Bauern bekannt. Da war nun allerdings hauptsächlich von der anerkennenswerten Opferbereitschaft des Adels die Rede, vom Vertrauen auf den ›gesunden Sinn‹ des dankbaren Volkes und davon, daß Ruhe die erste Bürgerpflicht sei, aber es fand sich immerhin auch der Satz, daß »kraft der neuen Verfügungen die Leibeigenen zu gegebener Zeit die vollen Rechte freier Landbewohner erhalten« würden. Die gleichzeitig erlassenen Verfügungen bildeten einen wahren ›Heuschober‹ von Gesetzen (Robinson), in dem sich die Masse der betroffenen Bauern unmöglich selbst zurechtfinden konnte. Von Umfang und Kompliziertheit der Materie gewinnt man eine Vorstellung, wenn man erfährt, daß der Text der allgemeinen, besonderen und ergänzenden, d. h. nur für einzelne

Landesteile oder einzelne Sondergruppen von Leibeigenen wie z. B. die Fabriksbauern gültigen Bestimmungen in der neuesten Ausgabe 500 Druckseiten umfaßt und daß eine 1862 hergestellte Karte, aus der die nach Vegetationszonen und Bodenqualität verschiedenen Landzuteilungsnormen ersichtlich sind, sich 32 verschiedener Farbtöne bedienen mußte. Die von den Redaktionskommissionen geleistete Arbeit war schon quantitativ aller Achtung wert. Aber war das, was nun Gesetz wurde und als Bauernbefreiung in die Geschichte eingegangen ist, wirklich jener Meilenstein in der inneren Entwicklung Rußlands, als der er bis heute meistens gefeiert wird? Ja und nein!

Die persönliche Freiheit der leibeigenen Bauern im Sinne voller individueller Rechtsfähigkeit war nun gesetzlich garantiert, und diese Tatsache darf nicht unterschätzt werden; sie war z. B. die Voraussetzung für die Modernisierung der russischen Justiz, die ja, wenn sie sich dem europäischen Modell anpassen wollte, von der Rechtsgleichheit aller ausgehen mußte. Der persönlichen Freiheit entsprach jedoch keineswegs eine bürgerliche Freiheit gleichen Ranges. Das hatte seine Ursache sowohl im Gesetz wie in der Praxis. Die neue, sehr wirksame Bindung des Bauern lag in der nun gesetzlich begründeten Institution der Dorfgemeinde (obščina oder mir), die den Gemeinbesitz der Bauern eines Dorfes an dem ihnen zugeteilten Land bei regelmäßiger oder fallweiser Umteilung (peredel) vorsah. Obwohl eine Reihe führender Slavophiler an der Vorbereitung der Bauernbefreiung aktiv beteiligt waren, wäre es für den Gesetzgeber vielleicht nicht ausschlaggebend gewesen, daß sowohl die Slavophilen wie auch die Anhänger Herzens und Černyševskijs – freilich aus verschiedenen Gründen – die russische Dorfgemeinde zu einer erstrebenswerten Lebensform idealisierten; ausschlaggebend war aber das ganz konkrete Interesse des Fiskus: Der Gutsbesitzer mußte als verantwortlicher Steuereinzieher ersetzt werden, und da der Staat nicht entfernt in der Lage war, eine eigene, bis in das letzte Dorf reichende Steuerverwaltung aufzubauen, blieb als einziger Ausweg die Gesamthaftung (krugovaja poruka) der Gemeinde, die dann aber auch entsprechende

Machtbefugnisse ihren einzelnen Mitgliedern gegenüber erhalten mußte. Als Steuergemeinde war der ›mir‹ ursprünglich ja auch entstanden. Es hatte daher die Gemeinde ein sehr lebhaftes Interesse daran, daß sich die Zahl der Steuerzahler nicht durch Abzug verringerte. Ebenso legte der Familienvater, dessen Landanteil in seiner Größe von der Zahl der Steuerseelen, d. h. der männlichen Mitglieder, in seiner Familie abhing, Wert darauf, daß seine Söhne zu Hause blieben. Und das waren nur die wichtigsten, ständig wirksamen Gründe dafür, daß von einer Freizügigkeit der Bauern auch nach der Bauernbefreiung keine Rede sein konnte.

In der Praxis hing natürlich sehr viel davon ab, in welchem Geiste und durch wen die Befreiung in ihren Einzelheiten durchgeführt wurde. Das Gesetz sah dabei in sehr wichtiger Funktion die vom lokalen Adel gewählten ›Friedensvermittler‹ (mirovye posredniki) und als übergeordnete Instanz deren Kreiskonferenzen vor. Da die Friedensvermittler alle Streitigkeiten zu schlichten hatten, alle zwischen Gutsbesitzern und Bauern abzuschließenden Verträge bestätigen mußten und sogar über eine gewisse Polizeigewalt verfügten, kam alles darauf an, wes Geistes Kind sie waren, und in einer Gesellschaft, die seit Jahrhunderten gewohnt war, nichts ohne den Staat zu tun, richtete sich dies wiederum ganz nach dem Wind, der von oben wehte. Unter Lanskoj und Miljutin wehte ein für russische Verhältnisse sehr liberaler Wind, und dementsprechend waren auch die ersten ›Friedensvermittler‹ meist liberal gesinnte Provinzadelige. Aber den liberalen Innenminister und dessen Gehilfen ließ Alexander II. fallen, als es im Anschluß an die Verkündung des Befreiungsmanifestes manchenorts zu bäuerlichen Unruhen und zu blutigen Zusammenstößen mit den vorsorglich eingesetzten Truppen kam. Lanskojs Nachfolger Graf P. A. Valuev war politisch ein standesbewußter ›krepostnik‹, der sich wohl an den Buchstaben, nicht aber an den Geist des Gesetzes hielt.

Wenn G. T. Robinson mit Recht feststellen konnte, daß »während der auf die Befreiung folgenden Jahrzehnte das russische Bauerntum einen verzweifelten Kampf mit einer verzweifelten Situation« kämpfte, so war dies in erster Linie jedoch darauf zurückzuführen, daß das Befreiungsgesetz und die anschließende Regelung des Loskaufes – Rückzahlung der vom Staat vorgestreckten Kaufsumme in 49 Jahren – den Bauern viel zu wenig Land gab und ihnen viel zu schwere Lasten aufbürdete. Der ursprüngliche Ansatz war davon ausgegangen, daß die Bauern jenes Land bekommen sollten, das sie als Leibeigene bearbeiteten; bei einer wöchentlich dreitägigen Fronarbeit entsprach schon dies nur der halben Arbeitskraft der bäuerlichen Familie. Der also schon äußerst knapp bemessene Ansatz war aber dann noch mehrfach reduziert worden. Land hinzuzuerwerben war nur ganz wenigen Bauern möglich. So vergrößerte sich bis 1905 die den Bauern gehörende Fläche nur um etwa ein Zehntel bei einer gleichzeitigen Vermehrung der bäuerlichen Bevölkerung auf mehr als das Doppelte. Die durchschnittliche Größe der Bauernwirtschaft sank von 13,2 Desjatinen im Jahr 1877 auf 10,5 Desjatinen im Jahr 1905. In einem Lande, dessen Schwarzerdegüter Getreide in großem Umfang über die Schwarzmeerhäfen exportierten, hatte der Bauer gerade in den fruchtbarsten Landschaften nicht genug Land, selbst in Normaljahren sein Leben erträglich zu fristen; bei Mißernten stand er jedesmal vor der Katastrophe. Aus seinen Schulden kam er in keinem Fall heraus; wie erschreckend ungleich die Lasten immer noch verteilt waren, ergibt sich daraus, daß in den Jahren 1871–1875 im Jahresdurchschnitt auf einer Desjatine Bauernland 1 Rubel und 44 Kopeken, auf einer Desjatine Gutsbesitzerland aber nur 14,5 Kopeken lasteten. Gelegentliche Steuersenkungen des Staates waren unzureichende Mittel, die verzweifelte Situation zu ändern; je länger man an der 1861 geschaffenen Ordnung festhielt, desto größer wurde der soziale Druck, bis er sich schließlich nach der Jahrhundertwende in ständig wachsenden Bauernunruhen und 1905 im gewaltsamen Ausbruch der Revolution einen Weg bahnte.

Liberale Ansätze

Wie beschränkt auch die tatsächliche Freiheit war, die den Bauern durch ihre ›Befreiung‹ zuteil wurde, die Diskussion über das Thema ›Freiheit‹ war nun einmal in Gang gekommen und griff auch auf das Gebiet der politischen Freiheiten über. Die einzige Schicht, die dank ihrer privilegierten Stellung in der Lage war, den Kampf um ein politisches Mitbestimmungsrecht im Staate nicht nur in der Theorie, sondern mit einiger Aussicht auf Erfolg auch in der Praxis zu führen, war der Adel. Die Rechnung des 18. Jahrhunderts, daß gesellschaftliche und wirtschaftliche Privilegierung den Adel saturieren, für die Autokratie gewinnen und ein für allemal von ehrgeizigen politischen Bestrebungen abhalten würde, ging im 19. Jahrhundert nicht mehr auf. Ein weit verbreitetes Ressentiment gegen den autokratisch-bürokratischen Staat, wie es etwa die Delegationen der Gouvernementkomitees in der Bauernfrage unmißverständlich zu erkennen gaben, hatte allerdings verschiedene, ja miteinander unvereinbare Wurzeln. Einem ziemlich radikalen Liberalismus, der, ›westlich‹ orientiert, den Staat auf dem Wege liberaler Reformen vorantreiben, d. h. den Staat selbst durch organisierte Einflußnahme liberalisieren wollte, stand eine ständisch-konservative Richtung gegenüber, die so ziemlich das Gegenteil anstrebte, aber um dieses zu erreichen, auch nach dem Recht politischer Mitsprache verlangte.

Es ist sicher kein Zufall, daß der Adel des Gouvernements Tveŕ, also einer Landschaft, in der die Gutswirtschaft keine ökonomische Zukunftschance hatte, geführt von seinem jungen Adelsmarschall A. M. Unkovskij, zum Wortführer der radikalen Richtung wurde. In Tveŕ war man von vornherein dafür, die Bauern sofort ganz zu befreien und mit genügend Land auszustatten, aber ebenso energisch verlangte man vom Staat die sofortige und volle Entschädigung, um sich im Besitz von Kapital der veränderten wirtschaftlichen Lage anpassen zu können; tatsächlich hat sich der Adel in den nördlichen Gouvernements während der folgenden Jahrzehnte wirtschaftlich nur halten können, wenn ihm diese Umstellung gelang – andernfalls geriet er in Schulden und verarmte. Allein das ökonomische Interesse drängte hier schon auf einen Abbau der bürokratischen Bevormundung durch den Staat, und sehr bald wurden auch konkrete politische Forderungen gestellt. Anfang 1862 richtete der Adel von Tveŕ eine Adresse an den Kaiser, in der er eine Fortsetzung der Reformen forderte: Nur Öffentlichkeit, d. h. Kontrollierbarkeit der Staatsverwaltung auf allen Gebieten könne das Vertrauen zum Staat wieder herstellen, und die derzeitigen Gegensätze zwischen den Ständen müßten beseitigt werden. »Die Verwirklichung dieser Reformen« – so heißt es da – »ist nicht möglich durch Regierungsmaßnahmen ... Selbst bei der Annahme voller Bereitwilligkeit der Regierung, Reformen durchzuführen, ist der Adel tief von der Überzeugung durchdrungen, daß die Regierung nicht imstande ist, sie zu vollenden. Die freiheitlichen Einrichtungen ... können nur aus dem Volke selbst hervorgehen ... Deshalb wendet sich der Adel nicht mit der Bitte an die Regierung, diese Reformen zu verwirklichen, sondern in der Erkenntnis der Unzuständigkeit der Regierung in dieser Angelegenheit beschränkt er sich darauf, den Weg zu zeigen, auf dem sie voranschreiten muß, um sich selbst und die Gesellschaft zu retten. Dieser Weg ist die Einberufung gewählter Vertreter aus dem ganzen Volk ohne Unterschied der Stände.« Und die Friedensvermittler des Gouvernements Tveŕ gingen noch einen Schritt weiter, indem sie, die Entscheidung vorwegnehmend, den Beschluß faßten, sich in ihrer Tätigkeit von nun an nicht mehr nach den Anweisungen der Regierung, sondern nur noch nach den Beschlüssen des Tveŕschen Adels zu richten. Das war offene Insubordination und konnte nicht hingenommen werden. Der Innenminister Valuev ließ 13 der Tveŕschen Friedensvermittler verhaften, einem Prozeß wegen Dienstpflichtverletzung unterwerfen und verurteilen; allerdings waren die Strafen für ein politisches Delikt gegen die Autokratie vergleichsweise milde, und sie wurden bald auf dem Gnadenwege aufgehoben. Noch wagte die Regierung nicht, der liberalen Unruhe mit drakonischen Maßnahmen zu begegnen.

Die Unruhe kam jedoch nicht nur vom linken, sondern auch vom rechten Flügel des Adels. Auch die erbitterten Gegner der Bauernbefreiung verlangten die Einberufung von Adelsvertretern zu einer Art Zemskij Sobor, um die Regierung kontrollieren zu können, die sie auf dem Höhepunkt der Befreiungsdiskussion republikanischer, sozialistischer, ja kommunistischer Tendenzen beschuldigten. Die Entlassung Lanskojs und Miljutins sollte ohne Zweifel in dieser Richtung beruhigend wirken, aber es überwog auch danach in Regierungskreisen die Auffassung, daß man den berechtigten Reformwünschen entgegenkommen und die politische Aktivität des Adels auffangen müsse. Dem Konstitutionalismus aus liberaler Überzeugung oder aus ständischem Trotz setzte man weitere liberale Reformen aus Staatsräson entgegen. Dabei konnte der Staat gelegentlich sogar recht weit gehen, wenn er nur als Staat intakt blieb und nicht kontrolliert wurde, sondern selbst die Kontrolle behielt. Eine Reform der lokalen Selbstverwaltung schien am ehesten geeignet, die politischen Prätentionen des Adels auf eine nützliche und harmlose Tätigkeit abzuleiten, und sie entsprach zudem einem dringenden Bedürfnis des Staates, dessen Apparat durch die ständig wachsenden Verwaltungsaufgaben auf allen Gebieten überfordert war. Das Projekt für die Einrichtung der ›Zemstvos‹ hatte noch Miljutin ausgearbeitet (1859), und es wurde trotz der Versuche Valuevs, den beabsichtigten Zweck durch Einführung strenger staatlicher Überwachung sogleich in sein Gegenteil zu verkehren, am 1. Januar 1864 in der ursprünglichen liberalen Form verwirklicht. Die Bezeichnung ›Zemstvo‹ knüpfte an eine alte Tradition der Begriffsbildung an, die stets das ›Land‹ (zemlja) in Gestalt der Stände, der Gesellschaft, dem Staat, der Herrschaft (gosudarstvo), in irgendeiner Form gegenübergestellt hatte.

Jeweils auf drei Jahre gewählte Vertreter des Adels, der Städter und der Bauern sollten in Kreis und Gouvernement unter dem Vorsitz des Adelsmarschalls zu einer Zemstvoversammlung zusammentreten und eine Zemstvoverwaltung bilden, deren Zuständigkeit sich – völlig unabhängig von der staatlichen Administration – auf folgende öffentliche Aufgaben des lokalen Bereiches erstreckte: Instandhaltung von Straßen und Brücken, Unterhaltung von Fuhr- und Postdiensten, von Einrichtungen der Fürsorge und des Gesundheitswesens, Förderung von Industrie, Handel und Landwirtschaft, Ausbau des Elementarschulwesens. Ein abgestuftes Wahlrecht sicherte dem Adel die führende Position, doch durften die Vertreter keines Standes zahlreicher sein als die der beiden anderen zusammen. Nicht überall allerdings sah man die Voraussetzungen für die Einrichtung der Zemstvos als gegeben an; sie war zunächst nur in 33 Gouvernements vorgesehen, ein Stand, der erst 1875 erreicht wurde, und hat niemals das gesamte Reichsgebiet erfaßt. Und auch dort, wo es seit 1865 ein Zemstvo gab, wurden die Erwartungen fürs erste nicht erfüllt. Nicht weil die anfängliche Begeisterung der Zemstvomitglieder so rasch erlahmte, sondern weil die Regierung unter dem Eindruck eines Attentates auf Alexander II. (1866) ihr großzügiges Vertrauen in die Gesellschaft sehr bald wieder bereute und durch administrative Maßnahmen die Initiative der Zemstvos drosselte. Durch Beschränkung des Rechtes, eigene Abgaben einzuheben, wurden die Zemstvos der Mittel für eine produktive Tätigkeit beraubt, und die Einschränkung der Diskussionsfreiheit in den Zemstvoversammlungen machte diese gerade für die aktivsten Mitglieder uninteressant. Die Institution als solche hat sich jedoch erhalten, und sie erwies sich als reaktivierbar. Schon in den achtziger Jahren, also unter dem reaktionären Regime Alexanders III., nahm die Tätigkeit der Zemstvos unter dem Zwang der fortschreitenden wirtschaftlichen und sozialen Entwicklung wieder zu, und das 20. Jahrhundert brachte mit einer regelrechten Zemstvobewegung dem russischen Liberalismus eine eigenartige, politisch nicht unwirksame organisatorische Basis. Die Verdienste der Zemstvoverwaltungen auf zahlreichen Gebieten, vor allem auch auf dem der Volksschulen, waren am Ende unleugbar groß, aber mehr noch als die materiellen Fortschritte fiel ins Gewicht, daß dank der Zemstvos am Ende des Jahrhunderts nicht mehr galt, was Unkovskij seinerzeit anklagend festgestellt hatte, daß nämlich in Rußland ohne Bewilligung der Regierung niemand wage, auch nur eine verfallene Brücke zu reparieren oder einen Volksschullehrer anzustellen. Was von der Zemstvoreform gilt, das gilt im großen und ganzen auch von der in Anlage und Auswirkung sehr ähnlichen Stadtreform des Jahres 1870, nur daß im schnellen Wachstum der großen Städte sich die Wirkungen früher einstellten und wohl auch intensiver waren. Zemstvo- und Stadtverwaltungen waren freilich künstliche Gebilde, wenn man slavophile Maßstäbe anlegte; gleichwohl erfüllten sie im Laufe der Zeit ihre Aufgabe und in gewissem Maße auch die politischen Hoffnungen, die russische Liberale wie Kavelin bei ihrer Entstehung auf sie setzten. Was sie freilich nicht leisten konnten, war dies, einen in langer Geschichte gewachsenen, aus Tradition politisch lebendigen Regionalismus hervorzubringen. Die Zemstvos waren kein Ansatzpunkt für eine föderative Machtverteilung, wohl aber wurden sie zu einem Kristallisationskern der radikalen Intelligenz in der russischen Provinz. Es war wiederum das Zemstvo von Tveŕ, das es 1878 wagte, den ›Zar-Befreier‹ zu bitten, seinem russischen Volk, das alle Lasten des Krieges getragen habe, dieselbe Wohltat einer Konstitution zu gewähren wie den Bulgaren.

Der einzige Versuch, der gemacht wurde, dem Wunsch nach politischer Mitwirkung und Mitverantwortung wenigstens in einer Weise entgegenzukommen, die Vertreter des ›bürokratischen Liberalismus‹ für tragbar hielten, sah die Heranziehung von sachkundigen Männern vor, die Zemstvos und Stadtdumen als ihre Sprecher in eine die Regierung beratende Körperschaft wählen sollten. Es war das Reformprojekt des Innenministers Loris-Melikov, das Alexander II. eben gebilligt hatte, als ihn die Bombe der Attentäter des ›Volkswillens‹ am 1. (13.) März 1881 zerriß. Danach half keine Beteuerung mehr, daß diese Reform mit einer parlamentarischen Konstitution ja nicht das mindeste zu tun habe – was in der Sache zutraf; Alexander III. lehnte das Projekt ab und nahm die Demission der Minister, die sich dafür eingesetzt hatten, an. In die Verteidigung gedrängt, fiel die Autokratie unter dem unheilvollen Einfluß Pobedonoscevs in anachronistische Erstarrung, aus der sie weder die Staatsräson im Sinne Loris-Melikovs noch die slavophilen Ideale Ignat'evs lösen konnten, der als dessen Nachfolger einen dreitausendköpfigen Zemskij Sobor im Altmoskauer Stil vorschlug und darüber sofort zu Fall kam.

Weitere Reformen

Nicht alles, was eine Modernisierung und in den Augen der Liberalen einen Fortschritt darstellte, war mit der Autokratie so unvereinbar wie politischer Konstitutionalismus, und so hatte vieles aus der Reformperiode Alexanders II. Bestand über die Abbauversuche späterer Reaktion hinaus. Das gilt erstaunlicherweise auch von der großen und grundlegenden Reform der russischen Justiz, die nach langer und sehr umfangreicher Vorbereitung am 20. November 1864 Gesetzeskraft erlangte. Sie stellte den vielleicht konsequentesten Akt der Angleichung an das Vorbild des fortgeschrittenen Europa dar, denn in ihr trennte sich Rußland vollkommen von seiner bisherigen Gerichtsordnung, die noch aus der Zeit Katharinas stammte, und bekannte sich zu den Prinzipien des modernen Rechtsstaates. An die Stelle eines überkomplizierten, nach Ständen gegliederten, von der Verwaltung abhängigen und jeder Art von Korruption im Sinne einer ›Klassenjustiz‹ des Adels ausgesetzten Verfahrens trat nun eine vereinfachte Ordnung, die den Grundsätzen der Gleichheit aller vor dem Gesetz und der Öffentlichkeit des Prozesses folgte. Vor unabhängigen und unabsetzbaren Richtern hatte nun auch in Rußland der Angeklagte das Recht, gehört zu werden und sich der Hilfe eines Verteidigers zu bedienen; die Voruntersuchung wurde der Polizei entzogen und besonderen Untersuchungsrichtern anvertraut, für Strafprozesse ein Geschworenengericht eingeführt; Bagatellsachen konnten die gewählten Friedensrichter und die Volostgerichte der bäuerlichen Selbstverwaltung entscheiden. Der Senat wurde nun endgültig auf die Funktion des Obersten Gerichtshofes beschränkt und von allen anderen Aufgaben befreit.

Es leuchtet ein, daß die Durchführung dieser Reform einen gebildeten, angemessen bezahlten und selbstbewußten Richterstand forderte, der erst zu schaffen war, und daß sie auf den zähen Widerstand der reaktionären Bürokratie stoßen mußte. Es ist in der Folge auch zu erheblichen Einbrüchen der Administration in den Bereich der Justiz gekommen, indem etwa gewisse Delikte den normalen Gerichten entzogen, politisch

Verdächtige vielfach einer unkontrollierten Verwaltungsjustiz unterworfen und Richter, die sich unbeliebt gemacht hatten, durch Benachteiligung in ihrer Beamtenkarriere einem Druck ausgesetzt wurden. Aber dies waren Verstöße gegen gesetzlich sanktionierte Prinzipien, hinter denen die Autorität der modernen, völlig europäisierten russischen Rechtswissenschaft stand und die als solche bis 1917 nicht außer Kraft gesetzt wurden. Das aufsehenerregendste Beispiel dafür, welche Öffentlichkeitswirkung dem Widerstand der Justiz gegen Beeinflussung durch die Exekutive zukommen konnte, lieferte der Prozeß gegen Vera Zasulič im März 1878.

Erfolgreich verbessert wurde in den Jahren 1862–1866 auch die Finanzverwaltung, und zwar ebenfalls nach eingehendem Studium westlicher Vorbilder. Das Ergebnis war eine konsequente Zentralisierung der staatlichen Haushaltsführung im Finanzministerium – bisher hatten immer noch Sondermittel einzelner Ministerien Überblick und Kontrolle erschwert – und der Aufbau eines von der Verwaltung unabhängigen Kontrollsystems. Jetzt endlich fand man auch einen modernen Ausweg aus der alten Misere des Branntweinmonopols: Eine Gewerbesteuer, die den Ausschenkenden auferlegt wurde, und eine Spirituosensteuer auf alles Ausgeschenkte machten dem ständigen Schwanken zwischen der Skylla staatlicher Ausschankstellen und der Charybdis der Verpachtung, die beide der Korruption Tür und Tor geöffnet hatten, bis auf weiteres ein Ende, ohne das Interesse des Fiskus zu verletzen. Ordnung in den Finanzen war lebenswichtig nach dem verlorenen Krieg und angesichts der gewaltigen Kosten, die das vielseitige Reformwerk verursachte, aber eine funktionierende Ordnung ist noch nicht eo ipso eine gerechte Ordnung. Von einer gleichmäßigeren Verteilung der Lasten war bei der Finanzreform überhaupt nicht die Rede.

Die Notwendigkeit einer Heeresreform konnte nicht deutlicher bewiesen werden als durch Verlauf und Ausgang des Krimkrieges. Trotzdem dauerte es volle fünf Jahre, ehe mit dem General D. A. Miljutin der Mann an die Spitze des Kriegsministeriums gestellt wurde (1861–1881), der sachkundig, modern und liberal genug war, gegen alle reaktionären Widerstände, die sich selbst da, wo es um das Machtinstrument des Staates ging, geltend machten, in zwei Jahrzehnten eine planmäßige und umfassende Reform des gesamten russischen Heerwesens zu verwirklichen. Aus einer Fülle von Einzelreformen in Organisation, Bewaffnung und Ausbildung ragt die Einführung der allgemeinen Wehrpflicht im Jahre 1874 hervor. Bis dahin hatte man an Zwangsrekrutierung und langjähriger (25, seit 1859 15 Jahre) Dienstpflicht festgehalten; ihr war – in Umkehrung des altmoskauer Systems – nur die steuerpflichtige Bevölkerung (tjaglye ljudi) in Stadt und Land unterworfen, die Gildenbürger leisteten eine entsprechende Abgabe, und der Adel diente nur freiwillig als Offizier. Nun schuf die Gleichheit aller vor dem Anspruch des Staates auf den Dienst mit der Waffe auch in Rußland die Voraussetzung für das Entstehen des modernen Massenheeres. Eine Verkürzung der nun sechsjährigen Dienstzeit verschafften nicht mehr Stand und historische Privilegien – die seit ihrer Einwanderung vom Kriegsdienst befreiten mennonitischen Siedler in Südrußland mußten jahrelang um die Genehmigung zum Dienst ohne Waffe kämpfen –, sondern nur noch Bildung: Wer die Volksschule absolviert hatte, kam schon mit vier Jahren davon, und der Träger eines akademischen Grades brauchte nur für drei Monate Soldat zu werden. Der Anreiz, Bildung zu erwerben, der von diesen Bestimmungen ausging, ist nicht zu unterschätzen. Miljutin, der sich als einziger von den ›liberalen‹ Ministern der Reformzeit bis zur Regierung Alexanders III. im Amte hielt, war auch unmittelbar im eigenen Amtsbereich um Verbreitung einer Bildung bemüht, die dem militärischen Zweck dienen, aber gerade deshalb nicht eng militärisch begrenzt sein sollte. Ein Ausbildungsprogramm von 1875 sah sogar vor, den Rekruten, soweit erforderlich – und es war noch in sehr weitem Umfang erforderlich –, Elementarkenntnisse des Lesens und Schreibens beizubringen. Und die dem Kriegsministerium unterstehenden Progymnasien, die den Nachwuchs für die Junkerschulen heranzubilden hatten, erwarben sich unter Miljutin den Ruf der modernsten und liberalsten höheren Schulen Rußlands. Das war allerdings nur möglich, weil das zivile

Schulwesen zur gleichen Zeit bereits das Opfer einer überaus verhängnisvollen reaktionären Bildungspolitik geworden war.

Bildung und Kultur

Nachdem sich Alexander II. einmal entschlossen hatte, den unvermeidbar erscheinenden Weg liberaler Reformen zu beschreiten, konnte auch dem Bereich des Geistes eine gesetzliche Sicherung der ihm nun gewährten relativen Freiheit nicht vorenthalten werden. Wenn die Maßnahmen des Buturlin-Komitees sogleich aufgehoben wurden, so bedeutete das noch nicht mehr als ein Wieder-Inkrafttreten der Uvarovschen Ordnung, und wenn die Zensoren Anweisung erhielten, ihre Tätigkeit großzügig auszuüben, so war das noch keine Abschaffung der Zensur. Zu einer solchen ist es auch niemals gekommen: Als 1865 nach langem Zögern endlich eine gesetzliche Regelung des Presse- und Publikationswesens erfolgte, da brachte sie zur allgemeinen Enttäuschung nicht mehr als die Legalisierung des bestehenden Zustandes, d. h. es lag nach wie vor im Belieben der Regierung, in welcher Weise sie von den weiterbestehenden Einrichtungen der Zensur Gebrauch machte. Daß umfangreichere Bücher und fallweise auch Provinzzeitungen von der Vorzensur befreit wurden, fiel kaum ins Gewicht gegenüber der Tatsache, daß die Regierung, wenn sie gegen ihr mißfallende Publikationen vorgehen wollte, nicht auf den normalen Rechtsweg angewiesen war, sondern über ausreichende administrative Möglichkeiten von der Verwarnung bis zur völligen Einstellung verfügte. Es ist begreiflich, daß man sich den riskanten Luxus eines Presseprozesses unter diesen Umständen konsequent versagte. Wie jede Zensur, so hat natürlich auch die russische nur bis zu einem gewissen Grade die Verbreitung von Druckwerken, nicht aber die von Gedanken verhindern können, und gerade jene Gedanken, die sich gegen die Autokratie richteten und gegen deren Methoden, die Untertanen im Zustand der Unmündigkeit zu erhalten, sind durch den Druck der Zensur dauernd wach gehalten und zur Aggressivität gereizt worden.

Unmittelbarer noch wirkte sich der Konflikt zwischen Geist und Obrigkeit auf die Universitäten aus. Das Problem, moderne Wissenschaft in politisch keimfreier Form zu vermitteln, kam der Quadratur des Zirkels gleich. Schon die ersten Liberalisierungsmaßnahmen an Universitäten und Hochschulen riefen bedenkliche Aktivität der an Zahl wieder rasch zunehmenden Studenten hervor, und als die Studenten der Universität Kazań unter der Führung des Professors Ščapov eine Trauerfeier für die Opfer von Bezdna veranstalteten – die gewaltsame Unterdrückung dieser umfangreichsten Bewegung bäuerlicher Selbstbefreiung im April 1861 hatte an die hundert Bauern das Leben gekostet –, griff die Regierung mit harten Maßnahmen ein. Sogar die Mönche, die die Liturgie gesungen hatten, wurden zur Strafe in das Soloveckij-Kloster im Weißen Meer verbannt. Das Ergebnis war verstärkte Unruhe an nahezu allen Universitäten. Erst im Dezember 1861 entschloß sich der Kaiser nach langem Schwanken, durch Nachgeben die Spannung zu lösen: Der liberale und gewissenhafte A. V. Golovnin wurde zum Minister für Volksaufklärung ernannt, und damit war der Weg für ein neues Universitätsstatut frei (18. Juni 1863). Es gab den Universitäten praktisch die Autonomie einschließlich der Disziplinargerichtsbarkeit zurück, obwohl die Überwachungsorgane (Kuratoren und Inspektoren) nicht abgeschafft, sondern nur in ihrer Tätigkeit entsprechend beschränkt wurden. Nicht genehmigt wurde das beantragte Frauenstudium und verboten blieben studentische Organisationen jeglicher Art – eine verhängnisvolle Entscheidung, weil dadurch jede studentische Aktivität, gleichgültig aus welchem Anlaß und mit welchem Ziel, in den Bereich des Konspirativen verbannt wurde.

Gleichzeitig suchte man auch die höheren Schulen (1865) und die Volksschulen (1864) durch gesetzliche Neuregelung den europäischen Verhältnissen vollends anzupassen. Wie bisher, aber mit modernisiertem Lehrplan sollten humanistische Gymnasien für den Besuch der Universität, Realschulen für den der technischen Hochschulen vorbereiten. Da im griechisch-orthodoxen Rußland jedoch nur ein Viertel der bestehenden Gymnasien mit Griechischlehrern ausgestattet werden konnte - ein Beweis, wie fiktiv das Betonen der griechischen Kulturtradition Rußlands war –, ergab sich in der Praxis das Überwiegen eines Übergangstyps, in dem nur Latein gelehrt wurde und der etwa dem Realgymnasium entsprach. Viel größer noch waren die Hindernisse, die der Entwicklung des Volksschulwesens entgegenstanden. Ein bemerkenswerter Versuch der liberalen Intelligenz, in der Hochstimmung unmittelbar vor der Bauernbefreiung die Initiative zu ergreifen und durch Einrichtung von Sonntagsschulen Analphabetentum und Unbildung zu bekämpfen, wurde schon 1862 politisch suspekt und versandete rasch. Der politisch-weltanschauliche Gegensatz zwischen Anhängern der kirchlichen Elementarschule, die man nicht entbehren konnte, und Anhängern der weltlichen Volksschule, die man nicht verwirklichen konnte, wurde schließlich durch den Kompromiß der Kreis- und Gouvernementschulräte gelöst, in denen Staat, Kirche und Gesellschaft (Zemstvos) vertreten waren, und der im wesentlichen darin bestand, daß sich Staat und Kirche in die Aufsicht teilten, die Gesellschaft aber die Schulen bauen und die Lehrer erhalten durfte. Angesichts der Unmöglichkeit, die Voraussetzungen in absehbarer Zeit zu schaffen, mußte man auf die Einführung der allgemeinen Schulpflicht verzichten. Wie weit man von diesem Ziel entfernt war, zeigt die Tatsache, daß noch in den achtziger Jahren nicht mehr als 10% der Kinder die Schule besuchten; allerdings wurde dieser Reichsdurchschnitt durch die fast schulenlosen Kolonialgebiete – in Turkestan gab es 1881 eine Schule auf 70600 Einwohner – sehr gedrückt, in den zentralen großrussischen Gebieten war die Lage etwas günstiger. Raschere Fortschritte brachte aber erst die Tätigkeit der Zemstvos im 20. Jahrhundert.

All diese Schulreformen waren sorgfältig vorbereitet – man schickte Experten auf ausgedehnte Studienreisen in westliche Länder, man ließ Gutachten im Inland und im Ausland anfertigen, man veröffentlichte das gesammelte Material in umfangreichen Publikationen. Etwas anderes als eine vollkommene Europäisierung war auf diesem Gebiet nicht einmal denkbar, denn auch fanatische Slavophile konnten nicht verlangen, daß man an eine eigene Schultradition anknüpfte – eine solche gab es ja nicht. Es lag an der Qualität dieser Reformen, daß Rußland nach und nach eine dem europäischen Niveau entsprechende und aus allen Ständen stammende Intelligenzschicht erhielt – es lag nicht an diesen Reformen, daß die heranwachsende Intelligenz in eine radikal staatsfeindliche Haltung hineingetrieben wurde. Der Wendepunkt war wiederum das Karakozov-Attentat. Noch in demselben Jahr 1866 wurde Golovnin durch den erzreaktionären Grafen D. A. Tolstoj abgelöst. Tolstoj war seit 1864 Oberprokuror des Synod und behielt dieses Amt auch nach seiner Ernennung zum Minister für Volksaufklärung bei. 14 Jahre lang führte er einen hartnäckigen und erbitterten Kampf gegen die Aufklärung des Volkes, vor allem gegen die Universitäten, kräftig unterstützt durch Katkov im ›Russkij Vestnik‹ und andere reaktionäre Publizisten. Nun ist gewiß nicht zu leugnen, daß kritische und radikale Gedanken unter den Studenten verbreitet waren, daß soziale Konflikte und Katastrophen wie die Hungersnot im Smolensker Gebiet, der die Regierung hilflos gegenüberstand, ein rasches und lebhaftes Echo auf den Universitäten fanden. Aber die Polizeimaßnahmen, die das verhindern sollten, lösten nur eine Kettenreaktion von Radikalisierung und Unterdrückung aus. Wenn jemand mäßigend einwirken konnte, dann waren es die akademischen Behörden, und gerade deren Autonomie hielt Tolstoj für die Ursache allen Übels. »Die vielen Mängel des Statuts von 1863« – so heißt es in einem zusammenfassenden Tätigkeitsbericht des Staatsrates für die Jahre 1881–1894 – »bestanden hauptsächlich darin, daß alle Teile der Universitätsverwaltung, Lehrangelegenheiten, Auswahl der Dozenten und Aufsicht über die Studenten, den Professorenkollegien anvertraut waren.« In der Praxis wurden diese Mängel dadurch behoben, daß die Polizei eben ohne rechtliche Grundlage in den Hochschulen Ordnung schuf, bei größeren Unruhen, wie sie 1869, 1874 und 1878 stattfanden, mit Massenrelegierungen vorging und dadurch sehr erheblich zur Verbreitung revolutionärer Ideen im Lande beitrug. Die Öffentlichkeit stand weitgehend auf seiten der Studenten, und die verantwortlichen akademischen Funktionäre legten eine achtenswert mannhafte Haltung an den Tag. Als Tolstoj 1872 eine Aufforderung an sie richtete, Vorschläge für eine Verbesserung des Universitätsstatuts im Sinne einer Aufhebung der Autonomie einzureichen, erhielt er keine Antwort. Der Rektor der Moskauer Universität, der Historiker S. Solovev, wurde daraufhin zur Amtsniederlegung gezwungen. Die Ausarbeitung eines neuen Universitätsstatuts war inzwischen bereits im Gange – ein wesentlicher Punkt wurde 1878 durch die Aufhebung der akademischen Disziplinargerichtsbarkeit und durch die Wiedereinführung des Inspektorates vorweggenommen. Erst Alexander III. jedoch setzte das neue Statut 1884 in Kraft – gegen die ablehnende Mehrheit des Staatsrates: Die Universitätsautonomie wurde beseitigt, Rektoren und Dekane wurden von nun an nicht mehr gewählt, sondern ernannt, für die Aufrechterhaltung der Ordnung war nur mehr der Kurator mit Hilfe der ihm unterstellten Inspektoren verantwortlich, akademische Prüfungen fanden unter unmittelbarer Aufsicht des Ministeriums statt; die Studenten galten nicht als ein korporationsfähiger Stand, sondern nur als ›individuelle Besucher‹ von Vorlesungen, eine empfindliche Erhöhung der Studiengebühren sollte den Zustrom unerwünschter Elemente nach Möglichkeit verhindern. Damit war man nach einem halben Jahrhundert wieder bei Uvarov angelangt, und auch das Ergebnis sollte – in verstärktem Maß und vergrößertem Umfang – dasselbe sein: politische Radikalisierung der geistigen Elite und – im Widerstand gegen alle Bevormundung und allen Widerwärtigkeiten zum Trotz – ein erstaunlicher Aufschwung der Wissenschaft auf allen Gebieten.

Konsequent, aber ebenso unglücklich wie die Behandlung der Hochschulen, war der Gedanke, das Übel der Lehr- und Lernfreiheit schon an der Wurzel, in den höheren Schulen auszurotten und das humanistische Gymnasium zum Instrument des reaktionären Geisteszwanges zu machen. Formal konnte man dabei an die Perspektiven der Reform von 1865 anknüpfen, die ja das humanistische Gymnasium mit Latein und Griechisch als Voraussetzung des Universitätsstudiums vorgesehen hatten. Die Verwirklichung sollte aber nun – das war der Gedanke von Katkov, den sic h der Minister zu eigen machte – zu einer rigorosen Beschränkung auf eine intensive Formalausbildung in den klassischen Sprachen und in Mathematik führen, während alle anderen Gegenstände mit Ausnahme des Religionsunterrichtes auf ein Mindestmaß reduziert oder überhaupt aus dem Lehrplan der Gymnasien verbannt wurden. Die entsprechenden Verfügungen mußte Alexander II. 1871 allerdings gegen ein eindrucksvolles Mehrheitsvotum des Staatsrates bestätigen. Und man ließ sich die Förderung der humanistischen Bildung zum Zweck der Staatssicherheit einiges kosten: 1872–1878 bestand an der Universität Leipzig ein eigenes Seminar für russische Studenten der klassischen Philologie, und da auch dieses den Bedarf an Griechischlehrern nicht sofort decken konnte, berief man in großer Zahl österreichische Philologen tschechischer Nationalität. Der pädagogische Erfolg dieser Maßnahmen war gering, aber viel schlimmer war die vollkommene Diskreditierung der humanistischen Bildung, deren Werte, solcherart mißbraucht, unglaubwürdig wurden. Selbst politisch konservativ Gesinnten galten die russischen Gymnasien als ›moralische und intellektuelle Gefängnisse‹, man sprach nur von der ›griechisch-römischen Knechtschaft‹, und gerade das, was die Regierung vermeiden wollte, trat ein – die Naturwissenschaften und die damals meist mit ihnen verbundene materialistische Weltanschauung gewannen durch den Reiz des Verbotenen eine moralische Autorität, die sie andernfalls kaum erlangt hätten.

Hält man sich vor Augen, daß dieses törichte Zwangssystem einer im Verhältnis zur Gesamtbevölkerung zwar immer noch kleinen, aber doch ständig wachsenden Bildungsschicht auferlegt wurde, die zur gleichen Zeit ihren unvergänglichen schöpferischen Beitrag zur europäischen Gesamtkultur leistete, so wird einem sowohl die tiefe Skepsis wie der leidenschaftliche Protest verständlich, die den russischen Intellektuellen je nach Veranlagung und als hoffnungslose Verzweiflung nicht selten zugleich auszeichneten. Die zweite Hälfte des 19. Jahrhunderts brachte der russischen Literatur, der russischen Musik und in manchen Bereichen auch der russischen Wissenschaft Weltgeltung. Die großen, Europa und der Welt bekannten Namen – I. S. Turgenev (1818–1883), F. M. Dostojevskij (1821–1881), L. N. Tolstoj (1828–1910) und von der nächsten Generation A. P. Čechov (1860–1904) auf dem Gebiet der Literatur, A. G. Rubinštejn (1829–1894), A. P. Borodin (1833–1887), P. I. Čajkovskij (1840–1893) und N. A. Rimskij-Korsakov (1844–1908) auf dem Gebiet der Musik, der Chemiker D. I. Mendeleev (1834–1907) und der Physiologe K. A. Timirjazev (1843–1920) – waren aber nur Repräsentanten einer breiten Entfaltung des russischen Geisteslebens auf allen Gebieten, neben und hinter ihnen standen zahllose andere kaum geringeren Ranges. Was die russische Literatur dieser Zeit auszeichnete – und von den anderen Künsten gilt ähnliches –, war, wie es der gebildete und selbst literarisch tätige Minister Valuev einmal ausdrückte, ›etwas Zunftartiges, obgleich es nicht nur eine Zunft und nicht wenig Streit zwischen den Meistern einer und derselben Zunft gibt‹. Valuev, der mitten in der Zeit stand, mag dabei vor allem an die Herrschsucht literarischer Cliquen gedacht haben, aber der Eindruck großer Einheitlichkeit in einer bestimmten Grundhaltung drängt sich auch dem außenstehenden Betrachter auf. Bei allen Unterschieden der Person und der Weltanschauung, des künstlerischen Wollens und Vollbringens, der formalen Kategorien und des Themas – die Mannigfaltigkeit war nicht geringer als in anderen europäischen Literaturen – dominierte die leidenschaftliche Hinwendung zur Wirklichkeit, die Kritik und das Leiden an der Wirklichkeit, in allen Nuancen von müder Resignation bis zum revolutionären Veränderungswillen. Die Bezeichnung ›kritischer Realismus‹ ist sachlich zutreffend, aber viel zu abstrakt, das moralische Engagement einer ganzen Literatur zu erfassen, die – sofern sie diesen Namen verdiente – im Protest gegen die soziale und meist auch gegen die politische Gegenwart verharrte und damit zum vollendeten Ausdruck ihrer Zeit wurde. Wenn russische Dichter etwas nicht kritisierten, sondern idealisierten, dann nicht die nationale Gegenwart, sondern die nationale Vergangenheit oder das nationale Wesen fern von dessen offizieller Repräsentation. Darin folgten ihnen Musiker und Maler.

Das Verhältnis zu Europa blieb bei alledem problematisch, schwankend zwischen einem exaltierten Selbstbewußtsein und einem übertriebenen Schamgefühl. Da hatten es die Wissenschaften leichter, die nicht das Ganze, sondern nur Teile der Wirklichkeit suchten und die nicht an das Nationale in Wort, Ton und Farbe gebunden waren, sondern sich in ihrer eigenen Sprache rationaler Abstraktionen mit Europa verständigen konnten.

Politische Stagnation und industrielle Revolution

Die drei letzten autokratischen Herrscher des russischen Imperiums verkörperten geradezu wohlgeordnete dynastische Kontinuität. Alexander II. (geb. 1818) und Alexander III. (geb. 1845) kamen als reife Männer zur Regierung, Nikolaus II. (geb. 1868) war beim unerwartet frühen Tode seines Vaters (1894) immerhin auch schon 26 Jahre alt. Keine Prätendenten bedrohten die rechtmäßigen Erben, bei keinem der Thronwechsel – auch nicht nach der Ermordung Alexanders II. – war die Sicherheit des Staates durch oppositionelle Kräfte ernsthaft bedroht. Es stand aber auch keiner der Nachfolger in einem wirklichen Gegensatz der politischen Prinzipien zu seinem Vorgäner: Die liberale Reformperiode war kein persönlicher Protest Alexanders II. gegen das politische Regime seines Vaters Nikolaus' I., und die Reaktion unter Alexander III. war keine pietätlose Korrektur der liberalen Verfehlungen des Vaters durch den Sohn. Denn das, worauf es ankam und was alle Romanovs für ein Rußland gemäßes, heilig zu haltendes Erbe hielten – die Autokratie –, ging jeweils unverletzt auf den Nachfolger über.

Im Wechsel der kaiserlichen Personen und im Wandel der politischen Situationen änderten sich lediglich die Methoden, das Erbe zu bewahren: Alexander II., einmal auf den Weg der Reformen gedrängt, verteidigte die Autokratie hinhaltend, indem er liberale und reaktionäre Tendenzen in seiner Regierung nebeneinander bestehen ließ, sich weder für die einen noch für die andern ganz entschied und – da unglücklicherweise sein Kriegsminister liberal, sein Bildungsminister aber reaktionär war – den Boden für die ideologische Reaktion der folgenden Periode bereitete. Alexander III., der mehr Charakter und mehr Mut besaß, ging in aussichtslos erscheinender Lage zum Gegenangriff über. Sein geistiges Rüstzeug war die Uvarovsche Trinität, sein ideologischer und politischer Generalstabschef der unheilvolle, Katkov nahestehende K. P. Pobedonoscev (1827–1907). Hatte Katkov in der Reformzeit als anglophiler Liberaler begonnen, so war der bedeutende Jurist Pobedonoscev an der Ausarbeitung der Justizreform von 1864 beteiligt gewesen. Nun überboten die beiden einander in einem wirklichkeitsfremden, reaktionär-nationalistischen Dunkelmännertum. Pobedonoscev war der Meinung, daß eine durch den Druck der Obrigkeit ausgelöste gewaltsame Erhebung um vieles besser sei als jedes Nachgeben in Richtung einer Konstitution – eine Revolution könne man niederschlagen, eine Konstitution vergifte den ganzen Organismus von Staat und Gesellschaft; Gift schien ihm auch der Rationalismus des Westens in jeder Form. Das Heil liege im Beharren bei den überkommenen Institutionen – bei der Autokratie, bei der Religion und bei dem zwischen Selbstherrscher und Volk angeblich bestehenden legendären Bündnis, auf dem der russische Staat beruhe. Alexander III. machte sich diese Prinzipien zu eigen und räumte Pobedonoscev, obwohl dieser offiziell nur Oberprokuror des Synod war, maßgebenden Einfluß auf seine Entscheidungen ein. In Verbindung mit einer rücksichtlos zentralistischen und großrussisch-nationalistischen Politik ergab das ein erschreckendes Regime, doch immerhin ein Regime, dem Konsequenz nicht abzusprechen war. Nikolaus II. übernahm die Lehre mitsamt dem Propheten Pobedonoscev; die Härte und Willenskraft des Vaters konnte er nicht übernehmen. Ein Schwächling mit infantilen Zügen und angenehmen Manieren, war der letzte Selbstherrscher zu nichts weniger geeignet, als selbst zu herrschen, vom Regieren ganz zu schweigen. Ein verhängnisvolles Schicksal ließ ihn dazu in der am englischen Hof erzogenen Prinzessin Alice von Hessen-Darmstadt eine an Willenskraft überlegene Frau wählen, mit der er zwar glücklich verheiratet war, deren einflußreiche Torheit aber die Autokratie ad absurdum führte. Der Verfall des Reiches an seiner Spitze war ganz offensichtlich.

Es hat Rußland unter den letzten Romanovs nicht an staatsmännischen Begabungen gefehlt, zumindest nicht an Männern, die energische und sachkundige Minister sein konnten. Aber das Mißtrauen der Selbstherrscher ließ sie selten an die richtige Stelle kommen und niemals zu einer Entfaltung, die eine Lösung der Starre und eine Anpassung des Staates an den immer rascheren Fortschritt der wirtschaftlichen und sozialen Entwicklung auch nur eingeleitet hätte. Darin bestand ja eben die Ideologie der russischen Selbstherrschaft in ihrer letzten Phase, die Notwendigkeit einer solchen Anpassung grundsätzlich zu leugnen. Das hat freilich den Fortschritt der Wirklichkeit nicht aufgehalten, der in den letzten beiden Jahrzehnten des 19. Jahrhunderts bereits mit Händen zu greifen war und hinter der erstarrten Fassade nicht nur die Fundamente der alten Ordnung erschütterte, sondern auch das Baumaterial für eine mögliche neue Ordnung bereitstellte.

Die sowjetische Geschichtsschreibung läßt die Periode des ›Kapitalismus‹ in Rußland mit dem Jahr 1861 beginnen; sie hat dafür nur einen einzigen, ideologisch-formalen Grund – die Änderung in der rechtlichen Lage der Bauern: Durch die Bauernbefreiung wurde die ›feudale‹ Abhängigkeit des Bauern vom adeligen Grundeigentümer beseitigt, die Periode des ›Feudalismus‹ beendet, und die Entwicklung des ›Kapitalismus‹ konnte beginnen. Daß die ›feudalen Abhängigkeiten‹ mit dem Manifest Alexanders vom 19. Februar 1861 keineswegs aus der Welt verschwanden, wurde schon festgestellt; ebensowenig erblickte die ›kapitalistische‹ Wirtschafts- und Gesellschaftsordnung mit diesem Tage in Rußland das Licht der Welt. Sie befand sich, wenn man darunter die Entstehung einer Maschinenindustrie versteht, längst in der Entwicklung und sollte sich in einer dem Westen ähnlichen, intensiven Form erst ein Menschenalter später entfalten. Die industrielle Revolution war auch in Rußland ein Vorgang, der sich über das ganze 19. Jahrhundert erstreckte, seine Beschleunigungen und Verzögerungen erfuhr und schließlich tiefgreifende Veränderungen in der wirtschaftlichen und sozialen Struktur herbeiführte. Ein Vorgang, der in vielem dem westeuropäischen Vorbild glich, in vielem eigenartige Erscheinungen hervorbrachte, im ganzen aber mit einer beträchtlichen Verspätung ablief, obwohl auch dies nicht für alle Zweige der industriellen Entwicklung in gleichem Maße gilt. Die Abweichungen sind aus der Natur des Landes, aus den gesellschaftlichen Voraussetzungen und aus einer übermäßigen Einflußnahme des Staates zu erklären.

Die Bauernbefreiung brachte zunächst eher eine Verzögerung der Entwicklung. Sie setzte ja nicht nur Arbeitskräfte frei, die allmählich oder dort, wo die Lohnarbeit bereits eingebürgert war, wie in der Textilindustrie des Moskauer Gebietes, auch rasch einer industriellen Beschäftigung zugeführt werden konnten, sondern sie entzog auch den mit Leibeigenen arbeitenden Unternehmen, vor allem in der Montanindustrie des Ural, die Arbeiter. Die Produktion der Uralbetriebe ging erheblich zurück und hatte 1867 noch nicht wieder den Stand von 1860 erreicht. Voraussetzung, Motor und Symbol des technischen Fortschritts war aber nicht die Dampfmaschine in der Fabrik, sondern die Dampfmaschine auf Rädern. Černyševskij erwartete von den Eisenbahnen in ähnlicher Weise die Lösung der russischen Probleme wie Lenin später von der Elektrifizierung. In einem Wirtschaftsraum von so gewaltigen Entfernungen mußte das moderne und zum Transport von Massengütern geeignete Verkehrsmittel besonders große Bedeutung gewinnen. Zudem hatte der Krimkrieg die strategische Bedeutung eines Eisenbahnnetzes mehr als deutlich vor Augen geführt. Der Ausbau erfolgte besonders intensiv in den siebziger und neunziger Jahren: 1855 betrug die Gesamtlänge des russischen Eisenbahnnetzes noch nicht 1000 Werst – praktisch bestand nur die repräsentative, in staatlicher Regie unter enormen Kosten gebaute Verbindung zwischen Petersburg und Moskau –, Ende der achtziger Jahre waren es 21000, 1895 33000, 1902 53000 Werst (1 Werst = 1,06 km). Bau und Betrieb lagen zunächst meist in der Hand von Privatgesellschaften, aber schon 1902 waren zwei Drittel der russischen Eisenbahnen verstaatlicht.

Die Notwendigkeit, von ausländischem Ausrüstungsmaterial unabhängig zu werden, gab der russischen Schwerindustrie mächtigen Auftrieb. Jetzt erst, als die vorhandenen, in der Regel total veralteten Bergbau- und Hüttenbetriebe den enorm gestiegenen Bedarf in keiner Weise mehr decken konnten, begann (1869) die Erschließung der Donezkohle und der hochwertigen Eisenerze von Krivoj Rog und auf dieser Basis der rapide Aufbau des ukrainischen Industriegebietes. Städte wie Ekaterinoslav und Rostov am Don verdoppelten während eines Jahrzehnts ihre Bevölkerungszahl, die Steinkohlenförderung stieg von 15,6 Millionen Pud (1 Pud = 16,3 kg) im Jahre 1870 (36,8% der russischen Gesamtförderung) auf 691,5 Millionen im Jahre 1900 (69,5%), die Gewinnung von Eisenerz im selben Zeitraum von 1,3 (2,8%) auf 210,1 (57,2%) Millionen Pud. Die russische Gesamtproduktion an Eisen und Stahl konnte von 1860 bis 1900 mehr als verzehnfacht werden, wobei im letzten Jahrfünft eine Verdoppelung von 62,3 auf 134,4 Millionen Pud erzielt wurde und der Anteil des Südens am Ende 44% betrug. Ähnlich lagen die Verhältnisse beim Erdöl, das fast ausschließlich im Gebiet von Baku gewonnen wurde: 1870 wurden 1,8, dagegen 1900 632 Millionen Pud gefördert, und auch hier brachten die Jahre 1895–1900 nahezu eine Verdoppelung.

Eine zunächst allmählich ansteigende Entwicklungskurve wurde also im letzten Jahrzehnt des 19. Jahrhunderts plötzlich ganz steil, die jährliche Zuwachsrate betrug in den neunziger Jahren 8% und übertraf die der westlichen Industrieländer bei weitem. Es konnte keine Frage mehr sein, ob die moderne Industrialisierung Rußland schon erfaßt hatte. Die neunziger Jahre waren in Rußland eine ausgesprochene ›Gründerzeit‹ mit allen charakteristischen Zügen einer solchen, alle Kalkulationen überholenden, unheimlich schnellen Entwicklung. Auf der einen Seite gab es nun auch in Rußland jene Gründertypen, deren märchenhafte Reichtümer so oft ebenso schnell zerrannen, wie sie gewonnen waren, die aber auch den Kern einer initiativreichen und freigebigen Großbourgeoisie bildeten. Der Reichtum, mit dem Nadežda von Meck aus der Ferne Čajkovskij das Leben erleichterte, stammte aus den Erträgnissen der Eisenbahnlinie von Moskau in das Gouvernement Tambov, die ihr verstorbener Mann gebaut hatte; der aus ärmster ostjüdischer Familie stammende Eisenbahnmagnat Poljakov gründete Schulen und plante Stadtrandsiedlungen für die Petersburger Arbeiter; und der Name Savva Mamontovs, dessen ererbter Reichtum aus der Branntweinpacht und dessen erworbener Reichtum von der Eisenbahn nach Archangel'sk stammte, ist als der eines großzügigen Mäzens aus der russischen Kunst- und Musikgeschichte nicht hinwegzudenken.

Auf der anderen Seite litten die in der rasch wachsenden russischen Industrie arbeitenden Menschen unter all den Übeln, die das Frühstadium industrieller Entwicklung überall begleiteten: Eine übermäßig lange Arbeitszeit, Frauen- und Kinderarbeit, unwürdigste Wohnverhältnisse und Unregelmäßigkeiten in der Lohnzahlung waren so sehr an der Tagesordnung, daß die Regierung schon in den achtziger Jahren begann, mit einer allerdings sehr zögernden und durch den Widerstand der Unternehmer immer wieder gehemmten Arbeiterschutzgesetzgebung einzuschreiten. 1897 wurde die tägliche Arbeitszeit auf maximal elfeinhalb Stunden begrenzt. Das Hauptmotiv des Regierungsinteresses war die ›Aufrechterhaltung von Ruhe und Ordnung‹, die leicht gefährdet werden konnten, wenn die an Zahl rasch zunehmenden – die Berechnungen schwanken für das Ende des 19. Jahrhunderts zwischen zwei und drei Millionen – und an wenigen Stellen konzentrierten Industriearbeiter unter dem Druck unerträglicher Lebensverhältnisse zur Selbsthilfe schritten. Seit den achtziger Jahren nahmen die Streiks an Häufigkeit und Ausdehnung zu. Gewerkschaften hatte ein Gesetz 1874 zwar verboten, aber es war offensichtlich, daß sich illegale Arbeiterorganisationen bildeten. Es ist ungemein bezeichnend für das wirklichkeitsfremde und gesellschaftsfeindliche Denken der Bürokratie, daß man in dieser Situation nicht etwa Gewerkschaften zuließ, um einen freien Ausgleich der Interessengegensätze legal zu ermöglichen, sondern auch noch den

Klassenkampf durch den Staat organisieren und dirigieren wollte. Auf Initiative des Moskauer Polizeioffiziers Zubatov entstand 1901 in Moskau als Modell eines vom Innenministerium unterstützten ›Polizeisozialismus‹ die ›Gesellschaft für gegenseitige Unterstützung der Arbeiter in der mechanischen Produktion‹. Das Ziel, die entstehende Arbeiterbewegung dadurch politisch zu entgiften, daß man Polizeiinspektoren an ihre Spitze zu stellen versuchte, erwies sich sehr bald als unerreichbar – nicht nur, weil sich die Unternehmer auch polizeilich gebilligten sozialen Forderungen der Arbeiter widersetzten, sondern weil die Arbeiterbewegung, sofern es sie gab, in diesem Zeitpunkt bereits politisiert war und es in der Abwehr der ›Zubatovščina‹ nur noch mehr wurde.

Es gab also um die Jahrhundertwende in Rußland ›Industriekapitalismus‹; die Hoffnung all derer, die Rußlands Heil in einem eigenen, die geistigen und sozialen Übel des Westens vermeidenden Weg sahen, erfüllten sich offenbar nicht. Aber daß es in Rußland Industrie gab, bedeutet noch keineswegs, daß man Rußland schon zu den Industrieländern hätte rechnen können. So bedeutend der fieberhafte industrielle Ausbau auch war, gemessen an der Größe des Landes und an dem Reichtum seiner Naturschätze war er immer noch bescheiden; ihrer Zahl nach verschwanden die drei Millionen Industriearbeiter im Meer der hundert Millionen bäuerlicher Bevölkerung. Rußland war nach wie vor ein Agrarland, und seine wirtschaftliche Stärke lag in der Landwirtschaft. Am russischen Export, der sich von 1861 bis 1900 mehr als verdreifachte, war die landwirtschaftliche Produktion mit ständig steigenden Prozentzahlen beteiligt – von 31% um die Mitte des Jahrhunderts bis zu 77% gegen das Jahrhundertende. Über die Schwarzmeerhäfen Odessa, Nikolaev, Taganrog, Rostov am Don und Novorossijsk ging das südrussische Getreide in alle Welt, vornehmlich nach Deutschland und England. Die Wirtschaftspolitik des Finanzministers S. J. Witte (1849 bis 1915) trug in den neunziger Jahren noch wesentlich zur Verstärkung dieser bereits vorhandenen Tendenzen bei.

Witte war weder eine liberale Natur noch ein liberaler Denker, aber er hatte die machtmäßige Bedeutung der modernen industriellen Entwicklung weit über den Bereich der Heeresversorgung hinaus erkannt. Ihr diente sein wirtschaftspolitisches System, das die eigene Industrie durch hohe Importzölle schützte, durch Forcierung der Getreideexporte zu einer aktiven Handelsbilanz führte, auf diese Weise den Übergang zur goldgedeckten Rubelwährung ermöglichte (1897) und durch die neu gewonnene Vertrauenswürdigkeit anstelle der ausländischen Industriegüter ausländisches Investitionskapital für den Industrieausbau ins Land zog. Von 269 ausländischen Aktiengesellschaften, die im Jahre 1900 in Rußland arbeiteten, waren nur 16 vor 1888 gegründet. Es überwog bei weitem das französische und belgische Kapital, an dritter Stelle folgten deutsche und in einigem Abstand englische Geldgeber. Im Bergbau betrug der ausländische Anteil am Gesamtkapital um die Jahrhundertwende bereits 70%, in der Metallindustrie 42%. Da die südrussischen Getreideexporteure ihre Konkurrenzfähigkeit nicht so sehr fortschrittlichen Arbeitsmethoden wie der billigen Arbeitskraft landloser oder landarmer Bauern verdankten, kann man sagen, daß der industrielle Aufschwung auf Umwegen mit der Notlage des russischen Bauern bezahlt wurde. Wittes ökonomischer Staatsliberalismus war um nichts sozialer als der berüchtigte Manchesterliberalismus.

Unter wirtschaftlichen Gesichtspunkten war das russische Imperium zu Beginn des 20. Jahrhunderts ein in der Erschließung begriffenes riesiges Entwicklungsland mit einer zwar rasch wachsenden, aber noch lange nicht genügenden, ungleichmäßig entwickelten Schwerpunktsindustrie und mit einer sich allmählich, aber vorläufig nur in den wenigen Industriegebieten umschichtenden sozialen Struktur. Dabei sollte es von großer politischer Bedeutung werden, daß zu den Industriegebieten die beiden menschenreichen Hauptstädte zählten (1897: Petersburg 1264800, Moskau 1038591 Einwohner). Trotz wiederholter Krisen und Depressionen, deren schwerste und folgenreichste die Jahre 1899–1903 umfaßte, konnte in wirtschaftlicher Hinsicht von einem Verfall des Reiches nicht die Rede sein. Ungeheuer groß war aber die Diskrepanz zwischen den gestellten Aufgaben und den politischen Prinzipien, an die der Staat bei der Lösung dieser Aufgaben gebunden war. Würde die Gesellschaft Kräfte entwickeln und Gedanken durchsetzen können, die geeignet waren, diesen Zwiespalt zu überbrücken?

DIE REVOLUTIONÄRE BEWEGUNG

Das tiefe Ungenügen an der sozialen und politischen Wirklichkeit Rußlands erschöpfte sich nicht in liberalen Reformwünschen und dichterischen Appellen an das Gewissen. Junge Menschen vor allem mußte die Unruhe, die von einer zunehmend dynamischen Entwicklung ausging, zur radikalen geistigen und politischen Aktion reizen. Im ersten Jahrzehnt der Regierung Alexanders II., als in einer bisher nicht gekannten Freiheit des Wortes für Rußland unerhörte Dinge gesagt werden konnten und das Wort Freiheit einen hoffnungsvollen Klang gewann, als aber auch die ersten Enttäuschungen darüber belehrten, wie eng die Grenzen der Befreiung gesteckt waren, – in diesem Jahrzehnt der gespannten Erwartung, der leidenschaftlichen Auseinandersetzung, des begeisterten Einsatzes und der inneren Erregtheit, wuchs eine neue Generation revolutionärer Geister heran. Belinskij war gestorben, Herzen (gest. 1870) und Bakunin (gest. 1876) verzehrten sich in der Emigration und konnten nur aus der Ferne versuchen, dem neuen Aufbruch Inhalt und Richtung zu geben. Aller drei Autorität war zwar groß, aber schon in den sechziger Jahren galten Herzens humaner und liberaler Sozialismus für ebenso veraltet wie Bakunins anarchistische Träume, und von Belinskij übernahmen die Jungen weniger das innere Ringen als die Arroganz eines radikalen Literatentums.

Nihilisten

Der Nihilist als Typus des russischen Revolutionärs ist literarischen Ursprungs: Die Gestalt des Bazarov in Turgenevs 1862 erschienenem Roman ›Väter und Söhne‹ hat die Bezeichnung und den Typus Nihilist bekannt gemacht, und zwar mit solchem Erfolg, daß die Begriffe ›russischer Revolutionär‹ und ›Nihilist‹ weithin identisch wurden. Eine Romanfigur wurde zum Vorbild oder zum Schreckgespenst für eine ganze Generation. Aber der Realist Turgenev hatte seinerseits Vorbilder in der Wirklichkeit. Als ›Urnihilisten‹ gelten N. G. Černyševskij (1828–1889), N. A. Dobroljubov (1836–1861) und D. I. Pisarev (1840–1868), begabte und außerordentlich fruchtbare Literaten, denen jedoch nur wenige Jahre öffentlichen Wirkens an den linksstehenden Zeitschriften ›Sovremennik‹ (Der Zeitgenosse, 1836 von Puškin begründet) und ›Russkoe slovo‹ (Russisches Wort) vergönnt waren und die in der Zeit ihres Wirkens über Rußland hinaus kaum bekannt wurden.

Was die drei Genannten verband und ihre Bezeichnung als Nihilisten rechtfertigt, war der radikale weltanschauliche Materialismus, den sie von Ludwig Feuerbach und den deutschen naturwissenschaftlichen Materialisten Haeckel, Büchner und Moleschott bezogen. Ausgebrochen aus den überkommenen geistigen und gesellschaftlichen Bindungen – Černyševskij und Dobroljubov waren Popensöhne, Pisarev entstammte einer Adelsfamilie – fanden sie die Antwort auf die Frage ›Was tun?‹ (Titel von Černyševskijs 1863 schon im Gefängnis geschriebenem sozialutopischem Roman) in der geistigen Nahrung, die der Westen eben als modernste Errungenschaft anzubieten hatte. Dobroljubov war bereits gestorben, als die der Bauernbefreiung folgenden Unruhen und rätselhafte Brände, die 1862 Petersburg heimsuchten, energische Maßnahmen der Regierung gegen die radikale Jugend auf den Universitäten und in den Redaktionsstuben auslösten; Černyševskij und Pisarev fielen der Aktion zum Opfer – Černyševskij wurde zu sieben Jahren Zuchthaus und anschließender Verbannung nach Sibirien verurteilt, Pisarev kam mit zwei Jahren Festungshaft davon, verunglückte aber schon bald nach seiner Freilassung auf ungeklärte Weise tödlich beim Baden. Es ist sehr wahrscheinlich, daß von der Redaktion des ›Sovremennik‹ 1862 tatsächlich die ersten Versuche ausgingen, eine revolutionäre Organisation zu schaffen. Zum Kampf gegen die Regierung aufrufende Flugblätter und einige Nummern einer illegalen radikal-liberalen Zeitschrift ›Velikoross‹ (Der Großrusse) beweisen zumindest die Existenz einer Geheimdruckerei. Černyševskij wurde eines Aufrufes ›An die Fronbauern‹ (Barskim krest'janam) wegen verurteilt, den er verfaßt haben sollte. Aber die Bedeutung der Nihilisten lag nicht in dieser noch sehr naiven Verschwörertätigkeit, die durchaus keinen ursächlichen Zusammenhang mit den gleichzeitigen Bauernunruhen hatte, sondern in ihrer geistigen Haltung, die durch ihr revolutionäres Märtyrertum eine sonst kaum verständliche Vorbildwirkung gewann. Überlieferte Werte und bestehende Institutionen galten ihnen nichts, wenn sie den Grundsätzen materialistischen Vernunftgebrauchs widersprachen. Mit Rücksicht auf die Zensur mußte der Kampf gegen die herrschende soziale und politische, geistige und religiöse Ordnung in Form einer alle Maße sprengenden Literaturkritik – Dobroljubovs ›Rezensionen‹ eines einzigen Werkes umfaßten mitunter hundert und mehr Seiten – und in ›figürlicher Sprache‹ (Dobroljubov) erfolgen. Man mußte über Literatur und Kunst schreiben, wenn man über Politik und Gesellschaft etwas aussagen wollte. Schon Černyševskij, der älteste, Herzen noch sehr nahestehende Nihilist, beurteilte Dichtungen allein nach ihrem Informationswert: Ungeschminkte Darstellung der Wirklichkeit ist zugleich Kritik der Wirklichkeit und nur als solche wertvoll. Pisarev steigerte diesen von Belinskij herstammenden literaturkritischen Utilitarismus ins Extrem: Jede künstlerische Produktion ist vom einzig richtigen Standpunkt des Materialismus aus sinnlos und zwecklos, selbst die informative Funktion der erzählenden und dramatischen Dichtung wird bedeutungslos, sobald es direktere und daher bessere Mittel der Information und der Provozierung revolutionären Denkens gibt.

Die äußere Form der Opposition hatte sich seit den vierziger Jahren noch kaum geändert: Auch die Nihilisten waren ein kleiner Zirkel von viel lesenden und viel schreibenden Intellektuellen. Geändert hatten sich aber die russischen Intellektuellen selbst. Es fehlte nun der breite, wenn auch nicht immer tiefe Bildungshintergrund, den die adeligen Revolutionäre der dreißiger und vierziger Jahre noch gehabt hatten. Ohne die Voraussetzung einer familiären Bildungstradition und ohne den Schutz einer kritischen Schulung stürzte sich der wachgewordene Intellekt der jungen ›Raznočincy‹ (Leute verschiedenen, d. h. nichtadeligen Standes) auf das angebotene Geistesgut, und in einer Umwelt, die ihnen feindselig und unverständlich erschien, mußten die wißbegierigen Autodidakten jener Wissenschaft verfallen, die alle Welträtsel gelöst zu haben vorgab. Pisarev, der Jüngste und Radikalste, ging so weit, im Namen der Naturwissenschaft das Werk Puškins in Grund und Boden zu verdammen und über Pasteur die Schale seines Zornes auszugießen, weil dieser die Theorie von der spontanen Entstehung des Lebens aus dem Urschlamm experimentell widerlegt hatte. Bei einem solchen Furioso intoleranter Halbbildung packte den alternden Herzen das Grauen, und er schrieb einen Artikel ›Über den Dilettantismus in der Wissenschaft‹; die junge Generation aber hörte nicht mehr auf Herzens ›Glocke‹.

Das galt noch nicht für den Černyševskij der fünfziger Jahre, der in der Diskussion über die Bauernbefreiung gemeinsam mit Herzen auf dem linken Flügel kämpfte und ebenso wie Herzen sich für den Mir als Keimzelle der künftigen sozialistischen Gesellschaftsordnung einsetzte. Černyševskij war also nicht nur der radikale weltanschauliche Materialist, als der er noch heute die Verehrung seiner revolutionären Nachfahren genießt, sondern auch einer der geistigen Väter jenes ›Bauernsozialismus‹, den Lenin so erbittert bekämpfte. Und Černyševskij war es auch, der in Anlehnung an die französischen utopischen Sozialisten und in der Hoffnung auf den Mir die Utopie eines Rußland als lockerer Föderation genossenschaftlich organisierter Gemeinwirtschaften auf dem Lande und in der Stadt entwarf. Es ist bezeichnend, daß die einzige konkrete Antwort auf die Frage ›Was tun?‹ ein utopischer Roman gab. Černyševskij und seine zahlreichen Jünger in den folgenden Generationen waren nicht Nihilisten im Sinne einer abgründig pessimistischen Skepsis, die alles negiert, sondern nur in dem Sinne, daß sie von der bestehenden Ordnung in allen ihren Formen nichts wissen wollten. Im

Grunde ihres Herzens waren sie Utopisten reinsten Wassers, die eine neue Ordnung anstrebten, auch wenn sie von dieser im besten Falle sehr vage Vorstellungen hatten. Der politische Plan blieb bei ihnen noch ganz nebelhaft. Wenn man sie heute in der Sowjetunion als ›revolutionäre Demokraten‹ bezeichnet, um die pessimistisch-negative Bedeutung des Terminus Nihilisten zu meiden, so ist das völlig nichtssagend, denn eine umstürzende Veränderung des herrschenden Systems der Autokratie und eine Beteiligung des Volkes an der Macht wollten alle oppositionell gesinnten Geister. Charakteristisch war nicht dies, sondern der aggressive weltanschauliche Materialismus, den man in der besonderen Form, in der er hier auftrat, zutreffend als ›naturwissenschaftlichen Obskurantismus‹ (W. Weidlé) oder als ›radikalen Szientismus‹ (P. Scheibert) präzisiert hat. Politisch waren die ›Urnihilisten‹ eine unbedeutende Episode, aber folgenreich in einer ganz bestimmten Richtung sollte der Stil werden, den sie schufen, denn der moralische Nihilismus ließ sich auf die revolutionäre politische Aktion in Theorie und Praxis übertragen. Repräsentativ dafür sind zwei weitere Revolutionäre geworden, deren Bedeutung wiederum nicht in der unmittelbaren Wirkung lag, die von ihnen ausging, sondern in den Prinzipien des revolutionären Denkens und Handelns, die sie in extremer Form vertraten oder verkörperten.

P. N. Tkačev (1844–1885) und S. G. Nečaev (1847–1882) waren innerhalb der revolutionären Bewegung Einzelgänger, grundverschieden nach sozialer Herkunft und politischem Lebensweg, verbunden allein durch das Erheben der Revolution zum Selbstzweck und durch den Gedanken, daß dieser Zweck alle Mittel rechtfertige. Tkačev, der einer verarmten Adelsfamilie entstammte, geriet schon als ganz junger Student in Petersburg Anfang der sechziger Jahre in revolutionär-konspirative Kreise, verbrachte ein volles Jahrzehnt teils im Gefängnis, teils in neuer Konspiration, ohne durch das Ausmaß seiner Taten und Strafen besonders hervorzutreten, und emigrierte Ende 1873 in die Schweiz, wo sich in Zürich seit einigen Jahren eine regelrechte Kolonie emigrierter russischer Revolutionäre gebildet hatte. Hier gab er eine eigene Zeitschrift ›Nabat‹ (Die Sturmglocke, 1875–1881) heraus, in der er unermüdlich seine jakobinisch-blanquistische Revolutionstheorie entwickelte. In ständiger polemischer Auseinandersetzung mit anderen revolutionären Gruppen vertrat Tkačev die Auffassung, daß es sinnlos und aussichtslos sei, die Massen des Volkes durch Propaganda für das Ziel der Revolution zu gewinnen; die Revolution sei zunächst kein sozial-pädagogisches, sondern ein rein politisch-technisches Problem, zu lösen nur als gewaltsame Machtergreifung einer streng disziplinierten Elite, die sich dabei aller zweckmäßig erscheinenden Mittel bedienen dürfe. Tkačev lieferte damit nachträglich die Theorie zu den praktischen Aktionen Nečaevs, an denen er beteiligt gewesen war.

Nečaev war ein Arbeitersohn aus dem Textilzentrum Ivanovo-Voznesensk, einer der ganz wenigen echten Proletarier unter den russischen Revolutionären dieser Phase. Dies allein schon verschaffte ihm Ansehen und Autorität, als er mit siebzehn Jahren nach Moskau kam und hier, ohne jemals selbst ein geregeltes Studium zu betreiben, Kontakt zu revolutionär gesinnten Studentenzirkeln bekam. »Ein Revolutionär ist ein todgeweihter Mensch. Er hat weder persönliche Interessen noch Geschäfte, weder persönliche Gefühle noch Bindungen, nichts, was ihm zu eigen wäre, nicht einmal einen Namen. Alles in ihm ist beherrscht von einem einzigen Interesse, von einer einzigen Leidenschaft: der Revolution.« So beginnt der ›Katechismus des Revolutionärs‹, den Nečaev bei einem Besuch der Emigranten in der Schweiz gemeinsam mit Bakunin verfaßte und dem er in einer pathologischen Besessenheit nachlebte. Der Revolutionär hat – so heißt es weiter – »nicht bloß in Worten, sondern auch in seinem Tun ... mit allen Gesetzen ... sowie mit jeder Moral gebrochen ... Er kennt nur eine Wissenschaft, die der Zerstörung«, und nur ein Ziel – ›die unerbittlichste Zerstörung‹; dafür soll er ›bereit sein, selbst zugrunde zu gehen und mit eigener Hand alles zugrunde gehen zu lassen, was der Erreichung dieses Zieles im Wege steht‹. Ähnliches verkündete Bakunin seit langem, aber die praktische Anwendung des Bruches ›mit jeder Moral‹ durch Nečaev veranlaßte selbst den Erzvater des Anarchismus zu der Feststellung, daß man sich vor Nečaev hüten müsse, denn in seiner fanatischen Hingabe an die Sache der Revolution täusche dieser täglich das Vertrauen und begehe ›Verrat, vor dem man sich um so weniger schützen kann, als kaum die Möglichkeit dazu vorauszusehen ist‹. Sofern Nečaev überhaupt ein politisches Ziel verfolgte, war es die radikale Zerstörung im Sinne des Anarchismus, aber es trat bei ihm nicht nur das positive Fernziel des Revolutionärs – eine neue, bessere Welt aufzubauen – hinter dem negativen Nahziel – durch eine alle Hindernisse zerstörende Revolution die Voraussetzung dafür zu schaffen – völlig zurück, sondern es verdrängte bereits die Verschwörung, das Instrument der Revolution, die Revolution selbst. Was blieb, war die Verschwörung um der Verschwörung willen, die Schaffung eines für jeden beliebigen Zweck einsetzbaren Machtinstrumentes in der Hand des revolutionären Führers, und die Mittel, deren sich Nečaev bediente, um dies zu erreichen, waren Lüge, Betrug und Mord. Die eigenhändige Beseitigung eines Mitverschworenen, der sich seinem Willen widersetzte, brachte ihn schließlich – von der Schweiz, wohin er geflohen war, ausgeliefert – vor Gericht und bis an sein Lebensende (1882) in die Peter-und-Pauls-Festung. Sogar die Soldaten, die ihn bewachten, erlagen der Faszination, die von diesem revolutionären Monomanen ausging. Dostojevskij hat sich der Romanfigur, die das Leben selbst mit Nečaev geschaffen hatte, in seinen ›Dämonen‹ bedient. Aber die Bedeutung Nečaevs lag nicht in der konspirativen Romantik seines Lebens, sondern in der totalen Amoralität seines revolutionären Handelns und in seinem hemmungslosen Willen zur Macht – zunächst über die revolutionären Gesinnungsgenossen. Beides hat Tkačev in seiner Revolutionstheorie zum Prinzip erhoben. Die geistigen Ahnen der Parteilehre und Parteipraxis Lenins sind heute sorgsam in das historische Unterbewußtsein verdrängt, aber das mindert nicht ihre historische Bedeutung – und es gereicht ihren revolutionären Zeitgenossen zur Ehre, daß sie in der Mehrheit nicht den Grundsätzen Nečaevs und Tkačevs folgten.

Die Freunde des Volkes

Geht zum Volk, geht in das Volk (v narod) hinein, »dort ist euer Platz, ihr Vertriebenen der Wissenschaft, zeigt ... daß ihr Kämpfer seid, aber nicht heimatlose Söldlinge, sondern Kämpfer des russischen Volkes!« Diesen Aufruf richtete Herzen in seiner ›Glocke‹ (Kolokol) 1861 an die Studenten, die der reaktionäre Minister für Volksaufklärung Putjatin durch die Polizei von den Universitäten hatte vertreiben lassen. Dieselbe Aufforderung richtete 1869 auch Bakunin an die Studenten, radikaler und destruktiver, wie es seiner Art entsprach: »Geht ins Volk! Die Wissenschaft soll zugrunde gehen zusammen mit der Welt, deren Ausdruck sie ist. Eine neue und belebende Wissenschaft wird unzweifelhaft später entstehen, nach dem Sieg des Volkes, aus dem befreiten Leben des Volkes selbst.« Die ideologischen Wurzeln des Narodničestvo (des ›Ins Volk Gehens‹) lagen genau dort, wo sich Slavophile und Westler, russische Nationalisten und russische Sozialisten im Glauben an das russische Volk trafen – in der Idealisierung der Dorfgemeinde. Bei den Sozialisten kam die Hoffnung auf die dem Bauerntum innewohnende latente und seit Jahrhunderten in Bauernaufständen immer wieder zum Ausbruch kommende revolutionäre Kraft hinzu. Unter dem Losungswort ›Land und Freiheit‹ (zemlja i volja) leisteten einzelne den Aufrufen der großen Emigranten in den sechziger Jahren immer wieder Folge, aber zu einer regelrechten Bewegung wurde das Narodničestvo erst, als sich das amoralische Verschwörertum der ›Nečaevščina‹ selbst ad absurdum geführt hatte.

Für den Massenaufbruch der Narodniki ›ins Volk‹ während des ›verrückten Sommers‹ 1873 läßt sich kein zureichender konkreter Grund angeben. Zwar hatte die Regierung, um das Verschwörernest in Zürich auszuheben, das Auslandsstudium verboten und dadurch gerade die aktivsten revolutionären Kräfte unter den Studenten ins Land zurückgeholt, aber es waren nicht ausschließlich junge Menschen – Studenten und sogar Gymnasiasten –, die sich nun aufmachten, dem Volk ›die ganze Wahrheit zu erzählen‹, sondern es gab auch nicht wenige Liberale der älteren Generation, darunter eine Anzahl von Friedensvermittlern aus der Zeit der Bauernbefreiung, die sich von Besitz und Beruf trennten, um sich ganz dieser Aufgabe zu widmen. Adelige wie etwa der Fürst P. Kropotkin waren unter den Narodniki ebenso vertreten wie Raznočincy und sogar einige Arbeiter und Bauern. Von Massen im modernen Sinne war freilich nicht die Rede, aber wenn in den siebziger Jahren 770 Narodniki vor Gericht gestellt wurden, so läßt das doch auf eine Beteiligung von einigen tausend Personen schließen, und das war, gemessen an den bis dahin üblichen konspirativen Zirkeln, tatsächlich eine Masse. Die Initiative ging von einigen der bestehenden revolutionären Gruppen aus wie der um N. Čajkovskij an der medizinisch-chirurgischen Akademie in Petersburg (Čajkovcy) oder dem Kreis von Bakuninanhängern um Dolgušin (Dolgušincy), aber eine einheitliche Gesamtorganisation, wie die Polizei annahm, gab es nicht. Ebensowenig gab es über den Grundgedanken hinaus, daß die Revolution nur durch das Volk durchgeführt werden könne und daß man daher dem Volk diese seine Aufgabe bewußt machen müsse, ein einheitliches Programm der Ziele und Methoden.

Die jungen Narodniki folgten überwiegend noch den anarchistischen Thesen Bakunins, dessen Schrift ›Staatlichkeit und Anarchie‹ (Gosudarstvennost' i anarchija)1873 erschien, der aber selbst in seinen letzten Lebensjahren schon zu krank war, um persönlich noch starken Einfluß zu nehmen. Die leidenschaftliche und prinzipielle Staatsfeindschaft des Anarchisten entsprach vollkommen der Stimmung, die in der russischen Jugend vorherrschte. Alles Übel war ihr im Staate verkörpert, Bakunin hatte in ihren Augen recht, wenn er lehrte, daß Freiheit im Staate eine Lüge sei, daß Freiheit nur ohne den Staat und gegen den Staat verwirklicht werden könne. Das ungezügelte Freiheitsbegehren Bakunins, der auch in der Diktatur des Proletariats, selbst wenn diese nur eine Übergangserscheinung sein sollte, die Bedrohung der Freiheit witterte und deshalb den marxistischen Kommunismus ablehnte, appellierte mit Erfolg an den spezifisch russischen Freiheitsbegriff der ›volja‹ (zugleich auch ›Wille‹, ›Willkür‹), der völligen

Ungebundenheit, deren Gegensatz im Grunde jegliche Ordnung ist und die man von der begrenzten, sinn- und zweckgebundenen Freiheit (svoboda) unterscheidet. Bakunin wollte die Zerstörung des Staates durch die Gesellschaft, durch das Volk – und das wollten die Narodniki auch –, aber er konnte keinen praktischen Weg zeigen, wie man das Volk anders als durch den direkten Aufruf zur spontanen Erhebung bringen könne, und er hatte auch keine Antwort auf die Frage, wie man die nach der Beseitigung des Staates »von unten nach oben erfolgende Organisation eines freien, brüderlichen Verbandes freier Produktionsgesellschaften, Gemeinden und Bezirksföderationen« davor bewahren könne, doch wiederum ein Staat zu werden.

Den Gegenpol Bakunins unter den Theoretikern des Narodničestvo bildete P. L. Lavrov (1823–1900), ein mathematisch-naturwissenschaftlich und philosophisch interessierter Generalstabsoffizier, den sein Freidenkertum in Konflikt mit der Obrigkeit brachte, der aus der Verbannung ins Ausland entweichen konnte, das Paris der Commune miterlebte und dann von 1873–1876 in Zürich seine Thesen in einer eigenen Zeitschrift ›Vpered‹ (Vorwärts) entwickelte. Seine gediegene naturwissenschaftliche Bildung bewahrte Lavrov davor, dem Vulgärmaterialismus der Nihilisten zu verfallen. Von der Naturwissenschaft die Lösung der Welträtsel zu erwarten, hielt er für eine individuelle und historische Pubertätserscheinung. Was Lavrov vorschwebte, war, die objektive wissenschaftliche Erkenntnis und das Ziel der sozialen Revolution mit einer Bewahrung des menschlichen Individuums in seiner Einzigartigkeit und in seiner geschichtlichen Bedeutung zu vereinen. Seine ›subjektive Methode‹ anerkannte die Geschichte als einen von der Natur prinzipiell verschiedenen eigenen Bereich und definierte den historischen Fortschritt als eine Entfaltung des individuellen menschlichen Bewußtseins zu immer sinnvollerem Handeln in der Solidarität. Nicht ökonomische Gesetzmäßigkeiten und nicht die Massen bestimmten nach Lavrov den Lauf der Geschichte, sondern die zum kritischen Denken fähigen menschlichen Individuen, d. h. die intellektuelle Elite. Das war dem Narodničestvo auf den Leib geschrieben: Die Narodniki fühlten sich ja als geistige Elite, und sie wollten den Gang der Geschichte bestimmen. Allerdings kamen die praktischen Folgerungen, die Lavrov aus seiner Theorie zog, der revolutionären Ungeduld nicht entgegen, denn wenn es vor allem auf die Entfaltung des menschlichen Bewußtseins, d. h. auf Bildung ankam, dann waren nicht flammende Aufrufe im Stile Bakunins notwendig, sondern geduldige Bildungsarbeit auf lange Sicht. Der russische revolutionäre Akteur, so forderte Lavrov, »muß die veraltete Auffassung hinter sich lassen, daß dem Volk die revolutionären Ideen aufgezwungen werden könnten, die eine kleine Gruppe der weiter entwickelten Minderheit ausgearbeitet hat«; er muß sich auch von der Vorstellung lösen, »daß die Sozialisten-Revolutionäre, nachdem sie in einem geglückten Ausbruch die zentrale Regierung hinweggefegt haben, sich an deren Stelle setzen, auf legislativem Wege eine neue Ordnung einführen und die unvorbereitete Masse damit beglücken können. Wir wollen keine neue Gewaltherrschaft ... Wer das Wohl des Volkes will, der hat nicht danach zu streben, selbst Macht zu werden ..., sondern danach, im Volke eine bewußte Aufstellung der Ziele hervorzurufen, ein bewußtes Streben nach diesen Zielen, und er hat aus sich selbst nicht mehr zu machen als den Vollstrecker dieser sozialen Bestrebungen, wenn der Augenblick des Umsturzes kommt.« In Rußland selbst vertrat die ›subjektive Methode‹ bis an die Grenze des legal Möglichen und mit noch stärkerer Betonung des ethischen Momentes als Lavrov der Publizist N. K. Michajlovskij (1842–1904).

Der Streit zwischen Bakuninanhängern und Lavrovanhängern, zwischen ›Aufrührern‹ (buntari) und ›Vorbereitern‹ (podgotoviteli), der mehr in den Zeitschriften der Emigration ausgefochten wurde, als daß er die praktische Tätigkeit der Narodniki lähmte, wurde durch die Reaktion des Volkes zunächst zugunsten Lavrovs entschieden. Die spontane Aktion der intellektuellen Elite, die im Protest gegen eine unerträglich gewordene Situation mit einem Idealismus, dessen Intensität an religiöse Bewegungen erinnert, ›ins Volk ging‹, erwies sich als ein totaler Mißerfolg. Die Bauern ließen sich weder für ihre eigene Dorfgemeinde begeistern, noch für den Kampf gegen den Zaren gewinnen. Nicht im Zaren, sondern im Gutsbesitzer sahen sie ihren Feind, und das Land, das sie diesem gerne abgenommen hätten, wollten sie als Privateigentum und nicht als Kollektiveigentum der Gemeinde. Das ›Ins Volk gehen‹ endete so plötzlich, wie es begonnen hatte. Es endete nicht nur der Enttäuschung wegen, zu der die wirklichkeitsfremde Propaganda geführt hatte, sondern es endete auch durch die Gegenmaßnahmen der aufmerksam gewordenen Polizei. Die allmähliche Entfaltung des Bewußtseins wurde aber dadurch ebenso unmöglich wie die sofortige Revolutionierung, und das Narodničestvo wurde auf den Weg des politisch organisierten Kampfes gegen die Regierung gedrängt. 1876 entstand die revolutionäre Organisation ›Land und Freiheit‹ (Zemlja i volja) unter zentraler Führung eines ›Hauptkreises‹. Als Nahziel stand die Lavrovsche Bildungsarbeit im Vordergrund, aber um diese überhaupt beginnen zu können, mußte man sich gegen Staat und Polizei zur Wehr setzen. Noch war der Terror des geplanten und organisierten politischen Mordes nicht revolutionäres Prinzip, sondern Mittel zur Abwehr von Polizeispitzeln und zur Rache an besonders grausamen Polizeibeamten, aber das Vorgehen der Regierung, die 1877/1878 in Massenprozessen vor Sondergerichtshöfen nicht nur zahlreiche Märtyrer schuf, sondern diesen Märtyrern auch noch Gelegenheit gab, in ihren Schlußreden das Regime anzuklagen und an das Gewissen der Gesellschaft zu appellieren, führte in kurzer Zeit zu einer Situation, die auf beiden Seiten eine Entscheidung erzwang. Das eindrucksvollste Symptom war der Prozeß gegen Vera Zasulič am 31. März 1878. Diese hatte bei einem Attentatsversuch den Petersburger Stadtkommandanten General Trepov – allerdings nicht lebensgefährlich – verletzt. Das Motiv des Attentats war die von Trepov aus nichtigem Anlaß befohlene Auspeitschung eines noch nicht rechtskräftig verurteilten politischen Gefangenen; die Öffentlichkeit sollte auf die unmenschlichen und rechtswidrigen – seit 1863 war die Prügelstrafe in Rußland gesetzlich verboten – Methoden bei der Behandlung politischer Gefangener aufmerksam gemacht werden. Dieses Ziel erreichte Vera Zasulič dank der unfreiwilligen Unterstützung durch den Justizminister Graf Pahlen in überwältigender Weise, denn Pahlen, der ein Exempel statuieren wollte, kam auf die für diesen Zweck sehr unglückliche Idee, das Attentat als kriminelles Verbrechen von einem normalen Geschworenengericht in öffentlicher Verhandlung aburteilen zu lassen. Das Gericht unter dem Vorsitz des angesehenen liberalen Juristen A. F. Koni sprach Vera Zasulič allen Beeinflussungsversuchen zum Trotz frei, nachdem die Verhandlung grauenhafte Einzelheiten an den Tag gebracht hatte, und die Creme der Petersburger Gesellschaft – anderes Publikum war nicht zugelassen – raste vor Begeisterung. Während sich das russische Imperium zwischen S. Stefano und Berlin in der Rolle eines Befreiers unterdrückter Völker gefiel, klatschten höchste Würdenträger des Reiches einem Urteil Beifall, das einer schonungslosen Verurteilung des herrschenden autokratischen Regimes gleichkam. Die Regierung wußte nun, daß sie das in den letzten anderthalb Jahrzehnten angewendete System reaktionärer Halbheiten vollkommen isoliert hatte, und die Revolutionäre mußten in dem Gefühl bestärkt werden, daß die Gesellschaft hinter ihnen stand und daß es nur noch darauf ankomme, den Autokraten selbst zu beseitigen, um das Wunder der Revolution zu vollbringen. Neuen Repressalien antwortete eine Welle von Attentaten und bewaffneten Zusammenstößen. Im Herbst 1879 entschieden sich die Führer der Organisation ›Zemlja i volja‹ zum größten Teil für den Weg des planmäßigen Terrors; als Partei des ›Volkswillens‹ (Narodnaja volja) bereiteten sie von nun an den Anschlag auf das Leben Alexanders II. vor. Nur eine Minderheit hielt an den bisherigen Methoden der Bildung und Aufklärung fest – sie gab sich den Namen ›Černyj peredel‹ (Schwarze Umteilung). In wenigen Jahren hatte das Narodničestvo den Weg von einem spontanen Aufbruch sozialistischer Philanthropen zur politisch-terroristischen Kampforganisation durchschritten.

Auf seiten der Regierung, die zunächst auch nach dem Zasuličprozeß an ihrem harten Kurs festhielt und dadurch eine Art Belagerungszustand herbeiführte, gewann indessen die Erkenntnis an Boden, daß man den Kampf gegen die Terroristen nur mit der Gesellschaft, nicht gegen sie erfolgreich führen könne. Als im Februar 1880 ein sorgfältig vorbereiteter Sprengstoffanschlag auf die Wohnung der kaiserlichen Familie im Winterpalais nur durch einen Zufall sein Ziel verfehlte und ein klägliches Versagen der Polizei demonstrierte, gewannen die Einsichtigen Oberhand. Der General Loris-Melikov hatte als Generalgouverneur des besonders unruhigen Gouvernements Char'kov den neuen Weg, zu dem sich der Kaiser nun überreden ließ, bereits mit Erfolg beschritten. Als Vorsitzender einer eigens eingesetzten ›Obersten disponierenden Kommission‹ und dann als Innenminister bekam Loris-Melikov nun Gelegenheit, sein System im großen Maßstab anzuwenden. Es bestand im Grunde nur aus zwei einfachen und vernünftigen Grundsätzen: 1. Energische Bekämpfung der Terroristen mit allen zur Verfügung stehenden Mitteln, vor allem durch eine organisatorische Reform des Polizeiwesens; 2. Rückgewinnung des Vertrauens durch Vermeidung jeder administrativen Willkür und durch Wiederbelebung der in der Reformperiode geschaffenen, seither aber vielfach außer Kraft gesetzten oder in ihrer Tätigkeit beeinträchtigten Institutionen. Loris Melikovs ›Diktatur des Herzens‹, wie man dieses System nicht ganz zutreffend nannte, zielte darauf ab, die gemäßigt-liberalen Kreise zu gewinnen und die radikalen Aktivisten zu isolieren; in kurzer Zeit schien sie beide Ziele zu erreichen. Aber den ›Wettlauf mit dem Tode‹ gewann am Ende doch der ›Volkswille‹, obwohl seine leitenden Kreise bereits gesprengt und dezimiert waren und obwohl mit Željabov der Mann, der das neue Attentat auf den Kaiser vorbereitete, in die Hände der Polizei geriet. Am 1./13. März 1881 fiel Alexander II. der zweiten gegen ihn geschleuderten Bombe zum Opfer. Die Leitung hatte nach der Verhaftung Željabovs – einer der wenigen Bauern, die von den Ideen des Narodničestvo ganz durchdrungen waren – die Generalstochter Sofija Perovskaja übernommen; die beiden Bombenwerfer, von denen der erfolgreiche bei dem Attentat selbst ums Leben kam, waren Studenten, die Bombe hatte der Ingenieur Kibal'čič hergestellt. Alle am Attentat Beteiligten –

vier Männer und zwei Frauen – wurden zum Tode verurteilt und mit einer Ausnahme hingerichtet; die Ausnahme wurde der Jüdin Jessie Helfman zugestanden, die ein Kind erwartete und bei der Geburt im Gefängnis starb – ihre Beteiligung lieferte einer antisemitischen Pogromwelle und der antisemitischen Politik Alexanders III. ein zusätzliches Motiv.

Die Ermordung Alexanders II., obwohl das zäh verfolgte und endlich erreichte Ziel des ›Volkswillens‹, bedeutete nicht den Sieg, sondern praktisch das Ende des terroristischen Narodničestvo. Reste der Organisation vegetierten noch eine Zeitlang weiter, und 1887 unternahm ein kleiner Kreis den vergeblichen Versuch, Alexander III. dasselbe Schicksal zu bereiten wie seinem Vater – der daran beteiligte Bruder Lenins, Alexander Ul'janov, wurde hingerichtet –, aber der Hauptstrom revolutionärer Bewegung suchte sich von nun an ein neues Bett. Der revolutionäre Schwung der Narodniki war gebrochen, und erst nach einer Periode der ›kleinen Werke‹, des Rückzugs in die Legalität, lebte im Widerstand gegen den Marxismus um die Jahrhundertwende die Tradition des eigenständigen russischen Sozialismus in der 1901 gebildeten Partei der Sozialrevolutionäre wieder auf. Der Programmatiker und Führer der neuen Partei, V. M. Černov, übernahm manches aus dem theoretischen Werk Černyševskijs, Lavrovs und Michajlovskijs und suchte es den veränderten Zeiten, nicht zuletzt dem Marxismus, anzupassen: Der Hang zur ›subjektiven Methode‹ einer intellektuellen Elite, die Vorliebe für den individuellen Terror als ein Mittel des politischen Kampfes und das Vertrauen auf die revolutionäre Kraft des russischen Bauerntums zeichnete auch die Sozialrevolutionäre aus, die stets in den Schwarzerdegebieten mit besonders akuter Agrarproblematik ihre stärksten Positionen hatten und als eine sozialistische Bauernpartei im entstehenden System der politischen Parteien Rußlands eine Lücke ausfüllten. Aber wenn auch E. K. Breško-Breškovskaja, eine Veteranin des ›verrückten Sommers‹ 1873, die ›Großmutter der Revolution‹, im Jahre 1901 durch das Land reiste und nicht ohne Erfolg die ehemaligen Narodovol'cen für die neue Partei zusammentrommelte, die Zeit der ›jungfräulichen und asketischen Menschen‹, der ›Heiligen mit blutigem Schwert und düsterem Heiligenschein‹ (Berdjajev) kehrte nicht wieder.

Der Marxismus

Die Lehre von Marx gewann unter den russischen Sozialisten erst verhältnismäßig spät an Boden. Das lag nicht daran, daß man sie nicht gekannt hätte. Der erste, 1867 erschienene Band des ›Kapital‹ kam schon 1872 in russischer Übersetzung heraus, und dies war die erste Übersetzung in eine fremde Sprache. Aber obwohl die Narodniki Marx als bedeutenden Sozialisten anerkannten und seine ökonomischen Theorien, die auch einige Nationalökonomen wie der Professor N. Ziber (1844–1888) in Kiev akzeptierten, auf Interesse stießen, im ganzen blieb der Marxismus, sofern darunter nicht nur eine Lehre, sondern die von Marx ausstrahlende Denkweise und Geisteshaltung zu verstehen ist, den russischen Revolutionären fremd. Die Gründe liegen auf der Hand: Was Marx lehrte, kam dem ethischen Idealismus und der brennenden Ungeduld der russischen Jugend wenig entgegen, und es schien auf die reale Situation in Rußland überhaupt nicht anwendbar. Lavrov, der Marx persönlich kannte und mit ihm in Briefwechsel stand, hatte durchaus Sympathien für den ›wissenschaftlichen Sozialismus‹, aber er verteidigte hartnäckig seine ›subjektive Methode‹ gegen den materialistischen Determinismus; Michajlovskij war bereit, die Gültigkeit der Marxschen Thesen für Westeuropa einzuräumen, aber er fügte hinzu: »Unser Platz ist in Rußland. Wir haben für dieses Rußland nicht nur Verachtung, sondern wir sehen in seiner Vergangenheit und auch noch in seiner Gegenwart vieles, worauf man sich stützen kann«; und allen, Bakunin und den Bakuninisten an der Spitze, war zu wenig Freiheit im System von Marx.

Zentrale Bedeutung kam in diesem Zusammenhang dem Glauben an die sozialistische Mission der russischen Dorfgemeinde zu. War er berechtigt, so brauchte Rußland den Weg der kapitalistischen Entwicklung nicht zu gehen. 1875 war Marx selbst bereit, die Möglichkeit eines besonderen russischen Weges zum Sozialismus – ohne Kapitalismus und ohne die Entstehung eines industriellen Massenproletariats – zuzugestehen. Den fest verwurzelten Glauben an den Mir konnte weder der Mißerfolg des ›Ins Volk Gehens‹, noch die Enttäuschung des Jahres 1881 zunächst erschüttern. Aber in der tiefen Depression, die dem Aufschwung der siebziger Jahre folgte, begann man nach neuen Wegen zu suchen, und es ist kein Zufall, daß sich jene zuerst dem Marxismus zuwandten, die schon die Methode des Terrors für verfehlt gehalten hatten. Bereits im ›Černyj peredel‹ fanden sich G. V. Plechanov (1856–1918, Pseudonym: Bel'tov) und P. B. Aksel'rod (1850 bis 1928) mit einigen anderen in einer Beurteilung der Situation zusammen, die den Weg für die Rezeption des Marxismus ebnete. So verschieden der adelige Gutsbesitzerssohn aus dem Schwarzerdegouvernement Tambov und der Sohn eines heruntergekommenen jüdischen Schankwirts aus einem weißrussischen Dorf nach Herkunft und Bildungsweg auch waren, darin waren sie sich einig, daß jede Propagierung revolutionärer Ideen im Einklang mit der historischen Entwicklung, mit der tatsächlichen sozialen Lage stehen müsse und daß die Weckung des revolutionären Bewußtseins in den Massen die unumgängliche Voraussetzung des revolutionären Erfolgs sei. Keiner der beiden hatte die Immunität des romantisch-idealistischen Narodnik gegen die trockenen Deduktionen des ›wissenschaftlichen Sozialismus‹: Der reumütige Adelige Plechanov nicht, weil ihn als einen geborenen Theoretiker und diszipliniert-nüchternen Charakter gerade die scheinbare Schlüssigkeit der marxistischen Geschichtsauffassung in ihren Bann zog, der geringgeborene Volksfreund Aksel'rod nicht, weil ihn als leidenschaftlichen Praktiker der Bewußtseinsweckung bei einem Besuch in Deutschland die marxistische Praxis der deutschen Arbeiterbewegung aufs tiefste beeindruckt hatte.

Trotzdem fiel auch ihnen die Trennung vom traditionellen Mir-Glauben – eine ›Frage auf Leben und Tod‹, wie Vera Zasulič im Februar 1881 an Marx schrieb – und die Beugung unter das eiserne Gesetz eines ökonomisch determinierten Geschichtsablaufs nicht leicht. Selbst dann nicht, als die 1880 erfolgte Emigration in die Schweiz den unmittelbaren Einfluß der russischen Umgebung ausgeschaltet hatte. Die Entscheidung kam nicht etwa von Marx, der die Schicksalsfrage der russischen Revolutionäre auch jetzt noch ausweichend beantwortete und sich nicht entschließen konnte, die Möglichkeit einer russischen Sonderentwicklung grundsätzlich zu verneinen, sondern von dem russischen Nationalökonomen Orlov, der in einer wissenschaftlichen Untersuchung den Nachweis führte, daß die vielgerühmte Dorfgemeinde im Bezirk Moskau rasch fortschreitender Zersetzung unterlag. Jetzt erst war der Weg zum Marxismus frei, denn auf etwas, das sich rasch zersetzte, ließen sich vernünftigerweise keine Zukunftshoffnungen gründen. Plechanov schloß sich 1883 in Genf mit seinen Freunden zur ersten marxistischen Gruppe mit dem Namen ›Befreiung der Arbeit‹ (Osvoboždenie truda) zusammen und begann vom streng marxistischen Standpunkt aus den theoretischen Kampf mit dem Narodničestvo, der bis 1917 nicht zur Ruhe kommen sollte.

Wie aber sollte der Tatendrang des russischen Revolutionärs befriedigt werden, wenn er erst die Entfaltung des Kapitalismus abwarten mußte, diese aber – wie Vera Zasulič befürchtete – vielleicht Jahrzehnte oder Jahrhunderte in Anspruch nehmen würde? Plechanov, den diese Frage nicht ruhen ließ, gab in seinen ersten marxistischen Schriften folgende Antwort: Verändern kann der Revolutionär den Geschichtsablauf nicht, aber er kann sinnvoll handeln, wenn er richtig erkennt, an welchem Punkte der historischen Entwicklung er sich befindet. Rußland ist in die Phase des Kapitalismus eingetreten, der Kampf des Proletariats gegen die kapitalistische Bourgeoisie ist damit unvermeidlich; aber noch steckt die kapitalistische Gesellschaftsordnung in den Anfängen, noch ist der Gegner schwach, je eher er angegriffen wird, desto leichter wird er zu schlagen sein. Daher ist ein Bündnis mit den Liberalen zum Sturz der Autokratie abzulehnen – es würde nur den Gegner, die kapitalistische Gesellschaftsordnung, stärken. Das Gebot der Stunde ist die Bildung einer sozialdemokratischen Arbeiterpartei aus dem Industrieproletariat, das sich seiner historischen Lage und seiner historischen Chance bewußt geworden ist.

So erfolgreich diese Gedanken Plechanovs werden sollten, fürs erste waren es nur Gedanken. Denn wieder war es ja nur ein kleiner Zirkel von Theoretikern – noch dazu im Ausland –, der sich für die Sache der Revolution abmühte. Das Echo in Rußland war noch Jahre hindurch gering. Erst in den neunziger Jahren leistete der Kapitalismus das, was die Marxisten von ihm erwarteten. Die Hungersnot des Jahres 1891, der die Regierung trotz moderner Verkehrsmittel hilflos gegenüberstand, löste eine Krisenstimmung aus, die in manchem der in den siebziger Jahren ähnlich war. Ein neues Element waren die an Zahl und Größe ständig zunehmenden Streiks der Fabrikarbeiter. Petersburger Studenten konnten nicht mehr im Zweifel darüber sein, daß es nun auch in Rußland ein Industrieproletariat und einen spontanen Klassenkampf dieses Industrieproletariats gegen die Unternehmer gab, und so ist es kein Zufall, daß sie Ende der achtziger und Anfang der neunziger Jahre die ersten marxistischen Zirkel bildeten und mit der Propaganda unter den Arbeitern begannen. So bescheiden und kurzlebig die meisten dieser Ansätze auch waren, sie schufen einen vorbereiteten Boden, auf dem der Student Ju. O. Cederbaum und der junge Rechtsanwalt Vladimir Il'ič Ul'janov ihre Tätigkeit als marxistische Revolutionäre beginnen konnten.

Die beiden Männer, die ein Jahrzehnt später die Führer des menschewistischen und des bolschewistischen Flügels der russischen Sozialdemokratie werden sollten, gehörten einer neuen Generation an, für die der Heroismus und die Tragik der siebziger Jahre keine Belastung mehr war, die sich den inneren Weg zum Marxismus nicht mehr freizukämpfen brauchten, sondern auf dem geistigen Fundament aufbauen konnten, das Plechanov bereits gelegt hatte. Cederbaum (1873–1923, ab 1894 schrieb er unter dem Pseudonym Julius Martov) entstammte wie Aksel'rod einer jüdischen Familie. Sein Lebensweg erklärt beispielhaft, warum die russische revolutionäre Bewegung von den achtziger Jahren an so unverhältnismäßig viele jüdische Intellektuelle in ihren Reihen aufwies, eine Tatsache, über die sich kein Geringerer als Lenin gelegentlich wenig freundlich geäußert hat. Die Cederbaums waren nach Volkszugehörigkeit und Religion Juden, hatten aber als Intellektuelle kosmopolitischer Prägung die feste Bindung an das in geschlossener Gemeinde lebende Ostjudentum bereits verloren und befanden sich auf dem Wege fortschreitender Assimilierung. Nichts wäre natürlicher gewesen, als daß sich der in Konstantinopel geborene und in Odessa herangewachsene Julij Osipovič nach entsprechendem Studium einem intellektuellen bürgerlichen Beruf zugewandt hätte. Aber in demselben Jahr 1889, in dem die Familie Cederbaum nach Petersburg übersiedelte, wurden die Juden vom Juristenberuf ausgeschlossen; 1890 verbot man ihnen die Tätigkeit bei den Zemstvos, 1892 die in Stadtverwaltungen, von 1893 an durften sie keine christlichen Vornamen mehr führen. Dies alles, obwohl eine Studienkommission der Regierung unter dem Vorsitz des wahrhaftig nicht liberalen Grafen Pahlen schon 1888 erklärt hatte, daß es keine andere Lösung der Judenfrage gebe »als die Emanzipation der Juden und ihre Assimilierung an die übrige Bevölkerung unter dem Schutz derselben Gesetze«. Pobedonoscevs nationale Ideologie war keinen Vernunftgründen zugänglich. Gewiß ließen sich für eine kleine Minderheit wohlhabender Juden mit Hilfe korrupter Verwaltungsbeamter diese Verbote umgehen, aber Rechtssicherheit bot dies niemals, und im Hintergrund stand stets das Gespenst der Pogrome. Der junge Martov hatte als Achtjähriger 1881 den Pogrom in Odessa miterlebt und das Gefühl, als ein isolierter Außenseiter im russischen Staate recht- und schutzlos zu sein, hatte sich ihm tief eingeprägt. Allein das Milieu der revolutionären Intelligencija war geeignet, dieses Gefühl der Isolierung aufzuheben. Unter dem Druck der antisemitischen Restriktions- und Verfolgungspolitik mußte die Verbindung von radikal oppositioneller Haltung und extremem Intellektualismus, wie sie die revolutionäre Intelligencija verkörperte, auf begabte junge Juden wie Cederbaum-Martov eine magische Anziehungskraft ausüben. Als V. I. Ul'janov (1870–1924) 1893 nach Petersburg kam, bestand ein marxistischer Zirkel, der sich um den knapp zwanzigjährigen Cederbaum gebildet hatte und durch seinen Namen ›Petersburger Gruppe der Befreiung der Arbeit‹ (Peterburgskaja gruppa osvoboždenija truda) unmißverständlich ausdrückte, welchen Ideen seine Mitglieder folgen wollten. Cederbaum selbst war bereits mit der Obrigkeit in Konflikt gekommen und verbrachte die zwei Jahre Petersburg-Verbot, die man ihm neben einer mehrmonatigen Gefängnisstrafe und dem Ausschluß von allen höheren Lehranstalten auferlegt hatte, in Wilna.

Der nur drei Jahre ältere V. I. Ul'janov – erst in der sibirischen Verbannung nahm er den Decknamen Lenin an, dessen Ursprung ungeklärt ist – war aus ganz anderem Holz geschnitzt als der sensible und phantasievolle künftige Menschewistenführer. Die Ul'janovs waren ursprünglich einmal Bauern im Gouvernement Penza gewesen. Lenins Vater, dem Sohn eines Schneiders in Astrachań und der Tochter eines getauften Kalmücken, war der Aufstieg in die bürgerliche Intelligenz und am Ende in den nicht ganz unbegüterten Dienstadel gelungen. Ursprünglich Mathematiker und von Lobačevskij in Kazań ausgebildet, hatte er sich der pädagogischen Laufbahn zugewendet und es nach Jahren der Gymnasiallehrertätigkeit in Penza und Nižnij Novgorod 1869 zum Inspektor der Volksschulen in Simbirsk (heute Uljanovsk), 1874 zum Direktor des gesamten Elementarschulwesens im Gouvernement Simbirsk gebracht. Lenins Mutter, eine geborene Blank, war die Tochter eines Landarztes im Gouvernement Smolensk; sie brachte der Familie deutsche und schwedische Ahnen sowie das kleine Gut Kokuškino im Gouvernement Kazań zu, das sie 1889 gegen das Gut Alakaevka im Gouvernement Samara vertauschte. Lenin entstammte also einer gebildeten, gut situierten und höchstens gemäßigt liberalen Familie. Nichts deutete darauf hin, daß die Kinder des Wirklichen Staatsrates I. N. Ul'janov alle den Weg des Revolutionärs gehen würden und daß es seinem zweiten Sohn Vladimir beschieden sein sollte, den Traum aller russischen Revolutionäre zu verwirklichen.

Das entscheidende Erlebnis seiner Jugendjahre traf Vladimir Ul'janov mit der Hinrichtung des geliebten und als Vorbild verehrten vier Jahre älteren Bruders Alexander im Jahre 1887. Es mußte unauslöschlichen Haß gegen das schuldige

Regime der Autokratie in seine Seele pflanzen, und es beraubte ihn, da der Vater schon ein Jahr vorher gestorben war, im labilsten Stadium seiner Entwicklung der männlichen Führung. Die gesellschaftliche Diffamierung, der die Familie als Folge ausgesetzt war und die Vladimir auf der Schule und Hochschule selbst zu spüren bekam, tat ein übriges, die Erbitterung nicht nur gegen das politische System, sondern auch gegen die soziale Ordnung zu nähren. Man darf annehmen, daß der Entschluß, sein Leben dem Ziel der Revolution zu widmen, für Vladimir Uljanov früh schon unverrückbar feststand. Wie dieses Ziel zu erreichen war, darüber entschied die Lektüre von Marx, der in den Jahren 1888/1889 an die Stelle von Černyševskij trat. Mit der Intensität des ein für allemal Bekehrten nahm der Neunzehnjährige die Marxsche Lehre in sich auf; so sehr er sie selbst später wandeln und weiterentwickeln sollte, an der Richtigkeit des Marxschen Weltbildes hat er niemals auch nur einen Augenblick lang gezweifelt. Wenn aber Marx recht hatte, dann war die revolutionäre Hoffnung nicht auf die Bauern, deren Notlage gerade im mittleren Wolgagebiet den Ul'janovs wohlvertraut war, zu setzen, sondern auf die Arbeiter der großen Städte und Industriegebiete. Wozu also den hungernden Bauern helfen? Die Verzweiflung sollte sie nur in die Städte treiben, das würde dem Proletariat Verstärkung und die Revolution näher bringen. Im Jahre 1891, als er diesen Gedanken äußerte, legte Vladimir Ul'janov, einundzwanzigjährig, die juristischen Staatsprüfungen mit höchster Auszeichnung ab. Als Rechtsanwalt in Samara zugelassen, hat er seinen Beruf jedoch kaum jemals ausgeübt. Nicht das formale Recht zu wahren, sondern die reale Macht zu gewinnen, fühlte er sich berufen.

Alles, was Lenin später auszeichnen sollte, war bereits deutlich zu erkennen: die durch nichts zu erschütternde Sicherheit, mit Hilfe von Marx die Gesetze der Weltgeschichte durchschaut zu haben, eine eiserne Selbstdisziplin, die jede spekulative Abweichung und jedes romantische Sichtreibenlassen ausschloß, eine scharfe Intelligenz, die jeder beliebigen Aufgabe dienstbar zu machen war, und über allem ein Wille, der bei voller persönlicher Integrität vor keinem Mittel zurückschreckte, wenn es durch den Zweck der Revolution gerechtfertigt war.

In Petersburg bekam Ul'janov zuerst Kontakt mit der marxistischen Gruppe um S. I. Radčenko, der auch seine spätere Frau N. K. Krupskaja angehörte. Noch sahen die Marxisten, die sich in Petersburg und allmählich auch in anderen Städten zu Gruppen zusammenfanden, ihre Hauptaufgabe ganz im Sinn des frühen Narodničestvo darin, das Bewußtsein der Arbeiter zu wecken, ihnen Bildung zu vermitteln. Die Mitglieder des Radčenko-Kreises lehrten alle an Sonntagsschulen, und sie lehrten als Marxisten natürlich auch Dinge, die einer politischen Arbeiterbewegung förderlich sein konnten. Den Gedanken einer politischen Organisation sozialdemokratischer Arbeiter verwirklichten aber erst Martov und Lenin, als sie 1895 den ›Kampfbund zur Befreiung der Arbeit‹ (Sojuz bor'by za osvoboždenie truda) gründeten und in ihm alle marxistischen Gruppen der Hauptstadt zusammenfaßten. Was Lenin gewissermaßen von Natur aus selbstverständlich war – die Konzentrierung auf das politische Ziel und die Bedeutung des Organisatorischen –, hatte Martov die Erfahrung, zuletzt die mit jüdischen Textilarbeitern in Wilna, gelehrt. Bildungsarbeit allein förderte mehr den sozialen Aufstieg begabter Arbeiter, als daß sie klassenbewußte Vorkämpfer der Arbeiterbewegung hervorbrachte. Unter Arbeitern müsse man nicht in erster Linie Ideen propagieren, so erkannte Martov, sondern für allen verständliche, aktuelle Nahziele agitieren. Im Prinzip stimmte Lenin dieser grundsätzlichen Unterscheidung zwischen Propaganda und Agitation zu, aber er hatte von Anfang an Bedenken, die Agitation allzu sehr auf gewerkschaftliche Ziele abzustellen oder gar zu beschränken. Dies schien ihm die Gefahr einzuschließen, daß das politische Hauptziel zu sehr in die Ferne gerückt wurde. Außerdem erkannte Lenin – und das zeigte seine Begabung für alle Fragen der konspirativen Taktik – , daß eine zu starke Bindung der Organisation an den Betrieb für die Polizei den Zugriff erleichterte. Nur eine umfassende, zentral geführte Organisation würde in der Lage sein, lokale Einbußen auszugleichen. Die Erfahrung sollte Lenin recht geben: Im Dezember 1895 und Januar 1896 wurde der ›Kampfbund‹ ausgehoben, noch ehe die erste Nummer seiner illegalen Zeitung ›Die Sache des Arbeiters‹ (Delo rabočego) erschienen war, und die Führer, darunter Lenin und Martov, erhielten Gelegenheit, in mehrjähriger sibirischer Verbannung darüber nachzudenken, wie man die bisherigen Fehler vermeiden könne und wie die Organisation in Zukunft beschaffen sein müsse. Lenin, dem das Dorf Šušenskoe im Quellgebiet des Enisej als Verbannungsort zugewiesen war, hat dies während der vier Jahre seines Zwangsaufenthaltes in Sibirien mit außerordentlicher Energie getan.

Lenin fand seinen Weg in erbitterter Auseinandersetzung mit allen Marxisten, die seiner Meinung nach falsche Ansichten über Strategie und Taktik der revolutionären Arbeiterbewegung vertraten. Er begann mit Beiträgen zu jenem Kampf gegen die Ideologie des Narodničestvo, den Plechanov und seine Freunde seit einem Jahrzehnt mit Erfolg führten. Noch das erste Jahr in Sibirien verwendete er auf die Abfassung seines Buches über ›Die Entwicklung des Kapitalismus in Rußland‹ (Razvitie kapitalizma v Rossii), das unter dem Pseudonym V. Il'in 1899 legal erscheinen konnte. Dann aber trat das Problem der Organisation, der Partei, ganz in den Vordergrund. Gegen die ›legalen Marxisten‹ – P. B. Struve, M. I. Tugan-Baranovskij, S. N. Bulgakov, N. A. Berdjaev und andere –, die zwar die ökonomischen Thesen von Marx akzeptierten, aber jedes Verschwörertum ablehnten und einen Ausgleich der sozialen Spannungen durch soziale Reformen anstrebten, und gegen die ›Ökonomisten‹, die in übertriebener Nachfolge des verbannten Martov die Arbeiterbewegung auf gewerkschaftliche Ziele beschränken und den politischen Kampf den Liberalen überlassen wollten, entwickelte und verteidigte Lenin seine Lehre von der Partei als einer zentral geführten, straff disziplinierten, politischen Kampforganisation von Berufsrevolutionären.

Als im März 1898 Delegierte verschiedener Gruppen in Minsk die ›Russische Sozialdemokratische Arbeiterpartei‹ (RSDRP) gründeten, weilte Lenin noch in Sibirien und hatte keinen Einfluß auf die Gestaltung der Parteistatuten. Zur Ausarbeitung von solchen kam es gar nicht, denn die meisten

Delegierten fielen der rasch zugreifenden Polizei in die Hände. Aber theoretisch gab es seither die große, das gesamte Reichsgebiet umfassende ›Partei‹. Lenin trat ihr 1899 bei, und sein ganzes Streben war in der Folge darauf gerichtet, diese Partei nach seinen Vorstellungen, wie er sie in der 1902 erschienenen Schrift ›Was tun?‹ (Čto delat') erneut darlegte, zu organisieren. Die Entscheidung sollte auf dem zweiten Parteikongreß fallen, der am 30. Juli 1903 in Brüssel eröffnet wurde, aber mit Rücksicht auf die belgische Polizei wenig später nach London verlegt werden mußte. Die Auseinandersetzungen über den Paragraphen 1 des Parteistatuts, d. h. über die Frage, ob man eine Massenpartei von Gesinnungsgenossen oder – wie Lenin es wollte – eine Elitepartei von Berufsrevolutionären schaffen sollte, waren lang und hart. Es gelang Lenin nicht, eine Mehrheit für seinen Parteityp zu gewinnen, aber als die Delegierten des ›Bundes‹, des 1897 gegründeten Allgemeinen Jüdischen Arbeiterbundes in Litauen, Polen und Rußland, als Gegner des zentralistischen Organisationsprinzips überstimmt, den Kongreß verließen, bildeten Lenins Anhänger die Kongreßmehrheit (Mehrheit = bol'šinstvo, davon Bolschewisten) und setzten sich nachträglich auch in der Frage des Parteityps durch. Die Folge war allerdings nicht ein rascher Aufbau der Partei im Sinne Lenins, sondern eine Spaltung zwischen Bolschewisten und Menschewisten, die nur vorübergehend notdürftig überbrückt, aber niemals mehr wirklich aufgehoben wurde. In der geistigen Nachfolge Tkačevs und Nečaevs stieß Lenin gerade die damals führenden Persönlichkeiten unter den russischen Marxisten ab: Martov, Aksel'rod und bald auch Plechanov trennten sich von ihm. Die schärfsten Angriffe kamen aber von dem jungen Trockij (1879–1940), der Lenin einen Despoten und Terroristen nannte und prophezeite, daß unter Lenin die Diktatur des Proletariats eine Diktatur des Parteiführers, d. h. Lenins persönlich, werden würde. Gespalten und in sich uneins ging die russische Sozialdemokratie in die bevorstehenden Krisen. Der Kampf für die Revolution wurde zunächst zu einem Kampf um die Macht in der Partei, von Lenin geführt ohne Rücksicht auf Demokratie und Moral.

VON REVOLUTION ZU REVOLUTION

Parlamentarische Autokratie

Unmittelbar nach seinem Regierungsantritt hatte Nikolaus II. alle Hoffnungen der Liberalen enttäuscht, als er unter dem Einfluß Pobedonoscevs die Zemstvovertreter vor ›unsinnigen Phantasien‹ warnte und damit jeden Gedanken an eine konstitutionelle Mitbeteiligung der Stände an der Regierung meinte. Wenig mehr als zehn Jahre später, am 6. (19.) Juni 1905, als er wiederum eine Deputation von Zemstvo- und Städtevertretern empfing und deren Sprecher, der Philosophieprofessor Fürst S. N. Trubeckoj, es den ›einzigen Ausweg aus allen inneren Bedrängnissen‹ nannte, war er gezwungen, die Einberufung gewählter Volksvertreter als seinen ›unerschütterlichen Willen‹ zu bezeichnen. Die ›Bedrängnisse‹ waren jene revolutionäre Situation, in die Rußland durch die unbewältigte wirtschaftliche und soziale Entwicklung, durch die Depression des Jahrhundertbeginns und schließlich durch den unglücklichen Verlauf des Krieges gegen Japan hineingeraten war. Im Juli 1904 war der besonders verhaßte Innenminister Pleve von einem Sozialrevolutionär ermordet worden, und das hatte die Selbstsicherheit des Regimes bereits etwas erschüttert. Pleve war es ja gewesen, der durch einen ›kleinen und siegreichen Krieg‹ die inneren Schwierigkeiten zu überwinden gehofft hatte. Nun war er selbst ein Opfer der unüberwundenen Schwierigkeiten geworden, und der Krieg machte keine Anstalten, klein zu bleiben und siegreich zu werden. Es genügte schon das etwas großzügigere Verhalten von Pleves wohlgesinntem Nachfolger, dem Fürsten Svjatopolk-Mirskij, um die russischen Liberalen in Aktion zu setzen. Diese waren nicht unvorbereitet, denn seit einigen Jahren schon waren Bemühungen im Gange, die liberalen Kräfte zu sammeln und politisch zu organisieren, seit 1902 gab P. B. Struve die liberale Zeitschrift ›Osvoboždenie‹ (Befreiung) heraus, zunächst in Stuttgart, dann – als die deutsche Polizei sich einschaltete – in Paris.

Träger der liberalen Bewegung und deren erste organisatorische Basis waren die Zemstvos. Neben den mehr oder minder liberalen Zemstvoadel – die Unterschiede waren beträchtlich, nicht überall war man so radikal wie traditionellerweise in Tveŕ – trat die bürgerliche Intelligenz, soweit sie sich nicht den sozialistisch-revolutionären Idealen verschworen hatte, und eine kleine, aber geistesmächtige Gruppe aus dem Kreise der ›legalen Marxisten‹. Nur unter einem sehr weit gefaßten Begriff des Liberalismus lassen sich diese verschiedenen Gruppen zusammenfassen. Was sie vereinte, war im Grunde Negatives: Der Kampf gegen das herrschende System bürokratischer Bevormundung auf der einen und die Ablehnung gewalttätig-revolutionärer Methoden auf der anderen Seite. Alle wollten ›Befreiung‹, aber darüber, wie die zu gewinnende Freiheit verwirklicht werden sollte, war man sehr verschiedener Ansicht. Innerhalb der Zemstvoliberalen gab es einen rechten Flügel, der unter der Führung des hochangesehenen Moskauer Zemstvovorsitzenden D. Šipov maßvolle Forderungen im Geiste der Slavophilen erhob: Größere individuelle Freiheit sollte sich im Bunde einer geläuterten Monarchie mit dem Volke verwirklichen, die freiheitliche Betätigung des Volkes unter der Führung des bodenständigen Adels sollte vor allem in der lokalen Selbstverwaltung stattfinden, und eine Landesversammlung (zemskij sobor) in lediglich beratender Funktion sollte die Verbindung zwischen Staat und Gesellschaft herstellen. Da war die Freiheit individuell und adelig-ständisch aufgefaßt und die Brüderlichkeit christlich-orthodox, von der Gleichheit war ernsthaft kaum die Rede. Demgegenüber vertrat der linke Zemstvoflügel, am markantesten repräsentiert durch I. Petrunkevič, einen radikalen Konstitutionalismus nach westlichem Muster. Immerhin waren auch Petrunkevičs Gesinnungsgenossen Gutsbesitzer und daher nicht ohne weiteres bereit, das Prinzip der Gleichheit allzu weit zu treiben. In die Forderung persönlicher und politischer Freiheit mochte man die Bauern mit einbeziehen, aber sich für die Forderung gleicher und gerechter

Verteilung des Landes einzusetzen, konnte auch von den liberalsten Gutsbesitzern nicht erwartet werden.

Die ›Intelligencija‹, ob sie nun als sogenanntes ›drittes Element‹ im Dienste der Zemstvo- und Stadtverwaltungen stand oder sonst akademischen und freien Berufen nachging, brauchte solche Rücksichten nicht zu nehmen; sozial und ökonomisch alles andere als eine einheitliche Schicht, stand sie im ganzen noch links vom radikalen Zemstvoadel und hing eindeutig demokratischen, wenn nicht sozialistischen Idealen an. Ihr anerkannter Wortführer war der Historiker P. Miljukov. In einer sehr dynamischen Entwicklung gewann die ›Freiheitsbewegung‹ von 1902 bis 1904 sichtbar an Breite und Kraft. Ihr Ziel war die politische Freiheit in einer konstitutionellen Monarchie, ihr Organ Struves ›Osvoboždenie‹, ihr Aktionskern der ›Bund der Befreiung‹ (Sojuz osvoboždenija), und ihre Transmissionen in immer weitere Kreise der Gesellschaft hinein bildeten die im ›Verband der Verbände‹ (Sojuz sojuzov) zusammengefaßten Berufsorganisationen. Ein von der Regierung geduldeter Kongreß der Zemstvovertreter im November 1904 zeigte unmißverständlich, daß auch in den Zemstvos die entschlossenen Konstitutionalisten bereits das Übergewicht hatten, und die Berufsverbände faßten in einer gleichzeitig ablaufenden, vom ›Bund der Befreiung‹ organisierten Bankettkampagne einmütig Resolutionen, in denen über die individuellen Grundrechte und über die Beseitigung jeder sozialen, nationalen und religiösen Diskriminierung hinaus die Einberufung einer konstituierenden Versammlung gewählter Volksvertreter, die Gesetzgebung und die Budgetkontrolle durch ein Parlament und die Bildung einer dem Parlament verantwortlichen Regierung gefordert wurde. Damit wurde mitten im Kriege eine geschlossene Front der ›Gesellschaft‹ gegen das herrschende Regime der Autokratie manifest. Weder Unterdrückungsmaßnahmen noch verklausulierte Reformversprechen erwiesen sich als geeignet, diese Front aufzulösen. Es kam dazu, daß der ›Bund der Befreiung‹ von Anfang an Kontakte zu sozialistischen Gruppen unterhielt, zur radikalen Linken hin gewissermaßen offen blieb und die Methoden gewalttätiger Revolutionierung zwar nicht selbst propagierte, aber mit zunehmender Sympathie tolerierte. Die mannhaften, doch in der Form konzilianten Worte Trubeckojs zu Nikolaus II. wurden im Sommer 1905 von den Radikalen bereits scharf kritisiert.

Es war verhängnisvoll, daß die Führung des russischen Liberalismus mehr und mehr auf die gewiß von allen freiheitlichen Idealen beseelte, aber im Grunde wirklichkeitsfremde und doktrinäre Intelligenz überging, doch wird andererseits kaum zu bestreiten sein, daß das Konstitutionsverlangen des liberalen Zemstvoadels allein die Autokratie nicht zur Kapitulation gezwungen hätte und wie bisher unerfüllt geblieben wäre, wenn es nicht durch die einheitliche Willensbildung der radikal-liberalen Intelligenz unterstützt und durch die revolutionären Aktionen der Arbeiter und Bauern mit einem beängstigenden Hintergrund versehen worden wäre. Streiks der Arbeiter und Unruhen unter den Bauern waren schon seit einiger Zeit im Zunehmen; zwar überwogen bei weitem wirtschaftliche Motive und soziale Forderungen, aber es war nicht zu verkennen, daß – zunächst bei den Arbeitern – unter dem Einfluß der revolutionären sozialistischen Parteien eine Politisierung der Aktionen vor sich ging. In den ersten Tagen des Jahres 1905 führte ein Streik der Belegschaft des Putilov-Werkes zu einem ganz Petersburg erfassenden Ausstand und schließlich zu dem Plan, am Sonntag, den 9./22. Januar, eine friedliche Massendemonstration vor das Winterpalais zu führen und dem Zaren durch eine Delegation die Wünsche der Arbeiter vorzutragen. Organisiert wurde die Aktion nicht etwa durch die sozialistischen Parteien, sondern durch die ›Vereinigung der russischen Fabrikarbeiter Petersburgs‹, die unter der Führung des Priesters Gapon stand und einen neuen Versuch darstellte, die Arbeiterbewegung unter polizeiliche Kontrolle zu bringen. Gapon, eine überaus fragwürdige Erscheinung, verfügte über einen gewissen Einfluß auf die Arbeiter, auch konnte der Gedanke, eine Petition an den Zaren persönlich zu richten, mit dem Beifall des nicht geringen noch stark traditionsgebundenen Teiles der Arbeiterschaft rechnen, aber der Inhalt der Petition, die sich über die unmittelbaren sozialen Forderungen der Arbeiter hinaus das politische Programm der radikalen Opposition zu eigen gemacht hatte, beweist zur Genüge, daß Gapons Organisation längst von sozialistischen Agitatoren durchsetzt war. Immerhin stand das erste Massenaufgebot des hauptstädtischen Proletariats von Anfang an unter Polizeikontrolle, und es konnten alle Vorbereitungen getroffen werden. Nichts zeigt die vollständige Hilflosigkeit der verantwortlichen Persönlichkeiten deutlicher als die Tatsache, daß die zum Schutz des Winterpalais massierten Elitetruppen mit demonstrierenden Arbeitern, die Zarenbilder und Ikonen vor sich her trugen, nicht anders fertig zu werden vermochten als durch brutalen Waffengebrauch, und daß man im Anschluß an den ›Blutigen Sonntag‹, der eine niemals genau festgestellte, aber mit Sicherheit in die Hunderte gehende Zahl von Todesopfern gefordert hatte, hartnäckig versuchte, durch eine Audienz von kommandierten ›Arbeitervertretern‹ beim Zaren eine Lösung der Arbeiterfrage einzuleiten.

In Wirklichkeit verlor die Regierung mit dem 9. Januar 1905 die Kontrolle über eine nun sich spontan ausbreitende und in mehreren großen Wellen an- und abschwellende revolutionäre Bewegung. Diese entbehrte durchaus einer einheitlichen Führung; sie war vielmehr elementarer Ausdruck einer nahezu alle Gruppen der Bevölkerung ergreifenden gerechten Empörung, die Quittung für die Versäumnisse und Verantwortungslosigkeiten von Jahrzehnten. Die Streikbewegung der Arbeiter erreichte ihren Höhepunkt im Oktober, als ein Eisenbahnerstreik Wochen hindurch das Verkehrssystem lahmlegte und sich stellenweise zu einem erfolgreichen Generalstreik ausweitete. Nach einigen Vorläufern in der Provinz bildete sich im Oktober auch in Petersburg als Zusammenschluß von Streikkomitees ein ›Rat‹ (Sowjet) von Arbeiterdeputierten. Das Beispiel fand in Moskau und anderen Städten Nachahmung, und sehr rasch entwickelten sich die Sowjets aus Organen der ›proletarischen Selbstverwaltung‹ zu Zentralen des politischen revolutionären Kampfes. Die Verfolgung gewerkschaftlicher Ziele und die Propaganda des bewaffneten Aufstandes liefen nebeneinander her und gingen ineinander über. Ein ernsthafter Versuch, den revolutionären

Kampf als gewaltsame Aktion der Massen zu führen, wurde jedoch nur in Moskau unternommen (8./21. Dezember 1905 bis 20. Dezember 1905/2. Januar 1906); er scheiterte zu einem Zeitpunkt, da der Petersburger Sowjet bereits aufgelöst war und dessen führende Mitglieder – unter anderem der Vizepräsident Trockij – schon hinter Schloß und Riegel saßen, an der Unzulänglichkeit der Organisation und an dem Einsatz der aus Petersburg herbeigeholten Elitetruppen. Erfolgreicher waren die allenthalben gebildeten Gewerkschaften, die im Februar 1906 ihren ersten allrussischen Kongreß abhalten konnten und denen es gelang, eine halblegale Restexistenz auch durch die folgenden Jahre der Reaktion hindurchzuretten. Das Nebeneinander und Gegeneinander gewerkschaftlicher und politischer Zielsetzungen spiegelte in gewissem Maße den Unterschied zwischen menschewistischer und bolschewistischer Taktik wider. Die Sozialrevolutionäre, deren Kampforganisation unter Leitung des 1908 als Polizeiagent entlarvten Azef die Kampfmethode des politischen Einzelterrors systematisch fortsetzte, neigten in der revolutionären Situation der Jahre 1905/1906 mehr der bolschewistischen Auffassung zu, die unmittelbare revolutionäre Machtergreifung anzustreben. Ihre Agitation hatte aber weit mehr unter den Bauern als unter dem Industrieproletariat Erfolg.

In einzelnen Teilen des Reiches setzten Bauernaufstände schon im Frühjahr ein; sie nahmen während des Sommers an Häufigkeit und Radikalität zu und erreichten nach Abschluß der Erntearbeiten im Herbst ihren Höhepunkt. Zentren der bäuerlichen Revolution waren wie stets das mittlere Wolgagebiet (Gouv. Saratov und Samara) und die nordwestlichen Schwarzerdegouvernements Černigov, Kursk und Orel; zu besonderer Erbitterung steigerte sich die gewaltsame Auseinandersetzung zwischen Bauern und Gutsbesitzern in den baltischen Provinzen, besonders in Lettland, wo sie von den Sozialdemokraten gesteuert und durch den nationalen Gegensatz verschärft wurde. Auch die Bauern schufen sich eine Interessenvertretung im ›Bauernbund‹ (Krest'janskij sojuz), der am 31. Juli/13. August seinen ersten, im November seinen zweiten allrussischen Kongreß abhielt und als Ziele der Bauern die Nationalisierung des gesamten Bodens zugunsten derer, die ihn selbst bearbeiteten, sowie eine konstituierende Nationalversammlung und die Zusammenarbeit mit den Gewerkschaften der Arbeiter proklamierte. Der gemeinsamen Proklamation entsprach allerdings keine koordinierte Gemeinsamkeit der Aktionen, und so waren die Bauern schließlich nirgends in der Lage, den durch Vertreibung der Gutsbesitzer und Zerstörung der Güter gewaltsam angeeigneten Landbesitz gegen militärische Strafexpeditionen zu behaupten.

Waren einmal Arbeiter und Bauern auf den Weg der Revolution gebracht, so konnte es nicht ausbleiben, daß auch Heer und Flotte, die militärischen Machtinstrumente des Staates, in Mitleidenschaft gezogen wurden. Die Anfälligkeit der Flotte mit ihrem relativ höheren Anteil an ›gramotnye‹ (des Lesens und Schreibens Kundigen) erwies sich dabei als größer, und der Panzerkreuzer ›Potemkin‹, dessen Besatzung im Zusammenhang mit einem Generalstreik in Odessa im Juni 1905 meuterte, wurde zu einem revolutionären Symbol; noch im Juli 1906 erreichten Aufstände von Matrosen und Marinesoldaten der Ostseeflotte in Sveaborg und Kronstadt beträchtliches Ausmaß. In der Armee gab es Schwierigkeiten mit den aus dem fernen Osten heimkehrenden Verbänden, und die Bekämpfung des Dezemberaufstandes in Moskau mit den Truppen der Moskauer Garnison hielt man nicht für ratsam, aber im ganzen gelang es doch, die Disziplin aufrecht zu erhalten.

Nimmt man hinzu, daß in allen nicht von Großrussen bewohnten Teilen des Reiches die Befreiungsbewegung in mehr oder minder großem Ausmaß auch den Kampf um nationale Freiheiten einbegriff und im Zuge der Bildung politischer Parteien das Autonomiebestreben der einzelnen Nationalitäten sich politisch organisierte – wobei die Forderungen allerdings im allgemeinen nicht über eine politische Autonomie im Rahmen des russischen Reiches hinausgingen, andererseits nun aber auch schon bisher ›geschichtslose‹ Völker wie die Burjaten und Jakuten kulturelle Autonomiewünsche anzumelden begannen –, so erscheint die Frage berechtigt, wie es der Regierung bei einer so allseitigen Desintegration überhaupt gelingen konnte, der Revolution Herr zu werden. Die Antwort wird eine ganze Reihe von Umständen zu berücksichtigen haben, die sich auf die Dauer zuungunsten der Revolution und zugunsten des herrschenden Regimes auswirkten. Der revolutionären Bewegung im ganzen fehlte noch mehr als den einzelnen Teilströmen einheitliche Planung und Lenkung; es haftete ihr noch viel von den elementaren Ausbrüchen früherer Jahrhunderte an. Organisationen und Parteien entstanden vielfach erst im Zuge und als eine Folge der Revolution, es mangelte ihnen an Erfahrung und am materiellen Rückhalt, um entschlossener Gegenwirkung längere Zeit standzuhalten. Vor allem aber gelang es der Revolution nicht, die Instrumente der Macht zu zerschlagen. So fehlten dem angegriffenen Regime gar nicht die Machtmittel, sondern nur der Wille und die Fähigkeit, sich ihrer zweckmäßig zu bedienen. Und so konnte nach einer Phase des Nachgebens und Zurückweichens unter dem Druck der revolutionären Ereignisse ein weitgehender Wiedergewinn der verlorenen Positionen gelingen, nachdem die Flut der revolutionären Aktionen ihren Höchststand überschritten hatte.

Das Nachgeben erfolgte zögernd und, was Nikolaus II. persönlich betraf, nicht aus Einsicht, sondern aus Angst. Nicht der blutige Sonntag, sondern erst die Ermordnung des Großfürsten Sergej Aleksandrovič, der ein Onkel des Kaisers und Moskauer Generalgouverneur war, löste die Ankündigung aus (18. Februar/3. März 1905), daß der Herrscher beabsichtige, eine Versammlung von gewählten Vertrauensleuten des Volkes in beratender Funktion zur Gesetzgebung heranzuziehen. Ein halbes Jahr verging jedoch, ehe ein entsprechender Entwurf des Innenministers A. G. Bulygin durch kaiserlichen Erlaß am 6./19. August bekanntgemacht wurde. Die Mitglieder der sogenannten Bulyginschen Duma sollten ständeweise (Adelige, Bürger und Bauern) in indirekter Wahl gewählt werden und lediglich das Recht erhalten, dem Staatsrat Gesetzesvorschläge zu unterbreiten. Dabei war für die Stadtbevölkerung der Zensus so hoch angesetzt, daß nicht nur die Arbeiter, sondern auch der größte Teil der Intelligenz von der Wahl ausgeschlossen blieb; mangelnder Bürgereigenschaften wegen wurde auch den Juden das Wahlrecht versagt. Dieses Angebot kam nicht nur ein halbes Jahr, sondern mindestens ein Menschenalter zu spät und konnte außer den slavophilen Reformfreunden um Šipov niemanden zufriedenstellen. Erst unter dem Eindruck der Oktoberereignisse entschloß sich Nikolaus II. auf Rat des eben aus Amerika heimgekehrten Witte, ›um der Befriedung des staatlichen Lebens willen‹ wesentliche Forderungen der Konstitutionalisten zu erfüllen. Das Manifest vom 17./30. Oktober 1905 gewährte den Untertanen des russischen Autokrators ohne Unterschied des Standes die Grundrechte freier Bürger: Unverletzbarkeit der Person, Freiheit des Gewissens, der Rede, der Versammlung und der Korporation. Es sagte außerdem im Prinzip das allgemeine Wahlrecht zu und versprach, die Staatsduma mit dem ausschließlichen Recht der Gesetzgebung und mit dem Recht, die Legalität der Verwaltung zu überwachen, auszustatten. Mit der Durchführung wurde Witte betraut, den der Kaiser eine Woche später zum Ministerpräsidenten ernannte, auch dies eine grundlegende Neuerung, die Witte zur Bedingung gemacht hatte.

Der Erfolg des Oktobermanifestes konnte nicht die sofortige Befriedung des aufgewühlten Landes sein, dies um so weniger, als sich nun auch die extreme Rechte zusammenzuschließen begann und die berüchtigten ›Schwarzen Hundertschaften‹ einen von der Regierung geduldeten Gegenterror inszenierten, der in abscheulichen Judenpogromen gipfelte – im Oktober 1905 wurden in Odessa unter den Augen der Behörden und der Polizei vom organisierten Mob an die 300 Juden getötet. Aber gerade die Radikalisierung der Auseinandersetzung auf beiden Flügeln legte es der gemäßigten Mitte nun doch nahe, das erhöhte Angebot der Regierung wenigstens im Sinne einer Ausgangsbasis ernst zu nehmen. Man wußte freilich, daß weder Witte noch Nikolaus II. die Konstitution nach dem Herzen war, daß der Kaiser gegen seine Überzeugung und nur der Not gehorchend dem zustimmte, was ihm der Minister in politischer Berechnung riet. Es war nicht zu übersehen, daß keine verfassunggebende, sondern nur eine gesetzgebende Versammlung zugestanden worden war, aber andererseits sicherte das Wahlgesetz vom 11./24. Dezember 1905, wenn auch in sehr komplizierter und indirekter Form, praktisch das allgemeine Wahlrecht, und die im Oktober 1905 unter der Führung Miljukovs gebildete liberale Partei der ›Konstitutionellen Demokraten‹ (K.D. = Kadetten), die im Mai 1906 mit 178 Abgeordneten als weitaus stärkste organisierte Gruppe in die Duma einzog, konnte hoffen, auf die Dauer die Entwicklung in jene Richtung zu lenken, die ihren Idealen entsprach. Das sollte sich allerdings als eine Illusion erweisen, und in diesem Sinne besteht die von Max Weber allsogleich geprägte Formel vom russischen ›Scheinkonstitutionalismus‹ wohl zu Recht.

Das lag nicht sosehr daran, daß die neue Verfassung des russischen Imperiums nicht durch einen Beschluß der Volksvertreter zustande kam und durch keinen Eid des Herrschers bekräftigt wurde, sondern in Gestalt der ›Grundgesetze‹, die man unmittelbar vor dem Zusammentritt der Duma (27. April/10. Mai 1906) veröffentlichte, durch einen selbstherrscherlichen Regierungsakt oktroyiert wurde; Nikolaus II. gab bei der Eröffnung der Duma immerhin die Versicherung ab, daß er für die ›unerschütterliche Dauer‹ der nun dem Lande gegebenen Institutionen sorgen werde. Das lag auch nicht unbedingt daran, daß Witte, dem schon vorher der Abschied erteilt worden war und der dem offiziellen Beginn der konstitutionellen Periode in der russischen Geschichte ebenso wie der von der Wahl ausgeschlossene liberale Parteiführer Miljukov nur als unbeteiligter Zuschauer beiwohnen konnte, in die Grundgesetze ausreichende Sicherungen dafür eingebaut hatte, daß die Regierung nicht in eine ausweglose Abhängigkeit von der Duma geriet. In einer immer noch sehr revolutionären Situation war das begreiflich. Die Sicherungen bestanden im wesentlichen darin, daß von der Duma beschlossene Gesetze an die Zustimmung des Staatsrates, des zur Hälfte ernannten und daher stets mehrheitlich konservativen Oberhauses, und an die Unterschrift des Kaisers gebunden waren, also durch ein doppeltes Veto inhibiert werden konnten, umgekehrt aber der berühmte Paragraph 87 der Regierung das Recht gab, während der Dumavakanzen im Notstand und unter der Bedingung der nachträglichen Einbringung vor der Duma selbständig Gesetze zu erlassen. Es kam hinzu, daß die Minister dem Kaiser und nicht der Duma verantwortlich waren, daher keine Regierung durch ein Mißtrauensvotum gestürzt werden konnte, und daß Heer, Marine und kaiserlicher Hof der parlamentarischen Budgetkontrolle entzogen blieben. Aber all dies konnte auch ohne mißbräuchliche Anwendung bestehen, solange ein Mindestmaß von Vertrauen zwischen Volksvertretung und Regierung gegeben war. Daran fehlte es jedoch von Anfang an auf beiden Seiten durchaus. Weder die Regierung, noch die Elite der liberalen Intelligenz in der ersten Duma hatten die mindeste Erfahrung darin, nach parlamentarischen Spielregeln miteinander umzugehen, und auf seiten der Regierung bestand ganz offenkundig auch gar nicht die Absicht, solche Erfahrungen anders als in negativem Sinne zu sammeln und anzuwenden. Das gilt von den Ministern, unter denen sich immerhin auch untadelige und sachkundige Persönlichkeiten befanden wie z. B. der langjährige Finanzminister (von Oktober 1911 bis Anfang 1914 auch Ministerpräsident) V. N. Kokovcov, weit mehr noch aber vom Kaiser persönlich, der mit infantiler Hartnäckigkeit an einem Phantom der Selbstherrschaft festhielt, die auszuüben er gar nicht imstande war, und von einer unverantwortlichen Kamarilla, die in Wahrheit die Geschicke des Landes mehr und mehr bestimmte. Unter diesen Umständen war der Gegensatz unüberbrückbar.

Am 9./22. Juli 1906 löste der Kaiser die Duma auf und ordnete Neuwahlen an. Gleichzeitig mußte Goremykin als Ministerpräsident dem bisherigen Innenminister P. A. Stolypin (1862–1911) weichen. Dessen Karriere erinnert an die Loris-Melikovs: Wie dieser als Gouverneur in Chaŕkov, so hatte sich Stolypin in Saratov, dem Zentrum der Bauernunruhen, verdient gemacht. Als ›starke Männer‹ und erfolgreiche Revolutionsbekämpfer kamen beide auf den Posten des Innenministers, und auch die Methode rücksichtlosen Vorgehens gegen Revolutionäre und Terroristen verbunden mit maßvollen Reformen war beiden eigen. Stolypins Aufgabe war freilich ohne Zweifel schwieriger. Es hatte nicht nur der revolutionäre Terror ein ganz anderes Ausmaß angenommen – die Zahl der Attentate ging 1906/1907 in die Hunderte, die der Opfer in die Tausende –, sondern es gab nun mehrere organisierte revolutionäre Parteien, die den bewaffneten Aufstand gegen die Staatsmacht propagierten, und unter dem Eindruck der Dumaauflösung entschloß sich sogar ein Teil der Kadetten, ähnlich wie die Sozialisten von Wyborg aus einen Aufruf zum passiven Widerstand an die Bevölkerung zu richten. Stolypin, der am 12./25. August mit knapper Not einem Attentat entging, bei dem in seinem Hause 32 Personen getötet und 22, darunter sein Sohn und seine Tochter, verwundet wurden, zögerte nicht, die Machtmittel des Staates einzusetzen: Am 19. August/1. September schuf ein Gesetz die Voraussetzung für die Einrichtung von Militärtribunalen, die nun im ganzen Lande eine rigorose Standgerichtsbarkeit auszuüben begannen; die gegenrevolutionären Aktionen der Rechtsextremisten wurden jetzt von staatswegen nicht nur geduldet, sondern direkt gefördert. Und es wurde bald deutlich, daß sich der Sieg langsam, aber sicher auf die Seite der staatlichen Macht neigte. Mit dem Jahre 1907 ging die Revolution in ihren letzten Ausläufern zu Ende. Als die unter dem gleichen Wahlgesetz gewählte zweite Duma, die im Februar 1907 zusammentrat, angesichts dieser Entwicklung eine noch radikalere Zusammensetzung aufwies als die erste, erfolgte zugleich mit ihrer Auflösung am 3./16. Juni 1907 ein partieller Staatsstreich durch Verfügung eines seit längerem schon vorbereiteten neuen Wahlgesetzes, das durch völlig willkürliche Verteilung der Wahlmännerstimmen auf die verschiedenen Bevölkerungsgruppen eine konservative Dumamehrheit sicherstellte: In der dritten und vierten Duma (November 1907 bis Juni 1912 bzw. November 1912 bis Februar 1917) zählte die liberale und sozialistische Opposition zusammen nur etwa ein Viertel der Abgeordneten. Drastisch reduziert wurde durch das neue Wahlgesetz auch die Zahl der Nationalitätenvertreter.

Mit einer solchermaßen fügsam gemachten Duma ließ sich in den folgenden Jahren der wirklichen oder vermeintlichen

Reaktion ohne Schwierigkeiten regieren. Bei allem, was man gegen Stolypins Methoden vorbringen kann, bleibt doch die Tatsache von Gewicht, daß er die Grundgesetze von 1906 nicht weiter modifizierte, daß er die Institution der Duma im Prinzip unangetastet ließ und damit auch einer parlamentarischen Opposition in ungefährlichem Ausmaß Spielraum gewährte. Die Sozialdemokraten – Menschewiken wie Bolschewiken (von 1906 bis 1912 waren die beiden Fraktionen wieder formal in einer Gesamtpartei vereinigt) – haben die Bedeutung der Duma als eines nationalen Forums politischer Meinungsäußerung sehr wohl erkannt und, nachdem sie die erste Duma boykottiert hatten, in die folgenden Dumen ihre Vertreter entsandt, deren Zahl allerdings von 65 in der zweiten Duma auf 14 in der vierten Duma sank; die Sozialrevolutionäre waren nur in der zweiten Duma vertreten und kehrten danach in die terroristische Illegalität zurück. Die Rechtsradikalen (Bund des russischen Volkes, Erzengel-Michael-Bund u. a.), die sich ebensowenig an Recht und Moral hielten und in Puriškevič einen Führer hervorbrachten, der nur noch von dem Polizeiagenten Malinovskij als Führer der bolschewistischen Fraktion in der vierten Duma an Fragwürdigkeit übertroffen wurde, brauchten das Licht der Dumaöffentlichkeit nicht zu scheuen; sie genossen allerhöchste Gunst und Förderung. Und dies wird man an Stolypins Politik in erster Linie als verhängnisvoll bezeichnen müssen, daß sie einem verblendeten großrussischen Chauvinismus diente: Den Nationalitäten gingen fast alle Errungenschaften der Revolution wieder verloren, die Russifizierung betrieb man nicht minder eifrig als in den Zeiten Alexanders III., und der Antisemitismus, dem Nikolaus II. persönlich ›einer inneren Stimme‹ folgend anhing, trieb schauerliche Blüten wie den Ritualmordprozeß gegen Mendel Beilis (1911–1913). Sein großrussischer Nationalismus verschaffte Stolypin zwar Gefolgschaft bis in die Kreise der Liberalen hinein, aber den Verband des Reiches, den er festigen wollte, hat er nur noch mehr zersetzt. Reaktionär im Sinne einer Erhaltung der Standesprivilegien war Stolypins nationalistische Politik nicht; indem sie im Konfliktsfalle durchaus bereit war, die adelige

Standessolidarität dem großrussischen Nationalinteresse zu opfern – die Einrichtung russifizierter Zemstvos in den Westprovinzen richtete sich 1911 ganz bewußt gegen die polnischen Gutsbesitzer –, folgte sie zwar einer seit Bibikovs Inventarregeln bewährten Tradition, trug aber andererseits auch durchaus moderne Züge. Die liberale und sozialistische Opposition, die den großrussischen Chauvinismus als reaktionär bekämpfte, hat ihn, selbst an die Macht gekommen, nach einigem Schwanken in etwas anderen Formen getreulich fortgesetzt.

Ebensowenig reaktionär war Stolypins Agrarpolitik, die als Ausführung bereits bestehender Projekte durch einen Ukas vom 9./22. November 1906 in Anwendung des Notverordnungsparagraphen 87 inauguriert und von der dritten Duma in den Agrargesetzen von 1910 und 1911 legalisiert wurde. Ihr Ziel war es, der russischen Gesellschaft in Gestalt eines Standes wirtschaftlich konsolidierter Einzelbauern eine gesunde Basis zu schaffen; die Erfahrung der Revolutionsjahre hatte ja gezeigt, daß eine solche Basis nicht vorhanden war. Diesem Ziel brachte die schon im November 1905 verfügte Streichung aller Freikaufschulden, die allein zu Lasten des Staates ging, kaum näher. Es war nur zu erreichen, wenn der Bauer von der lähmenden Bindung an die Dorfgemeinde befreit, d. h. die freie Entfaltung der ökonomischen Kräfte im russischen Dorf ermöglicht wurde, und wenn es gelang, Mittel zu finden, um der Landnot zu begegnen. Die Entmachtung des ›Mir‹ konnte man einfach dekretieren; sie hat in der Tat eine soziale Differenzierung eingeleitet oder beschleunigt, die das sogenannte Kulakentum entstehen ließ, nach westeuropäischen Begriffen eine Schicht von Mittelbauern, die ihr Auskommen hatten, aber im allgemeinen keineswegs ›reich‹ waren. Dieser Vorgang wurde dadurch erleichtert, daß auf Antrag der Bauern unwirtschaftlicher Streubesitz in einer Flurbereinigung beseitigt werden konnte. Das erforderte natürlich Zeit, aber 1913 waren immerhin schon zehn Prozent des bäuerlichen Landbesitzes in dieser Weise konsolidiert.

Viel entscheidender war jedoch das Problem zusätzlicher Landbeschaffung. Es war radikal natürlich nur durch eine ziemlich weitgehende Enteignung der Gutsbesitzer gegen entsprechende Entschädigung durch den Staat zu lösen. Dafür setzte sich im Prinzip die liberale Opposition ein, während die sozialistischen Programme selbstverständlich eine totale und entschädigungslose Enteignung vorsahen. Nur ganz vorübergehend jedoch wurde von seiten der Regierung unter der Ministerpräsidentschaft Wittes, als der revolutionäre Druck seinen Höhepunkt erreichte, eine in dieser Richtung liegende gesetzliche Regelung ins Auge gefaßt. Nach dem Sieg der Reaktion mußten andere Wege gesucht werden. Eine Möglichkeit lag in der Gewährung billiger Kredite zum Ankauf von Land. Die staatliche Bauernbank, deren Tätigkeit liberalisiert wurde und die nun die von privater Seite reichlich angebotenen Ländereien erwerben konnte, gab diese an Bauern weiter. Ein beträchtliches Areal – etwa 10 Millionen Desjatinen – wechselte auf diese Weise in den Jahren vor dem ersten Weltkrieg den Besitzer, das Bauernland nahm von 160,9 Millionen Desjatinen auf 170,5 Millionen zu, das Adelsland von 49,8 Millionen auf 39,6 Millionen Desjatinen ab. Diese Zahlen, mögen sie auch nur Annäherungswert haben und einen komplizierten wirtschaftlichen Sachverhalt verschleiern, sind aufschlußreich: Sie beweisen, daß dem Landhunger der Bauern auf seiten der Gutsbesitzer die Tendenz entgegenkam, Land abzustoßen – nicht aus philanthropischen, sondern aus ökonomischen Gründen. Aber der auf solche ›kapitalistische‹ Weise in Fluß kommende Besitzwechsel ging freilich viel zu langsam vor sich und er ging auf Kosten der Bauern, die zwar relativ günstige Kreditbedingungen erhielten, aber sehr hohe Preise zahlen mußten und die Lasten der Hypotheken vielfach nicht zu tragen vermochten. Darin lag allerdings auch ein Anreiz, die Produktivität der eigenen Arbeit zu steigern. Der aus dem Mir entlassene Einzelbauer trug zwar das finanzielle Risiko allein, wenn er seinen Landbesitz durch Ankauf vergrößerte, aber er hatte nun auch die Möglichkeit, durch Verbesserung der Bewirtschaftungsmethoden dieses Risiko zu verkleinern: Im Jahre 1912 waren bereits 82,9% der bäuerlichen Kreditnehmer Einzelbauern gegenüber nur 18,7% im Jahre 1906, in etwa dem gleichen

Zeitraum (1905–1914) stieg die Zahl der landwirtschaftlichen Genossenschaften auf mehr als das Sechsfache (5000 – 32000), die der Genossenschaftsmitglieder auf das Zehnfache (1 Million – 10 Millionen) und der durchschnittliche Jahresertrag an Getreide pro Desjatine (1,09 ha) Bauernlandes von 39 Pud (1891–1900) auf 43 Pud (1901–1910).

Eine zweite Möglichkeit der Landbeschaffung lag in der Neulandgewinnung innerhalb des russischen Reiches. Die Ansiedlung russischer Bauern in den weiten Räumen der asiatischen Reichsteile konnte nicht nur die Landnot im europiäschen Rußland lindern, sondern gleichzeitig auch nationalen Interessen dienen. Die Vorstellung, daß der Besitz eines Landes erst dann wirklich gesichert ist, wenn es der Bauer unter den Pflug genommen hat, war schon den russischen Nationalisten der achtziger Jahre nicht fremd. Nur bäuerliche Siedlung, so meinte man schon damals, würde die Grenze auf die Dauer gegen den chinesischen Bevölkerungsdruck halten können, und in Zentralasien versprach die Russifizierung der Länder durch Siedlung schneller zum Ziele der endgültigen Machtsicherung zu führen als die Russifizierung der Völker. Nachdem der Eisenbahnbau die erste Voraussetzung für eine erfolgreiche Verwirklichung der staatlichen Siedlungspolitik geschaffen hatte, brachten die Stolypinschen Agrarreformen die zweite: 1908 schnellte die Zahl der russischen Kolonisten, die über den Ural nach Osten zogen, auf 759000 empor; sie hielt sich zwar nicht auf dieser Höhe, und ein Teil dieser Siedler (10–25%) kehrte – abgeschreckt von den harten klimatischen Bedingungen – entmutigt zurück, aber es waren immerhin dreieinhalb Millionen, die von 1896 bis 1914 alle Risiken der sibirischen und zentralasiatischen Neusiedlung auf sich nahmen, um der Not daheim zu entgehen – der weitaus größte Teil davon nach der Revolution.

Es steht außer Zweifel, daß die Agrarpolitik Stolypins auf dem richtigen Wege war. Gewiß bildeten die dargestellten Möglichkeiten der Konsolidierung und der inneren Kolonisation nicht mehr als einen Tropfen auf dem heißen Stein der Landnot – sie genügten nicht entfernt, den natürlichen Zuwachs der bäuerlichen Bevölkerung zu absorbieren –, aber es kam der Weg in die Industrie und in die Stadt noch hinzu. Gelang es, durch weiteren Ausbau die Aufnahmefähigkeit der Industrie für überschüssige Arbeitskräfte zu erhöhen, durch Bildung und technischen Fortschritt eine Intensivierung der Landwirtschaft zu erzielen und den im Gange befindlichen Abbau des Großgrundbesitzes zu beschleunigen, so zeichnete sich – ökonomisch betrachtet – eine evolutionäre Lösung des russischen Agrarproblems ab. Aber das setzte eine lange ungestörte Entwicklung voraus, und diese zu sichern, war keine ökonomische, sondern eine politische und nicht zuletzt eine geistige Aufgabe. Dazu erwies sich die Führung des Staates – Herrscher und Regierung – mehr und mehr als unfähig.

Solange Stolypin das Steuer in den Händen hielt, war noch eine Ordnung und waren noch Ziele erkennbar, mochte die Ordnung auch fragwürdig und mochten die Ziele auch durchaus nicht alle heilvoll sein. Aber Stolypin stand unmittelbar vor dem Sturz, als am 1. September 1911 während einer Festvorstellung in der Kiever Oper ein Attentat auf ihn verübt wurde (er starb fünf Tage später) – in einer furchtbaren Bestätigung des Wortes, daß einem Gruben, die man anderen gräbt, selbst zum Verderben werden können: Der Attentäter war einer jener Doppelspieler, die zugleich der Revolution und der Staatspolizei dienten und von Berufs wegen beide betrogen. Die gerichtliche Untersuchung gegen die schuldigen Polizeibeamten verhinderte der Kaiser persönlich. Es wurde kaum beachtet und half dem Kredit der staatlichen Ordnungsmacht nicht mehr auf, daß sich die Staatspolizei kurz vor dem ersten Weltkrieg von den anrüchigsten und zweischneidigsten ihrer Methoden, die Stolypin zumindest geduldet hatte, trennte. Denn dieser Kredit war durch das Verhalten Nikolaus II., der völlig willenlos unter dem unqualifizierbaren Einfluß seiner Frau und durch diese unter dem Einfluß Rasputins stand, in nicht wieder gutzumachender Weise vertan.

Es erscheint nicht berechtigt, den Fall Rasputin als ein Produkt des Hofklatsches und als eines von vielen Symptomen der Degeneration abzutun. Rasputin, ein moralisch verkommener und in der Rolle eines Wanderpropheten posierender Bauer aus der Gegend von Tobol'sk, hat Geschichte gemacht.

Daß er, wiewohl Analphabet und mit nichts anderem als der Intelligenz und der suggestiven Wirkung eines begabten Schwindlers ausgestattet, einen durch nichts zu erschütternden Einfluß auf das Kaiserpaar gewinnen konnte, hatte eine Reihe von Gründen. Im allgemeinen ist es nur verständlich auf dem Hintergrund jener abergläubischen Verehrung, die man in Rußland seit jeher pathologischen Randerscheinungen des religiösen Lebens entgegenbrachte und die sich in die slavophil-romantische Idealisierung des russischen ›Volkes‹ zwanglos einfügte; im besonderen lag es an den exaltierten mystischen Neigungen der kaiserlichen Konvertitin, die ihre ganze, sehr beträchtliche Energie dazu verwendete, sich jedem Kontakt mit der Wirklichkeit zu entziehen, und die alles mit unversöhnlichem Haß verfolgte, was ihre eingebildete Welt in Frage zu stellen drohte. Entscheidend wurde unter diesen Voraussetzungen aber die Tatsache, daß Rasputin offenbar in der Lage war, die unheilbare Krankheit (Hämophilie) des 1904 nach vier Töchtern endlich geborenen Thronfolgers Aleksej günstig zu beeinflussen oder doch zumindest bei den Eltern die felsenfeste Überzeugung hervorzurufen, daß er dies vermochte. Alexandra, die sich nach einer Formulierung von Sir Bernard Pares verhielt, als ob sie nicht nur Nikolaus II., sondern die Staatsform der russischen Autokratie geheiratet hätte, war von der Vorstellung besessen, daß an Rasputin das Leben ihres Sohnes und damit das Schicksal des russischen Reiches hing. Dagegen kam kein Minister und kein Bischof auf. Etwa im Jahre 1911 konnten alle Versuche, Rasputin vom Hofe zu entfernen, als gescheitert gelten. Von da an fielen die Entscheidungen Nikolaus II. immer mehr nach dem Dafürhalten Rasputins, der zwar keine politische Konzeption hatte, aber das eingefleischte Mißtrauen des kaiserlichen Schwächlings dazu mißbrauchte, seinem hintergründigen Haß gegen die Petersburger ›Gesellschaft‹ freien Lauf zu lassen. Gemeinsam mit Alexandra, die dieselbe Gesellschaft aus moralischem Rigorismus verabscheute, suggerierte er dem Zaren, daß nur von Ministern und Politikern Gefahr drohe, das ›Volk‹ dagegen dem Selbstherrscher in liebender Verehrung anhänge, und daß nur durch ein Bündnis der Autokratie mit dem

›Volke‹ Rußland gerettet werden könne. Nur wer reaktionär und unfähig genug schien, die Autokratie nicht zu bedrohen, hatte Aussicht, mit Rasputins Protektion einen hohen Posten zu erlangen und zu behalten. Die grotesken Zustände, die sich aus dieser Praxis ergaben und die in den ersten Kriegsjahren ihren Höhepunkt erreichten, führten schließlich auch die konservativ-liberalen Oktobristen und die nationalistische Rechte in die Opposition; der ›Heilige Teufel‹ wurde im Dezember 1916 von Männern ermordet, die die Monarchie retten wollten. Verhängnisvoller noch als der dauernde Konflikt mit der vierten Duma war es aber, daß allmählich überhaupt keine aktionsfähige Regierung mehr gebildet werden konnte. Schon Kokovcov war nicht mehr in der Lage, sich seinen Ministerkollegen gegenüber durchzusetzen, und es war bezeichnend, daß er Anfang 1914 durch den nun fünfundsiebzigjährigen Goremykin ersetzt wurde. Unter einem senilen Ministerpräsidenten, einem ausgezeichneten ›Butler‹ (Pares), dessen einzige Begabung darin bestand, Befehle zu empfangen und an das übrige Dienstpersonal weiterzugeben, ging Rußland in den ersten Weltkrieg. Und es sollte noch schlimmer kommen.

Das letzte Stadium des Imperialismus

Als Lenin 1916 in der Schweiz, einem Auftrag des marxistischen Verlages ›Parus‹ in Petersburg folgend, seine Schrift über ›den Imperialismus als das höchste Stadium des Kapitalismus‹ verfaßte, da stellte er die Außenpolitik der Großmächte in den letzten drei Jahrzehnten vor Kriegsausbruch, im sogenannten ›Zeitalter des Imperialismus‹, als ein von den Interessen des Monopolkapitalismus diktiertes Wettrennen um Rohstoffgebiete und Absatzmärkte dar. Nach der auf diese Weise erfolgten Verteilung der Welt mußte der Drang nach territorialer imperialistischer Expansion, eine zwangsläufige Begleiterscheinung des Imperialismus in seiner Spätphase – so argumentierte Lenin –, zum selbstvernichtenden Krieg zwischen den imperialistischen Mächten, zum Zusammenbruch der kapitalistischen Wirtschafts- und Gesellschaftsordnung und zum Sieg der sozialistischen Revolution führen. Die Ereignisse des Jahres 1917 in Rußland mußten wie eine unwiderlegbare Bestätigung dieser Theorie wirken und ihr eine Popularität verschaffen, die über den Bereich der kommunistischen Gläubigen erheblich hinausreichte.

Betrachtet man die letzte Dekade der Außenpolitik vor dem ersten Weltkrieg, so wird man wenig finden, was für die Einschichtigkeit der Leninschen Analyse spricht. Selbstverständlich gab es wirtschaftliche Interessengegensätze, die sich politisch auswirkten, aber wenn man nicht der vorgefaßten Meinung ist, daß überhaupt jeder Gedanke und jede Handlung auf ein geheimes ökonomisches Interesse zurückgeht, so muß man zu der Überzeugung kommen, daß es in der Hauptsache andere als wirtschaftliche Motive waren, von denen die einander ablösenden Konflikte bestimmt wurden. Das gilt im besonderen von Rußland, obwohl es ohne Zweifel ein Imperium war und ganz gewiß nicht weniger imperialistische Politik betrieb als die anderen Mächte. Darin hatte Lenin allerdings recht, daß die Zeit der großen Annektionen und mühelosen Expansionen vorüber war: Das Ergebnis des Krieges gegen Japan mußte in dieser Hinsicht für die Russen von Überzeugungskraft sein, und mit Rücksicht auf die Situation im Innern konnte die russische Außenpolitik nach Kriegsende fürs erste nur darin bestehen, ernsthafte Konflikte zu vermeiden und aus gebotenen Gelegenheiten ohne allzugroßes Risiko das Beste herauszuholen. Absicherung nach außen über das französische Bündnis hinaus war dringend erwünscht.

Die Bündniskonstellation während des russisch-japanischen Krieges legte eher eine Anlehnung an Deutschland als an England nahe, und so schien sich noch einmal eine Chance für den mehrfach (1900 auf russische, 1904 auf deutsche Anregung) erörterten Plan eines gegen England gerichteten, Deutschland, Frankreich und Rußland umfassenden Kontinentalblocks zu eröffnen. Doch erwies sich das deutsch-russische Bündnis, das die kaiserliche Besuchsdiplomatie Wilhelms II. bei einem Zusammentreffen mit dem Zaren in Björkö am 24. Juli 1905 zustande brachte, als impraktikabel, und zwar nicht nur im Sinne des Dreierblocks, weil Frankreich den

Beitritt verweigerte, sondern auch als zweiseitiges Defensivbündnis, weil Deutschland keine substantiellen Angebote machte, die verlockend genug gewesen wären, Rußland aus der Bindung an Frankreich herauszulösen. Die Substanz, um die es den Russen ging, war im Augenblick weniger ein Entgegenkommen in der Meerengenfrage als das Zustandekommen einer großen internationalen Anleihe. Der Geldgeber war in solchen Fällen bisher immer Frankreich gewesen, und dabei blieb es auch diesmal, nachdem Rußlands entgegenkommendes Verhalten in der Marokkokrise den liberalen Sympathien der Franzosen für die russische Revolution ein Gegengewicht geschaffen hatte. Im April 1906 konnte der russische Finanzminister Kokovcov in Paris das Abkommen über eine Anleihe in der ungewöhnlichen Höhe von zweieinviertel Milliarden Francs unterzeichnen; seit Jahrzehnten zum erstenmal war an der Finanzhilfe für Rußland neben französischem Kapital in geringem Umfang auch britisches beteiligt. Dies zeigte bereits deutlich an, daß eine Änderung des englisch-russischen Verhältnisses im Gange war.

Es ist verständlich, daß die englisch-russische Verständigung vom 31. August 1907 in Berlin Beunruhigung hervorrief und in Kenntnis der späteren, zum ersten Weltkrieg führenden Entwicklung deutscherseits als Beginn der ›Einkreisung‹ Deutschlands interpretiert wurde. Den russischen Beteuerungen, daß sich das Abkommen nicht gegen Deutschland richte, schenkte man wenig Glauben. Sie waren jedoch zweifellos aufrichtig gemeint. Das russische Interesse an einer Bereinigung der asiatischen Streitfragen ergab sich aus der Situation; eine solche Bereinigung war zwar die Voraussetzung für eine Aktivierung der russischen Außenpolitik in Europa, aber sie war auch ohne den unmittelbaren Wunsch nach Aktivität im Westen genügend motiviert. Zudem ist die Wirksamkeit des festgelegten Interessenausgleichs nicht sonderlich hoch einzuschätzen: Was in zähen Verhandlungen über Persien, Afghanistan und Tibet ausgehandelt wurde, war von geringer Dauer; es konnte die Gegensätze bestenfalls mildern, nicht aus der Welt schaffen, und es wurde von den imperialistischen Heißspornen in beiden Ländern scharf kritisiert. Die Einteilung Persiens in eine nördliche russische und eine östliche britische Interessensphäre mit einer dazwischenliegenden neutralen Zone verlagerte und komplizierte im Grunde nur die Konfliktsmöglichkeiten. An Afghanistan erklärte sich die russische Regierung uninteressiert, und für Tibet einigte man sich auf die beiderseitige Anerkennung der chinesischen Oberhoheit. Das Ergebnis war nach wenigen Jahren eine deutliche Festigung des russischen Einflusses im nördlichen Persien (einschließlich der Hauptstadt Teheran), wie 1911 die Ausweisung des amerikanischen Finanzberaters Morgan Shuster unter rücksichtslosem militärischem Druck der Russen zeigte. Tibet dagegen glitt, nachdem es die chinesische Revolution von 1911 dazu benützt hatte, sich unabhängig zu machen, 1914 eindeutig in die britische Machtsphäre. In diesem Falle ergab sich für Rußland eine Kompensation in der Mongolei: Der äußeren Mongolei gelang es ebenfalls 1911, auf russische Ermunterung und mit russischer Unterstützung die chinesische Herrschaft abzuschütteln. Ein russisch-mongolischer Vertrag vom November 1912 machte die Äußere Mongolei faktisch zu einem russischen Protektorat, wenn auch der Form nach die chinesische Oberhoheit 1913 noch einmal bestätigt wurde. Das Einverständnis Japans hierzu (Geheimabkommen vom 8. Juli 1912) war gewissermaßen die Gegenleistung für das wohlwollende Verhalten der Russen anläßlich der 1910 durchgeführten Inkorporierung Koreas in das japanische Reich (russisch-japanisches Geheimabkommen vom 4. Juli 1910); eine allgemeine Abgrenzung der russischen und japanischen Interessengebiete war bereits in einem Vertrag vom 30. Juli 1907 unter französischer Vermittlung zustande gekommen (Japan: Korea, südliche Mandschurei und Innere Mongolei, Rußland: nördliche Mandschurei und Äußere Mongolei), und es war offensichtlich, daß die japanische Bereitschaft, sich immer wieder mit Rußland zu arrangieren, auf das zunehmende amerikanische Interesse an chinesischen Angelegenheiten zurückging. Gemeinsam verhinderten Japan und Rußland ein amerikanisches Eisenbahnprojekt in der Mandschurei (1909), und gemeinsam wahrten sie ihre Interessen, als 1910 ein internationales (amerikanisch-britisch-deutsch-französisches) Bankkonsortium der chinesischen Regierung eine Anleihe zur wirtschaftlichen Erschließung der Mandschurei anbot. Man kann also keineswegs behaupten, daß Rußland sich nach der Niederlage gegen Japan in Asien ausschließlich passiv und defensiv verhielt. Aber gerade dort, wo nach der üblichen Vorstellung die wirtschaftlichen Ambitionen der Kolonialimperialisten unversöhnlich aufeinanderprallten, kam es zu keinen größeren politischen Konflikten. Das geschah vielmehr, soweit Rußland im Spiele war, im kleinräumigen Europa, auf dem traditionellen balkanischen Schauplatz europäischer Mächtekonkurrenz und stand im Zeichen einer überwiegend ideologisch bestimmten Machtpolitik.

Der russischen Position auf der Balkanhalbinsel hatte der Prestigeverlust im Fernen Osten weiter keinen Abbruch getan: Die prorussischen Sympathien waren am stärksten in Serbien, wo sie durch den Gegensatz gegen Österreich ständig genährt wurden, sie waren in Bulgarien, obwohl emotional stets vorhanden, sehr von den wechselnden Konstellationen der Innenpolitik abhängig, sie waren kaum vorhanden in Rumänien und Griechenland. Besonderer Art wie das Land selbst waren die Beziehungen Montenegros zu Rußland; sie gingen auf die Zeiten Peters des Großen zurück und manifestierten sich unter Nikolaus II. – unterstützt auch durch verwandtschaftliche Beziehungen der Dynastien – als eine Art dynastisch-orthodoxes Protektorat: Der kriegerische König Nikola erhielt von Rußland regelmäßig Subsidien, aber durfte ohne Genehmigung des Zaren keinen Krieg führen. Es ist kein Zufall, daß es die slavischen Balkanvölker waren, die am meisten auf den russischen Beistand setzten und an denen Petersburg das größte Interesse zeigte. Die Ideen der Slavophilen und Panslavisten waren zwar seit den achtziger Jahren des 19. Jahrhunderts etwas in den Hintergrund getreten, aber sie waren keineswegs tot, sondern wandelten sich mit dem Geist der Zeit und erwiesen sich im 20. Jahrhundert erneut als sehr lebendig; die Wandlung bestand in einer Abnahme der religiösen und romantischen Elemente und in einer Zunahme der politischen Elemente innerhalb des allslavischen Ideengutes. Das große Hindernis auf dem Wege zur Verwirklichung jeder politischen Gemeinsamkeit der Slaven oder auch nur der Südslaven war und blieb die Habsburgermonarchie. Und da auch sonst das Spiel der politischen Ideen auf dieselben politischen Realitäten stieß, unterschied sich das Ergebnis nicht sehr von dem schon im 19. Jahrhundert erreichten. Auch in der moderneren Form des sogenannten ›Neoslavismus‹ scheiterte der Panslavismus als politische Utopie an der Wirklichkeit des deutsch und magyarisch geführten Vielvölkerstaates an der Donau und ebenso an der Wirklichkeit russischer Herrschaft über andere slavische Völker. Es erwies sich politisch als genau so unmöglich, die Donaumonarchie zu einer eindeutig slavisch bestimmten Macht zu machen und diese dann mit den übrigen slavischen Mächten in dauernder Freundschaft zu verbinden, wie die große allslavische Föderation, von der die älteren Generationen der Panslavisten träumten, sofort zu verwirklichen. Die Neoslavisten, die sich 1908 bis 1910 auf Kongressen in Prag, Petersburg und Sofia trafen, sind – soweit sie politische Qualitäten besaßen – nicht Schöpfer einer slavischen Gemeinsamkeit, sondern Schöpfer der Nationalstaaten ihrer eigenen Völker geworden. Aber daß die neoslavische Idee als solche so wenig politische Tragkraft besaß wie die panslavistische, besagt noch nicht, daß sie sich nicht ebensogut wie diese als Vorspann der russischen Außenpolitik eignete. Es wiederholte sich das für Rußland so nützliche Mißverständnis zwischen Panslavismus und Panrussismus.

Izvol'skij, seit 1906 russischer Außenminister, machte sich diese Strömungen und Stimmungen, die in der Annektionskrise von 1908 ihren Höhepunkt erreichten, sehr geschickt zunutze. Er konnte sich auf den massiven Nationalismus der dritten Duma stützen, die ohne weiteres bereit war, der Verfolgung ›historischer Ziele‹ die Publizität ihrer Debatten und die Unterstützung der öffentlichen Meinung zu leihen. Die Einzelheiten der durch die Balkankrisen verursachten europäischen Krisen sind als unmittelbare Vorgeschichte des ersten Weltkrieges in allen Details immer wieder erörtert worden. Der russische Anteil war bestimmt durch ein Mißverhältnis zwischen den ideologisch-moralischen Verpflichtungen, an die man sich gebunden fühlte, und den einsetzbaren Machtmitteln. Faktisch war die Annektion Bosniens und der Herzegowina durch Österreich am 6. Oktober 1908 – ebenso wie die am Tage vorher erfolgte Unabhängigkeitserklärung Bulgariens ausgelöst durch die ungeklärte Situation, die sich als Folge der jungtürkischen Revolution (25. Juli 1908) ergab – wenig mehr als eine Legalisierung des seit einem Menschenalter bestehenden Zustandes. Aber sie mußte natürlich auf die Serben in einer an sich schon sehr gespannten Lage als eine direkte Verletzung ihres Anspruches auf den alle Serben (und Kroaten) umfassenden Nationalstaat wirken, und in eben diesem Anspruch sah Österreich ganz mit Recht seine Existenz prinzipiell in Frage gestellt. Österreich kämpfte, wenn es sich den nationalstaatlichen Ambitionen der Serben und der anderen slavischen Völker widersetzte, um sein historisch gewachsenes und nun von der Zeit überholtes Dasein, Rußland – obwohl ebenso ein Vielvölkerstaat – konnte sich, wenn es den Serben seine Unterstützung lieh, der modernen nationalen und übernational-allslavischen Ideen bedienen, um seine Machtpolitik zu verhüllen. Aber Rußland war nicht bereit zum Krieg, und da Deutschland keinen Zweifel daran ließ, daß es seine Bündnispflicht Österreich gegenüber erfüllen werde, endete die Krise mit der internationalen Anerkennung der Annektion und mit der von Österreich geforderten Demütigung Serbiens. Der Mißerfolg der russischen Diplomatie war nicht zu verbergen. Er wiederholte sich in geringerem Ausmaß, als im November 1912 die im ersten Balkankrieg siegreichen Verbündeten (Bulgarien, Serbien, Montenegro, Griechenland) bei den intervenierenden Großmächten ihre Forderungen anmeldeten. Serbien und Montenegro, von Rußland unterstützt, verlangten Adriahäfen, Österreich widersetzte sich diesem Verlangen, und die Spannung gedieh bis zu beiderseitigen Mobilisierungsmaßnahmen, ehe sich der österreichische Standpunkt, unterstützt von Deutschland und diesmal auch von Italien, erneut durchsetzte. Es spielte dabei eine Rolle, daß die russische Außenpolitik seit dem November 1910 der sehr viel maßvollere Sazonov führte, und daß Poincaré bei einem Besuch in Petersburg im August 1912 dringend zur Zurückhaltung geraten hatte. Angesichts der Sprache, der sich die russischen Botschafter Hartvig in Belgrad und Nekljudov in Sofia bedienten, und angesichts der 1911 von Rußland unternommenen Versuche, in der Meerengenfrage Druck auf die Türkei auszuüben, war dieser Rat begründet.

Obwohl eine Krise nach der anderen beigelegt werden konnte, blieb die Lage prekär. Österreichs temporäre Erfolge ließen die Lage grundsätzlich unverändert. Sie steigerten die Erbitterung der Serben und belasteten Rußland mit Prestigeverlusten, die sich nicht beliebig wiederholen lassen würden, vor allem dann nicht, wenn die russische Regierung zu der Überzeugung kam, daß die Auswirkung der Heeresreformen das Risiko eines Krieges nunmehr tragbar erscheinen lasse. Die Zeit arbeitete gegen die Donaumonarchie. Es war die nationale Frage, die nicht nur am Bestand des Habsburgerstaates zehrte, sondern auch dessen und Deutschlands Bundesgenossen vergrämte. Italien wie Rumänien betrachteten ihre Bundesgenossenschaft durch die österreichische bzw. ungarische Nationalitätenpolitik unzureichend honoriert, ein Umstand, den die russische Außenpolitik nicht ungenützt ließ. Die Besuche Nikolaus II. bei König Viktor Emanuel in Racconigi (Oktober 1906) und bei König Carol in Konstanza (Juni 1914) waren für Wien unmißverständlich.

Die unmittelbaren deutsch-russischen Gegensätze waren demgegenüber von geringerem Belang: Über die Remilitarisierung der Ålandsinseln einigte man sich 1908; 1910 zeigte Rußland Entgegenkommen in der Bagdadbahnfrage, und umgekehrt gab Deutschland Anfang 1914 in der Liman von Sanders-Affäre dem russischen Protest nach. Daß sich aber ein bewaffneter Konflikt mit Österreich nicht isolieren lassen würde, konnte nach dem Verhalten Deutschlands in den Balkankrisen nicht zweifelhaft sein. Auch bei Rußlands Gegenspielern war über das Staatenbündnis hinaus die nationale, alldeutsche Solidarität zu einem politischen Faktor geworden. Trotzdem hat im Grunde keine der beteiligten Mächte den Krieg leichtfertig vom Zaune gebrochen, als die Ermordung des österreichischen Thronfolgerpaares in Sarajevo am 28. Juni

1914 eine neue Krise heraufbeschwor. Aber es befand sich auch keine der beteiligten Regierungen im Sinne der Friedenserhaltung auf der Höhe der Situation. Verhängnisvoll wurde es – und das gilt vor allem für Rußland –, daß sich im kritischen Augenblick die Automatik der Bündnisverpflichtungen im vorhinein auf die militärischen Vorbereitungen übertrug und dadurch die ›technischen Erfordernisse‹ der Militärs den Politikern die Bewegungsfreiheit nahmen. Nikolaus II. mußte die Generalmobilmachung früher anordnen, weil sie in Rußland länger dauerte, und er konnte sich nicht auf eine Teilmobilmachung beschränken, weil sein Generalstab darauf angeblich nicht vorbereitet war. Auf einen Weltkrieg, der die politische Gestalt des östlichen Europa von Grund auf verändern und allen drei europäischen Kaiserreichen das Ende bereiten sollte, konnte niemand vorbereitet sein.

Das silberne Zeitalter der russischen Kultur

Mangelnde Anpassungsfähigkeit ist stets ein Zeichen beginnenden Verfalls. Die Autokratie des allrußländischen Imperators, die einmal Zeiten höchster Vitalität erlebt hatte, befand sich unter Nikolaus II. in einem Zustand, der von dem der Leichenstarre kaum mehr zu unterscheiden war. Zwar existierte die Duma als ein Produkt erzwungener Anpassung, aber der Kaiser spielte bis zuletzt immer wieder mit dem Gedanken, sich von diesem einzigen Zeugen politischen Fortschrittes zu befreien. Dem russischen Staat in seiner bestehenden Form konnten nur düsterste Prognosen gestellt werden. Doch so autoritär sich das Regime auch gebärdete, es war weit davon entfernt, totalitär zu sein. Mit dem Maße der Entfernung vom Zentrum der Macht verlor sich deren lähmende Wirkung. So wie sich die wirtschaftliche Entwicklung ihren Weg erzwang und umwälzende soziale Veränderungen hervorrief, entzog sich auch das kulturelle Leben der Kontrolle und Bevormundung. Das wurde wesentlich erleichtert durch die freiheitlichen Errungenschaften, die die Revolution auf diesem Gebiet gebracht hatte und die vollständig zurückzunehmen auch das zunehmend reaktionäre Regime nicht wagen konnte. Zwar war die neue Freiheit der Hochschulen und der Presse in ›provisorischen Regeln‹ aus dem Jahre 1905 rechtlich nicht sehr zuverlässig begründet und es fehlte auch fernerhin nicht an Versuchen, diese Freiheit auf administrativem Wege illusorisch zu machen, aber im ganzen waren die legalen Möglichkeiten geistiger Kommunikation nun doch sehr viel günstiger. Allein die Tatsache, daß von 1906 bis 1914 über 3000 marxistische Publikationen in Rußland legal erscheinen konnten, ist dafür ein deutlicher Beweis; in diese Zahl fällt auch die vom April 1912 bis zum Juli 1914 in Petersburg erscheinende bolschewistische ›Pravda‹. Die Revolution von 1917 (auch schon die sogenannte bürgerliche) war ihren konservativen Gegnern gegenüber bedeutend weniger großzügig.

Massiver und folgenreicher war die Behandlung der Hochschulen. Hier schreckte vor allem der besonders reaktionäre Unterrichtsminister L. A. Kasso (1910–1914) nicht vor fortgesetzten Verletzungen der akademischen Selbstverwaltung zurück, und als Anfang 1911 ausgedehnte Studentenunruhen das Ergebnis waren, griff er, als ob es niemals eine Revolution gegeben hätte, zu dem traditionellen und politisch noch niemals bewährten Mittel von administrativen Massenrelegationen und Verschickungen. Aus Protest trat eine Reihe sehr bekannter Moskauer Universitätsprofessoren, darunter der Historiker Ključevskij, zurück. Ein Zufall wollte es, daß Rußland mitten im Kriege (Januar 1915) einen ›Minister für Volksaufklärung‹ erhielt, der die Qualitäten und den Willen besaß, den sinnlosen Kampf mit den Hochschulen zu beenden. Aber die zahlreichen, sehr liberalen Reformen, die Graf P. N. Ignat'ev plante, gediehen niemals über das Stadium von Gesetzentwürfen hinaus. Das war um so bedauerlicher, als sich die Zahl der Studenten seit der Jahrhundertwende etwa verdreifacht hatte: 1914 waren es 90000 junge Russen und (zu 23%) Russinnen, die auf den Hochschulen in einer Atmosphäre radikaler Staatsfeindschaft heranwuchsen. In etwa derselben Größenordnung nahm auch der Besuch der höheren Schulen und der Grundschulen zu. Der materielle Aufwand beim Ausbau beider wurde zwischen Staat und Zemstvos geteilt. Ein Gesetz von 1908 sah die schrittweise Annäherung an das Ziel der allgemeinen Schulpflicht vom 8. bis zum 11. Lebensjahr vor, ein bescheidenes Ziel, wenn man westeuropäische Maßstäbe anlegt; für Rußland bedeutete es, daß die Zahl der Grundschulen mehr als verdreifacht werden mußte. Erst im Jahre 1922 hoffte man nach dem Plan von 1908, dieses Ziel erreichen zu können, und der tatsächliche Ausbau bis zum Beginn des Krieges läßt das als noch zu optimistisch erscheinen. Selbst offizielle Schätzungen gingen dahin, daß 1914 auf dem Lande kaum mehr als die Hälfte aller Acht- bis Elfjährigen die Schule besuchte. In den Städten lagen die Verhältnisse zweifellos günstiger, und sie waren sehr unterschiedlich in den einzelnen Teilen des ausgedehnten Reiches. Aber wenn eine volle Angleichung an das Bildungsniveau Mittel- und Westeuropas auch noch in weiter Ferne lag, für Rußland war der Fortschritt beachtlich, zumal sich nicht nur die Zahl, sondern auch die Qualität der Schulen hob (die ›griechisch-römische Knechtschaft‹ war schon um die Jahrhundertwende sang und klanglos zu Ende gegangen) und hinter dem Ausbau nicht nur das lebhafte Interesse der Öffentlichkeit, sondern auch eine junge und ambitionierte pädagogische Wissenschaft stand. Die Zeiten waren endgültig vorbei, da Schulbildung ein Privileg von Adel und Bürokratie gewesen war – die ›Raznočincy‹ waren längst auch an den Hochschulen in der Überzahl. Nun ist die quantitative Vermehrung der Bildung noch kein ausschlaggebendes Kriterium für die Lebendigkeit und schöpferische Kraft kultureller Entwicklung. Diese muß sich in anderer Weise äußern.

Es gehört zu den erregendsten Erscheinungen der russischen Geistesgeschichte, daß es in den letzten beiden Jahrzehnten vor der Revolution neben der politischen und sozialen ›Befreiungsbewegung‹ auch eine geistig-kulturelle gab, ja daß diese beiden Bewegungen in einen tiefen inneren Gegensatz zueinander gerieten und das befreite künstlerische Schaffen schließlich am tragischen Verfehlen der politischen Freiheit zugrunde ging. Der Zwang, von dem sich die Kunst – in erster Linie die Kunst des Wortes – befreien mußte, lag weniger in der staatlichen Zensur oder in einer akademischen Konvention als in der Diktatur jener Maßstäbe, die Belinskij und die Nihilisten entwickelt hatten und die zum literatischen Glaubensbekenntnis der radikalen Intelligencija geworden waren. Realismus, schonungslose, alles enthüllende, die Gewissen aufrüttelnde Darstellung der Wirklichkeit war Jahrzehnte hindurch das allein gültige Losungswort der Kritiker. Das literarische Kunstwerk hatte in erster Linie sozial nützlich zu sein; wenn es außerdem noch als schön empfunden wurde und die Persönlichkeit des Dichters zum Ausdruck brachte – um so besser, aber darauf kam es so sehr nicht an. Die große realistische Prosadichtung hat sich natürlich niemals streng an das Rezept Pisarevs gehalten, aber sie entsprach im ganzen doch den Erwartungen der intoleranten Weltverbesserer, sofern sie nicht – wie etwa bei Dostojevskij – allzu sehr im seelisch-religiösen Bereich wurzelte. Sowohl bei L. N. Tolstoj, der sein langes Leben erst am Vorabend des ersten Weltkrieges beschloß (1910), wie bei Maksim Gor̓kij (Pseudonym für Aleksej Peškov, 1869–1936), dessen Leben bis in die Phase der tödlichen Simplifizierung durch den ›sozialistischen Realismus‹ hineinreichte, war die Darstellung der Wirklichkeit untrennbar mit der sozialen Ideologie verknüpft; nur bei Gorkij allerdings war diese Ideologie der Marxismus. Ist es ein Zufall, daß über dem Ende beider, des adeligen Gutsbesitzers Tolstoj wie des Proletariers Gor̓kij, der Schatten des Geheimnisses liegt, obwohl das ganze gebildete Rußland die letzten Schritte des greisen Ausbrechers aus Jasnaja Poljana in leidenschaftlicher Anteilnahme miterlebte und der Freund Lenins ein Staatsbegräbnis erhielt? Ivan Bunin (1870–1953) aber, der in jungen Jahren auch einmal Marxist gewesen war, gab die Hoffnung auf, der todgeweihten Welt in der Pose des dichtenden Propheten die irdische Erlösung zu verkünden; er emigrierte 1918 und zog sich in die Sphäre edler Sprachvollkommenheit zurück. Das brachte ihm 1933 als erstem und vor Pasternak einzigem Russen die Anerkennung des Literatur-Nobelpreises ein, aber es kostete ihn die Breitenwirkung des Neorealisten. In einer Erfüllung und Veredelung des Realismus konnte die Befreiung der Kunst nicht liegen. Einer ganzen Generation hochbegabter Künstler muß das mit erstaunlicher Plötzlichkeit bewußt geworden sein – nicht nur in Rußland, aber in Rußland, das unter der härtesten Diktatur des Realismus stand, mit besonderer Schärfe. Man kann einige äußere Daten angeben, die mit dem Aufstand des künstlerischen Individuums gegen die herrschende ästhetische Doktrin eng verbunden waren: Die Begründung der Zeitschrift ›Mir iskusstva‹ (Welt der Kunst) durch S. Djagilev (1872–1929) und andere im Jahre 1899, des Verlages ›Skorpion‹ im folgenden Jahr, der Zeitschrift ›Novyj put'‹ (Der neue Weg) durch D. S. Merežkovskij (1865–1941) im Jahre 1903. Aber die nach allen Seiten überschäumende Welle eines entfesselten Individualismus, der nur mehr in einer autonomen ›Welt der Kunst‹ leben konnte und wollte, läßt sich durch Daten, Namen und -ismen nur unzulänglich erfassen. Gewiß folgte sie dem Wellenschlag der europäischen Entwicklung, und das l'art pour l'art der Russen war nicht weniger Mode als das der Franzosen, doch war der Aufbruch spontan und umfassend.

Über Nacht kam die Poesie im Symbolismus wieder zu Ehren: V. J. Brjusov (1873–1924), Zinaida N. Gippius (1867–1945, die Frau Merežkovskijs), K. D. Bal'mont (1867 bis 1943), A. A. Blok (1880–1921), N. S. Gumilev (1886 bis 1921) schöpften die poetischen Möglichkeiten der russischen Sprache in neuen Formen und Themen aus, Anna A. Achmatova (Pseudonym für Gorenko, geb. 1889, von 1910 bis 1918 die Frau Gumilevs), die ›Futuristen‹ V. V. Majakovskij (1893–1930) und B. L. Pasternak (1890–1960) und der Bauerndichter S. Jesenin (1895–1925) nahmen das Erbe einer verwirrend vielfältigen und bis an alle Grenzen vorstoßenden lyrischen Tradition in die sowjetische Epoche hinüber. Sologub (Pseudonym für F. K. Teteŕnikov, 1863–1927), A. M. Remizov (geb. 1876), Merežkovskij und A. Belyj (Pseudonym für B. N. Bugaev, 1880–1934) wagten in Prosa nicht minder kühne Experimente. Aber das formale Experiment bis über die Grenze der Verständlichkeit hinaus und das hemmungslose künstlerische Sichausleben ohne Rücksicht auf Konvention und Geschmack waren nicht das einzige, was diese echte Revolution kennzeichnete. Kennzeichnend war auch ein religiöses Ringen fern aller konfessionellen Bindung vom Teufelsglauben Sologubs und vom ›religiösen Anarchismus‹ Merežkovskijs bis zum Neuhumanismus V. I. Ivanovs (1866–1949) und I. F. Annenskijs (1856–1909). Und hier ergaben sich Berührungspunkte zu Männern, die nicht durch den künstlerischen Impuls, sondern durch die philosophische Denkbemühung in die Nähe des Religiösen geführt wurden. N. A. Berdjaev (1874–1948) und S. N. Bulgakov (1871–1944) übernahmen von Merežkovskij die Redaktion des ›Neuen Weges‹, und umgekehrt ließ Struve den belletristischen Teil seiner Zeitschrift ›Russkaja mysl'‹ (Der russische Gedanke) zuerst von Brjusov, danach von Merežkovskij und Zinaida Gippius redigieren. In den 1902/1903 entstandenen ›religiösphilosophischen Versammlungen‹, aus denen später die ›Petersburger religiös-philosophische Gesellschaft‹ hervorging, vereinigten sich die ›Gottsucher‹ (bogoiskateli) unter den symbolistischen Dichtern – Merežkovskij, Gippius, Sologub, Ivanov, Blok und andere – mit den ehemaligen ›legalen Marxisten‹ – neben den schon genannten Berdjaev, Bulgakov und Struve vor allem auch der bedeutende Denker S. L. Frank (1877–1950)–, mit religiösen Schriftstellern wie V. V. Rozanov (1856–1919) und aufgeschlossenen Vertretern der Kirche. Das ›Gottsuchen‹, zum Teil gewiß eine psychologische Folge der gescheiterten Revolution, reichte damals bis in die Reihen der Marxisten hinein, wo Lunačarskij, Gor'kij und andere vorübergehend den Versuch machten, eine atheistische Religion zu stiften (›Gotterbauer‹ – bogostroiteli) und sich die heftige Kritik Plechanovs gefallen lassen mußten.

Die Unruhe und geistige Lebendigkeit, die sich nicht nur in der Literatur, sondern auch in der Musik, in der bildenden und in der darstellenden Kunst zu erkennen gab – Mussorgskij wurde wiederentdeckt, und A. N. Skrjabin (1871–1915) ging entschlossen neue Wege, auf denen ihm I. Stravinskij (geb. 1882) und der ganz junge S. Prokof'ev (geb. 1891) bereitwillig folgten; der unermüdliche Djagilev brachte die Werke der jungen russischen Maler und im Sommer 1909 mit sensationellem Erfolg das Petersburger kaiserliche Ballett vor das Pariser Publikum; nachdem das Monopol der Staatstheater in den beiden Hauptstädten gefallen war, ging von dem 1897/1898 eröffneten ›Moskauer Kunst-Theater‹ unter K. S. Stanislavskij (1863–1938) und V. I. Nemirovič-Dančenko (1859–1943) eine Erneuerung der dramatischen Kunst von weltweiter Wirkung aus – diese allumfassende Lebendigkeit war nicht mehr europäisiert, sondern mit Selbstverständlichkeit europäisch, auch wenn sie an ältere russische Traditionen anknüpfte, und sie war aus Überzeugung und Prinzip apolitisch, selbst wenn sie den revolutionären Geist in der ›Welt der Kunst‹ in naiver Selbstverkennung mit dem Streben der revolutionären Parteien im Bereich der Politik identifizierte.

Den ›Philosophen‹ war solche emotionale Naivität nicht zuzubilligen, und in der Tat ging von der Gruppe ehemaliger legaler Marxisten im Jahre 1909 ein wohlbegründeter und überaus scharfer Angriff gegen die doktrinäre Weltanschauung der Intelligencija aus, der die russische Elite vor dem Vorwurf rechtfertigt, sie habe das Unheil nicht kommen gesehen und sei blind in ihr Verderben hineingerannt. Der Angriff hatte die Gestalt eines schmalen Bandes von 210 Seiten mit dem Titel ›Věchi‹ (Absteckpfähle, Wegmarken). Diese ›Sammlung von Aufsätzen über die russische Intelligencija‹, wie der Untertitel lautet, war angeregt und herausgegeben von dem Moskauer Literaturkritiker M. O. Geršenzon, erhielt aber ihr Profil durch jene ehemaligen Marxisten, die schon kurz nach der Jahrhundertwende den Weg zum philosophischen Idealismus (1903 Sammelband ›Problemy idealizma‹ – Probleme des Idealismus) und zum politischen Liberalismus gefunden hatten, und die der verschwommenen Slavophilie Geršenzons grundsätzlich fern standen. Die scharfe Kritik, die Struve am revolutionären Maximalismus, Kistjakovskij an den fragwürdigen Rechtsvorstellungen, Berdjaev am relativierten Wahrheitsbegriff und Frank am ethischen Nihilismus der Intelligencija übten, erfolgte nicht von slavophilen, sondern von ›westlichen‹ Positionen aus. In einer ›Revision der geistigen Grundlagen der herrschenden Weltanschauung‹ (Frank) protestierte die Věchi-Gruppe gegen ›die Revolution‹ als weltanschaulichen Höchstwert und gegen die materialistisch-utilitaristische Relativierung von Wahrheit, Recht und Moral; sie setzte sich ein für den ›Primat des geistigen Lebens über die äußeren Formen des Zusammenlebens‹ (Geršenzon), für die ›Anerkennung des Eigenwertes der philophischen Wahrheit‹ unabhängig von der sozialen Gerechtigkeit (Berdjaev), für die ›Umerziehung der Persönlichkeit‹ durch geistige Selbstdisziplin (Bulgakov), für eine Erneuerung des verschütteten Rechtsbewußtseins als unumgängliche Voraussetzung einer ›festen und unerschütterlichen Rechtsordnung‹ (Kistjakovskij), für einen ›schöpferischen, Kultur schaffenden religiösen Humanismus‹ anstelle des herrschenden ›unproduktiven, kulturwidrigen nihilistischen Moralismus‹ (Frank) und schließlich für ein positives, verantwortliches Verhältnis zum Staat und zur staatlichen Ordnungsaufgabe (nicht zur Autokratie!) anstelle der traditionellen grundsätzlichen Staatsfeindschaft (Struve).

Die ›Věchi‹, denen in kurzer Zeit fünf Auflagen beschieden waren, bildeten eine literarische Sensation, in den Augen der Intelligencija von Miljukov bis Lenin allerdings eine solche skandalösen Charakters. Umfangreiche Gegenschriften von radikal-liberaler (Herausgeber I. Petrunkevič) und sozialrevolutionärer Seite (Hsg. J. Gardenin = V. Černov) erschienen; Miljukov, der nicht nur als Außenminister der Provisorischen Regierung 1917 eine wenig glückliche Rolle spielte, absolvierte eine eigens zu diesem Zweck organisierte Vortragsreise, um das, was er irrtümlicherweise für Liberalismus hielt, gegen die Dunkelmänner aus den Reihen der eigenen Partei zu verteidigen, Lenin triumphierte über den ideologischen Konflikt unter seinen bourgeoisen Gegnern, erklärte die ›reaktionären‹ Thesen der ›Věchi‹ für das wahre Gesicht des Liberalismus und – das ist sehr bezeichnend für ihn – Miljukovs Protest für blanke Heuchelei. Weder der eine noch der andere begriff überhaupt, was die Verfasser der Věchi-Aufsätze wollten. Die Intelligencija ließ sich ihre Ideale und Methoden nicht rauben, sie lehnte es ab, sich durch eine philosophisch-religiöse Erneuerung im Geiste Vladimir Solov́evs (1853–1900) umerziehen zu lassen, sie weigerte sich hartnäckig, den Schritt vom 19. ins 20. Jahrhundert zu tun.

So ist die Geschichte über das ›silberne Zeitalter der russischen Kultur‹ (W. Weidlé) hinweggeschritten, hat dessen Träger als Emigranten in alle Welt zerstreut oder daheim innerlich und äußerlich zerbrochen, und die ›Wegmarken‹ unbeachtet gelassen. Angesichts der Katastrophe erhob die Věchi-Gruppe im Jahre 1918 noch einmal ihre Stimme: ›Aus der Tiefe‹ (Iz glubiny – De Profundis) hieß der Titel eines neuen Sammelbandes, der angesichts des bolschewistischen Sieges noch einmal die Grundthesen der ›Věchi‹ wiederholte; er konnte durch einen Zufall 1921 in Moskau gedruckt, aber natürlich nur mehr unter der Hand verbreitet werden. Feindseliges Schweigen breitete sich bis zum heutigen Tag über eine der glanzvollsten Epochen der russischen Kultur. Was in Rußland als offiziell gestattete Erinnerung daran weiterlebt, ist eine tendenziöse Auswahl des Systemgemäßen, die den Charakter des Ganzen nicht ahnen läßt. Und auch außerhalb Rußlands ist wenig von dem bekannt geworden, was Rußland dachte und schuf, als es Europa am nächsten war – freilich nur in einer kleinen Elite, die den Gang der Geschichte nicht zu bestimmen vermochte.

DIE KOMMUNISTISCHE SOWJETMACHT

KRIEG UND REVOLUTION

Die Kriegsereignisse

Entgegen den Behauptungen des leichtfertigen Kriegsministers Suchomlinov, der im Juni 1915 entlassen werden mußte und später sogar vor ein Gericht gestellt wurde, war Rußland nicht einmal militärisch auf einen Krieg vorbereitet, geschweige denn wirtschaftlich und politisch. Die vielgerühmte ›russische Dampfwalze‹ litt von Anfang an unter schweren Betriebsmängeln, wie der Totalverlust der auf das südliche Ostpreußen vorstoßenden Narev-Armee unter Samsonov in der Schlacht bei Tannenberg mit aller Deutlichkeit schon im August 1914 zeigte. Immerhin wurden aber die Niederlagen gegen die Deutschen im Norden zunächst durch Erfolge gegen die Österreicher im Süden aufgewogen, und als am 22. März 1915 nach sechsmonatiger Belagerung die Festung Przemyśl kapituliert hatte, hielt man in Petrograd (zu dieser Form hatte man bei Kriegsbeginn den historischen Namen St. Petersburg national purifiziert) den Augenblick für gekommen, den allrußländischen Imperator Galizien als ein uraltes russisches Land höchstpersönlich in Besitz nehmen zu lassen. Die großen Worte Nikolaus II. von einem unteilbaren Rußland bis zu den Karpaten waren jedoch kaum verhallt, als Anfang Mai 1915 der deutsch-österreichische Durchbruch bei Gorlice die russische Front ins Wanken brachte; in wenigen Wochen waren die Gewinne in Galizien wieder verloren, und die anschließenden deutschen Offensiven lösten ein Zurückweichen der russischen Armeen auf der ganzen Front aus, das erst in einer Linie zum Stehen kam, die von der rumänischen Grenze bis über den Naroč-See hinaus ziemlich gerade nach Norden führte und dann nach Westen abbiegend knapp vor Riga die Ostsee erreichte. Dieser Frontverlauf blieb im wesentlichen unverändert bis zum Ende der Kampfhandlungen trotz den gewaltigen Anstrengungen der Brusilov-Offensive im Sommer 1916 und trotz dem Kriegseintritt Rumäniens, der nach dessen militärischer Niederlage im Herbst und Winter 1916 die bisherige Front an Seret und Donau entlang bis zum Schwarzen Meer verlängerte.

Eine kriegsentscheidende Wendung des militärischen Geschehens war für Rußland niemals in Sicht, obwohl es über nahezu unerschöpfliche Reserven an Menschen und Rohstoffen verfügte und die Hauptkräfte an einer einzigen Front konzentrieren konnte (die kleinasiatische Front gegen die Türken hatte nur sekundäre Bedeutung). Der Gründe für die geringe Effektivität der russischen Kriegführung waren viele. Die höhere militärische Führung war auf ihre Aufgaben nur unzulänglich vorbereitet, und auch der Krieg brachte nur in Ausnahmefällen den richtigen Mann an die richtige Stelle. Aber auch begabtere Strategen im Generalstab und wendigere Korpskommandeure hätten die objektiven Hindernisse, die einem Erfolg im Wege standen, nicht beseitigen können. Diese waren wirtschaftlicher, sozialer und politischer Natur.

Die russische Industrie war nicht in der Lage, die Bedürfnisse eines Millionenheeres bei längerer Kriegsdauer und unvorhergesehen schweren Materialverlusten zu decken. Materielle Unterstützung der Alliierten konnte nur über Archangel'sk oder Vladivostok herangebracht werden, also nur während des Sommers oder nur über eine ungeheuer große und verkehrsmäßig unzureichend überbrückte Entfernung; die von Kriegsgefangenen gebaute Murmanskbahn wurde erst im November 1916 fertig und konnte sich nicht mehr auswirken. Es kam hinzu, daß die relativ wenigen und vor dem Kriege aus Sparsamkeitsgründen technisch vernachlässigten Eisenbahnen den erhöhten Kriegsanforderungen nicht gewachsen waren und immer rascher an Leistungskraft einbüßten; von 20000 Lokomotiven im Jahre 1914 waren 1917 nur noch 9000 betriebsfertig. Die Folge war ein Zusammenbruch des gesamten Verteilungssystems mit katastrophalen Folgen nicht nur für die Versorgung der Armee, sondern auch für die Belieferung der Kriegsindustrie mit Rohstoffen und der städtischen Bevölkerung mit Nahrungsmitteln. Die objektiv vorhandenen Schwierigkeiten wurden jedoch potenziert durch die totale Unfähigkeit des Regierungsapparates, die wirtschaftliche Organisationsaufgabe auch nur zu erkennen, geschweige denn zu meistern, und durch das unüberwindbare Mißtrauen des Regimes gegenüber jeder Initiative der Gesellschaft, die vom Staat nicht bewältigten Aufgaben zu übernehmen. Wenn 1916 die latente Krise in der Versorgung der kämpfenden Truppe vorübergehend einigermaßen überwunden werden konnte, so war das allein den improvisierten Kriegsindustriekomitees zu danken, die von Industriellen, Zemstvos und Städten getragen wurden, sogar Arbeitervertreter heranzogen und die zweifellos vorhandene nationale Energie in produktive Ergebnisse umzusetzen versuchten. Aber die Tätigkeit dieser Komitees wurde von der Regierung mehr geduldet als gefördert und nicht selten als politisch suspekt direkt gehemmt. Im ganzen erwies es sich sehr bald, daß der Agrarstaat Rußland unter den unvermeidlichen wirtschaftlichen Folgen eines langen Krieges nicht weniger, sondern mehr zu leiden hatte als die höher organisierten Industrieländer.

Dauer und Ausmaß des Krieges mußten sich auf eine unausgeglichene soziale Struktur besonders stark auswirken. Der Ausbau der Kriegsindustrie erhöhte die Zahl der Industriearbeiter (um schätzungsweise 400000), die zum Kriegsdienst einberufenen Arbeiter mußten durch neue Kräfte ersetzt werden; beides hatte eine Umschichtung innerhalb der Arbeiterschaft zur Folge: Der prozentuale Anteil der eben erst aus dem Dorf in die Stadt gekommenen, noch stark in bäuerlich-traditionellen Vorstellungen befangenen, ungebildeten und politisch ungeschulten Arbeiter stieg beträchtlich, und damit stiegen auch die Chancen einer Agitation im Stile Pugačevs, es sanken gleichzeitig die Aussichten einer sozialistischen Bewußtseinsbildung auf lange Sicht. Nach einer Pause zu Beginn des Krieges lebte die Streiktätigkeit, die in den beiden letzten Vorkriegsjahren ungewöhnliches Ausmaß angenommen hatte, wieder auf und nahm von Jahr zu Jahr zu. Die Streiks verloren aber ihren zielbewußten politischen Charakter, sie entglitten dem Einfluß der sozialistischen Parteien, deren Führer im Ausland oder in Sibirien weilten, sie waren Ausdruck einer verzweifelten Unrast, die nur auf das zündende Losungswort wartete. Und nicht minder entwurzelt, in unerträgliche Lebensbedingungen geworfen und unkontrollierbaren Einflüssen ausgesetzt als die städtischen Neuarbeiter waren die etwa 15 Millionen russischer Bauern, die der Krieg zu Soldaten gemacht hatte. Die nationale Kriegsbegeisterung der ersten Wochen, die es auch in Rußland gab, hatte sie kaum erfaßt; was sie erlebten, war Not und Tod in der unnötig grausamen Multiplizierung durch einen mit unzulänglichen Mitteln geführten Krieg, dessen Sinn ihnen verborgen bleiben mußte, waren Niederlagen ohne Ende und die Neuauflage des sozialen Konfliktes zwischen ›Herr‹ und ›Bauer‹ in militärischem Gewand; die Popularität des ersten Oberkommandierenden, des Großfürsten Nikolaj Nikolaevič (eines Onkels des Zaren), beruhte darauf, daß seine drastischen Methoden im Umgang mit höheren Offizieren bekannt waren. Defaitismus und Kriegsmüdigkeit griffen sehr rasch um sich und bildeten einen vortrefflichen Nährboden für revolutionäre Agitation. Dazu kam, daß die notgedrungen auf einen Masseneinsatz an Menschen eingestellte russische Taktik schon im Anfangsstadium des Krieges zu ungewöhnlich hohen Offiziersverlusten führte, und daß diese Verluste für Rußland viel schwerer zu ersetzen waren als für die anderen kriegführenden Mächte. Die Intelligenzschicht, aus der allein der Offiziersstand ergänzt werden konnte, war klein, und der Reserveoffizier, den sie stellte, entstammte in sehr vielen Fällen nicht einem traditionell nationalbewußten loyalen Bürgertum, sondern der radikalen ›Intelligencija‹. Aber selbst liberale und konservative Patrioten drängte die innerpolitische Entwicklung während des Krieges in verbitterte Opposition gegen das herrschende Regime, nachdem die durch den Kriegsausbruch hervorgerufene Euphorie nationaler Einmütigkeit sehr rasch vorübergegangen war.

Die Kriegssituation verschärfte die bestehenden Gegensätze ins Unerträgliche. Unfähigkeit der Regierenden setzte sich ja nun sofort in nationale Mißerfolge um, und die liberale Opposition protestierte mehr aus Patriotismus als aus Liberalismus. Nur so erklärt es sich, daß die in ihrer Zusammensetzung reichlich konservative vierte Duma in einen immer schärferen Gegensatz zur Regierung geriet und dem auch in Form eines politischen Zusammenschlusses der gesamten Mitte zum sogenannten »Progressiven Block« Ausdruck gab. Er reichte von der gemäßigten Rechten bis zu den Kadetten; nur die reaktionären Splitterparteien auf dem äußersten rechten und die Sozialisten auf dem äußersten linken Flügel blieben außerhalb. Das Programm des Progressiven Blocks, wie es im August 1915 zum erstenmal formuliert und von der Mehrheit der damals amtierenden Minister als eine brauchbare Verhandlungsgrundlage akzeptiert wurde, gipfelte in dem Verlangen nach einer Regierung, die das Vertrauen des Volkes genieße. Umgekehrt müsse das Mißtrauen der Regierung gegen jede Initiative der Öffentlichkeit zur Erhöhung der Kriegsanstrengungen verschwinden, es müsse die dauernde Einmischung der militärischen Führung in die zivile Verwaltung, die Diskriminierung der nationalen und religiösen Minderheiten, die Umgehung der ordentlichen Gerichte durch eine administrative Strafpraxis beseitigt werden, und ähnliches mehr. Jede dieser Forderungen war nur allzu berechtigt. Was indessen geschah, war das genaue Gegenteil dessen, was gefordert wurde. Goremykin schloß sich der Mehrheit seiner Kollegen nicht an, sondern setzte beim Kaiser die sofortige Vertagung der Duma durch. Es erwies sich als besonderes verhängnisvoll, daß Nikolaus II. zu dieser Zeit nicht mehr in Petrograd weilte, sondern in Mogilev am Dnepr, wo sich das Hauptquartier der Armee befand. Im August 1915 hatte er unter dem Einfluß der Kaiserin und offensichtlich aus Eifersucht auf die Popularität des Großfürsten Nikolaj Nikolaevič persönlich den Oberbefehl übernommen. Das war militärisch bedeutungslos, aber es isolierte ihn vollkommen von seinen zivilen Mitarbeitern und führte dazu, daß Alexandra mit Billigung des Gemahls eine zwar inoffizielle, aber sehr wirksame Regentschaft in der Residenz ausübte. Der Kaiserin Konzept aber, wie es sich aus ihren Briefen an Nikolaus ergibt, bestand etwa darin, daß der Kaiser endlich als ein Autokrat wie Ivan der Schreckliche und Peter der Große handeln, Duma und Kriegsindustriekomitees auflösen, den Dumapräsidenten Rodzianko aufknüpfen lassen und die übrigen Oppositionsführer nach Sibirien schicken müsse. Dazu kam es nun zwar nicht, aber es genügte vollkommen, daß Alexandra jetzt endgültig entscheidenden Einfluß auf die Besetzung der Ministerposten erhielt, um eine totale Agonie der Staatsführung hervorzubringen. Tiefer als mit dem Ministerpräsidenten B. V. Stürmer (Januar-November 1916) und mit dem Innenminister A. D. Protopopov (September 1916–Februar 1917) konnte man nicht mehr sinken. Weder die Ermordung Rasputins, noch die warnenden Briefe, zu denen sich selbst einige Großfürsten am Ende des Jahres 1916 aufrafften, konnten den Selbstmord der Autokratie aufhalten.

Hinter der Regierung stand – mitten im Kriege – niemand mehr, aber auch hinter der Duma stand nicht das Volk. Das gab dem Konflikt etwas Unwirkliches und der Situation etwas Unheimliches. Seit im November 1914 die fünf bolschewistischen Dumaabgeordneten nach Sibirien verschickt und zu Beginn des Jahres 1917 die sozialistischen Mitglieder des zentralen Kriegsindustriekomitees verhaftet worden waren, konnten nur mehr ganz wenige Männer den Anspruch erheben, die »Masse« der Arbeiter und Bauern in einer legalen Funktion zu vertreten, darunter der Menschewik N. S. Čcheidze, ein Schullehrer aus dem Kaukasus, und der Trudovik A. F. Kerenskij, ein junger (geb. 1881), überaus redefreudiger Rechtsanwalt. Das Mißverhältnis der Repräsentation im demokratischen Sinne konnte kaum krasser sein, und darin lag eine unberechenbare Gefahr, deren sich alle Einsichtigen wohl bewußt waren. Unberechenbar erschien dabei viel weniger die Tätigkeit der sozialistisch-revolutionären Parteien, die, ihrer Führer beraubt, in die Illegalität gedrängt und durch den Krieg desorganisiert waren, als die Reaktion der politisch unorganisierten und unrepräsentierten überwältigenden Bevölkerungsmehrheit, von der jedermann wußte, daß sie Not litt und den Krieg zum Teufel wünschte. Revolutionäre

Ideologien waren immer noch ein Element der Ordnung gemessen an dem Ausbruch der sozialen Urkräfte, den manche herankommen sahen und von dem Miljukov prophezeite, daß er keine Revolution sein werde, ›sondern ein fürchterliches russisches Wüten, ohne Sinn und Erbarmen ... eine Orgie des Mobs‹. Das Gespenst einer ›Pugačevščina‹ geisterte auch durch die Reihen der Duma.

Nicht minder fiktiv als die Innenpolitik war auch die Außenpolitik während des Krieges, sofern sie historische Ziele des ›russischen Volkes‹ zu verfolgen vorgab. Sazonovs kriegsbedingt gesteigerter Panslavismus wurde auf dem Balkan an der harten Wirklichkeit unvereinbarer Ansprüche zuschanden: Der Kriegseintritt Italiens auf der Seite der Alliierten war nicht zu erreichen, wenn man nicht den italienischen Wünschen in Dalmatien auf Kosten der Südslaven entgegenkam, und Bulgarien konnte nicht gewonnen werden, weil Serbien und Griechenland sich nicht zu entsprechenden Konzessionen in Mazedonien zwingen ließen; Rumänien aber zog die Entscheidung im Hinblick auf Bessarabien so lange wie nur möglich hinaus. Da war es geradezu ein Geschenk des Himmels, daß Ende Oktober 1914 die Türkei an der Seite Deutschlands und Österreichs in den Krieg eintrat. Nun, da die Meerengen für Rußland endgültig geschlossen waren, konnten sie wieder ihre alte Funktion als historisches Ziel übernehmen; und für dieses Ziel gelang es, nicht nur die Zustimmung der Alliierten zu gewinnen (in Geheimverträgen vom Frühjahr 1915), sondern auch die konservative und liberale Dumaintelligenz zu begeistern. Aber es war bezeichnend, daß dieselbe Duma, die 1915 bereit war, das Kreuz auf der Hagia Sophia für eines jeden Opfers wert zu erklären, kühl und unbeteiligt blieb, als man ihr im Dezember 1916 den Inhalt der Geheimverträge bekanntgab, die Rußland im Falle des Sieges den Besitz der Meerengen garantierten. Einig wurden sich die Alliierten auch über die künftige Aufteilung der asiatischen Türkei (Sykes-Picot-Abkommen vom April 1916 mit beträchtlichen russischen Territorialgewinnen im Nordosten Kleinasiens), aber die territorialen Kriegsziele im Westen blieben im Bereich von Spekulationen und Postulaten, unter anderem auch deshalb, weil man sich nicht entschließen konnte, der polnischen Frage realistisch näher zu treten, und daher auch unklar bleiben mußte, in welcher Form Ostpreußen, Posen, Schlesien und Galizien dem russischen Machtbereich eingegliedert werden sollten.

So verhängnisvoll uneinsichtig wie in allem war die Politik der russischen Regierung auch in der »nationalen Frage«. Diese war von höchster Aktualität im Westen, wo sich den vorrückenden Mittelmächten die Chance bot, gestützt auf den Separatismus der nichtrussischen Völker des Zarenreiches eine Politik des Nationalprinzips zu treiben. Obwohl diese Chance deutscher- und österreichischerseits nur sehr zaghaft wahrgenommen wurde, brachte es Petrograd durch intransigentes Verhalten fertig, die westlichen ›Nationalitäten‹ (und die Nationalitäten überhaupt), die bei Kriegsbeginn noch Loyalitätserklärungen abgegeben hatten, in wenig mehr als zwei Jahren zu einer Interessengemeinschaft entschlossener Autonomisten zusammenzubringen, die nur noch ein Schritt und die günstige Gelegenheit von der völligen Separation trennte. Die einzigen, denen man überhaupt Avancen machte, waren die Polen, aber was man ihnen in Aussicht stellte (›Selbstverwaltung‹ 1914, ›Autonomie‹ 1915), war so weit selbst von einem nationalen Minimalprogramm der Polen entfernt und so sehr nur unter dem Druck der Lage zugestanden, daß es nicht die geringste Wirkung erzielte. Als Sazonov unter französischem Druck im April 1916 den Versuch unternahm, das russische Entgegenkommen etwas zu konkretisieren, kam er darüber zum Sturz.

Das Vorhandensein einer ›ukrainischen Frage‹ und die Existenz eines ukrainischen Volkes wurde von den großrussischen Chauvinisten hartnäckiger denn je bestritten, und so weit die Macht reichte, wurde der Versuch unternommen, die dieser Vorstellung nicht entsprechende Wirklichkeit gewaltsam zu verändern. Die brutale Russifizierung des okkupierten Galizien im Winter 1914/1915, die in einer Verschleppung der nationalbewußten ukrainischen Intelligenz gipfelte, trieb die Ukrainer, sofern sie nicht alle nationalen Hoffnungen begraben wollten, mit Gewalt auf die Seite der Mittelmächte.

Der Historiker Hruševśkyj, der damals nach Simbirsk verbannt, und der griechisch-unierte Metropolit Graf Šeptyćkyj, der in einem orthodoxen Kloster interniert wurde, erwarben eine zusätzliche Legitimation für die nationale Führerschaft, die sie – der eine geistig, der andere geistlich – in der unlösbar tragischen Verstrickung ukrainischer Geschichte zu tragen hatten. Nicht überall führte die Entwicklung der ›nationalen Frage‹ zu so dramatischen Konflikten, aber überall verlief sie mit zunehmender Beschleunigung in der Richtung einer vollkommenen Aushöhlung und schließlich Auflösung des russischen Reichsverbandes. Es ist viel erstaunlicher, daß die samt und sonders morschen Stützen das imperiale Gebäude durch zweieinhalb Kriegsjahre hindurch noch trugen, als daß sie dann bei der ersten schweren inneren Erschütterung sofort und beinahe widerstandslos nachgaben.

Die Februarrevolution

Im Februar 1917 war die Lage in jeder Beziehung unerfreulich, zumal in Petrograd, dessen Versorgung – mitten im russischen Winter! – immer schlechter funktionierte. Die Bevölkerung hungerte und fror, Unruhen und Streiks waren an der Tagesordnung, aber die Polizei hatte sich auf alle Eventualitäten vorbereitet und eine gewaltige Garnison (ca. 160000 Mann) schien jeden Gedanken an eine revolutionäre Erhebung auszuschließen. Die revolutionären sozialistischen Parteien waren auch weit von einem solchen Gedanken entfernt, und niemand konnte voraussehen, daß die Frauendemonstrationen, die am 23. Februar (8. März) anläßlich des sozialistischen Frauentages stattfanden und denen sich ausgesperrte Arbeiter des Putilovwerkes anschlossen, der Anfang vom jähen Ende des russischen Kaisertums werden sollten. Auch die Fortdauer und Ausbreitung der Demonstrationen an den beiden folgenden Tagen gab zu solcher Voraussicht keinen unmittelbaren Anlaß, obwohl das auffallend passive Verhalten der eingesetzten Truppen bedenklich stimmen mußte; die immer deutlicher erkennbare Taktik der Demonstranten, mit den Truppen zu fraternisieren und die

Polizei anzugreifen, war nicht ganz erfolglos. Von einer einheitlichen Führung der Demonstrationen war jedoch keine Rede, und daß Kerenskij in der eben tagenden Duma revolutionäre Brandreden hielt, blieb unbekannt, weil keine Zeitungen mehr erschienen. Am Abend des 25. Februar (10. März) gab Nikolaus II. den Befehl, die Unruhen mit allen verfügbaren Mitteln zu liquidieren. Noch in der Nacht gelang es, eine Reihe mutmaßlicher Anführer zu verhaften, und als am nächsten Tag, einem Sonntag, die Truppe mit wenigen Ausnahmen dem Schießbefehl gehorchte und den Demonstranten schwere Verluste zufügte, glaubte sich die Regierung so sehr Herr der Lage, daß sie die Duma vertagte und der Kaiser den beschwörenden Appell des Dumapräsidenten Rodzjanko, durch Berufung eines der Duma verantwortlichen Ministeriums in letzter Minute die Katastrophe vielleicht noch zu verhüten, nicht einmal einer Antwort würdigte. Rodzjanko hatte jedoch die Situation richtig beurteilt. In der Nacht zum 27. Februar (12. März) vollzog sich der Umschwung. Die Petrograder Garnison meuterte und machte von nun an mit den demonstrierenden Arbeitern gemeinsame Sache. Das war der Sieg der Revolution. Aber wer war die Revolution und was wollte sie? Die demonstrierten und am 27. Februar (12. März) nun mit einemmal auf keinen Widerstand mehr stießen, waren Arbeiter, die Brot, und Soldaten, die keinen Krieg mehr wollten; und in der Uniform der Soldaten waren es zugleich auch Bauern, die den alten Ruf nach Land erhoben. Wer sollte diese Forderungen erfüllen, nachdem die bisher Herrschenden ihre Macht ganz offensichtlich verloren hatten? Die neue Macht der Revolution mußte sich erst konstituieren, und das geschah in doppelter Weise.

Die Duma hatte die Revolution nicht ausgelöst und war auf die Führung einer solchen Art von Revolution in keiner Weise vorbereitet. Ihre Opposition – zuletzt schon in sehr scharfer Weise geäußert – hatte in erster Linie dem Regime Nikolaus' II., nicht der Monarchie als solcher gegolten. Die politischen Forderungen ihrer Mehrheit lagen in der Richtung einer aus den Reihen der Dumaabgeordneten gebildeten und der Duma allein verantwortlichen Regierung im Rahmen einer konstitutionellen Monarchie, man wollte die Macht nicht ergreifen, sondern legal konzediert bekommen. Daraus erklärt sich das zunächst sehr vorsichtige Verhalten der Duma, die weder gegen ihre Vertagung offiziell protestierte, noch auseinanderging. Es war bezeichnenderweise der konservative Abgeordnete V. V. Šul'gin, der am klarsten erkannte, daß die Situation keine Legalität mehr zuließ, und darauf drängte, die Macht zu übernehmen, – sonst ›tun es andere, jene, die in den Fabriken bereits einige Schurken gewählt haben‹. So bildete sich am Nachmittag des 27. Februar (12. März) aus Vertretern aller Parteien des Progressiven Blocks, der Menschewiki und der Trudowiki ein Provisorisches Dumakomitee, das am Abend desselben Tages ›die Wiederherstellung der staatlichen und öffentlichen Ordnung und die Schaffung einer Regierung‹ als seine Aufgabe bezeichnete.

Gleichzeitig hatten aber auch schon die von Šul'gin erwähnten ›Schurken‹ auf ihre Weise die Macht ergriffen. Die von der Revolution aus dem Gefängnis befreiten Mitglieder der Arbeitergruppe des zentralen Kriegsindustriekomitees bildeten ebenfalls am 27. Februar (12. März) zusammen mit den sozialistischen Dumaabgeordneten unter der Führung von Čcheidze und Kerenskij ein ›Provisorisches Exekutivkomitee des Arbeiterdeputiertenrates‹. Zwar gab es noch gar keinen ›Sowjet der Arbeiterdeputierten‹, aber die Tradition des Petersburger Sowjets von 1905 als einer Institution revolutionärer Selbstverwaltung und Selbstregierung war stark genug, ein solches vorwegnehmendes provisorisches Machtergreifen zu rechtfertigen. Die sofort einberufenen Deputierten der Arbeiter und nun auch der Soldaten fanden sich erst nach und nach ein, so daß es einige Tage dauerte, bis der neue ›Sowjet der Arbeiter- und Soldatendeputierten‹ (Sovet rabočich i soldatskich deputatov) in voller Stärke versammelt war. Er bildete eine mitunter recht turbulente Massenversammlung von etwa 3000 Mitgliedern, unter denen die rund 2000 Soldatendeputierten eindeutig das Übergewicht hatten. Dies war auf den situationsbedingten Wahlmodus zurückzuführen, der je einen Vertreter für 1000 Arbeiter und für jede

Kompanie der Petrograder Garnison vorsah; es brachte die entscheidende Rolle der Soldaten bei der Revolution sinnfällig zum Ausdruck, benachteiligte aber die Arbeiter und hatte sehr bald verhängnisvolle Folgen. Der Sowjet selbst war natürlich viel zu groß, um produktive Arbeit leisten zu können; die revolutionäre Macht, die er verkörperte, lag bei dem aus sozialistischen Politikern bestehenden Exekutivkomitee.

Was auf diese Weise vom ersten Tage an sich bildete, war eine sonderbare Art von Doppelherrschaft. Das Dumakomitee und das Exekutivkomitee standen einander als Klassenvertretungen gegenüber und versuchten beide, die Neuordnung in die Hand zu nehmen. Sowohl eine Militärkommission des Dumakomitees wie ein Militärstab des Sowjets waren bemüht, Einfluß auf die Garnison zu gewinnen. Das ergab bestenfalls eine ›Reduktion des Chaos auf Konfusion‹ (Radkey), aber im Rahmen dieser Konfusion lag unzweifelhaft die weitaus größere Macht beim Sowjet. Das Dumakomitee konnte daher ohne Einvernehmen mit dem Sowjet keine Regierung bilden, die auch nur die geringsten Aussichten gehabt hätte, sich durchzusetzen. Das Exekutivkomitee hätte das umgekehrt ohne Beteiligung der Dumaabgeordneten wohl gekonnt, wollte es aber nicht, und zwar aus einem rein ideologischen Grund: Nach marxistischer Lehre mußte sich die Revolution in zwei Etappen vollziehen, einer bürgerlichen und einer sozialistischen. Die russischen Sozialisten – mit Ausnahme der Bolschewisten und des linken Flügels der Sozialrevolutionäre – waren felsenfest davon überzeugt, daß sie vor der sozialistischen erst eine bürgerliche Revolution haben müßten. Wenn schon die Revolution selbst schwerlich eine bürgerliche genannt werden konnte, so mußte wenigstens die von der Revolution hervorgebrachte Regierung eine bürgerliche sein. Die Verhandlungen zwischen Dumakomitee und Exekutivkomitee waren nicht deshalb schwierig, weil man sich über die Verteilung der Ministerposten nicht einigen konnte, sondern deshalb, weil sich die Sowjetvertreter, d. h. die sozialistischen Parteien, hartnäckig weigerten, in die Regierung einzutreten, andererseits aber Garantien für die Erhaltung ihrer Macht verlangten. Das eine forderten sozusagen die Gesetze des historischen Materialismus (zuzüglich individueller Verantwortungsscheu), das andere forderte das revolutionäre Bewußtsein. Die schließlich gebildete Provisorische Regierung war daher mit der einzigen Ausnahme des Justizministers Kerenskij eine bürgerliche Regierung – Ministerpräsident Fürst G. E. Lvov –, aber die Sowjetvertreter erklärten von vornherein, daß sie die Provisorische Regierung nur ›in dem Maße‹ unterstützen würden, in dem diese sich an die eingegangenen Verpflichtungen halten werde. Und diese Verpflichtungen sahen nicht nur die Gewährung aller demokratischen Grundrechte und Grundfreiheiten vor, sowie die Einberufung einer konstituierenden Versammlung von Volksvertretern aufgrund allgemeiner, direkter, gleicher und geheimer Wahlen, sondern auch so eindeutig interessenbestimmte Dinge wie das Verbot, an der Revolution beteiligte Truppen zu entwaffnen oder aus Petrograd zu entfernen. Was das in der Praxis bedeutete, machte der schon am 1. (14.) März vom Sowjet erlassene berüchtigte Befehl Nr. 1 klar, der unter anderem die Bildung von Soldatenkomitees in allen Truppenteilen und deren Verfügungsgewalt über die Waffen dekretierte und für alle politischen Angelegenheiten der Armee allein den Sowjet als zuständig erklärte. Dadurch war mit Erfolg verhindert, daß die Armee jemals ein zuverlässiges Machtinstrument in der Hand der Provisorischen Regierung wurde.

An demselben 2. (15.) März, an dem die Provisorische Regierung in ihr Amt trat, unterzeichnete Nikolaus II. nach einem vergeblichen Versuch, die Hauptstadt zu erreichen, in Pskov, dem Hauptquartier der Nordfront, die Abdankungsurkunde zugunsten seines Bruders Michail; sämtliche befragten Armeeführer und die konservativen Dumamitglieder A. I. Gučkov (Kriegsminister der Provisorischen Regierung) und Šul'gin, die den Kaiser aufsuchten, hatten dies als einzigen Ausweg bezeichnet. Ein Ausweg für die Rettung der Dynastie und der Monarchie war es jedoch nicht mehr: Am Morgen des 3. (16.) März verzichtete angesichts der Lage auch Michail, und damit war Rußland zur Republik geworden.

Die Zeit der Provisorischen Regierung

Die Februarrevolution schuf nicht einen anderen Zustand, sondern sie leitete einen Prozeß ein, der sehr bald jeder Kontrolle entglitt, sie schuf nicht eine neue Ordnung, sondern war der Beginn einer alles ergreifenden Auflösung. Den Zeitgenossen war es natürlich nicht möglich, dies sogleich zu erkennen. Die Alliierten Rußlands setzten in einem verständlichen Wunschdenken auf den Anbruch einer neuen, demokratisch-freiheitlichen Ordnung, erkannten die Provisorische Regierung sofort an und fanden sich in ihrer Hoffnung, daß dieses neue demokratische Rußland ein besserer Bündnispartner sein und sich mit größerem Elan an dem gemeinsamen Kampf gegen die reaktionären Mittelmächte beteiligen werde, durch die Deklamationen des neuen Außenministers Miljukov bestätigt. Diese Hoffnung erwies sich schon nach wenigen Wochen als trügerisch: Miljukov geriet mit seiner Außenpolitik der kriegswilligen Vertragstreue einschließlich der Treue zu den Eroberungszielen der kaiserlichen Regierung in scharfen Gegensatz zum Sowjet, der sich schon am 14. (27.) März in einem flammenden Aufruf an die ›Proletarier und Werktätigen aller Länder‹ gegen jede Eroberungspolitik und für einen Frieden ›ohne Annexionen und Reparationen‹ ausgesprochen hatte, und mußte unter dem Druck heftiger Friedensdemonstrationen ebenso wie der Kriegsminister Gučkov demissionieren. Am 5. (18.) Mai traten nach längeren Verhandlungen sechs Sozialisten (Menschewiken und Sozialrevolutionäre) als Minister in die Provisorische Regierung ein (als Kriegs- und Marineminister Kerenskij), die auf diese Weise zu einer liberal-sozialistischen Koalitionsregierung unter Ausschluß der Bolschewiken wurde. Der Gegensatz in der ›Doppelherrschaft‹ war aber damit nur notdürftig überdeckt, denn dieselbe Entwicklung nach links, der sich die Provisorische Regierung nicht verschließen konnte, sollte mehr und mehr auch den Sowjet erfassen. Darin war das Wirken des bolschewistischen Parteiführers Lenin zu erkennen, der am Abend des 3. (16.) April auf dem Finnländischen Bahnhof in Petrograd eingetroffen war.

Die deutsche Regierung setzte nach der Februarrevolution im Gegensatz zu den Alliierten natürlich nicht auf eine neue kriegsfähige Ordnung, sondern auf eine friedensbereite Unordnung in Rußland. Der Gedanke einer ›destruktiven Rußlandpolitik‹ durch Einschleusen radikal-revolutionärer und pazifistischer Emigranten lag nahe. Brockdorff-Rantzau, damals Gesandter in Kopenhagen, scheint sich zuerst energisch für ihn eingesetzt zu haben, die Oberste Heeresleitung und der Kaiser stimmten zu, und Dr. Alexander Helphand (Pseudonym: Parvus) – russischer Revolutionär, deutscher Sozialdemokrat, Großschieber und Berater der deutschen Regierung in einer Person – stellte die entsprechenden Verbindungen her. Das Ergebnis waren jene berühmten ›plombierten Eisenbahnwagen‹, in denen zunächst Lenin mit seinen Begleitern und danach noch mehrere hundert weitere russische Revolutionäre aus der Schweiz durch Deutschland hindurch nach Schweden transportiert wurden, von wo ihnen die Heimkehr über Finnland offen stand. Es ist sicher, daß Lenin eine andere Form der Heimkehr vorgezogen hätte – die Unterstützung der Deutschen barg die Gefahr einer Kompromittierung in sich; aber es gab für ihn keine andere Möglichkeit, zumal er angesichts der Entwicklung in Rußland keinen Augenblick länger als unbedingt nötig warten wollte. Im Januar war Lenin sehr pessimistischer Stimmung gewesen. Der erbitterte innerparteiliche Kampf in den langen Jahren der Emigration hatte ihn am Ende als einen fanatischen Außenseiter isoliert, der Weltkrieg hatte ihn noch mehr der Kontakte zur russischen Wirklichkeit beraubt. Nun aber fühlte er seine Stunde gekommen. Schon in seinen ›Briefen aus der Ferne‹ entwickelte er ein äußerst offensives Kampfprogramm, das die Petrograder Bolschewistenführer jedoch offenbar zunächst nicht für durchführbar hielten. Vor allem als Kamenev und Stalin, aus der sibirischen Verbannung zurückgekehrt, an die Spitze des Petrograder bolschewistischen Zentralkomitees traten, unterschied sich die bolschewistische Politik nur durch größere Zurückhaltung, aber nicht im Prinzip von der der übrigen Sowjetparteien. Mit der Ankunft Lenins wurde das grundlegend anders.

Am 4. (17.) April verkündete Lenin seine Thesen ›über die Aufgaben des Proletariates in der gegenwärtigen Revolution‹. Ausgehend von der Feststellung, daß man sich nach der Machtergreifung der Bourgeoisie, zu der Lenin auch Menschewisten und Sozialrevolutionäre als ›kleinbürgerliche Parteien‹ rechnete, im Übergang von der bourgeoisen zur sozialistischen Phase der Revolution befinde und daß jeder Krieg als imperialistisch abzulehnen sei, solange sich nicht das Proletariat (lies: die bolschewistische Partei) allein in den Besitz der Macht gesetzt habe, forderten die »Aprilthesen« die Bekämpfung der Provisorischen Regierung, gleichgültig, wie diese zusammengesetzt sei, den Übergang der Macht auf eine Regierung der Sowjets (der ›Räte‹) und die Bildung einer ›Sowjetrepublik‹ als höherer Form der Demokratie gegenüber der parlamentarischen Republik. In dieser Sowjetrepublik sollte es keine Polizei, keine Armee und keine Bürokratie mehr geben, die Banken und der gesamte Grundbesitz sollten unverzüglich nationalisiert werden, wobei Lenin die ›Verfügungsgewalt über den Boden . . . den örtlichen Sowjets der Landarbeiter- und Bauerndeputierten‹ zugestand, gleichzeitig aber auch »die Einrichtung von Musterwirtschaften . . . unter Kontrolle der Landarbeiterdeputierten« vorsah, mit anderen Worten, schon auf die Entfachung des Klassenkampfes im Dorf und auf die Kollektivierung der Landwirtschaft abzielte (daß die Nationalisierung des ›gesamten Bodens‹ auch den Bauern um sein Privateigentum brachte, konnte leicht übersehen werden!). Die Sozialisierung der Industrie könne dagegen – so dozierte Lenin weiter – nur in einem allmählichen ›Übergang zum Sozialismus‹ erfolgen und müsse die Kontrolle von Produktion und Verteilung durch den (zentralen!) Sowjet zum Ziele haben. Schließlich müsse man das Parteiprogramm der neuen Lage anpassen, den diskreditierten Namen der Sozialdemokraten durch die Bezeichnung ›Kommunisten‹ ersetzen und zum Zwecke der Weltrevolution eine neue – dritte – Internationale der Kommunisten gründen.

Als ein Programm unmittelbarer Machtergreifung der bolschewistischen Partei waren die ›Aprilthesen‹ außerordentlich konsequent. Keine einzige der Thesen ließ die Möglichkeit offen, daß in der Sowjetrepublik auch noch andere an der Macht beteiligt sein könnten. Entworfen in einem Zeitpunkt, da eine bürgerliche Regierung bestrebt war, die Macht auszuüben, und die Bolschewisten im Lager der Sozialisten eine bescheidene Minderheit bildeten, stellten die Aprilthesen eine kühne Herausforderung dar, die selbst Lenins Parteigenossen schockierte. Es war wenig Marxismus in ihnen, etwas mehr Tradition der russischen revolutionären Bewegung, am meisten aber ein unbeugsamer und unfehlbarer Wille zur Macht. Was Lenin wollte, konnte nun niemandem mehr zweifelhaft sein, und wenn man das Ergebnis kennt, ist es leicht, den Ursprung der Gefahr zu lokalisieren, aber die betroffenen Zeitgenossen nahmen die Kampfansage Lenins, den sie für einen maximalistischen Sektierer hielten, sehr zu Unrecht nicht ernst. Es lag den Aprilthesen eine Beurteilung der Lage zugrunde, die sich mehr und mehr als richtig herausstellen sollte.

Der Provisorischen Regierung gelang es niemals – auch dann nicht, wenn sie der Sowjet einigermaßen unterstützte –, die fortschreitende Revolution unter Kontrolle zu bringen und eine funktionierende neue Ordnung aufzubauen; es fehlten ihr dazu einfach die Machtmittel. Eine Polizei gab es nicht mehr; sie war durch eine unzuverlässige Miliz ersetzt, die weder in der Lage war, staatliche Ordnungsaufgaben zu erfüllen, noch den Willen dazu hatte. Die Armee befand sich im Zustand der Auflösung, und die noch vorhandene Bürokratie der unteren Ränge wartete ab, wie sich die Dinge weiterentwickeln würden. Die Regierungskommissare, die an die Stelle der Gouverneure traten, galten als ebenso provisorisch wie die Regierung und waren ebenso machtlos. Den Zemstvos aber und den Stadtdumen, die noch am ehesten bereit waren, das Notwendige zu tun und den Aufbau einer liberalen Demokratie zu beginnen, traten nun überall Sowjets gegenüber, und damit fand die zentrale Konfusion überall ihr lokales Gegenstück.

Die Aufgabe, den Staat zu konsolidieren, ohne die Gunst der Massen zu verlieren, war schwierig und ohne unpopuläre Maßnahmen nicht durchführbar. Provisorische Regierung und Sowjet, obwohl vom Juli ab beide von denselben sozialistischen Parteien getragen, brachten es fertig, weder die Macht zu festigen, noch sich die Gunst der Massen zu erhalten. Die unüberwindliche Scheu der Sozialisten, ›die Revolution zu verraten‹, war an diesem Ergebnis ebenso beteiligt wie die immer mehr (ab 8./21. Juli als Ministerpräsident) an Einfluß gewinnende Persönlichkeit Kerenskijs. Dieser wortreiche Romantiker der Revolution genoß beträchtliche Popularität, aber er hatte die verhängnisvolle Eigenschaft, seine eigenen Illusionen für Wirklichkeit zu halten. Die Illusion, daß dem russischen Volk aus revolutionärem und nationalem Ehrgefühl an der siegreichen Fortsetzung des Krieges gelegen sei und daß eine Offensive die Disziplin der Truppe wiederherstellen würde, führte zur Kerenskij-Offensive (Beginn 18./30. Juni), die nach einigen Anfangserfolgen in Galizien und in der Bukowina mit einem totalen Fiasko endete. Die Illusion, daß der aussichtslose Putschversuch des Generals Kornilov eine ernsthafte Bedrohung der Revolution darstellte, trieb Kerenskij nach links und führte zur Rehabilitierung der Bolschewiken, die im sogenannten Juliaufstand eine ernsthafte Schlappe erlitten hatten.

Was die bewaffneten Demonstrationen in Petrograd am 3. (16.) Juli auslöste, ist unbekannt. Der Ruf ›alle Macht den Sowjets‹, mit dem Soldaten und Arbeiter vor das Taurische Palais, den Sitz des Sowjets zogen, war zwar eine bolschewistische Parole, aber das Stichwort war offenbar nicht vom bolschewistischen Zentralkomitee ausgegeben, das nur zögernd die Leitung der Demonstrationen für den folgenden Tag übernahm und eine gewaltsame Machtübernahme als verfrüht noch nicht anstrebte. Immerhin geriet das Exekutivkomitee des Sowjets vorübergehend in eine recht prekäre Situation, und es schien wenig glaubhaft, daß die Bolschewiken gerade diesmal ihr grundsätzliches Ziel nicht erreichen wollten. Als die Bekanntgabe gefälschter Dokumente, aus denen hervorging, daß Lenin von den Deutschen finanziell unterstützt wurde, die Stimmung deutlich gegen die Bolschewisten einnahm und bisher neutrale Regimenter spontan der Provisorischen Regierung ihre Loyalität erklärten, waren die Voraussetzungen für ein energisches Eingreifen gegeben: Eine Reihe bolschewistischer Führer wurden verhaftet, die Roten Garden entwaffnet, Lenin selbst, der sich zuerst einem Gericht stellen wollte, lebte auf Parteibeschluß fortan im Verborgenen. Zu einem Verbot der bolschewistischen Partei konnte sich der Sowjet allerdings nicht entschließen, und der beträchtliche Zuwachs bolschewistischer Stimmen bei den Wahlen zum Petrograder Sowjet im August (33% gegenüber nur mehr 37% der Sozialrevolutionäre) zeigte überraschenderweise, daß der bolschewistische Prestigeverlust nur sehr vorübergehend gewesen war. Das lag nicht etwa daran, daß ›die Massen‹ dem zweifelhaften Charakter der Lenin als deutschen Agenten entlarvenden Dokumente auf die Spur gekommen waren (auf Grund der deutschen Akten erscheint es im übrigen sicher, daß deutsche Gelder der bolschewistischen Parteikasse durch dunkle Kanäle zuflossen, aber daß Lenins Politik etwa in der Frage des Friedensschlusses mit Deutschland dadurch beeinflußt worden sei, ist eine unbewiesene Vermutung, und Lenins persönliche Hingabe an die Sache des Sozialismus, so wie er ihn verstand, steht über jedem Zweifel); das wachsende Ansehen der Bolschewisten beruhte vielmehr darauf, daß sie als einzige durch die eklatante Nichterfüllung der Revolutionsbegehren ›Friede‹, ›Land‹ und ›Brot‹ nicht kompromittiert waren.

Alle Erfahrungen des Sommers 1917 lehrten, daß die Geduld der revolutionierten Massen allmählich zu Ende ging: Die Soldaten machten auf ihre Weise selbständig Frieden, und die Bauern hatten längst damit begonnen, sich das Land anzueignen. Durch die allgemeine Desorganisation verschlechterte sich die Versorgungslage von Monat zu Monat, Fabriken mußten stillgelegt werden, weil keine Rohstoffe mehr herankamen und weil die Forderungen der Gewerkschaften und Fabrikkomitees keinen rentablen Betrieb mehr erlaubten; diese Forderungen aber waren in den Preissteigerungen begründet, die Produktion näherte sich dem Nullpunkt, der wirtschaftliche Zusammenbruch stand vor der Tür. Indessen entwickelte Kerenskij eine fieberhafte Aktivität, um seiner Regierung durch merkwürdige Parlamentssurrogate Ansehen und Legalität zu verleihen. Den Beginn machte im August die ›Staatskonferenz‹, die zweieinhalbtausend Vertreter aller Parteien (außer den Bolschewisten), staatlichen Institutionen und gesellschaftlichen Korporationen in einer letzten makabren Gegenüberstellung des kaiserlichen und des revolutionären Rußland vereinte, aber keine nationale Einmütigkeit, sondern die absolute Unüberbrückbarkeit der Gegensätze offenbarte. Es folgte nach dem Kornilovputsch im September die ›Demokratische Konferenz‹ (Demokratičeskoe soveščanie), an der nur mehr die Linke (einschließlich der bürgerlichen Linken) teilnahm und die aus ihren Reihen den gewöhnlich als Vorparlament bezeichneten Provisorischen Rat der Republik (Vremennyj sovet respubliki) bildete. Alle diese Veranstaltungen, bei denen in endlosen Reden immer wieder die Forderung nach einer starken Regierung und nach Wiederherstellung von Ruhe und Ordnung erhoben wurde, konnten über die unaufhaltsame Agonie der Regierungs- und Staatsmacht nicht hinwegtäuschen. Die ständige Verschiebung der Wahlen zur konstituierenden Versammlung (zuletzt auf den November) lieferte gleichzeitig der bolschewistischen Propaganda ein weiteres Argument.

Die Oktoberrevolution

Kornilovs Putschversuch löste einen Ruck nach links aus, der den Bolschewisten im September die absolute Mehrheit im Petrograder und im Moskauer Sowjet einbrachte. Das war für Lenin das Zeichen zur Attacke. Nun hatte der Kampfruf ›alle Macht den Sowjets!‹, der seit dem Juli fragwürdig geworden war, wieder seinen guten Sinn für die Bolschewisten. Brief auf Brief schrieb Lenin aus seinem finnländischen Versteck an die Führungsgremien der Partei über das einzige Thema: »Die Bolschewisten müssen die Macht ergreifen«, und zwar durch den sofortigen bewaffneten Aufstand. Er fühlte instinktiv, daß der Provisorischen Regierung die bescheidene Macht, über die sie im Juli noch verfügt hatte, unaufhaltsam entglitt, und er war von der quälenden Angst erfüllt, seine Partei könnte den richtigen Zeitpunkt versäumen und durch zu langes Zögern das Vertrauen der Massen verlieren. Die Gelegenheit würde nie wiederkehren, die Revolution würde sich jeder Kontrolle entziehen, in Anarchie auflösen und am Ende einer gegenrevolutionären Diktatur anheimfallen. Aber das Petrograder Zentralkomitee sträubte sich. Die negative Erfahrung des Juliaufstandes war noch nicht überwunden; Zinov'ev und Kamenev hielten es für unverantwortlich, alles auf eine Karte zu setzen, solange die begründete Aussicht bestand, in die kommende Konstituante als starke Gruppe einzuziehen und vielleicht auf parlamentarisch-legalem Wege an die Regierung zu kommen.

Auf einer Geheimsitzung des Zentralkomitees, an der Lenin teilnahm, fiel am 10. (23.) Oktober gegen die Stimmen Zinov'evs und Kamenevs die Entscheidung für den bewaffneten Aufstand zur Machtergreifung. Lenin hatte seinen Willen durchgesetzt, nachdem er so weit gegangen war, seinen Austritt aus dem Zentralkomitee anzudrohen, um frei agitieren zu können. Es ist sehr bezeichnend, daß selbst in der nach einem Referat Lenins gefaßten Resolution, also in einer internen Lagebeurteilung des höchsten Parteigremiums, demagogische Argumente bei weitem das Übergewicht hatten. Die Kieler Matrosenmeuterei wurde als ein ›Heranreifen der sozialistischen Weltrevolution in ganz Europa‹ interpretiert, die ›Gefahr eines Friedens der Imperialisten mit dem Ziel, die Revolution in Rußland zu erdrosseln‹, als Gespenst an die Wand gemalt, der Provisorischen Regierung die dezidierte Absicht, Petrograd den Deutschen zu übergeben, untergeschoben, die Sowjetmehrheit in Moskau dahin gedeutet, daß sich ›das Vertrauen des Volkes der bolschewistischen Partei zugewendet‹ habe, und die zaghaften Versuche der Provisorischen Regierung, der bolschewistischen Machtergreifung entgegenzuwirken, als »Vorbereitung eines zweiten Kornilovputsches‹ ausgelegt. Es ist nicht anzunehmen, daß Lenin das alles selbst geglaubt hat, aber für den revolutionären Zweck der Machtergreifung war ihm jedes Mittel recht, auch die ›Taktik Bakunins, und in vielen Fällen Stück für Stück die Taktik Nečaevs‹, wie es der todkranke Plechanov Anfang 1918 in tiefer Verbitterung und in deutlicher Anspielung auf Nečaevs Methode, durch Aussprengen falscher Gerüchte die Meinungsbildung zu beeinflussen, formulierte. An der ganzen Lagebeurteilung stimmte nur das eine, daß die Bolschewisten in Petrograd und Moskau Arbeiter und Soldaten im Augenblick hinter sich hatten, jedoch das genügte auch und erfüllte die nicht unbedingt originelle, aber zweifellos richtige Forderung Leninscher Kampftaktik, an der entscheidenden Stelle und im entscheidenden Augenblick eine große Überlegenheit zu haben. Ebendies begriffen weder die Theoretiker der menschewistischen ›Arbeiterzeitung‹ (Rabočaja gazeta), wenn sie von der verhängnisvollen ›Isolierung des Petrograder Proletariats und der Garnison von den anderen Klassen‹ schrieben, noch die Führer der Regierungsparteien, wenn sie im Hinblick auf die Stimmung im ganzen Lande den Versuch einer bolschewistischen Machtergreifung für aussichtslos und ungefährlich hielten.

Die Macht wurde nicht im ganzen Lande auf einmal, sondern zunächst eben in Petrograd ergriffen, und hier gab es nichts, was der organisierten Masse von Soldaten und Arbeitern erfolgreichen Widerstand leisten konnte. Diese Organisiertheit herzustellen, war die Hauptleistung der Oktoberrevolution. Sie wurde nicht vom Zentralkomitee der bolschewistischen Partei und auch nicht von dessen eigens für die Leitung des Aufstandes begründeten Politischen Komitee (historischer Ursprung des Politbüros) durchgeführt, sondern vom Militärrevolutionären Komitee des Sowjets, das am 12. (25.) Oktober auf menschewistischen Antrag zur Abwehr einer möglichen Gegenrevolution und einer Bedrohung Petrograds durch die Deutschen gebildet worden war und nun zum legalisierten Aufstandsstab der Bolschewisten wurde. Die Seele der Vorbereitungen war ein Mann, den die sowjetische Geschichtsschreibung zur ›Unperson‹ gemacht hat – Trockij. Als Termin war der 25. Oktober (7. November) vorgesehen, an dem der zweite Allrussische Sowjetkongreß zusammentreten sollte. Kein wesentliches Hindernis stellte sich dem Plan in den Weg. Schon am 22. Oktober (4. November) konnte das Militärrevolutionäre Komitee, das mit der Hilfe der Garnisonskonferenz und eigener Komiteekommissare in allen Truppenteilen bereits praktisch über die Garnison verfügte, es wagen, die Provisorische Regierung und den Stab des Petrograder Militärbezirks als ›Instrumente der Gegenrevolution‹ zu bezeichnen und offen die militärische Befehlsgewalt zu übernehmen: »Kein Befehl an die Garnison, der nicht vom Militärrevolutionären Komitee unterzeichnet ist, besitzt Gültigkeit«. Als Kerenskij am Morgen des 24. Oktober (6. November) mit ganz unzulänglichen Kräften – es standen ihm nur die Junker einiger Offiziersschulen und ein Frauenbataillon zur Verfügung – einen letzten Versuch machte, das Gesetz des Handelns an sich zu reißen, um die Druckerei des bolschewistischen ›Rabočij put'‹, (›Weg des Arbeiteres‹, vorübergehender Tarnname der ›Pravda‹) sowie die Nevabrücken besetzen ließ, schlug Trockij los. Während des Tages und in der darauffolgenden Nacht besetzten bolschewistische Truppen und Rote Garden (bewaffnete Arbeitermilizen) alle wichtigen Punkte der Stadt, ohne auf Widerstand zu stoßen. Nur das Winterpalais, in dem sich die Regierung aufhielt und das man stark verteidigt glaubte, wagte man nicht ohne längere Vorbereitung anzugreifen; es fiel erst in der nächsten Nacht – dabei verloren die Angreifer sechs Tote, die einzigen Opfer der Oktoberrevolution in Petrograd – und Antonov-Ovseenko konnte die anwesenden Minister verhaften. Kerenskij war nicht unter ihnen; ihm war es gelungen, am Morgen des 25. Oktober (7. November) im Auto eines amerikanischen Botschaftsangehörigen die Stadt zu verlassen, um von der Front regierungsfreundliche Truppen heranzuholen. Zur gleichen Zeit verkündete ein Aufruf Trockijs den ›Bürgern Rußlands‹: »Die Provisorische Regierung ist abgesetzt. Als Organ des Petrograder Sowjets der Arbeiter- und Soldatendeputierten hat das Militärrevolutionäre Komitee, das an der Spitze des Proletariats und der Garnison von Petrograd steht, die Staatsgewalt übernommen.«

Die Unauffälligkeit des welthistorischen Ereignisses hat Akteure und Zuschauer gleichermaßen beeindruckt. Während der Sturm auf das Winterpalais stattfand, spielten die Theater und fuhren die Straßenbahnen. Trockij schreibt von einer »Stille, schrecklicher als alle Donner der Welt. Lautlos verschob sich der soziale Boden, einer Drehbühne gleich, die die Volksmassen in den Vordergrund hob und die gestrigen Herren in die Unterwelt hinabtrug«. Was emporgehoben wurde, waren in Wahrheit nicht die ›Volksmassen‹, sondern die Partei der russischen Kommunisten unter der Führung Lenins, und hinabgetragen – ›auf den Kehrrichthaufen der Geschichte‹, wie derselbe Trockij ihnen nachschrie – wurden fürs erste die russischen Sozialisten – rechte Sozialrevolutionäre, Menschewisten und Bundisten –, die am Abend des 25. Oktober (7. November) den Sowjetkongreß aus Protest gegen das Geschehene verließen. Damit waren die Bolschewisten unter sich – den linken Sozialrevolutionären, die sich ihnen angeschlossen hatten, kam keine selbständige Bedeutung zu – und Lenin begann zu regieren.

REVOLUTION UND KRIEG

Die ersten Schritte der Sowjetmacht

Mit der Ergreifung der Macht trat das Problem des Staates für die bolschewistischen Revolutionäre aus dem Bereich der Theorie in den der Praxis. Lenin war vorbereitet: Im finnländischen Exil hatte er Zeit gefunden, die grundlegende Schrift ›Staat und Revolution‹ zu verfassen und darin mit der traditionellen marxistischen Vorstellung vom baldigen Absterben des Staates nach der sozialistischen Revolution gründlich aufzuräumen. Der Diktatur des Proletariats, die ein Klassenstaat sein werde wie jeder andere Staat auch, nur eben der Klassenstaat der siegreichen Mehrheit, räumte er die Dauer von mindestens ›einer ganzen historischen Epoche‹ ein. Die Praxis ließ nun vom ersten Augenblick an keinen Zweifel offen, daß die Diktatur des Proletariats für Lenin nichts anderes bedeutete als die Diktatur der bolschewistischen Partei hinter der Fassade der ›Sowjetmacht‹, und die eigenen

Parteigenossen selbst höchsten Ranges machten sehr bald die Erfahrung, daß sie sich dem diktatorischen Willen Lenins zu fügen hatten.

Formal ging die Macht, die das Militärrevolutionäre Komitee ergriffen hatte, zunächst auf den Sowjetkongreß über, der neben einer Reihe von Aufrufen und Verfügungen, die den Übergang der Macht an die lokalen Sowjets im ganzen Lande einleiten und sichern sollten, in der Nacht vom 26. auf den 27. Oktober (8./9. November) drei großen Dekreten seine Zustimmung erteilte: dem Dekret über den Frieden, dem Dekret über das Land und dem Dekret über die Bildung einer provisorischen Arbeiter- und Bauernregierung. Sie waren selbstverständlich von Lenin verfaßt und geben Aufschluß über dessen politische Konzeption im Augenblick des Sieges. Das Dekret über den Frieden enthielt das Angebot eines ›sofortigen Friedens ohne Annexionen und ohne Kontributionen‹, wiederholte also die Formel, auf die sich der Sowjet schon im Frühjahr festgelegt hatte, und ist vor allem deshalb interessant, weil Lenin es offenbar für notwendig hielt, den Begriff ›Annexion‹ genau zu definieren: Annexion liegt vor, ›wenn eine beliebige Nation mit Gewalt in den Grenzen eines Staates festgehalten wird, wenn ihr entgegen dem von ihrer Seite ausgesprochenen Wunsch ... nicht das Recht zugestanden wird, in freier Wahl bei völligem Abzug des Heeres der annektierenden oder überhaupt der stärkeren Nation ohne die geringste Nötigung die Frage der Formen ihrer staatlichen Existenz zu entscheiden‹, und zwar ›unabhängig davon, wann dieser gewaltsame Anschluß vollzogen wurde‹, ›wie entwickelt oder rückständig‹ die betroffene Nation ist und ob sie ›in Europa oder in fernen Ländern jenseits des Ozeans lebt‹. Das war gezielt gegen den Kolonialimperialismus, aber Lenin hätte sich wohl kaum in solchem Maße der Sprache des nationalen Selbstbestimmungsrechtes bedient, wenn er nicht vollkommen überzeugt gewesen wäre, daß sich keine Nation in voller Freiheit für etwas anderes als den Kommunismus und das kommunistische Rußland entscheiden würde.

Das Dekret über das Land verfügte die entschädigungslose Enteignung des Privatlandbesitzes und übertrug die Verfügung über das enteignete Land ›bis zur Konstituierenden Versammlung‹ den Kreis-Landkomitees und den Bezirkssowjets der Bauerndeputierten. Auch das war wenig originell, denn die Sozialrevolutionäre forderten seit Monaten nichts anderes. Und der Punkt 4 des Dekretes bestätigte das ausdrücklich, indem er verfügte, daß ›als Richtlinie bei der Verwirklichung der großen Agrarreformen ... bis zur endgültigen Entscheidung durch die Konstituierende Versammlung‹ jene ›Bauern-Instruktion‹ zu dienen habe, ›die aufgrund von 242 örtlichen Bauerninstruktionen durch die Redaktion der ›Nachrichten des Allrussischen Sowjets der Bauerndeputierten‹ zusammengestellt und in Nr. 88 dieser ›Nachrichten‹ (Petrograd, 19. August 1917) veröffentlicht worden ist‹. Unter den 1115 Bauerndeputierten des erwähnten Allrussischen Sowjets hatten sich 537 Sozialrevolutionäre, aber nur 14 (!) Bolschewisten befunden. Lenin übernahm also in Bausch und Bogen das Agrarprogramm der ›gegenrevolutionären Kleinbürger‹.

Das dritte Dekret schließlich setzte ›zur Verwaltung des Landes bis zur Einberufung der Konstituierenden Versammlung eine Provisorische Arbeiter- und Bauernregierung‹ mit der Bezeichnung ›Rat der Volkskommissare‹ ein, und es verstand sich von selbst, daß Lenin mit dessen Vorsitz betraut wurde. Nicht ganz so selbstverständlich war es, daß auch alle anderen Volkskommissariate ausschließlich mit Bolschewisten besetzt wurden (Äußeres - Trockij, Inneres – Rykov, Landwirtschaft – Miljutin, Arbeit – Šljapnikov, Nationalitätenangelegenheiten – Stalin usw.), denn immerhin saßen in den Sowjets auch noch die Vertreter anderer sozialistischer Parteien und eine ›Sowjet‹-Regierung mußte das eigentlich berücksichtigen. Aber Lenin wollte die Macht mit niemandem teilen, und wenn er sich vorübergehend dazu verstand, einige linke Sozialrevolutionäre in die Regierung zu nehmen, so geschah das weniger aus Rücksicht auf die prominenten Bolschewisten (Zinov́ev, Kamenev und fünf der Volkskommissare), die sich dafür einsetzten, und schon gar nicht aus einer plötzlich erwachten sozialistischen Solidarität, sondern in der Erkenntnis, daß es im November und Dezember

1917 noch zu früh war, die Bauern völlig vor den Kopf zu stoßen. Die sozialrevolutionären Volkskommissare traten aus Protest gegen den Frieden von Brest-Litovsk im März 1918 selbst zurück, und von da ab gab es keine Abweichungen in der Richtung eines ›parlamentarischen Kretinismus‹ mehr. Als der junge Sowjetstaat im Sommer 1918 seiner schwersten Krise entgegenging, wurden am 14. Juni alle Vertreter der gemäßigten Sozialrevolutionäre und der Menschewisten aus den Sowjets ausgeschlossen, und die linken Sozialrevolutionäre begingen wenig später durch einen abenteuerlichen Putschversuch, den sie mit der Ermordung des deutschen Botschafters Graf Mirbach am 6. Juli einleiteten, politischen Selbstmord.

Das vorübergehende Zusammengehen mit den linken Sozialrevolutionären war Lenin aber nicht nur der Bauern wegen nützlich; es lieferte ihm auch den formalen Vorwand für sein Vorgehen gegen die Konstituierende Versammlung, denn diese wurde ja noch unter der Voraussetzung einer einzigen sozialrevolutionären Partei gewählt, in der die gemäßigten Elemente ein deutliches Übergewicht hatten. Daß Lenin niemals daran gedacht hat, einem verfassungsgebenden Parlament irgendwelche politische Bedeutung einzuräumen, es sei denn im Sinne einer Legitimierung seiner eigenen Herrschaft, steht außer Zweifel. Zu sehr hatten sich aber die Bolschewisten in ihrer Propaganda gegen die Provisorische Regierung auf die Konstituante festgelegt, als daß sie sie nun mit einem Schlage in der Versenkung hätten verschwinden lassen können; andererseits bestand nicht die geringste Hoffnung auf eine bolschewistische Mehrheit. Unter diesen Umständen hätte Lenin die Wahlen am liebsten ebenso verschoben wie vor ihm die Provisorische Regierung, aber als Vorsitzender einer mit ausdrücklichem Hinweis auf die Konstituierende Versammlung ebenfalls nur ›provisorischen‹ Regierung konnte er das nicht gut tun; zudem lag der Wahltermin (25. November/8. Dezember) bereits fest. Die Wahlen ergaben für die Bolschewisten 25%, für alle anderen sozialistischen Parteien 62%, für die bürgerlichen Parteien 13% der Stimmen; von 715 Abgeordneten waren nur 183 Bolschewisten. Daß die überwältigende nichtbolschewistische

Mehrheit eine bolschewistische Regierung bestätigen würde, konnte füglich nicht erwartet werden. Es tauchten daher auch sofort Gerüchte auf, daß die gewählte Versammlung niemals zusammentreten werde. Am 5. (18.) Dezember 1917 fand sich Lenin bewogen, diese Gerüchte in einer offiziellen Erklärung als ›vollkommen erlogen‹ bezeichnen zu lassen, am 13. (26.) Dezember schrieb er in der Pravda von einem ›Mißverhältnis zwischen den Wahlen zur Konstituierenden Versammlung und dem Volkswillen‹, am 5. (18.) Januar 1918 durften sich die Abgeordneten in dem von schwerbewaffneten Truppen umgebenen Taurischen Palais versammeln, um sich von Sverdlov mitteilen zu lassen, daß die Bolschewisten auf der ›vorbehaltlosen Anerkennung der Sowjetmacht‹, d. h. des herrschenden politischen Zustandes bestünden, und als sie trotzdem bis in die späte Nacht hinein versuchten, das schwere Werk parlamentarischer Demokratie in Rußland zu beginnen, standen sie am folgenden Morgen vor verschlossenen Toren. Das frivole Spiel, das Lenin zweieinhalb Monate lang mit der Konstituierenden Versammlung trieb, hatte eine wichtige Funktion: Es diente dazu, den weit verbreiteten Glauben an die selbsttätige Wunderkraft der Demokratie zu nähren und die antibolschewistischen Kräfte zu lähmen – warum sollte man gegen die bolschewistische Regierung aktiv werden, wenn diese sowieso in kurzer Zeit durch die antibolschewistische Konstituante beseitigt würde?

Diese Lähmung war wichtig, denn nicht überall drehte sich die Bühne so lautlos wie in Petrograd. Erst am 2. (15.) November war nach schweren Kämpfen auch Moskau in der Hand der Bolschewisten, und am selben Tag gelang es, die von Kerenskij herbeigeholten Kosaken des Generals Krasnov wieder aus Carskoe Selo zu vertreiben. Kerenskij selbst konnte als Matrose verkleidet entkommen. Die Armee stellte zwar, wie alle bisherigen Erfahrungen gezeigt hatten, keine Bedrohung der Revolution mehr dar, aber sie befand sich eindeutig erst in der Hand der Regierung, als am 20. November (3. Dezember) der Fähnrich Krylenko das Hauptquartier in Mogilev mit bolschewistischen Matrosen besetzte und General Duchonin, der sich als Oberbefehlshaber geweigert hatte, mit den Deutschen Waffenstillstandskontakte aufzunehmen, vom Mob gelyncht wurde. Die ›Demokratisierung‹ der Armee, die Krylenko als Vorsitzender des nun den Oberbefehl führenden ›Zentralkomitees der operativen Armee und Flotte‹ durchführte, lief auf eine wilde Demobilisierung hinaus. Nichts mehr konnte die russischen Bauernsoldaten, nachdem die sofortige Verteilung des Landes verkündet worden war, von der Heimkehr abhalten, und die heimkehrenden Soldaten trugen wesentlich zur Festigung des bolschewistischen Regimes im ganzen Lande bei. Solange die Sowjetregierung der Bolschewisten für die überwältigende Mehrheit des russischen Volkes nichts anderes bedeutete als Friede und Land, hatten antibolschewistische oder gar gegenrevolutionäre Bestrebungen wenig Chancen. Es kümmerte den Bauern wenig, wenn man in Petrograd die Pressefreiheit einschränkte, die ständischen und bürgerlichen Rangbezeichnungen abschaffte oder schließlich auch die ›Trennung der Kirche vom Staat und der Schule von der Kirche‹ (20. Januar/2. Februar 1918) dekretierte. Die neue Ordnung war auch weniger am Wortlaut ihrer Gesetze, die sie in großer Schnelligkeit und Fülle produzierte, zu erkennen, als an der Wirklichkeit, die diese Gesetze schufen. Weder der Arbeiter noch der Bauer war auch unmittelbar betroffen, wenn die Behörden ihren Namen änderten und die ›Expropriation der Expropriateure‹ mehr und mehr in Gang kam. Wohl aber traf es jeden einzelnen, wenn die seit langem drohende wirtschaftliche Katastrophe nicht aufgehalten werden konnte. Eine verzweifelte wirtschaftliche Lage hatte die Sowjetregierung schon von der Provisorischen Regierung geerbt, aber wo die Improvisationsgabe des interessierten Privatunternehmers vielleicht noch Auswege gefunden hätte, da mußte die staatliche und noch mehr die wilde Sozialisierung die bereits bestehenden Schwierigkeiten zur Unlösbarkeit steigern; es kam hinzu die Umstellung von der Kriegsproduktion auf die Friedensproduktion und der Verlust der als industrieller und landwirtschaftlicher Produzent gleicherweise unentbehrlichen Ukraine im Frieden von Brest-Litovsk. Die Folgen waren ein totaler Zusammenbruch von Produktion und Versorgung, Massenarbeitslosigkeit und Hunger in den Städten, durch rücksichtslose Zwangsrequisitionen und bewußt geschürten Klassenkampf hervorgerufene Unruhen auf dem Land, wo die aus den Städten zurückflutenden und von der Front heimkehrenden Massen auch nicht mehr ernährt werden konnten. Im Mai war es klar, daß nicht die geringste Aussicht bestand, den Anschluß an die neue Ernte zu finden. Man kann sich schwer eine ungünstigere Situation vorstellen, um den Aufbau einer sozialistischen Wirtschaft und einer sozialistischen Gesellschaft durchzuführen. Das focht den doktrinären Fanatismus zunächst wenig an, aber das Chaos konnte ein Ausmaß erreichen, das die Macht in Frage stellte, und im Lichte dieses Zwiespaltes muß man die erbitterten Auseinandersetzungen um das im Augenblick bedrängendste aller Probleme sehen, um das Problem des Friedens.

›*Frieden*‹

Das allgemeine Friedensangebot hatte weder bei den Alliierten noch bei den Mittelmächten ein Echo hervorgerufen. Dagegen brachten russische Parlamentäre, die sich am 13. (26.) November bei Dvinsk den deutschen Linien näherten, im Auftrag Krylenkos den erwünschten Kontakt zustande, der zur Aufnahme von Verhandlungen im Hauptquartier der deutschen Ostfront zu Brest-Litovsk und am 2. (15.) Dezember zum Abschluß eines Waffenstillstandes führte; dieser wurde zunächst für zehn Tage vereinbart, anschließend jedoch mehrfach verlängert. Russischerseits bedeutete er allerdings nur die Legalisierung eines längst bestehenden Zustandes. Sehr viel schwieriger gestalteten sich die Friedensverhandlungen, die am 9. (22.) Dezember begannen. Es war das erste Mal, daß die junge bolschewistische Sowjetmacht mit der Außenwelt in einen unmittelbaren Kontakt von entscheidender Bedeutung trat, und es wurde vom ersten Tage an sichtbar – dank der von den Bolschewisten geforderten Öffentlichkeit der Verhandlungen sogar weithin sichtbar –, daß die beiderseitigen Delegationen zwei verschiedene Welten vertraten und in verschiedenen Sprachen redeten. Der deutsche Staatssekretär des Äußeren von Kühlmann, Generalmajor von Hoffmann, der Chef des Stabes im deutschen Oberkommando-Ost, Graf Czernin, der österreichisch-ungarische Außenminister, sowie die Delegationsführer der Türkei und Bulgariens sahen nur die konkrete Nahaufgabe vor sich, die Lage zum Gewinn vielleicht kriegsentscheidender Vorteile auszunutzen, sie trieben unter dem Gesetz des Krieges eine Realpolitik kurzer Hand; für A. Joffe, den am 27. Dezember (9. Januar 1918) der Volkskommissar für Äußeres Trockij ablöste, war der Frieden ein Schritt auf dem Wege zur Weltrevolution, ein Baustein für das zu errichtende Gebäude der vollkommenen sozialistischen Welt, er trieb unter dem Gesetz der Revolution eine Idealpolitik auf weite Sicht. Wochenlang zogen sich die Deklamationen über das Selbstbestimmungsrecht aller – auch der kolonialen – Völker hin, ein für die Deutschen erträgliches (nach dem Verlust der Kolonien), für die Österreicher recht kritisches Thema, bis schließlich Mitte Januar General von Hoffmann die Abtretung des gesamten besetzten Gebietes als conditio sine qua non erklärte und über den Grenzverlauf im Süden Verhandlungen mit der ukrainischen Rada in Aussicht stellte. Damit zwang er die Sowjetmacht zur Entscheidung, ob sie den Frieden durch große territoriale Verluste erkaufen oder die Taktik des Zeitgewinnes mit dem Risiko einer Wiederaufnahme der Kampfhandlungen fortsetzen wolle. Über dieser Frage brach innerhalb der bolschewistischen Führung ein erbitterter Meinungsstreit aus. Lenin war sofort für die Annahme der Bedingungen und bezeichnete es als unverantwortliche Abenteuerpolitik, das Schicksal der Sowjetmacht einer vagen Hoffnung auf die Weltrevolution zuliebe aufs Spiel zu setzen (Thesen vom 7./20. Januar). Er fand jedoch diesmal nur geringe Gefolgschaft und hatte Mühe, wenigstens die sofortige Entscheidung für einen ›revolutionären Krieg‹ gegen die Imperialisten, wofür sich besonders Bucharin einsetzte, zu verhindern. Die Mehrheit schloß sich Trockijs geistreicher, aber unrealistischer These ›weder Krieg noch Frieden‹ an. In der festen Hoffnung auf die bevorstehende Weltrevolution, so erklärte Trockij in einer großen Rede am 10. Februar, ›ziehen wir unsere Armee und unser Volk aus dem Krieg zurück ... sehen uns aber gezwungen, unsere Unterschrift ... zu verweigern‹; danach reiste er aus Brest-Litovsk ab und wurde in Petrograd als konsequenter Verfechter einer revolutionären Außenpolitik mit Jubel empfangen. Im übrigen aber blieb das erhoffte weltrevolutionäre Echo aus und es stellte sich statt dessen sehr rasch die machtpolitische Reaktion der Mittelmächte ein, die am 1. Februar die nationale Volksrepublik Ukraine anerkannt und am 9. Februar mit ihr den sogenannten Brotfrieden geschlossen hatten: Mit der Begründung, daß das Verhalten der russischen Delegation den Waffenstillstand beendet habe, begann am 18. Februar die Offensive an der gesamten Front, ohne auf den geringsten Widerstand zu stoßen – Trockijs Ankündigung der Demobilisierung war ja eher eine Vollzugsmeldung gewesen. Jetzt erst setzte sich Lenin durch, und es war Trockijs Stimme, die ihm am Abend des 18. Februar endlich die Mehrheit im Zentralkomitee verschaffte; Trockij zog persönlich die Konsequenz und resignierte als Außenkommissar. Der Schaden, den die Spekulation auf das Bevorstehen der Weltrevolution angerichtet hatte, war beträchtlich, denn die Mittelmächte ließen die telegrafisch erklärte Bereitschaft der Sowjetregierung, den Frieden zu unterzeichnen, bis zum 23. Februar unbeantwortet, setzten inzwischen ihren Vormarsch fort und stellten schließlich noch wesentlich härtere Bedingungen. Auch deren Annahme erreichte Lenin mit knapper Mehrheit (sieben Ja, vier Nein, vier Enthaltungen). Am 3. März 1918 wurde der Frieden von Brest-Litovsk unterzeichnet und innerhalb der geforderten vierzehntägigen Frist vom 4. Sowjetkongreß am 15. März ratifiziert. Estland, Lettland, Litauen und Polen hatte die Sowjetregierung abzutreten, ferner mußte sie Finnland und die Ukraine als selbständige Staaten anerkennen, aus deren Territorien ihre Truppen und Roten Garden zurückziehen und in Zukunft auf jede Agitation gegen die nationalen Regierungen dieser Staaten verzichten. Die Türkei erhielt die Gebiete von Erdehan, Kars und Batum, und das schon im Dezember 1917 von den Rumänen besetzte Bessarabien wurde in einem Vertrag zwischen den Mittelmächten und Rumänien am 9. März als rumänischer Besitz anerkannt. Es war die beunruhigende Erfahrung der zweieinhalb Wochen vor dem Friedensschluß und nicht eine Überlegung ideologischer Art, die zu dem Entschluß der Sowjetregierung führte, ihren Sitz noch im März 1918 in das weniger gefährdete Moskau zu verlegen.

Die Geschichte hat Lenin recht gegeben, wenn es auch nicht die erhoffte Weltrevolution war, die ihn von den drükkenden Bedingungen des Vertrages von Brest-Litovsk befreite, sondern der militärische Zusammenbruch der Mittelmächte. Diesen brachte der Diktatfrieden nicht die erwarteten Vorteile, vor allem auch deshalb nicht, weil die Besetzung so großer Teile eines von der Revolution aufgewühlten Landes starke Heeresverbände festhielt und weil die Mittelmächte noch tiefer in die Nationalitätenproblematik des östlichen Europa hineingezogen wurden, zu deren Lösung ihnen nicht nur Zeit und materielle Mittel, sondern auch die politischen Voraussetzungen fehlten.

Der Abfall der Nationalitäten

Die Februarrevolution brachte nicht nur den Zusammenbruch der monarchischen Staatsform, sondern sie leitete auch den Zerfall des Imperiums in seine nationalen Bestandteile ein; neben dem sozialen Aspekt hatte die Revolution auch einen nationalen, und je weiter die Revolution fortschritt, desto komplizierter wurde das Nebeneinander und Durcheinander der beiden Aspekte. Der Kampf um nationale Freiheiten, die der russische Staat den nichtrussischen Völkern gewähren sollte, ging im einzelnen von äußerst verschiedenen Voraussetzungen aus, doch war es im allgemeinen eine kleine bürgerlich-liberale oder gemäßigt sozialistische Intelligenzschicht, die ihn führte. Das bedeutete politische Affinität zur Provisorischen Regierung, und in der Tat gingen vor dem Oktober 1917 die nationalen Ambitionen (von den Polen abgesehen) nirgends über eine mehr oder minder ausgedehnte Autonomie im Rahmen eines föderativen russischen Gesamtstaates hinaus. Solange die Kadetten den Kurs der Provisorischen Regierung bestimmten, fanden solche Wünsche jedoch ziemlich taube Ohren; mit dem Eintritt sozialrevolutionärer Minister in die Regierung wurde das Verständnis etwas größer – das Parteiprogramm der Sozialrevolutionäre vom Mai 1917 sah ›eine föderative demokratische Republik mit territorial-nationaler Autonomie in den Grenzen des ethnographischen Siedlungsgebietes der Völkerschaften‹ vor –, aber im ganzen gab die Provisorische Regierung dem Drängen der Nationalitäten nur widerwillig und unter Druck nach.

Die Oktoberrevolution schuf in doppelter Hinsicht ganz neue Voraussetzungen. Einmal dadurch, daß die Sowjetregierung schon am 2. (15.) November 1917 eine ›Deklaration der Rechte der Völker Rußlands‹ erließ, in der sie ihre Absicht kundtat, nach den Bauern, Soldaten und Arbeitern nun auch die bisher unterdrückten Völker Rußlands zu befreien, und zwar ›unverzüglich, entschieden und in nicht wieder rückgängig zu machender Weise‹. Der ›Politik eines freiwilligen und ehrenhaften Bundes der Völker Rußlands‹ sollten folgende vier Prinzipien zugrundeliegen: »1. Die Gleichheit und Souveränität der Völker Rußlands; 2. Das Recht der Völker Rußlands auf freie Selbstbestimmung bis zur Abtrennung und Bildung eines selbständigen Staates; 3. Die Beseitigung aller und jeglicher nationalen und national-religiösen Privilegien und Beschränkungen; 4. Die freie Entwicklung der nationalen Minderheiten und ethnographischen Gruppen, die das Territorium Rußlands bewohnen«. Das zweite Prinzip legte es den Nationalitäten geradezu nahe, sich über die Autonomie hinausgehend die volle Unabhängigkeit zum Ziel zu setzen. Andererseits brachte die Oktoberrevolution eine Partei zur Macht, zu der die nationalen Führungskräfte der nichtrussischen Nationalitäten in schärfstem polischem Gegensatz standen. Daher war für diese die Unabhängigkeit nicht nur ein jetzt theoretisch erreichbares Ziel, sondern eine Existenzfrage. Soweit es bei den einzelnen Nationalitäten Bolschewisten gab, was in verschiedenem, meist nur geringem Maße der Fall war, setzten sich diese natürlich für einen föderativen Anschluß an die russische Sowjetrepublik ein und fanden darin die kräftige Unterstützung Moskaus. Erst jahrelange Erfahrung mit der bolschewistischen Nationalitätenpolitik hat auch aus nichtrussischen Bolschewisten da und dort verbitterte Nationalisten werden lassen. Das Ergebnis des nationalen Freiheitsstrebens war schließlich dies, daß es in der Form staatlicher Unabhängigkeit nur dort von Moskau anerkannt wurde, wo es mit der Waffe erfolgreich gegen die Rote Armee verteidigt werden konnte; in allen anderen Fällen wurde der Wiederanschluß an das neue, sowjetische russische Imperium gewaltsam erzwungen.

Polen und Finnland nahmen eine Ausnahmestellung ein als dem Abendland zugeordnete Völker mit starker und lebendiger Überlieferung einer eigenen Staatlichkeit, die sie wiederhergestellt sehen wollten. Ethnische oder auch nur politische Assimilierung erschien hier aussichtslos. So anerkannten schon im März 1917 Sowjet und Provisorische Regierung die Unabhängigkeit Polens, was angesichts der deutschen Besetzung dieses Landes keine sehr aufwendige Geste war und von der Regierung überdies an die Bedingung eines russisch-polnischen Militärbündnisses geknüpft wurde. Die staatliche Wiedergeburt Polens vollzog sich 1918 ohne Beteiligung der Russen. Erst als Polen Anfang 1920 sehr günstige Friedensangebote der Sowjetregierung zurückwies und sich in das Abenteuer einer gewaltsamen Herstellung der Grenzen von 1772 einließ (Piłsudski-Offensive in der Ukraine mit vorübergehender Einnahme Kievs im Mai 1920), löste es eine heftige sowjetrussische Reaktion aus, die im Gegenstoß – von weltrevolutionären Hoffnungen ebenso wie von nationalem Widerstandsgeist getrieben – im August bis vor die Tore Warschaus führte. Das berühmte ›Wunder an der Weichsel‹ rettete Polen, zwang die Rote Armee unter Tuchačevskij zu eiligem Rückzug und brachte im Vorfrieden von Riga (12. Oktober 1920, bestätigt im Frieden von Riga am 18. März 1921) einen für Polen günstigen Kompromiß: Zwar blieb die historische Grenze von 1772 unerreicht, aber ein erheblicher Teil der russischen ›Westgebiete‹ mit überwiegend ostslavischer (weißruthenischer und ukrainischer) Bevölkerung fiel an Polen, und der Traum einer kommunistischen Sowjetrepublik Polen, dessen Verwirklichung schon greifbar nahe gestanden hatte, mußte in Moskau bis auf weiteres aufgegeben werden.

In Finnland wurde zunächst schon im März 1917 die 1809 gewährte Verfassung wieder in Kraft gesetzt; sie war ja durch die Verfügungen von 1899 und 1910 praktisch beseitigt gewesen. Dann aber zeigte sich, daß die Grenzen des Entgegenkommens diesem von russischen Truppen besetzten Land gegenüber eng gesteckt blieben: Im Juli löste die Provisorische Regierung den finnischen Landtag auf, als dieser (mit einer sozialistischen Mehrheit!) alle Hoheitsrechte im Lande für sich in Anspruch nahm und nur mehr auf die kostspieligen Prärogativen einer eigenen Armee und einer selbständigen Außenpolitik verzichten wollte. Trotzdem hielten sich die Finnen bereits für selbständig und nahmen an dem Kongreß der Völker Rußlands, der im Herbst in Kiev tagte, nicht mehr teil. Am 6. Dezember 1917 erklärte Finnland, das sich inzwischen eine bürgerliche Regierung unter Per Svinhufvud gegeben hatte, offiziell seine Unabhängigkeit, die von der Sowjetregierung sofort anerkannt wurde, allerdings mit dem ausdrücklichen Bedauern, daß das sowjetische Rußland gezwungen sei, die Freiheit nicht dem finnischen ›Volk, d. h. den Vertretern des finnischen Proletariats‹ zu gewähren, sondern einer bürgerlichen finnischen Regierung (Stalin in seinem Bericht vor dem Allrussischen Zentralexekutivkomitee der Sowjets). Dieses Bedauern war so stark, daß man unmittelbar im Anschluß an die Anerkennung der finnischen Unabhängigkeit, gestützt auf die noch in Finnland stehenden bolschewisierten russischen Truppen, einen Bürgerkrieg in Finnland entfesselte und noch am 1. März 1918 einen Freundschaftsvertrag mit der finnischen sozialistischen Arbeiterrepublik schloß, ehe dann die militärischen Erfolge der von einem deutschen Hilfskorps unterstützten finnischen ›Weißen‹ im Mai die Erfüllung der im Brest-Litovsker Vertrag von der Sowjetregierung eingegangenen Verpflichtung, Finnland zu räumen, nachdrücklich und endgültig erzwangen.

Auch die Verselbständigung der baltischen Länder vollzog sich zunächst unter dem Einfluß der deutschen Besetzung; sie wurde durch den Rückzug der deutschen Truppen im Herbst 1918 auf das schwerste gefährdet, konnte aber im nationalen Widerstand gegen die angreifende Rote Armee erfolgreich verteidigt werden. In Estland waren hierbei finnische und deutschbaltische, in dem schwerer bedrohten Lettland deutschbaltische und deutsche Freiwilligenformationen maßgebend beteiligt. Politisch setzte die Führung beider Völker, der Esten wie der Letten, auf die Westmächte. In den Friedensverträgen des Jahres 1920 anerkannte die russische Sowjetrepublik die Unabhängigkeit Estlands (2. Februar, Dorpat/Tartu), Lettlands (11. August, Riga) und Litauens (12. Juli, Moskau), dessen vielhundertjährige Schicksalsgemeinschaft mit Polen noch einmal deutlich geworden war, nun aber in einen erbitterten nationalen Gegensatz mündete. Vorübergehend installierte Sowjetregierungen waren allerdings geeignet, den historischen Ansprüchen des russischen Reiches auf alle diese Gebiete den Hintergrund einer bolschewistischen Revolutionslegende zu verleihen, und zwei Jahrzehnte später sollte es sich erweisen, daß Sowjetrußland die nationale Selbstbestimmung, die seine Vertreter ständig im Munde führten, nur dort respektierte, wo es durch die Machtverhältnisse dazu gezwungen wurde oder wo das kommunistische Vorzeichen bereits eindeutig gegeben war.

Viel existenzieller aber als die vorläufige Aufgabe der baltischen Positionen war für den bolschewistischen Staat das ukrainische Problem. Ohne die Ukraine mit ihrem Reichtum an Menschen und Naturprodukten ist kein machtvoller russischer Staat möglich, gleichgültig ob ihn ein Zar oder ein Zentralkomitee beherrscht. Aber die ukrainischen Nationalisten sind nicht nur daran gescheitert, daß ihre politischen Ziele die russische Großmacht in Frage stellten, sondern vor allem daran, daß ihre nationalstaatlichen Träume mit der eigenen ukrainischen Wirklichkeit nicht in Einklang zu bringen waren. Diese Wirklichkeit bestand in einer kleinen, politisch uneinigen Intelligenz, deren radikaler Nationalismus sich aus der Todfeindschaft gegen Großrußland und Polen nährte, und aus einer breiten bäuerlichen Masse, der es viel mehr um den eigenen Acker als um die politische Souveränität der Heimat ging, aus einem Zuviel an politischen Leidenschaften und einem Zuwenig an administrativen Begabungen. Aber die Gerechtigkeit verlangt hinzuzufügen, daß den Ukrainern ihre nationale Aufgabe inmitten eines der heftigsten Strudel gestellt war, den Krieg und Nachkrieg bildeten, und daß ihnen Feinde und Freunde gleichermaßen das Unheil förderten.

Schon mit der beschränkten Autonomie, die sie im Juli 1917 der Provisorischen Regierung abtrotzte, wußte die ukrainische Rada, der im März gebildete ukrainische Volksrat, nicht viel anzufangen. Statt eine eigene Verwaltung aufzubauen und das Landvolk hinter sich zu bringen, stritt die Landesregierung, das Generalsekretariat der ukrainischen Zentral-Rada in Kiev, mit Petrograd um Territorien und Ministerposten, und förderte in steigender Erbitterung am Ende ziemlich unverhüllt die bolschewistische Machtergreifung. Aber die Hoffnung trog, daß eine bolschewistische Regierung aus Schwäche oder aus Prinzip den ukrainischen Wünschen willfähriger sein würde. Als die Rada in ihrem dritten Universal vom 6. (19.) November die Ukrainische Volksrepublik – immer noch als Teil eines zu bildenden föderativen russischen Staates – proklamierte, war die Antwort ein Ultimatum und ein militärischer Angriff von Chaŕkov aus, dem man in Kiev nicht viel mehr als ein Bündnis mit den Deutschen entgegenzusetzen hatte. Der deutsche Vormarsch im Frühjahr 1918 befreite die Ukraine zwar wieder von der eben installierten bolschewistischen Macht, brachte aber die prodeutschen national-ukrainischen Parteien durch das oktroyierte Regime des Hetmans Skoropaďskyj – eine nationale Fassade, hinter der eine reaktionäre Agrarpolitik die wirtschaftlichen Interessen der Mittelmächte sichern sollte – bei den ukrainischen Bauern um jeden Kredit. Den Deutschen folgte Ende 1918 die Rote Armee auf dem Fuße, die im Sommer 1919 noch einmal den Truppen Denikins weichen und Mai 1920 vorübergehend Kiev den Polen überlassen mußte. Im Chaos eines mehrschichtigen Krieges, in dem alle gegen die Bolschewisten, aber keiner für die Ukrainer kämpfte, blieb das Direktorium der Ukrainischen Nationalrepublik, das Skoropadśkyjs Erbe angetreten hatte, ohne wirkliche Macht und Anhang. Während sich Symon Petljura, der Vorsitzende des Direktoriums, im Osten mit Denikins Verbänden und danach wieder mit der Roten Armee mehr oder minder nach Partisanenart herumschlug, suchten in Galizien ukrainische Truppen tapfer, aber vergeblich die Westukrainische Volksrepublik gegen die Polen zu verteidigen. Wie hätte ein Staat, den es im Grunde noch gar nicht gab und den niemand unterstützte, im Zweifrontenkrieg mit überlegenen Gegnern bestehen sollen? Die ungestüme Kraft des großen ukrainischen Bauernvolkes, die von keinen zureichenden Institutionen und Organisationen in politisches und militärisches Handeln umgesetzt werden konnte, verströmte sich in der Selbsthilfe des ›grünen‹ Partisanenanarchismus, um Boden und Freiheit zuerst gegen die weißen Gutsbesitzer im Gefolge der Deutschen und Denikins und danach noch lange auch gegen den roten Kommissar zu verteidigen. Der berühmteste der grünen Anarchisten, der legendäre Machno, entwich erst im August 1921 über die rumänische Grenze. Die Angst, den Boden wieder zu verlieren, wirkte sich im ganzen ohne Zweifel zugunsten der Bolschewisten aus, die in den stark russisch durchsetzten Industriegebieten der Ostukraine stets eine feste Ausgangs- und Rückzugsbasis hatten, ein radikales, vom Keim der Zwangskollektivierung noch freies Agrarprogramm verkündeten und dem ukrainischen Nationalprestige optische Opfer zu bringen bereit waren. Ein solches Scheinopfer war die Ukrainische sozialistische Sowjetrepublik (USSR), die zeitweise so machtlos war wie ihr nationales Gegenstück, aber mit der geborgten Macht Moskaus am Ende das Feld behielt und aus dem Nationalstaat der Ukraine wieder ein Nationalitätenproblem machte.

Von der Natur weit mehr begünstigt war das Unabhängigkeitsstreben der transkaukasichen Völker, nirgends war es aber andererseits so schwierig, das Nationalitätsprinzip in vernünftiger Weise zu verwirklichen, als im Mikrokosmos der kaukasischen Völkerschaften. Die unüberbrückbaren Gegensätze zwischen Georgiern, Armeniern und Azerbajdžanern brachten die nach der Oktoberrevolution gebildeten gemeinsamen transkaukasischen Institutionen und die unter türkischem Druck im April 1918 entstandene, von Rußland unabhängige transkaukasische föderative Republik sehr rasch zum Scheitern; schon im Mai 1918 löste sich die politische Gemeinsamkeit der Transkaukasier wieder auf. Georgien, dessen wirtschaftlicher und sozialer Entwicklungsstand relativ günstige Aussichten auf eine erfolgreiche nationale Sonderexistenz eröffnete, unterstellte sich am 26. Mai 1918 deutschem Protektorat und entwickelte sich zunächst unter deutscher, danach unter britischer Besetzung ziemlich ungestört zu einem sozialistisch (menschewistisch) geführten Nationalstaat, dessen Unabhängigkeit von der russischen Sowjetrepublik am 7. Mai 1920 ausdrücklich anerkannt wurde.

Ungleich schwieriger war die Situation der tödlich verfeindeten Armenier und Azerbajdžaner; in keinem dieser beiden Länder bestanden Voraussetzungen für eine funktionierende Selbstverwaltung, und in beiden Ländern verzehrten sich die vorhandenen bescheidenen Kräfte in nationalistischen Exzessen. Armenien, dessen Bevölkerung sich während des Krieges durch die Flüchtlinge aus Türkisch-Armenien verdoppelt hatte, war auf sich allein gestellt wirtschaftlich nicht lebensfähig, das muslimische Azerbajdžan, in dem die einheimischen Politiker auf die türkischen Glaubensgenossen setzten und einen kaukasischen Muslimstaat anstrebten, blieb von der Verwertbarkeit seines Erdölreichtums in einem größeren Wirtschaftsraum abhängig. Baku erlebte im Frühjahr 1918, eingeleitet durch einen Pogrom armenischer Nationalisten (Dašnaken) und bolschewistischer Revolutionäre unter der muslimischen Bevölkerung, die Episode einer bolschewistischen Herrschaft (Commune von Baku unter Šaumjan), im Herbst 1918 nach dem Einmarsch der Türken die ebenso grausame Vergeltung an den Christen; die Zahl der Opfer betrug in beiden Fällen mehrere Tausend. Erst unter britischer Besetzung normalisierten sich die Verhältnisse etwas, ohne daß die grundsätzlichen politischen, wirtschaftlichen und sozialen Probleme gelöst werden konnten. Als unlösbar erwiesen sich ebenso die Probleme Armeniens, wo man abwechselnd auf Denikin und ein Protektorat der

Vereinigten Staaten setzte, die finanzielle Hilfe der Emigranten in Grenzkriegen mit Georgien und Azerbajdžan verschleuderte und schließlich im Mai 1919 mit einem Versuch, Türkisch-Armenien zu erobern, ein klägliches Fiasko erlitt. Dem Zugriff der konsolidierten bolschewistischen Macht war so am Ende – mit Ausnahme Georgiens – überall der Boden bereitet, auch im Nordkaukasusgebiet, wo sich die alteingesessenen Terekkosaken, die überwiegend russische Bevölkerung der Städte und die überwiegend muslimischen kaukasischen Bergstämme mit Erfolg gegenseitig nach dem Leben trachteten und schon im August eine bolschewistische Machtergreifung ermöglichten, die nur der ›weißen‹ Erfolge im Bürgerkriege wegen 1920 noch einmal wiederholt werden mußte. In Georgien fehlten Anarchie und Chaos als Wegbereiter bolschewistischer Herrschaft, und hier war der sowjetrussische Imperialismus daher gezwungen, unter Bruch der bestehenden Verträge offen Gewalt anzuwenden: Im Februar 1921 beseitigte der Einmarsch der Roten Armee den gefährlichen Präzedenzfall einer erfolgreichen menschewistischen Entfaltung der revolutionären Errungenschaften. Was Ordžonikidze als Beauftragter Stalins in Georgien an bolschewistischer Nationalitätenpolitik praktizierte, führte zum einmütigen Protest selbst der georgischen Bolschewisten und erregte den Zorn Lenins. Trotzdem wurden die Georgier in die verhaßte Gemeinsamkeit der neuen Transkaukasischen Sowjetrepublik hineingezwungen.

Die ›nationale Bewegung‹ hatte schon vor dem Kriege allmählich auch die übrigen muslimischen Völkerschaften erfaßt, die nicht wie die Azerbajdžaner auf türkische Unterstützung hoffen konnten, sondern ihre Interessen aus eigener Kraft unter sehr verschiedenen Lebensbedingungen verfechten mußten. Zwischen den beiden Revolutionen des Jahres 1917 zeigten allrußländische Muslimkongresse, daß die religiös-kulturelle Gemeinsamkeit allenthalben als eine Realität empfunden wurde; doch führten die neuen Freiheiten bei den Muslims nicht nur zu Manifestationen des erwachenden Nationalbewußtseins, sondern auch zu einer durchaus positiven Einstellung demokratischen und sozialen Reformen gegenüber. Die Führung wechselte überall von einer älteren, sozial konservativ gesinnten und stark religiös gebundenen Generation auf Vertreter der jungen, mehr oder minder europäisch gebildeten liberalen oder sozialistischen Intelligenz. Während die Provisorische Regierung wenig Neigung zeigte, sich mit den entstehenden gesamtmuslimischen Institutionen auseinanderzusetzen, war Lenin von Anfang an um der propagandistischen Wirkung bei den Kolonialvölkern Asiens willen bereit, Autonomiewünschen im Rahmen der neuen bolschewistischen Ordnung entgegenzukommen. Aber im turbulenten Situationswechsel des Bürgerkrieges entglitt die Entwicklung selbst dort, wo sich bolschewistische Lokalregierungen etablierten, für Jahre der wirksamen zentralen Kontrolle. Das führte allgemein zu einer Nationalitätenpolitik, die keineswegs der dialektischen Zweckmäßigkeit des theoretischen bolschewistischen Nationalitätenprogramms entsprach, sondern die negativen Seiten des zaristischen Kolonialregimes unter kommunistischem Vorzeichen mit allen Brutalitäten eines ungehemmt aufbrechenden Rassenhasses fortsetzte. Ehe Lenin vom Jahre 1920 an daran gehen konnte, seine Prinzipien, die sich von denen des Nationalitätenkommissars Stalin erheblich unterschieden, durchzusetzen und eine erträgliche Ordnung herzustellen, war in äußerlich verschiedenem Ablauf so gut wie überall die Unheilsaat nationaler Vergewaltigung aufgegangen.

Die Krimtataren, die nur ein Drittel der Krimbevölkerung ausmachten, teilten das Schicksal der Ukrainer, abwechselnd rotem Terror, deutschem Unverstand und weißer Reaktion ausgesetzt zu sein. Erst als ihre sehr fortschrittliche und sogar zur Zusammenarbeit mit den Bolschewisten bereite nationale Partei (Milli Firka) vernichtet war, kamen sie im November 1921 zu formaler Mitbeteiligung in einer sozialistischen Sowjetrepublik der Krim. Diese mußte ebenso von der zentralen Führung gegen den hartnäckigen Widerstand der lokalen, meist russischen Parteifunktionäre durchgesetzt werden wie die autonomen, d. h. der RSFSR eingegliederten Sowjetrepubliken der Wolgatataren, Baschkiren und Kirgizen (= Kazachen). Nachdem die Ambitionen Vachitovs, eine selbständige kommunistische Muslimbewegung zu schaffen, im Strudel des Bürgerkrieges untergegangen waren, noch ehe der herausgeforderte Parteizentralismus negativ reagierte, sorgte Lenins Muslim-Experte Sultan Galiev bei den fortgeschrittenen und an ein Zusammenleben mit den Russen seit Jahrhunderten gewöhnten Wolgatataren für eine den Umständen nach maßvolle Konstituierung der bolschewistischen Macht. Die baschkirischen und kazachischen Nomaden dagegen wurden in der Hoffnung auf freie Verfügung über ihr Land bitter enttäuscht und bekamen auch in kommunistischer Form die ganze Härte der russischen Kolonialherrschaft zu fühlen; ihre Autonomie war nicht mehr als eine Fassade russisch-bolschewistischer Provinzialverwaltung. In Turkestan hielt der unmittelbar nach der Oktoberrevolution von Bolschewisten und linken Sozialrevolutionären gebildete turkestanische Rat der Volkskommissare nicht einmal eine solche Fassade für erforderlich und löste dadurch überhaupt erst eine ernsthafte separatistische Bewegung unter der bodenständigen Bevölkerung aus. Weniger eine machtlose muslimische Gegenregierung als das autochthone Räubertum der Basmači, das sich unter dem Eindruck brutaler Gewaltaktionen wie der Zerstörung Kokands im Februar 1918 zu einer nationalen Widerstandsbewegung auswuchs, verhinderte bis weit in die zwanziger Jahre hinein eine Befriedung Zentralasiens im bolschewistischen Sinn. Daran änderte auch wenig, daß man in Moskau einer eigens gebildeten Turkestankommission (Januar 1919) die Herstellung korrekter Beziehungen zu den Völkern von Turkestan als »gigantische welthistorische« Aufgabe stellte, denn M. V. Frunze und V. V. Kujbyšev, die als Kommandeur und als politischer Kommissar der 4. Armee mit der Durchführung beauftragt wurden, sahen ihre Aufgabe zunächst in der militärischen Eroberung der Protektorate Chiva und Buchara. Am 11. April 1921 wurde Turkestan als autonome Sowjetrepublik der RSFSR eingegliedert; da das Emirat Buchara und das Chanat Chiva als sowjetische Volksrepubliken Buchara und Chorezm auch weiter eine anerkannte Sonderstellung einnahmen und nur durch Verträge (vom 9. August 1922 und vom 3. September 1920) mit der RSFSR verbunden waren, bestand praktisch der alte Zustand unter neuen Namen weiter. Erst mit der Bildung der Sowjetunion setzte jenes administrative Experimentieren ein, das unter perfektionistischer Anwendung des Nationalitätsprinzips über eine ganze Reihe von Zwischenstufen schließlich zur Entstehung der fünf zentralasiatischen Unionsrepubliken Uzbekistan (1924), Turkmenistan (1925), Tadžikistan (1929), Kazachstan und Kirgizistan (beide 1936) führte. Das Aushängeschild einer nationalen Scheinsouveränität verbarg in propagandistisch wirksamer Weise das Zerschlagen einer gewachsenen, alten Gemeinsamkeit der zentralasiatischen Turkvölker in Religion, Kultur und Sprache, die Bindung des mit der Zeit unleugbaren materiellen Fortschritts an das Prestige des russisch geführten Sowjetimperiums und die ungehemmte Russifizierung durch Administration und Wirtschaftsaufbau.

Vom ›allrußländischen Imperium‹ der Zaren her gesehen war der Abfall der Nationalitäten nichts anderes als Bürgerkrieg. Er läßt sich nur in der rückschauenden Betrachtung von jenem anderen Bürgerkrieg trennen, den zu gleicher Zeit die gegenrevolutionären Aktionen der ›Weißen‹ entfachten, und der es nicht auf die Auflösung, sondern auf die Wiederherstellung und Erhaltung des alten Reiches abgesehen hatte. Die Anstrengungen der entschlossensten Gegner des Bolschewismus verstärkten sich nicht gegenseitig in ihrer Wirkung, sondern schlossen einander in ihren Zielen aus und lähmten einander in ihren Aktionen.

Bürgerkrieg und Intervention

Wie die Wahl zur Konstituierenden Versammlung zeigte, waren die Bolschewisten im Augenblick ihrer Machtergreifung weit davon entfernt, eine Mehrheit im Lande hinter sich zu haben. Trotzdem kam es der allgemeinen Kriegsmüdigkeit wegen zunächst nirgends zu einem organisierten bewaffneten Widerstand allein aus politischen Motiven. Zur antibolschewistischen Aktion entschlossene Elemente waren unter den Russen eine kleine Minderheit, die große Mehrheit wartete ab; noch wußte man nicht, wie das bolschewistische Regiment sich auswirken würde, und man gab ihm nicht die Chance langer Dauer. Selbst die Kosaken, auf deren konservative Haltung alle Revolutionsgegner rechneten, erfüllten die auf sie gesetzten Hoffnungen nicht: Nur wenige Wochen konnte sich die am 10. (23.) Januar 1918 vom Ataman Kaledin proklamierte selbständige Don-Republik halten; Ende Februar waren die Bolschewisten auch Herren am unteren Don. Nur ein Teil der Donkosaken nahm es auf sich, in der winterlichen Steppe einen Partisanenkrieg zu führen, und die kleine Freiwilligenarmee, die sich im Schutz der Don-Republik unter der Führung einiger zaristischer Generäle in der Hauptsache aus fanatisch antirevolutionären Offizieren gebildet hatte, war gezwungen, sich zum Kuban abzusetzen. Der achtzigtägige ›Eismarsch‹ bis vor Ekaterinodar (Krasnodar) und wieder zurück an den Don war ein Akt heroischer Verzweiflung ohne politischen Sinn; er schuf allerdings eine Tradition militärischen Heldentums, aus der die Kerntruppe der Gegenrevolution lebte.

Verschiedenes wirkte zusammen, um der Lage im Frühsommer 1918 sehr rasch eine für die Bolschewisten ungünstige Wendung zu geben. Einmal entzog der deutsche Vormarsch bis Rostov (am Don) den Süden ihrer Kontrolle, zum andern genügten wenige Monate bolschewistischer Herrschaft, die Stimmung im Lande aus Apathie weitgehend in Erbitterung zu verwandeln und die Kosaken zu überzeugten Antibolschewisten zu machen, und drittens löste die törichte Behandlung der tschechischen Legion eine unvorhergesehene Folge von Ereignissen aus, die eine erste schwere Krise des Sowjetstaates herbeiführten. Der zu Kriegsbeginn aus Rußlandtschechen gebildete und nach der Februarrevolution durch Kriegsgefangene bis auf ca. 40000 Mann gebrachte tschechische Verband sollte auf Wunsch Masaryks und der französischen Regierung aus der Ukraine über Sibirien und Vladivostok an die Westfront gebracht werden. Nichts hätte die Tschechen, die ihren eigenen Staat erkämpfen und heimkehren wollten, zu einem Eingreifen in innerrussische Angelegenheiten veranlaßt, wenn man sie nicht durch Entwaffnungsversuche, durch Verzögerung des Abtransportes, durch politische Agitation und schließlich nach einem ersten, an sich unbedeutenden Zwischenfall in Čeljabinsk durch offen feindseliges Verhalten provoziert hätte. Dies war um so törichter, als die Sowjetregierung über gar keine Mittel verfügte, ihren Auflösungsbefehl durchzusetzen. In einer Situation fortgeschrittener anarchischer Auflösung erwies sich das entschlossene Handeln einer kleinen, aber gut ausgebildeten und disziplinierten Truppe sofort als ein Machtfaktor ersten Ranges, dem die bolschewistischen Stadtsowjets im Ural und in Sibirien nichts entgegenzusetzen hatten. Anfang Juni 1918 befand sich praktisch die ganze Strecke der transsibirischen Eisenbahn von Penza bis Vladivostok in der Hand der Tschechen, und mit Samara (Einnahme am 8. Juni) verfügten diese auch im mittleren Wolgagebiet über eine Position von hervorragender strategischer und politischer Bedeutung; die Verteilung der Kräfte über einen ungeheuer ausgedehnten Raum wurde durch den unbestrittenen Besitz der einzigen Verkehrs- und Nachrichtenverbindung mehr als aufgewogen. Nun wollten die Tschechen zunächst nichts anderes, als ihren Abtransport nach Osten erzwingen, aber ihr überraschender militärischer Erfolg setzte außerhalb und innerhalb Rußlands politische Kräfte in Bewegung, die sich den gewaltsamen Sturz des bolschewistischen Regimes zum Ziel setzten.

Die Intervention der Alliierten stand in ihrem Beginn unter dem Gesetz des immer noch andauernden Krieges. Frankreich hatte die Hauptlast zu tragen und führte das Wort, wenn es auch eine frühere Anregung der Briten aufgriff; zudem galt die tschechische Legion seit dem Januar offiziell als ein Teil der französischen Armee. Die Sowjetregierung hatte mit den Mittelmächten Frieden geschlossen und durch Nichtanerkennung der russischen Staatsschulden sowie durch Enteignung von Industriebetrieben materielle Interessen der Alliierten verletzt, sie förderte eine weltweite Agitation, die – wenn sie erfolgreich war – alle Kriegsanstrengungen in Frage stellte; große Mengen ungenützten Kriegsmaterials lagerten in Murmansk, Archangel'sk und Vladivostok – sie durften dem Feind nicht in die Hände fallen. So erhielten die Tschechen am 20. Juni Befehl, ihre Transporte anzuhalten, und wenige Tage später wurde es offen ausgesprochen, daß sie den Kräften einer antibolschewistischen Gegenrevolution als Kristallisationskern dienen und den Aufbau einer neuen Ostfront einleiten sollten.

Die militärische Bedeutung der alliierten Interventionstruppen wird von der sowjetischen Geschichtsschreibung maßlos übertrieben; sie war geringfügig. Praktisch beschränkte sich der Einsatz auf die Erfüllung von Sicherungsaufgaben und führte nirgends zu ernsthafter Gefechtsberührung mit der Roten Armee. Versuche zur Besetzung größerer Territorien und zur aktiven Beteiligung am militärischen Geschehen wurden, vom Fernen Osten abgesehen, kaum unternommen, und wo sie unternommen wurden (britische Besetzung Bakus und Aščhabads im Sommer 1918, französisch-griechische Aktion von Odessa aus im Februar 1919), blieb ihnen der Erfolg versagt. Lediglich die Japaner ließen durch den Umfang ihres Interventionsaufgebotes (am Ende 70000 Mann) ein territoriales Interesse am russischen Fernen Osten erkennen und ebendies erst brachte auch die lange zögernden Vereinigten Staaten dazu, mit einer ziemlich symbolischen Streitmacht (5000) die Tschechen in Sibirien und – wie Wilson am 17. Juli 1918 bekanntgab – ›die Anstrengungen der Russen zur Selbstregierung und Selbstverteidigung‹ zu unterstützen, ›falls diese selbst es wünschen‹. In der Tat hat das Erscheinen der Japaner und Amerikaner in Ostsibirien den Tschechen die vollständige Inbesitznahme der transsibirischen Eisenbahn erleichtert. Ungleich bedeutungsvoller als all dies war im Augenblick die moralische Wirkung des Interventionsentschlusses und auf die Dauer die materielle Versorgung der gegenrevolutionären Kräfte. Aber den hohen Einsatz des Bürgerkrieges mußten Russen wagen, und Russen waren es, nicht alliierte Politiker und Strategen, die ihn verspielten. Die Offensiven Kolčaks, Denikins und Wrangels als drei ›Feldzüge der Entente‹ zu bezeichnen, ist eine bewußte Entstellung der Tatsachen, obwohl an der prinzipiell antibolschewistischen Politik der alliierten Mächte natürlich kein Zweifel besteht.

Kein Bürgerkrieg ist mit den Maßen eines normalen Krieges zu messen, aber im Vergleich mit dem unmittelbar vorhergehenden ersten Weltkrieg fällt der völlig andere Charakter der militärischen Aktionen im russischen Bürgerkrieg besonders ins Auge. Da war keine Rede von Stellungskrieg und Masseneinsatz bewaffneter Völker. Das ›Volk‹ blieb leidendes Objekt der Auseinandersetzungen, denen es sich, wo immer es ging, entzog. Zwangsrekrutierungen und Massendesertionen waren auf beiden Seiten eine Normalerscheinung. Selbst offizielle sowjetische Quellen geben für die Jahre 1919 und 1920 die Zahl von 2846000 Desertionen aus der Roten Armee an, deren Bestand Ende 1918 etwa 800000 Mann betrug und am Ende des Bürgerkrieges die von Lenin unter weltrevolutionären Perspektiven vorgesehene Zahl von drei Millionen um zweieinhalb Millionen überstieg. Mit anderen Worten: Der russische Bauer entzog sich dem neuen Krieg, sobald und sooft er konnte. So kam es entscheidend auf den Kern Überzeugter an, die nicht nur zu jedem persönlichen Opfer bereit, sondern auch kraft ihrer Überzeugung in jeder Lage zu selbständigem Handeln fähig waren. Solche gab es auf beiden Seiten, aber der Ausgang des Bürgerkrieges bliebe unverständlich, wenn man die moralische Überlegenheit der Roten Armee durch den fanatischen Einsatz der kommunistischen Parteimitglieder nicht in Anschlag bringen wollte. Als sich im Sommer 1918 die Lage an der Wolga zuspitzte, stand der Aufbau der Roten Armee noch in den Anfängen, obwohl die Entscheidung über die Bildung einer bewaffneten Macht des Sowjetstaates schon Ende Januar gefallen war. Da der organisatorische Apparat der alten Armee nicht mehr bestand und es buchstäblich an allem fehlte, war die Aufgabe schwierig genug; sie wurde jedoch dadurch noch weiter erschwert, daß man ideologischen Grundsätzen folgte, wo militärische Notwendigkeiten zu berücksichtigen waren. Die Sache ging erst vorwärts, als im April Trockij an die Spitze des Kriegskommissariats trat und ohne Rücksicht auf revolutionäre Errungenschaften mit Unterstützung Lenins die allgemeine Dienstpflicht für Arbeiter und Bauern (ohne Waffe sehr bald auch für die ehemaligen Ausbeuter), die Abschaffung der Offizierswahl und die Einführung eines Fahneneides durchsetzte. Trockij ging noch weiter, indem er im Laufe der Zeit an die 50000 Offiziere der zaristischen Armee als militärische Spezialisten zum Dienst in der Roten Armee heranzog. Das Mittel war zweischneidig, aber das System der politischen Kommissare bot einige Sicherheit, und sofern der Bürgerkrieg auch als Verteidigung des Vaterlandes gegen den äußeren Landesfeind aufgefaßt werden konnte, erfolgte die Dienstleistung nicht selten freiwillig und loyal – als es 1920 um die Abwehr des polnischen Angriffes ging, stellte sich sogar Brusilov als Vorsitzender eines ad hoc gebildeten Militärrates zur Verfügung. Trockij persönlich war es auch, der im August 1918, als die ›Volksarmee‹ der sozialistischen Regierung in Samara Simbirsk und Kazań eingenommen hatte, den Rückzug bei Svjažsk zum Stehen brachte und damit die Voraussetzung für den erfolgreichen Gegenangriff im September schuf. Gleichzeitig gelang es Vorošilov und Stalin, Caricyn (Stalingrad) gegen die angreifenden Donkosaken des Ataman Krasnov zu halten und dadurch eine Vereinigung der südlichen und der östlichen gegenrevolutionären Kräfte zu verhindern. Die revolutionäre Uneinnehmbarkeit dieser Stadt ist allerdings eine Legende, denn Denikins Truppen konnten sie im folgenden Jahr besetzen und längere Zeit halten, nur kam diesem Erfolg im Juni 1919 keine besondere strategische Bedeutung mehr zu.

Es war geradezu ein Gesetz des Bürgerkrieges, daß zwar die Rote Armee, nicht aber die Verbände der Weißen schwere Rückschläge überstehen konnten: Als im September 1918 die bolschewistische Offensive an der Wolga einsetzte, löste sich die ›Volksarmee‹ sehr bald in nichts auf; am Ende des Jahres waren wieder das ganze Wolgagebiet und große Teile des Uralgebietes in der Hand der Sowjetregierung. Als Anfang Juni 1919 den falsch angesetzten, aber zunächst erfolgreichen Vorstoß der sibirischen Armee Kolčaks der rote Flankenstoß in Richtung Ufa traf, führte dies zu einem durch nichts mehr aufzuhaltenden Rückzug bis in den Fernen Osten. Und als Denikin im Oktober 1919 ganz Südrußland von der Wolga bis zum Dnestr erobert hatte und im Besitz von Orel und Voronež Moskau selbst zu bedrohen schien, als gleichzeitig

Judenič, der in Estland eine kleine Truppe gesammelt hatte, Petrograd angriff, da genügten einige unglückliche Gefechte, den greifbar nahen militärischen Sieg in eine totale Niederlage zu verwandeln. Wrangels Ausbruch aus der Krim im Juni 1920 verfolgte nur mehr begrenzte Ziele. Die mangelnde Koordination ist offensichtlich: Denikin erreichte die Wolga erst, als sich Kolčaks Armee bereits in vollem Rückzug befand; Piłsudski begann seine Offensive erst, als sich die Reste von Denikins Truppen bereits in Novorossijsk eingeschifft hatten, und Wrangel griff erst an, als die polnische Offensive bereits gescheitert war. Aber es waren nicht militärische Fehler für das politische Scheitern der Gegenrevolution verantwortlich, sondern es verursachte umgekehrt das politische Versagen der Weißen auch die militärischen Katastrophen.

Es kam nicht so sehr darauf an, wessen Kavallerie mehr Städte eroberte, als darauf, wer das Volk für sich gewann. Das ›Volk‹ aber, das waren die russischen Bauern und für die vom Rande her operierenden Weißen auch die dort lebenden Nationalitäten. Es mußte der Gegenrevolution zum Verhängnis werden, daß sie sich weder zu einer radikalen Agrarreform, noch zu einem föderativen Staatsaufbau bekannte, daß sie nicht bereit war, die Errungenschaften der Revolution, d. h. den faktisch bereits bestehenden Zustand als Ausgangsbasis ihres politischen Programms anzuerkennen. Obwohl weder der Admiral Kolčak, den die Intrigen der in Sibirien versammelten Politiker und Militärs zum ›Obersten Regenten‹ einer auch von den Alliierten anerkannten Provisorischen Regierung machten, noch der General Denikin, der als Führer der Freiwilligenarmee das Erbe des vor Ekaterinodar gefallenen Kornilov antrat, von Adel war und persönlich als ausgesprochener Reaktionär gelten konnte, obwohl eine Restauration der Monarchie nach dem grauenvollen Ende der kaiserlichen Familie, die man am 16. Juli 1918 beim Herannahen der Tschechen in Ekaterinburg (Sverdlovsk) niedergemetzelt hatte, praktisch nicht mehr in Frage kam – wer sich nicht für die revolutionäre Gegenwart einsetzte, wurde als Verteidiger der gestürzten Ordnung angesehen. Mochte man noch so üble Erfahrungen mit den Bolschewisten machen, den verjagten Gutsbesitzer brachten sie jedenfalls nicht wieder zurück. Und wenn es bei den Bolschewisten keine vernünftige Ordnung gab, so gab es diese bei den Weißen genau so wenig. Die Führer der Weißen waren Militärs und geschworene Gegner der Sowjetregierung, sie verfolgten in erster Linie das militärische Ziel, den Feind zu vernichten; keiner von ihnen brachte es fertig, eine funktionierende Zivilverwaltung aufzubauen, keiner besaß Autorität genug, die Reaktionäre des eigenen Anhangs zu zügeln und der hemmungslosen Korruption zu steuern. Der weiße Terror hielt dem roten die Waage. Und alle Weißen waren großrussische Chauvinisten, die für das ›eine und ungeteilte‹ russische Reich kämpften und sich als völlig unfähig erwiesen, mit anderen Völkern zusammen für das gemeinsame Ziel zu kämpfen.

Im Bürgerkrieg gelten nur die Extreme. Herrschte in Moskau die radikale Linke, so landete die Gegenrevolution, die im Juni 1918 mit sozialistischen Regierungen an der Wolga und in Sibirien begonnen hatte, schon im November 1918 mit der Militärdiktatur Kolčaks bei der radikalen Rechten. Die demokratische Mitte, von den gemäßigten Sozialisten bis zu den Liberalen, wurde zwischen diesen beiden Extremen zerrieben und mußte, da sie sich weder für die bolschewistische Parteidiktatur noch für eine reaktionäre Militärdiktatur entscheiden konnte, emigrieren, noch ehe die Würfel gefallen waren. Die Weißen folgten ihr nach – über die mandschurische Grenze und über Vladivostok, über Novorossijsk und Sevastopol und über alle anderen Grenzen und Häfen. Mit den Niederlagen Kolčaks und Denikins kam auch die Intervention an ihr Ende. Mit halbem Herzen unternommen und mit unzulänglichen Mitteln durchgeführt, teilte sie das Fiasko der Gegenrevolution. Es war symbolisch, daß der französische General Janin als höchster alliierter Offizier in Sibirien den ›Obersten Regenten‹ Kolčak, auf den die Alliierten gesetzt hatten und der sich am 4. Januar 1920 in Irkutsk unter ihren Schutz stellte, einem dort gebildeten ›Politischen Zentrum‹ aller Diktaturgegner auslieferte. Und es war ebenso symbolisch, daß diese nichtbolschewistische Institution den

Admiral, als sich die Reste seiner Armee auf dem Fußmarsch durch den höllischen Winter Sibiriens Irkutsk näherten, ohne Gerichtsverhandlung am 7. Februar 1920 erschießen ließ.

DIE HERRSCHAFT LENINS

Kriegskommunismus

Die Atempause, die der Friede von Brest-Litovsk nach Lenins Wunsch der Sowjetmacht bringen sollte, war nur sehr kurz. Alle Bemühungen, den ›Übergang vom Kapitalismus zum Sozialismus‹ in einen Plan und unter Kontrolle zu bringen – das hatte Lenin im April 1918 als die ›aktuelle Aufgabe‹ bezeichnet –, gerieten schon im Sommer 1918 wiederum unter den Zwang kriegsbedingter Notwendigkeiten, d. h. die Verwirklichung der kommunistischen Ziele mußte unter den Verhältnissen des Krieges und des Bürgerkrieges erfolgen – so lautet die offizielle Definition des ›Kriegskommunismus‹. Nun ist gewiß zuzugeben, daß der Bürgerkrieg ›erschwerende Umstände‹ in jeder Beziehung schuf – zu allem, was im eigenen Land an Werten vernichtet wurde, kam noch die Wirtschaftsblockade durch die intervenierenden Mächte hinzu –, aber es war keineswegs so, daß die andauernde Kriegssituation ursprünglich vorhandene bolschewistische Prinzipien etwa in ihr Gegenteil verkehrte. Eher kann man behaupten, daß der Krieg vorhandene Tendenzen verstärkte und zusätzlich rechtfertigte, vor allem die alles beherrschende, spezifisch leninistische Tendenz in Richtung des Zentralismus, d. h. einer totalen Konzentration der Macht. In jedem politischen System erzwingt die Kriegführung eine Zusammenfassung und zentral gesteuerte Verwendung der vorhandenen Kräfte. Genau dies entsprach jedoch vollkommen Lenins Vorstellungen von der Methode, mit der man das Ziel der klassenlosen Gesellschaft in Gestalt eines märchenhaft produktiven modernen Industriestaates anstreben müsse. Und es entsprach außerdem einer jahrhundertalten russischen Tradition, das Land durch eine allmächtige Zentralbürokratie und ein Netz von Kontrollsystemen zu regieren. Weniger die zentralistische Methode an sich als ihr eklatanter Mißerfolg forderte schließlich zum Protest heraus. Aber solange der Bürgerkrieg dauerte, waren die Massen immerhin bereit, nicht Unmögliches zu verlangen und Opfer auf sich zu nehmen – unvorstellbare Opfer selbst nach den Maßstäben eines traditionell sehr niedrigen Lebensstandards.

Die Praxis des Kriegskommunismus lief darauf hinaus, daß der Staat allein produzierte, allein die Produkte verteilte und allein über die Arbeitskraft verfügte. Zwei überdimensionale zentralistisch-bürokratische Wirtschaftsorganisationen wurden zu diesem Zweck geschaffen: Der Oberste Volkswirtschaftsrat (Vysšij sovet narodnogo chozjajstva), dem mit vierzig Hauptabteilungen die Verstaatlichung der Industrie und die Leitung der industriellen Produktion oblag, und das Volkskommissariat für Versorgung (Narodnyj komissariat prodovol'stvija = Narkomprod), dem im Mai 1918 alle Vollmachten gegeben wurden, eine ›Versorgungsdiktatur‹, d. h. praktisch eine Ernährungsdiktatur auszuüben. Ihren Hauptzweck im Kriege – für die Rote Armee zu produzieren und die Rote Armee zu ernähren – konnten diese Mammutinstitutionen nur erreichen, indem sie Methoden anwendeten, die sehr wenig mit den Revolutionserwartungen der Arbeiter und Bauern übereinstimmten. Die vielgerühmte Arbeiterkontrolle, die sich in Gestalt der Fabrikkomitees vielfach der Betriebsführung bemächtigt hatte, wurde stillschweigend beseitigt, die Fabriken erhielten ausschließlich der Zentrale verantwortliche Direktoren, häufig bourgeoise Spezialisten, die allein imstande waren, die Produktion wieder in Gang zu bringen. Die Versorgungsdiktatur konnte nicht anders in den Besitz verteilbarer Nahrungsmittel kommen als durch Zwangsrequisitionen bei den Bauern, ein Mittel, das in der maßlosen Willkür seiner Anwendung die landwirtschaftliche Produktion auf ein Mindestmaß reduzierte.

Mit dem Ende des Bürgerkrieges fiel der höhere Zweck, dem all dies diente, weg. Nun, da die Sowjetregierung wieder über das gesamte Territorium verfügte, meinte man mit einer raschen Besserung der Ernährungslage rechnen zu können. Nichts dergleichen geschah. In einem Doktrinarismus, den man nicht anders als verblendet nennen kann, hielt die Führung an ihrem radikalen Zentralismus fest – in einer Situation, in der alles darauf ankam, die Initiative des einzelnen zur Wiederbelebung der total zerschlagenen Wirtschaft zu beleben. Es war vor allem Trockij, der mit Vehemenz diesen Standpunkt vertrat und die Führungsprinzipien, die sich in der siegreichen Roten Armee bewährt hatten, nun nicht nur auf das Transportwesen – da ließ sich das noch vertreten und war in Gestalt des Zentralen Transportkomitees (Cektran) nicht ohne Erfolg –, sondern auf die Gesamtwirtschaft übertragen wollte. Hinter Trockij standen aber im Winter 1920/1921 auch noch Lenin und das gesamte Zentralkomitee. Noch im Dezember 1920 faßte der 8. Sowjetkongreß den Beschluß, die Produktionsfreudigkeit der Bauern dadurch zu heben, daß eine eigene Organisation lokaler ›Saatkomitees‹ die Aussaat jedes einzelnen Bauern überwachen sollte. Dabei zeichnete sich eine Wirtschaftskatastrophe allergrößten Ausmaßes bereits ab: In lebenswichtigen Industriezweigen war die Produktion so gut wie ganz zum Stillstand gekommen, selbst in den günstigsten Fällen betrug sie nur mehr ein Viertel der Vorkriegsproduktion; am 22. Januar 1921 mußte die Brotzuteilung in den Großstädten um ein Drittel gekürzt werden, am 12. Februar zwang eine akute Brennstoffkrise zur Schließung der 64 größten Petrograder Industrieunternehmen, darunter auch der Putilovwerke. Das Petrograder Proletariat mußte hungern und frieren und hatte keine Arbeit; gleichzeitig verhinderte die Polizei rücksichtslos jeden Versuch, aus der ländlichen Umgebung selbst Nahrungsmittel zu beschaffen.

Damit war das Maß voll. Die Petrograder Arbeiter antworteten mit einer Streikwelle, forderten freien Handel mit dem Dorf und so manches andere, was seit dem Oktober 1917 in Vergessenheit geraten war. Aber nun erwies es sich, was Streik gegen die bolschewistische Sowjetmacht bedeutete: Der Petrograder Parteidiktator Zinovʹev, eine der menschlich abstoßendsten Erscheinungen unter den bolschewistischen

Führern, verhängte am 24. Februar das Standrecht über die Stadt, ließ Sonderabteilungen von Offiziersschülern gegen die Streikenden vorgehen und alle Menschewisten und Sozialrevolutionäre verhaften. Danach wurde der Weg ins Dorf freigegeben und die zuständigen Behörden schafften Lebensmittel in die Stadt. Gleichzeitig nahm bei den Bauern der grüne Anarchismus beängstigendes Ausmaß an. In der Ukraine führte Machno, der gegen Wrangel noch mit der Roten Armee zusammengearbeitet hatte, seinen Privatkrieg gegen die requirierende Sowjetmacht, und im Schwarzerdegouvernement Tambov – seit jeher ein Zentrum bäuerlichen Empörergeistes – brachte der Partisanenführer Antonov den Agenten der Versorgungsdiktatur erhebliche Verluste bei. Auch diese Symptome einer Massencharakter annehmenden Unzufriedenheit wurden durch den Einsatz von Elitetruppen und die Anwendung drakonischer Vergeltungsmaßnahmen unterdrückt, aber gerade am Verhalten der Tambover Bauern scheint Lenin die Notwendigkeit aufgegangen zu sein, nicht nur die Symptome, sondern auch die Ursachen der Unzufriedenheit zu bekämpfen.

Weder die Protestaktionen der Arbeiter noch die der Bauern hatten im Grunde politischen Charakter; sie störten die Optik des Arbeiter- und Bauernparadieses, aber sie stellten nicht die Macht der kommunistischen Partei in Frage. Wohl aber tat dies die Erhebung der Kronstädter Matrosen. Als Sympathiekundgebung für die Petrograder Arbeiter faßte die Besatzung des Schlachtschiffes ›Petropavlovsk‹ am 28. Februar 1921 eine Resolution, der am folgenden Tag eine Versammlung von 16000 Matrosen zustimmte, ohne daß der anwesende Kalinin, damals Vorsitzender des Zentralexekutivkomitees der Sowjets, dies verhindern konnte. Die Resolution begann mit der Forderung von Neuwahlen für den Sowjet unter den Bedingungen geheimer Stimmabgabe und freien Agitationsrechtes für alle Arbeiter und Bauern vor der Wahl, sie forderte in einer Reihe weiterer Punkte die Wiederherstellung der Grundfreiheiten ›für Arbeiter und Bauern, Anarchisten und linkssozialistische Parteien‹, die Befreiung aller politischen Gefangenen derselben sozialen und politischen Gruppen, die Überprüfung der Prozeßakten in Gefängnissen und ›Konzentrationslagern‹, die Beseitigung der bevorzugten kommunistischen Zellen und Sonderabteilungen in allen Truppenteilen und Betrieben, Gleichheit der Lebensmittelrationen für alle Werktätigen, volle Verfügungsfreiheit der Bauern über ihr Land und ähnliches mehr. Das war keine spontane Äußerung sozialer Unzufriedenheit mehr, das war ein eindeutiger Protest gegen die Alleinherrschaft der kommunistischen Partei aus dem enttäuschten Herzen aufrichtiger Revolutionäre. Die Errungenschaften der Revolution sollten wiederhergestellt werden, und diese Errungenschaften waren für die Kronstädter nicht Machtbefugnisse, sondern Freiheiten. Ehe sie nicht vom Gegenteil überzeugt wurden, glaubten sie fest daran, daß Lenin sie verstehen würde, daß er – wie sie in ihrer eigenen ›Izvestija‹, die vom 3. bis 16. März erschien, schrieben – ›im großen Augenblick des Kampfes der Werktätigen um ihre in den Staub getretenen Rechte nicht heucheln, sondern die Wahrheit sagen würde‹. Lenin hat sehr wohl verstanden, um was es hier ging, aber er hat anders reagiert, als es die Kronstädter – einst die Elitetruppe der bolschewistischen Revolution – erhofften. Wenn die Macht und die Einheit der Partei gefährdet schien, kannte Lenin keine Gefühle. Am 7. März begann der Angriff auf Kronstadt über das brüchige Eis des finnischen Meerbusens hinweg. Die Kronstädter wehrten sich verzweifelt, und die eingesetzten Truppen mußten mit der Waffe vorwärtsgetrieben werden. Zweihundert Delegierte des eben zusammengetretenen 10. Parteikongresses eilten aus Moskau herbei, um die politische Moral der Angreifer zu stärken. Erst am 18. März wurde Kronstadt erobert, und die Härte der Vergeltung entsprach der Härte des Kampfes: Die Zahl der Liquidierten wurde niemals bekanntgegeben, nur 13 ganz untypischen ›Kronstädtern‹ (fünf adeligen Offizieren, einem Geistlichen und sieben Bauern) wurde vor der Hinrichtung ein Schauprozeß gemacht, einige wenige konnten über das Meer nach Finnland entkommen. Schlimmer noch als die physische Vernichtung war jedoch die moralische, die aus dem Freiheitsschrei von Proletariern eine weißgardistische Verschwörung machte und heute noch behauptet, die ›Gegenrevolution‹ der Kronstädter habe ›die Diktatur der Bourgeoisie errichten und die kapitalistischen Ordnungen wiederherstellen‹ wollen.

Die Reaktion der Parteiführung wäre vielleicht nicht so maßlos heftig gewesen, wenn nicht die Partei selbst im Winter 1920/1921 eine schwere innere Krise durchgemacht hätte. Derselbe Konflikt trat gewissermaßen gleichzeitig auf zwei verschiedenen Ebenen auf: So wie die Kronstädter gegen die Alleinherrschaft der kommunistischen Partei revoltierten, gab es innerhalb der Partei eine Opposition gegen die Alleinherrschaft des Zentralkomitees. Der Ausgangspunkt war Trockijs (und der Parteiführung) militaristischer Wirtschaftszentralismus, in dem die kommunistische Gewerkschaftsführung nicht zu Unrecht eine Infragestellung ihrer eigenen Position erblickte. Aber es blieb natürlich nicht aus, daß die Kritik am Zentralismus auch über den Bereich der Wirtschaft hinausgriff. Die Entwicklung der Parteiorganisation bot dazu einigen Anlaß. Solange Sverdlov lebte (gest. 1919), hatte er die noch relativ einfache Organisation praktisch allein gehandhabt. Erst der 8. Parteikongreß im März 1919 schuf mit dem Sekretariat und dem Organisationsbüro eigene Institutionen, die sich ausschließlich Organisationsaufgaben zu widmen hatten; derselbe Parteikongreß belebte auch wieder in einer Tendenz zur Zentralisation innerhalb der Zentrale das schon vor der Oktoberrevolution geschaffene, aber bisher bedeutungslose Politische Büro des Zentralkomitees. Mit Politbüro, Sekretariat und Orgbüro entstanden innerhalb der Parteiführung einerseits Parteibehörden, die sofort den Gesetzen des bürokratischen Mengenwachstums anheimfielen, andererseits Machtpositionen, um die sofort ein Kampf zwischen den führenden Männern entbrannte. Der ›Apparat‹ bekam ein politisches Eigengewicht, das er bis dahin nicht gehabt hatte, und während alle Beteiligten unaufhörlich Lippenbekenntnisse zur Parteidemokratie ablegten, ging es in Wahrheit um die zentralen Schlüsselstellungen im Apparat. Diese Strukturveränderung blieb natürlich nicht unbemerkt, und der Protest gegen sie fand Ausdruck in zwei innerparteilichen Oppositionsgruppen, den Demokratischen Zentralisten und der Arbeiteropposition. Größere Bedeutung kam nur der Arbeiteropposition zu, die in der Person ihres Führers Šljapnikov tatsächlich das proletarische Element in der Partei vertrat und mit ihren Forderungen nach Säuberung der Partei von korrupten Elementen, nach Erhaltung des Wahlprinzips und nach einer Lösung der obersten Sowjet- und Gewerkschaftsorgane aus der totalen Abhängigkeit vom Zentralkomitee eben jene Entwicklung kritisierte, in der Lenin die Übertragung seines ursprünglichen Parteiprinzips in die Dimensionen der herrschenden Staatspartei eines Imperiums sehen mußte. Entgegen einer späteren Legendenbildung war Lenin alles andere als tolerant gegen Meinungen, die von der seinen abwichen. Nur hat er sich weniger primitiver Methoden bedient als Stalin, um die Opposition zu liquidieren – weniger primitiver, aber nicht weniger unmoralischer Methoden.

Die Spannung zwischen Trockij und den Gewerkschaften, der Machtkampf zwischen Zinovʹev und Trockij, die Bestrebungen der oppositionellen Gruppen, die katastrophale wirtschaftliche Lage und die außerhalb wie innerhalb der Partei wachsende Unzufriedenheit bildeten einen unentwirrbaren Knäuel, der als Parteikrise monatelang dahintrieb, bis Lenin auf dem 10. Parteikongreß die von ihm vorbereiteten Entscheidungen erzwang. Es mochte den Delegierten unter dem Eindruck der Kronstädter Ereignisse zunächst ganz verständlich erscheinen, daß Lenin zu Beginn ziemlich allgemein die Zeit für gekommen erklärte, ›der Opposition ein Ende zu setzen‹. Die Gesinnungsgenossen Šljapnikovs und der Kollontaj hatten nicht im entferntesten daran gedacht, mit den streikenden Petrograder Arbeitern oder mit den Kronstädter Matrosen gemeinsame Sache zu machen. Gegen Bedrohung von außen stand auch die Arbeiteropposition zur ›Parteieinheit‹; sie strebte keine Spaltung der Partei an, bildete auch keine organisierte Fraktion innerhalb der Partei, sondern vertrat nur in einigen Punkten eine von der herrschenden abweichende Meinung, eine eigene ›Plattform‹, wie es im Parteijargon hieß. So kam es auf dem eigentlichen Parteikongreß auch gar nicht zu einer offenen Austragung des Konfliktes, Šljapnikov selbst wurde als Vollmitglied in das neue Zentralkomitee gewählt. Erst auf einer im letzten Augenblick anberaumten zusätzlichen Beratung über die Brennstoffkrise brachte Lenin völlig überraschend zwei Resolutionen ein: Die eine ›über die Parteieinheit‹ erklärte unter Hinweis auf Kronstadt jede Plattformbildung für untragbar und gipfelte in dem Antrag, alle Gruppen mit eigener Plattform bei Strafe des sofortigen Ausschlusses aus der Partei aufzulösen; die andere ›über die syndikalistische und anarchistische Abweichung in unserer Partei‹ erklärte die von der Arbeiteropposition geforderte Kontrolle der Industrie durch die Gewerkschaften als dem Marxismus widersprechend und als ein Programm, das mit der Mitgliedschaft der kommunistischen Partei nicht zu vereinbaren sei. Im Parteiprogramm von 1919 war es noch als Aufgabe der Gewerkschaften bezeichnet worden, ›die Verwaltung der gesamten Volkswirtschaft in ihren Händen zu konzentrieren‹. Beide Resolutionen wurden angenommen und in der Folge rücksichtslos verwirklicht. Seither konnte sich jede Unterdrückung einer unerwünschten Meinung innerhalb der Partei auf die Beschlüsse des 10. Parteikongresses berufen, seither gab es keinen Zweifel mehr daran, daß die Gewerkschaften nichts anderes als ein gefügiges Werkzeug in der Hand der Parteiführung zu sein hatten, und seither bedeutet Parteieinheit die bedingungslose und widerspruchslose Alleinherrschaft des Zentralkomitees. Lenin hatte allerdings einen guten Grund, die Parteieinheit um jeden Preis herzustellen, denn die Kursänderung der Wirtschaftspolitik, die unvermeidbar geworden war, stellte für die Partei nach ihrer bisherigen Erziehung und Erfahrung keine geringe Zumutung dar. Auch diese Kursänderung wurde auf dem 10. Parteikongreß eingeleitet.

Die Neue Ökonomische Politik

Lenin hat sich nicht leicht dazu entschlossen, das Experiment des Kriegskommunismus wirtschaftlich als gescheitert anzusehen. Erst als die Lage keinen anderen Ausweg mehr zuließ, warf er das Steuer herum. Ausschlaggebend war die Unlösbarkeit des Ernährungsproblems mit den bisher angewandten Methoden. Man mußte den Bauern eine gewisse Rechtssicherheit und ökonomische Anreize bieten, um die landwirtschaftliche Produktion zu steigern. Das geschah, indem man die bisher völlig willkürlichen Requisitionen durch eine gesetzlich festgelegte Naturalabgabe ersetzte, die sich prozentual ermäßigte, je mehr der Bauer produzierte, und indem man dem Bauern erlaubte, seine Überschüsse selbst in der Stadt zu verkaufen. Nur diese eine Maßnahme beantragte Lenin auf dem 10. Parteikongreß. Die Neue Ökonomische Politik (NEP) bestand aber noch aus zwei weiteren tiefgreifenden Veränderungen, die mit Rücksicht auf ihren vom marxistischen Standpunkt aus schockierenden Charakter ohne große Publizität durchgeführt wurden, nämlich aus der Wiederzulassung des freien Binnenhandels in beträchtlichem Umfang und aus der Erteilung von Konzessionen an private, meist ausländische industrielle Unternehmer. Das völlige Versagen der staatlichen Handelsorganisation und die augenscheinliche Unmöglichkeit, auf anderem Wege die industrielle Produktion in Gang zu bringen, erzwangen diesen Rückfall in den Kapitalismus. Die zu erwartende Reaktion von rechts und von links kalkulierte Lenin sorgfältig ein: Ehe die noch vorhandenen Menschewisten ihre Befriedigung über das Scheitern des bolschewistischen Sofortsozialismus und über das Nachholen der bourgeois-kapitalistischen Phase äußern konnten, wurden sie als Partei und einzeln nun endgültig politisch liquidiert; und ehe die Arbeiteropposition als Sprecher des Industrieproletariats gegen diese eindeutig das Bauerntum begünstigende neue Wirtschaftspolitik protestieren konnte, wurde sie in die Illegalität gedrängt. Den Ausweg, die NEP als eine ganz vorübergehende Notstandsmaßnahme zu deklarieren, hat Lenin nicht gewählt. Er war überzeugt, daß man an ihr mindestens ein Menschenalter lang werde festhalten müssen.

Der Erfolg gab Lenin zunächst in einer Weise recht, die jeder Opposition den Boden entzog. Die Ernährungslage besserte sich zusehends, und auch die Konsumgüterindustrie nahm auf der wieder zugelassenen privatwirtschaftlichen

Grundlage einen sichtbaren Aufschwung. Es dauerte nicht lange, bis neue Kapitalbildung den Typ des ›NEP-Reichen‹ hervorbrachte. Völlig darnieder lag aber auch weiterhin die verstaatlichte Schwerindustrie, und es erwies sich bald, daß man sich nicht nur die Vorzüge der kapitalistischen Wirtschaftsform zunutze machen konnte, sondern auch deren Nachteile in Kauf nehmen mußte. Schon das Jahr 1923 sah eine neue, diesmal in ihrem Charakter ›kapitalistische‹ Krise mit einer gefährlich sich öffnenden Preisschere zwischen fallenden Preisen für Agrarprodukte und steigenden Preisen für Industriegüter, mit Inflation und Massenarbeitslosigkeit. Zwar gelang es, die Geldentwertung durch die Währungsstabilisierung von 1924 aufzufangen, aber die Arbeitslosigkeit blieb, und die Kritik von links fand sehr massive Angriffspunkte. Der Schöpfer der Neuen Ökonomischen Politik hatte darauf keinen Einfluß mehr.

Noch im Jahre 1918 hatte Lenin die Folgen eines auf ihn verübten Attentates gut überstanden, aber die ungeheure Belastung der Revolutions- und Bürgerkriegsjahre hatte seine Kräfte frühzeitig verbraucht. Schon 1920 machten sich Anzeichen einer Gehirnverkalkung bemerkbar, die in der Familie erblich war. Lenin klagte zunehmend über unerträgliche Kopfschmerzen, seine Teilnahme am 11. Parteikongreß im März 1922 mußte er auf ein einziges Referat beschränken, am 26. März 1922 erlitt er den ersten Schlaganfall, der ihn für längere Zeit lähmte und der Sprache beraubte. Noch einmal gelang es seiner Energie, die Arbeitsfähigkeit zum guten Teil zurückzugewinnen, aber im Dezember 1922 trat neuerlich eine Verschlechterung ein, und am 9. März 1923 schloß ihn ein zweiter Schlaganfall endgültig von der aktiven Teilnahme am politischen Geschehen aus; dem dritten ist er am 21. Januar 1924 erlegen. Mehr als anderthalb Jahre lang stand die Geschichte der Sowjetmacht im Schatten von Lenins bevorstehendem Ende, für Lenin selbst, dessen Geist auch im Zustand schwersten körperlichen Leidens ungetrübt blieb, eine Zeit der drängenden Sorge um sein Werk, für seine Mitarbeiter eine Zeit des immer offeneren Machtkampfes um die Nachfolge. Das makabre Schauspiel, wie der noch lebende Lenin schon zum Gegenstand eines Kultes wurde, der sonst nur Toten zuteil wird, und gleichzeitig die Zügel, die ihm entglitten, mit nicht mehr zu überbietendem Zynismus seinen Händen entrissen wurden, vollzog sich weitgehend unter Ausschluß der Öffentlichkeit, auch der Parteiöffentlichkeit. Anläßlich des fünfundzwanzigjährigen Jubiläums der Parteigründung im Frühjahr 1923 forderte Kamenev von jedem Kommunisten, sich vor Entscheidungen die Frage vorzulegen: »Und wie würde Vladimir Il'ič in diesem Falle geantwortet haben?«, aber wenige Wochen vorher schon hatte Stalins Gefolgsmann Kujbyšev, als Lenin auf die Veröffentlichung seines letzten Pravdaartikels drängte, im Zentralkomitee den Vorschlag gemacht, ein einziges Exemplar der Zeitung mit dem Artikel anzufertigen und Lenin als Beleg vorzulegen, also Lenin bewußt zu betrügen.

Obwohl die Epigonen alles getan haben, um über das, was Lenin vor seinem zweiten Schlaganfall bedrängte, einen undurchdringlichen Schleier zu legen, sind uns die Einzelheiten hinreichend bekannt. Es besteht kein Anlaß anzunehmen, daß Lenin ernsthafte Zweifel an der Vollkommenheit des kommunistischen Herrschaftssystems kamen, das er in seiner Organisation der Partei geschaffen und auf dem 10. Parteikongreß in die perfekte Form der monolithischen Parteieinheit gebracht hatte, aber ganz sicher sind ihm Zweifel gekommen, ob die Fülle der Macht zweckmäßig verteilt war und in den richtigen Händen lag. Die Zweifel galten Stalin, und zwar in allen Positionen, die dieser innehatte, und sie verdichteten sich am Ende zum vollständigen Bruch. Stalin war seit 1917 Volkskommissar für die Nationalitäten, und dies war der erste Gegenstand von Lenins Sorge, seit Stalin die ›Autonomisierung‹ (d. h. Eingliederung als autonome Republik in die RSFSR) Georgiens offen betrieb und Ordžonikidze als Stalins Beauftragter in einer Weise vorging, die durch den geschlossenen Rücktritt des bolschewistischen georgischen Zentralkomitees einen kapitalen Parteiskandal heraufbeschwor. Die Angelegenheit war außerordentlich unerfreulich, und Lenin verlangte im Oktober 1922 eine Debatte des Zentralkomitees über die nationale Frage, in der er vorhatte, dem ›großrussischen Chauvinismus einen Kampf auf Leben und Tod‹ anzusagen. Lenins Krankheit wegen ist es niemals zu dieser Debatte gekommen, und auch alles, was Lenin sonst noch einleitete, blieb ohne Erfolg, aber Lenin fand in den beiden letzten Tagen des Jahres 1922 noch die Kraft, seine grundsätzlichen Ansichten über die nationale Frage zu diktieren. Sie wurden zwar im Ausland bekannt, sind in der sowjetischen Presse aber erst im Juni 1956 veröffentlicht worden.

Lenin stellte ohne Umschweife fest, daß die Partei die Interessen der nichtrussischen Völker offensichtlich grob vernachlässigt habe. Schuld daran seien ›die Hast und der administrative Übereifer‹ Stalins, die ›Leichtfertigkeit‹ Dzeržinskijs und die ›Unbeherrschtheit‹ Ordžonikidzes. Alle drei genannten waren keine Großrussen, aber – so fügte Lenin hinzu – ›bekanntlich übertreiben russifizierte Fremde stets, was die echt russische Haltung betrifft‹. Man müsse unterscheiden zwischen dem Nationalismus einer großen, unterdrückenden Nation und dem Nationalismus einer kleinen, unterdrückten Nation. »Im Verhältnis zum zweiten Nationalismus haben wir . . . uns in der historischen Praxis fast immer schuldig gemacht durch eine unendliche Zahl von Vergewaltigungen, und mehr als das – ohne es selbst zu merken, vollbringen wir weiter eine unendliche Zahl von Vergewaltigungen und Beleidigungen.« Lenin verlangte die strenge Bestrafung des Hauptschuldigen Ordžonikidze, schlug vor, die bevorstehende Bildung der Sowjetunion dem Volkskommissariat für auswärtige Angelegenheiten zu übertragen, und gab zu erwägen, ob man die Union nicht doch auf die Gebiete der Armee und der Außenpolitik beschränken und im übrigen die Selbständigkeit der einzelnen Sowjetrepubliken wiederherstellen solle. Der Verlust an Effektivität des Staatsapparates, der dabei vielleicht eintreten könne, werde ein sehr viel geringerer sein als jener, der bei einer Fortsetzung der gegenwärtigen Nationalitätenpolitik eintreten müsse »nicht nur für uns, sondern für die ganze Internationale, für hunderte von Millionen der Völker Asiens, das sich anschickt, nach uns in nächster Zukunft die historische Bühne zu betreten. Es wäre unverzeihlicher Opportunismus, wenn wir am Vorabend dieses Auftretens des Ostens ... unsere Autorität im Osten untergrüben, und sei es auch nur durch die geringste Taktlosigkeit und Ungerechtigkeit unseren eigenen Nationalitäten gegenüber.« Das blieb freilich Theorie, und diejenigen, denen sie bekannt wurde, dachten nicht entfernt daran, sich danach zu richten. Das eigentliche Problem – die Unvereinbarkeit von unbeschränkter zentralisierter Macht mit Freiheit jeder Art – hat wohl auch Lenin nicht gesehen.

Diese Einschränkung gilt auch von dem zweiten Punkt, der Lenin bis zuletzt bewegte, dem Kampf gegen die Bürokratisierung. Lange Zeit hatte Lenin den Aufbau eines maßlos bürokratisierten Partei- und Staatsapparates gedeckt und noch auf dem 10. Parteikongreß die bittere Kritik der ›Plattformen‹, die sich ja vor allem in dieser Richtung bewegte, rücksichtslos unterdrückt. Nun aber sprach er, als ihn Trockij im November 1922 zum letzten Male sah, selbst davon, daß man ›einen Block gegen die Bürokratie‹ bilden müsse, und seine letzten Pravdaartikel vom 23. Januar und 4. März 1923 (der zweite war schon am 6. Februar geschrieben, aber von der Stalingruppe des Zentralkomitees fast einen Monat zurückgehalten worden, ehe er mit gefälschtem Datum erschien) übten ziemlich unmißverständlich Kritik an der Bürokratie der ›Arbeiter- und Bauerninspektion‹ (Rabkrin), der zweiten Machtposition, die Stalin bis zum Mai 1922 innehatte. Wieder ging es freilich gegen ein Symptom und nicht gegen die Wurzel des Übels; im Zeichen des Kampfes gegen die Bürokratie und für die Arbeiterdemokratie wurden alle folgenden Machtkämpfe, und zwar von allen Beteiligten, ausgefochten, aber das hatte durchaus nichts zu tun mit der Tatsache, daß, wer die Macht hatte, sowohl mit der Bürokratie wie mit der Arbeiterdemokratie tun konnte, was er wollte, und daß Stalin, der im Mai 1922 mit Zustimmung Lenins Generalsekretär der Partei geworden war, bereits zu viel Macht hatte.

Das sogenannte Testament Lenins vom 25. Dezember 1922 ist nicht mehr als eine flüchtige Charakteristik einiger führender Persönlichkeiten des Zentralkomitees, bei der Stalin ziemlich schlecht wegkommt, Trockij aber trotz seiner Fehler als ›der fähigste Mann im gegenwärtigen Zentralkomitee‹ bezeichnet wird. »Genosse Stalin hat« – so schrieb Lenin – »eine enorme Macht in seiner Hand konzentriert; und ich bin nicht sicher, daß er diese Macht immer mit genügender Vorsicht zu gebrauchen verstehen wird.« Aber Lenins Sorge galt nicht der Machtkonzentration an sich, sondern der Gefahr einer Spaltung im Zentralkomitee, der Gefährdung der Parteieinheit, die er durch sie gegeben sah. Und diese Sorge muß wenige Tage später so groß geworden sein, daß er in einem am 4. Januar 1923 hinzugefügten Postskriptum vorschlug, ›einen Weg ausfindig zu machen, um Stalin von dieser Position (des Generalsekretärs) zu entfernen und einen anderen Mann zu ernennen‹. Lenins Autorität läßt keinen Zweifel daran zu, wie der Kampf gegen Stalins Machtposition, der sich hier ankündigte und zu dem Lenin in den ersten Tagen des März 1923 offenbar fest entschlossen war, ausgegangen wäre. Lenins zweiter Schlaganfall am 9. März hat Stalin gerettet.

In dem danach schon ganz offen geführten Machtkampf zeigte sich Trockij seinen von Stalin geführten Gegnern nicht gewachsen. Und das lag vor allem daran, daß Trockij nicht der Mann war, die in der Partei weit verbreitete Opposition zu organisieren und hinter sich zu bringen. Er war ja im Grunde nicht weniger Zentralist und Bürokrat als Stalin, wenn auch als intellektueller Doktrinär und nicht als primitiver Machtmensch. Weder die linke Opposition, die in illegalen Gruppen (Gruppe ›Die Wahrheit des Arbeiters‹, ›Arbeitergruppe‹) die Tradition der Demokratischen Zentralisten und der Arbeiteropposition fortsetzte, noch die Nationalitäten konnten nach Trockijs politischem Vorleben in ihm ihren Führer sehen. Und Trockij hat sich dazu auch gar nicht berufen gefühlt. Erst in die Enge getrieben, nahm er den Kampf überhaupt auf, und er führte ihn mit den Mitteln des Parteiintellektuellen, so als ob es keine Rote Armee gäbe, in der er außerordentlich populär war und in der ihn Antonov-Ovseenko unterstützte. Als Lenin starb, war Trockij politisch bereits ein toter Mann, der sich im Kaukasus erholte. Die große Rede bei den Trauerfeierlichkeiten hielt der ehemalige Seminarist aus Tiflis, der die Magie liturgischer Formeln immer noch meisterhaft beherrschte und mit dem nach Responsorienart immer aufs neue wiederholten Gelübde: »Wir geloben dir, Genosse Lenin, daß wir dein Vermächtnis in Ehren erfüllen wollen« die Menge in Bann schlug. In Lenins Testament sah er begreiflicherweise kein Vermächtnis. Mit Unterstützung Zinovevs und Kamenevs gelang es ihm, die von Lenins Witwe geforderte Bekanntgabe an den 13. Parteikongreß zu verhindern. Auf demselben Parteikongreß beendete Trockij seine Rede, in der er einer gegen ihn selbst gerichteten Resolution die Zustimmung verweigerte, mit dem bemerkenswerten Satz: »Die Partei kann keine Entscheidungen treffen, sie seien so unkorrekt und ungerecht wie sie wollen, die auch nur um ein Jota unsere grenzenlose Hingabe an die Sache der Partei, die Bereitschaft eines jeden von uns, die Parteidisziplin unter allen Umständen auf sich zu nehmen, erschüttern könnte; und wenn die Partei eine Entscheidung trifft, die der eine oder andere von uns für eine ungerechte Entscheidung hält, dann wird er sagen: Gerecht oder ungerecht, es ist meine Partei und ich trage alle Konsequenzen ihrer Entscheidungen bis zu Ende.« ›Die Partei‹, das waren in dem Augenblick, da Trockij dies sagte, Zinovev, Kamenev und Stalin (nach dem Parteidienstalter, nicht nach der Machtstellung geordnet), das kurzlebige Triumvirat der neuen ›kollektiven Führung‹.

Die Entstehung der Sowjetunion

Zehn Tage nach dem Tode Lenins, am 31. Januar 1924, billigte der 2. Unions-Sowjetkongreß die erste Verfassung der Union Sozialistischer Sowjetrepubliken (SSSR). Damit kam ein langwieriger Prozeß formal zum Abschluß, den der 3. Sowjetkongreß eingeleitet hatte, als er in einer Erklärung vom 12. (25.) Januar 1918 gewissermaßen die Funktion der eben auseinandergejagten Konstituierenden Versammlung übernahm und sich die Aufgabe stellte, ›die russische Sowjetrepublik ... auf der Grundlage eines freien Bündnisses freier Nationen, als Föderation sowjetischer, nationaler Republiken‹ zu bilden. ›Die russische Sowjetrepublik‹, damit meinte man den neuen russischen Staat auf dem Territorium des alten russischen Reiches. Aber der Abfall der Nationalitäten ließ einen so einfachen Erbgang nicht zu, und die sogleich angestrebte Weltrevolution legte es nahe, die Grenzen offenzuhalten. ›Wenn die Arbeiter und Bauern der verschiedenen Länder die günstigen Umstände ausnützen und dem Beispiel Sowjetrußlands folgen . . ., dann wird die russische Sowjetrepublik früher oder später von Tochter- und Schwesterrepubliken umgeben sein, eine Vereinigung, die die Basis für eine Föderation zuerst Europas und dann der ganzen Welt bilden wird‹ – so interpretierte ein Redner auf dem 5. Allrussischen Sowjetkongreß die eben angenommene Verfassung der Russischen Sozialistischen Föderativen Sowjetrepublik (RSFSR) als Basis für eine bis zum Ziel der vollendeten Weltrevolution immer weiterschreitende Föderation. Die Wirklichkeit der RSFSR war aber alles eher als eine Föderation im gewöhnlichen Sinne dieses Begriffes, d. h. ein Zusammenschluß selbständiger, gleichberechtigter politischer Gebilde. Sie war ein zentralistisch regierter großrussischer Einheitsstaat mit einer Anzahl eingegliederter Autonomer Republiken, Autonomer Gebiete und Nationaler Kreise, deren abgestufte, aber in allen Fällen auf das engste begrenzte ›Autonomie‹ nicht der Rest nach einem freiwilligen Souveränitätsverzicht, sondern dekretierte ›Gnade des Zaren‹ war, auch wenn die ererbte großrussische Zentralmacht nun das Zentralkomitee einer Partei ausübte. Das konnte auch vernünftigerweise nicht anders sein, wenn man nicht der Illusion verfiel, einen in vielhundertjähriger Geschichte gewachsenen Zustand ignorieren zu können.

Stalin sprach in diesem Zusammenhang von einem besonderen, natürlich fortschrittlicheren, sowjetischen Typ der Föderation, den er als ›zentralisierte Föderation‹ charakterisierte und der in demselben Sinne fortschrittlich ist wie die in der Sowjetunion verwirklichte totalitäre Demokratie. Nun waren aber während der Bürgerkriegszeit eine Reihe von unabhängigen Sowjetrepubliken entstanden, und zwar sowohl innerhalb wie außerhalb der alten russischen Reichsgrenzen (Ungarn), und es erhob sich die Frage, wieweit die in der

RSFSR verwirklichte Föderation geeignet war, diese bereits bestehenden und alle künftigen Sowjetrepubliken sich einzugliedern. Diese Frage stand in engem Zusammenhang mit der ›nationalen Frage‹ und führte zu einer grundsätzlichen Meinungsverschiedenheit zwischen Lenin und Stalin. Beide hielten zwar Föderation für eine Übergangserscheinung auf dem Wege zum kommunistischen Endziel, der ›vollständigen Einheit der Arbeiter der verschiedenen Nationen‹, und keiner von beiden dachte im entferntesten daran, das Föderationsprinzip auch auf die kommunistische Partei auszudehnen – der 8. Parteikongreß erklärte am 22. März 1919, die Existenz selbständiger Sowjetrepubliken (damals die Ukraine, Weißrußland, Litauen und Lettland) bedeute ›unter keinen Umständen, daß sich die russische kommunistische Partei auch ihrerseits in der Form einer Föderation selbständiger kommunistischer Parteien zu organisieren habe‹ –, aber während Lenin den sowjetischen Föderationstyp auf die RSFSR beschränken und diese ihrerseits dann eine mehr dem normalen Wortsinne entsprechende Föderation mit allen anderen Sowjetrepubliken eingehen lassen wollte, vertrat Stalin schon 1920 eine andere Auffassung: Er leugnete in zynischer Weise den Unterschied zwischen Baschkiren und Ukrainern, den Lenin berücksichtigen wollte – ›dieser Unterschied existiert in Wirklichkeit gar nicht oder ist so klein, daß er gleich null ist‹ – und meinte, daß ›Nationen, die zum Bestand des alten Rußland gehörten . . . der sowjetische (zentralisierte) Typ der Föderation ohne viel Reibungen aufgepfropft werden‹ könne. Erst wenn die alten russischen Reichsgrenzen überschritten würden, hielt Stalin eine andere Föderationsform für berechtigt, für die er die Bezeichnung ›Konföderation‹ vorschlug und die er als einen Bund unabhängiger Staaten definierte. Mit anderen Worten: Stalin hielt es für einen unangebrachten Luxus, weltrevolutionären Perspektiven in Asien oder sonstwo zuliebe auf die mögliche maximale Machtkonzentration im gesamten, historisch gegebenen russischen Reichsgebiet zu verzichten.

In genauer Entsprechung zu der Zeit ihrer Entstehung, da Lenin die volle Macht nicht mehr ausüben konnte und Stalin noch nicht die ganze Macht besaß, verwirklichte die Union Sozialistischer Sowjetrepubliken in ihrer Verfassungsform die Leninsche, in ihrem Verfassungsinhalt die Stalinsche Konzeption. Sie entstand durch einen Staatsvertrag, den die RSFSR, die ukrainische, die weißrussische und die transkaukasische Sowjetrepublik am 30. Dezember 1922 miteinander zur Bildung eines Bundesstaates schlossen, und man hatte sorgfältig darauf geachtet, daß die Initiative dazu dem Scheine nach von den ukrainischen Kommunisten ausging. Oberster Träger der Macht sollte in Zukunft ein Unions-Sowjetkongreß sein, der als Legislative einen Unionssowjet (414 Mitglieder proportional der Bevölkerungszahl der einzelnen Republiken) zu wählen und einen Nationalitätensowjet (je fünf Mitglieder aus den Sowjetrepubliken – auch aus der RSFSR – und aus den Autonomen Republiken, je ein Mitglied aus den Autonomen Gebieten) zu bestätigen hatte. Viel wesentlicher als die Konstituierung dieser Unions-›Parlamente‹, die niemals etwas anderes als gehorsame Akklamationsmaschinen gewesen sind, war die Abgrenzung der Kompetenzen zwischen Union und Republiken: So gut wie alle wesentlichen Prärogativen des Staates wurden schon im Staatsvertrag auf die Union konzentriert. In einem langen Katalog waren die der Union vorbehaltenen Sachgebiete aufgezählt, und es wurde ausdrücklich bestimmt (§ 18), daß dort, wo es sowohl in der Union wie in den einzelnen Republiken Volkskommissariate (desselben Sachgebietes) gab, die Republikbehörde ihre Tätigkeit nach den Anweisungen der Unionsbehörde auszuüben hatte. Im Grunde war das freilich nur die Legalisierung eines längst bestehenden Zustandes in Form einer komplizierten Fiktion. Die Sowjetunion war vom ersten Tage an und ist bis heute genauso ein zentralistisch regierter russischer Einheitsstaat wie die RSFSR, der Unterschied ist – um mit Stalin zu sprechen – ›so klein, daß er gleich null ist‹. Im übrigen war genau genommen die Frage der Staatsform ein Problem von sekundärer Bedeutung, denn wo Kommunisten regieren, liegt die reale Macht nicht beim Staat, sondern bei der Partei. Man hätte daher im Sinne von Lenin sehr viel großzügiger sein können, ohne die Macht zu gefährden. Aber Stalin hielt nichts von solchen Experimenten, ihm genügte schon eine überaus fadenscheinige Fassade. Der letzte (26.) Paragraph des Staatsvertrages lautete: »Jede einzelne Republik der Union behält das Recht freien Austrittes aus der Union«; ein solcher Austritt bedeutete aber zweifellos eine Veränderung des Vertrages, und Veränderungen des Vertrages konnten (§ 25) nur durch den Unions-Sowjetkongreß erfolgen, in dem die RSFSR, d. h. die Großrussen, natürlich die Mehrheit besaß.

Das freudige Ereignis der Unionsbildung wurde am 13. Juli 1923 in einem besonderen Aufruf ›allen Völkern und Regierungen der Welt‹ mitgeteilt. Darin erscheint unter den Motiven für die Vereinigung neben dem Wunsch, die gegenseitigen Beziehungen besser fördern und den wirtschaftlichen Wiederaufbau zentral leiten zu können, auch ein Hinweis auf die internationale Lage, die durch eine ›Verstärkung der Weltreaktion und der aggressiven Bestrebungen der imperialistischen Regierungen‹ gekennzeichnet sei. Unter weltrevolutionären Gesichtspunkten mochte das richtig sein, was den Sowjetstaat jedoch betrifft, war auch das eine Fiktion, denn die Intervention war längst abgebrochen, und keine ›imperialistische Regierung‹ dachte daran, sie zu wiederholen. Die Unionsbildung als eine zunächst nur formale Konsolidierung des Sowjetstaates bezeichnet vielmehr den Zeitpunkt, da auch eine Neuorientierung der sowjetisch-bolschewistischen Außenpolitik erfolgte.

Die Außenpolitik

Was sollte staatliche Außenpolitik angesichts der eben begonnenen Weltrevolution noch für einen Sinn haben? Trockij, der erste Außenminister Sowjetrußlands, fand diesen Sinn tatsächlich nicht und beschränkte sich auf weltrevolutionäre Proklamationen. Diese theoretische Selbstverneinung russischer Außenpolitik wurde in den Bürgerkriegsjahren zu einer praktisch totalen außenpolitischen Isolierung des jungen Sowjetstaates. Sämtliche diplomatischen Beziehungen rissen ab, und lange Zeit machte allein schon die militärische Lage Kontakte nach außen so gut wie unmöglich. Auch die schließlich mit allen neuen Nachbarn außer Rumänien abgeschlossenen Friedensverträge führten nirgends zu Beziehungen, die ein wirksames Durchbrechen dieser Isolierung bedeutet hätten. Keines dieser Länder vermochte dem Sowjetstaat das zu geben, was er vor allem brauchte – Industriegüter. Dasselbe gilt natürlich auch von den asiatischen Partnern, mit denen zuerst positive Vertragsverbindungen zustande kamen. Ganz im Sinne der weltrevolutionären Konzeption Lenins stand die sowjetische Asienpolitik von Anfang an im Zeichen antiimperialistischer Gemeinsamkeit, und das forderte sowjetischerseits zunächst eindeutige Gesten der Distanzierung von der eigenen russischen imperialistischen Vergangenheit: Man verzichtete in Persien (Vertrag vom 26. Februar 1921) auf russischen Realitätenbesitz aus der Zarenzeit (Eisenbahnen usw.), einigte sich mit Afghanistan (28. Februar 1921) darüber, ›die Freiheit der östlichen Nationen‹ einschließlich der ›gegenwärtigen Unabhängigkeit und Freiheit von Buchara und Chiva‹ gemeinsam zu fördern, und überließ der Türkei (26. März 1921) das seit einem Jahrhundert umstrittene Grenzgebiet von Kars. Bei der ›Republik der mongolischen Völker‹ (Äußere Mongolei, 5. November 1921) trat die sowjetische Selbstlosigkeit nicht so augenfällig zutage, aber der einzige hier mögliche Konkurrent, China, war nicht nur zu schwach und politisch zerrissen, um seine Interessen wahrzunehmen, sondern mit einem Teil seiner politischen Kräfte seit der Oktoberrevolution der beste Freund der Sowjetmacht. Sun Yatsen (gest. 1925), der Begründer der Kuomintang, hatte Lenin zu seinem Sieg sogleich beglückwünscht, Lenin hatte umgekehrt schon 1918 auf alle imperialistischen Ansprüche Rußlands im Prinzip verzichtet, und nachdem auch die Japaner schließlich von der Intervention abgelassen und die demokratische Fernostrepublik aufgegeben hatten (1922), kam es zu sehr lebhaften Kontakten, bei denen Sowjetrußland der Gebende war und die vor allem in Ausbildungshilfe und Beratung bestanden (chinesische Studenten und Offiziersschüler in Moskau, sowjetische Experten in China); diese Kontakte hatten ihre feste Grundlage in der persönlichen Wertschätzung, die der chinesische nationale und der russische soziale Revolutionär füreinander empfanden.

Viel schwieriger war es für die sowjetische Diplomatie, die G. V. Čičerin allmählich wieder in die Geleise der konventionellen Berufsdiplomatie zurückführte, mit dem Westen ins Gespräch zu kommen. Unter sehr geschickter Ausnutzung des Kriegsgefangenenproblems, des Handelsinteresses westlicher Länder und der naiven Sowjetophilie intellektueller Kreise gelang es M. Litvinov, sein kleines Büro in Kopenhagen, wo schon 1920 zur geringen Freude der dänischen Regierung englisch-sowjetische Verhandlungen über die Rückkehr von 35 gefangenen englischen Offizieren begonnen hatten, zu einer ersten inoffiziellen Sowjetvertretung im westlichen Ausland auszubauen und als Ergebnis mannigfaltiger Kontakte die ebenso inoffizielle De-facto-Anerkennung Sowjetrußlands durch eine ganze Reihe von Staaten zu erreichen. Die britische Interventionsmacht ging hier eindeutig voran, ließ sich für die Gefangenen – schlicht gesagt – alles erpressen, was man in Moskau für durchsetzbar hielt, und stimmte schließlich nach neuen Verhandlungen in London am 16. März 1921 einem regulären Handelsabkommen zu. Im gegenseitigen Übereinkommen schob man dabei die heikle Frage der russischen Vorkriegs- und Kriegsschulden sowie der sowjetischen Expropriierungen britischen Eigentums in Rußland einem künftigen endgültigen Friedensvertrag zu, obwohl man offiziell ja überhaupt keinen Krieg miteinander geführt hatte. Da die Sowjetregierung natürlich in der Folge wenig Neigung zeigte, diese Voraussetzung für ihre eigenen Schuldenzahlungen zu schaffen, kam es niemals zum ›endgültigen Frieden‹. Wohl aber kam es unter der ersten Labourregierung Macdonalds am 2. Februar 1924 zur De-jure-Anerkennung der Sowjetunion durch das Vereinigte Königreich. Und wie der Handelsvertrag mit England den von Moskau erwünschten Präzedenzfall gebildet und nach dem Londoner Muster in einer ganzen Reihe von Ländern zur Errichtung von sowjetischen Handelsvertretungen geführt hatte, deren Funktionen sich keineswegs auf kommerzielles Gebiet beschränkten, so kam auch die De-jure-Anerkennung durch England einem Dammbruch gleich: Es folgten dem englischen Beispiel noch im Jahre 1924 das faschistische Italien (8. Februar), ferner Norwegen (13. Februar), Österreich (25. Februar), Griechenland (8. März), Schweden (15. März), Dänemark (18. Juni) und Frankreich (28. Oktober), sowie von den amerikanischen Staaten Mexiko (4. August).

Die anlaufenden Handelsbeziehungen – für Sowjetrußland eine Existenzfrage und ein bedeutender Erfolg der sowjetischen Diplomatie – waren auch für die Partner des kommunistischen Rußlands ohne Zweifel vorteilhaft, aber sowjetische Außenpolitik war und ist niemals nur eine Angelegenheit des Staates, geschweige denn der staatlichen Außenhandelsbehörden, sondern immer zugleich und daneben auch eine Außenpolitik der russischen kommunistischen Partei. Im März 1919 schuf Lenin das dafür geeignete Instrument in der dritten, der Kommunistischen Internationale (Komintern), die auf ihrem zweiten Weltkongreß (23. Juli bis 7. August 1920) in Moskau auf das unbedingt verbindliche Vorbild der russischen kommunistischen Partei verpflichtet (21 Punkte) und vom ersten Tage an russischer Führung unterstellt wurde (erster Vorsitzender: Zinov́ev). Unter dem Aspekt der Weltrevolution war das ebenso sinnvoll, wie eine konventionelle Außenpolitik des russischen Sowjetstaates problematisch erscheinen konnte. Aber in dem Maße, in dem die Weltrevolution sich verzögerte und der kommunistische russische Staat sich konsolidierte, wuchsen die Schwierigkeiten einer Koordinierung der staatlichen und der parteilichen Außenpolitik. Zwar mußte ein Erfolg anderer kommunistischer Parteien, wenn er bis zur Machtergreifung gedieh, auch der Sache des Sowjetstaates förderlich sein, und in diesem Sinne war es selbstverständlich, daß alle sowjetischen Auslandsvertretungen, kommerzielle wie diplomatische, mit den kommunistischen Parteien des betreffenden Landes zusammenarbeiteten und sie in jeder Weise unterstützten. Solange jedoch der Erfolg nicht erreicht war, mußte eben dieses Verfahren die sowjetische Außenpolitik immer wieder kompromittieren, das berechtigte Mißtrauen der Partner erregen und im Effekt sowjetisches Staatsinteresse schädigen.

Am deutlichsten wurde diese Zweischichtigkeit sowjetischer Außenpolitik zunächst im Falle Deutschlands. Wenn die Komintern in ihrer Neujahrsbotschaft an das russische Volk 1920 verkündete: ›Wir werden auch in Berlin und Warschau, in Paris und London Arbeiter- und Soldatenräte einsetzen, und die Macht der Sowjets wird sich dereinst über die ganze Welt erstrecken‹, so stand in dieser Aufzählung kommunistischer Ziele nicht zufällig Berlin an erster Stelle. Deutschland hatte den Krieg verloren, es befand sich in einer ausgesprochen ›revolutionären Situation‹, und es war zugleich ein hochentwickeltes Industrieland mit einer seit Jahrzehnten wohlorganisierten Arbeiterbewegung. Wo sonst, wenn nicht in Deutschland, sollte der nächste Schritt der Weltrevolution erfolgen? Die russische Anomalie im marxistischen Geschichtsbild wäre auf diese Weise rasch und unauffällig korrigiert worden. Nun hatte die deutsche Novemberrevolution im Jahre 1918 zwar zu keiner kommunistischen Machtergreifung geführt, aber im Sommer 1920, als die Rote Armee in Polen zunächst unaufhaltsam nach Westen vorrückte, war die Lage in Deutschland immer noch so, daß man in Moskau die Hoffnung auf ein Sowjetdeutschland weiter nährte. Die bemerkenswerte Aktivität der deutschen Kommunisten schien das zu rechtfertigen, aber Karl Radek, der bolschewistische Deutschlandexperte, brachte schon 1920 eine weitere Karte ins Spiel, die bis dahin nur in der kommunistischen Asienpolitik als Trumpf galt – die nationale. Der Versuch, gegen territoriale Zusagen Deutschland in den Polenkrieg hineinzuziehen, ist zwar 1920 auf keine sichtbare Gegenliebe gestoßen und hat daher keine greifbaren Formen angenommen – die ziemlich großzügige ›Internierung‹ der nach Ostpreußen abgedrängten Teile der Roten Armee muß nicht unbedingt in diesem Sinne gedeutet werden –, aber der Gedanke wurde nicht aufgegeben, und in der Folge hat die sowjetische Außenpolitik nicht ohne Erfolg auf den nationalen Notstand der Deutschen spekuliert – mit mehr Erfolg jedenfalls als auf den sozialen. Schon der Abschluß des deutsch-sowjetischen Handelsvertrages am 6. Mai 1921 mochte dem sowjetischen Unterhändler – es war derselbe Leonid Krasin, der eben in London erst nach zehnmonatigen zähen Verhandlungen zum Ziel gekommen war –, gezeigt haben, daß mit dem isolierten Deutschland, das weder die Zahlung von Kriegsschulden beanspruchte, noch auf Alliierte Rücksicht nehmen mußte, leichter zu verhandeln war. Knapp ein Jahr später gab die Wirtschaftskonferenz in Genua, die erste internationale Konferenz, zu der auch die russische Sowjetrepublik (als Vertreterin aller Sowjetrepubliken) eingeladen war, Čičerin Gelegenheit, in dem nahe gelegenen Rapallo am 16. April 1922 mit dem deutschen Außenminister Rathenau einen erheblich weiter gehenden Vertrag zu unterzeichnen. Man verzichtete beiderseits auf alle Ansprüche und Entschädigungen, beschloß die Wiederaufnahme regulärer diplomatischer Beziehungen und sicherte einander die Meistbegünstigung im Handelsverkehr zu. Die Folgen waren sehr weitreichende; weniger der streng geheimen militärischen Zusammenarbeit wegen, die sich schon vor dem Rapallovertrag und unabhängig von diesem anbahnte, von der auch im Vertrag nichts stand, als wegen der psychologischen Auswirkungen der deutschen Rapallopolitik, und zwar sowohl außerhalb wie innerhalb Deutschlands. Die Sensation des Vertragsabschlusses begründete bei den Westmächten ein tiefes Mißtrauen gegen die deutsche Politik, in nationalen Kreisen Deutschlands aber den Rapallomythus, d. h. den Glauben an die Wunderkraft einer auf die Sowjetunion bezogenen ideologiefreien ›Realpolitik‹. Man schwärmte von Tauroggen, sah in der Nichtverlängerung des Rückversicherungsvertrages die Hauptursache des nationalen Unglücks und tat sich zumindest einiges darauf zugute, nun endlich wieder außenpolitisch freie Hand zu haben, d. h. eine Schaukelpolitik zwischen West und Ost treiben zu können. In welcher Weise sich der russische Partner inzwischen geändert hatte, das wollte man geflissentlich übersehen, wenn nur die Aussicht bestand, mit seiner Unterstützung früher oder später eine Revision der deutschen Ostgrenze erreichen zu können. Man schätzte die Vorteile des deutsch-sowjetischen Zusammengehens so hoch ein, daß dieses auch die Erfahrungen des Jahres 1923 im ganzen unbeeinträchtigt überstand. Die französische Besetzung des Ruhrgebietes hatte erneut eine ›revolutionäre Situation‹ entstehen lassen, in der die deutschen Kommunisten einen bewaffneten Aufstand und einen neuen Versuch der Machtergreifung planten, deutsche Nationalisten aber verständlicherweise bereit waren, sich mit dem Teufel gegen die Franzosen zu verbünden. Moskau setzte auf die Nationalisten: Radek bot wohlwollende Neutralität im Falle eines deutsch-französischen Krieges an und feierte Leo Schlageter, Zinov́ev gab den deutschen Kommunisten Anweisung, sich am nationalen Widerstand zu beteiligen. Für kurze Zeit schien sich die Vernunftehe von Rapallo in Flitterwochen einer revolutionären Kampfgemeinschaft zu verwandeln, die unter der Bezeichnung ›Nationalbolschewismus‹ allerdings sehr verschiedene Ziele anstrebte. Gewiß war das Schreckgespenst einer französisch-englischen Industriekolonie, das Bucharin an die Wand malte, gleich schrecklich für deutsche Nationalisten wie für deutsche Kommunisten, aber während die Nationalisten mit einer, wie sie glaubten, kontrollierbaren Unterstützung des Bolschewismus nationale Ziele erreichen wollten, schwebte Moskau durch Stärkung des deutschen Widerstandes die unbegrenzte Verlängerung der ›revolutionären Situation‹ und am Ende die kommunistische Machtergreifung durch die im nationalen Widerstand bewaffneten und geschulten Arbeiter vor. Als die deutsche Regierung unter Stresemann den Widerstand einstellte und mit Erfolg daran ging, die revolutionäre Situation zu liquidieren, warf daher Moskau sofort das Steuer herum und suchte nun in einer aktiven Unterstützung des direkten Aufstandes, die bis zu einer Einschleusung von Offizieren der Roten Armee für die Aufstellung einer kommunistischen Revolutionstruppe in Sachsen und Thüringen ging, zu retten, was zu retten war. Im Oktober 1923 scheiterte auch dieser Versuch am Eingreifen der Reichswehr; gleichzeitig mußte ein in Bulgarien geplanter Aufstand abgeblasen werden, und als am 1. Dezember 1924 auch ein wiederum unter Beteiligung von sowjetischen Offizieren ins Werk gesetzter kommunistischer Staatsstreich in Estland nach wenigen Stunden zusammenbrach, ging die Zentrale der Weltrevolution in Moskau allmählich zu vorsichtigeren Methoden über.

Dem unmittelbaren sowjetischen Staatsinteresse war die Kominternpolitik der Nachkriegsjahre zweifellos abträglich. In England kam die sowjetfreundliche Labourregierung im Herbst 1924 durch die unvorsichtige Sprache der englischen Kommunisten und durch die Affäre des gefälschten Zinov'evbriefes zum Sturz; ein am 8. August 1924 unterzeichneter neuer Vertrag mit der Sowjetunion wurde von der nachfolgenden konservativen Regierung nicht ratifiziert. Zu Frankreich waren die Beziehungen unverändert kühl, weniger deshalb, weil Frankreich die aktivste Interventionsmacht gewesen war – wenn sich greifbare Vorteile boten, war man in Moskau nicht nachtragend –, sondern deshalb, weil die französische Politik in ›Zwischeneuropa‹ auf die Schaffung eines Cordon sanitaire mit Frankreich und untereinander verbündeter Staaten hinwirkte. So fragmentarisch auch die französischen Erfolge blieben, in Moskau empfand man jede Bündnispolitik unter Nachbarn als einen gegen die Sowjetunion gerichteten feindseligen Akt, und umgekehrt waren die sowjetischen Annäherungsversuche an ostmitteleuropäische Staaten, da sie nur Handelsbeziehungen und Abrüstungsabkommen, nicht aber Nichtangriffsverträge betrafen, in Verbindung mit Erfahrungen wie dem Putschversuch in Estland wenig geeignet, Vertrauen zu erwecken. Wollte Moskau die Isolierung wirksam, d. h. nicht nur formal, sondern real durchbrechen, so mußte es die weltrevolutionäre Agitation der Komintern wirksamer als bisher dem sowjetischen Staatsinteresse unterordnen. Aber ging das Interesse der Weltrevolution im Konfliktsfalle nicht prinzipiell dem Interesse Sowjetrußlands vor? Das war eine Frage, die man wohl nur im emotionalen Aufschwung der Revolution selbst ohne Zögern positiv beantwortet hätte. Sie wurde endgültig, und zwar negativ, durch die Entwicklung der Sowjetmacht nach dem Tode Lenins, unter der Diktatur Stalins, beantwortet.

DIE HERRSCHAFT STALINS

Der Weg zur Macht

Der Machtkampf, der zwischen den bolschewistischen Führern schon während Lenins Krankheit in Gang gekommen war, bestimmte – nun in aller Öffentlichkeit geführt – für mehrere Jahre die innere Geschichte der Sowjetunion. Er mußte innerhalb der Partei ausgefochten werden, denn die kommunistische Partei der Sowjetunion war allein Träger der Macht. Welche staatlichen Funktionen die Beteiligten bekleideten, blieb ohne Belang, selbst wenn es sich um den Kriegskommissar und Schöpfer der Roten Armee handelte. Nicht der Sowjetkongreß entschied, wer Volkskommissar (= Minister) wurde oder blieb, sondern das Politbüro des Zentralkomitees der Partei, und je mehr sich Stalins Stellung festigte, desto häufiger kam es vor, daß nicht einmal die Form gewahrt wurde und der Generalsekretär staatlichen Dienststellen unmittelbar Befehle erteilte. Der Ablauf der Ereignisse muß vollkommen unverständlich bleiben, wenn man nicht von der inneren Atmosphäre ausgeht, die sich in der ›Partei Leninschen Typs‹ entwickelt hatte, einer Atmosphäre, die ihre eigene Psychologie, ihre eigene Sprache und ihre eigenen Kampfmittel hatte. Die sachlichen Gegensätze waren geringfügig und in keiner Weise ausschlaggebend. Stalins Prinzip war es, jeweils eine Meinung zu vertreten, die der jener genau entgegengesetzt war, die er im Augenblick für erfolgreich bekämpfbare Gegner hielt. Diese Gegner hielten es nicht viel anders, wenn sich auch individuelle Abstufungen in der Konsequenz der Inkonsequenz erkennen lassen. Niemand durfte dabei verbal an den Glaubenssätzen der marxistisch-leninistischen Lehre rütteln, jedermann mußte seine Ansicht mit Leninzitaten belegen; da Lenin eine nahezu unübersehbare Fülle des Schriftlichen hinterlassen hatte, war das nicht besonders schwierig.

Noch in seinen Anfang 1924 erschienenen ›Grundlagen des Leninismus‹ (Ob osnovach leninizma) hatte Stalin getreu dem

Internationalismus seines Meisters Lenin die Frage, ob die russischen Kommunisten ›den endgültigen Sieg des Sozialismus in einem Lande sicherstellen‹ könnten ›ohne die vereinten Anstrengungen des Proletariats mehrerer fortschrittlicher Länder‹, mit einem runden Nein beantwortet: »Für den endgültigen Triumph des Sozialismus ... sind die Anstrengungen eines Landes allein nicht genug, zumal eines überwiegend agrarischen Landes wie Rußland.« Am Ende desselben Jahres, als es darum ging, Trockij, den Erfinder der permanenten Revolution, politisch zu entmachten, verkündete es Stalin bereits als eine ›leninistische Theorie‹, daß ›der Sieg des Sozialismus sogar in einem vom kapitalistischen Standpunkt relativ unentwickelten Lande möglich‹ sei. Solange seine Gegner an der NEP Kritik übten – Trockij aus Prinzip, Zinov́ev und Kamenev aus oppositionellem Opportunismus –, sich für die Interessen der Industriearbeiter einsetzten und der industriellen Produktion mit planwirtschaftlichen Methoden aufhelfen wollten, spielte Stalin als Testamentsvollstrecker des NEP-Schöpfers den überzeugten Bauernfreund. Kaum aber war er mit der ›linken‹ Opposition fertig geworden, so eignete er sich deren Programm in vollem Umfang an und machte dadurch jene, die ihn bisher unterstützt hatten und auch weiterhin ein maßvolles Anstreben der sozialistischen Ziele im Sinne der NEP für richtig hielten – Bucharin, Rykov und Tomskij –, zu einer ›rechten‹ Opposition. Daß dic Auseinandersetzungen vorwiegend um Prinzipien der Wirtschaftspolitik gingen, lag am ökonomischen Charakter des marxistischen Weltbildes und weniger an einer echten Sorge um das Wohlergehen der Bevölkerung. Im übrigen bestand Stalins erfolgreiche Kampfmethode begreiflicherweise nicht darin, den Gegner durch sachliche oder auch ideologische Argumente zu widerlegen, sondern darin, ihn persönlich und politisch zu diffamieren. Auf die Verteufelung des Gegners hatte sich auch Lenin schon verstanden, aber Lenin war es immerhin um den Sieg der Revolution – seiner Revolution –, nicht um die persönliche Alleinherrschaft gegangen.

Von Stalins elementarem Machtwillen abgesehen, spielten

natürlich auch persönliche Gegensätze eine Rolle. Stalin hatte unter den führenden Persönlichkeiten wenig Freunde. Nicht mit allen verband ihn eine so alte und aufrichtige Todfeindschaft wie mit Trockij, aber allen gegenüber nährte er das unversöhnliche Ressentiment des intellektuell Unterlegenen. Der 1879 in dem kaukasischen Landstädtchen Gori geborene Schusterssohn hatte die typische Laufbahn eines russischen Berufsrevolutionärs hinter sich. Er entstammte zwar echt proletarischen Verhältnissen – das war in der ersten bolschewistischen Führergeneration selten –, aber er hatte niemals selbst wirklich manuell gearbeitet, sondern seit seinem Ausschluß aus dem theologischen Seminar in Tiflis ausschließlich in der revolutionären Täitgkeit seinen Lebensinhalt gesucht. Der georgische Revolutionär ›Koba‹, dem die Kenntnis westlicher Sprachen fehlte und dessen Auslandsaufenthalte bedeutungslose Episoden blieben, hatte jedoch erst 1912 den Sprung von der provinziellen Praxis in das Führungsgremium des Zentralkomitees getan. Sein früh schon erkennbarer Ehrgeiz, unter die Parteitheoretiker gezählt zu werden, war unerfüllt geblieben; erst im vollen Besitz der Macht konnte er das Niveau der Theorie bestimmen und sich selbst unter die Klassiker des Marxismus-Leninismus einreihen. Persönliche und sachliche Gegensätze – vor allem der zwischen Trockij und Zinov́ev – und nicht zuletzt gerade ihr revolutionärer Intellektualismus schwächten Stalins Gegner, die sich nur teilweise und erst, als es schon zu spät war, und auch da nur widerwillig und ohne Aufrichtigkeit, zu gemeinsamem Widerstand zusammenfanden. Es war aber eigentlich von Anfang an zu spät, denn niemals ist der Kampf um die Nachfolge Lenins mit gleichwertigen Mitteln und von annähernd gleichstarken Stellungen aus durchgefochten worden.

Stalins Stellung war, seit ihn das Zentralkomitee zum Generalsekretär gemacht hatte, eindeutig der aller anderen überlegen. Das trat optisch nicht in Erscheinung, denn andere Mitglieder des Politbüros übten mindestens ebenso repräsentative Funktionen aus – Kamenev war unter anderem stellvertretender Vorsitzender des Rates der Volkskommissare, Vorsitzender des Moskauer Sowjets und Direktor des

Lenin-Instituts, Zinoviev war Vorsitzender der Komintern und des Leningrader Sowjets; es lag auch nicht an der Einrichtung des Generalsekretariats an sich, sondern an dem, was Stalin aus ihr machte. Keiner seiner Vorgänger, auch nicht der unmittelbare Vorgänger Molotov, hatte dieses Instrument in ähnlicher Weise zu führen verstanden, und keiner war in den Verdacht von Diktaturgelüsten gekommen. Bei Stalin stellte sich der Verdacht, wie Lenins Testament zeigt, sehr rasch ein. »Wir sind gegen die Bildung einer Führertheorie, gegen die Einsetzung eines Führers. Wir sind gegen ein Sekretariat, das Polizei und Organisation in sich vereinigt und über dem politischen Organismus steht. Wir sind für eine interne Organisation der höchsten Macht, die die volle Macht dem Politbüro sichert, dem alle politischen Köpfe der Partei angehören, und die das Sekretariat dem Politbüro als technisches Exekutivorgan von dessen Entscheidungen unterordnet.« So formulierte Kamenev seinen und Zinovevs Standpunkt auf dem 14. Parteikongreß im Dezember 1925, als die Reihe der politischen Entmachtung an diesen beiden war. Und obwohl alle Gegner Stalins auch jetzt noch im Politbüro verblieben (Trockij und Zinoviev als Vollmitglieder, Kamenev zum Kandidaten degradiert), rechneten sie bereits mit ihrer physischen Vernichtung und brachten ihre Privatarchive in Sicherheit. Wie ist diese Verbindung einer klaren Erkenntnis der Gefahr mit der völligen Ohnmacht, ihr zu begegnen, zu erklären?

Einmal entsprach Stalins Ressentiment gegen die Intellektuellen ein Bewußtsein intellektueller Überlegenheit, mit dem diese infiziert waren (Suvarin) und das sie, selbst wenn ihnen organisatorische Fähigkeiten eigen waren (Trockij!), das organisatorische Detail unterschätzen ließ. Wer sein ganzes Leben lang für die Verwirklichung einer revolutionären Utopie gekämpft hatte und von Jugend auf in den abstrakten Begriffen der marxistischen Theorie zu denken gewohnt war, konnte leicht das Gefühl für die Bedeutung des Institutionellen verlieren. Zum anderen war die durch den Bürgerkrieg künstlich verlängerte Revolutionssituation schließlich doch zu Ende gegangen, den Feiertagen des revolutionären Aufschwungs der Alltag des sozialistischen Aufbaus gefolgt und aus der disziplinierten Verschwörerelite eine organisierte Staatspartei mit Massencharakter geworden. Trockij ist vielleicht arithmetisch nicht ganz genau, trifft aber mit Sicherheit das Wesen der Parteientwicklung, wenn er berichtet, daß 1923 97% aller Parteimitglieder nach dem Sieg der Oktoberrevolution die Mitgliedschaft erworben hatten und daß 1928 erneut 75% der Parteimitglieder Neumitglieder, d. h. seit 1923 aufgenommen waren. Mit anderen Worten: Die alte bolschewistische Revolutionselite war zu einer winzigen Minderheit geworden, die eine Zeitlang gerade noch ausreichte, als illegale ›linke Opposition‹ das ›Gewissen der Revolution‹ wachzuhalten und sich auf diese Weise einen ehrenvollen Abgang zu sichern. Die Partei selbst wurde indessen zu einem wohlorganisierten Apparat von Funktionären, die nichts anderes im Sinne hatten, als Karriere zu machen, und die in allem von der Organisationsspitze, dem Generalsekretariat, abhängig waren. Diese totale Wandlung des Parteicharakters war nicht etwa nur eine automatische Folge des Mengenwachstums, sondern ein von Stalin und seinen jeweiligen Verbündeten ganz bewußt vorangetriebener Vorgang: Substanzverluste einer großen Säuberung im Jahre 1923 wurden dadurch ausgeglichen, daß man gegen den ausdrücklichen Willen Lenins die Wartezeiten der Parteianwärter erheblich verkürzte und allein im Jahre 1924 240000 neue Mitglieder aufnahm. Lenin konnte sich nicht mehr dagegen wehren, daß diese Substanzveränderung im Sinne Stalins unter der Bezeichnung ›Leninaufgebot‹ in die Parteigeschichte einging.

Es war drittens die Persönlichkeit Stalins, die den Ausgang des Machtkampfes erklärt. Stalins Überlegenheit beruhte einerseits darauf, daß er keine organisatorische Mühe scheute, den Parteiapparat vollständig in die Hand zu bekommen, und die Geduld aufbrachte, die Auswirkungen der personalpolitischen Kleinarbeit abzuwarten, andererseits auf einer total amoralischen Brutalität des Zuschlagens, wenn er den geeigneten Augenblick für gekommen hielt. Die Beherrschung des Apparates wäre nicht vollständig gewesen und die Möglichkeit des Zuschlagens wesentlich geringer, wenn es Stalin nicht frühzeitig gelungen wäre, auch die Staatspolizei unter seinen Einfluß zu bringen. Als ›Außerordentliche Kommission für den Kampf gegen Konterrevolution und Sabotage‹ (außerordentliche Kommission = Črezvyčajnaja komissija, abgekürzt ČK = Tscheka) trat die sowjetische Staatssicherheitsorganisation durch einen Beschluß der Sowjetregierung vom 7. (20.) Dezember 1917 ins Leben. Nach Beendigung des Bürgerkrieges verlor sie ihren ›außerordentlichen‹ Charakter und wurde 1922 als ›Staatliche Politische Verwaltung‹ (Gosudarstvennoe političeskoe upravlenie = GPU) zu einer Normaleinrichtung der Sowjetmacht mit einem umfassenden Aufgabenbereich. Ihr erster Chef war der Pole Felix E. Dzeržinskij, eine der merkwürdigsten Gestalten unter der bolschewistischen Elite, ein Revolutionär von religiös anmutendem Fanatismus und um der Revolution willen zu unmenschlichen Grausamkeiten fähig, aber persönlich integer und ohne Machtambition. Dzeržinskij, obwohl menschlich eher ein Gegenpol des Zynikers Stalin, spielte diesem die Verfügung über die Staatspolizei zu, und als er schon 1926 starb, war Stalin bereits in der Lage, die GPU oder, wie sie seit 1934 nach ihrer Eingliederung in das Innenministerium hieß, die NKVD (Narodnyj komissariat vnutrennych del = Volkskommissariat für innere Angelegenheiten, ab 1946 MVD = Ministerstvo vnutrennych del = Ministerium für innere Angelegenheiten) hinfort durch willfährige Kreaturen ganz in den Dienst seiner persönlichen Diktatur zu stellen. Es war der dadurch ermöglichte rücksichtslose Terror – keine Erfindung Stalins, aber erst von Stalin zur Perfektion gebracht und gegen Parteigenossen aller Rangstufen angewendet –, der den Gegnern von Stalins Alleinherrschaft das Rückgrat brach, lange bevor sie politisch und am Ende physisch liquidiert wurden.

Die diabolische Systematik der Liquidierung wirklicher oder möglicher politischer Gegner, wie sie Stalin praktizierte, hat in der Weltgeschichte nicht ihresgleichen. Im Dezember 1925 war die Lage der ›linken Opposition‹ – eine offizielle Etikette, die Unvereinbares zum Zwecke der Liquidierung vereinte – bereits aussichtslos, aber Zinov́ev blieb noch bis zum Juli 1926, Trockij sogar bis zum Herbst 1926 Mitglied des Politbüros, erst ein volles Jahr später wurden beide aus dem Zentralkomitee und erst Anfang 1928 aus der Partei ausgeschlossen. Der Ausschluß aus der Partei war die Voraussetzung für eine strafrechtliche Verfolgung, die für Trockij, Radek und andere sofort die Form einer Verbannung in entfernte Landesteile annahm. Zinov'ev und Kamenev, die rechtzeitig bereut hatten, wurden schonungsvoller behandelt, sie behielten sogar die Chance, wieder in die Partei aufgenommen zu werden. Trockij allein wurde im Februar 1929 aus der Sowjetunion ausgewiesen. In demselben Jahr ereilte auch Bucharin, Rykov und Tomskij, die bisher Stalin unterstützt hatten, aber nun gegen die radikale Kursänderung in der Wirtschaftspolitik protestierten, als plötzlich entstandene ›rechte Opposition‹ ihr Schicksal. Bucharins Ausschluß aus dem Politbüro im November 1929 war der Anfang vom Ende, unmittelbar gefolgt von einer Kapitulation, die der Zustimmung zum eigenen politischen Tod gleichkam. Von diesem Zeitpunkt ab gab es in der Führung der kommunistischen Partei der Sowjetunion niemanden mehr, der es wagte, eine andere Meinung als Stalin zu haben, geschweige denn zu äußern; von einem Widerstand mit auch nur minimaler Aussicht auf Erfolg war schon Jahre vorher nicht mehr die Rede. Aber es genügte dem Tyrannen nicht, gesiegt zu haben, er wollte vernichten. Im Zuge der großen ›Čistka‹ (Säuberung), die von der, wie heute feststeht, durch Stalin selbst veranlaßten Ermordung des Leningrader Parteichefs Kirov am 1. Dezember 1934 ausgelöst wurde, fanden sowohl Zinov'ev und Kamenev wie Bucharin und Rykov, in Schauprozessen wegen antisowjetisch-trockistischer Tätigkeit verurteilt, den Tod durch Erschießen (August 1936 bzw. März 1938). Und selbst im fernen Mexiko brachte Stalin 1940 die Ermordung seines Erzfeindes Trockij, dessen Name allen anderen Säuberungen als Vorwand gedient hatte, zustande. Die prominenten Namen waren aber jeweils nur öffentlich zur Schau gestellte Symbole für die Austilgung ihres gesamten wirklichen oder vermeintlichen Anhanges innerhalb und außerhalb der Partei. Die Ausmaße dieses Massenterrors, der phasenweise anschwoll und abebbte, aber für die ganze Zeit der Stalinschen Herrschaft charakteristisch war, gehen über jedes Begreifen. Zur Sicherung der unbeschränkten Alleinherrschaft waren sie nicht erforderlich, sie gehören in das Gebiet der Psychopathologie des Tyrannen und seiner Werkzeuge.

Vielleicht am erschütterndsten aber ist, daß keines der Opfer, sofern es sich um überzeugte Kommunisten handelte, die Wurzel des Verhängnisses begriff, auch Trockij nicht, der in elf Emigrationsjahren die Zeit zum Nachdenken und die Freiheit der Meinungsäußerung hatte. Nicht das System war falsch, so meinten sie alle, sondern der verworfene Mensch Stalin, der es exekutierte, oder das historische Gesetz des Thermidor, das jede Revolution bedrohte. Keiner wollte es wahrhaben, daß Lenin die Stufen gebaut hatte, auf denen Stalin emporstieg, daß die totale Herrschaft der Partei in die totale Herrschaft des Parteiführers münden muß, die sich dann jeder Kontrolle entzieht und jedem Mißbrauch offensteht. Den Qualitätsunterschied zwischen den Persönlichkeiten Lenins und Stalins braucht man deshalb nicht zu bagatellisieren; er war groß genug, um auch politisch bedeutsam werden zu können. Aber daß die Entwicklung der Sowjetunion unter einem länger lebenden Lenin grundsätzlich anders verlaufen wäre, ohne das Prinzip des Parteitotalitarismus zu durchbrechen, darf man füglich bezweifeln. Das Experiment fand nicht statt, die Wirklichkeit war seit 1924 nicht Lenin, dessen 50. Geburtstag 1920 kaum beachtet vorübergegangen war, sondern Stalin, der sich aus demselben Anlaß 1929 mit allen Praktiken eines entfesselten ›Persönlichkeitskultes‹ von ungeheurer Verlogenheit feiern ließ. Und die Wirklichkeit war nicht nur die kommunistische Partei, sondern auch das russische Riesenreich, nicht nur die totalitäre Utopie, sondern auch das geschichtliche Erbe. Wohin würde die totale Macht des ›Vožd'‹ (Führer) das russische Sowjetreich führen?

Der Gebrauch der Macht

Die Industrialisierung

Die Ausschaltung der ›rechten Opposition‹ war für Stalin natürlich nur ein nützlicher Nebeneffekt des wirtschaftspolitischen Kurswechsels. Die Motive sind auf ideologischem und staatspolitischem Gebiet zu suchen. Sozialismus und industrielle Entwicklung stehen nach marxistischer Lehre in einem unlösbaren Zusammenhang, denn die technische Vervollkommnung der Maschinenindustrie und die ihr gemäße Wirtschaftsform des Kapitalismus bringen ja erst das Proletariat hervor, dem es bestimmt ist, die sozialistische Endphase der Weltgeschichte zu verwirklichen. Aber was aufgrund der westeuropäischen Erfahrungen ursprünglich als ein kausaler Zusammenhang gedacht war, das mußte auf russischem Boden zu einer finalen These werden. Lenin gab ihr die Formel, daß der Kommunismus – das Ziel – in einer Verbindung von Sowjetmacht und Elektrifizierung bestehe. Die Sowjetmacht in Gestalt der totalen Parteiherrschaft hatte man, die Elektrifizierung als Symbol einer vollkommenen Industrialisierung mußte man erst schaffen. Das Paradies der kommunistischen Gesellschaftsordnung, in dem jeder nach seinen Bedürfnissen aus einer überreichen Produktion versorgt werden sollte, war keinen Schritt näher gekommen, solange man nicht daran ging, die technische Voraussetzung für diese Produktion zu schaffen. Daher das Drängen der ›Linken‹ von der Arbeiteropposition bis zu Trockij auf Vorantreiben der Industrialisierung, daher auch der opferbereite Aufbauenthusiasmus des sowjetischen Arbeiters, als mit dem ersten Fünfjahresplan endlich ein energischer Anfang gemacht wurde. Ideologisch lief die Industrialisierung auf das Herstellen des Normalzustandes hinaus und war unschwer zu begründen.

Nun hatte Stalin zu Fragen der kommunistischen Eschatologie ein durchaus opportunistisches Verhältnis, sein Hauptmotiv lag auf einer ganz anderen Ebene. Mit dem unfehlbaren Instinkt des Machtmenschen hatte er schon bisher alles getan, im Staat der Sowjetunion eine solide Machtbasis für die Herrschaft der kommunistischen Partei aufzubauen, und nach dem Tode Lenins diesen in weltrevolutionärer Perspektive nationalen Egoismus mit der Losung vom Aufbau des Sozialismus in einem Lande begründet. Für ihn führte nur ein Weg zur Weltrevolution – der Weg unbegrenzter Machtvermehrung des russisch geführten Sowjetstaates. Wie sollte dieser aber unter anderen, kapitalistisch-feindlichen Mächten auf die Dauer bestehen und ihnen am Ende überlegen werden ohne die Schaffung eines entsprechenden Industriepotentials? Die forcierte Industrialisierung, die der 15. Parteikongreß im Dezember 1927 mit ›Direktiven für die Erstellung eines Fünfjahresplanes der Volkswirtschaft‹ einleitete, diente nicht in erster Linie dem sozialen Fortschritt – der wäre auf weniger gewaltsame Weise leichter zu erreichen gewesen –, sondern dem beschleunigten Wachstum der Macht. Es ist der unbestreitbare Vorzug des totalitären Systems, daß es ohne Rücksicht auf die Wünsche und Interessen der Bevölkerung jeweils alle verfügbaren Mittel für den angestrebten Zweck einsetzen kann. Der Industrialisierung, genauer dem Aufbau einer leistungsfähigen Schwerindustrie, wurde nun alles geopfert, vor allem das einzige, an dem auch das sowjetische Rußland noch reich war – Menschen.

So unvollkommen die Planung im Anfang auch war, so oft auch umdisponiert werden mußte und so skeptisch offizielle Statistiken in der Ära Stalins auch zu bewerten sind, mit der Zeit wurden die zu Beginn des ersten Fünfjahresplanes feierlich verkündeten Ziele: »Die Sowjetunion aus einem rückständigen Agrarland mit schwach entwickelter Industrie in ein hochentwickeltes Industrieland zu verwandeln« und »alle unumgänglichen technischen und ökonomischen Voraussetzungen für die Erhöhung der Verteidigungsfähigkeit des Landes zu schaffen«, weitgehend erreicht. Die natürlichen Voraussetzungen waren günstig, die Rohstoffvorkommen, wie umfangreiche geologische Untersuchungen ergaben, größer als erwartet. Und bei der für den Start entscheidend wichtigen Kohle gelang es verhältnismäßig rasch, zwei neue große Abbaugebiete hochwertiger verkokbarer Steinkohle zu erschließen – das Kuzneck-Becken (Kuzneckij bassejn-Kuzbass) südlich von Tomsk im westlichen Sibirien und das Revier von Karaganda in Zentralasien. Die Lage dieser Kohlenvorkommen ermöglichte überdies eine strategisch vorteilhafte Verlagerung der Schwerindustrie nach Osten. Auf einzelnen Schwerpunktgebieten (Werkzeugmaschinen, Traktoren, Traktorenpflüge) gelang schon während des ersten Fünfjahresplanes eine sehr beachtliche Produktionssteigerung: Unter dem Druck der verzweifelten Situation, die als Folge der Landwirtschaftskollektivierung entstanden war, produzierte die Sowjetunion im Jahre 1932 231 158 Traktorenpflüge gegenüber nur 1020 in den Jahren 1927/1928. Das waren freilich extreme Schwerpunkte, im ganzen waren die Schwierigkeiten ungeheuer groß und der Fortschritt bei weitem nicht so sensationell: So stieg die Stahlerzeugung in demselben Zeitraum nur um etwas mehr als ein Drittel (39%). »Solche Resultate« – so schreibt der sowjetische Wirtschaftshistoriker Ljaščenko – »konnten nur unter den Bedingungen des sozialistischen Wirtschaftssystems erzielt werden. Zur Erzielung dieser Resultate bedurfte es der unaufhörlichen Aufmerksamkeit der kommunistischen Partei ..., der Mobilisierung der Anstrengungen der Arbeiter, Techniker und Ingenieure für die Erfüllung des Planes und der Aufwendung großer staatlicher Mittel.«

Diese Formulierung bedarf der Interpretation. ›Mobilisierung der Anstrengungen‹ bedeutet nicht etwa nur einen moralischen Appell an die Arbeiter oder die Vorkehrung organisatorischer Maßnahmen, sondern vor allem die volle Schwere des sowjetischen Strafrechtes von 1926, unter der jeder in der Industrie Tätige stand. In einer total verstaatlichten Industrie konnte jedes produktionsschädigende Verhalten als ein Angriff gegen den Staat aufgefaßt und im Falle der Vorsätzlichkeit nach § 58 des Strafgesetzbuches (gegenrevolutionäre Tätigkeit) geahndet werden; dieser Paragraph sah in schweren Fällen das ›oberste Strafmaß der sozialen Verteidigung‹ vor, d. h. die Hinrichtung durch Erschießen. Die ›unaufhörliche Aufmerksamkeit der kommunistischen Partei‹ führte schon 1930 zu einer großen Säuberung unter dem leitenden Personal in der Industrie einschließlich der Ausländer, deren Mitwirkung man in der Anfangszeit nicht entbehren konnte. Die Fülle der Anklagepunkte läßt erkennen, daß die Schuld immer beim Leiter des Betriebes, niemals bei den Planern in Staat und Partei zu liegen hatte. Ein Kardinalproblem war die Beschaffung qualifizierter Arbeiter, an denen um so mehr Mangel bestand, je weiter der industrielle Aufbau fortschritt. Wie sollte ein Fabrikdirektor dieses Problem lösen, wenn ihn sowohl die Abwerbung von Arbeitern aus anderen Betrieben wie die ›Unterlassung von Maßnahmen zur Bereitstellung der nötigen Arbeitskraft‹ ins Gefängnis bringen konnte? Das alte revolutionäre Industrieproletariat mochte die Industrialisierung als Einlösung der bolschewistischen Zukunftsversprechen begrüßen, die Industrialisierung als solche mußte durch rücksichtslosen Terror erzwungen werden. Das war um so sinnloser, als die Schuld an Fehlschlägen keineswegs nur an der Unzulänglichkeit der Ausführenden, sondern mindestens ebensosehr am hypertrophen Zentralismus der Planenden lag. Im Zuge der Industrialisierung kam es dahin, daß auch die kleinsten Betriebe im gesamten Riesenreich von der Moskauer Zentrale aus verwaltet wurden. Im Gebiet Smolensk z. B. betrug 1930 der Anteil der Unionsindustrie 31% (gegenüber 33% der Republikindustrie und 36% der Gebietsindustrie), 1933 bereits 88% (gegenüber 12% der Gebietsindustrie). Hinter diesen Zahlen verbirgt sich die unauffällige Vernichtung der handwerklichen Kleinbetriebe, die ideologisch begründbare und politisch wünschenswerte Vernichtung des Kleinbürgertums. Wirtschaftlich war der Schaden beträchtlich, und die Selbstkritik setzte in diesem Punkt ziemlich früh ein. Nicht etwa deshalb, weil man plötzlich auf die Bedürfnisse der Bevölkerung Rücksicht zu nehmen begann, sondern weil die industriellen und landwirtschaftlichen Großbetriebe selbst unter dem Fehlen der lokalen Handwerksbetriebe litten. Ein Kolchoz brauchte nicht nur Traktoren, die in einer Fabrik zentral hergestellt und von der Motor-Traktoren-Station (MTS) verwaltet wurden, sondern auch landesübliche Wagen und Schlitten, die nun niemand mehr herstellte und niemand mehr reparierte.

Die ›Aufwendung großer staatlicher Mittel‹ schließlich ist eine sehr milde Umschreibung für die Politik ständig über alle Pläne hinaussteigender Investitionen, die nicht etwa einem Reichtum des Staates entstammten, sondern nur durch ein Senken des Lebensstandards bis weit unter das (russische!) Existenzminimum erfolgen konnten. Es war noch nicht sehr lange her, seit Stalin die wirtschaftliche Vernunft gegen das ›ökonomische Abenteurertum‹ Trockijs verteidigt hatte, unter anderem mit dem Argument, daß ein beschleunigtes Tempo der Industrialisierung Maschinenimporte und Agrarexporte erfordern und dadurch zu einem Absinken der Reallöhne, ›einer Art künstlich organisierten Hungers‹ führen würde. Dies alles geschah nun, und zwar in einem Ausmaß, das die Vorschläge Trockijs um ein Vielfaches überstieg. An die Stelle der wirtschaftlichen Vernunft traten die neuen Erfindungen des ›bolschewistischen Tempos‹ und der ›bolschewistischen Investitionskurve‹. Das Hauptopfer war die Landwirtschaft.

Die Kollektivierung der Landwirtschaft

Auch für die Kollektivierung der Landwirtschaft lassen sich mehrere Motive anführen. Sie entsprach erstens dem ursprünglichen ideologischen Ansatz der Kommunisten, einem grundsätzlichen Programm, das man zwar jahrelang zurückgestellt, aber keineswegs aufgegeben hatte; sie war zweitens geeignet, endlich auch die letzte, in gewisser Weise noch selbständige Bevölkerungsgruppe unter die totale Kontrolle des Parteistaates zu bringen; und sie war drittens eine wirtschaftliche Konsequenz der forcierten Industrialisierung. 1927 hatte die landwirtschaftliche Produktion in der Sowjetunion annähernd wieder den Vorkriegsstand erreicht, doch war infolge der Agrarreform von 1917 der als Warengetreide verfügbare Überschuß anteilmäßig von 26% auf 13% zurückgegangen. Wie sollte unter diesen Umständen der Export gesteigert und gleichzeitig eine Reserve gebildet werden? Beides verlangte aber die Industrialisierung, denn man mußte in verstärktem Maße industrielle Ausrüstungen importieren und für die Ernährung der rasch wachsenden Industriestädte vorsorgen. Nun war der landwirtschaftliche Großbetrieb ohne Zweifel besser geeignet, Überschüsse für den Markt bzw. für die Zwecke des Staates zu produzieren – im zaristischen Rußland hatte fast die Hälfte des Warengetreides von den Gutsbesitzern gestammt. Der mittlere und kleine Bauer ernährte von dem Land, das ihm zur Nutzung überlassen war, vor allem seine eigene Familie. Mit Staatsgütern, Sovchozen (Sovetskoe chozjajstvo = Sowjetwirtschaft) hatte man keine besonders guten Erfahrungen gemacht, zudem war der für die Anlage von Staatsgütern verfügbare, geeignete Boden beschränkt. Mit den Methoden des Kriegskommunismus konnte man wohl akute Versorgungskrisen zur Not überwinden, aber niemals eine Intensivierung der Landwirtschaft und eine Steigerung der landwirtschaftlichen Produktion erreichen. Wollte man die Industrialisierung erzwingen, so blieb kaum ein anderer Ausweg als eine totale Strukturveränderung der Landwirtschaft im Sinne des produktiveren und besser zu kontrollierenden Großbetriebes.

Als der 15. Parteikongreß im Dezember 1927 tagte, bahnte sich eben wieder eine Versorgungskrise an, und man war genötigt, auf die kriegskommunistischen Requisitionsmethoden zurückzugreifen – mit demselben Ergebnis eines Produktionsrückganges wie seinerzeit. Die Lage war schwierig, aber die Gelegenheit war günstig: Stalin begann von der ›Kulakengefahr‹ zu reden und davon, daß man ›gewisse administrative Maßnahmen gegen die Kulaken‹ werde anwenden müssen. Der dörfliche Klassenkampf, den man schon geschürt hatte, um die Requisitionen des Winters 1927/1928 erfolgreicher zu gestalten, wurde gleich im Gang gehalten, um die Kolchozbewegung in Schwung zu bringen. Die Erfolge blieben gering, und zwar deshalb, weil man es auf dem Dorf im allgemeinen eben nicht mit einer Klassenkampfsituation zu tun hatte – das war eine propagandistische Fiktion –, sondern mit einer festgefügten Lebensgemeinschaft, die freiwillig nicht bereit war, sich selbst aufzugeben und in erzwungener Lohnarbeit auf den Kollektivwirtschaften für die Zwecke des Staates zu produzieren. Es blieb nichts übrig, als die volle Macht des totalitären Parteistaates gegen die bäuerliche Bevölkerungsmehrheit einzusetzen. In einer Rede vor Agrarexperten sprach Stalin am 27. Dezember 1929 zum erstenmal von der Liquidierung des Kulakentums als Klasse; das war der Beginn jener ›Revolution von oben‹, die Stalin stets für sein größtes Verdienst um die Sache des Kommunismus gehalten hat und die nach seinem eigenen Urteil mehr Menschenleben kostete als Revolution und Bürgerkrieg. Nach einer Verfügung vom 1. Februar 1930 waren ›alle notwendigen Maßnahmen im Kampfe gegen das Kulakentum anzuwenden, einschließlich der vollständigen Konfiszierung des Vermögens der Kulaken und deren Aussiedlung aus dem Gebiet der einzelnen Rayons und Provinzen‹. Auf dem Papier war der Erfolg überzeugend: Am 1. Oktober 1929 waren nicht mehr als 4,1% der bäuerlichen Wirtschaften kollektiviert, am 20. Januar 1930 waren es 21%, am 10. März 1930 58%. Angesichts des auf dem Spiele stehenden Parteiprestiges waren diese Prozentzahlen sicher mehr als selbst in der Sowjetunion üblich zurechtfrisiert, aber sie verbergen trotzdem die größte menschliche Katastrophe, die jemals einem Volk in Friedenszeiten von seiner eigenen Regierung bereitet worden ist. Etwa eine halbe Million Kulaken – das waren nicht etwa getarnte Gutsbesitzer, sondern nach westeuropäischen Begriffen mäßig begüterte Mittelbauern, die wirtschaftlich tüchtigsten, aufgeschlossensten und modernsten Elemente des russischen Bauerntums – wurden im tiefsten russischen Winter deportiert, ohne daß irgendwelche Vorbereitungen zur Aufnahme in den neuen Siedlungsgebieten getroffen worden waren, von denen, die als ›Gegenrevolutionäre‹ sofort liquidiert wurden, ganz zu schweigen. Die Durchführung lag bei der GPU, und da deren Kräfte bei weitem nicht ausreichten, bei besonderen Liquidierungskommandos, ›Arbeiterbrigaden‹, d. h. bewaffnetem städtischem Mob, den die Parteidienststellen mobilisierten. Aus den Akten des Gebietskomitees von Smolensk, die während des zweiten Weltkrieges in deutsche Hand fielen und nach dem Kriege von amerikanischer Seite ausgewertet wurden, sind Einzelheiten bekannt, die das Maß aller Vorstellungen überschreiten. Jene Kulaken, die nicht zum ›konterrevolutionären Kulakenaktiv‹ gerechnet und sofort verhaftet wurden, unterlagen nach der Konfiszierung ihres Eigentums der Deportation, ›gewisse Elemente‹ unter ihnen, nämlich die wohlhabendsten, der Deportation in entlegene Teile der Sowjetunion – sie erhielten bis zu ihrem Abtransport monatlich pro Person 4 kg Getreide und 8 kg Kartoffel –, die übrigen der Deportation in Neulandgebiete des Kreises, d. h. in unfruchtbare Sumpfgegenden, in denen es ›weder Häuser noch sonstige Gebäude irgendwelcher Art gab‹; die letztgenannte Gruppe war unter Androhung schwerer Strafen ab sofort verpflichtet, vom neuen Land die gesetzmäßigen Ablieferungsquoten zu leisten und wurde außerdem zu öffentlichen Arbeiten (Straßenbau usw.) herangezogen. Es hatte kaum eine der drei Gruppen Grund, die anderen um ihr Schicksal zu beneiden – Selbstmorde waren an der Tagesordnung. Da die Partei sich das Ziel gesteckt hatte, ›das Problem der Liquidierung der Kulaken und der Kollektivierung der Dörfer in der kürzestmöglichen Frist zu lösen‹ – am 1. März 1930 mußte die Aktion abgeschlossen sein –, bestand praktisch gar keine Möglichkeit, theoretisch vorgesehene Ausnahmebestimmungen zu beachten; die ausgegebenen ›Orientierungszahlen‹ mußten erreicht werden, und wenn dazu die Kulaken im eigenen Dorf nicht ausreichten, dann holte man sich welche aus dem Nachbardorf. Das planmäßig entfesselte Chaos war weder durch die Erfolgsstatistiken der Parteibürokratie zu verhüllen, noch waren ihm die ausführenden Parteiorgane gewachsen. Ein GPU-Agent berichtete nach Smolensk, daß die Frau eines Deportierungsbeamten, eine Komsomolzin, angesichts der Deportierungsmethoden geäußert habe: »Wir sind keine Menschen mehr, wir sind Tiere.«

Die Stimmung auf dem Lande war so, daß sich Stalin schon am 2. März zu einem Pravdaartikel mit der Überschrift ›Schwindlig vom Erfolg‹ veranlaßt sah, und Mitte März das Zentralkomitee noch sehr viel deutlicher werden mußte. Nun war mit einem Mal die Rede davon, daß ›das Prinzip der Freiwilligkeit beim Kolchozaufbau verletzt‹ worden sei, daß ›die Entkulakisierung manchmal einen Teil der Mittelbauern und sogar der Dorfarmen‹ erfaßt habe, daß ›Fälle von außerordentlich grobem, abscheulichem, verbrecherischem Benehmen gegenüber der Bevölkerung seitens einiger untergeordneter Mitarbeiter beobachtet‹ wurden. Ein ›Erfolg‹ war lediglich die Entkulakisierung, die Kollektivierung – mit allen Mitteln der Gewalt erzwungen – war zunächst ein totaler Mißerfolg. Am 10. März 1930 hatte man stolz verkündet, daß bereits 58% der bäuerlichen Wirtschaften kollektiviert seien; als man kurz danach den Zwang mäßigte und dem ›Prinzip der Freiwilligkeit‹ etwas mehr Geltung verschaffte, waren es im April nur noch 37%, im September 21%, und auch diese Zahlen waren mit Sicherheit gefärbt; sie sagten aber in keinem Falle etwas aus über die entstandenen Produktionsverluste und über die Katastrophe, die die sowjetische Viehwirtschaft getroffen hatte: Denn entweder schlachteten die Bauern ihr Vieh, ehe sie gezwungenermaßen in die Kolchoze eintraten, oder das Vieh kam in den Kolchozherden um, die niemand sachkundig versorgte. Im Jahre 1933 war die Zahl der Pferde, Rinder und Schweine auf etwa die Hälfte, die der Schafe und Ziegen auf ein Drittel abgesunken. Das Zugvieh konnten mit der Zeit Traktoren ersetzen, der Verlust an Mast- und Milchvieh war auch bei Beginn des Krieges noch nicht wieder wettgemacht.

Die Wiederherstellung des ›Prinzipes der Freiwilligkeit‹ war nicht mehr als eine Atempause, die den 16. Parteikongreß nicht hinderte, schon am 2. Juli 1930 festzustellen, daß die Partei ›das Getreideproblem im Prinzip gelöst ... und auch schon die Lösung des Viehzuchtproblems in Angriff genommen‹ habe. Vom Frühjahr 1931 an wurde zwar nicht der Eintritt in die Kolchoze, aber eine entsprechende Erhöhung des Maßes an ›Freiwilligkeit‹ erzwungen, die offizielle Prozentzahl stieg auf 52,7%, 1932 auf 61,5%, 1933 auf 65%. Die Folge war eine schwere Ernährungskrise im Frühjahr und Frühsommer 1932, als es wieder einmal nicht gelang, den Anschluß an die neue Ernte zu finden, und der Hungerwinter 1932/1933. Erst mit dem Jahr 1933 und seiner besonders guten Ernte war der Tiefpunkt durchschritten; jetzt erst war die Industrie allmählich in der Lage, den dringendsten Bedarf der kollektivierten Landwirtschaft an Maschinen zu decken – was vernünftigerweise eine Voraussetzung der Strukturveränderung hätte sein müssen.

Einige Jahre später (1938) war im Stalinschen ›Kurzen Kurs‹ der Parteigeschichte zu lesen, daß die Kollektivierung ›ein zutiefst revolutionärer Umschwung‹ gewesen sei, ›in seinen Folgen gleichbedeutend mit dem revolutionären Umschwung des Oktobers 1917. Die Eigenart dieser Revolution bestand darin, daß sie von oben durchgeführt wurde, auf Initiative der staatlichen Macht, unter direkter Unterstützung von seiten der Millionenmassen von Bauern, die gegen die Verknechtung durch die Kulaken kämpften, für ein freies Kolchozleben‹. Sofern Revolution mit Zerstörung gleichzusetzen ist, kann man dem zustimmen. Wie die Unterstützung der bäuerlichen Millionenmassen aussah, kann man den Smolensker Akten entnehmen. Da schrieb etwa ein Bauer an die Redaktion der lokalen Bauernzeitung ›Naša derevnja‹ (Unser Dorf): »Jeden Tag schickt man uns Propagandisten, die uns auffordern, in dieser oder jener Kolchoze für unsere ewige Sklaverei zu unterschreiben; aber wir wollen nicht unser gutes Zuhause verlassen. Mag es auch nur eine arme kleine Hütte sein, es ist meine Hütte, mag es auch nur ein armseliges Pferd sein, es ist mein Pferd . . .« Der das schrieb, war gewiß kein Kulak, sondern eher einer aus den Millionen besitzloser Landarbeiter, denen die – nun durch Stalins Revolution von oben in den Schatten gestellte – Revolution von 1917 Land gegeben hatte, und die lange genug bettelarm und unfrei gewesen waren, um die Güter des eigenen Bodens und der Freiheit zu schätzen.

Man mag einräumen, daß die Strukturveränderung der Landwirtschaft eine ökonomische Notwendigkeit war, wenn die Industrialisierung beschleunigt werden sollte. Die Form der Zwangskollektivierung, in der sie durchgeführt wurde, widersprach jeder wirtschaftlichen Vernunft und ist nur aus politischen Motiven zu erklären, bei denen sich die ideologischen und die machttotalitären Elemente die Waage halten mögen. Mit der Resistenz eines bodenverbundenen Bauernstandes brauchte Stalin hinfort nicht mehr zu rechnen. Und der ›Vožd'‹ sorgte gleichzeitig dafür, daß auch alle etwa noch auf anderen Gebieten vorhandenen Unklarheiten beseitigt wurden.

Die ›Generallinie‹ des Stalinismus

Ideologie. Die Veränderungen, die unter der Herrschaft Stalins den ›ideologischen Überbau‹ ergriffen, waren weniger aufsehenerregend, aber nicht weniger wichtig als die der ›ökonomischen Basis‹. Die das sozialistische Vollendungszeitalter der Weltgeschichte allein bestimmende Ideologie war im ›wissenschaftlichen Sozialismus‹ der Marxschen Lehre allerdings vorgegeben, an dieser Grundlage durfte auf keinen Fall gerüttelt werden. Veränderungen im ideologischen Bereich konnten daher nach außen hin niemals den Charakter einer Revolution, auch nicht den einer Revolution von oben, tragen, sondern sie wahrten stets die Form einer dogmengerechten Interpretation oder einer systemgerechten Ergänzung. Lenin hat sich nie für etwas anderes als einen orthodoxen Marxisten gehalten, und Stalin nahm zu Lenin dieselbe Haltung getreuer Jüngerschaft ein, wenn er sich auch einiges darauf zugute tat, dem Marxismus in ›schöpferischer‹ Weise anzuhängen. Aber unter dem Deckmantel des klassischen marxistischen Vokabulars vollzog sich bei den beiden jüngeren ›Klassikern des Marxismus‹ – ein Rang höchster Lehrautorität, der Stalin nach dem Tode freilich sehr bald wieder aberkannt wurde – die Anpassung der Theorie an die russische Wirklichkeit und an die in Rußland anzustrebenden politischen Ziele. Diese Anpassung betraf bei Lenin mehr die Methode, in der die revolutionäre Veränderung der Welt in Rußland anzustreben und zu verwirklichen war, bei Stalin die Art der Veränderung selbst. Schon Lenin hatte unter formaler Beibehaltung des marxistischen Geschichtsschemas alle Elemente eines materiell-ökonomisch determinierten Automatismus (›Selbstlauf‹ – samotek), eines fatalistischen Vertrauens in den elementaren Charakter (stichijnost' = elementar-spontaner Prozeß) des zwar unaufhaltsam zur Revolution führenden, aber im Grunde unbeeinflußbaren Geschichtsablaufes verdrängt zugunsten der ›Bewußtheit‹ (soznatel'nost') des revolutionären Handelns. Schon bei Lenin bestimmte eindeutig der Wille des Revolutionärs, verkörpert in der Partei Leninschen Typs, und im Drängen zur Macht alle postulierten historischen Gesetzmäßigkeiten über den Haufen werfend, den Gang der Weltgeschichte. Mit diesen leninistischen Prinzipien konnte Stalin ohne Schwierigkeit sein Handeln rechtfertigen, das aber im eigenen, russischen Bereich nun nicht mehr ein revolutionäres, auf die Zerstörung bestehender Macht gerichtetes, sondern ein konservativ-diktatorisches, der Erhaltung und Vermehrung der Macht dienendes Handeln war. Lenins Staatstheorie hatte diese prinzipielle Änderung des politischen Zieles bereits vorbereitet.

Was Stalin der Lehre in ›schöpferischer‹ Interpretation hinzufügte und was gewissermaßen den theoretischen Stalinismus ausmacht, läßt sich einerseits als eine Entschärfung des revolutionären Marxismus-Leninismus, andererseits als Aufbau einer imperialen Ideologie charakterisieren, als eine Verminderung der destruktiven und als eine Verstärkung der konstruktiven Impulse, als ein nun endgültig zutage tretendes Beiseiteschieben überkommener rationaler Deduktionen zugunsten neuer emotionaler Fermente. Da jedoch kein traditionelles Lehrstück expressis verbis außer Kraft gesetzt wurde, vollzog sich der Wandel in einer Atmosphäre extremer Unaufrichtigkeit, und er vollzog sich in den Formen einer ideologischen Diktatur, der Lenin in allem den Weg gewiesen hatte, aber die Stalin nun in seinem Sinne zur totalitären Perfektion brachte.

Das Entschärfen setzte am Fundamentalprinzip des dialektischen Materialismus ein, an der Lehre von den Widersprüchen, die jeder Bewegung in der Welt, also auch jeder geschichtlichen Fortbewegung zugrunde liegen. Es leuchtet ein, daß der Begriff des Widerspruchs sich wenig zum philosophischen Grundprinzip einer totalitären Diktatur eignet. Aber die ›Wahrheit‹, auf die sich die kommunistische Partei festgelegt hatte, war nun einmal der dialektische Materialismus einschließlich seiner angewandten politischen Form, des historischen Materialismus. Daran konnte Stalin nichts ändern, und er hatte natürlich auch nicht die mindesten Bedenken gegen soziale Widersprüche, sofern sie in der nichtkommunistischen Umwelt zu Revolution und kommunistischer Machtergreifung führen konnten. Anders war es aber mit sozialen

Widersprüchen innerhalb der Sowjetunion; die konnten nicht mehr – so begann Stalin zu lehren – antagonistischen, d. h. weltbewegend-revolutionären Charakter haben, sondern nur mehr in harmloser, nichtantagonistischer Form auftreten, und sie durften begreiflicherweise nicht mehr zu einer Revolution führen, denn das hätte ja nur eine Revolution gegen die Herrschaft der kommunistischen Partei sein können, sondern wurden hinfort durch planmäßiges Eingreifen der politischen Führung, äußerstenfalls in Form einer ›Revolution von oben‹ gelöst.

Die Abscheu des Diktators betraf aber nicht etwa nur Widersprüche, die sich gegen seine Herrschaft richteten oder richten konnten, sondern Widersprüche überhaupt. Wo immer es noch auf einzelnen Gebieten verschiedene, miteinander konkurrierende Meinungen gab, machte Stalin dem ein Ende. Den Funktionären der totalitären Administration in Partei und Staat war die selbständige Entscheidung zwischen verschiedenen ›Plattformen‹ nicht zuzumuten, sie bedurften einer eindeutigen ›Generallinie‹, um ohne Nachdenken über Gut und Böse entscheiden zu können. Das Prinzip der monolithischen Oppositionslosigkeit, das Lenin auf dem 10. Parteikongreß im politischen Bereich durchgesetzt hatte, dehnte Stalin auf alle Lebensbereiche aus. Veränderungen, und zwar sowohl in der ökonomischen Basis wie im ideologischen Überbau, sollte es nur mehr durch einsame Entschlüsse des machthabenden Klassikers geben.

Philosophie. Den Modellfall lieferte die Philosophie. Der jahrelange Streit zwischen Mechanizisten und Deborinisten wurde am 25. Januar 1931 dadurch entschieden, daß ein Beschluß des Zentralkomitees beide Richtungen verurteilte. In der Form war dies ein Streit innerhalb der Philosophie des dialektischen Materialismus gewesen, obwohl die Mechanizisten unter der prominenten Führung Bucharins in der Sache einem ziemlich primitiven Vulgärmaterialismus im Stile der Nihilisten anhingen und dazu neigten, der Philosophie zugunsten der Naturwissenschaften überhaupt jede Daseinsberechtigung abzusprechen. Deborin (A. M. Joffe, geb. 1881) hatte demgegenüber das philosophische Weltbild des dialektischen Materialismus im Anschluß an Hegel und Lenin durch Betonen der dialektischen Methode verteidigt, und da zwei jetzt erst posthum erscheinende Werke der ›Klassiker‹ (Engels' ›Dialektik der Natur‹ 1925 und Lenins ›Philosophische Hefte‹ 1929) seine Auffassung bestätigten, schien 1930 seiner Richtung der Sieg nicht mehr zu nehmen. Aber der jüdische Schlosser Joffe, der als Revolutionär 1903 emigriert war, in der Schweiz Philosophie studiert hatte und nun den führenden sowjetischen Philosophieprofessor darstellte, war für die stalinistische Parteiführung mit einigen Konstitutionsfehlern behaftet: Nicht nur, daß er selbständiges Denken in gewissem Maße für seine Berufspflicht hielt, er war nach seiner Emigration einige Jahre Menschewist gewesen und erst 1928 der kommunistischen Partei beigetreten. So erklärt sich die Entscheidung von 1931: Deborin und seine Anhänger wurden als ›menschewisierende Idealisten‹ diffamiert und aus der Führung des philosophischen ›Sektors‹ ausgeschlossen, ihre Lehre aber in Bausch und Bogen zur philosophischen Generallinie der Partei gemacht und einigen ›Philosophen‹ mit geringerem denkerischem Ehrgeiz, aber dafür ansehnlicherer Parteivergangenheit (M. Mitin, P. Judin) zur Popularisierung anvertraut. Zur Popularisierung, nicht zur Interpretation oder gar Weiterentwicklung. Die behielt sich Stalin persönlich vor, und seit 1938 im ›Kurzen Kurs‹ der Parteigeschichte das von Stalin verfaßte Kapitel (IV, 2) ›über dialektischen und historischen Materialismus‹ erschienen war, beschränkte sich die sowjetische ›Philosophie‹ im wesentlichen darauf, die hier formulierten Dogmen und alles, was Stalin später noch hinzufügte, zu preisen und zu wiederholen. Diskussionen gab es nur noch, wenn die ›Philosophen‹ Kursänderungen der Generallinie nicht rechtzeitig erkannten und berücksichtigten.

Nun mag es noch einigermaßen verständlich erscheinen, daß eine so ausgesprochene Weltanschauungspartei, wie es die kommunistische Partei ist, sich in philosophischen Fragen die Entscheidung vorbehält und Wert auf wirksame Kontrolle legt, obwohl die verurteilten Richtungen ja nicht etwa antikommunistische Gedankengänge gefördert, sondern nur in ihrem Nebeneinanderbestehen eine gewisse Unsicherheit in der Interpretation des marxistisch-leninistischen Lehrgutes offenbart hatten. Von der ›philosophischen‹ Generallinie, von der Haupt- und Grundwissenschaft des Marxismus-Leninismus in der von Stalin jeweils dekretierten Form war im Prinzip natürlich jede produktive geistige Tätigkeit abhängig, aber die Auswirkungen dieser Abhängigkeit mußten entsprechend der Eigenart des betroffenen Teilgebietes verschieden sein: So ergaben sich im Bereich der Naturwissenschaften nur dann Konflikte, wenn die Ergebnisse der Grundlagenforschung nicht den Wünschen nach praktisch-ökonomischer Anwendbarkeit entsprachen oder das materialistische Weltbild in Frage gestellt schien; Erscheinungen wie die biologische Diskussion über den ›Mičurinismus‹ (1948), die durch eine eindeutige Stellungnahme des Zentralkomitees der KPdSU gegen die klassische Vererbungslehre entschieden wurde, waren daher selten. Dagegen wurden die sogenannten Gesellschaftswissenschaften durch die Festlegung auf den historischen Materialismus in ein Prokrustesbett gezwängt und jeder Möglichkeit freier Entfaltung beraubt. Immerhin brachte die patriotische Modifizierung des historischen Materialismus durch Stalin den historischen Wissenschaften ein Treibhausklima totalitär-staatlicher Förderung. Vollends unangemessen mußte der ideologische Zwang jedoch dem Bereich der Kunst sein.

Literatur und Kunst. Die zwanziger Jahre waren auch für die sowjetische Kunst eine Art NEP-Periode. Es verstand sich zwar von selbst, daß sie zur Revolution positiv stehen mußte und keine antikommunistischen Themen behandeln durfte, aber Partei und Staat benötigten die Experten in Wort und Bild, und so gab es zunächst noch eine beschränkte Freiheit des Experimentierens. Als Paradigma der Entwicklung kann die Literaturpolitik dienen. Im Juni 1925 stellte eine Resolution des Zentralkomitees der KPdSU fest, daß die sowjetische Literatur selbstverständlich der verwirklichten Diktatur des Proletariats (Klassenstaat der siegreichen Mehrheit) entsprechen, d. h. Klassencharakter haben müsse, daß es aber zu früh sei, über die Abwehr eines Wiederauflebens bürgerlicher Ideologien hinaus alleingültige formale Prinzipien für die erwünschte proletarisch-kommunistische Literatur festzulegen. Die Partei werde eindeutig kommunistische Schriftsteller zwar in jeder Weise fördern, aber auch den nichtkommunistischen Mitläufern in einem ›freien Wettbewerb der verschiedenen Gruppierungen und Strömungen‹ die Türe für einen ›Übergang‹ offen halten. Dieses sehr bescheidene Maß an Freiheit genügte, um das literarische Leben in der Sowjetunion während der folgenden Jahre ›reich und fruchtbar‹ zu gestalten (Gleb Struve), es bot die Möglichkeit, von der überschäumenden Experimentierfreudigkeit der letzten Vorkriegsjahre und von der revolutionären Romantik nicht weniges in die sowjetische Periode der russischen Geschichte hinüberzuretten, die Kontinuität in der eigenen und den Kontakt mit der außersowjetischen literarischen Entwicklung in gewissem Maße zu bewahren. Prominente Rückkehrer aus der Emigration wie Aleksej N. Tolstoj (1883–1945) trugen das Ihre dazu bei. Gleichwohl war die Unabhängigkeit freischaffender Literaten wie etwa der ›Serapionsbrüder‹, einer Gruppe junger Schriftsteller, die sich 1921 zusammengefunden hatten, weil sie ›keinen Zwang und keine Langeweile‹ wollten, eine prekäre. Im Grunde mußte auf die Dauer jeder Versuch, die Wahrheit einer individuellen dichterischen Existenz auszuleben, Konflikte herbeiführen und eine literarische Polemik auslösen, deren Hauptwaffe die politische Diffamierung war. Das Ergebnis waren kläglich-tragische Bemühungen, sich selbst umzuerziehen, wie bei Boris A. Pil'njak (Pseudonym für B. A. Vogau, geb. 1894), der es 1927 wagte, in seiner ›Geschichte vom nichtverlöschten Mond‹ auf die politischen Hintergründe von Frunzes Tod anzuspielen, oder die Emigration, zumeist die innere des Schweigens wie bei dem hochbegabten Isaak Ė. Babel' (1894–1941?), der die Bürgerkriegserlebnisse in ›Budennyjs Reiterarmee‹ mit der literarischen Tradition chassidischer Legenden verband, sehr selten die äußere wie bei E. I. Zamjatin (1884–1937), der 1931 die Sowjetunion verlassen konnte, dessen Darstellung des totalitären Zukunftsstaates in dem Roman ›Wir‹ (geschrieben 1920) jedoch begreiflicherweise niemals in der Sowjetunion erscheinen durfte. Diese Namen stehen für viele.

Trotzdem war niemand darauf vorbereitet, als ein ZK-Beschluß vom 23. April 1932 die Übergangsperiode für abgeschlossen, die sowjetische Literatur für schon genügend kommunistisch durchsäuert und die Schaffung eines einzigen Sowjetischen Schriftstellerverbandes an Stelle der bestehenden zahlreichen Vereinigungen für das Gebot der Stunde erklärte. Dieser Verband sollte alle sowjetischen Schriftsteller erfassen, die eine entsprechend positive politische Einstellung nachweisen konnten und die sich in ihren Werken ›der Methode des sozialistischen Realismus‹ bedienten. Primäres Parteiinteresse war sicher die Organisation als zuverlässiges Mittel, ›die Ingenieure der menschlichen Seele‹ (Stalin) dem Kommando der totalitären Führung unmittelbar zu unterstellen. War dies erst einmal sichergestellt, so genügte ein einfacher Parteibefehl, jeweils zu definieren, was unter ›sozialistischem Realismus‹ zu verstehen sei. Auf dem ersten Kongreß des Schriftstellerverbandes im August 1934, den A. A. Ždanov (1888–1948), der stalinistische Totengräber der sowjetischen Kultur, eröffnete und auf dem Bucharin und Radek noch große Referate hielten, wurde nur das eine klar, daß die Literatur in Zukunft ausschließlich und uneingeschränkt den Zwecken des kommunistischen Parteistaates zu dienen habe. Und das galt nicht nur für die Literatur, sondern ohne Ausnahme für alle Gebiete des Kultur- und Geisteslebens. 1935 brach der erste Sturm gegen den Komponisten Šostakovič los, und der Tod Gofkijs, des großen alten Mannes der Sowjetliteratur, im Jahre 1936 scheint die letzten Hemmungen beseitigt zu haben, das angestrebte Ziel auch mit den Mitteln des physischen Terrors zu erreichen. Niemand kennt die genaue Zahl der Opfer, und selbst von den prominentesten sind bis heute die Todesdaten nicht bekannt.

Sowjetpatriotismus. Die Beseitigung aller ›Widersprüche‹ zu Beginn der dreißiger Jahre machte das Instrumentarium totalitärer Machtausübung vollkommen, Stalin konnte es nun nach Belieben handhaben, und er gebrauchte es allein zu dem Zweck, die Macht des Staates, des von ihm diktatorisch geführten Sowjetimperiums, zu vermehren. Dazu genügte es nicht, die ursprünglich revolutionäre Ideologie zu entschärfen und jede

Regung geistiger Selbständigkeit zu verbieten, dazu mußte eine positive Staats- und Reichsgesinnung geschaffen werden, getragen von einem problemlos optimistischen Lebensstil. Die vier neuen gesellschaftlichen Kräfte, die nach dem Wegfall des Klassenkampfes den Fortgang der Geschichte zum Endziel der vollkommenen kommunistischen Gesellschaftsordnung bewirken sollten, wie Stalin nun lehrte, brachten das unmißverständlich zum Ausdruck: 1. Die moralisch-politische Einheit der Gesellschaft der Sowjetunion, 2. die Freundschaft der Völker der Sowjetunion, 3. der Sowjetpatriotismus, 4. Kritik und Selbstkritik. Die zuletzt genannte ›Kraft‹ war nichts anderes als eine pseudodemokratische Methode, Parteidirektiven durchzusetzen, die übrigen ›Kräfte‹ aber waren nichts anderes als die ›Volksgemeinschaft‹ sowjetischer Patrioten, die geschlossen hinter ihrem Staat und ihrem ›Führer‹ (Vožd') zu stehen hatte. Das hatte weder mit Materialismus noch mit Dialektik etwas zu tun. Vermengt man die Terminologien ebenso, wie Stalins Theorie die Prinzipien vermengte, so ergäbe das den Satz, daß die Produktivkräfte der Sowjetunion unter den Produktionsverhältnissen der Sowjetunion zu einem von befohlenen und gelenkten Gefühlen bewegten Ganzen im Dienste einer imperialistischen Machtpolitik wurden. Es war nur konsequent, wenn Stalin 1950 in seiner vorletzten Schrift ›Der Marxismus und die Fragen der Sprachwissenschaft‹ (die ›Linguistikbriefe‹) die Sprache und damit auch deren Träger, das Volk, aus der revolutionären Geschichtsschematik des historischen Materialismus herauslöste und in die Kategorie ungebrochener historischer Kontinuität verwies.

In diesem Zusammenhang kam der sowjetischen Geschichtswissenschaft besondere Bedeutung zu. Sie war in den zwanziger Jahren stark vernachlässigt worden. Unter der Führung M. N. Pokrovskijs (1868–1932), der die Qualifikationen des Berufshistorikers und des bolschewistischen Revolutionärs in sich vereinigte, hatte eine ursprünglich kleine Gruppe marxistischer Historiker im Kampf mit den Resten der bürgerlichen Geschichtswissenschaft allmählich eine Monopolstellung erlangt, die russische Geschichte im Geist und in den Kategorien des orthodoxen Marxismus abgehandelt und das historische Interesse praktisch auf die Vorgeschichte und Geschichte der Partei, auf die ökonomischen Veränderungen und auf die Fakten des Klassenkampfes reduziert. Geschichtsunterricht im üblichen Sinne verschwand aus dem Lehrplan der Schulen, und im Jahre 1932 fanden an der Universität Moskau keine historischen Vorlesungen mehr statt. Als konsequenter Marxist sah Pokrovskij keine Veranlassung, sich mit der historisch-politischen Leistung des russischen Staates und der diesen leitenden Persönlichkeiten zu beschäftigen, geschweige denn sie positiv zu werten. Wenn er persönlich dazu beitrug, die in den zwanziger Jahren aufgeblühte ukrainische Geschichtswissenschaft zu liquidieren, und zwar sowohl in ihren nichtkommunistischen wie in ihren kommunistischen Vertretern, so geschah das nicht aus großrussischem Chauvinismus, sondern deshalb, weil er jede nationalistische Interpretation der Geschichte für ein untragbares Relikt der bürgerlichen Epoche hielt.

Eine solche Geschichtskonzeption war zu allem eher geeignet als zur Erzeugung einer patriotischen Reichsgesinnung. Sie ›brachte der Erziehung der jungen Generationen im Geiste des Sowjetpatriotismus unmittelbaren Schaden ... ignorierte die Erforschung der heroischen Traditionen des großen russischen Volkes und unterließ es, die Jugend mit den Gefühlen der Liebe zur Heimat und des Hasses gegen deren Feinde zu wappnen‹. Diese Feststellung der sowjetischen Historikerin A. M. Pankratova erfolgte 1942, als sich im ›Großen Vaterländischen Kriege‹ der auf ein großrussisches nationalistisches Geschichtsbewußtsein gestützte Sowjetpatriotismus hervorragend bewährte. Die Entwicklung hatte schrittweise aus unscheinbaren Anfängen wie der Forderung nach einer ›bedeutenden Verstärkung der Elemente des Historismus‹, die das Zentralkomitee der Partei schon 1933 erhob, über mannigfache Maßnahmen eines systematischen Wiederaufbaus der Geschichtspflege in Wissenschaft und Unterricht zu einer vollständigen Verdammung der Pokrovskij-Ära und zu einer weitgehenden Rehabilitierung der traditionellen großrussischen Geschichtsauffassung geführt. Neben den sozialen Protest rückte als ein positives Wertkriterium mindestens gleichen Ranges das nationale Verdienst. Der gesamte Apparat totalitärer Meinungsbildung vom Volksschullehrbuch bis zum historischen Roman und vom Geschichtsinstitut der Akademie der Wissenschaften der Sowjetunion bis zum Film wurde in den Dienst des Sowjetpatriotismus gestellt. So auffallend stand diese ideologische Kursänderung der dreißiger Jahre im Gegensatz zur internationalistischen Tradition des Marxismus, daß sie sensationell wirken und die Frage nach ihren Motiven provozieren mußte.

Man hat den Sowjetpatriotismus vielfach im Sinne einer Normalisierung der revolutionären Sowjetmacht, als einen Übergang zu konservativen Vorstellungen und Grundsätzen aufgefaßt. Dies um so mehr, als der neue Kurs von einer ganzen Reihe weiterer Erscheinungen begleitet war, die in diesem Sinne gedeutet werden konnten: so von der Rückkehr zu einer konservativen Familienpolitik (Erschwerung der Ehescheidung usw.), vom Aufgeben aller avantgardistischen Experimente im Schulwesen und sogar von einer offensichtlichen Mäßigung der ideologisch gebotenen Kirchen- und Religionsfeindschaft. Von Normalisierung könnte jedoch nur dann die Rede sein, wenn man die mit allen Mitteln geförderte psychologisch-emotionale Untermauerung des totalitären Parteistaates als einen ›normalen‹ Vorgang auffaßt. Denn darin bestand das Wesen der neuen, scheinbar konservativen sowjetpatriotischen Generallinie Stalins. Deren Vorzüge für die weitere Konzentration von Macht in den Händen des Diktators leuchten ohne weiteres ein. Gab man den Helden der nationalen russischen Geschichte von Aleksandr Nevskij bis Kutuzov wieder die Ehre, wie es Stalin am 7. November 1941 tat, um den Widerstandswillen der schwerbedrängten Roten Armee durch das Beispiel erfolgreicher Verteidiger Rußlands in vergangenen Jahrhunderten zu stärken, so erschien gleichzeitig die geschichtliche Bedeutung der großen Persönlichkeit in einem ganz neuen Licht; darin lag zweifellos eine für Stalin günstige Ermunterung zur Analogie, eine historische Rechtfertigung auch der gegenwärtigen großen Persönlichkeit, des Parteidiktators als des nationalen

Führers in Krieg und Frieden. Die Mobilisierung aller Gefühlswerte um die Begriffe Heimat (rodina) und Vaterland (otečestvo) – beide stets und ausschließlich auf die Gesamtheit der Sowjetunion bezogen – war, wenn sie mit totalitärer Konsequenz betrieben wurde, durchaus geeignet, dem Nationalismus der einzelnen nichtrussischen Völker einigen Wind aus den Segeln zu nehmen. Wissenschaftliche oder sportliche Erfolge von Sowjetbürgern ließen sich, wenn man es wollte, zu einem Rausch kollektiver Selbstbestätigung ausgestalten; die pompöse Feier, die Stalin der gefährdeten und durch Flieger geretteten ›Čeljuskin‹-Polarexpedition am 19. Juni 1934 bereitete, war ein erstes, eindrucksvolles Beispiel sowjetpatriotischer Circenses. Schließlich war der zeitliche Zusammenhang zwischen nationalsozialistischer Machtergreifung in Deutschland und sowjetpatriotischer Kursänderung in der Sowjetunion sicher auch ein kausaler. In dem Augenblick, da die Popularität sozialistischer Ideale als Folge von Kollektivierung und Hungersnot einen Tiefpunkt erreicht hatte, erhob sich im Nationalsozialismus eine ideologische Bedrohung, deren antikommunistische Absichten weit ernster zu nehmen waren als das allmählich vertraut gewordene Gespenst kapitalistischer Einkreisung, und es blieb im Sinne einer Popularisierung der kommunistischen Staatsmacht und einer Festigung der Abwehrfront kein anderer Ausweg als der Appell an die nationalen Ideale. Zweierlei mußte sich als erwünschte Nebenwirkung einstellen: der neu aufgebaute geschichtswissenschaftliche Apparat bot die Möglichkeit, auch die Parteigeschichte dem Bereich revolutionärer Reminiszenzen zu entziehen und in den Bereich perfekter Planung hinter einer pseudowissenschaftlichen Fassade zu überführen, und die neu zu Ansehen gekommene Geschichte konnte praktisch, wenn es auf den Erfolg ankam, nichts anderes sein als russische Geschichte und einen Prestigezuwachs des russischen Volkes, des ›großen Bruders‹ der übrigen Sowjetvölker, begründen.

Religionspolitik. In einem gewissen Zusammenhang mit dem zunehmenden Bestreben, den inneren Widersprüchen die Schärfe zu nehmen und eine positive Reichsgesinnung selbst dort hervorzubringen, wo kein freiwilliger Anschluß an die kommunistische Ideologie zu erwarten war, stand auch die sowjetische Religionspolitik. Die verfassungsmäßig verankerte Trennung von Kirche und Staat war eine spontane Reaktion gegen das politisch kompromittierte orthodoxe Staatskirchentum, sie wurde niemals als eine wirkliche Neutralität des Staates den Erscheinungen des kirchlichen und religiösen Lebens gegenüber verstanden. Auch wenn der Schein einer solchen Neutralität sorgsamer gewahrt wurde, als es in den ersten Jahren geschah, blieb die Überzeugung unerschüttert, daß jede Art von Religion als ein Relikt vergangener Geschichtsepochen im Zeitalter des Sozialismus verschwinden müsse, und blieb die Methode der Aufgabenteilung zwischen Partei und Staat stets anwendbar. Der religiöse Hauptgegner des antireligiösen Parteistaates war ihrer Geschichte und Größe wegen die russische orthodoxe Kirche. Auf sie konzentrierte sich die administrative Verfolgungspolitik des Staates, ohne daß die erzwungenen Loyalitätserklärungen des Patriarchen Tichon (gest. am 7. April 1925) und seines provisorischen Nachfolgers in der Kirchenleitung, des Metropoliten Sergij von Nižnij Novgorod, daran etwas änderten. Es waren vor allem außenpolitische Gründe, die den Staat eine Loyalitätserklärung der Kirche anstreben ließen, denn gerade dort, wo sich am ehesten ein Durchbrechen der außenpolitischen Isolierung erhoffen ließ, in den sowjetisch-englischen Beziehungen, war die Kompromittierung der Sowjetmacht durch eine religionsfeindliche Innenpolitik besonders hinderlich. Die ultimative Note Lord Curzons vom 2. Mai 1923 war unter anderem auch darauf eingegangen, und obwohl die Sowjetregierung dies natürlich als eine unzulässige Einmischung in ihre inneren Angelegenheiten zurückwies, wurde der Patriarch Tichon doch im Juni 1923 aus der Haft entlassen. Das gab der orthodoxen Kirche die Möglichkeit, den gefährlichen Spaltungsversuch der 1922 entstandenen ›progressiven‹ Lebendigen Kirche abzuwehren. In ähnlicher Weise bestand auch bei dem modus vivendi, auf den der Metropolit Sergij im April 1927 einging, der Gewinn der Kirche lediglich darin, daß sie den noch bestehenden Rest ihrer Organisation nun legal aufrechterhalten konnte. Die Kirche mußte dafür eine Vertrauenskrise unter den Gläubigen in Kauf nehmen, und sie mußte ungeachtet der Abmachungen mit dem Staat in den folgenden Jahren eine von der Partei organisierte Großoffensive der 1925 gebildeten ›Liga kämpferischer Gottloser‹ überstehen. Es war ja gar nicht nötig, daß die Initiative zur Schließung von Kirchen und Klöstern vom Staate ausging, dasselbe ließ sich durch planmäßige Entfesselung des Volkszornes erreichen, von dem sich der Staat erforderlichenfalls sogar distanzieren konnte.

Die Stalinsche Generallinie hieß also zunächst: Aggressive Religionsbekämpfung mit allen Mitteln unter Wahrung einer Scheinneutralität des Staates. Objekt dieser Offensive waren nun auch alle übrigen Religionsgemeinschaften, die man nach dem Grade ihrer negativen Einstellung zur orthodoxen Staatskirche und zum russischen Staat vor 1917 bisher etwas schonender behandelt hatte. So hatte die evangelisch-lutherische Kirche in Rußland, die überwiegend deutsche, daneben aber auch estnische, lettische und finnische Gemeinden umfaßte, bis 1928 unter schwierigsten Verhältnissen ihre Aufgabe erfüllen können. 1929 setzte mit der Verbannung des siebzigjährigen Bischofs Malmgren und aller Leningrader evangelischen Pastoren nach Solovki die systematische Verfolgung ein, der diese einst blühende Kirche in wenigen Jahren erlag.

Im Jahre 1932 erreichte die von der Partei gesteuerte Gottlosenbewegung mit über fünfeinhalb Millionen Mitgliedern ihren Höchststand, zugleich war aber der Höhepunkt ihrer Aktivität bereits überschritten. Gemessen an den Schäden, die sie allen religiösen Institutionen zugefügt hatte, waren ihre Erfolge beträchtlich, aber wenn das Ziel die vollkommene Zersetzung der religiösen Substanz gewesen war, so blieben die Ergebnisse trotz der großzügig aufgewendeten, in einer Flut von antireligiöser Propagandaliteratur investierten Mittel weit hinter den Erwartungen zurück. Und die Kollektivierungsfolgen ließen stimmungsmäßig eine gleich intensive Fortsetzung der Aktion nicht ratsam erscheinen, geschweige denn deren Steigerung. Ohne daß neue Direktiven ausgegeben wurden, ließ der Schwung der antireligiösen Offensive erheblich nach, und die Stalinverfassung von 1936 beendete die staatsbürgerliche Diskriminierung der Geistlichen, die nun wie alle anderen Sowjetbürger das Wahlrecht ausüben durften, gleiche Bildungsmöglichkeiten für ihre Kinder erhielten und steuermäßig den frei Berufstätigen gleichgestellt wurden. Das war gewiß nicht mehr als eine Geste, aber immerhin das Symptom für eine Minderung der ›Widersprüche‹ auch auf diesem Gebiet. Als 1941 die orthodoxe Kirche den Waffen der Roten Armee ihren Segen erteilte und gleichzeitig die antireligiösen Publikationen eingestellt wurden, waren damit weit deutlichere Symptome gegeben. Doch war es wohl nicht nur die Notwendigkeit, im Kriege alle patriotischen Kräfte zu mobilisieren – und die russische orthodoxe Kirche hatte eine mehr als patriotische Tradition! –, und die Rücksicht auf die angelsächsischen Verbündeten, was Stalin veranlaßte, am 4. September 1943 den Metropoliten Sergij an der Spitze einer kirchlichen Delegation im Kreml zu empfangen und einer Synode zur Wahl eines Patriarchen seine Zustimmung zu erteilen. Die Aufgaben, die ihm zugedacht waren, konnte der Patriarch Sergij allerdings nicht mehr erfüllen – er starb schon 1944 –, aber sein Nachfolger Aleksij hat sich ihnen loyal unterzogen, indem er das kirchliche Prestige vor allem nach außen im Interesse des Sowjetimperiums einsetzte. Der neue modus vivendi, der für den Staat nicht mehr bedeutete als die endliche Einlösung der schon 1927 gegebenen Zusagen, sicherte der Kirche ein gewisses Maß von Entfaltungsmöglichkeit in ihrem eigenen, begrenzten Bereich, aber er trug in mancher Hinsicht Züge eines Bündnisses, das der Loyalität der Kirche eine sehr expansive Auslegung gab.

Die Ždanov-Ära. Daß die innere Festigung des Sowjetimperiums in allen ihren Aspekten durch den ›Großen Vaterländischen Krieg‹, vor allem als dieser die Konturen eines großen vaterländischen Sieges annahm, in entscheidender Weise gefördert wurde, steht außer Zweifel. Aber so wenig der Sowjetpatriotismus allein als Vorbeugungsmaßnahme gegen einen möglichen Krieg entstanden war, so wenig erfuhr er nach Beendigung des Krieges eine Abkühlung. Dies wäre psychologisch verständlich gewesen; tatsächlich ließ sich jedoch sehr bald eine weitere Steigerung des chauvinistischen Furors beobachten, die alle Merkmale eines totalitären Managements aufwies und alle Grenzen der Vernunft weit hinter sich ließ. Von A. A. Ždanov (gest. 1948) im Auftrage Stalins eingeleitet, wurde die Ždanov-Ära (Ždanovščina) der Jahre 1946–1953 als bisher dunkelste Phase sowjetischer Kulturpolitik bekannt und berüchtigt. Unter der Parole eines Kampfes gegen ›Kosmopolitismus‹ und ›Objektivismus‹ ging es dabei nicht nur um die sofortige Umstellung auf den neuen, alten Gegner Weltkapitalismus, verkörpert in den bisherigen westlichen Verbündeten der Sowjetunion, und um eine kritiklose Selbstglorifizierung primitivster Art, sondern auch um eine weitere Verschärfung der ideologischen Parteiherrschaft im Sinne der obligaten ›Parteilichkeit‹ (partijnost') jeder geistigen Produktion. Unter den Motiven spielten die gefährlich zahlreichen kriegs- und nachkriegsbedingten Kontakte von Sowjetbürgern mit der nichtkommunistischen Außenwelt zugegebenermaßen eine wichtige Rolle. Doch war dies alles nur dem Grade nach neu: Wenn man die Prinzipien der unbegrenzten Machtvermehrung und der größtmöglichen Machtkonzentration für die ausschlaggebenden Merkmale der Herrschaft Stalins hält, kann man dem Stalinismus Konsequenz nicht absprechen. Und das gilt nicht nur für die innere Entwicklung, sondern auch für die Außenpolitik.

Die Bewährung der Macht

Es liegt im Prinzip der totalitären Macht, daß sie sich erst dann unbedroht fühlt, wenn kein ernsthafter potentieller Gegner mehr vorhanden ist; und je gewaltsamer die Methoden waren, mit denen sie sich im eigenen Bereich durchsetzen mußte, desto größer wird die Empfindlichkeit gegen mögliche Bedrohungen von außen sein. Es wirkte vieles zusammen, der sowjetischen Außenpolitik unter Stalin einen im wesentlichen defensiven Charakter zu geben und die weltrevolutionäre Aggressivität dem Selbsterhaltungstrieb der bereits gewonnenen Macht unterzuordnen: Die Erfahrungen der Bürgerkriegsjahre, die lange anhaltende wirtschaftliche und daher auch militärische Schwäche, die Nützlichkeit angeblicher außenpolitischer Bedrängnis als innenpolitisches Druckmittel, die Schwarz-Weiß-Ideologie von einer zweigeteilten Welt und gewiß nicht zuletzt die Persönlichkeit Stalins, dessen Stärke die systematische Akkumulation der Macht und nicht das revolutionäre Abenteuer war. Nur wenn die Machtverhältnisse ganz eindeutig zugunsten der Sowjetunion sprachen und jedes wirkliche Risiko ausgeschlossen schien, schlug Stalin zu, dann allerdings rasch und brutal.

Die Strategie der Defensive war erfolgreich, nicht zuletzt freilich deshalb, weil zwischen dem Ende der Intervention 1920 und dem Beginn des deutschen Angriffes 1941 ernsthafte Angreifer gar nicht vorhanden waren. Taktisch häuften sich dagegen zunächst die Mißerfolge, und 1927 war das außenpolitische Erbe Lenins an zwei entscheidend wichtigen Punkten vertan: In den Beziehungen zu England hatte die sowjetische Diplomatie ihre ersten großen Erfolge erzielt, in England zuerst war man von denen, ›die uns zu erwürgen wünschten‹, anerkannt worden, der Handel mit England funktionierte in einer für die Sowjetunion durchaus vorteilhaften Weise. Aber nach dem Sturz Macdonalds verschlechterten sich die Beziehungen zusehends, und am 27. Mai 1927 nahm die englische Regierung das Ergebnis einer Haussuchung bei der englisch-sowjetischen Handelsgesellschaft ›Arcos‹ zum Anlaß, die diplomatischen Beziehungen zur Sowjetunion abzubrechen und den Handelsvertrag zu kündigen. Man hat bezweifelt, daß das gefundene Material wirklich belastend genug war, diesen Schritt zu begründen. Aber keinem Zweifel konnte es jedenfalls unterliegen, daß die etwa tausend Angestellten der sowjetischen Handelsagentur nicht allein kommerzielle Aufgaben zu erfüllen hatten, daß 1926 den streikenden Bergarbeitern die finanzielle Unterstützung der sowjetischen Staatsgewerkschaften zuteil geworden war und daß die sowjetische Presse sich England gegenüber einer ungewöhnlich provozierenden Sprache bediente. Es war wenig glaubwürdig, wenn sich die Sowjetregierung konsequent im Tone gekränkter Unschuld von den Aktionen der Komintern distanzierte, zumal seit im Frühjahr 1925 das Plenum der Komintern die Thesen über ›die Bolschewisierung der Parteien der Kommunistischen Internationale‹ angenommen hatte. Im übrigen war der Bruch weniger tief, als es schien; die englischen Industriellen zeigten wenig Neigung, im Wettlauf um das Rußlandgeschäft konservativen Idealen zuliebe Deutschland und Amerika den Vortritt zu lassen, und die zweite Labourregierung Macdonalds nahm am 1. Oktober 1929 die Beziehungen wieder auf. Schon dies zeigt, wie unbegründet die Kriegspsychose war, die Stalin im Sommer 1927 in seinem Lande entfesselte; um so eindeutiger war ihr Zweck, von dem viel schwerer wiegenden Mißerfolg abzulenken, den Stalins Politik gleichzeitig in China erlitt.

Rückschläge im Fernen Osten

Lenins weitblickende Strategie, die Völker Asiens, bei denen noch nicht die mindesten Voraussetzungen für eine ›sozialistische Revolution‹ bestanden, in ihrem gegen die westlichen Kolonialmächte gerichteten antiimperialistischen Befreiungskampf zu unterstützen, hatte zu einer engen Zusammenarbeit zwischen Moskau und der national-revolutionären Bewegung der Kuomintang in China geführt. Unter der Anleitung von sowjetrussischen Organisationsexperten und unter Beteiligung der chinesischen kommunistischen Partei war die Kuomintang schlagkräftiger geworden und hatte gute Aussichten, die Alleinherrschaft in China an sich zu bringen. Das entsprach vollkommen den antiimperialistischen Zielen Moskaus, aber für die imperialistischen Ziele der russischen Kommunisten kam es einer Katastrophe gleich, daß sich Chiang Kai-shek im Augenblick des Erfolges seiner kommunistischen Bundesgenossen gewaltsam entledigte und die sowjetischen ›Berater‹ nach Hause schickte. Der Abbruch der Beziehungen Mitte Dezember 1927 war nur das Eingeständnis, daß man die Kontrolle verloren hatte. Für Stalin war dies um so peinlicher, als er seine Chinapolitik gegen die heftige Kritik seiner Gegner, vor allem Trockijs, durchgesetzt und auch nicht geändert hatte, als sich die für die chinesischen Kommunisten ungünstige Entwicklung bereits deutlich abzeichnete. Wer von den chinesischen Genossen überlebte und unter der Führung Mao Tse-tungs die neue chinesische KP aufbaute, litt fortan unter dem Trauma, Opfer einer von Moskau dirigierten verfehlten Kominternpolitik geworden zu sein.

Der Verlust der politischen Position in China erzwang die Rückkehr zu den gewöhnlichen Methoden der Machtpolitik. Als Chiang Kai-shek 1929 den Versuch machte, die sowjetischen Interessen in der Mandschurei anzutasten (bis zur Aufgabe der ostchinesischen Eisenbahn waren die antiimperialistischen Gesten unter Lenin niemals gediehen), löste er eine sofortige militärische Intervention der Sowjetunion aus und mußte sich im Abkommen von Chabarovsk (22. Dezember 1929) zur Aufrechterhaltung des bisherigen Zustandes verpflichten. Erst das Auftreten der Japaner in der Mandschurei (Bildung des japanischen Satelliten Mandschukuo am 9. März 1932) brachte eine Annäherung zwischen der Sowjetunion und China zuwege (Abkommen vom 12. Dezember 1932), ohne daß dies der japanischen Aggression Einhalt geboten hätte. Die einstmals so starke Stellung der Russen in der Mandschurei war nun nicht mehr zu halten: Nach längeren Verhandlungen verkaufte die Sowjetunion am 23. März 1935 die ostchinesische Eisenbahn an Mandschukuo. Die Aufgabe dieses ausgesprochen kolonialimperialistischen Besitzes erfolgte also nicht irgendwelchen Prinzipien zuliebe, sondern allein unter dem Druck einer anderen imperialistischen Macht. Dieser zweifellos vorhandene Druck führte schließlich zu Grenzzwischenfällen, die im Mai 1939 am Flusse Chalchin Gol den Charakter ziemlich umfangreicher militärischer Aktionen annahmen und, falls sie japanischerseits als Tests gedacht waren, eine sehr wirkungsvolle sowjetische Verteidigungsbereitschaft ergaben, obwohl am Chalchin Gol gar nicht unmittelbar sowjetisches Territorium, sondern nur das Gebiet der verbündeten Mongolischen Volksrepublik berührt war. Mit dem ideologischen Hintergrund des deutsch-japanischen Antikominternpaktes vom Herbst 1936 mußten solche Aktionen in Moskau als Beginn der aggressiven Endphase einer gegen die Sowjetunion gerichteten Einkreisungspolitik wirken und auch die sowjetische Europapolitik mitbestimmen.

Die deutsch-sowjetischen Beziehungen

Auch in Europa verlief die Entwicklung nicht nach jenen Idealvorstellungen, die dem sowjetisch-russischen Machtinteresse entsprachen. Da im Grunde jede multilaterale Vertragspolitik innerhalb der kapitalistischen Welt im Kreml eine Steigerung des schon normalerweise aus Tradition und Prinzip vorhandenen Mißtrauens hervorrief, verlor für die Sowjetregierung das positive Verhältnis zu Deutschland in dem Maße politisch an Wert, in dem der deutschen Regierung unter einer gewissen Lockerung der Versailler Vertragsbestimmungen vom Dawes-Plan bis zum Young-Plan Möglichkeiten einer Annäherung an die Westmächte eröffnet wurden. Insbesondere war dies der Fall, als Deutschland 1925 dem Locarno-Pakt beitrat und 1926 in den Völkerbund aufgenommen wurde; jedesmal mußte die deutsche Regierung erhebliche Anstrengungen machen, um den Partner von Rapallo zu überzeugen, daß sich der neue Schritt nicht gegen ihn richte und daß Deutschland nach wie vor an einer Zusammenarbeit mit der Sowjetunion interessiert sei. Das Ergebnis war ein neuer Handelsvertrag am 12. Oktober 1925 und das Berliner Neutralitätsabkommen vom 24. April 1926; außerdem hatte Deutschland vor seinem Eintritt in den Völkerbund das Zugeständnis einer besonderen Interpretation des Sanktionsparagraphen erwirkt, die es ihm praktisch ermöglichte, die Teilnahme an Sanktionen gegen die Sowjetunion zu verweigern. Der politische Vorteil war beiderseits: Deutschland bewahrte sich, indem es seine Verbindungen nach dem Westen und nach dem Osten im Gleichgewicht hielt, ein gewisses Maß an außenpolitischer Handlungsfreiheit, die Sowjetunion konnte hoffen, daß die deutsche Regierung sich eben deshalb in internationalen Gremien zum Fürsprecher gewisser sowjetischer Interessen machen würde. In der Tat war es Deutschland, das sich 1928 gegen den Widerstand Frankreichs und Englands dafür einsetzte, die Sowjetunion zur Unterzeichnung des Briand-Kellog-Paktes einzuladen, und dadurch einem neuen Konzept der sowjetischen Außenpolitik den ersten Ansatzpunkt bot.

Selbstverständlich wurden auch die deutsch-sowjetischen Beziehungen stets überschattet von den Gefahren einer weltrevolutionären Komintern-Aktivität, gegen die kein Abkommen mit der Sowjetunion Garantien bot. Wenn sie trotzdem eine erstaunliche Stabilität aufwiesen und der Berliner Vertrag 1931 durch ein Protokoll unbefristet verlängert wurde, so lag das weniger an den politischen als an den militärischen und ökonomischen Vorteilen der Zusammenarbeit. Die streng konspirativen militärischen Kontakte begannen schon im Winter 1920/1921; ihre Durchführung lag deutscherseits bei Reichswehrdienststellen (›Sondergruppe R‹ im Reichswehrministerium, ›Zentrale Moskau‹ in der Sowjetunion) und entzog sich jahrelang der politischen Kontrolle. Für die Reichswehr boten sie die Möglichkeit, einschränkende Bestimmungen des Versailler Friedens zu umgehen, je eine Schule zur Ausbildung von Fliegern (Lipeck), Panzertruppen (Kazań) und Gaskampftruppen (Saratov) auf sowjetischem Boden zu unterhalten und auf diese Weise technisch und ausbildungsmäßig den Anschluß an die modernste Entwicklung zu wahren; die Rote Armee dagegen gewann nicht nur Beteiligung an allen technischen Errungenschaften, sondern durch Teilnahme einzelner Vertreter an der deutschen Offiziersausbildung einschließlich der Generalstabsschulung auch Einblick in alle organisatorischen Details einer modernen Armee.

Die wirtschaftlichen Beziehungen erreichten den Höhepunkt ihrer Entfaltung etwas später als die militärischen. Eröffnete das ›Rußlandgeschäft‹, von der Reichsregierung durch Kredite gefördert und durch den Ende 1928 begründeten ›Rußland-Ausschuß der deutschen Wirtschaft‹ betreut, der deutschen Industrie einen gewissen Ausweg aus den Absatzschwierigkeiten der Weltwirtschaftskrise (der sowjetische Anteil am deutschen Werkzeugmaschinenexport stieg von 10% auf 75%), so war es umgekehrt auch geeignet, die im Zeichen der Industrialisierung nahezu unbegrenzten Wünsche der sowjetischen Wirtschaft nach industriellen Ausrüstungen zu befriedigen. Auch zahlreiche deutsche Ingenieure und Techniker konnten in der Sowjetunion Arbeit finden. Die Doppelgleisigkeit sowjetisch-kommunistischer Außenbeziehungen übertrug sich zwangsläufig auf die jeweiligen Partner: Während die deutschen Kommunisten durch die Folgen der Weltwirtschaftskrise einen kräftigen Auftrieb erhielten (die Reichstagswahl im September 1930 brachte ihnen viereinhalb Millionen Stimmen und einen Zuwachs von 23 Mandaten auf insgesamt 77) und die ›revolutionäre Situation‹ der Massenarbeitslosigkeit auszunützen trachteten, verhandelte eine Delegation ›der mächtigsten deutschen Industrieführer‹ in Moskau unter der sanften Begleitmusik wohlwollender sowjetischer Kommentare über ein neues Lieferungsabkommen. Aber nur für den Kreml war diese Doppelgleisigkeit Fiktion und Plan, mochte auch die Fiktion nicht immer Glauben finden und der Plan nicht immer reibungslos funktionieren; für den Partner war sie eine Realität, die man aus Not und Opportunismus übersehen, doch nicht aus der Welt schaffen konnte.

Kollektive Sicherheit und Volksfronttaktik

Zu Beginn der dreißiger Jahre begünstigte die Lage in der Sowjetunion mehr denn je einen Primat der Innenpolitik. Anders als im Osten, wo die Aktionen der japanischen Großmacht beunruhigend wirken mußten, stellten die westlichen Nachbarn keine Bedrohung der Sowjetunion dar; einzeln waren sie zu machtlos, und ihren Zusammenschluß zu einer Aktionsgemeinschaft etwa unter polnischer Führung verhinderten die zahlreichen zwischen ihnen bestehenden Gegensätze. Allerdings widerstanden sie in historisch wohlbegründeter Russophobie allen Anbiederungsversuchen der Sowjetdiplomatie, auch als diese unter Stalin dazu überging, ihnen die zunächst verweigerten Nichtangriffsverträge geradezu aufzudrängen. Einzig in Litauen fand sich 1926 eine linksorientierte Regierung bereit, den gewünschten Nichtangriffs- und Freundschaftsvertrag zu unterzeichnen (28. September), eine aus antipolnischem Ressentiment geborene Aktion von ephemerer Bedeutung, da knapp drei Monate später die liberal-sozialistische Regierung Litauens durch das autoritäre Rechtsregime Smetonas ersetzt wurde. Mit dem System zweiseitiger Abkommen waren keine Einbrüche in den sowjetophoben, von Frankreich gestützten Cordon sanitaire Zwischeneuropas zu erzielen. Maksim Litvinov, der im Juli 1930 Čičerin als Außenkommissar ablöste, aber Čičerins Kränklichkeit wegen schon geraume Zeit vorher die Durchführung der sowjetischen Außenpolitik leitete, wählte eine neue, harmloser aussehende Methode: Wenn sich die Sowjetunion selbst im Zeichen der ›kollektiven Sicherheit‹ internationalen Abkommen anschloß, die ihre westlichen Nachbarn unterzeichneten, dann wurde es für diese viel schwerer, Kontakte zu vermeiden. So gelang es Litvinov, eine Reihe osteuropäischer Unterzeichner des Kellogg-Paktes für ein Zusatzprotokoll zu gewinnen, das für die Beteiligten ein sofortiges Inkrafttreten des Kriegsächtungsabkommens nach der eigenen Ratifizierung vorsah, während der ursprüngliche Pakt erst nach der Ratifizierung aller Signatarmächte in Kraft treten sollte. Am 9. Februar 1929 wurde das sogenannte Litvinovprotokoll von der Sowjetunion, Polen, Rumänien, Lettland und Estland in Moskau feierlich unterzeichnet. Inhaltlich war es schon nach wenigen Monaten gegenstandslos (im August 1929 trat der Kellogg-Pakt in Kraft), aber als diplomatische Aktion stellte es einen Erfolg der Sowjetunion dar, die nun mit einemmal in der Rolle eines Führers von friedliebenden Musterknaben der internationalen Zusammenarbeit erschien. Damit war das Eis wenigstens so weit gebrochen, daß 1931 ein neuerliches Angebot von Nichtangriffsverträgen durch die Sowjetunion nicht mehr auf grundsätzliche Ablehnung stieß: Im Jahre 1932 unterzeichneten Finnland (21. Januar), Lettland (5. Februar), Estland (4. Mai) und Polen (25. Juli) derartige Verträge, und es war nur konsequent, daß nun auch Frankreich als der Protektor Zwischeneuropas auf die neue Linie der sowjetischen Außenpolitik einging, indem es am 29. November 1932 einen Nichtangriffspakt mit der Sowjetunion abschloß. Daß Moskau bei dieser Gelegenheit nur den Finnen ihre Grenzen garantierte, war allerdings wenig geeignet, das Mißtrauen der osteuropäischen Anrainer Sowjetrußlands abzubauen, und Litvinov wäre trotz allem diplomatischen Geschick wohl nicht so erfolgreich gewesen, wenn nicht der politische Umschwung in Deutschland seine Schatten bereits vorausgeworfen hätte.

Als Hitler am 30. Januar 1933 in Deutschland an die Macht kam, war das ideologische und politische Verhältnis der Kommunisten zu den Nationalsozialisten keineswegs so eindeutig feindselig, wie es nachträglich dargestellt wird. Man wußte in Moskau sehr gut, daß die Etiketten ›rechts‹ und ›links‹ manche Verwandtschaft im Radikalismus verschleierten, man hatte über die Komintern den deutschen Kommunisten stets die Sozialdemokraten und nicht die Nationalsozialisten als Hauptfeind bezeichnet, die bisherigen Erfahrungen in einer Art Kampfgemeinschaft gegen die Sozialdemokraten ließen die Möglichkeit eines Umschlages vom Rechtsextremismus in den Linksextremismus nicht vollkommen ausgeschlossen erscheinen, und mit dem deutschen Nationalismus war man bisher weit besser zurechtgekommen als mit den Nationalismen der osteuropäischen Völker. Immerhin war das antibolschewistische Vokabular der Nationalsozialisten nicht zu übersehen, und die Dynamik der deutschen Entwicklung schuf ein Element der Unruhe, das es geraten erscheinen ließ, zunächst abzuwarten und mit allen Möglichkeiten zu rechnen. Das Alarmzeichen für Moskau bildete erst der Nichtangriffspakt, den Hitler am 26. Januar 1934 mit Piłsudski schloß. Damit hatte Deutschland die Rapallopolitik offensichtlich über Bord geworfen. Und nun bewährte es sich, daß Litvinov einer Annäherung an die Westmächte seit Jahren den Boden bereitet hatte. Da sich unter der Präsidentschaft Roosevelts im November 1933 endlich auch die Vereinigten Staaten zur de-jure-Anerkennung der Sowjetunion entschlossen und die Staaten der Kleinen Entente diesem Beispiel folgten, hatte die Aufnahme der Sowjetunion in den Völkerbund am 18. September 1934 nicht mehr den Charakter einer Sensation. Militärische Beistandspakte mit Frankreich und der Tschechoslowakei folgten am 2. bzw. 16. Mai 1935, und im Sommer desselben Jahres legte der 7. Kominternkongreß in Moskau auch die politische Aktivität des internationalen Kommunismus auf die neue Linie fest: War die Sicherheit der Sowjetunion durch das nationalsozialistische Deutschland bedroht, so mußte es nun die Aufgabe aller Kommunisten sein, den ›Faschismus‹ (diesem Begriff ordnet die kommunistische Terminologie den Nationalsozialismus unter) in allen seinen Formen zu bekämpfen; dazu war das Bündnis mit den bisherigen Todfeinden, den Sozialdemokraten, in einer ›Volksfront‹ zu suchen und sogar die Zusammenarbeit mit bürgerlichen Parteien erlaubt.

Wenn die von der Volksfronttaktik unterstützte Politik der kollektiven Sicherheit der Sowjetunion nicht den gewünschten Erfolg brachte, so lag das nicht nur an der Gegenwirkung der deutschen Politik und an dem Tempo der deutschen Erfolge, sondern auch an der Sowjetunion und dem von ihr geführten Weltkommunismus selbst. Es waren die eigenen Methoden des politischen Kampfes, die ein Mißtrauen geschaffen hatten, das sich nicht von heute auf morgen ausräumen ließ, zumal dann nicht, wenn man sie weiter anwendete. Stalin hätte die Einmischung in den spanischen Bürgerkrieg wohl lieber vermieden; die technischen Voraussetzungen waren für die Sowjetunion wenig günstig, und die Komplikationen, die sich ergeben konnten, waren nicht abzusehen. Aber nachdem er sich einmal entschlossen hatte, um des kommunistischen Führungsprestiges der Sowjetunion willen dem italienischen und deutschen Eingreifen ein Gegengewicht zu schaffen, benützte er die Gelegenheit, unter sozialistischen Andersgläubigen und kommunistischen Häretikern, soweit sie sich in Spanien zur Verteidigung der Republik zusammengefunden hatten, rücksichtslos aufzuräumen. Die zur gleichen Zeit in Moskau stattfindenden Schauprozesse der großen ›Čistka‹ (Säuberung) waren ebensowenig geeignet, die außenpolitische Kreditfähigkeit der Sowjetmacht zu erhöhen, und die offen zur Schau getragene Gottlosigkeit des sowjetischen Regimes war vor allem in den angelsächsischen Ländern alles eher als eine Empfehlung. Viel schwerer aber als die abstoßende Wirkung von Terrormaßnahmen, die jeder totalitäre Staat geringer einschätzt als die Terrorwirkung selbst, fiel die Dezimierung des militärischen Führungskorps ins Gewicht, zu der Stalin sich hinreißen ließ. Am 12. Juni 1937 wurde Marschall Tuchačevskij, der populäre Führer und Reformator der Roten Armee, nach kurzem Geheimverfahren vor einem Militärtribunal hingerichtet, mit ihm eine Anzahl hoher

Generäle. Das war der Beginn einer die gesamten Streitkräfte der Sowjetunion erfassenden Säuberung, der mehr als die Hälfte aller Kommandeure vom Brigadekommandeur aufwärts zum Opfer fiel. Die Hintergründe sind dunkel: Die offiziellen Anklagepunkte, Spionage zugunsten Deutschlands und Japans, waren so unsinnig wie in allen Schauprozessen; daß Stalins alle Maße verlierendes Terrorregiment auch in der Armee keine dem Diktator freundliche Gesinnung hervorrief, wird man annehmen dürfen, doch ist eine Verschwörung zum Zwecke des Staatsstreiches niemals nachgewiesen worden; manche Hinweise sprechen für eine Provokation durch den deutschen Geheimdienst, der Stalin gefälschte Belastungsdokumente zugespielt habe. Wie dem auch sei – die nur aus der Tyrannenpsyche erklärbare Ausrottung der geschulten und erfahrenen militärischen Führungsschicht schwächte die Schlagkraft der Roten Armee in entscheidender Weise, und darüber mußte sich Stalin im klaren sein, wenn es auch in der Sowjetunion erst nach seinem Tode zugegeben wurde. Die Beurteilung sowohl des sensationellen Frontwechsels im Sommer 1939 wie der anhaltenden militärischen Mißerfolge der Roten Armee bis zum Herbst 1942 muß das Faktum der von Stalin selbst hervorgerufenen militärischen Schwäche berücksichtigen.

Deutsch-sowjetische imperialistische Partnerschaft

Schon die deutschen Annektionen im Jahre 1938 und im Frühjahr 1939 riefen in Moskau nur relativ maßvolle Reaktionen hervor, obwohl mit der Tschechoslowakei ein der Sowjetunion verbündeter Staat betroffen war. Formal war die sowjetische Regierung nur dann zur militärischen Hilfeleistung verpflichtet, wenn sich auch Frankreich zu einer solchen entschloß; die Bereitschaft dazu ließ Stalin Anfang September in Prag noch einmal ausdrücklich erklären, aber man wußte im Kreml natürlich ebensogut wie in Paris, daß dies eine sehr platonische Zusage war: Die Sowjetunion hatte keine gemeinsame Grenze mit der Tschechoslowakei, und da nicht anzunehmen war, daß Polen und Rumänien den Durchmarsch sowjetischer Truppen durch ihr Gebiet freiwillig gestatten würden, hätte eine Unterstützung nur auf dem Luftwege realisiert werden können. Das Nachgeben der Westmächte in München (29./30. September 1938) mag daher in Moskau eher Erleichterung als Enttäuschung hervorgerufen haben. Die Selbständigkeitserklärung der Slowakei und die Errichtung des Protektorates Böhmen-Mähren im März 1939 führten seitens der Sowjetunion nur mehr zur Feststellung einer formalen Nichtanerkennung. Es fehlte inzwischen nicht an Anzeichen, daß weder Stalin noch Hitler einen unmittelbaren Konflikt suchten. Daß Deutschland die Abtrennung der Karpatoukraine von der Tschechoslowakei im November 1938 nicht zum Anlaß nahm, die ukrainische Frage in voller Breite aufzurollen, wie es einer seit dem ersten Weltkrieg traditionellen Tendenz der deutschen Osteuropapolitik entsprochen hätte, sondern das Gebiet ohne Rücksicht auf nationale Selbstbestimmung dem historischen Besitzer Ungarn überließ, konnte in diesem Sinne gedeutet werden, ebenso Stalins Rede auf dem 18. Parteitag am 10. März 1939, in der er zwar ganz allgemein davon sprach, daß die Sowjetunion auf der Seite jener Völker stehe, ›die das Opfer eines Angriffs geworden seien und für die Unabhängigkeit ihres Vaterlandes kämpften‹, in der er es aber auch als eine Aufgabe der Partei bezeichnete, darauf zu achten, daß die Sowjetunion nicht in einen Konflikt hineingezogen werde ›von jenen Kriegstreibern, die gewöhnt sind, andere für sich die Kastanien aus dem Feuer holen zu lassen‹. Das war zweifellos als eine Art Neutralitätserklärung gemeint, falls Hitler die sowjetischen Grenzen achten und die sowjetischen Interessen gebührend berücksichtigen würde. Die Anregung wurde in Berlin zunächst nicht aufgegriffen. Aber als Polen sich nicht bereit fand, den deutschen Forderungen im Guten nachzugeben, und in seinem Widerstand durch die Garantieerklärung der Westmächte gestärkt wurde, als demnach ein Krieg unvermeidbar wurde, wenn nicht die angeblich letzten territorialen Wünsche Großdeutschlands unerfüllt bleiben sollten, sah sich Stalin im Sommer 1939 mit einem Male von beiden Seiten heftig umworben. Die Westmächte waren in der Vorhand, sie verhandelten schon seit Anfang Juni in

Moskau, aber Hitler war bereit, den höheren Preis zu zahlen. Am 23. August 1939 unterzeichneten V. M. Molotov, der im Mai Litvinov als Außenkommissar abgelöst hatte, und der Reichsaußenminister von Ribbentrop in Moskau einen Nichtangriffspakt auf zehn Jahre, der sofort in Kraft trat. Die Wirkung war sensationell, obwohl das Zusatzprotokoll, in dem die Grenze der Interessensphären festgelegt war, geheim blieb: In Finnland, Estland und Lettland sowie auf polnischem Territorium östlich der Linie Narew-Weichsel-San erhielt die Sowjetunion freie Hand, außerdem erklärte sich Deutschland uninteressiert am Schicksal Bessarabiens. Diesen Preis hatten die Westmächte hinsichtlich Polens, dessen Integrität sie garantiert hatten, nicht zahlen können und hinsichtlich der baltischen Staaten nicht zahlen wollen. Es war aber nicht nur die mühelos zu gewinnende territoriale Beute, die Stalin zum Komplizen Hitlers machte. Die Unvermeidbarkeit des deutschen Angriffs auf Polen und des Krieges zwischen Deutschland und den Westmächten vorausgesetzt, sicherte das Neutralitätsabkommen mit Deutschland der Sowjetunion den Frieden, während das Militärbündnis mit den Westmächten die sofortige Beteiligung am Kriege bedeutet hätte. Der Vorteil des deutschen Angebotes war so handgreiflich, zumindest im Sinne eines lukrativen Zeitgewinns, daß es zweifelhaft erscheint, ob die Sowjetunion überhaupt zu einem anderen Zweck mit den Westmächten verhandelte als zu dem, die deutschen Zugeständnisse hinaufzutreiben.

Mit dem ›Stalin-Hitler-Pakt‹ war das Schicksal Polens besiegelt. Angesichts der raschen deutschen Erfolge rückte die Rote Armee am 17. September 1939 unter Bruch des polnisch-sowjetischen Nichtangriffsvertrages in die sowjetische Interessensphäre ein, ohne auf organisierten Widerstand zu stoßen. Was totalitäre Machtstaaten mit einer revolutionären Weltbeglückungsideologie unter ›Interessensphären‹ verstehen, stellte sich in den folgenden Monaten mit nicht zu überbietender Klarheit heraus. Die von der Sowjetregierung angewendeten Methoden glichen aufs Haar denen, die in den ersten Jahren nach der Oktoberrevolution alle machtmäßig erreichbaren nichtrussischen Nationen des Zarenreiches um ihre Unabhängigkeit gebracht hatten. Rückblickend läßt sich erkennen, daß Stalin, seinen schon 1920 entwickelten Prinzipien getreu, die unmittelbare, territoriale Expansion seiner Macht auf jene Gebiete und Völker beschränkte, denen der ›sowjetische (zentralisierte) Föderationstyp‹ kraft ihrer ehemaligen Zugehörigkeit zum russischen Imperium angemessen war. Das war nicht nur sowjetpatriotisch im Sinne einer geschichtlichen Kontinuität des russischen Staates, sondern es war auch zweckmäßig und vorausschauend im Sinne einer späteren Anerkennung der Erwerbungen durch die Westmächte, deren demokratischen Vorurteilen Moskau im übrigen durch sorgsame Wahrung einer Scheinlegalität Rechnung zu tragen bemüht war. Historische Ansprüche des russischen Staates, der in Terrorwahlen angeblich geäußerte freie Wille der betroffenen Völker und eine Propagandaflut, die den Weißruthenen und Ukrainern in den polnischen Ostgebieten die nationale, den Arbeitern in den baltischen Ländern und den Bauern in Bessarabien die soziale Befreiung verkündete, sollten Vorgänge einer beispiellos brutalen imperialistischen Vergewaltigung begründen und verhüllen.

Den Anfang machte ein neues Abkommen mit Deutschland am 28. September 1939. Die darin festgelegte ›endgültige‹ Interessengrenze sah einen Austausch Litauens (nun zur sowjetischen Sphäre) gegen nationalpolnisches Territorium östlich der Weichsel vor und fiel nun ungefähr mit jener ›Curzon-Linie‹ zusammen, die seitens der Westmächte schon unmittelbar nach dem ersten Weltkrieg als polnisch-sowjetische Grenze vorgeschlagen, aber infolge des erfolgreichen polnischen Widerstandes nicht verwirklicht worden war. Es folgten ›Beistandspakte‹ der Sowjetunion mit Estland (28. September), Lettland (5. Oktober) und Litauen (10. Oktober), die der Sowjetunion das Recht einräumten, auf dem Territorium aller drei Länder militärische Stützpunkte zu unterhalten. Welche Folgen eine Weigerung der baltischen Staaten gehabt hätte, demonstrierte Stalin am Beispiel Finnlands, das sich einem am 14. Oktober gestellten ähnlichen Ansinnen widersetzte. Am 30. November griff die Rote Armee in breiter Front an, am 2. Dezember schloß die

Sowjetunion bereits mit einer in dem eroberten Grenzstädtchen Terijoki gebildeten Volksregierung der Finnischen Demokratischen Republik unter dem Vorsitz des finnischen Kommunistenführers O. Kuusinen den gewünschten Beistandsvertrag. Lenin hatte 1918 auf dieselbe Weise versucht, eine bolschewistische Radikallösung des finnischen Problems zu erreichen, und dadurch den finnischen Freiheitskampf provoziert. Auch diesmal war das Ergebnis ein erbitterter Widerstand der Finnen, der die Fassade der sowjetischen Annektionspolitik peinlich zerstörte – am 14. Dezember wurde die Sowjetunion als Aggressor aus dem Völkerbund ausgeschlossen – und der Reputation der Roten Armee recht abträglich war. Völlig auf sich allein gestellt, mußten die Finnen schließlich im März 1940 kapitulieren, aber ihr tapferer Widerstand hatte die Sympathien der Weltöffentlichkeit in einem Maße gewonnen, das es Moskau geraten erscheinen ließ, sich mit Gebietsabtrennungen zu begnügen und die Sowjetisierung Finnlands nicht zu erzwingen (Friedensvertrag vom 12. März).

Dagegen verlief die Sowjetisierung der baltischen Staaten planmäßig. Gewissermaßen als Kompensation für die deutschen Erfolge im Westen erzwang die Sowjetunion im Mai 1940 durch Ultimaten die Zustimmung zur vollständigen Besetzung und die Bildung ›volksdemokratischer‹ Regierungen, die unter der Anleitung hoher sowjetischer Funktionäre (Ždanov in Estland, Vyšinskij in Lettland und Dekanosov in Litauen) im Juni ›Wahlen‹ durchführten, im Juli ihre Länder zu sozialistischen Sowjetrepubliken erklärten und anschließend deren Aufnahme in die Sowjetunion beantragten. Die Namen der Exekutoren bezeugen die Bedeutung, die man in Moskau der Wiedergewinnung der ›baltischen Provinzen‹ beimaß. Gleichzeitig entschied sich auch das Schicksal Bessarabiens, dessen Abtretung von Rumänien durch ein Ultimatum vom 26. Juni 1940 erzwungen wurde. Daß Rumänien außer Bessarabien auch die Nordbukowina abtreten mußte – als ›eine bescheidene Kompensation für die enormen Verluste, die die Sowjetunion und die Bevölkerung Bessarabiens durch die zweiundzwanzigjährige Herrschaft Rumäniens in Bessarabien erlitten habe‹ –, stellte bereits eine Überschreitung der ursprünglichen Interessengrenze dar. Offensichtlich überrumpelt, gab die deutsche Regierung ihre Zustimmung; man begnügte sich in Berlin wie bei allen anderen sowjetischen Annektionen mit der von Stalin zugestandenen Repatriierung der Volksdeutschen.

Lange konnte das abwechselnde Beutemachen der beiden totalitären Mächte nicht gut gehen. Zwar war die nichtkriegführende Sowjetunion in der besseren Position, aber daß sie dies so schamlos ausnützte, mußte in Berlin verbittern. Außerdem war Hitler am allerwenigsten disponiert, die arrogante Sprache, die russische Diplomaten zu führen pflegen, wenn sie sich überlegen fühlen, auf die Dauer zu ertragen. Die Gespräche, die Molotov am 12. und 13. November 1940 in Berlin führte, scheinen die Wendung zum Konflikt ausgelöst zu haben. Der sowjetische Außenkommissar weigerte sich, auf die ihm vorgeschlagenen asiatischen Eroberungen einzugehen, und beharrte auf einer weiteren Konsolidierung der europäischen Erwerbungen: Die finnische Frage müsse endgültig in sowjetischem Sinne gelöst werden, der Besetzung der nördlichen Bukowina müsse die der südlichen folgen; ferner meldete Molotov das sowjetische Interesse an den Meerengen und an den Ostseeausgängen an und suchte zu erkunden, wie man sich deutscherseits die Zukunft der bisher nicht in Interessensphären aufgeteilten südosteuropäischen Staatengruppe (Bulgarien, Rumänien, Ungarn, Jugoslawien und Griechenland) denke. Es ist sicher kein Zufall, daß der hier berührte Themenkreis sich im wesentlichen mit dem sowjetischen Expansionsfeld am Ende des zweiten Weltkrieges deckt: Stalin strebte den Besitz alles dessen an, was er äußerstenfalls auch als Verbündeter der Westmächte behaupten zu können hoffte. Der Krieg war ja noch keineswegs entschieden. Aber in Verkennung der irrationalen Komponenten in Hitlers politischen Vorstellungen überspannte Stalin offenbar den Bogen und förderte damit die Realisierung gerade jener Möglichkeit der deutschen Strategie, die er gewiß unter allen Umständen vermeiden wollte. Es konnte nichts für Stalin vorteilhafter sein, als weiter abzuwarten und gegebenenfalls erst in die Endphase des ›imperialistischen Krieges‹ einzugreifen. So unvernünftig muß ihm andererseits der Gedanke erschienen sein, Hitler könne eine Kriegsentscheidung durch Frontalangriff gegen die Sowjetunion zu erzwingen versuchen, daß er bis zuletzt nicht an die Verwirklichung dieses Gedankens glaubte, obwohl die deutschen Balkanaktionen nicht mehr die geringste Rücksicht auf sowjetische Interessen nahmen und im Falle Jugoslawiens sogar durch den Versuch Moskaus, seine Interessen wahrzunehmen (sowjetisch-jugoslawischer Freundschaftsvertrag vom 5. April 1941), ausgelöst wurden. Aber weder besänftigende Gesten Moskaus noch das am 13. April 1941 zwischen der Sowjetunion und Japan abgeschlossene Neutralitätsabkommen konnten die seit langem feststehenden deutschen Pläne modifizieren.

Der ›Große Vaterländische Krieg‹

Der ›Große Vaterländische Krieg‹, den der überfallartige deutsche Angriff in den Morgenstunden des 22. Juni 1941 einleitete, stellte die Macht des Sowjetstaates in einer Weise auf die Probe, die zur Mobilisierung der letzten materiellen, menschlichen und moralischen Reserven zwang. Der Ausgang des Krieges erlaubt keinen Zweifel daran, daß diese Probe bestanden wurde. Aber in der ersten Hälfte des vierjährigen Ringens gab es Phasen, in denen dies den unmittelbar Beteiligten keineswegs so sicher schien. Im Sommer und Herbst 1941 war die unzureichend vorbereitete Rote Armee eindeutig unterlegen, wenn auch die vorrückenden deutschen Armeen sehr bald feststellen mußten, daß ihre Siege im ›Rußlandfeldzug‹ weit teurer erkauft waren als in allen bisherigen ›Blitzkriegen‹. Die Geländegewinne waren beträchtlich, die sowjetischen Verluste waren enorm, aber Stalin hatte unbestreitbar recht, wenn er am 6. November 1941 vor dem Moskauer Sowjet ausführte, daß der deutsche ›Blitzkrieg‹ in Rußland gescheitert sei. Der verfehlte Versuch, in einer Winteroffensive die Einnahme von Moskau und damit doch noch die Entscheidung zu erzwingen, führte zu den ersten schweren Rückschlägen. Die deutsche Offensive im Jahre 1942 überspannte die eigenen Kräfte, gewann wiederum nur

Raum, ohne die gesteckten Ziele zu erreichen, und mündete in die Katastrophe von Stalingrad.

Das Territorium, das die deutschen Truppen zur Zeit ihrer größten Erfolge besetzt hielten, entsprach ungefähr dem deutschen Okkupationsgebiet von 1918, und auch der jeweils durch die Besetzung bewirkte Produktionsausfall läßt sich vergleichen. Aber während 1918 jenseits der Okkupationsgrenzen das revolutionäre Chaos tobte und die bolschewistische Regierung eben erst daran ging, ihren Machtapparat aufzubauen, entfaltete 1941/1942 hinter der weit zurückgefallenen sowjetischen Front die intakte Organisation eines totalitären Überstaates ihre Tätigkeit: Weit über tausend Industriebetriebe konnten mit ihrer Belegschaft rechtzeitig aus den bedrohten Gebieten weiter nach dem Osten verlegt werden, rechtzeitig wurden auch (im August 1941) die Sowjetbürger deutscher Herkunft nach Sibirien und Zentralasien deportiert, obwohl ihnen bis dahin niemand Illoyalität hatte vorwerfen können und die Kolchozen der wolgadeutschen ASSR noch kurz vor Kriegsbeginn als vorbildlich gepriesen worden waren. Das Schicksal der deutschen Sowjetbürger teilten während des Krieges (1943/44) auch die kalmückischen, nordkaukasischen und krimtatarischen, und nach dem Kriege noch manche andere. Ob das Motiv die Verhinderung von Kollaboration, die Vergeltung für Kollaboration oder eine andere Zweckmäßigkeit war – ein technisches Problem war das Auslöschen ganzer Völkerschaften für den NKVD niemals.

Vom Jahre 1943 an ging das Gesetz des Handelns auf die Rote Armee über, die nun den deutschen Armeen eine Verteidigung aufzwang, in der sie militärisch vielleicht größere Leistungen vollbrachten als bei den Angriffsoperationen. Aber trotz allen folgenschweren strategischen Fehlern auf deutscher Seite – von Moskau bis Stalingrad –, für die Hitler zum größten Teil persönlich verantwortlich war und die den sowjetischen Verteidigern ihre Aufgabe erheblich erleichterten, wurde der Krieg von Deutschland in erster Linie nicht militärisch, sondern politisch verloren. Und wenn die Nachwelt den militärischen Ruhm Stalins auch stark geschmälert hat, so wird sich doch kaum bestreiten lassen, daß der sowjetische Diktator seine politische Aufgabe erfolgreich löste. Sieht man von dem ungleichen Kriegspotential der Gegner ab (amerikanische Lieferungen begannen schon 1941 die sowjetischen Einbußen auszugleichen), das sich auf die Dauer zuungunsten Deutschlands auswirken mußte, so waren die Chancen zunächst nicht so ungleich. Aber während auf der einen Seite Stalin alles tat, den Schwächen seiner Position entgegenzuwirken, indem er unter dem Banner der Vaterlandsverteidigung zumindest bei den Russen die Schattenseiten seiner Herrschaft etwas in Vergessenheit geraten ließ, ohne doch im mindesten das Gefüge seines totalitären Imperiums zu lockern, geschah auf der Gegenseite so gut wie nichts, die nationalen und sozialen Ressentiments gegen die bolschewistische Sowjetmacht zu mobilisieren. Wenn man das sowjetische Imperium in seine Nationalitäten auflösen wollte, so durfte man die größte dieser Nationalitäten, die Ukrainer, nicht dadurch vor den Kopf stoßen, daß man die Karpatoukraine den Ungarn gab und Galizien an das Generalgouvernement Polen angliederte; wenn man das sowjetische Wirtschaftssystem bekämpfte, so mußte man es durch ein besseres ersetzen und durfte nicht aus Gründen einer kriegswirtschaftlichen Opportunität an den Kolchozen festhalten; und wenn man sich als Feind der kommunistischen Ideologie erklärte, so durfte man nicht die eigene Kirchenfeindschaft in die besetzten Gebiete hineintragen.

Der Angriff der deutschen Armeen machte die Russen zu heimattreuen und geschichtsbewußten Landesverteidigern, die Konzeptionslosigkeit und Brutalität der zivilen deutschen Besatzungspolitik trieb die vorhandene Opposition aller Art sehr bald wieder der Sowjetmacht als dem immer noch geringeren Übel zu. Beides hat sich Stalin, dessen Herrschaft um nichts humaner und freiheitlicher war, sehr geschickt zunutze gemacht. Während den Deutschen ihre verblendete Führung allmählich den Haß aller Nationen zuzog und die schwer kämpfenden deutschen Armeen, wo immer sie auch standen, durch eine stetig zunehmende Partisanenbewegung in ihrem Rücken bedroht wurden, verstand es Stalin, zumindest nach außen den Eindruck zu erwecken, als sei die Sowjetunion in der Schicksalsprüfung ein normaler, relativ toleranter und ausschließlich von den patriotischen Zielen der Verteidigung und Sicherheit bestimmter Staat geworden. Gab es einen besseren Beweis dafür als die Auflösung der kommunistischen Internationale im Mai 1943? Es kann kein Zweifel bestehen, daß die zielbewußte Selbstverharmlosung der kommunistischen Sowjetmacht eine entscheidend wichtige Voraussetzung für das Gelingen jener sowjetischen Nachkriegspläne schuf, die längst feststanden, nach der Wende von Stalingrad energisch gefördert wurden und auf den Konferenzen von Teheran (28. November–1. Dezember 1943) und Jalta (4.–13. Februar 1945) im Prinzip die Billigung der Alliierten fanden. Vergeblich warnte die polnische Exilregierung in London, zu der Stalin schon im Frühjahr 1943 die Beziehungen abbrach, um seine Polenpolitik hinfort ausschließlich auf den in der Sowjetunion aus polnischen Kommunisten gebildeten »Polnischen Nationalrat‹ zu gründen. Dabei handelte es sich längst nicht mehr nur um jene Völker und Territorien, die Stalin im Bunde mit dem nationalsozialistischen Deutschland ihrer Freiheit beraubt hatte. Denn darüber, daß die Wiederherstellung der Vorkriegsgrenzen für die Sowjetunion selbstverständlich die Wiederherstellung ihrer Westgrenze von 1941 bedeutete, ließ Moskau niemals einen Zweifel aufkommen. Diesen Standpunkt lehnten die Westmächte zunächst zwar ab, aber angesichts der Kriegslage gab es Churchill schon im Frühjahr 1942 auf, den ›Standpunkt der reinen Moral‹ weiter zu verfechten, und im Sommer 1943 hatte man sich in England und in den Vereinigten Staaten bereits an den Gedanken gewöhnt, daß die Sowjetunion in Europa nach dem Kriege eine beherrschende Stellung einnehmen werde. Es ging also bereits um mehr als die Grenze von 1941, und als die sowjetischen Armeegruppen ihre hervorragend angelegten und durchgeführten Operationen, die freilich Siege über einen zermürbten und von allen Reserven entblößten Gegner waren, im April 1945 mit der Einnahme von Wien und Berlin krönten, schufen sie das militärische fait accompli einer russisch-sowjetischen Machtexpansion bis zur Elbe und bis zur Enns, das Stalin auf der Potsdamer Konferenz (17. Juli–2. August 1945) nur mehr in politische Formeln umzumünzen brauchte.

Der Ausbau des Sowjetimperiums

Die unmittelbaren territorialen Erwerbungen der Sowjetunion umfaßten zunächst all das, was bereits Hitler konzediert hatte, darüber hinaus neben weiteren finnischen Gebieten das nördliche Ostpreußen – ein ›historisches Ziel‹ seit dem Siebenjährigen Krieg und eine strategische Position zur Kontrolle der baltischen Länder und Polens (1946 als Oblast'-Gebiet Kaliningrad der RSFSR eingegliedert) – und die Karpatoukraine, ein sowjetukrainisches-nationales Ziel, dem zuliebe der Kreml seine der tschechoslowakischen Exilregierung gegebenen Zusagen kurzer Hand brach (Abtretung durch die ČSR im Juni 1945). Dies alles mochte als expansives Sicherheitsbedürfnis eines siegreichen Normalstaates noch hingehen, und Stalins relative Bescheidenheit im Konsumieren von Gelände hatte sicher auch den Zweck, solche Vorstellungen nicht frühzeitig zu zerstören. Die historisch bedeutsamere Machtexpansion, mit der das Sowjetimperium als Machtkern der kommunistischen Zukunftswelt einen weiteren Wachstumsring ansetzte, erfaßte das gesamte von Truppen der Roten Armee besetzte Europa und bediente sich, um Stalins eigene Terminologie zu gebrauchen, ›konföderativer‹, nicht unmittelbar annektionistischer Methoden.

Binnen drei Jahren (1945–1948) setzte die Sowjetunion in ihrer nun gewaltig nach Westen erweiterten ›Interessensphäre‹ fast überall die Machtergreifung der nationalen kommunistischen Parteien und die Bildung von Volksdemokratien durch. Die entsprechenden ›Kader‹ waren längst in Moskau ausgebildet und von leninistischen Elementen mit eigener revolutionärer Tradition gesäubert. Wer die Macht übernahm, sollte nach den Vorstellungen Stalins in erster Linie stalinistischer Funktionär, d. h. ein willfähriges Werkzeug der russischen Parteiführung sein; nicht bei jedem kommunistischen Revolutionär war diese Voraussetzung gegeben. Auf der Ebene des Staates wurde der Satellitengürtel des Sowjetimperiums durch ein ständig dichter werdendes Netz zweiseitiger Verträge zusammengeschlossen, dessen Kern Verträge ›über Freundschaft, Zusammenarbeit und gegenseitigen Beistand‹ zwischen der Sowjetunion und den einzelnen Volksdemokratien bildeten. Diese stammten zum Teil noch aus der Zeit des Krieges (Tschechoslowakei 12. Dezember 1943, Jugoslawien 11. April 1945, Polen 21. April 1945), zum Teil kamen sie erst 1948 nach Abschluß der Friedensverträge mit den ehemaligen Verbündeten Deutschlands zustande (Rumänien 4. Februar, Ungarn 18. Februar, Bulgarien 18. März). Finnland mußte am 6. April 1948 einen ähnlichen Vertrag mit der Sowjetunion schließen, doch fehlte diesem die Voraussetzung oder Folge einer kommunistischen Machtergreifung. Das Schicksal der sowjetisch besetzten Teile Deutschlands und Österreichs blieb zunächst in der Schwebe; für die sowjetische Besatzungszone Deutschlands wurde durch die auf Moskauer Diktat im Staatsstreich erfolgende Bildung der Deutschen Demokratischen Republik am 7. Oktober 1949 eine Vorentscheidung getroffen. Jugoslawien schied nach dem auf der Parteiebene 1948 zwischen Tito und Stalin entbrannten Konflikt im folgenden Jahr auch als Staat aus dem Ostpaktsystem aus (Kündigung des Bündnisvertrages durch die Sowjetunion am 28. September 1949), Griechenland und die Türkei konnten sich mit Unterstützung der Westmächte der sowjetischen Absichten erwehren; diese waren für Griechenland in der Entfesselung eines Bürgerkrieges durch die Kommunisten, für die Türkei durch Kündigung des Neutralitätsabkommens von 1925 (am 19. März 1945) sowie durch die Forderung nach Rückgabe der 1921 an die Türkei abgetretenen Grenzbezirke von Kars und Ardahan und nach Überlassung von militärischen Stützpunkten an den Meerengen manifestiert. In dieser Weise stabilisierten sich infolge der allmählich einsetzenden Gegenwirkung die Grenzen des Sowjetimperiums im Westen.

Im Osten sicherte der buchstäblich in letzter Stunde, am 8. August 1945, vollzogene Eintritt der Sowjetunion in den Krieg gegen Japan zunächst die Erreichung der ›historischen Ziele‹. Mit der Besetzung der Mandschurei und der Halbinsel

Liaotung (Port Arthur und Dal'nij) in einem militärisch bedeutungslosen Feldzug, mit dem Gewinn der Südhälfte von Sachalin und der Kurilen war, wie Stalin sich ausdrückte, der ›Schandfleck‹ der russischen Niederlage im Jahre 1905 ›getilgt‹. Gemäß den auf der Jalta-Konferenz getroffenen Vereinbarungen hatte die Chinesische Republik anläßlich des am 14. August 1945 auch ihr gewährten ›Freundschafts- und Bündnisvertrages‹ die Unabhängigkeit der Mongolischen Volksrepublik anzuerkennen und einem komplizierten sowjetisch-chinesischen Kondominium über die Häfen Port Arthur und Dal'nij, sowie über die ostchinesische und südmandschurische Eisenbahn (jetzt als ›Chinesische Tschangtschun-Eisenbahn‹ zusammengefaßt) zuzustimmen. Auf diese zweifellos historisch begründbaren, aber eindeutig kolonialimperialistischen Privilegien verzichtete die Sowjetunion im Prinzip schon anläßlich des Beistandspaktes, den sie am 14. Februar 1950 mit der neu entstandenen kommunistischen Chinesischen Volksrepublik schloß; praktisch ging die Eisenbahn erst am 31. Dezember 1952, Port Arthur sogar erst am 31. Mai 1955 in chinesischen Alleinbesitz über. Das satellitäre Verhältnis der Mongolischen Volksrepublik zur Sowjetunion erhielt am 27. Februar 1946 ebenfalls die Form eines Vertrages ›über Freundschaft und gegenseitigen Beistand‹; hier genügte die Umwandlung eines seit 1936 den gegenseitigen Beziehungen zugrundeliegenden Protokolls in einen Vertrag – die Mongolische Volksrepublik ist mit weitem Abstand der älteste sowjetische Satellit. Auch im Osten gab es schließlich eine sowjetische Besatzungszone (der Nordteil Koreas bis zum 38. Breitengrad), und auch im Osten wurde die Sowjetunion durch den wachsenden Widerstand der Westmächte genötigt, eine bereits errungene Position zunächst wieder aufzugeben: Im Mai 1946 räumten die sowjetischen Truppen den von ihnen 1941 im Einvernehmen mit Großbritannien besetzten Nordteil des Iran und ließen damit das dort bereits etablierte revolutionäre Regime im Stich. Stalin gab jedoch deutlich zu verstehen, mit welchem Widerwillen er sich an die getroffenen Vereinbarungen hielt, denn auch in Persien konnte er sich zugleich als Vollstrecker des weltrevolutionären Auftrags und als Erneuerer des historischen russischen Imperialismus fühlen.

Das solchermaßen nur in seinen wichtigsten Fakten angedeutete Wachstum des russisch-kommunistischen Sowjetimperiums bedeutete den Aufstieg der Sowjetunion unter der Herrschaft Stalins zu einer Weltmacht mit allen Chancen weiterer Machtexpansion, wenn es gelang, das Imperium als totalitäre Machtorganisation des Moskauer Führungszentrums zu konsolidieren. Die darin beschlossene Aufgabe war eine doppelte: Festigung und Konzentration der Macht im Innern, aggressive Aktivität bei jeder sich bietenden Gelegenheit nach außen. Die eine Aufgabe löste Stalin durch die systematische ›Sowjetisierung‹ der Satelliten, die andere durch Vorstöße bis hart an die Grenze des unmittelbaren militärischen Engagements der Sowjetunion, wie sie die Blockade Berlins und der koreanische Krieg darstellten. In keiner Richtung allerdings verlief die Entwicklung ganz nach den Moskauer Wünschen: In Berlin und Korea endete die Auseinandersetzung bei dem prekären Status quo, und der Beunruhigungseffekt des außenpolitischen Terrors wurde durch die deutliche Verhärtung der Abwehrfront mehr als aufgewogen; im Satellitenbereich ließ die Auflehnung Titos den gefährlichen Bazillus der titoistischen Häresie entstehen und die Sowjetisierung aus einem administrativen Vorgang zu einem politischen Problem ersten Ranges werden. Es war kein gutes Zeichen, daß das Kommunistische Informationsbüro (Kominform) nach wenigen Monaten des Bestehens seinen Sitz in Belgrad aufgeben mußte; man hatte es im September 1947 als Nachfolgeinstitution der Komintern zum ›Austausch der Erfahrungen unter den (kommunistischen) Parteien‹ und zur ›Koordinierung ihrer Aktivität‹ begründet, und Ždanovs der Gründungsversammlung gehaltene Lektion ›über die internationale Lage‹ ließ keinen Zweifel daran, wer hier allein informierte und koordinierte. Wenig später gab das Entstehen eines kommunistischen Großstaates in China, mit eigenen imperialen Ansprüchen, dem Koordinierungsproblem noch ganz andere Dimensionen, denn in den chinesisch-sowjetischen Beziehungen war niemals von satellitärer Vasallität, sondern immer nur von ranggleicher Partnerschaft die Rede.

Trotzdem war der nach dreizehnjähriger Pause im Oktober 1952 zusammentretende 19. Parteikongreß für den alternden Diktator eine große Schau seiner Triumphe. Die Macht, die Stalins Herrschaft geschaffen, hatte sich in unvorhersehbarer Weise bewährt und vergrößert; und es gab niemanden, der den Marschall und Vožd', den Generalsekretär der Partei und den Regierungschef des Staates an die Methoden brutaler Gewalt und an die Hekatomben von Opfern erinnert hätte, die auf den Gipfel der Macht geführt hatten. Stalin hielt es nun sogar für richtig, in seiner letzten, unmittelbar vor dem Parteikongreß erschienenen Schrift über ›die ökonomischen Probleme des Sozialismus in der UdSSR‹ seine Parteiuntertanen vor einem allzu kühnen Machtvoluntarismus zu warnen: Auch im verwirklichten Sozialismus des Sowjetstaates gebe es unverrückbar gültige ökonomische Gesetze, die niemand ungestraft außer acht lasse. Und es folge auf Hochfluten des revolutionären Handelns, wie die Zeit von 1939 bis 1952 eine gebracht habe, stets eine Ebbe, in der die Sicherung des Erreichten und die Vorbereitung künftiger revolutionärer Taten den Vorrang haben müsse. War der rote Zar im Kreml müde geworden, daß ihm diese schon von Lenin verkündete Weisheit nun mit einemmal in den Sinn kam? Was sich vom Oktober 1952 bis zum März 1953 in Moskau hinter den Kulissen abspielte, liegt für uns im Dunkel. Als im Januar 1953 neun Kremlärzte angeklagt wurden, sie hätten durch bewußt unsachgemäße Behandlung den Tod führender sowjetischer Persönlichkeiten verschuldet, und als sich im Zusammenhang damit eine offensichtlich von höchster Stelle befohlene antisemitische Kampagne entfaltete, schien dies das makabre Vorspiel einer neuen ›Säuberung‹ zu sein. Aber ehe sich die zunehmende Wachsamkeitspsychose zu einer neuen Terrorwelle ausbildete, starb Stalin. In der Nacht vom 1. auf den 2. März 1953 erlitt er, an Arteriosklerose der Hirngefäße erkrankt, einen Schlaganfall, dessen Folgen er am Abend des 5. März erlag. Damit endete ein Leben, dem die diabolische Geschichtsmächtigkeit nicht abgesprochen werden kann. Sofern die Vermehrung der russischen Macht als Maßstab gilt, war der Ruheplatz an Lenins Seite im Mausoleum auf dem Roten Platz verdient.

DIE ÄRA CHRUŠČEV

Machtkampf unter Stalins Erben

Stalin war fast drei Jahrzehnte lang Alleinherrscher gewesen. In seiner Person hatte er die Partei verkörpert, aber er hatte nicht allein durch die Partei geherrscht, sondern seine Macht auf ein ausgewogenes Manipulieren aller Machtinstrumente – Partei, Staat, Armee und Geheimpolizei – gegründet; die erforderliche Koordination stellte seine persönliche Kanzlei her. Keiner von Stalins Erben war in der Lage, dieses System der Machtausübung sofort und in vollem Umfang zu übernehmen; sie waren alle nur sehr bescheidene Teilhaber an der Macht des Diktators gewesen, kein längeres Siechtum wie vor Lenins Tod hatte ihnen die Vorbereitung auf den Kampf um die Nachfolge ermöglicht, keiner von ihnen konnte auf die Unterstützung durch alle Machtfaktoren rechnen; auch Malenkov nicht, dem Stalin den Rechenschaftsbericht vor dem 19. Parteikongreß übertragen und den er damit zum Nachfolger designiert hatte. Zunächst wurde Poskrebyšev, Stalins allmächtiger Privatsekretär, und mit ihm die Koordinationszentrale beseitigt, danach versuchte man, das feierlich verkündete Prinzip der ›kollektiven Führung‹ zu verwirklichen; dem entsprach die Trennung der beiden höchsten Ämter, des Ersten ZK-Sekretärs und des Ministerpräsidenten, die Stalin seit 1941 beide zugleich innegehabt hatte. Am 14. März gab Malenkov seine Position im Sekretariat des Zentralkomitees auf und begnügte sich mit dem Amt des Ministerpräsidenten. Ob er dazu von seinen Konkurrenten gezwungen wurde oder ob er die Führung des Staates wählte, weil er sie für chancenreicher hielt als die der

Partei, das sei dahingestellt. In jedem Falle machte er die Stelle des ersten ZK-Sekretärs frei für jenen Mann, der die Geschicke der Sowjetunion in den folgenden elfeinhalb Jahren bestimmen sollte – für Nikita Sergeevič Chruščev.

Chruščev wurde 1894 als Sohn eines sehr armen Bauern im russisch-ukrainischen Grenzgebiet geboren, die Revolutionen von 1917 erlebte er als Schlosser im Donecgebiet, am Bürgerkrieg nahm er in den Reihen der Roten Armee teil. Danach eröffneten sich dem aufgeweckten Arbeiter Bildungs- und Aufstiegsmöglichkeiten, aber der Besuch eines Technikums brachte ihn nicht auf die Laufbahn eines Ingenieurs, sondern auf die eines hauptamtlichen Parteifunktionärs. Als treuer Gefolgsmann Stalins machte Chruščev teils in der ukrainischen, teils in der Moskauer Parteiorganisation eine steile Karriere, die schon auf dem 18. Parteikongreß im März 1939 mit der Vollmitgliedschaft im Politbüro gekrönt wurde. Trotz weiterer Verdienste im Kriege und in der Nachkriegszeit befand er sich jedoch, als Stalin starb, noch nicht unter den ersten Anwärtern auf Stalins Erbe; vermutlich verdankte er gerade diesem Umstand die Wahl zum Ersten Sekretär.

Der erste Versuch, aus der Kollektivität der Führung in eine eindeutige persönliche Machtübernahme auszubrechen, scheint von Berija geplant oder doch zumindest durch ihn von seinen Konkurrenten befürchtet worden zu sein. Am 9. Juli 1953 wurde der mächtige Polizeichef Stalins verhaftet, im Dezember desselben Jahres zusammen mit seinen prominentesten Anhängern liquidiert. Die Anklagepunkte waren zum Teil ebenso phantastisch wie in Stalins Schauprozessen der dreißiger Jahre; daß gewisse, die Nationalitäten begünstigende Maßnahmen des Innenministers, so wenig sie Berijas politischer Vergangenheit im Grunde entsprachen, den großrussischen Führungsmitgliedern ein Dorn im Auge sein konnten, leuchtet ein, daß Berija tatsächlich mit dem Gedanken einer Aufgabe der sowjetischen Positionen in Deutschland gespielt haben sollte, wie man ihm nachträglich vorwarf, erscheint dagegen ziemlich zweifelhaft: Da der Aufstand in der sowjetischen Besatzungszone Deutschlands am 17. Juni 1953

Berijas Sturz unmittelbar vorhergegangen war, lag es sehr nahe, diesen Prestigeverlust einer verfehlten Politik des Gestürzten zuzuschreiben. Die Entmachtung des Polizeichefs war wichtig für die übrigen Konkurrenten um die Macht, die teilweise Entmachtung der gefürchteten Staatspolizei (MVD), die ihr folgte, sollte für alle Sowjetbürger wichtig werden.

Nach Berijas Sturz spielte sich ein gewisses Gleichgewicht zwischen der Staats- und Wirtschaftsbürokratie auf der einen und dem Parteiapparat auf der andern Seite ein, repräsentiert durch Malenkov, den Ministerpräsidenten, und Chruščev, den Ersten Parteisekretär. Aber es blieb nicht lange verborgen, daß dieses Duumvirat von geringer Haltbarkeit sein würde und daß der Angreifende im neuen Machtkampf der Parteichef war. Am 8. August 1953 verkündete Malenkov seine Politik des ›neuen Kurses‹; sie stellte den naheliegenden Versuch dar, den Erwartungen der Bevölkerung nach dem Tod des Diktators entgegenzukommen, durch Weitertreiben der Entspannung und durch Verbesserung der Versorgungslage populär zu werden; daß der ›neue Kurs‹ nur auf dem Wege einer Förderung der Konsumgüterindustrie und einer Reduktion der Schwerindustrie zu verwirklichen war, machte ihn dem bedrängten Sowjetbürger kaum weniger sympathisch, schuf aber politische Angriffspunkte. Hier setzte Chruščev ein: Er, der später zum Vorkämpfer der Entstalinisierung werden und einen Gulasch-Kommunismus propagieren sollte, machte sich Malenkov gegenüber zum Verteidiger des Stalinschen Dogmas vom unbedingten Vorrang der Schwerindustrie. Damit brachte er die Militärs auf seine Seite, die eine Herabsetzung der Rüstungsproduktion befürchteten, und das erwies sich als entscheidend: Malenkov hatte sich einer ›rechten Abweichung‹ schuldig gemacht und mußte am 8. Februar 1955 als Ministerpräsident zurücktreten; Bulganin trat an seine Stelle, Marschall Žukov, der populäre Heerführer des ›Großen Vaterländischen Krieges‹, wurde Verteidigungsminister.

Die Beibehaltung des Duumvirats, nun in der Besetzung Chruščev-Bulganin, war sicher noch mehr als das Festhalten an einer ihres Inhalts bereits entleerten Form: Chruščev hatte sich an die erste Stelle gespielt, er hatte den Parteiapparat weitgehend mit seinen Anhängern durchsetzt, aber er war noch weit von der Machtvollkommenheit eines Stalin entfernt, ganz zu schweigen von der geistigen Autorität, über die ein Lenin verfügt hatte. Der Sieg über Malenkov war nur ein Teilsieg; er war mit konservativen Prinzipien und mit Hilfe der Militärs errungen worden. Aber die konkreten Aufgaben, die sich aus der wirtschaftlichen und sozialen Entwicklung im Innern, aus veränderten Konstellationen in der Außenpolitik ergaben, waren mit den herkömmlichen Methoden nicht zu meistern. Was man außerhalb der Sowjetunion als Entstalinisierung bezeichnet, hatte unauffällig auf den verschiedensten Gebieten ein Ausmaß erreicht, das jeden Versuch einer gewaltsamen Restauration als sinnlos und riskant erscheinen lassen mußte. Stellte sich Chruščev hingegen an die Spitze der Entwicklung, so gewann er die Möglichkeit, diese unter Kontrolle zu bringen und sich zugleich von seinen konservativen Verbündeten zu distanzieren. Ebendies nun geschah auf dem 20. Parteikongreß im Februar 1956. Die skrupellose Methode, den Verbündeten von gestern mit dem Programm der Gegner von gestern entgegenzutreten, hatte schon Stalin erfolgreich vorexerziert; im taktischen Hin und Her eines Machtkampfes auf kurze Distanz wird diese Methode immer gute Chancen bieten. Aber als sich Chruščev in seiner berühmten, innerhalb der Sowjetunion bis heute nicht veröffentlichten Geheimrede vor den Delegierten des 20. Parteikongresses zum Ankläger des toten Stalin machte, ging er doch ein kaum kalkulierbares Risiko ein: Würde die Macht, die er geschaffen hatte, den postumen Sturz des Mächtigen unbeschädigt überstehen? War vorauszusehen, was man auslöste, wenn man das Bild des Götzen zerschlug? Und hatte ihm Chruščev selbst nicht zu lange und zu treu gedient, um als Ankläger glaubwürdig sein und eine politisch tödliche Kompromittierung vermeiden zu können?

Die folgende Phase des Machtkampfes vom 20. Parteikongreß bis zum Sieg Chruščevs über die ›parteifeindliche Gruppe‹ im Juni 1957 läßt diese Fragen als durchaus berechtigt erscheinen. Schon wenige Wochen nach der Geheimrede sah sich die Pravda veranlaßt, den Eifer im ›Kampf gegen den Persönlichkeitskult‹ zu dämpfen, Chruščev selbst hielt vorübergehend eine teilweise Rehabilitierung Stalins für zweckmäßig; was sich im Herbst 1956 bei Polen und Ungarn ereignet hatte, konnte sehr leicht als ein von Chruščev provozierter Abbau sowjetischer Machtpositionen interpretiert werden. In die Defensive gedrängt und im Parteipräsidium bereits überstimmt, gelang es jedoch dem Ersten Parteisekretär, das Zentralkomitee gegen dessen eigenes Präsidium zu mobilisieren und die Krise zu seinen Gunsten zu entscheiden: Seine Hauptgegner – Malenkov, Molotov, Kaganovič und Šepilov – wurden am 28. Juni 1957 zu Feinden der Partei erklärt, allerdings weder aus der Partei ausgestoßen noch physisch liquidiert. Nun war von Gleichgewicht keine Rede mehr und Chruščev konnte bisher noch geübte Rücksichten fallen lassen: Am 27. Oktober 1957 verlor Marschall Žukov seinen Posten als Verteidigungsminister an den Marschall Malinovskij, am 27. März 1958 wählte der Oberste Sowjet Chruščev an Stelle von Bulganin zum Ministerpräsidenten; in beiden Fällen ging es nicht nur um die Ausschaltung von Personen, sondern um den Vorrang der Partei einerseits vor der Armee, andererseits vor der Staatsbürokratie; ganz konsequent wurden auch Žukov und Bulganin (dieser im Dezember 1958) zu Parteifeinden. Als zwei Jahre später der greise Marschall Vorošilov das Amt des sowjetischen Staatsoberhauptes, des Vorsitzenden des Obersten Sowjets, abgeben mußte und 1961 auf dem 22. Parteikongreß ebenfalls zur parteifeindlichen Gruppe gerechnet wurde, war von den sieben höchsten Parteiführern, die am 9. März 1953 gemeinsam mit Chruščev Stalins Sarg in das Lenin-Mausoleum getragen hatten, nur noch der geschmeidige Armenier Mikojan in Amt und Würden. Chruščev erreichte die Vereinigung der beiden höchsten Ämter in seiner Person nach fünf Jahren, Stalin hatte deren siebzehn dazu gebraucht; aber das sollte nicht dazu verführen, die Machtposition Chruščevs über jene Stalins zu stellen oder auch nur mit dieser gleichzusetzen. Wo der Form nach eine ähnliche Entwicklung zu dem gleichen Ergebnis zu führen scheint, da dominieren bei näherem Zusehen doch die Unterschiede: Zwar produzierte das unverändert totalitäre Parteiregime erneut die Herrschaft eines einzelnen, aber der neue Herrscher war eine ganz anders geartete Persönlichkeit und die zu beherrschende Sowjetgesellschaft hatte sich erheblich verändert; zu dieser sich verändernden Sowjetgesellschaft gehörte und gehört auch die Partei.

Wiederherstellung der Parteiherrschaft

Mit dem Sieg Chruščevs im Machtkampf nach Stalins Tod war auch entschieden, daß die Verwaltung der Macht wieder ausschließlich bei der Partei liegen würde. Unter Stalin, der auch die Partei durch die Geheimpolizei kontrolliert hatte, war das praktisch nicht mehr der Fall gewesen. Die Wiederherstellung des Machtmonopols der Partei bedeutete allerdings zugleich die Wiederherstellung unmittelbarer Verantwortlichkeit für den Gang der Dinge, und man kann gewiß nicht behaupten, daß es eine kleine Aufgabe war, nach dem Tode des allmächtigen Diktators die Dinge in Gang zu halten. Stalin hatte zuletzt die Zügel merkbar schleifen lassen, er war unbeweglich geworden und hatte sich Reformen auch dort verschlossen, wo sie nur einem Gebot entwicklungsmäßiger Notwendigkeit gehorcht hätten. Das gilt von so gut wie allen Gebieten, insbesondere von dem der Wirtschaft und in deren Bereich wieder vor allem von der Landwirtschaft. Alle Pläne waren in Frage gestellt, wenn es nicht mehr gelang, die Bevölkerung der Sowjetunion ausreichend zu ernähren. Die Produktion einer Landwirtschaft, die sich von der Kollektivierung und von den Kriegsverlusten noch kaum erholt hatte, mußte nicht nur mit dem Bevölkerungswachstum Schritt halten, sondern die steigenden Anforderungen einer reifenden Industriegesellschaft befriedigen und den Satelliten beistehen, deren Wirtschaft Moskau durch den politisch und ideologisch motivierten Zwang zu überstürzter Kollektivierung und Industrialisierung aus dem Gleichgewicht gebracht hatte. Chruščev hielt sich ohne Zweifel selbst für den richtigen Mann, das leidige Agrarproblem zu lösen; es war bekannt, daß er sich seit langem dafür interessierte und daß er als Parteifunktionär unter Stalin wiederholt Gelegenheit gehabt hatte, sich damit zu befassen; freilich ließ der Plan von ›Agrostädten‹, der Chruščev den Ruf eines Agrarexperten verschafft hatte, nicht gerade auf eine sehr realistische Einschätzung der Situation schließen und noch weniger auf ein stillschweigendes Hintansetzen ideologischer Postulate. Und genau dies wurde für Chruščevs Landwirtschaftsreformen charakteristisch: Ein in der Sache unbegründeter, auf maßlosen Fehleinschätzungen beruhender Optimismus und ein allem zur Schau getragenen Pragmatismus zum Trotz hartnäckiges Kleben an den utopischen Zielen der Ideologie.

Zunächst ging es aber nicht um die Aufhebung des Unterschiedes zwischen Stadt und Land, sondern um eine sofort wirksame Steigerung der landwirtschaftlichen Produktion. Was bisher drakonischer Zwang und kommunistische Begeisterung nicht vermocht hatten, das sollten nun die altbewährten, aber ihrer Natur nach nicht besonders sozialistischen ›materiellen Anreize‹ bewirken. In einer ganzen Reihe von Einzelreformen wurden von 1953 an die Preise für Agrarprodukte angehoben, die Modalitäten des staatlichen Ankaufs vereinfacht und die Möglichkeiten, Überschüsse gewinnbringend zu verkaufen, verbessert. Der Erfolg dieser Maßnahmen bestand in einer Besserstellung der Kolchozbauern, allerdings gemessen an einem sehr niedrigen Ausgangsniveau, und in einem bemerkenswerten Ansteigen der landwirtschaftlichen Produktion. Parallel dazu wurde 1954 die propagandistisch groß aufgezogene, aber wirtschaftlich riskante ›Neulandgewinnung‹ in den semiariden Steppen Kazachstans in Angriff genommen. Es war Chruščev, der sie gegen den Widerstand der konservativeren Führer durchsetzte und sein persönliches Prestige mit diesem risikoreichen Unternehmen verband. Auf kurze Sicht versprach die großzügige Erweiterung der Anbaufläche in den zentralasiatischen Steppengürtel hinein – ein Teil dieser Gebiete war übrigens schon vor 1917 unter den Pflug genommen, aber in den Bürgerkriegsjahren wieder aufgegeben worden – eine beträchtliche Erhöhung der Getreideproduktion; aber am Klima konnte das kommunistische Aufbaupathos der eingesetzten Komsomolzen nichts ändern, die technische Vorbereitung war ungenügend, der Raubbau am Boden rächte sich in rasch absinkenden Ernteerträgen. Die eindeutig bevorzugte Organisationsform war im Neulandgebiet das Staatsgut (Sovchoz) von Riesenausmaßen, und das sicher nicht zufällig: Die Schaffung von Großkolchozen (1952 gab es noch 97000, 1962 nur mehr 41300 Kolchoze) und die organisatorische Annäherung des Kolchoz an den Sovchoz lassen sich auch sonst als Tendenzen der Chruščevschen Agrarpolitik nachweisen.

Von da her muß wohl auch die Interpretation einer weiteren Maßnahme erfolgen, der Auflösung der Maschinen-Traktoren-Stationen (MTS) im Jahre 1958. Chruščev ging es dabei kaum in erster Linie darum, die Kolchozleiter durch eine Vergrößerung ihrer wirtschaftlichen Befugnisse für sich zu gewinnen, und ganz gewiß handelte es sich nicht um ein Aufgeben bewährter Machtinstrumente der Partei sozusagen aus Versehen, sondern hinter den Großkolchozen, die nun wie die Sovchoze über ihren eigenen Maschinenpark verfügten, erhebt sich erneut das Ziel der ›Agrostädte‹; der Übergang zu einem festen Geldlohn auch für die Kolchozbauern und erneute Versuche, das Hofland der Kolchozbauern zu reduzieren, lagen in derselben Richtung. Als Chruščev 1962 noch einen Schritt weiterging und seine letzte große Verwaltungsreform mit einer Reform der Agrarverwaltung begann, mag ihn neben der nach wie vor bestehenden Reformbedürftigkeit des Agrarsektors auch der Wunsch nach einer soliden Hausmacht dazu bewogen haben; aber er wird sich selbst kaum als gütigen Landesvater endlich zufriedengestellter Bauern, sondern eher als Diktator über ein Netz von Agrostädten gesehen haben. So wirklichkeitsnah sich der Agrarexperte Chruščev auch gab, alle seine Reformen haben einen Zug ins Phantastische; ob er den Maisanbau oder die Agrarchemie als jeweils neues Evangelium predigte, immer war der Prediger in Gefahr, die Tuchfühlung mit der Wirklichkeit zu verlieren.

Die Erfolge entsprachen zumindest nicht den großsprecherischen Ankündigungen, sie waren bezeichnenderweise im ersten Jahrfünft der Chruščev-Ära, als man in bolschewistischem Sinn unkonventionell vorging, größer als in den Jahren danach, die eher rückläufige Tendenzen aufwiesen. Das gilt nicht nur von der Landwirtschaft, sondern von der Wirtschaft im allgemeinen. Immer noch herrschte der Glaube, daß sich erkannte Schwächen allein durch organisatorische Maßnahmen beseitigen lassen, immer noch herrschte die nicht unbegründete Furcht, jedes auch nur partielle Freigeben der wirtschaftlichen Kräfte könnte die Thesen der Ideologie bloßstellen und der Macht der Partei schaden. Der lähmenden Wirkung einer bis ins Groteske gesteigerten Zentralisierung suchten die Nachfolger Stalins durch Dezentralisierungsmaßnahmen zu entgehen, die 1957 in der Bildung von über hundert lokalen Wirtschaftsbezirken unter der Leitung je eines Volkswirtschaftsrates (Sovet narodnogo chozjajstva, abgekürzt: Sovnarchoz) gipfelten. Aber sehr bald stellte man fest, daß die größere Beweglichkeit der neugebildeten lokalen Wirtschaftskörper die zentrale Planung ungemein erschwerte – das war nicht nur ökonomisch, sondern auch ideologisch unbequem – und daß sie von Erscheinungen eines wirtschaftlichen Partikularismus begleitet war – das barg unter Umständen sogar politische Gefahren in sich. So begann man etwa von 1960 an wieder zu zentralisieren. Chruščevs Verwaltungsreform von 1962, die den kühnen, aber zum Scheitern verurteilten Versuch unternahm, die kurzerhand ebenfalls reformierte, und zwar in einen industriellen und einen landwirtschaftlichen Zweig zweigeteilte Parteiorganisation dem Ziel der Zentralisierung dienstbar zu machen, lag auf diesem Wege. Und am 14. März 1963 machte die sowjetische Presse als der Weisheit letzten Schluß die Gründung eines ›Obersten Volkswirtschaftsrates der UdSSR‹ bekannt. Gewiß bedeutete dies für den industrialisierten Sowjetstaat im Zeitalter der Automation und der Elektronengehirne etwas völlig anderes als der im Dezember 1917 ins Leben gerufene ›Oberste Volkswirtschaftsrat‹ für die junge, am Rande der wirtschaftlichen Katastrophe stehende, russische Sowjetrepublik. Aber die von der Ideologie firmierte Heilsfunktion des zentralen Planens ist hier wie dort zu greifen.

Die wirtschaftlichen Probleme wirkten weit über den

wirtschaftlichen Bereich hinaus. So waren sie, wenn nicht das ausschlaggebende, so doch ein wichtiges Motiv für die Reform des sowjetischen Bildungswesens, die Chruščev vom Frühjahr 1958 an energisch propagierte. Im Titel des entsprechenden Gesetzes vom 24. Dezember 1958 ist als Ziel der Reform eine ›Festigung der Verbindung der Schule mit dem Leben‹ angegeben, an anderer Stelle ist von einer ›engen Verbindung des Unterrichts mit dem Leben, mit der Produktion, mit der Praxis des kommunistischen Aufbaus‹ die Rede. Das ist ohne Zweifel auch wörtlich zu verstehen im Sinne einer Bereitstellung von Facharbeitern für die Industrie, in genügender Zahl und Qualität. Aber wie immer bei Chruščev spielt auch hier die kommunistische Eschatologie hinein, jener Idealzustand der Menschheit, in dem kein Unterschied mehr zwischen geistiger und körperlicher Arbeit bestehen wird. Und es tritt in Chruščevs Äußerungen zur Bildungssituation drittens ein ausgeprägtes Ressentiment des Praktikers gegen die ›dem Leben entfremdete‹ und ›von der Produktion losgelöste‹ Intelligenz zutage. So sollten nun nicht nur schon auf der mittleren Ausbildungsstufe (8.–11. Schuljahr) die künftigen Facharbeiter im Betrieb ihre Berufsausbildung erfahren, sondern auch vom Hochschüler wurde ›eine bestimmte Erfahrung in der gesellschaftlich nützlichen Arbeit‹ vorausgesetzt. Doch ist auch auf diesem Gebiet wohl nicht allzu viel von dem, was Chruščev projektierte, in dauerhafter Weise verwirklicht worden; zum Teil waren die materiellen Voraussetzungen nicht gegeben, zum Teil war der Widerstand gerade jener, die sich für die Heranbildung eines qualifizierten wissenschaftlichen Nachwuchses verantwortlich fühlten, ganz offenkundig.

Damit ist bereits eine weitere Sphäre, die der Entwicklung des geistigen und kulturellen Lebens, berührt. Unter Stalins Herrschaft war auch hier – und gerade hier – jede Abweichung von der jeweiligen Generallinie mit physischem Terror bedroht gewesen. Es konnte gar nicht anders sein, als daß sich nach Stalins Tod und nach der Beseitigung des Terrors in seinen massiven Formen ein seit Jahren angestautes Bedürfnis nach autonomer Lebensäußerung in den verschiedenen kulturellen Bereichen Bahn brach. Diese Entwicklung setzte fast sofort ein, vollzog sich aber zunächst in den unauffälligen Formen einer ›stillen Entstalinisierung‹ (Leonhard); Il'ja Ehrenburgs im Mai 1954 erschienener Roman ›Tauwetter‹ gab ihr den zutreffenden Namen, das Allmähliche ebenso wie das Unwiderstehliche andeutend. Die Literatur ging voran, und es ist ihr Vorzug, weite Kreise anzusprechen, aber die Einbrüche, die auf wissenschaftlichem Gebiet erzielt wurden, waren nicht minder bedeutend. In erster Linie waren es die Naturwissenschaften, die sich nun dem Griff einer rückständigen Ideologie zu entwinden vermochten, zumal wenn die Anwendung ihrer Erkenntnisse in den Bereich wehrtechnischer Nützlichkeit fiel. Physiker und Mathematiker, die für Atomwaffen, Weltraumraketen und elektronische Rechenmaschinen die Voraussetzungen schufen, ließen sich nicht mehr vorschreiben, was sie von Einsteins Theorien und von den Errungenschaften der Kybernetik halten sollten, sie zwangen die Ideologen zu einem schleunigen, nur mühsam getarnten Rückzug. Wo die Effizienz der bourgeoisen Naturwissenschaft nicht ganz so handgreiflich war, erwies sich der Widerstand als zäher: In der Biologie verbesserten sich die Chancen der klassischen Genetik etwas und der Thron Lysenkos geriet ins Schwanken, aber er hielt am Ende doch stand, was wohl weniger auf die Unterstützung der Ideologen als auf die Kongenialität der beiden leichtfertigen Optimisten Chruščev und Lysenko zurückzuführen ist. Viel schwerer hatten es die ›Gesellschaftswissenschaften‹, deren Sprache jedermann verstehen und deren Ergebnisse jedermann beurteilen zu können meint, und deren Nützlichkeit sich nach kommunistischer Auffassung in der ununterbrochenen Bestätigung politischer Leitsätze erschöpft. Hier blieben die Grenzen für autonomes wissenschaftliches Denken eng gesteckt, hier mußte sich die einsichtige wissenschaftliche Intelligenz darauf beschränken, von allzu offenkundigen Schwindeleien abzurücken, die Methoden des Handwerks zu verfeinern und die bescheidenen Möglichkeiten nuancierter Interpretation bis zum äußersten auszunutzen. Echte Durchbrüche fanden nicht statt, und zumindest in der

Sphäre eines höchst empfindlichen ›Sowjetpatriotismus‹ waren die Reibungsflächen zwischen Gelehrten und Ideologen vergleichsweise gering. Das Soll an mannhafter Verteidigung gegen die Perfidie bourgeois-imperialistischer Ostexperten wird wohl nicht immer widerwillig geleistet, aber daß die Auseinandersetzungen für die sowjetische Seite – sicher ungewollt – den Charakter der Verteidigung angenommen haben, ist bezeichnend genug. Der Kampf geht im Grunde nicht so sehr gegen den ›Westen‹ wie gegen das aufbegehrende wissenschaftliche Ethos in der eigenen Brust.

Die sowjetische Geistesgeschichte – wenn dieser Begriff erlaubt ist – erhielt in der Chruščev-Ära ihre dramatischen Akzente durch die beiden Entstalinisierungswellen, die vom 20. und vom 22. Parteikongreß ausgelöst wurden. Beide Male witterte die schöpferische Intelligenz Morgenluft, beide Male sah sich die Parteiführung nach etwa anderthalb Jahren zu unmißverständlichen Haltsignalen veranlaßt. Die Wiederholung des Vorganges spricht jedoch nicht für die Stabilität der Situation, sondern dafür, daß die Parteiführung Mühe hat, den kulturellen Bereich unter ideologischer Kontrolle zu halten. Diese Mühe wird größer und nicht kleiner: Konnte 1957 Chruščev noch mit einigen seiner hemdsärmeligen Reden, die sich im Tenor nicht sehr weit von ähnlichen Manifestationen Ždanovs entfernten, eine rückläufige Entwicklung einleiten, die im Herbst 1958 mit der beschämenden Kampagne gegen den Dichter Pasternak einen Höhepunkt erreichte, so schien der Führung im Juni 1963 eine Plenarsitzung des Zentralkomitees erforderlich, um die Entwicklung auf dem ›ideologischen Sektor‹ wieder unter Kontrolle zu bringen. Beide Male ging es darum, die Autonomie des geistigen Schaffens grundsätzlich zu bestreiten und dem Prinzip der ›Parteilichkeit‹ wiederum allgemeine Geltung zu verschaffen. Beide Male ging der Erfolg über eine ›Verschwörung des Schweigens‹ nicht hinaus. Das Bild ist zwiespältig. Es gibt zudem nicht nur ein Auf und Ab in zeitlicher Folge, sondern auch Phasenverschiebungen zwischen den einzelnen Bereichen: Während sich die sowjetische Architektur mehr oder minder schmerzlos vom Stalinschen Zuckerbäckerstil löste, hielt es Chruščev für richtig, Ende 1962 in einer sehr rüden Weise gegen die ungegenständliche Malerei das gesunde Parteiempfinden ins Treffen zu führen.

Daß es ein Generationenproblem gebe, hat Il'ičev auf dem Ideologieplenum im Juni 1963 geleugnet – ein sehr deutlicher Beweis dafür, daß es spürbar vorhanden ist, und zwar als Bündnis zwischen der Jugend und den wenigen Überlebenden gegen die Nutznießer des Stalinismus. Dabei scheint die Bewältigung der Vergangenheit, sei es im polemischen Aufbegehren Jevtušenkos gegen jene, die ›im Namen der Revolution die Revolution erschossen‹, sei es im schmucklosen Bericht Solženicyns vom Tageslauf des Sträflings Ivan Denisovič (1962), die geringere Rolle zu spielen als die Hinwendung zum wirklichen Menschen, für die es bei den wirklich Alten der sowjetrussischen Literatur manches Vorbild und Beispiel gibt. Dem ›Aufstand der Person‹ (H. v. Ssachno) in der Literatur steht unüberbrückbar die verbindliche Neuauflage der kommunistischen Utopie im Parteiprogramm von 1961 gegenüber mit ihren Zumutungen für Geschmack und Verstand des Sowjetbürgers. Dessen Probleme ändern sich nicht deshalb, weil die Diktatur des Proletariats nun allgemeiner Volksstaat heißt.

Versuche zur Bewältigung der stalinistischen Vergangenheit gab es in der Ära Chruščev auch noch auf anderen Gebieten, offizielle Versuche sozusagen, wenn auch ohne großen propagandistischen Aufwand. Hierher gehört der Komplex individueller und kollektiver Rehabilitierungen. Es war naheliegend, daß sich der ›Kampf gegen den Persönlichkeitskult‹ früher oder später auch für die Opfer des Persönlichkeitskultes günstig auswirken, daß die Entstalinisierung den Gegnern und Opfern Stalins zugute kommen mußte. Aber nicht zufällig heißt es in der Sowjetunion ›Kampf gegen den Persönlichkeitskult‹ und nicht ›Entstalinisierung‹; man will sich ja gar nicht von allem trennen, was auf Stalin zurückgeht, sondern distanziert sich nur von jenen Auswüchsen der Tyrannis, in die Stalin nach dem Jahr 1934 verfiel. Damit ist schon klar, daß Stalins Gegner im Kampf um die Macht, von Trockij bis zu Bucharin, auf keine Rehabilitierung rechnen können. Im allgemeinen gilt offenbar der Satz: Je prominenter das Opfer, desto schwieriger ist die Rehabilitierung. Namenlose Opfer Stalins sind in großer Zahl rehabilitiert worden, und die Partei hat sich dessen gerühmt, aber bei Trägern bekannter Namen ist man äußerst vorsichtig: Tuchačevskij und die anderen von Stalin liquidierten Generale der Roten Armee mußten bis zum 22. Parteikongreß – acht Jahre nach Stalins Tod – warten, ehe ihnen volle und öffentliche Rehabilitierung zuteil wurde. Über die Opfer der großen Schauprozesse ist mit geringfügigen Ausnahmen noch nicht einmal die Diskussion eröffnet. Es gibt auch Teilrehabilitierungen wie bei dem 1934 postum in Ungnade gefallenen Historiker Pokrovskij, dem man nun die Ehrlichkeit seines marxistischen Bemühens bescheinigt, aber dessen ›nationalen Nihilismus‹ man nach wie vor tadelt.

Bei den kollektiven Opfern sieht es nicht viel anders aus. Von den Völkern, die Stalin während des zweiten Weltkrieges wegen angeblicher Kollaboration mit dem Landesfeind deportieren ließ, sind die Nordkaukasier und Kalmükken schon Anfang 1957 rehabilitiert worden; seither hat man ihnen die Rückkehr in ihre ursprünglichen Siedlungsgebiete ermöglicht und sie auch wieder in den Genuß einer gewissen nationalen Autonomie gesetzt. Die Wolgadeutschen, die auf Grund eines Erlasses des Obersten Sowjets vom 28. August 1941 nach Zentralasien und Sibirien umgesiedelt wurden, mußten sieben Jahre länger warten, bis man sie 1964 (Erlaß des Obersten Sowjet vom 29. August, veröffentlicht am 28. Dezember) vom unbegründeten Vorwurf des Landesverrates reinigte, aber die Rückkehr an die Wolga wurde ihnen nicht gestattet, die Autonome Sozialistische Sowjetrepublik der Wolgadeutschen nicht wieder errichtet. Von den ebenfalls deportierten Krimtataren war unter Chruščev nicht einmal im Sinne einer formalen Rehabilitierung die Rede, und ebenso ohne Angedenken aus der Geschichte verschwunden sind die im Zuge der Kollektivierung deportierten Kulaken, deren Zahl die der einzelnen deportierten Nationalitäten überstieg. Daß die unterschiedliche Behandlung Gründe hat, ist nicht zu bezweifeln, aber auch nicht, daß es keine gerechten Gründe sind.

Führte so die ›Entstalinisierung‹ der Chruščev-Ära im allgemeinen, wenn auch zögernd und von Rückschlägen unterbrochen, zu Auflockerungen, Erleichterungen und Verbesserungen im Leben des Sowjetbürgers, so verlief die Entwicklung der sowjetischen Religionspolitik in genau umgekehrter Richtung. Das ist nicht so überraschend, wie es den Anschein hat, denn Entstalinisierung mußte auf diesem Gebiet Abkehr von der opportunistischen Haltung Stalins und Rückwendung zur konsequenten Religionsfeindschaft Lenins bedeuten. Bei einer von Jahr zu Jahr wieder zunehmenden antireligiösen Propaganda hat sich der Druck auf die Religionsgemeinschaften in zwei Etappen, beginnend 1954 und 1960, spürbar verschärft. Seit 1960 kann keine Rede mehr davon sein, daß die Auseinandersetzung nur mit geistigen Waffen geführt würde, wie es die Partei unter Chruščev 1954 als ihr Programm verkündete, sondern man ist zu den Methoden einer administrativen Verfolgungspolitik zurückgekehrt, wie sie in den zwanziger und dreißiger Jahren üblich war. Die Zahl der seit 1960 geschlossenen Kirchen geht in die Tausende, von acht unter Stalin zugelassenen theologischen Seminaren bestehen nur noch drei, auch die üblichen Prozesse gegen Hierarchen und Priester finden wieder statt. Nachdem zunächst vor allem die schwer kontrollierbaren Sekten und die jüdische Religion die Maßnahmen des aktivierten antireligiösen Kurses auf sich gezogen hatten, lastet nun der volle Druck auch auf der russischen orthodoxen Kirche. Diese hat in ihrer Sprache geantwortet, indem sie im Februar 1960 zum erstenmal einige abgefallene Geistliche öffentlich exkommunizierte und im Juli 1962 den Ioann Russkij kanonisierte, weil sein Leben als türkischer Sklave in Kleinasien gezeigt habe, ›daß weder äußere Umstände noch Schwierigkeiten des Lebens einen wahrhaften Christen hindern können, nach den Geboten des Heilandes, unseres Herrn Jesus Christus, zu leben‹. Bei dem allen wird nach außen die Fassade einer ungetrübt loyalen Beziehung zwischen Kirche und Staat gewahrt, und da der sowjetische Staat nach wie vor das kirchliche Prestige außenpolitisch einzusetzen liebt, schafft er zugleich Gelegenheit, die bedrängte russische Christenheit stärker als je zuvor in der christlichen Ökumene zu verankern.

Wenn die Ära Chruščev in der inneren Entwicklung der Sowjetunion als eine Wiederherstellung der unbeschränkten Parteiherrschaft charakterisiert werden kann, so ist zugleich festzustellen, daß diese Parteiherrschaft auf vielen Gebieten mit ungewöhnlichen Schwierigkeiten zu kämpfen hat. Sie ist in dem Jahrzehnt seit Stalins Tod der Entwicklung mehr nachgelaufen, als daß sie diese vorangetrieben hat, darüber sollte die Impulsivität des Chruščevschen Regierens nicht hinwegtäuschen. Der Versuch, entstandene Situationen nachträglich zu meistern, spontane Entwicklungen nachträglich im eigenen Sinne zu lenken, bedingt an sich noch kein negatives Urteil über eine Regierung; von einer Weltmacht, die sich die Weltrevolution zum Ziel gesetzt hat und den Weg dahin zu kennen vorgibt, sollte man allerdings mehr erwarten dürfen. Die sowjetische Weltmacht hat jedoch nicht nur innere Probleme zu lösen, sondern auch äußere.

Das Reich des Kommunismus wird in sich uneins

Das außenpolitische Erbe Stalins wird seinen Nachfolgern wenig Freude bereitet haben. Es war gekennzeichnet durch eine allgemeine Versteifung der Fronten, die der sowjetischen Außenpolitik wenig Bewegungsfreiheit ließ. An dem verfahrenen Krieg in Korea waren die Sowjets zwar nicht unmittelbar beteiligt, aber bei der damals noch bestehenden Abhängigkeit der asiatischen kommunistischen Länder von Moskau lag die Entscheidung über den Waffenstillstand letztlich doch beim Kreml. Es mag sein, daß am Ende auch Stalin das Unfruchtbare einer Politik der aggressiven Unnachgiebigkeit eingesehen hatte, die tatsächliche Änderung des außenpolitischen Kurses mußten die Nachfolger einleiten. Dabei handelte es sich um eine Änderung weniger der außenpolitischen Ziele als der außenpolitischen Methoden, aber schon dies genügte, um die erwünschte Entspannung zu bewirken und Spielraum für das Austragen des Machtkampfes im Innern zu schaffen. Dieses Änderungsmoment war eher vordergründig und sicher vorübergehender Natur, denn es war vorauszusehen, daß mit der Entscheidung im inneren Machtkampf die von daher rührenden Selbstbeschränkungen der sowjetischen Außenpolitik wieder wegfallen würden. Doch gab es andere Momente, die viel tiefergreifende Änderungen von größerer Dauer erzwangen.

Vor dem zweiten Weltkrieg hatte es die Sowjetunion, wenn man von dem mongolischen Satelliten absieht, nur mit nichtkommunistischen Partnern in der Außenpolitik zu tun; das Gespenst der kapitalistischen Einkreisung ließ sich daher für alle Zwecke beliebig zitieren. Auf der Parteiebene dominierte in der Komintern die im Besitz der vollen Macht befindliche KPdSU alle anderen, nichtregierenden kommunistischen Parteien. Seit dem zweiten Weltkrieg war die Situation eine grundlegend andere, denn nun gab es regierende kommunistische Parteien und kommunistische Staaten in der Mehrzahl. Für Stalin war das wohl kaum mehr als ein formaler Unterschied, aber Chruščev mußte die Konsequenzen aus der Veränderung ziehen. Das folgte einerseits aus dem Entspannungskurs, der das kommunistische Jugoslawien Titos nicht gut unberücksichtigt lassen konnte, andererseits aus der veränderten Machtkonstellation in der Sowjetunion: Eine entmachtete Polizeiorganisation war auch in den Satellitenländern als sowjetisches Machtinstrument nicht mehr recht verwendbar, und Ähnliches gilt vom militärischen Bereich; das Ausscheiden des sowjetischen Marschalls Rokossovskij aus dem polnischen Zentralkomitee und als Befehlshaber der polnischen Armee im Jahre 1956 war nur das unter besonderen Umständen sichtbar gewordene Teilstück eines umfassenderen Vorganges, der sich im übrigen unter dem Ausschluß der Öffentlichkeit vollzog. Daß hier auch ein lebhaftes Interesse der Satelliten mitwirkte, die aus Stalins Tod ihre eigenen Schlüsse zu ziehen begannen, liegt auf der Hand. War aber nun die Ausübung der Herrschaft im Satellitenbereich auf die Beziehungen der Parteien beschränkt – ohne die Möglichkeit, zusätzliche Machtkommunikationen von physischer Qualität unmittelbar einzusetzen –, so mochten Autorität und Potential der Sowjetunion zwar immer noch genügen, das Sowjetimperium zusammenzuhalten, aber die Methoden mußten sich ändern, an die Stelle des nicht weiter erläuterten Befehls mußte das Verfahren der Überzeugung und des guten Zuredens treten. Dies entsprach zudem der Verschiedenheit im Charakter der leitenden Personen: Was der mißtrauische und unnahbare Drahtzieher Stalin durchaus verabscheut hatte, machte dem kontakt- und reisefreudigen Chruščev offenbar geradezu Vergnügen, auch wenn der Zwang einer veränderten Situation dahinterstand.

Verändert hatte sich aber auch die nichtkommunistische Welt. Stalin begnügte sich noch mit einer simplen Zweiteilung in Freund und Feind nach dem Grundsatz: Wer nicht für mich ist, der ist wider mich. Damit blieben beträchtliche Chancen der sowjetischen Außenpolitik bei ehemaligen Kolonialländern unausgenützt. Ein solches Desinteressement widersprach nicht nur den Leninschen Traditionen, sondern war auch um so weniger aufrechtzuerhalten, je mehr die blockfreien Länder im Zuge der Entkolonialisierung an Zahl und an Bedeutung im weltpolitischen Kräftespiel zunahmen, nicht zuletzt auch je mehr sich die Chinesen für diesen vernachlässigten Bereich zu interessieren begannen.

Die von der neuen sowjetischen Führung gewünschte Entspannung wurde durch eine Reihe von Gesten erreicht, die Moskau wenig kosteten und in keinem Falle wirklich wichtige Machtpositionen der Sowjetunion berührten: Der Widerstand gegen die Wahl des Schweden Hammarskjöld zum Generalsekretär der UNO wurde aufgegeben, die diplomatischen Beziehungen zu Israel und Jugoslawien normalisierten sich, in der sowjetischen Sprache der Türkei gegenüber trat eine merkbare Mäßigung ein, die Waffenstillstandsverhandlungen in Korea kamen wieder voran und fanden am 27. Juli 1953 ihren Abschluß. Ein Jahr später erzielte die Genfer Fernostkonferenz unter maßgeblicher Beteiligung der Sowjetunion auch für Indochina ein Waffenstillstandsabkommen, am 15. Mai 1955 wurde der Staatsvertrag mit Österreich unterzeichnet, am 26. Januar 1956 der Stützpunkt Porkkala an Finnland zurückgegeben. Mehr als all dies mag die Sowjets der Canossagang nach Belgrad gekostet haben; Bulganin und Chruščev unternahmen ihn Ende Mai 1955.

Gewisse Erfolge blieben dem neuen Entspannungskurs der Sowjetregierung nicht versagt: Immerhin entstand mit Nordvietnam ein neuer kommunistischer Staat und zeitweise nahm die Verbesserung der internationalen Stimmung im ›Geist von Genf‹ geradezu euphorische Züge an. Eben die Gipfelkonferenz in Genf vom 18.–23. Juli 1955 zeigte aber – genauso wie die Außenministerkonferenzen in Berlin (Januar/Februar 1954) und Genf (Oktober/November 1955) –, daß die Grenzen des sowjetischen Entgegenkommens sehr eng gesteckt blieben. Zumal in der Deutschlandfrage wurde nicht der geringste Fortschritt erzielt, mit der Einbeziehung der Bundesrepublik in das westliche Bündnissystem der NATO und mit dem Abschluß des Warschauer Paktes (14. Mai 1955) erstarrten vielmehr die Fronten vollends. Aufnahme der diplomatischen Beziehungen zur Bundesrepublik Deutschland und Freigabe der noch verbliebenen deutschen Kriegsgefangenen als Ergebnis des Adenauer-Besuches in Moskau (9.–13. September 1955) fügen sich allerdings auch hier in das Bild vergleichsweiser Friedlichkeit. Im Fernen Osten gelang es der Sowjetunion in diesen Jahren noch, die wirtschaftlich völlig von ihr abhängige Volksrepublik China zu einem in Sprache und Aktion einigermaßen konzilianten außenpolitischen Verhalten zu bestimmen. Dagegen ergriff Moskau im Nahen und Mittleren Osten selbst die Initiative, um im Umgang mit den ›Staaten der nationalen Demokratie‹, wie sie von 1960 an im kommunistischen Sprachgebrauch heißen sollten, von Ägypten bis Indien neue Möglichkeiten der Einflußnahme zu erproben: Im Juni 1955 machte Nehru seinen Antrittsbesuch in Moskau, den Bulganin und Chruščev allsogleich erwiderten (November/Dezember 1955), im September desselben Jahres hörte man zum erstenmal von sowjetischen Waffenlieferungen an Ägypten. Die sowjetische Außenpolitik sollte dieses zunächst für sie neue Terrain nicht wieder verlassen, wiewohl die drei in den Jahren 1956–1958 aufeinanderfolgenden Nahostkrisen wenig greifbare Resultate für das sowjetische Engagement ergaben.

Gemessen an dem Entspannungsgerede war die Entspannungswirklichkeit, die von der sowjetischen Außenpolitik in der ersten Hälfte der Chruščev-Ära produziert wurde, gewiß bescheiden. Immerhin entbehrte es nicht aller faktischen Voraussetzungen, als Chruščev auf dem 20. Parteikongreß im Februar 1956 die neuen Theoreme sowjetischer Außenpolitik von der Vermeidbarkeit der Kriege und von der daher möglichen friedlichen Koexistenz kommunistischer und nichtkommunistischer Staaten beisteuerte. Das weitere Zugeständnis eines jeweils eigenen Weges zum Sozialismus betraf nur kommunistische Länder und war Jugoslawiens wegen unvermeidlich. Es ist von den Betroffenen im Zusammenhang mit der sensationellen Entstalinierung, die derselbe 20. Parteikongreß brachte, großzügiger interpretiert worden, als man es in Moskau wünschen und dulden konnte. Der polnische ›Frühling im Oktober‹ und der ungarische Aufstand im gleichen Herbst 1956 zeigten mit aller Deutlichkeit, in welchem Ausmaß der neuen Führung in Moskau die Zügel im europäischen Satellitenbereich bereits entglitten waren. Denn hier handelte es sich ja nicht wie bei dem Aufstand in der sowjetischen Besatzungszone Deutschlands am 17. Juni 1953 um eine Aktion feindseliger Deutscher, die in der Unsicherheit des Machtwechsels in Moskau eine Chance für sich erhofften, sondern um das Scheitern konsolidierter kommunistischer Regime, um Selbständigkeitsbestrebungen, die von Teilen der kommunistischen Intelligenz in Gang gebracht und von den Völkern unterstützt wurden; und diese Aktionen richteten sich gegen eine Moskauer Führung, die sich selbst als einigermaßen konsolidiert betrachten konnte. Die Krise wurde gemeistert, aber nur mit dem Einsatz militärischer Machtmittel des sowjetischen Staates und um den Preis weiterer Konzessionen, wie sie unter anderem in den neuen, mit Polen, Ungarn, Rumänien und der ›DDR‹ abgeschlossenen Truppenverträgen sichtbar wurden (Ende 1956/Anfang 1957). Die Auflockerung fand auch institutionell ihren Ausdruck: Das Kominform, die nicht sehr eindrucksvolle Nachfolgeorganisation der Komintern, überlebte das Jahr 1956 nicht. Seither gibt es keine die kommunistischen Parteien im internationalen Rahmen dauernd verknüpfende Institution mehr; die internationalen Konferenzen der kommunistischen

Parteien, die als kommunistische ›Konzile‹ 1957 und 1960 in Moskau zusammentraten, boten keinen Ersatz und konnten kaum mehr nach außen den Anschein der Einigkeit wahren. Es war auch das Jahr 1956, in dem der italienische Kommunistenführer Togliatti zum erstenmal die Formel vom ›Polyzentrismus‹ innerhalb des kommunistischen Teiles der Welt gebrauchte, ohne damit freilich schon jenen erbitterten Streit um die Vorherrschaft zu meinen, den erst die folgenden Jahre zwischen Moskau und Peking zum Ausbruch bringen sollten.

Eine nachhaltige Dämpfung der außenpolitischen Aktivität der Sowjetunion hat jedoch die Krise des Jahres 1956 nicht bewirkt. Wider Erwarten begann vielmehr im folgenden Jahr eine neue Phase, deren Kennzeichen nicht mehr relative Konzilianz und Entspannung, sondern eine unruhige Aggressivität war. Sie trug unzweifelhaft den Stempel der unausgeglichenen Persönlichkeit Chruščevs, den seine Erfolge berauschten und den die wachsende chinesische Herausforderung von Aktion zu Aktion hetzte. Im Juni 1957 hatte sich Chruščev im internen Machtkampf durchgesetzt, in einem Zeitpunkt, in dem die wirtschaftliche Lage der Sowjetunion gemessen an dem Niveau von 1953 als einigermaßen befriedigend angesehen werden konnte, im Herbst 1957 verfügten die sowjetischen Militärs über wirksame Interkontinentalraketen und schickten die sowjetischen Techniker die ersten beiden Sputniks in den Weltraum. Moskau schien einen entscheidenden Vorsprung errungen zu haben, die Vereinigten Staaten waren nicht mehr unverletzlich. Es waren wohl die Chinesen, die in Unterschätzung des Risikos erwarteten und verlangten, daß dieser Vorteil sofort und unmittelbar für die aggressive Erzwingung der Weltrevolution eingesetzt würde. Diesem Wunsche konnten die kühleren Rechner in Moskau nicht entsprechen, aber dadurch gerieten sie in die Rolle des Zauderers aus egoistischen Motiven, gaben den enttäuschten Chinesen die Gelegenheit zu billigen propagandistischen Triumphen und fühlten sich in der Folge bemüßigt, zur eigenen moralischen Entlastung unausgesetzt weltrevolutionäre Aktivität zu demonstrieren – vom Berlin-Ultimatum am

10. November 1958 über das gesprengte Pariser Gipfeltreffen im Mai 1960 und die Errichtung der Berliner Mauer am 13. August 1961 bis zum kubanischen Abenteuer. Wäre dieses geglückt, so hätte Chruščev keine chinesischen Vorwürfe mehr zu fürchten brauchen und die Zusammenkünfte mit den amerikanischen Präsidenten Eisenhower (Camp David, September 1959) und Kennedy (Wien, Juni 1961) wären nachträglich als schlaue Täuschungsmanöver erschienen. Die Dinge liefen anders. Als sich Chruščev am 28. Oktober 1962 endgültig entschloß, die sowjetischen Raketenbasen auf Kuba ohne Kompensationen wieder abzubauen und gleichzeitig den Indern Waffen gegen die angreifenden Chinesen lieferte, entschied er sich gegen die weltrevolutionäre kommunistische Aktionseinheit und für das Sicherheitsbedürfnis der sowjetischen Weltmacht.

Von dieser Entscheidung her zeichneten sich zwei Entwicklungslinien ab: Der Gegensatz zwischen Moskau und Peking war offenbar bis auf weiteres nicht zu überbrücken, ein letzter ernsthafter Schlichtungsversuch durch direkte Gespräche scheiterte im Juli 1963. Das hatte Folgen sowohl im europäischen Machtbereich der Sowjetunion wie im Weltkommunismus. Während in den nichtregierenden kommunistischen Parteien die gewebezerstörende Spaltungsinfektion wucherte, das Gelände für die sowjetische Außenpolitik nicht nur bei den asiatischen, sondern auch bei den afrikanischen Entwicklungsländern zunehmend schwieriger und unübersichtlich wurde, und selbst Fidel Castro in Kuba sich zeitweise als ein Gefolgsmann von zweifelhafter Treue erwies, nützte man in Europa möglichst unauffällig die unerwartet günstige Gelegenheit. Zwar wurde der zum zweitenmal versöhnte Tito als noch größerer Revisionist durch die Feindschaft der Dogmatiker in Peking enger an die Seite Moskaus geführt, aber in den übrigen europäischen Volksdemokratien begann man je nach den Umständen mehr und mehr Freude am eigenen Denken und Tun zu haben. Tendenzen, durch eine Art von innerkommunistischem Neutralismus den Spielraum der eigenen Politik zu vergrößern, waren und blieben bei aller Wahrung der äußeren Formen unverkennbar, am deutlichsten in Rumänien. Die Vergrößerung des Spielraums erfolgte vor allem durch Intensivierung der Beziehungen in westlicher Richtung. Albanien dagegen hatte schon 1960 die Linie der Neutralität in Richtung China überschritten; es wurde von Moskau mit der Auflösung des sowjetischen U-Boot-Stützpunktes in Valona und mit dem Abbruch der diplomatischen Beziehungen bestraft, ohne daß diese Disziplinarmaßnahmen greifbare Folgen gehabt hätten.

Die zweite Linie führte zu einer gewissen Kooperation der Weltmächte UdSSR und USA. Worüber sie sich einigten, das konnten sie durchsetzen, sei es auch gegen den Protest der weltpolitischen Einzelgänger: Das Abkommen über die Einstellung der Atomtests vom 5. August 1963 lieferte hierfür ein Beispiel. Allerdings blieb das Spektrum dessen, worüber man einig werden konnte, schmal und erschöpfte sich im Negativen; für beides ist der ›heiße Draht‹, der seit dem Juni 1963 die Machtzentralen in Moskau und Washington verbindet, symbolisch.

Am 16. Oktober 1964 gab die Pravda bekannt, daß das Präsidium des Zentralkomitees der KPdSU und der Oberste Sowjet der UdSSR den Genossen Nikita Sergeevič Chruščev seiner angegriffenen Gesundheit wegen von seinen leitenden Funktionen in Partei und Staat entbunden hätten. Der Sturz von den Kommandohöhen der Macht zur Unperson war unerwartet und vollständig. Fast genau drei Jahre, nachdem er Stalin von der Seite Lenins im Mausoleum an die Kremlmauer verbannt hatte, verschwand Chruščev selbst buchstäblich in der Versenkung. Er war nicht weniger, aber in anderer Weise populär gewesen als der undurchsichtige Georgier: Die Welt hatte in ihm – vielleicht nicht einmal zu Unrecht – einen typischen Vertreter des Russentums gesehen, aber nicht immer ist das, was die Außenwelt als typisch für eine Nation empfindet, dieser selbst besonders ans Herz gewachsen. Selbstverständlich lagen die Gründe für Chruščevs Sturz nicht in erster Linie oder gar allein im Typologischen: Er hatte nach Meinung derer, die ihn stürzten, als Inhaber der Macht versagt – auf vielen Gebieten. Nur ein Drittel der Zeit, die Stalins Herrschaft dauerte, hat sich Chruščev an der Macht halten können.

DIE ÄRA BREŽNEV

Kollektive Führung der Oligarchen

Chruščevs Entmachtung löste keine Erschütterung aus, die sich der nach dem Tode Stalins vergleichen ließe. Beunruhigt zeigte sich vorübergehend eher das Ausland – das kommunistische wie das nichtkommunistische – als die Bevölkerung der Sowjetunion. Die Kritik an dem gestürzten, eben siebzigjährigen Machthaber hielt sich in Grenzen. Sie betraf nicht die Grundsätze, sondern den Stil seiner Machtausübung, und sofern sich dieser als eine ebenso selbstherrliche wie dilettantische Experimentierwut charakterisieren läßt, betraf die Kritik unausgesprochen allerdings eine mögliche Gefährdung der Macht selbst. Der gescheiterte Politiker Chruščev wurde zur politischen Unperson; er starb, kaum beachtet, am 11. September 1971. Sein Nachfolger als Erster Sekretär des Zentralkomitees der KPdSU wurde Leonid Il'ič Brežnev (geb. 1906).

Nur zwölf Lebensjahre trennten den neuen Ersten Sekretär von seinem glücklosen Vorgänger, aber sie genügten für Unterschiede in der Biographie, die später ins Gewicht fallen sollten. Brežnev, als Sohn eines Hüttenarbeiters im ukrainischen Kamenskoe (seit 1936 Dneprodzeržinsk) geboren und aufgewachsen, war noch ein Kind, als das Chaos von Revolution und Bürgerkrieg über Rußland kam. Zu der normalisierten Lebenswirklichkeit, die ihn bei seinem Eintritt in das Berufsleben in den zwanziger Jahren umgab, gehörten auch erweiterte Bildungsmöglichkeiten für begabte Arbeitersöhne. Er hat sie wahrnehmen können und 1927 das Technikum für verbesserte Bodennutzung und Melioration in Kursk abgeschlossen. Nach den schweren Intelligenz-Verlusten durch Krieg und Emigration hatten damals junge Experten glänzende Aufstiegschancen – der einundzwanzigjährige Landwirtschaftsexperte Brežnev brachte es in wenigen Jahren zum 1. stellvertretenden Leiter der Grund und Boden-Verwaltung des Gebietes Ural. Dann erfolgte ein radikaler Wechsel in der beruflichen Laufbahn, sicher nicht unbeeinflußt vom Aufbaupathos des Stalinschen Industrialisierungsprogramms; mag sein, daß es den Großrussen auch in seine ukrainische Heimat zog. Beiden Motiven zugleich konnte er folgen, seit es in Kamenskoe ein Metallurgisches Institut gab – Brežnev hat es 1935 als Hüttenwerk-Ingenieur verlassen und als solcher anschließend in seiner Vaterstadt gearbeitet. Viel Zeit, als Ingenieur Karriere zu machen, blieb ihm nicht, denn eine dritte Laufbahn, die des Parteifunktionärs, kam eher zum Zug. Auch hier war der Bedarf nach den großen Stalinschen Säuberungen beträchtlich – im achten Jahr seiner Parteimitgliedschaft avancierte der Zweiunddreißigjährige 1939 zum Sekretär des Gebietskomitees Dnepropetrovsk der KP(b) in der Ukraine. Brežnev hat diesen Posten nach dem Krieg erneut mehrere Jahre eingenommen, im ganzen lange genug, um persönlich Bindungen aufzubauen, von denen er später Gebrauch machen konnte. Bis in seine letzten Tage hat bei der Deutung von Personalveränderungen in den Spitzengremien der Sowjetunion die Zugehörigkeit zum Dnepropetrovsker Clan eine Rolle gespielt. Auch die Teilnahme am Kriege brachte keine grundsätzliche Änderung in Laufbahn und regionaler Zuordnung: Brežnev war Leiter der Politischen Abteilung zuerst der 18. Armee, danach der 4. Ukrainischen Front, seit 1943 im Rang eines Generalmajors. In allen diesen zivilen und militärischen Funktionärspositionen war sein Vorgesetzter Nikita Chruščev. Und Chruščev war es auch, der den als 1. Parteisekretär der Unionsrepublik Moldau (1950) und als Mitglied des Zentralkomitees der KPdSU (1952) in die Parteielite Aufgestiegenen seiner Ausbildung und seinen Erfahrungen gemäß einsetzte – den Polit-Offizier in der Politischen Hauptverwaltung von Armee und Kriegsmarine, den Landwirtschaftsexperten bei der Neulandgewinnung in Kazachstan, den 1957 zum Präsidiumsmitglied des ZK beförderten Ingenieur als Parteiverantwortlichen für die Bereiche Schwerindustrie, moderne Kriegstechnik und Raumfahrt. Da bedeutete es schon eher eine Distanzierung von den Schlüsselstellen der Macht, als Brežnev im Mai 1960 den fast achtzigjährigen Marschall Vorošilov als Vorsitzender des

Präsidiums des Obersten Sowjet, d.h. in der repräsentativen Funktion des Staatsoberhauptes, abzulösen hatte. Es war der Vertreter einer neuen Generation, der nun die Führung übernahm, geprägt durch solide Fachbildung, durch die Erfolge und Erfahrungen der Stalinzeit, gewiß nicht zuletzt durch die Erfahrung, daß Zweifel an der ideologischen Glaubenslehre, wie immer man sie höchsten Ortes jeweils interpretierte, in Theorie und Praxis zu nichts Gutem dienten.

Brežnev erbte jedoch nicht die ganze Fülle der Macht, als Ministerpräsident der Sowjetunion wurde Chruščevs Nachfolger Aleksej Kosygin (geb. 1904). Die erneute Trennung der Führungspositionen in Partei und Staat überraschte nicht. Kollektiv hatte das ZK den Machtwechsel durchgesetzt, die im Falle des Machtwechsels schon traditionelle Rückkehr zur ›kollektiven Führung‹ ergab sich von selbst. Sie sollte diesmal von längerer Dauer sein als nach dem Tode Stalins. Gewiß nicht deshalb, weil dieses im Parteistatut verankerte Prinzip nun mit einemmal unantastbar geworden war, und auch nicht nur als Folge des Ärgers, den die Monokratie des Parteiführers Chruščev hervorgerufen hatte, sondern vor allem des Gleichgewichtes wegen, in dem einander die Machtmittel der nun in den Vordergrund Gerückten hielten. Mit Brežnev und Kosygin bildeten Nikolaj Podgornyj (geb. 1903 – seit 1965 als Nachfolger Mikojans, der seinerseits im Juni 1964 Brežnev abgelöst hatte, Vorsitzender des Präsidiums des Obersten Sowjet) und Michail Suslov (geb. 1904 – als graue Eminenz und Hüter der sowjetkommunistischen Rechtgläubigkeit die Spitze der Parteikleriker) eine engste Führungsgruppe der ›Oligarchen‹. Es steht außer Zweifel, daß in diesem allerengsten Kreis des Parteipräsidiums die Macht konzentriert war, daß hier alle Entscheidungen von grundsätzlicher Bedeutung und weitreichenden Folgen getroffen wurden. Aber die Verteilung der Macht im Detail, die Entscheidungsprozesse selbst, das Durchsetzungsvermögen der beteiligten Personen, all dies bleibt der Beobachtung des Zeitgenossen systemgemäß entzogen und in der Regel ein Gegenstand von Spekulationen; auch der Zeithistoriker kann sich nur an das halten, was wirklich geschehen ist, und rückblickend vermuten, wie das Geschehene zustande kam. Die ›führende Rolle der Partei‹ ist ideologisch festgeschrieben, und insofern kam auch jetzt dem Ersten Parteisekretär der Vorrang zu, aber in der Realität gab es für ihn naturgemäß einzuhaltende Grenzen, auch wenn die Trennung von Partei und Staat, von Legislative (Oberster Sowjet) und Exekutive (Ministerrat) eine formale, schon durch Personalunionen aller Art in Frage gestellte Fiktion ist. So hat es über ein Jahrzehnt gedauert, ehe der Parteichef – seit 1966 wieder ›Generalsekretär‹ genannt – durch außerparteiliche Ränge und Ämter Prestige- und Machtzuwachs erreichte: Am 17. April 1975 wurde Brežnev Armeegeneral, drei Wochen später, am 8. Mai desselben Jahres Marschall und zugleich Vorsitzender eines neugebildeten Verteidigungsrates, schließlich am 16. Juni 1977 wiederum Vorsitzender des Präsidiums des Obersten Sowjet. Parallel dazu verlief eine schnelle Zunahme des vorübergehend verfemten ›Persönlichkeitskultes‹, der anläßlich des 70. Geburtstages von Brežnev Ende 1976 einen ersten Höhepunkt erreichte. Einige Festredner ließen es sich nicht nehmen, den Generalsekretär wie einst Stalin als vožd (Führer) zu apostrophieren. Bemerkenswert sind der Zeitpunkt und die betroffenen Bereiche. Ende 1974 kam zum erstenmal das Gerücht von einer ernsthaften Erkrankung Brežnevs auf. Es wurde offiziell nicht bestätigt, aber seit seinem Tode darf die Welt wissen, daß er mehrere Herzinfarkte – damals offenbar den ersten – erlitten hat. War das Herausheben seiner Person ein Ausdruck der Teilnahme seitens der Partei, entsprang es eigener Initiative in dem Bewußtsein, nicht mehr viel Zeit zu haben, ist das Motiv in rechtzeitigen Vorkehrungen für die Zeit nach Brežnev zu suchen, sollte potentiellen Gleichgewichtsstörungen in dieser Weise vorgebeugt werden?

Zu einem radikalen Generationswechsel hat die Ablösung Chruščevs nicht geführt. Zwar waren die seit 1964 an der Spitze stehenden Männer im Schnitt ein Jahrzehnt jünger als dieser, aber auch sie hatten noch in der Spätzeit Stalins den Aufstieg in die Führungselite erreicht. Die Aufnahme in das Präsidium des Zentralkomitees der KPdSU und damit den Zutritt zu den Schalthebeln der Macht verdankten sie alle dem von ihnen Gestürzten (Suslov 1955, Brežnev 1957, Kosygin und Podgornyj 1960). Ähnliches gilt von den Mitgliedern der zentralen Spitzengremien im allgemeinen: In der zweiten Hälfte der siebziger Jahre näherte sich das Durchschnittsalter der Politbüromitglieder 70 Jahren, das der ›Oligarchen‹ lag schon merkbar darüber. Man hat mit der Gerontokratie, der Greisenherrschaft, im Moskauer Kreml vieles, wohl allzu vieles, zu erklären versucht – die Stabilität des Regimes ebenso wie seine geringe Flexibilität. In jedem Fall setzte eine Dauerherrschaft immer älter werdender Machtträger voraus, daß sich die Personalveränderungen auf höchster Ebene in engen Grenzen hielten, und sie mußte je länger je mehr in die unkalkulierbare Grenzzone menschlicher Lebenserwartung führen. Erst 1973 machte eine personelle Veränderung Sensation, als der Verteidigungsminister Marschall A. Grečko, der langjährige (seit 1957) Außenminister A. Gromyko und der KGB-Chef Ju. Andropov gleichzeitig Vollmitglieder des Politbüros wurden; 1976 folgte ihnen D. Ustinov, der nur Wochen später den verstorbenen Marschall Grečko als Verteidigungsminister ersetzte, 1978 K. Černenko und 1979 N. Tichonov. Die Träger anderer, nicht minder bekannter Namen schieden aus, weil sie etwa als Provinzsatrapen (1. ZK-Sekretäre in den Unionsrepubliken) über die Stränge geschlagen hatten (1973 P. Šelest in der Ukraine) oder sich in der Zentrale durch zuviel Ehrgeiz und zu selbständiges Denken unbeliebt gemacht hatten (1975 der Gewerkschaftsvorsitzende A. Šelepin, 1976 der glücklose Landwirtschaftsminister D. Poljanskij). Nicht immer waren die Gründe für den Wechsel erkennbar, vor allem nicht, als am 24. Mai 1977 mit Podgornyj der erste der ›Oligarchen‹ abdankte und buchstäblich in der Versenkung verschwand: Hatte das Staatsoberhaupt auf einer vorhergehenden Afrikareise zu selbständige Außenpolitik gemacht, hatte Podgornyj nur Brežnev seinen Posten freimachen müssen, oder war der Vierundsiebzigjährige physisch am Ende? Im Oktover 1980 trat auch der nun sechsundsiebzigjährige Kosygin zurück, drei Monate später (18. 12. 1980) starb er. Sein Nachfolger wurde der fast gleichaltrige (geb. 1905) N. Tichonov, der ihm seit

1976 als 1. Stellvertretender Ministerpräsident beigegeben und inzwischen auch Politbüromitglied geworden war. Nothilfe angesichts schwindender Kräfte oder planmäßige Ausschaltung eines Machtkonkurrenten, der nicht immer die Gedanken Brežnevs dachte? Als gut ein Jahr später eine langjährige Arteriosklerose, wie es hieß, auch dem Leben des achtundsiebzigjährigen Suslov ein Ende setzte (25. 1. 1982), war von den Oligarchen des Jahres 1964 nur noch Brežnev am Leben. Sollte er dies, selbst seit langem von schwerer Krankheit gezeichnet, als einen späten Triumph empfunden haben, so war ihm kein ganzes Jahr mehr für dessen Genuß beschieden. Da man schon so lange mit seinem Ausscheiden gerechnet hatte, kam der Tod des Parteiführers, Oberbefehlshabers und Staatsoberhauptes am 10. November 1982 schließlich überraschend. Noch am 27. Oktober hatte er vor der Generalität eine große Rede gehalten, in der er eine Korrektur der auf dem 26. Parteikongreß festgelegten Generallinie ankündigte. Dieser Parteikongreß hat ihn 1981 als unermüdlichen Kämpfer für den Frieden gefeiert. Was nun blieb, war ein überdimensional großes Fragezeichen.

Mit allen erforderlichen Einschränkungen und Ausnahmen im Detail wird man den 18 Jahren der Brežnev-Ära das Prädikat einer erstaunlichen Stabilität zuerkennen müssen. Solche Stabilität setzt auch im System der Einparteienherrschaft den Ausgleich von Gruppeninteressen voraus, die Vermeidung offener Konflikte, die Reduktion von Spannungen. Manches davon spiegelt sich in den Personalveränderungen wider, und die Lebenserfahrung immer älter werdender Spitzenpolitiker hat sicher auch stabilisierend gewirkt. Aber im Ansatz war die Stabilisierung keine Alterserscheinung, sondern eine Reaktion auf Chruščev, der am Ende alles durcheinandergebracht, die Hochbürokratien in Partei und Staat verschreckt, die Militärs vor den Kopf gestoßen, die Ideologen verwirrt und das nationale Prestige beschädigt hatte. Der Führungsstil seiner Nachfolger war ein völlig anderer. Während Chruščev durch Hektik und Unberechenbarkeit zu Störungen des Gleichgewichts neigte, durch pathetischen Utopismus Enttäuschung provozierte, sich durch Inkompetenz und vulgäres

Betragen mitunter am Rande des Lächerlichen bewegte, gaben sich seine Erben besonnen und nüchtern, bescheiden pragmatisch, sachkundig und seriös. Bei allem Selbstbewußtsein, wie es der Führung einer Weltmacht ansteht, deren Bevölkerungszahl in den Brežnev-Jahren von 226 auf 271 Millionen anstieg, kamen die allzu großen Worte sogleich außer Gebrauch, nachdem Chruščev die Bühne verlassen hatte. Weder für die Überholung der USA in der Prokopf-Produktion noch für die vollständige Verwirklichung des Kommunismus wurden seither Termine genannt. Zur historischen Ortsbestimmung behalf man sich mit dem Stadium einer ›entwickelten sozialistischen Gesellschaft‹, des ›realen Sozialismus‹, das man erreicht habe, was immer das bedeuten mochte. Ganz blieb Chruščevs Geist allerdings nicht gebannt, sein ›allgemeiner Volksstaat‹ kehrte am Ende wieder als ›Staat des ganzen Volkes‹, dem die patriotische Zuwendung aller seiner Bürger zuteilwerden müsse. Um was es bei dem erzwungenen Machtwechsel gegangen war, wurde sehr viel deutlicher als aus diesen und anderen verbalen Fortschrittsleistungen aus den ersten realen Maßnahmen.

Schon auf dem ersten ZK-Plenum nach dem Wechsel, am 16. November 1964, wurde Chruščevs Parteireform vom November 1962 rückgängig gemacht. Das Organisationsprinzip nach Produktionszweigen (Industrie und Landwirtschaft) mußte dem traditionellen territorialen Prinzip wieder weichen. Kaum weniger wichtig muß den neuen Männern die völlige Zurücknahme der dezentralisierenden Reformen in der Organisation der Wirtschaft erschienen sein: Im März 1965 wurden die regionalen Volkswirtschaftsräte liquidiert und die Rückkehr zur branchenorientierten zentralen Ministerialverwaltung vollzogen. Was noch fehlte, lieferte der 23. Parteikongreß (28. 3.–8. 4. 1966) nach. Auf Antrag von Brežnev wurde der Artikel 25 des Parteistatuts von 1961 aufgehoben. Dieser Artikel hatte auf den unteren Stufen der Parteiorganisation für kollegiale Gremien eine turnusmäßige Erneuerung in bestimmtem Ausmaß vorgesehen. Weder einflußreiche Positionen nur auf Zeit noch ein Abbau der Zentralisierung und eine Komplizierung der Unterordnungsverhältnisse lagen im Interesse der Funktionärskaste. Als er mit seinen Reformen der Ineffektivität einer maßlos aufgeblähten Bürokratie auf allen Stufen und in allen Bereichen beizukommen versuchte, hatte sich Chruščev den Ast abgesägt, auf dem er saß. Seine Nachfolger waren in diesem Punkt klüger. Aber um welchen Preis? Gegenreformatoren meinen immer, daß sich alle Probleme, auch neue, in altgewohnter Weise am besten lösen ließen, man müsse es nur richtig machen. Im Besitz der Heilsgewißheit halten sie dramatische Inszenierungen für entbehrlich, wenn nur Ordnung herrscht. Die vier Parteikongresse unter dem Vorsitz von Brežnev demonstrierten den neuen Stil und die konservative Tendenz. Im regelmäßigen Rhythmus von fünf Jahren, zweckmäßig angepaßt dem Ablauf der Fünfjahrespläne, dienten sie der Selbstdarstellung mehrheitlich immer derselben Funktionsträger vor mehrheitlich immer denselben Delegierten, der Programmverkündigung und dem moralischen Appell. Da wurden keine Geheimreden gehalten, keine Denkmäler gestürzt und keine toten Helden in die Wüste verbannt. Daß Chruščev auf dem 23. Parteikongreß (28. 3.–8. 4. 1966) auch aus dem ZK ausgeschlossen wurde, war nur mehr eine Formalität; die Rückkehr zu den Bezeichnungen Generalsekretär und Politbüro statt Erster Sekretär und Präsidium sollte gewiß als Distanzierung von der jüngsten Vergangenheit, mußte aber nicht als eine Rückkehr zu Stalin verstanden werden und bedeutete realiter nicht die geringste Veränderung. Ebenso bedeutungslos war die Wiedereinführung von Allunions-Parteikonferenzen, einer Art kleiner Parteikongresse im Bedarfsfall – es hat sich in der Folge kein einziger Bedarfsfall ergeben. Historische Bewegung wurde nur im Detail erkennbar, in der Abhängigkeit von außenpolitischen Konstellationen, in der ideologisch verhüllten vorsichtigen Reaktion auf ökonomische Herausforderungen und soziale Wandlungen. Der 24. Parteikongreß (30. 3.–9. 4. 1971) auf dem Höhepunkt außenpolitischer Entspannung und in vergleichsweise günstiger wirtschaftlicher Situation ließ bereits deutlich die sogenannte Breževformel einer Verbindung von kooperativ-verhandlungsfreundlicher Außenpolitik und repressiv-reformscheuer Innenpolitik erkennen. Sie wurde vom 25. Parteikongreß (24. 2.–5. 3. 1976) mit weniger positiven Vorzeichen und vermutlich nicht ohne vorhergehende Überwindung von internen Widerständen bestätigt, vom 26. Parteikongreß (23. 2.–3. 3. 1981) angesichts des erneuerten ›Kalten Krieges‹ (sowjetischer Einmarsch in Afghanistan 1979, Boykott der Olympiade in Moskau 1980) und zunehmender wirtschaftlicher Bedrängnis eben noch nicht grundsätzlich in Frage gestellt. Die Ideologie liefert die Legitimation von Machtgebrauch im Innern und nach außen, der Integration dienen verschärfter Anpassungszwang, Jubiläen (60 Jahre Sowjetunion Ende 1982) und ein ausufernder Kult um die Person an der Spitze.

Nicht ohne Zusammenhang mit der Propagandaroutine der Parteikongresse aber von eigener, mehr oder minder langfristiger Bedeutung waren Maßnahmen, die man zusammenfassend als ein vielschichtiges Ordnungmachen charakterisieren könnte, um einem ganz auf Zentralisierung setzenden Regime die Übersicht (und die Kontrolle) zu erleichtern. Mochte der Umtausch der Parteibücher (1973) als eine inzwischen auch schon ritualisierte, die parteilose Bevölkerung nicht berührende Aktion gelten und dementsprechend geringes Aufsehen erregen, so war die gemäß einer Verfügung des Ministerrates der UdSSR vom 28. 8. 1974 durchzuführende Ausstellung neuer (Inland-)Pässe für alle Sowjetbürger eine Maßnahme ganz anderer Größenordnung; sie sollte 1981 abgeschlossen sein und war gewiß nicht zuletzt durch die zunehmende Mobilität der Bürger motiviert.

Eine neue Verfassung der Sowjetunion hatte Chruščev 1961 angekündigt, und im folgenden Jahr war eine fast hundertköpfige Kommission gebildet worden, die sie ausarbeiten sollte. Auch den Vorsitz in dieser Kommission hatte Brežnev ›geerbt‹, aber sofern mit dem Verfassungsprojekt vor allem eine Distanzierung von der Stalin-Verfassung des Jahres 1936 beabsichtigt gewesen war, scheint die Sache so eilig nun nicht mehr gewesen zu sein. Erst im Juni 1977 wurde der von der zweimal umgebildeten Kommission fertiggestellte Entwurf veröffentlicht. Solche Vorveröffentlichung war ebenso ungewöhnlich wie die sich anschließende öffentliche Diskussion, in der unter anderem die Einführung eines Verwaltungsgerichtes angeregt, allerdings auch verworfen wurde. Die neue Verfassung trägt das Datum vom 7. Oktober 1977, sie hat in den folgenden Jahren eine ganze Welle von reformierten Gesetzen ausgelöst – von neuen Verfassungen der Unionsrepubliken über Reglements für Obersten Sowjet, Ministerrat und lokale Sowjets bis zu einem Staatsangehörigkeitsgesetz sowie zahlreichen Gesetzen für die Bereiche Justiz und Wirtschaft. Nicht in diesen Rahmen fiel ein neues Religionsgesetz, das 1975 an die Stelle entsprechender Verfügungen des Jahres 1929 trat, aber nur diesen, nicht der bisherigen Praxis gegenüber eine Verbesserung darstellte. Nimmt man eine inzwischen auf über 30 Bände angewachsene Kodifikation des geltenden Rechts hinzu, so ergibt sich das Bild eines Gesetzesstaates, wie er einer in Jahrzehnten etablierten und auf Sicherung des Erreichten bedachten Herrschaft entspricht. Daß sich die in der Sowjetunion mit und unter Brežnev Herrschenden darauf allein nicht verließen, zeigte die in allen denkbaren Formen vor allem seit den siebziger Jahren verstärkte ideologische Indoktrination. Gesetzestexte sind nicht mit der Rechtswirklichkeit und Propagandatexte nicht mit der Glaubenswirklichkeit zu verwechseln. Es sind Realitäten ganz anderer Art, von denen die jüngste Phase russisch-sowjetischer Geschichte bestimmt wird.

Die ökonomische Basis wird knapp

Die ökonomischen Probleme, die Chruščev seinen Nachfolgern hinterließ, waren schon groß genug, auch wenn man sie nicht an seinen utopischen Zielsetzungen mißt. Welche Ausmaße sie in den folgenden beiden Jahrzehnten annehmen würden, war Anfang der sechziger Jahre schwerlich vorauszusehen. Die technischen Mittel und Möglichkeiten waren ohne Zweifel erheblich gewachsen, warum sollte ihre Organisation und Anwendung nun durch Fachleute anstelle des selbstherrlichen Dilettanten nicht die erwünschten Ergebnisse bringen? Man mußte sich mit dem Einholen und Überholen der USA, der westlichen Industrieländer überhaupt, in der Prokopf-Produktion nicht auf einen Termin festlegen, wenn man sich diesem Ziel nur in nicht allzu kleinen Schritten allmählich näherte. Aber am Ende der Brežnev-Ära war der Weg dahin immer noch kaum zur Hälfte durchschritten (1978 48,6%). Andauernde schnelle Bevölkerungszunahme und wachsende Ansprüche einer sich grundlegend wandelnden Gesellschaft – 1980 erreichte der Urbanisierungsgrad 63%, von 1953 bis 1979 stieg die Zahl der Millionenstädte von drei auf 18 – bedeuteten schon eine ökonomische Aufgabe ersten Ranges, wenn die immer zahlreicher werdenden Millionen ausreichend ernährt und in ihrer Hoffnung auf ein etwas besseres Leben nicht ganz enttäuscht werden sollten. Aber der Wirtschaft der Supermacht Sowjetunion waren auch noch andere – sehr schwierige und höchst kostspielige Aufgaben gestellt: Der nukleare Rüstungswettlauf mit der anderen Supermacht mußte durchgehalten, die Technologie der Weltraumfahrt gemeistert und alles wirtschaftliche Handeln an die unerhörte Temposteigerung des technischen Fortschritts ohne Zeitverlust erfolgreich angepaßt werden. Es war eine Sache, geringe und weiter abnehmende Produktionszuwachsraten als sichere Anzeichen der Endkrise des Kapitalismus aufrichtig zu begrüßen, und eine ganz andere, sie selbst hinnehmen zu müssen.

Für eine angemessene Befriedigung der elementaren Lebensbedürfnisse ist Voraussetzung, daß die Landwirtschaft ausreichende Mengen an Nahrungsmitteln produziert, und zwar so ausreichende, daß klimabedingte Schwankungen der Ernteerträgnisse durch Bevorratung ausgeglichen werden können. Genau hier liegt ein Dauerproblem der sowjetischen Staatswirtschaft. Chruščev hatte großen Wert darauf gelegt, als Agrarexperte zu gelten, aber alle seine die Landwirtschaft betreffenden Reformen und Kampagnen hatten nicht verhindert, daß die schlechte Ernte des Jahres 1963 nur durch aufsehenerregende Weizenimporte aus dem Ausland wettgemacht werden konnte. Die Landwirtschaft litt nach wie vor unter den Folgen einer jahrzehntelangen Vernachlässigung, als die Industrialisierung auf ihre Kosten durchgesetzt wurde. Eine durchgreifende Modernisierung mit angemessenen Investitionen auch in der vor- und nachgeschalteten Industrie wie in der Infrastruktur mußte also sowohl einen historisch bedingten Rückstand wie ständig steigende Anforderungen, je länger je mehr auch eine progressive Reduktion der landwirtschaftlichen Arbeitskräfte ausgleichen. Brežnev hatte dies als Fachmann offenbar erkannt und zog nach dem Machtwechsel die Verantwortung für den Agrarbereich an sich, für den er als Parteichef von amtswegen gar nicht zuständig war. Und nun erhielt die Landwirtschaft zum erstenmal den erforderlichen hohen Prioritätsrang, der ihr viel zu lange vorenthalten worden war. Der Erfolg blieb nicht aus: Die Ziele des 8. Fünfjahresplans (1966–1970) konnten dank der Rekordernte des Jahres 1970 voll erfüllt werden. Aber daß längst nicht alle Probleme auf Dauer gelöst waren, ergibt sich aus der Tatsache, daß zwei Jahre später angesichts einer Mißernte wiederum große Getreidemengen eingeführt werden mußten. Selbst relativ gute Ernten der Jahre 1973 und 1974 konnten ein Zurückbleiben der Agrarproduktion hinter den Planzielen nicht verhindern, und eine neuerliche Mißernte führte zu einem sowjetisch-amerikanischen Getreideabkommen (20. 10. 1975) für fünf Jahre. Die Landwirtschaft blieb ein Sorgenkind, die ›Schlacht um das Brot‹ mußte Jahr für Jahr neu geschlagen werden, auch eine Rekordernte wie die von 1978 brachte nicht mehr als eine vorübergehende Entlastung des Haushalts. Von Reformen wurde nur geredet oder sie blieben in den Ansätzen stecken wie die des Landwirtschaftsministers Poljanskij. Was auch nur entfernt in der Richtung einer größeren Entscheidungsfreiheit für die Einzelbetriebe lag, mißfiel dem Agrartechniker Brežnev, der Einbau marktwirtschaftlicher Mechanismen galt unverändert als ideologisch diskreditiert, mochten auch einschlägige Experimente im ebenfalls kommunistisch regierten Ungarn seine Nützlichkeit erweisen, und mochte auch der sowjetische Alltag die Effektivität des landwirtschaftlichen Privatsektors in aller Deutlichkeit vor Augen führen (1976 kamen vom Hofland der Kolchosbauern 64% der Kartoffeln, 53% des Gemüses,

41% der Eier und 22% der Fleisch- und Milchprodukte). Gewiß waren Erfolge erzielt worden: Am Ende der Brežnev-Zeit hatte die landwirtschaftliche Produktion zugenommen und die soziale Situation der Bauern war nicht unerheblich verbessert worden. Aber inzwischen machte die Einfuhr der Nahrungs- und Genußmittel ein Viertel der Gesamteinfuhr aus. Das bedeutete Abhängigkeit vom Ausland, und gelegentliche Beteuerungen, die Rückkehr zur Autarkie sei der Sowjetunion jederzeit möglich, mußten hohl klingen: Solche Selbstgenügsamkeit wäre realiter nichts anderes als ein Konsumverzicht der Massen, auch wenn dieser nicht mehr mit massenhaftem Verhungern gleichzusetzen sein dürfte wie noch vor einem halben Jahrhundert.

Man vertraut auf die Wissenschaft, und die Wissenschaft entzog sich in ihrem zentralen Spitzengremium dem Auftrag nicht, an der Erfüllung des Versorgungsprogramms bis zum Jahr 1990 mitzuwirken, das vom Mai-Plenum des ZK 1982 beschlossen wurde. Eine um Vertreter des Staates und der Partei erweiterte Sitzung der Akademie der Wissenschaften der Sowjetunion war danach ausschließlich den Problemen der Landwirtschaft gewidmet. Sie demonstrierte sehr nüchtern die Größe der gestellten Aufgaben und stand im Zeichen einer der letzten Devisen Brežnevs, derzufolge ›der Schlüssel zur Effektivität der Landwirtschaft in der Intensivierung der Produktion‹ liege. ›Das, womit wir gestern zufrieden sein konnten, ist morgen und sogar heute schon klar unzureichend. Genau davon muß die Wissenschaft ausgehen‹. Mit anderen Worten: Die Möglichkeiten extensiver Produktionssteigerung sind erschöpft, wissenschaftlich fundierte Methoden der Intensivierung sind das Gebot der Stunde, alles hängt vom Tempo ab, in dem wissenschaftliche Erkenntnisse in die Produktionspraxis umgesetzt werden.

Das gilt nicht nur für die Landwirtschaft. Reformscheu, nicht ausreichende Produktivität und zunehmende Verflechtung in ein kompliziertes Netz von Außenbeziehungen sind für die Wirtschaftspolitik der Brežnev-Ära insgesamt charakteristisch. Erschöpfend sind die ökonomischen Hauptprobleme damit keineswegs gekennzeichnet. Zunächst aber erschien Optimismus am Platz, denn es konnte für den Sowjetbürger durchaus nach grundlegenden Veränderungen aussehen. Anfangs stillschweigend in der praktischen Entwicklung, auf dem euphorischen 24. Parteikongreß in der Erläuterung des 9. Fünfjahresplans (1971–1975) dann schon unmißverständlich und expressis verbis wurde das Dogma vom unbedingten Vorrang der Produktionsmittelerzeugung (Abteilung A) vor der Konsumgüterproduktion (Abteilung B) aufgegeben. ›Das akkumulierte Produktionspotential läßt im neuen Planjahrfünft ein gewisses vorrangiges Wachstumstempo der Abteilung B zu, wodurch die vorgesehene Hebung des Wohlstands der Werktätigen gewährleistet werden kann‹ (Brežnev). Der in die schönere Zukunft gerichtete Blick des Höchstverantwortlichen sah auch Konkreteres, z.B. eine Vervierfachung der Produktion von Pkw auf 1,2–1,3 Mill. im Jahr 1975. Sehr neu war die gute Nachricht von der Schwerpunktverlagerung auf die Abteilung B nicht: Schon Malenkov und vorübergehend auch Chruščev hatten dasselbe versucht und waren damit umständehalber gescheitert. Bemerkenswerter als das Vokabular aus dem alten Prioritätsstreit zwischen den Produktionsabteilungen, bei dem das politische Motiv stets so offensichtlich wie der Realitätsgehalt schwer überprüfbar war, erscheint eine allgemeine Problemverlagerung, die sich aus dem fortschreitenden Reifeprozeß der sowjetischen Wirtschaft ergab.

Schon in der zweiten Hälfte der sechziger Jahre schieden sich die Geister nicht mehr an der Frage, welcher Produktionsabteilung die Priorität zuzuerkennen sei, sondern an dem Problem, wie in Zukunft weitere Produktivitätssteigerungen erreicht werden könnten. Stark vereinfacht zeichneten sich zwei Möglichkeiten ab: Entweder man versuchte, durch Übertragung von Entscheidungsbefugnissen auf den Einzelbetrieb, durch Betonung des Rentabilitätsprinzips und durch die Schaffung von Gewinnchancen das Interesse der unmittelbar Produzierenden zu mobilisieren und dadurch die Produktivität zu steigern, oder man setzte auf Modernisierung und Perfektionierung der zentralen Planung durch Anwendung mathematischer Methoden und durch großzügigen

Einsatz von elektronischen Datenverarbeitungsmaschinen. Die erste Möglichkeit wurde seit 1962 im Anschluß an Publikationen des Charkover Professors E. G. Liberman diskutiert (sogenannte Liberman-Diskussion) und als Teil einer Wirtschaftsreform vom September 1965 versuchsweise in einer beschränkten Zahl von Betrieben realisiert. Wenn außenstehende Beobachter in diesem Zusammenhang von einer beginnenden wirtschaftlichen ›Liberalisierung‹ sprachen, was zweifellos übertriebene Vorstellungen hervorrufen konnte, so trafen sie genau jenen Punkt, der das Fortschreiten auf diesem Weg für die sowjetische Führung politisch fragwürdig machte. Relikte der Reformen von 1965 vegetierten zwar auch in den siebziger Jahren noch weiter und sie wurden in dieser Zeit durch versuchsweise Zusammenfassung einer größeren Zahl von Betrieben in Produktionsvereinigungen und Industrievereinigungen ergänzt, aber im ganzen hat sich offenbar die andere Konzeption einer perfektionierten Plan- und Organisationszentralisierung durchgesetzt. Symptomatisch ist das persönliche Schicksal des Charkover Professors: 1970 hielt er es, aus welchen Gründen auch immer, für angebracht, sich von seinen Thesen und Vorschlägen zu distanzieren. Dieser Widerruf bedeutete unüberhörbar das Ende der Debatte – als Liberman drei Jahre später starb, war dies keiner öffentlichen Erwähnung mehr wert. War es ein Zufall, daß man sich nach einem Jahrzehnt, als Brežnev bereits an der Kremlmauer ruhte, seiner mit einemmal wieder erinnerte? War es mehr als legitimes zeitgeschichtliches Interesse, daß sich in der letzten Phase der Brežnev-Ära die historische Forschung ernsthafter und detaillierter als bisher der Neuen Ökonomischen Politik Lenins in den zwanziger Jahren zuwandte? Jahrzehntelang hatte sie als eine zwar erfolgreiche, aber nur als kurzfristiges taktisches Manöver konzipierte Maßnahme gegolten und keine besondere Aufmerksamkeit auf sich gezogen.

Zu solchen späten Erkenntnissen war es in den sechziger Jahren noch weit. Wohl aber wurde schon damals klar, daß sich der Modernisierungsrückstand nicht ohne Unterstützung von außen in vertretbarer Frist würde abbauen lassen. Innen-

Wirtschaftspolitik und Außen-Wirtschaftspolitik mußten einander sinnvoll ergänzen, und das war nur in einer Atmosphäre außenpolitischer Entspannung möglich. Die wechselseitige Abhängigkeit beider Bereiche sollte die Brežnev-Ära bis zu ihrem Ende prägen. Als ein Staatsbesuch de Gaulles (20. 6. bis 1. 7. 1966), den Kosygin umgehend erwiderte (1.–9. 12. 1966) den etwas spektakulären Anfang einer breit gefächerten ökonomisch-technisch-wissenschaftlichen Kooperation zunächst zwischen Frankreich und der Sowjetunion, in rascher Folge dann aber auch zwischen dieser und anderen Ländern setzte, war von den Beteiligten noch nicht vorauszusehen, welchen Belastungen nicht-wirtschaftlicher Art diese Kooperation in Zukunft ausgesetzt sein würde. Immerhin hatten schon die Anfänge das Entspannungsdesaster des sowjetischen militärischen Eingreifens in der ČSSR 1968 überstanden. Nicht lange danach erfolgte der Durchbruch in positivem Sinn, als sich unter ganz verschiedenen Voraussetzungen 1972 auch die USA und die Bundesrepublik Deutschland voll unter die im Rahmen von Verträgen kooperierenden Außenwirtschaftspartner der Sowjetunion einreihten – die Bundesrepublik schon im folgenden Jahr an erster Stelle. Dieses Jahr 1973 war aber auch das Jahr der Ölkrise, von der die Sowjetunion kurzfristig durch Anschluß an die Preissteigerungspolitik der OPEC-Staaten profitierte. Aber war es schon nicht unbedingt günstig für das Kooperationsinteresse der Sowjetunion, wenn ihre westlichen Partner wirtschaftlich verunsichert wurden, so wirkte sich die Anhebung des sowjetischen Erdölpreises am 1. Januar 1975 im eigenen Hegemonialbereich auf längere Sicht zum Teil katastrophal aus. In ihrer Energieversorgung vollständig auf sowjetische Erdöllieferungen angewiesen und ihrerseits in einem allzu optimistischen Modernisierungsstreben an die Kooperationskredite westlicher Industrieländer gebunden, drohte den Mitgliedstaaten des Rates für gegenseitige Wirtschaftshilfe (RGW) früher oder später Zahlungsunfähigkeit. Eine außerordentlich dynamische Außen-Wirtschaftspolitik konnte diese Gefahr noch bis zum Ende der siebziger Jahre bannen, aber je länger je mehr wurden objektive Grenzen erkennbar.

Nur noch kurzfristig ließen sich Versorgungslücken im RGW-Bereich durch Steigerung der sowjetischen Erdölproduktion schließen. Fortgesetzte Steigerung erwies sich als unmöglich, die Sowjetunion mußte ihrerseits Erdöl kaufen oder andere Energiequellen erschließen. Beide Möglichkeiten wurden wahrgenommen: Als Lieferanten boten sich relativ nahegelegene, an Schwerindustrie-Anlagen oder Waffen interessierte Erdölproduzenten wie der Iran und der Irak an. Damit war aber auch die Beeinträchtigung der eigenen Interessen im Wechselbad nahöstlicher Krisen und Kriege in Kauf genommen. Abgesehen von der Atomenergie versprach die Erschließung der reichen Erdgasvorkommen vor allem in Westsibirien am meisten Erfolg, aber sie war zumal für den Export technisch schwierig und daher kostspielig. Nicht zuletzt hier setzte die technisch-ökonomische Kooperation an, mit der Folge einer eindrucksvoll gesteigerten sowjetischen Erdgasproduktion. Sogenannte Röhren-Erdgasabkommen gewannen zunächst Publizität, mit zunehmender Eintrübung des Entspannungsklimas auch politisches Gewicht. Durch moderne Ausrüstung der chemischen Industrie konnte die Kooperation der Landwirtschaft, durch Lieferung von Lkw der Infrastruktur nutzbar gemacht werden, bei manchem anderen von der Pkw-Fabrik bis zur Bierbrauerei stand offensichtlich das Konsumenteninteresse im Vordergrund. Zu dessen Befriedigung konnte und sollte auch die gegenseitige Wirtschaftshilfe der in dem so bezeichneten Rat vereinten Länder beitragen.

Im Hegemoniebereich sind politisch-militärische Organisation (Warschauer Pakt) und wirtschaftliche Kooperation (RGW) seit jeher getrennt; mit dem Fortschreiten der siebziger Jahre hat jedoch die gleichzeitige Verschlechterung der außenpolitischen und der binnenwirtschaftlichen Situation in beiden Bereichen eine wachsende Tendenz zur Herrschaftsverdichtung ausgelöst. Kein Zweifel, daß man in Moskau auch die gegenseitige Wirtschaftshilfe am liebsten zentral geplant und nach den Wünschen der Zentrale gelenkt sähe. Aber da die ideologische Brüderlichkeit im Ökonomischen stark eingeengt ist, die etwas Reicheren nicht für die etwas Ärmeren zahlen wollen, und alle den eigenen Vorteil suchen, ist man auf dem Weg einer funktionierenden Integration nicht sehr weit gekommen. Jahrelang diskutierte man die Koordination der nationalen Wirtschaftspläne, es gab gemeinsame Projekte wie den Bau einer Erdgasleitung von Orenburg nach Užgorod, es gab gemeinsame Proklamationen der Sparsamkeit im Umgang mit Rohstoffen, und 1981 konnte Brežnev dem 26. Parteikongreß als Erfolg melden, daß die Wirtschaftspläne bis 1985 aufeinander abgestimmt und 120 Zielprogramme fertiggestellt seien. An der verbalen Integration besteht kein Zweifel, die Effektivität der realen muß nach den wirtschaftlichen Zusammenbrüchen in Polen und Rumänien dahingestellt bleiben. Die Kosten des nuklearen Rüstungswettlaufs waren von der Weltmacht Sowjetunion stets alleine zu tragen, aber es lag nahe, andere Kosten, die sich aus der sowjetischen Weltpolitik etwa in der Dritten Welt ergaben, auf die Integrationspartner des RGW abzuwälzen – auch das eine Parallele zum politisch-militärischen Bereich, in dem eine weltweite Schützenhilfe der Integrierten in den verschiedensten Formen stattzufinden hat. Die Ansprüche sind so gut wie unbegrenzt, wie sollten da nicht die Grenzen der Leistungsfähigkeit spürbar werden. Die natürlichen Resourcen der sowjetischen Macht- und Einflußsphäre sind durchaus beeindruckend – immerhin ist die Sowjetunion unter anderem der Welt größter Eisen- und Manganproduzent –, das Problem liegt in ihrer Umsetzung durch den Menschen, es liegt nicht in der Produktionsmöglichkeit sondern in der Produktivität.

Der Historiker, auch wenn er sich nahe an die Gegenwart heranwagt, kann nur feststellen, was ist, und sich eine Meinung darüber bilden, warum es so ist. Er erkennt den Zustand relativer wirtschaftlicher Reife in einem überdimensional großen Industrieland. Die Lösung der Probleme, die sich aus dem Reifezustand auch in anderen Industrieländern ergeben haben, ist hier durch besondere geographische und historische Voraussetzungen erschwert. Die Reife ist zwar nicht über Nacht, aber doch vergleichsweise überraschend eingetreten und hat eine in Jahrzehnten erstarrte Methode der Wirtschaftsführung vor Aufgaben gestellt, die schnelle und umfassende Anpassung an den technologischen Fortschritt, reibungslose Weitergabe wissenschaftlicher Erkenntnisse an die Produktion und wirksame Effektivitätskontrolle erfordern. Diesen Anforderungen ist mit einem übermäßig aufgeblähten und extrem zentralisierten Verwaltungs- und Lenkungssystem zu genügen, an dem festzuhalten die Ideologie, mehr noch das Sicherheitsbedürfnis der Herrschenden gebietet. Appelle an Patriotismus und Arbeitsmoral der Werktätigen, Feldzüge gegen Konsumgesinnung und Korruption (nach Brežnevs Tod) zeugen nicht von Vertrauen in die Gesellschaft des entwickelten Sozialismus. Ebensowenig sind sie neu in der Geschichte, die auch in der Sowjetunion auf eigenen Wegen weitergeht.

Die Gesellschaft entwickelt sich weiter

Industrialisierung setzt schon als Ziel den Ausbau eines ausreichenden Bildungswesens auf allen Stufen voraus; je weiter sie fortschreitet und je mehr sie zu einer umfassenden technologischen Modernisierung führt, desto intensiver und differenzierter muß auch das Bildungswesen werden. Es ist gar nicht zu bestreiten, daß in einer sehr beachtenswerten Leistung diese Voraussetzung in der Sowjetunion geschaffen wurde. Die selbstverständliche Folge war das Entstehen einer immer breiteren, vielstufigen und vielgesichtigen Intelligenzschicht. Daß solche Breite und Vielgestaltigkeit erst in den sechziger Jahren erreicht werden konnte, ergab sich aus den enormen Intelligenzverlusten zweier Weltkriege, zweier Emigrationen und der großen Stalinschen Säuberung. Erst 1970 war die Achtjahreschule, seit langem für die allgemeine Schulpflicht vorgesehen, überall im Lande nahezu verwirklicht; seither ist es das Ziel, allen den Besuch der Zehnjahreschule, die Hochschulreife vermittelt, zu ermöglichen. Die quantitative Zunahme der Intelligenz ist ideologisch nicht unproblematisch. Schon in der Schulreformdiskussion unter Chruščev (Schulreform von 1958) hatte sich ein Widerspruch zwischen dem ideologisch vorgegebenen und dann in der obligatorischen Produktionsausbildung durchgesetzten Prinzip der Bildungsgleichheit und einer von Wissenschaft und Technik geforderten effektiven Begabtenauslese ergeben. Ebenso lag es im Interesse der etablierten Oberschicht in allen Bereichen, ihren Kindern den unmittelbaren Zugang zur Hochschule offen zu halten; also wurden dem entgegenstehende Bestimmungen der Chruščevschen Schulreform Mitte der sechziger Jahre wieder beseitigt. Die jahrelange Diskussion der Zulassungsbedingungen für das Hochschulstudium war ein deutliches Zeichen für die rasch zunehmende Zahl der Studierwilligen. Staatlich festgelegte Kontingente (Numerus clausus) und Auswahl nach dem Leistungsprinzip in Gestalt strenger Aufnahmeprüfungen konnten das Massenproblem eindämmen, waren aber keine soziale Lösung im Sinne der Chancengleichheit. Dem sollten die seit 1969 an allen Hochschulen einzurichtenden ›Vorbereitungsabteilungen‹ für begabte Jungarbeiter und Jungbauern abhelfen. Diese waren nach erfolgreichem Abschluß der hier angebotenen Kurse ohne Zulassungsexamen in das Studium aufzunehmen. Bei den betroffenen Institutionen löste die neue Reform so wenig Begeisterung aus, wie es die Chruščevschen Maßnahmen getan hatten – von der gebotenen verbalen Zustimmung abgesehen. Damals waren die Intelligenzkinder in die Fabriken gezwungen worden, die nichts mit ihnen anzufangen wußten, jetzt wurde den Unterschichtkindern ein Sonderweg an die Hochschulen geöffnet. Es lag nicht im Interesse der Hochschulen, Personal für die Vorbereitungsabteilungen abzustellen, und sie fürchteten wieder eine Niveausenkung bei den Studenten; die Betriebsdirektoren waren begreiflicherweise wenig daran interessiert, ihre besten und intelligentesten Arbeiter freizugeben. Inzwischen haben fast alle Hochschulen ihre Vorbereitungsabteilungen, und der Anteil der Studenten, die diesen Weg gegangen sind, soll sich den 20% nähern. Ob es sich dabei wirklich um jene Arbeiter und – vor allem – Bauern handelt, die man an die Hochschulen bringen wollte, muß dahingestellt bleiben. Der Hinweis auf das Vorbild der Arbeiterfakultäten (Rabfak) in den zwanziger Jahren ist ein romantischer Anachronismus. Seither hat sich die sowjetische Gesellschaft verändert – die

Hochschulen sind nach wie vor eine Domäne der Intelligenz. Die geringe Neigung der Etablierten für radikale Experimente auf dem Gebiet des Bildungswesens ist jedoch nur die eine Seite des Problems. Die andere wurde in den siebziger Jahren an zunehmenden Klagen über die Jugend im allgemeinen erkennbar: Sie nehme alles ihr Gebotene als selbstverständlich hin, lasse es an Engagement fehlen, sei anfällig für westliche Vorbilder. Man weist auf die steigende Jugendkriminalität hin, ja man spricht geradezu von einer ›leeren Generation‹, die da heranwachse. Die Reaktion war die auch sonst übliche: eine Mischung von kalkuliertem Nachgeben und massiver Indoktrination, verbunden mit dem Appell, das müsse sich ändern.

Es hat sich offenbar schon zu viel verändert, denn Breite und Selbstbewußtsein der Intelligenzschicht bildeten auch den Hintergrund für das völlig neue Phänomen einer inneren Opposition von phasenweise weltweiter Publizität. Dies eben war neu, daß sich Kritik legal oder illegal zu äußern wagte und äußern konnte – in Eingaben an führende Persönlichkeiten, in Protestaktionen, in einer ungedruckten, von Hand zu Hand verbreiteten Untergrundliteratur (Samizdat), in Manuskripten, die ins Ausland gebracht wurden, um dort publiziert zu werden (Tamizdat). Den Ausgangspunkt bildete die Enttäuschung über die Inkonsequenz und Halbherzigkeit in der Bewältigung der Stalinschen Vergangenheit. Zweimal hatte Chruščev sie in Gang gesetzt, zweimal war auf das ›Tauwetter‹ sehr bald neuer Frost gefolgt. Die Nachfolger gaben zunächst nicht zu erkennen, wie sie in diesem Punkt dachten; es schien sogar kurze Zeit, als könne ein neues Tauen beginnen. Doch man hatte Chruščev gestürzt, um die Entwicklung wieder unter Kontrolle zu bringen, nicht um das Maß der Freiheit zu vergrößern. Der Prozeß gegen die im September 1965 verhafteten Schriftsteller Andrej Sinjavskij und Julij Daniel' sollte zweifellos ein Exempel statuieren (Februar 1966), löste aber unerwartet heftige Reaktionen aus und leitete eine Eskalation ein, die erst in der Mitte der siebziger Jahre ihren Höhepunkt überschritt. Die schockartige Wirkung des Literatenprozesses hing sicher damit zusammen, daß er unmittelbar vor dem 23. Parteikongreß stattfand, und daß es Grund gab, eine bevorstehende Rehabilitierung Stalins zu befürchten. Schon im April 1965 hatten Sowjetmarschälle eine Teilrehabilitierung Stalins, nämlich eine uneingeschränkt positive Würdigung seiner Führungsleistung im Großen Vaterländischen Krieg, gefordert, und Brežnev hatte in einer Ansprache zum 20. Jahrestag des Sieges über Deutschland dieser Forderung entsprochen. Unter diesem Aspekt aber gewannen so drastische Repressalien (sieben und fünf Jahre Arbeitslager) gegen nonkonformistische – gemessen an anderen Zeiten und Ländern maßvoll nonkonformistische – Vertreter einer jungen Generation der Intelligenz das Gewicht eines Symptoms, das sehr viel breitere Kreise als bedrohlich empfinden mußten. Den Höhepunkt der Protestaktionen bildete ein an den Generalsekretär der KPdSU gerichteter Brief vom 23. März 1966, in dem 25 höchst prominente Persönlichkeiten aus Kunst und Wissenschaft, darunter sieben Mitglieder der Akademie der Wissenschaften der UdSSR, dringend vor einer Rehabilitierung Stalins warnten. Es mag sein, daß die Heftigkeit der Proteste und der Rang der Protestierenden ihren Eindruck nicht verfehlt haben. Jedenfalls blieb die parteiamtliche Restalinisierung ebenso stecken wie die Destalinisierung. Name und Person Stalins waren aber nicht viel mehr als ein Symbol – positiv verstanden für ideologisch restaurative Tendenzen der Führung, negativ interpretiert für den Widerstand, den eine weiterentwickelte und entsprechend veränderte Gesellschaft diesen entgegensetzte. Im Grunde ging es darum, daß eine umfassende Wandlung der Realität die tradierte Ideologie unglaubwürdig machte und ein vielfach abgestuftes ›Andersdenken‹ von immer mehr Sowjetbürgern nach sich zog. Ob und wann solches ›Andersdenken‹ die Chance hat, eine Reformation des Systems herbeizuführen, ist eine spekulative Frage; daß es in der Vorwegnahme dieses Ziels durch die verunsicherten Träger der Macht eine harte und konsequente Gegenreformation ausgelöst hat, ist seit dem Ende der sechziger Jahre historische Tatsache. Zu den inneren kamen äußere Herausforderungen: Lehrte nicht das Beispiel der Tschechoslowakei (1968), wohin ein Nachlassen der Zügel führen konnte? Entspannung und Kooperation mit dem kapitalistischen Ausland versprach ökonomische Entlastung, schloß aber auch vermehrte Kontakte ein; über europäische Sicherheit und Zusammenarbeit zu konferieren, konnte außenpolitisch vorteilhaft sein, aber auch Folgen haben, die eine immer deutlicher werdende Berührungsangst weiter verstärkten.

Das Spektrum kritischer bis oppositioneller Haltungen, die seit den sechziger Jahren erkennbar wurden, ist sehr breit, das Geflecht der Auseinandersetzungen ist demgemäß kompliziert, die Übergänge zwischen legalem und illegalem Nonkonformismus sind fließend. Die Literatur – da sie sich ja im wirkungsvollen Wort manifestieren muß – lieferte nur das erste und sichtbarste Beispiel. Der doppelte Generationenkonflikt in Gestalt eines Bündnisses der ganz Alten, die Stalins böse Zeit moralisch überlebt hatten, mit den Jungen, die von ihr schon unbelastet waren, gegen die angepaßten Jahrgänge dazwischen dürfte nicht nur für die Literatur charakteristisch sein, auch nicht das treffende Kennwort der ›Aufrichtigkeit‹. Nicht immer wurde die ›Literatur der Aufrichtigkeit‹ in den Untergrund gedrängt: Aleksandr Solženicyns ›Ein Tag im Leben des Ivan Denisovič‹ konnte 1962 in Tvardovskijs Zeitschrift ›Novyj Mir‹ erscheinen. Aber ein Jahrzehnt später stand der verfemte Nobelpreisträger von 1970, dessen große Romane (›Im ersten Kreis der Hölle‹ 1964, ›Krebsstation‹ 1968, ›August 1914‹ 1971) nur mehr im westlichen Ausland erscheinen konnten, am Grabe des Chefredakteurs, der immerhin bis 1966 Kandidat des Zentralkomitees der KPdSU gewesen war, dem man aber zuletzt seine allzu aufrichtige Zeitschrift genommen hatte. Als das Manuskript von Solženicyns großem Werk über die sowjetischen Straflager (›Archipel GULag‹) in die Hände des Staatssicherheitsdienstes fiel, war das Maß voll: In der Nacht vom 12./13. Februar 1974 wurde der Autor gegen seinen Willen unter Aberkennung der sowjetischen Staatsbürgerschaft in die Bundesrepublik Deutschland ausgeflogen. Das war jedoch nur der dramatische Gipfelpunkt einer langjährigen Kampagne, die sich gegen alle Arten von sogenannten Dissidenten richtete und sich aller Mittel bediente, von Strafprozessen und hohen Lagerstrafen bis zur Einweisung ins Irrenhaus und den unauffälligen Methoden administrativer Verfolgung. Allerdings vermied man es, prominente Märtyrer im buchstäblichen Sinn zu schaffen, aber auch reumütige Schuldbekenntnisse als Prozeßergebnis (P. Jakir und V. Krasin 1973) oder zu Propagandazwecken (der Geistliche D. Dudko im Juni 1980) beschworen den Schatten Stalins herauf. Prestigeverluste im Ausland wurden als vorübergehend einkalkuliert, wenn man es auch etwa für zweckmäßig hielt, unter dem frischen Eindruck der Ausweisung Solženicyns die internationale Festveranstaltung zum 250-jährigen Jubiläum der Akademie der Wissenschaften vom Mai 1974 auf den Oktober 1975 zu verschieben; das Entstehen einer wortmächtigen Eliteemigration wurde in Kauf genommen.

Wenn es um die Bewältigung von Vergangenheit, konkret von Stalins Erbe ging, so waren professionell die Historiker gefordert. Einer von ihnen, Aleksandr Nekrič, hat es im Vertrauen auf noch gegebene Freiräume zu Beginn der Brežnev-Ära gewagt, an der Führung Stalins in der Vorphase des Krieges scharfe Kritik zu üben. Sein Buch (›22. Juni 1941‹) konnte 1965 noch erscheinen, zwei Jahre später wurde der Verfasser aus der Partei ausgeschlossen und sein Buch eingestampft. Aber die Publizität der Verfolgung dissidenter Prominenz, das sind nur einige kräftige Farbstriche in einem sonst schwer erkennbaren Gesamtbild. Die Literatur der Aufrichtigkeit hat ihre Fortsetzung gefunden in der sogenannten Dorfprosa, deren Thema zwar auch das Leben im vernachlässigten russischen Dorf ist, deren Besonderheit aber in der Wendung von der Idealität des realsozialen Sowjetmenschen zum wirklichen Menschen in seiner sowjetischen Realität besteht (Valentin Rasputin ›Der Abschied von Matjora‹ 1976, Jurii Trifonov u. a.). Schafft für Literatur und Kunst, sofern sie nicht ideologische oder nationale Tabus verletzen, Rücksicht auf die immer breiter werdende Schicht ihrer Konsumenten gewisse Spielräume, so mag dasselbe für die Wissenschaft gelten, sofern sie sich der Popularisierung widmet, was sie mit beachtlichem Erfolg tut. Selbst in einer so ideologienahen Wissenschaft wie der Historie hat man über das solide Handwerk etwa von Quellenausgaben hinaus einen Zug zur Professionalisierung erkannt. Aber wenn Historiker, was mehrfach vorgekommen ist, in ihren Diskussionen die Grenze zu überschreiten drohen, jenseits von der die Formationenlehre des historischen Materialismus, das Fundamentalgesetz der Machtlegitimation in Frage gestellt ist, dann werden sie früher oder später, unauffällig oder auch durch das Buch eines hohen Ideologiefunktionärs (P. Fedoseev ›Die marxistisch-leninistische Lehre vom Sozialismus und die Gegenwart‹ 1975) darüber belehrt, wie sie und daß sie nicht anders zu denken haben. Je gegenwartsnäher ein umstrittenes historisch-wissenschaftliches Problem ist, desto schneller und eindeutiger pflegt die Reaktion der Ideologiewächter zu erfolgen – daß es eine schöne Sache ist, die 1500-jährige Existenz der Stadt Kiev in allen nur denkbaren Formen sowjetischer Öffentlichkeit zu feiern, das denken alle gleichermaßen, sogar ukrainische Nationalisten.

Eine der Reaktionen auf zu weitgehende Entstalinisierung war verstärkte Pflege des Sowjetpatriotismus, vor allem auch in Form einer Intensivierung der militär-patriotischen Erziehung durch die Streitkräfte (1969). Daß Generäle an einer massenwirksamen Integrationsideologie besonders interessiert sind, liegt auf der Hand. Für die Partei konnte dies nicht genügen, so sehr auch ein handfester großrussischer Nationalismus nach wie vor in ihr Konzept der Machtsicherung eingefügt blieb. Schon Chruščev hatte bei der friedlichen Koexistenz die Ideologie ausgenommen. Breznev wurde noch deutlicher: Am 29. März 1968 gebrauchte er in einer Rede, die sich ausdrücklich gegen die liberale Intelligenz richtete, die Formulierung, daß der gegenwärtige ideologische Kampf ›die schärfste Form des Klassenkampfes‹ sei. Das meinte innere wie äußere Adressaten, und die seither nicht mehr abreißenden Aufforderungen, die (ideologischen) Reihen zu schließen, sind kein Beweis gelassenen Vertrauens in die integrierende Kraft des Parteiglaubens. Es war vielleicht kein Zufall, zumindest aber wirkt es nachträglich in der zeitlichen Abfolge wie das Annehmen einer Herausforderung, daß wenig später (30. 4. 1968) die erste Nummer einer Untergrundzeitschrift, der ›Chronik der laufenden Ereignisse‹ erschien, und daß in demselben April 1968 der vielfach ausgezeichnete Kernphysiker Andrej Sacharov sein inzwischen berühmt gewordenes ›Memorandum‹ zu schreiben begann. Die ›Chronik‹ berichtete über die Verfolgungen aller Art, denen die oppositionelle Intelligenz ausgesetzt wurde, sie bot Information, nicht Literatur, und zeigte deutlich den Übergang von einem literarischen zu einem politischen Freiheitsbegehren an. Sacharov, prominenter Sprecher der naturwissenschaftlichen Elite, bekämpfte den erhaltenen oder neubelebten Stalinismus als ein verhängnisvolles Hindernis auf dem Weg zum Weltfrieden und zur wissenschaftlich-technischen Konkurrenzfähigkeit der Sowjetunion. Weder dieses Memorandum noch spätere Stellungnahmen Sacharovs sind jemals einer Antwort gewürdigt worden. Wenn er sich mit anderen am 19. März 1970 in einem Brief an Brežnev für mehr Freiheit im öffentlichen und wissenschaftlichen Leben, für intensiveren Informationsaustausch mit dem Ausland einsetzte, so forderte er genau das, was die Führung von der ›Entspannung‹ am meisten fürchtete. Der Status eines Mitgliedes der Akademie der Wissenschaften und sein großes Ansehen im Ausland boten dem Friedens-Nobelpreisträger des Jahres 1975 gewissen Schutz. Am 22. Januar 1980 war es damit zuende: Sacharov wurde auf offener Straße in Moskau verhaftet und in die für Fremde unzugängliche Provinzstadt Goŕkij verbannt. Dabei ist es auch nach Brežnevs Tod geblieben. Der Schatten Stalins ist sehr viel deutlicher geworden.

Mit der Ausschaltung der Prominenz hat die Publizität der Dissidenten abgenommen, und auch die Samizdat-Produktion hat in der Mitte der siebziger Jahre quantitativ ihren Höhepunkt überschritten. Aber es gibt weiter Andersdenkende, die ihr anderes, kritisches Denken Schreib- und Vervielfältigungsmaschinen anvertrauen; die sich nach dem Vorbild Sacharovs, der mit anderen am 15. November 1971 einen sowjetischen Menschenrechtsausschuß gründete, für die Achtung der Menschenrechte im konkreten Fall einsetzen oder nach polnischem Beispiel dem Ziel einer unabhängigen

Gewerkschaft nachstreben – all dies mit dem persönlichen Risiko, Arbeitsplatz und Freiheit zu verlieren. Die Zahl derer, die mit den wenigen Mutigen sympathisieren, mag sehr viel größer sein, massiver Konformitätsdruck vermehrt nur die Varianten angepaßter Nonkonformität. Je länger das Phänomen des Dissidententums dauerte, desto weniger war und ist es auf elitäre Zirkel der russischen Intelligenz beschränkt, die ihrerseits sehr verschiedene Vorstellungen von der Richtung entwickelte, in der das herrschende System zu modifizieren sei.

Wenn es um mehr Freiheit des Denkens und des Seins geht, dann sind in der Wirklichkeit der Sowjetunion unvermeidbar die Religionspolitik und die Nationalitätenpolitik mit betroffen. Religiöse und nationale Minderheiten sind Teile der sowjetischen Gesellschaft, sie nehmen an der Veränderung der sowjetischen Gesellschaft teil, und dies wird nicht nur in der Reaktion der Herrschenden, sondern auch im Dialog der Andersdenkenden sichtbar. In der Religionspolitik war Chruščevs Erbe eine außerordentliche Verschärfung des Kurses, gemessen an dem noch aus der Zeit des Krieges stammenden passablen Modus vivendi der späten Stalinzeit. Brežnev hat diesen Kurs nicht geändert, er hat ihn lediglich durch das neue Religionsgesetz von 1975 festschreiben lassen. Grundsätzliches Tolerieren der Kultausübung ist mit ebenso grundsätzlich restriktiver Anwendung der geltenden Bestimmungen verbunden, man sucht das Verschwinden eines nicht mehr in den realen Sozialismus passenden Relikts zu beschleunigen, bedient sich aber gleichzeitig des ökumenischen Prestiges der russischen orthodoxen Kirche bei jeder sich bietenden Gelegenheit zu außenpolitischen Zwecken. Um der Tolerierung willen nimmt das die Kirche – seit 1971 unter der Führung des Patriarchen Pimen – hin. Wäre erzwungene Armut und Machtlosigkeit der Kirche sichere Gewähr für ihr baldiges Absterben, so bedürfte es allerdings nicht einer auffallend verstärkten antireligiösen Propaganda. Eher läßt sich solche Aktivität verstehen, wenn die Beobachtung zutrifft, daß nicht nur ›abtrünnige‹ Intellektuelle wie Solženicyn und Sinjavskij (= Abram Terc, ›Eine Stimme im Chor‹ 1973), sondern zunehmend auch junge Menschen sich zur christlichen Kirche ihres, des russischen Volkes hingezogen fühlen. Allzu hörbare Stimmen von Literaten kann man in die Emigration verbannen, aber kann man die angebliche Leere einer jungen Generation durch noch mehr staatlich verordnete Ideologie füllen? Verglichen mit der radikal atheistischen Konsequenz in der Frühzeit der Sowjetunion hat sich die Situation widerspruchsvoll entwickelt: Antireligiöses Verhalten war dem Sowjetmenschen immer ideologisch, d.h. marxistisch-leninistisch geboten, aber es sollte sich immer mehr mit einem Sowjetpatriotismus verbinden, der für russische Sowjetmenschen in nichts anderem als einem russisch-nationalen Geschichtsverständnis bestehen konnte. Nationales Prestige und nationale Identität mußten das alte Rußland, auch seine Kirchen und Ikonen einschließen, ob sich ihrer nun die kunsthistorische Forschung in einer wachsenden Zahl ansehnlicher, auch im Fremdenverkehr verwertbarer, Publikationen annahm, oder eine Massenbewegung ausgelöst wurde, um zu retten, was noch zu retten war. Die Grenze, bis zu der liebevoller Umgang mit altrussischem Kulturgut gehen durfte, bezeichneten schon in den sechziger Jahren die Bücher von Vladimir Solouchin – die Grenze zwischen Abbild und Urbild, um es in ostkirchlicher Tradition auszudrücken. Erscheinungen wie der Samizdat einer innerkirchlichen Opposition lagen weit jenseits dieser Grenze, und wo umgekehrt das patriotische Integrationsziel durchaus keine Toleranz nahelegte, da blieb es bei unbeschränkter Verfolgungspolitik – das traf den abgespaltenen Teil der Evangeliumschristen/Baptisten, die mit Rom unierte griechisch-katholische Kirche und freikirchliche Sekten.

Während sich die Religionspolitik bei den staatstragenden Großrussen gleichsam in den Bahnen national- und staatskirchlicher Traditionen bewegte, gewann sie bei den nichtrussischen Nationalitäten zusätzlich komplizierende Aspekte. Selbst die russischen Dissidenten tradierten die aus dem 19. Jahrhundert herrührende Spannung zwischen kulturisolationistischen Slavophilen und der europäischen Modernität zugewandten ›Westlern‹, wie die aufsehenerregende Kritik des liberalen Westlers Sacharov an den neoslavophilen Thesen

Solženicyns zeigte (1973/74). Ganz anders lagen die Dinge, wenn sich die Problematik religiöser Minderheiten mit jener der nationalen Minderheiten verband, wie das z.B. in eklatanter Weise bei den katholischen Litauern der Fall war, aber nicht nur bei diesen. Hier konnte die antireligiöse Grundsätzlichkeit der zentralen Führung Reminiszenzen an den konfessionellen Imperialismus der orthodoxen Staatskirche vor 1917 wecken und die Widerstandshaltung in einer Weise verstärken, die lokale Funktionäre bei der Exekution zentraler Direktiven mitunter vor unlösbare Aufgaben stellte. Die Sprengkraft der Nationalitätenprobleme, der ›nationalen Frage‹, ist in einem modernen Vielvölkerstaat immer gegeben. Lenin stellte auch das Freiheitsstreben der nichtrussischen Nationalitäten des Zarenreiches in den Dienst seiner Revolution, aber die Nachfolger hatten es nicht mehr nötig, die Bundesgenossenschaft der Nationalitäten zu suchen, sie waren vielmehr alle davon überzeugt, von diesen eine Beeinträchtigung ihrer Macht fürchten zu müssen.

Zunächst schien sich mit dem Beginn der Brežnev-Ära kaum etwas geändert zu haben. In Fortsetzung ähnlicher Gesten Chruščevs erfolgte 1967 endlich auch die Rehabilitierung der Krimtataren, jedoch – wie bei den Deutschen – ohne das Recht der Rückkehr in ihr ursprüngliches Siedlungsgebiet. Gegen diese verfassungswidrige Rechtsminderung protestierten nicht nur die Krimtataren selbst, sondern auch der ehemalige Generalmajor P.G. Grigorenko, ein führender Vertreter der Bürgerrechtsbewegung; später setzten sich protestierende Krimtataren umgekehrt für die Freilassung Grigorenkos ein. Solche Kooperation zwischen demokratischer und nationaler Opposition über ethnische Grenzen hinweg war kein Ausnahmefall, scheint aber nicht eben häufig zu sein. Innerhalb der ethnischen Gemeinschaften ist sie die Regel.

Das sowjetische Nationalitätenproblem ist deshalb so vielschichtig und kompliziert, weil ihre Geschichte die Völker, die im Westen, Süden und Osten an der Peripherie der Union leben, so verschiedene Wege geführt und sie dementsprechend in einem sehr unterschiedlichen Entwicklungsstand der ökonomisch-sozialen Modernisierung ausgesetzt hat. Regionale

Industrialisierung, vor allem aber der Ausbau des Bildungswesens auf allen Stufen haben auch bei den Nationalitäten relativ breite Intelligenzschichten entstehen lassen oder bereits bestehende weiter verstärkt. Das erste gilt von den zentralasiatischen, das zweite von den westlichen und transkaukasischen Nationalitäten. Mag sozialer Aufstieg auch an das Erlernen des Russischen, also an den ersten Schritt zu sprachlicher Assimilierung gebunden sein, ein durch wirtschaftlichen Erfolg und höhere Bildung gesteigertes Selbstbewußtsein lenkt in die entgegengesetzte Richtung. Die Konsequenzen einer erfolgreichen Entwicklungspolitik wurden zudem durch einen für die Großrussen ungünstigen demographischen Trend verschärft. Nach den Ergebnissen der Volkszählung von 1970 nahm die Bevölkerung seit 1959 in den zentralasiatischen und in den transkaukasischen Sowjetrepubliken (mit Ausnahme Georgiens) prozentual etwa dreimal so stark zu wie in der RSFSR und den europäischen Sowjetrepubliken. Dieser Trend hielt auch in der Folgezeit an: Zwar wies die Volkszählung von 1979 allgemein ein Zurückgehen der Geburtenzuwachsraten aus, aber in Zentralasien war diese immer noch doppelt so hoch. Es droht den Russen also im eigenen Machtbereich eben jene negative Veränderung der Zahlenrelation, die hundert Jahre zuvor den Hintergrund deutscher Zwangsvorstellungen von der ›russischen Gefahr‹ gebildet hat. Die in solchen Fällen verständliche Defensivhaltung produziert zentralen Druck, der durch administrative Förderung der sprachlichen Assimilation (Russifizierung) und durch verstärktes ideologisches Propagieren einer fortschreitenden Annäherung eine Lösung des angeblich längst gelösten Nationalitätenproblems auf lange Sicht anstrebt; er kann sich dabei zum Teil auf eine beträchtliche Immigration der Russen stützen, die aber in Zentralasien ein sprachlich isoliertes Fremdelement geblieben sind. Ein solcher Druck, auch wenn er auf dem besonders empfindlichen Gebiet der Sprachpolitik zunächst nur die allgemeine Zweisprachigkeit der Nichtrussen erreichen will, tangiert aber eben jenes gewachsene Selbstbewußtsein der Nationalitäten, das politisch das aktuellere Problem ist. Als 1978 in den Republikverfassungen der Armenier und Georgier die Festlegung der Nationalsprache als Staatssprache fehlte, kam es zu Massendemonstrationen und einem Nachgeben höchsten Orts. Andererseits hat es anfangs der siebziger Jahre einige Republiksekretäre die Karriere gekostet, als sie zu deutlich mit einem nationalismusverdächtigen Lokalpatriotismus paktierten. Unterhalb der Republikebene sind die nationalen Sprachen kaum mehr als häusliche und dörfliche Umgangssprachen.

Das innersowjetische Nationalitätenproblem hat auch seine Bezüge zum osteuropäischen Hegemonialbereich und nicht zuletzt zur Krisensituation im Nahen Osten. Von 1959 bis 1979 hat der Anteil der Bevölkerung mit einer historisch vom Islam geprägten Kultur an der Gesamtbevölkerung der Sowjetunion von 11,6% (24,2 Mio.) auf 16,5% (43 Mio.) zugenommen; er wird auf Grund der dadurch gegebenen Altersstruktur weiter zunehmen. Die Bevölkerungszahl der Uzbeken hat sich in derselben Zeit mehr als verdoppelt und diese nach Großrussen und Ukrainern zur drittgrößten Nation der Sowjetunion aufsteigen lassen (12,5 Mio.). Dieses Faktum für sich impliziert weder politischen Separatismus noch religiösen Antikommunismus. Aber nimmt man die politische Revitalisierung des Islam im Iran und bei den Arabern hinzu, ferner die Tatsache, daß es sowjetische Orientalisten erst unter dem Eindruck dieser Entwicklung gewagt haben, öffentlich auf den Dilettantismus der bisherigen Religionspolitik hinzuweisen, die den Islam nur als eine kirchliche Institution bekämpft habe, ohne auch nur zu ahnen, daß dieser das weltliche Leben ebenso ordnend bestimmt wie das geistliche – sieht man das alles zusammen, so wird das sowjetische Engagement in Afghanistan unter innenpolitischen Aspekten unverständlich.

Eine Sonderstellung unter den Nationalitäten der Sowjetunion nehmen seit jeher die Juden (2,2 Mio.) ein; ihnen fehlen ja weitgehend alle Merkmale einer Nation nach der immer noch gültigen Definition Stalins – Gemeinsamkeit der Sprache, des Territoriums, des Wirtschaftslebens und der Kultur. Angesichts der weitgehenden Assimilierung der jüdischen Sowjetbürger mußte es zunächst überraschen, daß eine wachsende Minderheit von ihnen den Wunsch, nach Israel auszuwandern, nicht nur hatte, sondern seit 1967 auch unmißverständlich zu äußern wagte. Das durch den Sieg im Sechstage-Krieg gestiegene Prestige des israelischen Staates mag dabei ebenso eine Rolle gespielt haben wie das Beispiel anderer – auch nationaler – Gruppen, Menschen- und Bürgerrechte zu verteidigen und durchzusetzen. Die Antwort war eine antizionistische Kampagne, die sich von einem handfesten Antisemitismus nur durch den Namen unterschied und ihrerseits wieder das Interesse der Weltöffentlichkeit weckte. Die Politik gegenüber der auswanderungswilligen jüdischen Minderheit schwankte zwischen repressiver Abschreckung und relativ großzügiger Behandlung der Auswanderungsanträge. Ein Höhepunkt wurde 1973 mit 35000 Ausreisebewilligungen erreicht, danach sank die Quote wieder, nicht unbeeinflußt von der Entwicklung in Israel und dem Verhältnis der UdSSR zu den USA. Aus anderen Motiven folgten dem Beispiel der Juden die Deutschen (1,8 Mio., seit ihrer Deportierung im Zweiten Weltkrieg im asiatischen Teil der Sowjetunion, etwa zur Hälfte in der Kazachischen Sowjetrepublik lebend); im Zuge der Entspannungspolitik wurde auch einer beschränkten Zahl deutscher Sowjetbürger die Ausreise in die Bundesrepublik Deutschland gestattet. Allerdings erreichte die ihnen zugestandene Jahresquote niemals die Höhe der jüdischen. Nach einem Maximum in den Jahren 1976–1978 (je ca. 9000) wurde sie kontinuierlich auf ein unbedeutendes Ausmaß reduziert. Im kleinen spiegelt diese Randerscheinung des sowjetischen Nationalitätenproblems das für die Brežnev-Ära insgesamt charakteristische Gesamtbild: Systembedingte Hemmungen der ökonomischen und sozialen Entwicklung schaffen Probleme, die im System und eingespannt in den engen Rahmen einer ambitiösen Prestigepolitik nach außen nicht angemessen lösbar sind.

Unter dem zunehmenden Druck zumal der gesellschaftlichen Veränderungen entschloß sich die Führung offenbar – welcher persönliche Anteil Brežnev daran auch zugekommen sein mag –, durch kalkulierte Konzessionen Zeit für eine systemkonforme Aufgabenlösung zu gewinnen. Das gilt für die Sowjetunion selbst und unter modifizierten Voraussetzungen auch für ihren Hegemonialbereich. Wenn die Probleme ausschließlich von der unzureichenden Leistung der Bürger und deren auf Abwege geratenen Denken ausgingen, mußten Bürger und Denken durch bessere Erziehung und umfassende Kontrolle von beiden befreit werden. Die Hektik einer breit angelegten ideologisch-propagandistischen Gegenoffensive, für die etwa 1973 die Entscheidung fiel, ist offenkundig. Sie reichte bisher von wiederholten Konferenzen der Ideologie-Sekretäre bis zu ziemlich anspruchslosen Jubiläumskampagnen und vom intensiven Ausbau der zentralen Ideologie-Bürokratien bis zu den methodologischen (= ideologischen) Ferienakademien für ›junge Gelehrte‹. Grundsätzlich ist das nichts Neues, aber es genügt, ein Heft einer wissenschaftlichen Zeitschrift aus den beginnenden sechziger Jahren mit einem aus den beginnenden achtziger Jahren zu vergleichen, um den Grad der Intensivierung und den problembezogenen Defensivcharakter der Propagandaoffensive zu erkennen. Wenn es so notwendig erscheint, der sich verändernden sowjetischen Gesellschaft durch unaufhörliche Wiederholung der alten ›Wahrheiten‹ ein neues moralisches Fundament zu geben, müssen die zu lösenden Aufgaben sehr groß sein. Daß sie durch weniger Freiheit des Denkens lösbar sind, mag man bezweifeln, aber die Betroffenen werden sich in der ihnen jeweils gemäßen Weise anzupassen wissen.

Sowjetimperialismus nach wie vor

Für eine Weltmacht vom Rang der Sowjetunion ist das Problem der Machterhaltung, der unausgesetzten Machtbewährung auch ein eminent außenpolitisches, ja uneingeschränkt weltpolitisches. Die Brežnev-Ära war außenpolitisch ohne Zweifel durch ein fortgesetztes Zunehmen des sowjetischen Engagements in aller Welt gekennzeichnet, vor allem in den siebziger Jahren, von deren Mitte man geradezu als von einem Erfolgshöhepunkt in dieser Hinsicht gesprochen hat. Eine solche Feststellung trifft allerdings mehr die Chance einer vorübergehend besonders günstigen Konstellation als dauerhaften Gewinn – über den entscheidet die Geschichte. Bewährungsproben sind der sowjetischen Machtentfaltung unter der Führung Brežnevs so wenig erspart geblieben wie unter der seines Vorgängers. Ihre dualistische Ideologie zwingt die Sowjetunion in ihrer Außenpolitik zwischen einem guten kommunistischen und einem bösen kapitalistischen Teil der Welt zu unterscheiden, aber das heißt nicht, daß ihre Probleme nur durch den letzteren verursacht werden. Ganz im Gegenteil. Zum Chruščevschen Erbe gehörte auch der Konflikt mit dem kommunistischen China. Würde es der neuen Führung gelingen, die ins Wanken geratene Position der historischen Führungsmacht des Weltkommunismus durch Beilegung dieses Konfliktes wieder zu befestigen? Die überraschende Teilnahme Tschu-En-lais an der Revolutionsfeier in Moskau am 7. November 1964 war ein Zeichen, daß die Chinesen eine Kursänderung im Kreml nicht für ausgeschlossen hielten. Sie fand nicht statt, der Preis wäre offenbar zu hoch gewesen; es blieb auch hier bei der Kontinuität, ja es kam zu einem dramatischen Höhepunkt des Konflikts, als am 2. März 1969 das erste einer Reihe von Gefechten zwischen chinesischen und sowjetischen Grenztruppen am Ussuri stattfand. Dabei ging es um den Besitz der im Strom liegenden Insel Damanskij (chin. Tschenpao) und es gab beiderseits Verluste. Mehr als diese von den Konfliktparteien extrem verschieden dargestellten und interpretierten Fakten ist nicht bekannt. Die Hintergründe blieben im Dunkel, denn daß es Unklarheiten des Grenzverlaufs gab, war nichts Neues: Seit 1964 wurden Verhandlungen über diesen Gegenstand geführt, zu deren Fortsetzung sich übrigens beide Seiten unmittelbar nach den Zwischenfällen bereit erklärten. Ein erstes Zusammentreffen der Grenzkommissionen in Chabarovsk am 18. Juni endete allerdings ergebnislos, weitere Grenzzwischenfälle folgten im Sommer, und erst ein Gespräch zwischen Kosygin und Tschu-En-lai am 11. September in Peking hatte ein vorübergehendes Nachlassen der äußerst erbitterten Polemik und die tatsächliche Wiederaufnahme von Grenzverhandlungen zur Folge. Wenn diese auch weiterhin erfolglos blieben, so lag das gewiß nicht zuletzt an einer

Veränderung der weltpolitischen Situation: Es führte schon zu einer erneuten Steigerung der antichinesischen Polemik in Moskau, als die Wiederaufnahme amerikanisch-chinesischer Gespräche in Warschau am 20. Januar 1970 bekannt wurde. Ungleich beunruhigender mußte dann im April 1971 die mit allen Attributen einer weltpolitischen Sensation ausgestattete Einladung einer amerikanischen Tischtennismannschaft nach Peking wirken. Die Unruhe erwies sich als begründet. Mao Tse-tungs Ping-Pong-Diplomatie reüssierte in der noch weit sensationelleren Ankündigung Präsident Nixons am 15. Juli 1971, er werde zu Beginn des folgenden Jahres persönlich das Reich der Mitte zu politischen Gesprächen aufsuchen. Nixons Besuch fand vom 21.–28. Februar 1972 statt, wenig später nahm der Vertreter der Volksrepublik China anstelle des nationalchinesischen Delegierten aus Taiwan den China zustehenden ständigen Sitz im Sicherheitsrat der Vereinten Nationen ein. Der Wandel war so plötzlich wie radikal. Aber das sowjetisch-chinesische Verhältnis ist nicht nur eine Funktion der Weltpolitik, es hat seine eigene historische Tiefe. So scheint die Hauptschwierigkeit bei den sich endlos hinziehenden, immer wieder abgebrochenen und dann wieder erneut aufgenommenen Verhandlungen gar nicht in den Einzelheiten des Grenzverlaufs gelegen zu haben, sondern in der chinesischen Forderung, die der Grenzziehung zugrundeliegenden Verträge von Aigun (1858) und Peking (1860) als ungleiche anzuerkennen, d.h. als ein Ergebnis der imperialistischen Politik des Zarenreiches. Daß die Chinesen in diesem Fall die historische Wahrheit auf ihrer Seite hatten, steht außer Zweifel, aber die sowjetisch-russischen Bedenken haben gewiß mehr den Folgerungen gegolten, die aus einem Eingeständnis des ungerechten Besitzes künftig einmal gezogen werden könnten. Mit dem Ideologiestreit um die reine kommunistische Lehre hatte diese Forderung der Chinesen nichts zu tun. In den weiteren Stadien, die der Konflikt während der siebziger Jahre durchlief, spielten ideologische Argumente bestenfalls noch eine sekundäre Rolle, und wie hätten sie auch glaubwürdig wirken sollen, nachdem Mao das Schicksal Stalins geteilt hatte, posthum als unfehlbar weiser Lehrer entthront zu werden (er starb am 9. 9. 1976), während man in Moskau inzwischen eher einen konservativ-orthodoxen Kurs steuerte. Der gegenseitige Imperialismusvorwurf paßt in eine reine Machtkonfrontation ebenso gut wie in einen marxistisch-leninistischen Glaubensstreit. Die Realität war längst ein kalter Krieg, auch wenn die diplomatischen Beziehungen nicht abgebrochen wurden und ein bescheidener Handelsverkehr weiterlief. Der Raum des sowjetisch-chinesischen Konflikts weitete sich aus, als die Amerikaner Vietnam verließen (Unterzeichnung des Schlußdokuments der Pariser Friedenskonferenz am 2. 3. 1973) und Eisenhowers Dominotheorie ihre Richtigkeit bewies. Hatten im Befreiungskampf gegen die Amerikaner noch beide, China und die Sowjetunion, Nordvietnam unterstützt, so bildete sich danach allmählich eine neue Front, auch hier nicht ohne historischen Hintergrund – diesmal chinesisch-vietnamesischer Gegensätzlichkeit. In der zunehmenden Unübersichtlichkeit ostasiatischer Entwicklungen wurde eins immer klarer – die dominierende Position der Sowjetunion in Vietnam, gestützt auf völlige wirtschaftliche Abhängigkeit (1978 wurde Vietnam als drittes außereuropäisches Land nach der Mongolischen Volksrepublik und Kuba in den RWG aufgenommen) und vorangetrieben bis zu einer Stellvertreterfunktion Vietnams für die Wahrnehmung sowjetischer Interessen. Das ermöglichte es Moskau, von den regionalimperialistischen Aktionen der Vietnamesen in Laos und Kambodscha Distanz zu halten, mußte aber für chinesische Augen zusammen mit der massiven Konzentration sowjetischer Truppen an der chinesischen Grenze ein ganz eindeutiges Bild ergeben. Nicht minder eindeutig waren die chinesischen Reaktionen: Die Chinesen forderten nun die Reduktion der sowjetischen Truppen im Grenzgebiet auf den Status quo von 1964, den Abzug der sowjetischen Truppen aus der Mongolischen Volksrepublik und den Verzicht auf Manöver im Grenzgebiet, wohl kaum in der Erwartung, daß der mächtige Nachbar darauf eingehen würde; daß man auf seine freundschaftliche Unterstützung nicht angewiesen war, verdeutlichten ihm der chinesisch-japanische Friedens- und Freundschaftsvertrag vom 12.

August 1978, die Aufnahme diplomatischer Beziehungen zu den USA und die allgemeine Öffnung zu den kapitalistischen Industrieländern mit dem Ziel wirtschaftlicher und wissenschaftlicher Kooperation; daß man in Peking nicht geneigt war, den sowjetgeförderten Übermut Hanois ins Kraut schießen zu lassen, dokumentierte der Bestrafungskrieg im Grenzgebiet vom 17. Februar–28. März 1979. Man kann das auch als eine Art Normalisierung interpretieren, denn die chinesische Führung setzte nun genau wie die sowjetische ohne Rücksicht auf die Andersgläubigkeit der Partner auf den ökonomischen Nutzen von Entspannungspolitik. Was im Verhältnis der beiden kommunistischen Riesen blieb, war ein ›normaler‹ Konflikt zwischen Konzentrationen großer Macht.

In Moskau hatte man allerdings noch mehr Möglichkeiten, den Interessen und Gefühlen der Chinesen nahezutreten, vor allem eine intensivierte Kooperation mit Indien, einem volk- und problemreichen Partner mit aufrichtiger Abneigung gegen eine chinesische Hegemonie im östlichen Asien. Der Sieg Indiens über Pakistan, ermöglicht und abgesichert durch den indisch-sowjetischen Freundschaftsvertrag vom 9. August 1971, und die ihm folgende Reduzierung des chinesischen Schützlings Pakistan auf einen Indien gegenüber nicht mehr konkurrenzfähigen Mittelstaat waren im Sinne einer Umfassung Chinas von Süden unzweifelhaft sowjetische Erfolge. Allerdings kosteten sie das Ansehen des unparteiischen Schiedsrichters, der im Januar 1966 in Taškent zwischen denselben Gegnern Indien und Pakistan Frieden gestiftet hatte. Sie kosteten darüber hinaus, wenn sie weiter ausgebaut werden sollten, einen großen Teil der in Moskau für Entwicklungshilfe verfügbaren Mittel; sie zwangen weiter dazu, für so unpopuläre Maßnahmen wie Indira Gandhis Notstandsregime Verständnis zu zeigen und die indische KP ihrem Schicksal zu überlassen. Wollte die Sowjetunion mit Pakistan China in Bedrängnis bringen, so war ihr Eingreifen in Afghanistan nur konsequent, welche Motive immer sie außerdem dafür hatte. Daß aber ein kleiner Vorteil in der Machtkonkurrenz mit China den enormen Verlust an Prestige in der Dritten Welt, zumal in ihrem islamischen Teil, gewiß nicht wert gewesen wäre, macht nicht nur deutlich, daß es noch andere, stärkere Motive gegeben haben muß, sondern zeigt auch die buchstäbliche Allseitigkeit des sowjetischen außenpolitischen Engagements im Übergang vom ostasiatischen zum nahöstlichen Krisengebiet. Wäre es nur um dominierenden wirtschaftlichen und politischen Einfluß gegangen, so hätte man sich in Moskau die abträgliche Optik einer überfallsartigen militärischen Okkupation ersparen können, wie sie in den Weihnachtstagen des Jahres 1979 (24.–27. 12.) von längerer Hand vorbereitet erfolgt ist. Die afghanisch-sowjetischen Beziehungen waren schon vor dem Sturz der Monarchie (1973) gut, sie wurden danach unter Daud Khan noch besser. Seit Anfang der siebziger Jahre leistete die Sowjetunion im Rahmen langfristiger Abkommen erhebliche Entwicklungshilfe (unter den Empfängern stand Afghanistan nach Indien und Ägypten an dritter Stelle) mit Schwerpunkten im Ausbau der Infrastruktur und in der Erschließung von Erdgasvorkommen; auch an sowjetischen Militärberatern hat es nicht gefehlt, so daß die Anwesenheit medizinischer und theoretisch-wissenschaftlicher Entwicklungshelfer aus der kapitalistischen Gegenwelt sicher keine Gefahr darstellte. Es war schwerlich vorauszusehen, daß der erneute Umsturz vom 4. April 1978, der die Demokratische Volkspartei Afghanistans an die Macht brachte und einen Kurs engster politischer Anlehnung an die Sowjetunion signalisierte, diese in einen mörderischen innerparteilichen Machtkampf hineinziehen und ihre solide Position in Afghanistan eben jener unberechenbaren Destabilisierung aussetzen würde, für die es in ihrem südlichen Vorfeld genügend aktuelle Beispiele gab. Daß der Schah von Iran im Zeichen beiderseits vorteilhafter Zusammenarbeit (Erdöl und Kredite gegen Waffen und Industrieanlagen) Moskau besucht hatte, lag erst fünf Jahre zurück, die Revolution, die ihn aus seinem Land vertrieben hatte, entsprach je länger desto weniger dem Geschmack Moskaus, und es lag zweifellos in dessen Interesse, ähnliche Dauerturbulenzen, gleichgültig mit welchen politischen Vorzeichen, wenigstens in Afghanistan zu verhindern. Historische Reminiszenzen an ein altes russisches Expansionsziel, das im 19. Jahrhundert nicht hatte erreicht werden können, mögen mitgespielt haben, sicher fiel das unersättliche Glacisbedürfnis sowjetischer Marschälle bei der Entscheidung ins Gewicht. Aber das gewählte Mittel, ob ein Ergebnis schlichter Fehleinschätzung oder langfristiger Planung ohne Rücksicht auf einen erfahrungsgemäß vorübergehenden Gesichtsverlust, führte zunächst nur zu einem kostspieligen Überengagement. Der Weg zum befriedeten Satellitenstatus der Mongolischen Volksrepublik war für Afghanistan offenbar noch weit, und eindrücklicher hätte man die chinesische Anklage wegen Sozialimperialismus gar nicht bestätigen können. Überblickt man die Entwicklung im ganzen, so nehmen sich die wechselseitigen Annäherungsgesten nach dem Tode Maos und Brežnevs wie ein Ritual aus, das die Unversöhnbarkeit der Machtinteressen situationsbedingt verhüllt. Der düstere Hintergrund der schon der Bevölkerungszahl wegen überdimensionalen ostasiatischen Ungewißheiten bestimmt die sowjetische Weltpolitik – darauf pflegen deren Sprecher selbst hinzuweisen, wenn sie die eigenen Ansprüche auf Machtkonzentration und Sicherheit anderswo begründen wollen. Geprägt durch den sowjetisch-chinesischen Gegensatz, fällt er grundsätzlich in den Bereich des ›sozialistischen Lagers‹, so wenig diese militante Metapher aus besseren Tagen des Weltkommunismus den fortschreitenden Realitäten noch entsprechen mag. Seinen vergleichsweise festen Kern hat dieses Lager in Europa.

Als Hüter der einzig richtigen revolutionären Tradition versucht die Lagerleitung im Moskauer Kreml stets auch mit traditionellen konziliaren Methoden die Lagerdisziplin aufrechtzuerhalten. Aber der Versuch, eine Verurteilung der Chinesen durch ein weiteres kommunistisches Weltkonzil zu erreichen, erwies sich als schwierig und blieb ohne durchschlagenden Erfolg. Zu einem vorbereitenden Konsultativtreffen erschienen Anfang März 1965 in Moskau nur die Vertreter von 19 der 26 eingeladenen Parteien, und selbst diese 19 einigten sich vor allem auf die gar nicht strittige Verurteilung der amerikanischen Vietnampolitik. Der Plan einer kommunistischen Weltkonferenz wurde schließlich verwirklicht, aber als sich zu diesem Zweck vom 5.–17. Juni 1969 Vertreter von

75 kommunistischen Parteien im St. Georgssaal des Moskauer Kreml zusammenfanden, hatten sich die Voraussetzungen für ein eindrucksvolles Bekenntnis zur globalen kommunistischen Einigkeit erheblich verändert, und zwar nicht nur durch die Schießereien am Ussuri. Natürlich konnten die Konferenzteilnehmer zu diesem Zeitpunkt nicht voraussehen, wie sich die Lage im nächsten Jahrzehnt weiterentwickeln würde, aber sie waren klug genug, das Thema China aus ihren Beratungen und Resolutionen auszuklammern. Zwar hielt sich Brežnev nicht an diese Abmachung, aber das Ergebnis blieb für Moskau dennoch bescheiden: Man bestätigte ihm zwar seine führende Rolle im allgemeinen, aber weder kam es zu einer neuen Institutionalisierung der kommunistischen Weltgemeinschaft mit entsprechender Moskauer Zentrale à la Komintern oder Kominform, noch kam es zu einer Exkommunikation der Chinesen. Der Grund lag kaum in besonderen Sympathien für die chinesische Variante des Kommunismus, er lag vielmehr in dem konkreten Exempel, das Moskau in Ausübung seiner führenden Rolle knapp ein Jahr zuvor mitten in Europa statuiert hatte. Der Schock des 21. August 1968, an dem die Streitkräfte der Sowjetunion und ihrer zu diesem Zweck herangezogenen Verbündeten Polen, DDR, Ungarn und Bulgarien die Tschechoslowakische Sozialistische Republik – ein kommunistisch regiertes und dem Warschauer Pakt angehörendes Land – überfallsartig besetzt hatten, war noch nicht überwunden, vor allem nicht bei den nichtregierenden kommunistischen Parteien, die den unvermeidlichen Prestigeverlust am stärksten zu spüren bekamen.

Wie immer man die Chancen des tschechoslowakischen Frühlings, der einem Sozialismus mit menschlichem Gesicht zum Durchbruch verhelfen wollte, beurteilen mag, eine unmittelbare Herausforderung Moskaus hatte die neue Führung der tschechoslowakischen KP unter Aleksandr Dubček bewußt vermieden. Im Grunde verband sich eine in der Tschechoslowakei allzu lange verzögerte Entstalinisierung mit wirtschaftlichen Reformplänen, wie sie in ähnlicher Form auch in anderen kommunistischen Ländern diskutiert wurden. Allerdings vollzog sich diese Verbindung in ungewöhnlichem Tempo, mit ungewöhnlichem Freimut und zu einem Zeitpunkt, als in Moskau die Windrichtung längst schon gewechselt hatte. Zweifellos wollten Tschechen und Slowaken die Schatten ihrer stalinistischen Vergangenheit loswerden und ihren eigenen Weg zur Verwirklichung des Sozialismus gehen, aber dies war ja schon seit Chruščev theoretisch und im Falle Jugoslawiens auch praktisch konzediert. Das Aufflammen eines gegen die Russen gerichteten, über die Maßen erbitterten Nationalismus aber war eine Folge des 21. August 1968, nicht seine Ursache.

Es müssen sehr gewichtige Gründe gewesen sein, die in Moskau zu dem Entschluß führten, das Prestigerisiko einer so massiven Machtdemonstration nicht zu scheuen, nachdem direkte Verhandlungen in Čierna und Bratislava (29. 7.–2. 8.) scheinbar zu einem Kompromiß geführt hatten. Die Entscheidung fiel in einem ZK-Plenum am 29. August, über das keine verbürgten Einzelheiten bekannt sind. Unmittelbar vorhergegangen waren die Besuche Titos (9.–11. 8.) und Ceauşescus (15.–17. 8.) in Prag, als moralische Unterstützung gedacht und verstanden. Solche Ansätze zu einer regionalen Kooperation aus eigener Initiative hat Moskau stets von Herzen verabscheut. Im Erfolgsfalle konnte ein solcher politischer Regionalismus das System aus den Fugen bringen. Ebenso könnte die Erwägung den Ausschlag gegeben haben, daß die Ziele, die Tschechen und Slowaken im Frühjahr 1968 anstrebten, allzu sehr den Gedanken der Opposition im eigenen Lande glichen – der intellektuellen wie der nationalen. Es gab in der Tat Sowjetbürger, die mit dem Frühling in der ČSSR sympathisierten. Sieben von ihnen demonstrierten am 25. August 1968 auf dem Roten Platz vor dem Kreml gegen die Okkupation – im vollen Bewußtsein, dafür mit ihrer Freiheit bezahlen zu müssen. Die militärische Zweckmäßigkeit, nun auch das Territorium der ČSSR mit Verbänden der Roten Armee kontrollieren zu können, mag als nützlicher Nebeneffekt eine Rolle gespielt haben; ausschlaggebend war dieses Motiv gewiß nicht, denn man mußte im Kreml genau wissen, daß dieses Territorium von niemandem bedroht war.

Die Realisten im Kreml werden einkalkuliert haben, daß

sie durch die Vergewaltigung eines kleinen Volkes für eine Zeit ihr Gesicht verlieren würden. Sie werden vermutlich auch einkalkuliert haben, daß die sogenannte Weltöffentlichkeit ein kurzes Gedächtnis hat, und daß die große Weltpolitik über die Not kleiner Völker zur Tagesordnung überzugehen pflegt. Und damit behielten sie recht, zumal sie mit der sogenannten Brežnev-Doktrin von der beschränkten Souveränität sozialistischer Staaten zwar noch eine theoretische und pädagogisch gemeinte Rechtfertigung ihrer Aktion nachlieferten, im übrigen aber die ›Normalisierung‹ in der ČSSR einen relativ gemächlichen Gang nehmen ließen und dabei selbst unauffällig im Hintergrund blieben. Das Kalkül stimmte jedoch nur oberflächlich, denn das Trauma von 1968 wirkte in der kommunistischen Weltbewegung weiter, vor allem in Europa. Mag auch der sogenannte Eurokommunismus die in ihn gesetzten Erwartungen bzw. Befürchtungen nicht erfüllt haben, als Distanzhaltung zu Moskau nahm er verschiedene Formen an, sichtbare vor allem im Widerstand gegen einen verstärkten Integrationsdruck der Moskauer Zentrale. Vom Plan einer 4. Weltkonferenz der kommunistischen Parteien für 1974 blieb nicht mehr übrig als eine 2. Gesamteuropäische Kommunistenkonferenz, die auf Vorschlag der Italiener im Juni 1976 in Ost-Berlin stattfand. Die Optik der Vollzähligkeit und die verbale Schonung der Führungsmacht konnten die Erfolglosigkeit (im Sinne Moskaus) nicht verbergen, und das gilt auch von späteren Europa-Konferenzen dieser Art (Paris 1980). Ebenso wenig brachte die von der Sowjetunion gewünschte politische Institutionalisierung der Warschauer-Pakt-Organisation handfeste Ergebnisse. Zwar legte sich der Politische Beratende Ausschuß der WPO 1976 ein unregelmäßig tagendes und zu keinen bindenden Beschlüssen befugtes Außenministerkomitee und ein Vereinigtes Sekretariat zu, aber die folgende (16.) Tagung des PBA (Moskau Juni 1978) brachte trotzdem kein einstimmiges Votum gegen China und für eine Ausdehnung des politischen und militärischen Engagements der WPO auf Asien zustande. Wie so oft hatte der rumänische Einspruch die Einmütigkeit verhindert, doch scheint es, daß auch andere Mitglieder die Souveränitätsbeschränkung der Brežnev-Doktrin gerne ihrerseits auf echte Katastrophenfälle beschränkt und nicht zu einem Dauerzustand ausgeweitet sähen. Was die Hegemonialmacht durch ökonomischen Druck in bilateralen Verhandlungen dennoch erreicht, steht freilich auf einem andern Blatt. Unter diesen zumindest unübersichtlichen Voraussetzungen gesamtkommunistischer Kommunikation und Kooperation folgte auf die sowjetische Besetzung Afghanistans im Abstand von nur wenigen Monaten der Beginn der Krise in Polen, auf einen provokativen Akt sowjetimperialistischer Selbstherrlichkeit der spontane Befreiungsversuch eines großen, von seinen Kommunisten ungewöhnlich schlecht regierten Volkes. Größenordnung, Dauer und Folgen waren diesmal ganz andere als 1968. Ganz anders war diesmal auch die Verflechtung des Geschehens in weltpolitische Zusammenhänge weit über den kommunistischen Bereich hinaus. Für diesen wären am Rande noch die Sonderfälle Albanien und Jugoslawien zu vermerken, der erste für die Großen bestenfalls ein Instrument gegenseitiger Irritation, der zweite seit dem Tode Titos für Moskau ein zusätzliches Element der Unsicherheit. Keine vier Jahre bevor der erfolgreiche Gegenspieler Stalins kurz vor seinem 88. Geburtstag am 4. Mai 1980 starb, hatte er – sonst die direkte Konfrontation geschickt vermeidend – die Forderungen Brežnevs, die dieser bei einem Besuch in Belgrad (November 1976) vorbrachte, rundweg abgelehnt. Auch hier hatte der Kreml die Grenzen überschritten. Das gilt in modifizierter Form auch für die kleinen, neutralen Länder jenseits der Grenze, die den kommunistischen Teil von der übrigen Welt trennt. Sie haben sich mit Klugheit in ihre unterschiedliche Lage zu fügen, ob Moskau nun den Österreichern bedeutet, daß sie bei Abkommen mit der Bundesrepublik Deutschland West-Berlin aus dem Spiel zu lassen hätten, von den Finnen durch eine drastische Ölpreiserhöhung Tribut erpreßt oder unter der Oberfläche der schwedischen Küstengewässer eine rätselhafte Art von Schiffahrt veranstaltet.

Für die Möglichkeiten, Ziele und Auswirkungen sowjetischer Außenpolitik im nichtkommunistischen Teil der Welt hat das Verhältnis zu den USA selbstverständliche Leitfunktion. In der Brežnev-Ära nahm Moskau für seine eigene Zielsetzung bis zuletzt das Schlüsselwort ›Entspannung‹ in Anspruch. Was die ›Entspannungspolitik‹ in der zweiten Hälfte der sechziger Jahre in Gang brachte, war das offensichtliche Interesse beider Atom-Supermächte, die ökonomische Last und das steigende Risiko des nuklearen Wettrüstens einzuschränken. Im Atomwaffensperrvertrag vom 1. Juli 1968 führten die Gespräche zu einem ersten Ergebnis. Wenig später (am 17. 11. 1969) begannen Verhandlungen über eine Begrenzung der Raketenrüstung, die – abwechselnd in Helsinki und Wien geführt – in ihrem ersten Abschnitt (SALT I) 1972 erfolgreich abgeschlossen werden konnten; Nixon und Brežnev unterzeichneten den Vertrag am 26. Mai in Moskau, obwohl unmittelbar vorher die sensationelle Kursänderung der amerikanischen China-Politik erfolgt war. Eine ganze Reihe von konfliktverhütenden Einzelabkommen waren 1971 vorausgegangen, ein Abkommen zur Verhütung von Atomkriegen folgte noch, als Brežnev im Juni 1973 die Vereinigten Staaten besuchte. Aber mit der Fortsetzung der Verhandlungen über die Reduktion der Nuklearrüstung gab es alsbald Schwierigkeiten, der Abschluß von SALT II, für 1974 vorgesehen, zog sich hin, die dafür erforderliche, wohl nie sehr große, Vertrauensbasis wurde schmäler. Die hier vorliegende Multikausalität wird sich erst künftigen Historikern erschließen. Rascher Wechsel in der Präsidentschaft der USA hat die sowjetische Zurückhaltung sicher gefördert. Immerhin einigten sich Brežnev und Ford am 24. November 1974 über den Rahmen der weiteren Verhandlungen, die nach mehrfacher Unterbrechung schließlich zu einem Ergebnis führten, das als SALT II am 18. Juni 1979 in Wien von Carter und Brežnev unterzeichnet wurde. Die Ratifizierung durch den amerikanischen Senat scheiterte dann am sowjetischen Vorgehen in Afghanistan, und damit war auch die Politik der Entspannung bis auf weiteres gescheitert. Auch das offenkundig beiderseits vorhandene Interesse an Handel und wirtschaftlicher Kooperation konnte nicht verhindern, daß sich die Realisierung unter politisch bedingten Schwankungen auf absteigender Linie bewegte. Als die Gewährung der Meistbegünstigung im Handelsverkehr an die Zusicherung einer hohen Auswandererquote für sowjetische Juden gebunden werden sollte (Jackson-Junktim), kündigte die UdSSR am 15. Januar 1975 den schon 1972 abgeschlossenen Handelsvertrag. Getreidelieferungen und anderes erwiesen sich allerdings weiterhin als beiderseits erwünscht und auch ohne einen solchen umfassenden Vertrag als durchführbar.

Die Atmosphäre der Entspannung wurde in der Anfangsphase sehr bald auch von anderen Ländern zum Abschluß von Kooperationsvereinbarungen mit der Sowjetunion genutzt. Einen Sonderfall bildete die Bundesrepublik Deutschland, nicht so sehr ihres für den Partner besonders interessanten Industriepotentials wegen, sondern weil hier einer Entspannung begreiflicherweise die größten Hindernisse entgegenstanden. Noch 1968 wurden die Ansätze zu einer ›neuen Ostpolitik‹ seitens der Bonner Regierung von der Moskauer Presse als eine besonders raffinierte Form der ›ideologischen Diversion‹ abqualifiziert. Aber schon im folgenden Jahr verbesserten sich beiderseits die Voraussetzungen. Gespräche über bedeutende wirtschaftliche Projekte (erstmals auch eines der Großröhren- gegen Erdgaslieferung) kamen in Gang, noch ehe die neue Regierung der SPD-FDP-Koalition mit der Unterzeichnung des Atomwaffensperrvertrages (15. 11. 1969) die Voraussetzung für den Beginn von weitergehenden Verhandlungen schuf. Diese Verhandlungen über einen zwischen der Sowjetunion und der Bundesrepublik Deutschland abzuschließenden Gewaltverzichtsvertrag begannen am 8. Dezember 1969 in Moskau zwischen dem deutschen Botschafter und dem sowjetischen Außenminister; sie führten in der ersten Jahreshälfte 1970 über verschiedene Stadien der Vorbereitung zur Paraphierung des Vertrags am 7. und zur Unterzeichnung am 12. August 1970 in Moskau. Ein entsprechender, die Unverletzlichkeit der bestehenden Grenzen und die friedliche Regelung aller anstehenden Fragen festlegender Vertrag zwischen der Bundesrepublik Deutschland und der Volksrepublik Polen wurde am 7. Dezember 1970 in Warschau unterzeichnet. Damit war die Voraussetzung für das Vier-Mächte-Abkommen über Berlin vom 3. September 1971 gegeben, und dieses wiederum machte den Weg für die Ratifizierung der ›Ostverträge‹ durch den deutschen Bundestag am 17. Mai 1972 frei. Auf dieser politischen Basis entwickelte sich in den folgenden Jahren eine breit gefächerte und langfristig geplante wirtschaftliche Zusammenarbeit, deren Bedeutung für die Sowjetunion nicht zuletzt drei Besuche Brežnevs in Bonn unterstrichen (18.–22. 5. 1973, 4.–7. 5. 1978, 23.–25. 11. 1981). Gegenbesuche deutscher Politiker versuchten darüber hinaus, der fortgesetzten politischen Klimaverschlechterung entgegenzuwirken. Da auf der anderen Seite unverkennbar das Bestreben vorlag, die Bundesrepublik Deutschland durch wirtschaftliche Bindungen und relativ konziliante Behandlung soweit möglich von den USA zu lösen, konnte Bundeskanzler Schmidt auch noch nach dem NATO-Doppelbeschluß vom 12. September 1979 sowie der sowjetischen Besetzung Afghanistans und trotz deutschem Olympiade-Boykott am 1. Juli 1980 in Moskau ein ›Langfristiges Programm über die Hauptrichtungen der Zusammenarbeit der UdSSR und der BRD auf dem Gebiet der Wirtschaft und Industrie‹ unterzeichnen. Auch bei zunehmender Stagnation der Beziehungen wirken ambivalente Kräfte weiter – mit dem Rückzug auf die alles rechtfertigende Ideologie ist kein ökonomischer Bedarf zu stillen.

Dieselbe Ambivalenz zeigte auch das Schicksal der Konferenz für Sicherheit und Zusammenarbeit in Europa (KSZE). Solange sie ein geeignetes Mittel zu sein schien, einen politischen Ausbau der Europäischen Wirtschaftsgemeinschaft hintanzuhalten und der atlantischen Verflechtung Westeuropas durch ein imaginäres Gesamteuropa entgegenzuwirken, konnte Moskau gar nicht genug auf das baldige Zustandekommen drängen. Als die Schlußakte – am 1. August 1975 von 35 Staaten in Helsinki unterzeichnet – dann vorlag und sich für die ›Zusammenarbeit‹ Folgewirkungen ergaben, die dem neuen Kurs ideologischer Verhärtung in Moskau direkt zuwiderliefen, nahm das Interesse sehr schnell ab, wie die Folgekonferenzen in Belgrad (4. 10. 1977–9. 3. 1978) und

Madrid (ab 11. 11. 1980) sehr deutlich demonstrierten. Gegenreformationen haben ihre eigenen Vorstellungen von Ökumene. Da stellt sich dann sehr schnell heraus, daß der Menschenrechte oberstes die Souveränität der Macht ist.

Die Außenpolitik der Sowjetunion ist aber je länger je weniger auf Europa oder auch nur auf den ihren Grenzen nahen Teil der Welt beschränkt. Stalins territoriale Selbstbescheidung auf den Sozialismus in einem Land gehört einer fernen Vergangenheit an. Den entscheidenden Umschlag von globaler Präsenz lediglich der kommunistischen Ideologie zu globaler Präsenz auch des Machtstaates Sowjetunion brachte die Teilhabe am Sieg im Zweiten Weltkrieg. Chruščevs Kuba-Abenteuer hatte den Anspruch verfrüht geltend gemacht, noch war die kapitalistische Gegenmacht der USA mit ihrem Anhang in zu vielem einzuholen und nach Möglichkeit zu überholen. Brežnev – auch darin nicht originell, aber in rationaler Abfolge vorgehend – hat der Realisierung des Anspruchs die militär-technische Basis geschaffen und in den siebziger Jahren seine Außenpolitik daran orientiert. Mochte es mit dem Einholen insgesamt so schnell nicht gehen, für den Machtgebrauch nach außen ließ sich die Rückständigkeit durch Konzentration aller Mittel auf Nuklearrüstung und Flottenbau beseitigen. Da spielte auch altes russisches Erbe mit, das sich nun mit dem Gebot der Ideologie verband, Mission zu treiben und die Glaubensgenossen zu unterstützen – in aller Welt. Es läßt sich die These vertreten, daß die Entspannungspolitik an einem begrifflichen Mißverständnis scheiterte, als ob sie nämlich die Grundgebote der Ideologie außer Kraft setze. Daher die Schockwirkung, als 1974 Somalia durch massive Militärhilfe zum sowjetischen Stützpunkt wurde, 1976 dem Freundschaftsvertrag mit Angola sowjetische Militärhilfe in kubanischen Uniformen vorausging. Die Liste der durch Freundschaftsverträge mit der Sowjetunion verbundenen und von dieser Entwicklungshilfe erfahrenden Länder wurde immer länger, erfuhr aber auch überraschende Veränderungen. Dabei erwies sich die Verbundenheit im Geiste des Sozialismus bei islamischen Partnern als problematisch, die Hilfe betraf nach dem Wunsch der

Empfängerländer vor allem den Ausbau des Machtapparates, die geostrategische Konzeption – Verstärkung der sowjetischen Position im Mittelmeer und am Pazifik, Verdrängung der chinesischen Konkurrenz aus Afrika, Ablenkung der amerikanischen durch Aktivitäten des kubanischen Stellvertreters in Mittel- und Südamerika – erforderte Flexibilität bis zum kurzfristigen Partnerwechsel. Somalia wurde 1977/78 durch seinen feindlichen Nachbarn Äthiopien ersetzt, Libyen trat an die Stelle des bedeutenderen Ägypten, das 1971 ein Freundschafts- und Unterstützungsabkommen mit Moskau abgeschlossen hatte, aber schon ein knappes Jahr später die sowjetischen Militärberater auswies und am 15. März 1976 sowohl den Freundschaftsvertrag wie das noch ältere (1968) geheime Flottenstützpunktabkommen mit der UdSSR kündigte; am 15. April 1976 hatten alle sowjetischen Kriegsschiffe die ägyptischen Häfen verlassen, Versuche, unter Ausnutzung der Zypernkrise in der Türkei Ersatz zu finden, blieben erfolglos. Daß sich Spannungen im Aufbau des sowjetischen universalen Stützpunktsystems aus der Eigendynamik der Stützpunkte ergeben konnten, liegt auf der Hand. Daß sie sich ergaben, weil der überforderte Hilfegeber nicht alle Wünsche erfüllen konnte und die neuen Freunde eigene Vorstellungen von Souveränität hatten, verweist auf den Charakter des Systems. Den überdimensionalen wirtschaftlichen Problemen, dem unaufhaltsamen Wandel der eigenen Gesellschaft, den materiellen Kosten einer ambitiösen Weltpolitik steht am Beginn der achtziger Jahre der Rückzug auf eine dualistische Rechtfertigungsideologie und die Pflege eines emotionalen Nationalismus gegenüber, mit anderen Worten der Versuch, angesichts der drohenden Nuklearkatastrophe die Aufgaben des 20. Jahrhunderts im Geist und mit den Mitteln des 19. Jahrhunderts zu lösen. Brežnev wird die Weltmachtposition der Sowjetunion als sein Lebenswerk angesehen haben. Ob er am Ende gespürt hat, daß das Maß überschritten war?

AUFBRUCH IN EINE NEUE ZEIT?

Thronfolgeprobleme

Leonid I. Brežnev starb nach langer Krankheit am 10. November 1982 kurz vor Vollendung seines 76. Lebensjahres. Schon am folgenden Tag entschied sich das Politbüro für Jurij V. Andropov als Nachfolger und bereits am 12. November stimmte ein außerordentliches Plenum des Zentralkomitees dieser Wahl zu. Dem neuen Generalsekretär war keine lange Amtszeit beschieden, schon am 9. Februar 1984 verschied auch er nach längerer schwerer Krankheit, und wenig mehr als ein Jahr später, am 10. März 1985, ereilte seinen Nachfolger Konstantin U. Černenko dasselbe Schicksal. Andropov war bei seinem Tod knapp 70, Černenko 73 Jahre alt. In 28 Monaten wechselte das höchste Amt einer Weltmacht dreimal den Inhaber – keine günstige Voraussetzung für Stabilität und neue Konzeptionen der Politik. Daß beides angesichts der wirtschaftlichen Misere im Innern und der Isolierung nach außen erforderlich war, darüber konnte kein Zweifel bestehen. Die Erhaltung und Mehrung der Macht, im Innern wie nach außen, war dem Verstorbenen nicht abzusprechen, aber sie war konzentriert in einer vergreisten, von der Realität abgeschlossenen Führung. Die Wahrung des Weltmachtniveaus in Militärtechnologie und Raumfahrt konnte den allgemeinen Modernisierungsrückstand nicht ausgleichen, die Versorgung der an Zahl rasch zunehmenden Bevölkerung des Sowjetimperiums mit Grundnahrungsmitteln blieb von den Ernteergebnissen abhängig wie seit jeher im Reich der Russen, die totale Zentralisierung und Bürokratisierung führte unvermeidbar zu Ineffektivität und Korruption, die radikale Unterdrückung jeder Art selbständigen Handelns, Denkens und Glaubens konnte nur Scheinanpassung und Apathie der Betroffenen zur Folge haben.

War von dem Nachfolger Brežnevs eine Änderung zu erwarten? Andropovs Karriere ließ unterschiedliche Erwartungen zu. Er hatte als Diplomat und als der für die Bruderparteien zuständige Sekretär des Zentralkomitees (1962–1967) Auslandserfahrungen erworben, war als Botschafter in Budapest 1956 maßgeblich an der politischen Liquidierung des Aufstandes der Ungarn beteiligt gewesen und hatte als langjähriger Chef des Komitees für Staatssicherheit (KGB, 1967–1982) die Unterdrückung der Dissidentenbewegung gewährleistet. Zweifellos war er durch diese Funktion über viele Aspekte der Situation besser informiert als potentielle Konkurrenten, aber welche Wege würde er wählen, um die anstehenden Probleme zu meistern? Daß ihn das Plenum des Zentralkomitees am 24. Mai 1982 nach fünfzehnjähriger Unterbrechung in das Sekretariat zurückholte, ist den Beobachtern diesseits und jenseits der sowjetischen Grenzen aufgefallen. Für Funktionäre so hohen Ranges gibt es in der Sowjetunion keine Altersgrenze, also hätte der achtundsechzigjährige Andropov weiter in seinem Amt bleiben können – bewährt hatte er sich ja offenbar. War die Versetzung ein Zeichen, daß man den erfolgreichen KGB-Chef für eine noch wichtigere Aufgabe in Aussicht genommen hatte, aber die zweifelhafte Optik und den Präzedenzfall vermeiden wollte, einen Leiter der Geheimpolizei unmittelbar zum Generalsekretär der Partei zu befördern? Als ›Kronprinz‹ hatte seit langem Černenko gegolten, aber der todkranke Brežnev war offenbar nicht mehr fähig gewesen, ihm den Weg zur Nachfolge zu ebnen. Wie dem auch sei, die einer so folgenreichen Entscheidung vorausgehenden Auseinandersetzungen im höchsten Gremium der Partei bleiben selbstverständlich im Dunkeln, und der Zeithistoriker bleibt auf Gerüchte oder rationale Überlegungen angewiesen. So mag es durchaus sein, daß es vor allem der Verteidigungsminister Ustinov und der Außenminister Gromyko gewesen sind, die Andropovs Wahl durchsetzten, weil sie in ihm den Mann sahen, der die prekäre Lage durch energisches Durchgreifen zum Besseren wenden könne. Militär und KGB, die Exekutive der konzentrierten Macht, mögen hinter dieser Wahl gestanden haben, während die Nomenklatura, der Parteiapparat lieber Černenko als Generalsekretär gesehen hätte. Sollte dies alles zutreffen, so wäre allerdings zu erklären, warum sich 15 Monate später bei grundsätzlich unveränderter Lage die andere ›Partei‹ in der Partei durchsetzte. Aber im Spiel um die Macht gibt es viele Varianten, nicht nur in der Sowjetunion.

Ob Andropov die in ihn gesetzten Hoffnungen in einer längeren Amtszeit erfüllt hätte, muß dahingestellt bleiben. Das gilt sowohl für die innere Perspektive, die Maßnahmen zur Beseitigung dessen, was man später eher beschönigend ›Stagnation‹ zu nennen sich gewöhnte, unvermeidbar machten, wie für die äußere, in der eine Rückkehr zur Entspannungspolitik als Vorbedingung innerer Reformen erscheinen mußte – nicht zuletzt dem potentiellen Feind oder Partner im Westen. Dieser Zusammenhang ist so alt wie die Sowjetunion. Die Realien einer sehr kurzen Aktivität sprechen eine andere Sprache. Der vermeintlich neue Kurs bestand im Grunde nur in der größeren Härte, mit der nun die alten, dem System eigenen Methoden angewandt wurden, um das Pflichtbewußtsein und die Arbeitsfreude der Bevölkerung zu heben. Das begann mit Polizei- und Militärkontrollen von Arbeitsplätzen und Läden, um den Drückebergern und dem schwarzen Markt auf die Spur zu kommen, es fand seinen Ausdruck in einem angeblich verstärkten Kampf gegen die Korruption, in ideologischer Unbeugsamkeit, in maßloser Intoleranz gegen alle Andersdenkenden und in der pädagogischen Pflege des seit langem vertrauten Militär-Patriotismus. Aber wie sollte Erfolg haben, was die Existenzmöglichkeit im Alltag bedrohte, jede eigenständige Initiative ausschaltete und jedermann schon auswendig konnte. Daß Andropov freimütig zugab, die wirtschaftliche Lage sei schwierig und er habe keine Patentrezepte, um sie zu verbessern, mochte man ihm zugute halten, aber es konnte kaum jemanden überraschen, und angekündigte Reformen im zentralen Management sowie regionale wirtschaftliche Experimente kamen offenbar über das Anfangsstadium der Planung nicht hinaus.

Auch in der Außenpolitik trat keine Änderung ein. Das Maß der Unnachgiebigkeit, mit der nach wie vor alle Positionen, des universalen wie des osteuropäischen Imperiums, behauptet wurden, bestimmte unverändert als Außenminister der Nein-Sager Gromyko. Kein Gedanke daran, das kostspielige und unpopuläre Engagement in Afghanistan allmählich abzubauen oder die nicht minder aufwendige Versorgung der ideologischen Schützlinge in aller Welt zu reduzieren. Im osteuropäischen Machtbereich der Sowjetunion ließen Routine-Konferenzen des Warschauer Paktes Anfang Januar und Anfang April in Prag ebenfalls keinen Zweifel daran aufkommen, daß Moskaus Kommandogewalt im höchsteigenen Interesse erhalten bleiben sollte; immerhin legte der Kreml gegen die Entlassung von Lech Wałęsa aus dem Gefängnis schon zwei Tage nach dem Tod Brežnevs und gegen die Aufhebung des Kriegsrechts in Polen im Juli 1983 offenbar kein Veto ein. Im Verhältnis zum Westen blieben die ausschließlich das eigene Machtinteresse wahrnehmenden Ambivalenzen unverändert: Den USA gegenüber ging der Austausch von Vorschlägen zur Reduzierung der Atomwaffen weiter; als ein neues Konzept Andropovs schon vom 21. Dezember die USA mit dem Vorschlag einer ›Zwischenlösung‹ beantworteten, provozierten sie nur das unverzügliche ›net‹ Gromykos, dessen Sache Kompromisse nun einmal nicht waren (Ende März/Anfang April 1983). Kompromisse auf ganz anderer Ebene wurden dagegen durchaus erzielt. So verzichteten die USA schon am 13. November 1982 auf Sanktionen gegen die Röhren-Erdgas-Geschäfte, und dem Einschlafen der Abrüstungsgespräche folgte in einigem Abstand ein neues Getreidelieferungsabkommen Ende August 1983. In beiden Fällen ging es um ökonomische Interessen nicht nur, aber vor allem der UdSSR. Das war auch in den Beziehungen zu anderen Mächten der Fall, vor allem in denen zur Bundesrepublik Deutschland, dem größten Lieferanten aus dem Westen. Entsprechend häufig waren und blieben die Begegnungen von Politikern beider Länder, weder der Regierungswechsel in Bonn noch der Tod Brežnevs haben daran etwas geändert. Schon das Begräbnis seines Vorgängers nutzte Andropov zu einem auffallend langen Gespräch mit Bundespräsident Carstens und Außenminister Genscher. Frankreich, um ein weiteres Beispiel zu nennen, war ökonomisch weit weniger wichtig, verfügt über eigene Mittelstreckenraketen und nimmt an der Entwicklung in

Polen traditionsgemäß stets mit besonderer Aufmerksamkeit teil. So blieb ein Besuch des Außenministers Cheysson in Moskau im Februar 1983 ohne positives Ergebnis, und mit der Ausweisung von 47 sowjetischen Diplomaten und anderen Sowjetbürgern wegen Spionage am 5. April 1983 erreichten hier die Beziehungen einen Tiefpunkt. Daß im Juli 1983 das Kriegsrecht in Polen aufgehoben wurde, mag in Paris als ein Signal in entgegengesetzter Richtung verstanden worden sein.

Als Andropov am 9. Februar 1984 starb, kam sein Konkurrent und Gegenspieler Černenko nun doch zum Zuge. Warum diesmal kein Widerstand gegen seine Kandidatur erkennbar wurde, darüber ist viel gerätselt worden. Es mag durchaus sein, daß die Andropov-Partei über einen Gegenkandidaten nicht einig werden konnte, und da lag es nahe, sich mit einem voraussichtlich kurzen Übergang im Zeichen des alten, kranken, zu den erforderlichen Entscheidungen gar nicht mehr fähigen Černenko abzufinden. Wie ›einstimmig‹ oder ›einmütig‹ sich das Politbüro für einen neuen Generalsekretär auch entscheiden mochte, die Hintergründe blieben stets verborgen, die Entscheidung war abhängig von zweckbestimmten Koalitionen in einem sehr kleinen Personenkreis, und im übrigen war man ja seit langem auf das Prinzip der ›kollektiven Führung‹ verpflichtet, zu dem sich der Gewählte dann öffentlich zu bekennen pflegte. Černenko stammte aus Sibirien, war Brežnev schon lange vor dessen Aufstieg persönlich eng verbunden und wurde 1965 Leiter der Allgemeinen Abteilung im Sekretariat des Zentralkomitees. Was immer die Aufgaben dieser Institution sein mochten – wer würde nicht terminologisch an die Dritte Abteilung Seiner Majestät höchsteigenen Kanzlei erinnert –, diese Funktion hat ihm die nicht eben wohlmeinende Charakterisierung als Brežnevs ›Bürovorsteher‹ eingetragen. Es ist wohl kein Zufall, daß sein eigener Aufstieg zeitlich mit der zunehmenden physischen Schwäche seines Herrn und Meisters zusammenfiel: 1976 wurde Černenko Sekretär des Zentralkomitees, 1977 Kandidat und 1978 Vollmitglied des Politbüros. Brežnev konnte sicher sein, daß dieser erfahrene und bestinformierte

Apparatčik niemals von seiner Linie abweichen würde, und ohne Bedenken durch ihn regieren lassen. Solcher Linientreue entsprach auch die Amtszeit des Generalsekretärs Černenko; hatte man sich auf die Erhaltung des Status quo geeinigt, so bedurfte es keiner persönlichen Initiativen des Parteichefs, zu denen dieser wohl auch gar nicht mehr fähig gewesen wäre. Der ihm verbundene Apparat in Partei und Staat ließ die Entwicklungen weiterlaufen, die Andropov in Gang zu bringen versucht hatte, und agierte, wie er es seit jeher gewohnt war. Das gilt z. B. auch von einer seit längerem geplanten Reform des Schulwesens, die im April verabschiedet wurde und bis zum Jahr 1990 verwirklicht werden sollte. Wenn dabei der Einführung des Computer-Unterrichts in den Schulen besondere Wichtigkeit beigemessen wurde, so wird der Zwang deutlich, auch in diesem Bereich die Modernisierungsrückstände abzubauen. Die personellen Veränderungen hielten sich in Grenzen und trotz planmäßigem Engagement der leistungsfähigeren Bruderländer verschlechterte sich die wirtschaftliche Situation weiter, vor allem auf dem Versorgungssektor als Folge einer Mißernte 1984. Es bestand wenig Aussicht, daß die Ziele des 11. Fünfjahr-Planes würden erreicht werden können.

In der Außenpolitik blieb es bei der Mischung von kühler Distanz und pragmatischen Übereinkommen. USA-Präsident Reagans Besuch in Peking (26. April–1. Mai) hatte in Moskau die Wirkung eines Schocks und führte zum Abbruch der endlich wieder aufgenommenen politischen Beziehungen zu China, auf der anderen Seite wurden die Olympischen Sommerspiele in Los Angeles von der Sowjetunion und ihrer Gefolgschaft boykottiert. Aber das verhinderte nicht, daß die bilateralen Beziehungen zu China in der zweiten Jahreshälfte vor allem wirtschaftlich kräftig ausgebaut werden konnten und am 17. Juli ein Abkommen über die Modernisierung des ›heißen Drahtes‹ zwischen Weißem Haus und Kreml abgeschlossen wurde. Wenig später, am 11. September, erhöhten die USA die im Getreidelieferungsabkommen von 1983 für das zweite Jahr vorgesehene Menge von neun auf 22 Millionen Tonnen.

Die Erkenntnis, daß es so auf die Dauer nicht weitergehen könne, gewann 1984 in der Parteiführung an Boden, und wenn Černenko in der Öffentlichkeit auftrat, was selten vorkam, so mußte sich auch weiteren Kreisen der Eindruck aufdrängen, daß mit einem neuen Wechsel an der Spitze in absehbarer Zeit zu rechnen war. Wer mochte der neue Kronprinz sein, dem die Nachfolge bevorstand? Da Černenko kaum mehr in der Lage war, die Sitzungen der höchsten Gremien zu leiten, mußten ihn andere Mitglieder des Politbüros vertreten, am häufigsten wohl das mit Abstand jüngste Mitglied Michail Sergeevič Gorbačev. Es fiel auch auf, daß er gelegentlich Vertretungen im Ausland übernahm. So nimmt es nicht wunder, daß Gerüchte auftauchten, kein geringerer als der Chefredakteur der ›Pravda‹ habe ihn westlichen Gesprächspartnern gegenüber als 2. Sekretär des Zentralkomitees, ja sogar als 2. Generalsekretär bezeichnet. In der Tat entschied sich das Politbüro schon einen Tag nach dem Tod Černenkos, am 11. März 1985 für Gorbačev als dessen Nachfolger, und am 15. März stimmte das Zentralkomitee auf dringende Empfehlung Gromykos, wenn auch nur ›einmütig‹, dieser Wahl zu. Damit war der längst fällige Generationswechsel vollzogen. Wer war der Mann, der nun alle Probleme lösen sollte, die man bisher vor sich hergeschoben hatte?

Umbau in aller Offenheit

Michail Sergeevič Gorbačev wurde am 2. März 1931 als Bauernsohn im Dorf Privol'noe des Gebietes Stavropol' nördlich des Kaukasus geboren und auf Wunsch seiner Mutter christlich getauft. In dem sehr fruchtbaren Landstrich und auch in der Familie war sowohl die Tradition der Grenzkosaken, die das Gebiet dereinst dem russischen Kaiserreich gewonnen und gesichert hatten, wie die freier bäuerlicher Landwirtschaft lebendig. Es war eine schwere Zeit, in der Michail heranwuchs – von Hungersnot, Antikulaken-Terror und ›Säuberungen‹ aller Art bis zum Krieg mit deutscher Besetzung im Sommer 1942 –, mochte sie auch in einem abgelegenen Dorf leichter zu überstehen sein als in Städten.

Schon der Dreizehnjährige mußte neben dem Schulbesuch in der Kolchoze mitarbeiten, in den letzten drei Jahren der Zehn-Jahre-Schule hätte er einen Schulweg von hin und zurück 40 km bewältigen müssen, der Schlafplatz in der Kreisstadt Molotov (heute Krasnogvardejsk) war kümmerlich und für die Eltern teuer. Daß in dem Bauernjungen mehr steckte als ein Mechaniker zur Instandhaltung der Mähdrescher – das war sein Vater, dem er dabei zu helfen hatte –, zeigte sein guter Schulabschluß, vor allem aber die überraschende Tatsache, daß seine Bewerbung um einen Studienplatz an der Juristischen Fakultät der Lomonosov-Universität in Moskau nach persönlicher Vorstellung angenommen wurde. Das Studium in der Reichszentrale (1950–1955) erschloß dem begabten und gewiß auch ehrgeizigen Provinzler eine ganz andere Dimension der Welt, nach deren Maßstäben zu denken und deren Anforderungen zu genügen er gewohnt war. Er lernte vor allem Menschen kennen, die über eine weit bessere Bildung verfügten und ihm die Bereiche etwa von Literatur und Kunst überhaupt erst auf einem höheren Niveau zugänglich machten. Das war in erster Linie die Studentin der Philosophischen Fakultät Raissa Maksimova Titarenko, die ebenfalls Begabung und Ehrgeiz aus der Provinz nach Moskau geführt hatten. 1953 wurde sie Gorbačevs Frau. Eine zweite hier stellvertretend zu nennende Studentenfreundschaft ist die mit dem Tschechen Zdeněk Mlynář, nachmals Parteisekretär Dubčeks im Prager Frühling. Er kam im vierten Studienjahr der Gorbačevs als Student nach Moskau und fand Zugang zu deren Freundeskreis. Das ist nicht so zu verstehen, als habe Michail Gorbačev schon in seinen ersten Moskauer Jahren einer systemkritischen Opposition angehört. Alle seine Freunde waren damals überzeugte Stalinisten oder gaben sich zumindest vorsichtshalber als solche aus, Gorbačev selbst wurde 1952 Mitglied der KPdSU. Auch hochintelligenten Studenten mußte die Lust zu Scherzen vergehen angesichts der letzten Antisemitismus-Kampagne unter Stalin, wenn engste Freunde mit betroffen sein konnten, und des Machtkampfes nach Stalins Tod, als in allgemeiner Unsicherheit die persönliche Zukunft zu sichern war.

Es mag sein, daß die politischen Erfahrungen der Moskauer Jahre das junge Ehepaar Gorbačev zu dem Entschluß führten, nach erfolgreichem Abschluß des Studiums die eigene Zukunft in Stavropol', der Heimat des Mannes aufzubauen, obwohl man in Moskau Raissa ein Promotionsstipendium und Michail eine Stelle bei der Staatsanwaltschaft angeboten hatte. Noch im Jahr der Rückkehr (1955) wechselte Gorbačev von der Laufbahn des Juristen in die des Parteifunktionärs und erreichte, beginnend als stellvertretender Leiter der Abteilung für Agitation und Propaganda im Gebietskomitee des Komsomol, durch regelmäßige Beförderung nach 15 Jahren den höchsten in einer Region zu vergebenden Rang des ersten Sekretärs des Parteikomitees im Gebiet Stavropol'. Als solcher wurde er auch Deputierter des Unionssowjets des Obersten Sowjets der UdSSR (1970) und Mitglied des Zentralkomitees der KPdSU (1971). Acht Jahre hat er die regional umfassende Verantwortung dieses Parteiamtes getragen, das ihn unter anderem dazu verpflichtete, die zur Kur in den Heilbädern des Nordkaukasus anreisende Moskauer Prominenz als eine Art ›Landesfürst‹ gebührend zu empfangen. Das ergab regelmäßige Kontakte und trug wohl auch dazu bei, daß Michail Gorbačev 1978 als Sekretär des Zentralkomitees nach Moskau zurückgeholt wurde. Ein Jahr später wurde er Kandidat, 1980 Vollmitglied des Politbüros. Es versteht sich, daß eine so ungebrochene Parteikarriere ein hohes Maß an Anpassung erforderte. Was von oben angeordnet wurde, mußte ausgeführt werden, die Spielräume für den Provinz-Parteifunktionär waren nicht groß, für die Folgen von Fehlentscheidungen der Zentrale war die Verantwortung mitzutragen. War der erste Sekretär an der Peripherie für alle Bereiche zuständig, so mußte der Sekretär des Zentralkomitees in Moskau als einer von vielen jene Sektoren dirigieren und kontrollieren, die ihm jeweils übertragen wurden. So war der Name Gorbačev zeitweise auch mit Ideologie und Propaganda verbunden. Für aktive Beteiligung an der sowjetischen Außenpolitik gab es in Stavropol' keine Gelegenheit, in Moskau wurde das Politbüromitglied Gorbačev 1984 Vorsitzender der Ständigen Kommission für Auswärtige Angelegenheiten des Obersten Sowjets der UdSSR und als solcher Leiter einer Delegation dieses sowjetischen ›Parlaments‹, die im Dezember 1984 auf Einladung des britischen Parlaments London besuchte. Von diesem Besuch datiert die enorme Publizität Gorbačevs und seiner ihn inoffiziell begleitenden Gattin im Westen. Was immer die Medien aus diesem Besuch gemacht haben, daß dieser offenbar in Moskau kommende und nun zum erstenmal aus Moskau in den europäischen Westen kommende Mann aus dem gewohnten Rahmen fiel, war nicht zu bezweifeln.

Ein deutlicher Schwerpunkt in Gorbačevs systemkonformer Laufbahn war die Landwirtschaft. Schon durch seine Herkunft dieser schmerzensreichen Realität sowjetischer Geschichte verbunden, hat er in Stavropol' sowohl Chruščevs phantastische Agro-Städte planend vorbereiten wie Brežnevs technokratische Experimente etwa der mobilen Mähdrescherbrigaden organisieren müssen, ein landwirtschaftliches Zweitstudium mit dem Diplom abgeschlossen und von seiner Frau, die fünf Kolchozen der Gegend soziologisch erforschte, zusätzliche Informationen über den Alltag der Sowjetbauern erhalten. Inwieweit Gorbačevs lebenslange Vertrautheit mit den Problemen der Landwirtschaft und seine relativen Erfolge auf diesem Gebiet für seine Berufung nach Moskau maßgebend waren, muß dahingestellt bleiben. Wunder konnte er als der nun in der Parteizentrale für die Landwirtschaft Zuständige gewiß nicht wirken, wohl aber im Umgang mit der realitätsfernen zentralen Bürokratie Erfahrungen sammeln und unauffällig Fachleute zur Beratung über eben diese Realität heranziehen. Gorbačev hat später unverhüllt darauf hingewiesen, wie lange und mühevoll sein Lernprozeß als Politiker vor wie nach dem Erreichen der Spitzenstellung gewesen sei. Wir wissen nicht, worüber sich die ehemaligen Studienkollegen unterhielten, als Zdeněk Mlynář 1967 Gorbačev in Stavropol' besuchte; es werden nicht nur Jugenderinnerungen gewesen sein. Ein Jahr später war dieser Kontakt höchst kompromittierend, und es ist nicht unwahrscheinlich, daß der KGB-Chef Andropov persönlich den Stavropoler Parteisekretär vor negativen Folgen bewahrte.

Aber welche Vorstellungen von einer besseren Zukunft dem neuen Generalsekretär auch durch den Kopf gegangen sein mögen, zunächst kam es darauf an, die eigene Position durch entsprechende Personalveränderungen zu stärken. Plenartagungen des Zentralkomitees im April und im Juli 1985 gaben Gelegenheit, die bisherigen Konkurrenten Romanov und Grišin aus dem Politbüro zu verdrängen und durch aktionsfähige Verbündete zu ersetzen. Drei Namen sind in diesem Zusammenhang vor allem zu nennen, weil sie die Entwicklung in den folgenden Jahren mitbestimmen sollten: Jegor Ligačev, Nikolaj Ryškov und Boris Jelcin; die beiden ersten, bisher leitende ZK-Sekretäre, wurden unmittelbar Vollmitglieder, der dritte als neuer ZK-Sekretär Kandidat des Politbüros. Es ist wohl kein Zufall, daß alle drei ein technisches Studium mit dem Ingenieur-Diplom abgeschlossen und ihre Parteikarriere im industriellen Osten (Ural und Sibirien) begonnen hatten. Die Modernisierung der Industrie stand seit langem auf der Tagesordnung, und die harten Lebensbedingungen des Ostens hatten doch immer widerstandsfähige und entschlossene Männer hervorgebracht. Gorbačev bewegte sich hier wohl auf den Spuren seines eigenen Förderers Andropov. Auch dessen (zweiter) Nachfolger im KGB Čebrikov wurde nun Vollmitglied des Politbüros. Das Ausscheiden seines anderen Förderers Andrej Gromyko als Außenminister der UdSSR – 1909 geboren, war er dies seit 1957, er hatte seine diplomatische Laufbahn aber schon unter Stalin begonnen und zuvor als begabter Sohn eines Bauern mit Erfolg Agrarökonomie (!) studiert – wurde ehrenvoll gestaltet: Am 2. Juli 1985 wählte ihn der Oberste Sowjet der UdSSR zum Vorsitzenden seines Präsidiums und damit zum Staatsoberhaupt; das blieb er genau vier Jahre (gest. am 2. Juli 1989). Sein Nachfolger wurde der eben zum Vollmitglied des Politbüros aufgestiegene Georgier Eduard Ševardnadze, Gorbačev vertraut schon aus der Stavropoler Zeit, und nicht nur der geographischen Nähe wegen, sondern auch nach Parallelen in Lebenslauf und Bildungsniveau. Ševardnadze war es gewesen, der als 1. Parteisekretär und Innenminister der Sowjetrepublik Georgien 1978 in Moskau die Erhaltung des Georgischen als alleiniger Staatssprache durchsetzte, nachdem die Studenten in Tbilissi gegen die Einführung des Russischen als zweiter Staatssprache der Republik heftig demonstriert hatten (s. S. 814). Ablösungen gab es im weiteren Verlauf des Jahres 1985 auch in anderen hohen Ämtern. So wurde im September Tichonov als Ministerpräsident durch Ryškov und im Dezember Grišin als Parteichef von Moskau durch Jelcin ersetzt. Die personellen Veränderungen beschränkten sich natürlich nicht auf bekannte Namen, aber es erforderte, wie schon die angeführten Beispiele zeigen, geraume Zeit, bis der neue Generalsekretär im Rahmen einer traditionell ›kollektiven‹ Führung sich auf eine verläßliche Gefolgschaft stützen konnte. Solange dies nur begrenzt der Fall war, blieb auch Zurückhaltung bei der Proklamierung eines eigenen neuen Programms geboten.

Gelegenheiten zu formulieren, was in der Sache geschehen müsse, um den Erfordernissen der Gegenwart gerecht zu werden, gab es zahlreiche und verschiedene nach einem überkommenen Ritual. Das waren einmal die Reden, die der Generalsekretär aus unterschiedlichen Anlässen zu halten hatte, zum andern die Verbesserung und Neufassung grundlegender Parteidokumente. Gorbačev hat diese Gelegenheiten pflichtgemäß wahrgenommen, sei es bei der Eröffnung von Plenarsitzungen des Zentralkomitees, bei Reisen in die Provinz oder anläßlich eines Jubiläums. Die Nuancen waren verschieden: Mußte das Zentralkomitee über die Planung informiert und zur Mitverantwortung aufgerufen werden, so war bei Reisen in die Provinz auch die arbeitende Bevölkerung mit der Aussicht auf eine bessere Zukunft zur Aktivität zu motivieren, und am 8. Mai 1985 ließ sich im Gedenken an das 40 Jahre zurückliegende siegreiche Kriegsende nicht zuletzt das Militär mit einer positiven Bilanz zufriedenstellen. Der Tenor war jedoch immer der gleiche: Die Wirtschaft müsse technologisch und organisatorisch modernisiert werden, die Möglichkeiten hierzu seien vorhanden, es komme nun darauf an, die Planungen schneller als bisher zu realisieren. Diese sogenannte Beschleunigungsstrategie war alles andere als neu, Erfolg hatte sie bisher offenbar keinen gehabt. Auch die eher vagen Andeutungen darüber, wie eine ökonomisch effektive Modernisierung beschleunigt erreicht werden könne, unterschieden sich nicht wesentlich von jenen, die schon Brežnev und Andropov formuliert hatten. Gewiß war der neue Generalsekretär wesentlich jünger und ein besserer Redner als seine Vorgänger – das mochte übertriebene Erwartungen erwecken; aber er kannte die Realitäten und war klug genug, sich nicht zu früh festzulegen. Immerhin hat ihm wohl ein Zeitplan für die Ausarbeitung einer neuen, verbesserten Strategie vorgeschwebt, wenn er auf dem ZK-Plenum im April 1985 als Termin für den XXVII. Parteikongreß den Februar 1986 vorschlug. Dieser Plan wurde pünktlich eingehalten. Vom 25. Februar bis zum 6. März 1986 diskutierte das Zentralkomitee, in seiner Zusammensetzung noch kaum vom Generationswechsel erfaßt und daher Kontinuität verkörpernd, den politischen Bericht Gorbačevs und den Wirtschaftsplan Ryškovs sowie die Entwürfe für ein neues Parteiprogramm und ein neues Parteistatut; abschließend erfolgte die Billigung alles Vorgeschlagenen in eigenen Resolutionen. Was zu billigen war, berührte die ideologische Legitimation der zentralisierten Einparteiherrschaft nicht, nur in diesem Rahmen sollten die geplanten Veränderungen beschleunigt verwirklicht werden; allerdings würden sich diese absolut notwendigen Veränderungen – so Gorbačev – nicht ausschließlich auf den Bereich der Wirtschaft beziehen. Die später unübersetzt in alle Weltsprachen eingegangenen Begriffe ›Perestrojka‹ (Umbau) und ›Glasnost'‹ (Offenheit) kommen zwar vor – Perestrojka wohl zum erstenmal im Bericht des Generalsekretärs –, spielen aber noch keine zentrale Rolle. Was ihnen weltweite Publizität eingebracht hat, war der konkrete Inhalt, mit dem sie in der Folgezeit gefüllt wurden, nicht die unbestimmte und beliebig interpretierbare Wortbedeutung. Eben diese war dem Zeitpunkt angemessen, wenn man nicht an viele gescheiterte ›Reformen‹ oder gar an Stalins ›Revolution von oben‹ erinnern wollte. Daß die Interpretationen weit auseinandergehen konnten, zeigte die Diskussion, in der etwa Jelcin scharfe Kritik an den bestehenden Strukturen in der Zentrale von Partei und Staat übte, während Ligačev vor einem Übertreiben der Glasnost' warnte; letzteres könne das Ansehen der Sowjetunion im Ausland beeinträchtigen und sei für den Patriotismus des Sowjet-Menschen nicht zu ertragen. Da war es noch sehr weit bis zur Rehabilitierung politisch prominenter Unpersonen und zur Beseitigung großer weißer Flecken in der Geschichte des sowjetischen Vaterlandes. Und warum sollte man Zeit verschwenden für die Behandlung längst gelöster Probleme, wie etwa das Verhältnis der vielen, in der Union der Sowjetrepubliken vereinten Nationalitäten zueinander. Näher der Realität waren die Partei-Ökonomen, wenn sie einräumten, daß die Ziele des letzten (11.) 5 Jahr-Planes nicht erreicht worden seien, und jene des nächsten (12., 1986–1990) niedriger ansetzten. Ermutigend konnte am ehesten die Langzeitplanung bis zum Jahr 2000 wirken, auch das ein bewährter Trost im Fall enttäuschter Erwartungen. Sensationen waren also keine zu vermelden, ›Kritik und Selbstkritik‹ konnten sich etwas freier entfalten und wurden mehr publik als bisher, ein neuer Stil zeichnete sich ab und sehr unterschiedliche Formen eines ›neuen Denkens‹ kündigten sich an. Aber wiederum blieb es bei allgemeinen Formulierungen eines Kurswechsels, der erst gegen die Realitäten durchzusetzen war. Es ist sicher kein Zufall, daß weder Prof. A. G. Aganbegjan, der Hauptberater Gorbačevs für die ökonomische Planung, noch die Wirtschaftssoziologin Tatjana I. Zaslavskaja, die schon unter Andropov in ihrer ›Novosibirsker Studie‹ zu dem Schluß gekommen war, daß nur ›umfassende und tiefgreifende‹ Veränderungen des gesamten Leitungssystems eine Besserung bewirken könnten, Zugang zum Zentralkomitee fanden, und daß Andrej Sacharov noch bis zum Ende des Jahres warten mußte, bis er mit seiner Frau Jelena Bonner aus der Verbannung in Gorkij nach Moskau heimkehren durfte.

Aber nicht nur die auf- und abschwellende Diskussion über die ebenso vertrauten wie unübersichtlichen Leitungsstrukturen in Wirtschaft und Gesellschaft, Staat und Partei, beeinflußte Tempo und Erfolg der Perestrojka, wie jetzt die notwendigen, eingeleiteten, immer wieder gehemmten und unter allen Umständen zu beschleunigenden Veränderungen immer häufiger genannt wurden. Es waren auch ganz andere, völlig unvorhersehbare Realitäten, die historisch mitbestimmend wurden, wie die Reaktorkatastrophe von Černobyl am 26. April 1986, die unbehinderte Landung eines jugendlichen, psychisch unstabilen Amateurfliegers aus der Bundesrepublik Deutschland am 28. Mai 1987 auf dem Roten Platz vor dem Moskauer Kreml und das schwere Erdbeben in Armenien am 7. Dezember 1988. So verschieden die Zusammenhänge auch waren, in denen diese Ereignisse von Weltpublizität eintraten, sie machten deutlich, wie schwierig es für zentrale wie regionale Instanzen in solchen Fällen war, angemessen zu reagieren. Am einfachsten war es noch im Falle des Mathias Rust: Dem konnte man den Prozeß machen, und für die unzureichende Überwachung des Luftraums war das Militär verantwortlich – der Verteidigungsminister Marschall Sergej Sokolov und der Oberbefehlshaber der Luftverteidigungsstreitkräfte Marschall Aleksandr Koldunov wurden umgehend abgelöst; der Prestigeverlust des Militärs reduzierte zudem dessen Gewicht bei den Abrüstungsverhandlungen und war dem ›neuen Denken‹ in der Außenpolitik eher förderlich. Das Erdbeben in Armenien fiel bereits in die Phase des Bürgerkriegs transkaukasischer Nationalitäten, auf den noch zurückzukommen sein wird, und vergrößerte das Chaos, das schon zuvor von der Moskauer Zentrale nicht zu bewältigen war. Den größten Schock hat offenbar Černobyl ausgelöst, in ferner Vergangenheit ein Juden-Schtetl in der Ukraine, heute Symbol für die lebensbedrohenden Aspekte der Atomenergie in aller Welt. Deutlicher konnte der Rückstand auch modernster sowjetischer Technik nicht demonstriert werden, und ebenso die Tatsache, daß es mit der Offenheit gerade dann noch nicht weit her war, wenn es um der Menschen willen auf sie ankam. Zu lange hatte man sich daran gewöhnt, alles Negative herunterzuspielen und Katastrophen zu vertuschen – die 1. Mai-Feier in Kiev fand offiziell statt, als sei nichts Besonderes geschehen, erst Anfang 1987 sprach Gorbačev von krimineller Verantwortungslosigkeit als Ursache, und die Aufarbeitung der Folgen dauert auch vier Jahre später unter internationaler Beteiligung noch an.

Man hat wohl mit Recht darauf hingewiesen, daß Černobyl die Notwendigkeit beschleunigter Reformen drastisch vor Augen führte und insofern Gorbačevs Position stärkte. In der Tat verschärfte der Generalsekretär in seinen Reden die Kritik an den Funktionären (in Vladivostok am 18., in Chabarovsk am 31. Juli, in Krasnodar am 19. September), aber ein für den Oktober vorgesehenes ZK-Plenum, das die Verjüngung und qualitative Verbesserung der Partei-Kader diskutieren und beschließen sollte, mußte dreimal verschoben werden, ehe es endlich am 27. und 28. Januar 1987 stattfinden konnte. In seinem einleitenden Referat wurde Gorbačev nun auch vor diesem Publikum sehr viel deutlicher: Nicht nur um wirtschaftliche Modernisierung gehe es, sondern um eine gesamtgesellschaftliche Erneuerung, um eine Wende von revolutionärem Charakter. Zwar wurde nur ein neues Gesetz beschlossen, das den einzelnen staatlichen Betrieben mehr Spielraum und Eigenverantwortung einräumte (es bedurfte formal allerdings noch der Verabschiedung durch den Obersten Unionssowjet und trat erst mit Beginn des Jahres 1988 in Kraft), aber vorgeschlagen und diskutiert wurde unter anderem auch die Aufstellung von mehreren Kandidaten bei Wahlen. Hart blieb der Widerstand gegen zu viel Glasnost' und eine unbeschränkte Liberalisierung der Kulturpolitik. Nicht von ungefähr wandte sich Gorbačev wenig später an jene, von denen die unverhüllte Information der Öffentlichkeit abhing, und forderte bei einem Treffen mit Vertretern der Medien am 14. Februar mehr und schärfere Kritik an den herrschenden Zuständen. Ein zweites Medientreffen folgte am 15. Juli, diesmal der Vergangenheitsbewältigung gewidmet. Das Thema hatte hohe Aktualität, denn die Vorbereitung der 70 Jahr-Feier der Oktoberrevolution war bereits im Gang. Ehe es jedoch so weit war, fand am 25. und 26. Juni ein weiteres auf wirtschaftliche Probleme, und zwar eine radikale Reform der Wirtschaftsverwaltung konzentriertes ZK-Plenum statt. Es gab Gorbačev nicht nur Gelegenheit, seinen Feldzug gegen die Bürokratie weiterzuführen, sondern auch durch personelle Veränderungen seine Gefolgschaft im Politbüro und im Sekretariat des Zentralkomitees zu verstärken, sowie für den weiteren Fortschritt der Perestrojka die 19. Allunions-Parteikonferenz ein Jahr später am 28. Juni 1988 vorzuschlagen; der Vorschlag wurde gebilligt. Als er sich danach ganz im Gegensatz zu seiner sonst rastlosen innen- und außenpolitischen Tätigkeit vom 8. August bis zum 23. September aus der Öffentlichkeit zurückzog, tauchten unvermeidlich Gerüchte auf, aber er hat in dieser Zeit wohl nicht nur – nach eigener Angabe – seine Rede zum Revolutionsjubiläum vorbereitet, sondern auch jenes Buch über ›Die Perestrojka und das neue Denken für unser Land und für die ganze Welt‹ geschrieben, das am 1. November erschienen und in zahllosen Übersetzungen zum politischen Welt-Bestseller geworden ist. Die Funktion der beiden Texte ist grundverschieden: Ging es bei der Jubiläumsansprache darum, die glorreiche Kontinuität der Parteigeschichte so ausgewogen mit maßvoller Kritik an einzelnen ihrer Phasen zu verbinden, daß sich weder die konservativen Bremser noch die liberalen Beschleuniger von Offenheit und Umbau herausgefordert fühlten, so war dem Buch die Aufgabe zugedacht, das neue Denken des Generalsekretärs auf Dauer jedermann zugänglich zu machen, unabhängig von Entstellungen der Tagesmedien durch unauffällige Zensur innerhalb und sensationslüsterne Übertreibung außerhalb des Machtbereichs der Sowjetunion. Wie gespannt die Atmosphäre war, erwies sich auf dem das Jubiläum vorbereitenden Plenum des Zentralkomitees, als der radikalste Reformer Boris Jelcin die Konservativen hemmungslos angriff; es hat ihn unter persönlicher Mitwirkung Gorbačevs am 11. November sein Amt als Moskauer Parteichef und auf dem nächsten ZK-Plenum im Februar 1988 auch die Mitgliedschaft (als Kandidat) im Politbüro gekostet, seine politischen Aktivitäten beendet hat es nicht. Andererseits hat diese Distanzierung Gorbačevs vor allzu eifrigen Umbauern, seine im Vergleich zur Geheimrede Chruščevs auf dem XX. Parteikongreß eher zurückhaltende Vergangenheitsbewältigung und sein ideologisch unanfechtbares Festhalten am Erbe Lenins nicht verhindert, daß am 13. März 1988 in der Zeitung Sovetskaja Rossija, dem Parteiorgan der Russischen Föderativen Sowjetrepublik, der Leserbrief einer völlig unbekannten

Leningrader Hochschulprofessorin namens Nina Andreevna erschien, in dem rücksichtslos an Glasnost', Perestrojka und Vergangenheitsbewältigung Kritik geübt wurde, und zwar in einem Sinne, der nicht anders als extrem neostalinistisch bezeichnet werden kann. Leserbriefe sind eine fragwürdige Quelle, und es mag schon sein, daß sich die betagte Chemikerin die Wut über den Zusammenbruch ihres sowjetpatriotischen Welt- und Geschichtsbildes von der Seele geschrieben hat. Aber der Tenor ihrer Kritik erinnerte sehr an Warnungen vor zuviel Glasnost', die Ligačev in Reden während Gorbačevs Abwesenheit im vergangenen Sommer ausgesprochen hatte; auch der Andreevna-Brief erschien, als Gorbačev zu einem Besuch in Jugoslawien abwesend war. Zudem bedurfte es für die Veröffentlichung eines solchen Leserbriefes, welcher Provenienz auch immer, einer Zeitungsredaktion, die das für richtig hielt. Gorbačevs Gegner machten von der Glasnost', die sie bekämpften, sehr wohl Gebrauch, sofern sie als Pressefreiheit in ihrem Interesse lag.

Unmißverständlicher Widerstand gegen seine Politik hat den Generalsekretär nicht gehindert, seine Vorschläge für die weitere Entwicklung der Sowjetunion zu einem demokratischen Rechtsstaat sowohl im Politbüro wie bei den fast 5000 Delegierten der 19. Parteikonferenz vom 28. Juni – 1. Juli 1988 durchzusetzen. Daß Gorbačev auf dieser Massenversammlung unter anderem auch die Vereinigung von Partei- und Verwaltungsämtern in einer Person propagierte, mochte noch hingehen, aber was war davon zu halten, daß er sie auch auf höchster Ebene anstrebte: Ein im April 1989 frei zu wählender ›Kongreß von Volksdeputierten‹ sollte seinerseits einen neuen Obersten Unionssowjet und dessen Vorsitzenden zum Staatspräsidenten mit besonderen Vollmachten wählen. Wer gemeint war, wurde deutlich, als der Generalsekretär am 1. Oktober zum Vorsitzenden des Präsidiums des bestehenden Obersten Sowjet, also zum formalen Staatsoberhaupt gewählt wurde. Am selben Tag wurde Čebrikov als KGB-Chef abgelöst, einen Tag vorher hatte das Zentralkomitee dem Vollmitglied des Politbüros Ligačev die Zuständigkeit für den Bereich der Ideologie entzogen und ihm den der Landwirtschaft anvertraut, was einer Degradierung gleichkam. Die Sitzungen beider Gremien waren kurzfristig einberufen worden. Wie geplant, so geschah es dann auch: Am 1. Dezember hat der Oberste Unionssowjet die für eine Änderung der Verfassung und des Wahlrechts erforderlichen Gesetze verabschiedet, am 26. Dezember begann die Nominierung der Kandidaten für die Wahl zum Kongreß der Volksdeputierten, am 26. März 1989 erfolgte die Wahl bei durchschnittlich 75 % Wahlbeteiligung, nach einer durch Nach- und Stichwahlen bedingten Verzögerung trat der Kongreß der Volksdeputierten am 25. Mai zu seiner ersten Sitzung zusammen, und am 15. März 1990 wählte der Kongreß den Generalsekretär der KPdSU Michail Gorbačev zum ersten Staatspräsidenten der Sowjetunion, nachdem er zwei Tage zuvor dieses mit großen Vollmachten ausgestattete Amt geschaffen und durch Neuformulierung des Artikels 6 der Verfassung das Machtmonopol der Kommunisten beseitigt hatte. Am 28. März hielt der Staatspräsident seine erste Rede vor dem Präsidentschaftsrat, mit dem er sich inzwischen umgeben hatte und der sich erheblich vom Politbüro der Partei unterschied. Daß diese Rede vornehmlich der weiter verschärften Wirtschaftskrise gewidmet war, brachte nur eine der vielen Realitäten ins Spiel, die inzwischen zu bewältigen waren.

Die unerwünschten Folgen

Setzen wir voraus, daß ein grundlegender Umbau des sowjetischen Wirtschaftssystems unvermeidbar war, daß dieser sich ohne Mobilisierung des Faktors ›Mensch‹ durch zunehmend offene Diskussion aller Probleme – nicht nur der ökonomisch-sozialen – nicht erreichen ließ, und daß der über Jahre hinweg nur sehr geringe Erfolg Enttäuschung hervorrufen mußte, so ergaben sich sehr unterschiedliche Folgen. Als positiv ist die Entwicklung der sowjetischen Außenpolitik einzuschätzen, die seit Gorbačevs Amtsantritt zielbewußt den Abbau der Isolierung seit der sowjetischen Okkupation Afghanistans anstrebte. Auch in diesem Bereich waren Rückschläge unvermeidlich, und es dauerte geraume Zeit, bis das ›neue Denken‹ der sowjetischen Führung einige Glaubwürdigkeit gewann. Es ist allerdings zu bedenken, daß Außenpolitik die Angelegenheit von zumindest zwei Partnern ist, und daß Listigkeit wie Taktlosigkeit nicht immer auf derselben Seite gesucht werden dürfen. Immerhin haben die vier Gipfeltreffen Gorbačevs mit dem amerikanischen Präsidenten Reagan vom November 1985 (in Genf) bis Mai/Juni 1988 (in Moskau) nicht nur zum ergebnislosen Abbruch in Reykjavik (12. Oktober 1986), sondern auch zur Unterzeichnung des INF-Abkommens (Mittelstrecken-Kernwaffen [Intermediate nuclear forces]) in Washington vom 8. Dezember 1987 geführt. Die Kosten des Rüstungswettlaufs mit den USA und eines weltweiten imperialen Engagements auf ideologischer Grundlage waren viel zu hoch, um auf die Dauer getragen werden zu können, und so erwies es sich bald, daß die Führung im Kreml nun bereit war, ihre Positionen zu reduzieren, wenn sie dafür andere Vorteile einhandeln konnte. Das gilt auch für die Beziehungen zu westeuropäischen Mächten. Die Bedeutung eines Symbols hatte der Fall Afghanistan. Als am 14. April 1989 die Außenminister Afghanistans, Pakistans und der Sowjetunion in Genf ein Abkommen unterzeichneten, das unter anderem den Abzug aller ausländischen Truppen bis zum 15. Februar 1990 vorsah, waren am 1. Mai zum erstenmal wieder die diplomatischen Vertreter des Westens bei der traditionellen Militärparade anwesend; die Sowjetunion hat sich an den Termin gehalten. Die Kontakte mit China und Japan wurden häufiger, ohne daß allerdings eine endgültige Beilegung des Grenzstreites bzw. ein Friedensvertrag in Sicht gekommen wäre. Das Stichwort ›Kontakte‹ weist auf eine weniger diplomatisch-dokumentarische als persönlich geführte Außenpolitik hin, auf höchster Ebene durch Gorbačev selbst und seinen Außenminister Ševardnadze, der kaum ein wichtigeres Land auf der Welt unbesucht gelassen hat. Daß die Rückführung militärischer Verbände, wenn sie größeren Umfang annahm und nicht die Rettung aus unmittelbarer Lebensgefahr bedeutete, soziale Probleme im Hinterland schaffen konnte, sollte die Entwicklung in anderen

Gebieten des sowjetischen Machtbereichs zeigen. Auf jeden Fall war eine weitere Ausdehnung kostspieliger Verbindlichkeiten zu vermeiden und daher in den zahlreichen Konflikten der Welt eine vermittelnde Rolle einzunehmen, ohne das eigene Mitspracherecht und eventuell auf dem Spiele stehende materielle Interessen aufzugeben. Eine solche Verallgemeinerung verschleiert allerdings die sehr unterschiedlichen Voraussetzungen in den Konfliktzonen von Kambodscha über den Golfkrieg und die israelisch-arabische Auseinandersetzung bis nach Angola. Daß Afrika auch deshalb an Bedeutung verlor, weil in den Bruderländern dort die Enttäuschung über das aus ideologischem Utopismus übernommene und überall versagende sowjetische Wirtschaftssystem um sich griff, steht auf einem anderen Blatt. Daß andererseits mit den lateinamerikanischen Positionen Kuba und Nicaragua auch historisches Prestige verbunden war, machte die Sache nicht besser. Gesprächs- und Vermittlungsbereitschaft um des Friedens willen – mochten auch unauffällige Waffenlieferungen nebenher gehen – ließ Gorbačev im Westen zum populärsten und beliebtesten Weltpolitiker werden, wie die überschwängliche Reaktion der Bevölkerung bei seinem mehrtägigen Besuch in der Bundesrepublik Deutschland im Juni 1989 zeigte. Daheim interessierten seine außenpolitischen Erfolge wenig, man hatte andere Sorgen, und der ausbleibende wirtschaftliche Erfolg der Perestrojka reduzierte sein Ansehen erheblich.

Nomenklatura und Bürokratie waren nicht bereit, über ihren Schatten zu springen. Was konnte den fundamentalen Umbau besser bremsen als Unruhe unter den Arbeitern, die sich in ihren Hoffnungen getäuscht sahen, sich dank Glasnost' eines alten Kampfmittels erinnerten und zu streiken begannen. Die Streikwelle, die im Juli 1989 bei den Bergleuten im sibirischen Meždurečensk begann und sich sehr rasch auf Kusbas und Donecbecken, ja bis Vorkuta und Karaganda ausbreitete, mußte alarmierend wirken. Die örtlichen Funktionäre waren hilflos, Unionsregierung und Parteispitze riefen allein schon der wirtschaftlichen Folgen wegen zur sofortigen Beendigung des Streiks auf, zeigten aber Gesprächsbereitschaft und örtliches Entgegenkommen. An den lebensgefährdenden

Arbeitsbedingungen änderten geringfügige Lohnerhöhungen allerdings nichts, auch nicht der Entwurf eines Streikrechts, das im folgenden Jahr Gesetz wurde. Wenn die Offenheit aller Auseinandersetzungen Demonstrationen weitgehend unbehindert ließ und diese allmählich zum Alltag gehörten, konnte es nicht ausbleiben, daß sich die Grenzen zwischen den Zielen der Demonstranten immer mehr verwischten, nämlich den sozialen, die auch den Ruf nach freien Gewerkschaften enthielten, den ökologischen im Kampf für die Gesundheit von Frauen und Kindern, den konservativen im Verlangen nach Ruhe und ungestörter Existenz, und vor allem den nationalen. Da wurde im Grunde nichts Neues offenbar: Sich mit gegebenen Verhältnissen abzufinden, auch wenn sie unerfreulich waren, hatte man in Jahrzehnten gelernt; schließlich hatte die Sowjetunion den Großen Vaterländischen Krieg gewonnen, warum sollte sie nicht in gewohnter Weise auch mit vorübergehenden Schwierigkeiten auf dem sicheren Weg in eine paradiesische Zukunft fertigwerden. Umgekehrt hatte es Kritik im Untergrund immer gegeben, und im Zeitalter moderner Medien war man nicht mehr nur auf Gerüchte darüber angewiesen, daß es anderswo besser war, zum Beispiel dem Raubbau an der Natur Grenzen gesetzt wurden. Und selbst dort, wo die urbane Assimilierung den Gebrauch der russischen Staatssprache selbstverständlich machte, wie dort, wo die Modernität des Denkens in Sprachnationen noch gar nicht hingekommen war, blieben die Menschen überwiegend in ihrer angestammten Kultur verwurzelt. Die Nationalitätenprobleme in aller Welt werden noch lange ein Gegenstand von Politik und Forschung bleiben. Auch in dieser Hinsicht ist das sowjetische Vielvölkerreich, Erbe des kaiserlichen Imperiums und ideologisch legitimierte Kolonialmacht zugleich, ein höchst komplizierter Sonderfall.

Die Eruption der nationalen Gegensätze begann mit einem regionalen Konflikt in Transkaukasien, wo ihr historisches Schicksal christliche Armenier und türkisch-islamische Azerbajdžaner in einer national, religiös und sozial unversöhnlichen Nachbarschaft und Vermischung zusammengeführt hat: Vom 18.–26. Februar 1988 forderten Massendemonstrationen der Armenier in Erevan die Wiedervereinigung der armenischen Enklave Nagornyj Karabach in der azerbajdžanischen mit der armenischen Sowjetrepublik. Über die azerbajdžanische Reaktion mit mörderischen Pogromen und die Ablehnung des armenischen Begehrens in Moskau eskalierte der Konflikt zu einem bürgerkriegsähnlichen Dauerzustand, den auch das Erdbeben am 7. Dezember und die direkte Unterstellung von Nagornyj Karabach unter die Unionsregierung am 12. Januar 1989 nur vorübergehend dämpfen konnten. Streik als Kampfmittel auch hier, Übergreifen der Unruhen auf Georgien und Übergang aller drei transkaukasischen Republiken zu einer gegen die russische Herrschaft gerichteten Kampagne mit dem Ziel voller Souveränität, das waren die weiteren Etappen. In disziplinierteren Formen und daher von der Weltöffentlichkeit weniger beachtet vollzog sich gleichzeitig auch in den baltischen Sowjetrepubliken stufenweise der Übergang zur Offenheit des Nationalbewußtseins im Rückblick auf die Geschichte und zur Forderung uneingeschränkter Souveränität einschließlich des Austritts aus der Union der Sowjetrepubliken. Nur am Rande können hier die nationalistischen Aktivitäten auf ganz anderer historisch-kultureller Basis in Zentralasien erwähnt werden. Westlich orientiert sind aber auch die Rumänen in der Moldauischen Sowjetrepublik, die ihre Sprache nun wieder lateinisch schreiben wollen. Man kann das alles als periphere Absetzbewegungen bagatellisieren, ›Volksfronten‹ in der Ukraine und in Weißrußland mit derselben Zielsetzung gehen jedoch an die Substanz des Sowjetstaates. Warum sollte ihnen die nationale Selbstbestimmung verwehrt bleiben, die den ›Blockstaaten‹ unter Aufhebung der Breženevdoktrin zugestanden worden ist? Der Zeithistoriker kann nur beobachten, was die Zeitgenossen laut denken und tun. Dazu gehört auch die von Angst bestimmte Reaktion der Russen, und nicht nur jener, die als Minderheit in den nationalen Sowjetrepubliken, die so inzwischen nicht mehr heißen wollen, um ihre materielle Existenz fürchten. Diese Reaktion reicht von einem tradierten Sowjetpatriotismus über nationale Selbstbesinnung sehr verschiedener, nicht zuletzt religiöser Art bis zu einem primitiven Chauvinismus auch antisemitischer Tendenz. Die tragende Organisation des letzteren hat sich aus einer Gesellschaft zur Pflege historischer Denkmäler entwickelt und heißt ›Pamjat'‹ (Gedächtnis, Erinnerung); so blieb einer anderen, im Januar 1989 gegründeten, ebenfalls dem Gedächtnis, und zwar dem Gedenken aller Stalinopfer und in der Sowjetunion politisch Verfolgten, verpflichteten Gesellschaft nur der Ausweg, sich ›Memorial‹ zu nennen. Das in aller Welt gefeierte 1000 Jahre-Gedenken, das Millennium der Taufe Rußlands, war auch in der Sowjetunion ein geeigneter Anlaß, sich in aller Offenheit des alle Verbindenden in der eigenen Geschichte zu erinnern. Daß Gorbačev vor Beginn der beiden Festwochen im Juni am 29. April 1988 den Patriarchen Pimen von Moskau und ganz Rußland im Kreml empfing, ließ aufhorchen. Wer hätte nicht begrüßt, daß nun auch die russisch-orthodoxe Kirche an Glasnost' und Perestrojka teilhaben sollte, wie man ihr versprach. Das Versprechen wurde gehalten, aber seitens der Kirche waren in der Folge die großrussisch-nationalistischen Untertöne unüberhörbar, besonders anläßlich eines weiteren Jubiläums, der 400 Jahre-Feier der Begründung des Moskauer Patriarchats im Jahr 1589. Der Gegensatz zwischen ökumenischen Lippenbekenntnissen und unerbittlicher Härte des Moskauer Partriarchats, wenn es um das kirchliche Selbstbestimmungsrecht der Ukrainer geht, ist nicht zu übersehen. Wie lebendig Geschichte werden kann, wenn die Geschichte selbst einen Punkt erreicht hat, der nicht vorauszusehen war, zeigt auch das lange Zögern, bis endlich das Geheimprotokoll zum Hitler-Stalin-Pakt und die eigene Schuld am Massaker von Katyn in die volle Offenheit einbezogen werden konnten. Vorhersagen sind nicht Sache des Historikers, er kann nur mit gebotener Vorsicht feststellen, daß der Weg zu einer freiheitlichen Demokratie – reich an Hindernissen und sehr schmal zwischen unkontrollierbarem Chaos und gewaltsamer Repression – offen zu sein scheint.

STAMMTAFELN

STAMMTAFEL DER RURIKIDEN

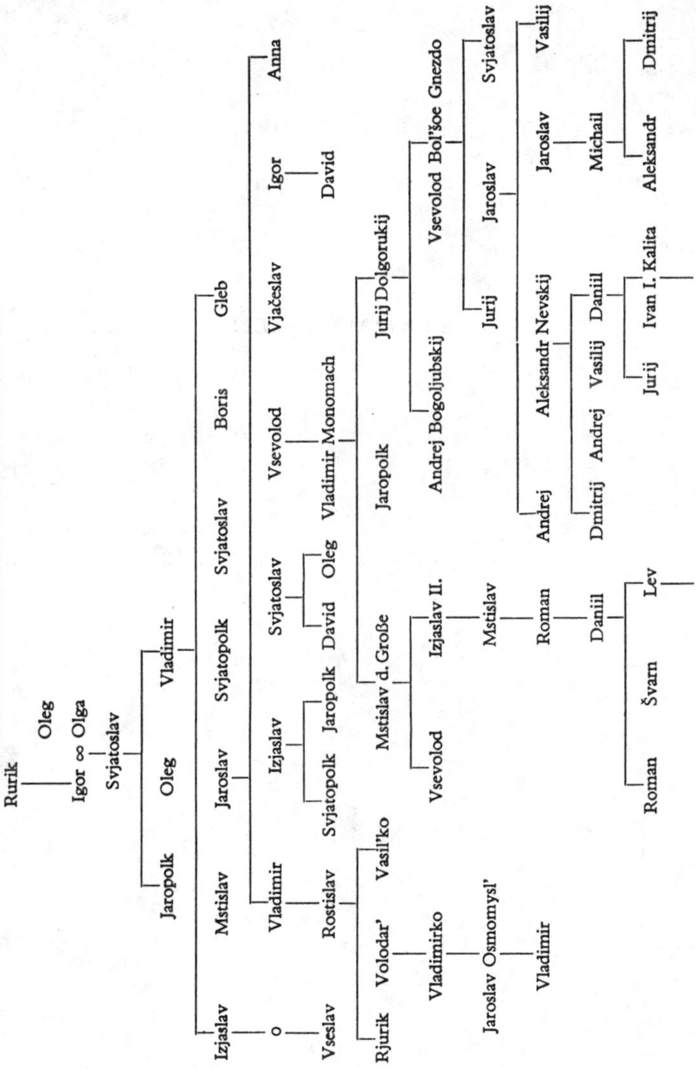

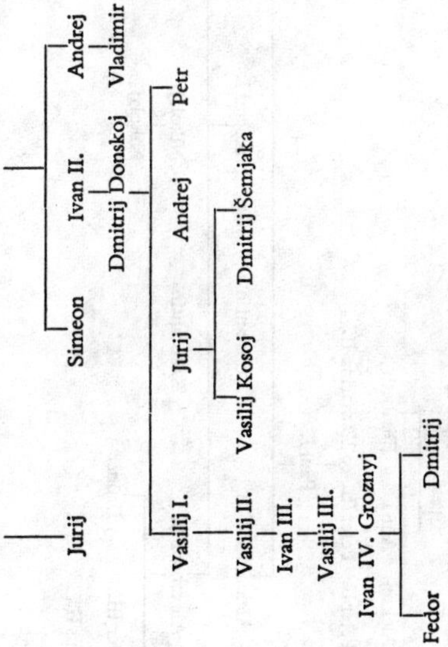
Jurij
Simeon
Ivan II.
Andrej
Dmitrij Donskoj
Vladimir
Vasilij I.
Jurij
Andrej
Petr
Vasilij II.
Vasilij Kosoj
Dmitrij Šemjaka
Ivan III.
Vasilij III.
Ivan IV. Groznyj
Fedor
Dmitrij

STAMMTAFEL DER DYNASTIE ROMANOV

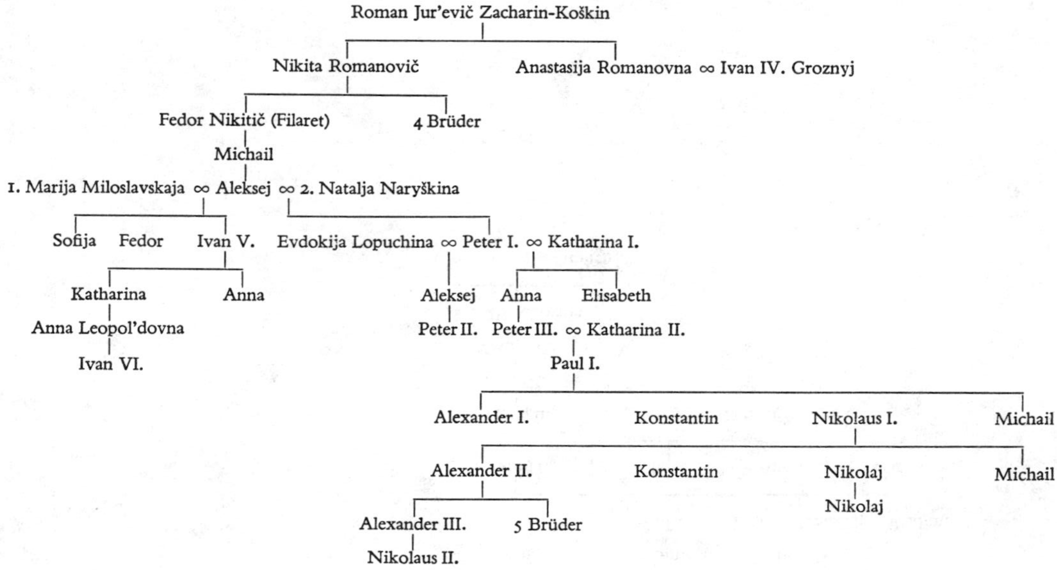

DAS KIEVER REICH (12. JAHRHUNDERT)

Grenzen der Fürstentümer
Grenze des Kiever Reiches
Hauptorte der Fürstentümer
Grenze im Norden nicht genau bestimmbar

DER MOSKAUER STAAT

DIE AUSDEHNUNG DES RUSSISCHEN REICHES NACH WESTEN

— Grenze des russischen Reiches 1689

Erwerbungen Peters des Großen (1721)

Erwerbungen Katharinas II.:

1. polnische Teilung 1772

2. polnische Teilung 1793

3. polnische Teilung 1795

sonstige Erwerbungen Katharinas

Erwerbungen Pauls I.

Erwerbungen Alexanders I.:

kaukasische Erwerbungen

Finnland

Tarnopol

Kongreßpolen Bessarabien

.... Erwerbungen Nikolaus I.

– – – Erwerbungen Alexanders II.

DIE AUSDEHNUNG DES RUSSISCHEN REICHES NACH OSTEN

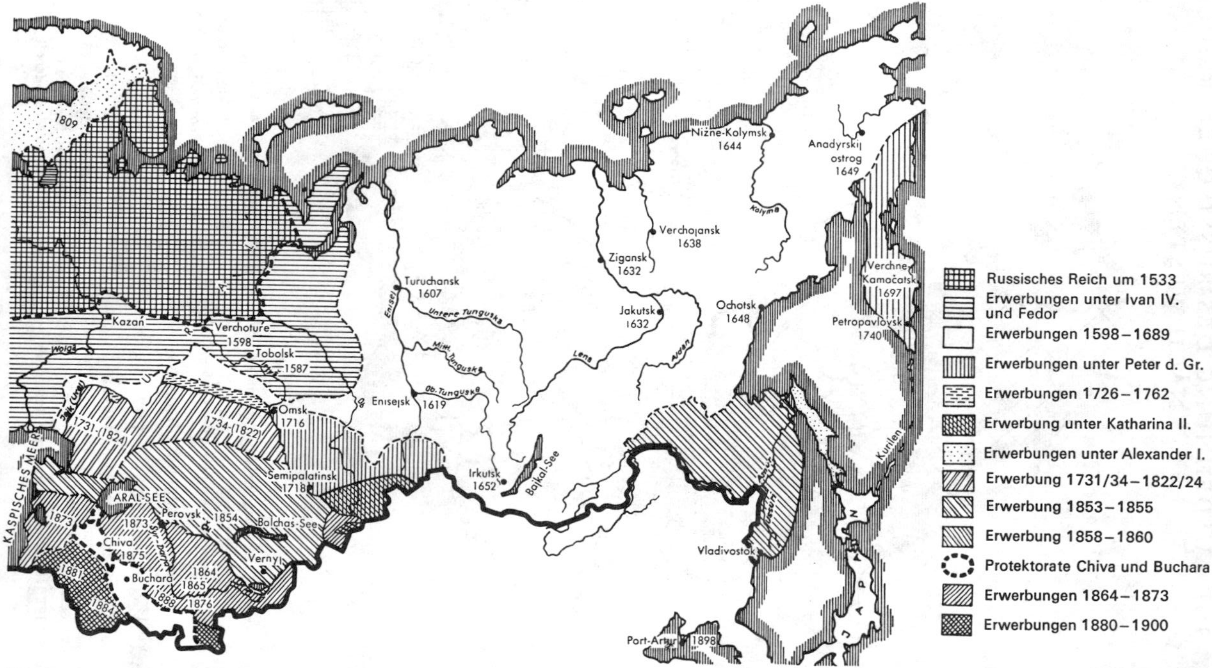

LITERATURHINWEISE

Ein eingehenderes Studium der russischen Geschichte ist nicht möglich ohne Kenntnis der russischen Sprache und daher ohne die Möglichkeit, die originalen Quellen zur russischen Geschichte zu lesen und in das reiche Schrifttum der vor- und nachrevolutionären russischen Historiographie Einsicht zu nehmen. Unter diesem Gesichtspunkt sind die nachfolgenden Hinweise zu verstehen. Sie sollen keine Bibliographie ersetzen, sondern Anregungen geben, die geeignet sind, den Studierenden in die wissenschaftliche Problematik einzuführen. Daher überwiegen Publikationen jüngeren Datums. Daß sowjetische Historiker von anderen Voraussetzungen an ihre Arbeit herangehen, bedarf keiner Erläuterung. Im allgemeinen wird die angeführte nichtsowjetische Literatur eine kritische Stellungnahme ermöglichen.

Einleitung und geographische Voraussetzungen

Zu den Chroniken: R.P. Dmitrieva, Bibliografija russkogo letopisanija. 1962 – A.A. Šachmatov, Obozrenie russkich letopisnych svodov XIV–XVI vv. 1938 – M.D. Priselkov, Istorija russkogo letopisanija XI–XV vv. 1940 – D.S. Lichačev, Russkie letopisi i ich kul'turno-istoričeskoe značenie. 1947 – A.A. Šachmatov 1864–1920. Sammelband. 1947 – A.N. Nasonov Istorija russkogo letopisanija XI-načala XVIII veka. 1969 – Übersicht über die Quelleneditionen für das Mittelalter: H.F. Schmid, Le pubblicazioni di fonti storiche medioevali nei paesi slavi, in Romania e Ungheria. In: Le Fonti del Medioevo Europeo. 1954; ferner die Zusammenstellung von Quellen, Zeitschriften und Ausländerberichten bei J. Kulischer, Russische Wirtschaftsgeschichte. 1925 (S. IX–XIII) – Als Nachschlagewerk nützlich: S.G. Pushkarev, Dictionary of Russian Historical Terms from the eleventh century to 1917. 1970 – M. Benson, Dictionary of Russian Personal Names. With a Guide to Stress and Morphology. 1964 – I.U. Budovnic, Slovar' russkoj, ukrainskoj, belorusskoj pis'mennosti i literatury do XVIII veka. 1952 – I.L. Šerman, Russkie istoričeskie istočniki X–XVIII vv. 1959 – V.I. Strel'skij, Istočnikovedenie istorii SSSR. Period imperializma. Konec XIX v.–1917 g. 1962 – N.P. Eroškin, Očerki istorii gosudarstvennych učreždenij dorevoljucionnoj Rossii. 1960 – Zur russischen Historiographie die Bibliographie Istorija istoričeskoj nauki v SSSR. Dooktjabr'skij period. Bibliografija. 1965, und neben älteren Arbeiten von Solov'ev, Bestužev-Rjumin, Kojalovič, Miljukov, Ikonnikov die Zusammenfassungen: D.I. Bagalej, Russkaja istoriografija. 1911 – N.L. Rubinštejn, Russkaja istoriografija. 1941 – Očerki istorii istoriočeskoj nauki v SSSR. 4 Bde. 1955–1966 – S.L. Peštič, Russkaja istoriografija XVIII veka. 3 Bde. 1961–1971 – L.V. Čerepnin, Russkaja istoriografija do XIX veka. 1957 – V.E. Illerickij/I.A. Kudrjavcev, Istoriografija istorii SSSR. 1961 – V.I. Astachov, Kurs lekcij po russkoj istoriografii (do konca XIX v.). 1965 – A.G. Mazour, Modern Russian Historiography. ²1958 – Ders., The Writing of History in the Soviet Union. 1971 – K.-D. Grothusen, Die Historische Rechtsschule Rußlands. 1962 – J.-J. Gapanovich, Historiographie russe (hors de la Russie). 1946 – Bibliographie: I.K. Kirpičeva, Handbuch der russischen und sowjetischen Bibliographien. 1962 – P. Bruhn, Gesamtverzeichnis russischer und sowjetischer Periodika u. Serienwerke in Bibliotheken d. Bundesrepublik Deutschland u. West-Berlins. 1960ff. – Einigermaßen, wenn auch nicht lückenlos erfaßt ist nur die sowjetische Literatur über die Zeit bis 1917 in: Istorija SSSR. Ukazatel' sovetskoj literatury 1917–1952. I, II, 1956–1958 – Ein Hilfsmittel zur Erfassung der Literatur vor 1917 ist: Bibliografija russkoj bibliografii po istorii SSSR. 1957 – Spravočniki po istorii dorevoljucionnoj Rossii. Bibliografija. 1971 – K. MAICHEL, Guide to Russian Reference Books. II. History, Auxiliary Historical Sciences, Ethnography, and Geography. 1964 – P. A. CROWTHER, A Bibliography of Works in English on Early Russian History to 1800. 1969 – D. SHAPIRO, A Select Bibliography of Works in English on Russian History 1801–1917. 1962 – Bibliographie der Arbeiten zur osteuropäischen Geschichte aus den deutschsprachigen Fachzeitschriften 1858–1964. 1966 – K. MEYER, Bibliographie zur osteuropäischen Geschichte. 1972 (Literatur in westeuropäischen Sprachen 1939–64) – M. HELLMANN (ed.), Osteuropa in der historischen Forschung der DDR, 2 Bde. (Bd. 2: Bibliographie). 1972 – N. F. DROBLENKOVA, Bibliografija sovetskich rabot po literatūre XI–XVII vv. za 1917–1957 gg. 1961 – Hilfswissenschaften: V. N. ŠČEPKIN, Russkaja paleografija. 1967 – L. V. ČEREPNIN, Russkaja paleografija. 1956 – M. N. TICHOMIROV/A. V. MURAV'EV, Russkaja paleografija. 1966 – E. I. KAMENCEVA, Russkaja chronologija. 1960 – N. G. BEREŽKOV, Chronologija russkogo letopisanija. 1963 – E. I. KAMENCEVA/ N. V. USTJUGOV, Russkaja sfragistika i geral'dika. 1963 – DIES., Russkaja metrologija. 1965 – W. H. PARKER, An Historical Geography of Russia. 1968 – C. GOEHRKE, Geographische Grundlagen der russischen Geschichte. In: JbfGO 18 (1970) S. 161–204 – A. E. ADAMS/J. M. MATLEY/ W. O. MCCAGG, An Atlas of Russian and East European History. 1966 – P. MICHOW, Die ältesten Karten von Rußland. 1962 (Neudruck) – L. BERG, Les régions naturelles de l'URSS. 1941 – I. E. BUČINSKIJ, Očerki klimata russkoj ravniny v istoričeskuju ėpochu. 1954 – Narody evropejskoj časti SSSR. 2 Bde. 1964. Von den älteren Historikern liegen folgende Neuausgaben vor: V. N. TATIŠČEV, Istorija Rossijskaja. 7 Bde. 1962–1968 – S. M. SOLOV'EV, Istorija Rossii s drevnejšich vremen. 15 Bde. 1959–1966 – V. O. KLJUČEVSKIJ, Sočinenija. 8 Bde. 1956–1959 – M. N. POKROVSKIJ, Izbrannye proizvedenija. 4 Bde. 1965–1967 – Maßgebende sowjetische Gesamtdarstellung jetzt: Istorija SSSR s drevnejšich vremen do našich dnej. Bisher 9 Bde. 1966–1971 – Zusammenfassende Darstellungen u. Aufsatzsammlungen zu Teilgebieten: Istorija diplomatii. 3 Bde. ²1959 bis 1965 – Stranicy boevogo prošlogo. Očerki voennoj istorii Rossii (Aufsatzsammlung). 1968 – Vnutrennaja politika carizma (seredina XVI–načalo XX v.). 1967 (Aufsatzsammlung) – S. G. STRUMILIN, Očerki ėkonomičeskoj istorii Rossii i SSSR (Aufsatzsammlung). 1966 – P. A. CHROMOV, Ėkonomičeskoe razvitie Rossii. 1967 – Istorija russkoj ėkonomičeskoj mysli. 3 Bde. 1955–1966 – M. F. VLADIMIRSKIJ-BUDANOV, Obzor istorii russkogo prava. ⁶1909 (Reprint 1966) – Kratkij očerk istorii russkoj kul'tury s drevnejšich vremen do 1917 goda. 1967 – A. A. GALAKTIONOV/ P. F. NIKANDROV, Russkaja filosofija XI–XIX vekov. 1970 – Istorija russkogo iskusstva. 13 Bde. 1953–1969 – T. T. RICE, Die Kunst Rußlands. 1965.

Fest- und Gedenkschriften für Rußlandhistoriker innerhalb und außerhalb der Sowjetunion (für die Zeit bis 1939 vgl. die Bibliographie internationale des travaux historiques publiés dans les volumes de ›Mélanges‹ I, 1955): Akademiku BORISU DMITRIEVIČU GREKOVU ko dnju semidesjatiletija, Sbornik statej. 1952 – Rußland-Studien. Gedenkschrift für OTTO

HOETZSCH. 1957 – Iz istorii obščestvennych dviženij i meždunarodnych otnošenij. Sbornik statej v pamjat' akademika EVGENIJA VIKTOROVIČA TARLE. 1957 – Russian Thought and Politics (Festschrift für MICHAEL KARPOVICH) = Harvard Slavic Studies 4 (1957) – Iz istorii russkogo i zapadnoevropejskogo iskusstva. Materialy i issledovanija. Sbornik posvjaščen 40-letiju naučnoj dejatel'nosti V.N. LAZAREVA. 1960 – Voprosy istorii sel'skogo chozjajstva, krest'janstva i revoljucionnogo dviženija v Rossii. Sbornik statej k 75-letiju akademika NIKOLAJA MICHAJLOVIČA DRUŽININA. 1961 – Voprosy social'no-ėkonomičeskoj istorii i istočnikovedenija perioda feodalizma v Rossii. Sbornik statej k 70-letiju A.A. NOVOSEL'SKOGO. 1961 – Issledovanija po archeologii SSSR. Sbornik statej v čest' professora M.I. ARTAMONOVA. 1961 – Istoriko-archeologičeskij sbornik. ARTEMIJU VLADIMIROVIČU ARCICHOVSKOMU k šestidesjatiletiju so dnja roždenija i tridcatipjatiletiju naučnoj, pedagogičeskoj i obščestvennoj dejatel'nosti. 1962 – Rossica externa. Studien zum 15.–17. Jh. Festgabe für PAUL JOHANSEN zum 60. Geburtstag. 1963 – Essays in Russian and Soviet History in Honor of GEROID TANQUARY ROBINSON. 1963 (= Studien zur Geschichte Osteuropas 8) – Problemy obščestvenno-političeskoj istorii Rossii i slavjanskich stran. Sbornik statej k 70-letiju akademika M.N. TICHOMIROVA. 1963 – Iz istorii mežslavjanskich kul'turnych svjazej. K semidesjatiletiju MICHAILA NIKOLAEVIČA TICHOMIROVA. 1963 (= Učenye zapiski instituta slavjanovedenija 26) – Archeografičeskij Ežegodnik za 1962 god (k 70-letiju akademika M.N. TICHOMIROVA). 1963 – Absoljutizm v Rossii (XVII–XVIII vv.). Sbornik statej k semidesjatiletiju so dnja roždenija i sorokapjatiletiju naučnoj i pedagogičeskoj dejatel'nosti B.B. KAFENGAUZA. 1964 – Meždunarodnye otnošenija. Politika. Diplomatija. XVI–XX veka. Sbornik statej k 80-letiju akademika I.M. MAJSKOGO. 1964 – Issledovanija po otečestvennomu istočnikovedeniju. Sbornik statej, posvjaščennych 75-letiju professora S.N. VALKA. 1964 (= AN SSSR. Institut istorii. Leningradskoe otdelenie. Trudy 7) – Essays in Russian History. A Collection dedicated to GEORGE VERNADSKY. 1964 – Kul'tura drevnej Rusi. Poscjaščaetsja 40-letiju naučnoj dejatel'nosti NIKOLAJA NIKOLEVIČA VORONINA. 1966 – Goroda feodal'noj Rossii. Sbornik statej pamjati N.V. USTJUGOVA. 1966 – Oktjabŕ i graždanskaja vojna v SSR. Sbornik statej k 70-letiju akademika I.I. MINCA. 1966 – Novoe o prošlom našej strany. Pamjati akademika M.N. TICHOMIROVA. 1967 – Krest'janstvo i klassovaja boŕba v feodal'noj Rossii. Sbornik statej pamjati IVANA IVANOVIČA SMIRNOVA. 1967 – Kul'tura i iskusstvo drevnej Rusi. Sbornik statej v čest' professora M.K. KARGERA. 1967 – Slavjane i Ruś. K šestidesjatiletiju akademika BORISA ALEKSANDROVIČA RYBAKOVA. 1968 – Voprosy voennoj istorii Rossii. XVIII i pervaja polovina XIX vekov. (Festschrift für L.G. BESKROVNYJ). 1969 – Drevnie slavjane i ich sosedi (= Materialy i issledovanija po archeologii SSSR 176, Festschrift für P.N. TRET'JAKOV). 1970 – Issledovanija po social'no-političeskoj istorii Rossii. Sbornik statej pamjati BORISA ALEKSANDROVIČA ROMANOVA (= AN SSSR. Institut istorii SSSR. Leningradskoe otdelenie. Trudy 12). 1971 – Problemy istorii obščestvennogo dviženija i istoriografii. K 70-letiju akademika MILICI VASIL'EVNY NEČKINOJ. 1971 – Problemy social'no-ėkonomičeskoj istorii Rossii. Sbornik statej K 85-letiju so dnja roždenija akademika NIKOLAJA MICHAJLOVIČA DRUŽININA. 1971 – Itogi i zadači izučenija istorii Sibiri dosovetskogo perioda. Posvjaščaetsja pamjati VIKTORA IVANOVIČA ŠUNKOVA. 1971 – Problemy istorii feodal'noj Rossii. Sbornik statej k 60-letiju prof. V.V. MAVRODINA. 1971.

Die Landnahme

F. Dvornik, The Slavs. Their Early History and Civilization. 1956 (Rez. v. M. Hellmann, Zur Problematik d. slav. Frühzeit. In: JbfGO 7, 1959) – G. Vernadsky, Ancient Russia. 1943 – Ders., The Origins of Russia. 1959 – H. Paszkiewicz, The Origin of Russia. 1954 – Ders., The Making of the Russian Nation. 1963 – P. Miljukov, Očerki po istorii russkoj kul'tury. I,2. 1964 – Očerki istorii SSSR. Pervobytnoobščinnyj stroj i drevnejšie gosudarstva na territorii SSSR. 1956 – Očerki istorii SSSR. Krizis rabovladel'českoj sistemy i zaroždenie feodalizma na territorii SSSR. III–IX vv. 1958 – P.N. Tret'jakov, Vostočnoslavjanskie plemena. [2]1953 – V.P. Alekseev, Proischoždenie narodov vostočnoj Evropy. 1969 – Proischoždenie i ėtničeskaja istorija russkogo naroda po antropologičeskim dannym (= Trudy instituta étnografii im. N.N. Miklucho-Maklaja, ns t. 88). 1965 – V.V. Kropotkin, Ėkonomičeskie svjazi vostočnoj Evropy v I tysjačeletii našej éry. 1967 – M.Ju. Brajčevškyj, Pochodzennja Rusi. 1968 – Problemy vozniknovenija feodalizma u narodov SSSR. 1969 – Die Ergebnisse neuer Grabungen enthalten regelmäßig die Publikationen: Sovetskaja Archeologija; Materialy i issledovanija po archeologii SSSR; Kratkie soobščenija o dokladach i polevych issledovanijach Instituta istorii material'noj kul'tury.

M.I. Artamonov, Istorija Chazar. 1962 – D.M. Dunlop, The History of the Jewish Khazars. 1954 – Ch. Gerard, Les Bulgares de la Volga et les Slaves du Danube. 1939 – B.D. Grekov, Volžskie Bolgary v IX–X vekach. In: Istoričeskie zapiski 14. 1945 – A.P. Smirnov, Volžskie Bulgary. 1951 – V.F. Gening/A.Ch. Chalikov, Rannie Bolgary na Volge. 1964 – A.A. Vasiliev, The Goths in the Crimea. 1936 – A.L. Jakobson, Srednevekovyj Krym. 1964 – P.N. Tret'jakov, Finno-ugry, balty i slavjane na Dnepre i Volge. 1966 – T.J. Arne, La Suède et l'Orient. 1914 – I. Boba, Nomads, Northmen and Slavs. 1967 – B.N. Zachoder, Kaspijskij svod svedenij o vostočnoj Evrope. 2 Bde. 1962–1967.

Die Staatsbildung

Der Berufungsbericht in: Povest' vremennych let. 2 Bde. 1950 (dt. v. R. Trautmann, Die Nestorchronik. 1930 – Engl. v. S.H. Cross/O.P. Sherbowitz-Wetzor, The Russian Primary Chronicle. 1953) – Quellenauswahl in: Pamjatniki istorii Kievskogo gosudarstva IX–XII vv. 1936 – Chrestomatija po istorii SSSR. S drevnejšich vremen do konca XV veka. 1960 – Sbornik dokumentov po istorii SSSR dlja seminarskich i praktičeskich zanjatij. I. IX–XIII vv. 1970 – B. Dmytryshyn (ed.), Medieval Russia. A Source Book, 900–1700. 1967.

N.T. Beljaev, Rorik jutlandskij i Rjurik načal'noj letopisi. In: Seminarium Kondakovianum 3. 1929 – H. Łowmiański, Rorik frislandskij i Rjurik Novgorodskij. In: Skandinavskij sbornik 7. 1963 – V. Mošin, Varjago-russkij vopros. In: Slavia 1931 – A. Stender-Petersen, Varangica. 1953 – G. da Costa-Louillet, Y eut-il des invasions russes dans l'Empire byzantin avant 860? In: Byzantion 15, 1940/41 – A.A. Vasiliev, The Russian Attack on Constantinople in 860. 1946 – N.K. Chadwick, The Beginnings of Russian History. 1946 – M. de Taube, Rome et la Russie avant l'invasion des Tatars. I. Le prince Askold – Les origines de l'état de Kiev et la première conversion des Russes (856–882). 1947 – M. Hellmann, Slawisches, insbesondere ostslawisches Herrschertum. In:

Vorträge u. Forschungen 3 – Text der ›Griechenverträge‹ in allen Ausgaben der ›Povest' vremennych let‹, außerdem kommentiert in: Pamjatniki russkogo prava. I. Pamjatniki prava Kievskogo gosudarstva. X–XII vv. 1952 – S. Mikucki, Études sur la diplomatique russe la plus ancienne. I. Les traités byzantino-russes du X-e siècle. In: Bulletin de l'Académie Polonaise des Sciences et des Lettres. Classe de Philologie-Classe d'Histoire et de Philosophie. Supplément 7. 1953 – I. P. Šaskol'skij, Normanskaja teorija v sovremennoj buržuaznoj nauke. 1965.

I. M. Šekera, Mižnarodni zvjazky Kyïvśkoï Rusi. 1963 – Ders., Kyïvśka Ruś XI st. u mižnarodnych vidnosynach. 1967 – A. P. Novosel'cev/V. T. Pašuto/L. V. Čerepnin/V. P. Šušarin/Ja. N. Ščapov, Drevnerusskoe gosudarstvo i ego meždunarodnoe značenie. 1965 – V. M. Potin, Drevnjaja Ruś i evropejskie gosudarstva v X–XIII vv. Istoriko-numizmatičeskij očerk. 1968 – V. T. Pašuto, Vnešnjaja politika Drevnej Rusi. 1968 (Rez. v. O. Pritsak in: Kritika 5, 1968/69, H. 2, S. 1–11).

A. E. Presnjakov, Lekcii po russkoj istorii. I. Kievskaja Ruś. 1938 (beruht auf Vorlesungen der Jahre 1907/1908 u. 1915/1916) – B. D. Grekov, Kievskaja Ruś (Erstfassung 1936 u. d. Titel: Feodal'nye otnošenija v Kievskom gosudarstve. Ständig vermehrte u. veränderte Ausgaben u. d. Titel ›Kievskaja Ruś‹ 1939, 1944, 1949, 1953; jetzt auch im 2. Bd. der ›Izbrannye trudy‹ 1959 – V. V. Mavrodin, Obrazovanie drevnerusskogo gosudarstva i formirovanie drevnerusskoj narodnosti. 1971 – G. Vernadsky, Kievan Russia. 1948 – B. A. Rybakov, Drevnjaja Ruś. Skazanija, byliny, letopisi. 1963 – Ders., Pervye veka russkoj istorii. 1964.

Die Christianisierung

Allgemeine Darstellungen der russischen Kirchengeschichte: (Metropolit) Makarij, Istorija russkoj cerkvi – E. Golubinskij, Istorija russkoj cerkvi – N. Bonwetsch, Kirchengeschichte Rußlands im Abriß. 1923 – A. M. Ammann S. J., Abriß der ostslawischen Kirchengeschichte. 1950 – Zur Vorgeschichte der Christianisierung: N. Polonskaja, K voprosu o christianstve na Rusi do Vladimira. In: ŽMNP 1917 – V. A. Mošin, Christianstvo v Rossii do sv. Vladimira. In: Vladimirskij Sbornik. 1938 – G. v. Rauch, Frühe christliche Spuren in Rußland. In: Saeculum 7, 1956.

F. Dvornik, Byzantine Missions among the Slavs. 1970 – A. P. Vlasto, The Entry of the Slavs into Christendom. 1970 – Spezialliteratur über die Christianisierung Rußlands unter dem Gesichtspunkt der kirchlichen Jurisdiktion: Bulgarische These: M. D. Priselkov, Očerki po cerkovno-političeskoj istorii Kievskoj Rusi X–XII vv. 1913 – V. Nikolaev, Slavjanobălgarskijat faktor v christijanizacijata na Kievska Rusija. 1949 – Römische These: N. Baumgarten, Saint Vladimir et la conversion de la Russie. In: Orientalia Christiana 27, 1932 – M. Jugie, Les origines romaines de l'Église russe. In: Échos d'Orient 36, 1937 – Zur Missionsbistumstheorie abgeschwächt bei A. M. Ammann, Die Anfänge der Hierarchie im Kiever Rus-Reich. In: Ostkirchliche Studien 2, 1953 – Kirchliche Beziehungen Böhmen-Kiev: F. Dvornik, Les Bénédictins et la christianisation de la Russie. In: Église et les églises, I. 1954 – Griechische These: V. Laurent, Aux origines de l'église russe – l'établissement de la hiérarchie byzantine. In: Échos d'Orient 38, 1939 – E. Honigmann, Studies in Slavic Church History. A. The Foundation of the Russian Metropolitan Church according to Greek Sources. In: Byzantion 17, 1944/1945 – D. Obolenskij, Byzantium, Kiev and Moscow: A Study in Ecclesiastical Relations. In: Dumbarton Oaks Papers 11, 1957 – L. Mül-

LER, Zum Problem des hierarchischen Status und der jurisdiktionellen Abhängigkeit der russischen Kirche vor 1039. 1959 – A.D. STOKES, The Status of the Russian Church 988–1037. In: The Slavonic and East European Review 89, 1959 – A. POPPE, Państwo i kościół na Rusi w XI wieku. 1968 – Von sowjetischer Seite: M.V. LEVČENKO, Očerki po istorii russko-vizantijskich otnošenij. 1956 – M.N. TIKHOMIROV, The Origins of Christianity in Russia. In: History 152, 1959 – I.U. BUDOVNIC, Obščestvenno-političeskaja mysl' drevnej Rusi. 1960 – E. WINTER, Rußland und das Papsttum. I. Von der Christianisierung bis zu den Anfängen der Aufklärung. 1960 – Zur Geschichte des russischen Mönchtums grundlegend: I. SMOLITSCH, Russisches Mönchtum. Entstehung, Entwicklung und Wesen. 988–1917. 1953 – G. FEDOTOV, The Russian Religious Mind. Kievan Christianity. 1946 (Neudruck 1960) – DERS., Svjatye drevnej Rusi (X–XVII st.). 1959 (Neudruck) – W. PHILIPP, Ansätze zum geschichtlichen und politischen Denken im Kiever Rußland. 1940 – Das Paterikon des Kiever Höhlenklosters (ed. D. TSCHIŽEWSKIJ). 1964 – P. KAWERAU, Arabische Quellen zur Christianisierung Rußlands. 1967.

Stadt und Land

V. SERGEEVIČ, Russkija juridičeskija drevnosti. 3 Bde. 1900–1903 – M. D'JAKONOV, Očerki obščestvennago i gosudarstvennago stroja drevnej Rusi. ³1908 (dt. 1925) – S.A. KORF, Istorija russkoj gosudarstvennosti, I. 1908 – S.V. JUŠKOV, Istorija gosudarstva i prava SSSR, I. 1950 – M.F. VLADIMIRSKIJ-BUDANOV, Christomatija po istorii russkogo prava. ⁶1908 – Pravda Russkaja. I. Teksty. 1940, II. Kommentarii. 1947, III. Faksimil'noe vosproizvedenie tekstov. 1963 – Pamjatniki russkogo prava, I. Pamjatniki prava Kievskogo gosudarstva. 1952 – L.K. GOETZ, Das russische Recht, 4 Bde. 1910–1913 – G. VERNADSKY, Medieval Russian Laws. 1947 – M. SZEFTEL, Documents de droit public relatif à la Russie médiévale. 1963 – M.N. TICHOMIROV, Posobie dlja izučenija russkoj pravdy. 1953 – L.K. GOETZ, Kirchenrechtliche und kulturgeschichtliche Denkmäler Altrußlands nebst Geschichte des russischen Kirchenrechts. 1905 – JA.N. ŠČAPOV, Knjažeskie ustavy i cerkov' v drevnej Rusi XI–XIV vv. 1972 – G.E. KOČIN, Materialy dlja terminologičeskogo slovarja drevnej Rossii. 1937 (Reprint 1969) – K. RAHBEK SCHMIDT, Soziale Terminologie in russischen Texten des frühen Mittelalters (bis zum Jahre 1240). 1964.

P.B. STRUVE, Social'naja i ėkonomičeskaja istorija Rossii s drevnejšich vremen do našego, v svjazi s razvitiem russkoj kul'tury i rostom rossijskoj gosudarstvennosti. 1952 – A.P. NOVOSEL'CEV/V.T. PAŠUTO/L.V. ČEREPNIN, Puti razvitija feodalizma. 1972 – W. HENSEL, Anfänge der Städte bei den Ost- und Westslawen. 1967 – M.N. TICHOMIROV, Drevnerusskie goroda. ²1956 – Materialy i issledovanija po archeologii drevnerusskich gorodov, I. 1949 – M.K. KARGER, Drevnij Kiev. Očerki po istorii material'noj kul'tury drevnerusskogo goroda. 2 Bde. 1958–1961 – W. PHILIPP, Die religiöse Begründung der altrussischen Hauptstadt. In: Veröffentlichungen der Abteilung für slavische Sprachen und Literaturen des Osteuropa-Instituts (Slavisches Seminar) an der Freien Universität Berlin. Bd. 9. 1956 – B.D. GREKOV, Krest'jane na Rusi s drevnejšich vremen do XVII veka. ²1952 (auch dt.) – Očerki po istorii russkoj derevni X–XIII vv. 1956.

P.I. LJAŠČENKO, Istorija narodnogo chozjajstva SSSR. Dokapitalističeskie formacii. 1947 (auch engl.) – J. KULISCHER, Russische Wirtschaftsgeschichte, I. 1925 – B.A. RYBAKOV, Remeslo drevnej Rusi. 1948 – M.A.

BEZBORODOV, Steklodelie v drevnej Rusi. 1956 – V.L. JANIN, Denežnovesovye sistemy russkogo srednevekov́ja. Domongol'skij period. 1956. Istorija kul'tury drevnej Rusi. Domongol'skij period, I. Material'naja kul'tura. II. Obščestvennyj stroj i duchovnaja kul'tura. 1951 – B.A. ROMANOV, Ljudi i nravy drevnej Rusi. ²1966.

Die Blütezeit des Kiever Reiches

Kunst: I. GRABAR, Istorija russkogo iskusstva. 4 Bde. 1910–1915 – Istorija russkogo iskusstva, I, II. 1953–1954 – M. ALPATOV/M. BRUNOV, Geschichte der altrussischen Kunst. 1932 – D. AINALOV, Geschichte der russischen Monumentalkunst der vormoskowitischen Zeit. 1932 –Drevnerusskoe iskusstvo. Chudožestvennaja kul'tura domongol'skoj Rusi. 1972 – I. GRABAR, O drevnerusskom iskusstve. 1966 – V.N. LAZAREV, Russkaja srednevekovaja živopiś. 1970 – V.I. ANTONOVA/N.E. MNEVA, Katalog drevnerusskoj živopisi, I. XI-načalo XVI veka. 1963 – M.K. KARGER (ed.), Drevnerusskaja monumental'naja živopiś. 1964 – V.N. LAZAREV, Mozaiki Sofii Kievskoj. 1959 – DERS., Michajlovskie mozaiki. 1966 – B.A. RYBAKOV, Russkie datirovannye nadpisi XI–XIV vekov. 1964 – S. A. VYSOCKIJ, Drevnerusskie nadpisi Sofii Kievskoj XI–XIV vv. 1966 – V.L. JANIN, Aktovye pečati drevnej Rusi X–XV vv. I. Pečati X-načala XIII v. 1970.

Literatur: A. STENDER-PETERSEN, Geschichte der russischen Literatur, 2 Bde. 1957 – D. TSCHIŽEWSKIJ, Geschichte der altrussischen Literatur im 11., 12. u. 13. Jh. Kiever Epoche. 1948 – DERS., Das heilige Rußland. Russische Geistesgeschichte. I. 11.–17. Jh. 1959 – A.S. ORLOV, Drevnjaja russkaja literatura XI–XVI vv. 1937 – N.K. GUDZIJ, Istorija drevnej russkoj literatury. ⁴1950 – Istorija russkoj literatury (Akademieausgabe), I. 1941 (Neudruck 1967) – Materialreiches Periodikum: Trudy otdela drevnerusskoj literatury (bisher 26 Bde.) – Ausgewählte Texte in: Chrestomatija po drevnej russkoj literature XI–XVII vekov (ed. N.K. GUDZIJ). ⁶1955 – Chudožestvennaja proza Kievskoj Rusi XI–XIII vekov (ed. I.P. EREMIN/D.S. LICHAČEV). 1957 – D.S. LICHAČEV, Čelovek v literature drevnej Rusi. ²1970 – S.A. ZENKOVSKY (ed.), Medieval Russia's Epics, Chronicles, and Tales. 1963.

Niedergang und Zerfall des Kiever Reiches

G. VERNADSKY, Kievan Russia. 1948 – Očerki istorii SSSR. Period feodalizma IX–XV v.v. I. 1953 – M.N. TICHOMIROV, Krest'janskie i gorodskie vosstanija na Rusi XI–XIII v. v. 1955 –A.N. NASONOV, ›Russkaja zemlja‹, obrazovanie territorii drevnerusskogo gosudarstva. 1951 – I.I. SMIRNOV, Očerki social'no-ékonomičeskich otnošenij Rusi XII–XIII vekov. 1963 – B.A. RYBAKOV, ›Slovo o polku Igoreve‹ i ego sovremenniki. 1971 – DERS., Russkie letopiscy i avtor ›Slova o polku Igoreve‹. 1972 – A.E. PRESNJAKOV, Lekcii po russkoj istorii. II. Zapadnaja Ruś i Litovsko-russkoe gosudarstvo. 1939 (Reprint 1966) – V.T. PAŠUTO, Očerki po istorii galicko-volynskoj Rusi. 1950 – K.A. SOFRONENKO, Obščestvenno-političeskij stroj Galicko-Volynskoj Rusi XI–XIII vv. 1955 – P. HRYCAK, Halyćko-volynśka deržava. 1958 – Für den Südwesten stets grundlegend die Bände der Istorija Ukrajiny-Rusy von M. HRUŠEVŚKYJ – Zum Niedergang Kievs nur wenig ergibt die Stadtgeschichte: Istorija Kyjeva, I. 1960 – A.E. PRESNJAKOV, Obrazovanie velikorusskago gosudarstva. 1918 – M.K. LJUBAVSKIJ, Obrazovanie osnovnoj gosudarstvennoj territorii velikorusskoj narodnosti. Zaselenie i ob-edinenie centra. 1929 – DERS., Lekcii po drevnej russkoj istorii do konca XVI veka. [3]1918 – N.N. VORONIN, Zodčestvo severo-vostočnoj Rusi. 2 Bde. 1961–1962 – F. HALLE, Die Bauplastik von Wladimir-Ssusdal. Russische Romanik. 1929 – G.K. VAGNER, Skul'ptura Vladimiro-Suzdal'skoj Rusi. G. Juŕev Pol'skoj. 1964 – DERS., Skul'ptura Drevnej Rusi. XII vek. Vladimir – Bogoljubovo. 1969 – E.I. GORJUNOVA, K istorii gorodov severo-vostočnoj Rusi. In: Kratkie soobščenija . . . Instituta material'noj kul'tury, 59. 1955 – A.L. MONGAJT, Rjazanskaja zemlja. 1961 – L.V. ALEKSEEV, Polockaja zemlja (Očerki istorii severnoj Belorussii) v IX–XIII vv. 1966 – R. WITTRAM, Baltische Geschichte. Die Ostseelande Livland, Estland, Kurland 1180–1918. 1954 – L.K. GOETZ, Deutsch-russische Handelsverträge des Mittelalters. 1916.

Der Mongolensturm

G. VERNADSKY, The Mongols and Russia. 1953 – B. SPULER, Die Goldene Horde. Die Mongolen in Rußland 1223–1502. [2]1965 – DERS., Les Mongols dans l'histoire. 1961 – Tataro-Mongoly v Azii i Evrope. Sbornik statej. 1970 – B.D. GREKOV/A.JU. JAKUBOVSKIJ, Zolotaja orda i ee padenie. [2]1950 (franz. 1939) – M.G. SAFARGALIEV, Raspad zolotoj ordy. 1960 – V.V. KARGALOV, Vnešne-političeskie faktory razvitija feodal'noj Rusi. 1967 – V.T. PAŠUTO, Geroičeskaja boŕba russkogo naroda za nezavisimost' (XIII vek). 1956 – Kommentierte russ. Ausgabe des Reiseberichtes von Plano Carpini: Džiovanni del' Plano Karpini: Istorija Mongalov – Gil'om de Rubruk: Putešestvie v vostočnye strany. 1957 – V.I. MALYŠEV, Žitie Aleksandra Nevskogo. In: Trudy otdelenija drevne-russkoj literatury 5, 1947 – JU.K. BEGUNOV, Pamjatnik russkoj literatury XIII veka. ›Slovo o pogibeli russkoj zemli‹. 1955 – Ledovoe poboišče 1242 g. 1966 – Zur päpstlichen Politik: B.JA. RAMM, Papstvo i Ruś v X–XV vekach. 1959 (dazu A.M. AMMANN, Gedanken zu einigen neueren Veröffentlichungen aus der frührussischen Kirchengeschichte. In: Ostkirchliche Studien 9, 1960) – Zur litauischen Krönungsfrage Aufsätze von Z. IVINSKIS, M. HELLMANN und M. HOCIJ in: Zeitschrift f. Ostforschung 3, 1954 – Zur Geschichte des heidnischen Litauen v.a. die Arbeiten von S. ZAJĄCZKOWSKI (u.a. Dzieje Litwy pogańskiej do 1383 r. 1930) – M. HELLMANN, Die geschichtliche Bedeutung des Großfürstentums Litauen. In: Saeculum 9, 1958 – V.T. PAŠUTO, Obrazovanie litovskogo gosudarstva.

Die Zeit der unmittelbaren Tatarenherrschaft

A. ECK, Le moyen âge russe. 1933 – N.P. PAVLOV-SIL'VANSKIJ, Feodalizm v drevnej Rusi. 1907 – DERS., Feodalizm v udel'noj Rusi. 1910 – M. SZEFTEL, Aspects of Feudalism in Russian History. In: Feudalism in History (ed. R. Coulborn). 1956 – M. HELLMANN, Probleme des Feudalismus in Rußland. In: Vorträge u. Forschungen, 5 – M.N. TICHOMIROV, Istoričeskie svjazi Rossii so slavjanskimi stranami i Vizantiej. 1969 – W. KIRCHNER, Commercial Relations between Russia and Europe 1400 to 1800. Collectes Essyas. 1966 – C. GOEHRKE, Die Wüstungen in der Moskauer Ruś. Studien zur Siedlungs-, Bevölkerungs- und Sozialgeschichte. 1968 – Očerki russkoj kul'tury XIII–XV vekov. 1. Material'naja kul'tura, 2. Duchovnaja kul'tura. 1970 – B.N. PUTILOV/B.M. DOBROVOL'SKIJ (ed.), Istoričeskie pesni XIII–XVI vekov. 1960 – Sbornik dokumentov po istorii SSSR dlja seminarskich i praktičeskich zanjatij. II. XIV–XV vv. 1971.

Gramoty Velikogo Novgoroda i Pskova (Red. S.N. Valk). 1949 – Von den bei den Novgoroder Ausgrabungen seit 1951 gefundenen Schreiben auf Birkenrinde sind bisher 405 in sechs Bänden Novgorodskie gramoty na bereste, 1953–1963, ediert – L.V. Čerepnin, Novgorodskie berestjanye gramoty kak istoričeskij istočnik. 1969 – T.A. Sumnikova/V.V. Lopatin (ed.), Smolenskie gramoty XIII–XIV vekov. 1963 – M.N. Tichomirov, Srednevekovaja Moskva v XIV–XV vekach. 1957 – M.G. Rabinovič, O drevnej Moskve. 1964 – A.M. Sacharov, Goroda severo-vostočnoj Rusi XIV–XV vekov. 1959 – P. Johansen, Novgorod und die Hanse. In: Städtewesen und Bürgertum als geschichtliche Kräfte. Gedächtnisschrift für F. Rörig. 1953 – M.N. Tichomirov (ed.), Novgorod. K 1100-letiju goroda. 1964 – K. Onasch, Großnowgorod und das Reich der heiligen Sophia. Kirchen- und Kulturgeschichte einer alten russischen Stadt und ihres Hinterlandes. 1969 – Drevnerusskoe iskusstvo. Chudožestvennaja kul'tura Novgoroda. 1968. – L.V. Danilova, Očerki po istorii zemlevladenija i chozjajstva v novgorodskoj zemle v XIV–XV vv. 1955 – V.N. Bernadskij, Novgorod i novgorodskaja zemlja v XV veke. 1961 – V.L. Janin, Novgorodskie posadniki. 1962 – Ders., Aktovye pečati drevnej Rusi X–XV vv. II. Novgorodskie pečati XIII–XV vv. 1970 – A.L. Choroškevič, Torgovlja Velikogo Novgoroda s Pribaltikoj i zapadnoj Evropoj v XIV–XV vekach. 1963 – A.P. Pronštejn, Velikij Novgorod v XVI veke. 1957 – B.B. Kafengauz, Drevnij Pskov. Očerki po istorii feodal'noj respubliki. 1969 – Drevnerusskoe iskusstvo. Chudožestvennaja kul'tura Pskova. 1968 – V.V. Kostočkin, Russkoe oboronnoe zodčestvo konca XIII-načala XVI vekov. 1962 – Das Novgoroder und Pskover Recht in: Pamjatniki russkogo prava. II. Pamjatniki feodal'no-razdroblennoj Rusi XII–XV v.v. 1953 – I.D. Martysevič, Pskovskaja sudnaja gramota. 1951 – Die Nowgoroder Schra in sieben Fassungen vom XIII. bis XVII. Jahrhundert (ed. W. Schlüter). 1914 – Voinskie povesti drevnej Rusi. 1949 – Die dritte Predigt des Serapion von Vladimir in: Chrestomatija po drevnej russkoj literature XI–XVII vekov. [6]1955.

Der Aufstieg Moskaus

L.V. Čerepnin, Obrazovanie russkogo centralizovannogo gosudarstva v XIV–XV vekach. 1960 – V.V. Mavrodin, Obrazovanie edinogo russkogo gosudarstva. 1951 – L.V. Čerepnin, Russkie feodal'nye archivy XIV–XV vekov. 2 Bde. 1948–1951 – P. Nitsche (ed.), Der Aufstieg Moskaus. Auszüge aus einer russischen Chronik (= Slavische Geschichtsschreiber, Bd. 4, 5). 1966–1967 – Duchovnye i dogovornye gramoty velikich i udel'nych knjazej XIV–XVI vv. 1950 – Povesti o Kulikovskoj bitve. 1959 – P. Nitsche, Großfürst und Thronfolger. Die Nachfolgepolitik der Moskauer Herrscher bis zum Ende des Rjurikidenhauses. 1972 – S.V. Veselovskij, Issledovanija po istorii klassa služilych zemlevladel'cev. 1969 – A.D. Gorskij, Očerki ėkonomičeskogo položenija krest'jan severo-vostočnoj Rusi XIV–XV vv. 1960 – G.E. Kočin, Sel'skoe chozjajstvo na Rusi v period obrazovanija russkogo centralizovannogo gosudarstva. Konec XIII-načalo XVI v. 1965 – D.S. Lichačev, Kul'tura Rusi ėpochi obrazovanija russkogo nacional'nogo gosudarstva (konec XIV-načalo XVI v.). 1946 (Neudruck 1967) – Zur Frage der Klosterkolonisation u.a. A. A. Kizevetter, Russkij sever. 1919 – S.F. Platonov, Prošloe russkogo severa. 1923 – I.U. Budovnic, Monastyri na Rusi i bor'ba s nimi krest'jan v XIV–XVI vekach (po ›žitijam svjatych‹). 1966 – Zu deren geistlichem Hintergrund außer dem genannten Werk von Smolitsch: I. Kologrivof, Essai sur la sainteté en Russie. 1953 – M.-J. Rouet de Journel S.J., Monachisme et monastères russes. 1952 – A.A. Hackel, Sergij von Radonesch 1314–1392. 1956 – P. Kovalevsky, Saint Serge et la spiritualité russe. 1958 – G. Fedotov, Svjatye drevnej Rusi. 1931 (Neudruck 1959) – Russische Heiligenlegenden (ed. E. Benz). 1953.

Rückschläge. Übergewicht Litauens und Machtkampf innerhalb der Moskauer Votčina

P. Pierling, La Russie et la Saint-Siège. I. 1896 – A. Ziegler, Die Union des Konzils von Florenz in der russischen Kirche. 1938 – O. Halecki, From Florence to Brest (1439–1596). 1958 – Ders., The ecclesiastical separation of Kiev from Moscow in 1458. In: Studien zur älteren Geschichte Osteuropas. I. (= Wiener Archiv f. Geschichte d. Slawentums u. Osteuropas 2). 1956 – Reisebericht eines unbekannten Russen (1437–1440, ed. G. Stökl). In: Byzantinische Geschichtsschreiber 2. [2]1965 – Istorija russkogo iskusstva, II (Novgorod). 1954. III (Moskau). 1955 – M.V. Alpatov, Ėtjudy po istorii russkogo iskusstva. I. 1967 – Ders. (ed.), Andrej Rublev i ego ėpocha. 1971 – V.N. Lazarev, Andrej Rublev. 1960 – Ders., Feofan Grek i ego škola. 1961 – N. Demina, ›Troica‹ Andreja Rubleva. 1963.

N.A. Kazakova/Ja.S. Lure, Antifeodal'nye eretičeskie dviženija na Rusi XIV-načala XVI veka. 1955 – A.I. Klibanov, Reformacionnye dviženija v Rossii v XIV-pervoj polovine XVI v.v. 1960.

Die Sammlung des russischen Landes durch Moskau

Očerki istorii SSSR. Period feodalizma, konec XV v.-načalo XVII v. 1955 – G. Vernadsky, Russia at the Dawn of the Modern Age. 1959 – J.L.I. Fennell, Ivan the Great of Moscow. 1961 – I. Grey, Ivan III and the Unification of Russia. [2]1967 – G.B. Gal'perin, Forma pravlenija russkogo centralizovannogo gosudarstva XV–XVI vv. 1964 – A.K. Leont'ev, Obrazovanie prikaznoj sistemy upravlenija v russkom gosudarstve. Iz istorii sozdanija centralizovannogo gosudarstvennogo apparata v konce XV-pervoj polovine XVI v. 1961 – W. Schulz, Die Immunität im nordöstlichen Rußland des 14. u. 15. Jh.s. In: Forschungen zur osteuropäischen Geschichte 8. 1962 – Razrjadnaja kniga 1475–1598 gg. (ed. V.I. Buganov). 1966. – A.I. Markevič, Istorija mestničestva v moskovskom gosudarstve v XV–XVII veke. 1883 – S.M. Kaštanov, Social'no-političeskaja istorija Rossii konca XV – pervoj poloviny XVI veka. 1967 – E.I. Kolyčeva, Cholopstvo i krepostničestvo (konec XV–XVI v.). 1971 – A.L. Šapiro (ed.), Agrarnaja istorija severo-zapada Rossii. Vtoraja polovina XV–načalo XVI v. 1971 – H. Fleischhacker, Die staats- und völkerrechtlichen Grundlagen der moskauischen Außenpolitik (14.–17. Jh.). 1959 (Neudruck) – Meždunarodnye svjazi Rossii do XVII v. Sbornik statej. 1961 – N.N. Maslennikova, Prisoedinenie Pskova k russkomu centralizovannomu gosudarstvu. 1955 – K.V. Bazilevič, Vnešnjaja politika russkogo centralizovannogo gosudarstva. Vtoraja polovina XV veka. 1952 – I.B. Grekov, Očerki po istorii meždunarodnych otnošenij vostočnoj Evropy XIV–XVI vv. 1963 – E. AMBURGER, Die Anwerbung ausländischer Fachkräfte für die Wirtschaft Rußlands vom 15. bis ins 19. Jh. 1968 – Èkonomičeskie svjazi Pribaltiki s Rossiej. Sbornik statej. 1968 – H. UEBERSBERGER, Österreich und Rußland seit dem Ende des 15. Jh.s. I. 1488–1605. 1906 – B. PICARD, Das Gesandtschaftswesen Ostmitteleuropas in der frühen Neuzeit. Beiträge zur Geschichte der Diplomatie in der ersten Hälfte des 16. Jh.s nach den Aufzeichnungen des Freiherrn Sigmund von Herberstein. 1967 – G. STÖKL, Herbersteiniana. In: JbfGO 15, 1967 – K. FORSTREUTER, Preußen und Rußland von den Anfängen des Deutschen Ordens bis zu Peter dem Großen. ²1955 – G. BARBIERI, Milano e Mosca nella politica del rinascimento. 1957 – E.Č. SKRŽINSKAJA (ed.), Barbaro i Kontarini o Rossii. K istorii italorusskich svjazej v XV v. 1971 – Istoričeskie svjazi narodov SSSR i Rumynii v XV-načale XVIII v. I. 1408–1632. 1965 – H. JABLONOWSKI, Westrußland zwischen Wilna und Moskau. 1955 – O.P. BACKUS, Motives of West Russian Nobles in Deserting Lithuania for Moscow, 1377–1514. 1957 – R. BÄCHTOLD, Südwestrußland im Spätmittelalter. 1951 – D.I. MYŠKO, Ukraïnśko-rosijśki zvjazky v XIV–XVI st. 1959.

H. SCHAEDER, Moskau das Dritte Rom. ²1957 – M. CHERNIAVSKY, Tsar and People. Studies in Russian Myths. 1961 – G. RHODE, Vyvod: Zwangsumsiedlungen in Osteuropa vor der Oktoberrevolution. In: Festgabe für H. Aubin. 1951 – D. GERHARD, Regionalismus und ständisches Wesen als ein Grundthema europäischer Geschichte. In: Historische Zeitschrift 174, 1952.

Zum Kremlumbau: Istorija russkogo iskusstva III. 1955 – Istorija Moskvy I. 1952 – Chudožestvennye pamjatniki Moskovskogo Kremlja. 1956 – Drevne-russkoe iskusstvo. Chudožestvennaja kul'tura Moskvy i priležaščich k nej knjažestv. XIV–XVI vv. 1970.

Sudebniki XV–XVI vekov (Red. B.D. GREKOV; Akademieausgabe). 1952 – Der Sudebnik von 1497 in: Pamjatniki russkogo prava 3. Pamjatniki prava perioda obrazovanija russkogo centralizovannogo gosudarstva. XIV–XV v.v. 1955 – HERBERSTEIN, Rerum Moscoviticarum Commentarii (Reprint 1964).

Selbstherrschertum und Machtkirche

I.I. SMIRNOV, Očerki političeskoj istorii russkogo gosudarstva 30–50ch godov XVI veka. 1958 – J.L.I. FENNELL, The Dynastic Crisis 1497–1502. In: Slavonic and East European Review 92, 1960 – A.A. ZIMIN, Rossija na poroge novogo vremeni (Očerki političeskoj istorii Rossii pervoj treti XVI v.) 1972 – W.K. MEDLIN, Moscow and East Rome. A Political Study of the Relations of Church and State in Muscovite Russia. 1952 – JA.S. LUŔE, Ideologičeskaja bořba v russkoj publicistike konca XV-načala XVI veka. 1960 – T. ŠPIDLIK S.J., Joseph de Volokolamsk. 1956 – Poslanija Iosifa Volockogo (ed. A.A. ZIMIN/JA.S. LURE). 1959 (enthält nicht das Hauptwerk gegen die Häretiker, den ›Prosvetitel'‹) – F. v. LILIENFELD, Nil Sorskij und seine Schriften. 1963 – N.A. KAZAKOVA, Vassian Patrikeev i ego sočinenija. 1960 – DIES., Očcerki po istorii russkoj obščestvennoj mysli. Pervaja tret' XVI veka. 1970 – H.-D. DÖPMANN, Der Einfluß der Kirche auf die moskowitische Staatsidee. Staats- und Gesellschaftsdenken bei Josif Volockij, Nil Sorskij und Vassian Patrikeev. 1967 – R.P. DMITRIEVA, Skazanie o knaźjach Vladimirskich. 1955 – Auszüge aus den Werken von Iosif von Volokolamsk und Nil Sorskij in: Slavische Geisteswelt. Rußland (ed. M. WINKLER). 1955 – E. DENISSOFF, Maxime le Grec et l'Occident. 1943 – G. STÖKL, Das Echo von Renaissance und Reformation im Moskauer Rußland. In: JbfGO 7, 1959 – A. A. ZIMIN, Osnovnye problemy reformacionno-gumanističeskogo dviženija v Rossii XIV–XVI vv. In: Istorija, fol'klor, iskusstvo slavjanskich narodov (sowj. Beitrag für den 5. Slavistenkongreß in Sofia). 1963 – N. ANDREYEV, Studies in Muscovy. Western Influence and Byzantine Inheritance. 1970.

Das Moskauer Zartum unter Ivan IV.

S.F. PLATONOV, Ivan Groznyj. 1923 – G. VERNADSKY, The Tsardom of Moscow 1547–1682. 2 Bde. 1969 – E. DONNERT, Rußland an der Schwelle der Neuzeit. Der Moskauer Staat im 16. Jh. 1972 – B. NØRRETRANDERS, The Shaping of Czardom under Ivan Groznyj. 1964 – DERS., Ivan den skraekkelige i russisk tradition. 1956 – I.I. SMIRNOV, Očerki . . . (siehe vorherg. Abschn.) – M.N. TICHOMIROV, Rossija v XVI stoletii. 1962 (historische Geographie) – N.E. NOSOV, Očerki po istorii mestnogo upravlenija russkogo gosudarstva pervoj poloviny XVI veka. 1957 – A.A. ZIMIN, Reformy Ivana Groznogo. 1960 – N.E. NOSOV, Stanovlenie soslovno-predstavitel'nych učreždenij v Rossii. Izyskanija o zemskoj reforme Ivana Groznogo. 1969 – A.A. VVEDENSKIJ, Dom Stroganovych v XVI–XVII vekach. 1962 – A.V. ČERNOV, Vooružennye sily russkogo gosudarstva v XV–XVII v.v. 1954 – G. STÖKL, Die Entstehung des Kosakentums. 1953 – DERS., Der Moskauer Zemskij Sobor. Forschungsproblem und politisches Leitbild. In: JbfGO 8, 1960 – J.M. CULPEPPER, The legislative origins of peasent bondage in Muskovy. In: Forschungen zur osteuropäischen Geschichte 14, 1969 – V.I. KORECKIJ, Zakrepoščenie krest'jan i klassovaja boŕba v Rossii vo vtoroj polovine XVI v. 1970 – V.M. PANEJACH, Kabal'noe cholopstvo na Rusi v XVI veke. 1967 – JU.G. ALEKSEEV, Agrarnaja i social'naja istorija severo-vostočnoj Rusi XV–XVI vv. Perejaslavskij uezd. 1966 – E.I. ZAOZERSKAJA, U istokov krupnogo proizvodstva v russkoj promyšlennosti XVI–XVII vekov. 1970 – A.G. MAŃKOV, Ceny i ich dviženie v russkom gosudarstve XVI veka. 1951 – Letzte russische Ausgabe des Stoglav: Makaŕevskij Stoglavnik. Trudy Novgorodskoj gubernskoj učenoj archivnoj komissii I, 1912 (leider nicht nach dieser neuesten und besten, sondern nach einer älteren, der sog. 2. Kazaner Ausgabe von 1887, die franz. Übers. von E. DUCHESNE, Le Stoglav ou les cent chapitres. 1920; der Reprint von 1969 folgt der unzulänglichen Erstausgabe von D.E. KOŽANČIKOV, Stoglav. 1863) – Der Sudebnik von 1550 in der o. genannten Akademieausgabe und in: Pamjatniki russkogo prava. IV. Pamjatniki prava perioda ukreplenija russkogo centralizovannogo gosudarstva. XV–XVII vv. 1956 – Tysjačnaja kniga 1550 g. i dvorovaja tetrad' 50-ch godov XVI v. 1950 – O. I. PODOBEDOVA, Miniatury russkich istoričeskich rukopisej. 1965.

Sočinenija I. Peresvetova (ed. A.A. ZIMIN). 1956 – A.A. ZIMIN, I.S. Peresvetov i ego sovremenniki. 1958. – W. PHILIPP, Ivan Peresvetov und seine Schriften zur Erneuerung des Moskauer Reiches. 1935 – G.N. MOISEEVA, Valaamskaja beseda – pamjatnik russkoj publicistiki serediny XVI veka. 1958 – Kazanskaja istorija (ed. G.N. MOISEEVA). 1954 (dt. von F. KÄMPFER, Historie vom Zartum Kasan = Slavische Geschichtsschreiber, Bd. 7, 1969; dazu F. KÄMPFER, Die Eroberung von Kasan 1552 als Gegenstand der zeitgenössischen russischen Historiographie. In: Forschungen zur osteuropäischen Geschichte 14, 1969) – R.M. MAINKA, Zinovij von Oteń. Ein russischer Polemiker und Theologe der Mitte des

16. Jh.s (= Orientalia Christiana Analecta 160). 1961 – O.I. PODOBEDOVA, Moskovskaja škola živopisi pri Ivane IV. 1972.

R. WITTRAM, Baltische Geschichte. 1954 – V.D. KOROLJUK, Livonskaja vojna. 1954 – E. DONNERT, Der livländische Ordensritterstaat und Rußland. 1963 – N.A. SMIRNOV, Rossija i Turcija v XVI–XVII vv. I(16. Jh.). 1946 – L.E. BERRY/R.O. CRUMMEY, Rude and Barbarous Kingdom. Russia in the Accounts of Sixteenth-Century English Voyagers. 1968 – A.J. SCHMIDT (ed.), Giles Fletcher: Of the Rus Commonwealth. Facsimile edition with variants. 1966 – I. LUBIMENKO, Les relations commerciales et politiques de l'Angleterre avec la Russie avant Pierre le Grand. 1933 – K.H. RUFFMANN, Das Rußlandbild im England Shakespeares. 1952 – N.T. NAKAŠIDZE, Russko-anglijskie otnošenija vo vtoroj polovine XVI v. 1955 – T.S. WILLAN, The Early History of the Russia Company 1553 bis 1603. 1956 – B. NOLDE, La formation de l'empire russe. 2 Bde. 1952 bis 1953 – E.N. KUŠEVA, Narody severnogo Kavkaza i ich svjazi s Rossiej. 1963 – P. PIERLING S.J., Papes et tsars (1547–1597). 1890 – Antonii Possevini societatis Jesu, Moscovia . . . 1587 (Reprint 1970) – S. POLČIN S.J., Une tentative d'Union au XVIe siècle: La mission religieuse du père Antoine Possevin S.J. en Moscovie (1581/1582). 1957 – G. STÖKL, Possevinіana. In: JbfGO 11, 1963.

P.A. SADIKOV, Očerki po istorii opričniny. 1950 – I.I. POLOSIN, Social'no-političeskaja istorija Rossii XVI-načala XVII v. 1963 – S.B. VESELOVSKIJ, Issledovanija po istorii opričniny. 1963 – A.A. ZIMIN, Opričnina Ivana Groznogo. 1964 – R.G. SKRYNNIKOV, Načalo opričniny. 1966 – DERS., Opričnyj terror. 1969 – V. LEONTOWITSCH, Die Rechtsumwälzung unter Iwan dem Schrecklichen und die Ideologie der russischen Selbstherrschaft. 1949 – G. STÖKL, Testament und Siegel Ivans IV. 1972 – Sočinenija knjazja Kurbskogo. 1913 – Poslanija Ivana Groznogo (ed. D.S. LICHAČEV/JA.S. LUŔE). 1951 – Übersetzungen: Der Briefwechsel Iwans des Schrecklichen mit dem Fürsten Kurbskij (1564–1579, ed. K. STÄHLIN/K.H. MEYER). 1921; The Correspondence between Prince A.M. KURBSKY and Tsar Ivan IV of Russia 1564–1579 (ed. J.L.I. FENNELL). 1955; Prince A.M. Kurbsky's History of Ivan IV (ed. J.L.I. FENNELL). 1965 – E.L. KEENAN, The Kurbskii-Groznyi Apocrypha. The Seventeenth-Century Genesis of the ›Correspondence‹ attributed to Prince A.M. Kurbskii and Tsar Ivan IV. 1971 – V.A. TUMINS, Tsar Ivan IV's Reply to Jan Rokyta. 1971 – Heinrich von Staden, Aufzeichnungen über den Moskauer Staat (ed. F. EPSTEIN), ²1964 – A. KAPPELER, Ivan Groznyj im Spiegel der ausländischen Druckschriften seiner Zeit. 1972.

Die ›Zeit der Wirren‹

S.F. PLATONOV, Drevnerusskija skazanija i povesti o smutnom vremeni XVII veka kak istoričeskij istočnik. 1888 – Pamjatniki drevnej russkoj pis̀mennosti otnosjaščiesja k smutnomu vremeni (= Russkaja istoričeskaja biblioteka 13). ³1925 – N.F. DROBLENKOVA, Novaja povest' o preslavnom rosijskom carstve i sovremennaja ej agitacionnaja patriotičeskaja pis̀mennost'. 1960 – Skazanie Avraamija Palicyna (ed. O.A. DERŽAVINA/E.V. KOLOSOVA). 1955 – Vremennik Ivana Timofeeva (ed. O.A. DERŽAVINA). 1951 – K. BUSSOV, Moskovskaja Chronika 1584–1613. 1961 (mit dt. Originaltext) – Vosstanie I. BOLOTNIKOVA. Dokumenty i materialy. 1950. – G.N. ANPILOGOV, Novye dokumenty o Rossii konca XVI-načala XVII v. 1967.

S.F. PLATONOV, Očerki po istorii smuty v moskovskom gosudarstve

XVI–XVII vv. 1899 – DERS., Smutnoe vremja. 1924 – DERS., Boris Godunov. 1921 – JU. V. GOT'E, Smutnoe vremja. 1921 – H. FLEISCHHAKKER, Rußland zwischen zwei Dynastien (1598–1613) 1933 – G. VERNADSKY, Die Tragödie von Uglič und ihre Folgen. In: JbfGO 3, 1955 – I.I. SMIRNOV, Vosstanie Bolotnikova 1606/1607. 1951 – D.P. MAKOVSKIJ, Pervaja krest'janskaja vojna v Rossii. 1967 – W. SOBIESKI, Żółkiewski na Kremlu. 1920 – A. PROCHASKA, Hetman Stanisław Żółkiewski. 1927 –. MACISZEWSKI, Polska a Moskwa 1603–1618. Opinie i stanowiska szlachty polskiej. 1968.

Pamjatniki social'no-ėkonomičeskoj istorii moskovskogo gosudarstva XIV–XVII v.v. 1929 – Akty feodal'nogo zemlevladenija i chozjajstva. 3 Bde. 1951–1961 – Akty social'no-ėkonomičeskoj istorii severovostočnoj Rusi konca XIV-načala XVI v. 2 Bde. 1952–1958 – Materialy po istorii krest'jan v russkom gosudarstve XVI veka. Sbornik dokumentov. 1955 – Materialy po istorii krest'jan v Rossii XI–XVII vv. 1958 – B.D. GREKOV, Krest'jane na Rusi s drevnejšich vremen do XVII veka. ²1952 – DERS., Kratkij očerk istorii russkogo krest'janstva. 1958 – S.B. VESELOVSKIJ, Feodal'noe zemlevladenie v severo-vostočnoj Rusi. I. 1947 – A.I. KOPANEV, Istorija zemlevladenija Belozerskogo kraja XV–XVI v. 1951 – L.S. PROKOF'EVA, Votčinnoe chozjajstvo v XVII veke. 1959 – K.V. ČISTOV, Russkie narodnye social'no-utopičeskie legendy XVII–XIX vv. 1967 – Troice-Sergieva Lavra. Chudožestvennye pamjatniki. 1968.

Die nationale Befreiung und das Zartum der Romanov

P.G. LJUBOMIROV, Očerk istorii nižegorodskogo opolčenija 1611–1613 gg. ²1939 – N.P. DOLININ, Podmoskovnye polki (kazackie ›tabory‹) v nacional'no-osvoboditel'nom dviženii 1611–1612 gg. 1958 – S.F. PLATONOV, Moskovskoe pravitel'stvo pri pervych Romanovych. 1906. In: DERS., Stat'i po russkoj istorii. ²1912 – K. WALISZEWSKI, Le berceau d'une dynastie. Les premiers Romanov 1613–1682. 1909 – E. STAŠEVSKIJ, Očerki po istorii carstvovanija Michaila Fedoroviča. I. Moskovskoe obščestvo i gosudarstvo ot načala carstvovanija Michaila Fedoroviča do ėpochi Smolenskoj vojny. 1913 – Očerki istorii SSSR. Period feodalizma. XVII v. 1955 – H. NEUBAUER, Car und Selbstherrscher. 1964.

G.v. RAUCH, Moskau und die europäischen Mächte des 17. Jh.s. In: Historische Zeitschrift 178, 1954; jetzt auch in: DERS., Studien über das Verhältnis Rußlands zu Europa. 1964 – Meždunarodnye svjazi Rossii v XVII–XVIII vv. (ėkonomika, politika i kul'tura). Sbornik statej. 1966 – O.L. VAJNŠTEJN, Rossija i tridcatiletnjaja vojna. 1947 – W. LEITSCH, Moskau und die Politik des Kaiserhofes im XVII. Jh. 1604–1654. 1960 – I.P. ŠASKOL'SKIJ, Stolbovskij mir 1917 g. i torgovye otnošenija Rossii so švedskim gosudarstvom. 1964 – K. ZERNACK, Rußland und Schweden im 17. Jh. In: JbfGO 10, 1962 (Forschungsbericht) – Russko-švedskie ėkonomičeskie otnošenija v XVII veke. Sbornik dokumentov. 1960 – W. KONOPCZYŃSKI, Dzieje Polski nowożytnej. ²1958 – K. TYSZKOWSKI, Wojna o Smoleńsk 1613 – 1615. 1932 – M.V. FECHNER, Torgovlja russkogo gosudarstva so stranami vostoka v XVI veke. 1956 – Otkrytija russkich zemleprochodcev i poljarnych morechodov XVII veka na severo-vostoke Azii. Sbornik dokumentov. 1951 – L.S. BERG, Očerki po istorii russkich geografičeskich otkrytij. ²1949 – M.I. BELOV, Arktičeskoe moreplavanie s drevnejšich vremen do serediny XIX veka. 1956 – Atlas geografičeskich otkrytij v Sibiri i severo-zapadnoj Amerike XVII do XVIII vv. 1964 – A.I. ANDREEV, Očerki po istočnikovedeniju Sibiri.

I. (2. Aufl.), II. 1960–1965 – V. G. MIRZOEV, Prisoedinenie Sibiri v istoričeskoj literature XVII veka. 1960 – DERS., Istoriografija Sibiri. 1-ja polovina XIX veka. 1965 – Istorija Sibiri. II. Sibiŕ v sostave feodal'noj Rossii. 1968 – A. A. PREOBRAŽENSKIJ, Očerki kolonizacii zapadnogo Urala v XVII-načale XVIII v. 1956 – V. A. ALEKSANDROV, Russkoe naselenie Sibiri XVII–načala XVIII v. (Enisejskij kraj). 1964 – A. N. KOPYLOV, Russkie na Enisee v XVII v. Zemledelie, promyšlennost' i torgovye svjazi Enisejskogo uezda. 1965 – O. N. VILKOV, Remeslo i torgovlja zapadnoj Sibiri v XVII veke. 1967 – V. I. ŠUNKOV, Očerki istorii zemledelija Sibiri (XVII vek). 1956 – S. V. BACHRUŠIN, Naučnye trudy. III, 1/2: Izbrannye raboty po istorii Sibiri XVI–XVII vv. 1955; IV: Očerki po istorii krasnojarskogo uezda v XVII v. 1959 – D. W. TREADGOLD, The Great Siberian Migration. 1957 – N. P. ŠASTINA, Russko-mongol'skie posol'skie otnošenija XVII veka. 1958 – Materialy po istorii russko-mongol'skich otnošenij. Russko-mongol'skie otnošenija 1607–1636. Sbornik dokumentov. 1959 – V. G. ŠČEBEŃKOV, Russko-kitajskie otnošenija v XVII v. 1960 – Russko-kitajskie otnošenija v XVII veke. Materialy i dokumenty. I. 1608–1683. 1969 – Russko-indijskie otnošenija v XVII v. Sbornik dokumentov. 1958 – Karbadino-russkie otnošenija v XVI–XVIII vv. I. 1957 – A. A. NOVOSEL'SKIJ, Boŕba moskovskogo gosudarstva s tatarami v pervoj polovine XVII veka. 1948 – V. P. ZAGOROVSKIJ, Belgorodskaja čerta. 1969 – N. A. SMIRNOV, Rossija i Turcija v XVI–XVII vv. II. 1946.

Innere Krisen und neuer Aufstieg

S. V. BACHRUŠIN, Moskovskoe vosstanie 1648 g. In: Naučnye trudy II. 1954 – Gorodskie vosstanija v Moskovskom gosudarstve XVII v. Sbornik dokumentov. 1936 (enthält nur Material zu den Aufständen des Jahres 1648) – Sobornoe uloženie carja Alekseja Michajloviča 1649 goda = Pamjatniki russkogo prava, Bd. 6. 1957 – M. N. TICHOMIRV/P. P. EPIFANOV, Sobornoe uloženie 1649 goda. 1961 – M. GORČAKOV, Monastyrskij prikaz (1649–1725). 1868 – M. N. TICHOMIROV, Klassovaja boŕba v Rossii XVII v. 1969 – K. V. BAZILEVIČ, Denežnaja reforma Alekseja Michajloviča i vosstanie v Moskve v 1662 g. 1936 – V. I. BUGANOV, Moskovskoe vosstanie 1662 g. 1964 – Vosstanie 1662 g. v Moskve. Sbornik dokumentov. 1964 – Krest'janskaja vojna pod predvoditel'stvom Stepana Razina. Sbornik dokumentov. 3 Bde. (in 4). 1954–1962 – V. I. LEBEDEV, Krest'janskaja vojna pod rukovodstvom Stepana Razina. 1964 – I. V. STEPANOV, Krest'janskaja vojna v Rossii v 1670–1671 gg. Vosstanie Stepana Razina. I. 1966 – A. G. MAŃKOV (ed.), Zapiski inostrancev o vosstanii Stepana Razina. 1968 – Ausführliche Darstellung des Razinaufstandes mit Karte in: Očerki istorii SSSR. Period feodalizma XVII v. 1955.

Delo o Patriarche Nikone. 1897 – N. SUBBOTIN (ed.), Dejanija moskovskich soborov 1666 i 1667 godov. 1893 (Repr. 1969) – K. V. CHARLAMPOVIČ, Malorossijskoe vlijanie na velikorusskuju cerkovnuju žizń. I. 1914 – Žitie protopopa Avvakuma im samim napisannoe i drugie ego sočinenija. 1960 – A. N. ROBINSON, Žizneopisanija Avvakuma i Epifanija. Issledovanie i teksty. 1963 – Übersetzungen: Das Leben des Protopopen Awwakum von ihm selbst niedergeschrieben (R. JAGODITSCH). 1930; The Life of the Archpriest Awwakum by himself (J. HARRISON/H. MIRRLEES). 1924; La vie de l'archiprêtre Avvakum, écrite par lui-même (P. PASCAL). 1939 – Materialy dlja istorii raskola (ed. N. I. SUBBOTIN). 9 Bde. 1875–1890 – Pamjatniki istorii staroobrjadčestva XVII v. (= Russkaja istoričeskaja biblioteka 39). 1927 – W. PALMER, The Patriarch and the Tzar. 7 Bde. 1871–1876 – N.F. KAPTEREV, Charakter otnošenij Rossii k pravoslavnomu vostoku v XVI i XVII stoletijach. 1885 – DERS., Patriarch Nikon i caŕ Aleksej Michajlovič. 2 Bde. 1909–1913 – M.V. ZYZYKIN, Patriarch Nikon. Ego gosudarstvennyja i kanoničeskija idei. 3 Bde. 1931–1938 – P. PASCAL, Avvakum et les débuts du Raskol. 1963 (Neudruck mit Nachträgen) – P. HAUPTMANN, Altrussischer Glaube. Der Kampf des Protopopen Avvakum gegen die Kirchenreformen des 17. Jh.s. 1963 – S. ZEŃKOVSKIJ, Russkoe staroobrjadčestvo. Duchovnye dviženija semnadcatogo veka. 1970 – R.O. CRUMMEY, The Old Believers and the World of Antichrist, The Vyg Community and the Russian State 1694–1855. 1970 – E. ŠMURLO Rimskaja kurija na russkom pravoslavnom vostoke v 1609–1654 godach. 1928.

H. UEBERSBERGER, Rußlands Orientpolitik in den letzten zwei Jahrhunderten. I. 1913 – G.v. RAUCH, Moskau und der Westen im Spiegel der schwedischen diplomatischen Berichte d.J. 1651–1655. In: Archiv f. Kulturgeschichte. 1951 – I. GALAKTIONOV/E. ČISTJAKOVA, A.L. Ordin-Naščokin, russkij diplomat XVII v. 1961 – F. GRÖNEBAUM, Frankreich in Ost- und Nordeuropa. Die französisch-russischen Beziehungen von 1648–1689. 1968 – K. ZERNACK, Die diplomatischen Beziehungen zwischen Schweden und Moskau von 1675–1689. 1958 – Russko-belorusskie svjazi. Sbornik dokumentov. 1963 – H. FLEISCHHACKER, Die politischen Begriffe der Partner von Perejaslav. In: JbfGO 2, 1954 – O.E. GÜNTHER, Der Vertrag von Perejaslav im Widerstreit der Meinungen, ebenda. – A. JAKOVLIV, Dohovir Het'mana Bohdana Chmel'nyćkoho z moskovśkym carem Oleksijem Mychajlovyčem 1654 r. 1954 – C.B. O'BRIEN, Muscovy and the Ukraine. From the Pereiaslavl Agreement to the Truce of Andrusovo, 1654–1667. 1963 – Aus der üppigen sowjetischen Literatur zum dreihundertjährigen Jubiläum von Perejaslavl': Vossoedinenie Ukrainy s Rossiej. Dokumenty i materialy v trech tomach (1620–1654). 1954 – Vossoedinenie Ukrainy s Rossiej 1654–1954. Sbornik statej. 1954 – Osvoboditel'naja vojna 1648–1654 gg. i vossoedinenie Ukrainy s Rossiej. 1954 – I. KRYP'JAKEVYČ/I. BUTYČ (ed.), Dokumenty Bohdana Chmel'nyćkoho. 1961 – I.P. KRYP'JAKEVYČ, Bohdan Chmel'nyćkyj. 1954 – I.B. ROZENFEL'D, Prisoedinenie Malorossii k Rossii (1654–1793). 1915 – Polska w okresie drugiej wojny północnej 1655–1660. 1957 – Z. WÓJCIK, Traktat Andruszowski 1667 roku i jego geneza. 1959 – DERS., Między traktatem Andruszowskim a wojną turecką. Stosunki polsko-rosyjskie 1667–1672. 1968 – K.I. STECJUK, Narodni ruchi na livoberežnij i slobidćkij Ukraini v 50–70ch rokach XVII st. 1960 – Istoričeskie svjazi narodov SSSR i Rumynii v XV-načale XVIII v. II. 1633–1673, III. 1673–1711. 1968–1970 – V.A. ALEKSANDROV, Rossija na dal'nevostočnych rubežach (vtoraja polovina XVII v.). 1969 – P.T. JAKOVLEVA, Pervyj russko-kitajskij dogovor 1689 goda. 1958 – V. CHEN, Sino-Russian Relations in the Seventeenth Century. 1966 – J. SEBES S.J., The Jesuits and the Sino-Russian Treaty of Nerchinsk (1689). The Diary of Thomas Pereira, S.J. 1961 – Russko-kitajskie otnošenija v XVII veke. II. 1686–1691. 1972 – Russko-kitajskie otnošenija 1689–1916. Official'nye dokumenty. 1958 – Weitere Literaturangaben bei TIEN-FONG CHENG, A History of Sino-Russian Relations. 1957.

P. MILJUKOV, Očerki po istorii russkoj kul'tury. Jubiläumsausgabe. 1930–1937 – Russkoe gosudarstvo v XVII veke. Novye javlenija v social'no-ėkonomičeskoj, političeskoj i kul'turnoj žizni. Sbornik statej. 1961 – S.F. PLATONOV, Moskva i zapad. 1926 – C.B. O'BRIEN, Russia ander two Tsars 1682–1689. 1952 – G. Stökl, Rußland und Europa vor Peter dem Großen. In: Krusius-Ahrenberg/Stökl/Schlesinger/Wittram, Rußland, Europa und der deutsche Osten. 1960 – F.I. Kalinyčev, Pravovye voprosy voennoj organizacii russkogo gosudarstva vtoroj poloviny XVII veka. 1954 – A.I. Zaozerskij, Cař Aleksej Michajlovič v svoem chozjajstve. 1917 – P.G. Ljubomirov, Očerki po istorii russkoj promyšlennosti. XVII, XVIII i načalo XIX veka. 1947 – E. Amburger, Die Familie Marselis. Studien zur russischen Wirtschaftsgeschichte. 1957 – N.N. Stoskova, Pervye metallurgičeskie zavody Rossii. 1962 – Z. Schakovskoy, La vie quotidienne à Moscou au XVII siècle. 1963 – A.A. Novosel'skij, Votčinnik i ego chozjajstvo v XVII veke. 1929 – N.A. Baklanova, Torgovo-promyšlennaja dejatel'nost' Kalmykovych vo vtoroj polovine XVII v. 1959 – D.I. Petrikeev, Krupnoe krepostnoe chozjajstvo XVII v. Po materialam votčiny bojarina B.I. Morozova. 1967 – A.C. Merzon/Ju.A. Tichonov, Rynok Ustjuga Velikogo v period skladyvanija vserossijskogo rynka (XVII vek). 1960 – K.N. Serbina, Očerki iz social'no-ėkonomičeskoj istorii russkogo goroda. Tichvinskij posad v XVI–XVIII vv. 1951 – N.V. Ustjugov, Solevarennaja promyšlennost' Soli Kamskoj v XVII veke. 1957 – S.V. Bachrušin, Naučnye trudy I, II – P.P. Smirnov, Posadskie ljudi i ich klassovaja bořba do serediny XVII veka. 2 Bde. 1947–1948 – A.N. Sacharov, Russkaja derevnja XVII v. (po materialam patriaršego chozjajstva). 1966 – L.L. Murav'eva, Derevenskaja promyšlennost' central'noj Rossii vtoroj poloviny XVII v. 1971 – A.G. Mańkov, Razvitie krepostnogo prava v Rossii vo vtoroj polovine XVII veka. 1962.

H.-H. Nolte, Religiöse Toleranz in Rußland 1600–1725. 1969 – A.W. Fechner, Chronik der evangelischen Gemeinden in Moskau. 2 Bde. 1876 – D. Cvetaev, Protestantstvo i protestanty v Rossii do ėpochi preobrazovanija. 1889 – Ders., Pamjatniki k istorii protestantstva v Rossii. 1883 bis 1884 – L. Müller, Die Kritik des Protestantismus in der russischen Theologie vom 16. bis zum 18. Jh. 1951 – E. Amburger, Geschichte des Protestantismus in Rußland. 1961 – Adam Olearius, Moskowitische und persische Reise. 1960 (gekürzt) – O Rossii v carstvovanie Alekseja Michajloviča. Sovremennoe sočinenie Grigorija Kotošichina. ³1884 – Ju. Križanič, Politika. 1965 – P.-G. Scolardi, Krijanich. Messager de l'unité de chretiens et père du panslavisme. 1947 – A. Mazon/F. Cocron, La comédie d'Artaxerxès présentée en 1672 au Tsar Alexis. 1954 – Artakserksovo dejstvo (ed. I.M. Kudrjavcev). 1957 – Simeon Polockij, Izbrannye sočinenija. 1953 – E.N. Medynskij, Bratskie školy Ukrainy i Belorussii v XVI–XVII vv. i ich rol' v vossoedinenii Ukrainy s Rossiej. 1954 – A.A. Geraklitov, Filigrani XVII veka na bumage rukopisnych i pečatnych dokumentov russkogo proischoždenija. 1963.

Der Übergang vom Alten zum Neuen

Eine ausgezeichnete Einführung in die Literatur zur Epoche Peters d.Gr. bieten die ›Nachweise‹ in: R. Wittram, Peter der Große. Der Eintritt Rußlands in die Neuzeit. 1954 – Ders., Peter I. Czar und Kaiser. Zur Geschichte Peters des Großen in seiner Zeit. 2 Bde. 1964 – M. Posselt, Lefort. 2 Bde. 1866 – Petr Velikij. Sbornik statej. 1947 (darin u.a. A.I. Andreev, Petr I v Anglii v 1698 g.) – M.A. Venevitinov, Russkie v Gollandii. Velikoe posol'stvo 1697–1698 g. 1897 – B.H. Sumner, Peter the Great and the Ottoman Empire. 1940 – Ders., Peter the Great and the Emergence of Russia. 1950 – O. Haintz, Peter der Große, Friedrich der

Große und Voltaire. Zur Entstehungsgeschichte von Voltaires ›Histoire de l'empire de Russie sous Pierre le Grand‹. 1961 – V. ČERNY (ed.), L'Apothéose de Pierre le Grand etc. Trois écrits historiques inconnus, présumés de M. V. Lomonosov, destinés à Voltaire. 1964. – V. I. BUGANOV, Moskovskie vosstanija konca XVII veka. 1969.

Krieg und Außenpolitik unter Peter dem Großen

E. HASSINGER, Brandenburg-Preußen, Rußland und Schweden 1700 bis 1713. 1953 – R. WITTRAM, Patkul und der Ausbruch des Nordischen Krieges. 1952 – Y. ERDMANN, Der livländische Staatsmann Johann Reinhold von Patkul. 1970 – T. K. KRYLOVA, Russkaja diplomatija na Bosfore v načale XVIII v. (1700–1709). In: Istoričeskie zapiski 65. 1959 – S. F. OREŠKOVA, Russko-tureckie otnošenija v načale XVIII v. 1971 – L. E. SEMENOVA, Russko-valašskie otnošenija v konce XVII-načale XVIII v. 1969 – V. JA. BASIN, Rossija i kazachskie chanstva v XVI–XVIII vv. (Kazachstan v sisteme vnešnej politiki rossijskoj imperii). 1971 – O. O. MARKOVA, Rossija, Zakavkaźe i meždunarodnye otnošenija v XVIII veke. 1966 – O. HAINTZ, König Karl XII. von Schweden. 3 Bde. 1936–1951 – S. M. BJELOUSOV/O. P. OHLOBLIN (ed.), Poltavśka bytva. 1940 – Poltava. K 250-letiju poltavskogo staženija. Sbornik statej. 1959 – E. V. TARLE, Severnaja vojna i švedskoe našestvie na Rossiju. 1958 (auch in DERS., Sočinenija, Bd. 10) – V. E. ŠUTOJ, Bořba narodnych mass protiv našestvija armii Karla XII. 1700–1709. 1958 – É. BORSCHAK/R. MARTEL, Vie de Mazeppa. 1931 – B. KRUPNYCKYJ, Hetmann Mazepa und seine Zeit (1687–1709). 1942 – C. A. MANNING, Hetman of Ukraine Ivan Mazeppa. 1957 – C. J. NORDMANN, Charles XII et l'Ukraine de Mazepa. 1958 – T. MACKIW, Mazepa im Lichte der zeitgenössischen deutschen Quellen. 1963 – B. KRUPNYĆKYJ, Het'man Pylyp Orlyk (1672–1742), joho žyttja i dolja. 1956 (weitere ukrainische Literatur bei: D. DOROŠENKO, A Survey of Ukrainian Historiography – O. OHLOBLYN, Ukrainian Historiography 1917–1956 = The Annals of the Ukrainian Academy of Arts and Sciences in the U. S. V/VI, 1957) – W. MEDIGER, Mecklenburg, Rußland und England-Hannover 1706–1721. 2 Bde. 1967 – S. A. FEJGINA, Alandskij kongress. 1959 – L. A. NIKIFOROV, Vnešnjaja politika Rossii v poslednie gody severnoj vojny. Ništadtskij mir. 1959 – G. A. NEKRASOV, Russko-švedskie otnošenija i politika velikich deržav v 1721–1726 gg. – V. MAEVSKIJ, Vzaimootnošenija Rossii i Serbii. I. 1960 – R. WITTRAM, Peters des Großen Interesse an Asien. 1957 – Armjano-russkie otnošenija v pervoj treti XVIII veka. Sbornik dokumentov. 1964 – Pamjatniki sibirskoj istorii XVIII veka. 2 Bde. 1882–1885 – V. I. LEBEDEV, Posol'stvo Artemija Volynskogo v Persiju. In: Izvestija AN SSSR 5, 1948 – DERS., Geografija v Rossii petrovskogo vremeni. 1950 – D. WOODWARD, The Russians at Sea. A History of the Russian Navy. 1966 – C. F. WREECH, Wahrhaffte und umständliche Historie von denen Schwedischen Gefangenen in Rußland und Sibirien. ²1728 – E. WINTER, Halle als Ausgangspunkt der deutschen Rußlandkunde im 18. Jh. 1953 – J. GLAZIK, Die russisch-orthodoxe Heidenmission seit Peter dem Großen. 1954.

Der neue Staat

Polnoe sobranie zakonov – Auswahl daraus: Pamjatniki russkogo zakonodatel'stva XVIII stoletija. I. Ėpocha Petrovskaja (ed. V. M. GRIBOVSKIJ). 1907 – Pamjatniki zakonodatel'stva Petra Velikago (Red. M. M. BOGO-

SLOVSKIJ). 1910 – Über PSZ hinaus die Genesis der Gesetzgebungsakte berücksichtigend: Zakonodatel'nye akty Petra I. I. Akty o vysšich gosudarstvennych ustanovlenijach (ed. N.A. VOSKRESENSKIJ). 1945 – M. BOGOSLOVSKIJ, Petr Velikij i ego reforma. 1920 – E. AMBURGER, Geschichte der Behördenorganisation von Peter dem Großen bis 1917. 1966 – A.V. ČERNOV (ed.), Gosudarstvennye učreždenija Rossii v XVIII veke (zakonodatel'nye materialy). 1960 – P.N. MILJUKOV, Gosudarstvennoe chozjajstvo Rossii i reforma Petra Velikago. 1892 – E.I. ZAOZERSKAJA, Manufaktura pri Petre I. 1947 – A.M. PANKRATOVA, Formirovanie proletariata v Rossii (XVII–XVIII vv.). 1963 – E.V. SPIRIDONOVA, Ėkonomičeskaja politika i ėkonomičeskie vzgljady Petra I. 1952 – C. GRAU, Der Wirtschaftsorganisator, Staatsmann und Wissenschaftler Vasilij N. TATIŠČEV (1686–1750). 1963 – B.B. KAFENGAUZ, Očerki vnutrennego rynka Rossii pervoj poloviny XVIII v. 1958 – Bulavinskoe vosstanie (1707–1708 gg.). Krest'janskie i nacional'nye dviženija nakanune obrazovanija Rossijskoj imperii. 1935 – E.P. POD-JAPOL'SKAJA, Vosstanie Bulavina 1707–1709. 1962 – E. BENZ, Leibniz und Peter der Große. 1947 – L. RICHTER, Leibniz und sein Rußlandbild. 1946 – I. SMOLITSCH, Geschichte der russischen Kirche 1700–1917. 1964 – H. KOCH, Die russische Orthodoxie im petrinischen Zeitalter. 1929 – R. STUPPERICH, Staatsgedanke und Religionspolitik Peters des Großen. 1936 – J. CRACRAFT, The Church Reform of Peter the Great. 1971 – H.-J. HÄRTEL, Byzantinisches Erbe und Orthodoxie bei Feofan Prokopovič. 1970 – R. WITTRAM, Peters des Großen Verhältnis zur Religion und den Kirchen. In: Historische Zeitschrift 173, 1952 – Zur Entstehungsgeschichte Petersburgs: Očerki istorii Leningrada. I. Period feodalizma (1703–1861 gg.). 1955.

Epigonen und Fortsetzer

Zahlreiche Quellen zur russischen Geschichte des 18. Jh.s sind in den fast 150 Bänden des ›Sbornik imperatorskago russkago istoričeskago obščestva‹ veröffentlicht, neben Diplomatenberichten u.a. die Akten des ›Obersten Geheimen Rates‹, des Kabinetts unter Anna Ivanovna, die Materialien der ›Großen Kommission‹ Katharinas II. – Chrestomatija po istorii SSSR XVIII v. 1963 – M.T. BELJAVSKIJ (ed.), Dvorjanskaja imperija XVIII veka (osnovnye zakonodatel'nye akty). Sbornik dokumentov. 1960 – Očerki istorii SSSR. Period feodalizma. Rossija vo vtoroj četverti XVIII v. 1957; Rossija vo vtoroj polovine XVIII v. 1956 – M. RAEFF, Imperial Russia 1682–1825. The Coming of Age of Modern Russia. 1971 – DERS. (ed.), Plans for Political Reform in Imperial Russia, 1730–1905. 1966 – JU. GOT'E, Istorija oblastnogo upravlenija v Rossii ot Petra do Ekateriny II. 2 Bde. 1913–1941 – A.D. GRADOVSKIJ, Vysšaja administracija Rossii XVIII st.: General-Prokurory. 1866 – S.A. KORF, Administrativnaja justicija v Rossii. I. 1910 – DERS., Dvorjanstvo i ego soslovnoe upravlenie za stoletie 1762–1855 godov. 1906 – H. FLEISCHHACKER, 1730. Das Nachspiel der petrinischen Reform. In: JbfGO 6, 1941 – DIES., Porträt Peters III. In: JbfGO NF 5, 1957 – Perevorot 1762. Sočinenija i perepiska učastnikov i sovremennikov. ⁵1911 – M. VISCHER, Münnich. Ingenieur, Feldherr, Hochverräter. 1938 – F. LEY, Le Maréchal de Münnich (1683–1767) et la Russie au XVIIIᵉ siècle. 1959 – E. AMBURGER, Der russische Staatsmann Heinrich Ostermann, seine westfälischen Ahnen und russischen Nachkommen. 1961 – N.V. USTJUGOV, Baškirskoe vosstanie 1737–1739 gg. 1950 – B. v. BILBASSOFF, Geschichte Katharina II. 1891–1893 – O. HOETZSCH, Katharina die Zweite von Rußland. 1940 –

H. v. RIMSCHA, Katharina II. 1961 – Beste Ausgabe der ›großen Instruktion‹: N.D. ČEČULIN, Nakaz Imperatricy Ekateriny II. 1907 – G. SACKE, Die Gesetzgebende Kommission Katharinas II. 1940 – F.V. TARANOVSKIJ, Politićskaja doktrina v nakaze Imperatricy Ekateriny II. In: Sbornik statej v čest' M.F. Vladimirskago-Budanova. 1903 – Vosstanie Emel'jana Pugačeva. Sbornik dokumentov (ed. M. MARTYNOV). 1935 – A. GAISSINOVIČ, La révolte de Pougatchev. 1938 – V.V. MAVRODIN, Krest'janskaja vojna v Rossii v 1773–1775 godach. Vosstanie Pugačeva. 3 Bde. 1961–1970 – A.I. ANDRUŠČENKO, Krest'janskaja vojna 1773–1775 g. na Jaike, v Priural'e, na Urale i v Sibiri. 1969 – I.G. ROZNER, Kazačestvo v Krest'janskoj vojne 1773–1775 gg. 1966 – N.D. POLOŃSKA-VASYLENKO, The Settlement of the Southern Ukraine (1750–1775). 1955 – DIES., Zaporižžja XVIII stolittja ta joho spadščina. I. 1965 – V.A. GOLOBUCKIJ, Zaporožskoe kazačestvo. 1957 – U. LEIHTONEN, Die polnischen Provinzen Rußlands unter Katharina II. in den Jahren 1772 – 1782. 1907 – N.K. ŠIL'DER, Imperator Pavel I. 1901 – E.S. ŠUMIGORSKIJ, Imperator Pavel I. Žizń i carstvovanie. 1907 – M.V. KLOČKOV, Očerki pravitel'stvennoj dejatel'nosti vremeni Pavla I. 1916 – T. SCHIEMANN, Zur Geschichte der Regierung Paul I. und Nikolaus I. ²1906 – V. ZUBOV, Zar Paul I. Mensch und Schicksal. 1963.

W. LEITSCH, Der Wandel der österreichischen Rußlandpolitik in den Jahren 1724–1726. In: JbfGO 6, 1958 – D. GERHARD, England und der Aufstieg Rußlands. 1933 – K.H. RUFFMANN, Die diplomatische Vertretung Großbritanniens am Zarenhof im 18. Jh. In: JbfGO 2, 1954 – DERS., England und der russische Zaren- und Kaisertitel. Ebenda 3, 1955 – DERS., Das englische Interesse am russischen Thronwechsel im Jahre 1730. Ebenda 5, 1957 – H.H. KAPLAN, Russia and the Outbreak of the Seven Year's War. 1968 – D.E. BANGERT, Die russisch-österreichische militärische Zusammenarbeit im Siebenjährigen Kriege in den Jahren 1758–1759. 1971 – L.J. OLIVA, Misalliance. A Study of French Policy in Russia during the Seven Years War. 1964 – A.M. SCHOP SOLER, Die spanisch-russischen Beziehungen im 18. Jh. 1970 – E. VÖLKL, Rußland und Lateinamerika. 1741–1841. 1968 – I. DE MADARIAGA, Britain, Russia, and the Armed Neutrality of 1780. Sir James Harris's Mission to St. Petersburg during the American Revolution. 1962 – G.S. THOMSON, Catherine the Great and the Expansion of Russia. 1947 – H.H. KAPLAN, The First Partition of Poland, 1962 – E. AMBURGER, Rußland und Schweden 1762–1772. 1934 – W. STRIBRNY, Die Rußlandpolitik Friedrichs d. Gr. 1764–1786. 1966 – O. FORST-BATTAGLIA, Stanislaw August Poniatowski und der Ausgang des alten Polenstaates. 1927 – J. FABRE, Stanislas-Auguste Poniatowski et l'Europe de lumières. 1952 – A. JOBERT, La Commission d'éducation nationale en Pologne (1773–1794). 1941 – B. LEŚNODORSKI, Dzieło sejmu czteroletniego (1788–1792). 1951 – DERS., Les partages de la Pologne. In: Acta Poloniae Historica 8, 1963 – Źródła do dziejów drugiego i trzeciego rozbioru Polski. I. 1902 – Materiały do dziejów sejmu czteroletniego. I. 1955 – Konstytucja 3 maja (ed. Z. KACZMARCZYK). 1946 – G. RHODE, Kleine Geschichte Polens. 1965 – E.V. TARLE, Tri ėkspedicii russkogo flota. 1956 (auch in DERS., Sočinenija, Bd. 10) – E.I. DRUŽININA, Kjučuk-kajnardžijskij mir 1774. 1955 – A.W. FISHER, The Russian Annexation of the Crimea 1772–1783. 1970 – I.V. SEMENOVA, Russko-moldavskie boevoe sodružestvo (1787–1791 gg.). 1968 – H. HALM, Österreich und Neurußland. I. 1943 – DERS., Habsburger Osthandel im 18. Jh. 1954 – N.N. BOLCHOVITINOV, Stanovlenie russko-amerikanskich otnošenij 1775–1815. 1966 – H. PILDER, Die Russisch-

Amerikanische Handelskompanie bis 1825. 1914 – S.B. Okuń, Rossijsko-amerikanskaja kompanija. 1939 – H. Chevigny, Lord of Alaska. Baranov and the Russian Adventure. 1946 – Ders., Russian America. The Great Alaska Venture 1741–1867. 1965 – S.G. Fedorova, Russkoe naselenii Aljaski i Kalifornii konec XVIII veka – 1867 g. 1971 – J.R. Gibson, Feeding the Russian Fur Trade. Provisionment of the Okhotsk Seeboard and the Kamchatka Peninsula 1639–1856. 1969.

V.M. Kabuzan, Narodonaselenie Rossii v XVIII – pervoj polovine XIX v. 1963 – N.L. Rubinštejn, Sel'skoe chozjajstvo Rossii vo vtoroj polovine XVIII v. 1957 – I.A. Bulygin, Položenie krest'jan i tovarnoe proizvodstvo v Rossii. Vtoraja polovina XVIII veka (po materialam Penzenskoj gubernii). 1966 – M.T. Beljavskij, Krest'janskij vopros v Rossii nakanune vosstanija E.I. Pugačeva (formirovanie antikrepostničeskoj mysli). 1965 – M. Confino, Domaines et seigneurs en Russie vers la fin du XVIIIe siècle. 1963 – Ders., Systèmes agraires et progrès agricole. L'assolement triennal en Russie aux XVIIIe–XIXe siècles. 1969 – A.S. Lappo-Danilevskij, Russkija promyšlennyja i torgovyja kompanii v pervoj polovine 18-ago st. 1899 – P.G. Ljubomirov, Očerki po istorii russkoj promyšlennosti XVII, XVIII i načala XIX veka. 1947 – N.I. Pavlenko, Istorija metallurgii v Rossii XVIII veka. Zavody i zavodovladel'cy. 1962 – R. Portal, L'Oural au XVIIIe siècle. Étude d'histoire économique et sociale. 1950 – G.S. Isaev, Rol' tekstil'noj promyšlennosti v genezise i razvitii kapitalizma v Rossii. 1769–1860. 1970 – N.D. Čečulin, Očerki po istorii russkich finansov v carstvovanie Ekateriny II. 1906 – S.M. Troickij, Finansovaja politika russkogo absoljutizma v XVIII veke. 1966 – E.I. Indova, Dvorcovoe chozjajstvo v Rossii. Pervaja polovina XVIII veka. 1964 – V.A. Gorelov, Rečnye kanaly v Rossii. K istorii russkich kanalov v XVIII veke. 1953 – M.F. Vladimirskij-Budanov, Gosudarstvo i narodnoe obrazovanie v Rossii XVIII veka. 1874 – Dokumenty i materialy po istorii Moskovskogo universiteta vtoroj poloviny XVIII veka. 3 (1767–1786). 1963 – Istorija Moskovskogo universiteta. 2 Bde. 1955 – V.V. Oreškin, Vol'noe ėkonomičeskoe obščestvo v Rossii 1765–1917. 1963 – H. Jablonowski, Die geistige Bewegung in Rußland in der zweiten Hälfte des 18. Jh.s. 1960 – M. Raeff, Origins of the Russian Intelligentsia. The Eighteenth-Century Nobility. 1966 – dazu Ders. (ed.), Russian Intellectual History. An Anthology. 1966 – Russkoe iskusstvo XVIII veka. Materialy i issledovanija. 1968 – A.N. Pypin, Russkoe masonstvo. XVIII i pervaja četvert' XIX v. 1916 – Izbrannye proizvedenija russkich myslitelej vtoroj poloviny XVIII veka. 2 Bde. 1952 – Istorija russkoj ėkonmičeskoj mysli. I. 1955 – V.V. Mavrodin, Klassovaja boŕba i obščestvenno-političeskaja mysl' v Rossii v XVIII v. (1725–1773 gg.). 1964 – V.P. Lyscov, M.V. Lomonosov o social'no-ėkonomičeskom razvitii Rossii. 1969 – E. Winter u.a. (ed.), Die deutsch-russische Begegnung und Leonhard Euler. 1958 – H. Mohrmann, Studien über russisch-deutsche Begegnungen in der Wirtschaftswissenschaft (1750–1825). 1959 – E. Amburger, Beiträge zur Geschichte der deutsch-russischen kulturellen Beziehungen. 1961 – E. Haumant, La culture française en Russie (1700–1900). 1912 – D.S. v. Mohrenschildt, Russia in the Intellectual Life of Eighteenth-Century France. 1936 – K.V. Sivkov (ed.), Putešestvija russkich ljudej za granicu v XVIII v. 1914 – D.D. Blagoj, Istorija russkoj literatury XVIII veka. 1951 – A.N. Radiščev, Izbrannye sočinenija. 1949 – P.N. Berkov, Istorija russkoj žurnalistiki XVIII veka. 1952 – V.G. Berezina u.a., Istorija russkoj žurnalistiki XVIII–XIX vekov. 1963 – A.V. Zapadov, Russkaja žurnalistika

XVIII veka. 1964 – P.N. Berkov (ed.), Satiričeskie žurnaly N.I. Novikova. 1951 – N.I. Novikov i ego sovremenniki. Izbrannye sočinenija (ed. I.V. Malyšev). 1961 – N.P. Pavlov-Sil'vanskij, Žizń Radiščeva. In: Ders., Sočinenija II. 1910 – V.P. Semennikov, Radiščev. 1923 – S.A. Pokrovskij, Gosudarstvenno-pravovye vzgljady Radiščeva. 1956 – K. Bittner, J.G. Herder und A.N. Radiščev. In: Ztschr. f. slav. Philologie 25, 1956 – D.M. Lang, The First Russian Radical. Alexander Radishchev. 1749–1802. 1959 – J.V. Clardy, The Philosophical Ideas of Alexander Radishchev. 1964 – V. Orlov, Russkie prosvetiteli 1790–1800-ch godov. 1953 – M.P. Alekseev (ed.), Ėpocha prosveščenija. 1967 – N.F. Utkina, Estestvennonaučnyj materializm v Rossii XVIII veka. 1971 – Z.A. Kamenskij, Filosofskie idei russkogo prosveščenija (deističesko-materialističeskaja škola). 1971 – M.M. Strange, Russkoe obščestvo i francuzskaja revoljucija 1789–1794 gg. 1956 – Ders., Demokratičeskaja intelligencija Rossii v XVIII veke. 1965 – H. Rogger, National Consciousness in Eighteenth-Century Russia. 1960 – A. Lentin (ed.), Prince M.M. Shcherbatov: On the Corruption of Morals in Russia. 1969 – P. Ljubomirov (ed.), M.M. Ščerbatov, neizdannye sočinenija. 1935 – W. Stribrny (ed.), Johann Eustach Graf von Goertz: Mémoire sur la Russie (1786). 1969.

A.V. Kartašev, Očerki po istorii russkoj cerkvi. 2 Bde. 1959 – C. Lemmerich, Geschichte der evangelisch-lutherischen Gemeinde St. Petri in St. Petersburg. 2 Bde. 1862 – H. Dalton, Beiträge zur Geschichte der evangelischen Kirche in Rußland. 2 Bde. 1887–1889. (Reprint 1968).

Retter Europas

M.V. Dovnar-Zapol'skij, Obzor novejšej russkoj istorii. I. 1913 – M. Karpovich, Imperial Russia, 1901–1917. ^{2}1960 – H. Seton-Watson, The Russian Empire, 1801–1917. 1967 – L. Schapiro, Rationalism and Nationalism in Russian Nineteenth-Century Political Thought. 1967 – N.K. Šil'der, Imperator Aleksandr Pervyj. Ego žizń i carstvovanie. 4 Bde. 1904–1905 – (Grf.) Nikolaj Michajlovič, L'empereur Alexandre Ier 2 Bde. 1912 – K. Waliszewski, Le règne d'Alexandre Ier. 3 Bde. 1923–1925 – L.I. Strakhovsky, Alexander I of Russia. 1947 – A. McConnell, Tsar Alexander I. Paternalistic Reformer. 1970 – A. Boehtlingk, Der Waadtländer Friedrich Caesar Laharpe. 2 Bde. 1925 – M. Handelsman, Adam Czartoryski. 3 Bde. 1948–1950 – (Grf.) Nikolaj Michajlovič, Le Comte Paul Stroganov. 3 Bde. 1895. – M. Jenkins, Arakcheev. Grand Vizier of the Russian Empire. A Biography. 1969 – H.-J. Torke, Das russische Beamtentum in der ersten Hälfte des 19. Jh.s In: Forschungen zur osteuropäischen Geschichte 13, 1967.

Vnešnaja politika Rossii XIX i načala XX veka. Dokumenty rossijskogo ministerstva inostrannych del. Serija pervaja. 1801–1815. Bisher 7 Bde. 1960–1970 – A. Vandal, Napoléon et Alexandre Ier. 3 Bde. ^{5}1898–1900 – (Grf.) Nikolaj Michajlovič, Les relations diplomatiques de la Russie et de la France d'après les rapports des ambassadeurs d'Alexandre et de Napoléon 1808–1812. 6 Bde. 1905–1908 – Ders., Correspondance de l'empereur Alexandre Ier avec sa soeur la Grande-Duchesse Catherine, Princesse d'Oldenbourg, puis Reine de Wurtemberg. 1805–1818. 1910 – Mémoires du prince Adam Czartoryski et correspondance avec l'empereur Alexandre Ier. 2 Bde. 1887 – Briefwechsel König Friedrich Wilhelms III. und der Königin Luise mit Kaiser Alexander I. (ed. Paul Baillieu). 1900.

B. Jelavich, A Century of Russian Foreign Policy 1814–1914. 1964 – M.S. Anderson, The Eastern Question 1774–1923. 1966 – A.M. Sta-

NISLAVSKAJA, Russko-anglijskie otnošenija i problemy sredizemnomoŕja (1798–1807). 1962 – N.E. SAUL, Russia and the Mediterranean 1797–1807. 1970 – F. ABDULLAEV, Iz istorii russko-iranskich otnošenij i anglijskoj politiki v Irane v načale XIX v. 1971 – B. MOURAVIEFF, L'alliance russo-turque au milieu des guerres napoléoniennes. 1954 – E. HALICZ, Geneza księstwa warszawskiego. 1962 – K. ORDINA, Pokorenie Finljandii. I. 1889 (Dok. Anhang) – I.I. KIAIVIARIAINEN, Meždunarodnye otnošenija na severe Evropy v načale XIX veka i prisoedinenie Finljandii k Rossii v 1809 godu. 1965 – V.G. SIROTKIN, Duėl' dvuch diplomatij. Rossija i Francija v 1801–1812 gg. 1966 – M.F. ZLOTNIKOV, Kontinental'naja blokada i Rossija. 1966 – C. v. CLAUSEWITZ, Der russische Feldzug von 1812. 1953 – Philippe Paul Graf von SEGUR, Napoleon und die Große Armee in Rußland (ed. P. BERGLAR). 1965 – E. TARLE, Našestvie Napoleona na Rossiju. 1812 god. 1938 (letzte Fassung in: DERS., Sočinenija 7, 1959); dazu L. YARESH, The Campaign of 1812. In: Rewriting Russian History (ed. C.E. BLACK). ²1962 – F.A. GARIN, Izgnanie Napoleona. 1948 – M.I. Kutuzov. Sbornik dokumentov (ed. L.G. BESKROVNYJ). 5 Bde. 1950–1956 – Polkovodec Kutuzov. Sbornik statej (ed. L.G. BESKROVNYJ). 1955 – L.G. BESKROVNYJ, Otečestvennaja vojna 1812 goda. 1962 – 1812 god. K stopjatidesjatiletiju otečestvennoj vojny. Sbornik statej. 1962 – P.A. ŽILIN, Gibel' napoleonovskoj armii v Rossii. 1968 – Pochod russkoj armii protiv Napoleona v 1813 g. i osvoboždenie Germanii. Sbornik dokumentov. 1964 – G. VENZKY, Die russisch-deutsche Legion in den Jahren 1811–1815. 1966 – H. SCHAEDER, Die Dritte Koalition und die Heilige Allianz. 1934 (2. Aufl. u. d. Titel ›Autokratie und Heilige Allianz‹ 1963) – G.L. ARŠ, Ėteristskoe dviženie v Rossii. Osvoboditel'naja boŕba grečeskogo naroda v načale XIX v. i russko-grečeskie svjazi. 1970 – CH. M. IBRAGIMBEJLI, Rossija i Azerbajdžan v pervoj treti XIX veka (iz voenno-političeskoj istorii). 1969 – L.S. SEMENOV, Rossija i meždunarodnye otnošenija na srednem vostoke v 20-ch godach XIX v. 1963 – R.A. PIERCE, Russia's Hawaiian Adventure 1815–1817. 1965 – V.M. GOLOVNIN (flota kapitan), Putešestvie vokrug sveta soveršennoe na voennom šljupe ›Kamčatka‹ v 1817, 1818 i 1819 godach. 1965.

M.M. SPERANSKIJ, Proekty i zapiski (ed. A.I. KOPANEV/M.V. KUKUŠKINA). 1961 – M. RAEFF, Michael Speransky. 1957 – DERS., Siberia and the Reforms of 1822. 1956 – P. SCHEIBERT, Marginalien zu einer neuen Speranskij-Biographie. In: JbfGO 6, 1958 – R. PIPES, Karamzin's Memoir on Ancient and Modern Russia (Übers., Analyse u. russ. Text). 1959 – R. BÄCHTOLD, Karamzins Weg zur Geschichte. 1946 – A. HERMANT, Madame de Krüdener, l'amie du tzar Alexandre Ier (1764–1824). 1934 – A.N. Pypin, Obščestvennoe dviženie v Rossii pri Aleksandre I (zahlreiche Auflagen; dt. nach der 2. Aufl. u. d. Titel: Die geistigen Bewegungen in Rußland in der ersten Hälfte des XIX. Jh.s. I. Die russische Gesellschaft unter Alexander I. 1894) – A.V. PREDTEČENSKIJ, Očerki obščestvenno-političeskoj istorii Rossii v pervoj četverti XIX veka. 1957 – V.G. BEREZINA, Russkaja žurnalistika pervoj četverti XIX veka. 1965 – V.V. POZNANSKIJ, Očerki istorii russkoj kul'tury pervoj poloviny XIX veka. 1970 – M. RAEFF (ed.), Russian Intellectual History. An anthology. 1966 – G. ŠTORM, Potaennyj Radiščev. Vtoraja žizń ›Putešestvija iz Peterburga v Moskvu‹. ²1968 – P.K. CHRISTOFF, The Third Heart. Some intellectual-ideological currents and crosscurrents in Russia 1800–1830. 1970 – V.I. KULEŠOV, Literaturnye svjazi Rossii i zapadnoj Evropy v XIX veke (pervaja polovina). 1965.

Vosstanie dekabristov. Bibliografija (ed. ČENCOV). 1929 – Dviženie dekabristov. Bibliografija 1928–1959. 1960 – Vosstanie dekabristov. Materialy. 11 Bde. 1925–1958 (Pestel's ›Russkaja pravda‹ in Bd. 7, 1958) – Izbrannye social'no-političeskie i filosofskie proizvedenija dekabristov. 3 Bde. 1951 – A.G. Mazour, The First Russian Revolution. 1825. The Decembrist Movement. ²1961 – M. Wolkonskij, Die Dekabristen. 1946 – M. Raeff (ed.) The Decembrist Movement. 1966 – V.I. Semevskij, Političeskija i obščestvennyja idei dekabristov. 1909 – N.P. Pavlov-Sil'vanskij, P.I. Pestel'. In: Ders., Očerki po russkoj istorii XVIII–XIX vv. 1910 – M.V. Nečkina, Dviženie dekabristov. 2 Bde. 1955 – Očerki iz istorii dviženija dekabristov. Sbornik statej. 1954 – B.E. Syroečkovskij, Iz istorii dviženija dekabristov. 1969 – S.S. Volk, Istoričeskie vzgljady dekabristov. 1958 – H. Lemberg, Die nationale Gedankenwelt der Dekabristen. 1963 – G. Luciani, La Société des Slaves Unis (1823–1825). 1963 – V.A. Fedorov, Soldatskoe dviženie v gody dekabristov. 1816–1825 gg. 1962 – Dekabristy v Moskve. Sbornik statej. 1963 – W.S. Vucinich (ed.), The Peasant in Nineteenth-Century Russia. 1968 – Krest'janskoe dviženie v Rossii v 1796–1825 gg. Sbornik dokumentov. 1961 – K.V. Sivkov, Očerki po istorii krepostnogo chozjajstva i krest'janskogo dviženija v Rossii v pervoj polovine XIX veka. Po materialam archiva stepnych votčin Jusupovych. 1951 – I.I. Ignatovič, Krest'janskoe dviženie v pervoj četverti XIX veka. 1963 – I.D. Koval'čenko, Russkoe krepostnoe krest'janstvo v pervoj polovine XIX v. 1967 – B.G. Litvak, Opyt statističeskogo izučenija krest'janskogo dviženija v Rossii XIX v. 1967 – V.M. Kabuzan, Izmenenija v razmeščenii naselenija Rossii v XVIII-pervoj polovine XIX v. (po materialam revizij). 1971.

Gendarm Europas

N.K. Šil'der, Nikolaj I. 2 Bde. 1903 – Th. Schiemann, Geschichte Rußlands unter Kaiser Nikolaus I. 4 Bde. 1904–1919 – A. Kornilov, Kurs istorii Rossii XIX veka. II. 1912 – A.E. Presnjakov, Apogej samoderžavija. Nikolaj I. 1925 (Repr. 1967) – W. Sliwowska, Mikołaj I i jego czasy (1825–1855). 1965 – K. Stählin, Geschichte Rußlands von den Anfängen bis zur Gegenwart. III. 1935 – M.T. Florinsky, Russia. A History and an Interpretation. II. 1955 – Istorija SSSR s drevnejšich vremen do našich dnej. IV. Nazrevanie krizisa krepostnogo stroja v pervoj polovine XIX v. 1967.

S. Monas, The Third Section. Police and Society in Russia under Nicholas I. 1961 – P.S. Squire, The Third Department. The establishment and practices of the political police in the Russia of Nicholas I. 1968 – J.S. Curtiss, The Russian Army under Nicholas I. 1825–1855. 1965 – N.V. Riasanovsky, Nicholas I and Official Nationality in Russia. 1825–1855. 1959 – N.A. Cagolov, Očerki russkoj ėkonomičeskoj mysli perioda padenija krepostnogo prava. 1956 – Očerki ėkonomičeskoj istorii Rossii pervoj poloviny XIX veka. Sbornik statej (Red. M.K. Rožkova). 1959 – N.M. Družinin, Gosudarstvennye krest'jane i reforma P.D. Kiseleva. 2 Bde. 1946–1958 – Krest'janskoe dviženie (ed. E.A. Morochovec). 2 Bde. (Materialien der 3. Abteilung u. d. Gendarmeriekorps 1827–1869). 1931 – Krest'janskoe dviženie v Rossii v 1850–1856 gg. Sbornik dokumentov. 1962 – P.G. Ryndzjunskij, Gorodskoe graždanstvo doreformennoj Rossii. 1958 – W.M. Pintner, Russian Economic Policy under Nicholas I. 1967 – W.L. Blackwell, The Beginnings of Russian Industrialization. 1800–1860. 1968 – N.S. Kinjapina, Politika russkogo samoderžavija v oblasti promyšlennosti (20–50-e gody XIX v.). 1968.

J.M. EDIE/J.P. SCANLAN/M.B. ZELDIN (ed.), Russian Philosophy. 3 Bde. 1965 – R. HARE, Pioneers of Russian Social Thought. 1951 – P. SCHEIBERT, Von Bakunin zu Lenin. Geschichte der russischen revolutionären Ideologien 1840–1895. I. 1956 – S.V. UTECHIN, Russian Political Thought. 1963 – D. TSCHIŽEWSKIJ (ed.), Hegel bei den Slaven. [2]1961 – A. VUCINICH, Science in Russian Culture. A History to 1860. 1963 – M. O. GERŠENZON, Istorija molodoj Rossii. 1923 (Repr. 1965) – E.J. BROWN, Stankevich and his Moscow Circle. 1830–1840. 1966 – V.R. LEJKINA-SVIRSKAJA, Petraševcy. 1965 – W. SLIWOWSKA, Sprawa Pietraszewców. 1964 – M.E. MALIA, Alexander Herzen and the Birth of Russian Socialism. 1812–1855. 1961 – Problemy izučenija Gercena. 1963 – I.A. FEDOSOV, Revoljucionnoe dviženie v Rossii vo vtoroj četverti XIX v. (Revoljucionnye organizacii i kružki). 1958 – A. v. SCHELTING, Rußland und Europa im russischen Geschichtsdenken. 1948 – N.V. RIASANOVSKY, Rußland und der Westen. Die Lehre der Slavophilen. 1954 – A. WALICKI, W kręgu konserwatywnej utopii. Struktury i przemiany rosyjskiego słowianofilstwa. 1964 – N. BERDJAEV, Aleksej Stepanovič Chomjakov. 1912 (Repr. 1971) – E. MÜLLER, Russischer Intellekt in europäischer Krise. Ivan V. Kireevskij (1806–1856). 1966 – E. CHMIELEWSKI, Tribune of the Slavophiles. Konstantin Aksakov. 1961 – S. LUKASHEVICH, Ivan Aksakov 1823–1886. A Study in Russian Thought and Politics. 1965 – C. GOEHRKE, Die Theorien über Entstehung und Entwicklung des ›mir‹. 1964 – V.G. BEREZINA, Russkaja žurnalistika vtoroj četverti XIX veka (1826–1839 gody). 1965 – G.F. KENNAN, The Marquis de Custine and his Russia in 1839. 1971 – M. CADOT, La Russie dans la vie intellectuelle française (1839–1856). 1967 – O.V. ORLIK, Rossija i francuzskaja revoljucija 1830 g. 1968.

L.S. STAVRIANOS, The Balkans since 1453. 1958 – A.V. FADEEV, Rossija i vostočnyj krizis 20-ch godov XIX veka. 1958 – O.B. ŠPARO, Osvoboždenie Grecii i Rossija (1821–1829). 1965 – B. JELAVICH, Russia and Greece during the Regency of King Othon 1832–1835. Russian Documents on the first years of greek independence. 1962 – DIES., Russia and the Greek Revolution of 1843. 1966 – S.K. PAVLOWITCH, Anglo-Russian Rivalry in Serbia 1837–1839. The Mission of Colonel Hodges. 1961 – R.R.N. FLORESCU, The Struggle Against Russia in the Roumanian Principalities 1821–1854. 1962 – V.JA. GROSUL, Reformy v Dunajskich knjažestvach i Rossija (20–30 gody XIX veka). 1966 – V.J. PURYEAR, England, Russia, and the Straits Question 1844–1856. 1931 – W. HEINDL, Graf Buol-Schauenstein in St. Petersburg und London (1848–1852). Zur Genesis des Antagonismus zwischen Österreich und Rußland. 1970 – E.V. TARLE, Krymskaja vojna. 2 Bde. (= Sočinenija 8 u. 9, 1959) – E. HÖSCH, Neue Literatur (1940–1960) über den Krimkrieg. In: JbfGO 9, 1961; W. BAUMGART, Probleme der Krimkriegsforschung. Ebenda 19, 1971 – DERS., Der Friede von Paris. Studien zum Verhältnis von Kriegführung, Politik u. Friedensbewahrung. 1972 – CH.M. IBRAGIMBEJLI, Kavkaz v Krymskoj vojne 1853–1856 g. i meždunarodnye otnošenija. 1971 – R.F. LESLIE, Polish Politics and the Revolution of November 1830. 1956 – Wybór źródeł do powstania listopadowego (ed. J. DUTKIEWICZ). 1957 – J. FELDMAN, Sprawa Polska w roku 1848. 1933 – CH. SPROXTON, Palmerston and the Hungarian Revolution. 1919 – D. v. JANOSSY, Die russische Intervention in Ungarn im Jahre 1849. In: Jb. d. Wiener Ungarischen Historischen Instituts. I. 1931 – N.A. SMIRNOV, Mjuridizm na Kavkaze. 1963.

Imperialistisches Imperium

Sbornik dogovorov Rossii s drugimi gosudarstvami 1856–1917. 1952 – H. Seton-Watson, The Decline of Imperial Russia (1855–1914). 1952 (dt. 1954) – H. Kohn, Panslavism. Its History and Ideology. 1953 (dt. 1956) – M.B. Petrovich, The Emergence of Russian Panslavism 1856–1870. 1956 – S.A. Nikitin, Slavjanskie komitety v Rossii v 1858–1876 godach. 1960 – E. Winter, Der Panslavismus nach den Berichten der österreichisch-ungarischen Botschafter in St. Petersburg. 1944 – F. Fadner S.J., Seventy Years of Pan-Slavism in Russia. 1962 – U. Picht, M.P. Pogodin und die Slavische Frage. Ein Beitrag zur Geschichte des Panslavismus. 1969 – N.Ja. Danilevskij, Rossija i Evropa. Vzgljad na kul'turnyja i političeskija otnošenija slavjanskago mira k germano-romanskomu (versch. Ausgaben; gekürzte dt. Übers. v. K. Nötzel: Rußland und Europa. Eine Untersuchung über die kulturellen und politischen Beziehungen der slawischen zur germanisch-romanischen Welt. 1920) – R.E. MacMaster, Danilevskij. A Russian Totalitarian Philosopher. 1967 – R.A. Fadeev, Mnenie o vostočnom voprose. 1870 – Ders., Russkoe obščestvo v nastojaščem i buduščem. 1874 – E.C. Thaden, Conservative Nationalism in Nineteenth Century Russia. 1964 – M. Katz, Mikhail N. Katkov. A political biography 1818–1887. 1966 – R.F. Byrnes, Pobedonostsev. His Life and Thought. 1968.

Istorija diplomatii II (1871–1914). 1963 – Ėpocha imperializma. 1871–1914 (Sammelband). 1930 – B.E. Nol'de, Peterburgskaja missija Bismarka 1859–1862. Rossija i Evropa v načale carstvovanija Aleksandra II. 1925 – C. and B. Jelavich (ed.), The Education of a Russian Statesman. The Memoirs of Nicholas Karlovich Giers. 1962.

Vosstanie 1863 g. i russko-pol'skie revoljucionnye svjazi 60-ch godov. Bibliografičeskij ukazatel'. 1962 – Vosstanie 1863 goda. Materialy i dokumenty. 1962ff. (mehrbändige polnisch-sowjetische Quellenedition) – F. Ramotowska, Rząd carski wobec manifestacji patriotycznych w królestwie polskim w latach 1860–1962. 1971 – I. Koberdowa, Wielki książę Konstanty w Warszawie 1861–1963. 1962 – A.P. Coleman, Poland under Alexander II.: The Insurrection of 1863. In: Cambridge History of Poland. II. 1951 – Confidential Correspondence of the British Government respecting the Insurrection in Poland: 1863 (ed. T. Filipowicz). 1914 – V.G. Revunenkov, Pol'skoe vosstanie 1863 g. i evropejskaja diplomatija. 1957 – R.F. Leslie, Reform and Insurrection in Russian Poland 1856–1865. 1963 – A.I. Ljaskovskij, Litva i Belorussija v vozstanii 1863 g. 1939 – P. Lossowski/Z. Mlynarski, Rosjane, Białorusini i Ukraińcy w powstaniu styczniowym. 1959 – M. Hrushevsky, A History of Ukraine. 1941.

H. Wereszycki, Sojusz trzech cesarzy. Geneza 1866–1872. 1965 – C. de Grunwald, Les alliances Franco-Russes. Neuf siècles de malentendus. 1965 (russ. 1968) – Ju.V. Borisov, Russko-francuzskie otnošenija posle Frankfurtskogo mira. 1871–1875. 1951 – P. Jakobs, Das Werden des französisch-russischen Zweibundes 1890–1894. 1968 – H. Hallmann (ed.), Zur Geschichte und Problematik des deutsch-russischen Rückversicherungsvertrages von 1887. 1968 – S. Kumpf-Korfes, Bismarcks ›Draht nach Rußland‹. Zum Problem der sozial-ökonomischen Hintergründe der russisch-deutschen Entfremdung im Zeitraum von 1878 bis 1891. 1968 – S. Goriainov, Le Bosphor et les Dardanelles. 1910 – Ders., La Question d'Orient à la veille du traité de Berlin (1870–1876). 1948 – Anchieri, Constantinopoli e gli stretti. 1948 – S.A. Nikitin, Očerki po istorii južnych slavjan i russko-balkanskich svjazej v 50–70-e gody XIX v. 1970 – B.H. SUMNER, Russia and the Balkans 1870–1880. 1937 – E.E. ČERTAN, Russko-rumynskie otnošenija v 1859–1863 godach. 1968 – V. JA. GROSUL/E.E. ČERTAN, Rossija i formirovanie rumynskogo nezavisimogo gosudarstva. 1969 – I.G. SENKEVIČ, Rossija i kritskoe vosstanie 1866–1869 gg. 1970 – G. HÜNIGEN, Nikolaj Pavlovič Ignat'ev und die russische Balkanpolitik 1875–1878. 1968 – N.I. BELJAEV, Russko-tureckaja vojna 1877/1878 gg. 1956 – C. JELAVICH, Tsarist Russia and Balkan Nationalism. Russian Influence in the Internal Affairs of Bulgaria and Serbia 1879–1886. 1958 – A.A. ULUNJAN, Bolgarskij narod i russko-tureckaja vojna 1877–1878 g. 1971 – Bor'ba Rossii i bolgarskogo naroda za sozdanie bolgarskogo gosudarstva 1878–1879. Bd. 3. 1967 – C.E. BLACK, The Establishment of Constitutional Government in Bulgaria. 1943 – A. HAJEK, Bulgariens Befreiung und staatliche Entwicklung unter seinem ersten Fürsten. 1939 – I. PANAJOTOV, Rusko-němskitě otnošenija i bălgarkijată văprosă preză 1887 godina. 1934 – A.K. MARTYNENKO, Russko-bolgarskie otnošenija v 1894–1902 gg. 1967 – D. MACKENZIE, The Serbs and Russian Pan-Slavism 1875–1878. 1967 – W.M. MARKOV, Serbien zwischen Österreich und Rußland 1897–1908. 1934 – W.S. VUCINICH, Serbia between East and West . The Events of 1903–1908. 1954 – B.H. SUMNER, Tsardom and Russian Imperialism in the Middle East and Far East. 1942 – Š.V. MEGRELIDZE, Voprosy Zakavkaźja v istorii russko-tureckoj vojny 1877–1878 gg. 1969 – W. ZÜRRER, Die Nahostpolitik Frankreichs und Rußlands 1891–1898. 1970 – M.K. ROŽKOVA, Ėkonomičeskie svjazi Rossii so srednej Aziej. 40–60 gody XIX veka. 1963 – A.S. SADYKOV, Ėkonomičeskie svjazi Chivy s Rossiej vo vtoroj polovine XIX-načale XX vv. 1965 – T.G. TUCHTAMETOV, Russko-bucharskie otnošenija v konce XIX-načale XX v. Pobeda Bucharskoj narodnoj revoljucii. 1966 – DERS., Rossija i Chiva v konce XIX-načale XX v. Pobeda chorezmskoj narodnoj revoljucii. 1969 – A.M. AMINOV/A.CH. BABACHODŽAEV, Ėkonomičeskie posledstvija prisoedinenija Srednej Azii k Rossii. 1966 – V.A. SUVOROV, Istoriko-ėkonomičeskij očerk razvitija Turkestana (po materialam železnodorožnogo stroitel'stva v 1880–1917 gg.). 1962 – E.B. BERKMACHANOV, Prisoedinenie Kazachstena k Rossii. 1957 – M.N. TICHOMIROV, Prisoedinenie Merva k Rossii. 1960 – D.J. DALLIN, The Rise of Russia in Asia. 1949 – Russia in the East 1876–1880. The Russo-Turkish War and the Kuldja Crisis as seen through the letters of A.G. Jomini to N.K. Giers (ed. C. and B. JELAVICH) 1959 – R.A. PIERCE, Russian Central Asia 1867–1917. 1960 – E. ALLWORTH (ed.), Central Asia. A Century of Russian Rule. 1967 – S. BECKER, Russia's Protectorates in Central Asia: Bukhara and Khiva, 1865–1924. 1968 – G.J. DEMKO, The Russian Colonization of Kazakhstan 1896–1916. 1969 – H. CARRERE D'ENCAUSSE, Réforme et révolutions chez les musulmans de l'Empire russe, Bukhara, 1867–1924. 1966 – E. SCHUYLER, Turkistan. Notes of a Journey in Russian Turkistan, Kokand, Buchara and Kuldja (ed. G. WHEELER). 1966 – R.K.I. QUESTED, The Expansion of Russia in East Asia 1857–1860. 1968 – I.C.Y. HSÜ, The Ili Crisis. A Study of Sino-Russian Diplomacy 1871–1881. 1965 – A. MALOZEMOFF, Russian Far Eastern Policy 1881–1904. 1958 – G.A. LENSEN (ed.), Korea and Manchuria between Russia and Japan 1895–1904. The Observations of Sir Ernest Satow, British Minister Plenipotentiary to Japan (1895–1900) and China (1900–1906). 1966 – Russko-kitajskie otnošenija 1689–1916. Official'nye dokumenty. 1958 – E.JA. LJUSTERNIK, Russko-indijskie ėkonomičeskie, naučnye i kul'turnye svjazi v XIX v. 1966 – TH.G. STAVROU, Russian

Interests in Palestine 1882–1914. A Study of Religious and Educational Enterprise. 1963 – F.A. ROTŠTEJN, Meždunarodnye otnošenija v konce XIX veka. 1960.

Verfall des Reiches

Revoljucionnaja situacija v Rossii v 1859–1861 gg. (Red. M.V. NEČKINA; mehrbändige Publikation. 1960ff.) – Krest'janskaja reforma v Rossii 1861 goda. Sbornik zakonodatel'nych aktov. 1954 – Žurnaly i memorii obščago sobranija Gosudarstvennago Soveta po krest'janskomu delu s 28 janvarja po 14 marta 1861 goda. 1915 – Otmena krepostnogo prava. Doklady ministrov vnutrennich del o provedenii krest'janskoj reformy 1861/1862. 1950 – Krest'janskoe dviženie v Rossii v 1857–mae 1861 gg. Sbornik dokumentov. 1964; Krest'janskoe dviženie v Rossii v 1870–1880 gg. Sbornik dokumentov. 1968; Krest'janskoe dviženie v Rossii v 1881–1889 gg. Sbornik dokumentov. 1960 – A.A. KORNILOV, Krest'janskaja reforma. 1905 – Velikaja reforma. Russkoe obščestvo i krest'janskij vopros v prošlom i nastojaščem. 6 Bde. 1911 – J. BLUM, Lord and Peasant in Russia from the Ninth to the Nineteenth Century. 1961 – G.T. ROBINSON, Rural Russia ander the Old Régime. 1949 – P.N. PERŠIN, Agrarnaja revoljucija v Rossii. I. Ot reformy k revoljucii. 1966 – P.A. ZAJONČKOVSKIJ, Otmena krepostnogo prava v Rossii. [3]1968 – DERS., Provedenie v žizń krest'janskoj reformy 1861 g. 1958 – R. STUPPERICH, Jurij Samarin und die Anfänge der Bauernbefreiung in Rußland. [2]1969 – Krest'janskoe dviženie v 1861 godu posle otmeny krepostnogo prava. I, II: Donesenija svitskich generalov i fligel'ad-jutantov, gubernskich prokurorov i uezdnych strjapčich (ed. E.A. MOROCHOVEC). 1949 – T. EMMONS, The Russian Landed Gentry and the Peasant Emancipation of 1861. 1968 – M. NAJDENOV, Klassovaja bofba v poreformennoj derevne (1861–1863 gg.). 1955 – I.I. KOSTJUŠKO, Krest'janskaja reforma 1864 goda v carstve Pol'skom. 1962 – I.G. BUDAK (ed.), Položenie krest'jan i obščestvenno-političeskoe dviženie v Bessarabii (1861–1895 gody). Dokumenty i materialy (= Istorija Moldavii. Dokumenty i materialy. 4). 1964 – Osobennosti agrarnogo stroja Rossii v period imperializma. Materialy sessii Naučnogo soveta po probleme ›Istoričeskie predposylki Velikoj Oktjabŕskoj socialističeskoj revoljucii‹. Mai 1960 g. 1962 – R. PORTAL u.a., Le Statut des paysans librérés du servage. 1861–1961. 1963.

Obzor dejatel'nosti Gosudarstvennago Soveta v carstvovanie gosudarja imperatora Aleksandra III. 1881–1894. 1895 – A. v. HEDENSTRÖM, Geschichte Rußlands von 1878–1918. 1922 – K. STÄHLIN, Geschichte Rußlands von den Anfängen bis zur Gegenwart. IV 1, 2. 1939 – M.T. FLORINSKY, Russia. A History and an Interpretation. II. 1955 – Istorija SSSR s drevnejšich vremen do našich dnej. V. Razvitie kapitalizma i pod-em revoljucionnogo dviženija v poreformennoj Rossii. 1968 – B. PARES, Russia and Reform. 1907 – S.S. TATIŠČEV, Imperator Aleksandr II., ego žitń i carstvovanie. 2 Bde. 1903 – W.E. MOSSE, Alexander II and the Modernization of Russia. 1958 – C. DE GRUNWALD, Le tsar Alexandre II et son temps. 1963 – A.J. RIEBER (ed.), The Politics of Autocracy. Letters of Alexander II to Prince A.I. Bariatinskii 1857–1864. 1966 – The Transformation of Russian Society. Aspects of Social Change since 1861 (ed. C.E. BLACK). 1960 – H.-P. STEIN, Der Offizier des russischen Heeres im Zeitabschnitt zwischen Reform und Revolution (1861–1905). In: Forschungen zur osteuropäischen Geschichte 13, 1967 – M.I. CHEJFEC, Vtoraja revoljucionnaja situacija v Rossii (konec 70-ch – načalo 80-ch godov XIX veka).

Krizis pravitel'stvennoj politiki. 1963 – B.P. BALUEV, Političeskaja reakcija 80-ch godov XIX veka i russkaja žurnalistika. 1971 – P.A. ZAJONČKOVSKIJ, Krizis samoderžavija na rubeže 1870–1880-ch godov. 1964 – DERS., Rossijskoe samoderžavie v konce XIX stoletija (političeskaja reakcija 80-ch – načala 90-ch godov). 1970.

G. DŽANŠIEV, Ėpocha velikich reform. Istoričeskie spravki. [10]1907 (Repr. 1967) – B. JELAVICH (ed.), Rußland 1852–1871. Aus den Berichten der bayerischen Gesandtschaft in St. Petersburg. 1963 – Dnevnik D.A. Miljutina (ed. P.A. ZAJONČKOVSKIJ). 4 Bde. 1947–1950 – F.A. MILLER, Dmitri Miliutin and the Reform Era in Russia. 1968 – A.V. NIKITENKO. Dnevnik. 3 Bde. 1955–1958 – Dnevnik P.A. Valueva, ministra vnutrennich del (1861–1876). 2 Bde. 1961 – Dnevnik gosudarstvennogo sekretarja A.A. Polovcova. 2 Bde. (1883–1892). 1966 – V.V. GARMIZA, Podgotovka zemskoj reformy 1864 goda. 1957 – B.B. VESELOVSKIJ, Istorija zemstva za sorok let. 4 Bde. 1909–1911 – L.G. ZACHAROVA, Zemskaja kontrreforma 1890 g. 1968 – W. REUTERN-NOLCKEN, Die finanzielle Sanierung Rußlands nach der Katastrophe des Krimkrieges 1862 bis 1878 durch den Finanzminister Michael von Reutern. 1914 – S. KUCHEROV, Courts, Lawyers and Trials under the Last Three Tsars. 1953 – A.F. KONI, Izbrannye proizvedenija. 2 Bde. [2]1958 – F.B. KAISER, Die russische Justizreform von 1864. Zur Geschichte der russischen Justiz von Katharina II. bis 1917. 1972 – B.V. VILENSKIJ, Sudebnaja reforma i kontrreforma v Rossii. 1969 – P.A. ZAJONČKOVSKIJ, Voennye reformy 1860–1870 godov v Rossii. 1952 – M. LEMKE, Ėpocha cenzurnych reform 1859–1865. 1904 – P.I. LJAŠČENKO, Istorija narodnogo chozjajstva SSSR. II. Kapitalizm. [3]1956 – Monopolii i inostrannyj kapital v Rossii. 1962 – V.I. BOVYKIN, Zaroždenie finansovogo kapitala v Rossii. 1967 – TH.H. v. LAUE, Sergei Witte and the Industrialization of Russia. 1963 – J.N. WESTWOOD, A History of Russian Railways. 1964 – J.P. MCKAY, Pioneers for Profit. Foreign Entrpreneurship and Russian Industrialization 1885–1913. 1970 – A.M. ANFIMOV, Krupnoe pomeščič'e chozjajstvo evropejskoj Rossii (konec XIX-načalo XX veka). 1969 – L.M. GORJUŠKIN, Sibirskoe krest'janstvo na rubeže dvuch vekov. Konec XIX-načalo XX. 1967 – Istorija Sibiri. III. Sibiŕ v ėpochu kapitalizma. 1968 – F.-X. COQUIN, La Sibérie. Peuplement et immigration paysanne au XIX siècle. 1969 – P. KABANOV u.a., Očerki istorii rossijskogo proletariata (1861–1917). 1963 – V.T. BILL, The Forgotten Class. The Russian Bourgeoisie from the Earliest Beginnings to 1900. 1959 – L. GREENBERG, The Jews in Russia. 2 Bde. 1944–1951 – J. FRUMKIN/G. ARONSON/A. GOLDENWEISER (ed.), Russian Jewry (1860 bis 1917). 1966 – L. BAZYLOW, Polityka wewnętrzna caratu i ruchy społeczne w Rosji na początku XX wieku. 1966 – G. D. KORNILOV, Russko-finljandskie tamožennye otnošenija v konce XIX-načale XX v. 1971 – G.S. ISAKOV, Ostzejskij vopros v russkoj pečati 1860-ch godov. 1961 – N. ARSENIEV, La sainte Moscou. Tableau de la vie religieuse et intellectuelle russe au XIXe siècle. 1939 ([2]1948) – A.I. KLIBANOV, Istorija religioznogo sektantstva v Rossii (60-e gody XIX v. – 1917 g.). 1965 – R. HARE, Portraits of Russian Personalities between Reform and Revolution. 1959 – A. VUCINICH, Science in Russian Culture 1861–1917. 1970 – Očerki po istorii russkoj žurnalistiki i kritiki. II. Vtoraja polovina XIX veka. 1965 – Russkaja chudožestvennaja kul'tura XIX-načala XX veka. 2 Bde. 1968–1969.

Die revolutionäre Bewegung

Die Schriften der ›Nihilisten‹, die sich als ›revolutionäre Demokraten‹ in der Sowjetunion hohen Ansehens erfreuen, liegen in zahlreichen Ausgaben vor – Kolokol. Gazeta A.I. Gercena i N.P. Ogareva. Vol'naja russkaja tipografija. 1857–1867. London-Ženeva (Faksimile-Neudruck). 1962–1964 – Poljarnaja zvezda. Žurnal A.I. Gercena i N.P. Ogareva v vośmi knigach 1855–1869. Ebenda (Faksimile-Neudruck). 1966–1968 – Istoričeskij sbornik vol'noj russkoj tipografii v Londone A.I. Gercena i N.P. Ogareva. 1859–1861 (Faksimile-Neudruck). 1971 – V.F. Zacharina, Golos revoljucionnoj Rossii. Literatura revoljucionnogo podpol'ja 70-ch godov XIX v. ›Izdanija dlja naroda‹. 1971 – M. Lemke, Očerki osvoboditel'nago dviženija ›šestidesjatych godov‹. 1908 – Ders., Političeskie processy v Rossii 1860-ch gg. (po archivnym dokumentam). ²1923 (Repr. 1968) – A. Thun, Geschichte der revolutionären Bewegungen in Rußland. 1883 – E. Lampert, Sons Against Fathers. Studies in Russian Radicalism and Revolution. 1965 – S.M. Stepnjak-Kravčinskij, Rossija pod vlast'ju carej. 1964 (russ. Erstausgabe des 1885 engl. erschienenen Werkes) – Revoljucionnoe narodničestvo 70-ch godov XIX veka. Sbornik dokumentov i materialov. I (1870–1875). 1964 – E.E. Kluge, Die russische revolutionäre Presse in der zweiten Hälfte des 19. Jh.s. 1855–1905. 1948 – Ivanov-Razumnik, Istorija russkoj obščestvennoj mysli. 2 Bde. 1907 – O.W. Müller, Intelligencija. Untersuchungen zur Geschichte eines politischen Schlagwortes. 1971 – V.R. Lejkina-Svirskaja, Intelligencija v Rossii vo vtoroj polovine XIX veka. 1971 – F. Venturi, Roots of Revolution. A History of the Populist and Socialist Movements in Nineteenth Century Russia. 1960 – M. Wawrykowa, Rewolucyjne narodnictwo w latach siedemdziesiątych XIX w. 1963 – R. Wortman, The Crisis of Russian Populism. 1967 – R. Pipes (ed.), The Russian Intelligentsia. 1961 (dt. 1962) – G. Kiss, Die gesellschaftspolitische Rolle der Studentenbewegung im vorrevolutionären Rußland. 1963 – P.S. Gusjatnikov, Revoljucionnoe studenčeskoe dviženie v Rossii 1899–1907. 1971 – S.M. Levin, Obščestvennoe dviženie v Rossii v 60–70e gody XIX veka. 1958 – N.G. Sladkevič, Očerki istorii obščestvennoj mysli Rossii v konce 50-ch-načale 60-ch godov XIX veka. 1962 – A.L. Reuel', Russkaja ėkonomičeskaja mysl' 60–70-ch godov XIX veka i marksizm. 1956 – B.P. Koźmin, Iz istorii revoljucionnoj mysli v Rossii. Izbrannye trudy. 1961 – E.S. Vilenskaja, Revoljucionnoe podpol'e v Rossii (60-e gody XIX v.). 1965 – Ja.I. Linkov, Revoljucionnaja bořba A.I. Gercena i N.P. Ogareva i tajnoe obščestvo ›Zemlja i volja‹ 1860-ch godov. 1964 – E.L. Rudnickaja, N.P. Ogarev v russkom revoljucionnom dviženii. 1969 – B.S. Itenberg, Rossija i Parižskaja Kommuna. 1971 – Ders., Dviženie revoljucionnogo narodničestva. Narodničeskie kružki i ›choždenie v narod‹ v 70-ch godach XIX v. 1965 – R.V. Filipov, Iz istorii narodničeskogo dviženija na pervom ėtape ›Choždenija v narod‹ (1863–1874). 1967 – S.S. Volk, Narodnaja volja 1879–1882. 1966 – M.G. Sedov, Geroičeskij period revoljucionnogo narodničestva (iz istorii političeskoj bořby). 1966 – V.A. Tvardovskaja, Socialističeskaja mysl' Rossii na rubeže 1870–1880-ch godov. 1969 – Svjazi revoljucionerov Rossii i Pol'ši XIX-načala XX v. 1968 – T.G. Snytko, Russkoe narodničestvo i pol'skoe obščestvennoe dviženie 1865–1881 g. 1969 – W.F. Woehrlin, Chernyshevskii. The Man and the Journalist. 1971 – G.G. Vodolazov, Ot Černyševskogo k Plechanovu (ob osobennostjach razvitija socialističeskoj mysli v Rossii). 1969 – P.L. Lavrov, Filosofija i sociologija (izbrannye proizvedenija). 2 Bde. 1965 – H.-G. NOETZEL, Petr L. Lavrovs Vorstellungen vom Fortschritt für Rußland aus den Jahren vor seiner Emigration. 1968 – S. M. STEPNJAK-KRAVČINSKIJ, V Londonskoj emigracii. 1968 – T. P. MAEVSKAJA, Slovo i podvig: Žizń i tvorčestvo S. M. Stepnjaka-Kravčinskogo. 1968 – E. TARATUTA, Russkij drug Engel'sa. Rasskaz ob internacional'nych svjazjach russkogo revoljucionera-narodnika S. M. Stepnjaka-Kravčinskogo. 1970 – D. FOOTMAN, Red Prelude. A Life of A.I. Zhelyabov. ²1968 – N. A. MOROZOV, Povesti moej žizni. 2 Bde. 1965 – A.S. BLACKWELL (ed.), The Little Grandmother of the Russian Revolution. Reminiscences and Letters of Catherine Breshkovsky. 1918 – N. A. SERNO-SOLOVEVIČ, Publicistika, piśma. 1963 – J. LOTHE, Gleb Ivanovič Uspenskij et le populisme russe. 1963 – W. DEBOGORY-MOKRIEWITSCH, Erinnerungen eines Nihilisten. 1906 – J. H. BILLINGTON, Mikhailovsky and Russian Populism. 1958.

R. CANNAC, Netchaev. Du nihilisme au terrorisme. 1961 – A. L. WEEKS, The First Bolshevik. A Political Biography of Peter Tkachev. 1968 – M. BAKOUNINE, Gosudarstvennost' i anarchija. Étatisme et anarchie. 1873 (ed. A. LEHNING). 1967 – M. CONFINO (ed.), Bakunin et Nečaev. In: Cahiers du monde russe et sovietique 7/8, 1966–1967 – JU. STEKLOV, M. A. Bakunin. Ego žizń i dejatel'nost'. 2 Bde. 1920–1927 – E. H. CARR, Michael Bakunin. 1937 – B.-P. HEPNER, Bakounine et le panslavisme revolutionaire. 1950 – A. LEŚNIEWSKI, Bakunin a sprawy Polskie w okresie wiosny ludów i powstania styczniowego 1863 roku. 1962 – H. ARVON, Michel Bakounine ou la vie contre la science. 1966 – P. A. KROPOTKIN, Selected Writings on Anarchism and Revolution (ed. M. A. MILLER). 1970.

K. Marks, F. Éngel's i revoljucionnaja Rossija. 1967 – S. S. VOLK, Karl Marks i russkie obščestvennye dejateli. 1969 – H. KRAUSE, Marx und Engels und das zeitgenössische Rußland. 1958 – JU. Z. POLEVOJ, Zaroždenie marksizma v Rossii 1883–1894 gg. 1959 – R. PIPES, Social Democracy and St. Petersburg Labor Movement 1885–1897. 1963 – J. L. KEEP, The Rise of Social Democracy in Russia. 1963 – A. K. WILDMAN, The Making of Workers Revolution. Russian Social Democracy, 1891–1903. 1967 – B. A. ČAGIN, G. V. Plechanov i ego rol' v razvitii marksistskoj filofofii. 1963 – S. H. BARON, Plekhanov, the Father of Russian Marxism. 1963 – L. H. HAIMSON, The Russian Marxists and the Origins of Bolshevism. 1955 – TH. DAN, The Origins of Bolshevism. 1964 (russ. 1946) – D. W. TREADGOLD, Lenin and his Rivals. The Struggle for Russias's Future, 1898–1906. 1955 – D. GEYER, Lenin in der russischen Sozialdemokratie. 1962 – Istorija Kommunističeskoj Partii Sovetskogo Sojuza. I. Sozdanie bol'ševistskoj partii 1883–1903. 1964 (dt. 1968) – Perepiska V. I. Lenina i redakcii gazety ›Iskra‹ s socialdemokratičeskimi organizacijami v Rossii 1900–1903 gg. 3 Bde. 1969–1970 – Leninskaja ›Iskra‹ (k semidesjatiletiju so dnja vychoda pervogo nomera). 1970 – V. N. STEPANOV, Lenin i russkaja organizacija ›Iskry‹. 1900–1903. 1968 – Vtoroj s-ezd RSDRP. Ijul'-avgust 1903 goda. Protokoly. 1959 – N. VALENTINOV, Vstreči s Leninym. 1953 – P. B. AKSEL'ROD, Perežitoe i peredumannoe. 1923 – Perepiska G. V. Plechanova i P. B. Aksel'roda. 1925 (Repr. 1967) – JU. MARTOV, Zapiski socialdemokrata. 1922 – I. GETZLER, Martov. A Political Biography of a Russian Social Democrat. 1967 – A. BURGINA, Socialdemokratičeskaja meńševistskaja literatura. Bibliografičeskij ukazatel'. 1968 – R. KINDERSLEY, The First Russian Revisionists. A Study of Legal Marxism in Russia. 1962 – L. SCHAPIRO, The Communist Party of the Soviet Union. 1959 (dt. 1961) – M. FUTRELL, Northern Underground.

Episodes of Russian Revolutionary Transport and Communications through Scandinavia and Finland 1863–1917. 1963 – A.G. Rašin, Formirovanie rabočego klassa Rossii. 1958 – O.D. Sokolov, Na zare rabočego dviženija v Rossii. 1963 – Rabočee dviženie v Rossii v XIX veke. Sbornik dokumentov i materialov. 4 (1895–1900). 2 Bde. 1961–1963 – Rabočij klass i rabočee dviženie v Rossii. 1861–1917. 1966 – Krest'janskoe dviženie v Rossii v 1890–1900 gg. Sbornik dokumentov.

Von Revolution zu Revolution

Kovalevskij (ed.), Rossija v konce XIX veka. 1900 – P. Miliukov, Russia and its Crisis. 1962 (Vorlesungen von 1903) – O. Hoetzsch, Rußland. Eine Einführung auf Grund seiner Geschichte von 1904–1912. 1915 – B. Pares, The Fall of the Russian Monarchy. 1939 – V. Leontovitsch, Geschichte des Liberalismus in Rußland. 1957 – G. Fischer, Russian Liberalism. From Gentry to Intelligentsia. 1958 – G. Katkov/E. Oberländer u.a., Rußlands Aufbruch ins 20. Jh. 1970 – Th.G. Stavrou (ed.), Russia under the Last Tsar. 1969 – Istorija SSSR s drevnejšich vremen do našich dnej. VI. Rossija v period imperializma 1900–1917 gg. 1968.

Obščestvennoe dviženie v Rossii v načale XX-go veka (Red. L. Martov/P. Maslov/A. Potresov). 4 Bde. 1909–1912 – Revoljucija 1905–1907 gg. v Rossii. Dokumenty i materialy. 16 Bde. – V. Zilli, La rivoluzione Russa del 1905. La formazione dei partiti politici (1881–1904). 1963 – S. Harcave, First Blood. The Russian Revolution of 1905. 1964 – S.M. Schwarz, The Russian Revolution of 1905. The Workers Movement and the Formation of Bolshevism and Menshevism. 1967 – N.N. Jakovlev, Vooružennye vosstanija v dekabre 1905 goda. 1957 – A. Fischer, Russische Sozialdemokratie und bewaffneter Aufstand im Jahre 1905. 1967 – V.A. Petrov, Očerki po istorii revoljucionnogo dviženija russkoj armii v 1905 g. 1964 – R. Hough, The Potemkin Mutiny. 1961 – S.N. Semanov, Peterburgskie rabočie nakanune pervoj russkoj revoljucii. 1966 – L.K. Erman, Intelligencija v pervoj russkoj revoljucii. 1966 – E.D. Čermenskij, Buržuazija i carizm v pervoj russkoj revoljucii. 1970 – V.Ja. Laveryčev, Po tu storonu barrikad (iz istorii boŕby moskovskoj buržuazii s revoljuciej). 1967 – Rewolucja 1905–1907 roku na ziemiach polskich. Materiały i studia. 1955 – A. Novak, Pervaja russkaja buržuaznodemokratičeskaja revoljucija i revoljucionnoe dviženie v Rumynii (1905–1907 gg.). 1966 – A.W. Thompson/R.A. Hart, The Uncertain Crusade. America and the Russian Revolution of 1905. 1970 – O. Trubeckaja, Knjaź S.N. Trubeckoj. Vospominanija sestry. 1953 – A. Palme, Die Russische Verfassung. 1910 – Polnyj sbornik platform vsech russkich političeskich partij. ²1906 – Gosudarstvennaja duma. Stenografičeskie otčety. 1906–1917 – F.I. Kalinyčev (ed.), Gosudarstvennaja duma v Rossii v dokumentach i materialach. 1957 – V.A. Maklakov, The First State Duma. Contemporary Reminiscences. 1964 (russ. 1939) – K 10-letiju 1-oj Gosudarstvennoj Dumy. Sbornik statej pervodumcev. 1916 – S.M. Sidel'nikov, Obrazovanie i dejatel'nost' pervoj gosudarstvennoj dumy. 1962 – V.A. Maklakov, Vtoraja gosudarstvennaja duma (vospominanija sovremennika) – Ders., Iz vospominanij. 1954 – A. Levin, The Second Duma. A Study of the Social-Democratic Party and the Russian Constitutional Experiment. 1966 – A. Ja. Avrech, Stolypin i Tret'ja Duma. 1968 – M. Wierzchowski, Sprawy Polski w III i IV dumie państwowej. 1966 – E. Chmielewski, The Polish Question in the Russian State Duma. 1970 – M.W. Rodzjanko, Erinnerungen – H. Ja-

BLONOWSKI, Die russischen Rechtsparteien 1905–1917. In: Rußland-Studien, Gedenkschrift für Otto Hoetzsch. 1957 – O. ANWEILER, Die Rätebewegung in Rußland 1905–1921. 1958 – K.I. ŠABUNJA, Agrarnyj vopros i krest'janskoe dviženie v Belorussii v revoljucii 1905–1907 gg. 1962 – Revoljucija 1905 goda i russkaja literatura. 1956.

V.M. ČERNOV, Pered burej. Vospominanija. 1953 – M.P. BOK, Vospominanija o moem otce P.A. Stolypine. 1953 – S.JU. VITTE, Vospominanija. 3 Bde. 1960 (Neudruck der sowjetischen Erstausgabe von 1923/1924, die ihrerseits ein Abdruck der Berliner Ausgabe ist) – V.N. KOKOVCOV, Iz moego prošlago. Vospominanija. 1903–1919 gg. 2 Bde. 1933 – P.N. MILJUKOV, Vospominanija (1859–1917). 2 Bde. 1955 – TH. RIHA, A Russian European. Paul Miliukov in Russian Politics. 1969 – G. HAUPT (ed.), Correspondance entre Lénine et Camille Huysmans 1905–1914. 1963 – A.JA. AVRECH, Carizm i tret'eijuńskaja sistema. 1966 – W.D. PREYER, Die russische Agrarreform. 1914 (Repr.) – Sel'skoe chozjajstvo Rossii v XX veke. Sbornik statistiko-ėkonomičeskich svedenij za 1901–1922 g.g. 1923 (Repr. 1968) – Krest'janskoe dviženie v Rossii. Sbornik dokumentov. ijuń 1907 g. – ijul' 1914 g. 1966 – S.M. DUBROVSKIJ, Stolypinskaja zemel'naja reforma. Iz istorii sel'skogo chozjajstva i krest'janstva Rossii v načale XX veka. 1963 – L.A. OWEN, The Russian Peasant Movement 1906–1917. ^{2}1963 – S.S. v. PODOLINSKY, Rußland vor der Revolution. Die agrarsoziale Lage und Reformen. 1971 – J. NÖTZOLD, Wirtschaftspolitische Alternativen der Entwicklung Rußlands in der Ära Witte und Stolypin. 1966 – L.F. SKLAROV, Pereselenie i zemleustrojstvo v Sibiri v gody Stolypnskoj agrarnoj reformy. 1962 – V.V. OREŠKIN, Agrarnyj vopros v trudach soratnikov V.I. Lenina. Dooktjabrskij period. 1970 – M. MILLER, The Economic Development of Russia 1905–1914. With special reference to trade, industry, and finance. ^{2}1967 – Monopolii v metallurgičeskoj promyšlennosti Rossii. 1900–1917. Dokumenty i materialy. 1963 – V.JA. LAVERYČEV, Monopolističeskij kapital v tekstil'noj promyšlennosti Rossii (1900–1917) gg. 1963 – B.V. ANAN'IČ, Rossija i meždunarodnyi kapital 1897–1914. Očerki istorii finansovych otnošenij. 1970 – V.V. LEBEDEV, Russko-amerikanskie ėkonomičeskie otnošenija (1900–1917 gg.). 1964 – I.M. BOBOVIČ, Russko-finljandskie ėkonomičeskie otnošenija nakanune Velikoj Oktjabrskoj socialističeskoj revoljucii (ėpocha imperializma). 1968 – Pjatyj (Londonskij) S-ezd RSDRP. Aprel' – maj 1907 goda. Protokoly. 1963 – Partija bol'ševikov v gody novogo revoljucionnogo pod-ema (1910–1914 gody), Dokumenty i materialy. 1962 – Bol'ševistskaja pečat' i rabočij klass Rossii v gody revoljucionnogo pod-ema 1910–1914. 1965 – P. LÖSCHE, Der Bolschewismus im Urteil der deutschen Sozialdemokratie 1903–1920. 1967 – P. AVRICH, The Russian Anarchists. 1967 – J.S. CURTISS, Church and State in Russia. The Last Years of the Empire. 1900–1917. 1940.

Die Internationalen Beziehungen im Zeitalter des Imperialismus. Dokumente aus den Archiven der Zarischen und der Provisorischen Regierung (ed. M.N. POKROVSKIJ/O. HOETZSCH, sowj.-dt. Aktenpublikation) – Briefe Wilhelms II. an den Zaren 1894–1914. 1920 – B. NOLDE, L'alliance franco-russe. Les origines du systèm diplomatique d'avantguerre. 1936 – E.M. ROZENTAL', Diplomatičeskaja istorija russko-francuzskogo sojuza v načale XX veka. 1960 – M. v. TAUBE, Der großen Katastrophe entgegen. Die russische Politik der Vorkriegszeit und das Ende des Zarenreiches (1904–1917). Erinnerungen. 1929 (franz. 1928) – R.Š. GANELIN, Rossija i SŠA. Očerki istorii russko-amerikanskich otnošenij. 1969 – K. KRUPINSKI, Rußland und Japan. Ihre Beziehungen bis zum Frieden von

Portsmouth. 1940 – B. A. ROMANOV, Očerki diplomatičeskoj istorii russko-japonskoj vojny (1895–1907). ²1955 – J. A. WHITE, The Diplomacy of the Russo-Japanese War. 1964 – W. M. CARLGREN, Iswolsky und Aehrenthal vor der bosnischen Annexionskrise. Russische und österreichisch-ungarische Balkanpolitik 1906–1908. 1955 – K. B. VINOGRADOV, Bosnijskij krizis 1908/1909 gg. Prolog pervoj mirovoj vojny. 1964 – Au service de la Russie. Alexandre Iswolsky. Correspondance diplomatique 1906–1911. 2 Bde. 1937–1939 – E. C. THADEN, Russia and the Balkan Alliance of 1912. 1965 – S. S. GRIGORCEVIČ, Dal'nevostočnaja politika imperialističeskich deržav v 1906–1917 gg. 1965 – Mission to Turkestan. Being the memoirs of Count K. K. Pahlen 1908–1909. (ed. R. A. PIERCE). 1964 – G. SAPARGALIEV, Karatel'naja politika carizma v Kazachstane (1905–1917 gg.). 1966 – K. F. ŠACILLO, Russkij imperializm i razvitie flota. Nakanune pervoj mirovoj vojny (1906–1914 gg.). 1968 – F. STIEVE, Iswolski und der Weltkrieg. 1925 – K.-H. SCHLARP, Ursachen und Entstehung des Ersten Weltkrieges im Lichte der sowjetischen Geschichtsschreibung. 1971 – N. P. POLETIKA, Vozniknovenie pervoj mirovoj vojny (ijul'skij krizis 1914 g.). 1964 – S. D. SAZONOV, Vospominanija. 1927 (dt. u. d. Titel ›Sechs schwere Jahre‹. 1927) – G. A. LENSEN (ed.), Revelations of a Russian Diplomat. The Memoirs of Dmitrii I. Abrikossov. 1964 – JU. JA. SOLOV'EV, Vospominanija diplomata. 1893–1922. 1959 – V. I. BOVYKIN, Očerki istorii vnešnej politiki Rossii. Konec XIX veka – 1917 god. 1960.

W. WEIDLÉ, Rußland. Weg und Abweg. 1956 – A. STENDER-PETERSEN, Geschichte der russischen Literatur. II. 1957 – Continuity and Change in Russian and Soviet Thought (ed. E. J. SIMMONS). 1955 (V.: Literature, State and Society) – V. V. ZEŃKOVSKIJ, Istorija russkoj filosofii. 2 Bde. 1948–1950 (engl. 1953) – N. O. LOSSKY, History of Russian Philosophy. 1951 – B. SCHULTZE, Russische Denker. 1950 – N. v. BUBNOFF (ed.), Russische Religionsphilosophen. Dokumente. 1956 – IVANOV-RAZUMNIK, Istorija russkoj obščestvennoj mysli. 2 Bde. 1907 (II, 8: Idealističeskij individualizm) – The Memoirs of IVANOV-RAZUMNIK. 1965 – N. ZERNOV, The Russian Religious Renaissance of the Twentieth Century. 1963 – E. OBERLÄNDER, Tolstoj und die revolutionäre Bewegung. 1965 – S. L. FRANK, Biografija P. B. Struve. 1956 – Prot. SERGIJ BULGAKOV, Avtobiografičeskija zametki. 1946 – Vechi. Sbornik statej o russkoj intelligencii. ²1909 – Teilübersetzung der Vechi in: Rußlands politische Seele. Russische Bekenntnisse (ed. I. HURWICZ). 1910 – engl. Übers.: Vekhi (Signposts). A Collection of Articles on the Russian Intelligentsia. In: Canadian Slavic Studies 1969–1970 – L. SCHAPIRO, The Vekhi Group and the Mystique of Revolution. In: The Slavonic and East European Review 34, 1955–1956 – Intelligencija v Rossii. Sbornik statej. 1910 – G. OBERLÄNDER, Die Vechi-Diskussion (1909–1912). 1965 – A. I. KASTELJANSKIJ (ed.), Formy nacional'nago dviženija v sovremennych gosudarstvach. Avstro-Vengrija, Rossija, Germanija. 1910 – G. v. RAUCH, Rußland: Staatliche Einheit und nationale Vielfalt. 1953 – K. TIANDER, Das Erwachen Osteuropas. Die Nationalitätenbewegung in Rußland und der Weltkrieg. 1934 – M. VELIKOVSKIJ/I. LEVIN, Nacional'nyj vopros. Chrestomatija. I. Nacional'nyj vopros v buržuazno-demokratičeskoj revoljucii i v ėpochu imperializma. 1931 – T. JU. BURMISTROVA, Nacional'nyj vopros i rabočee dviženie v Rossii (Leninskaja politika proletarskogo internacionalizma 1907–1917 gg.). 1969.

Krieg und Revolution

Piśma imperatricy Aleksandry Fedorovny imperatoru Nikolaju II. 2 Bde. 1922 – Nikolaj II i velikie knazja (rodstvennye piśma k poslednemu carju). 1925 – Rußland auf dem Wege zur Katastrophe. Tagebücher des Großfürsten Andrej und des Kriegsministers Poliwanow. Briefe der Großfürsten an den Zaren. 1926 – A Digest of the Krasnyi Arkhiv – Red Archives. I (Vol 1–30) 1947, II (Vol. 31–106) 1955 – Carskaja Rossija v mirovoj vojne. I. 1925 – F.A. GOLDER (ed.), Documents of Russian History 1914–1917. 1964 – Iswolski im Weltkriege. Der diplomatische Schriftwechsel Iswolskis aus den Jahren 1914–1917 (ed. F. STIEVE). 1925 – M. PALEOLOGUE, La Russie des Tsars pendant la grande guerre. 3 Bde. 1921–1922 – L. DE ROBIEN, Journal d'un diplomate en Russie 1917–1918. 1967 – J. NOULENS, Mon ambassade en Russie Soviétique 1917–1919. 2 Bde. 1933 – J. LEGRAS, Mémoires de Russie. 1921 – G. BUCHANAN, Meine Mission in Rußland. 1926 – S. HOARE, Das Vierte Siegel. Das Ende eines russischen Kapitels. Meine Mission in Rußland 1916/1917. 1930 – B. GOURKO, Memories and Impressions of War and Revolution in Russia 1914–1917 – A.A. BRUSILOV, Moi vospominanija. 1963 (franz. 1929) – A. BUBNOV, V carskoj stavke. Vospominanija admirala Bubnova. 1955 – C.J. SMITH, The Russian Struggle for Power. 1914–1917. A Study of Russian Foreign Policy during the First World War. 1956 – A. DALLIN u.a., Russian Diplomacy and Eastern Europe 1914–1917. 1963 – F.I. NOTOVIČ, Diplomatičeskaja boŕba v gody pervoj mirovoj vojny. I. 1947 – M. MICHELSON, P. N. APOSTOL, M.W. BERNATZKY, Russian Public Finance During the War. In: Economic and Social History of the World War. Russian Series. 1928 – A.L. SIDOROV, Finansovoe položenie Rossii v gody pervoj mirovoj vojny (1914–1917). 1960 – T.M. KITANINA, Voenno-infljacionnye koncerny v Rossii 1914–1917 gg. Koncern Putilova-Stacheeva-Batolina. 1969 – V.S. DJAKIN, Russkaja buržuazija i carizm v gody pervoj mirovoj vojny (1914–1917). 1967 – A.L. SIDOROV (ed.), Revoljucionnoe dviženie v armii i na flote v gody pervoj mirovoj vojny 1914-fevral' 1917. Sbornik dokumentov. 1966 – Krest'janskoe dviženie v Rossii v gody pervoj mirovoj vojny, iul' 1914 g.-fevral' 1917 g. Sbornik dokumentov. 1965 – Padenie carskogo režima. Stenografičeskie otčety doprosov i pokazanij, dannych v 1917 g. v Črezvyčajnoj Sledstvennoj Komissii Vremennogo Pravitel'stva. 7 Bde. 1924–1927 – G. ARONSON, Rossija nakanune revoljucii. Istoričeskie étjudy. Monarchy. Liberaly. Masony. Socialisty. 1962 – CH. TURSUNOV, Vosstanie 1916 goda v srednej Azii i Kazachstane. 1962 – A. ROSMER, Le mouvement ouvrier pendant la première Guerre Mondiale de Zimmerwald à la révolution russe. 1959 – A.E. SENN, The Russian Revolution in Switzerland, 1914–1917. 1971 – JA.G. TEMKIN, Lenin i meždunarodnaja social-demokratija 1914–1917. 1968 – Partija bol'ševikov v gody mirovoj imperialističeskoj vojny (1914–1917). Dokumenty i materialy. 1963.

The Russian Provisional Government 1917. Documents (ed. R.P. BROWDER/A.F. KERENSKY). 3 Bde. 1961 – P. MILIUKOV, Rußlands Zusammenbruch. 2 Bde. 1931 – S.P. MEL'GUNOV, Martovskie dni 1917 goda. 1961 – DERS., Sud'ba imperatora Nikolaja II posle otrečenija. 1951 – I.G. CERETELI, Vospominanija o Fevral'skoj revoljucii. 2 Bde. 1963 – L. TROTZKI, Geschichte der russischen Revolution. 2 Bde. 1931 (gekürzte Ausgabe in einem Bd. 1960) – R. LUXEMBURG, Die russische Revolution (ed. O.K. FLECHTHEIM). 1963 – W.H. CHAMBERLIN, The Russian Revolution 1917–1921. [2]1954 (dt. 1958) – E.H. CARR, A History of Soviet

Russia. I–III: The Bolshevik Revolution 1917–1923. 1950–1953 – G. v. RAUCH, Geschichte der Sowjetunion. [5]1969 – J.S. CURTISS, The Russian Revolutions of 1917. 1957 – A.B. ULAM, Die Bolschewiki. Vorgeschichte und Verlauf der kommunistischen Revolution in Rußland. 1967 (engl. 1965) – Istorija Kommunističeskoj Partii Sovetskogo Sojuza. II, III. 1966–1967 (dt. Geschichte der Kommunistischen Partei der Sowjetunion in sechs Bänden) – M. FERRO, La Révolution de 1917. La chute du tsarisme et les origines d'Octobre. 1967 – G. KATKOV, Russia 1917. The February Revolution. 1967 – É.N. BURDŽALOV, Vtoraja russkaja revoljucija. Vosstanie v Petrograde. 1967 – Sverženie samoderžavija. Sbornik statej. 1970 – I.I. MINC, Istorija Velikogo Oktjabrja. I. Sverženie samoderžavija. 1967; II. Sverženie vremennogo pravitel'stva. Ustanovlenie diktatury proletariata. 1968 – Istorija Velikoj Oktjabŕskoj socialističeskoj revoljucii. 1967 – Oktjabŕskoe vooružennoe vosstanie. Semnadcatyj god v Petrograde. 1967 – Istorija SSSR s drevnejšich vremen do našich dnej. Bd. 7. 1967 – TH.H. VON LAUE, Why Lenin? Why Stalin? A Reappraisal of the Russian Revolution, 1900–1930. 1964 – W. LAQUEUR, The Fate of the Revolution. Interpretations of Soviet History. 1967 (auch dt.) – D. GEYER, Die Russische Revolution. Historische Probleme und Perspektiven. 1968 – R. PIPES (ed.), Revolutionary Russia. 1968 – Die russischen Revolutionen von 1917. Eine Vorlesungsreihe. 1969 – B.D. WOLFE, An Ideology in Power. Reflections on the Russian Revolution. 1969 – E.H. CARR, 1917: Before and After. 1969.

Bibliografija russkoj revoljucii i graždanskoj vojny (1917–1921). 1938 – Velikaja Oktjabŕskaja socialističeskaja revoljucija. Bibliografičeskij ukazatel' dokumental'nych publikacij. 1961 – Velikaja Oktjabŕskaja socialističeskaja revoljucija. Dokumenty i materialy. 10 Bde. 1957–1963 – Petrogradskij Voenno-Revoljucionnyj Komitet. Dokumenty i materialy. 3 Bde. 1966 – Moskovskij Voenno-Revoljucionnyj Komitet. Oktjabŕ-nojabŕ 1917 goda. 1968 (Dok) – Velikaja Oktjabŕskaja socialističeskaja revoljucija. Chronika sobytij. 4 Bde. 1957–1961 (27. 2. – 25. 10. 1917) – Archiv russkoj revoljucii (ed. I.V. GESSEN). 22 Bde. 1921–1937 – J. BUNYAN/H.H. FISHER (ed.), The Bolshevik Revolution 1917/1918. Documents and materials. 1934, [2]1961 – R.R. ABRAMOVITCH, The Soviet Revolution 1917–1939. 1962 (dt. 1963) – G. COMTE, La révolution russe par ses témoins. 1963 – Die russische Revolution 1917 (ed. M. HELLMANN). 1964 – Die russische Revolution in Augenzeugenberichten (ed. R. KOHN). 1964 (franz. 1963) – D. VON MOHRENSCHILDT (ed.), The Russian Revolution of 1917. Contemporary Accounts. 1971 – SUCHANOV (= N.N. Himmer), Zapiski o revoljucii. 6 Bde. 1921ff. (dt. Auswahl: 1917. Tagebuch der russ. Rev. 1967) – J. REED, Ten Days that Shook the World. 1919 (dt. Zehn Tage, die die Welt erschütterten. Mehrfach, zuletzt 1967) – A. KERENSKY, Russia and History's Turning Point. 1965 (dt. Die Kerenski-Memoiren. Rußland und der Wendepunkt der Geschichte. 1966 (letzte Fassung; als A. KERENSKI, Erinnerungen, 1928) – V.V. ANIKEEV, Dejatel'nost' CK RSDRP (b) v 1917 godu (chronika sobytij), fevral'–oktjabŕ. 1969 – JU.I. VOROBCOVA, Dejatel'nost' predstavitel'stva CK RSDRP (b) v Stokgol'me (aprel'–nojabŕ 1917 g.). 1968 – G. WETTIG, Die Rolle der russischen Armee im revolutionären Machtkampf 1917. In: Forschungen zur osteuropäischen Geschichte 12, 1967 – G.I. ZLOKAZOV, Petrogradskij sovet rabočich i soldatskich deputatov v period mirnogo razvitija revoljucii (fevral'–ijuń 1917 g.). 1969 – Rajonnye sovety Petrograda v 1917 godu. Protokoly, rezoljucii, postanovlenija obščich sobranij i zasedanij ispolnitel'nych komitetov. 3 Bde. 1964–1966 – A.M. ANDREEV,

Sovety rabočich i soldatskich deputatov nakanune oktjabŕja. Mart–oktjabŕ 1917. 1967 – O.N. Moiseeva, Sovety krest'janskich deputatov v 1917 godu. 1967 – N.A. Kravčuk, Massovoe krest'janskoe dviženie v Rossii nakanune Oktjabrja (mart–oktjabŕ 1917 g. po materialam velikorusskich gubernij evropejskoj Rossii). 1971.

W. Hahlweg (ed.), Lenins Rückkehr nach Rußland 1917. Die deutschen Akten. 1957 – Z.A.B. Zeman (ed.), Germany and the Revolution in Russia 1915–1918. Documents from the Archives of the German Foreign Ministry. 1958 – W.B. Scharlau/Z.A. Zeman, Freibeuter der Revolution. Parvus-Helphand. Eine politische Biographie. 1964 – R. Wittram, Studien zum Selbstverständnis des 1. und 2. Kabinetts der russischen Provisorischen Regierung (März bis Juli 1917). 1971 – O.N. Znamenskij, Ijul'skij krizis 1917 goda. 1964 – A. Rabinowitch, Prelude to Revolution. The Petrograd Bolsheviks and the July 1917 Uprising. 1968 – A.F. Kerenskij, Delo Kornilova. 1918 – N.Ja. Ivanov, Kornilovščina i ego razgrom. Iz istorii bofby s kontrrevoljuciej v 1917 g. 1965 – I.F. Petrov, Strategija i taktika partii bol'ševikov v podgotovke pobedy Oktjabŕskoj revoljucii (mart–oktjabŕ 1917 g.). ²1964 – O.H. Radkey, The Agrarian Foes of Bolshevism. Promis and Default of the Russian Socialist Revolutionaries. February to October 1917. 1958 – Ders., The Sickle under the Hammer. The Russian Socialist Revolutionaries in the Early Month of Soviet Rule. 1963 – K. Gusev, Krach partii levych Éserov. 1963 – N.V. Ruban, Oktjabŕskaja revoljucija i krach meńševizma (mart 1917–1918 g.). 1968 – G.V. Plechanov, God na rodine. Polnoe sobranie statej i rečej 1917/1918. 2 Bde. 1921 – P.V. Volobuev, Ėkonomičeskaja politika vremennogo pravitel'stva. 1962 – Ėkonomičeskoe položenie Rossii nakanune Velikoj Oktjabŕskoj socialističeskoj revoljucii. Dokumenty i materialy (mart–oktjabŕ 1917 g.). 2 Bde. 1957 – S.P. Trapeznikov, Agrarnyj vopros i Leninskie agrarnye programmy v trech russkich revoljucijach. 1963 – A.Z. Okorokov, Oktjabŕ i krach russkoj buržuaznoj pressy. 1970 – V.S. Vasjukov, Vnešnjaja politika vremennogo pravitel'stva. 1966 – V.V. Lebedev, Meždunarodnoe položenie Rossii nakanune Oktjabŕskoj revoljucii. 1967.

Revolution und Krieg

Sovetskaja strana v period graždanskoj vojny 1918–1920. Bibliografičeskij ukazatel' dokumental'nych publikacij. 1961 – Dekrety sovetskoj vlasti. 5 Bde. (25. 10. 1917–31. 7. 1919). 1958–1971 – S-ezdy sovetov Sojuza SSR, sojuznych i avtonomnych sovetskich respublik. Sbornik dokumentov. 7 Bde. (1.–3. Bd. 1917–1922, 4.–7. Bd. 1923–1937). 1959–1965 – Kommunističeskaja Partija Sovetskogo Sojuza v rezoljucijach i rešenijach s-ezdov, konferencij i plenumov CK. 2. Bd. (1917–1924). ⁸1970 – Perepiska sekretariata CK RSDRP(b) – RKP(b) s mestnymi partijnymi organizacijami. 4 Bde. (März 1918 – März 1919). 1967–1971 – Bofba za ustanovlenie i upročenie sovetskoj vlasti. Chronika sobytij (26. 10. 1917–10. 1. 1918). 1962 – Ustanovlenie sovetskoj vlasti na mestach v 1917/1918 godach. Sbornik statej. ²1959 – Sbornik dekretov i postanovlenij po narodnomu chozjajstvu (25. 10. 1917–25. 10. 1918). 1918 – Sbornik dokumentov po zemel'nomu zakonodatel'stvu SSSR i RSFSR. 1917–1954. 1954 – Direktivy KPSS i sovetskogo pravitel'stva po chozjajstvennym voprosam. Sbornik dokumentov. 4 Bde. (1917–1957). 1957–1958 – Nacionalizacija promyšlennosti i organizacija socialističeskogo proizvodstva v Petrograde (1917–1920). Dokumenty i materialy. 2 Bde. 1958–1960 –

A. Gindin, Kak bol'ševiki nacionalizirovali častnye banki (fakty i dokumenty posleoktjabŕskich dnej v Petrograde). 1962 – R. Lorenz, Anfänge der bolschewistischen Industriepolitik. 1965 – Protokoly i postanovlenija Central'nogo Komiteta Baltijskogo Flota (1917/1918). 1963 – N.F. Izmajlov/A.S. Puchov, Centrobalt. 1963 – I. Steinberg, Als ich Volkskommissar war. Episoden aus der russischen Oktoberrevolution. 1929 – F.F. Raskol'nikov, Na boevych postach. 1964 – V. Serge, L'an I de la révolution russe. 1965 – J. Sadoul, Notes sur la Révolution Bolchévique (octobre 1917–juillet 1918). 1918 – W. Antonow-Owsejenko, Im Jahre Siebzehn. Erinnerungen an die Oktoberrevolution. 1959 (russ. 1933) – V.P. Zubov, Stradnye gody Rossii. Vospominanjia o Revoljucii (1917–1925). 1968 – O.H. Radkey, The Election to the Russian Constituent Assembly of 1917. 1950 – E.N. Gorodeckij, Roždenie sovetskogo gosudarstva 1917/1918 gg. 1965 – M.P. Irošnikov, Sozdanie sovetskogo central'nogo gosudarstvennogo apparata. Sovet narodnych komissarov i narodnye komissariaty. Oktjabŕ 1917 g. – Janvaŕ 1918 g. 1967 – Rabočij klass sovetskoj Rossii v pervyj god diktatury proletariata. Sbornik dokumentov i materialov. 1964 – M.N. Potechin, Pervyj sovet proletarskoj diktatury (Očerki po istorii Petrogradskogo soveta rabočich i soldatskich deputatov 1917–1918 gg.). 1966 – D.A. Kovalenko u.a., Sovety v pervyj god proletarskoj diktatury. Oktjabŕ 1917 g. – nojabŕ 1918 g. 1967 – Iz istorii stroitel'stva sovetskoj kul'tury. 1917/1918. Dokumenty i vospominanija. 1964 – L.M. Farber, Sovetskaja literatura pervych let revoljucii (1917–1920 gg.). 1966 – Iz glubiny. Sbornik statej o russkoj revoljucii (1918 verfaßt, 1921 gedruckt, Repr. 1967).

R.D. Warth, The Allies and the Russian Revolution. From the Fall of the Monarchy to the Peace of Brest-Litovsk. 1954 – A.V. Ignat'ev, Russko-anglijskie otnošenija nakanune Oktjabŕskoj revoljucii (fevral'–oktjabŕ 1917 g.). 1966 – Niessel, Le triomphe des Bolchéviks et la paix de Brest-Litovsk. Souvenirs 1917/1918. 1940 – J.W. Wheeler-Benett, Brest-Litovsk, the Forgotten Peace. 1930, ^{3}1956 – W. Hahlweg, Der Diktatfrieden von Brest-Litowsk 1918 und die bolschewistische Weltrevolution. 1960 – L. Steinberg, Warum wir gegen den Brester Frieden sind. 1918 – A.O. Čubarjan, Brestskij mir. 1964 – Sed'moj ėkstrennyj s-ezd RKP(b). Mart 1918 goda. Stenografičeskij otčet. 1962 – Brest-Litovsk = Historische Texte/Neuzeit 6 (ed. W. Baumgart/K. Repgen). 1969 – W. Hahlweg, Der Friede von Brest-Litowsk. Ein unveröffentlichter Band aus dem Werk des Untersuchungsausschusses der Deutschen Verfassunggebenden Nationalversammlung und des Deutschen Reichstages. 1971 – W. Bihl, Österreich-Ungarn und die Friedensschlüsse von Brest-Litovsk. 1970 – W. Baumgart, Deutsche Ostpolitik 1918. Von Brest-Litowsk bis zum Ende des Ersten Weltkrieges. 1966 – B. Mann, Die baltischen Länder in der deutschen Kriegszielpublizistik 1914–1918. 1965 – P. Borowsky, Deutsche Ukrainepolitik 1918 unter besonderer Berücksichtigung der Wirtschaftsfragen. 1970 – O.S. Fedyshyn, Germany's Drive to the East and the Ukrainian Revolution, 1917–1918. 1971 – Dokumenty i materialy po istorii sovetsko-pol'skich otnošenij. 6 Bde. (1.–4. Bd. Nov. 1918–Mai 1926, 5. u. 6. Bd. 1926–1938). 1963–1969 – Z dziejów stosunków polsko-radzieckich. Studia i materiały. 8 Bde. 1965–1971.

B. Meissner, Sowjetunion und Selbstbestimmungsrecht. 1962 – W. Kolarz, Russia and Her Colonies. 1952 – Ders., The Peoples of the Soviet Far East. 1954 – Ders., Communism and Colonialism. 1964 – R. Pipes, The Formation of the Soviet Union. Communism and Nationalism 1917–1923. ²1964 – R. SCHLESINGER (ed.), The Nationalities Problem and Soviet Administration. Selected Readings on the Development of Soviet Nationalities Policies. 1956 – D. BOERSNER, The Bolsheviks and the National and Colonial Question (1917–1928). 1957 – M.I. KULIČENKO, Bořba kommunističeskoj partii za rešenie nacional'nogo voprosa v 1918–1920 godach. 1963 – A.G. MAZOUR, Finland between East and West. 1956 – M. RINTALA, Three Generations: The Extreme Right Wing in Finnish Politics. 1962 – H. LAPORTE, La guerre des rouges et des blancs. Le premier échec des rouges. Russie, Finlande (Janvier–Mai 1918). 1920 – V.M. CHOLODKOVSKIJ, Revoljucija 1918 goda v Finljandii i germanskaja intervencija. 1967 – ST. W. PAGE, The Formation of the Baltic States. 1959 – D. DOROŠENKO, Istorija Ukrajiny 1917–1923 rr. I. Doba Central'noji Rady. 1932, II. Ukrajinśka Hetmanśka Deržava 1918 roku. 1930 – TH. HORNYKIEWICZ, Ereignisse in der Ukraine 1914–1922, deren Bedeutung und historische Hintergründe. 3 Bde. 1966–1968 – J.S. RESHETAR jr., The Ukrainian Revolution, 1917–1920. 1952 – A.E. ADAMS, Bolsheviks in the Ukraine. The Second Campaign, 1918–1919. 1963 – V. MARKUS, L'Ukraine Soviétique dans les Relations Internationales 1918–1923. 1959 – J. BORYS, The Russian Communist Party and the Sovietization of Ukraine. 1960 – R.S. SULLIVANT, Soviet Politics and the Ukraine 1917–1957. 1962 – P. ARSCHINOFF, Geschichte der Machno-Bewegung (1918–1921) – I.A. POLJAKOV, Donskie kazaki v bořbe s bol'ševikami. 1962 – VOLINE (V.M. Eichenbaum), The Unknown Revolution (Kronstadt 1921, Ukraine 1918–1921). 1955 – I. MAJSTRENKO, Borot'bism. A Chapter in the History of Ukrainian Communism. 1954 – F. KAZEMZADEH, The Struggle for Transcaucasia (1917–1921). 1951 – R.G. SUNY, The Baku Commune 1917–1918. Class and Nationality in the Russian Revolution. 1972 – M. KILBOURNE MATOSSIAN, The Impact of Soviet Policies in Armenia. 1962 – E. KIRIMAL, Der nationale Kampf der Krimtürken. 1952 – A.G. PARK Bolshevism in Turkestan 1917–1927. 1957 – Pobeda sovetskoj vlasti v srednej Azii i Kazachstane. 1967 – G. NEPESOV, Iz istorii chorezmskoj revoljucii 1920–1924 gg. 1962 – M.CH. CHAKIMOV, Razvitie nacional'noj sovetskoj gosudarstvennosti v Uzbekistane v period perechoda k socializmu. 1965 – Istorija Bucharskoj i Chorezmskoj narodnych sovetskich respublik. 1971 – I. SPECTOR, The Soviet Union and the Muslim World. 1917–1956. 1956 – A. BENNIGSEN/C. LEMERCIER-QUELQUEJAY, La presse et le mouvement national chez les musulmans de Russie avant 1920. 1964 – DIES., Les mouvements nationaux chez les musulmans de Russie. Le ›Sultangalievisme‹ au Tatarstan. 1960 – M.A. PERSIC, Dal'nevostočnaja respublika i Kitaj. 1962 – S.M. SCHWARZ, The Jews in the Soviet Union. 1951 – S.W. BARON, The Russian Jew under Tsars and Soviets. 1964.

S.F. NAJDA/V.P. NAUMOV, Sovetskaja istoriografija graždanskoj vojny i inostrannoj voennoj intervencii v SSSR. 1966 – D. FOOTMAN, Civil War in Russia. 1961 – Istorija graždanskoj vojny v SSSR. Bd. 3–5. 1957–1960 – Iz istorii graždanskoj vojny v SSSR. Sbornik dokumentov i materialov. 3 Bde. 1960–1961 – KPSS o vooružennych silach Sovetskogo Sojuza. Dokumenty 1917–1968. 1969 – Direktivy glavnogo komandovanija Krasnoj Armii (1917–1920). Sbornik dokumentov. 1969 – Direktivy komandovanija frontov Krasnoj Armii (1917–1922 gg.). Sbornik dokumentov. I. 1971 – R.L. GARTHOFF, Die Sowjetarmee. 1955 – B.H. LIDELL HART (ed.), The Red Army. 1956 – E.F. PRUCK, Der rote Soldat. Sowjetische Wehrpolitik. 1961 – J. ERIKSON, The Soviet High Command. A Military-Political History 1918–1941. 1962 – N.I. ŠATAGIN, Organizacija i stroitel'stvo sovetskoj armii v 1918–1920 gg. 1954 – Partijno-političeskaja rabota v Krasnoj Armii (aprel' 1918–fevral' 1919). Dokumenty. 1961 – D. A. KOVALENKO, Oboronnaja promyšlennost' Sovetskoj Rossii v 1918–1920 gg. 1970 – E. G. GIMPEL'SON, Sovety v gody inostrannoj intervencii i graždanskoj vojny. 1968 – L. M. SPIRIN, Klassy i partii v graždanskoj vojne v Rossii (1917–1920 gg.). 1968 – L. NIKULIN, Tuchačevskij. Biografičeskij očerk. 1964 – M. V. FRUNZE, Vospominanija druzej i soratnikov. 1965 – W. D. JACOBS, Frunze: The Soviet Clausewitz 1885–1925. 1969 – N. KONDRAT'EV, Maršal Bljucher. 1965 – S. M. BUDENNYJ, Proidennyj put'. 2 Bde. 1958–1965 – A. L. FRAJMAN, Revoljucionnaja zaščita Petrograda v fevrale-marte 1918 g. 1964 – N. I. SUPRUNENKO, Očerki istorii graždanskoj vojny i inostrannoj voennoj intervencii na Ukraine (1918–1920). 1966 – Graždanskaja vojna na Ukraine 1918–1920. Sbornik dokumentov i materialov. 3 Bde. (in 4). 1967 – J. F. N. BRADLEY, La Légion tchécoslovaque en Russie 1914–1920. 1965 – G. THUNIG-NITTNER, Die Tschechoslowakische Legion in Rußland. Ihre Geschichte und Bedeutung bei der Entstehung der 1. Tschechoslowakischen Republik. 1970 – K. V. GUSEV/CH. A. ERICJAN, Ot soglašatel'stva k konterrevoljucii (Očerki istorii političeskogo bankrotstva i gibeli partii socialistov-revoljucionerov). 1968 – V. V. GARNIZA, Krušenie ėserovskich pravitel'stv. 1970 – G. K. GINS, Sibiŕ, Sojuzniki i Kolčak. Povorotnyj moment russkoj istorii 1918–1920 g.g. 3 Bde. 1921 – J. ROUQUEROL, L'aventure de l'amiral Koltchak. 1929 – L. H. GRONDIJS, Le Cas-Koltchak. 1939 – P. FLEMING, The Fate of Admiral Kolchak. 1963 – A. G. LIPKINA, 1919 god v Sibiri (Boŕba s Kolčakovščinoj). 1962 – L. M. SPIRIN (ed.), Razgrom Kolčaka. Vospominanija. 1969 – A. I. DENIKIN, Očerki russkoj smuty. 5 Bde. 1921–1926 – DERS., The Russian Turmoil. Memoirs: Military, Social, and Political (Repr.) – A. P. ALEKSAŠENKO, Krach Denikinščiny. 1966 – G. A. BRINKLEY, The Volounteer Army and Allied Intervention in South Russia, 1917–1921. 1966 – K. N. SOKOLOV, Pravlenie Generala Denikina (iz vospominanij). 1921 – J. BRADLEY, Allied Intervention in Russia. 1968 – G. F. KENNAN, Soviet-American Relations. 1917–1920. I. Russia Leaves the War. 1956, II. The Decision the Intervene. 1958 (auch dt.) – R. H. ULLMAN, Anglo-Soviet Relations, 1917–1921. I. Intervention and the War. 1961, II. Britain and the Russian Civil War Nov. 1918–Febr. 1920. 1968 – V. S. VASJUKOV, Predistorija intervencii. Fevral' 1917–mart 1918. 1968 – O. F. SOLOV'EV, Velikij oktjabŕ i ego protivniki. O roli sojuza Antanty s vnutrennej kontrrevoljuciej v razvjazyvanii intervencii i graždanskoj vojny (oktjabŕ 1917–ijul' 1918). 1968 – A. D. SKABA, Parižskaja mirnaja konferencija i inostrannaja intervencija v strane sovetov (janvaŕ-ijuń 1919 goda). 1971 – J. A. WHITE, The Siberian Intervention. 1950 – B. M. UNTERBERGER, America's Siberian Expedition, 1918–1920. 1956 – A. I. MELCHIN, Amerikanskaja intervencija v 1918–1920 gg. 1951 – J. SWETTENHAM, Allied Intervention in Russia 1918–1919 and the Part Played by Canada. 1967 – J. W. MORLEY, The Japanese Thrust into Siberia 1918. 1957 – A. I. KRUŠANOV, Boŕba za vlast' sovetov na dal'nem vostoke i v Zabajkal'e (Aprel' 1918–mart 1920 g.). 1962 – B. M. ŠEREŠEVSKIJ, Razgrom Semenovščiny (aprel'–nojabŕ 1920 g.). O roli Dal'nevostočnoj respubliki v boŕbe za likvidaciju ›Čitinskoj probki‹ i ob-edinenie Dal'nego Vostoka. 1966 – P. BALAKŠIN, Final v Kitae. Vozniknovenie, razvitie i isčeznovenie Beloj Emigracii na Dal'nem vostoke. 2 Bde. 1958/59 – C. H. ELLIS, The Transcaspian Episode 1918/1919. 1963 (Titel d. amerik. Ausgabe: The British ›Intervention‹ in Transcaspie 1918/1919) – Inostrannaja voennaja intervencija i graždanskaja vojna v srednej Azii i Kazachstane (II. 1964) – S. N. POKROVSKIJ, Razgrom inostrannych voennych interventov i vnutrennej kontrrevoljucii v Kazachstane (1918–1920 gg.). 1967 – L.I. Strakhovsky, Intervention at Archangel. 1944 – L. Sikorski, La campagne polono-russe de 1920. 1928 – G. Rhode, Die Entstehung der Curzon-Linie. In: Osteuropa 5, 1955 – B.E. Štejn, ›Russkij vopros‹ v 1920/1921 gg. 1958.

Die Herrschaft Lenins

V.I. Lenin, Sočinenija (Werke): Die erste umfassende Leninausgabe war die Ende der zwanziger Jahre erschienene 2. Ausgabe, die in den dreißiger Jahren in der 3. Ausgabe unverändert nachgedruckt wurde (30 Bde. und Registerband: Spravočnik k II i III izdanija sočinenij V.I. Lenina. 1935). Erheblich geringeren Wert hat die ›stalinisierte‹ 4. Ausgabe, die in den Jahren nach dem Zweiten Weltkrieg erschien (35. Bde., dazu 1951 ein alphabetisches Werkverzeichnis und 1955/1956 zwei Registerbände). Erst nach Chruščevs Geheimrede erschienen fünf Ergänzungsbände zur 4. Ausgabe (Bd. 36–40), von denen der erste (36., 1957) u.a. das sogenannte Testament und die letzten Diktate zur nationalen Frage, der vorletzte (39., 1960) die ›Hefte über den Imperialismus‹, der letzte (40., 1962) die ›Hefte zur Agrarfrage 1900–1916‹ enthält. 5. Ausgabe: V.I. Lenin, Polnoe sobranie sočinenij. 55 Bde. 1958–1965 (Registerband 1966) – Weiteres Material enthalten die bisher 36 Bde. des ›Leninskij sbornik‹. 1925–1959 – Chronologičeskij ukazatel' proizvedenij V.I. Lenina. Knigi, stat'i, vystuplenija, piśma i drugie dokumenty. I (1886–fevral' 1917). 1959, II (mart 1917–mart 1923). 1962, (III) Vspomogatel'nye ukazateli k chronologičeskomu ukazatel'ju proizvendenij V.I. Lenina. 1963 – R. Peresvetov, Poiski bescennogo nasledija (o sud'be nekotorych rukopisej V.I. Lenina). 1963 – Lenin, Ausgewählte Schriften (ed. H. Weber). 1963 – L. Haas (ed.), Lenin. Unbekannte Briefe, 1912–1914. 1967 – Lenins letzte Schriften jetzt V.I. Lenin, Polnoe sobranie sočinenij, Bd. 45 (1964), dt. W.I. Lenin, Werke, Bd. 36 (1964) – Vladimir Il'ič Lenin. Biografičeskaja chronika, I (1870–1905), II (1905–1912). 1970–1971 – Vospominanija o Vladimire Il'iče Lenine. Annotirovannyj ukazatel' knig i žurnal'nych statej 1954–1961 g. 1963 – Vospominanija o Vladimire Il'če Lenine. 5 Bde. 1969–1970 – Lenin v 1917 godu. Vospominanija. 1967 – L.A. Fotieva, Iz vospominanij o V.I. Lenine (dekabŕ 1922 g.–mart 1923 g.). 1964; dazu: Dnevnik dežurnych sekretarej V.I. Lenina. 21 nojabrja 1922 g.– 6 marta 1923 g. In: V.I. Lenin, Polnoe sobranie sočinenij, Bd. 45 (1964) – V. Marcu, Lenin. Eine Biographie. 1927, [2]1970 – B.D. Wolfe, Three Who Made a Revolution. A biographical History. 1948 (rev. dt. Übers. nach d. 4. Aufl. u. d. Titel ›Lenin, Trotzkij, Stalin‹. 1965) – D. Shub, Lenin 1948 (dt. 1957) – G. Walter, Lénine. 1950 – G. v. Rauch, Lenin. Grundlegung des Sowjetsystems. 1957 – A. Karavaev, Lenin (čelovek, politik, filosof, revoljucioner). 1959 – A. Balabanoff, Lenin. Psychologische Beobachtungen und Betrachtungen. 1961 – L. Fischer, The Life of Lenin. 1964 (dt. Das Leben Lenins, 1964, dtv 1970) – R. Payne, The Life and Death of Lenin. 1964 – St. T. Possony, Lenin: The Compulsive Revolutionary. 1964 (dt. u. d. Titel: Lenin. Eine Biographie. 1965) – L. Schapiro/P. Reddaway (ed.), Lenin. The Man, the Theorist, the Leader. A Reappraisal. 1967 – L. Schapiro (ed.) Lenin. 1969 – Vladimir Il'ič Lenin. Biografija (offizielle sowjetische Biographie). [4]1970 – V.I. Lenin. Kratkij biografičeskij očerk. [4]1967 – Über Lenins Vater: A. Ivanskij, Il'ja Nikolaevič Ul'janov. Po vospominanijam sovremennikov i dokumentam. 1963 – A.I. Kondakov, Direktor narodnych učilišč I.N. Ul'janov. ²1964 – N. GRIGOR'EV, Otec. Dokumental'naja povest' ob Il'e Nikolaeviče Ul'janove. 1969 – über seinen älteren Bruder: B.S. ITENBERG/A.JA. ČERNJAK, Žizń Aleksandra Ul'janova. 1966 – V. SUTYRIN, Aleksandr Ul'janov (1866–1887). 1971 – Perepiska semi Ul'janovych 1883–1917. 1969 – P.P. ELIZAROV, Mark Elizarov i semja Ul'janovych. 1967 – A. IVANSKIJ, Molodoj Lenin. Povest' v dokumentach i memuarach. 1964 – L. TROTZKI, Der junge Lenin. 1969 – über Lenins Frau: Rjadom s Leninym. Vospominanija o N.K. Krupskoj. 1969 – N.K. KRUPSKAJA o Lenine. Sbornik statej i vystuplenij. ³1971 – Nadežda Konstantinovna Krupskaja. Bibliografija trudov i literatury o žizni i dejatel'nosti. 1969 – ST.W. PAGE, Lenin and World Revolution. 1959 – L.A. LEONT'EV, Leninskoe issledovanie imperializma. 1964 – M.I. TRUŠ, Vnešnepolitičeskaja dejatel'nost' V.I. LENINA. 1917–1920 deń za dnem. 1963 – M.I. ŠACHNOVIČ, Lenin i problemy ateizma. Kritika religii v trudach V.I. LENINA. 1961.

L. TROTZKI, Mein Leben. Versuch einer Autobiographie. 1930 – M. EASTMAN, La jeunesse de Trotsky. (1929) – W. GIUSTI, Il pensiero di Trotzky. 1949 – I. DEUTSCHER, The Prophet Armed. Trotsky: 1879–1921. 1954 (dt. 1962); The Prophet Unarmed. Trotzky: 1921–1929. 1959 (dt. 1962); The Prophet Outcast. Trotsky: 1929–1940. 1963 (dt. 1963) – H. BRAHM, Trotzkijs Kampf um die Nachfolge Lenins. Die ideologische Auseinandersetzung 1923–1926. 1964 – J.M. MEIJER (ed.), The Trotsky Papers 1917–1922. I. 1917–1919. 1964 – L. TROTSKY, De la révolution. Cours nouveau – La révolution défigurée – La révolution permanente – La révolution trahie. (1965) – A.G. LÖWY, Die Weltgeschichte ist das Weltgericht. Bucharin: Vision des Kommunismus. 1969 – S. HEITMAN (ed.), Nikolai I. Bukharin. A Bibliography with Annotatations, Including the Locations of His Works in Major American and European Libraries. 1969 – E. GORODECKIJ/JU. ŠARAPOV, Sverdlov. 1971 – A.V. LUNAČARSKIJ, Sobranie sočinenij v vośmi tomach. I, II. 1963–1964 – A.V. LUNAČARSKIJ, Vospominanija i vpečatlenija. 1968 – S. DZERŽINSKAJA, V gody velikich boev. 1964 – N. ZUBOV, F.E. Dzeržinskij. Biografija. ³1971 – A. CHACKEVIČ, Soldat velikich boev. Žizń i dejatel'nost' F.Ė. Dzeržinskogo. 1961 – A.I. MIKOJAN, Mysli i vospominanija o Lenine. 1970 – DERS., Dorogoj bor̕by. I. 1971 – I. de PALENCIA, Alexandra Kollontay. Ambassadress from Russia. 1947 – A. IVANOV, Fric Platten. 1963.

Zur Geschichte der KPdSU: G. SINOWJEW, Geschichte der kommunistischen Partei Rußlands (Bolschewiki). Abriß in 6 Vorträgen. 1923 – N. POPOV, Outline History of the Communist Party of the Soviet Union. 2 Bde. 1934 (übers. nach d. 16. russ. Aufl.) – Communist Party of the Soviet Union. A short History (ed. W. KNORIN). 1935 (übers. nach d. 2. russ. Aufl.) – Istorija Vsesojuznoj Kommunističeskoj Partii (Bol'ševikov). Kratikij kurs. 1938 u.ö. (offizielle Darstellung unter Stalin) – Istorija Kommunističeskoj Partii Sovetskogo Sojuza. 1959, ²1962, ³1969 (offizielle nachstalinistische Darstellung, beide Parteigeschichten auch dt.) – Istorija Kommunističeskoj partii sovetskogo Sojuza (auf sechs Bde. veranschlagte große offizielle Darstellung. Bisher 5 Bde. (in 7). 1964–1970 (reicht bis 1945) – L. SCHAPIRO, The Communist Party of the Soviet Union. 1959 (dt. 1961) – J.S. RESHETAR jr., A Concise History of the Communist Party of the Soviet Union. 1960 – R.V. DANIELS (ed.), A Documentary History of Communism. 1960 – N. RUTYČ, KPSS u vlasti. Očerki po istorii kommunističeskoj partii 1917–1957. 1960 – P. BROUE, Le parti bolchevique. Histoire du P.C. de l'U.R.S.S. 1963 – L. SCHAPIRO, The Origin of the Communist Autocracy. Political Opposition in the Soviet State. First

Phase 1917–1922. 1955 – R. V. Daniels, The Conscience of the Revolution. Communist Opposition in Soviet Russia. 1960 (dt. 1962) – Pravda o Kronštadte. 1921 – E. Pollack, The Kronstadt Rebellion (The First Armed Revolt Against the Soviets). 1959 – P. Avrich, Kronstadt 1921. 1970 – Dokumente der Weltrevolution. II: Arbeiterdemokratie oder Parteidiktatur (ed. F. Kool/E. Oberländer). 1967 – Desjatyj s-ezd RKP (b). Mart 1921 goda. Stenografičeskij otčet. 1963.

Narodnoe chozjajstvo SSSR v 1917–1920 gg. Bibliografičeskij ukazatel' knižnoj i žurnal'noj literatury na russkom jazyke (1917–1963 gg.). 1967 – F. Döring, Organisationsprobleme der russischen Wirtschaft in Revolution und Bürgerkrieg (1918–1920). Dargestellt am Volkswirtschaftsrat für den Nordrayon (SNCHSR). 1970 – Sovetskoe narodnoe chozjajstvo v 1921–1925 gg. 1960 – K. Elster, Vom Rubel zum Tscherwonjez. 1930 – F. V. Samochvalov, Sovety narodnogo chozjajstva v 1917–1932 gg. 1964 – Istorija profdviženija v SSSR. ^{2}1961 – I. I. Katorgin, Istoričeskij opyt KPSS po osuščestvleniju novoj ėkonomičeskoj politiki (1921–1925 g.). 1971 – V. P. Dmitrenko, Torgovaja politika sovetskogo gosudarstva posle perechoda k Nėpu. 1921–1924 gg. 1971 – S. A. Fedjukin, Sovetskaja vlast' i buržuaznye specialisty. 1965 – A. C. Sutton, Western Technology and Soviet Economic Development 1917 to 1930. 1968 – I. Ja. Trifonov, Klassy i klassovaja bor'ba v SSSR v načale Nėpa (1921–1923 gg.). 2 Bde. 1964–1969 – Problemy agrarnoj istorii sovetskogo obščestva. Materialy naučnoj konferencii 9–12 ijunja 1969 g. 1971 – L. Volin, A Century of Russian Agriculture. From Alexander II to Khrushchev. 1970 – Ju. A. Poljakov, Perechod k Nėpu i sovetskoe krest'janstvo. 1967 – P. A. Aleksandrov, V bor'be za socialističeskoe pereustroistvo derevni (Krest'janskaja vsaimopomošč, 1921–1932 gg.). 1971 – R. G. Wesson, Soviet Communes. 1963. J. R. Millar (ed.), The soviet Rural Community. A Symposium. 1971 – Sh. Fitzpatrick, The Commissariat of Englightenment. Soviet organization of education and the arts under Lunacharsky october 1917–1921 – El Lissitzky, 1929. Rußland: Architektur für eine Weltrevolution. 1930 (Repr. 1965).

Istorija sovetskoj konstitucii. Sbornik dokumentov. 1917–1957. 1957 – Istorija sovetskoj konstitucii (v dokumentach). 1917–1956. 1957 – Ė. B. Genkina, Obrazovanie SSSR. Sbornik dokumentov. 1917–1924. 1949 – O. I. Čistjakov, Stanovlenie rossijskoj federacii (1917–1922). 1966 – R. Pipes, The Formation of the Soviet Union. Communism and Nationalism 1917–1923. ^{2}1964 – Istorija sovetskogo gosudarstva i prava v trech tomach. I. Stanovlenie sovetskogo gosudarstva i prava (1917–1920 gg.). 1968 – Ė. B. Genkina, Gosudarstvennaja dejatel'nost' V. I. Lenina 1921–1923. 1969 – M. Lewin, Le dernier combat de Lénine. 1967 (dt. 1970) – Ders., Les derniers mois de la vie de Lénine d'après le Journal de ses secrétaires. In: Cahiers du monde russe et soviétique 8, 1967 – R. Maurach, Handbuch der Sowjetverfassung. 1955 – W. Pietsch, Revolution und Staat. Institutionen als Träger der Macht in Sowjetrußland 1917 bis 1922. 1969 – V. V. Aspaturian, The Union Republics in Soviet Diplomacy. A Study of Soviet Federalism in the Service of Soviet Foreign Policy. 1960 – Dvenadcatyj s-ezd RKP (b), 17–25 aprelja 1923 goda. Stenografičeskij otčet. 1968.

Dokumenty vnešnej politiki SSSR. Bisher 17 Bde. (bis 31. 12. 1934). 1957–1971 – Soviet Documents on Foreign Policy (ed. J. Degras). 3 Bde. (1917–1941). 1951–1953 – Soviet Treaty Series (ed. L. Shapiro). 2 Bde. (1917–1939). 1950–1955 – J. Degras, Calendar of Soviet Documents on Foreign Policy 1917–1941. 1948 – R. M. Slusser/J. F. Triska, A Calendar of Soviet Treaties 1917–1957. 1959 – Osteuropa-Handbuch. Band: Sowjetunion, Teil: Verträge und Abkommen. Verzeichnis der Quellen und Nachweise 1917–1962. 1967 – J.F. TRISKA/R.M. SLUSSER, The Theory, Law, and Policy of Soviet Treaties. 1962 – W. GROTTIAN, Lenins Anleitung zum Handeln. Theorie und Praxis sowjetischer Außenpolitik. 1962 – Istorija meždunarodnych otnošenij i vnešnej politiki SSSR. I. 1917–1939. ²1967, II. 1939–1945. ²1967, III. 1945–1963. 1964 (Red. V.G. TRUCHANOVSKIJ) – Istorija vnešnej politiki SSSR 1917–1966 gg. 2 Bde. I. 1966 (dt. 1969), II. 1971 – D.V. OZNOBIŠIN, Ot Bresta do Juŕeva. Iz istorii vnešnej politiki Sovetskoj vlasti. 1917–1922 gg. 1966 – Leninskaja vnešnjaja politika sovetskoj strany. 1917–1924. 1969 – L. FISCHER, The Soviets in World Affairs. A History of the Relations between the Soviet Union and the Rest of the World. 2 Bde. ²1951 – Russian Foreign Policy. Essays in Historical Perspective (ed. I.J. LEDERER). 1962 – X.J. EUDIN/R.C. NORTH, Soviet Russia and the West. 1920–1927. A Documentary Survey. 1957 – DIES., Soviet Russia and the East. 1920–1927. A Documentary Survey. 1957 – G.F. KENNAN, Russia and the West under Lenin and Stalin. 1960 (dt. u. d. Titel: Sowjetische Außenpolitik unter Lenin und Stalin. 1961) – DERS., Soviet Foreign Policy, 1917–1941 – Diplomatičeskaja dejatel'nost' V.I. Lenina. 1970 – I. GOROCHOV/L. ZAMJATIN/I. ZEMSKOV, G.V. Čičerin – diplomat leninskoj školy. 1966 – S.V. ZARNICKIJ/L.I. TROFIMOVA, Sovetskoj strany diplomat. 1968 (Leonid Krasin) – B. MOGILEVSKIJ, Nikitič (Leonid Borisovič Krasin). 1963 – R. KARPOVA, L.B. Krasin, sovetskij diplomat. 1962 – V.I. POPOV (ed.), Dipkuŕery. Očerki o pervych sovetskich diplomatičeskich kuŕerach. 1970 – S. JU. VYGODSKIJ, U istokov sovetskoj diplomatii. 1965 – A.S. BACHOV, Na zare sovetskoj diplomatii. Organy sovetskoj diplomatii v 1917–1922 gg. 1966 – A.J. MAYER, Political Origins of the New Diplomacy, 1917–1918. 1959 – J.M. THOMPSON, Russia, Bolshevism, and the Versailles Peace. 1966 – J.F. TRISKA/D.D. FINLEY, Soviet Foreign Policy. 1968 – L. FISCHER, Russia's Road from Peace to War. Soviet Foreign Relations 1917–1941. 1969 – V.A. ŠIŠKIN, Sovetskoe gosudarstvo i strany zapada v 1917–1923 gg. Očerki istorii stanovlenija ėkonomičeskich otnošenij. 1969 – W.P. and Z.K. COATES, A History of Anglo-Soviet Relations. 2 Bde. 1943–1958 – ST.R. GRAUBARD, British Labour and the Russian Revolution. 1956 – I.M. MAJSKIJ, Anglo-sovetskoe torgovoe soglašenie 1921 goda. In: Voprosy istorii 1957, 5 (stützt sich auf mündlich dem Verf. mitgeteilte Erinnerungen M. LITVINOVS. Die 1955 in London erschienene Ausgabe der Litvinov-Memoiren: M.M. LITVINOFF, Notes for a Diary, ist eine Fälschung) – J. GARAMVÖLGYI, Aus den Anfängen sowjetischer Außenpolitik. Das britisch-sowjetrussische Handelsabkommen von 1921. 1967 – C.S. SAMRA, India and Anglo-Soviet Relations 1917–1947. 1959 – N.N. LJUBIMOV/A.N. ERLICH, Genuėzskaja konferencija (vospominanija učastnikov). 1963 – V.F. LOPATIN, Proval antisovetskich planov SŠA. Genua-Gaaga 1922. 1963 – A.V. BEREZKIN, Oktjabŕskaja revoljucija i SŠA 1917–1922 gg. 1967 – L. GVIŠIANI, Sovetskaja Rossija i SŠA (1917–1920). 1970 – H.-A. JACOBSEN (ed.), Mißtrauische Nachbarn. Deutsche Ostpolitik 1919/1970. Dokumentation und Analyse. 1970 – E.H. CARR, German-Soviet Relations between the Two World Wars, 1919–1939. 1952 (dt. u. d. Titel: Berlin-Moskau, 1954) – L. KOCHAN, Rußland und die Weimarer Republik. 1955 – G. FREUND, Unholy Alliance. Russian-German Relations from the Treaty of Brest-Litovsk to the Treaty of Berlin. 1957 – TH. SCHIEDER, Die Probleme des Rapallo-Vertrages. 1956 – Sovetsko-germanskie otnošenija ot peregovorov v Brest-Litovske do podpisanija

Rapall'skogo dogovora. Sbornik dokumentov. 2 Bde. 1968–1971 (I. dt. 1968) – Rapall'skij dogovor i problema mirnogo sosuščestvovanija. Materialy naučnoj sessii, posvjaščennoj 40-letiju Rapall'skogo dogovora. 1963 (auch dt.) – H. G. Linke, Deutsch-sowjetische Beziehungen bis Rapallo. 1970 – O.-E. Schüddekopf, Karl Radek in Berlin. Ein Kapitel deutsch-russischer Beziehungen im Jahre 1919. In: Archiv f. Sozialgesch. 2, 1962 – H. Helbig, Die Träger der Rapallo-Politik. 1958 – I. K. Kobljakov, Ot Bresta do Rapallo. 1954 (dt. u. d. Titel: Von Brest bis Rapallo. Geschichtlicher Abriß der sowjetisch-deutschen Beziehungen von 1918 bis 1922. 1956) – I. A. Rosenko, Sovetsko-germanskie otnošenija (1921 – 1922 gg.). 1965 – S. Mikulicz, Od Genui do Rapallo. 1966 – K. Rosenbaum, Community of Fate. German-Soviet Diplomatic Relations 1922–1928. 1965 – H. Grieser, Die Sowjetpresse über Deutschland in Europa 1922–1932. Revision von Versailles und Rapallo-Politik in sowjetischer Sicht. 1970 – F. Klein, Die diplomatischen Beziehungen Deutschlands zur Sowjetunion. 1917–1932. 1952 – G. Rosenfeld, Sowjetrußland und Deutschland. 1917–1922. 1960 – A. Anderle, Die deutsche Rapallo-Politik. Deutsch-sowjetische Beziehungen 1922–1929. 1962 – Ders. (ed.), Rapallo und die friedliche Koexistenz. 1963 – W. Ruge, Die Stellungsnahme der Sowjetunion gegen die Besetzung des Ruhrgebietes. 1962 – J. Korbel, Poland between East and West. Soviet and German Diplomacy toward Poland, 1919–1933. 1963 – P. N. Ol'šanskij, Rižskij mir. Iz istorii bor'by Sovetskogo pravitel'stva za ustanovlenie mirnych otnošenij s Pol'šej (konec 1918-mart 1921 g.). 1969 – P. S. Wandycz, Soviet-Polish Relations 1917–1921. 1969 – V. A. Šiškin, Čechoslovacko-sovetskie otnošenija v 1918–1925 godach. 1962 – I. A. Peters, Čechoslovacko-sovetskie otnošenija (1918–1934). 1965 – Sovetskaja Rossija i kapitalističeskij mir v 1917–1923 gg. 1957 – N. L. Rubinštejn, Vnešnjaja politika sovetskogo gosudarstva v 1921–1925 godach. 1953 – P. I. Drozdov, Vechi mnogovekovoj družby (K istorii sovetsko-vengerskich svjazej). 1965 – G. Lenczowski, Russia and the West in Iran, 1918–1948. 1949 – D. Geyer, Die Sowjetunion und Iran. Eine Untersuchung zur Außenpolitik der UdSSR im Nahen Osten. 1917–1954. 1955 – R. A. Tuzmuchamedov, Sovetsko-iranskie otnošenija (1917–1921). 1960 – I. A. Jusupov, Ustanovlenie i razvitie sovetsko-iranskich otnošenij (1917 – 1927 gg.). 1969 – Sovetsko-afganskie otnošenija 1919–1969 gg. Dokumenty i materialy. 1971 – L. B. Teplinskij, 50 let sovetsko-afganskich otnošenij 1919–1969. 1971 – A. Ch. Babachodžaev, Očerki po istorii sovetsko-afganskich otnošenij. 1970 – Ju. A. Bagirov, Iz istorii sovetsko-tureckich otnošenij v 1920–1922 gg. (po materialam Azerbajdžanskoj SSR). 1965 – A. D. Whiting, Soviet Policies in China 1917–1924. ^{2}1957 – M. I. Kazanin, Zapiski sekretarja missii. Stranička istorii pervych let sovetskoj diplomatii. 1962 – G. A. Lensen, Japanese Recognition of the U.S.S.R. Soviet-Japanese Relations 1921–1930. 1970 – Sovetsko-mongol'skie otnošenija 1921–1966. Sbornik dokumentov. 1966 – St. Clissold (ed.), Soviet Relations with Latin America 1918–1968. 1970.

The Communist International 1919–1943 (ed. J. Degras). I. 1919–1922, II. 1923–1928. 1956–1960 – Manifest, Richtlinien, Beschlüsse (des I. Kongresses der Kommunistischen Internationale) = Bibliothek der Kommunistischen Internationale. I. 1920 – B. Lazitch, Lénine et la IIIe Internationale. 1951 – Lenin v bor'be za revoljucionnyj International (Sammelband). 1970 – G. Nollau, Die Internationale. Wurzeln und Erscheinungsformen der proletarischen Internationale. 1959 – G.D. Jackson jr., Comintern and Peasant in East Europa 1919–1930. 1966.

Die Herrschaft Stalins

Sbornik dokumentov i materialov po istorii SSSR sovetskogo perioda (1917–1958 gg.). 1966 – Trinadcatyj S-ezd RKP(b). Maj 1924 goda. Stenografičeskij otčet. 1963 – Šestnadcataja konferencija VKP(b). Aprel' 1929 goda. Stenografičeskij otčet. 1962 – M.N. ČERNOMORSKIJ, Istočnikovedenie istorii SSSR (sovetskij period). 1966 – L.M. ZAK/V.S. LEL'ČUK/ V.I. POGUDIN, Stroitel'stvo socializma v SSSR. Istoriografičeskij očerk. 1971 – Istorija SSSR s drevnejšich vremen do našich dnej. Bd. 8, 9. 1967–1971 – Sovetskoe gosudarstvo i pravo v period stroitel'stva socializma (1921–1935 gg.) = Istorija sovetskogo gosudarstva i prava v trech knigach II. 1968 – E.H. CARR, A History of Soviet Russia. The Interregnum 1923/1924. 1954, Socialism in One Country 1924–1926. 3Bde. 1958–1964 – I.V. STALIN, Sočinenija. 13 Bde. 1946–1952 (diese Stalin-Ausgabe reicht nur bis Januar 1934; Stalins spätere Schriften sind in Einzelausgaben und Übersetzungen zugänglich, gesammelt jetzt bei R.H. McNEAL (ed.), I.V. Stalin, Sočinenija. 3 Bde./XIV–XVI, 1934–1953. 1967) – B. SOUVARIN, Stalin. A Critical Survey of Bolshevism. o.J. – L. TROTZKY, Stalin. Eine Biographie. 1952 (aus d. Nachlaß) – I. DEUTSCHER, Stalin. A Political Biography. 1949 – G. HILGER, Stalin. Aufstieg der UdSSR zur Weltmacht. [2]1964 (v. H. BRAHM bearb.) – G. HENTSCH, Stalin négociateur. Une diplomatie de guerre. 1967 – SVETLANA ALLILUEVA, Dvadcat' pisem k drugu. 1967 – A. AVTORKHANOV, Stalin and the Soviet Communist Party. A Study in the Technology of Power. 1959 – S. WOLIN/R.M. SLUSSER, The Secret Police. 1957 – B. LEWYTZKY, Vom roten Terror zur sozialistischen Gerechtigkeit. 1961 – R. CONQUEST, The Great Terror. Stalin's Purge of the Thirties. 1968 (dt. u. d. Titel: Am Anfang starb Genosse Kirow. Säuberungen unter Stalin. 1970) – G. KATKOV, The Trial of Bukharin. 1969 – R.C. TUCKER/ST.F. COHEN (ed.), The Great Purge Trial. 1965 – B.I. NICOLAEVSKY, Power and the Soviet Elite. ›The Letter of an Old Bolshevik‹ and Other Essays. 1965 – Z.K. BRZEZINSKI, The Permanent Purge. Politics in Soviet Totalitarism. 1956 – W. SCHARNDORFF, Moskaus permanente Säuberung. 1964 – J.A. ARMSTRONG, The Politics of Totalitarianism. The Communist Party of the Soviet Union from 1934 to the Present. 1961 – M. FAINSOD, How Russia is Ruled. [2]1963 – W.W. KULSKI, The Soviet Regime. Communism in Practice. 1956 – R.A. BAUER/A. INKELES/C. KLUCKHOHN, How the Soviet System Works. 1956 – W. GROTTIAN, Das sowjetische Regierungssystem. 2 Bde. 1956 – M. MOOSKÉLY/Z. JEDRYKA, Le Gouvernement de l'U.R.S.S. 1961 – R.L. GARTHOFF, Soviet Military Policy: A Historic Analysis. 1966 – J.N. HAZARD, The Soviet System of Government. [4]1968 – K. WESTEN, Die Kommunistische Partei der Sowjetunion und der Sowjetstaat. Eine verfassungsrechtliche Untersuchung. 1968 – L. SCHAPIRO, Partei und Staat in der Sowjetunion. 1965 – S.N. IKONNIKOV, Sozdanie i dejatel'nost' ob-edinennych organov CKK – RKI v 1923–1934 gg. 1971 – V.A. CIKULIN, Istorija gosudarstvennych učreždenij SSSR 1936–1965 gg. 1966 – Istorija nacional'no-gosudarstvennogo stroitel'stva v SSSR. Nacional'no-gosudarstvennoe stroitel'stvo v SSSR v perechodnyj period ot kapitalizma k socializmu (1917–1936 gg.). 1968 – A. INKELES, Public Opinion in Soviet Russia. A Study in Mass Persuasion. 1951 – B. KALNINS, Der sowjetische Propagandastaat. Das System und die Mittel der Massenbeeinflussung in der Sowjetunion. 1956 – G.B. CARSON jr., Electoral Practices in the U.S.S.R. 1955 – R. SCHLESINGER, Soviet Legal Theorie. Its Social Background and Development. 1945 – H. KELSEN, The Communist

Theorie of Law. 1955 – A. INKELES/R.A. BAUER, The Soviet Citizen. Daily Life in a Totalitarian Society. 1959 – K. MEHNERT, Der Sowjetmensch. Versuch eines Porträts nach zwölf Reisen in die Sowjetunion 1929–1957. 1958 – J. NOVAK, Homo Sowjeticus. Der Mensch unter Hammer und Sichel. 1962 – Sovetskaja intelligencija (Istorija formirovanija i rosta 1917–1965 gg.). 1968.

A.N. LAVRIŠČEV, Ėkonomičeskaja geografija SSSR. Obščaja čast', geografija promyšlennosti, sel'skogo chozjajstva i transporta. 1964 – S.N. PROKOPOVICZ, Rußlands Volkswirtschaft unter den Sowjets. 1944 – S.N. PROKOPOVIČ, Narodnoe chojajstvo SSSR. 2 Bde. 1952 – P.I. LJAŠČENKO, Istorija narodnogo chozjajstva SSSR. III. Socializm. 1956 – Socialističeskoe narodnoe chozjajstvo SSSR v 1933–1940 gg. 1963 – H. RAUPACH, Geschichte der Sowjetwirtschaft. 1964 – M. FAINSOD, Smolensk unter Soviet Rule. 1958 – Rešenija partii i pravitel'stva po chozjajstvennym voprosam. 7 Bde. (1917–1969). 1967–1970 – Pervye šagi industrializacii SSSR 1926/1927 gg. Sbornik dokumentov. 1959 – Industrializacija SSSR 1926–1941 gg. Dokumenty i materialy. 3 Bde. I. 1926–1928, II. 1929–1932, III. 1933–1937. 1969–1971 – V.N. ZUJKOV, Sozdanie tjaželoj industrii na Urale (1926–1932 gg.). 1971 – A. ERLICH The Soviet Industrialization Debate, 1924–1928. 1960 (dt. 1971) – I.N. OLEGINA, Industrializacija SSSR v anglijskoj i amerikanskoj istoriografii. 1971 – N. JASNY, Soviet Industrialization 1928–1952. 1961 – Kollektivizacija sel'skogo chozjajstava. Važnejšie postanovlenija Kommunističeskoj Partii i Sovetskogo Pravitel'stva 1927–1935. 1957 – Istorija sovetskogo krest'janstva i kolchoznogo stroitel'stva v SSSR. Materialy naučnoj sessii (April 1961). 1963 – N. JASNY, The Socialized Agriculture of the USSR. Plans and Performance. 1949 – O. SCHILLER, Das Agrarsystem der Sowjetunion. Entwicklung seiner Struktur und Produktionsleistung. 1960 – P.N. ŠAROVA, Kollektivizacija sel'skogo chozjajstva v central'no-černozemnoj oblasti 1928–1932 gg. 1963 – D. BRONGER, Der Kampf um die sowjetische Agrarpolitik 1925–1929. Ein Beitrag zur Geschichte der kommunistischen Opposition in Sowjetrußland. 1967 – M. LEWIN, La paysannerie et le pouvoir soviétique 1928–1930. 1966 (engl. 1968) – D.J. MALE, Russian peasant organisation before collectivisation. A study of commune and gathering 1925–1930. 1971 – Očerki istorii kollektivizacii sel'skogo chozjajstva v sojuznych respublikach. Sbornik statej. 1963.

I. FETSCHER, Der Marxismus. Seine Geschichte in Dokumenten. I. Philosophische Ideologie. 1962, II. Ökonomische Soziologie. 1964, III. Politik. 1965 – I.M. BOCHEŃSKI, Der sowjetrussische dialektische Materialismus (Diamat). ³1960 – G.A. WETTER, Der dialektische Materialismus. Seine Geschichte und sein System in der Sowjetunion. ⁵1960 – A. BUCHHOLZ, Ideologie und Forschung in der sowjetischen Naturwissenschaft. 1953 – H. CHAMBRE, Le marxisme en Union Soviétique. Idéologie et institutions, leur évolution de 1917 à nos jour. 1955 – Sowjetideologie heute. I. G.A. WETTER, Dialektischer und historischer Materialismus, II. W. LEONHARD, Die politischen Lehren. 1962 – K. MARKO, Sic et non. Kritisches Wörterbuch des sowjetrussischen Marxismus-Leninismus der Gegenwart. 1962 – DERS., Evolution wider Willen. Die Sowjetideologie zwischen Orthodoxie und Revision. 1968 – DERS., Dogmatismus und Emanzipation in der Sowjetunion. Philosophie, Reformdenken, Opposition. 1971 – Die maßgebenden nachstalinschen sowjetischen Lehr- und Handbücher: Osnovy marksistskoj filosofii. 1958 (dt. Zusammenfassung von J.M. BOCHEŃSKI u. d. Titel: Die dogmatischen Grundlagen der sowjetischen Philosophie. 1959) – Istoričeskij materializm (ed. F.V.

KONSTANTINOV). [2]1954 – Osnovy sovetskogo gosudarstva i prava. [3]1956 – Političeskaja ėkonomija. 1954 – Kratkij filosofskij slovar (ed. M. ROZENTAL'/P. JUDIN), [4]1955 – Političeskij slovaŕ (ed. B.M. PONOMAREV). [2]1958 – Einer neuerlichen ideologischen Standortbestimmung dienen: Socializm i kommunizm. Izdanie v pjati knigach (Stroitel'stvo kommunizma i mirovoj revoljucionnyj process. 1966, Stroitel'stvo kommunizma i duchovnyj mir čeloveka. 1966, Stroitel'stvo kommunizma i razvitie obščestvennych otnošenij. 1966, Ėkonomičeskie zakonomernosti pererastanija socializma v kommunizmu. 1967) – Marksizm-Leninizm – edinoe internacional'noe učenie. 4 Bde. 1968 – Problemy istoričeskogo materializma. I. 1971 – Leninizm i idejno-političeskij razgrom trockizma. 1970 – Boŕba V.I. Lenina i kommunističeskoj partii Sovetskogo sojuza protiv trockizma. 1970.

G. STRUVE, Geschichte der Sowjetliteratur. 1957 – J. RÜHLE, Literatur und Revolution. Die Schriftsteller und der Kommunismus. 1960 – M. HAYWARD/L. LABEDZ (ed.), Literature and Revolution in Soviet Russia 1917–1962. 1963 – H. ERMOLAEV, Soviet Literary Theories 1917–1934. The Genesis of Socialist Realism. 1963 – R.A. MAGUIRE, Red Virgin Soil. Soviet Literature in the 1920's. 1968 – N. MANDELSTAM, Das Jahrhundert der Wölfe (russ. Vospominanija). 1971 – G.S.N. LUCKYJ, Literary Politics in the Soviet Ukraine. 1917–1934. 1956 – Istorija russkogo iskusstva. Bd. 11 (1917–1934) 1957, Bd. 12 (1934–1941) 1961, Bd. 13 (1941–1945) 1964 – Istorija sovetskogo iskusstva. Živopiś, Skul'ptura, Grafika. I. 1965; II. 1968 – V.Ė. CHAZANOVA, Sovetskaja architektura pervych let oktjabrja 1917–1925 gg. 1970 – R. SCHLESINGER (ed.), Changing Attitudes in Soviet Russia. The Family in the U.S.S.R. Documents and Readings. 1949 – K. MEHNERT, Youth in Soviet Russia. 1933 – R.T. FISHER jr., Pattern for Soviet Youth. A Study of the Congresses of the Komsomol, 1918–1954. 1959 – O. ANWEILER/K. MEYER (ed.), Die sowjetische Bildungspolitik seit 1917. Dokumente und Texte. 1961 – O. ANWEILER, Geschichte der Schule und Pädagogik in Rußland vom Ende des Zarenreiches bis zum Beginn der Stalin-Ära. 1964 – DERS., Die Sowjetpädagogik in der Welt von heute. 1968 – I.M. BOGDANOV, Gramotnost' i obrazovanie v dorevoljucionnoj Rossii i v SSSR. 1964 – B.A. KUMANEV, Socializm i vsenarodnaja gramotnost'. Likvidacija massovoj negramotnosti v SSSR. 1967 – V.A. UL'JANOVSKAJA, Formirovanie naučnoj intelligencii v SSSR 1917–1937 gg. 1966 – F.F. KOROLEV, Očerki po istorii sovetskoj školy i pedagogiki. 1917–1920. 1958 – DERS., Sovetskaja škola v period socialističeskoj industrializacii. 1959 – A. VUCINICH, The Soviet Academy of Sciences. 1956 – L.R. GRAHAM, The Soviet Academy of Sciences and the Communist Party, 1927–1932. 1967 – K. MEYER, Das wissenschaftliche Leben in der UdSSR. 1959.

K. MEHNERT, Weltrevolution durch Weltgeschichte. Die Geschichtslehre des Stalinismus. 1953 – C.E. BLACK (ed.), Rewriting Russian History. Soviet Interpretations of Russia's Past. [2]1962 – K.F. SHTEPPA, Russian Historians and the Soviet State. 1962 – N.W. HEER, Politics and History in the Soviet Union. 1971 – A.G. MAZOUR, The Writing of History in the Soviet Union. 1971 – E. HÖSCH, Evgenij Viktorovič Tarle (1875–1955). 1964 – F.C. BARGHOORN, Soviet Russian Nationalism. 1956 – Extreme Beispiele für den Sowjetpatriotismus der Ždanov-Ära: O sovetskom patriotizme. Sbornik statej.' 1950 – A. PANKRATOVA, Velikij russkij narod. [2]1952 – Die historiographische Gleichschaltung der ›Nationalitäten‹ erfolgt in den offiziellen ›Geschichten‹ der einzelnen Unionsrepubliken und Autonomen Republiken, z.B.: Istorija Ukrainskoj SSR.

I. 1953 (reicht bis 1917) – A.K. KASIMENKO, Istorija Ukrainskoj SSR. Populjarnyj očerk. 1965 – Istorija Belorusskoj SSR. 2 Bde. ²1961 – Istorija Kazachskoj SSR. 2 Bde. 1957–1959 – Istorija Kazachskoj SSR. Ėpocha socializma. 1963 – Istorija gosudarstva i prava sovetskogo Kazachstana. 3. 1938–1958 gody. 1965 – Istorija Turkmenskoj SSR. 2 Bde. 1957 – Istorija Uzbekskoj SSR. 4 Bde. 1967–1968 – Istorija sovetskogo gosudarstva i prava Uzbekistana. 3. 1937–1958 gg. 1968 – Istorija Ėstonskoj SSR. 2 Bde. 1961–1966 (reicht bis März 1917) – Istorija Latvijskoj SSR. 3 Bde. 1952–1968 – Istorija Moldavskoj SSR. 2 Bde. 1965–1968 – Očerki istorii Marijskoj ASSR. 1965 – Istorija Čuvašskoj ASSR. 2 Bde. 1966–1967 – Očerki istorii Kalmyckoj ASSR. 2 Bde. 1967–1970 – Istorija Kabardino-Balkarskoj ASSR. 2 Bde. 1967 – Istorija severo-osetinskoj ASSR. Sovetskij period. 1966 – Očerki istorii Karakalpakskoj ASSR. 2 Bde. 1964 – Istorija Jakutskoj ASSR. 3 Bde. 1955–1963 – Istorija Burjat-Mongol'skoj ASSR. 2 Bde. 1954–1959 – In jüngster Zeit wird gelegentlich die Bezugnahme auf die sowjetische Verwaltungseinheit vermieden, z.B. Istorija tadžikskogo naroda. 3 Bde (in 4). 1963–1965 – Istorija Kirgizii. I. 1963 – Istorija Azerbajdžana. 3 Bde. – Istorija Dagestana. 4 Bde. 1967–1969 – Istorija Tuvy. 2 Bde. 1964 – Besondere Schwerpunkte der Darstellung bilden die ›Angliederung‹ an Rußland (z.B. A.N. USMANOV, Prisoedinenie Baškirii k russkomu gosudarstvu. 1960 – E.B. BEKMACHANOV, Prisoedinenie Kazachstana k Rossii. 1957 – B.D. DŽAMGERČINOV, Prisoedinenie Kirgizii k Rossii. 1959 – K. USENBAEV, Prisoedinenie južnoj Kirgizii k Rossii. 1960) und die Entstehung entsprechender Sowjetrepubliken (z.B.: R.M. RAIMOV, Obrazovanie Baškirskoj Avtonomnoj Sovetskoj Socialističeskoj Respubliki. 1952 – I.M. KLIMOV, Obrazovanie i razvitie Tatarskoj ASSR 1920–1926 gg. 1960 – A.A. GORDENKO, Obrazovanie Turkestanskoj ASSR. 1968) – Die vorrussische und die vorkommunistische Geschichte ist stets mit berücksichtigt. Den Höhepunkt der Welteroberung durch die sowjetische Historiographie bildet die große sowjetische Weltgeschichte: Vsemirnaja Istorija. 10 Bde. 1955–1965.

Allgemein zur offiziellen Nationalitätenpolitik: Istorija nacional'no-gosudarstvennogo stroitel'stva v SSSR. Nacional'no-gosudarstvennoe stroitel'stvo v SSSR v period socializma i stroitel'stva kommunizma (1937–1967 gg.). 1970 – A.N. MNACAKANJAN, Lenin i rešenie nacional'nogo voprosa v SSSR. 1970 – A.I. CHOLMOGOROV, Internacional'nye čerty sovetskich nacij (na materialach konkretno-sociologičeskich issledovanij v Pribaltike). 1970 – M.I. ISAEV, Sto tridcat' ravnopravnych. O jazykach narodov SSSR. 1970 – L. TILLETT, The Great Friendship. Soviet Historians on the Non-Russian Nationalities. 1969 – R.S. SULLIVANT, Soviet Politics and the Ukraine 1917–1957. 1962 – S.JA. AFTENJUK, Leninskaja nacional'naja politika kommunističeskoj partii i obrazovanie sovetskoj gosudarstvennosti moldavskogo naroda. 1971 – V.G. GADŽIEV, Rol' Rossii v istorii Dagestana. 1965.

P.V. GIDULJANOV, Otdelenie cerkvi ot gosudarstva v S.S.S.R. Polnyi sbornik dekretov . . . ³1926 – The Russian Revolution and Religion. A Collection of Documents Concerning the Suppression of Religion by the Communists 1917–1925. 1959 – Das Notbuch der russischen Christenheit. 1930 – W. KOLARZ, Religion in the Soviet Union. 1961 (dt. 1963) – J.S. CURTISS, The Russian Church and the Soviet State 1917–1950. 1953 – M. SPINKA, The Church in the Soviet Russia. 1956 – W. DE VRIES, Kirche und Staat in der Sowjetunion. 1959 – A. KISCHKOWSKY, Die sowjetische Religionspolitik und die Russische Orthodoxe Kirche. 1960 –

Dejateli Oktjabrja o religii i cerkvi (Stat'i. Besedy. Vospominanija). 1968 – R. Rössler, Kirche und Revolution in Rußland. Patriarch Tichon und der Sowjetstaat. 1969 – Johannes Chrysostomus, Kirchengeschichte Rußlands der neuesten Zeit. 3 Bde. 1965–1968 – W. C. Fletcher, The Russian Orthodox Church Underground 1917–1970. 1971 – R. Ju. Plaksin, Krach cerkovnoj kontrrevoljucii 1917–1923 gg. 1968 – A. A. Šiškin, Suščnost' i kritičeskaja ocenka ›obnovlenčeskogo‹ raskola russkoj pravoslavnoj cerkvi. 1970 – Die russische orthodoxe Kirche. Ihre Einrichtungen, ihre Stellung, ihre Tätigkeit. 1958 (offizielle Selbstdarstellung) – E. Benz, Die russische Kirche und das abendländische Christentum. 1966 – G. Simon, Die Kirchen in Rußland. Berichte. Dokumente. 1970 – R. Stupperich (ed.), Die russische Orthodoxe Kirche in Lehre und Leben. ²1967 – P. K. Kuročkin, Ėvoljucija sovremennogo russkogo pravoslavija. 1971 – E. Amburger, Geschichte des Protestantismus in Rußland. 1961 – H. Maurer, Die evangelisch-lutherische Kirche in der Sowjetunion 1917–1937. In: Kirche im Osten 2, 1959 – ›Wissenschaftlich-atheistische‹ Periodika: Voprosy istorii religii i ateizma. 12 Bde. 1950–1964; Ežegodnik muzeja istorii religii i ateizma. 1957–1964 – Die Nachfolge des ›Bezbožnik‹ (der Gottlose) aus den dreißiger Jahren hat 1960 die von der ›Allunionsgesellschaft zur Verbreitung politischer und wissenschaftlicher Kenntnisse‹ herausgegebene Monatsschrift ›Nauka i religija‹ angetreten – Kratkij naučno-ateističeskij slovaŕ. 1964.

Th. T. Hammond (ed.), Soviet Foreign Relations and World Communism. A selected, annotated bibliography. 1965 – A. E. Adams (ed.), Readings in Soviet Foreign Policy. Theory and Practice. 1961 – Ph. E. Mosely (ed.), The Soviet Union, 1922–1962. A Foreign Affairs Reader. 1963 – X. Joukoff Eudin/R. M. Slusser, Soviet Foreign Policy 1928–1934. Documents and materials. 1966 – W. W. Kulski, Peaceful Co-Existence. An Analysis of Soviet Foreign Policy. 1959 – A. Dallin (ed.), Soviet Conduct in World Affairs. 1960 – E. R. Goodman, The Soviet Design for a World State. 1960 – J. M. Mackintosh, Strategy and Tactics of Soviet Foreign Policy. 1962 (dt. 1963) – J. Librach, The Rise of the Soviet Empire. A Study of Soviet Foreign Policy. 1964 – M. Beloff, The Foreign Policy of Soviet Russia 1929–1941. 2 Bde. 1947–1949 – S. Ju. Vygodskij, Vnešnjaja politika SSSR 1924–1929 gg. 1963 – A. E. Joffe, Vnešnjaja politika Sovetskogo Sojuza 1928–1932 gg. 1968 – V. S. Bruz, Borot'ba SRSR za stvorennja systemy kolektivnoi bezbeky v Jevropi i polityka zachidnych deržav (1933–1935 rr.). 1969 – A. N. Chejfec, Sovetskaja diplomatija i narody vostoka 1921–1927. 1968 – H. L. Moore, Soviet Far Eastern Policy 1931–1945. 1945 – L. N. Kutakov, Istorija sovetsko-japonskich diplomatičeskich otnošenij. 1962 – G. G. S. Murphy, Soviet Mongolia. A Study of the Oldest Political Satellite. 1966 – V. K. Furaev, Sovetsko-amerikanskie otnošenija 1917–1939. 1964 – V. A. Val'kov, SSSR i SŠA (ich političeskie i ėkonomičeskie otnošenija). 1965 – E. M. Bennett, Recognition of Russia. An American Foreign Policy Dilemma. 1970 – Ju. V. Borisov, Sovetsko-francuzskie otnošenija (1924–1945 gg.). 1964 – W. E. Scott, Le pacte franco-soviétique. Alliance contre Hitler. 1965 – Z. S. Belousova, Francuzskaja diplomatija nakanune Mjunchena. 1964 – Sovetsko-francuzskie otnošenija vo vremja Velikoj Otečestvennoj vojny 1941–1945 gg. Dokumenty i materialy. 1959 – A. J. Rieber, Stalin and the French Communist Party 1941–1947. 1962 – F. D. Volkov, Anglo-sovetskie otnošenija 1924–1929 gg. 1958 – Ders., SSSR – Anglija 1929–1945 gg. Anglo-sovetskie otnošenija nakanune i v period vtoroj mirovoj vojny. 1964 – V. I. Popov,

Diplomatičeskie otnošenija meždu SSSR i Angliej (1929–1939 gg.). 1965 – S.V. Nikonova, Antisovetskaja vnešnjaja politika anglijskich konservatorov. 1924–1927. 1963 – L. Chester/St. Fay/H. Young, The Zinoview Letter. 1968 – M. Rexin (ed.), Die unheilige Allianz. Stalins Briefwechsel mit Churchill 1941–1945. 1964 – V.L. Israeljan, Antigitlerovskaja koalicija (diplomatičeskoe sotrudničestvo SSSR, SŠA i Anglii v gody vtoroj mirovoj vojny). 1964 – I. v. Münch, Ostverträge. I. Deutsch-sowjetische Verträge. 1971 – H.L. Dyck, Weimar Germany and Soviet Russia 1926–1933. A Study in Diplomatic Instability. 1966 – M. Walsdorff, Westorientierung und Ostpolitik. Stresemanns Rußlandpolitik in der Locarno-Ära. 1971 – K. Niclauss, Die Sowjetunion und Hitlers Machtergreifung. Eine Studie über die deutsch-russischen Beziehungen der Jahre 1929 bis 1935. 1966 – Th. Weingartner, Stalin und der Aufstieg Hitlers. Die Deutschlandpolitik der Sowjetunion und der Kommunistischen Internationale 1929–1934. 1970 – W. Joost, Botschafter bei den roten Zaren. Die deutschen Missionschefs in Moskau 1918 bis 1941. 1967 – H. Teske, General Ernst Köstring. Der militärische Mittler zwischen dem Deutschen Reich und der Sowjetunion 1921–1941. 1969 – H.-E. Volkmann, Die russische Emigration in Deutschland 1919–1929. 1966 – Studie z déjin československo-sovětských vztahů 1917–1938. 1967 – V. Kral, Spojenectví československo-sovětské v evropské politice 1935–1939. 1970 – Ja.M. Kopanskij/I.E. Levit, Sovetsko-rumynskie otnošenija 1929–1934 gg. (ot podpisanija Moskovskogo protokolla do ustanovlenija diplomatičeskich otnošenij). 1971 – I.F. Černikov, Radjanśko-turećki vidnosyny v 1923–1935 rr. 1962 – C. Brandt/B. Schwartz/J.K. Fairbank, A Documentary History of Chinese Communism. 1952 – C. M. Wilbur/J. Lien-Ying How (ed.), Documents on Communism, Nationalism, and Soviet Advisers in China 1918–1927 – Sovetsko-kitajskie otnošenija 1917–1957. Sbornik dokumentov. 1959 – Leninskaja politika SSSR v otnošenii Kitaja. 1968 – A.I. Kartunova, V.K. Bljucher v Kitae 1924–1927 gg. Dokumental'nyj očerk. Dokumenty. 1970 – M.I. Kazanin, V štabe Bljuchera. Vospominanija o kitajskoj revoljucii 1925–1927 godov. 1966 – V.V. Višnjakova-Akimova, Dva goda v vosstavšem Kitae 1925–1927. Vospominanija. 1965 – A.I. Čerepanov, Zapiski voennogo sovetnika v Kitae. Iz istorii pervoj graždanskoj revoljucionnoj vojny (1924–1927). 1964 – Tschiang Kai-Schek, Sowjetrußland in China. 1959 (amerik. 1947) – H. Wei, China and Soviet Russia. 1956 – Tien-Fong Cheng, A History of Sino-Russian Relations. 1957 – C. Brandt, Stalin's Failure in China 1924–1927. 1958 – B.Ch. McLane, Soviet Policy and the Chinese Communists 1931–1946. 1958 – B.A. Borodin, Pomošč' SSSR kitajskomu narodu v antijaponskoj vojne 1937–1941. 1965 – P.S.H. Tang, Russian and Soviet Policy in Manchuria and Outer Mongolia 1911–1931. 1959 – Ho Kan-Chih, A History of the Modern Chinese Revolution. 1959 – D.N. Druhe, Soviet Russia and the Communist Party of India. 1956.

J. Degras (ed.), The Communist International 1919–1943. Documents. III. 1929–1943. 1956 – P.H. Lange, Stalinismus versus ›Sozialfaschismus‹ und ›Nationalfaschismus‹. Revolutionspolitische Ideologie und Praxis unter Stalin 1927–1935. 1969 – K.E. McKenzie, Comintern and World Revolution 1928–1943. 1964 – R. Fischer, Stalin und der deutsche Kommunismus. Der Übergang zur Konterrevolution. 1948 – D.T. Cattell, Soviet Diplomacy and the Spanish Civil War. 1957 – SSSR v bor̂be za mir nakanune vtoroj mirovoj vojny (sentjabř 1938 g.–avgust 1939 g.). Dokumenty i materialy. 1971 – M. Pankrašova/V. Sipols, Počemu ne udaloś predotvratit' vojnu. Moskovskie peregovory SSSR, Anglii i Francii 1939 goda (Dokumental'nyj obzor). 1970 – Pograničnye vojska SSSR 1939–ijuń 1941. Sbornik dokumentov i materialov. 1970 – A.U. POPE, Maxim Litvinoff. 1943 – I.M. MAJSKIJ, Vospominanija sovetskogo posla. 2 Bde. 1964 – PH.W. FABRY, Die Sowjetunion und das Dritte Reich. Eine dokumentierte Geschichte der deutsch-sowjetischen Beziehungen von 1933 bis 1941. 1971 – R.J. SONTAG/J.ST. BEDDIE (ed.), Nazi-Soviet Relations 1919–1941. Documents from the Archives of the German Foreign Office. 1948 – A. SEIDL (ed.), Die Beziehungen zwischen Deutschland und der Sowjetunion 1939–1941. Dokumente des Auswärtigen Amtes. 1949 – G.L. WEINBERG, Germany and the Soviet Union 1939–1941. 1954 – G. HILGER/A. MEYER, The Incompatible Allies. 1953 (bearb. dt. Ausgabe: G. HILGER, Wir und der Kreml. Deutsch-sowjetische Beziehungen 1918–1941. 1956) – A. ROSSI (ed.), Les cahiers du Bolchevisme pendant la campagne 1939/1940. 1951 – DERS., Zwei Jahre Deutsch-Sowjetisches Bündnis. 1954 – PH.W. FABRY, Der Hitler-Stalin-Pakt 1939–1941. 1962 – B.B. BUDUROWYCZ, Polish-Soviet Relations 1932–1939. 1963 – Documents on Polish-Soviet Relations 1939–1945. 2 Bde. 1961–1967 – W. JEDREJEWICZ (ed.), Poland in the British Parliament. 1939–1945. 2 Bde. 1946–1959 (reicht bis Frühjahr 1944) – ST. KOT, Conversations with the Kremlin and Dispatches from Russia. 1963 (polnisch getrennt 1955 u. 1959) – J.K. ZAWODNY, In the Forest. The Story of the Katyn Forest Massacre. 1962 – The Crime of Katyn. Facts and Documents. 1965 – I.D. KUNDJUBA, Sovetsko-pol'skie otnošenija (1939–1945 gg.). 1963 – W. WAGNER, Die Teilung Europas. Geschichte der sowjetischen Expansion bis zur Spaltung Deutschlands. 1918–1945. 1959 – A.N. TARULS, Soviet Policy toward the Baltic States 1918–1940. 1959 – M. JAKOBSON, The Diplomacy of the Winter War. An Account of the Russo-Finish War 1939/1940. 1961 (dt. 1970) – J.K. PAASIKIVI, Meine Moskauer Mission 1939–41. 1966 – A.F. UPTON, Finland in Crisis 1940/1941. A Study in Small-Power Politics. 1964 – H. JALANTI, La Finlande dans l'étau germano-soviétique 1940–1941. 1966 – H.P. KROSBY, Finland, Germany, and the Soviet Union, 1940–1941. The Petsamo Dispute. 1968 – B.M. KOLKER/I.Ė. LEVIT, Vnešnjaja politika Rumynii i rumyno-sovetskie otnošenija (sentjabŕ 1939–ijuń 1941). 1971 – A. SUGA, Die völkerrechtliche Lage Bessarabiens in der geschichtlichen Entwicklung des Landes (Diss. Bonn). 1958.

I. STALIN, O Velikoj Otečestvennoj vojne Sovetskogo sojuza. [5]1946 (dt.: Über den Großen Vaterländischen Krieg der Sowjetunion. [3]1952) – V.L. ISRAELJAN, Diplomatičeskaja istorija Velikoj Otečestvennoj vojny 1941–1945 gg. 1959 – B.S. TEL'PUCHOVSKIJ, Velikaja Otečestvennaja vojna Sovetskogo Sojuza 1941–1945. Kratkij očerk. 1959 (kritisch erläuterte dt. Übers. hg. v. A. HILLGRUBER/H.-A. JACOBSEN, Die sowjetische Geschichte des Großen Vaterländischen Krieges 1941–1945 von B.S. TELPUCHOWSKI. 1961) – Istorija Velikoj Otečestvennoj vojny Sovetskogo Sojuza 1941–1945. 6 Bde. 1960–1965 – Velikaja Otečestvennaja vojna Sovetskogo Sojuza 1941–1945. Kratkaja istorija. [2]1970 – SSSR v Velikoj Otečestvennoj vojne 1941–1945. Chronika. 1970 – LEDERREY, La défait allemande à l'est. Les armées soviétiques en guerre de 1941 à 1945. 1951 – A. PHILIPPI/F. HEIM, Der Feldzug gegen Sowjetrußland 1941–1945. 1962 – A. WERTH, Russia at War. 1941–1945. 1964 (dt. 1965) – G.S. KRAVČENKO, Ėkonomika SSSR v gody Velikoj Otečestvennoj vojny (1941–1945 gg.). [2]1970 – Sovetskaja ėkonomika v period Otečestvennoj vojny 1941–1945 gg. 1970 – Narodnoe chozjajstvo SSSR v gody Velikoj Otečestvennoj vojny (ijuń 1941–maj 1945 gg.). Bibliografičeskij ukazatel' knižnoj i žurnal'noj literatury na russkom jazyke (1941–1968 gg.). 1971 – Rešenija partii i pravitel'stva po chozjajstvennym voprosam. 3. Bd. (1941–1952). 1968 – Von der unüberblickbaren kriegsgeschichtlichen und militärwissenschaftlichen Spezialliteratur können hier nur Beispiele genannt werden: M. P. Gallagher, The Soviet History of World War II. Myths, Memories, and Realities. 1963 – V. A. Anfilov, Načalo Velikoj Otečestvennoj vojny (22 ijunja-seredina ijulja 1941 goda). 1962 – A. M. Nekrič, 1941, 22 ijunja. 1965 – Generalmajor P. Grigorenko, Der sowjetische Zusammenbruch 1941. 1969 – A. Nekritsch/P. Grigorenko, Genickschuß. Die Rote Armee am 22. Juni 1941. 1969 (ed. G. Haupt) – V. Petrov (ed.), ›June 22, 1941‹. Soviet Historians and the German Invasion. 1968 – A. I. Eremenko, V načale vojny. 1964 – I. Ch. Bagramjan, Tak načinalaś vojna. 1971 – G. K. Žukov, Vospominanija i razmyšlenija. 1969 (dt. 1969) – S. M. Štemenko, General'nyj štab v gody vojny. 1968 – A. M. Samsonov, Velikaja bitva pod Moskvoj. 1941/1942. 1958 – V. D. Sokolovskij (Red.), Razgrom nemecko-fašistskich vojsk pod Moskvoj. 1964 – L. Goure, The Siege of Leningrad. 1962 – 900 geroičeskich dnej. Sbornik dokumentov i materialov o geroičeskoj bor'be trudjaščichsja Leningrada v 1941–1944 gg. 1966 – Oborona Leningrada 1941–1944. Vospominanija i dnevniki učastnikov. 1968 – H. E. Salisbury, The 900 Days. The Siege of Leningrad. 1969 – S. P. Platonov (Red.), Bitva za Leningrad. 1941–1944. 1964 – A. M. Samsonov, Stalingradskaja bitva. 1960 – C. A. Dixon/O. Heilbrunn Partisanen. Strategie und Taktik des Guerillakrieges. 1956 – E. Hesse, Der sowjetrussische Partisanenkrieg 1941 bis 1944 im Spiegel deutscher Kampfanweisungen und Befehle. 1969 – J. A. Armstrong (ed.), Soviet Partisans in World War II. 1964 – D. Karov, Partizanskoe dviženie v SSSR v 1941–1945 gg. 1954 – Sovetskie Partizany. Iz istorii partizanskogo dviženija v gody Velikoj Otečestvennoj vojny. [2]1963 – L. N. Byčkov, Partizanskoe dviženie v gody Velikoj Otečestvennoj vojny. 1941–1945 (kratkij očerk). 1965 – O. Heilbrunn, The Soviet Secret Services. 1956 – R. Conquest, The Soviet Deportation of Nationalities. 1960 – A. Dallin, German Rule in Russia. 1941–1945. A Study of Occupation Policies. 1957 (dt. 1958) – V. D. Samarin, Civilian Life unter the German Occupation. 1942–1944. 1954 – Prestupnye celi – prestupnye sredstva. Dokumenty ob okkupacionnoj politike fašistskoj Germanii na territorii SSSR (1941–1944 gg.). 1968 – Nemecko-fašistskij okkupacionnyj režim (1941–1944 gg.). 1965 – M. M. Zagorul'ko/A. F. Judenkov, Krach ėkonomičeskich planov fašistskoj Germanii na vremenno okkupirovannoj territorii SSSR. 1970 – J. A. Armstrong, Ukrainian Nationalism 1939–1945. 1955 – R. Ilnytzkyj, Deutschland und die Ukraine. 1955–1956 – S. Steenberg, Wlassow. Verräter oder Patriot. 1968 – W. Strik-Strikfeldt, General Wlassow und die russische Freiheitsbewegung. 1970 – G. Fischer, Soviet Opposition to Stalin. A Case Study in World War II. 1952 – L. N. Vnotčenko, Pobeda na Dal'nem Vostoke. Voenno-istoričeskij očerk o boevych dejstvijach sovetskich vojsk v avguste-sentjabre 1945 g. 1966.

Tegeran-Jalta-Potsdam. Sbornik dokumentov. [3]1971 – A. Fischer (ed.), Teheran-Jalta-Potsdam. Die sowjetischen Protokolle von den Kriegskonferenzen der ›Großen Drei‹. 1968 – F. Faust, Das Potsdamer Abkommen und seine völkerrechtliche Bedeutung. [3]1964 – B. Meissner, Rußland, die Westmächte und Deutschland. Die sowjetische Deutschlandpolitik 1943–1953. 1953 – W. Feld, Reunification and West German-Soviet Relations. 1963 – M. D. Shulman, Stalin's Foreign Policy Reappraised. 1963 – R. J. Guiton, Paris-Moskau. Die Sowjetunion in der auswärtigen Politik Frankreichs seit dem Zweiten Weltkrieg. 1956 – W. v. Harpe, Die Sowjetunion, Finnland und Skandinavien 1945–1955. 1956 – H. Seton-Watson, The Pattern of Communist Revolution. ²1960 (dt. u. d. Titel: Von Lenin bis Malenkov. Bolschewistische Strategie. 1955) – Ders., Neither War nor Peace. The Struggle for Power in the Postwar World. 1960 – Meždunarodnye otnošenija posle vtoroj mirovoj vojny. 3 Bde. (1945–1964). 1962–1965 – St.D. Kertesz (ed.), The Fate of East Central Europa. Hopes and Failures of American Foreign Policy. 1956– E. Birke/R. Neumann (ed.), Die Sowjetisierung Ost-Mitteleuropas. Untersuchungen zu ihrem Ablauf in den einzelnen Ländern. 1959 – Z.K. Brzezinski, The Soviet Bloc. Unity and Conflict. 1960 (dt. 1962) – Serie ›East-Central Europe under the Communists‹ (ed. R.F. Byrnes): Albania (ed. St. Skendi). 1956; Bulgaria (ed. L.A.D. Dellin). 1956; Czechoslovakia (ed. V. Busek/N. Spulber). 1956; Hungary (ed. E.C. Helmreich). 1956; Poland (ed. O. Halecki). 1957; Romania (ed. St. Fischer-Galati). 1956; Yugoslavia. 1957 (die einzelnen Bände enthalten eine ausführliche Bibliographie) – Sovetsko-vengerskie otnošenija 1945–1948 gg. Dokumenty i materialy. 1969 – Sovetsko-bolgarskie otnošenija 1944–1948 gg. Dokumenty i materialy. 1969 – P.A. Nikolaev, Politika Sovetskogo Sojuza v germanskom voprose 1945–1964. 1966 – V.St. Vardys (ed.), Lithuania under the Soviets. Portrait of a Nation, 1940–1965. 1965 – G. Meyer, Die sowjetische Deutschland-Politik im Jahre 1952 – V. Dedijer, Stalins verlorene Schlacht. Erinnerungen 1948 bis 1953. 1970 – B. Meissner, Das Ostpaktsystem, Dokumentensammlung. 1955 – W.Z. Laqueur, The Soviet Union and the Middle East. 1959 – M. Beloff, Soviet Policy in the Far East 1944–1951. 1953 – Ch.T. Éjdus, SSSR i Japonija. Vnešnepolitičeskie otnošenija posle vtoroj mirovoj vojny. 1964 – SSSR i strany Afriki 1946–1962 gg. Dokumenty i materialy. 2 Bde. 1963 – F.C. Barghoorn, Soviet Foreign Propaganda. 1964.

Die Ära Chruščevs

B. Meissner, Sowjetrußland zwischen Revolution und Restauration. 1956 – G.D. Embree, The Soviet Union between the 19th and 20th Party Congresses 1952–1956. 1959 – B. Meissner, Das Ende des Stalin-Mythos. Die Ergebnisse des 20. Parteikongresses der Kommunistischen Partei der Sowjetunion. Parteiführung, Parteiorganisation, Parteiideologie. 1956 – Ders., Rußland unter Chruschtschow. 1960 (mit umfangreichem Dokumenten-Anhang, 1956–1959) – Ders., Das Parteiprogramm der KPdSU. 1903–1961. 1962 – K.M. Kasradze, Očerk istorii programmy KPSS. 1962 – G. Paloczi-Horvath, Chruschtschow. 1960 (Versuch einer Biographie) – L. Pistrak, The Grand Tactician. 1961 (dt. u. d. Titel: Chruschtschow unter Stalin. 1962) – E. Crankshaw, Der rote Zar. Nikita Chruschtschow. 1967 (amerik. u. d. Titel: Krushchev a career. 1966) – C. A. Linden, Khrushchev and the Soviet Leadership 1957–1964. 1966 – N.S. Chruščev, Stroitel'stvo kommunizma v SSSR i razvitie sel'skogo chozjajstva. 6 Bde. 1962–1963 (die Zeit v. Sept. 1953 bis zum März 1962 umfassend) – Chruschtschow erinnert sich (ed. St. Talbott/E. Crankshaw). 1971 (Memoiren problematischer Herkunft) – XX s-ezd KPSS. 14–25 fevralja 1956 goda. Stenografičeskij otčet. 2 Bde. 1956 – Vneočerednoj XXI s-ezd KPSS. 27 janvarja–5 fevralja 1959 goda. Stenografičeskij otčet. 2 Bde. 1959 – XXII s-ezd KPSS. 17–31 oktjabrja 1961 goda. Stenografičeskij otčet. 3 Bde. 1962 – L. Gruliow (ed.), Current Soviet Policies.

I–IV. 1953–1962 (Dokumentation) – R. C. TUCKER, The Soviet Political Mind. Studies in Stalinism and Post-Stalin Change. 1963 – Beispiele für Rehabilitierungen: V. DUŠEŃKIN, Ot soldata do maršala. [3]1964 (Blücher); A. MEL'ČIN, Stanislav Kosior. 1964 – M. N. TUCHAČEVSKIJ, Izbrannye proizvedenija. 2 Bde. 1964 – Rešenija partii i pravitel'stva po chozjajstvennym voprosam. 4. Bd. (1953–1961). 1968 – K. C. THALHEIM, Grundzüge des sowjetischen Wirtschaftssystems. 1962 – G. W. NUTTER, Growth of Industral Production in the Soviet Union. 1962 – R. D. LAIRD (ed.), Soviet Agriculture: The Permanent Crisis. 1965 – R. KOLKOWICZ, The Soviet Military and the Communist Party. 1967 – A. STEININGER, Literatur und Politik in der Sowjetunion nach Stalins Tod. 1965 – H. v. SSACHNO, Der Aufstand der Person. Sowjetliteratur seit Stalins Tod. 1965 – P. K. URBAN, Smena tendencij v sovetskoj istoriografii. 1959 – J. KEEP (ed.), Contemporary History in the Soviet Mirror. 1964 – K. MARKO, Sowjethistoriker zwischen Ideologie und Wissenschaft. Aspekte der sowjetrussischen Wissenschaftspolitik seit Stalins Tod. 1953–1963. 1964 – N. STRUVE, Die Christen in der UdSSR. 1965 (aus d. Franz.) – A. A. ISUPOV, Nacional'nyj sostav naselenija SSSR (po itogam perepisi 1959 g.). 1964 – Y. BIBLINSKY, The Second Soviet Republik: The Ukraine after World War II. 1964 – B. LEWYTZKYJ, Die Sowjetukraine 1944–1963. 1964 – K. STUMPP, Die Rußlanddeutschen, Zweihundert Jahre unterwegs. 1964 – DERS., Das Schrifttum über das Deutschtum in Rußland. Eine Bibliographie. [3]1971 – D. J. DALLIN, Sowjetische Außenpolitik nach Stalins Tod. 1961 – A. DALLIN, Sowjetunion und Vereinte Nationen. 1965 (aus d. Engl.) – DERS., Diversity in International Communism. A Documentary Record, 1961–1963. 1963 – V. L. BENES/R. F. BYRNES/N. SPULBER (ed.), The Second Soviet-Yugoslav Dispute. Full Text of Main Documents. April–June 1958. 1959 – ST. FISCHER-GALATI (ed.), Eastern Europe in the Sixties. 1963 – D. FLOYD, Rumania-Russia's Dissident Ally. 1965 – DERS., Mao Against Khrushchev. A short history of the sino-soviet conflict. 1963 – K. LONDON (ed.), Unity and Contradiction. Major Aspects of Sino-Soviet Relations. 1962 – D. S. ZAGORIA, The Sino-Soviet Conflict 1956–1961. 1962 (dt. mit Ergänzungskapitel von E. KUX: Die feindlichen Brüder 1962/1963. 1964) – K. MEHNERT, Peking und Moskau. 1962 – F. SCHATTEN, Der Konflikt Moskau–Peking. Dokumente und Analyse des roten Schismas. 1963 – H. POMMERENING, Der chinesisch-sowjetische Grenzkonflikt. Das Erbe der ungleichen Verträge. 1968 – W. E. GRIFFITH, Albania and the Sino-Soviet Rift. 1963 – O. B. BORISOV/B. T. KOLOSKOV, Sovetsko-kitajskie otnošenija 1945–1970. Kratkij očerk. 1971 – A. STEIN, India and the Soviet Union. The Nehru Era. 1969 – I. M. KOMPANCEV, Pakistan i Sovetskij Sojuz. 1970 – G. D. EMBREE, The Soviet Union and the German Question September 1958 – June 1961. 1963 – E. BOETTCHER/H.-J. LIEBER/B. MEISSNER, Bilanz der Ära Chruschtschow. 1966 – R. CONQUEST, Rußland nach Chruschtschow. 1965 (amerik. 1965) – J. F. BROWN, The New Eastern Europe. The Khrushchev Era and After. 1966 – Die Entwicklung in der Sowjetunion und in dem von der Sowjetunion bzw. vom Kommunismus beeinflußten Teil der Welt verfolgen zahlreiche Spezialzeitschriften, u. a. ›Osteuropa‹ (mit Osteuropa-Archiv, sowie den Tochterzeitschriften ›Osteuropa-Wirtschaft‹ und ›Osteuropa-Recht‹), ›Survey. A Journal of Soviet and East European Studies‹, ›Cahiers du Monde russe et soviétique‹, ›Problems of Communism‹.

Die Ära Brežnev

M. TATU, Macht und Ohnmacht im Kreml. Von Chruschtschow zur kollektiven Führung. 1968 (franz.: Le pouvoir en URSS. 1967) – Five Years after Khrushchev (Artikelserie in Survey 72, Summer 1969) – Materialy XXIII s-ezda KPSS. 1966 – XXIV s-ezd Kommunističeskoj Partii Sovetskogo Sojuza. 30 marta – 9 aprelja 1971 goda. Stenografičeskij protokoll. 2 Bde. 1971 – B. MEISSNER, Die ›Breshnew-Doktrin‹. Das Prinzip des ›proletarisch-sozialistischen Internationalismus‹ und die Theorie von den ›verschiedenen Wegen zum Sozialismus‹. Dokumentation. 1969 – B. MEISSNER/G. RHODE (ed.), Grundfragen sowjetischer Außenpolitik. 1970 – W.E. GRIFFITH, Sino-Soviet Relations, 1964–1965. 1967 – K.-D. GROTHUSEN (ed.), Moskau contra Mao. Sowjetische Materialien. 1971 – V.N. NIKIFOROV, Sovetskie istoriki o problemach Kitaja. 1970 – R. MAURACH/B. MEISSNER (ed.), Sowjetstaat und Sowjetrecht nach Chruschtschow. 1971 – M. MOROZOV, Das sowjetische Establishment. 1971 – H.G. SKILLING/F. GRIFFITHS (ed.), Interest Groups in Soviet Politics. 1971 – R. LÖWENTHAL/B. MEISSNER, Sowjetische Innenpolitik. Triebkräfte und Tendenzen. 1968 – Rešenija partii i pravitel'stva po chozjajstvennym voprosam. 6. Bd. (1966–Juni 1968). 1968 – K.E. WÄDEKIN, Die sowjetischen Staatsgüter. Expansion und Wandlungen des Sovchozsektors im Verhältnis zum Kolchozsektor von Stalins Tod bis heute. 1969 – L. LABEDZ (ed.), Der Revisionismus. 1965 – C.I. GERSTENMAIER, Die Stimme der Stummen. Die demokratische Bewegung in der Sowjetunion. 1971 – A. v. TARNOV, Demokratie in der Illegalität. Die ›Chronik‹ der laufenden Ereignisse – Ein Untergrund-Informationsblatt in der Sowjetunion. 1971 – I. DZYUBA, Internationalism or Russifikation. A Study in the Soviet Nationalities Problem. ²1970 – M. BROWNE (ed.), Ferment in the Ukraine – M. BOURDEAUX, Religious Ferment in Russia. Protestant Opposition to Soviet Religious Policy. 1968 – A.D. SACHAROV, Razmyšlenija o progresse, mirnom sosuščestvovanii i intellektual'noj svobode. S priloženiem vseobščej deklaracii prav čeloveka. 1968.

Nachtrag 1983

I.JA. FROJANOV, Kievskaja Ruś. Očerki social'no-ėkonomičeskoj istorii. 1974 – DERS., Kievskaja Ruś. Očerki social'no-političeskoj istorii. 1980 – P. NITSCHE, Großfürst und Thronfolger. 1972 – DERS. (ed.), Die Anfänge des Moskauer Staates. 1977 – M. SZEFTEL, Russian Institutions and Culture up to Peter the Great. 1975 – F. KÄMPFER, Das russische Herrscherbild von den Anfängen bis zu Peter dem Großen. 1978 – S.H. BARON, Muscovite Russia: Collected Essays. 1980 – A.A. ZIMIN, Rossija na poroge novogo vremeni. 1972 – L.V. ČEREPNIN, Zemskie sobory russkogo gosudarstva v XVI–XVII vv. 1978 – JA.S. LUR'E/JU.D. RYKOV (ed.), Perepiska Groznogo s Andreem Kurbskim. 1979 – N. ROSSING/BIRGIT RØNNE, Apocryphal – Not Apocryphal? A critical analysis of the discussion concerning the correspondence between Tsar Ivan IV Groznyj and Prince Andrej Kurbski. 1980 – R.G. SKRYNNIKOV, Rossija posle opričniny. 1975 – K. RASMUSSEN, Die livländische Krise. 1973 – A. ATTMAN, The Struggle for Baltic Markets. Powers in Conflict 1558–1618. 1979 – R.G. SKRYNNIKOV, Sibirskaja ėkspedicija Ermaka. 1982 – B.N. FLORJA, Russko-pol'skie otnošenija i političeskoe razvitie Vostočnoj Evropy vo vtoroj polovine XVI – načale XVII v. 1978 – J.M. HITTLE, The Service City. State and Townsmen in Russia. 1600–1800. 1979 – P. BUSHKOVITCH,

The Merchants of Moscow, 1580–1650. 1980 – H.-J. TORKE, Die staatsbedingte Gesellschaft im Moskauer Reich: Zar und Zemlja in der altrussischen Herrschaftsverfassung 1613–1689. 1974 – W. MC. PINTNER/D.K. ROWNEY (ed.), Russian Officialdom. The Bureaucratization of Russian Society from the Seventeenth to the Twentieth Century. 1980 – M. RAEFF, Comprendre l'ancien régime russe. 1982 – P. DUKES, The making of Russian absolutism 1613–1801. 1982 – G.V. LANTZEFF/R.A. PIERCE, Eastward to Empire. Exploration and Conquest on the Russian Open Frontier to 1750. 1973 – A. KAPPELER, Rußlands erste Nationalitäten. Das Zarenreich und die Völker der Mittleren Wolga vom 16.–19. Jh. 1982 – L. YANEY, The Systematization of Russian Government: Social Evolution in the Domestic Administration of Imperial Russia, 1711–1905. 1973 – C. PETERSON, Peter the Great's Administrative and Judiciary Reforms. Svedish Antecedents and the Process of Reception. 1979 – J.G. GARRARD (ed.), The Eighteenth Century in Russia. 1973 – I. DE MADARIAGA, Russia in the Age of Catherine the Great. 1981 – H. RAGSDALE (ed.), Paul I: A reassessment of his life and reign. 1979 – R.P. BARTLETT, Human Capital: The Settlement of Foreigners in Russia, 1762–1804. 1979 – W. BRUCE LINCOLN, Nicholas I. Emperor and Autocrat of All the Russias. 1978 – M. ALEXANDER Der Petraševskij-Prozeß. 1979 – J. KRUMBHOLZ, Die Elementarbildung in Rußland bis zum Jahre 1864. Ein Beitrag zur Entstehung des Volksschulstatuts vom 14. Juli 1864. 1982 – A. SINEL, The Classroom and the Chancellery: State Educational Reform under Count Dmitry Tolstoi. 1973 – F.B. KAISER, Die russische Justizreform von 1864. 1972 – D.T. ORLOVSKY, The Limits of Reform: The Ministry of Internal Affairs in Imperial Russia, 1802–1881. 1981 – S.F. STARR, Decentralization and Self-Government in Russia 1830–1870. 1972 – T. EMMONS/W.S. VUCINICH (ed.), The zemstvo in Russia. An experiment in local self-government. 1982 – D. GEYER, Der russische Imperialismus. 1977 – E.C. THADEN (ed.), Russification in the Baltic Provinces and Finland, 1855–1914. 1981 – M. HAMMER, L'entente des trois empereurs: Recherches sur les méthodes et l'orientation de la politique extérieure russe entre 1879 et 1881. 1973 – D. GEYER (ed.), Wirtschaft und Gesellschaft im vorrevolutionären Rußland. 1975 – B.A. ANDERSON, Internal migration during modernization in late ninteenth-century Russia. 1980 – L.H. HAIMSON (ed.), The Politics of Rural Russia. 1905–1914. 1979 – M. SZEFTEL, The Russian Constitution of April 23, 1906. 1976 – M. HAGEN, Die Entfaltung politischer Öffentlichkeit in Rußland 1906–1914. 1982 – P. SCHEIBERT (ed.), Die russischen politischen Parteien von 1905 bis 1917. Ein Dokumentationsband. 1972 – K. FRÖHLICH, The Emergence of Russian Constitutionalism 1900–1904: The Relationship between Social Mobilization and Political Group Formation in Pre-revolutionary Russia. 1981 – R. PIPES, Struve – Liberal on the Right. 1905–1944. 1980 – M. HILDERMEIER, Die sozialrevolutionäre Partei Rußlands. 1978 – S. SPIELER, Autonomie oder Reglementierung. Die russische Universität am Vorabend des Ersten Weltkrieges. 1981 – M. SCHAEFFER CONROY, Peter Arkadevich Stolypin: Practical Politics in Late Tsarist Russia. 1976 – H.G. LINKE, Das zaristische Rußland und der erste Weltkrieg. Diplomatie und Kriegsziele 1914–1917. 1982 – H. RAUPACH, Wirtschaft und Gesellschaft Sowjetrußlands 1917–1977. 1979 – D. GEYER (ed.), Osteuropa-Handbuch. Sowjetunion. Außenpolitik 1917–1955. 1972 – T. HASEGAWA, The February Revolution: Petrograd 1917. 1981 – J. KEEP, The Russian Revolution: A Study in Mass Mobilization. 1976 – M. FRENKIN, Russkaja armija i revoljucija, 1917–1918. 1978 – P. AVRICH (ed.), The

Anarchists in the Revolution. 1973 – P. KENEZ, Civil War in South Russia, 1918. The First Year of the Volunteer Army. 1971 – A. BESANÇON, The Rise of the Gulag. Intellectual Origins of Leninism. 1981 – L. S. SENJAVSKIJ, Izmenenija v social'ncj strukture sovetskogo obščestva 1938–1970. 1973 – W. C. FLETCHER, Religion and Soviet Foreign Policy 1945–1970. 1973 – M. MOROZOV, Leonid Brechnew. 1973 – Analyse der aktuellen Entwicklung in den vom Bundesinstitut für ostwissenschaftliche und internationale Studien herausgegebenen Jahresberichten ›Sowjetunion‹ (1973, 1974/75, 1975/76, 1976/77, 1978/79, 1980/81) – H. CARRÈRE D'ENCAUSSE, Risse im roten Imperium. Das Nationalitätenproblem in der Sowjetunion. 1979 – G. GINSBURG/C. F. PINKELE, The Sino-Soviet Territorial Dispute, 1949–1964. 1978 – H. VOGEL (ed.), Die sowjetische Intervention in Afghanistan. Entstehung und Hintergründe einer weltpolitischen Krise. 1980.

Nachtrag 1990

H.-J. TORKE (ed.), Lexikon der Geschichte Rußlands. Von den Anfängen bis zur Oktober-Revolution. 1985 – L. MÜLLER, Die Taufe Rußlands. 1987 – A. POPPE, The Rise of Christian Russia. 1982 – V. VODOFF, Naissance de la chrétienté Russe. La conversion du prince Vladimir de Kiev (988) et ses conséquences (XIe–XIIIe Siècles). 1988 – DERS., Princes et principautés russes (X^{e}–XVIIe siècles). 1989 – U. HALBACH, Der russische Fürstenhof vor dem 16. Jh. Eine vergleichende Untersuchung zur politischen Lexikologie und Verfassungsgeschichte der alten Ruś. 1985 – K. HELLER, Russische Wirtschafts- und Sozialgeschichte. I. Die Kiever und die Moskauer Periode (9.–17. Jh.). 1987 – M. KELLER (ed.), Russen und Rußland aus deutscher Sicht. 9.–17. Jh. 1985 – DIES. (ed.) dtto. 18. Jahrhundert: Aufklärung. 1987 – D. HERRMANN (ed.), Deutsche und Deutschland aus russischer Sicht. 11.–17. Jh. 1989 – I. J. FROJANOV/A. JU. DVORNIČENKO, Goroda-gosudarstva Drevnej Rusi. 1988 – J. FENNELL, The Crisis of Medieval Russia 1200–1304. 1983 – R. O. CRUMMEY, The Formation of Muscovy 1304–1613. 1987 – CH. J. HALPERIN, Russia and the Golden Horde. The Mongol Impact on Medieval Russian History. 1985 – E. KLUG, Das Fürstentum Tveŕ (1247–1485). Aufstieg, Selbstbehauptung und Niedergang. In: Forschungen zur osteuropäischen Geschichte Bd. 37. 1985 – G. ALEF, The Origins of Muscovite Autocracy. The Age of Ivan III. 1986 – DERS., Rulers and Nobles in Fifteenth-Century Muscovy. 1983 – A. A. ZIMIN, Formirovanie bojarskoj aristokratii v Rossii vo vtoroj polovine XV – pervoj treti XVI v. 1988 – V. B. KOBRIN, Vlast' i sobstvennost' v srednevekovoj Rossii (XV–XVI vv.). 1985 – R. HELLIE, Slavery in Russia, 1450–1725. 1982 – E. TIBERG, Zur Vorgeschichte des Livländischen Krieges. Die Beziehungen zwischen Moskau und Litauen 1549–1562. 1984 – A. ATTMAN, Swedish Aspirations and the Russian Market during the 17th Century. 1985 – R. G. SKRYNNIKOV, The Time of Troubles. Russia in Crisis 1604–1618. 1988 – R. O. CRUMMEY, Aristocrates and Servitors. The Boyar Elite in Russia, 1613–1689. 1983 – M. RAEFF, The Well-Ordered Police State. Social and Institutional Change through Law in the Germanies and Russia, 1600–1800. 1983 – A. FENSTER, Adel und Ökonomie im vorindustriellen Rußland. Die unternehmerische Betätigung der Gutsbesitzer in der großgewerblichen Wirtschaft im 17. und 18. Jh. 1983 – E. V. ANISIMOV, Rossija v seredine XVIII veka. Boŕba za nasledie Petra. 1986 – J. P. LEDONNE, Ruling Russia. Politics and Administration in the Age of Absolutism, 1762–1796. 1984 – W. HELLER, Die Moskauer ›Eiferer für die Frömmigkeit‹ zwischen Staat und Kirche (1642–1652). 1988 – H. Rothe, Religion und Kultur in den Regionen des russischen Reiches im 18. Jh. Erster Versuch einer Grundlegung. 1984 – E. Hübner, Staatspolitik und Familieninteresse. Die gottorfische Frage in der russischen Außenpolitik 1741–1773. 1984 – Z. E. Kohut, Russian Centralism and Ukrainian Autonomy. Imperial Absorption of the Hetmanate 1760s–1830s. 1988 – M. Hildermeier, Bürgertum und Stadt in Rußland 1760–1870. Rechtliche Lage und soziale Struktur. 1986 – W. Bruce Lincoln, In the Vangard of Reform. Russia's Enlightened Bureaucrats 1825–1861. 1982 – G. Yaney, The Urge to Mobilize. Agrarian Reform in Russia, 1861–1930. 1982 – F. Diestelmeier, Soziale Angst. Konservative Reaktionen auf liberale Reformpolitik in Rußland unter Alexander II. (1855–1866). 1985 – T. S. Pearson, Russian Officialdom in Crisis. Autocracy and Local Self-Government 1861–1900. 1989 – V. A. Nardova, Gorodskoe samoupravlenie v Rossii v 60-ch – načale 90-ch godov XIX v. Pravitel'stvennaja politika. 1984 – H. Rogger, Russia in the Age of Modernisation and Revolution 1881–1917. 1983 – A. Moritsch, Landwirtschaft und Agrarpolitik in Rußland vor der Revolution. 1986 – D. Lieven, Russia's Rulers under the Old Regime. 1989 – D. Beyrau, Militär und Gesellschaft im vorrevolutionären Rußland. 1984 – T. McDaniel, Autocracy, Capitalism, and Revolution in Russia. 1988 – W. Kirchner, Die deutsche Industrie und die Industrialisierung Rußlands 1815–1914. 1986 – P. Gatrell, The Tsarist Economy 1850–1917. 1986 – H. Lemke, Finanztransaktionen und Außenpolitik. Deutsche Banken und Rußland im Jahrzehnt vor dem ersten Weltkrieg. 1985 – G. L. Freeze, The Parish Clergy in Nineteenth-Century Russia. Crisis, Reform, Counter-Reform. 1983 – R. L. Glickman, Russian Factory Women: Workplace and Society, 1880–1914. 1984 – A. Ascher, The Revolution of 1905. Russia in Disarray. 1988 – J. Bushnell, Mutiny and Repression. Russian Soldiers in the Revolution of 1905–1906. 1985 – H. Reichman, Railwaymen and Revolution. Russia, 1905. 1987 – D. Geyer, Klio in Moskau und die sowjetische Geschichte. 1985 – M. Hildermeier, Die Russische Revolution 1905–1921. 1989 – D. H. Kaiser (ed.), The Workers' Revolution in Russia, 1917. The View From Below. 1987 – R. A. Wade, Red Guards and Workers' Militias in the Russian Revolution. 1984 – S. A. Smith, Red Petrograd. Revolution in the Factories 1917–1918. 1983 – P. Scheibert, Lenin an der Macht. Das russische Volk in der Revolution 1918–1922. 1984 – V. N. Brovkin, The Mensheviks After October: Socialist Opposition and the Rise of the Bolshevik Dictatorship. 1987 – P. Kenez, The Birth of the Propaganda State. Soviet Methods of Mass Mobilization, 1917–1929. 1985 – P. Roth, Cuius regio – eius informatio. Moskaus Modell für die Weltinformationsordnung. 1984 – F. Kämpfer, ›Der rote Keil‹. Das politische Plakat. Theorie und Geschichte. 1985 – A. M. Ball, Russia's Last Capitalists: The Nepmen, 1921–1929. 1987 – H.-J. Perrey, Der Rußlandausschuß der Deutschen Wirtschaft. Die deutsch-sowjetischen Wirtschaftsbeziehungen der Zwischenkriegszeit. 1985 – S. Merl, Die Anfänge der Kollektivierung in der Sowjetunion. Übergang zur staatlichen Reglementierung der Produktions- und Marktbeziehungen im Dorf (1928–1930). 1985 – H. Altrichter, Die Bauern von Tver. Vom Leben auf dem russischen Dorfe zwischen Revolution und Kollektivierung. 1984 – J. A. Getty, Origins of the Great Purges. The Soviet Communist Party Reconsidered, 1933–1938. 1987 – E. Oberländer (ed.), Hitler-Stalin-Pakt 1939. Das Ende Ostmitteleuropas? 1989 – G. R. Ueberschär/W. Wette (ed.), ›Unternehmen Barbarossa‹. Der deutsche Überfall auf die Sowjetunion

1941. Berichte, Analysen, Dokumente. 1984 – K. Segbers, Die Sowjetunion im Zweiten Weltkrieg. Die Mobilisierung von Verwaltung, Wirtschaft und Gesellschaft im ›Großen Vaterländischen Krieg‹ 1941–1943. 1987 – B. Pinkus, The Soviet Government and the Jews, 1948–1967. A documented study. 1984 – P. Stiller, Sozialpolitik in der UdSSR 1950–1980. Eine Analyse der quantitativen und qualitativen Zusammenhänge. 1983 – R. Mark, Die Völker der Sowjetunion. Ein Lexikon. 1989 – G. Simon, Nationalismus und Nationalitätenpolitik in der Sowjetunion. Von der totalitären Diktatur zur nachstalinschen Gesellschaft. 1986 – J. B. Dunlop, The Faces of Contemporary Russian Nationalism. 1983 – E. C. Thaden, Russia's Western Borderlands, 1710–1870. 1984 – A. Ezergailis/G. von Pistohlkors, Die baltischen Provinzen Rußlands between the 1905/1917 Revolutions. 1982 – I. Fleischhauer, Die Deutschen im Zarenreich. Zwei Jahrhunderte deutsch-russische Kulturgemeinschaft. 1986 – A. Kappeler/B. Meissner/G. Simon (ed.), Die Deutschen im Russischen Reich und im Sowjetstaat. 1987 – N. Levin, The Jews in the Soviet Union since 1917. Paradox of Survival. 1988 – T. Swietochowski, Russian Azerbaijan, 1905–1920. The Shaping of National Identity in a Muslim Community. 1985 – M. Brill Olcott, The Kazakhs. 1987 – G. Simon (ed.), Weltmacht Sowjetunion. Umbrüche, Kontinuitäten, Perspektiven. 1987 – Text der sogenannten ›Studie von Novosibirsk‹ (der Tatjana Zaslavskaja) in: Osteuropa 1984, H. 1 – Jahresberichte ›Sowjetunion‹ des Bundesinstituts für ostwissenschaftliche und internationale Studien Bd. 1982/83, 1984/85, 1986/87, 1988/89 – M. Mommsen/H.-H. Schröder (ed.), Gorbatschows Revolution von oben. Dynamik und Widerstände im Reformprozeß der UdSSR. 1987 – M. S. Gorbačev, Perestrojka i novoe myšlenie dlja našej strany i dlja vsego mira. 1987 (dt. Übersetzung a. d. Amerikanischen: M. Gorbatschow, Perestroika. Die zweite russische Revolution. Eine neue Politik für Europa und die Welt. 1987) – J. Afanassjew (ed.), Es gibt keine Alternative zu Perestroika: Glasnost, Demokratie, Sozialismus. 1988 – B. Meissner, Die Sowjetunion im Umbruch. Historische Hintergründe, Ziele und Grenzen der Reformpolitik Gorbatschows. 1988 – K. von Beyme, Reformpolitik und sozialer Wandel in der Sowjetunion (1970–1988). 1988 – A. Kappeler (ed.), Umbau des Sowjetsystems. Sieben Aspekte eines Experiments. 1989 – W. Laqueur, Der lange Weg zur Freiheit. Rußland unter Gorbatschow. 1989 – B. Meissner, Gorbatschows Umbau des Sowjetsystems. In: Osteuropa. Zeitschrift für Gegenwartsfragen des Ostens. Jg. 1989 und 1990 – G. Ruge, Michail Gorbatschow. Biographie 1990.

REGISTER

Eino Jutikkala · Geschichte Finnlands

In Zusammenarbeit mit Prof. Dr. Kauko Pirinen. Deutsch von Annemarie von Harlem. 2., erw. Aufl. 1976. 406 S., 5 Karten. Ln. DM 22,–
(KTA 365)

Diese Gesamtdarstellung der finnischen Geschichte von den Anfängen bis zur Gegenwart aus der berufenen Feder der besten finnischen Sachkenner und Professoren in Helsinki schildert die Geschichte eines Landes, das mit Deutschland von jeher eng verbunden war und dem es gelang, in ständigem Ringen mit der östlichen Einflußsphäre seine Eigenstaatlichkeit und demokratische Selbständigkeit zu erhalten.

Michael Seidlmayer · Geschichte Italiens

Mit Beiträgen von Prof. Dr. Theodor Schieder »Italien vom ersten zum zweiten Weltkrieg« und von Dr. Jens Petersen »Italien als Republik: 1946–1987«.
2., erw. Auflage 1989. 582 S. Ln. DM 29,80 *(KTA 341)*

Italien ist das geschichtsträchtigste Land Europas. Mehr als die Hälfte des europäischen Kunst- und Kulturbesitzes befindet sich auf seinem Boden. Viele Völkerstürme sind über ihn hinweggegangen und haben die Eigenart seiner Bewohner geprägt. Die vorliegende Darstellung von M. Seidlmayer, von kompetenter Seite fortgeführt, ist längst ein »Klassiker« der deutschsprachigen Italienliteratur.

Oskar Weggel
Geschichte Chinas im 20. Jahrhundert

1989. XI, 434 S. Ln. DM 36,– *(KTA 414)*

Bis zur unmittelbaren Vorgeschichte der dramatischen Ereignisse auf dem Platz des himmlischen Friedens (1989) schildert Weggel die Geschichte Chinas im 20. Jahrhundert, die von den unvorstellbaren Schrecken des totalen Krieges gegen die Japaner gekennzeichnet ist und ebenso von den schmerzlichen Erfahrungen des Bürgerkrieges sowie ständigen ideologischen Auseinandersetzungen, die das volkreichste Land der Erde mit mehr als einer Milliarde Menschen an den Rand des Zusammenbruchs geführt haben.

Georg von Rauch · Geschichte der Sowjetunion

8. Aufl. 1990. Durchgesehen und ergänzt von Wolfgang Geierhos. XVI, 781 S. mit 2 Karten, 3 Schautafeln und einer Zeittafel. Ln. DM 36,– *(KTA 394)*

Die Neuauflage berücksichtigt die Entwicklung der Präsidentschaft Gorbačevs. In sorgfältig abwägender Analyse bezieht der Autor dabei auch gesellschaftliche Faktoren ein wie z. B. die Katastrophe von Černobyl.

Ingo von Münch (Hg.)
Dokumente des geteilten Deutschland

Quellentexte zur Rechtslage des Deutschen Reiches, der BRD und der DDR. Mit einer Einführung vom Herausgeber.
Band I : 1941–1967. LI, 588 S. Ln. DM 28,50 *(KTA 391)*
Band II: 1968–1975. LI, 642 S. Ln. DM 28,50 *(KTA 392)*

Handbuch der historischen Stätten

Dieses Handbuch beschreibt Städte, Dörfer, Flecken, Burgen, Klöster und Adelssitze, an denen sich geschichtliches Leben verdichtet hat. Wissenschaftler haben das Material – oft zum erstenmal – aus Archiven und Quellen erarbeitet. Da auch die bedeutsamsten vorgeschichtlichen Plätze und Funde mit einbezogen sind, entsteht zum erstenmal eine geographisch ausgerichtete Geschichte in Einzeldarstellungen von der Steinzeit bis zum heutigen Tag.

– Band I: **Schleswig-Holstein und Hamburg**
Hrsg. von Prof. Dr. Olaf Klose. 3. verbesserte Aufl. 1976. XLVII, 313 S., 11 Abb., 5 Karten. Ln. DM 19,80 (KTA 271)

– Band II: **Niedersachsen und Bremen**
Hrsg. von Prof. Dr. Kurt Brüning † und Prof. Dr. Heinrich Schmidt. 5. Aufl. 1986. XCI, 608 S., 26 Stadtpläne, 14 Karten. Ln. DM 28,50 (KTA 272)

– Band III: **Nordrhein-Westfalen**
Hrsg. von Prof. Dr. Franz Petri, Prof. Dr. Georg Droege, Dr. Klaus Flink, Prof. Dr. Friedrich von Klocke † und Prof. Dr. Johannes Bauermann. 2., neubearb. Aufl. 1970. CLX, 888 S., 12 Stadtpläne, 8 Karten, 2 Burgenpläne. Ln. DM 34,– (KTA 273)

– Band IV: **Hessen**
Hrsg. von Prof. Dr. Georg Wilhelm Sante. 4., überarb. Aufl. in Vorb. (KTA 274)

– Band V: **Rheinland-Pfalz und Saarland**
Hrsg. von Prof. Dr. Ludwig Petry. 3., erw. Aufl. 1988. XLIII, 523 S. Ln. DM 29,80 (KTA 275)

– Band VI: **Baden-Württemberg**
Hrsg. von Prof. Dr. Max Miller † und Dr. Gerhard Taddey. 2., überarb. Aufl. 1980. LXIV, 1029 S., 12 Karten, 12 Stadtpläne, 12 Stammtafeln. Ln. DM 43,– (KTA 276)

– Band VII: **Bayern**
Hrsg. von Prof. Dr. Karl Bosl. 3. Aufl. 1981. LXXI, 961 S., 10 Karten, 15 Stadtpläne, 4 Stammtafeln. Ln. DM 34,– (KTA 277)

– Band VIII: **Sachsen**
Hrsg. von Prof. Dr. W. Schlesinger. Neudruck der 1. Aufl. (1965) 1990. LXX, 448 S. Ln. DM 28,50 *(KTA 312)*

– Band IX: **Thüringen**
Hrsg. von Prof. Dr. H. Patze in Verbindung mit Dr. Peter Aufgebauer. 2. Aufl. 1989. LXXV, 592 S. Ln. DM 28,50 *(KTA 313)*

– Band X: **Berlin und Brandenburg**
Hrsg. von Prof. Dr. G. Heinrich. 2. Aufl. 1985. 677 S. Ln. DM 29,80 *(KTA 311)*

– Band XI: **Provinz Sachsen-Anhalt**
Hrsg. von Prof. Dr. B. Schwineköper. 2., überarb. Aufl. 1987. XCIV, 644 S. Ln. DM 28,50 *(KTA 314)*

– Band XII: **Mecklenburg / Pommern**
Hrsg. von Prof. Dr. R. Schmidt und Dr. Helge Bei der Wieden. In Vorbereitung *(KTA 315)*

– **Ost- und Westpreußen**
Hrsg. von Prof. Dr. Erich Weise †. Unveränd. Nachdr. d. 1. Aufl. 1981. LXIX, 284 S., 7 Karten, 12 Stadtpläne. Ln. DM 25,– *(KTA 317)*

– **Schlesien**
Hrsg. von Dr. Hugo Weczerka. 1977. XCIII, 699 S. Ln. DM 28,50 *(KTA 316)*

Handbuch der historischen Stätten Dänemark
Hrsg. von Prof. Dr. Olaf Klose. 1982. XLIV, 257 S., 4 Stadtpläne, 5 Stammtafeln, 6 Karten. Ln. DM 25,– *(KTA 327)*

Handbuch der historischen Stätten Österreich
– Band I: **Donauländer und Burgenland**
Hrsg. von Prof. Dr. Karl Lechner. Neudruck d. 1. Aufl. 1985. 933 S., 4 Karten, 15 Stadtpläne. Ln. DM 34,– *(KTA 278)*

– Band II: **Alpenländer mit Südtirol**
Hrsg. von Prof. Dr. Franz Huter. 2. erw. Aufl. 1978. XVII, 752 S., 7 Karten, 11 Stadtpläne, 11 Fürsten- und Bischofslisten. Ln. DM 34,– *(KTA 279)*

SOWJETUNION, EUROPÄISCHER TEIL

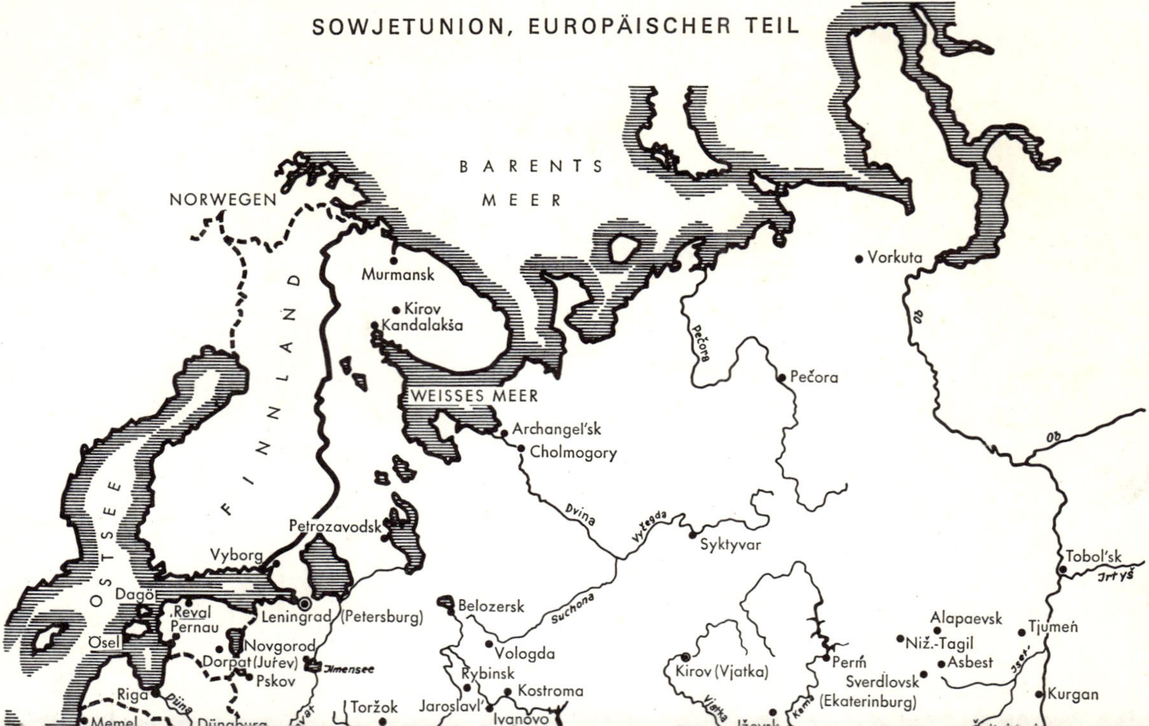